14th edition

IFRS 고급회계

신현걸 · 최창규

도서출판지승

저자 소개

신현걸

고려대학교 경영학과 졸업
George Washington University 회계학 석사
고려대학교 경영학 박사
한국공인회계사, 미국공인회계사(Maryland 주)
한국공인회계사회 회계연구위원, 국세연구위원
공인회계사 및 세무사 시험 출제위원
정부산하기관 경영평가위원
한국세무학회 세무학연구 편집위원장
한국회계학회 회계저널 편집위원장
금융감독원 회계제도실 자문교수
금융감독원 회계심의위원회 위원
한국회계기준원 회계기준자문위원회 위원
신영증권㈜, 신영부동산신탁㈜ 감사위원회 위원장
현) 건국대학교 경영대학 교수

[저서 및 논문]
IFRS 밀레니엄 회계원리
IFRS 중급회계
IFRS 고급회계
IFRS 중급회계 입문
정부회계
객관식 재무회계
회계사 재무회계연습(중급회계)
회계사 재무회계연습(고급회계)
세무사 재무회계연습
연결재무제표의 이해와 활용
회계학연구, 회계저널, 세무학연구
회계와 감사연구 등에 다수 논문

최창규

남강고등학교 졸업
고려대학교 경영학과 졸업
고려대학교 대학원 졸업(회계학 석사)
건국대학교 박사과정 수료(회계학 전공)
공인회계사, 세무사
삼일회계법인 근무
웅지경영아카데미 강사
웅지세무대학 교무처장
미래경영아카데미 대표
현) 세진회계법인 근무
나무경영아카데미 대표강사

[저서 및 논문]
IFRS 회계원리
IFRS 중급회계 입문
IFRS 중급회계
IFRS 고급회계
정부회계
객관식 재무회계
회계사 재무회계연습(중급회계)
회계사 재무회계연습(고급회계)
세무사 재무회계연습

머리말

한국채택국제회계기준 제1118호 '재무제표의 표시와 공시'가 2025년에 제정, 공표되면서 중급회계 뿐만 아니라 고급회계에도 적지 않은 영향을 주었다. 왜냐하면 국제회계기준의 기본 재무제표가 연결재무제표이므로 연결손익계산서, 연결자본변동표 및 연결현금흐름표의 양식이 바뀌었을 뿐만 아니라 수익, 비용의 범주를 5가지 범주 중 하나로 분류해야 하므로 환율변동손익과 파생상품손익의 범주를 어떻게 분류해야 하는지도 관심의 대상이 되었다. 이에 새로 제정된 한국채택국제회계기준을 반영하고, 미진했던 부분을 보완하여 본서 'IFRS 고급회계' 제14판을 개정하게 되었다. 이번 개정판에 새로 반영하거나 보완한 주요 내용을 요약하면 다음과 같다.

제1장 사업결합

- 자기지분상품으로 인도하는 조건부 대가를 지분상품 또는 금융부채 중 어느 것으로 분류하는지에 대해서 피취득자가 취득자의 자본위험을 부담하는지의 여부에 따라 분류를 결정하는 과정을 자세하게 설명
- (예 5)의 계약관계 정산에서 취득자에게 유리(피취득자에게 불리)한 경우 피취득자가 위약금을 부담하는 것으로 상황을 변경하고 회계처리를 설명
- 개념체계의 자산과 부채의 정의 적용의 예외로 부담금부채가 있는데, 관련 해석서 제2121호의 요약을 보론에 추가
- 사업결합의 반대인 기업분할의 회계처리(일반기업회계기준 적용)를 참고 목적으로 보론에 추가

제2장 연결회계의 기초

- 기준서 제1118호에 따라 개정된 손익계산서, 포괄손익을 표시하는 보고서와 자본변동표 양식 제시

제6장 연결의 기타사항

- 부(갑회사)-자(을회사)-손자(병회사)형 지배·종속 관계의 연결에서 을회사와 병회사 간의 연결실체가 먼저 형성된 후 갑회사가 을회사의 지배력 취득 시 갑회사 보유 을회사 투자와 을회사와 병회사의 연결실체 순자산의 공정가치를 상계제거하는 연결조정분개의 설명 추가
- 종속기업의 미배당이익과 관련된 가산할 일시적차이에 대한 이연법인세부채의 인식 여부의 설명 추가
- 상호소유와 간접지배의 복합형일 경우의 연결과 순환지배의 연결을 본문에서 보론으로 이동

제8장 환율변동효과

• 종속기업의 표시통화 환산 후 연결 과정 중 종속기업투자와 종속기업 자본의 상계제거 분개에서 인식한 외환차이 중 일부를 비지배지분에 대체하는 분개를 추가함으로써 연결포괄손익계산서에 표시될 해당 연도 발생 외환차이와 연결재무상태표에 표시될 외환차이 잔액 간의 연계를 명확하게 함
• (예 10)의 기능통화와 표시통화가 상이한 관계기업투자에 대한 지분법 적용의 회계처리를 수정 보완

제9장 파생상품 및 위험회피회계

• 기준서 제1118호에 기초하여 외환차이, 파생상품 및 위험회피 관련 손익의 범주 분류에 대한 설명 추가

본서는 대학 강의 교재나 공인회계사 시험을 대비하는 수험서로서의 역할뿐만 아니라 실무에서 국제회계기준을 적용하는 기업의 회계 담당자를 위한 참고서로서의 역할도 충실하게 수행할 수 있도록 만들었다. 대학 강의 교재로 본서를 사용하시는 교강사님께는 별도의 강의 파일을 제공한다.

우리나라에서 IFRS를 반영한 최초의 고급회계 교재로서 본서가 2009년에 출간된 지 벌써 많은 시간이 흘렀다. 본서가 이렇게 성장한 데에는 독자 여러분들의 끊임없는 성원과 조언이 있기 때문이다. 앞으로도 독자 여러분들의 기대에 부응하는 고급회계가 되도록 더욱 만전의 노력을 기울일 것을 약속드린다. 끝으로 본서의 출간에 힘써 주신 편집팀 여러분께 깊은 감사의 말씀을 드린다.

2026년 2월

저자 일동

목 차

제1장 | 사업결합

제2장 | 연결회계의 기초

제3장 | 연결재무제표의 작성

제4장 | 내부거래 및 내부미실현손익

제5장 | 지배기업 지분율의 변동

제6장 | 연결의 기타 사항

제7장 | 공동약정 및 관계기업투자

제8장 | 환율변동효과

제9장 | 파생상품 및 위험회피회계

사업결합

본장의 내용

기업은 다양한 목적으로 다른 기업을 지배·통제하는 경우가 있다. 이때 기업이 사용하는 방법으로 합병과 지분취득이 있다. 합병이란 다른 기업의 자산과 부채를 취득 및 인수하여 지배력을 획득하고, 그 다른 기업의 법적 실체가 소멸하는 것을 말한다. 반면에 지분취득은 다른 기업이 발행한 주식 등 지분을 취득하여 지배기업이 됨으로써 그 다른 기업(즉, 종속기업)을 지배하는 것을 말한다. 이 경우 합병과 달리 종속기업은 법적 실체가 유지되는데, 회계에서는 그 실질이 합병과 다름없기 때문에 지배기업과 종속기업의 재무제표를 합쳐서 연결재무제표를 작성하도록 요구한다.

합병이나 지분취득을 통하여 두 기업이 경제적 단일실체가 되는 것을 사업결합이라고 한다. 사업결합과 관련된 기준서는 제1103호이며, 동 기준서에서 합병과 연결을 포함하는 사업결합의 전반적인 회계처리를 규정한다. 또한 연결재무제표와 관련하여 기준서 제1110호가 제정되어 있다.

본장에서는 사업결합 중 합병 형태의 사업결합의 회계처리를 설명한다. 즉, 합병 시 어떤 회사를 취득자로 볼 것인지, 어느 날에 취득자가 합병의 회계처리를 하는지, 그리고 합병의 회계처리를 할 때 피취득자로부터 취득하는 자산과 인수하는 부채는 어떻게 인식·측정하며 영업권 또는 염가매수차익은 어떻게 인식하는지 등을 설명할 것이다. 한편, 지분 취득을 통한 연결재무제표는 제2장부터 제6장에 걸쳐 설명한다. 본장에서 기준서의 내용을 언급할 때 괄호 안에 사용하는 숫자는 기준서 번호와 문단 번호를 의미한다. 예를 들어 (1103:4)는 기준서 제1103호, 문단 4를 의미한다.

1 사업결합의 의의

1.1 사업결합의 정의

기업은 사업의 다각화나 업무영역의 확장 등을 위해서 다른 기업을 지배하는 경우가 많다. 예를 들어, 어느 기업이 바이오 산업에 진출하려고 할 때, 새로운 기업을 설립하여 처음부터 연구개발에 투자하려고 한다면 많은 시간과 자금이 필요할 것이며, 성공하리라는 보장도 없다. 따라서 이미 바이오 산업에서 자리를 잡은 전망 있는 기업을 매수하여 바이오 산업에 진출하는 것이 더 효과적이고 효율적일 수 있다.

실무에서는 다른 기업을 매수하는 것을 흔히 M&A(merger and acquisition)라고 하는데, 이는 다른 기업을 인수·합병하는 것을 말한다. 여기에서 합병(merger)은 취득자(합병기업)가 피취득자(피합병기업)로부터 자산·부채를 취득·인수하고, 피취득자의 법적 실체가 소멸하는 것을 말한다. 예를 들어, 갑회사가 을회사를 합병할 경우 갑회사는 을회사의 주주에게 합병대가(일반적으로 갑회사가 발행하는 합병신주)를 지급하고 을회사의 자산과 부채를 취득·인수한다. 그 결과 을회사의 이전 주주(기존 주주)는 갑회사의 주주로 편입되고, 을회사의 법적 실체는 소멸한다.[1)]

이에 반해 인수(acquisition)는 취득자(향후 지배기업이 됨)가 피취득자(향후 종속기업이 됨)의 의결권 있는 지분(예 : 보통주)을 취득하여 그 피취득자를 지배하는 것을 말한다. 예를 들어, 갑회사가 을회사의 의결권 있는 지분 100%를 취득하면 을회사의 주주 구성만 변동(즉, 갑회사가 을회사의 단독 주주가 됨)할 뿐 을회사의 법적 실체는 그대로 유지되지만, 갑회사가 을회사 지분의 100%를 소유한 주주로서 을회사의 경영활동을 지배할 수 있게 된다. 따라서 회계기준에서는 갑회사와 을회사가 법적으로는 별개의 실체이지만 경제적으로는 단일 실체나 다름없으므로 갑회사로 하여금 갑회사와 을회사가 각각 작성한 재무제표를 하나로 합친 재무제표(이를 연결재무제표라 함)를 작성할 것을 요구한다. 갑회사가 을회사를 지배하기 위해서 반드시 을회사 지분 100%를 취득해야 하는 것은 아니다. 심지어 50% 미만의 피취득자 지분을 취득하더라도 지배기업이 될 수 있는데, 여기에 대해서는 제2장에서 자세하게 설명한다.

1) 물론 이 과정에서 갑회사와의 합병을 반대하는 을회사의 주주는 주식매수청구권을 행사하여 본인이 소유하는 을회사의 주식을 소정의 대가를 받고 매각할 수 있다.

기준서 제1103호는 사업결합(business combination)을 '취득자가 하나 이상의 사업에 대한 지배력을 획득하는 거래나 그 밖의 사건'으로 정의하고 있다(1103:A). 따라서 전술한 합병 및 의결권 취득을 통한 지배력 획득은 모두 사업결합에 해당한다.

사업결합의 정의에서 핵심 용어는 사업(businesses)과 지배력(control)이다. 만일 취득 대상이 사업이 아니거나 또는 사업을 취득했더라도 지배력을 획득하지 않았다면, 이는 사업결합에 해당하지 않으므로 기준서 제1103호를 적용하지 않고 다른 기준서를 적용한다.

(1) 사업

취득대상이 사업인지 아니면 자산·부채의 집단인지를 구분하는 것은 매우 중요하다. 왜냐하면 취득대상이 사업의 정의를 충족하면 사업결합의 회계처리를 적용하지만, 취득대상이 자산·부채의 집단이라면 일반적인 자산의 취득이나 부채의 발생으로 회계처리하기 때문이다.

기준서에서는 사업을 다음과 같이 정의한다(1103:부록A).

> 고객에게 재화나 용역을 제공하거나, 투자수익(예 : 배당금 또는 이자)을 창출하거나 통상적인 활동에서 기타 수익(other income)을 창출할 목적으로 수행되고 관리될 수 있는 활동과 자산의 통합된 집합

사업은 투입물(input)과 그 투입물에 적용하여 산출물의 창출에 기여할 수 있는 과정(process)으로 구성된다(1103:B7). 이때 투입물이란 하나 이상의 과정이 적용될 때 산출물(output)을 창출하거나 산출물의 창출에 기여할 수 있는 모든 경제적 자원을 말하는데, 여기에는 지적재산, 필요한 재료 또는 권리에의 접근을 획득할 수 있는 능력과 종업원이 포함된다. 과정은 산출물을 창출하거나 산출물의 창출에 기여할 수 있는 모든 시스템, 표준, 프로토콜(protocol), 관례 또는 규칙으로서 전략적 경영과정, 운영과정, 자원관리과정 등을 들 수 있다. 그리고 산출물은 투입물과 그 투입물에 적용하는 과정의 결과물로 고객에게 재화나 용역을 제공하거나, 투자수익을 창출하거나 통상적인 활동에서 기타수익을 창출하는 것을 말한다.

사업은 보통 산출물이 있지만, 활동과 자산의 통합된 집합이 사업의 정의를 충족하기 위해 산출물이 요구되는 것은 아니다. 예를 들어, 설립 중인 기업은 아직 산출물을 창출하지는 못하나 사업의 정의를 충족할 수 있다.

사업에는 매도자가 해당 사업을 운영하면서 사용한 모든 투입물과 과정을 포함할 필요는 없다. 그러나 사업으로 보기 위해서는, 활동과 자산의 통합된 집합은 최소한 산출물을 창출하는 능력에 유의적으로 함께 기여하는 투입물과 실질적인 과정(substantive process)을 포함해야만 한다(1103:B8).

활동과 자산의 특정 집합이 사업인지의 여부는 시장참여자가 그 통합된 집합체를 사업으로 수행하고 운영할 수 있는지에 기초하여 결정한다. 그러므로 특정 집합이 사업인지의 여부를 파악할 때, 매도자가 그 집합을 사업으로 운영하였는지 또는 취득자가 그 집합을 사업으로 운영할 의도가 있는지는 관련성이 없다(1103:B11).

기준서는 취득한 활동과 자산의 집합이 사업인지의 여부를 간단하게 평가할 수 있는 집중테스트(concentration test)를 기업이 선택할 수 있도록 규정하고 있다. 집중테스트에서는 취득한 총자산의 공정가치의 대부분이 식별가능한 단일 자산 또는 비슷한 자산의 집합에 집중되어 있는 경우 집중테스트를 통과한 것으로 본다. 집중테스트를 통과한 것으로 본다면 이는 사업을 취득한 것이 아니므로 더 이상 사업인지의 여부를 평가하지 않고 일반적인 자산 취득의 회계처리를 한다. 그러나 집중테스트를 통과하지 않거나 처음부터 집중테스트를 적용하지 않기로 선택했다면, 취득한 활동과 자산의 집합이 사업의 요소(투입물과 투입물에 적용하는 과정)를 갖추고 있는지, 그리고 취득한 과정이 실질적인지에 대한 평가를 수행하여 최종적으로 사업의 취득 여부를 결정한다.

(2) 지배력

기준서 제1103호는 지배력에 대한 상세한 언급을 하고 있지 않기 때문에 기준서 제1110호 '연결재무제표'의 지배력(control)의 규정을 적용해야 한다. 지배력에 대해서는 제2장 3절에서 상세하게 설명한다.

1.2 사업결합 기준서의 적용 배제

전술한 사업결합의 정의를 충족할 경우에 한해서 기준서 제1103호를 적용하기 때문에 다음의 경우에는 동 기준서를 적용하지 않는다(1103:2).

(1) 공동기업의 구성
(2) 사업을 구성하지 않는 자산이나 자산 집단의 취득
(3) 동일지배 하에 있는 기업이나 사업 간의 결합

(1) 공동기업의 구성

공동기업(joint venture)이란 둘 이상의 당사자가 공동지배력을 가질 뿐 어느 누구도 단독으로 지배력을 가지고 있지 않은 공동약정을 말한다. 사업결합에서 취득하는 지배력은 단독 지배력을 말하기 때문에 공동기업의 지분을 취득하는 것은 사업결합에 해당하지 않는다. 예를

들어, 갑회사와 을회사가 공동기업인 A회사를 설립하고 갑회사 또는 을회사 누구도 A회사에 대하여 단독 지배력을 갖지 못하도록 약정을 하였을 경우, 갑회사와 을회사의 A회사에 대한 투자는 사업결합에 해당하지 않는다. 대신 갑회사와 을회사는 A회사에 대한 공동기업 투자지분을 지분법으로 회계처리한다(제7장에서 설명).

(2) 사업을 구성하지 않는 자산(자산 집단)의 취득

사업을 구성하지 않는 자산이나 자산 집단의 취득은 사업을 취득해야 한다는 사업결합의 정의를 충족하지 못하기 때문에 이를 자산의 단순한 취득으로 본다. 예를 들어, 갑회사가 을회사로부터 토지와 건물을 취득하였는데, 이것이 을회사가 영위하던 임대사업을 취득한 것이고 갑회사가 임대사업을 계속할 것이라면 사업결합에 해당하지만, 단순히 복수의 부동산을 일괄 취득한 것이라면 투입물과 과정이라는 요소가 없기 때문에 사업결합에 해당하지 않는다. 따라서 후자의 경우에는 일괄취득 금액을 토지와 건물의 상대적 공정가치에 비례한 금액으로 배분하여 토지와 건물을 최초 인식한다.

(3) 동일지배 하의 사업결합

동일지배 하(under common control)에 있는 기업이나 사업 간의 결합이란 동일 당사자가 모든 결합참여기업(또는 사업)을 사업결합 전후에 걸쳐 궁극적으로 지배하고, 그 지배력이 일시적이지 않은 사업결합을 말한다. 동일지배 하의 사업결합 유형은 다양한데, [그림 1]은 두 가지 경우의 사업결합 사례를 보여주고 있다.

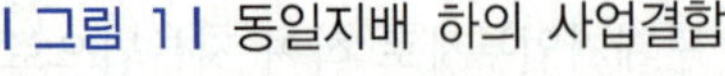
| 그림 1 | 동일지배 하의 사업결합

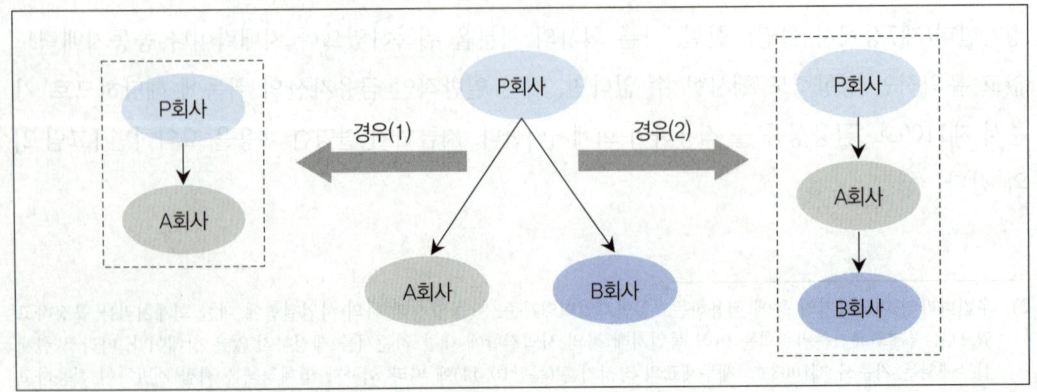

[그림 1]을 보면, P회사가 A회사와 B회사를 종속기업으로 소유하고 있는 상황에서 경우(1)은 A회사가 B회사를 합병하여 B회사가 소멸하는 경우이고, 경우(2)는 P회사가 보유하고 있던 B회사 지분을 A회사에게 모두 양도하여 A회사가 B회사를 지배하는 경우이다. 두 경우 모두 사업결합 전과 후를 비교할 때 P회사의 지배력은 변동하지 않는다. 따라서 동일지배 하에 있는 기업 간의 사업결합에 대해서는 기준서 제1103호를 적용하지 않는다.[2)]

1.3 사업결합의 방법

사업결합은 법률상, 세무상 또는 그 밖의 이유로 다음과 같은 다양한 방법으로 이루어질 수 있으나 여기에 한정되지는 않는다(1103:B6).

(1) 하나 이상의 사업이 취득자의 종속기업이 되거나, 하나 이상의 사업의 순자산이 취득자에게 법적으로 합병된다(legally merged).
(2) 하나의 결합참여기업이 자신의 순자산을, 또는 결합참여기업의 소유주가 자신의 지분을 다른 결합참여기업 또는 다른 결합참여기업의 소유주에게 이전한다.
(3) 결합참여기업 모두가 자신의 순자산을 또는 모든 결합참여기업의 소유주가 자신의 지분을 신설된 기업에게 이전한다(이를 롤업(roll-up) 또는 병합거래(put-together transaction)라고 함).
(4) 결합참여기업 중 한 기업의 이전 소유주 집단이 결합기업에 대한 지배력을 획득한다.

위의 문단 B6의 사업결합 예를 보면 순자산을 이전(즉, 합병)하는 경우와 지분을 이전하여 지배·종속 관계가 형성되는 경우로 구분할 수 있다.

다른 회사의 지분을 취득하여 유의적인 영향력(significant influence)[3)]을 행사할 수 있게 되었다면 피투자회사를 관계기업(associate)이라고 한다. 관계기업도 전술한 공동기업(joint venture)과 마찬가지로 종속기업이 아니므로 투자자는 취득한 지분을 관계기업투자로 하여 지분법으로 평가한다(제7장에서 설명). 한편, 다른 회사의 지분을 취득하였으나 지배력이나 공동지배력도 없고 유의적인 영향력도 행사할 수 없다면, 이는 일반적인 금융자산의 취득에 해당하므로 기준서 제1109호 '금융상품'을 적용하여 회계처리한다. 지금까지 설명한 내용을 요약하면 [그림 2]와 같다.

---

2) 우리나라의 비상장기업 등에 적용하는 「일반기업회계기준」은 동일지배 하의 사업결합에 대한 회계처리를 규정하고 있으나, 국제회계기준위원회는 아직 동일지배 하의 사업결합에 대한 기준서를 제정하지 않은 상태이다. 따라서 현재 실무에서는 기준서 제1008호 '재무제표의 작성기준'(문단10, 11)에 따라 회사가 회계정책을 직접 개발하여 적용하고 있다.

3) 유의적인 영향력을 지분율 기준으로 판단한다면 20% 이상의 지분율을 의미하지만 반드시 지분율에만 기초하는 것은 아니며, 피투자회사의 의사결정기구에 참여 등 실질적인 관계에 기초하여 판단한다.

| 그림 2 | 사업결합 적용 회계기준의 판단

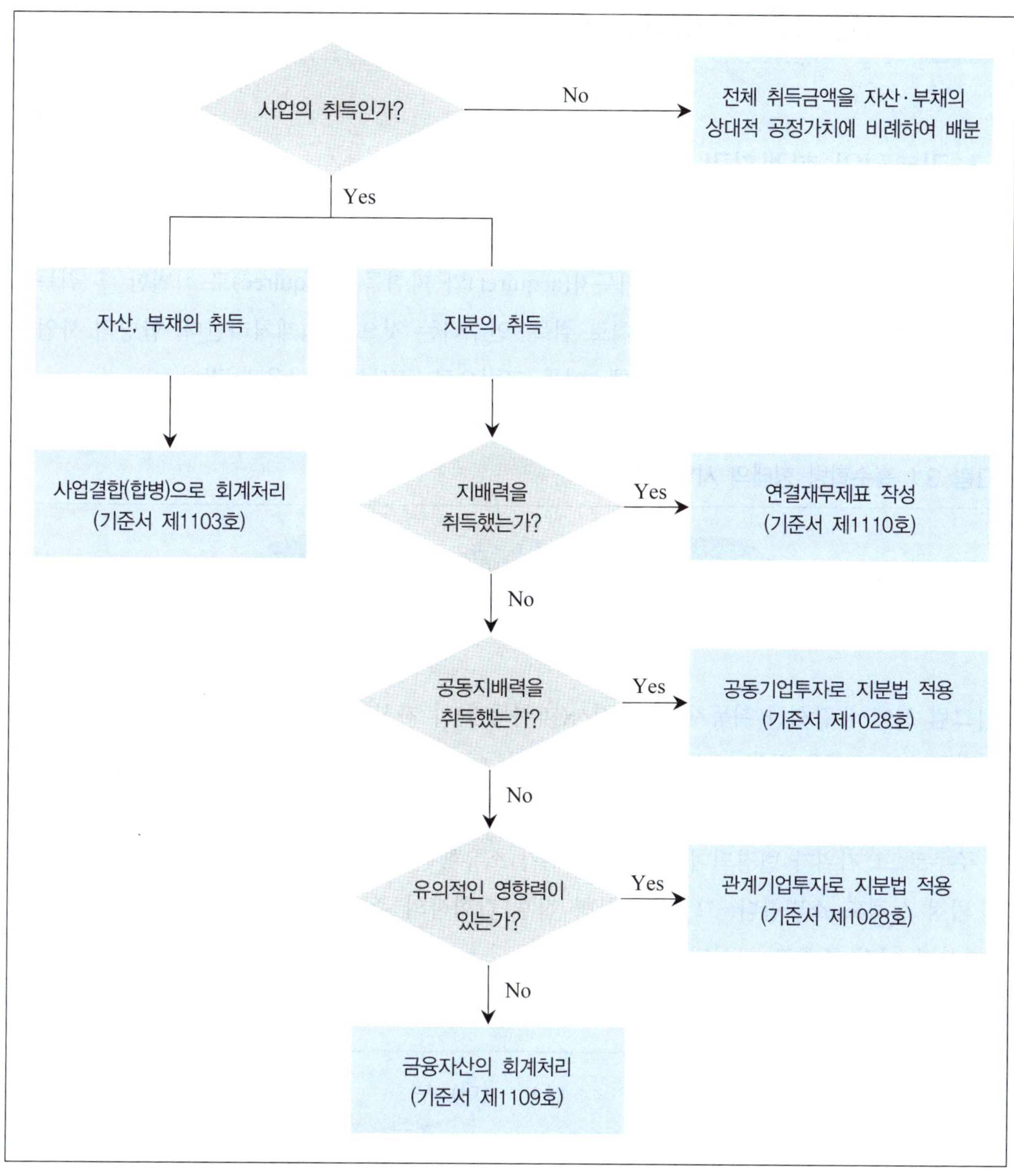

본장에서는 합병을 중심으로 사업결합의 회계처리를 설명하며, 제2장부터 연결재무제표를 작성하는 사업결합에 대해서 설명한다. 따라서 본장에서 언급하는 사업결합은 모두 합병을 의미하는 것으로 한다.

2 사업결합의 회계처리

2.1 기본적인 회계처리

사업결합은 취득법(acquisition method)을 적용하여 회계처리한다(1103:4). 취득법을 적용하면 사업결합에 참여하는 기업을 취득자(acquirer)와 피취득자(acquiree)로 식별한 후 취득자가 피취득자의 자산·부채를 공정가치로 취득·인수하는 것으로 회계처리한다. 합병의 사업결합을 할 경우 흡수합병이 일반적인데, 이를 그림으로 표시하면 다음과 같다.

| 그림 3 | 흡수합병 형태의 사업결합

[그림 3]에서 갑회사(취득자)는 을회사(피취득자)의 자산과 부채를 취득·인수하면서 대가로 갑회사의 주식을 발행·교부한다고 가정하자. 이때 갑회사는 갑회사 주식을 을회사에게 교부하는 것이 아니라 을회사의 주주에게 교부한다. 이로써 합병 직전 을회사의 주주는 갑회사의 주주로 그 지위가 변경되며, 을회사 주주가 소유했던 을회사 주식은 모두 소각되고 을회사의 법적 실체도 소멸한다. 그 결과 합병 직후 갑회사의 주주는 합병 직전 갑회사의 주주와 을회사의 이전 주주로 구성된다.

합병 시 취득자의 취득법을 적용한 회계처리를 간략하게 제시하면 다음과 같다.

(차) 자 산	××× (A)	(대) 부 채	××× (B)
영 업 권	×××	현금, 자본금 등	××× (C)
또는			
(차) 자 산	××× (A)	(대) 부 채	××× (B)
		현금, 자본금 등	××× (C)
		염 가 매 수 차 익	×××

위의 회계처리에서 보는 바와 같이 취득자는 대가(이를 이전대가라고 하며 2.4절에서 자세하게 설명함)를 지급하고 피취득자의 자산·부채를 취득·인수하는 회계처리를 한다. 이때 (A－B)에

해당하는 금액은 피취득자 순자산의 공정가치이며, C는 이전대가의 공정가치이다. 이전대가는 취득자가 사업결합의 대가로 피취득자에게 지급한 것으로 현금 등 자산일 수도 있으나, 취득자가 새로 발행하는 주식(이를 실무에서는 합병신주라고 함)인 경우가 대부분이다.

위의 회계처리에서 (A－B)와 C의 금액이 일치하지 않는 경우 차액이 발생한다. 사업결합 과정에서 피취득자 순자산의 공정가치보다 이전대가가 더 많으면 위의 분개의 차변에 차액이 발생하는데, 이를 영업권(goodwill)이라고 한다. 반대로 피취득자 순자산의 공정가치보다 이전대가가 더 적으면 위의 분개의 대변에 차액이 발생하는데, 이를 염가매수차익(gain from bargain purchase)이라고 한다. 즉, 영업권 또는 염가매수차익은 독립적으로 결정되는 것이 아니라 피취득자 순자산의 공정가치에서 이전대가의 공정가치를 차감한 잔여액으로 결정된다. 영업권은 무형자산으로 분류하고, 염가매수차익은 사업결합이 발생한 기간의 당기손익으로 인식하는데, 2.6절에서 자세한 설명을 한다.

예제 1 합병의 기본적인 회계처리

20×1년 초에 갑회사는 을회사의 자산과 부채를 취득·인수하였는데, 이는 사업결합에 해당한다. 취득일 현재 을회사 자산의 장부금액은 ₩38,000, 공정가치는 ₩50,000이고 부채의 장부금액은 ₩9,000, 공정가치는 ₩10,000이며, 갑회사는 이전대가로 현금을 지급하였다.

물음

1. 갑회사가 이전대가로 현금 ₩55,000을 지급했을 경우 갑회사가 20×1년 초에 해야 할 회계처리를 하라.
2. (물음 1)에서 갑회사가 이전대가로 현금 ₩35,000을 지급했다고 가정하고 다시 답하라.

해답

갑회사는 취득·인수하는 을회사의 자산과 부채를 공정가치로 인식한다.

1. (차)	자산	50,000	(대) 부채	10,000
	영업권	15,000	현금	55,000
2. (차)	자산	50,000	(대) 부채	10,000
			현금	35,000
			염가매수차익	5,000

예제 2 사업결합거래와 일반적인 자산취득거래의 비교

갑회사는 을회사가 임대목적으로 사용하던 건물과 부속 토지를 현금 ₩100,000을 지급하고 취득하였다. 취득일 현재 건물과 토지의 공정가치는 각각 ₩20,000과 ₩60,000이다.

물음

1. 상기 거래가 사업을 취득한 것이 아니라 단순히 임대용 부동산을 취득하는 거래일 경우 갑회사가 취득일에 해야 할 회계처리를 하라.
2. 상기 거래가 임대사업의 취득으로서 사업결합에 해당할 경우 갑회사가 취득일에 해야 할 회계처리를 하라.

해답

1. 사업결합이 아니라 자산의 일괄취득이므로 건물과 토지의 상대적 공정가치에 비례하여 다음과 같이 취득원가 ₩100,000을 안분하여 건물과 토지를 인식하되 임대목적 부동산이므로 투자부동산으로 인식한다.

   투자부동산 – 건물의 취득원가 = ₩100,000×(20,000/80,000) = ₩25,000
   투자부동산 – 토지의 취득원가 = ₩100,000×(60,000/80,000) = ₩75,000

(차)	투자부동산 – 건물	25,000	(대)	현 금	100,000
	투자부동산 – 토지	75,000			

2. 사업결합에 해당하므로 취득법에 따라 건물과 토지의 공정가치로 인식하고, 건물 및 토지의 공정가치(₩80,000)와 이전대가(현금 ₩100,000)의 차액을 영업권으로 인식한다.

(차)	투자부동산 – 건물	20,000	(대)	현 금	100,000
	투자부동산 – 토지	60,000			
	영 업 권	20,000			

(예제 1)은 합병 거래의 단순한 사례를 제시한 것인데, 실제로는 고려해야 할 사항이 많다. 사업결합의 회계처리 과정을 요약하면 [그림 4]와 같다.

| 그림 4 | 사업결합 회계처리의 과정

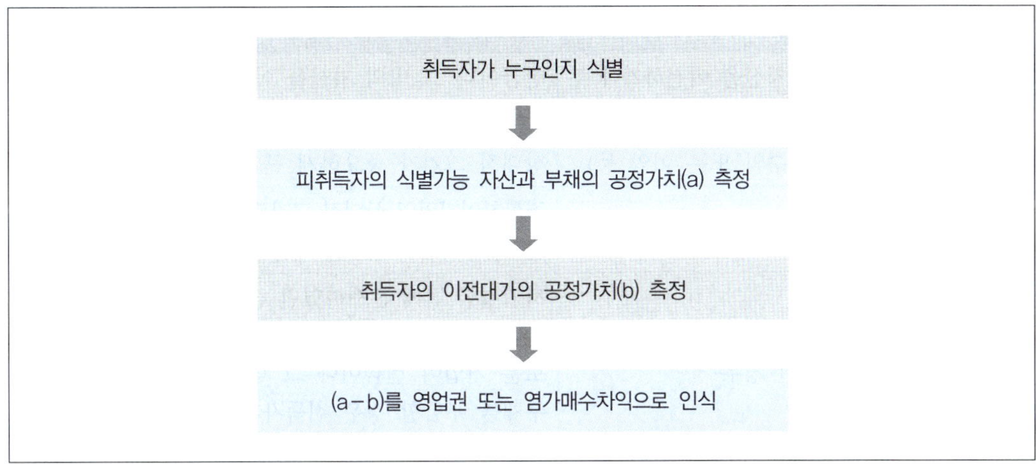

이하에서는 [그림 4]의 내용을 단계별로 자세하게 설명한다.

2.2 취득자의 식별 및 취득일의 결정

(1) 취득자의 식별

취득자란 피취득자에 대한 지배력을 획득하는 기업을 말하며, 피취득자란 취득자가 사업결합으로 지배력을 획득하는 대상 사업(또는 사업들)을 말한다. 합병의 경우 취득자는 합병회사를, 피취득자는 피합병회사를 말하며, 제2장에서 설명하는 연결의 경우 취득자는 지배기업을, 피취득자는 종속기업을 말한다.

취득법을 적용할 경우 취득자가 피취득자의 자산과 부채를 취득·인수하는 것으로 회계처리하므로, 취득자와 피취득자가 바뀔 경우에는 사업결합의 회계처리 결과에 중요한 차이가 발생할 수 있다. 예를 들어, 갑회사와 을회사가 사업결합의 참여자일 때 갑회사가 취득자라면 갑회사가 을회사의 자산과 부채를 취득·인수한 것으로 회계처리하지만, 반대로 을회사가 취득자라면 을회사가 갑회사의 자산과 부채를 취득·인수한 것으로 회계처리한다. 따라서 사업결합 참여자 중 취득자가 누구인지 식별하는 것이 매우 중요하다.

취득자를 식별할 때에는 기준서 제1110호 '연결재무제표'의 지배력에 대한 규정(제2장 3절에서 설명함)을 우선 적용하되, 동 규정을 적용해도 취득자를 명확하게 파악하지 못한다면 [표 1]과 같이 기준서 제1103호를 고려하여 취득자를 식별한다(1103:B13~18).

| 표 1 | 취득자의 식별

사업결합의 유형 또는 결합참여기업의 특성	취득자
주로 현금이나 그 밖의 자산을 이전하거나 부채를 부담[4]하여 이루어지는 사업결합의 경우	현금이나 그 밖의 자산을 이전한 기업 또는 부채를 부담한 기업
상대적 크기(예 : 자산, 수익 또는 이익 등)	상대적 크기가 중요하게 큰 결합참여기업
기업이 셋 이상 포함된 사업결합의 경우	결합참여기업의 상대적 크기뿐만 아니라 결합참여기업 중 어느 기업이 결합을 제안하였는지도 고려하여 결정
사업결합을 추진하기 위하여 새로운 기업이 지분을 발행하여 설립된 경우	사업결합 전에 존재하였던 결합참여기업 중 한 기업을 전술한 지침을 적용하여 취득자로 식별. 만일 새로운 기업이 현금이나 그 밖의 자산을 이전하거나 부채를 부담할 경우 취득자가 될 수 있음

[표 1]의 마지막 경우는 다음의 [그림 5]와 같은 신설합병에 해당한다.

| 그림 5 | 신설합병의 사업결합

[그림 5]는 병회사를 설립하면서 병회사 지분을 갑회사와 을회사의 이전 주주에게 교부하고 갑회사와 을회사의 자산과 부채를 병회사가 취득·인수하는 사업결합과정을 보여준다. 이때 병회사는 취득자가 될 수 없다. 왜냐하면 사업결합을 추진하기 위하여 새로운 기업(즉, 병회사)이 지분을 발행하여 설립된 경우 사업결합 전에 존재하였던 결합참여기업(즉, 갑회사 또는 을회사) 중 한 기업을 취득자로 식별해야 하기 때문이다. 따라서 신설합병의 경우 취득자의 식별은 흡수합병의 경우 취득자의 식별과 동일하다.

가장 일반적인 사업결합의 형태는 지분을 교환하는 경우이다. 전술한 [그림 3]의 흡수합병의 경우 갑회사는 을회사 주주에게 갑회사 주식을 교부하고, 을회사의 주주는 자신이 보유하던 을회사 주식을 갑회사에게 반환함으로써 지분을 교환한다. 이후 갑회사는 을회사 주주로부터 받은 을회사 주식을 소각처리하고, 을회사의 법적 실체는 소멸한다.

지분을 교환하는 사업결합의 경우 이전대가로 지분을 발행·교부하는 측이 취득자가 되는 것이 일반적이지만, 실질에 따라 판단할 때 지분을 발행·교부하는 측이 피취득자가 되는 경우도

4) 사업결합 시 취득자가 피취득자 순자산의 이전대가로 채무상품을 발행하여 지급할 경우 등이 여기에 해당한다.

있는데, 이를 역취득이라고 한다. 따라서 법적 형식이 아니라 실질에 따라 취득자를 식별하여야 한다. 지분교환으로 이루어지는 사업결합에서 취득자를 식별하기 위해 고려해야 할 사실 또는 상황은 [표 2]와 같다(1103:B15).

| 표 2 | 지분교환으로 이루어지는 사업결합 시 취득자의 식별

고려해야 할 사실 또는 상황	취득자
사업결합 후 결합기업에 대한 상대적 의결권	취득자는 보통 결합참여기업의 소유주 중 결합기업에 대한 의결권의 가장 큰 부분을 보유하거나 수취하는 소유주가 속한 결합참여기업이다.
주로 지분을 교환하여 이루어지는 사업결합의 경우 특정 소유주 또는 조직화된 소유주 집단이 중요한 의결지분을 갖지 않는 경우, 결합기업에 대하여 상대적으로 큰 소수의결지분의 존재	취득자는 보통 결합기업에 대하여 가장 큰 소수의결지분을 보유하고 있는 단일 소유주 또는 소유주의 조직화된 집단이 속한 결합참여기업이다.
결합기업 의사결정기구의 구성	취득자는 보통 결합기업 의사결정기구의 구성원의 과반수 이상을 지명 또는 임명하거나 해임할 수 있는 능력을 보유하고 있는 소유주가 속한 결합참여기업이다.
결합기업 경영진의 구성	결합기업 경영진 대부분이 결합참여기업의 이전 경영진으로 구성되는 경우, 취득자는 보통 그 경영진이 속한 결합참여기업이다.
지분교환의 조건	취득자는 보통 다른 결합참여기업이나 기업들이 지분에 대하여 결합 전 공정가치를 초과하는 할증금을 지급해야 하는 결합참여기업이다.

[표 2]의 첫 번째 경우를 예를 들어 설명한다. 사업결합 전에 갑회사의 발행주식수가 100주이고 을회사의 발행주식수가 200주인데, 갑회사가 을회사를 사업결합하면서 을회사 주식 1주당 갑회사 주식 1주를 이전대가로 발행·교부(즉, 갑회사가 200주의 합병 신주를 발행·교부)한다고 가정하자. 사업결합 후 존속회사인 갑회사의 총발행주식수는 300주인데, 이 중 200주를 을회사의 이전 주주가 보유(67% 지분율)하게 되어 100주를 보유하는 원래 갑회사 주주의 지분율(33%)보다 더 높다. 따라서 이 사례에서 법적으로는 지분을 발행한 갑회사가 취득자이더라도 회계상으로는 을회사가 취득자가 되는데 이와 같은 사업결합을 역취득(reverse acquisition, 역합병)이라고 한다.[5]

5) 역취득의 구체적인 회계처리는 본장 3절에서 설명한다.

실무에서 흔히 볼 수 있는 역취득의 사례는 SPAC 합병을 들 수 있다. SPAC(Special Purpose Acquisition Company)이란 비상장기업의 합병만을 목적으로 설립된 주식회사 형태의 페이퍼컴퍼니로 기업인수목적회사라고 한다. SPAC은 기관투자자 및 일반투자자로부터 자금을 출자받아 증권시장에 상장한 후 3년 이내에 비상장 우량기업을 찾아 합병하는 것을 목적으로 한다. SPAC과 비상장 우량기업 간의 합병 시 법률상 취득자는 SPAC이고 피취득자는 비상장 우량기업이지만, 소멸하는 비상장 우량기업의 대주주가 합병 후 존속기업의 대주주가 되기 때문에 회계상 취득자는 비상장 우량기업이고, 피취득자가 SPAC이 되므로 역취득에 해당한다.[6] 결과적으로 비상장 우량기업이 SPAC을 통해 우회상장을 하게 되는데, 비상장 우량기업은 상장기업인 SPAC과 합병하였기 때문에 결국 상장기업이 되며, 합병 후 주가가 상승하면 SPAC에 투자했던 투자자들은 주식을 매각하여 차익을 얻음으로써 당초 투자 목적을 달성할 수 있다.

역취득의 대표적인 사례로 다음커뮤니케이션과 카카오의 합병을 들 수 있다. 2014년에 다음커뮤니케이션(상장기업)은 카카오(당시 비상장기업)를 합병하였는데, 역취득(역합병)에 해당하여 회계상으로 카카오가 다음커뮤니케이션을 합병한 것으로 회계처리하였다는 카카오㈜의 2014년 재무제표 주석의 일부를 소개하면 다음과 같다.

주석 공시 사례 1. 일반적 사항

> 주식회사 다음커뮤니케이션과 주식회사 카카오 양사는 2014년 5월 23일자 이사회 결의 및 2014년 8월 27일자 주주총회 합병승인을 통해 2014년 10월 1일자로 합병하였으며, 2014년 10월 31일자 주주총회에서 회사명을 "주식회사 다음카카오"로 변경하였습니다. 합병은 법률적으로 합병회사인 주식회사 다음커뮤니케이션이 피합병회사인 주식회사 카카오를 흡수합병하는 형식으로 피합병회사 1주당 합병회사 주식 1.5555137주를 발행하였습니다. 그러나 회계상으로는 주식회사 카카오가 주식회사 다음커뮤니케이션을 매수하는 역합병 형태의 사업결합으로 회계처리하였습니다.[7]

(2) 취득일의 결정

취득자는 취득일(acquisition date)을 식별해야 한다. 취득일이란 취득자가 피취득자에 대한

6) 실무의 편의를 위하여 2021년 8월에 유가증권시장 상장규정을 개정하여 SPAC 합병 시 비상장기업이 합병 존속기업이 될 수 있게 하였다. 즉, SPAC 소멸 방식의 합병 상장을 허용하였다.

7) 합병 전 다음커뮤니케이션의 대주주인 이재웅의 보유 지분율은 13.7%였고, 카카오 대주주인 김범수의 보유 지분율은 29%였는데 합병비율이 약 1:1.56 즉, 카카오 1주당 다음커뮤니케이션 주식 1.56주를 교부하는 것이므로 합병 후 김범수의 지분율이 월등히 높아져 회계상으로 역취득에 해당하여 카카오가 취득자로서의 회계처리를 수행한 것으로 이해하면 될 것이다.

지배력을 획득한 날을 말한다(1103:8). 합병 형태의 사업결합이라면 취득일에 취득자가 피취득자의 자산과 부채를 취득·인수하는 회계처리를 해야 하며, 지분 취득을 통한 지배·종속관계가 형성되는 사업결합이라면 취득일 이후에 발생한 종속기업의 수익과 비용을 포함하여 연결재무제표를 작성해야 한다. 따라서 취득일을 식별하는 것은 매우 중요하다.

일반적으로 지배력을 획득한 날은 취득자가 법적으로 대가를 이전하여 피취득자의 자산을 취득하고 부채를 인수한 날의 종료일이다. 그러나 취득자는 종료일보다 이른 날 또는 늦은 날에 지배력을 획득하는 경우도 있다(1103:9).

2.3 식별할 수 있는 취득 자산과 인수 부채의 인식과 측정

(1) 인식원칙

취득일 현재 취득자는 다음의 문단 11과 문단 12에서 요구하는 조건에 따라 식별할 수 있는 취득 자산과 인수 부채를 인식한다(1103:11,12).

문단 11
식별할 수 있는 취득 자산과 인수 부채는 취득일에 '재무보고를 위한 개념체계'의 자산과 부채의 정의를 충족하여야 한다.

문단 12
식별할 수 있는 취득 자산과 인수 부채는 별도 거래의 결과가 아니라 사업결합 거래에서 취득자와 피취득자(또는 피취득자의 이전 소유주) 사이에서 교환한 항목의 일부이어야 한다.

위의 문단 11에 따르면 취득일 현재 식별할 수 있는 취득 자산과 인수 부채는 '재무보고를 위한 개념체계(이하 '개념체계'라 함)'의 자산과 부채의 정의를 충족하여야 인식할 수 있다. 예를 들어, 피취득자의 영업활동 종료, 피취득자의 고용관계 종료, 피취득자의 종업원 재배치와 같은 계획의 실행에 따라 미래에 생길 것으로 예상하지만 의무가 아닌 원가는 취득일 현재 식별할 수 있는 부채가 될 수 없다.

그리고 위의 문단 12에 따르면 취득 자산과 인수 부채가 별도 거래의 결과가 아니라 사업결합거래에서 취득자와 피취득자(또는 피취득자의 이전 소유자) 사이에서 교환한 항목의 일부이어야 한다. 만약 취득자가 피취득자에게 지급한 대가에 사업결합대가 이외의 금액이 포함되어 있다면 이를 사업결합의 이전대가에서 제외하여 별도 거래로 회계처리한다. 별도 거래의 회계처리에 대해서는 2.5절에서 자세하게 설명하기로 하고, 본절에서는 취득자가 지급한 대가를 모두 사업결합의 이전대가로 보고 회계처리를 설명한다.

(2) 측정원칙

취득자는 식별할 수 있는 취득 자산과 인수 부채를 취득일의 공정가치(fair value)로 측정한다(1103:18). 이때 공정가치란 합리적인 판단력과 거래의사가 있는 독립된 당사자 사이의 거래에서 자산이 교환되거나 부채가 결제될 수 있는 금액을 말한다.[8)]

(3) '개념체계'의 자산과 부채의 정의 적용의 예외(문단 11의 예외)

전술한 인식원칙의 문단 11은 취득자가 취득일에 취득 자산과 인수 부채를 인식할 때 '개념체계'의 자산과 부채의 정의를 충족해야 한다고 요구하고 있다. 그런데 '개념체계'는 경제적 효익의 유입 또는 유출가능성을 고려하지 않고 경제적 자원이라는 개념에 기초하여 자산과 부채를 정의하기 때문에 취득일에 경제적효익의 유입 또는 유출가능성이 낮은 항목도 자산과 부채로 인식할 가능성이 있다.

국제회계기준위원회는 취득일에 개념체계에 기초하여 부채를 인식하였으나 취득일의 다음 날부터 개별 기준서를 적용할 경우 경제적 효익의 유출가능성이 낮다는 이유로 전날(즉, 취득일)에 인식했던 부채를 취소(환입)하면서 이익(Day 2 손익)을 인식하는 문제가 발생할 수 있다는 데 주목하였다. 특히 실무적으로 취득일 이후에 ① 기준서 제1037호 '충당부채, 우발부채, 우발자산'과 ② 해석서 제2121호 '부담금'을 적용하여 회계처리하는 부채에 대해서만 이러한 문제가 유의적이라고 판단하고, 이와 관련된 인식원칙의 예외를 추가하였다. 즉, 사업결합 취득일에 인수하는 기준서 제1037호 또는 해석서 제2121호[9)]의 적용 범위에 해당하는 (우발)부채는 '개념체계'의 정의를 적용하지 않고 기준서 제1037호의 충당부채 인식기준 또는 해석서 제2121호의 부담금부채 인식기준을 적용한다(1103:21B). 한편, 우발자산은 기준서 제1037호에서 자산으로 인식하지 못하도록 규정하고 있는데, 사업결합 취득일에도 우발자산은 인식조건을 충족하지 못한다는 것을 명확히 하였다(1103:23A).

(4) 인식원칙의 예외 – 우발부채

전술한 바와 같이 취득자는 취득일에 피취득자가 주석으로 공시한 우발부채에 대해서 '개념

8) 기준서 제1103호는 취득 자산과 인수 부채의 개별 과목별로 적용할 공정가치에 대한 세부적인 지침을 제시하고 있지 않기 때문에 기준서 제1113호 '공정가치 측정'에서 규정하고 있는 자산과 부채의 공정가치 측정방법을 적용하면 될 것이다.

9) 해석서 제2121호는 본장 보론에서 설명한다. 부담금은 법규에 따라 정부가 기업에 부과하여 경제적 효익을 갖는 자원이 유출되는 것으로 정의한다. 우리나라에서는 부담금관리기본법에 기초하여 부담금을 부과하는데, 기업은 의무발생사건이 발생하면 부담금부채를 인식한다.

체계'가 규정하는 부채의 정의를 적용하지 않고 기준서 제1037호의 인식기준을 적용한다. 그런데 사업결합과정에서 취득자가 가장 민감하게 고려하는 부분은 피취득자의 우발부채일 것이다. 왜냐하면 사업결합 후에 우발부채가 확정부채로 변경될 경우 취득자는 예상하지 못했던 부담을 질 수 있기 때문이다. 따라서 취득자는 피취득자의 우발부채를 취득일 현재 식별가능한 부채에 포함시킬 수 있다면 피취득자 순자산의 공정가치를 낮추어 취득자에게 유리한 방향으로 이전대가를 협상할 수 있을 것이다.

그런데 기준서 제1037호(문단 14)에 따르면 미래의 불확실한 지출에 대해서 ① 경제적효익이 내재된 자원의 유출가능성이 높고, ② 금액도 신뢰성 있게 추정할 수 있어야 한다는 2가지 조건을 모두 충족해야 충당부채를 인식할 수 있고, 2가지 조건 중 하나라도 충족하지 않으면 우발부채로 구분하여 주석으로 공시해야 하므로 취득자가 피취득자의 우발부채를 식별할 수 있는 부채에 포함시키는 것이 쉽지 않을 것이다. 따라서 기준서 제1103호(문단 23)는 이러한 취득자의 입장을 고려하여 경제적효익이 내재된 자원의 유출가능성이 높지 않더라도 금액을 신뢰성 있게 추정할 수 있다면 이를 취득일 현재 식별할 수 있는 부채에 포함시킬 수 있도록 인식원칙의 예외를 허용한다.

예제 3 우발부채의 인식

20×1년 초에 갑회사는 을회사와 사업결합을 하였으며, 취득자는 갑회사이다. 다음은 취득일 현재 을회사 자산과 부채의 장부금액과 공정가치, 그리고 추가 정보이다.

과목	장부금액	공정가치
현금및현금성자산	₩20,000	₩20,000
재 고 자 산	60,000	70,000
유 형 자 산	350,000	400,000
무 형 자 산	100,000	110,000
자 산 총 계	₩530,000	
매 입 채 무	₩40,000	₩40,000
단 기 차 입 금	160,000	160,000
충 당 부 채	70,000	70,000
자 본 금	200,000	
이 익 잉 여 금	60,000	
부채 · 자본 총계	₩530,000	

〈추가 정보〉

(1) 을회사가 미래 자원의 유출가능성이 높지 않다고 판단하여 충당부채로 인식하지 않고 주석으로 공시한 우발부채가 있는데, 취득일 현재 신뢰성 있게 추정한 공정가치는 ₩8,000이다.

(2) 사업결합의 결과 미래에 ₩15,000의 손실이 발생할 것으로 예상하였다.

물음

1. 사업결합에서 갑회사가 인식하는 을회사의 순자산의 공정가치를 계산하라.

2. 사업결합의 이전대가로 갑회사 주식(액면총액 ₩300,000, 공정가치 ₩400,000)을 발행·교부하였을 때 취득일에 갑회사가 해야 할 회계처리를 하라.

해답

1.

과목	식별할 수 있는 자산·부채의 공정가치
현금및현금성자산	₩20,000
재고자산	70,000
유형자산	400,000
무형자산	110,000
매입채무	(40,000)
단기차입금	(160,000)
충당부채	(78,000)(1)
순자산의 공정가치	₩322,000(2)

(1) 우발부채의 공정가치를 ₩8,000으로 신뢰성 있게 측정할 수 있으므로 자원의 유출가능성이 높지 않더라도 식별할 수 있는 부채(충당부채)에 포함한다.

(2) 미래의 예상손실은 취득자의 의무가 아니므로 인식원칙을 충족하지 못한다.

2.

(차)		(대)	
현금및현금성자산	20,000	매입채무	40,000
재고자산	70,000	단기차입금	160,000
유형자산	400,000	충당부채	78,000
무형자산	110,000	자본금	300,000
영업권	78,000(1)	주식발행초과금	100,000

(1) 영업권 = ₩400,000(이전대가) − 322,000(순자산의 공정가치) = ₩78,000

(5) 측정원칙의 예외

취득 자산과 인수 부채를 취득일의 공정가치로 측정해야 한다는 측정원칙의 예외를 허용하는 항목에는 ① 다시 취득한 권리, ② 주식기준보상 및 ③ 매각예정자산이 있다.

1) 다시 취득한 권리

취득자가 사업결합 이전에 자신의 자산을 사용하도록 피취득자에게 부여했던 권리를 사업결합과정에서 다시 취득할 수 있다. 예를 들어, 프랜차이즈 약정 또는 기술라이선스 약정에 따라 취득자의 상표명이나 기술을 사용할 수 있는 권리를 다른 회사에게 이전하였는데, 그 다른 회사를 피취득자로 사업결합할 경우 취득자는 당초 이전했던 권리를 다시 취득하게 된다.

다시 취득한 권리도 취득자가 인식하는 식별할 수 있는 무형자산이다. 그런데 다시 취득한 권리는 잔여계약기간이 종료되면 소멸할 것이므로 다소 변형된 공정가치 측정방법을 적용할 필요가 있다. 즉, 계약갱신을 고려하지 않고 사업결합일 현재 남아 있는 계약기간에 기초하여 다시 취득한 권리의 가치를 측정하므로 이는 공정가치 측정의 예외에 해당한다.

다시 취득한 권리에서 발생하는 계약상의 조건이 같거나 비슷한 항목에 대한 현행시장거래의 조건과 비교하여 유리하거나 불리할 경우 취득자는 사업결합과 별도로 그 계약을 사실상 정산하는 것으로 보고 정산차손익을 인식한다(1103:B36,B53). 이러한 회계처리는 2.5절의 (예 4)와 (예 5)에서 더 자세하게 설명하기로 하고, 일단 다음의 (예 1)을 통하여 기본적인 회계처리를 제시한다.

예 1 다시 취득한 권리에 대한 정산차손익의 인식

갑회사는 프랜차이즈 권리를 부여한 을회사를 사업결합하고자 한다. 취득일 현재 을회사 순자산의 공정가치는 ₩5,000(여기에 프랜차이즈 권리의 현행 시장 조건의 공정가치 ₩1,800 포함)이고 이전대가로 현금 ₩6,000을 지급할 경우 취득자인 갑회사는 프랜차이즈의 현행 시장거래조건을 비교하여 다음과 같이 회계처리한다.

(1) 프랜차이즈 권리의 공정가치가 현행 시장거래조건과 동일한 경우

<사업결합거래>

(차) 순 자 산	5,000	(대) 현 금	6,000
영 업 권	1,000		

(2) 프랜차이즈 권리의 공정가치가 현행 시장거래조건보다 ₩300 불리한 경우

프랜차이즈 권리가 갑회사에게 ₩300만큼 불리하다는 의미는 프랜차이즈 권리의 공정가치가 현행 시장거래조건보다 ₩300만큼 더 많아 갑회사가 사업결합을 하면서 대가를 ₩300만큼 더 지급했다는 것을 의미한다. 이때 ₩300은 사업결합 이전대가가 아니므로 프랜차이즈 계약을 정산하는 과정에서 발생한 정산손실로 별도 인식하고, 사업결합 이전대가를 ₩6,000에서 ₩300을 차감한 ₩5,700으로 하여 사업결합거래를 회계처리한다.

<별도 거래 : 다시 취득한 권리에 대한 정산손익의 인식>

(차)	정 산 손 실	300	(대) 현 금	300

<사업결합거래>

(차)	순 자 산	5,000	(대) 현 금	5,700
	영 업 권	700		

(3) 프랜차이즈 권리의 공정가치가 현행 시장거래조건보다 ₩200 유리한 경우

프랜차이즈 권리가 갑회사에게 ₩200만큼 유리하다는 의미는 프랜차이즈 권리의 공정가치가 현행 시장거래조건보다 ₩200만큼 더 적어 갑회사가 사업결합을 하면서 대가를 ₩200만큼 덜 지급했다는 것을 의미한다. 이때 ₩200을 프랜차이즈 계약을 정산하는 과정에서 발생한 정산이익으로 별도 인식하고, 사업결합 이전대가를 ₩6,000에 ₩200을 가산한 ₩6,200으로 하여 사업결합거래를 회계처리한다.

<별도 거래 : 다시 취득한 권리에 대한 정산손익의 인식>

(차)	현 금	200	(대) 정 산 이 익	200

<사업결합거래>

(차)	순 자 산	5,000	(대) 현 금	6,200
	영 업 권	1,200		

정산손익의 인식과 관계없이 갑회사가 취득일에 인식하는 을회사의 순자산에는 다시 취득한 프랜차이즈 권리 ₩1,800이 포함되며, 잔여기간 동안 상각한다(5.1절 설명 참조).

---

2) 주식기준보상

기준서 제1102호 '주식기준보상'은 주식결제형 주식기준보상거래를 공정가치로 측정하도록 요구하고 있으나, 이때의 공정가치는 기준서 제1103호에서 규정하는 공정가치와 다소 차이가 있다. 왜냐하면 사업결합 시 인식하는 주식기준보상에 대해서 기준서 제1103호의 공정가치 측정을 요구하면 주식기준보상의 다양한 가득조건(용역제공조건이나 비시장조건 등) 때문에 공정가치 측정이 쉽지 않기 때문이다.

이에 기준서 제1103호는 사업결합 시 인식하는 주식기준보상을 기준서 제1102호에 따라 측정(변형된 부여일 측정방법)하도록 측정원칙의 예외를 허용하고 있다. 즉, 주식기준보상의 공정가치는 부여된 가득조건 중 시장조건만 고려하고 용역제공조건이나 비시장조건은 고려하지 않는 변형된 부여일 측정방법을 적용하도록 규정하고 있다. 또한 현금결제형 주식기준보상 거래의 공정가치를 측정할 때에도 가득조건으로 부여된 비시장조건은 고려하지 않도록 하고 있다.

3) 매각예정자산

기준서 제1105호 '매각예정비유동자산과 중단영업'에 따르면 매각예정으로 분류되는 비유동자산(또는 처분자산집단)을 매각예정분류일에 순공정가치와 장부금액 중 적은 금액으로 측정하여야 한다(1105:15). 그런데 사업결합으로 취득한 자산(또는 처분자산집단)이 매각예정분류 기준을 충족할 경우 기준서 제1103호에 따라 사업결합일에 당해 자산(또는 처분자산집단)을 공정가치로 측정하면, 사업결합 직후 기준서 제1105호에 따라 순공정가치(순공정가치는 공정가치에서 매각부대비용을 차감한 금액임)와 장부금액(여기에서는 사업결합일에 공정가치로 측정한 금액임) 중 적은 금액으로 재측정해야 하므로 매각부대비용만큼 손실(Day 2 loss)을 인식하는 문제가 발생한다(1103:BC305).

이러한 문제를 해결하기 위하여 기준서 제1103호에서 취득일에 매각예정으로 분류한 자산(또는 처분자산집단)은 예외적으로 공정가치가 아니라 순공정가치로 측정한다(1103:30).

(6) 인식원칙과 측정원칙 모두 예외 항목

인식원칙과 측정원칙의 두 가지 모두에 대해서 예외를 허용하는 항목에는 ① 법인세, ② 종업원급여, ③ 보상자산 및 ④ 리스계약에 따라 인식하는 사용권자산과 리스부채가 있다.

1) 법인세

기준서 제1012호 '법인세'에서는 영업권과 관련된 가산할 일시적차이에 대해서 이연법인세부채를 인식하지 않으며, 이연법인세자산(부채)을 미래 현금흐름의 현재가치로 측정하지 않는 등 기준서 제1103호의 인식원칙 및 측정원칙과 다른 점이 있다. 이에 기준서 제1103호는 법인세와 관련하여 인식원칙과 측정원칙 모두 예외를 허용한다.

아래에서는 인식과 측정의 예외뿐만 아니라 사업결합과정에서 유의해야 할 이연법인세자산·부채의 전반적인 회계처리도 설명한다.

① 식별할 수 있는 취득 자산 및 인수 부채의 일시적차이

사업결합거래에 대해서는 이연법인세의 인식 예외(1012:15,24)가 적용되지 않으므로 사업결합과정에서 발생한 일시적차이에 대해서 이연법인세자산 또는 부채를 인식하여야 한다.[10] 즉, 취득자가 피취득자로부터 취득·인수하는 자산·부채의 공정가치가 세무기준액과 다르다면 일시적차이가 발생하므로 취득자는 취득일에 이연법인세자산·부채를 인식하여야 한다.[11]

이렇게 취득일에 이연법인세자산·부채를 인식하면 잔여액으로 결정되는 영업권 또는 염가매수차익이 변동된다(1012:19,66). 예를 들어, 취득일에 이연법인세를 고려하지 않고 인식한 영업권이 ₩500인데 이전대가의 변동 없이 이연법인세부채를 ₩100 인식해야 한다면, 피취득자 순자산의 공정가치가 ₩100만큼 감소하므로 잔여액으로 결정되는 영업권이 ₩500에서 ₩600으로 증가하게 된다.

② 영업권의 일시적차이에 대한 이연법인세부채의 인식 예외

세법은 사업결합과정에서 인식하는 영업권의 전부 또는 일부를 자산으로 인정하지 않기 때문에(즉, 영업권의 세무기준액이 0이므로) 가산할 일시적차이가 발생한다. 그러나 영업권과 관련된 가산할 일시적차이에 대해서는 예외적으로 이연법인세부채를 인식하지 않는다(1012:15).

영업권과 관련된 가산할 일시적차이에 대해서 이연법인세부채를 인식하면 잔여금액으로 결정되는 영업권이 그만큼 증가하므로 증가한 영업권만큼 가산할 일시적차이가 또 발생하고, 여기에 대해서 이연법인세부채를 인식하면 영업권이 다시 증가하여 가산할 일시적차이가 또 발생하는 순환문제가 발생한다. 따라서 이러한 문제를 피하기 위하여 국제회계기준은 영업권과 관련된 가산할 일시적차이에 대해서 이연법인세부채를 인식하지 않는 예외 규정을 두고 있다. 이와 같이 영업권을 최초 인식할 때 이연법인세부채를 인식하지 않으므로 추후에 영업권에 대해서 손상차손을 인식하더라도 이연법인세와 관련된 회계처리는 필요하지 않다.

---

10) 이연법인세자산 및 부채의 인식 예외는 중급회계에서 설명한 바 있는데, 간략하게 설명하면 다음과 같다. ① 사업결합에 해당하지 않고, ② 거래 당시 회계이익과 과세소득(세무상 결손금)에 영향을 미치지 않으며, ③ 거래 당시 동일한 금액으로 가산할 일시적차이와 차감할 일시적차이를 생기게 하지 않으면, 일시적차이에 대해서 이연법인세자산이나 부채를 인식하지 않는다.

11) 예를 들어, 자산의 공정가치가 세무기준액보다 많고 그 차이가 일시적차이라면, 당기 세무조정 시 자산의 공정가치를 세무기준액으로 조정하기 때문에 (−)일시적차이가 발생하는데, 이는 미래에 가산할 일시적차이이므로 당기 말에 이연법인세부채를 인식한다. 구체적인 이연법인세의 회계처리는 중급회계 책에서 복습하길 바란다.

③ 피취득자로부터 승계한 세무상 결손금

취득법에서는 피취득자의 자산과 부채만을 취득·인수하기 때문에 피취득자의 이익잉여금 또는 결손금은 취득대상이 될 수 없다. 그러나 사업결합이 세무상 적격합병에 해당하는 경우에는 취득자가 피취득자의 세무상 결손금을 승계할 수 있다.[12)]

취득자가 피취득자로부터 세무상 결손금을 승계하면 취득 후 발생할 과세소득에서 이를 공제할 수 있으므로 미래의 법인세 부담을 감소시킬 수 있다. 따라서 피취득자로부터 승계한 세무상 결손금의 미래 실현가능성이 높을 경우(즉, 세무상 결손금을 미래의 과세소득에서 공제하여 법인세 부담을 낮출 가능성이 높을 경우) 취득자는 그 결손금에 대해서 이연법인세자산을 인식한다. 이렇게 이연법인세자산을 인식하는 것은 사업결합 거래의 일부이므로 그만큼 영업권이나 염가매수차익이 변동된다.

④ 취득자의 세무상 결손금

사업결합으로 인하여 취득자의 세무상 결손금의 미래 실현가능성이 변동하는 경우도 있을 것이다. 예를 들어, 취득자가 과거에 당기순손실이 발생하여 미사용 세무상 결손금이 있는데, 미래 실현가능성이 낮다고 판단하여 이연법인세자산을 인식하지 않았다고 가정하자. 그런데 취득자가 사업결합을 함으로써 미래의 과세소득이 증가하여 미사용 세무상 결손금을 공제할 가능성이 높아질 것으로 판단한다면, 사업결합이 이루어진 기간에 이연법인세자산을 인식할 수 있다. 이와 반대로 취득자가 미사용 세무상 결손금에 대해서 이연법인세자산을 인식하였는데, 사업결합으로 인하여 세무상 결손금의 미래 실현가능성이 낮아질 것으로 판단한다면, 이미 인식한 이연법인세자산을 감소시켜야 할 것이다.

그런데 사업결합으로 인하여 취득자의 세무상 결손금의 미래 실현가능성이 변동하여 이연법인세자산을 증가 또는 감소시킬 경우 이는 사업결합 거래의 일부가 아니므로 별도로 회계처리한다(즉, 취득일에 인식하는 영업권이나 염가매수차익에 영향을 주지 않는다).[13)]

⑤ 적용 세율

취득자와 피취득자의 과세당국이 상이하여 적용 세율이 다를 경우 사업결합과정에서 발생한 일시적차이에 대한 이연법인세자산·부채는 관련 자산 또는 부채를 보유하는 기업에 적용되는 세율로 측정한다. 예를 들어, 합병의 경우 피합병법인은 법적으로 소멸하기 때문에 합병

12) 우리나라의 법인세법에서는 피취득자의 세무상 결손금을 승계할 수 있는 적격합병의 요건을 규정하고 있는데, 본서에서는 여기에 대한 설명을 생략하기로 한다. 세무상 결손금과 재무상태표의 결손금은 일치하지 않는 경우가 많다.

13) 취득자가 사업결합이 발생한 보고기간 말(취득일이 아님)에 법인세비용을 인식할 때 이연법인세자산의 증감을 반영한다.

과정에서 발생한 일시적차이에 대한 이연법인세는 합병법인에 적용되는 세율로 측정한다. 그러나 제2장부터 설명할 연결재무제표의 경우에는 종속기업이 법적으로 소멸하지 않으므로 종속기업의 자산과 부채를 연결하면서 발생한 일시적차이에 대한 이연법인세(연결재무제표에 표시되는 이연법인세를 말함)는 종속기업에 적용되는 세율로 측정한다(제6장 2절의 설명 참조).

예 2 취득자와 피취득자의 세율이 다른 경우 이연법인세의 측정

갑회사(적용 세율 30%)는 소재국이 다른 을회사(적용 세율 20%)와 사업결합을 하였으며 취득자는 갑회사이다. 을회사 자산과 부채의 공정가치와 세무기준액은 다음과 같다.

과목	공정가치	세무기준액
자산	₩52,000	₩45,000
부채	38,000	36,000

갑회사는 이전대가로 ₩20,000의 현금을 지급하였다.

이연법인세를 고려하지 않은 취득일의 회계처리는 다음과 같다.

(차)	자　　　산	52,000	(대) 부　　　채	38,000
	영　업　권	6,000	자 산 (현 금)	20,000

이연법인세를 고려한 취득일의 회계처리는 다음과 같다(단, 이연법인세자산과 이연법인세부채를 구분하여 표시함). 이연법인세자산·부채는 갑회사의 적용세율로 인식한다.

(차)	자　　　산	52,000	(대) 부　　　채	38,000
	이연법인세자산	600(2)	이연법인세부채	2,100(1)
	영　업　권	7,500	자 산 (현 금)	20,000

(1) (₩52,000－45,000)×30%＝₩2,100
(2) (₩38,000－36,000)×30%＝₩600

만약 ₩7,500으로 인식한 영업권의 세무기준액이 ₩0이라면 영업권에 대해서 가산할 일시적차이 ₩7,500이 발생한다. 이때 가산할 일시적차이 ₩7,500에 30%를 곱한 ₩2,250만큼 이연법인세부채를 인식하면 잔여액으로 결정되는 영업권도 ₩7,500에서 ₩9,750으로 증가하여 가산할 일시적차이 ₩2,250이 또 발생하고, 여기에 이연법인세부채를 인식하면 영업권이 또 증가하는 순환문제가 발생한다. 따라서 앞에서 설명한 바와 같이 영업권에 대한 가산할 일시적차이에 대해서는 예외적으로 이연법인세부채를 인식하지 않는다.

예제 4 세무상 결손금 관련 이연법인세

20×1년 초에 갑회사는 을회사와 사업결합을 하였으며, 취득자는 갑회사이다. 다음은 취득일 현재 을회사 자산과 부채의 장부금액과 공정가치, 그리고 추가 정보이다.

과목	장부금액	공정가치
현 금	₩20,000	₩20,000
유 형 자 산	170,000	250,000
자 산 총 계	₩190,000	
미 지 급 비 용	₩40,000	40,000
자 본 금	200,000	
결 손 금	(50,000)	
부채·자본 총계	₩190,000	

〈추가 정보〉

(1) 취득일 현재 을회사의 재무상태표상 결손금 ₩50,000 중 세무상 결손금은 ₩40,000이다.[14)]

(2) 취득일 현재 을회사 자산과 부채의 장부금액은 세무기준액과 동일하다.

(3) 갑회사에게 적용될 세율은 25%이고, 을회사에 적용될 세율은 20%이다.

(4) 이전대가로 갑회사는 갑회사 주식(액면총액 ₩200,000, 공정가치 ₩300,000)을 발행·교부하였다.

물음

1. 사업결합이 적격합병에 해당하지 않아 을회사의 세무상 결손금을 승계하지 않는다. 이연법인세를 고려하여 갑회사가 취득일에 해야 할 회계처리를 하라.
2. 사업결합이 적격합병에 해당하여 을회사의 세무상 결손금을 승계하며, 세무상 결손금의 미래 실현 가능성이 높다고 판단하였다. 이연법인세를 고려하여 갑회사가 취득일에 해야 할 회계처리를 하라.
3. (물음 2)와 관련하여 취득일에 갑회사는 과거에 발생한 세무상 결손금 ₩20,000이 있었는데, 여기에 대해서 이연법인세자산을 인식하지 않았다. 그러나 20×1년 초 을회사와의 사업결합으로 인하여 ₩20,000의 세무상 결손금의 미래 실현가능성이 높아졌다고 판단하였을 때 이와 관련하여 갑회사가 어떤 회계처리를 해야 하는지 설명하라.

14) 세무상 결손금과 회계상 결손금은 일치하지 않는 것이 일반적이다.

해답

1. (차) 현금 20,000 (대) 미지급비용 40,000
유형자산 250,000 이연법인세부채 20,000[1]
영업권 90,000 자본금 200,000
주식발행초과금 100,000

(차)		(대)	
현금	20,000	미지급비용	40,000
유형자산	250,000	이연법인세부채	20,000[1]
영업권	90,000	자본금	200,000
		주식발행초과금	100,000

(1) 유형자산의 가산할 일시적차이에 대한 이연법인세부채
=(₩250,000－170,000)×25%＝₩20,000

2.

(차)		(대)	
현금	20,000	미지급비용	40,000
유형자산	250,000	이연법인세부채	20,000
이연법인세자산	10,000[1]	자본금	200,000
영업권	80,000	주식발행초과금	100,000

(1) ₩40,000(갑회사가 승계한 을회사 세무상 결손금)×25%＝₩10,000

3. 갑회사(취득자)의 세무상 결손금의 미래 실현가능성이 사업결합으로 인하여 변동하더라도 이는 사업결합거래의 일부가 아니다. 따라서 사업결합 회계처리와는 별도로 20×1년 말에 이연법인세자산 ₩5,000(₩20,000×25%)을 인식한다. 이로 인해 법인세비용은 ₩5,000 감소할 것이다.

---

2) 종업원급여

국제회계기준위원회는 종업원급여를 측정원칙에서만 예외로 식별할 것을 고려하였으나, 전술한 이연법인세자산·부채에 대해서 적용한 논리와 동일한 논리를 종업원급여에도 적용하였다. 즉, 사업결합과정에서 인식하는 종업원급여와 관련된 부채를 기준서 제1019호 '종업원급여'에 따라 인식하고 측정한다는 것을 명확하게 하기 위하여 종업원급여에 대해 기준서 제1103호의 인식원칙과 측정원칙의 적용을 모두 면제하였다(1103:BC297).

기준서 제1019호는 종업원급여를 단기종업원급여, 퇴직급여, 기타장기종업원급여 및 해고급여로 구분하는데, 퇴직급여 중 확정급여제도 하에서의 사외적립자산을 공정가치로 측정하는 것을 제외하고 공정가치 측정을 요구하지 않는다.

3) 보상자산

사업결합에서 매도자(피취득자)가 취득자에게 특정 자산이나 부채의 전부 또는 일부와 관련된 우발상황이나 불확실성의 결과에 대하여 보상을 하기로 계약을 하는 경우가 있다. 예를 들어, 취득일 현재 매도자가 피고로 계류 중인 소송사건에 대하여 취득일 이후 발생하는 소송

사건의 정산비용을 피취득자가 취득자에게 지급하기로 하는 경우가 여기에 해당한다. 이때 취득자는 취득일에 식별할 수 있는 자산으로 보상자산(indemnification assets)을 인식한다. 보상자산은 취득일 현재 피취득자와 관련하여 존재하는 우발상황이나 불확실성이 향후 해소됨에 따라 취득 자산의 가치가 감소되거나 인수 부채가 증가할 위험이 있는 경우 취득자가 자신을 방어하기 위하여 피취득자에게 보상을 요구함으로써 발생하는 것이 일반적이다.

보상자산은 인식원칙과 측정원칙 모두의 예외를 인정하는 항목이다. 왜냐하면 취득자는 취득일에 보상대상항목(즉, 부채)을 인식하는 경우에만 보상자산을 인식하며, 무조건 공정가치로 측정하는 것이 아니라 보상대상항목과 동일한 근거로 측정하기 때문이다.

① 보상자산의 인식

취득일에 보상대상항목을 인식하는 경우에만 보상자산을 인식하며, 보상대상항목을 인식하지 않으면 보상자산도 인식하지 않는다. 예를 들어, 피취득자의 우발부채에 대한 보상약정이 있는 경우 취득자가 우발부채의 공정가치를 신뢰성 있게 측정할 수 있어 이를 식별할 수 있는 부채로 인식한다면 보상자산도 인식한다. 그러나 취득자가 우발부채의 공정가치를 신뢰성 있게 측정할 수 없어 이를 식별할 수 있는 부채로 인식하지 않는다면 보상자산도 인식하지 않는다.

② 보상자산의 측정

보상자산은 관련되는 보상대상항목과 동일한 근거로 측정한다. 예를 들어, 보상대상항목이 공정가치로 측정된 자산이나 부채와 관련되어 있다면 취득자는 취득일의 보상자산을 공정가치로 측정하여 인식한다. 이 경우 공정가치로 측정한 보상자산의 경우 회수가능성으로 인한 미래현금흐름의 불확실성의 효과가 이미 공정가치 측정에 포함되었으므로 별도의 평가충당금은 인식하지 않는다(1103:27). 그러나 보상대상항목을 공정가치로 측정하지 않을 경우 보상자산도 공정가치로 측정하지 않는데, 이 경우에는 보상자산의 회수가능성을 검토하여 평가충당금을 인식한다(1103:57).

예제 5 보상자산의 회계처리

A회사는 B회사를 현금 ₩1,200의 이전대가를 지급하고 합병하였다. 합병일 현재 B회사의 식별가능 자산과 부채의 공정가치는 각각 ₩5,000과 ₩4,000이다. 단, B회사 자산과 부채의 공정가치에는 아래의 독립적인 물음의 우발상황이나 불확실성이 제외되어 있다.

물음

1. 취득일 현재 B회사는 소송의 피고로 계류 중인 사건이 존재하는데, 소송의 원고는 ₩200의 피해보상을 주장하였다. 만약 B회사가 패소할 경우 B회사의 이전 주주는 A회사에게 ₩100을 한도로 보상을 해주는 약정을 하였다. A회사는 소송에 따른 우발부채의 공정가치를 ₩80으로 결정하였으며, B회사 주주의 현금지불능력을 고려할 때 보상받을 금액의 공정가치도 ₩80으로 판단하였다. 취득일에 A회사가 해야 할 사업결합의 회계처리를 하라.
2. 취득일 현재 B회사는 법인세 추납에 대하여 과세당국과 조세쟁송 중에 있다. A회사는 조세쟁송의 결과 현금의 유출가능성이 높다고 판단하였고, 기준서 제1012호에 따라 측정한 최선의 추정치를 ₩50으로 예상하였다. 만일 과세당국이 법인세 추납액을 ₩50으로 확정한다면 B회사의 이전 주주는 A회사에게 ₩50을 전액 지불하기로 약정을 하였는데, B회사의 이전 주주의 현금지불능력은 ₩45라고 판단하였다. 취득일에 A회사가 해야 할 사업결합의 회계처리를 하라.
3. 취득일 현재 B회사가 개발한 신제품에 대해서 특허권 침해를 이유로 손해배상 소송의 피고로 소송이 진행 중이다. B회사는 사업결합 후에 소송이 종결되어 A회사가 배상금을 지급하게 될 경우 A회사에게 ₩150을 한도로 보상을 해주기로 약정하였다. A회사는 취득일 현재 특허권 침해 소송에 대한 우발부채의 공정가치를 신뢰성 있게 측정할 수 없다고 판단하고, 이를 식별할 수 있는 부채에서 제외하였다. 취득일에 A회사는 보상과 관련된 약정을 어떻게 회계처리해야 하는지 설명하라.

해답

1. A회사는 취득일에 존재하는 소송관련 부채에 대하여 보상을 받을 수 있으므로 이는 보상자산에 해당하며, 우발부채(보상대상항목)를 공정가치로 인식하기 때문에 관련 보상자산도 공정가치로 인식한다. 우발부채의 공정가치 ₩80은 약정의 보상한도 ₩100의 이내에 있으므로 A회사는 ₩80을 우발부채와 보상자산으로 각각 인식한다. 한편, 보상금액의 회수가능성은 이미 공정가치 산정액 ₩80에 반영되어 있으므로 별도로 평가충당금을 인식하지 않는다.

(차) 자 산	5,080[(1)]	(대) 부 채	4,080[(2)]
영 업 권	200	현 금	1,200

(1) ₩5,000 + 80(보상자산) = ₩5,080
(2) ₩4,000 + 80(보상대상항목, 식별가능 우발부채) = ₩4,080

(물음 1)에서 만약 B회사가 패소할 경우 B회사의 이전 주주가 A회사에게 ₩100을 한도로 보상해주는 약정을 체결하였는데, 우발부채의 공정가치가 ₩120이라면 식별할 수 있는 부채 ₩120, 보상자산 ₩100을 인식한다((예제 8)의 <상황 1>의 해답 참조).

(차) 자 산	5,100[(1)]	(대) 부 채	4,120[(2)]
영 업 권	220	현 금	1,200

(1) ₩5,000 + 100(보상자산) = ₩5,100
(2) ₩4,000 + 120(보상대상항목, 식별가능 우발부채) = ₩4,120

2. 기준서 제1012호에는 법인세와 관련된 자산이나 부채를 공정가치로 측정하도록 하는 규정이 없다. 따라서 A회사는 법인세와 관련된 부채를 공정가치로 인식하지 않고, 기준서 제1012호에 따라 ₩50으로 인식해야 한다. 기준서 제1012호에 따라 측정한 보상대상항목의 최선의 추정치가 ₩50이므로 관련된 보상자산도 동일한 근거로 측정하여 ₩50으로 인식한다. 다만, 상기 보상자산이 공정가치로 측정되지 않았으므로 회수불확실한 ₩5(₩50 − 45)만큼 평가충당금을 인식한다.

(차)	자산	5,050[(1)]	(대)	부채	4,050[(2)]
	영업권	205		평가충당금	5
				현금	1,200

(1) ₩5,000 + 50(보상자산) = ₩5,050
(2) ₩4,000 + 50(보상대상항목) = ₩4,050

3. A회사는 피취득자의 우발부채를 식별할 수 있는 부채로 인식하지 않았다. 즉, 보상대상항목을 인식하지 않았기 때문에 관련되는 보상자산도 인식하지 않는다.

4) 피취득자가 체결한 리스계약

사업결합으로 취득자는 피취득자가 체결한 리스계약을 그대로 승계할 수 있다. 이때 피취득자가 리스제공자인지, 아니면 리스이용자인지에 따라 취득자의 회계처리가 달라진다.

① 피취득자가 리스제공자로서 체결한 리스계약

피취득자가 리스제공자로서 체결한 리스계약은 당초 리스약정일을 기준으로 피취득자가 운용리스 또는 금융리스로 분류했던 것을 취득자가 그대로 유지한다. 다만, 취득자는 당초 피취득자가 분류한 리스계약이 운용리스인지 아니면 금융리스인지에 따라 취득일의 회계처리가 달라지는데, 이를 요약하면 [표 3]과 같다.

| 표 3 | 피취득자가 리스제공자로서 체결한 리스계약의 취득자 회계처리

피취득자의 구분	취득자의 회계처리
운용리스 제공자인 경우	운용리스 대상 기초자산을 공정가치로 인식
금융리스 제공자인 경우	리스계약의 잔여리스료에 대해서 금융리스채권을 인식

[표 3]에서 보는 바와 같이 피취득자가 운용리스 제공자인 경우, 취득자는 피취득자의 운용리스 대상 기초자산(운용리스자산)을 공정가치로 인식하되 리스계약이 시장조건보다 유리하거나 불리한 조건이더라도 별도의 자산이나 부채를 인식하지 않는다(1103:B42). 왜냐하면 리스 조건이 유리하거나 불리할 경우 취득자가 인식할 운용리스 대상 기초자산의 공정가치 측정에 반영될 것이기 때문이다. 즉, 유리(또는 불리)한 조건이라면 기초자산의 공정가치가 그러한 조건이 없는 경우에 비해 더 높게(또는 낮게) 측정될 것이다.

한편, 피취득자가 금융리스 제공자인 경우, 취득자는 피취득자가 제공하고 있는 리스계약의 잔여리스료에 대해서 기준서 제1116호 '리스'에 따라 금융리스채권을 인식한다.[15)]

② 피취득자가 리스이용자로서 체결한 리스계약

기준서 제1116호 '리스'에 따르면 단기리스나 소액 기초자산 리스에 대해서 리스이용자는 사용권자산과 리스부채의 인식면제를 선택할 수 있다. 따라서 피취득자가 리스이용자로서 체결한 리스계약이 단기리스나 소액 기초자산 리스에 해당하는지의 여부에 따라 취득자의 회계처리가 달라진다. 취득자의 회계처리를 요약하면 [표 4]와 같다.

| 표 4 | 피취득자가 리스이용자로서 체결한 리스계약의 취득자 회계처리

피취득자가 체결한 리스계약	취득자의 회계처리
기초자산이 인식면제 대상이고 취득자가 인식면제를 선택한 경우	사용권자산과 리스부채를 인식하지 않음
그 이외의 경우	취득일에 새로운 리스인 것처럼 측정

취득자가 사업결합과정에서 피취득자가 체결한 리스계약을 승계하는데, 취득자는 사업결합 취득일을 기준으로 그 리스계약이 단기리스이거나 소액 기초자산 리스에 해당하는지 판단한다. 만약에 피취득자로부터 승계한 리스계약이 인식면제 대상에 해당하고 취득자가 인식면제를 선택한다면 취득자는 사용권자산과 리스부채를 인식하지 않는다. 사업결합에서 취득자가 피취득자의 리스계약을 취득하여 리스이용자가 되는 경우 취득자로 하여금 무조건 사용권자산과 리스부채를 인식하도록 하면, 취득일 현재 중요성이 적은 단기리스나 소액 기초자산 리스에 대해서도 자산과 부채를 인식해야 하는 번거로움이 있으므로 취득자가 사용권자산과 리스

15) 기준서 제1116호에 따르면 금융리스채권의 최초 측정치는 리스료의 현재가치와 무보증잔존가치의 현재가치의 합계액이며, 이 금액은 리스자산의 공정가치와 리스개설직접원가를 더한 금액과 동일하다. 따라서 사업결합 시 취득자가 인식할 금융리스채권은 취득일 현재 당해 리스자산의 공정가치(이 경우 리스개설직접원가는 없을 것임)와 같은 금액일 것이다.

부채의 인식면제를 선택할 수 있도록 기준서 제1103호에서 인식원칙의 예외를 허용하고 있다.

한편, 피취득자가 체결한 리스가 단기리스 또는 소액 기초자산 리스에 해당하더라도 취득자가 인식면제를 선택하지 않거나, 단기리스 또는 소액 기초자산 리스에 해당하지 않는다면, 취득자는 취득일에 새로운 리스인 것처럼 측정한다. 즉, 취득일에 나머지 리스료의 현재가치로 리스부채를 측정하고[16] 같은 금액으로 사용권자산을 측정한다. 다만, 시장조건에 비해 유리하거나 불리한 리스 조건이 있다면 이를 반영하기 위해 사용권자산을 조정한다(1103:28B). 사용권자산을 조정하는 금액만큼 리스부채를 조정하지는 않으므로 사용권자산의 조정액은 잔여액으로 결정되는 영업권(또는 염가매수차익)에 반영될 것이다.

전술한 바와 같이 취득일에 새로운 리스인 것처럼 나머지 리스료의 현재가치로 리스부채를 측정하는데, 이렇게 측정한 리스부채는 일반적인 공정가치와 다를 수 있으며, 시장조건과 비교하여 유리하거나 불리한 리스 조건을 조정한 후의 금액도 공정가치와 다를 수 있다. 이와 같이 리스 기준서의 독특한 측정 규정을 사업결합에 적용하기 위해서 기준서 제1103호에서 측정원칙의 예외도 허용하는 것이다.

예 3 피취득자가 체결한 리스계약

갑회사는 을회사를 사업결합하면서 을회사가 리스이용자로서 이전에 체결했던 리스계약도 승계하기로 하였다. 갑회사는 을회사로부터 승계한 리스계약이 취득일에 새로운 리스인 것처럼 나머지 리스료의 현재가치를 ₩1,000으로 측정하였다. 그런데 갑회사가 취득일의 시장조건을 비교한 결과, 을회사가 체결한 리스계약과 동일한 리스계약을 취득일에 체결한다면 리스료의 현재가치는 ₩900으로 측정되므로 을회사로부터 승계한 리스계약은 자신에게 ₩100만큼 불리한 조건이라고 판단하였다. 이 경우 갑회사의 취득일의 회계처리(영업권 발생 가정)는 다음과 같다.

<취득일 분개>

(차)	사 용 권 자 산	900	(대) 리 스 부 채	1,000
	그 이 외 자 산	×××	그 이 외 부 채	×××
	영 업 권	×××	이 전 대 가	×××

리스부채는 취득일 현재 갑회사가 부담하는 의무로서 새로운 리스인 것처럼 측정한 현재가치 ₩1,000으로 인식한다. 그런데 사용권자산은 리스부채와 같은 금액으로 인식하되, 유리하거나 불리한 리스

16) 취득일 현재 리스제공자의 내재이자율을 적용하되, 이를 구할 수 없으면 리스이용자의 증분차입이자율을 적용하여 현재가치를 계산한다.

조건이 있다면 이를 조정해야 하므로 ₩1,000에서 불리한 조건의 금액 ₩100을 차감한 ₩900으로 인식한다. 즉, 취득일 현재 기초자산의 미래경제적효익은 시장 조건을 고려해 볼 때 ₩900밖에 되지 않으므로 사용권자산을 ₩900으로 인식하는 것이다.
이렇게 사용권자산을 ₩100 적게 인식하면 잔여액으로 결정되는 영업권을 ₩100만큼 더 인식할 것으로 생각할 수 있으나, 실제 상황에서는 취득자가 불리한 조건을 반영하여 이전대가를 낮추려고 협상할 것이므로 영업권을 ₩100만큼 더 인식하지 않을 수 있다.

---

(7) 기타의 고려사항

1) 식별할 수 있는 무형자산의 인식

전술한 사업결합의 인식원칙을 적용할 경우 취득자는 피취득자가 재무제표에 인식하지 않았던 자산과 부채를 식별할 수 있는 자산과 부채로 인식할 수 있다. 특히 피취득자가 내부에서 개발하고 관련 원가를 비용으로 처리한 브랜드명, 특허권 또는 고객관계 등을 취득자가 사업결합과정에서 식별할 수 있는 무형자산으로 인식할 수 있다(1103:13).

무형자산을 식별하기 위해서는 분리가능성 기준이나 계약적·법적 기준을 충족하여야 한다(1038:12). 사업결합과정에서 피취득자의 무형자산을 식별할 수 없다면 그만큼 잔여액으로 결정되는 영업권을 더 인식하게 된다.

계약적·법적 기준을 충족하는 무형자산은 분리가능성 기준을 충족하지 않더라도 식별할 수 있다. 예를 들어, 피취득자가 소유한 원자력 발전소를 운영할 수 있는 라이선스는 발전소에서 분리하여 매각하거나 이전할 수 없더라도 계약적·법적 기준을 충족하는 무형자산이므로 취득자가 식별하여 무형자산으로 인식할 수 있다. 또한 피취득자가 소유한 기술특허권을 관련 라이선스 약정과 분리하여 매각하거나 교환할 수 없더라도 계약적·법적 기준을 충족하므로 영업권과 분리하여 인식할 수 있다(1103:B32).

분리가능성 기준과 관련하여 취득자가 무형자산을 매각, 라이선스, 교환할 의도가 없더라도 취득자가 매각, 라이선스 또는 교환이 가능하다면 분리가능성 기준을 충족한다. 취득한 무형자산은 바로 그 형태의 자산이나 비슷한 형태의 자산과의 교환거래에 대한 증거가 있는 경우에 그러한 교환거래가 드물고 취득자가 그 거래와 관련이 있는지와 무관하게 분리가능성 기준을 충족한다. 예를 들어, 고객과 구독자 목록은 다른 고객목록과 특성이 다르다고 여기더라도 고객목록이 빈번하게 라이선스 된다는 사실은 일반적으로 취득한 고객목록이 분리가능성 기준을 충족한다는 것을 의미한다. 그러나 사업결합에서 취득한 고객목록이 비밀유지조건이나 그 밖의 약정 조건에서 고객에 관한 정보를 매각, 리스, 그 밖의 교환을 할 수 없도록 금지한 경우에 분리가능성 기준은 충족되지 않는다(1103:B33).

기준서 제1103호의 '적용사례'에서는 식별할 수 있는 무형자산에 대해서 상세한 사례를 제시하고 있는데, 이를 보론에 요약하였다.

2) 식별할 수 없는 집합적 노동력

취득일 현재 식별할 수 없는 무형자산의 가치는 영업권에 포함한다. 예를 들어, 취득자는 취득한 사업의 운영을 취득한 날부터 계속할 수 있게 해주는 현존하는 종업원 집단의 존재에 가치가 있다고 볼 수 있더라도 집합적 노동력은 숙련된 종업원의 지적 자본을 나타내지 않으므로 식별할 수 있는 자산이 아니다(1103:B37). 따라서 취득자가 피취득자의 인적자원의 가치를 높게 평가하여 더 많은 이전대가를 지급하더라도 피취득자의 인적자원은 식별할 수 있는 자산이 아니므로 더 지급한 이전대가만큼 영업권을 더 인식할 것이다.

취득일에 자산의 요건을 충족하지 못한 항목에 귀속될 만한 가치가 있다면 그 가치도 영업권에 포함한다. 예를 들어, 취득자는 취득일에 피취득자가 미래의 새로운 고객과 협상 중인 잠재적 계약에 가치가 있다고 볼 수 있는데, 잠재적 계약 그 자체는 자산이 아니기 때문에 이를 인식하지 않는다(1103:B38). 대신 잠재적 계약의 가치를 인정하여 이전대가를 더 지급하기로 했다면 그만큼 영업권을 더 인식할 것이다.

3) 취득 자산이나 인수 부채의 분류나 지정

취득일에 취득자는 후속적으로 다른 한국채택국제회계기준을 적용하기 위하여 식별할 수 있는 취득 자산과 인수 부채를 분류하거나 지정한다(1103:15). 이러한 분류나 지정은 취득일에 존재하는 계약 조건, 경제상황, 취득자의 영업정책이나 회계정책 그리고 그 밖의 관련 조건에 기초하여 이루어진다(1103:15). 예를 들어, 특정 금융자산과 금융부채를 상각후원가나 공정가치로 측정되도록 분류하거나, 파생상품을 위험회피수단으로 지정하거나, 내재파생상품을 주계약에서 분리해야 하는지에 대한 검토가 여기에 해당한다(1103:16).[17]

그러나 취득 자산이나 인수 부채의 분류나 지정에 다음의 두 가지의 예외가 있다(1103:17).

(1) 피취득자가 리스제공자인 경우의 리스계약을 기준서 제1116호 '리스'에 따라 운용리스나 금융리스로 분류
(2) 특정 계약을 기준서 제1104호 '보험계약'에 따라 보험계약으로 분류

17) 위험회피수단의 지정이나 내재파생상품의 분리는 제9장에서 설명한다.

취득 자산과 인수 부채의 분류나 지정은 취득일을 기준으로 하지만 예외적으로 피취득자가 리스제공자인 경우 리스계약은 기준서 제1116호에 따라 리스약정일을 기준으로 금융리스 또는 운용리스를 분류한다. 따라서 사업결합 전에 피취득자가 리스제공자로서 체결한 리스계약은 사업결합에 따라 분류가 변경되지 않는다. 한편, 보증계약으로 볼 수도 있고 보험계약으로 볼 수도 있는 특정 계약을 피취득자가 보험계약으로 분류했다면 취득자는 취득일에 그 분류를 변경하지 않는다.[18]

2.4 이전대가

(1) 이전대가의 측정

1) 이전대가가 취득자의 지분인 경우

사업결합과정에서 취득자가 피취득자의 자산과 부채를 취득·인수하면서 지급한 대가를 이전대가(transferred consideration)라고 한다. 취득자는 이전대가로 현금 등 자산을 이전하거나 피취득자의 이전 소유주에 대하여 부채를 부담하기도 하지만, 취득자가 주식을 발행·교부하는 것이 일반적이다. 사업결합의 이전대가는 취득자가 이전하는 자산, 취득자가 이전 소유주에 대하여 부담하는 부채, 그리고 취득자가 발행한 지분의 취득일의 공정가치의 합계로 산정한다(1103:37).

이전대가가 시장성이 있는 지분상품(예 : 상장기업 주식)일 경우 지분상품을 사업결합 약정일(agreement date)의 공정가치로 측정하자는 주장이 있을 수 있다. 이러한 주장은 일반적으로 결합참여자가 사업결합에 대해서 약정을 하면 그 시점부터 사업결합 거래를 완료하기 위한 쌍방의무가 발생하며, 약정일 이후 취득자의 지분상품의 시장가격 변동은 사업결합과 무관한 요인에 의해 발생한다는 데 근거한다. 그러나 피취득자로부터 취득하는 자산과 인수하는 부채는 취득일 현재의 공정가치로 측정하는 반면, 이전대가인 지분상품을 약정일 현재의 공정가치로 측정하면 일관성이 없다는 문제가 발생한다. 따라서 지분상품은 취득일의 공정가치로 측정(1103:BC342)하며, 이렇게 측정함으로써 이전대가의 공정가치가 약정일부터 취득일 사이에 변동하는 상황을 다루는 복잡한 문제를 피할 수 있다.

18) 기준서 제1104호의 보험계약은 본서에서 다룰 내용이 아니므로 설명을 하지 않는다.

합병비율에 기초한 이전대가의 결정

실무에서 합병거래가 발생할 경우 이전대가는 취득자(합병기업)와 피취득자(피합병법인)의 합병비율에 기초하여 결정된다. 상장기업 간 합병의 경우에는 주가에 기초하여 합병비율을 결정하는데, 자본시장법 등 관련 법규에 따라 합병을 결의한 이사회 결정 전일을 기준일로 하여 ① 최근 1개월 거래량 가중평균 종가, ② 최근 1주일간 거래량 가중평균 종가 및 ③ 최근일 종가의 3가지 종가의 산술평균으로 결정한다. 만약 취득자와 피취득자의 주당 가치 비율(합병비율)이 1 : 0.6이라면 피취득자 주식 1주에 대해서 취득자 주식 0.6주를 교부한다는 의미이다. 한편, 피취득자가 비상장기업이라면 주가를 알 수 없으므로 피취득자의 본질가치(자산가치와 추정한 수익가치의 합)에 기초하여 합병비율을 산정한다.

합병비율과 관련하여 가장 관심을 끌었던 사례로 2015년에 있었던 제일모직(취득자)과 삼성물산(피취득자) 간의 합병을 들 수 있다. 두 회사 모두 상장기업이었으므로 주가에 기초하여 합병비율이 1 : 0.35로 결정되었는데, 엘리엇 매니지먼트를 비롯한 삼성물산 주주들이 삼성물산의 주가가 저평가된 상황에서 결정된 합병비율이 삼성물산의 주주에게 불리하다고 주장하면서 합병을 반대하고 주주총회의 합병결의 금지 가처분 신청을 제기하기도 하였다. 그러나 결국 합병은 당초 계획대로 마무리되었으며 합병 후 제일모직은 회사명을 삼성물산으로 변경하였다.

2) 이전대가에 비화폐성자산이 포함된 경우

취득자는 취득일에 공정가치와 장부금액이 상이한 취득자의 자산과 부채(예 : 취득자의 비화폐성자산 또는 사업)를 이전대가에 포함할 수 있다. 이 경우 취득자는 이전된 자산과 부채를 취득일 현재 공정가치로 재측정하고, 그 결과 차손익이 있다면 당기손익으로 인식한다. 이와 같은 회계처리를 함으로써 비화폐성자산을 매각하여 현금을 수취하고, 수취한 현금으로 이전대가를 지급하는 두 가지 거래가 발생한 것과 동일한 결과를 얻을 수 있다.

그러나 때로는 이전한 자산이나 부채가 사업결합을 한 후에도 결합기업에 여전히 남아 있고(예 : 자산이나 부채가 피취득자의 이전 소유주가 아니라 피취득자에게 이전됨), 그 결과 취득자가 그 자산이나 부채를 계속 통제하는 경우에는 당해 자산과 부채를 취득일 직전의 장부금액으로 측정하여 이전대가로 인식하고 차손익을 당기손익으로 인식하지 않는다(1103:38).

3) 피취득자 지분의 공정가치가 더 신뢰성 있게 측정되는 경우

취득자와 피취득자(또는 피취득자의 이전 소유자)가 지분만을 교환하여 사업결합을 하는 경우(예 : 비상장기업이 다른 비상장기업을 취득하면서 시장가격을 관측할 수 없는 두 기업의 지분을 교환)가 있다. 이와 같은 사업결합의 경우 취득일에 취득자 지분의 공정가치보다 피취득자 지분의 공정가치가 더 신뢰성 있게 측정된다면, 취득자는 이전한 지분의 취득일 공정가치 대신에 피취득자 지분의 취득일 공정가치를 이전대가로 보고 영업권을 산정한다(1103:33).

예를 들어, 갑회사가 을회사(자산과 부채의 공정가치는 각각 ₩200과 ₩120)를 취득하면서 갑회사의 주식을 이전대가로 을회사의 이전 소유주에게 교부하였는데, 갑회사 주식의 공정가치(₩105)보다 을회사 지분의 공정가치(₩100)가 더 신뢰성 있게 측정될 경우 갑회사가 취득일에 해야 할 회계처리는 다음과 같다.

(차)	자 산	200	(대) 부 채	120
	영 업 권	20	자 본	100

이러한 회계처리는 3.2절에서 설명하는 대가의 이전이 없는 사업결합에도 적용된다. 즉, 대가의 이전 없이 사업결합이 이루어지는 경우 취득자는 이전대가의 취득일 공정가치 대신에 피취득자에 대한 취득자 지분의 취득일 공정가치를 이전대가로 보고 영업권을 산정한다(1103:33).

예제 6 이전대가의 측정

20×1년 초에 갑회사는 을회사의 자산과 부채를 모두 취득·인수하였으며, 이는 사업결합에 해당한다. 취득일 현재 을회사의 식별할 수 있는 자산의 공정가치는 ₩500,000이고 부채의 공정가치는 ₩400,000이다.

물음

1. 갑회사가 이전대가로 갑회사 주식 100주(액면총액 ₩100,000, 공정가치 ₩150,000)를 발행·교부하고 추가로 갑회사 보유 토지(장부금액 ₩20,000, 공정가치 ₩60,000)를 이전하기로 하였다. 단, 사업결합 후 갑회사는 이전한 토지에 대하여 통제를 하지 못한다. 갑회사가 취득일에 해야 할 회계처리를 하라.
2. (물음 1)과 관련하여 이전한 토지가 사업결합 후 갑회사에 계속 남아 있으며, 갑회사가 동 토지를 계속 통제한다고 가정하고 다시 답하라.
3. 위의 물음과 관계없이 갑회사는 이전대가로 을회사 주식 1주당 갑회사 주식 1주를 발행·교부하기로 하였는데, 을회사의 발행주식수는 100주이다. 두 회사 모두 비상장기업이므로 가치평가모형에 기초하여 공정가치를 추정하였는데, 갑회사 주식 100주와 을회사 주식 100주의 공정가치는 각각 ₩150,000과 ₩145,000이며, 액면총액은 모두 ₩100,000이다. 을회사 주식의 공정가치 측정치가 갑회사 주식의 공정가치 측정치보다 더 신뢰성 있게 측정된 경우 갑회사가 취득일에 해야 할 회계처리를 하라.

해답

1.

(차)	토지	40,000[(1)]	(대)	자산처분이익	40,000
(차)	자산	500,000	(대)	부채	400,000
	영업권	110,000		자본금	100,000
				주식발행초과금	50,000
				토지	60,000[(2)]

(1) ₩60,000 − 20,000 = ₩40,000
(2) 토지의 공정가치 ₩60,000을 이전대가에 포함시킨다.

2.

(차)	자산	520,000[(1)]	(대)	부채	400,000
	영업권	50,000		자본금	100,000
				주식발행초과금	50,000
				토지	20,000[(1)]

(1) 토지를 공정가치로 재측정하지 않고, 토지의 장부금액 ₩20,000을 이전대가와 취득 자산에 각각 포함시킨다.

3.

(차)	자산	500,000	(대)	부채	400,000
	영업권	45,000		자본금	100,000[(1)]
				주식발행초과금	45,000[(1)]

(1) 이전대가로 교부한 갑회사 주식 100주의 공정가치를 ₩145,000으로 인식한다.

(2) 조건부 대가

1) 조건부 대가의 의의

조건부 대가(contingent consideration)란 미래에 특정 사건이 발생하거나 특정 조건이 충족되는 경우에 피취득자에 대한 지배력과의 교환의 일부로 피취득자의 이전 소유주에게 추가로 자산이나 지분을 이전해야 하는 취득자의 의무를 말한다. 조건부 대가도 이전대가에 포함된다.

일반적으로 사업결합 협상을 진행할 때 취득자는 사업결합 후에 당초 예상한 만큼 사업성과를 달성하지 못할 가능성을 가장 심각하게 고려할 것이다. 따라서 취득자는 이러한 위험을 줄이기 위해 사업결합 시점에서는 피취득자의 이전 소유주에게 이전대가를 적게 지급하고, 이후 목표 성과를 달성하면 대가를 추가 지급하는 약정(이를 earn-out 약정이라 함)을 맺는 경우가 적지 않은데, 이렇게 나중에 추가 지급하기로 약정한 대가도 조건부 대가에 해당한다. 한편, 흔하지는 않지만 특정 조건을 충족하지 못할 경우, 예를 들어 특정 수준의 이익이나 주가를 달성하지 못할 경우 이전대가를 피취득자로부터 반환받을 권리를 취득자가 가질 수도 있다.

사업결합거래에서 조건부로 대가를 지급하는 약정을 맺은 것이 의무발생사건이다. 따라서 취득자가 미래에 지급할 금액이 미래 사건을 조건으로 하더라도 그 특정 미래 사건이 생기는 경우 지급해야 하는 의무는 무조건적이므로 조건부 대가 약정과 관련한 의무나 권리를 취득일의 공정가치로 측정하여 인식해야 한다(1103:BC346).

2) 조건부 대가의 측정 및 재무제표 분류

취득자는 이전대가에 포함되는 조건부 대가를 취득일의 공정가치로 최초 인식한다(1103:39). 취득자는 금융상품의 정의를 충족하는 조건부 대가의 지급의무를 기준서 제1032호 '금융상품 : 표시' 문단 11의 금융부채와 지분상품의 정의에 기초하여 부채 또는 자본으로 분류한다. 한편, 특정 조건을 충족하는 경우 과거의 '이전대가를 회수할 수 있는 권리'가 있다면 이를 자산으로 분류한다(1103:40).

금융상품의 정의를 충족하는 조건부 대가를 금융부채로 분류하면 취득일 이후 공정가치 변동을 측정하여 당기손익에 반영하는 반면, 조건부 대가를 지분상품으로 분류하면 취득일 이후 공정가치 변동을 재측정하지 않는다. 따라서 조건부 대가를 무엇으로 분류하느냐에 따라 사업결합 이후 취득자의 당기손익에 상이한 영향을 미칠 수 있다.

조건부 대가로 취득자의 지분상품을 추가 발행한다면, 이는 자기지분상품을 인도하는 계약에 해당한다. 이때 [표 5]에서 보는 바와 같이 인도할 자기지분상품의 수량이 확정되어 있는지의 여부에 따라 조건부 대가를 지분상품 또는 금융부채로 분류한다(1032:11,16).[19]

| 표 5 | 조건부 대가가 자기지분상품으로 인도하는 계약인 경우

인도할 자기지분상품 수량의 확정 여부	재무제표 분류
자기지분상품의 수량이 확정되어 있는 경우	지분상품
자기지분상품의 수량이 변동되는 경우	금융부채

중급회계에서 설명한 바와 같이 자기지분상품을 인도하는 계약의 분류는 투자자가 금융상품 발행자의 자본위험을 부담하는지의 여부에 따라 결정된다. 여기에서 자본위험이란 발행자의 기업 가치가 하락할 경우 발행자의 자산에서 부채를 차감한 잔여지분 즉, 자본의 가치도

19) 자기지분상품을 인도하는 계약의 부채 또는 자본의 분류는 중급회계에서 자세하게 설명하였는데, 자기지분상품의 수량이 변동되는 조건이라면 이는 자기지분상품을 거래의 수단으로 사용하는 것이므로 동 계약을 금융부채로 분류하고, 자기지분상품의 수량이 확정되어 있는 조건이라면 이는 잔여지분 위험을 부담하는 것이므로 동 계약을 자본(지분상품)으로 분류한다.

하락하는 위험을 말한다. 예를 들어, 투자자가 갑회사의 주식을 취득한 경우 갑회사의 기업 가치가 하락하면 투자자가 보유한 갑회사 주식의 가치도 하락하므로 투자자는 갑회사의 자본 위험에 노출된다.[20] 반면에 투자자가 갑회사의 채무상품(예 : 사채)을 취득한 경우에는 갑회사의 기업 가치가 하락하더라도 투자자는 사전에 확정된 이자와 원금을 수취할 권리를 갖고 있으므로 갑회사의 자본위험에 노출되지 않는다.

이와 같은 자본위험의 특성을 자기지분상품을 인도하는 계약에 적용해 보자. 발행자가 확정수량－확정금액 조건으로 자기지분상품을 결제하는 계약을 발행(예를 들어, 확정 수량의 주식으로 전환할 수 있는 권리를 부여한 계약을 발행)하고 이를 투자자가 취득한 경우, 발행자의 주식 가치가 하락하면 투자자가 수취할 자기지분상품의 수량이 확정되어 있으므로 투자자가 보유한 계약의 가치도 하락한다. 즉, 투자자는 발행자의 자본위험에 노출되므로(즉, 기존 주주와 동일한 자본위험을 부담하므로) 발행자는 이러한 계약을 지분상품(자본)으로 분류한다.

반면에 발행자가 변동수량－변동금액 조건으로 자기지분상품을 결제하는 계약을 발행(예를 들어, 발행자의 주가가 하락할 경우 전환되는 주식 수량을 증가 조정하는 조건으로 계약을 발행)하고 이를 투자자가 취득한 경우, 발행자의 주식 가치가 하락하면 투자자가 수취할 자기지분상품의 수량이 증가하므로 투자자가 보유한 계약의 가치는 변동하지 않는다. 즉, 투자자는 발행자의 자본 위험에 노출되지 않으므로(즉, 기존 주주와 동일한 자본위험을 부담하지 않으므로) 발행자는 이러한 계약을 금융부채로 분류한다.

요약하면, 조건부대가로 자기지분상품을 인도하기로 하는 계약의 거래 상대방(피취득자의 이전 주주)이 취득자의 기존 주주가 부담하는 자본위험(즉, 잔여지분 위험)과 동일한 위험을 부담하면 취득자는 이를 지분상품(즉, 자본)으로 분류하는 반면, 거래 상대방이 발행자의 기존 주주가 부담하는 자본위험(즉, 잔여지분 위험)과 동일하지 않은 위험을 부담하면 발행자는 이를 금융부채로 분류한다. 조건부 대가의 후속 측정은 5.2절에서 설명한다.

3) 조건부 대가와 보상자산의 비교

조건부 대가는 미래의 조건 충족 여부에 따라 이전대가를 조정하는 성격인 반면, 보상자산은 취득일에 존재하는 특정 자산 또는 부채의 우발상황의 결과에 따라 해당 금액에 대한 보상이 주어지는 성격이라는 점에 차이가 있다. 예를 들어, 미래의 특정 사건이 발생할 경우 취득자가 피취득자로부터 소정의 현금을 수취하기로 약정하였다고 가정하자. 미래의 특정 사건이 취득일 현재 존재하는 우발상황과 관련이 있고 우발부채의 공정가치를 신뢰성 있게 측정할

---

20) 어떤 이유로 인하여 기업 가치가 하락하면 결국 주식 가치가 하락하며, 그 결과 회사의 자본 가치 즉, 자산에서 부채를 차감한 잔여지분 가치도 하락한다.

수 있다면 취득자는 우발부채와 보상자산을 각각 인식한다. 그러나 미래의 특정 사건이 취득일 현재 존재하는 우발상황과 관련이 없다면 수취하기로 한 현금은 이전대가의 일부를 반환받는 것이므로 조건부 대가에 해당하며, 이를 자산으로 회계처리한다.

예제 7 조건부 대가가 이전대가에 포함된 경우

20×1년 초에 갑회사는 을회사의 자산과 부채를 모두 취득·인수하였으며, 이는 사업결합에 해당한다. 취득일 현재 을회사의 식별할 수 있는 자산의 공정가치는 ₩500,000이고 부채의 공정가치는 ₩400,000이다.

물음

1. 갑회사는 취득일에 이전대가로 갑회사 주식 140주(액면총액 ₩140,000, 공정가치 ₩210,000)를 발행·교부하고, 20×1년 말에 갑회사의 20×1년 시장점유율이 10%를 초과하면 추가로 50주(옵션가격결정모형을 적용한 결과 이러한 조건부 대가의 공정가치는 ₩75,000임)를 발행·교부하기로 하였다. 20×1년 초에 갑회사가 사업결합과 관련하여 해야 할 회계처리를 하라.
2. 위의 물음과 관계없이 갑회사는 취득일에 이전대가로 갑회사 주식 140주(액면총액 ₩140,000, 공정가치 ₩210,000)를 발행·교부하고, 20×1년 말에 갑회사의 20×1년 시장점유율이 10%를 초과하면 초과하는 시장점유율 1%마다 10주를 추가로 발행·교부하기로 하였다. 20×1년 초 현재 갑회사는 20×1년 말에 추가 발행할 주식수를 50주(공정가치 ₩75,000)로 추정하였다. 20×1년 초에 갑회사가 사업결합과 관련하여 해야 할 회계처리를 하라.

해답

1.	(차) 자산	500,000	(대)	부채	400,000
	영업권	185,000		자본금	140,000
				주식발행초과금	70,000
				조건부 대가(자본)	75,000[(1)]

(1) 확정수량의 자기지분상품을 발행하는 계약이므로 지분상품(자본)으로 분류한다.

2.	(차) 자산	500,000	(대)	부채	400,000
	영업권	185,000		자본금	140,000
				주식발행초과금	70,000
				조건부 대가(부채)	75,000[(1)]

(1) 확정되지 않은 수량의 자기지분상품을 발행하는 계약이므로 금융부채로 분류한다.

예제 8 보상자산과 조건부 대가의 비교

다음의 각 상황은 독립적이다.

〈상황 1〉
A회사는 B회사를 ₩1,000에 인수하기로 하였다. B회사 인수 당시 B회사는 소송의 피고로 계류 중인 사건이 존재하였는데, B회사가 패소할 경우 B회사의 이전 주주는 최대 ₩200까지 A회사에 지급할 것을 약정하였다. 단, B회사가 패소할 경우 지급할 배상금의 공정가치는 신뢰성 있게 측정할 수 있다.

〈상황 2〉
A회사는 B회사를 ₩1,000에 인수하기로 하였다. B회사 인수 후 B회사의 영업이익이 ₩200을 초과할 경우 A회사는 B회사의 양도자에게 ₩50을 추가로 지급할 것을 약정하였다.

물음

위의 두 가지 상황에 대해서 A회사가 어떻게 회계처리해야 하는지 설명하라.

해답

〈상황 1〉
A회사가 B회사의 매도자로부터 취득일 현재 존재하는 식별할 수 있는 우발부채의 특정 가액에 대하여 향후 보상을 받을 수 있는 약정을 체결하였으므로 이는 보상자산에 해당한다. 따라서 A회사는 취득일에 우발부채를 식별할 수 있는 부채로 인식하고, 우발부채의 공정가치 중 ₩200을 초과하지 않는 범위 내에서 보상자산을 인식한다(예를 들어, 우발부채의 공정가치가 ₩150이라면 취득자는 부채와 보상자산을 모두 ₩150으로 인식한다. 그러나 우발부채의 공정가치가 ₩250이라면 부채는 ₩250, 보상자산은 ₩200으로 각각 인식한다).

〈상황 2〉
미래의 특정 사건에 따라 A회사가 B회사의 매도자에게 지불할 금액이 조정되며, 이는 취득일에 존재하던 특정 자산 또는 부채의 우발상황과 무관하다. 이는 조건부 대가에 해당하므로 A회사가 B회사에 지급해야 하는 의무를 취득일의 공정가치로 인식하고 부채로 분류하며, 이전대가에 포함시킨다.

2.5 사업결합 거래와 별도 거래의 구분

식별할 수 있는 자산과 부채는 별도 거래의 결과가 아니어야 한다는 요건(1103:12)을 2.3절의 인식원칙에서 설명한 바 있다. 본절에서는 사업결합 거래와 별도 거래를 어떻게 구분하여 회계처리하는지 설명한다.

사업결합의 협상을 개시하기 전부터 취득자와 피취득자 간에 기존 관계나 그 밖의 약정이 있을 수 있으며, 사업결합의 협상 중에 사업결합과 별도로 약정을 맺을 수도 있다. 이러한 각각의 상황에서 취득자는 취득자와 피취득자(또는 피취득자의 이전 소유자)가 사업결합으로 교환한 항목의 일부가 아닌 금액을 식별하여 이를 별도 거래의 대가로 회계처리한다(1103:51). 즉, 이전대가에 별도 거래의 대가가 포함되어 있다면 이를 제외한 금액을 사업결합 이전대가로 보고 사업결합 거래와 별도 거래를 각각 회계처리한다.

거래가 피취득자에 대한 교환의 일부인지(즉, 사업결합 거래인지), 아니면 사업결합과 구분되는 별도 거래인지를 판단하기 위하여 다음과 같은 요소를 검토한다(1103:B50).

(1) 거래의 이유 : 거래가 주로 피취득자(또는 피취득자의 이전 소유주)의 효익이 아니라 취득자나 결합기업의 효익을 위주로 약정되었다면 지급한 거래가격은 피취득자에 대한 교환의 일부일 가능성이 낮으므로 그 부분을 사업결합과 별도로 회계처리한다.
(2) 거래 제안자 : 취득자가 제안한 거래는 피취득자(또는 피취득자의 이전 소유주)에게 주는 효익은 거의 없으면서 취득자나 결합기업에 미래경제적효익을 제공하기 위하여 체결된 것일 수 있으므로 별도 거래일 가능성이 높다.
(3) 거래의 시기 : 사업결합의 조건에 대한 협상을 진행하는 동안에 있었던 취득자와 피취득자 사이의 거래는 취득자나 결합기업에 미래경제적효익을 제공하기 위하여 사업을 결합할 계획으로 체결한 것일 수 있으므로 별도 거래일 가능성이 높다.

다음은 사업결합 거래와 구분해야 하는 별도 거래의 예이다(1103:52).

(1) 취득자와 피취득자 간의 기존 관계를 사실상 정산하는 거래
(2) 미래 용역에 대하여 종업원 또는 피취득자의 이전 소유주에게 보상하는 거래
(3) 취득자의 취득관련원가를 대신 지불한 것에 대하여 피취득자 또는 피취득자의 이전 소유주에게 변제하는 거래

아래에서는 문단 52에서 예시한 3가지 별도 거래를 어떻게 회계처리하는지 자세하게 설명한다.

(1) 취득자와 피취득자 간의 기존 관계를 사실상 정산하는 거래

취득자와 피취득자 간의 기존 관계를 비계약관계(예 : 원고와 피고)와 계약관계(예 : 판매자와 고객, 라이선스 제공자와 이용자)로 구분하여 별도 거래의 회계처리를 설명한다.

1) 비계약관계의 정산

기준서에서는 비계약관계를 정산하는 별도 거래가 사업결합 거래에 포함되어 있는 경우 비계약관계의 공정가치를 이전대가에서 제외하여 정산손익으로 인식하고, 나머지 금액을 사업결합의 이전대가로 회계처리하도록 규정하고 있다(1103:B52(1)). 예를 들어, 사업결합으로 취득자와 피취득자 간의 비계약관계를 정산하기로 합의하였고 비계약관계의 공정가치를 ₩100으로 측정하였다면, ₩100을 별도 거래의 대가로 보아 정산손실을 인식하고 이전대가에서 ₩100을 제외한 금액을 사업결합 이전대가로 회계처리한다.

예 4 비계약관계의 정산

갑회사(피고)와 을회사(원고) 간에 소송사건이 계류 중인 상태에서 갑회사가 을회사를 취득하는 사업결합을 하였다. 두 회사는 사업결합을 하면서 두 회사 간에 계류 중인 소송관계를 정산하기로 하였는데, 피고가 부담할 배상금의 공정가치를 ₩100으로 추정하였다.
취득일 현재 을회사 순자산의 공정가치는 ₩700이고(여기에 소송사건의 배상금의 공정가치는 포함되어 있지 않음), 갑회사는 이전대가로 현금 ₩1,000을 을회사 주주에게 지급하기로 하였다. 갑회사는 취득일에 어떻게 회계처리를 해야 하는가?

갑회사(피고)가 을회사(원고)를 사업결합하면서 두 회사 간의 비계약관계인 소송사건을 정산하기로 하고 피고인 갑회사가 이전대가 ₩1,000을 을회사 주주에게 현금으로 지급할 경우 이전대가 ₩1,000에는 소송사건의 정산대가 ₩100이 포함되어 있다. 따라서 ₩100을 별도 거래의 대가로 보아 정산손실을 인식하고, 나머지 ₩900을 사업결합 이전대가로 회계처리한다.

<별도 거래 : 비계약관계의 정산>

(차)	정산손실	100	(대) 현금	100

<사업결합 거래>

(차)	순자산	700	(대) 현금	900
	영업권	200		

만약에 갑회사가 원고이고, 을회사가 피고라면 취득일에 어떻게 회계처리하는가?

원고인 갑회사가 피고인 을회사부터 배상금 ₩100을 수취한 것처럼 간주하여 정산이익을 인식하고, 사업결합 이전대가를 ₩1,100으로 회계처리한다.

<별도 거래 : 비계약관계의 정산>

(차) 현 금	100	(대) 정 산 이 익	100

<사업결합 거래>

(차) 순 자 산	700	(대) 현 금	1,100
영 업 권	400		

2) 계약관계의 정산

사업결합과정에서 정산하기로 합의한 관계가 계약관계일 수도 있다. 예를 들어, 원재료 공급계약이나 라이선스 계약을 체결한 두 회사가 사업결합을 하면서 이러한 계약을 정산할 경우 이전대가에 포함되어 있는 계약관계의 정산대가를 구분하여 정산손익을 인식하고, 나머지 금액을 사업결합의 이전대가로 회계처리한다. 기준서는 다음의 (가)와 (나) 중 적은 금액을 계약관계의 정산손익으로 인식하도록 규정하고 있다(1103:B52(2)).

(가) 계약이 같거나 비슷한 항목의 현행 시장거래조건과 비교하여 취득자의 관점에서 유리하거나 불리한 경우에 그 금액

(나) 거래상대방에게 불리한 조건으로 사용될 수 있는 계약에서 거래상대방에게 정산 규정을 분명하게 밝힌 경우의 그 금액

만약, (나)가 (가)보다 적을 경우 그 차이는 사업결합 회계처리의 일부로 포함

위의 문단 B52(2)에서 (가)의 금액은 정산하기로 한 계약이 현행 시장거래조건과 비교할 때 취득자 관점에서 불리하다는 것은 취득자가 그만큼 대가를 더 부담한다는 것을 의미하고, 유리하다는 것은 취득자가 그만큼 대가를 덜 부담한다는 것을 의미한다. 예를 들어, 취득자와 피취득자 간에 원재료 공급계약(피취득자가 공급자)을 사업결합과정에서 정산하고자 하는데, 공급계약의 공정가치가 현행시장가격을 ₩100만큼 초과한다면 취득자는 ₩100만큼 피취득자에게 대가를 더 지급한다는 것을 의미하므로 취득자 관점에서 ₩100만큼 불리하다고 할 수 있다. 반대로 공급계약의 공정가치가 현행시장가격에 ₩50만큼 미달한다면 취득자는 ₩50만큼

대가를 덜 지급한다는 것을 의미하므로 취득자 관점에서 ₩50만큼 유리하다고 할 수 있다. 한편, (나)의 금액은 계약해지에 따른 위약금을 말한다. 이렇게 결정된 (가)와 (나)의 금액 중 적은 금액을 별도 거래의 대가로 보고 정산손익을 인식한다. 구체적인 회계처리는 다음의 (예 5)를 통해서 설명한다.

예 5 계약관계의 정산[21)]

갑회사는 5년의 공급계약에 따라 을회사로부터 고정요율로 원재료를 매입하고 있는데, 갑회사가 공급계약을 중도에 해지하려면 ₩60의 위약금을 지급해야 한다. 갑회사는 공급계약 기간이 아직 3년이 남아 있는 상태에서 을회사를 취득하였다. 취득일 현재 을회사 순자산의 공정가치(원재료 공급계약의 공정가치 제외)는 ₩4,920이다. 갑회사는 사업결합을 하면서 원재료 공급계약을 정산하기로 하였다. 다음의 독립된 경우 취득일의 회계처리를 설명한다.

〈경우 1〉
갑회사와 을회사 간에 맺은 원재료 공급계약의 취득일 현재 공정가치는 ₩80인데, 이 중에서 ₩30은 이와 같거나 비슷한 항목(판매노력, 고객관계 등)의 현행 시장거래가격에 상당하는 가격이기 때문에 시가를 나타내며, 나머지 ₩50은 이와 비슷한 항목의 현행 시장거래가격을 초과하기 때문에 갑회사에게 불리(을회사에게 유리)하다. 갑회사가 지급한 이전대가는 ₩5,000이다.

이전대가 ₩5,000에 포함되어 있는 원재료 공급계약의 정산대가는 사업결합 내가가 아니므로 이를 구분하여 별도 거래로 회계처리한다. 문단 B52(2)에 따라 다음과 같이 계약관계 정산손익을 계산한다.

(가) 해당액 : 취득자에게 불리한 금액 ₩50
(나) 해당액 : 위약금 ₩60

취득일 현재 원재료 공급계약의 현행 시장거래가격은 ₩30인데, 공정가치가 ₩80이므로 갑회사에게 ₩50만큼 불리하다(즉, 시가보다 ₩50만큼 대가를 더 지급해야 하므로 갑회사에게 불리함). 이때 갑회사는 ₩50을 더 지급하면서 계약관계를 정산할 수 있는데 굳이 계약을 해지하고 위약금 ₩60을 지급할 이유가 없으므로 (가)와 (나) 중 적은 금액인 ₩50을 정산손실로 인식한다. 그리고 전체 지급한 대가 ₩5,000에서 ₩50을 차감한 ₩4,950을 사업결합 이전대가로 회계처리한다.

<별도 거래 : 공급계약의 정산>

(차) 정 산 손 실	50	(대) 현 금	50

21) 기준서 제1103호 사례 IE54 수정

<사업결합 거래>

(차) 순 자 산	4,920	(대) 현	금	4,950
영 업 권	30			

〈경우 2〉

갑회사가 계약 해지 시 위약금이 ₩60이 아니라 ₩30이라는 것을 제외하고, 나머지 정보는 〈경우 1〉과 동일하다.

계약해지 시 위약금 ₩30이 갑회사에게 불리한 금액 ₩50보다 적으므로 ₩30의 정산손실을 인식하고, 전체 지급한 대가 ₩5,000에서 ₩30을 차감한 ₩4,970을 사업결합 이전대가로 회계처리한다.

<별도 거래 : 공급계약의 정산>

(차) 정 산 손 실	30	(대) 현	금	30

<사업결합 거래>

(차) 순 자 산	4,920	(대) 현	금	4,970
영 업 권	50			

전술한 문단 B52(2)의 후단을 보면, '만약 (나)가 (가)보다 적을 경우 그 차이를 사업결합 회계처리의 일부로 포함'한다고 규정하는데, 그 의미는 무엇인가? 위의 회계처리에서 보는 바와 같이 사업결합 과정에서 마치 위약금 ₩30을 지급한 것처럼 정산손실을 인식하므로 사업결합 이전대가는 ₩4,970이 되고, 영업권을 ₩50으로 인식하게 되어 <경우 1>에서 인식한 영업권보다 ₩20이 더 많다. 따라서 '그 차이(여기에서는 ₩50과 ₩30의 차이 ₩20을 말함)를 사업결합 회계처리의 일부로 포함'하는 결과가 된다.

〈경우 3〉

갑회사와 을회사 간에 맺은 원재료 공급계약의 공정가치는 ₩10인데, 이 중에서 ₩30은 이와 같거나 비슷한 항목(판매노력, 고객관계 등)의 현행 시장거래가격에 상당하는 가격이기 때문에 시가를 나타내며, 나머지 (−)₩20은 이와 비슷한 항목의 현행 시장거래가격에 미달하기 때문에 갑회사에게 유리(을회사에게 불리)하다. 을회사가 불리한 공급계약을 중도에 해지하려면 ₩30의 위약금을 지급해야 한다. 갑회사가 지급한 이전대가는 ₩4,930이다.

이전대가 ₩4,930에 포함되어 있는 원재료 공급계약의 정산대가는 사업결합 대가가 아니므로 이를 구분하여 별도 거래로 회계처리한다. 문단 B52(2)에 따라 다음과 같이 계약관계 정산손익을 계산한다.

(가) 해당액 : 취득자에게 유리한 금액(을회사에게 불리한 금액) ₩20

(나) 해당액 : 을회사 위약금 ₩30

취득일 현재 원재료 공급계약의 현행 시장거래가격은 ₩30인데, 공정가치가 ₩10이라는 것은 갑회사에게 ₩20만큼 유리하다(즉, 시가보다 ₩20만큼 대가를 덜 지급하므로 갑회사에게 유리함). 이 경우에는 유리한 갑회사가 계약을 해지할 이유가 없고 불리한 을회사가 계약관계를 해지할 수 있다. 따라서 갑회사는 (가)와 (나) 중 적은 금액인 ₩20을 정산이익으로 인식하고, 전체 지급한 대가 ₩4,930에 ₩20을 가산한 ₩4,950을 사업결합 이전대가로 회계처리한다.

<별도 거래 : 공급계약의 정산>

(차)	현 금	20	(대) 정 산 이 익	20

<사업결합 거래>

(차)	순 자 산	4,920	(대) 현 금	4,950
	영 업 권	30		

만약, <경우 3>에서 을회사가 계약을 해지하려면 지급해야 하는 위약금을 ₩10으로 가정한다면 다음과 같이 회계처리가 달라진다. 이 경우 문단 B52(2)에 따른 계약관계 정산손익은 다음과 같이 계산한다.

(가) 해당액 : 취득자에게 유리한 금액(을회사에게 불리한 금액) ₩20

(나) 해당액 : 을회사 위약금 ₩10

(가)와 (나) 중 적은 금액인 ₩10을 정산이익으로 인식하고, 전체 지급한 대가 ₩4,930에 ₩10을 가산한 ₩4,940을 사업결합 이전대가로 회계처리한다.

<별도 거래 : 공급계약의 정산>

(차)	현 금	10	(대) 정 산 이 익	10

<사업결합 거래>

(차)	순 자 산	4,920	(대) 현 금	4,940
	영 업 권	20		

---

(2) 종업원 또는 피취득자의 이전 소유주에게 보상하는 거래

종업원 또는 매도 주주에 대한 조건부 지급 약정은 약정의 특성에 따라 사업결합의 식별할 수 있는 인수 부채 또는 별도 거래로 구분한다. 이를 구분하기 위해서 전술한 문단 B50에서 열거한 거래의 이유, 거래 제안자, 거래의 시기를 이해하면 약정의 특성을 평가하는 데 도움이 될 수 있다(1103:B54).

예 6 종업원에 대한 조건부 지급[22)]

> 을회사는 5년 계약으로 한 후보자를 새로운 최고경영자로 임명하였다. 계약에 따르면 계약 만료 전에 을회사가 매각되면 그 후보자에게 ₩1,000을 지급해야 한다. 3년이 경과한 후 갑회사가 현금 ₩15,000을 지급하고 을회사를 취득하였다. 취득일 현재 최고 경영자는 여전히 을회사에 고용되어 있으며, 기존 계약에 따라 추가로 ₩1,000을 지급받을 것이다.
>
> 취득일 현재 을회사 자산의 공정가치는 ₩20,000, 부채의 공정가치는 ₩8,000이다. 갑회사가 최고경영자에게 지급할 ₩1,000은 을회사 순자산의 공정가치에 포함되어 있지 않다.

을회사는 사업결합을 협상하기 전에 고용계약을 체결하였으며, 그 합의의 목적은 최고경영자의 용역을 획득하는 것이다. 그러므로 취득자(갑회사) 또는 결합기업에게 효익을 제공하기 위해 계약을 체결했다는 증거는 없으므로(즉, 별도 거래 아님) 최고 경영자에게 지급할 ₩1,000을 식별할 수 있는 부채에 포함하며, 최고경영자에게 지급할 ₩1,000을 반영하여 사업결합 이전대가 ₩15,000이 결정된 것이다. 따라서 갑회사는 취득일에 다음과 같이 회계처리한다.

(차) 자 산	20,000	(대) 부 채	9,000(1)
영 업 권	4,000	현 금	15,000

(1) ₩8,000 + 1,000 = ₩9,000

만약에 을회사가 사업결합을 협상하는 중에 갑회사의 제안에 따라 최고경영자에게 일정 금액을 지급하는 데 합의했다고 가정하자. 이 경우 약정의 주된 목적은 최고경영자에게 퇴직급여를 제공하는 것일 수 있으며, 그 약정은 을회사의 이전 주주가 아닌 주로 갑회사나 결합기업에 효익을 줄 수 있다. 따라서 갑회사는 최고경영자에게 지급할 부채를 별도 거래의 대가로 보고 다음과 같이 회계처리한다.

<별도 거래>

(차) 정 산 비 용	1,000	(대) 현 금	1,000

<사업결합 거래>

(차) 자 산	20,000	(대) 부 채	8,000
영 업 권	2,000	현 금	14,000

취득자가 피취득자 종업원이 보유하고 있는 피취득자가 부여한 주식기준보상을 취득자의 주식기준보상(대체보상)으로 교환하는 경우, 대체보상의 시장기준 측정치를 이전대가와 사업결합 후 인식할 보상원가로 배분해야 한다. 이와 관련된 회계처리는 보론에서 자세하게 설명한다.

22) 기준서 제1103호 문단 IE58~IE60 사례 수정

(3) 피취득자가 대신 지불한 취득관련원가를 변제하는 거래

2.8절에서 설명하겠지만, 취득자는 사업결합과정에서 다양한 취득관련원가를 부담할 수 있다. 중개수수료(자문, 법률, 회계, 가치평가 및 전문가 또는 컨설팅 수수료)와 내부 사업결합 담당부서 유지에 소요되는 원가를 포함한 일반관리원가와 같은 취득관련원가는 취득자가 제공받은 용역에 대해 지급하는 별도 거래에 해당한다. 취득자는 취득관련원가를 당해 용역을 제공받을 때 비용으로 인식한다.

그런데 취득자가 취득관련원가를 비용으로 인식하는 것을 회피하기 위해 피취득자로 하여금 이를 대신 부담하게 하고, 그만큼 이전대가를 증가시키는 방식으로 사업결합 계약을 체결할 수도 있다. 만약 피취득자에게 지급한 대가를 모두 이전대가로 회계처리한다면 비용으로 인식했어야 할 금액만큼 영업권을 과대 표시할 수 있다. 따라서 피취득자가 대신 지불한 취득관련원가를 변제하는 금액이 이전대가에 포함되어 있다면, 이는 사업결합 대가가 아니므로 별도 거래로 구분하여 회계처리하여야 한다.

예 7 피취득자가 대신 지불한 취득관련원가의 변제

갑회사는 을회사를 합병하는 방식으로 사업결합하였다. 취득일 현재 을회사 자산과 부채의 공정가치는 각각 ₩10,000과 ₩4,500이며, 이전대가로 갑회사의 주식 300주(주당 액면금액 ₩10, 주당 공정가치 ₩30)를 교부하였다. 이전대가로 교부한 갑회사의 주식 300주 중 30주는 취득관련원가를 을회사가 대신 지불한 것을 갑회사가 변제하기 위한 것이다.

갑회사가 을회사를 취득하면서 이전대가로 교부한 갑회사 주식(300주) 중 피취득자가 대신 지불한 취득관련원가를 변제한 부분(30주)은 사업결합 대가가 아니므로 별도 거래로 구분한다.

<별도 거래 : 취득관련원가 변제>

(차)		(대)	
제비용	900	자본금	300[(1)]
		주식발행초과금	600[(2)]

<사업결합 거래>

(차)		(대)	
자산	10,000	부채	4,500
영업권	2,600	자본금	2,700[(3)]
		주식발행초과금	5,400[(4)]

(1) 30주×₩10 = ₩300
(2) 30주×(₩30 − 10) = ₩600
(3) 270주×₩10 = ₩2,700
(4) 270주×(₩30 − 10) = ₩5,400

2.6 영업권과 염가매수차익

대부분의 사업결합에서 이전대가는 피취득자의 식별가능 순자산가액과 일치하지 않을 것이다. 이 경우 차액을 [표 6]과 같이 회계처리한다.

| 표 6 | 영업권과 염가매수차익

구분	회계처리
이전대가 > 식별가능 순자산가액	영업권(무형자산)으로 인식
이전대가 < 식별가능 순자산가액	① 모든 취득 자산과 인수 부채를 정확하게 식별하였는지 재검토하고, 재검토 결과에 따라 자산이나 부채의 추가 인식 ② 재검토 이후에도 계속 남는 차익을 염가매수차익(당기손익)으로 인식

(1) 영업권

이전대가가 취득 자산과 인수 부채의 순액을 초과한다는 것은 취득자가 식별할 수 있는 자산으로 인식할 수는 없으나 사업결합의 결과 미래경제적효익이 발생할 것으로 기대하고 이전대가를 더 지급했다는 것을 의미한다. 이때 초과지급액을 영업권(goodwill)으로 인식한다(1103:32).

그런데 기준서 제1038호 '무형자산'은 무형자산으로 정의되기 위해서 식별가능성이 있어야 한다고 규정한다(1038:12). 여기에서 식별가능성이란 ① 분리가능하거나 ② 계약상 권리 또는 기타 법적 권리로부터 발생한다는 것을 말한다. 영업권은 취득자로부터 분리하여 매각이나 교환을 할 수 없으며, 계약상 또는 기타 법적 권리로부터 발생한 것도 아니므로 기준서 제1038호의 무형자산의 범위에 포함되지 않는다.

그 대신 기준서 제1103호에서 영업권을 무형자산으로 규정하고 있다. '개념체계'에 따르면 자산은 미래경제적효익을 가지며, 미래경제적효익은 직접적 또는 간접적으로 현금 또는 현금성자산이 기업에 유입되는 데 기여할 잠재력을 말하는데, 국제회계기준위원회(IASB)는 영업권이 미래경제적효익이 유입될 것으로 기대되는 자산을 나타낸다고 결론지었다(1103:BC322, BC323).

영업권이 자산으로 정의되려면 기업이 이를 통제하여야 한다. 잘 훈련된 종업원, 충성도가 높은 고객 등과 같은 요소를 통하여 영업권이 발생할 수 있지만 종업원은 자유롭게 이직할 수 있고, 고객은 다른 기업으로 이탈할 수 있으므로 기업이 영업권을 통제하지 못한다는 주장이 제기될 수 있다. 이에 대해서 IASB는 영업권에 대한 통제가 피취득자에 대한 정책과 경영을 지시하는 취득자의 능력으로 나타난다고 보고 영업권이 자산의 개념적 정의를 충족한다고 보았다(1103:BC323).[23]

(2) 염가매수차익

IASB는 사업결합 시 이전대가가 피취득자 순자산의 공정가치에 미달하는 염가매수가 이례적인 거래라고 보았다. 물론 소유주가 신속히 사업을 매각할 필요가 있는 경우 염가매수가 발생할 수 있으나, 취득자가 의도적으로 부적절하게 차익을 인식할 수 있음을 우려하였다(1103:BC371). 즉, 취득자가 이전대가의 가치를 과소평가하거나, 피취득자의 식별할 수 있는 자산의 공정가치를 과대평가하거나, 피취득자 부채의 공정가치를 과소평가하거나, 또는 부채를 식별하지 않음으로써 염가매수차익을 인식할 수 있다.

기준서는 취득자가 측정오류를 통해 부적절하게 차익을 인식할 가능성을 감소시키기 위해 염가매수에 해당할 경우 모든 취득 자산과 인수 부채를 정확하게 식별하였는지 재검토하고, 이러한 재검토 과정에서 식별한 추가 자산이나 부채가 있다면 이를 인식하도록 규정하고 있다(1103:35). 이렇게 자산과 부채를 재검토하고도 차액이 남는다면 이를 염가매수차익(gain from bargain purchase)으로 하여 당기손익에 즉시 반영한다(1103:34).[24]

IASB는 염가매수차익의 인식에 대한 우려가 과장되었을 수 있다고 생각한다. 재무분석가와 그 밖의 이용자는 염가매수차익과 같은 일회적 또는 비경상적 차익에 거의 중요성을 두지 않는다. 또한 기업의 경영진도 사업결합에서 취득한 자산을 과대계상하거나 부채를 과소계상할 유인이 없다는 점에 주목하였다. 왜냐하면 일반적으로 그 자산이 사용되거나 손상되거나, 부채를 재측정하거나 결제할 경우 결과적으로 사업결합 후 비용이 증가하기 때문이다(1103:BC378).

---

23) 그럼에도 불구하고 국내외의 많은 실증 연구가 영업권을 자산으로 볼 수 없다는 결과를 제시하였다.

24) 과거 회계기준에는 이를 부의영업권(negative goodwill)이라 하여, 매우 복잡한 환입절차를 규정한 바 있으나 한국채택국제회계기준에서는 부의영업권을 인식하지 않는다.

예제 9 염가매수차익의 회계처리

당기 초에 갑회사는 을회사의 자산과 부채를 모두 취득·인수하고 이전대가로 갑회사 주식을 발행·교부하였는데, 이는 사업결합에 해당한다. 취득일 현재 을회사의 식별할 수 있는 자산·부채의 장부금액과 공정가치는 다음과 같다.

과목	장부금액	공정가치
자산	₩800,000	₩900,000
부채	600,000	650,000

물음

1. 갑회사가 을회사에게 발행·교부한 주식의 액면총액이 ₩150,000, 공정가치가 ₩200,000일 때 갑회사가 취득일에 해야 할 회계처리를 하라. 단, 을회사의 식별할 수 있는 자산·부채의 공정가치는 적절하게 측정되었다고 가정하라.
2. (물음 1)과 관련하여 을회사의 식별할 수 있는 자산·부채의 공정가치를 재검토한 결과, 자산의 공정가치가 ₩20,000만큼 과대 측정되었고 부채의 공정가치가 ₩10,000만큼 과소 측정되었다고 가정하고 다시 답하라.

해답

1.

	차변	금액		대변	금액
(차)	자산	900,000	(대)	부채	650,000
				자본금	150,000
				주식발행초과금	50,000
				염가매수차익	50,000

2.

	차변	금액		대변	금액
(차)	자산	880,000(1)	(대)	부채	660,000(1)
				자본금	150,000
				주식발행초과금	50,000
				염가매수차익	20,000

(1) 재검토 결과 식별할 수 있는 자산의 공정가치를 ₩20,000만큼 감소 조정하고, 부채의 공정가치를 ₩10,000 증가 조정한다. 그 결과 염가매수차익은 (해답 1)에 비해 ₩30,000 감소한다. 만약 재검토 결과 자산의 공정가치를 ₩20,000이 아니라 ₩50,000을 감소 조정한다면 염가매수차익이 아니라 영업권을 인식하게 된다.

2.7 영업권의 손상차손

(1) 영업권의 손상차손 인식에 대한 논쟁

기준서 제1036호 '무형자산'은 사업결합 시 인식한 영업권에 대해서 상각을 하지 않고 손상차손만 인식하도록 규정하고 있다.[25] 동 기준서의 결론도출근거를 보면 국제회계기준위원회(IASB)는 취득한 영업권의 회계처리에 대해서 다음의 3가지 접근법을 검토하였다고 기술하고 있다(1036:BC131B).

(1) 정액법으로 상각하되 영업권의 손상 징후가 있을 때마다 손상검사를 하는 접근법
(2) 상각은 하지 않고 매년 또는 영업권 손상의 징후가 있는 경우 그보다 더 자주 영업권 손상검사를 하는 접근법
(3) 위의 (1) 또는 (2) 중 하나를 선택할 수 있도록 허용하는 접근법

IASB는 위의 3가지 접근법 중 3번째 접근법(선택 허용 접근법)을 적용할 경우 재무제표의 비교가능성과 신뢰성이 모두 저하되기 때문에 이용자에게 제공되는 정보의 유용성이 훼손된다는 결론을 내렸다. 영업권 손상차손의 인식에 대한 3가지 접근법에 대해서 많은 의견제출자들은 첫 번째 접근법을 지지하였다.

그러나 IASB는 일정기간 동안 영업권을 상각할 경우, 이는 취득한 영업권의 소비량을 자의적으로 추정한 것에 불과하다고 지적하였다. 그리고 취득한 영업권의 소비를 반영하기 위해 상각한다고 해서 정보로서 유용한지에 대해 의문을 제기하면서 영업권을 임의의 기간 동안 정액법으로 상각하면 유용한 정보를 제공할 수 없다고 결론을 내렸다(1036:BC131E). IASB는 정밀하면서도 실행가능한 손상검사방법을 개발할 수 있다면 영업권을 상각하지 않는 대신 매년 또는 손상 징후가 있는 경우 그보다 더 자주 영업권의 손상검사를 하는 접근법을 취함으로써 재무제표이용자에게 더 유용한 정보가 제공될 것이라는 관점을 재확인하고(1036:BC131G), 영업권의 손상차손을 인식하는 회계처리를 제정하여 기준서 제1036호 '자산손상'에 포함시켰다.

(2) 영업권 손상차손의 인식 과정

무형자산으로 인식한 영업권은 독립적으로 현금을 창출하지 못하므로 영업권의 회수가능액을 직접 측정하여 손상차손을 인식할 수 없다. 따라서 [그림 6]에서 보는 바와 같이 간접적으로 영업권 손상차손을 인식한다.

---

25) 우리나라의 「일반기업회계기준」은 영업권을 20년 이내의 기간 동안 정액법으로 상각하도록 규정하고 있다.

| 그림 6 | 영업권 손상차손의 인식 과정

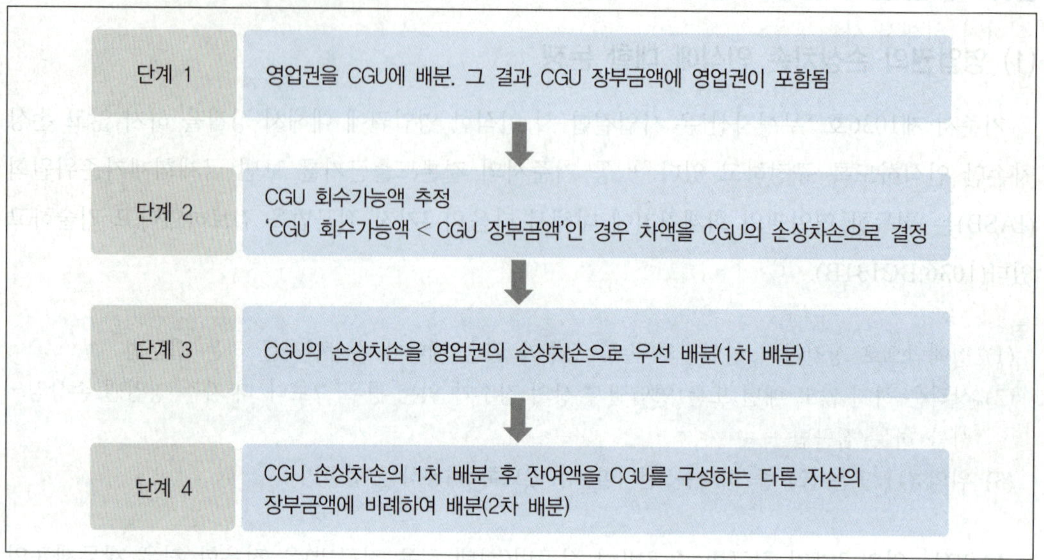

1) 현금창출단위

자산에 대해서 손상차손을 인식하기 위해서는 개별 자산별로 회수가능액(순공정가치와 사용가치 중 큰 금액)을 추정하여야 하는데, 개별 자산의 회수가능액을 추정할 수 없다면 그 자산이 속하는 현금창출단위에 대해서 회수가능액을 추정하여 손상차손을 결정한다. 현금창출단위(cash generating units, CGU)란 다른 자산이나 자산집단에서의 현금유입과는 거의 독립적인 현금유입을 창출하는 식별가능한 최소자산집단을 말한다.

예를 들어, 광업을 영위하는 갑회사가 채광활동을 지원하기 위한 사설철로를 보유하고 있는데, 이 사설철로는 폐기물 가치로만 매각될 수 있고, 광산의 다른 자산이 창출하는 현금유입과 거의 독립적인 현금유입을 창출하지는 않는다면, 갑회사는 사설철로라는 개별 자산에 대해서 회수가능액을 추정할 수 없다. 왜냐하면 사설철로의 사용가치를 개별적으로 결정할 수 없고, 그 사용가치가 폐기물가치와 다를 가능성이 높기 때문이다. 따라서 갑회사는 사설철로를 포함하는 광산 전체를 현금창출단위로 보고 광산 전체의 회수가능액을 추정하여 손상차손 인식 여부를 판단한다(1036:67).

2) 영업권을 현금창출단위에 배분

영업권의 손상차손을 인식하기 위해서는 영업권의 회수가능액(순공정가치와 사용가치 중 큰 금액)을 추정하여야 하는데, 영업권은 다른 자산 또는 자산집단과 독립적으로 현금흐름을 창출하지 못하므로 영업권만의 회수가능액을 추정할 수 없다. 따라서 영업권의 손상차손을 인식하기 위해서 사업결합으로 시너지 효과의 혜택을 받게 될 것으로 기대되는 현금창출단위(이하 'CGU'라는 표현도 함께 사용함)에 영업권을 배분하고(1036:80), 그 현금창출단위에서 손상차손이 발생하면 이를 영업권 손상차손으로 우선 인식하는 간접적인 방법을 적용한다. 이때 현금창출단위에 영업권을 배분하는 것은 손상검토 목적상 가상으로 특정 현금창출단위에 영업권을 포함시키는 것일 뿐 별도의 회계처리를 하는 것은 아니다.

예를 들어, 갑회사가 을회사(사업부 A와 사업부 B로 구성되어 있으며, 각 사업부가 별개의 현금창출단위에 해당함)를 사업결합하면서 영업권을 인식할 경우 시너지 효과의 혜택을 받을 것으로 기대되는 현금창출단위가 을회사의 사업부 A라면 영업권을 사업부 A에 배분하고, 시너지 효과의 혜택을 받을 것으로 기대되는 현금창출단위가 을회사의 사업부 B라면 영업권을 사업부 B에 배분한다. 또한 사업결합 결과 을회사의 사업부 A와 사업부 B 모두 시너지 효과의 혜택을 받을 것으로 기대되는데, 합리적이고 일관된 기준에 따라 영업권을 사업부 A와 사업부 B에 배분하는 것이 곤란한 경우에는 취득한 을회사 전체에 영업권을 배분한다. 즉, 합리적이고 일관된 기준에 따라 영업권을 여러 개의 현금창출단위에 배분하는 것이 곤란하면 여러 개의 현금창출단위로 구성되는 현금창출단위집단(groups of CGU)에 영업권을 배분한다. 한편, 취득자인 갑회사가 사업결합으로 인한 시너지 효과의 혜택을 받을 것으로 기대할 수 있다면 을회사를 사업결합할 때 인식한 영업권을 갑회사의 개별 현금창출단위(또는 현금창출단위집단)에 배분한다.

3) 현금창출단위(현금창출단위집단)의 손상검사

현금창출단위(현금창출단위집단 포함, 이하 동일)의 손상검사 시점은 그 현금창출단위에 영업권이 배분되었는지의 여부에 따라 [표 7]과 같이 구분한다(1036:88,90).

| 표 7 | 현금창출단위의 손상검사 시점

구분	손상검사 시점
영업권이 배분되지 않은 CGU	손상을 시사하는 징후가 있을 때마다
영업권이 배분된 CGU	매년, 그리고 손상을 시사하는 징후가 있을 때마다

영업권이 배분되지 않은 현금창출단위는 손상 징후가 있을 때마다 손상검사를 하는 반면, 영업권이 배분된 현금창출단위는 손상 징후가 있을 때뿐만 아니라 손상 징후가 없더라도 매년 손상검사를 한다는 점에 차이가 있다. 영업권이 배분된 현금창출단위의 손상검사를 하는 시점

에 그 현금창출단위 내의 개별 자산에 손상 징후가 있을 수 있다. 이러한 경우 그 개별 자산의 손상검사 결과에 따라 손상차손을 먼저 인식한 후에 현금창출단위의 손상검사를 하고 손상차손을 인식한다(1036:98).[26)]

4) 현금창출단위의 손상차손 배분

현금창출단위의 회수가능액이 장부금액에 미달한 경우, 그 미달금액을 현금창출단위의 손상차손으로 하여 다음의 순서로 배분하고 현금창출단위에 속하는 자산의 장부금액을 감액한다(1036:104).

① 현금창출단위에 배분된 영업권의 장부금액을 감액
② 현금창출단위에 속하는 다른 자산의 장부금액에 비례하여 배분

위의 문단 104에 따라 현금창출단위의 손상차손을 두 번째 순서인 개별 자산에 배분할 때, 개별 자산의 장부금액은 다음 중 가장 많은 금액 이하로 감액할 수 없다(1036:105).

① 공정가치에서 처분부대원가를 뺀 금액(측정할 수 있는 경우)
② 사용가치(산정할 수 있는 경우)
③ 영(0)[27)]

위의 문단 105는 만약 현금창출단위에 포함되는 개별 자산의 회수가능액을 모르더라도 순공정가치 또는 사용가치 중 하나라도 측정할 수 있으면 그 금액 이하로 개별 자산의 장부금액을 감액하지 말라는 의미이다. 따라서 이러한 제약 때문에 특정 자산에 배분하지 못한 손상차손은 현금창출단위 내의 다른 자산(즉, 순공정가치와 사용가치를 측정할 수 없는 자산)의 장부금액에 비례하여 배분한다.

위의 문단 105와 관련하여, 현금창출단위에 포함되는 개별 자산의 순공정가치와 사용가치를 모두 측정할 수 있다면 이는 개별 자산의 회수가능액을 측정할 수 있다는 것이므로 개별 자산의 회수가능액이 장부금액에 미달할 경우 전술한 문단 98에 따라 개별 자산의 손상차손을 먼저 인식한 후에 현금창출단위의 손상차손을 측정하여 영업권과 현금창출단위 내의 다른 자산(손상차손을 먼저 인식한 자산은 제외)에 순차적으로 배분한다((예 9) 참조).

---

26) 이와 유사하게 영업권을 포함하는 현금창출단위집단 내의 개별 현금창출단위에 대해서 손상 징후가 있는 경우 영업권이 배분된 현금창출단위집단에 대해 손상검사를 하기 전에 개별 현금창출단위에 대해 손상검사를 하여 그 개별 현금창출단위에 대해 손상차손을 먼저 인식한다.

27) 물론 자산의 장부금액을 0 이하로 감액할 수는 없으므로 문단 105의 ③에 '영(0)'을 규정하고 있으나, 순공정가치나 사용가치 중 하나라도 측정할 수 있다면 '영(0)'의 의미는 없다.

5) 현금창출단위의 손상차손환입의 배분

손상차손을 인식한 현금창출단위에 대해서 매 보고기간 말에 과거기간에 인식한 손상차손이 더 이상 존재하지 않거나 감소된 것을 시사하는 징후가 있는지 검토하고, 징후가 있는 경우에는 당해 현금창출단위의 회수가능액을 추정한다. 이때 현금창출단위의 회수가능액이 장부금액을 초과하면 손상차손환입을 인식한다. 다만, 과거에 인식한 영업권 손상차손은 후속기간에 환입할 수 없으므로 현금창출단위를 구성하는 여러 자산 중 영업권을 제외한 다른 자산의 장부금액에 비례하여 손상차손환입을 배분한다(1036:124). 영업권에 대해서 손상차손환입을 인식하는 것은 내부적으로 창출한 영업권을 인식하는 것과 실질이 같으므로 영업권의 손상차손환입을 허용하지 않는 것이다.

현금창출단위를 구성하는 개별 자산에 대해서 손상차손환입을 인식할 때 다음의 (1)과 (2) 중 적은 금액을 초과하여 증가시킬 수 없다(즉, 한도 초과 여부 확인)(1036:123). 이는 아무리 회수가능액이 높더라도 과거에 손상차손을 인식하지 않았다면 계상되었을 장부금액을 초과하는 금액으로 해당 자산을 증액시킬 수 없음을 의미한다.

(1) 회수가능액(결정가능한 경우)
(2) 과거기간에 손상차손을 인식하지 않았다면 현재 기록되어 있을 상각 후 장부금액

예 8 현금창출단위 내의 영업권과 다른 자산의 손상차손(환입) 인식

갑회사는 20×1년 초에 을회사를 합병하는 사업결합을 하였고, 사업결합과정에서 ₩10,000의 영업권을 인식하였다. 갑회사는 을회사의 사업부 중 하나의 사업부를 사업결합으로 시너지 혜택을 받을 것으로 기대되는 현금창출단위로 보고 영업권을 동 사업부에 모두 배분하였다. 다음은 연도별로 영업권이 배분된 현금창출단위의 회수가능액과 장부금액의 내역이다. 20×2년 말부터 현금창출단위의 장부금액은 과년도 손상차손이 반영된 후의 금액이다.

현금창출단위	20×1년 말	20×2년 말	20×3년 말	20×4년 말
회수가능액	₩134,000	₩131,000	₩105,000	₩98,000
장 부 금 액	140,000	130,000	116,000	95,000

현금창출단위 내의 개별 자산의 회수가능액은 추정할 수 없다. 연도별로 손상차손 인식금액과 영업권 기말잔액을 계산하면 다음과 같다.

현금창출단위	20×1년 말	20×2년 말	20×3년 말	20×4년 말
회 수 가 능 액	₩134,000	₩131,000	₩105,000	₩98,000
장 부 금 액	140,000	130,000	116,000	95,000
차 이	(−)₩6,000	₩1,000	(−)₩11,000	₩3,000
전 체 손 상 차 손	₩6,000	₩0	₩11,000	₩0
영업권 손상차손	6,000	0	4,000	0
다른자산손상차손	0	0	7,000	0
다른자산손상차손환입	0	0	0	3,000
영업권 기말잔액	4,000	4,000	0	0

위의 표에서 CGU의 장부금액에 과년도에 인식한 영업권 손상차손이 반영되어 있으므로 CGU의 회수가능액과 장부금액의 차이는 해당 연도에 새로 발생한 차이를 의미한다. 따라서 두 금액의 차이만큼 CGU의 손상차손을 인식하되 CGU의 손상차손을 영업권에 우선 배분하고, 초과액이 있다면 CGU를 구성하는 다른 자산의 장부금액에 비례하여 배분한다. 단, 영업권 손상차손환입은 인식할 수 없다. 매 연도 말 회계처리를 설명하면 다음과 같다.

(1) 20×1년 말에는 CGU에서 ₩6,000의 손상차손이 발생하였는데, 영업권에 우선 배분하여야 하므로 영업권 손상차손 ₩6,000을 인식한다. 그 결과 영업권의 기말잔액은 ₩4,000이다.

(2) 20×2년 말에는 CGU의 회수가능액이 장부금액을 초과하는데, 영업권에 대해서는 손상차손환입을 인식할 수 없으므로 아무런 회계처리도 하지 않는다. 따라서 영업권의 기말잔액은 계속 ₩4,000이다. 다른 자산에 대해서 이전에 손상차손을 인식하지 않았으므로 20×2년에 다른 자산의 손상차손환입도 인식하지 않는다.

(3) 20×3년 말에는 CGU에서 ₩11,000의 손상차손이 발생하였는데, 이 중 ₩4,000을 영업권 손상차손으로 인식하고, 잔여액 ₩7,000을 CGU를 구성하는 다른 자산의 장부금액에 비례하여 배분(즉, 다른 자산의 손상차손으로 인식)한다.

(4) 20×4년 말에는 CGU의 회수가능액이 장부금액을 ₩3,000 초과하는데, 영업권에 대해서는 손상차손환입을 인식할 수 없으나, 과년도에 손상차손을 인식했던 CGU를 구성하는 다른 자산의 장부금액에 비례하여 ₩3,000의 손상차손환입을 인식한다. 단, 손상차손을 인식하지 않았다면 계상되었을 당해 자산의 장부금액을 한도로 손상차손환입을 인식한다.

예 9 영업권의 손상차손

20×1년 중에 사업결합과정에서 영업권 ₩200이 발생하였으며, 이를 사업결합으로 시너지 효과의 혜택을 받게 될 것으로 기대되는 현금창출단위에 모두 배분하였다. 20×1년 말 현재 손상차손을 인식하기 전 영업권이 배분된 현금창출단위의 장부금액은 ₩2,200이며, 회수가능액을 ₩1,700으로 추정하였다. 20×1년 말 현재 현금창출단위를 구성하는 개별 자산의 장부금액은 다음과 같다.

현금창출단위	기말 장부금액
자산A	₩1,000
자산B	600
자산C	400
영업권	200
계	₩2,200

다음의 각 경우로 구분하여 현금창출단위 내의 영업권과 다른 자산의 손상차손 인식의 회계처리를 설명한다.

〈경우 1〉 현금창출단위 내의 개별 자산에 손상 징후가 없는 경우

CGU 손상차손 = ₩2,200 − 1,700 = ₩500

CGU 손상차손 ₩500을 문단 104에 따라 다음과 같이 배분한다.

과목	배분 전 장부금액	손상차손의 배분(1)	배분 후 장부금액
자산A	₩1,000	₩(150)	₩850
자산B	600	(90)	510
자산C	400	(60)	340
영업권	200	(200)	−
계	₩2,200	₩(500)	₩1,700

(1) CGU 손상차손 ₩500 중 ₩200을 영업권에 우선 배분하고, 나머지 ₩300을 자산 A, B, C의 장부금액에 비례하여 배분
 자산 A 배분액 = ₩300×1,000/2,000 = ₩150
 자산 B 배분액 = ₩300×600/2,000 = ₩90
 자산 C 배분액 = ₩300×400/2,000 = ₩60

〈경우 2〉 현금창출단위 내의 개별 자산에 손상차손이 발생한 경우

<경우 1>에서 20×1년 말 현재 자산 A에 손상 징후를 발견하고 회수가능액을 ₩900(순공정가치와 사용가치 중 큰 금액임)으로 추정하였다면, 문단 98에 따라 자산 A에 대해서 ₩100(₩1,000 − 900)의

손상차손을 먼저 인식한다. 이렇게 CGU를 구성하는 자산 A의 손상차손을 먼저 인식하면 CGU 손상차손은 다음과 같이 ₩400이다.

CGU 손상차손 = (₩2,200 − 100) − 1,700 = ₩400

CGU 손상차손 ₩400을 문단 104에 따라 다음과 같이 배분한다.

과목	배분 전 장부금액	손상차손의 배분(2)	배분 후 장부금액
자산A	₩900(1)	–	₩900
자산B	600	₩(120)	480
자산C	400	(80)	320
영업권	200	(200)	–
계	₩2,100	₩(400)	₩1,700

(1) 개별 자산 A에 대해서 손상차손 ₩100을 우선 인식한 후의 기말장부금액

(2) CGU 손상차손 ₩400 중 ₩200을 영업권에 우선 배분하고, 나머지 CGU 손상차손 ₩200을 자산 B와 C의 장부금액에 비례하여 배분

자산 B 배분액 = ₩200×600/(600 + 400) = ₩120

자산 C 배분액 = ₩200×400/(600 + 400) = ₩80

〈경우 3〉 현금창출단위 내의 개별 자산 A의 순공정가치만 ₩880으로 추정 가능한 경우

<경우 1>에서 20×1년 말 현재 CGU 내의 자산 A에 손상 징후가 있으나, 순공정가치 또는 사용가치 중 하나만 추정할 수 있다면 이는 회수가능액을 측정할 수 없다는 것이므로 <경우 2>처럼 개별 자산 A의 손상차손을 먼저 인식할 수 없다. 자산 A의 순공정가치는 ₩880이나, 사용가치를 추정할 수 없으므로 개별 자산 A에 대해서 손상차손을 우선 인식하지 않고, 일단 CGU 손상차손 ₩500을 <경우 1>처럼 문단 104에 따라 배분한다.

그런데 CGU 손상차손을 배분한 후 자산 A의 장부금액은 <경우 1>의 배분 결과에서 보는 바와 같이 ₩850이지만 순공정가치가 이보다 많은 ₩880이다. 따라서 문단 105에 따라 최종 장부금액이 순공정가치보다 작을 수 없으므로 다음과 같이 자산 A의 장부금액 ₩850을 순공정가치 ₩880으로 ₩30만큼 증액 조정하면서, 차이 ₩30을 자산 B와 C에 배분(즉, 감소 조정)한다.

과목	〈경우 1〉의 배분 후 장부금액	재배분(1)	재배분 후 장부금액
자산 A	₩850	₩30	₩880
자산 B	510	(18)	492
자산 C	340	(12)	328
영 업 권	–	–	–
계	₩1,700	–	₩1,700

(1) 자산 B 배분액 = ₩30×510/(510 + 340) = ₩18

자산 C 배분액 = ₩30×340/(510 + 340) = ₩12

예 10 현금창출단위집단의 손상

갑회사는 사업결합과정에서 발생한 영업권 ₩1,000을 현금창출단위집단에 배분하였다. 현금창출단위집단은 사업부 A, B 및 C로 구성되어 있는데, 당기 말 현재 현금창출단위집단에 대해 손상 징후가 있어 손상검사를 하기로 하였다. 손상검사 전 현금창출단위집단을 구성하는 사업부의 장부금액과 현금창출단위집단의 회수가능액은 다음과 같다.

현금창출단위집단	장부금액	회수가능액
사업부 A	₩10,000	
사업부 B	12,000	
사업부 C	8,000	
영 업 권	1,000	
합계	₩31,000	₩30,000

CGU집단의 손상 검사를 하기 전에 사업부 B에 손상 징후를 발견하였으며, 사업부 B의 회수가능액이 ₩10,500일 경우 회계처리는 다음과 같다.

(1) 단계 1 : CGU집단을 구성하는 사업부 B의 손상차손 인식
CGU인 사업부 B에 대해서 ₩1,500의 손상차손을 먼저 인식한다. 사업부 B의 손상차손 ₩1,500은 사업부 B를 구성하는 개별 자산의 장부금액에 비례하여 배분한다.

(2) 단계 2 : CGU집단의 손상차손 인식
사업부 B의 손상차손 인식 후 CGU집단의 장부금액
= ₩31,000 − 1,500 = ₩29,500 < 회수가능액 ₩30,000

따라서 CGU집단의 손상차손 인식금액은 없다.

이렇게 손상차손을 인식한 후 CGU집단의 장부금액은 다음과 같다.

현금창출단위집단	장부금액
사업부 A	₩10,000
사업부 B	10,500
사업부 C	8,000
영 업 권	1,000
합계	₩29,500

만약에 사업부 B의 손상차손을 인식(단계 1)하지 않고 처음부터 CGU집단의 손상차손을 인식(단계 2)하였다면 ₩1,000의 손상차손을 모두 영업권 손상차손으로 인식하였을 것이므로 잘못된 결과를 초래한다.

예제 10 영업권의 손상차손

갑회사는 사업결합과정에서 영업권 ₩100,000을 인식하였고, 이를 현금창출단위인 사업결합한 사업부에 모두 배분하였다. 20×1년 말 감가상각을 완료한 후 손상차손 인식 전 현금창출단위를 구성하는 개별 자산의 장부금액은 다음과 같다.

과목	금액
건 물	₩200,000
구 축 물	300,000
기계장치	500,000
영 업 권	100,000
합계	₩1,100,000

물음

1. 20×1년 말 현금창출단위의 회수가능액을 ₩700,000으로 측정하였고, 손상차손이 발생하였다고 판단할 경우 갑회사가 해야 할 회계처리를 하라. 단, 현금창출단위 내의 개별 자산의 순공정가치나 사용가치는 알 수 없다.
2. 20×2년 말 현금창출단위의 회수가능액을 ₩720,000으로 측정하였고, 손상차손환입이 발생하였다고 판단하였다. 현금창출단위 내의 개별 자산의 회수가능액은 결정할 수 없으며, 각 자산의 20×2년도 감가상각비를 인식한 후 장부금액과 손상차손을 인식하지 않았다면 기록되었을 장부금액은 다음과 같다. 갑회사의 손상차손환입의 회계처리를 하라.

과목	감가상각비 인식 후 장부금액	손상차손을 인식하지 않았다면 기록되었을 장부금액
건 물	₩120,000	₩150,000
구 축 물	180,000	230,000
기 계 장 치	300,000	350,000
계	₩600,000	₩730,000

해답

1. 손상차손 총액 = ₩1,100,000(장부금액) − 700,000 = ₩400,000

<손상차손의 개별자산 배분>

과목	배분 전 장부금액	손상차손의 배분[(1)]	배분 후 장부금액
건물	₩200,000	₩(60,000)	₩140,000
구축물	300,000	(90,000)	210,000
기계장치	500,000	(150,000)	350,000
영업권	100,000	(100,000)	−
계	₩1,100,000	₩(400,000)	₩700,000

(1) 손상차손 ₩400,000 중 ₩100,000을 영업권에 우선 배분
나머지 손상차손 ₩300,000을 건물, 구축물, 기계장치의 장부금액에 비례하여 배분
건물 손상차손 = ₩300,000×(200,000/1,000,000) = ₩60,000
구축물 손상차손 = ₩300,000×(300,000/1,000,000) = ₩90,000
기계장치 손상차손 = ₩300,000×(500,000/1,000,000) = ₩150,000

(차)		(대)	
손상차손	400,000	(건 물)손상차손누계액	60,000
		(구 축 물)손상차손누계액	90,000
		(기계장치)손상차손누계액	150,000
		영업권	100,000

2. 손상차손환입 총액 = ₩720,000 − 600,000 = ₩120,000

<손상차손환입의 개별자산 배분>

과목	배분 전 장부금액	배분액[(1)]	배분 후 장부금액	한도초과 추가배분[(2)]	추가배분 후 장부금액
건물	₩120,000	₩24,000	₩144,000	₩4,000	₩148,000
구축물	180,000	36,000	216,000	6,000	222,000
기계장치	300,000	60,000	360,000	(10,000)	350,000
계	₩600,000	₩120,000	₩720,000	−	₩720,000

(1) 손상차손환입 총액을 배분 전 장부금액에 비례하여 배분
(2) 기계장치의 배분 후 장부금액(₩360,000)이 한도액 ₩350,000을 ₩10,000 초과하므로 건물과 구축물의 배분 후 장부금액에 비례하여 추가배분

(차)		(대)	
(건 물)손상차손누계액	28,000	손상차손환입	120,000
(구 축 물)손상차손누계액	42,000		
(기계장치)손상차손누계액	50,000		

2.8 취득 관련 원가

취득 관련 원가란 취득자가 사업결합의 효과를 거두기 위하여 발생시킨 원가를 말한다. 취득 관련 원가는 [표 8]과 같이 회계처리한다(1103:53).

| 표 8 | 취득 관련 원가의 회계처리

구분	회계처리
중개수수료(자문, 법률, 회계, 가치평가 및 그 밖의 전문가 또는 컨설팅 수수료 등)	비용으로 인식
내부의 사업결합 담당부서 유지에 소요되는 원가를 포함한 일반관리원가	비용으로 인식
채무상품 및 지분상품의 발행과 직접 관련 원가	당해 증권의 발행가액에서 차감[28]

중개수수료나 내부의 사업결합 담당부서 유지비용 등은 사업에 대한 취득자와 피취득자 간의 공정가치 교환의 일부가 아니라 취득자가 제공받은 용역에 대해 지급하는 별도 거래로부터 발생한 것이다. 즉, 취득 관련 원가는 사업결합의 이전대가가 아니므로 영업권이나 염가매수차익에 영향을 미치지 않는다. 따라서 취득자가 제공받은 용역은 제공받은 때에 소모되므로 취득 관련 원가도 용역을 제공받은 시점에 비용으로 인식한다. 단, 채무상품 및 지분상품의 발행원가는 금융상품 관련 기준서(제1109호 '금융상품')와 일관된 회계처리를 하기 위하여 당해 증권의 발행가액에서 차감한다.

한편, 기준서 제1103호는 피취득자로부터 취득하는 자산의 취득부대비용(예 : 취득세 등)을 취득 관련 원가에서 언급하고 있지 않다. 자산의 취득부대비용은 관련 자산의 최초 인식금액에 가산하며, 이를 이전대가에 포함하는 것은 아니므로 영업권이나 염가매수차익의 인식금액에 영향을 미치지 않는다.

28) 중급회계에서 설명한 바와 같이 채무상품이나 지분상품의 발행과 직접 관련된 원가는 발행가액에서 차감한다. 예를 들어, 액면금액 ₩5,000의 주식을 ₩7,000에 발행하면서 주식발행 직접원가 ₩100이 발생하였다면 다음과 같이 회계처리한다.

(차) 현 금	6,900	(대) 자 본 금	5,000
		주식발행초과금	1,900

예제 11 취득 관련 원가의 회계처리

20×1년 초에 갑회사는 을회사의 자산과 부채를 모두 취득·인수하였으며, 이는 사업결합에 해당한다. 취득일 현재 을회사의 식별할 수 있는 자산의 공정가치는 ₩300,000이고 부채의 공정가치는 ₩200,000이며, 갑회사는 이전대가로 갑회사의 주식 100주(주당 액면금액 ₩800, 공정가치 ₩1,200)를 발행·교부하였다.

물음

1. 20×1년 초에 갑회사가 취득일에 해야 할 회계처리를 하라.
2. (물음 1)과 관련하여 다음과 같은 사업결합과 관련된 현금 지출이 있었다. 이를 고려하여 취득일에 해야 할 회계처리를 하라.

회계사 수수료	₩2,000
결합담당부서 일반관리비	3,000
신주발행 직접 관련 원가	1,000
취득 자산에 대한 취득세	1,500

해답

1.

(차) 자산	300,000	(대) 부채	200,000
영업권	20,000(1)	자본금	80,000
		주식발행초과금	40,000

(1) 영업권 = 이전대가(₩120,000) − 피취득자의 순자산의 공정가치(₩100,000) = ₩20,000

2.

(차) 자산	300,000	(대) 부채	200,000
영업권	20,000(1)	자본금	80,000
		주식발행초과금	40,000
(차) 주식발행초과금	1,000(2)	(대) 현금	7,500
제비용	5,000(3)		
자산	1,500(4)		

(1) 취득 관련 원가가 발생하더라도 영업권은 (해답 1)과 동일하다.
(2) 지분상품 발행 직접 관련 원가는 발행가액에서 차감하기 때문에 주식발행초과금을 감소시킨다.
(3) 취득 관련 원가는 채무상품과 지분상품 발행 직접 관련 원가를 제외하고 모두 당기비용으로 인식한다.
(4) 취득 자산의 취득부대비용은 해당 자산에 가산한다.

지금까지 설명한 사업결합의 회계처리와 일반적인 자산·부채의 일괄취득의 회계처리를 비교하면 [표 9]와 같다.

| 표 9 | 사업결합과 자산·부채의 일괄취득의 회계처리 비교

구분	사업결합	자산·부채의 일괄취득
측정	공정가치로 인식(우발부채도 공정가치를 신뢰성 있게 측정할 수 있다면 인식)	원가를 개별 자산·부채의 상대적 공정가치 비율로 안분하여 자산·부채 인식(우발부채 인식불가)
취득 관련 원가	당기비용	취득원가에 포함
영업권	인식 가능	인식 불가
일시적차이	이연법인세 인식	최초 인식 시 면제규정에 따라 이연법인세를 인식하지 않음

3 기타의 사업결합

3.1 단계적으로 이루어지는 사업결합

취득자가 취득일 전에 피취득자의 지분을 일부 보유하고 있는 상황에서 피취득자를 취득하는 사업결합이 이루어지는 경우, 이를 단계적으로 이루어지는 사업결합(business combination achieved in stages, step acquisition)이라고 한다. 예를 들어, 갑회사가 을회사 지분의 10%를 보유하고 있는 상황에서 을회사 지분의 90%를 소유하는 주주들에게 이전대가를 지급하고 을회사의 자산과 부채를 취득·인수한 경우 이를 단계적으로 이루어지는 사업결합이라고 한다.

단계적 취득의 경우 각 취득 단계별로 영업권을 각각 측정하는지(이를 단계법이라고 함), 아니면 취득일에 일괄하여 한 번만 영업권을 측정하는지(이를 일괄법이라고 함)에 대하여 국제회계기준위원회는 취득 단계별로 영업권을 측정하려면 수 년 또는 수십 년 전에 발생했던 각 취득 시점마다 피취득자 순자산의 공정가치를 파악해야 하는 데 많은 비용이 소요될 수 있음을 지적하였다(1103:BC328). 이에 기준서에서는 단계적으로 이루어지는 사업결합의 경우 취득자가 이미 보유하고 있는 피취득자 지분의 취득일(사업결합일) 현재 공정가치와 이전대가의 합계금액을 식별가능 취득 자산과 인수 부채의 순액과 비교하여 영업권 또는 염가매수차익을 인식하는 일괄법을 적용하도록 규정하고 있다(1103:32(다)).

예를 들어, 갑회사가 을회사 지분의 10%를 보유하고 있는 상태에서 합병이 이루어질 경우 을회사 지분의 10%에 대한 대가는 과거에 지급한 것이나 다름없으므로 갑회사는 취득일에 을회사 지분의 90%에 해당하는 이전대가만 지급할 것이다. 그런데 합병을 할 때 을회사의 자산과 부채 전부를 취득·인수할 것이므로 이전대가도 을회사 지분의 100%에 해당하는 금액이어야 한다. 따라서 을회사 지분 90%에 해당하는 이전대가뿐만 아니라 이미 보유하고 있는 을회사 지분 10%의 공정가치도 이전대가에 포함하여(즉, 합병분개를 하기 전에 보유 중인 10%의 을회사 지분을 공정가치로 재측정한 후 합병분개 시 이전대가에 포함하여 대변으로 제거) 영업권이나 염가매수차익을 결정한다.

단계적 취득의 경우 취득자가 취득일 전에 보유하고 있던 피취득자 지분을 FVPL 금융자산으로 분류하였다면, 취득일의 공정가치로 재측정하고 차손익을 당기손익으로 인식한 후에 이전대가에 포함시킨다. 그러나 취득자가 취득일 전에 보유하고 있던 피취득자 지분을 FVOCI 선택 금융자산으로 분류하였다면, 취득일의 공정가치로 재측정하고 차손익을 기타포괄손익으로 인식한 후에 이전대가에 포함시킨다. FVOCI 선택 금융자산에 대해서 인식한 기타포괄손익은 당해 금융자산을 처분하더라도 후속적으로 당기손익으로 재분류하지 않으므로 단계적 취득이 이루어지더라도 이미 인식한 기타포괄손익을 당기손익으로 대체하지 않는다(1103:42).

단계적 취득의 경우 취득일에 취득자가 해야 할 회계처리(이전대가로 주식을 발행하고, 영업권 발생 가정)는 다음과 같다.

① 취득일 현재 취득자가 보유 중인 피취득자 지분의 공정가치 재측정

㉠ 피취득자 지분을 FVPL 금융자산으로 분류한 경우

(차) FVPL 금융자산	×××	(대) 금융자산평가이익(PL)	×××
또는			
(차) 금융자산평가손실(PL)	×××	(대) FVPL 금융자산	×××

㉡ 피취득자 지분을 FVOCI 선택 금융자산으로 분류한 경우

(차) FVOCI 선택 금융자산	×××	(대) 금융자산평가이익(OCI)	×××
또는			
(차) 금융자산평가손실(OCI)	×××	(대) FVOCI 선택 금융자산	×××

② 피취득자의 취득

(차) 자산(피취득자)	×××	(대) 부채(피취득자)	×××
영업권	×××	자본금 등	×××
		FVPL 금융자산 (FVOCI 선택 금융자산)	×××*

* 취득자가 취득일 전에 보유하고 있던 피취득자 지분(이미 분개 ①에서 공정가치 재측정 반영)을 이전대가로 보고 대변으로 제거. 단, FVOCI 선택 금융자산과 관련하여 기타포괄손익으로 인식한 평가손익은 제거하지 않음

예제 12 단계적으로 이루어지는 사업결합

갑회사(보고기간 말 12월 31일)는 20×1년 초에 을회사 발행 주식 중 10%를 ₩120,000에 취득하였다. 20×1년 12월 31일과 20×2년 1월 10일 현재 을회사 지분 10%의 공정가치는 각각 ₩125,000 및 ₩128,000이다.

갑회사는 20×2년 1월 10일에 을회사의 자산과 부채를 모두 취득·인수하는 사업결합을 하였다. 갑회사는 이전대가로 갑회사를 제외한 나머지 90% 지분을 소유하고 있는 을회사 주주에게 갑회사 주식(액면총액 ₩1,000,000, 공정가치 ₩1,200,000)을 발행·교부하였다. 20×2년 1월 10일 현재 식별할 수 있는 을회사의 자산과 부채의 공정가치는 각각 ₩3,000,000과 ₩2,000,000이다.

물음

1. 갑회사가 을회사 지분 10%를 FVPL 금융자산으로 분류하였을 경우 20×2년 1월 10일에 사업결합과 관련하여 해야 할 회계처리를 하라.
2. (물음 1)에서 갑회사가 을회사 지분 10%를 FVOCI 선택 금융자산으로 분류하였다고 가정하고 다시 답하라.

해답

1. ① FVPL 금융자산의 공정가치 재측정

(차)	FVPL 금융자산	3,000	(대)	금융자산평가이익(PL)	3,000(1)

(1) ₩128,000 − 125,000(20×1년 말 공정가치 평가 후 장부금액) = ₩3,000

② 사업결합의 회계처리

(차)	자산	3,000,000	(대)	부채	2,000,000
	영업권	328,000		자본금	1,000,000
				주식발행초과금	200,000
				FVPL 금융자산	128,000

위 분개에서 점선 box로 표시한 부분이 이전대가이다. FVPL 금융자산의 취득일 현재 공정가치 ₩128,000을 이전대가에 포함시키면서 대변으로 제거하는 회계처리를 한다. 이렇게 회계처리하면 발행한 주식의 공정가치 ₩1,200,000은 을회사 순자산의 90%에 대한 이전대가이고, FVPL 금융자산 ₩128,000은 을회사 순자산의 10%에 대한 이전대가이다.

2. ① FVOCI 선택 금융자산의 공정가치 재측정

(차)	FVOCI 선택 금융자산	3,000	(대) 금융자산평가이익(OCI)	3,000

② 사업결합의 회계처리

(차)	자 산	3,000,000	(대) 부 채	2,000,000
	영 업 권	328,000	자 본 금	1,000,000
			주 식 발 행 초 과 금	200,000
			FVOCI 선택 금융자산	128,000

위 분개에서 점선 box로 표시한 부분이 이전대가이다. FVOCI 선택 금융자산으로 분류한 경우에도 해답 1과 풀이는 동일하다. 다만, FVOCI 선택 금융자산의 공정가치 변동을 기타포괄손익으로 인식한 금액은 당기손익으로 재분류하지 않으므로 사업결합의 회계처리를 할 때 제거하지 않는다.

3.2 대가의 이전 없이 이루어지는 사업결합

취득자가 대가를 이전하지 않고 피취득자에 대한 지배력을 획득하는 경우가 있는데, 다음과 같은 사업결합이 여기에 해당한다(1103:43).

(1) 기존 투자자(취득자)가 지배력을 획득할 수 있도록 피취득자가 충분한 수량의 자기주식을 다시 사는 경우
(2) 피취득자 의결권의 과반수를 보유하고 있는 취득자가 피취득자를 지배하는 것을 막고 있던 소수거부권이 소멸한 경우
(3) 취득자와 피취득자가 계약만으로 사업결합하기로 약정한 경우

위의 문단 43의 사례는 합병의 사업결합이 아니라 취득자가 지배기업이 되고 피취득자가 종속기업(즉, 법적 실체는 소멸하지 않음)이 되어 연결 실체가 되는 사업결합에 해당한다. 문단 43의 (1)은 특정 기업이 자기주식을 취득하면 그 기업의 유통주식수가 감소하여 특정 기업에 대한 기존 투자자의 상대적 지분율이 증가하여 기존 투자자가 지배기업이 되고 특정 기업은 종속기업이 되는 경우를 말한다.

문단 43의 (2)는 취득자가 실질적인 지배력 없이 보유하고 있던 피취득자의 과반수 지분이 소수거부권의 소멸로 실질적인 지배력으로 변경된 것이므로 취득자는 지배력을 취득하는 보고기간부터 연결재무제표를 작성한다.

한편, 문단 43의 (3)의 경우 취득자는 피취득자에 대한 지배력과 교환하여 대가를 이전하지 않으며, 취득일이나 그 이전에도 피취득자의 지분을 보유하지 않는다. 계약만으로 이루어지는 사업결합의 예로는 단일화 약정으로 두 개의 사업을 통합하거나, 이중 상장기업(a dual listed corporation)[29)]을 설립하는 경우 등을 들 수 있다.

이전대가의 수수 없이 계약만으로 이루어지는 사업결합에 대해서도 국제회계기준위원회는 취득법을 적용하도록 하였다(1103:BC79). 예를 들어, 갑회사와 을회사가 계약만으로 사업결합하기로 약정하였다면 2.2절에서 설명한 취득자의 식별 지침에 따라 갑회사와 을회사 중 한 회사를 취득자로 식별한다. 만약에 갑회사를 취득자로 식별하였다면, 을회사의 법적 실체가 소멸하는 합병이 아니므로 갑회사는 을회사를 포함하여 제2장부터 설명하는 연결재무제표를 작성해야 하는데, 연결재무제표에 포함될 을회사의 자산과 부채는 취득법에 따라 측정한 금액(즉, 공정가치)으로 한다. 이렇게 측정한 을회사의 자산에서 부채를 차감한 금액이 을회사의 순자산 금액이다. 그런데 을회사 순자산에 대한 지분은 갑회사(지배기업)가 전혀 보유하지 않고 다른 투자자들이 모두 보유하고 있으므로 갑회사의 연결재무제표에 비지배지분으로 표시된다(1103:44).

3.3 역취득

2.2절에서 법적 취득자가 회계상 취득자와 다른 사업결합을 역취득(또는 역합병)이라고 설명한 바 있다. 본절에서는 (예)를 통해 구체적으로 역취득의 회계처리를 설명한다.[30)]

예 11 역취득의 사업결합

> 갑회사는 20×1년 초에 을회사를 합병하여 취득하였다. 갑회사는 이전대가로 갑회사 주식 150주를 을회사의 이전 주주에게 발행, 교부하였다. 취득일 현재 갑회사와 을회사의 자산 및 부채의 장부금액과 공정가치는 다음과 같으며, 갑회사와 을회사 주식의 주당 공정가치는 각각 ₩15와 ₩32이다.

29) 이중 상장기업은 두 기업이 각각 다른 국가에서 설립하면서 마치 하나의 기업인 것처럼 기업경영을 하되, 각각 법적 실체를 구분하고 주식시장에 상장하기로 계약한 기업을 말한다.

30) 지배기업과 종속기업이 되어 연결재무제표를 작성하는 사업결합이 역취득에 해당하는 경우의 회계처리는 제3장 보론에서 설명한다.

과목	갑회사		을회사	
	장부금액	공정가치	장부금액	공정가치
자산	₩4,500	₩4,800	₩3,000	₩3,200
부채	2,000	2,100	1,250	1,100
납입자본				
(100주, @₩10)	1,000			
(150주, @5)			750	
이익잉여금	1,500		1,000	

위의 사업결합이 (1) 역취득이 아닌 것으로 판단한 경우와 (2) 역취득인 경우로 판단한 경우로 구분하여 사업결합의 회계처리를 제시한다. 단, 영업권은 자산 계정과 구분하여 별도로 표시한다.

(1) 역취득이 아닌 것으로 판단한 경우(갑회사가 을회사를 취득한 것으로 회계처리)

(차)	자산	3,200	(대) 부채	1,100
	영업권	150	납입자본	2,250[(1)]

(1) 150주×₩15 = ₩2,250

(2) 역취득으로 판단한 경우(을회사가 갑회사를 취득한 것으로 회계처리)

갑회사가 사업결합 시 이전대가로 갑회사 주식 150주를 발행, 교부하면 사업결합 직후 갑회사의 발행주식 총수는 250주이고 이 중 150주를 을회사의 이전주주가 소유한다. 그 결과 갑회사의 주주 지분율은 40%(100주/250주)이고, 을회사 이전주주의 지분율은 60%(150주/250주)가 되어 법률적으로는 갑회사가 을회사를 취득했더라도 회계상으로는 을회사가 갑회사를 취득하는 역취득에 해당한다.

역취득의 경우 이전대가는 다음과 같이 계산한다.

먼저 법적 취득자인 갑회사의 결합기업에 대한 소유지분율 40%를 유지하도록 회계상 취득자인 을회사가 갑회사에게 발행, 교부하였을 주식수(x)를 다음과 같이 계산한다.

$40\% = \frac{x}{150 + x}$. 따라서 $x = 100$주

을회사의 사실상 이전대가 = 100주×₩32 = ₩3,200

(차)	자산	4,800	(대) 부채	2,100
	영업권	500	납입자본	3,200[(1)]

(1) 100주×₩32 = ₩3,200

역취득이 아니라고 판단한 경우와 역취득이라고 판단한 경우 사업결합 직후 재무상태표에 표시되는 자산, 부채 및 자본을 비교하면 다음과 같다.

과목	역취득이 아닌 경우		역취득인 경우	
자산	₩4,500+3,200=	₩7,700	₩3,000+4,800=	7,800
영업권	0+150=	150	0+500=	500
자산 총계		₩7,850		₩8,300
부채	₩2,000+1,100=	₩3,100	₩1,250+2,100=	₩3,350
납입자본	1,000+2,250=	3,250	750+3,200=	3,950
이익잉여금	1,500+0=	1,500	1,000+0=	1,000
부채, 자본 총계		₩7,850		₩8,300

위의 비교 재무상태표에서 보는 바와 같이 사업결합의 실질이 역취득인데, 이를 무시하고 역취득이 아닌 것으로 판단하여 회계처리를 하면 상당한 차이가 발생할 수 있음을 알 수 있다.

4 측정기간 동안 또는 측정기간 종료 후 조정

4.1 잠정 금액의 수정

사업결합 시 취득·인수하는 자산이나 부채의 공정가치를 확정하지 못하여 사업결합이 발생한 보고기간 말까지 사업결합의 회계처리를 완료하지 못한다면, 취득자는 회계처리를 완료하지 못한 항목을 잠정 금액(provisional values)으로 재무제표에 보고한다. 사업결합에서 인식한 잠정 금액을 사업결합 후 조정할 수 있는 기간을 측정기간이라고 하는데, 측정기간은 취득일로부터 1년을 초과할 수 없다.

측정기간에, 취득일 현재 존재하던 사실과 상황에 대하여 새롭게 입수한 정보가 있는 경우 취득일에 인식한 잠정 금액을 소급하여 조정한다. 그러나 새롭게 입수한 정보이더라도 취득일 현재 존재하던 사실 및 상황과 무관하다면 이는 잠정 금액의 소급조정 대상이 아니다.

잠정 금액의 수정이 측정기간 동안 발생한 것인지, 측정기간 종료 후에 발생한 것인지에 따라 다음의 [표 10]과 같이 회계처리한다(1103:45,50).

| 표 10 | 잠정 금액 수정의 회계처리

구분	회계처리
측정기간 동안 취득일 현재 존재하던 사실과 상황에 대하여 새롭게 정보를 입수하여 잠정 금액을 수정할 경우	취득일에 이미 알았더라면 인식하였을 금액으로 잠정 금액을 소급하여 조정하고, 취득일에 인식하였을 추가적인 자산과 부채도 인식
측정기간 종료 후에 새롭게 정보를 입수하여 잠정 금액을 수정할 경우	기준서 제1008호 '재무제표의 작성 기준'에 따른 오류수정의 경우에만 사업결합의 회계처리를 수정[31]

취득자는 식별할 수 있는 자산 또는 부채로 인식한 잠정 금액의 변동을 영업권의 변동으로 인식한다(1103:48). 측정기간에 취득자는 마치 사업결합의 회계처리가 취득일에 완료되었던 것처럼 잠정 금액의 조정을 인식한다. 그러므로 취득자는 재무제표에 표시한 과거기간의 비교 정보를 필요한 경우에 수정하며, 이러한 수정에는 처음 회계처리를 완료하면서 이미 인식한 감가상각, 상각 또는 그 밖의 수익 영향의 변경 등이 포함된다(1103:49).

국제회계기준위원회는 측정기간의 조정이 회계추정치의 변경과는 다르다고 보았다. 측정기간의 조정은 취득일 현재의 자산, 부채 등에 관한 정보로서 취득일 후에 사용할 수 있는 정보에 기인하는 반면, 추정치 변경에 대한 조정은 일반적으로 추정에 영향을 미치는 사실과 상황의 변경(예 : 자산의 내용연수에 영향을 미치는 기술의 변화)에 기인한다. 오히려 측정기간의 조정은 추정치 변경보다는 수정을 요하는 보고기간후사건[32]과 더 유사하다고 결론지었다(1103:BC397,398).

전술한 바와 같이 기준서 제1103호는 잠정 금액을 조정하면서 영업권을 조정하도록 규정하고 있을 뿐 염가매수차익의 조정 여부에 대해서는 언급하고 있지 않다. 예를 들어, 흔하지는 않겠지만 잠정 금액으로 보고한 자산의 수정금액이 대폭 증가할 경우 영업권이 0보다 작아져 염가매수차익이 발생할 수도 있을 것이다. 또한 당초 사업결합 시 염가매수차익을 인식하였는데 자산의 잠정 금액을 증가시키는 수정을 할 경우 조정할 영업권이 없는 문제도 발생할 수 있다. 저자의 견해로는 잠정 금액을 조정할 때 당초 취득일에 인식했던 영업권 또는 염가매수차익을 우선 조정하는 것으로 기준서가 보완될 필요가 있다고 판단된다.

---

31) 중급회계에서 설명한 바와 같이 중요한 전기 오류의 수정은 소급법을 적용하여 회계처리하며, 비교 표시되는 과년도 재무제표를 소급하여 재작성한다.

32) 보고기간후사건(events after the balance sheet date)이란 보고기간 말(즉, 결산일)과 재무제표 발행승인일 사이에 발생한 유리하거나 불리한 사건을 말하는데, 보고기간 말에 존재하였던 상황에 대한 증거를 제공하는 사건이라면 재무제표에 인식된 금액을 수정하는 반면, 보고기간 말에 존재하지 않았던 상황에 대한 증거를 제공하는 사건이라면 재무제표를 수정하지 않고, 중요한 경우에 한하여 주석으로 공시한다.

4.2 잠정 금액의 변동과 영업권 손상차손의 수정

잠정 금액으로 측정한 피취득자의 순자산 금액이 변동될 경우 이미 인식한 영업권 또는 영업권 손상차손의 수정 여부는 영업권이 배분된 현금창출단위를 구성하는 순자산의 잠정 금액 변동인지, 아니면 영업권이 배분되지 않은 현금창출단위를 구성하는 순자산의 잠정 금액 변동인지에 따라 다르다. 다음의 (예 12)를 통하여 구체적으로 설명한다.

예 12 잠정 금액의 변동과 영업권 및 영업권 손상차손의 수정

갑회사는 20×1년 4분기에 을회사를 취득하였는데, 취득일에 을회사의 토지를 잠정 금액인 ₩200으로 측정하고 영업권 ₩100을 인식하였다. 갑회사는 영업권의 손상 목적을 위하여 사업결합으로 취득한 을회사를 두 개의 현금창출단위(이하 CGU1과 CGU2라 함)로 구분하고, 이 중에서 CGU1이 사업결합으로 시너지 효과의 혜택을 받을 것으로 기대된다고 판단하고 여기에 영업권 ₩100을 모두 배분하였다. 20×1년 말 현재 CGU1과 CGU2의 장부금액과 회수가능액, 그리고 영업권 손상차손은 다음과 같다.

구분	20×1년 말 장부금액	20×1년 말 회수가능액	영업권 손상차손
CGU1	순자산 ₩700, 영업권 ₩100	₩740	₩60(1)
CGU2	순자산 ₩300	310	—(2)

(1) 영업권 손상차손=(₩700+100)−740=₩60

(2) CGU2에 대해서는 영업권을 배분하지 않았으므로 회수가능액이 ₩300보다 작더라도 영업권 손상차손을 인식할 수 없다.

갑회사는 취득일에 잠정 금액 ₩200으로 측정했던 토지를 20×2년 1분기 말에 다시 측정한 결과 ₩220이라고 판단하고 잠정 금액으로 인식했던 토지를 수정하기로 하였다. 잠정 금액을 수정한 토지가 (1) CGU1을 구성하는 경우와 (2) CGU2를 구성하는 경우로 구분하여 당초 인식한 영업권 및 영업권 손상차손의 수정 여부를 설명한다.

(1) 잠정 금액을 수정한 토지가 CGU1(영업권이 배분된 CGU)을 구성하는 경우

구분	20×1년 말 장부금액	20×1년 말 회수가능액	영업권 손상차손	다른 자산 손상차손
CGU1	순자산 ₩720, 영업권 ₩80[(1)]	₩740	₩60[(2)]	–
CGU2	순자산 ₩300	₩310	–[(3)]	–

(1) 취득일에 을회사 순자산이 ₩20만큼 더 많았다면 영업권을 ₩100이 아니라 ₩80으로 인식하였을 것이며, 이를 CGU1에 배분했을 것이다. 즉, 20×1년 말 CGU1의 장부금액은 토지의 잠정 금액 수정을 반영하더라도 변동하지 않는다.
(2) 영업권 손상차손 = (₩720 + 80) − 740 = ₩60. 잠정 금액을 수정하더라도 20×1년 말 CGU1의 장부금액과 회수가능액이 변동하는 것은 아니므로 당초 인식했던 영업권 손상차손도 변동하지 않는다.
(3) CGU2는 잠정 금액의 수정과 무관하므로 금액 변동은 없다.

수정분개(비교 표시하는 20×1년 재무제표에 반영)는 다음과 같다.

(차)	토 지	20	(대) 영 업 권	20

(2) 잠정 금액을 수정한 토지가 CGU2(영업권이 배분되지 않은 CGU)를 구성하는 경우

구분	20×1년 말 장부금액	20×1년 말 회수가능액	영업권 손상차손	다른 자산 손상차손
CGU1	순자산 ₩700, 영업권 ₩80[(4)]	₩740	₩40	–
CGU2	순자산 ₩320	₩310	–[(5)]	₩10[(5)]

(4) 취득일에 을회사 순자산이 ₩20만큼 더 많았다면 영업권을 ₩100이 아니라 ₩80으로 인식하였을 것이며, 이를 CGU1에 배분했을 것이다. 그러나 CGU1을 구성하는 영업권 이외의 자산이나 부채는 변동하지 않으므로 영업권 손상차손은 ₩60이 아니라 ₩40을 인식하였을 것이다.
(5) CGU2에 대해서는 영업권을 배분하지 않았으므로 회수가능액이 ₩320보다 작더라도 영업권 손상차손을 인식할 수 없다. 대신 CGU2를 구성하는 영업권 이외의 다른 자산의 장부금액에 비례하여 ₩10의 손상차손을 배분한다.

수정분개(비교 표시하는 20×1년 재무제표에 반영)는 다음과 같다.

(차)	토 지	20	(대) 영업권손상차손	20
(차)	기타자산손상차손	10	(대) 손상차손누계액	10

위의 (예 12)에서 보는 바와 같이 사업결합 시 측정한 잠정 금액이 이후 변동되는 경우 당초 인식했던 영업권은 잠정 금액 변동액만큼 변동한다. 즉, 잠정 금액 변동으로 피취득자의 순자산 금액이 증가(또는 감소)하면 영업권은 그만큼 감소(또는 증가)한다.

이에 반해 영업권 손상차손은 어느 현금창출단위를 구성하는 순자산의 잠정 금액이 변동되는지의 여부에 따라 금액이 결정된다. 즉, 영업권이 배분된 현금창출단위를 구성하는 순자산의 잠정 금액이 변동되는 경우에는 전기에 인식했던 영업권 손상차손이 변동되지 않으나, 영업권

이 배분되지 않은 현금창출단위를 구성하는 순자산의 잠정 금액이 변동되는 경우에는 전기에 인식했던 영업권 손상차손도 변동(비교 표시하는 전기 재무제표 수정)된다는 점에 유의하여야 한다.

예제 13 잠정 금액의 수정

20×1년 7월 1일에 갑회사(연차재무보고일 12월 31일)는 을회사의 자산과 부채를 모두 취득·인수하였는데, 이러한 거래는 사업결합에 해당한다. 취득일 현재 을회사의 식별할 수 있는 자산·부채의 장부금액과 공정가치는 다음과 같으며, 자산의 공정가치에는 잠정 금액으로 인식한 유형자산의 공정가치가 제외되어 있다.

과목	장부금액	공정가치
자산	₩500,000	₩600,000
부채	350,000	400,000

갑회사는 을회사의 유형자산에 대해서 독립적인 가치평가를 하려고 했으나, 20×1년도 재무제표 발행을 승인하기 전까지 가치평가를 종료하지 못하여 불가피하게 잠정적인 공정가치로 ₩50,000을 인식하여 재무제표를 발행하였다. 동 유형자산의 잔존내용연수는 10년이며, 잔존가치 없이 정액법으로 상각한다. 갑회사는 이전대가로 갑회사 주식(액면총액 ₩200,000, 공정가치 ₩300,000)을 발행·교부하였다.

물음

1. 20×1년 7월 1일에 갑회사가 해야 할 사업결합과 관련된 회계처리를 하라.
2. 유형자산에 대한 독립적인 가치평가는 20×2년 3월에 종료되었으며, 가치평가 보고서에 따르면 취득일의 공정가치는 ₩40,000이다. 20×1년 12월 31일에 공표된 갑회사의 재무제표에 표시된 일부 계정의 금액이 다음과 같을 때, 20×2년 말에 비교목적으로 표시되는 20×1년도 재무제표에 표시될 금액(①부터 ③까지)을 다시 계산하라. 단, 20×1년 말에 영업권의 손상차손은 인식하지 않았다.

과목	20×1년 말에 공시한 20×1년 재무제표	20×2년 말에 비교목적으로 재작성한 20×1년 재무제표
영업권	(물음 1)에서 구한 금액	①
유형자산 장부금액	₩47,500	②
유형자산 감가상각비	2,500	③

3. (물음 2)에서 20×1년 말에 영업권의 손상차손을 인식하였다고 가정하라. 영업권의 손상과 관련된 자료를 제시하면, 갑회사는 을회사 취득에 따라 시너지 혜택을 받을 것으로 기대되는 현금창출단위에 (물음 1)에서 구한 영업권을 배분하였으며, 20×1년 말에 영업권 손상차손 ₩10,000을 인식하였다. 그러나 잠정 금액을 재측정한 유형자산은 영업권이 배분된 현금창출단위의 자산은 아니다. 20×1년 12월 31일에 공표된 갑회사의 재무제표에 표시된 일부 계정의 금액이 다음과 같을 때, 20×2년 말에 비교 목적으로 표시되는 20×1년도 재무제표에 표시될 금액(①부터 ④까지)을 다시 계산하라.

과목	20×1년 말에 공시한 20×1년 재무제표	20×2년 말에 비교목적으로 재작성한 20×1년 재무제표
영업권	₩40,000	①
영업권 손상차손	10,000	②
유형자산 장부금액	47,500	③
유형자산 감가상각비	2,500	④

해답

1. <20×1. 7. 1.>

(차)			(대)	
자산	650,000[(1)]		부채	400,000
영업권	50,000		자본금	200,000
			주식발행초과금	100,000

(1) 유형자산의 잠정 금액 ₩50,000 포함

2. 취득일에 유형자산을 ₩50,000이 아니라 ₩40,000으로 인식했다면 20×1년 말 현재 다음과 같이 금액이 변동된다.

영업권 : ₩10,000 증가

유형자산 감가상각비 : ₩10,000÷10년×6/12＝₩500 감소

유형자산 장부금액 : 취득일에 취득원가 ₩10,000 감소, 20×1년 말에 감가상각누계액 ₩500 감소
그 결과 유형자산 장부금액은 ₩9,500 감소

<소급 재작성한 20×1년도 재무제표에 표시될 금액>

① ₩50,000＋10,000＝₩60,000

② ₩47,500－10,000＋500＝₩38,000

③ ₩2,500－500＝₩2,000

3. 취득일에 유형자산을 ₩50,000이 아니라 ₩40,000으로 인식했다면 영업권은 ₩50,000이 아니라 ₩60,000으로 ₩10,000 더 인식하였을 것이다. 따라서 영업권이 배분된 현금창출단위의 장부금액은 ₩10,000 증가하게 되는데, 현금창출단위의 회수가능액은 영업권을 얼마나 배분했는지와 무관하므로 영업권 손상차손으로 ₩10,000이 아니라 ₩20,000을 인식하였을 것이다. 한편, 유형자산의 감가상각비 감소 및 유형자산 장부금액의 감소는 (물음 2)와 동일하다.

<소급 재작성한 20×1년도 재무제표에 표시될 금액>

① ₩40,000 + 10,000 − 10,000(손상차손) = ₩40,000

② ₩10,000 + 10,000 = ₩20,000

③ ₩47,500 − 10,000 + 500 = ₩38,000

④ ₩2,500 − 500 = ₩2,000

영업권을 취득일에 ₩50,000으로 인식했다면 20×1년 말에 ₩10,000의 손상차손을 인식했을 것이며, 영업권을 취득일에 ₩60,000으로 인식했다면 20×1년 말에 ₩20,000의 손상차손을 인식했을 것이므로 취득일에 영업권을 얼마로 인식했든 관계없이 20×1년 말 손상차손을 인식한 후의 영업권 장부금액은 ₩40,000으로 동일하다.

만약에 본 예제에서 잠정 금액의 수정이 20×2년 7월 1일 이후에 이루어졌다면 측정기간이 이미 경과하였으므로 위와 같이 회계처리할 수 없다. 만약에 잠정 금액의 수정을 회계추정치 변경으로 보면 추정 변경시점부터 새로운 유형자산의 장부금액에 근거하여 전진법으로 회계처리한다. 그러나 잠정 금액의 수정을 중요한 전기오류로 본다면 오류의 수정금액을 소급하여 전기 재무제표를 재작성해야 하므로 그 결과는 (물음 3)과 동일하다.

5 후속 측정의 회계처리

취득자는 사업결합으로 취득한 자산, 인수하거나 부담하는 부채 및 발행한 지분상품에 대하여 해당 항목의 성격에 따라 적용가능한 다른 한국채택국제회계기준에 따라 후속적으로 측정하고 회계처리한다. 다만, 기준서 제1103호는 다시 취득한 권리, 우발부채, 보상자산 및 조건부 대가의 후속 측정에 대한 회계처리를 별도로 규정하고 있다.

5.1 다시 취득한 권리, 우발부채 및 보상자산의 후속 측정

다시 취득한 권리, 취득일 현재 인식한 우발부채 및 보상자산의 후속 측정은 [표 11]과 같이 회계처리한다(1103:55~58).

| 표 11 | 후속 측정의 회계처리

항목	후속 측정의 회계처리
다시 취득한 권리	무형자산으로 인식한 다시 취득한 권리는 그 권리가 부여된 계약의 잔존 계약기간에 걸쳐 상각
우발부채	사업결합에서 인식한 우발부채를 최초 인식 이후 정산, 취소 또는 소멸되기 전까지 다음의 ①과 ② 중 큰 금액으로 측정 ① 기준서 제1037호에 따라 인식한 금액 ② 최초 인식금액에서, 적절하다면 기준서 제1115호 '고객과의 계약에서 생기는 수익'에 따라 인식한 이익누계액을 차감한 금액[33]
보상자산	① 각 후속 보고기간 말에, 취득자는 취득일에 보상대상부채 또는 보상대상자산과 동일한 근거로 인식한 보상자산을 보상금액에 대한 계약상 제약과 후속적으로 공정가치로 측정되지 않는 보상자산에 대한 회수가능성에 대해 경영진의 검토 반영 ② 보상자산을 회수 또는 매각하거나, 그 밖에 보상자산에 대한 권리를 상실하는 경우에만 그 보상자산을 제거

5.2 조건부 대가의 후속 측정

취득자가 취득일 후에 인식하는 조건부 대가의 공정가치 변동 중 일부가 취득일에 존재한 사실과 상황에 대하여 취득일 후에 추가로 입수한 정보에 따른 것이라면, 그러한 변동은 4절에서 설명한 측정기간의 조정으로 보고 회계처리한다.

그러나 목표수익을 달성하거나, 특정 주가에 도달하거나, 연구개발 프로젝트의 주요 과제를 완료하는 등 취득일 후에 발생한 사건에서 발생한 조건부 대가의 공정가치 변동은 측정기간의 조정이 아니다. 따라서 이러한 조건부 대가의 변동은 [표 12]와 같이 회계처리한다(1103:58).[34]

33) 취득일에 충당부채로 인식한 금액은 기간이 경과하면서 이익으로 대체(즉, 충당부채환입)될 수 있는데, 이때 기준서 제1115호에 따라 이익으로 대체된 금액을 차감한 잔액을 말한다.

34) 조건부 대가가 자기지분상품으로 결제되는 계약일 경우 특정 조건이 달성되어 교부되는 자기지분상품의 수량이 확정되어 있다면 지분상품으로 분류하고, 자기지분상품의 수량이 변동되는 조건이라면 금융부채로 분류된다.

| 표 12 | 측정기간의 조정이 아닌 조건부 대가의 후속 측정의 회계처리

구분	후속 측정의 회계처리
자본으로 분류한 조건부 대가	다시 측정하지 않으며, 그 후속 정산은 자본 내에서 회계처리
그 밖의 조건부 대가	조건부 대가가 기준서 제1109호 '금융상품'의 적용 범위에 포함되는지와 무관하게 각 보고기간 말에 공정가치로 측정하고 공정가치 변동을 당기손익으로 인식

조건부 대가와 연계된 미래의 특정 조건이 충족되지 않을 경우 조건부 대가는 소멸할 것이다. 예를 들어, 취득일 이후 목표수익이나 목표주가에 도달할 것을 조건으로 취득자가 추가로 주식을 교부하기로 하였으나, 그러한 목표에 도달하지 못했다면 조건부 대가의 약속은 소멸할 것이다. 이때 자본으로 분류한 조건부 대가라면 [표 12]의 후속 측정 회계처리에 따라 자본 내의 다른 계정으로 대체하는 회계처리를 하면 될 것이다.

그런데 금융부채로 분류한 조건부 대가라면 [표 12]의 후속 측정 회계처리에 따라 공정가치 변동을 당기손익으로 인식한다. 특정 목표에 도달하지 못한 조건부 대가의 공정가치는 ₩0일 것이므로 금융부채를 모두 감소시키면서 이익을 인식한다.

실무에서 취득자가 사업결합의 협상을 하면서 조건부 대가를 이용하여 취득자의 재무제표를 조작할 개연성은 언제든지 존재한다. 취득자가 피취득자의 실적이 미래에도 기대에 미치지 못할 것을 알면서도 과도한 목표를 설정하고, 취득일에 즉시 이전대가를 지급하지 않고 나중에 (과도한) 조건부 대가(금융부채로 분류)를 지급하기로 사업결합 계약을 체결할 경우, 취득자는 취득일에 과도한 영업권을 인식할 뿐 사업결합과정에서 지출할 추가 현금은 없다.

그런데 이후 취득자가 예상했던 대로 조건부 대가와 연계된 목표를 달성하지 못했다면, 계약에 따라 조건부 대가를 지급하지 않을 것이다. 따라서 금융부채로 분류한 조건부 대가의 공정가치가 ₩0이 되어 취득자는 금융부채를 이익으로 대체하는 회계처리를 할 것이고, 이를 통해서 피취득자의 경영성과가 그리 좋지 않아도 보고이익을 늘릴 수 있다.

그러나 이때 영업권의 손상차손도 함께 인식할 필요가 있다. 달성하지 못할 가능성이 높다는 것을 알면서도 과도한 목표를 설정하고 여기에 과도한 조건부 대가를 연계하였다면 취득일에 영업권을 과대 계상하였을 것이므로 이후에 목표를 달성하지 못하여 금융부채(조건부 대가)를 이익으로 대체한다면 취득일에 인식했던 영업권에 대해서도 손상이 발생했다고 보는 것이 적절할 것이다.

예제 14 조건부 대가의 후속 측정

갑회사(보고기간 말 12월 31일)는 20×1년 7월 1일에 을회사를 취득하는 사업결합을 하였다. 취득일 현재 을회사 자산의 공정가치는 ₩18,000, 부채의 공정가치는 ₩10,000이고, 이전대가로 갑회사 주식 100주(액면총액 ₩5,000, 공정가치 ₩9,000)를 발행·교부하였다. 또한 20×2년 12월 31일에 특정 조건을 충족하면 갑회사 주식을 추가로 교부하기로 하였다.

물음

1. 취득일 현재 갑회사는 조건부 대가의 공정가치를 ₩2,000으로 추정한 경우 갑회사가 취득일에 해야 할 회계처리를 하라.
2. (물음 1)과 관련하여 20×2년 6월 30일에 조건부 대가의 공정가치를 ₩2,200으로 다시 평가하였는데, 이는 취득일에 존재한 사실과 상황에 대하여 추가 입수한 정보에 따른 것이다. 갑회사가 20×2년 6월 30일(반기 보고기간 말)에 해야 할 회계처리를 하라.
3. (물음 2)와 관계없이 20×2년 6월 30일에 조건부 대가의 공정가치를 ₩2,200으로 다시 평가하였는데, 이는 측정기간의 조정사항이 아니다. 취득일에 조건부 대가를 자본으로 분류한 경우와 금융부채로 분류한 경우로 구분하여 갑회사가 20×2년 6월 30일(반기 보고기간 말)에 해야 할 회계처리를 각각 하라.
4. (물음 3)과 관련하여 20×2년 12월 31일에 특정 조건을 충족하지 못하여 조건부 대가가 소멸되었을 때 조건부 대가를 자본으로 분류한 경우와 금융부채로 분류한 경우로 구분하여 소멸 시 회계처리를 하라.

해답

1. <20×1. 7. 1.>

(차) 자산	18,000	(대) 부채	10,000
영업권	3,000	자본금	5,000
		주식발행초과금	4,000
		조건부 대가	2,000

취득일에 인식한 조건부 대가의 수량에 대한 확정 여부가 자료에 제시되어 있지 않아 자본과 금융부채 중 어느 것으로 분류해야 하는지 알 수는 없다.

2. <20×2. 6. 30.>

측정기간의 조정사항에 해당하므로 소급조정한다. 즉, 취득일에 인식했을 조건부 대가는 ₩2,200이고, 그 결과 영업권은 ₩3,200이었을 것이므로 과년도 재무제표를 소급 재작성한다. 20×2년 6월 30일의 분개는 다음과 같다.

(차) 영업권	200	(대) 조건부 대가	200

조건부 대가의 공정가치 변동이 측정기간의 조정사항에 해당하는 경우의 회계처리는 당해 조건부 대가가 자본과 부채 중 어느 것으로 분류하는지와 관계없다.

3. ① 이전대가를 자본으로 분류한 경우

공정가치 변동을 인식하지 않는다.

② 이전대가를 금융부채로 분류한 경우

공정가치 변동을 다음과 같이 당기손익으로 인식한다.

(차) 평가손실(PL)	200	(대) 조건부 대가	200

금융부채로 분류된 조건부 대가가 기준서 제1109호의 적용 범위에 포함되는지와 관계없이 공정가치 변동을 당기손익으로 인식한다.

4. ① 이전대가를 자본으로 분류한 경우 조건부 대가의 소멸 시

(차) 조건부 대가	2,000	(대) 기타자본항목	2,000

② 이전대가를 금융부채로 분류한 경우 조건부 대가의 소멸 시

(차) 조건부 대가	2,200	(대) 금융부채소멸이익	2,200

1. 사업결합에서 식별할 수 있는 무형자산

계약적 기준으로 식별한 무형자산은 계약이나 그 밖의 법적 권리에서 생긴다. 계약적 기준으로 식별한 무형자산이 분리할 수 있더라도 분리가능성이 계약적·법적 기준을 충족하기 위한 필수조건은 아니다. 비계약적 기준으로 지정한 무형자산은 계약이나 그 밖의 법적 권리에서 생기지 않지만 분리할 수 있다.

1.1 마케팅 관련 무형자산

등록상표, 상표명, 서비스마크, 단체마크, 인증마크는 정부기관에 등록하거나 상업적으로 계속 사용하거나 그 밖의 방법에 따라 법적으로 보호받을 수 있으므로 계약적·법적 기준을 충족하는 무형자산이다. 또한 인터넷 도메인 명도 계약적·법적 기준을 충족한다. 만약 사업결합에서 취득한 등록상표 등이 계약적·법적 기준을 충족하지 못하더라도 분리가능성 기준을 충족하면 영업권과 별도로 인식할 수 있다.

1.2 고객 관련 무형자산

고객목록은 고객에 관한 정보로 구성되는데, 일반적으로 계약이나 그 밖의 법적 권리에서 생기는 것이 아니다. 그러나 고객목록은 종종 리스되거나 교환된다. 따라서 사업결합에서 취득한 고객목록은 분리가능성 기준을 일반적으로 충족한다.

주문잔고나 생산잔고는 매입주문이나 판매주문과 같은 계약에서 생긴다. 사업결합에서 취득한 주문잔고나 생산잔고는 매입주문이나 판매주문이 취소될 수 있는 경우에도 계약적·법적 기준을 충족한다.

기업이 계약으로 고객과의 관계를 형성할 경우 그 고객관계는 계약적 권리에서 생긴다. 따라서 비밀유지 조건 등으로 피취득자와 분리하여 계약의 판매나 이전을 금지하는 경우에도 사업결합에서 취득한 고객계약과 관련 고객관계는 계약적·법적 기준을 충족한다.

사업결합에서 취득한 고객관계가 계약에서 생기지 않은 경우에도 그 관계를 분리할 수 있다면 식별가능할 수도 있다. 다른 기업이 특정 유형의 비계약적 고객관계를 팔거나 이전하였다는 것을 나타내는, 같거나 비슷한 자산의 교환거래가 있다면 그러한 거래는 그 관계를 분리할 수 있다는 증거가 될 것이다.

1.3 예술 관련 무형자산

연극, 오페라 등 공연작품, 책 등의 저술 작품, 작곡, 노래와 같은 음악 작품, 그림, 사진, 동영상이나 필름 등 사업결합에서 취득한 예술 관련 자산이 저작권에 따라서 제공하는 자산과 같이 계약적 또는 법적 권리에 따라 생기는 경우에는 식별가능하다.

1.4 계약에 기초한 무형자산

관리용역계약(예 : 모기지 관리용역계약)은 계약에 기초한 무형자산에 해당한다. 관리용역은 모든 금융자산에 내재되어 있지만 다음 중 하나에 해당하면 별개의 자산 또는 부채가 된다.

① 관리용역은 보유하면서 자산을 팔거나 증권화하여 대상이 되는 기초 금융자산과 계약적으로 분리하는 경우

② 관리용역을 별도로 사거나 넘겨받는 경우

모기지대여금, 신용카드 수취채권 등의 금융자산을 관련된 관리용역과 함께 사업결합에서 취득하는 경우에 내재한 관리용역에 대한 권리의 공정가치는 취득한 금융자산의 공정가치에 포함되어 있으므로 별도의 무형자산이 아니다.

고용계약의 경우 계약의 가격이 시장조건에 비하여 유리하기 때문에 고용자의 관점에서 유리한 고용계약은 계약에 기초한 무형자산의 한 유형이다.

사용권은 시추, 물, 공기, 벌목, 노선에 대한 권리를 포함하는데, 일부 사용권은 계약에 기초한 무형자산으로서 영업권과 분리하여 회계처리한다. 그 밖의 사용권은 무형자산보다는 유형자산의 특성이 있을 수 있으므로 취득자는 그러한 자산의 특성에 기초하여 사용권을 회계처리한다.

1.5 기술에 기초한 무형자산

법적으로 보호받는 특허권이나 저작권과 같이 사업결합에서 취득한 컴퓨터 소프트웨어와 프로그램 포맷은 무형자산으로 식별하기 위한 계약적·법적 기준을 충족한다. 마스크 작업물은 읽기 전용 기억장치칩에 영구히 저장한 소프트웨어인데, 사업결합에서 취득한 법적으로 보호받는 마스크 작업물은 무형자산으로 식별하기 위한 계약적·법적 기준을 충족한다.

사업결합에서 취득하고 저작권에 따라 보호받는 데이터베이스는 계약적·법적 기준을 충족한다. 저작권으로 보호받지 않은 데이터베이스(예 : 고객목록 등)는 그 전부나 일부를 교환하거나 라이선스 또는 리스할 수 있으므로 미래경제적효익이 법적 권리에서 생기지 않더라도 사업결합에서 취득한 데이터베이스는 분리가능성 기준을 충족한다.

비밀 공식, 공정 및 조리법 등과 같은 거래상의 비밀을 사업결합에서 취득한 경우 미래경제적효익이 법적으로 보호된다면 계약적·법적 기준을 충족한다. 그러나 법적으로 보호되지 않는다면 사업결합에서 취득한 거래상 비밀은 분리가능성 기준을 충족하는 경우에만 식별할 수 있다.

2. 기업회계기준해석서 제2121호 "부담금"

해석서 제2121호 부담금(levies)은 기업이 언제, 얼마의 부담금부채를 인식하는지에 대한 회계처리를 규정하고 있다. 동 해석서는 부담금을 법규에 따라 정부가 기업에 부과하여 경제적효익을 갖는 자원이 유출되는 것으로 정의하고 있다. 우리나라에서는 부담금관리기본법을 제정하여 부담금의 설치·관리 및 운용에 관한 기본적인 사항을 규정하고 있는데, 동법에서는 부담금을 특정 공익사업과 관련하여 법률이 정하는 바에 따라 부과하는 조세외의 금전지급의무로 정의하고 있다. 여기에는 개발부담금·교통유발부담금 등(국토교통부 소관), 장애인고용부담금 등(고용노동부 소관), 수질개선부담금·폐기물부담금·환경개선부담금 등(환경부 소관), 사용후핵연료관리부담금 등(산업통상자원부 소관) 다양한 부담금이 포함된다.

부담금부채를 발생시키는 의무발생사건은 법규에 명시된 부담금 납부를 유발하는 활동이다. 만약 부담금 납부를 유발하는 활동이 당기의 수익 창출이고 부담금의 계산은 전기에 창출된 수익에 기초한다면, 그 부담금에 대한 의무발생사건은 당기의 수익창출이다(2121:8). 예를 들어, 법규에 따르면 20×1년에 기업이 수익을 창출하는 즉시 부담금이 모두 유발되는데, 부담금 금액은 20×0년에 창출한 수익에 따라 계산되는 경우, 동 법규를 적용받는 갑회사의 20×1년 첫 수익이 1월 3일에 발생하였다면 갑회사는 20×0년 수익에 기초하여 계산한 부채를 20×1년 1월 3일에 모두 인식하여야 한다(2121:적용사례 1).

만일 의무발생사건이 일정 기간에 걸쳐 발생한다면, 부담금부채를 점진적으로 인식한다. 예를 들어, 의무발생사건이 일정 기간에 걸친 수익 창출이라면, 대응하는 부채는 그 수익을 창출함에 따라 인식한다(2121:11). 따라서 중간재무제표를 보고하는 기업의 경우에는 분기말 또는 반기말을 기준으로 부담금부채를 인식해야 한다.

한편, 창출된 수익 또는 판매나 생산물의 최소 금액에 이르는 것이 의무발생사건이라면 즉, 최소 임계치에 이르렀을 때 부담금을 납부해야 하는 의무가 유발된다면, 대응하는 부채는 그러한 최소 활동 임계치에 이르렀을 때 인식한다(2121:12).

3. 사업결합 시 주식기준보상의 회계처리

사업결합에서 취득자가 피취득자의 종업원이 보유하고 있는 피취득자가 부여한 주식기준보상을 취득자의 주식기준보상(대체보상, replacement award)으로 교환하는 경우도 있다. 이때 취득자는 기준서 제1102호 '주식기준보상'과 기준서 제1103호의 별도 규정을 적용해야 한다.

취득자가 피취득자의 보상을 대체할 의무가 없더라도 대체하는 경우 대체보상의 시장기준측정치(market-based measure)의 전체를 기준서 제1102호에 따라 사업결합 후 재무제표에 보수원가(remuneration cost)로 인식하고, 사업결합의 이전대가에는 포함하지 않는다(1102:B56).

취득자가 피취득자의 보상을 대체할 의무가 있는 경우에는 대체보상의 시장기준측정치를 3.1 이전대가 부분과 3.2 사업결합 후 근무용역에 대한 보수 부분으로 배분한다.

3.1 이전대가 부분

이전대가 부분은 피취득자 보상의 시장기준측정치에 피취득자보상의 총가득기간(이미 가득이 완료된 기간과 추가 근무용역 제공을 요구할 경우 당해 기간 포함) 또는 원래 가득기간 중 긴 기간에 대한 가득기간 완료 부분의 비율을 곱한 금액으로 한다. 취득일 현재 가득이 완료되었고 취득일 후에 추가 근무용역의 제공을 요구하지 않는다면 피취득자 보상의 시장기준측정치 전체를 이전대가에 포함한다.

3.2 사업결합 후 근무용역에 대한 보상원가

대체보상의 시장기준측정치에서 이전대가로 측정한 금액을 뺀 금액을 보상원가로 인식한다. 취득일 후 추가 근무용역을 제공하지 않으면 즉시 보상원가를 인식하고, 추가 근무용역의 제공을 요구하면 당해 기간에 걸쳐 보상원가를 인식한다.

예 1 사업결합 시 대체보상으로 부여한 주식기준보상의 회계처리

사업결합과정에서 취득자가 피취득자의 종업원이 보유하고 있는 보상을 취득자의 주식기준보상으로 대체보상하기로 하였다. 취득일 현재 취득자 대체보상의 시장기준측정치는 ₩120이고, 사업결합 전 근무용역에 귀속하는 피취득자 보상의 시장기준측정치는 ₩100이다. 다음의 독립적인 각 사례별로 사업결합 시 취득자가 대체보상으로 제공한 주식기준보상 중 얼마를 이전대가에 포함시키고, 얼마를 사업결합 후의 보상원가로 인식하는지 설명한다.

〈사례 1〉 가득기간 완료 & 추가 근무용역 제공 요구 없음
사업결합 전에 피취득자 종업원은 가득기간이 완료되었으며, 취득일 후 추가 근무용역의 제공을 요구하지 않는 경우

① 피취득자 보상의 시장기준측정치 ₩100 전체를 이전대가에 포함
② ₩120에서 ₩100을 차감한 ₩20은 사업결합 후 보상원가인데, 추가 근무용역의 제공을 요구하지 않으므로 즉시 인식

〈사례 2〉 가득기간 완료 & 추가 근무용역 제공 요구 있음
사업결합 전에 피취득자 종업원은 4년의 가득기간이 완료되었으며, 취득일 후 1년의 추가 근무용역의 제공을 요구함

이 경우 총가득기간을 당초 가득기간 4년에 추가 근무용역 제공을 요구한 1년을 더한 5년으로 하여 이전대가에 포함될 금액을 계산한다.
① 피취득자 보상의 시장기준측정치 ₩100 중 4/5인 ₩80을 이전대가에 포함
② ₩120에서 ₩80을 차감한 ₩40은 사업결합 후 1년간 근무용역 제공에 대한 보상원가이므로 1년의 가득기간에 걸쳐 인식

〈사례 3〉 가득기간 미완료 & 추가 근무용역 제공 요구 없음
피취득자는 종업원에게 가득기간 4년의 주식기준보상을 부여하였는데, 취득일 현재 종업원은 2년의 근무용역을 제공한 상태이며, 취득일 후 추가 근무용역의 제공을 요구하지 않음

이미 2년의 근무용역을 제공하였으며 사업결합 후 추가 근무용역을 요구하지 않으므로 총가득기간은 2년이다.
① 사업결합 전 근무용역에 귀속하는 부분은 피취득자 보상의 시장기준측정치(₩100)에 총가득기간 2년과 원래의 가득기간 4년 중 큰 것에 대한 사업결합 전 가득기간(2년)의 비율을 곱한 ₩50 (₩100×2/4＝₩50)이며, 이를 이전대가에 포함
② ₩120에서 ₩50을 차감한 ₩70은 사업결합 후 보상원가인데, 추가 근무용역의 제공을 요구하지 않으므로 즉시 보상원가 인식

〈사례 4〉 가득기간 미완료 & 추가 근무용역 제공 요구함
피취득자는 종업원에게 가득기간 4년의 주식기준보상을 부여하였는데, 취득일 현재 종업원은 2년의 근무용역을 제공한 상태이며, 취득일 후 1년의 추가 근무용역의 제공을 요구함

이미 2년의 근무용역을 제공하였으나 사업결합 후 1년의 추가 근무용역을 요구하므로 총가득기간은 3년이다.

① 사업결합 전 근무용역에 귀속하는 부분은 피취득자 보상의 시장기준측정치(₩100)에 총가득기간 3년과 원래의 가득기간 4년 중 큰 것에 대한 사업결합 전 가득기간(2년)의 비율을 곱한 ₩50 (₩100×2/4 = ₩50)이며, 이를 이전대가에 포함
② ₩120에서 ₩50을 차감한 ₩70은 사업결합 후 보상원가인데, 1년의 추가 근무용역의 제공을 요구하므로 1년에 걸쳐 보상원가 인식

4. 기업분할

본장 1.2절에서 사업결합과 관련된 기준서 제1103호의 적용을 배제하는 사례로 동일지배하에 있는 기업이나 사업 간의 결합을 언급한 바 있다. 실무에서는 동일지배 하에 있는 기업 간의 결합뿐만 아니라 한 기업이 두 개 이상의 기업으로 분할하는 경우도 적지 않게 발생한다. 기업분할도 동일지배 하의 거래에 해당한다.

기업분할은 크게 물적분할과 인적분할로 구분할 수 있다. 예를 들어, 갑회사는 사업부 A와 사업부 B로 구성되어 있는데, 갑회사가 사업부 A를 분할하여 을회사를 설립하고 사업부 A의 자산과 부채를 을회사로 이전하면서 을회사로부터 을회사 주식을 수취하여 보유하는 경우, 이러한 형태의 기업분할을 물적분할이라고 한다.

반면에 갑회사가 사업부 A를 분할하여 을회사를 설립하고 사업부 A의 자산과 부채를 을회사로 이전하면서 을회사로부터 을회사 주식을 수취한 후 이를 갑회사 주주에게 지분율에 비례하여 배분하는 경우도 있는데 이러한 형태의 기업분할을 인적분할이라고 한다.

결국 물적분할은 분할 후 갑회사가 분할 신설된 을회사를 100% 지배하는 반면, 인적분할은 분할 전 갑회사의 주주와 갑회사로부터 분할하여 신설된 을회사의 주주가 동일하다는 점에 차이가 있다.

국제회계기준에는 분할 회계처리 규정이 없으므로 실무에서는 일반기업회계기준을 적용하여 회계처리한다. 분할은 동일지배거래에 해당하므로 기본적으로 공정가치가 아니라 장부금액에 기초하여 회계처리하며, 일반기업회계기준은 물적분할과 인적분할을 구분하여 회계처리를 규정하고 있지 않다.

〈경우 1〉

갑회사는 사업부 A와 사업부 B로 구분할 수 있는데, 사업부 B(순자산 장부금액 ₩100, 공정가치 ₩110)를 분할하여 신설기업 을회사로 이전하고, 그 대가로 을회사 주식(액면금액 ₩80)을 수취하여 보유할 경우 갑회사와 을회사의 회계처리는 다음과 같다.

〈갑회사〉

(차)	을 회 사 투 자	100	(대) 순 자 산	100

〈을회사〉

(차)	순 자 산	100	(대) 자 본 금	80
			주식발행초과금	20

〈경우 2〉

갑회사는 사업부 A와 사업부 B로 구분할 수 있는데, 사업부 B(순자산 장부금액 ₩100, 공정가치 ₩110)를 분할하여 신설기업 을회사로 이전하고, 그 대가로 을회사 주식(액면금액 ₩80)을 수취하여 즉시 갑회사 주주에게 지분율에 비례하여 배분할 경우 갑회사와 을회사의 회계처리는 다음과 같다.

〈갑회사〉

(차)	을 회 사 투 자	100	(대) 순 자 산	100
(차)	자 본 금	80*	(대) 을 회 사 투 자	100
	감 자 차 손	20*		

* 수취한 을회사투자를 갑회사 주주에게 배분하는 것을 감자로 회계처리

〈을회사〉

(차)	순 자 산	100	(대) 자 본 금	80
			주식발행초과금	20

연습문제 - 객관식 문제

01 사업결합의 회계처리에 관한 다음 설명으로 옳지 않은 것은? (CPA 2012)

① 취득자는 취득일을 식별하며, 취득일은 피취득자에 대한 지배력을 획득한 날이다.

② 사업결합의 이전대가는 취득자가 이전하는 자산, 취득자가 피취득자의 이전 소유주에 대하여 부담하는 부채 및 취득자가 발행하는 지분의 취득일의 공정가치의 합계로 산정한다.

③ 취득자가 피취득자에 대한 교환으로 이전한 대가에는 조건부 대가 약정으로 인한 자산이나 부채를 모두 포함한다.

④ 지배력을 획득한 날은 항상 종료일이며, 종료일은 취득자가 법적으로 대가를 이전하여 피취득자의 자산을 취득하고 부채를 인수한 날이다.

⑤ 취득자와 피취득자가 지분만을 교환하여 사업결합을 하는 경우 취득일에 피취득자 지분의 공정가치가 취득자 지분의 공정가치보다 더 신뢰성 있게 측정되는 경우가 있다.

02 사업결합의 회계처리에 관한 다음의 설명 중 옳은 것은? (CPA 2016)

① 취득자는 식별할 수 있는 취득 자산과 인수 부채를 취득일의 공정가치로 측정하며, 이러한 공정가치 측정에 예외는 인정되지 않는다.

② 취득자가 사업결합을 통해 취득한 식별할 수 있는 무형자산은 영업권과 분리하여 인식하지만, 집합적 노동력과 같이 식별가능하지 않은 무형자산의 가치는 영업권에 포함한다.

③ 단계적으로 이루어지는 사업결합에서, 취득자는 이전에 보유하고 있던 피취득자에 대한 지분을 취득일의 공정가치로 재측정하고 그 결과 차손익이 있다면 기타포괄손익으로 인식한다.

④ 사업결합을 하는 과정에서 발생한 취득관련원가(중개수수료, 일반관리원가, 지분증권의 발행원가 등)는 원가가 발생한 기간에 비용으로 회계처리한다.

⑤ 사업결합을 통해 취득한 영업권은 적정한 내용연수에 걸쳐 상각하며, 상각 후 장부금액에 대해서는 매 보고기간마다 손상검사를 수행한다.

03 ㈜한강은 20×3년 초 ㈜동해를 흡수합병하였으며, 이 합병은 사업결합에 해당한다. 합병 당시 취득자의 발행주식은 2,000주이고 피취득자의 발행주식은 1,200주이며, 피취득자 주식 1.5주당 취득자 주식 1주를 교부하였다. 합병 당시 합병회사 주식의 공정가치는 주당 ₩300이다. 또한 합병과 직접 관련된 비용 ₩50,000을 현금으로 지급하였다. 취득자와 피취득자의 재무상태가 아래와 같을 때 이 사업결합에서 영업권 또는 염가매수차익은 얼마인가?

	㈜한강	㈜동해	
	장부금액	장부금액	공정가치
매출채권	₩50,000	₩36,000	₩32,000
재고자산	46,000	24,000	22,000
토지	190,000	40,000	96,000
건물(순액)	100,000	100,000	118,000
자산총계	₩386,000	₩200,000	₩268,000
유동부채	₩40,000	₩26,000	₩26,000
비유동부채	70,000	24,000	20,000
자본금	200,000	120,000	
자본잉여금	44,000	22,000	
이익잉여금	32,000	8,000	
부채와 자본총계	₩386,000	₩200,000	

① 영업권 ₩18,000
② 염가매수차익 ₩28,000
③ 영업권 ₩100,000
④ 염가매수차익 ₩100,000
⑤ 영업권 ₩50,000

04 ㈜서울은 20×3년 초 ㈜대전의 주식 20주(자본금 총액 ₩20,000, 주당액면 ₩100)를 ₩5,000에 취득하였다. ㈜서울은 20×4년 1월 1일 ㈜대전을 합병하기로 하고 ㈜대전의 주식 1주에 대하여 ㈜서울의 주식 1주를 교부하고, 추가로 현금 ₩3,000을 지급하였다. 합병에 관련된 추가 정보는 다음과 같다.

1. ㈜서울이 20×3년 초에 취득한 ㈜대전 주식에 대해 원가법을 적용하였으며 20×4년 1월 1일 해당 주식의 공정가치는 ₩6,000이다. ㈜서울은 자사가 보유하던 ㈜대전 주식을 제외한 나머지 주주에게 1주당 ㈜서울 주식 1주를 교부하기로 결정하였다. ㈜서울 1주당 시가는 ₩200(액면 ₩100)이다.
2. 취득일 현재 ㈜대전의 순자산 장부금액은 ₩32,000이고 공정가치는 ₩36,000이다.
3. ㈜서울은 합병과 관련하여 다음과 같은 비용을 지출하였다.

• 회계사 자문수수료	₩2,000
• 신주발행비용	800
• 매수업무담당부서 유지비용	1,500
• 유형자산 소유권 이전비용	500

취득일에 ㈜서울이 인식해야 할 영업권은 얼마인가?

① ₩6,000 ② ₩7,000 ③ ₩9,000
④ ₩10,300 ⑤ ₩11,800

05 20×3년 초 ㈜대한은 ㈜세종의 보통주식 100%를 취득하여 흡수합병하면서 합병대가로 ₩200,000을 지급하였으며, 합병관련 자문수수료로 ₩20,000이 지출되었다. 합병 시 ㈜세종의 재무상태표는 다음과 같다.

재무상태표

㈜세종 20×3년 1월 1일 현재 (단위 : 원)

매출채권	₩46,000	매입채무	₩92,000
상품	50,000	납입자본	60,000
토지	78,000	이익잉여금	22,000
자산총계	₩174,000	부채와 자본총계	₩174,000

20×3년 초 ㈜대한이 ㈜세종의 자산·부채에 대하여 공정가치로 평가한 결과, 매출채권과 매입채무는 장부금액과 동일하고, 상품은 장부금액 대비 20% 더 높고, 토지는 장부금액 대비 40% 더 높았다. ㈜대한이 흡수합병과 관련하여 인식할 영업권은 얼마인가? (세무사 2014)

① ₩76,800　　② ₩86,800　　③ ₩96,800
④ ₩118,000　　⑤ ₩138,000

06 갑회사는 을회사와 20×1년 초에 사업결합을 하였다. 이전대가는 현금 ₩1,000,000이며, 취득한 을회사 순자산의 공정가치는 ₩1,100,000이다. 을회사 순자산의 공정가치에는 다음의 상황이 포함되어 있지 않다. 갑회사가 을회사를 취득할 당시 을회사는 소송에 계류중이며 패소할 경우 손해배상금이 ₩300,000으로 측정되나 자원의 유출가능성이 높지 않다고 판단하였다. 갑회사가 취득일에 인식할 영업권 또는 염가매수차익은 얼마인가?

① 영업권　₩100,000
② 염가매수차익　₩100,000
③ 염가매수차익　₩200,000
④ 영업권　₩200,000
⑤ 영업권　₩300,000

07 ㈜갑은 20×1년 초에 ㈜을의 모든 자산과 부채를 취득·인수하는 사업결합을 하였으며, 관련 자료는 다음과 같다.

- 취득일 현재 ㈜을 자산의 장부금액 ₩400,000(공정가치 ₩450,000)
- 취득일 현재 ㈜을 부채의 장부금액 ₩320,000(공정가치 ₩320,000)
- ㈜갑은 취득일에 이전대가로 ㈜갑의 주식(공정가치 ₩200,000)을 발행·교부하였다.
- 취득일 현재 ㈜갑은 미래 실현가능성이 높지 않다는 판단 하에 이연법인세자산을 인식하지 않은 세무상 결손금 ₩70,000을 가지고 있는데, 사업결합으로 인하여 세무상 결손금의 미래 실현가능성이 높아졌다고 판단하였다.
- 20×1년 및 20×2년 이후 ㈜갑에 적용할 법인세율은 모두 20%이다.

법인세효과를 고려하여 사업결합 회계처리를 할 때, ㈜갑이 취득일에 인식할 영업권은 얼마인가? 단, ㈜을의 자산 및 부채의 세무기준액은 장부금액과 동일하다. (CPA 2013)

① ₩46,000　　② ₩66,000　　③ ₩70,000
④ ₩74,000　　⑤ ₩80,000

08 ㈜대한은 20×1년 10월 1일에 ㈜민국의 의결권 있는 보통주식 100%를 ₩480,000에 취득하고 ㈜민국을 흡수합병하였다. 취득일 현재 ㈜민국의 식별할 수 있는 순자산 장부금액과 공정가치는 아래와 같다.

㈜민국의 식별할 수 있는 순자산	장부금액	공정가치
유형자산	₩30,000	?
유형자산을 제외한 순자산	290,000	₩350,000

㈜대한은 ㈜민국의 식별할 수 있는 순자산 중 유형자산에 대한 가치평가를 20×1년 말까지 완료하지 못해 잠정적으로 ₩50,000을 공정가치로 인식하였다. 취득일 현재 동 유형자산의 잔존내용연수는 5년이며, 잔존가치 없이 정액법으로 상각한다. ㈜대한이 20×2년 4월 1일에 위 유형자산의 취득일 현재 공정가치를 ₩40,000으로 추정한 독립된 가치평가결과를 받았다면, ㈜대한의 20×2년 말 재무상태표에 보고될 영업권과 위 유형자산의 장부금액은 얼마인가? 단, 일시적차이와 영업권의 손상 여부는 고려하지 않는다. (CPA 2016)

	영업권	유형자산의 장부금액
①	₩70,000	₩30,000
②	70,000	29,000
③	80,000	37,500
④	90,000	30,000
⑤	90,000	29,000

09 ㈜대한은 20×1년 10월 1일에 ㈜민국의 모든 자산과 부채를 ₩450,000에 취득·인수하는 사업결합을 하였다. 20×1년 10월 1일 현재 ㈜민국의 요약재무상태표는 다음과 같다.

요약재무상태표

㈜민국 20×1. 10. 1. 현재 (단위 : ₩)

계정과목	장부금액	공정가치	계정과목	장부금액	공정가치
자 산	500,000	600,000	부 채	100,000	100,000
			자 본 금	100,000	
			자본잉여금	200,000	
			이익잉여금	100,000	
	500,000			500,000	

㈜대한은 20×2년 말에 시장점유율이 15%를 초과하면 ㈜민국의 기존 주주들에게 추가로 ₩100,000을 지급하기로 하였다. 20×1년 10월 1일 현재 이러한 조건부 대가의 공정가치는 ₩60,000으로 추정되었다. 그러나 ㈜대한은 20×1년 12월 31일에 동 조건부 대가의 추정된 공정가치를 ₩80,000으로 변경하였다. 이러한 공정가치 변동은 20×1년 10월 1일에 존재한 사실과 상황에 대하여 추가로 입수한 정보에 기초한 것이다. 20×2년 말 ㈜대한의 시장점유율이 18%가 되어 ㈜민국의 기존 주주들에게 ₩100,000을 지급하였다.
㈜대한의 20×1년 말 재무상태표에 계상되는 영업권과 20×2년도에 조건부 대가 지급으로 ㈜대한이 인식할 당기손익은? (CPA 2017)

	영업권	당기손익
①	₩10,000	₩20,000 손실
②	10,000	40,000 손실
③	30,000	20,000 손실
④	30,000	40,000 손실
⑤	50,000	0

10 ㈜대한은 20×1년 초 두 개의 현금창출단위(A사업부, B사업부)를 보유하고 있는 ㈜민국을 흡수합병(사업결합)하였으며, 이전대가로 지급한 ₩30,000은 각 현금창출단위에 다음과 같이 배분되었다.

구분	이전대가	식별가능한 순자산의 공정가치
A 사업부	₩22,000	₩19,000
B 사업부	8,000	6,000
합계	₩30,000	₩25,000

20×1년 말 현재 강력한 경쟁기업의 등장으로 인해 A사업부의 매출이 상당히 위축될 것으로 예상되자, ㈜대한은 A사업부(현금창출단위)의 회수가능액을 ₩13,500으로 추정하였다. 손상차손을 인식하기 전 A사업부에 속하는 모든 자산의 20×1년 말 장부금액과 추가 정보는 다음과 같다.

구분	손상 전 장부금액	추가 정보
토 지	₩5,000	순공정가치는 ₩5,500임
건 물	8,000	순공정가치는 ₩6,800이며, 사용가치는 ₩7,200임
기계장치	2,000	회수가능액을 측정할 수 없음
영 업 권	?	

손상차손을 인식한 후, ㈜대한의 20×1년 말 재무상태표에 보고되는 A사업부의 기계장치 장부금액은 얼마인가? 단, ㈜대한은 유형자산에 대해 원가모형을 적용하고 있다. (CPA 2022)

① ₩1,700 ② ₩1,300 ③ ₩1,200
④ ₩800 ⑤ ₩500

정답 및 해설

01 ④

취득자가 피취득자에 대한 지배력을 획득한 날은 일반적으로 취득자가 법적으로 대가를 이전하여, 피취득자의 자산을 취득하고 부채를 인수한 날인 종료일이다. 그러나 취득자는 종료일보다 이른 날 또는 늦은 날에 지배력을 획득하는 경우도 있다. 예를 들어, 서면합의를 통하여 취득자가 종료일 전에 피취득자에 대한 지배력을 획득한다면 취득일은 종료일보다 이르다. 취득자는 모든 관련된 사실과 상황을 고려하여 취득일을 식별한다(기준서 제1103호 문단 9).

02 ②

① 사업결합에서 취득 자산과 인수 부채를 취득일의 공정가치로 측정하지 않는 예외규정이 있다(기준서 제1103호 문단 20).

② 기준서 제1103호 문단 B31, B37

③ FVPL 금융자산일 경우에는 당기손익으로 인식하고 FVOCI 선택 금융자산인 경우에는 기타포괄손익으로 인식한다.

④ 지분증권의 발행원가는 비용으로 인식하지 않고 지분증권 발행가액에서 차감한다(기준서 제1103호 문단 53).

⑤ 매입영업권은 내용연수가 비한정이기 때문에 상각하지 않고 손상검사만 한다.

03 ①

이전대가 = 1,200주÷1.5×₩300 = ₩240,000

피취득자 순자산의 공정가치 = ₩268,000 − 46,000 = ₩222,000

영업권 = ₩240,000 − 222,000 = ₩18,000

취득 관련 원가는 영업권과 무관함

참고로 분개를 표시하면 다음과 같다.

(차)	매출채권	32,000	(대)	유동부채	26,000
	재고자산	22,000		비유동부채	20,000
	토지	96,000		자본금	80,000*
	건물(순액)	118,000		주식발행초과금	160,000
	영업권	18,000			
(차)	기타비용	50,000	(대)	현금	50,000

* (1,200주÷1.5)×₩100(액면금액) = ₩80,000

04 ③

이전대가 = ₩6,000(이전에 취득한 지분의 공정가치) + 180주×₩200 + ₩3,000 = ₩45,000
영업권 = ₩45,000 − 36,000 = ₩9,000

참고로 분개를 표시하면 다음과 같다.
<20×4. 1. 1.>

(차) 금융자산	1,000	(대) 금융자산평가이익(PL)	1,000
(차) 순자산	36,000	(대) 자본금	18,000
영업권	9,000	주식발행초과금	18,000
		현금	3,000
		금융자산	6,000
(차) 기타비용	3,500	(대) 현금	4,800
주식발행초과금	800		
유형자산	500		

05 ①

피취득자 순자산의 공정가치 = ₩46,000 + 50,000×1.2 + 78,000×1.4 − 92,000 = ₩123,200
영업권 = ₩200,000 − 123,200 = ₩76,800

참고로 분개를 표시하면 다음과 같다.

(차) 매출채권	46,000	(대) 매입채무	92,000
상품	60,000	현금	200,000
토지	109,200		
영업권	76,800		
(차) 수수료비용	20,000	(대) 현금	20,000

06 ④

<20×1. 1. 1.>

(차) 순자산	800,000*	(대) 현금	1,000,000
영업권	200,000		

* ₩1,100,000 − 300,000(충당부채) = ₩800,000
자원의 유출가능성이 높지 않더라도 ₩300,000의 우발부채를 사업결합 관련 식별가능부채로 인식

07 ⑤

(1) ㈜을 순자산공정가치

₩450,000 − 320,000 − 10,000(이연법인세부채) = ₩120,000

주의 취득자의 세무상 결손금으로 인하여 발생하는 이연법인세자산은 합병회계처리에 반영하지 않음에 유의해야 한다. 즉, 영업권 계산에 영향을 미치지 않는다.

(2) 영업권

₩200,000(이전대가) − 120,000 = ₩80,000

(3) 사업결합 회계처리

(차)	자산	450,000	(대) 부채	320,000
	영업권	80,000	이연법인세부채	10,000
			자본	200,000

08 ④

(1) 일자별 회계처리

<20×1. 10. 1.>

(차)	유형자산	50,000	(대) 현금	480,000
	기타 순자산	350,000		
	영업권	80,000		

<20×1. 12. 31.>

(차)	감가상각비	2,500	(대) 감가상각누계액	2,500

* (₩50,000 − 0)÷5년×3/12 = ₩2,500

<20×2. 4. 1.>

(차)	영업권	10,000	(대) 유형자산	10,000
(차)	감가상각누계액	500	(대) 이익잉여금	500*

* ₩10,000(유형자산의 잠정 금액 조정)÷5년×3/12 = ₩500

<20×2. 12. 31.>

(차)	감가상각비	8,000	(대) 감가상각누계액	8,000

* (₩40,000 − 0)÷5년 = ₩8,000

(2) 20×2년 말 재무상태표 상 영업권과 유형자산 장부금액

① 영업권 : ₩80,000 + 10,000 = ₩90,000

② 유형자산 : ₩50,000 − 2,500 − 10,000 + 500 − 8,000 = ₩30,000

09 ③

(1) 20×1년 10월 1일

(차)	자산	600,000	(대) 부채	100,000
	영업권	10,000	현금	450,000
			조건부 대가(부채)	60,000*

* 취득일의 공정가치 금액임. 현금을 지급할 것이므로 부채로 분류한다.

(2) 20×1년 12월 31일

(차)	영 업 권	20,000	(대) 조건부 대가(부채)	20,000

* 조건부 대가의 공정가치 변동 = ₩80,000 − 60,000 = ₩20,000
측정기간 동안의 조정에 해당하므로 취득일의 영업권을 수정한다.

(3) 20×2년 말

(차)	조건부 대가(부채)	80,000	(대) 현 금	100,000
	비 용	20,000		

10 ②

20×1년 초 사업결합과정에서 사업부 A(현금창출단위)에 배분된 영업권
= ₩22,000 − 19,000 = ₩3,000
20×1년 말 현금창출단위의 손상차손을 계산하기 전에 현금창출단위를 구성하는 개별 자산의 손상차손을 우선 인식해야 하는데, 건물만 손상차손(₩800) 발생

건물 손상차손 인식 후 사업부 A의 장부금액 = ₩5,000(토지) + 7,200(손상차손 우선 인식 후 건물 장부금액) + 2,000(기계장치) + 3,000(영업권) = ₩17,200

사업부 A의 손상차손 = ₩13,500 − 17,200 = (−)₩3,700
사업부 A의 손상차손 ₩3,700 중 ₩3,000을 영업권의 손상차손으로 우선 인식하면 나머지 손상차손이 ₩700인데, 토지는 손상차손이 발생하지 않았으며 건물은 현금창출단위의 손상차손을 인식하기 전에 손상차손을 우선 인식했으므로 ₩700을 모두 기계장치의 손상차손으로 인식
기계장치의 손상차손 인식 후 장부금액 = ₩2,000 − 700 = ₩1,300

연/습/문/제 - 주관식 문제

01 취득 관련 원가

P회사는 20×2년 1월 1일에 S회사의 자산과 부채를 모두 취득·인수하였으며, 이는 사업결합에 해당한다. 취득일 현재 S회사 식별할 수 있는 자산과 부채의 공정가치는 다음과 같다.

	20×2. 1. 1.
유동자산	₩100,000
유형자산	250,000
부채	150,000

P회사는 S회사 주주에게 P회사 주식 200주(주당 액면금액 : ₩1,000, 공정가치 : ₩1,200)를 발행·교부하였다. 한편, 취득과정에서 다음과 같은 지출이 있었다.

공인회계사 수수료	₩800
유형자산 취득·등록세	2,000
신주발행비용	600
기타비용	500

물음

1. 이전대가 및 취득일에 인식할 당기비용을 계산하라.
2. 영업권을 계산하라.
3. P회사가 취득일에 해야 할 분개를 하라.

해답

물음 1

이전대가 = 교부주식의 공정가치
= 200주×₩1,200(주당 공정가치) = ₩240,000

당기비용 = ₩800(공인회계사 수수료) + 500(기타비용) = ₩1,300

물음 2

영업권 = 이전대가 − 식별가능 순자산의 공정가치
= ₩240,000 − (100,000 + 250,000 − 150,000)
= ₩40,000

물음 3

(차) 유동자산	100,000	(대) 부채	150,000
유형자산	250,000	자본금	200,000
영업권	40,000	주식발행초과금	40,000

(차) 유형자산	2,000	(대) 현금	3,900
주식발행초과금	600		
기타비용	1,300[(1)]		

(1) 공인회계사 수수료 지급액 및 기타비용

취득일의 분개에서 보는 바와 같이 취득 관련 원가는 이전대가나 피취득자 순자산의 공정가치에 영향을 미치지 않기 때문에 영업권의 금액에도 영향을 미치지 않는다. 한편, 위의 두 분개를 하나의 분개로 합쳐서 표시해도 무방하다.

02 계약관계의 정산

갑회사는 을회사로부터 ₩200을 차입(고정이자 지급 조건)한 상태에서 을회사를 취득하는 사업결합을 하였다. 취득일 현재 을회사 순자산의 공정가치는 ₩2,500인데, 여기에는 갑회사에 대한 대여금의 공정가치 ₩190이 포함되어 있다. 갑회사는 이전대가로 을회사의 이전 소유주에게 현금 ₩2,600을 지급하면서 기존의 대차관계를 정산하기로 하였다.

물음

취득일에 갑회사가 해야 할 분개를 하라.

해답

이전대가 ₩2,600에는 기존의 대차관계 정산의 대가와 사업결합대가가 포함되어 있으므로 이를 구분한다.

<별도 거래 : 대차관계의 정산>

(차) 차입금	200	(대) 현금	190
		정산이익	10

<사업결합거래>

(차) 순 자 산	2,310[(2)]	(대) 현 금	2,410[(1)]
영 업 권	100		

(1) ₩2,600 − 190 = ₩2,410
(2) ₩2,500 − 190 = ₩2,310

03 영업권의 회계처리

P회사는 S회사와 20×1년 7월 1일자로 사업결합을 하였으며, 이전대가는 ₩1,000,000으로 결정하였다. 취득하는 S회사의 식별할 수 있는 순자산의 공정가치는 ₩850,000이다.

물음

1. P회사의 결산일이 12월 31일이라고 할 때 20×1년 말 재무상태표에 계상될 영업권 기말잔액을 계산하라. P회사는 사업결합한 S회사를 현금창출단위로 보고 영업권을 모두 S회사에 배분하였으며, 20×1년 말 현재 현금창출단위에서 손상차손은 발생하지 않았다.
2. 만일 20×2년 말 영업권이 배분된 현금창출단위에서 ₩50,000의 손상차손이 발생하였을 때, P회사가 해야 할 손상차손 인식분개를 하라.
3. (물음 2)와 관련하여, 20×3년 말 현재 현금창출단위에서 ₩30,000의 손상차손환입이 발생하였을 경우 영업권과 관련하여 P회사가 하여야 할 회계처리를 하라.
4. 만일 취득 시 이전대가가 ₩800,000이었을 경우, 취득일에 P회사가 해야 할 분개를 하라. 단, S회사의 식별할 수 있는 순자산의 공정가치는 적절하게 측정되었다고 가정한다.

해답

물음 1

영업권 발생금액 = ₩1,000,000 − 850,000 = ₩150,000
영업권 20×1년 말 잔액 = ₩150,000

물음 2

현금창출단위의 손상차손 ₩50,000을 우선 영업권에 배분한다.

(차) 손 상 차 손	50,000	(대) 영 업 권	50,000

물음 3

회계처리 없음. 영업권에 대해서는 손상차손환입을 인식할 수 없다.

물음 4

(차) 순 자 산	850,000	(대) 현 금	800,000
		염 가 매 수 차 익	50,000

04 단계적으로 이루어지는 사업결합(1)

P회사는 S회사와의 사업결합을 고려 중에 있다. 20×2년 말 S회사의 재무상태는 다음과 같다.

구분	장부금액	공정가치
현 금	₩100,000	₩100,000
매 출 채 권	400,000	380,000
상 품	600,000	700,000
금 융 자 산	300,000	400,000
비 품	500,000	450,000
산 업 재 산 권	100,000	80,000
합 계	₩2,000,000	
매 입 채 무	₩300,000	₩290,000
미 지 급 비 용	150,000	150,000
확 정 급 여 부 채	120,000	120,000
장 기 차 입 금	400,000	360,000
자 본 금	800,000	
이 익 잉 여 금	230,000	
합 계	₩2,000,000	

P회사는 20×2년 초에 S회사 주식(시장성 없음) 10%를 ₩100,000에 취득하여 FVOCI 금융자산으로 분류되도록 선택하였으며 20×2년 말 현재 계속 보유 중이다. 20×2년 말 FVOCI 선택 금융자산의 공정가치는 ₩120,000이다.

물음

P회사는 20×2년 말에 S회사를 취득하면서 이전대가로 P회사 주식 1,000주(액면금액 ₩1,000, 공정가치 ₩1,500)를 교부하였다. P회사가 교부한 주식은 S회사 전체 주식의 90%에 해당한다. 취득일에 P회사가 해야 할 분개를 하라.

해답

P회사가 이전대가로 교부한 주식 1,000주는 이전대가 중 90%에 해당하는 금액이며, 총 이전대가 중 10%에 해당하는 금액은 과년도에 취득했던 S회사 주식(FVOCI 선택 금융자산)이다. 따라서 S회사

주식의 공정가치 ₩120,000을 이전대가에 포함시킨다(즉, 장부에서 제거한다). 아래의 분개에는 표시하지 않았으나 P회사는 S회사 주식에 대해서 ₩20,000의 평가이익을 기타포괄손익으로 인식하되, 후속적으로 당기손익으로 재분류하지 않는다.

<취득분개>

(차)			(대)	
	현금	100,000	매입채무	290,000
	매출채권	380,000	미지급비용	150,000
	상품	700,000	확정급여부채	120,000
	금융자산	400,000	장기차입금	360,000
	비품	450,000	자본금	1,000,000
	산업재산권	80,000	주식발행초과금	500,000
	영업권	430,000	FVOCI 선택 금융자산	120,000(1)

(1) P회사가 과년도에 취득·보유하고 있던 S회사 주식(FVOCI 선택 금융자산)의 공정가치 ₩120,000을 이전대가에 포함시킨다.

05 사업결합(1) (CPA 2011)

㈜대한은 20×1년 1월 1일에 현금 ₩10,000,000을 지급하고 ㈜민국의 자산과 부채를 모두 취득·인수하였으며, 이는 사업결합에 해당한다. 두 회사는 모두 12월 말 결산법인이다. 취득일 현재 ㈜민국의 자산 및 부채의 장부금액과 공정가치는 다음과 같다.

구분	장부금액	공정가치
현금	₩900,000	₩900,000
매출채권	1,200,000	1,100,000
재고자산	1,000,000	2,000,000
유형자산	1,500,000	2,200,000
자산총계	₩4,600,000	
매입채무	₩1,850,000	₩2,300,000
충당부채	150,000	?
자본	2,600,000	
부채와자본총계	₩4,600,000	

㈜대한은 취득일 현재 ㈜민국에 대해 다음과 같은 사실을 추가로 확인하였다.

1. ㈜민국의 자산으로 인식하지 않았던 고객목록과 브랜드를 파악하였으며, 각각의 공정가치는 ₩1,000,000과 ₩2,500,000이다. ㈜대한은 동 고객목록과 브랜드가 무형자산의 정의를 충족한다고 판단하였다.

2. ㈜민국은 차세대 통신기술을 연구·개발하기 위하여 다음과 같이 지출하였다. ㈜대한은 이러한 지출이 식별가능하고 신뢰성 있게 측정가능하다고 판단하였다.

항목	지출금액	공정가치
연구원 교육비	₩400,000	
외부전문가 수수료	200,000	₩1,500,000
부품 검사비용	300,000	
원재료 사용액	500,000	
합 계	₩1,400,000	

3. ㈜대한은 ㈜민국의 충당부채의 공정가치를 잠정 금액 ₩200,000으로 추정하였다.

물음

1. 사업결합을 통하여 취득일에 ㈜대한이 인식해야 할 ① 무형자산과 ② 영업권을 각각 계산하라.
2. 20×1년 8월 1일에 ㈜대한은 사업결합 시 잠정 금액으로 인식했던 충당부채의 공정가치가 ₩300,000임을 확인하였다. 또한, 20×1년 말 현재 영업권이 배분된 현금창출단위의 회수가능액이 장부금액보다 ₩100,000 적다.
   (1) ㈜대한이 20×1년 말에 인식할 영업권의 손상차손을 계산하라.
   (2) ㈜대한은 20×2년 말에 영업권이 배분된 현금창출단위의 회수가능액이 장부금액보다 ₩60,000이 많다고 추정하였다. 20×2년 말에 인식해야 할 영업권의 손상차손환입액을 계산하라.

해답

물음 1

① 무형자산 : ₩1,000,000 + 2,500,000 + 1,500,000 = ₩5,000,000

② 영 업 권 : ₩1,300,000

<계산근거 : 20×1년 1월 1일 사업결합 시 회계처리>

(차)	현금	900,000	(대) 매입채무	2,300,000
	매출채권	1,100,000	충당부채	200,000
	재고자산	2,000,000	현금	10,000,000
	유형자산	2,200,000		
	무형자산	5,000,000		
	영업권	1,300,000		

물음 2

(1) 20×1년 말 영업권 손상차손 : 현금창출단위의 손상차손 ₩100,000을 우선 영업권에 배분한다.

(2) 20×2년 말 영업권 손상차손환입액 : ₩0

영업권은 손상차손환입을 인식할 수 없다.

06 사업결합(2) (CPA 2010)

20×1년 1월 1일 ㈜갑은 ㈜을과 사업결합을 하였으며, 취득자는 ㈜갑이다. 취득일 현재 ㈜을의 자산과 부채의 장부금액과 공정가치가 다음과 같을 때, 아래의 독립적인 각각의 물음에 답하라.

재무상태표

20×1년 1월 1일 현재

구분	장부금액	공정가치
유동자산	₩30,000	₩35,000
유형자산	50,000	56,000
무형자산	20,000	23,000
기타자산	20,000	25,000
자산총계	₩120,000	
부채	₩40,000	₩43,000
자본금	50,000	
자본잉여금	10,000	
이익잉여금	20,000	
부채·자본총계	₩120,000	

물음

1. 사업결합과 관련하여 ㈜갑은 상기 ㈜을의 자산과 부채의 공정가치 결정에서 고려되지 않은 아래의 추가항목들을 발견하였다. 이러한 추가항목들 중 인식가능 항목을 사업결합에 반영할 경우 ㈜을의 공정가치에 미치는 영향을 평가하라. 단, 추가항목들의 장부금액은 세무기준액과 동일하다고 가정하고, 아래의 영향평가에서 과목(항목)은 유동자산, 유형자산, 무형자산, 기타자산, 부채 및 영향 없음으로 구분하며, 해당 금액 감소 시 금액 앞에 (−)표시할 것.

추가항목	영향평가
(예시) 무형자산의 정의를 충족시키는 ㈜을의 취득일 현재 진행중인 고객관계 개선 프로젝트는 ₩1,000임	무형자산 1,000
무형자산의 정의를 충족시키는 ㈜을의 취득일 현재 진행중인 연구개발 프로젝트는 ₩2,000임	①
이연법인세자산으로 인식하지 않은 ㈜을의 세무상 결손금 ₩15,000에 대하여 ㈜갑은 법인세효익을 얻을 수 있음. ㈜갑의 당기 및 차기 이후 법인세율은 20%임	②
㈜을이 충당부채로 인식하지 않고 주석으로 공시한 우발채무의 신뢰성 있는 공정가치는 ₩4,000임	③
㈜을이 취득일 현재 미래의 새로운 고객과 협상중인 잠재적 계약의 가치는 ₩4,000임	④
사업결합의 결과 미래에 발생할 것으로 예상되는 손실은 ₩9,000임	⑤
㈜갑이 ㈜을로부터 다시 취득한 기술라이선스의 권리는 잔여계약기간에 기초하여 ₩5,000으로 추정됨	⑥

2. 20×1년 1월 1일 ㈜을의 취득일 현재 공정가치는 (물음 1)의 추가 정보를 반영한 후의 금액으로 가정한다. 20×1년 1월 1일의 사업결합에서 ㈜갑은 ㈜을의 지분 100%에 대한 취득대가로 ㈜갑의 주식 100주(액면총액 ₩20,000, 공정가치 ₩40,000)를 발행·교부하였다. 또한, ㈜갑은 조건부 대가로 20×1년 12월 31일에 시장점유율이 특정 비율을 초과하면 ㈜갑의 10주를 발행·교부하며, ㈜을이 취득일 전부터 진행해 온 신제품개발을 완료하면 ₩30,000을 지급하기로 약정하였다. 지분발행·교부(시장점유율조건)와 현금지급(신제품개발조건) 약정의 취득일 현재 공정가치가 각각 ₩10,000과 ₩20,000일 때, ㈜갑이 사업결합에서 인식할 자본과 영업권(또는 염가매수차익)을 각각 계산하라.

3. 20×1년 1월 1일 ㈜을의 취득일 현재 공정가치는 (물음 1)의 추가 정보를 반영한 후의 금액으로 가정한다. ㈜갑은 20×1년 1월 1일의 사업결합에서 ㈜을의 지분 100%에 대한 취득대가로 현금 ₩100,000을 지급하였고, ㈜을의 부채의 공정가치는 충당부채의 잠정 금액 ₩2,000을 포함하고 있다. 20×1년 9월 30일(3분기 보고기간 말)에 취득일 현재 존재했던 상황에 대해 추가 정보가 입수됨에 따라 ㈜갑은 사업결합 시 인식하였던 충당부채의 잠정 금액 ₩2,000을 ₩3,000으로 조정하였다. 20×1년 9월 30일에 ㈜갑이 잠정 금액의 조정과 관련하여 행할 회계처리를 제시하라. 단, 사업결합 후 잠정 금액을 조정할 수 있는 측정기간은 20×1년 9월 30일까지 종료하지 않았음.

4. (물음 3)에서 ㈜갑은 사업결합 시 인식하였던 충당부채의 잠정 금액 ₩2,000을 20×2년 3월 31일(차기 1분기 보고기간 말)에 ₩1,000으로 조정하였다. 이러한 조정이 오류수정에 해당

한다면, ㈜갑이 20×2년 3월 31일에 잠정 금액의 조정과 관련하여 행할 회계처리를 제시하라. 단, 사업결합 후부터 20×2년 3월 30일까지 충당부채의 잠정 금액 ₩2,000의 조정이나 영업권의 변동은 없다고 가정할 것.

해답

물음 1

① 무형자산 ₩2,000
② 기타자산 ₩3,000
③ 부 채 ₩4,000
④ 영향 없음
⑤ 영향 없음
⑥ 무형자산 ₩5,000

물음 2

(1) ㈜을의 순자산공정가치
재무상태표상 순자산공정가치 : ₩139,000 − 43,000 = ₩96,000

(2) 이전대가(조건부 대가 포함)
① 100주×₩400 = ₩40,000(자본)
② 조건부 대가 = ₩10,000(자본) + 20,000(부채) = ₩30,000

(3) ㈜갑이 사업결합에서 인식할 자본
₩40,000(100주 교부) + 10,000(조건부 대가) = ₩50,000

(4) 염가매수차익
₩96,000 − 70,000(이전대가 총액) = ₩26,000

물음 3

(1) 영업권
₩96,000(충당부채 잠정 금액 포함) − 100,000(이전대가) = ₩4,000

(2) 20×1년 9월 30일 회계처리

(차) 영 업 권	1,000	(대) 충 당 부 채	1,000

물음 4

20×2년 3월 31일 회계처리

(차) 충 당 부 채	1,000	(대) 영 업 권	1,000

07 사업결합(3) (CPA 2012 수정)

㈜갑은 20×1년 12월 31일에 ㈜을의 주식 90%를 추가로 취득함으로써 ㈜을을 흡수합병하였다. 취득일까지 합병 관련 거래를 제외한 모든 거래를 반영하여 작성된 ㈜갑과 ㈜을의 시산표는 다음과 같다. 단, 양사의 결산일은 모두 12월 31일이고, ㈜갑과 ㈜을은 동일지배 하에 있는 기업이 아니다.

〈합병 직전 양사의 시산표〉

(단위 : 원)

차변 항목	㈜갑	㈜을	
	장부금액	장부금액	공정가치
현금	₩200,000	₩55,000	₩55,000
FVOCI 선택 금융자산	35,000	45,000	45,000
건물(순액)	400,000	200,000	250,000
토지	250,000	100,000	150,000
매출원가	300,000	200,000	
기타비용	80,000	130,000	
계	₩1,265,000	₩730,000	

(단위 : 원)

대변 항목	㈜갑	㈜을	
	장부금액	장부금액	공정가치
자본금	₩250,000	₩200,000	–
자본잉여금	310,000	80,000	–
이익잉여금	200,000	50,000	–
기타포괄손익누계액	5,000	–	–
매출	500,000	400,000	
계	₩1,265,000	₩730,000	

* ㈜을이 보유한 FVOCI 선택 금융자산은 전액 ㈜갑의 주식을 취득하여 보유하고 있는 것이다.

합병과 관련한 추가 자료는 다음과 같다.

1. 이전대가에 대한 자료
   (1) ㈜갑은 추가 취득의 대가로 자사 보통주 250주(1주당 액면금액 ₩1,000, 1주당 공정가치 ₩1,500)를 신규로 발행하였으며, 현금 ₩150,000을 함께 교부하였다.

(2) 합병을 위한 추가 취득 이전에 ㈜갑은 ㈜을의 주식 10주(총 발행주식 중 10%, 취득 시 1주당 공정가치 ₩3,000)를 보유하고 있었으며, 이를 FVOCI 선택 금융자산으로 분류하고 있다. ㈜갑의 기타포괄손익누계액은 전액 ㈜을의 주식을 공정가치로 평가한 데 따른 것이며, 합병일 현재 ㈜을 주식의 공정가치는 합병 직전일과 동일하다.

2. 합병과 관련한 ㈜갑의 지출 내역

(1) 법률자문 수수료 : ₩4,500

(2) 주식발행비용 : ₩5,000

(3) 건물 소유권 등기비용 : ₩7,000

3. 취득 자산 및 부채에 대한 추가 자료

(1) ㈜을은 생산부문, 영업부문, 관리부문으로 사업이 구성되어 있다.

(2) ㈜갑은 합병 직후 ㈜갑의 종업원과 업무가 중복되는 ㈜을의 관리부문 종업원에 대한 구조조정을 단행할 계획이다. ㈜갑은 추가 보상액이 총 ₩30,000 발생할 것으로 추정하고 있다.

(3) ㈜갑은 ㈜을의 사업을 지속적으로 영위하기 위해서는 ㈜을의 영업부서 종업원이 반드시 필요한 것으로 판단하였다. 합병일 현재 ㈜갑은 이러한 '집합적 노동력'의 가치가 ₩15,000 정도일 것으로 추정하고 있다.

(4) ㈜갑은 ㈜을이 경쟁업체와 차별화된 제품을 생산할 수 있는 이유가 ㈜을의 생산부문이 갖는 독특한 '공정 비밀'에 기인한 것으로 판단하고 있다. ㈜갑은 합병 후에도 제품 경쟁력을 유지할 수 있도록 이러한 '공정 비밀'에 대한 보안을 강화할 계획이다. 동 '공정 비밀'을 경쟁기업에 판매할 수도 있으며, 이의 경제적 가치는 ₩20,000으로 추정된다.

물음

1. 합병일에 ㈜갑이 위 합병 거래를 반영하여 작성하는 재무제표상 다음 항목의 금액을 계산하라. 단, 자본금, 자본잉여금, 이익잉여금을 제외한 자본 요소는 '기타자본'으로 하고, 기타포괄이익을 이익잉여금으로 대체하지 않는다. 항목별로 해당하는 금액이 없는 경우에는 "0"으로 표시하고, 자본 항목 중 자본을 감소시키는 경우에는 금액 앞에 (−)를 표시한다.

① 매출	② 현금	③ FVOCI 선택 금융자산
④ 건물(순액)	⑤ 무형자산(영업권 제외)	⑥ 충당부채
⑦ 자본금	⑧ 자본잉여금	⑨ 이익잉여금
⑩ 기타자본	⑪ 영업권	

2. 사업결합 이후 ㈜갑은 ㈜을을 독립된 영업부문(을사업부)으로 운영하고 있다. ㈜갑은 ㈜을과의 합병 시 인식한 영업권을 현금창출단위에 배분하여 매년 해당 현금창출단위에 대한 손상검사를 하고 있다. 20×2년 1월 1일 현재 을사업부는 국내영업부문과 해외영업부문이라는 두 개의 현금창출단위로 구성되어 있으며, 이 중 국내영업부문과 관련하여 식별할 수 있는 자산과 배분된 영업권은 다음과 같다.

(단위 : 원)

항목	장부금액	비고
건물	150,000	잔존 내용연수 5년, 정액법 상각, 잔존가치는 없음
토지	60,000	
영업권	30,000	

20×2년 말에 내수침체로 인해 국내영업부문의 회수가능액이 ₩150,000으로 추정됨에 따라 손상에 대한 회계처리를 적정하게 수행하였다. 20×3년 말에 국내영업부문의 회수가능액이 ₩180,000으로 회복되었다. 이 경우 ① 20×2년 말에 인식할 손상차손 중 건물에 배분될 금액과 ② 20×3년 말에 인식할 건물의 손상차손환입액, ③ 20×3년 말 손상차손환입을 인식한 후 영업권의 장부금액을 제시하라. 단, 감가상각비와 손상차손 및 손상차손환입은 개별 자산별로 구분하여 회계처리한다. 항목별로 해당 금액이 없는 경우에는 "0"으로 표시한다.

해답

물음 1

① 매출 : ₩500,000

② 현금 : ₩200,000 + 55,000 − 150,000 − 16,500 = ₩88,500

③ FVOCI 선택 금융자산 : ₩35,000 − 35,000 = ₩0

④ 건물(순액) : ₩400,000 + 250,000 + 7,000 = ₩657,000

⑤ 무형자산(영업권 제외) : ₩20,000

⑥ 충당부채 : ₩0(1)

⑦ 자본금 : ₩250,000 + 250,000 = ₩500,000

⑧ 자본잉여금 : ₩310,000 + 125,000 − 5,000 = ₩430,000

⑨ 이익잉여금 : ₩200,000 + 500,000 − 380,000 − 4,500 = ₩315,500

⑩ 기타자본 : ₩5,000 − 45,000 = (−)₩40,000

⑪ 영업권 : ₩40,000

(1) ㈜갑이 취득일에 구조조정계획을 통지하지 않았으므로 현재의무가 없다. 따라서 인식할 충당부채가 없다.

<계산근거> 합병회계처리

<20×1년 12월 31일>

	차변	금액		대변	금액
(차)	현금	55,000	(대)	자본금	250,000
	자기주식	45,000[(1)]		자본잉여금	125,000
	건물(순액)	250,000		현금	150,000
	토지	150,000		FVOCI 선택 금융자산	35,000
	무형자산	20,000			
	영업권	40,000			

	차변	금액		대변	금액
(차)	수수료비용	4,500	(대)	현금	16,500
	자본잉여금	5,000			
	건물	7,000			

(1) 취득일 현재 피취득자가 보유하고 있던 취득자의 주식은 자기주식으로 회계처리한다.

물음 2

① 20×2년 말 건물분 손상차손금액 : ₩20,000

<계산근거>

<손상차손의 개별자산 배분>

과목	배분 전 장부금액	배분액*	배분 후 장부금액
건물	₩120,000	₩(20,000)	₩100,000
토지	60,000	(10,000)	50,000
영업권	30,000	(30,000)	−
계	₩210,000	₩(60,000)	₩150,000

* 손상차손 ₩60,000 중 ₩30,000을 영업권에 우선 배분하고, 나머지 ₩30,000은 건물, 토지의 장부금액에 비례하여 배분

② 20×3년 말 건물분 손상차손환입금액 : ₩15,000(₩90,000 − 75,000)

<계산근거>

1. 환입 한도 = (₩120,000 − 30,000)(건물) + ₩60,000(토지) = ₩150,000
2. 회수가능액 ₩180,000이 환입 한도 ₩150,000을 초과하므로 한도까지만 환입한다.
3. 손상차손환입의 개별자산 배분

과목	배분 전 장부금액	배분액	배분 후 장부금액(한도)
건물	₩75,000*	₩15,000	₩90,000
토지	50,000	10,000	60,000
계	₩125,000	₩25,000	₩150,000

* ₩100,000 − 100,000×1/4 = ₩75,000

③ 20×3년 말 영업권 장부금액 : ₩0

영업권은 손상을 인식한 후에 환입이 불가능한 점에 유의하여야 한다.

08 사업결합(4) (CPA 2014)

㈜대한은 20×1년 1월 1일에 ㈜민국의 주식 100%를 취득함으로써 ㈜민국을 흡수합병하였다. ㈜대한은 합병대가로 ㈜민국의 주주에게 자사 보통주 300주(1주당 액면금액 ₩1,000, 1주당 공정가치 ₩1,500)를 발행·교부하고, 현금 ₩100,000을 지급하였다. 단, ㈜대한과 ㈜민국은 동일지배 하에 있는 기업이 아니다. 합병 직전 ㈜대한과 ㈜민국의 재무상태표는 다음과 같다.

〈합병 직전 양사의 재무상태표〉

항목	㈜대한	㈜민국
유 동 자 산	₩300,000	₩200,000
유 형 자 산	500,000	150,000
무 형 자 산	100,000	150,000
자 산 계	₩900,000	₩500,000
부 채	300,000	100,000
납 입 자 본	400,000	250,000
기 타 자 본	200,000	150,000
부채 및 자본 계	₩900,000	₩500,000

* 납입자본을 제외한 나머지 자본요소는 모두 '기타자본'으로 보고한다.

합병 직전에 ㈜민국의 자산과 부채에 대해 '예비실사를 통해 ㈜대한이 산정한 공정가치(이하 예비실사가액)' 자료는 다음과 같다. 단, 아래 '2. 취득 자산·부채의 공정가치 관련 추가 자료'에 제시되는 사항을 제외하고는 ㈜대한이 공정가치를 적정하게 산정한 것으로 가정한다.

항목	예비실사가액
유 동 자 산	₩220,000
유 형 자 산	200,000
무 형 자 산	160,000
부 채	100,000

〈합병과 관련한 추가 자료〉

1. 조건부 대가 계약
   (1) 합병 후 1년간 시장점유율이 25%를 초과하면 20주를 발행하여 추가 교부한다. 합병일 현재 동 '주식교부 조건부 대가'는 자본으로 분류되고, 공정가치는 ₩25,000이다.
   (2) 20×1년의 이익실적에 따라 일정 금액의 현금을 추가 지급한다. 합병일 현재 동 '현금지급 조건부 대가'는 부채로 분류되고, 공정가치는 ₩7,000이다.

2. 취득 자산·부채의 공정가치 관련 추가 자료

(1) ㈜민국의 유동자산에는 수취채권(장부금액 ₩10,000)이 포함되어 있다. ㈜대한은 예비실사 시 동 수취채권 중 ₩3,000만큼은 회수가 어려울 것으로 판단하여, 동 수취채권을 ₩7,000으로 산정하였다. 취득일에 동 수취채권의 공정가치는 ₩8,000이다.

(2) ㈜민국의 무형자산에는 ㈜한국으로부터 취득한 라이선스계약(장부금액 ₩5,000 및 취득일의 공정가치 ₩6,000)이 포함되어 있는데, ㈜대한도 이미 동일한 라이선스계약을 보유하고 있다. ㈜대한은 동 라이선스계약을 중복 보유하게 됨에 따라 사용가치가 없는 것으로 판단하여 예비실사가액 산정 시 반영하지 않았다.

물음

1. 제시된 <합병과 관련한 추가 자료>를 반영하여 합병일에 ㈜대한이 작성하는 재무상태표상 아래 항목에 해당하는 금액을 구하라. 해당 금액이 없는 경우에는 "0"으로 표시하라.

항목	
영업권	①
무형자산(영업권 제외)	②
부채	③
납입자본	④
기타자본	⑤

2. 20×1년 12월 31일 현재 <합병과 관련한 추가 자료>에 따른 2개의 소선부 대가 계약에 대한 조건이 모두 충족되었다. 이와 관련하여 ㈜대한은 ㈜민국의 주주에게 ㈜대한의 주식 20주와 현금 ₩5,000을 지급하였다. 20×1년 12월 31일 현재 ㈜대한 주식의 공정가치는 1주당 ₩2,000이다. 조건부 대가에 대한 지급이 ① 납입자본에 영향을 미치는 금액과 ② 당기손익에 영향을 미치는 금액을 각각 구하라. 단, 감소의 경우에는 금액 앞에 (−)를 표시하라.

해답

물음 1

항목	금액
영업권	① ₩95,000
무형자산(영업권 제외)	② ₩266,000
부채	③ ₩407,000
납입자본	④ ₩850,000
기타자본	⑤ ₩225,000

<계산근거>

(1) 각 항목 계산근거

② ₩100,000(대한)+166,000(민국)=₩266,000

③ ₩300,000(대한)+100,000(민국)+7,000(조건부 대가)=₩407,000

④ ₩400,000(대한)+450,000(300주×₩1,500)=₩850,000

⑤ ₩200,000(대한)+25,000(조건부 대가)=₩225,000

(2) 20×1년 1월 1일 합병 회계처리

(차)	유동자산	221,000	(대) 부채	100,000
	유형자산	200,000	자본금	300,000
	무형자산	166,000	주식발행초과금	150,000
	영업권	95,000	현금	100,000
			조건부 대가(자본)	25,000
			조건부 대가(부채)	7,000

* 라이선스계약(무형자산)을 중복 보유하게 되어 공정가치가 ₩6,000인 무형자산을 제외시킨 것은 잘못한 것이다. 왜냐하면, 사용가치가 없더라도 공정가치가 존재하므로 중복 보유한 라이선스를 시장에서 처분함으로써 효익을 얻을 수 있기 때문이다. 사용가치가 없다는 이유로 공정가치가 존재하는 자산을 인식하지 않으면 안 된다. 따라서 무형자산 평가금액에 ₩6,000을 가산해야 한다.

물음 2

① 납입자본에 영향을 미치는 금액 : ₩25,000

② 당기손익에 영향을 미치는 금액 : ₩2,000

<계산근거 : 20×1년 12월 31일 회계처리>

(차)	조건부 대가(자본)	25,000	(대) 자본금	20,000
			주식발행초과금	5,000
(차)	조건부 대가(부채)	7,000	(대) 현금	5,000
			당기수익	2,000

09 단계적으로 이루어지는 사업결합(2)

다음은 사업결합 관련 자료이다.

1. 20×1년 1월 1일 A회사는 B회사 발행 보통주식 중 10%를 취득하였으며 해당 주식의 평가를 당기손익으로 처리하였다. 20×1년 12월 31일 현재 A회사가 소유하고 있는 B회사 주식의 공정가치는 ₩3,300,000이다.

2. A회사는 20×1년 12월 31일 B회사의 나머지 보통주식 90%를 취득하기 위하여 B회사 주주에게 A회사 보통주 2,000주(주당 액면금액 ₩5,000, 주당 시가 ₩8,000)와 현금 ₩3,000,000을 지급하였다. 사업결합일 현재 B회사의 법인세 추정액은 ₩1,500,000으로 예상되며, A회사가 부담하기로 하였다. 또한 주식발행비용과 법률자문수수료로 각각 ₩300,000과 ₩500,000을 지출하였다.

3. 취득일인 20×1년 12월 31일 현재 A회사 및 B회사의 재무상태표는 다음과 같다.

과목	A회사	B회사	과목	A회사	B회사
현 금	₩5,000,000	₩1,000,000	매 입 채 무	₩1,000,000	₩1,000,000
매 출 채 권	15,000,000	1,500,000	사 채	9,000,000	–
재 고 자 산	20,000,000	6,000,000	장 기 차 입 금	–	9,000,000
FVPL 금융자산	3,300,000	–	자 본 금	30,000,000	6,000,000
토 지	–	10,000,000	주식발행초과금	2,500,000	–
산 업 재 산 권	1,200,000	–	이 익 잉 여 금	2,000,000	4,000,000
영 업 권	–	1,500,000			
계	₩44,500,000	₩20,000,000	계	₩44,500,000	₩20,000,000

4. 사업결합일 현재 B회사 자산 중 장부금액과 공정가치가 상이한 항목은 다음과 같다.

항목	장부금액	공정가치
재 고 자 산	₩6,000,000	₩10,000,000
토 지	10,000,000	20,000,000

5. 20×1년 말 관련 영업권이 배분된 현금창출단위의 회수가능액은 장부금액을 초과한다.

물음

A회사의 취득일 분개와 취득 후 재무상태표를 작성하라.

해답

<취득일 분개>

(차)	현 금	1,000,000	(대)	매 입 채 무	1,000,000
	매 출 채 권	1,500,000		미 지 급 법 인 세	1,500,000
	재 고 자 산	10,000,000		장 기 차 입 금	9,000,000
	토 지	20,000,000		자 본 금	10,000,000
	영 업 권	1,300,000		주 식 발 행 초 과 금	6,000,000
				현 금	3,000,000
				FVPL 금융자산	3,300,000

(차) 주식발행초과금	300,000	(대) 현	금	800,000
기 타 비 용	500,000			

사업결합 직후 재무상태표

현 금	₩2,200,000	매 입 채 무	₩2,000,000
매 출 채 권	16,500,000	미 지 급 법 인 세	1,500,000
재 고 자 산	30,000,000	사 채	9,000,000
토 지	20,000,000	장 기 차 입 금	9,000,000
산 업 재 산 권	1,200,000	자 본 금	40,000,000
영 업 권	1,300,000	주 식 발 행 초 과 금	8,200,000
		이 익 잉 여 금	1,500,000
	₩71,200,000		₩71,200,000

A회사가 B회사를 취득하기 전에 B회사 장부에 기록되어 있던 영업권 ₩1,500,000은 A회사가 취득관련 분개를 할 때 '0'으로 측정함에 유의해야 한다. 왜냐하면, A회사가 B회사를 취득할 때 새로운 영업권 ₩1,300,000이 대차차액으로 기록될 것이기 때문이다.

10 단계적으로 이루어지는 사업결합(3)

P회사는 20×1년 9월 1일을 기준일로 하여 S회사와 사업결합을 하려고 한다. 동일자의 두 회사의 시산표는 다음과 같다.

시산표

과목	P회사	S회사	과목	P회사	S회사
현 금	₩100,000	₩100,000	매 입 채 무	₩100,000	₩100,000
매 출 채 권	200,000	100,000	장 기 차 입 금	200,000	450,000
재 고 자 산	100,000	100,000	자 본 금	600,000	500,000
FVOCI 선택 금융자산	100,000	–	자 본 잉 여 금	100,000	50,000
유 형 자 산	1,000,000	700,000	이 익 잉 여 금	270,000	100,000
매 출 원 가	600,000	700,000	금융자산평가이익	30,000	–
기 타 비 용	200,000	250,000	매 출 액	1,000,000	750,000
	₩2,300,000	₩1,950,000		₩2,300,000	₩1,950,000

〈추가 정보〉

1. P회사 시산표상 FVOCI 선택 금융자산은 S회사 발행 주식의 10%에 해당하며, 공정가치 변동을 기타포괄손익으로 인식하여 왔다. 취득일 현재 P회사가 소유하는 S회사 주식의 공정가치는 ₩110,000이다. 두 회사 주식의 액면금액은 주당 ₩5,000이다.
2. P회사는 S회사의 외부주주에 대해서 S회사 주식 1주당 P회사 주식 1주(주당 공정가치 ₩7,000)를 발행·교부하며, 추가로 현금 ₩20,000과 장부금액 ₩100,000인 기계장치(공정가치 ₩120,000)를 지급하기로 하였다. 이전대가로 S회사 외부주주에게 이전한 자산은 사업결합 후 P회사에 남아 있지 않다.
3. P회사는 상기 이전대가와는 별도로 20×1년 말 현재 목표수익 달성 시 추가로 P회사 주식 10주를 발행·교부하기로 하였다. 각 일자별 주식의 추정 주당 공정가치는 다음과 같다.

일자	추정 주당 공정가치
20×1. 9. 1.	₩7,000
20×1. 9. 30.	7,500
20×1. 12. 31.	8,000

4. S회사의 사업구조조정과 관련하여 ₩130,000의 지출액이 미래에 발생할 것으로 예상하였다.
5. S회사의 자산·부채 장부금액은 다음을 제외하고는 공정가치와 일치하였다.

과목	공정가치
재 고 자 산	₩110,000
유 형 자 산	850,000
장 기 차 입 금	430,000

6. 취득관련 직접비용 ₩10,000을 현금지급하였다.
7. 20×1년 말 영업권이 배분된 현금창출단위의 회수가능액은 장부금액보다 ₩20,000 적다고 추정되었다.

물음

1. 취득 시 사업결합의 분개를 하라.
2. 20×1년 9월 말(중간재무보고기간 말) 및 20×1년 말에 해야 할 회계처리를 하라. 단, P회사는 20×1년 말 현재 조건부 대가에 대한 목표수익을 달성했다고 가정한다.

해답

물음 1

(차)	현금	100,000	(대) 매입채무	100,000
	매출채권	100,000	장기차입금	430,000
	재고자산	110,000	자본금	450,000(1)
	유형자산	850,000	주식발행초과금	180,000(2)
	영업권	320,000	FVOCI 선택 금융자산	110,000(3)
			현금	20,000
			기계장치	120,000(4)
			조건부 대가(자본)	70,000(5)

(차)	기타비용	10,000	(대) 현금	10,000

(1) S회사 발행주식수＝₩500,000÷5,000＝100주
P회사 소유주식수＝100주×10%＝10주
P회사 이전대가로 발행·교부한 주식수＝90주
90주×₩5,000＝₩450,000

(2) 90주×(₩7,000－5,000)＝₩180,000

(3) P회사가 과년도에 취득했던 S회사 주식의 공정가치도 이전대가에 포함시킨다.
한편, 관련 기타포괄손익으로 인식한 평가이익은 당기손익으로 재분류하지 않는다.

(4) 기계장치의 공정가치를 이전대가에 포함시킨다.

(5) 10주×₩7,000＝₩70,000. 자본으로 분류한다.

참고로 취득관련 분개는 아니지만, P회사는 취득분개 전에 다음과 같이 금융자산(S회사 투자주식)과 기계장치의 장부금액을 취득일의 공정가치로 재평가하는 분개를 해야 한다.

(차)	FVOCI 선택 금융자산	10,000	(대) 평가이익(OCI)	10,000
(차)	기계장치	20,000	(대) 자산처분이익(PL)	20,000

물음 2

<20×1년 9월 말>

측정기간 동안의 조정에 해당하지 않으며(목표수익의 달성) 해당 조건부 대가가 자본으로 분류되었으므로 공정가치 변동을 인식하지 않는다.

<20×1년 12월 말>

(차)	조건부 대가	70,000(1)	(대) 자본금	50,000
			주식발행초과금	20,000

(1) 측정기간 동안의 조정이 아닌 조건부 대가(자본)의 재측정은 하지 않고, 후속 정산은 자본 내에서 회계처리한다.

(차)	손상차손	20,000	(대) 영업권	20,000

연결회계의 기초

본장의 내용

한 기업이 다른 기업의 의결권 있는 지분을 취득하여 지배력을 획득할 경우 지배력을 취득한 기업을 지배기업이라 하고, 피취득 기업을 종속기업이라고 한다. 지배기업과 종속기업은 법적으로 별개의 실체이지만, 경제적으로는 하나의 실체나 다름없다. 따라서 법률적 형식보다 경제적 실질을 중시하는 회계에서는 지배기업의 재무제표와 종속기업의 재무제표를 하나로 합친 연결재무제표를 작성하도록 요구한다.

본장에서는 연결재무제표를 작성하기에 앞서 연결재무제표를 왜 작성해야 하는지 먼저 이해한 후 연결재무제표에 포함되는 종속기업의 범위를 어떻게 결정하는지 설명한다. 또한 별도재무제표를 소개하고 3가지 연결이론도 제시한다. 본격적인 연결재무제표의 작성 과정은 제3장부터 제6장까지 설명할 것이다.

연결회계의 설명은 주로 기준서 제1110호(연결재무제표)의 규정을 따르지만, 연결회계를 포함하는 전반적인 사업결합의 회계처리는 제1장에서 설명한 기준서 제1103호(사업결합)에서 규정하고 있기 때문에 필요할 때마다 기준서 제1103호의 내용도 함께 설명한다. 한편, 연결재무제표의 양식은 기준서 제1118호 '재무제표의 표시와 공시'에 따라 설명한다. 본장에서 기준서의 내용을 언급할 때 괄호 안에 사용하는 숫자는 기준서 번호와 문단 번호를 의미한다. 예를 들어 (1110:13)은 기준서 제1110호, 문단 13을 의미한다.

1 연결재무제표의 의의

1.1 사업결합으로서의 연결

제1장에서는 합병 형태의 사업결합에 대해서 설명하였다. 합병은 예를 들어, 갑회사가 을회사를 지배하기 위해서 을회사의 자산과 부채를 취득·인수하면서 을회사의 주주에게 이전대가를 지급하고, 을회사는 갑회사에 통합되면서 법적 실체가 소멸되는 형태의 사업결합을 말한다.

그런데 어떤 기업이 다른 기업을 지배하기 위해서 굳이 다른 기업의 자산과 부채를 취득·인수하는 합병 형태의 사업결합보다 다른 기업의 의결권 있는 지분을 전부 또는 일부 취득하여 그 다른 기업을 지배하는 사업결합이 더 흔하다. 예를 들어, 갑회사가 을회사의 의결권 있는 주식 중 50%를 초과하여 지분을 취득할 경우, 을회사의 주주 구성만 변동될 뿐 을회사의 법적 실체는 유지된다. 그러나 갑회사는 을회사에 대한 과반수의 의결권을 보유하고 있으므로 을회사의 영업정책이나 재무정책을 지배할 수 있을 것이다.[1] 이때 갑회사를 지배기업(parent), 을회사를 종속기업(subsidiaries)이라고 한다.

지배기업과 종속기업은 법적으로는 별개의 실체이지만, 경제적으로는 하나의 실체나 다름없다. 따라서 회계에서는 지배기업의 재무제표와 종속기업의 재무제표를 하나로 합친 연결재무제표(consolidated financial statements)를 작성할 것을 요구한다. 지금까지 설명한 내용을 그림으로 표시하면 다음과 같다.

| 그림 1 | 사업결합의 유형에 따른 결과 비교

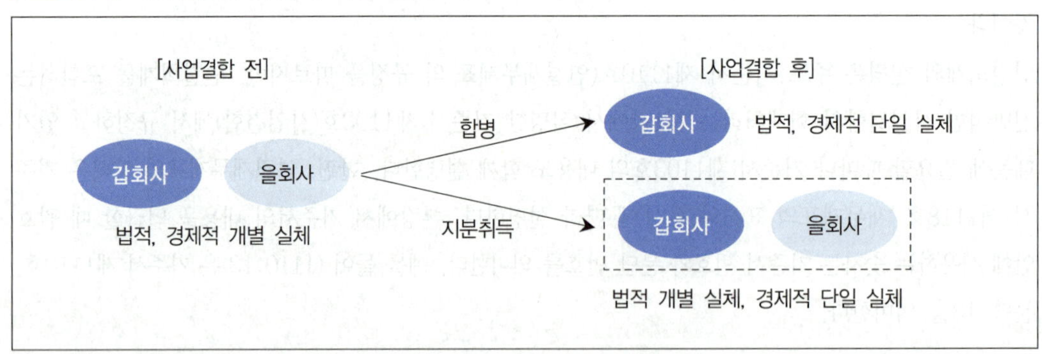

1) 물론 과반수 의결권을 보유한다고 해서 무조건 지배기업이 되는 것은 아니며, 여기에 대해서는 3절에서 자세하게 설명한다.

[그림 1]에서 보는 바와 같이 갑회사와 을회사가 사업결합을 하기 전에는 두 회사 모두 법적, 경제적으로 개별 실체이다. 이때 갑회사가 을회사를 합병하는 사업결합을 한다면 을회사의 법적 실체는 소멸하고 갑회사가 법적, 경제적 단일 실체가 된다. 그러나 갑회사가 을회사의 지분을 취득하여 지배기업이 되는 사업결합을 한다면 두 회사 모두 법적 실체는 유지되지만, 회계에서는 두 회사를 경제적 단일 실체로 보기 때문에 연결재무제표를 작성한다.

1.2 연결재무제표 작성의 필요성 및 한계점

연결재무제표는 다음과 같은 점에서 유용하다.

① 지배·종속관계에 있는 연결실체의 재무상태와 경영성과를 파악할 수 있다. 연결실체는 사실상 공동운명체의 성격을 가지고 있으므로, 이들 전체를 통합한 회계정보를 제공함으로써 회계정보이용자가 이를 토대로 연결실체에 대한 합리적인 의사결정을 할 수 있다.

② 연결재무제표를 작성하면 지배기업과 종속기업 간 내부거래로 인한 재무제표의 왜곡표시를 제거할 수 있다. 연결재무제표를 작성하는 과정에서 상호출자, 내부거래 및 상호자산·부채 등이 제거되기 때문에 지배·종속기업의 재무제표 조작을 어느 정도 방지할 수 있다.

③ 경영자에게 경영관리상 유용한 재무정보를 제공한다. 지배기업의 경영자가 연결실체를 종합적이고 체계적으로 파악하고 관리하려면 지배·종속기업 전체에 대한 연결재무제표가 필요하다.

그러나 연결재무제표는 다음과 같은 한계점도 가지고 있다.

① 특정 기업의 이해관계자는 의사결정과정에서 연결재무제표 이외에 특정 기업만의 재무제표도 필요하다. 연결실체 전체의 정보도 중요하지만 개별 기업에 대한 투자의사결정, 대출의사결정 등은 개별 실체의 재무제표를 토대로 이루어지게 마련이다. 따라서 연결재무제표의 통합된 수치만으로는 개별 기업에 대한 의사결정이 오도될 수 있다.[2)]

② 연결대상 종속기업의 여부(즉, 지배력 유무)를 판단할 때 주관적 요소가 개입될 수 있기 때문에 연결재무제표에 포함되어야 할 종속기업이 연결범위에서 제외되거나, 연결범위에서 제외되어야 할 기업이 연결재무제표에 포함될 수 있다.

③ 재무상태와 경영성과가 건실한 기업과 부실한 기업이 연결에 모두 포함될 경우 연결재무제표에는 재무상태와 경영성과가 평균화되어 연결실체의 재무상태와 경영성과를 제대로 파악하지 못할 수 있다.

---

2) 우리나라는 연결재무제표를 작성·공시하더라도 지배기업과 종속기업 모두 자신의 재무제표를 공시해야 하므로 개별 기업에 대한 정보도 이용가능하다.

2 연결회계기준의 도입 및 개정 과정

미국에서는 1800년대 말에 지주회사제도를 인정하는 회사법이 제정되면서 지주회사를 통한 사업결합이 합법적인 수단으로 발전하였고, 그 과정에서 연결재무제표의 필요성이 대두되었다. 이후 1900년대 초부터 많은 기업이 자발적으로 연결회계정보를 공시하였다. 1920년대 말의 대공황을 거치면서 1934년에 설립된 미국증권거래위원회(Securities and Exchange Commission, SEC)가 1940년에 연결재무제표에 관한 규칙을 제정함으로써 연결재무제표가 의무적으로 공시되기 시작하였다. 이후 SEC로부터 회계기준 제정권한을 위임받은 미국공인회계사회(AICPA)가 1959년에 ARB(Accounting Research Bulletin) No.51을 공표하여 연결회계기준을 처음으로 성문화하였다.

한편, AICPA는 1959년에 좀 더 체계적인 회계기준의 제정을 위하여 APB(Accounting Principles Board)라는 새로운 회계기준 제정기구를 발족시켰으며, 1971년에 APB는 Opinion No.18을 공표하여 지분법회계를 도입하였다. 1973년에는 FASB(Financial Accounting Standards Board)가 APB를 대체하였는데, FASB는 1987년에 Statement No.94를 발표하여 오늘의 연결회계기준이 마련되었다.

우리나라는 1974년 대통령령으로 제정된 「상장법인등의회계처리에관한규정」과 1975년 「상장법인등의재무제표에관한규칙」에서 1976년 1월 1일부터 상장법인이 연결재무제표를 작성하도록 의무화하였으며, 1985년 1월 「연결재무제표기준」이 별도로 제정되어 연결회계 관련 사항을 보다 명확하게 규정하게 되었고, 1987년 4월에는 「연결재무제표에 관한 준칙」이 제정되었다. 그러나 당시에는 연결재무제표에 대한 회계감사 의무가 없었기 때문에 연결재무제표의 신뢰성과 유용성에 문제가 계속 발생하였다. 이러한 문제점을 보완하고 자본자유화에 따라 국내 증권시장의 공시수준 강화 및 연결재무제표의 신뢰성을 제고하기 위해서 1992년 9월부터 상장법인의 연결재무제표에 대한 회계감사를 의무화하였으며, 1993년 6월 30일 결산법인부터 연결대상기업을 상장회사에서 외부감사 대상법인으로 확대하였다.

1998년에는 「연결재무제표기준」과 「연결재무제표에 관한 준칙」이 「연결재무제표준칙」으로 통합·개정되었으며, 1999년에 확정된 「기업인수·합병 등에 관한 회계처리준칙」의 내용과 일관성을 유지할 수 있도록 매수법과 지분통합법을 도입한 「연결재무제표준칙」이 2000년 3월 23일에 제정되었다. 이후 「연결재무제표준칙」과 「주식회사의 외부감사에관한법률」(이하 외감법) 간의 내용에 일관성이 결여되어 있고, 「연결재무제표준칙」의 내용에 중복규정 등의 문제점이 지적되어 한국회계기준원이 2007년 1월 8일에 기업회계기준서 제25호(연결재무제표)를 공포하여 종전의 「연결재무제표준칙」을 대체하였다.

한편, 국가 간 회계기준의 통합을 위하여 1973년에 국제회계기준위원회(International Accounting Standards Committee, IASC)가 설립되어 국제회계기준(International Accounting Standards, IAS)을 제정하였으며, 2001년에 IASC의 조직변경으로 설립된 IASB(International Accounting Standards Board)가 국제회계기준(International Financial Reporting Standards, IFRS)을 제정하고 있다. 일반적으로 국제회계기준이라고 하면 IAS와 IFRS를 모두 포함하는 것으로 이해하면 되며, 사업결합을 포함한 연결재무제표와 관련된 국제회계기준으로는 IFRS No.3과 No.10[3]이 있다.

2000년대에 접어들면서 유럽을 비롯한 세계 140여개 국가가 국제회계기준을 자국의 회계기준으로 도입하기 시작하였으며, 우리나라도 상장기업 등에 한하여 국제회계기준을 도입하기로 2007년에 로드맵을 발표하였다. 이의 후속절차로 한국회계기준원이 2008년 말에 국제회계기준을 한국어로 번역한 「한국채택국제회계기준」(이하 K-IFRS라 함)을 제정·공표하였다.

K-IFRS는 상장기업 등[4]에 한하여 2011년부터 의무적으로 적용하기 시작하였다. K-IFRS를 적용하지 않는 기업을 위하여 한국회계기준원은 「일반기업회계기준」을 제정하여 2011년부터 의무적으로 적용하도록 하였다. 따라서 K-IFRS를 적용해야 하는 기업은 K-IFRS에 따라 연결재무제표를 작성하고, 그 이외의 외부감사를 받아야 하는 기업은 「일반기업회계기준」을 적용하여 연결재무제표를 작성한다.[5]

3 지배력

3.1 지배력이란

연결재무제표는 지배기업과 종속기업을 경제적 단일실체로 간주하여 작성하는 재무제표이다. 따라서 연결재무제표를 작성하기 위해서는 우선 특정 기업이 다른 기업에 대해서 지배력(control)을 가지는지 판단하여야 한다. 일반적으로 투자자가 피투자자의 의결권의 과반수를 소유하면 지배력을 가지는 것으로 판단할 수 있으나, 의결권의 과반수를 소유하더라도 실질적으로 피투자자를 지배하지 못하는 경우도 있고, 의결권의 과반수 미만을 소유하더라도 피투자

3) IFRS No.3과 No.10에 해당하는 한국채택국제회계기준이 기준서 제1103호(사업결합)와 제1110호(연결재무제표)이다.
4) 한국채택국제회계기준을 의무적으로 적용해야 하는 기업은 주권상장법인뿐만 아니라 상장예정법인, 비상장금융회사, 일부 공기업 등이 포함된다.
5) 외부감사를 받지 않는 소규모 기업은 법무부가 제정한 「중소기업회계기준」을 적용하여 재무제표를 작성하는데, 연결재무제표는 작성하지 않는다.

자를 실질적으로 지배하는 경우도 있다. 따라서 보유지분율과 같은 양적 기준에만 기초하여 지배력 유무를 판단하는 것이 아니라 다양한 질적 요소도 고려해야 한다.

기준서는 다음과 같이 지배력을 정의한다(1110:6).

> 투자자는 피투자자에 관여함에 따라 변동이익에 노출되거나 변동이익에 대한 권리가 있고, 피투자자에 대한 자신의 힘으로 변동이익에 영향을 미치는 능력이 있을 때 피투자자를 지배한다.

위의 문단 6에서 정의한 지배력을 다음의 3가지 요소로 구분해 볼 수 있다.

> (1) 피투자자에 대한 힘
> (2) 피투자자의 변동이익에 대한 노출이나 권리
> (3) 힘을 사용할 수 있는 능력 보유(본인과 대리인의 구분)

예를 들어, 갑회사가 을회사의 과반수 미만의 의결권을 보유하더라도 을회사의 영업정책 및 재무정책과 관련된 의사결정을 주도할 수 있다면 을회사에 대한 힘(power)이 있다. 또한 갑회사가 소유하는 을회사 투자지분의 가치가 을회사의 경영성과에 따라 변동할 수 있고, 을회사로부터 수취하는 배당금도 변동할 수 있으므로 갑회사는 을회사의 변동이익에 노출되거나 변동이익에 대한 권리가 있다. 이때 갑회사는 자신이 소유한 을회사 투자지분의 가치나 수취할 배당금을 증가시키기 위하여 을회사의 주요 경영활동을 지시할 능력이 있으므로 변동이익에 영향을 미치는 능력(ability)이 있다. 따라서 갑회사는 을회사를 지배한다고 결론지을 수 있다.

지배력 유무를 판단할 때 과반수 의결권의 소유라는 양적 기준을 우선하여 고려하는 것이 아니라 실질 지배력을 갖고 있는지를 고려해야 하므로 경영자의 주관적인 판단이 개입될 수 있다. 이에 기준서는 다양한 상황에서 지배력 유무를 판단할 수 있도록 여러 가지 규정과 사례를 제시하고 있다. 지배력 유무의 판단 과정을 그림으로 표시하면 [그림 2]와 같다.

| 그림 2 | 지배력 유무의 판단

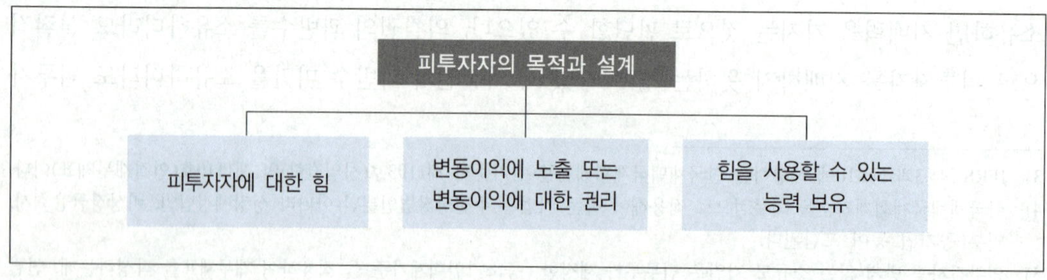

[그림 2]를 보면, 기준서는 지배력의 3가지 요소를 판단하기 전에 피투자자의 목적과 설계를 먼저 고려하도록 규정하고 있다. 이때 관련 활동의 의미를 이해하는 것이 중요하다. 관련 활동(relevant activities)이란 피투자자의 이익에 유의적인 영향을 미치는 활동[6)]을 말하는데, 피투자자에 대한 지배력을 평가할 때 투자자는 관련 활동이 무엇인지, 관련 활동이 어떻게 결정되는지, 누가 관련 활동을 지시하는 현재의 능력을 가지고 있는지, 그리고 누가 관련 활동에서 이익을 얻는지를 알아내기 위하여 피투자자의 목적과 설계를 고려해야 한다(1110:B5).

피투자자의 목적과 설계를 고려할 때 피투자자의 보통주와 같이 보유자에게 비례 의결권을 제공하는 지분상품으로 피투자자를 지배하는 것이 명백할 수 있다. 이 경우 의사결정을 바꾸는 추가 약정이 없다면, 누가 피투자자의 영업정책과 재무정책을 결정하는 충분한 의결권을 행사할 수 있는지에 중점을 두고 지배력을 평가한다. 가장 단순한 경우, 다른 요소가 없다면 의결권의 과반수를 보유하는 투자자가 피투자자를 지배한다(1110:B6).

그러나 의결권이 관리 업무에만 관련되어 있고 관련 활동은 계약상 약정으로 지시되는 경우와 같이, 누가 피투자자를 지배하는지를 결정할 때 의결권이 가장 주된 요소가 되지 않도록 피투자자를 설계할 수 있다(1110:B8). 예를 들어, 자본력이 있는 갑회사와 기술력이 있는 을회사가 함께 투자하여 A회사를 설립하였다고 가정하자. 설립 당시 갑회사와 을회사가 각각 A회사의 70%와 30%의 의결권을 소유할 경우 갑회사가 무조건 A회사를 지배한다고 결론을 내릴 수 없다. 왜냐하면 의결권은 A회사의 일상적인 관리 업무에만 관련되고, 관련 활동은 갑회사와 을회사 간의 계약상 약정으로 지시되는 경우와 같이 의결권이 가장 주된 요소가 되지 않도록 피투자자를 설계할 수 있기 때문이다.

과반수의 의결권이 피투자자의 관련 활동을 지시하는 핵심적인 요소이기는 하지만, 과반수의 의결권이 반드시 지배력을 갖고 있음을 의미하는 것은 아니다. 따라서 보유 의결권과 관계없이 피투자자의 관련 활동을 지시할 수 있는 능력이 있고, 관련 활동으로부터 이익을 얻는 자가 피투자자를 지배한다고 이해하면 된다. 다음에서는 피투자자의 목적과 설계에 대한 고려를 토대로 지배력의 3가지 요소를 설명한다.

---

6) 관련 활동의 예로는 ① 재화나 용역의 판매와 구매, ② 존속 기간의 금융자산 관리, ③ 자산의 선택, 취득, 처분, ④ 새로운 제품이나 공정의 연구와 개발, ⑤ 자금을 조달하는 구조의 결정이나 자금의 조달 등이 있다(1110:B11). 관련 활동에 대한 의사결정의 예로는 ① 예산을 포함하여 피투자자에 대한 영업의사결정과 자본의사결정을 수립하고, ② 피투자자의 주요 경영진이나 용역 제공자를 임명하고 보상하며, 그들의 용역 제공이나 고용을 중지하는 것을 포함한다(1110:B12).

3.2 피투자자에 대한 힘

(1) 피투자자에 대한 힘을 가지게 하는 권리

피투자자에 대한 힘을 갖기 위하여 투자자는 관련 활동을 지시하는 현재의 능력을 갖게 하는 현존 권리를 보유하고 있어야 한다. 투자자의 힘을 평가할 때, ① 실질적인 권리와 ② 방어적이지 않은 권리만을 고려해야 한다(1110:B9).

둘 이상의 투자자가 서로 다른 관련 활동을 지시하는 일방적인 능력을 갖게 하는 현존 권리를 보유하는 경우도 있다. 이러한 경우에는 피투자자의 이익에 가장 유의적으로 영향을 미치는 활동을 지시하는 현재의 능력이 있는 투자자가 피투자자에 대한 힘이 있는 것으로 본다(1110:13).

예 1 둘 이상의 투자자 중 누가 피투자자에 대하여 힘을 갖는지 결정[7]

갑회사와 을회사는 의약품의 개발 및 판매를 위하여 병회사를 설립하였다. 갑회사는 의약품의 개발 및 정부의 승인을 획득하는 데 책임이 있는데, 이 책임은 의약품 개발 및 승인과 관련된 모든 의사결정에 대한 일방적 능력을 포함한다. 정부가 의약품을 승인하면 을회사는 의약품을 제조, 판매하는데, 을회사는 의약품의 제조 및 판매에 대한 모든 의사결정을 내릴 수 있는 일방적인 능력을 가지고 있다. 의약품의 개발, 정부승인, 제조 및 판매가 모두 관련 활동이다. 갑회사와 을회사 중 누가 병회사에 대해서 힘을 갖는가?

갑회사와 을회사는 누가 병회사의 이익에 가장 유의적으로 영향을 미치는 활동을 지시할 수 있는지를 확인할 필요가 있다. 따라서 의약품의 개발, 정부 승인, 제조 및 판매활동 중 어느 활동이 병회사의 이익에 가장 유의적으로 영향을 미치는 활동인지, 그리고 누가 이러한 활동을 지시할 수 있는지 고려하여 병회사에 대해서 힘을 가진 투자자를 결정한다.

힘은 권리에서 발생하는데, 개별적으로 또는 결합하여 투자자가 힘을 가질 수 있게 하는 권리의 예는 다음과 같으며, 이에 한정되는 것은 아니다(1110:B15).

7) (예 1)은 기준서 제1110호 문단 13의 적용 사례 1을 수정한 것이다.

(1) 피투자자에 대한 의결권(또는 잠재적 의결권) 형태의 권리
(2) 관련 활동을 지시하는 능력이 있는 피투자자의 주요 경영진 구성원을 선임, 재배치, 해임할 권리
(3) 관련 활동을 지시하는 다른 기업을 선임하거나 해임할 권리
(4) 투자자의 효익을 위하여 거래를 체결하거나 거래의 변경을 거부하도록 피투자자를 지시하는 권리
(5) 관련 활동을 지시하는 능력을 권리의 보유자가 갖게 하는 그 밖의 권리(예 : 경영관리계약에 규정된 의사결정권)

의결권이 관리 업무에만 관련되어 있고 계약의 약정으로 관련 활동의 지시를 결정하는 경우, 의결권은 피투자자의 이익에 유의적인 영향을 미칠 수 없다. 이러한 경우 투자자는 피투자자에 대한 힘을 갖게 하는 충분한 권리가 있는지를 결정하기 위하여 계약의 약정을 평가할 필요가 있다(1110:B17).

① 힘의 증거

어떤 상황에서는 투자자의 권리가 피투자자에게 힘을 갖게 하기에 충분한지를 결정하는 것이 어려울 수 있다. 이러한 경우 투자자는 자신이 일방적으로 관련 활동을 지시하는 실제 능력을 지니고 있는지의 증거를 고려해야 한다. 이때 고려사항은 다음과 같으며, 이에 한정되지는 않는다(1110:B18).

(1) 투자자는 계약상 권리가 없어도 관련 활동을 지시하는 능력을 가지는 피투자자의 주요 경영진을 선임하거나 승인할 수 있다.
(2) 투자자는 계약상 권리가 없어도 자신의 효익을 위하여 유의적인 거래를 체결하거나 거래의 변경을 거부하도록 피투자자에게 지시할 수 있다.
(3) 투자자는 피투자자의 의사결정기구 구성원을 선출하는 선임 절차를 지배할 수 있거나, 다른 의결권 보유자의 위임장 획득을 장악할 수 있다.
(4) 피투자자의 주요 경영진이 투자자의 특수관계자이다(예 : 피투자자의 대표이사와 투자자의 대표이사가 동일인이다).
(5) 피투자자의 의사결정기구 구성원의 과반수가 투자자의 특수관계자이다.

② 힘의 지표

때로는 투자자가 피투자자와 특별한 관계에 있다는 징후가 있을 것이며, 이러한 특별한 관계는 투자자가 피투자자에게 소극적 지분을 초과한 지분을 가지고 있다는 것을 암시한다. 예를 들어, 다음 사항은 투자자가 피투자자에 대해 소극적 지분을 초과한 지분을 가지고 있고 다른 권리와 결합하여 힘을 나타낼 수 있음을 보여준다(1110:B19).

(1) 관련 활동을 지시하는 능력을 가진 피투자자의 주요 경영진이 현재 투자자의 임직원이거나 과거에 투자자의 임직원이었다.
(2) 피투자자의 영업이 투자자에게 의존하고 있다.
(3) 피투자자 활동의 유의적인 부분이 투자자와 관련되어 있거나 투자자를 대신하여 수행한다.
(4) 투자자가 피투자자에게 관여함에 따라 이익에 노출되거나 이에 대한 권리가 투자자의 의결권이나 그 밖의 비슷한 권리에 비해 불균형적으로 크다.

투자자가 피투자자에 관여함에 따라 이익 변동에 더 많이 노출되거나 이익을 변동하게 하는 더 많은 권리가 있을수록, 힘을 갖기에 충분한 권리를 획득하기 위한 유인은 더욱 확실해진다. 그러므로 이익 변동에 많이 노출되었다는 것은 투자자가 힘을 갖고 있다는 지표가 된다(1110:B20). 투자자가 피투자자에 대한 힘을 갖고 있는지 고려할 때 전술한 문단 B18의 힘의 증거가 문단 B19와 B20의 힘의 지표보다 더 중요하다(1110:B21).

(2) 실질적인 권리

투자자가 힘을 갖고 있는지를 평가할 때, 피투자자와 관련된 실질적인 권리만을 고려한다. 권리가 실질적이라면, 보유자는 그 권리를 행사할 실제 능력을 가져야 한다. 실질적인 권리인지를 결정할 때 고려할 요소는 다음과 같으며, 이에 한정되지 않는다(1110:B23).

(1) 보유자의 권리 행사를 방해하는 장애물(경제적 또는 그 밖의)의 존재 여부(예를 들어, 권리 행사를 방해하거나 단념하게 할 재무적 불이익과 유인책, 권리 행사를 방해하거나 단념하게 할 행사가격이나 전환가격 등)
(2) 권리 행사를 위해 둘 이상의 당사자 동의가 필요한 경우나 둘 이상 당사자가 권리를 갖는 경우에, 당사자들이 원한다면 그들의 권리를 집합적으로 행사할 실질적 능력을 그들에게 제공하는 제도의 존재 여부(권리를 행사할 때 동의가 필요한 당사자들이 많을수록, 그러한 권리가 실질적일 가능성은 적어짐)
(3) 권리를 갖는 당사자가 권리를 행사하여 효익을 얻을지 여부

위의 문단 B23(1)과 관련하여 예를 들면, 갑회사가 을회사 지분 10%와 을회사 주식을 매입할 수 있는 콜옵션을 보유하는데, 갑회사가 콜옵션을 행사하면 을회사 지분 중 55%를 보유하게 되어 을회사에 대한 힘을 갖게 된다고 가정하자. 이 경우 콜옵션의 행사가격이 을회사 주식의 시가보다 지나치게 높다면 갑회사가 콜옵션을 행사할 가능성이 거의 없으며, 이는 갑회사의 권리행사를 방해하는 장애물로 볼 수 있으므로 갑회사가 보유한 콜옵션을 실질적인 권리로 보기 어렵다. 그러나 콜옵션의 행사가격이 을회사 주식의 시가보다 낮다면 갑회사가 콜

옵션을 행사할 가능성이 높으므로 갑회사가 을회사에 대해 힘을 갖고 있는지 평가할 때 실질적인 권리라고 볼 수 있다.

보통 권리가 실질적이 되기 위해서는 권리를 현재 행사할 수 있어야 한다. 그러나 때때로 권리를 현재 행사할 수 없더라도 실질적일 수 있다(1110:B24). 다음의 (예 2)를 통해서 설명하기로 한다.

예 2 실질적인 권리 여부의 판단[8)]

A회사는 관련 활동을 지시하는 결정을 하는 주주총회를 매년 개최하는데, 다음 정기 주주총회는 8개월 후에 개최될 예정이다. 개별적으로 또는 집합적으로 의결권을 5% 이상 보유한 주주는 관련 활동의 기존 방침을 바꾸기 위하여 특별주주총회를 소집할 수 있는데, 다른 주주들에게 특별주주총회의 개최를 적어도 30일 전에 알려야 한다. 관련 활동의 방침은 정기주주총회나 특별주주총회에서만 바꿀 수 있다. 다음의 독립적인 상황별로 투자자가 A회사에 대해서 실질적인 권리를 가지고 있는지 판단하기로 한다.

〈상황 1〉
갑회사가 A회사의 의결권 과반수를 보유하고 있다면, 갑회사는 필요한 경우 관련 활동의 지시를 결정할 수 있으므로 의결권은 실질적이다. 갑회사가 의결권을 행사하기까지 30일이 걸린다는 사실이 갑회사가 관련 활동을 지시하는 현재 능력을 보유한다는 점을 부정하지는 않는다.

〈상황 2〉
을회사는 A회사 보통주의 과반수를 취득하는 선도계약의 당사자인데, 선도계약의 결제일은 25일 후이다. 특별주주총회는 적어도 30일 이내에 열릴 수 없기 때문에 다른 주주들은 관련 활동의 기존 방침을 바꿀 수 없다. 따라서 을회사는 A회사의 의결권의 과반수를 보유한 주주와 근본적으로 동등한 권리를 보유한다. 즉, 을회사의 선도계약은 그 계약이 결제되기 전이라도 관련 활동을 지시하는 현재의 능력을 갖게 하는 실질적인 권리이다.

〈상황 3〉
병회사는 A회사 보통주의 과반수를 취득하는 선도계약의 당사자인데, 선도계약의 결제일은 6개월 후이며 A회사와 관련된 다른 권리는 없다. 이 경우 병회사의 선도계약이 결제되기 전에 다른 주주들이 관련 활동의 기존 방침을 바꿀 수 있기 때문에 병회사의 선도계약은 실질적인 권리로 볼 수 없다. 따라서 병회사는 관련 활동을 지시하는 현재의 능력을 갖고 있지 않다.

---

8) 기준서 제1110호 B24 적용사례 3 수정

(3) 방어적이지 않은 권리

전술한 바와 같이 투자자의 힘을 평가할 때, 실질적인 권리와 방어적이지 않은 권리만을 고려해야 한다. 방어권은 피투자자에 대한 힘을 갖게 하지 않으면서 권리 보유자의 이익을 보호하기 위해 설계되었기 때문에, 방어권만을 보유하는 투자자는 피투자자에 대해 힘을 갖지 않는다(1110:14,B27).

프랜차이즈 본사가 프랜차이즈 브랜드 보호를 위해 설계된 권리와 가맹점의 운영에 대한 일부 의사결정권을 가지고 있더라도 반드시 본사가 가맹점의 이익에 유의적으로 영향을 미치는 활동을 지시하는 현재의 능력을 갖는 것은 아니다. 프랜차이즈 상표를 보호하는 결정을 하는 능력을 가지는 것과 프랜차이즈 가맹점의 이익에 유의적으로 영향을 미치는 결정을 할 수 있는 현재의 능력을 가지는 것은 구별되어야 한다. 따라서 다른 당사자들이 가맹점의 관련 활동을 지시하는 현재의 능력을 갖게 하는 현존 권리를 갖는다면 프랜차이즈 본사는 가맹점에 대한 힘을 가지지 않는다. 프랜차이즈 본사가 제공하는 재정 지원의 수준이 낮을수록, 그리고 가맹점의 이익 변동에 대한 본사의 노출이 적을수록 본사는 단지 방어권만 가질 가능성이 높다(1110:B29~B33).

(4) 의결권

종종 투자자들은 의결권이나 비슷한 권리로 관련 활동을 지시하는 현재의 능력을 갖는다. 투자자가 과반수 의결권을 보유하면 일반적으로 힘을 가지는데, 의결권의 과반수를 보유하더라도 힘을 가지지 않는 경우가 있고, 반대로 의결권의 과반수를 보유하지 않더라도 힘을 가지는 경우가 있다. 이를 요약하면 [표 1]과 같다(1110:B34~B38).

| 표 1 | 의결권의 보유와 힘

구분	내용
의결권의 과반수 보유로 힘을 가지는 경우	다음의 상황에서 투자자는 힘을 가진다. (1) 의결권 과반수 보유자의 결의로 관련 활동을 지시 (2) 관련 활동을 지시하는 의사결정기구 구성원의 과반수를 의결권 과반수 보유자의 결의로 선임
의결권을 과반수 보유하나 힘을 가지지 않는 경우	과반수 보유 의결권이 실질적이지 않은 경우(예를 들어, 정부, 법원, 채권자, 청산인 등이 관련 활동을 지시하는 경우)

구분	내용
의결권의 과반수를 보유하지 않고도 힘을 가지는 경우	피투자자 의결권의 과반수 미만을 보유하는 투자자는 다음의 예에 따라 힘을 가질 수 있다. (1) 투자자와 다른 의결권 보유자 사이의 계약상 약정 (2) 그 밖의 계약상 약정에서 발생하는 권리 (3) 과반수 미만 투자자의 의결권이지만, 일방적으로 관련 활동을 지시할 수 있는 능력 보유 (4) 실질적인 잠재적 의결권

[표 1]에서 두 번째 구분을 보면, 투자자가 보유하는 피투자자에 대한 과반수 의결권이 전술한 바와 같이 실질적인 권리이어야 투자자가 힘을 갖는다. 예를 들어, 피투자자가 법원에 의한 파산승인으로 법정관리에 들어가거나, 채권단과 워크아웃에 합의하고 모든 의결권을 채권단에 위임하는 경우 투자자의 피투자자에 대한 의결권은 실질적이지 않기 때문에 투자자가 힘을 가지지 않는다.

[표 1]의 마지막 구분을 보면, 피투자자 의결권의 과반수를 보유하지 않더라도 힘을 가질 수 있는 몇 가지 예를 제시하고 있는데, 이를 구분하여 설명하면 다음과 같다.

① 투자자와 다른 의결권 보유자 사이의 계약상 약정

투자자가 충분한 의결권이 없더라도 다른 의결권 보유자 사이의 계약상 약정으로 투자자에게 힘을 부여하기에 충분한 의결권을 행사할 권리를 갖게 할 수 있다(1110:B39). 예를 들어, 40% 의결권을 가진 투자자가 15% 의결권을 가진 투자자와 의결권을 함께 행사하기로 계약상 약정을 했다면 40% 의결권을 가진 투자자는 피투자자에 대해서 힘을 갖는다.

② 그 밖의 계약상 약정에서 발생하는 권리

그 밖의 의사결정권은 의결권과 결합하여 투자자에게 관련 활동을 지시하는 현재의 능력을 부여할 수 있다. 예를 들어, 계약상 약정에서 정한 권리는 의결권과 결합하여, 투자자에게 피투자자의 이익에 유의적으로 영향을 미치는 피투자자의 제조 공정, 영업활동 또는 재무활동을 지시하는 현재의 능력을 부여하기에 충분할 수 있다(1110:B40).

③ 투자자의 의결권

의결권의 과반수 미만을 보유하는 투자자가 일방적으로 관련 활동을 지시하는 실질적 능력을 가진 경우에는 자신에게 힘을 부여하는 충분한 권리를 가진다. 투자자의 의결권이 자신에게 힘을 부여하기에 충분한지 평가할 때, 투자자는 다음 사항을 포함하는 모든 사실과 상황을 고려한다(1110:B42).

(1) 투자자의 보유 의결권의 상대적 규모와 다른 의결권 보유자의 주식분산 정도. 다음의 경우 투자자는 관련 활동을 지시할 현재의 능력을 부여하는 권리를 가질 가능성이 높다.
  (가) 투자자가 보유한 의결권이 많을수록
  (나) 다른 의결권 보유자에 비하여 투자자가 보유한 의결권이 많을수록
  (다) 투표에서 투자자를 이기기 위해 함께 행동할 필요가 있는 당사자들이 많을수록
(2) 투자자, 다른 의결권 보유자 또는 다른 당사자가 보유한 잠재적 의결권
(3) 그 밖의 계약상 약정에서 발생하는 권리
(4) 과거 주주총회에서의 의결양상을 포함하여, 결정이 이루어져야 하는 시점에서 투자자가 관련 활동을 지시하는 현재의 능력을 가지고 있는지 나타내는 추가적인 사실과 상황

위의 문단 B42(1)~(3)에서 열거한 요소들이 단독으로는 확실하지 않아 투자자가 힘을 갖는지 명확하지 않다면, B42(4)에 기초하여 과거 주주총회의 의결에서 나타난 다른 주주들의 소극적 성향과 같은 추가 사실과 상황을 고려해야 한다. 이는 전술한 3.2절의 힘의 증거(문단 B18)와 힘의 지표(문단 B19,B20)의 평가를 포함하는데, 힘의 증거가 힘의 지표보다 더 중요하다(1110:B45).[9)]

④ 잠재적 의결권

투자자는 자신이 보유한 잠재적 의결권뿐만 아니라 다른 당사자가 보유하는 잠재적 의결권도 고려하여 지배력을 평가한다. 잠재적 의결권은 선도계약을 포함하는 전환상품이나 옵션에서 발생하는 권리와 같이 피투자자의 의결권을 획득하는 권리이다.

잠재적 의결권은 그 권리가 실질적(substantive)일 경우에만 고려한다(1110:B47). 예를 들어, 투자자 갑이 피투자자에 대하여 10%의 의결권을 가지고 있는데, 다른 투자자들로부터 45%의 의결권을 취득할 수 있는 콜옵션을 가지고 있으며 옵션의 권리가 실질적이라면, 투자자 갑은 피투자자에 대하여 힘을 갖고 있다고 본다. 반대로 투자자 갑이 피투자자에 대하여 60%의 의결권을 보유하면서 힘을 갖고 있는데, 다른 투자자 을이 보유하는 콜옵션을 행사할 경우 갑이 보유하고 있는 피투자자 지분의 2/3를 을에게 양도해야 하고, 그러한 옵션의 권리가 현재 실질적이라면 갑은 피투자자에 대하여 힘을 갖는다고 볼 수 없다.

9) 문단 B45는 3.2절에서 언급한 문단 B21과 내용이 동일하다.

예 3 과반수 미만의 의결권 보유 시 힘을 갖는지 판단[10)]

다음의 독립된 상황별로 A회사가 피투자자에 대하여 힘을 갖는지 결정해 보기로 한다.

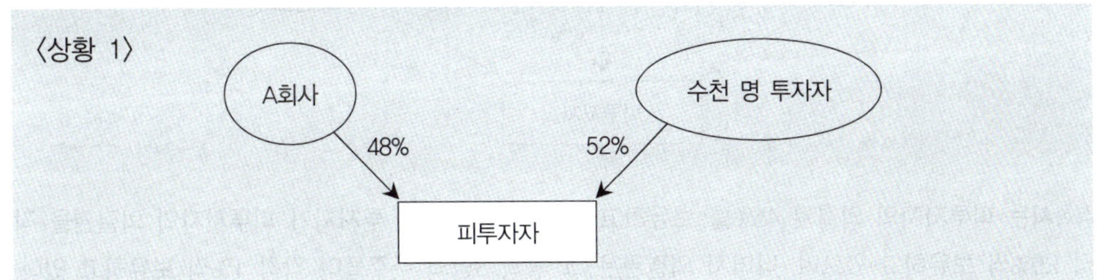

A회사는 피투자자의 의결권의 48%를 취득하며, 나머지 의결권은 수천 명의 주주들이 보유하고 있으나 어느 누구도 개별적으로 의결권의 1%를 초과하여 보유하고 있지 않다. 또한 주주들은 서로 상의하거나 집합적인 의사결정을 하기 위한 어떠한 약정도 없다.

(결론)

다른 주주들 의결권의 상대적 규모에 근거하여 A회사가 취득한 의결권의 비율을 평가하는 경우 A회사의 48% 지분은 피투자자를 지배하기에 충분하다는 결론을 내릴 수 있다.

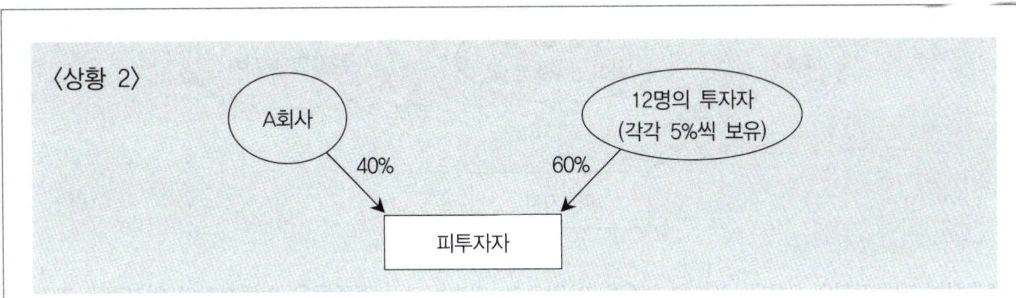

A회사는 주주 간 합의에 의해 관련 활동을 지시할 책임이 있는 경영진을 선임, 해임 그리고 보수를 결정할 수 있는 권리를 부여받았으며, 이러한 합의를 변경하려면 주주의 2/3의 다수 표결이 필요하다.

(결론)

A회사는 자신이 보유하는 의결권의 절대적 규모와 다른 주주들 의결권의 상대적 규모만으로 자신에게 힘을 부여하는 충분한 권리를 가진다고 결정하기에 명확하지 않지만, 경영진의 선임, 해임 및 보수를 결정할 계약상 권리(이 권리를 다른 60% 지분을 소유하는 주주가 변경 불가)를 가지고 있으므로 피투자자에 대한 힘을 갖고 있다고 결론을 내릴 수 있다.

---

10) 기준서 제1110호, 문단 B43, B44, B45의 적용 사례

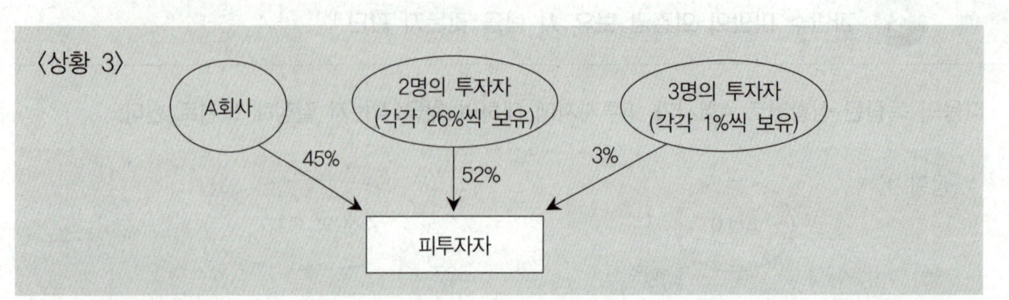

A회사는 피투자자의 의결권 45%를 보유하고 있고, 다른 2명의 투자자가 피투자자의 의결권을 각각 26%씩 보유하고 있으며, 나머지 의결권은 그 밖의 3명의 주주들이 각각 1%씩 보유하고 있다. 의사결정에 미치는 다른 약정은 없다.

(결론)

의결권의 26%씩을 보유하는 2명의 투자자만 협력하면 A회사가 피투자자의 관련 활동을 지시하는 것을 못하게 할 수 있다. 따라서 A회사의 의결권 규모와 다른 주주와의 상대적 규모는 A회사가 힘을 갖지 않는다는 결론을 내리기에 충분하다.

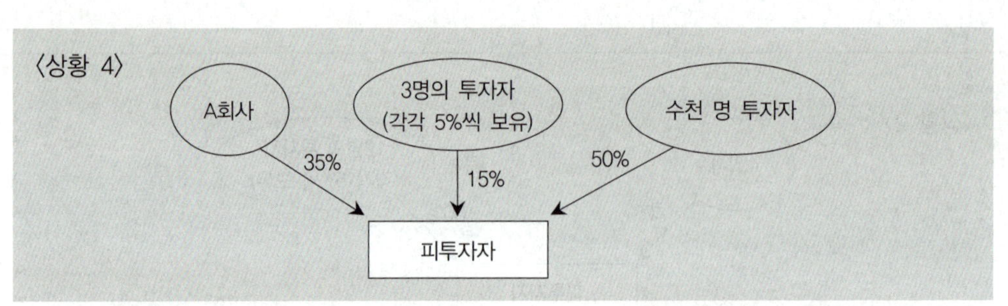

A회사는 피투자자의 의결권 35%를 보유하고 있으며, 3명의 다른 주주들은 피투자자의 의결권을 각각 5%씩 보유하고 있고, 나머지 의결권은 수천 명의 주주들이 보유하고 있으나 어느 누구도 개별적으로 의결권의 1%를 초과하여 보유하고 있지 않다. 또한 주주들은 서로 상의하거나 집합적인 의사결정을 하기 위한 어떠한 약정도 없다. 피투자자의 관련 활동에 대한 결정은 관련 주주총회에서 의결권 과반수의 승인을 요구하는데, 최근 관련 주주총회에서 피투자자 의결권의 75%가 투표하였다.

(결론)

최근 주주총회에서 다른 주주들의 능동적인 참여는(A회사와 동일한 의견에 투표하였는지의 여부와 관계없이) A회사가 일방적으로 피투자자의 관련 활동을 지시하는 실질적 능력을 갖고 있지 않음을 나타낸다.

(5) 특수목적기업

특수목적기업(SPE, special purpose entities)은 자산유동화[11]나 프로젝트 파이넌싱(project financing)[12]과 같은 특수한 목적을 일시적으로 수행하기 위하여 구조화된 기업(structured entities)을 말한다. 특수목적기업은 의결권이나 이와 유사한 권리가 지배력 결정의 주된 요소가 되지 않도록 설계된 기업으로서 의결권은 관리업무에만 관계되고, 관련 활동은 계약상 약정에 따라 지시되는 경우가 일반적이다.

특수목적기업에 대한 지배력을 판단할 때 의결권은 주된 요소가 아니다. 따라서 특수목적기업의 이익에 유의적인 영향을 미치는 활동(관련 활동)이 무엇인지 식별하고, 누가 변동이익에 노출되어 있으며, 누가 변동이익에 영향을 미치기 위해서 관련 활동을 지시하는 힘을 보유하고 있는지에 따라 누가 특수목적기업을 지배하는지 판단하며, 이를 위하여 특수목적기업의 설립 목적과 설계를 고려하여야 한다.

3.3 변동이익에 대한 노출이나 권리

투자자는 피투자자에 대한 지배력이 있는지 평가할 때, 피투자자에 대한 관여로 변동이익에 노출되거나 그에 대한 권리를 갖는지를 결정해야 한다. 변동이익이란 고정되지 않고 피투자자의 성과에 따라 달라질 가능성이 있는 이익으로서 양(+)과 부(−)의 금액을 모두 가질 수 있다. 투자자가 고정금리를 지급하는 채권을 보유하는 경우, 고정금리 지급은 채무불이행위험의 대상이 되고 채권 발행자의 신용위험에 투자자가 노출되기 때문에 고정금리 지급도 변동이익에 해당한다. 이와 비슷하게 피투자자의 자산 관리에 필요한 고정 성과 수수료도 피투자자의 성과위험에 투자자가 노출되기 때문에 변동이익에 해당한다(1110:B56).

이익의 예는 다음을 포함한다(1110:B57).

11) 자산유동화란 매출채권, 대여금, 부동산 등과 같은 자산을 기초로 하여 증권(유동화 증권이라 함)을 발행하여 유통시킴으로써 대상 자산의 유동성을 높이는 것을 말한다.

12) 특정 프로젝트로부터 발생할 미래 현금흐름 및 사업성을 담보로 해당 프로젝트를 수행하는 데 필요한 자금을 조달하는 기법을 말한다.

(1) 배당금, 피투자자로부터 분배된 경제적효익(예 : 피투자자 발행 채무상품의 이자), 피투자자에 대한 투자자의 투자자산 가치의 변화

(2) 피투자자의 자산이나 부채의 관리용역에 대한 보상, 신용이나 유동성 지원에서 발생한 손실에 대한 수수료와 노출, 피투자자의 청산 시 피투자자의 자산과 부채에 대한 잔여지분, 법인세혜택, 피투자자에 대한 투자자의 관여에 따른 미래 유동성의 활용

(3) 다른 지분보유자들이 이용가능하지 않은 이익. 예를 들어, 투자자는 자신의 다른 자산의 가치를 향상시키기 위해 피투자자의 자산과 결합하여 자신의 자산을 이용할 수도 있다.

변동이익은 피투자회사에 직접 투자를 하여 얻는 배당이나 당해 지분의 가치상승 등의 이익뿐만 아니라 대여 및 보증을 제공한 경우에도 발생한다. 다른 기업에 대여나 보증을 제공하였는데, 그 기업의 신용이 급격하게 하락한 경우 대여나 보증 제공자가 손실을 입을 수 있는데, 이러한 경우 직접적인 투자 지분이 없더라도 변동이익에 노출된다.

3.4 자신의 힘을 사용할 수 있는 능력 보유 여부(본인과 대리인의 구분)

투자자가 피투자자에 대한 힘을 갖고 있고 피투자자에 대한 관여로 변동이익에 노출되거나 변동이익에 대한 권리가 있을 뿐만 아니라, 피투자자에 대한 관여로 자신의 이익금액에 영향을 미치기 위하여 자신의 힘을 사용할 수 있는 능력이 있어야 투자자는 피투자자를 지배할 수 있다. 이는 지배 여부를 결정할 때 지배의 주체가 본인이어야 하며, 대리인은 지배력을 갖지 않는다는 것을 의미하는 것이다.

예를 들어, 기업의 최고경영자가 의결권을 갖지 않는다면 그는 기업의 활동을 지시할 수 있는 권한을 갖고 있지만 그 권한은 주주로부터 위임받은 것이며, 주주에 의해 언제든지 해임될 수 있으므로 대리인이라고 할 수 있다. 또 다른 예를 들어보자. 펀드운용사는 다수의 투자자로부터 펀드 운용의 권한을 위임받고 의사결정을 하며, 펀드 운용의 결과에 따른 보수를 받는다. 펀드운용사는 펀드 운용에 재량권을 가지므로 힘을 가진다고 볼 수 있으나, 투자손익에 대한 권리는 없으므로 일반적으로 대리인이라고 할 수 있다. 펀드운용사가 성과에 연동하는 수수료를 받더라도 변동이익에 대한 노출은 투자자보다 적을 것이므로 힘과 변동이익이 연관되어 있다고 보기 어렵다. 이러한 경우 펀드운용사는 펀드에 대해 지배력을 가지고 있지 않으므로 펀드를 연결범위에 포함시키지 않는다.

예 4 펀드운용사는 A펀드에 대해 지배력을 갖는가?

갑회사는 펀드운용사로 A펀드를 설립하여 관리하고 있다. 갑회사는 A펀드의 투자정책과 투자전략을 결정한다.

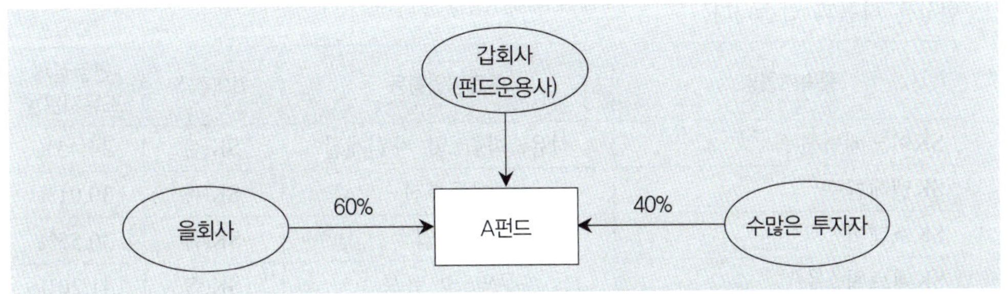

을회사는 A펀드에 대해서 60%의 지분을 보유하며, 나머지 40%의 지분은 수천 명의 소액투자자(모두 1% 미만 지분 소유)가 분산 소유하고 있다. 투자자들은 일방적으로 A펀드의 투자정책과 투자전략을 변경할 수 없으며, 펀드매니저가 계약을 위반하는 등의 사유가 발생하지 않는 한 갑회사를 해임할 수 없다. 갑회사는 A펀드 성과 중 2%에 해당하는 시장기준 수수료를 수취한다. 이 경우 갑회사와 을회사 중 누가 A펀드를 지배하는가?

갑회사는 A펀드의 투자정책과 투자전략을 결정할 수 있으므로 관련 활동을 지시하는 힘을 갖고 있나. 그러나 갑회사는 A펀드 성과의 2%에 해당하는 시장기준 수수료만 수취하기 때문에 변동이익에 노출되어 있다고 볼 수 없으므로 갑회사는 A펀드 투자자들의 대리인 역할을 수행하는 것이다.
을회사는 A펀드에 대해서 과반수 의결권을 소유하고 있으나, A펀드의 관련 활동 즉, 투자정책과 투자전략을 결정할 권한이 없다. 또한 을회사는 갑회사를 해임할 수는 있으나, 계약위반 등의 사유가 발생한 경우에만 가능한 방어권에 해당하므로 A펀드에 대한 힘을 갖고 있다고 볼 수 없다.
따라서 갑회사와 을회사 누구도 A펀드에 대해서 지배력을 가지고 있지 않다.

참고로 SK㈜의 제33기 연결대상 종속기업 수는 716개로 대다수가 100% 또는 과반수 의결권을 보유하는 종속기업이지만, 과반수 미만의 의결권을 보유한 피투자자도 연결대상 종속기업에 포함시키고 있다. 이와 관련된 연결재무제표의 주석 내용 중 일부(50% 미만 의결권)만을 발췌하여 제시하면 다음과 같다. 아래의 주석에서 보는 바와 같이 SK㈜는 소유지분의 분산 정도, 주주 간의 약정 및 연결구조화기업이라는 특수목적기업을 통한 관련 활동의 지시를 이유로 과반수 미만의 의결권을 보유하는 피투자자를 연결대상 종속기업에 포함시키고 있다.

주석 공시 사례 주석 1. 회사의 개요

(2) 연결대상 종속기업 및 현황

당사와 당사의 종속기업(이하 '연결실체')은 석유정제업, 통신업, 도소매업, 화학제품업, 건설업 등을 영위하고 있습니다. 한편, 당기 말 현재 연결재무제표 작성대상에 포함된 종속기업의 현황은 다음과 같습니다.

종속기업명	주요영업활동	최대주주	연결실체 소유지분율
SK이노베이션㈜ (주2)	석유, 화학 및 자원개발	SK㈜	34.45%
SK텔레콤㈜ (주2)	이동통신	SK㈜	30.01%
SK스퀘어 (주2)	투자업	SK㈜	30.55%
SK네트웍스㈜ (주2)	무역 및 유통	SK㈜	41.20%
SK시그넷㈜ (주9)	전기차 충전기 제조 및 판매	SK㈜	0%
에이피씨제일차 유한회사 (주3)	유동화증권 발행 및 상환	개인	0%

(주2) SK이노베이션㈜ 외 15개 기업에 대해 실질지배력을 보유하고 있습니다. 연결실체는 상기 기업에 대한 의결권은 과반수 미만이나, 연결실체가 다른 의결권 보유자나 의결권 보유자의 조직화된 집단보다 유의적으로 많은 의결권을 보유하고 있으며 다른 주주들이 널리 분산되었기 때문에 실질적 지배력이 있는 것으로 판단하였습니다.

(주3) 연결실체는 유동화증권의 발행 및 상환에 대한 의사결정권의 보유 및 변동이익에 대한 노출 등을 고려하여 종속기업에 대한 실질지배력이 있는 것으로 판단하였습니다.

(주9) SK시그넷㈜는 보통주 지분율이 0%이나, 의결권 있는 우선주가 발행되어 의결권 있는 지분율은 51.46%입니다.

4 연결재무제표 작성 여부 및 연결 범위의 판단

4.1 연결재무제표 작성 의무의 면제

모든 지배기업이 연결재무제표를 작성해야 하는 것은 아니다. 아래에서는 연결재무제표의 작성의무가 면제되는 경우를 설명한다.

(1) 투자기업이 투자자산에 대해서 지배력을 갖는 경우

투자기업(investment entities)이란 ① 투자관리용역을 제공할 목적으로 다수의 투자자로부터 자금을 획득하고, ② 시세차익이나 투자수익을 위해서 자금을 투자하는 것이 유일한 사업목적이며, ③ 실질적으로 모든 투자자산에 대한 성과를 공정가치로 측정하고 평가[13)]해야 하는 3가지 조건을 모두 충족하는 기업을 말한다(1110:27). 우리나라의 경우 선박투자회사, 부동산 투자회사 등이 여기에 해당한다. 투자기업은 시세차익이나 투자수익을 얻는 것이 유일한 사업 목적이므로 재무제표이용자에게는 투자자산의 공정가치가 매우 중요한 정보이다.

그런데 투자기업이 투자자산(즉, 투자기업이 보유하는 피투자기업의 지분)에 대해서 지배력을 갖는 경우 그 피투자기업을 포함하여 연결재무제표를 작성한다면, 투자자산(즉, 피투자기업에 대한 투자지분)이 연결과정에서 상계제거되므로(상계제거 과정은 제3장에서 설명) 연결재무제표가 투자자산의 공정가치 정보를 제공하지 못하는 문제가 발생한다. 따라서 기준서에서는 투자기업이 다른 기업에 대한 지배력을 획득하더라도 투자기업에 대한 지분(즉, 종속기업투자 계정)을 공정가치로 측정하여 공정가치 변동을 당기손익을 인식하고, 연결재무제표는 작성하지 않도록(즉, 연결재무제표 작성 의무의 면제) 규정하고 있다(1110:4B).

한편, 투자기업이 자신의 투자활동을 위해 투자관련용역을 제공하는 기업을 종속기업으로 지배하는 경우도 있다. 국제회계기준위원회는 이와 같이 투자관련용역을 제공하는 기업을 지배하는 것을 투자기업 영업의 연장으로 보고, 투자기업은 그러한 종속기업을 연결하도록 결론을 내렸다(1110:32, BC240). 따라서 투자기업은 일반적으로 연결재무제표의 작성 의무가 면제되나, 투자관련용역을 제공하는 기업을 지배하고 있다면 그 기업(즉, 종속기업)을 포함하여 연결재무제표를 작성해야 한다.

(2) 중간 지배기업

다음의 [그림 3]은 A회사가 B회사를 지배하고, B회사가 C회사를 지배하는 경우를 보여준다.

| 그림 3 | 중간 지배기업

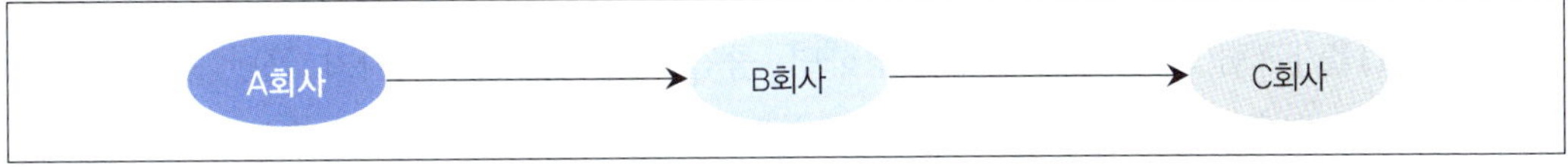

[그림 3]에서 A회사를 최상위 지배기업(ultimate parent)이라 하고, B회사를 중간 지배기업(intermediate parent)이라고 한다. 최상위 지배기업은 종속기업을 포함하여 연결재무제표를 작성해야 하는데, 중간 지배기업도 연결재무제표를 작성해야 하는가? 즉, A회사는 B회사와 C회사

13) 일반적인 금융상품을 공정가치로 측정·평가해야 하는 것뿐만 아니라 보유하는 관계기업·공동기업투자에 대해서도 공정가치측정 당기손익인식항목으로 선택해야 하고(1028:18), 투자부동산에 대해서도 공정가치모형을 적용(1040:33)하여야 한다.

를 포함하여 연결재무제표를 작성해야 하는데, B회사도 C회사를 포함하여 연결재무제표를 작성해야 하는가?

여기에 대해서 기준서는 다음의 문단 4(1)에서 규정하는 4가지 조건을 모두 충족하는 '지배기업'에 대해서 연결재무제표의 작성 의무를 면제하고 있다(1110:4(1)). 문단 4(1)에서 '지배기업'이라 함은 중간 지배기업을 의미하는데, 국제회계기준위원회는 모든 중간 지배기업에게 연결재무제표를 작성하도록 요구할 경우 효익보다 원가가 더 클 것으로 보고, 특정 조건을 모두 충족하는 중간 지배기업의 연결재무제표 작성 의무를 면제하고 있다(1110:BC28C). 즉, 연결재무제표 이용자가 극히 한정되어 있는 등 다음의 문단 4(1)의 4가지 조건을 모두 충족하는 경우에 한하여 중간 지배기업의 연결재무제표 작성 의무를 면제하는 것으로 이해하면 될 것이다.

문단 4

(1) 다음의 조건을 모두 충족하는 지배기업은 연결재무제표를 표시하지 아니할 수 있다.

(가) 지배기업이 그 자체의 지분을 모두 소유한 다른 기업의 종속기업이거나, 지배기업이 그 자체의 지분 일부를 소유한 다른 기업의 종속기업이면서 그 지배기업이 연결재무제표를 작성하지 않는다는 사실을 그 지배기업의 다른 소유주들(의결권이 없는 소유주 포함)에게 알리고 그 다른 소유주들이 그것을 반대하지 않는 경우

(나) 지배기업의 채무상품이나 지분상품이 공개시장(국내 · 외 증권거래소나 장외시장. 지역시장 포함)에서 거래되지 않는 경우

(다) 지배기업이 공개시장에서 증권을 발행하기 위하여 증권감독기구나 그 밖의 감독기관에 재무제표를 제출한 적이 없으며 제출하는 과정에 있지도 않은 경우

(라) 지배기업의 최상위 지배기업이나 중간 지배기업이 한국채택국제회계기준을 적용하여 작성한 공개적으로 사용할 수 있는 재무제표에 이 기준서에 따라 종속기업을 연결하거나 종속기업을 공정가치로 측정하여 당기손익에 반영한 경우

문단 4(1)을 [그림 3]과 연계하여 설명하면, 중간 지배기업인 B회사가 문단 4(1)의 (가), (나), (다)의 조건을 모두 충족하고, 최상위 지배기업인 A회사가 B회사와 C회사를 포함하여 연결재무제표를 작성하였다면((라) 조건 중 앞부분에 해당), 중간 지배기업인 B회사는 굳이 연결재무제표를 작성할 실익이 없으므로 연결재무제표의 작성 의무가 면제된다.

그런데 문단 4(1)(라)의 뒷부분인 '종속기업을 공정가치로 측정하여 당기손익에 반영한 경우'라는 규정이 없다면, 최상위 지배기업이나 중간 지배기업이 투자기업(investment entities)에 해당하여 연결재무제표를 작성하지 않더라도 그 하위 중간 지배기업(투자기업은 아님)은 연결재무제표를 작성해야 하는 문제가 발생할 수 있다. 이러한 문제를 해결하기 위해 문단 4(1)(라)의 뒷부분을 추가함으로써 상위 지배기업이 투자기업이기 때문에 연결재무제표

를 작성하지 않을 경우, 그 하위 중간 지배기업((예 5)의 <경우 1>의 기업 B 또는 <경우 3>의 기업 C)이 문단 4(1)의 (가), (나), (다)를 모두 충족하면 연결재무제표의 작성의무를 면제하는 것이다(1110:BC28A).

예 5 연결재무제표 작성 의무 면제 여부의 판단

다음의 3가지 경우는 지배기업, 중간 지배기업 및 종속기업의 관계를 나타내며, 각각 독립적이다.

<경우 1> 투자기업(A) → 비투자기업(B) → 비투자기업(C)
<경우 2> 비투자기업(A) → 투자기업(B) → 비투자기업(C)
<경우 3> 비투자기업(A) → 투자기업(B) → 비투자기업(C) → 비투자기업(D)

위의 3가지 경우에 대해서 지배기업 및 중간 지배기업의 연결재무제표 작성 및 작성 면제 여부를 설명하면 다음과 같다.

〈경우 1〉
A는 투자기업이므로 연결재무제표 작성 의무가 면제된다.
B는 문단 4(1)의 (가), (나), (다)의 조건을 모두 충족할 경우 연결재무제표 작성 의무가 면제된다.

〈경우 2〉
A는 B와 C를 포함하여 연결재무제표를 작성한다.
B는 투자기업이므로 연결재무제표 작성 의무가 면제된다.

〈경우 3〉
A는 B, C, D를 포함하여 연결재무제표를 작성한다.
B는 투자기업이므로 연결재무제표 작성 의무가 면제된다.
C는 문단 4(1)의 (가), (나), (다)의 조건을 모두 충족할 경우 연결재무제표 작성 의무가 면제된다.

4.2 기타 고려사항

(1) 보고기간 말 현재 청산 중인 종속기업

보고기간 말 현재 종속기업이 청산 중에 있고, 다음 연도 중에 소멸될 것이 확실하더라도 지배기업은 보고기간 말 현재 여전히 지배력을 보유하고 있으므로 청산 중인 종속기업을 연결에서 제외하지 않는다. 다만, 청산 중인 종속기업이 기준서 제1105호 '매각예정비유동자산과 중단영업'의 적용 범위에 해당한다면 동 기준서에 따라 측정과 표시를 한다.

(2) 소규모 종속기업

규모가 작은 비상장 종속기업은 연결재무제표에 미치는 영향이 크지 않기 때문에 중요성의 관점에서 연결 범위에서 제외하자는 주장이 있다. 그러나 기준서 제1110호는 지배력이 있는 모든 종속기업을 연결에 포함하도록 규정하면서 소규모 기업 등의 연결 제외를 명시적으로 언급하고 있지 않다.

이 경우 기준서 제1008호 '재무제표의 작성 기준'의 문단 8에서 회계정책의 적용 효과가 중요하지 않은 경우 그 회계정책을 적용하지 않을 수 있다는 규정을 이용할 수도 있다. 따라서 소규모 종속기업이 재무제표이용자의 의사결정에 중요한 영향을 미치지 않는다면 이를 연결 범위에서 제외할 수 있을 것이다.[14)]

5 별도재무제표

5.1 기업이 작성해야 하는 기본재무제표

기준서 제1118호 '재무제표의 표시와 공시'에서는 재무상태표를 비롯하여 기업이 작성해야 하는 재무제표를 언급하고 있다(1118:10). 기준서에서 공식적으로 사용하는 용어는 아니나 기업이 작성해야 하는 재무제표를 일반적으로 기본재무제표라고 한다. 종속기업투자를 보유하는 지배기업이 작성해야 하는 기본재무제표는 연결재무제표이다. 반면에 종속기업투자를 보유하지 않은 기업이 작성해야 하는 기본재무제표를 개별재무제표라고 한다. 물론 개별재무제표가 기준서에서 공식적으로 사용하는 용어는 아니지만, 연결재무제표와 구별하기 위해서 실무에서 일반적으로 사용하고 있다.

한편, 기업이 공동기업투자[15)]나 관계기업투자[16)]를 보유하는 경우도 있는데, 공동기업이나 관계기업은 종속기업이 아니므로 투자자는 연결재무제표를 작성하지 않고 기본재무제표로서

---

14) K-IFRS 실무해설(2019), 한국공인회계사회

15) 공동기업(joint venture)에 대하여 공동지배력(joint control)을 보유하는 투자자를 공동기업 참여자라고 하는데, 공동기업 참여자가 보유하는 공동기업 지분을 공동기업투자라고 한다. 공동기업투자는 기준서 제1028호에 따라 지분법으로 평가하는데, 제7장에서 자세하게 설명한다.

16) 투자자가 피투자자에 대하여 유의적인 영향력(significant influence)을 보유하는 경우 피투자자를 관계기업(associate)이라고 하는데, 투자자가 보유하는 관계기업 지분을 관계기업투자라고 한다. 관계기업투자는 기준서 제1028호에 따라 지분법으로 평가하는데, 제7장에서 자세하게 설명한다.

개별재무제표를 작성한다. 그리고 투자자는 공동기업투자나 관계기업투자를 지분법으로 평가해야 한다. 기준서에서 공식적으로 사용하는 용어는 아니지만, 본장에서는 일반적인 개별재무제표와 구별하기 위하여 공동기업투자나 관계기업투자를 보유한 투자자가 지분법을 적용하여 작성한 개별재무제표를 '지분법 적용 재무제표'라는 용어를 사용하기로 한다.

요약하면, 기본재무제표에는 종속기업투자뿐만 아니라 관계기업투자(공동기업투자 포함, 이하 동일함)도 보유하지 않은 기업이 작성하는 개별재무제표, 종속기업투자는 보유하지 않으나 관계기업투자를 보유하는 기업이 작성하는 지분법 적용 재무제표, 그리고 종속기업투자를 보유(관계기업투자 보유 여부는 무관)하는 기업(즉, 지배기업)이 작성하는 연결재무제표가 있다.

5.2 별도재무제표의 작성

별도재무제표는 기준서 제1027호의 규정에 따라 작성하는데, 동 기준서에서는 별도재무제표를 다음과 같이 정의하고 있다(1027:4).

> 기업이 이 기준서의 규정에 따라 종속기업, 공동기업 및 관계기업에 대한 투자를 원가법, 기준서 제1109호 '금융상품'에 따른 방법[17], 기준서 제1028호 '관계기업과 공동기업에 대한 투자'에서 규정하고 있는 지분법 중 어느 하나를 적용하여 표시한 재무제표

기본재무제표에 ① 별도재무제표를 추가 작성하는 경우와 기본재무제표를 작성하지 않는 대신에 ② 별도재무제표를 유일하게 작성하는 경우로 구분할 수 있다.

(1) 추가 작성하는 별도재무제표

재무제표이용자가 의사결정을 할 때 연결재무제표뿐만 아니라 지배기업만의 재무제표도 필요할 수 있다. 따라서 지배기업은 기본재무제표인 연결재무제표 이외에 지배기업만의 재무제표를 추가로 작성할 수 있는데, 이를 별도재무제표(separate financial statements)라고 한다.[18] 지배기업의 별도재무제표에는 종속기업투자가 표시되는데[19], 원가법, 기준서 제1109호에 따른 방법(이하 '공정가치법'이라고 함) 또는 지분법 중 하나의 방법으로 평가한다.

---

17) 기준서 제1109호에서는 지분상품을 공정가치로 측정하도록 규정하고 있으며, 공정가치 변동은 당기손익으로 인식한다. 다만, 단기매매목적이나 사업결합과정에서 조건부 대가로 보유하는 지분상품이 아니라면 공정가치 변동을 기타포괄손익으로 인식하는 방법을 선택할 수 있다.

18) 우리나라에서는 주식회사 등의 외부감사에 관한 법률에 따라 지배기업의 별도재무제표 작성 및 공시가 선택사항이 아니라 의무사항이다.

19) 제3장에서 설명하겠지만 연결재무제표를 작성하는 과정에서 종속기업투자가 종속기업의 순자산과 상계 제거되므로 연결재무제표 상에 종속기업투자가 표시되지 않지만, 별도재무제표에는 종속기업투자가 표시된다.

한편, 관계기업투자를 보유(종속기업투자는 보유하지 않음)하는 투자자가 기본재무제표로서 지분법 적용 재무제표를 작성하더라도 필요에 의해 별도재무제표를 추가로 작성할 수 있다.[20]

(2) 유일하게 작성하는 별도재무제표

4절에서 연결재무제표의 작성이 면제되는 경우를 설명하였는데, 지배기업의 연결재무제표 작성 의무가 면제되는 경우 지배기업은 유일한 재무제표로서 별도재무제표를 작성한다. 이때 지배기업은 별도재무제표에 표시되어 있는 종속기업투자를 원가법, 공정가치법 또는 지분법 중 하나의 방법으로 평가한다.

제7장 3.1절에서 지분법 적용의 면제를 설명하는데, 관계기업투자를 보유하는 투자자가 지분법 적용이 면제되는 경우에는 지분법 적용 재무제표 대신 유일한 재무제표로서 별도재무제표를 작성한다. 이때 투자자는 별도재무제표에 표시되어 있는 관계기업투자를 원가법 또는 공정가치법 중 하나의 방법으로 평가한다.

전술한 바와 같이 관계기업투자(종속기업투자는 보유하지 않음)를 보유하는 투자자는 지분법 적용이 면제되지 않더라도 필요에 의해 별도재무제표를 추가로 작성할 수 있다. 따라서 관계기업투자를 보유하는 투자자는 지분법 적용 재무제표에 추가로 별도재무제표를 작성할 수 있으며, 지분법 적용이 면제된다면 유일한 재무제표로서 별도재무제표를 작성한다.

마지막으로 전술한 4절에서 설명한 투자기업은 연결재무제표 작성 의무가 면제되므로 연결재무제표 대신 유일한 재무제표로서 별도재무제표를 작성한다. 이때 투자기업은 별도재무제표에 표시되어 있는 종속기업투자를 공정가치 측정－당기손익 인식(FVPL) 항목으로 회계처리한다.

지금까지 설명한 내용을 요약하면 [표 2]와 같다. 단, [표 2]에서 관계기업투자에는 공동기업투자도 포함하는 것으로 한다.

---

20) 우리나라에서 지분법 적용 재무제표를 작성하는 투자자가 추가로 별도재무제표를 작성하는 경우는 거의 없을 것이다.

| 표 2 | 투자자가 작성하는 재무제표

보유 투자지분의 구분	기본재무제표			별도재무제표
	개별재무제표	지분법 적용 재무제표	연결재무제표	
일반적인 투자지분만 보유	작성(1)	–	–	–
관계기업투자만 보유 (지분법 적용 면제 아님)	–	작성	–	추가 작성 가능(2)
관계기업투자만 보유 (지분법 적용 면제의 경우)	–	–	–	유일하게 작성(2)
종속기업투자 보유	–	–	작성(3)	추가 작성 가능(4) (단, 우리나라에서는 의무 작성)
종속기업투자 보유 (연결 면제의 경우)	–	–	–	유일하게 작성(5)

(1) 일반적인 투자지분을 기준서 제1109호(공정가치법)에 따라 평가
(2) 관계기업투자를 원가법 또는 기준서 제1109호 방법 중 하나의 방법으로 평가
(3) 관계기업투자를 보유하고 있다면 연결재무제표에서 관계기업투자를 지분법으로 평가(1028:IN8)
(4) 종속기업투자(관계기업투자가 있으면 이를 포함)를 원가법, 기준서 제1109호 방법 또는 지분법 중 하나의 방법으로 평가
(5) 종속기업투자(관계기업투자가 있으면 이를 포함)를 원가법, 기준서 제1109호 방법 또는 지분법 중 하나의 방법으로 평가. 단, 지배기업이 투자기업이라면 공정가치 측정–당기손익 인식 항목으로 평가

참고로 삼성전자㈜의 제55기 별도재무제표와 연결재무제표의 주석에서 종속기업투자, 공동기업투자 및 관계기업투자의 평가와 관련된 부분만 제시하면 다음과 같다. 주석에 따르면 삼성전자㈜는 별도재무제표에서 종속기업투자, 관계기업투자 및 공동기업투자를 원가법으로 회계처리하는 반면, 연결재무제표에서는 관계기업투자와 공동기업투자를 지분법으로 회계처리하고 있음을 알 수 있다.

주석 공시 사례

<별도재무제표>

주석 2.3 종속기업, 관계기업 및 공동기업

기업회계기준서 제1110호 '연결재무제표'에 의한 지배회사인 회사는 별도재무제표에서 종속기업, 관계기업 및 공동기업에 대한 투자를 기업회계기준서 제1027호 "별도재무제표"에 따라 원가법으로 처리하고 있습니다. (이하 생략)

<연결재무제표>

주석 1. 가. 연결회사의 개요

(중략) 기업회계기준서 제1110호 '연결재무제표'에 의한 지배회사인 회사는 삼성디스플레이㈜ 등 232개의 종속기업을 연결대상으로 하고, 삼성전기㈜ 등 37개 관계기업과 공동기업을 지분법 적용대상으로 하여 연결재무제표를 작성하였습니다.

예제 1 재무제표의 작성

다음은 ㈜한국이 최상위 지배기업인 우리나라 기업집단의 소유구조이다. 소유지분이 과반수인 경우에만 지배력이 있고, 소유지분율이 20% 이상, 50% 이하이면 유의적인 영향력이 있다고 가정한다.

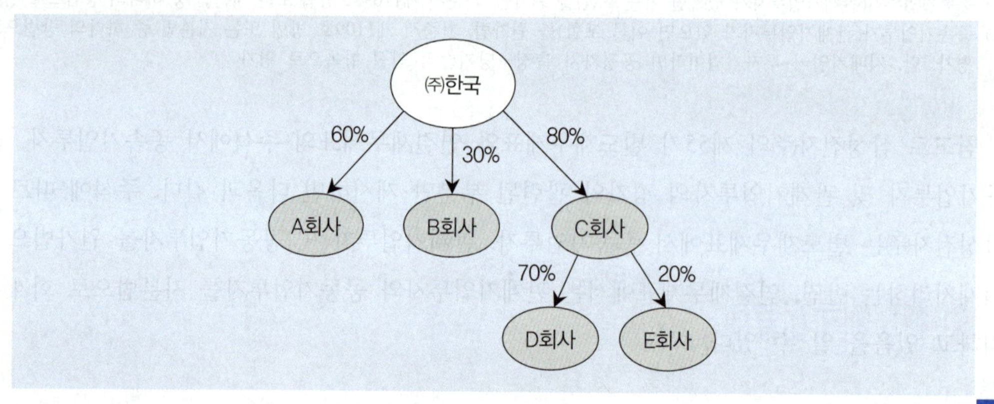

물음

각 회사별로 개별재무제표, 지분법 적용 재무제표, 연결재무제표 및 별도재무제표 중 작성해야 할 재무제표를 언급하라. 또한 연결재무제표를 작성할 경우 포함되는 종속기업명과 지분법을 적용하는 피투자회사명도 언급하라. 또한 연결재무제표나 개별재무제표에서 지분법을 적용해야 하는 피투자 지분에 대해서는 그 사실을 언급하라. 단, 연결재무제표 작성의 면제나 지분법 적용의 면제는 해당하지 않는다.

해답

A회사 : 개별재무제표 작성

B회사 : 개별재무제표 작성

C회사 : 중간 지배기업으로서 연결재무제표(D회사만 포함) 작성(연결에서 제외되는 E회사 투자주식은 지분법 적용)[21] 또한 별도재무제표를 작성하되 D회사와 E회사 투자지분은 원가법, 공정가치법, 지분법 중 한 가지 방법 적용

D회사 : 개별재무제표

E회사 : 개별재무제표

㈜한국 : 연결재무제표(A회사, C회사, D회사 포함) 작성(연결에서 제외되는 B회사 투자주식은 지분법 적용, C회사의 연결재무제표에 지분법으로 평가된 E회사 투자주식은 ㈜한국의 연결재무제표에 계속 표시) 또한 별도재무제표 작성하되 A회사, B회사 및 C회사 투자지분은 원가법, 공정가치법, 지분법 중 한 가지 방법 적용

6 연결이론

연결재무제표를 작성함에 있어 지배기업과 종속기업의 범위를 판단하는 것뿐만 아니라 어떤 개념에 기초하여 연결재무제표를 작성하는가도 중요한 문제 중의 하나이다. 일반적으로 회계이론에서 다루어지는 연결재무제표와 관련된 개념에는 지배기업 개념(parent entity concept), 실체 개념(entity concept), 그리고 비례연결 개념(proprietary concept)이 있다.

이들 개념의 차이는 비지배지분이 존재할 경우에만 그 의미가 있다. 비지배지분(non-controlling interests)이란 종속기업의 지분 중 지배기업에게 직접 또는 간접으로 귀속되지 않는 지분을 의미한다. 예를 들어, 갑회사가 을회사의 의결권 있는 지분 80%를 소유한다면 비지배지분은 나머지 20%에 해당하는 을회사의 지분을 의미한다. 만약 지배기업이 종속기업의 지분을 100% 소유하고 있다면 비지배지분은 없으므로 지배기업 개념, 실체 개념 및 비례연결 개념 간에는 차이가 없다.

21) 예제에서는 연결재무제표 작성 의무가 면제되지 않는다고 가정하였으나, 만약 C회사가 연결재무제표를 작성하지 않는다는 사실을 다른 소유주들(㈜한국의 80%지분을 제외한 20%지분)에게 알리고, 그 다른 소유주들이 그것을 반대하지 않는 경우에는 연결재무제표 작성 의무가 면제될 수 있다. 또한 C회사가 투자회사인 경우에도 연결재무제표 작성 의무가 면제될 수 있다.

6.1 지배기업 개념

종속기업의 주주는 지배기업과 비지배주주로 구성되며, 지배기업은 다시 지배기업의 주주에 의하여 소유되기 때문에 종속기업의 궁극적인 주주는 지배기업의 주주와 비지배주주라고 볼 수 있다. 지배기업 개념은 이와 같은 주주집단 중 지배기업의 주주 입장을 강조하는 개념이다. 이는 전통적인 회계이론인 자본주이론(proprietary theory)을 연결회계에 적용한 것이다. 즉, 연결재무제표는 지배기업 재무제표의 연장으로서 지배기업의 주주가 주체가 되어 작성하는 것이며, 비지배주주는 제3자적 지위를 갖는다. 따라서 연결재무제표에서 비지배지분은 자본이 아니라 부채로 구분되며, 종속기업의 당기순이익 중 비지배주주에게 귀속되는 부분은 지배기업의 입장에서 부채에 귀속될 비용이므로 연결당기순이익의 계산과정에서 차감된다.

또한 종속기업 순자산의 공정가치와 장부금액의 차이 중 지배기업 지분 해당 금액만 연결조정분개 시 반영하며 비지배지분 해당 금액은 조정하지 않는다. 그리고 연결대상회사 간의 거래에서 발생한 내부미실현손익 중 비지배주주에게 귀속될 부분은 제3자와의 거래로서 이미 실현된 것으로 보기 때문에 연결재무제표 작성 과정에서 제거하지 않는다.

6.2 실체 개념

실체 개념은 지배기업과 종속기업이 법률적으로는 독립된 실체이지만 하나의 경영자 집단에 의하여 지배되는 경제적 단일 실체의 관점에서 연결재무제표를 작성하는 개념이다. 실체 개념을 따를 경우 지배기업의 주주와 종속기업의 비지배주주는 동등한 지위가 부여되기 때문에 연결재무제표에 비지배지분은 자본으로 표시된다. 또한 종속기업 순자산의 공정가치와 장부금액의 차이를 전액 연결조정분개 시 반영하며 동 금액 중 비지배지분 해당 금액은 비지배지분에 배분한다.

그리고 종속기업의 당기순손익 중 비지배주주에게 귀속되는 부분은 연결실체의 비용이 아니므로 모두 연결당기순손익으로 표시된다. 한편, 내부미실현손익 중 비지배주주에게 귀속되는 부분은 실현된 것으로 간주하지 않기 때문에 모두 제거한다.

6.3 비례연결 개념

이 개념은 proportional consolidation이라고도 부르는데, 연결재무제표는 지배기업의 자산, 부채, 자본 및 종속기업의 자산, 부채 중 지배기업 지분에 해당하는 금액만 포함되는 것으로 본다. 비지배지분은 연결재무제표의 범위 밖에 존재하기 때문에 비지배지분은 별도로 공시되지 않는다.

국제회계기준에서는 전술한 연결개념 중 실체 개념을 채택하고 있다. 지배기업은 종속기업의 재무정책과 영업정책을 지배하고 있기 때문에 연결재무제표에는 종속기업의 자산과 부채가 모두 포함되는 것이 타당하다. 따라서 비례연결 개념에 비해 실체 개념이 더 적절하다. 또한 부채란 경제적효익이 내재된 자원이 유출될 것으로 기대되는 현재의무라는 개념체계의 정의에 비추어 볼 때 비지배지분을 부채로 볼 수 없다. 따라서 지배기업 개념에 비해 실체 개념이 더 타당한 연결개념이라고 할 수 있다.

본장에서 아직 연결재무제표의 작성 과정을 설명하지 않았기 때문에 3가지의 연결이론을 이해하기가 쉽지 않다. 제3장에서 연결재무제표의 기본적인 작성 과정을 설명한 후 3가지 연결이론에 따른 연결재무제표를 비교할 것이다. 그 설명을 보면 3가지 연결이론의 차이점을 쉽게 이해할 수 있을 것이다.

7 연결재무제표의 양식

기준서 제1118호 '재무제표의 표시와 공시'는 재무제표 표시에 대한 전반적인 규정을 언급하고 있다. 국제회계기준에 따른 기본재무제표는 연결재무제표이기 때문에 기준서 제1118호에서 규정하는 재무제표의 표시는 모두 연결재무제표 작성에 적용된다. 구체적인 당기손익에 해당하는 수익과 비용의 범주 분류와 재무제표 표시에 대한 자세한 설명은 중급회계에서 설명하기 때문에 본장에서는 연결재무제표 작성과 관련된 기본적인 설명 및 재무제표의 양식만 제시한다.

7.1 재무상태표

재무상태표는 보고기간 말 현재 연결실체의 자산, 부채 및 자본의 잔액을 표시한다. 자산과 부채는 유동성·비유동성 구분법, 유동성 순서에 따른 표시방법 또는 두 가지 혼합표시방법 중 한 가지 방법을 선택한다. 지배기업이 종속기업 의결권 100% 미만을 소유하고 있는 경우 연결재무상태표의 자본에 비지배지분 계정이 표시된다. 따라서 연결재무상태표의 자본은 지배기업의 소유주에게 귀속되는 자본과 비지배지분으로 구분 표시된다.

한편, 지배기업이나 종속기업의 재무제표에 영업권이 표시되지 않았더라도 연결재무상태표에는 영업권이 표시될 수 있다. 실무에서 공표되는 연결재무상태표를 보면 영업권을 별도로 표시하지 않고 무형자산에 포함하여 표시하는 경우가 많은데, 이때에는 주석을 통해서 영업권의 세부 내용을 확인할 수 있다. 연결재무상태표에 비지배지분이나 영업권이 표시되는 이유는 제3장에서 자세하게 설명한다.

기준서 제1118호의 실무적용지침에서 예시하고 있는 재무상태표의 양식(유동성·비유동성 구분법 채택 가정)은 다음과 같다.

재무상태표

회사명 (단위 : 원)

과목	20×2년		20×1년	
자산				
비유동자산		×××		×××
유형자산	×××		×××	
영업권	×××		×××	
(중략)	×××		×××	
유동자산		×××		×××
(중략)				
자산 합계		×××		×××
자본 및 부채				
지배기업의 소유주에게 귀속되는 자본		×××		×××
납입자본	×××		×××	
이익잉여금	×××		×××	
기타자본구성요소	×××		×××	
비지배지분		×××		×××
자본 합계		×××		×××
비유동부채		×××		×××
(중략)				
유동부채		×××		×××
(중략)				
부채 합계		×××		×××
자본 및 부채 합계		×××		×××

7.2 손익계산서, 포괄손익을 표시하는 보고서 및 포괄손익계산서

수익과 비용은 당기손익에 해당하는 수익, 비용과 기타포괄손익에 해당하는 수익, 비용으로 구분할 수 있다. 기준서 제1118호에 따르면 당기손익과 기타포괄손익에 해당하는 수익과 비용을 ① 단일 재무제표인 '포괄손익계산서'에 모두 표시하는 방식과 ② '손익계산서' 및 '포괄손익을 표시하는 보고서'로 구분하여 표시하는 방식 중 하나를 선택할 수 있다. 그리고 당기손익에 해당하는 수익과 비용을 5개의 범주 즉, 영업 범주, 투자 범주, 재무 범주, 법인세 범주 및 중단영업 범주로 구분하여 표시한다.

기준서 제1118호에서 예시하고 있는 손익계산서와 포괄손익을 표시하는 보고서의 양식은 다음과 같다.[22)]

손익계산서

회사명 (단위 : 원)

과목	20×2년	20×1년
수익	×××	×××
매출원가	×××	×××
매출총이익	×××	×××
판매비	×××	×××
(중략)	×××	×××
영업이익	×××	×××
관계기업의 처분손익에 대한 지분	×××	×××
(중략)	×××	×××
재무손익및법인세비용차감전이익	×××	×××
차입금및리스부채 이자비용	×××	×××
(중략)	×××	×××
법인세비용차감전이익	×××	×××
법인세비용	×××	×××
계속영업이익	×××	×××
중단영업손실	×××	×××
당기순이익	×××	×××
당기순이익의 귀속		
지배기업의 소유주	××	××
비지배지분	××	××
	××	××

22) 국제회계기준의 기본재무제표는 연결재무제표이므로 재무제표의 명칭에 '연결'을 붙이지는 않는다.

포괄손익을 표시하는 보고서

회사명		(단위 : 원)
과목	20×2년	20×1년
당기순이익	×××	×××
당기손익으로 재분류되지 않는 수익과 비용		
확정급여제도의 재측정요소	×××	×××
(중략)	×××	×××
당기손익으로 재분류되지 않는 수익과 비용 합계	×××	×××
특정조건을 충족할 때 당기손익으로 재분류되는 수익과 비용		
해외사업장환산외환차이	×××	×××
(중략)	×××	×××
특정조건을 충족할 때 당기손익으로 재분류되는 수익과 비용의 합계	×××	×××
법인세차감후기타포괄손익	×××	×××
총포괄이익	×××	×××
총포괄이익의 귀속		
지배기업의 소유주	××	××
비지배지분	××	××
	××	××

별도재무제표와 달리 연결손익계산서의 당기순이익 하단에 당기순이익을 지배기업 소유주와 비지배지분에 얼마씩 배분하는지 추가로 표시한다. 마찬가지로 포괄손익을 표시하는 보고서에도 총포괄이익 하단에 총포괄이익을 지배기업 소유주와 비지배지분에 얼마씩 배분하는지 추가로 표시한다. 당기순이익이나 기타포괄손익의 배분 금액 계산은 제3장에서 자세하게 설명한다.

7.3 자본변동표

자본변동표란 보고기간 동안 연결실체의 자본의 증가 및 감소의 내용을 보고하는 재무제표로서 다음의 항목을 표시한다.

(1) 지배기업의 소유주와 비지배지분에 각각 귀속되는 금액으로 구분하여 표시한 해당 기간의 총포괄손익
(2) 자본의 각 구성요소별로, 기업회계기준서 제1008호(재무제표의 작성 기준)에 따라 인식된 소급적용이나 소급 재작성의 영향
(3) 자본의 각 구성요소별로 장부금액의 각 변동액을 공시한, 기초시점과 기말시점의 장부금액 조정내역
   (가) 당기순손익
   (나) 기타포괄손익의 각 항목
   (다) 소유주의 출자와 소유주에 대한 배분을 구분하여 보여주는, 소유주로서의 자격을 행사하는 소유주와의 거래와 지배력을 상실하지 않는 종속기업에 대한 소유지분의 변동

기준서 제1118호에의 실무적용지침에서 예시하는 자본변동표에 기초하여 그 양식을 제시하면 다음과 같다. 비지배지분도 연결실체의 자본항목이나 아래의 자본변동표에서 보는 바와 같이 비지배지분 해당액을 차감한 순액으로 이익잉여금, 해외사업환산 등을 표시하므로 지본변동표에는 비지배지분은 표시되지 않는다.

자본변동표

회사명 (단위 : 원)

구분	자본금	이익 잉여금	해외사업장 환산	확정급여 제도	관계기업의 기타포괄손익에 대한 지분	총계
20×1. 1. 1.	×××	×××	×××	×××	×××	×××
회계정책변경		×××				
유상증자	×××					
배당		(×××)				
당기순손익		×××				
기타포괄손익*			×××	(×××)	×××	×××
총포괄손익		×××	×××	×××	×××	×××
20×1. 12. 31.	×××	×××	×××	×××	×××	×××

* 해외사업장환산, 확정급여제도, 관계기업의 기타포괄손익에 대한 지분 등에 포함된 금액은 각 구성요소별 기타포괄손익에서 법인세와 비지배지분 해당액을 차감한 후의 순액을 표시

7.4 현금흐름표

현금흐름표는 한 회계기간 동안 연결실체에서 발생한 현금유입과 현금유출을 영업활동, 투자활동 및 재무활동으로 분류하여 표시한 재무제표이다. 종속기업이 있는 경우 현금흐름표의 작성은 종속기업이 없는 경우와 기본적으로 동일하나, 종속기업 취득 및 처분과 관련된 현금흐름의 표시에 있어서 몇 가지 유의해야 할 사항이 있다. 연결현금흐름표는 제6장에서 설명한다.

연 / 습 / 문 / 제 - 객관식 문제

01 연결재무제표의 유용성과 한계점에 관한 설명들이다. 내용이 가장 적절하지 않은 것은? (CPA 2010)

① 연결재무제표는 연결대상이 되는 기업들을 하나의 경제적 실체로 파악하므로, 지배기업만의 재무상태와 경영성과를 표시한 재무제표를 작성할 때보다 종속기업을 이용한 지배기업의 이익조정이 용이해진다는 한계점이 있을 수 있다.

② 지배기업과 종속기업은 경제적으로 단일실체이다. 따라서 지배기업의 경영자가 연결실체를 총체적으로 파악하고 경영자원을 활용하기 위해서는 연결대상 전체의 재무상태와 경영성과에 대한 정보인 연결재무제표가 유용할 수 있다.

③ 연결대상 기업의 범위를 경제적 실질에 맞게 규정하지 못한 경우 또는 연결대상이 되는 개별 기업들의 업종이나 회계처리방법 등이 서로 다른 경우 연결재무제표가 제공하는 정보는 왜곡될 수 있다.

④ 채권자나 법적인 계약당사자, 과세당국 등 개별기업의 이해관계자들에게 연결재무제표만을 제공하는 경우에는 정보의 유용성에 한계가 있을 수 있다.

⑤ 지배기업은 종속기업의 재무정책과 영업정책을 결정할 수 있으므로 지배기업만의 재무상태와 경영성과를 표시한 재무보고는 이해관계자가 지배기업을 평가하는 데 한계가 있을 수 있다. 따라서 연결재무제표는 지배기업과 종속기업으로 구성된 경제적 실체의 재무상태와 경영성과를 평가하는 데 유용할 수 있다.

02 별도재무제표에 대한 다음의 설명 중 옳지 않은 것은?

① 연결재무제표의 작성이 면제되지 않는 지배기업은 연결재무제표뿐만 아니라 지배기업만의 별도재무제표를 추가로 작성할 수 있다.

② 별도재무제표에 표시되는 종속기업투자는 원가법, 기준서 제1109호에 따른 방법 또는 지분법 중 하나의 방법을 적용하여 평가한다.

③ 지배기업이 투자기업일 경우 연결재무제표 작성이 면제되므로 유일한 재무제표로서 별도재무제표를 작성하되, 별도재무제표에 표시되는 종속기업투자는 원가법, 기준서 제1109호에 따른 방법 또는 지분법 중 하나의 방법을 적용하여 평가한다.

④ 관계기업투자만 보유하는 투자자가 지분법 적용이 면제되는 경우에는 유일한 재무제표로서 별도재무제표를 작성하되, 별도재무제표에 표시되어 있는 관계기업투자를 원가법 또는 공정가치법 중 하나의 방법을 적용하여 평가한다.

⑤ 국제회계기준에 따르면 종속기업투자만 보유하는 지배기업은 별도재무제표를 추가로 작성할 수 있도록 규정하고 있으나, 우리나라에서는 별도재무제표를 반드시 작성해야 한다.

03 다음 중 연결이론 중 실체 개념에 대한 설명으로 잘못된 것은?

① 연결재무상태표에 표시되는 비지배지분을 자본으로 분류한다.

② 종속기업의 순자산 공정가치와 장부금액의 차이를 전액 연결조정분개에 반영하고 지배기업뿐만 아니라 비지배지분에도 귀속시킨다.

③ 종속기업의 당기순이익 중 비지배주주에게 귀속되는 부분도 모두 연결당기순이익에 포함시킨다.

④ 내부거래에서 발생한 내부미실현손익 중 비지배주주에게 귀속될 부분은 이미 실현된 것으로 보기 때문에 연결재무제표 작성 과정에서 제거하지 않는다.

⑤ 국제회계기준의 연결기준서는 실체 개념을 채택하고 있다.

04 다음은 투자자의 피투자자에 대한 지배력에 관한 설명이다. 옳지 않은 것은? (CPA 2014)

① 투자자가 피투자자에 대한 지배력을 갖기 위해서는 지배력의 세 가지 요소인 피투자자에 대한 힘, 피투자자에 대한 관여로 인한 변동이익에 대한 노출 또는 권리, 그리고 투자자의 이익금액에 영향을 미치기 위하여 피투자자에 대하여 자신의 힘을 사용하는 능력을 모두 가져야 한다.

② 둘 이상의 투자자들이 각각에게 다른 관련 활동을 지시하는 일방적인 능력을 갖게 하는 현존 권리를 보유하는 경우, 투자자 어느 누구도 개별적으로 피투자자를 지배하지 못한다.

③ 투자자가 피투자자에 대한 의결권 과반수를 보유하고 있더라도 그러한 권리가 실질적이지 않다면 피투자자에 대한 힘을 가지지 않는다.

④ 투자자가 피투자자 의결권의 과반수 미만을 보유하더라도 일방적으로 관련 활동을 지시하는 실질적 능력을 가진 경우에는 힘을 가질 수 있다.

⑤ 대리인인 투자자가 자신에게 위임된 의사결정권을 행사하는 경우에는 의결권의 과반수를 행사하더라도 피투자자를 지배하는 것으로 볼 수 없다.

05 취득자가 하나 이상의 사업에 대한 지배력을 획득하는 거래나 그 밖의 사건을 사업결합이라고 한다. 다음 중 사업결합에서 피취득자에 대한 지배력을 획득하는 기업인 취득자에 대한 설명으로 옳지 않은 것은 어느 것인가? (단, 제시된 예의 모든 보통주는 의결권이 있으며, 의결권의 과반수를 소유하는 경우 지배력을 갖는다고 가정하라.) (CPA 2011)

① ㈜TK는 ㈜JY의 보통주 60%를 20×1년에 취득하였으며, ㈜TK는 20×2년 1월 3일에 ㈜SJ의 보통주 40%를 취득하였다. 20×2년 2월 1일에 ㈜JY가 ㈜SJ의 보통주 50%를 취득하는 경우 ㈜TK는 20×2년 2월 1일에 ㈜SJ의 취득자가 된다.

② ㈜TK는 ㈜EH의 보통주 45%를 20×1년에 취득하였으며, ㈜EH의 보통주 20%를 소유하고 있는 ㈜JY와 법적 구속력을 갖는 약정을 맺고 20×2년 1월 1일부터 ㈜JY가 보유하고 있는 ㈜EH의 보통주 의결권을 대리하여 행사하기로 하였다. 따라서 ㈜TK는 20×2년 1월 1일에 ㈜EH의 취득자가 된다.

③ ㈜TK는 20×1년에 ㈜KR의 보통주 50%를 취득하였으며, 20×2년 3월 2일부터 ㈜KR의 보통주로 전환할 수 있는 주식매입권을 20×2년 2월 1일에 취득하였다. ㈜KR의 보통주로 전환될 수 있는 ㈜TK의 주식매입권을 포함하여 ㈜KR의 보통주로 전환될 수 있는 모든 금융상품이 전환되는 경우 ㈜TK가 ㈜KR의 보통주 80%를 보유하게 된다. 따라서 ㈜TK는 20×2년 2월 1일에 ㈜KR의 취득자가 된다.

④ ㈜TK는 20×1년 2월 1일에 ㈜EJ의 보통주 40%를 취득하였으며, ㈜EJ의 보통주 취득과 함께 ㈜EJ의 이사회 구성원 중 60%를 임명하거나 해임할 수 있는 권한을 부여받았다. 따라서 ㈜TK는 20×1년 2월 1일에 ㈜EJ의 취득자가 된다.

⑤ ㈜TK는 20×1년 2월 1일에 ㈜ES의 보통주 50%를 취득하였으며, 20×1년 2월 1일에 다른 주주와의 법적 구속력을 갖는 약정에 의해 ㈜ES의 관련 활동을 결정할 수 있는 능력을 위임받았다. 따라서 ㈜TK는 20×1년 2월 1일에 ㈜ES의 취득자가 된다.

정답 및 해설

01 ①

연결재무제표를 작성할 경우 지배기업의 이익조정은 용이해지는 것이 아니라 어려워진다.

02 ③

투자기업이 유일하게 작성하는 별도재무제표에 표시되는 종속기업투자는 공정가치 측정-당기손익 인식(FVPL)항목으로 회계처리한다.

03 ④

실체 개념에서는 내부미실현손익 중 비지배주주에게 귀속되는 부분도 실현된 것으로 간주하지 않기 때문에 모두 제거한다.

04 ②

둘 이상의 투자자들이 각각에게 다른 관련 활동을 지시하는 일방적인 능력을 갖게 하는 현존 권리를 보유하는 경우, 피투자자의 이익에 가장 유의적으로 영향을 미치는 활동을 지시하는 현재의 능력이 있는 투자자가 피투자자에 대한 힘을 갖는다(기준서 제1110호 문단 13).

05 ③

㈜TK가 보통주로 전환할 수 있는 주식매입권을 취득한 시점은 20×2년 2월 1일이지만 동 주식매입권을 행사할 수 있는 시점은 20×2년 3월 2일부터이므로 ㈜TK가 취득자가 된 시점은 20×2년 3월 2일이다.

연결재무제표의 작성

본장의 내용

본장부터 제6장에 걸쳐 연결재무제표의 작성 과정을 설명한다. 일단 본장에서는 연결실체의 내부거래가 없는 단순한 상황에서 지배력 취득시점 및 지배력을 취득하고 1년 또는 2년이 경과된 후의 연결재무제표 작성 과정에 대해서 설명한다.

연결재무제표는 지배기업과 종속기업이 각각 작성한 재무제표를 하나의 재무제표로 합치는 과정에서 몇 가지 조정사항을 반영하여 작성한다. 따라서 본장부터 설명하는 여러 가지 연결조정분개는 일단 지배기업과 종속기업의 재무제표를 단순히 합쳤다고 가정한 후 반영하는 것으로 보면 된다.

제2장에서 설명한 바와 같이 지배기업은 별도재무제표에서 종속기업투자를 원가법, 기준서 제1109호의 방법(공정가치법) 및 지분법 중 하나를 선택 적용할 수 있다. 따라서 지배기업이 어떤 방법으로 종속기업투자를 회계처리했는지에 따라 별도재무제표에 표시되는 금액은 다르겠지만 연결재무제표의 금액은 모두 동일하여야 한다. 즉, 지배기업이 어떤 방법으로 종속기업투자를 회계처리했는지에 따라 연결조정분개가 다소 다를 뿐이다.

본장부터 시작하는 연결조정분개는 기준서 제1110호를 중심으로 설명한다. 본장에서 기준서의 내용을 언급할 때 괄호 안에 사용하는 숫자는 기준서 번호와 문단 번호를 의미한다. 예를 들어 (1110:22)는 기준서 제1110호, 문단 22를 의미한다.

1 연결재무제표 작성의 기초

1.1 연결재무제표 작성의 원리

연결재무제표는 지배기업의 별도재무제표와 종속기업의 재무제표[1]를 합쳐서 작성한다. 이때 연결재무제표 금액은 지배기업과 종속기업의 재무제표의 금액을 단순히 합친 금액이 아니라 몇 가지 조정사항을 반영한 후의 금액이다. 따라서 연결재무제표의 작성 과정에서 핵심은 어떤 항목을 얼마나 조정하는가(즉, 연결조정분개)에 있다. 연결재무제표의 작성 과정을 도식화하면 [그림 1]과 같다.

| 그림 1 | 연결재무제표 작성 과정

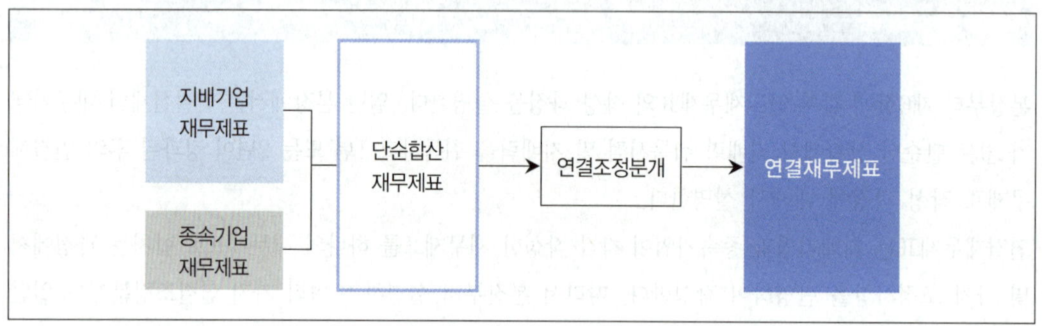

[그림 1]에서 보는 바와 같이 연결재무제표를 작성하기 위해서는 일단 지배기업의 별도재무제표와 종속기업의 재무제표를 단순하게 합친다.[2] 물론 두 기업의 보고기간 종료일이나 적용한 회계정책이 다를 경우 이를 적절하게 수정해야 하며, 여기에 대해서는 후술하는 1.2절에서 설명한다.

지배기업은 취득한 종속기업의 지분을 지배기업의 재무제표에 자산으로 인식했을 것이다. 본서에서는 지배기업이 취득한 종속기업 지분을 '종속기업투자'라는 계정으로 인식한 것으로 하여 연결과정을 설명한다.

---

1) 종속기업이 다른 기업을 지배하고 있는 중간 지배기업이라면 그 종속기업(즉, 중간 지배기업)의 재무제표는 하위 종속기업을 포함한 연결재무제표이다. 그러나 종속기업이 다른 기업을 지배하고 있지 않다면 그 종속기업의 재무제표는 개별재무제표를 의미한다. 본서에서는 특별한 경우가 아니라면 종속기업은 중간 지배기업이 아닌 단순한 종속기업을 가정한다.

2) 이후부터 본서에서 지배기업의 재무제표라고 하면 별도재무제표를, 종속기업의 재무제표라고 하면 종속기업만의 개별재무제표를 의미한다.

지배기업의 재무제표와 종속기업의 재무제표를 단순합산한 재무제표에는 종속기업투자와 종속기업의 자본(자본금, 이익잉여금 등)이 모두 포함되어 있다. 그런데 연결재무제표는 지배기업과 종속기업을 단일실체로 가정하므로 단일실체가 자신의 자본(당초 종속기업의 자본)을 자산(종속기업투자)으로 보유한다는 것은 자기가 자기를 소유한다는 것이므로 논리적으로 모순이다. 따라서 연결재무제표를 작성할 때 종속기업투자와 종속기업의 자본을 상계제거하는 연결조정이 반드시 필요하다.

우선 기업 내에 별도의 사업부를 신설하는 것과 기업 밖에 종속기업을 설립하고 연결재무제표를 작성하는 것 간에 차이가 없음을 보여주기 위하여 다음의 (예 1)을 제시한다. (예 1)을 통하여 연결재무제표를 작성하는 과정에서 종속기업투자와 종속기업의 자본을 상계제거하는 이유를 이해할 수 있을 것이다.

예 1 사업부 신설과 연결의 동질성

P회사는 새로운 사업을 위하여 회사 내에 별도의 사업부를 신설하고, 그 사업부가 사용할 ₩3,000의 설비자산을 현금을 지급하고 취득하였다. P회사의 사업부 신설 전과 사업부 신설 후의 재무상태표는 각각 다음과 같다.

P회사(사업부 신설 전)

유동자산	10,000	부 채	6,000
		자 본 금	4,000
	10,000		10,000

→ P회사(사업부 신설 후)*

유동자산	7,000	부 채	6,000
설비자산	3,000	자 본 금	4,000
	10,000		10,000

* 사업부를 신설하더라도 재무상태표에 사업부별로 자산이나 부채를 구분 표시하는 것은 아님

그런데 P회사가 사업부를 신설하는 대신 ₩3,000의 현금을 출자하여 S회사를 설립하고, S회사는 출자받은 현금으로 ₩3,000의 설비자산을 취득하였다면 P회사(S회사 출자 직후)와 S회사(설비자산 취득 직후)의 재무상태표는 각각 다음과 같을 것이다.

P회사(S회사 출자 후)

유동자산	7,000	부 채	6,000
종속기업투자	3,000	자 본 금	4,000
	10,000		10,000

S회사

설비자산	3,000	자 본 금	3,000
	3,000		3,000

P회사는 S회사의 지분 100%를 소유하므로 P회사는 S회사의 지배기업이 되었다. 따라서 P회사는 S회사를 포함하여 연결재무제표를 작성해야 한다. 일단 연결재무제표를 작성하기 위하여 다음과 같이 두 회사의 재무상태표를 단순하게 합쳐보자(설명의 편의를 위하여 당초 P회사 자본금 ₩4,000과 S회사 자본금 ₩3,000을 구분 표시함).

단순합산 재무상태표

유동자산	7,000	부채	6,000
종속기업투자	3,000	자본금	4,000
설비자산	3,000		3,000
	13,000		13,000

위의 단순합산한 재무상태표와 사업부 신설 후 P회사의 재무상태표를 비교하면 단순합산한 연결재무상태표상 종속기업투자와 자본금이 각각 ₩3,000씩 표시되어 있다. P회사와 S회사는 경제적 단일실체이므로 단일실체가 발행한 주식 ₩3,000을 단일실체가 보유하면서 이를 자산(종속기업투자)이라고 주장하는 것은 논리적으로 모순이다.[3] 따라서 위의 단순합산 재무상태표에 이중으로 표시되어 있는 종속기업투자와 종속기업 자본금을 상계제거하면 다음과 같은 연결재무상태표를 작성할 수 있는데, 이는 앞에서 제시했던 P회사가 사업부를 신설한 후의 재무상태표와 동일하다.

연결재무상태표 = P회사(사업부 신설 후)

연결재무상태표				P회사(사업부 신설 후)			
유동자산	7,000	부채	6,000	유동자산	7,000	부채	6,000
설비자산	3,000	자본금	4,000	설비자산	3,000	자본금	4,000
	10,000		10,000		10,000		10,000

위의 결과에서 보는 바와 같이 어느 시점에서 연결재무제표를 작성하든 종속기업투자와 종속기업의 자본을 상계제거하는 연결조정은 반드시 필요하다.

(예 1)에서는 연결재무제표를 작성할 때 종속기업투자와 종속기업 자본을 상계제거하는 연결조정분개를 설명하였다. 본장부터 제6장에 이르기까지 다양한 상황에서 여러 가지 연결조정분개를 소개할 것이다.

연결조정분개는 지배기업이나 종속기업의 개별 장부에 기록되는 분개가 아니라는 점에 유의하여야 한다. 지배기업이나 종속기업의 개별 장부에는 각 기업과 관련하여 발생한 거래만 기록된다. 반면에 연결조정분개는 비록 '분개'라는 용어를 사용하고는 있지만, 실제로 발생한 거래에 대한 분개가 아니라 지배기업과 종속기업이 처음부터 하나의 실체였다면 기록되었을 금

3) 회사가 발행한 주식을 자기가 소유하면 이를 자기주식이라고 한다. 자기주식은 자산이 아니라 자본의 차감항목이다.

액으로 조정하는 것을 분개로 표시한 것에 불과하므로 어느 기업의 장부에도 기록되는 것은 아니다.[4)]

실무에서는 연결재무제표를 작성할 때 연결정산표(worksheet)라는 양식을 사용하기도 하는데, 연결조정분개는 연결정산표 상에만 표시되는 조정사항이다. 규모가 크고 정교한 회계시스템이 구축되어 있는 대기업의 경우에는 지배기업과 종속기업의 회계시스템을 통합하여 종속기업이 발생거래를 기록하면 종속기업의 개별 장부에 그 내용이 기록됨과 동시에 통합 회계시스템에 그 내용이 자동적으로 반영되어 연결조정사항만 추가하면 연결재무제표가 작성되기 때문에 굳이 연결정산표를 작성하지는 않는다. 그러나 규모가 작고 종속기업의 수가 적은 지배기업의 경우에는 엑셀 등 컴퓨터 소프트웨어를 사용하여 연결정산표를 작성하는 경우가 많다.

본서에서는 독자들의 이해를 돕기 위해서 다음과 같은 연결정산표를 이용하여 연결조정과정을 설명할 것이다. 연결정산표 상의 지배기업의 재무제표 금액과 종속기업의 재무제표 금액을 합치고, 여기에 연결조정분개의 금액을 가감하면 연결재무제표에 표시될 금액이 도출된다. 연결정산표의 양식은 정형화된 것이 아니며, 작성하는 기업마다 적합하게 변형하면 된다.

〈연결정산표〉

과목	지배기업	종속기업	연결조정분개		연결재무제표
			차변	대변	
<자산>					
…					
<부채 · 자본>					
…					
비지배지분					

4) 회계장부에 거래를 기록하기 위해서는 재무상태에 변동을 가져오는 사건 즉, 거래가 발생했어야 한다. 특정 기간 동안 발생한 거래는 이미 지배기업 또는 종속기업의 재무제표에 기록되어 있을 것이며, 연결재무제표는 이를 하나로 합친 가상의 재무제표이다. 연결조정분개를 한다는 것은 가상의 재무제표를 작성하는 데 필요한 몇 가지 조정을 한다는 것이지, 지배기업이나 종속기업의 재무상태에 변동을 가져오는 사건이 실제 발생한 것은 아니다. 따라서 연결조정분개는 지배기업이나 종속기업의 회계장부에 반영하는 것이 아니다.

1.2 연결재무제표 작성을 위한 종속기업 재무제표의 수정

(1) 보고기간 종료일의 일치

연결재무제표는 동일한 보고기간 종료일에 작성된 지배기업의 재무제표와 종속기업의 재무제표를 사용하여 작성한다. 그러나 지배기업의 보고기간 종료일과 종속기업의 보고기간 종료일이 다를 경우, 종속기업은 실무적으로 적용할 수 없지 않다면 연결재무제표의 작성을 위하여 지배기업의 보고기간 종료일과 동일하게 종속기업의 재무제표를 추가로 작성하여야 한다(1110:B92).

실무적으로 종속기업의 재무제표를 추가로 작성할 수 없는 경우에는 종속기업의 재무제표일과 연결재무제표일 사이에 발생한 유의적인 거래나 사건의 영향을 조정한 종속기업의 가장 최근의 재무제표를 사용하여 연결재무제표를 작성한다. 다만, 어떠한 경우라도 종속기업의 재무제표일과 연결재무제표일의 차이는 3개월을 초과해서는 안 된다.[5] 그리고 보고기간의 길이와 재무제표일의 차이는 매 기간마다 동일하여야 한다(1110:B93). 예를 들어, 지배기업과 종속기업의 보고기간종료일이 각각 12월 말과 9월 말일 경우 종속기업의 9월 말 재무제표를 이용하여 당해 연도 연결재무제표를 작성했다면, 다음 연도에도 종속기업의 9월 말 재무제표를 이용하여 연결재무제표를 작성해야 한다.

(2) 회계정책의 일치

연결실체를 구성하는 기업이 유사한 상황에서 발생한 동일한 거래와 사건에 대하여 연결재무제표에서 채택한 회계정책과 다른 회계정책을 사용한 경우에는 연결실체의 회계정책과 일치하도록 그 재무제표를 적절히 수정하여 연결재무제표를 작성한다(1110:B87). 실무적으로 연결재무제표에서 채택한 회계정책은 지배기업의 회계정책을 의미하므로 종속기업이 채택한 회계정책이 지배기업의 회계정책과 다를 경우 종속기업의 회계정책을 지배기업의 회계정책과 일치하도록 종속기업의 재무제표를 수정한 후에 연결을 해야 한다.

실무에서는 연결재무제표를 작성할 때마다 종속기업의 재무제표를 수정해야 하는 번거로움을 피하기 위해서 피투자회사가 연결범위에 처음 포함될 때 지배기업의 회계정책과 불일치하는 부분을 지배기업의 회계정책에 일치시키는 회계변경을 하는 것이 일반적이다.

---

5) 예를 들어, 지배기업의 연차보고기간 종료일이 12월 31일이고 종속기업의 연차보고기간 종료일이 6월 30일이라면 종속기업은 6월 30일에 연차재무제표를 작성했더라도 연결재무제표 작성을 위해서 12월 31일자로 재무제표를 추가로 작성해야 한다. 그러나 종속기업의 연차보고기간 종료일이 9월 30일이라면 12월 31일자로 종속기업의 재무제표를 추가로 작성하지 않고 9월 30일자 종속기업의 재무제표를 이용하여 연결재무제표를 작성할 수 있다. 다만, 3개월의 기간 중에 발생한 중요한 거래나 사건의 영향은 반영해야 한다(연결정산표상에서 반영하면 될 것이다).

2 지배력 취득시점의 연결 - 종속기업에 대한 100% 지분 취득

연결재무제표는 지배기업의 보고기간 종료일(연차재무제표 및 중간재무제표 보고기간 말)을 기준일로 하여 작성하기 때문에 실무에서 지배기업이 보고기간 중에 종속기업을 취득할 경우 취득일에 연결재무제표를 작성하지는 않는다. 그러나 전반적인 연결재무제표의 작성 과정을 이해하기 위해서는 지배기업이 종속기업 취득일에 연결재무제표를 작성하는 과정을 먼저 이해할 필요가 있다. 따라서 지배력 취득시점의 연결과정을 먼저 설명하고, 취득 1차 연도 말과 2차 연도 말의 연결과정을 순차적으로 설명한다.

(예 1)에서 설명한 바와 같이 지배력을 취득하는 시점에 연결재무제표를 작성할 경우 연결조정분개는 종속기업투자와 종속기업 자본의 상계제거 하나뿐이다. 그런데 종속기업투자와 종속기업 자본의 상계제거는 다음의 각 경우에 따라 상이하게 이루어진다.

① 지배기업이 종속기업의 지분 100%를 취득했는가 아니면 100% 미만을 취득했는가?
② 지배력 취득일 현재 종속기업 순자산의 장부금액과 공정가치는 일치하는가?
③ 종속기업투자의 취득원가와 취득일 현재 종속기업 순자산의 공정가치는 일치하는가?

지배기업이 취득하는 종속기업의 지분은 100%일 때와 100% 미만일 때의 두 가지 경우로 구분할 수 있다. 지배기업이 종속기업 지분을 100% 미만 취득할 경우 비지배지분이 발생한다. 그리고 지배력 취득일 현재 종속기업 순자산의 장부금액이 공정가치와 일치하는 경우와 일치하지 않는 경우로 구분할 수 있다. 마지막으로 종속기업투자의 취득원가가 종속기업 순자산의 공정가치와 일치하는 경우와 일치하지 않는 경우로 구분할 수 있다.

연결재무제표를 작성할 때 가장 단순한 상황은 지배기업이 종속기업의 지분을 100% 취득하고, 취득일 현재 종속기업 순자산의 장부금액이 공정가치와 일치하며, 종속기업투자의 취득원가가 종속기업 순자산의 공정가치와 일치하는 경우이다. 따라서 본절에서는 지배기업이 종속기업의 지분 100%를 취득할 경우를 대상으로 종속기업 순자산의 장부금액과 공정가치의 일치 여부, 그리고 종속기업투자의 취득원가와 종속기업 순자산의 공정가치의 일치 여부를 구분하여 연결과정을 설명한다.[6] 지배기업이 종속기업의 지분을 100% 미만 취득할 경우의 연결과정은 4절부터 설명한다.

6) 지배기업의 경우 연차재무제표는 물론 중간재무제표도 연결기준으로 작성해야 한다. 본서에서는 설명의 편의상 지배기업의 회계기간은 1월 1일부터 12월 31일이며, 지배력은 1월 1일에 취득하고, 지배력 취득일 후의 연결재무제표는 12월 31일자로 작성하는 것으로 한다. 회계기간 중에 지배력을 취득한 경우의 연결은 제5장 1절에서 설명한다.

2.1 종속기업 순자산의 장부금액과 공정가치가 일치하는 경우

취득일 현재 종속기업 자산과 부채의 장부금액과 공정가치가 일치한다면, 종속기업 자산과 부채의 장부금액과 공정가치의 차이에 대한 조정(3.4절에서 설명함)이 필요하지 않으므로 연결과정은 비교적 단순하다. 본절에서는 종속기업투자의 취득원가를 3가지 경우(취득원가가 종속기업 순자산의 공정가치와 같은 경우, 더 많은 경우, 더 적은 경우)로 구분하여 연결과정을 설명한다.

(1) 종속기업투자의 취득원가 = 종속기업 순자산의 공정가치(=장부금액)

(예 1)에서 설명한 바와 같이 취득일에 연결재무제표를 작성할 경우 연결조정분개는 지배기업의 재무제표와 종속기업의 재무제표를 단순히 합친 상태에서 다음과 같이 종속기업투자와 종속기업 자본을 상계제거하는 것이다.[7)]

(차)	자 본 금	×××	(대) 종속기업투자	×××
	자본잉여금	×××		
	이익잉여금	×××		

예 2 종속기업투자와 종속기업 자본의 상계제거(1)

20×1년 초에 ㈜지배는 ㈜종속의 의결권 있는 주식 100%를 ₩100,000에 취득하여 지배력을 소유하게 되었다. 20×1년 초 지배력 취득 직후 두 기업의 재무상태표와 두 기업의 재무상태표를 단순 합산한 결과는 다음과 같다. 단, ㈜종속의 자산 및 부채의 장부금액은 공정가치와 일치한다.

과목	㈜지배	㈜종속	단순합산 결과
현 금	₩200,000	₩50,000	₩250,000
종속기업투자	100,000	–	100,000
유 형 자 산	300,000	150,000	450,000
합 계	₩600,000	₩200,000	₩800,000

7) 지배기업의 종속기업에 대한 투자를 어떤 계정으로 표시할 것인지에 대해서 기준서에서 언급이 없다. 본서에서는 설명의 편의상 종속기업투자라는 계정을 사용하기로 한다. 또한 자본도 다양한 과목으로 표시되어 있는데, 본서에서는 자본금, 자본잉여금, 이익잉여금 등의 계정을 사용하기로 한다.

부 채	₩300,000	₩100,000	₩400,000
자 본 금	200,000	70,000	270,000
자본잉여금	60,000	20,000	80,000
이익잉여금	40,000	10,000	50,000
합 계	₩600,000	₩200,000	₩800,000

위의 자료에서 주목할 부분은 ㈜지배의 종속기업투자 ₩100,000과 ㈜종속의 자본 합계 ₩100,000이다. 연결재무제표에서는 두 기업을 경제적 단일실체라고 가정하기 때문에 단순합산 결과를 연결재무제표라고 주장한다면 자신의 자본을 자신의 자산으로 소유하는 문제가 발생한다. 따라서 연결조정과정에서 ㈜지배의 종속기업투자 ₩100,000과 ㈜종속의 자본 ₩100,000을 상계제거하는 절차가 필요하다. 연결조정분개와 연결정산표는 다음과 같다.

<연결조정분개>

(차) 자 본 금	70,000	(대) 종 속 기 업 투 자	100,000
자 본 잉 여 금	20,000		
이 익 잉 여 금	10,000		

〈연결정산표〉

과목	㈜지배	㈜종속	연결조정분개		연결재무제표
			차변	대변	
현 금	₩200,000	₩50,000			₩250,000
종속기업투자	100,000	–		100,000	–
유 형 자 산	300,000	150,000			450,000
합 계	₩600,000	₩200,000			₩700,000
부 채	₩300,000	₩100,000			₩400,000
자 본 금	200,000	70,000	70,000		200,000
자본잉여금	60,000	20,000	20,000		60,000
이익잉여금	40,000	10,000	10,000		40,000
합 계	₩600,000	₩200,000	₩100,000	₩100,000	₩700,000

위의 연결정산표상 ㈜지배와 연결재무제표의 금액을 비교하여 보면 ㈜종속의 자산과 부채 총액만큼이 연결재무제표에 추가되고, ㈜지배의 종속기업투자는 '0'이 됨을 알 수 있다. 또한 취득일 현재 연결재무제표상 자본은 ㈜지배의 자본과 동일하다. 결국 연결재무제표상의 금액은 두 기업이 당초부터 하나의 기업이었다면 표시되었을 금액으로 표시된다.

(2) 종속기업투자의 취득원가 > 종속기업 순자산의 공정가치(=장부금액)

지배기업이 종속기업의 지배력을 취득할 경우에는 시너지효과와 경영권 프리미엄 등을 고려하여 대가가 결정될 것이므로 종속기업투자의 취득원가가 종속기업 순자산의 공정가치보다 더 많은 것이 일반적이다. 이러한 경우 종속기업투자와 종속기업 자본을 상계제거하는 연결조정분개를 하면 다음과 같이 차변에 차이가 생기는데, 이를 영업권(goodwill)으로 인식한다.

(차)	자　본　금	×××	(대) 종속기업투자	×××
	자본잉여금	×××		
	이익잉여금	×××		
	영　업　권	×××		

지배기업이 종속기업 순자산의 공정가치보다 더 많은 대가를 지급하고 종속기업투자를 취득한 경우 지배기업의 개별 장부에 표시되는 종속기업투자(취득원가)는 다음의 두 가지 요소로 구성되어 있다고 볼 수 있다.

종속기업투자=종속기업 순자산의 공정가치+영업권

영업권 해당액은 종속기업투자 계정에 포함되어 있기 때문에 지배기업의 개별 장부에는 별도로 식별되지는 않지만, 연결과정에서 종속기업투자로부터 분리되어 연결재무상태표에 표시된다. 따라서 연결조정과정에서 잔여액으로 결정되는 영업권은 다음과 같이 직접 계산할 수 있다.

영업권=종속기업투자−종속기업 순자산의 공정가치

이와 같은 논리는 지배기업이 종속기업 지분을 100% 보다 적게 취득한 경우(4절에서 설명함)에도 동일하게 적용된다.

종속기업투자와 종속기업 자본을 상계제거하는 연결조정분개는 제1장에서 설명한 합병분개와 유사하다. 합병 시 취득자가 피취득자 순자산의 공정가치보다 더 많은 이전대가를 지급한 경우 영업권을 인식하는 합병분개를 하기 때문에 취득자의 재무상태표에 영업권이 표시된다. 이에 반해 지배기업이 종속기업 지분을 취득한 경우에는 지급한 대가가 종속기업투자에 포함되므로 지배기업의 별도재무제표에 영업권이 구분 표시되지는 않지만, 연결과정에서 종속기업투자의 장부금액에 포함되어 있던 영업권이 분리되어 연결재무제표에 표시되는 것이다.

예 3 종속기업투자와 종속기업 자본의 상계제거(2)

20×1년 초에 ㈜지배는 ㈜종속의 의결권 있는 주식 100%를 ₩120,000에 취득하여 지배력을 소유하게 되었다. 20×1년 초 지배력 취득 직후 두 기업의 재무상태표와 두 기업의 재무상태표를 단순 합산한 결과는 다음과 같다. 단, ㈜종속의 자산 및 부채의 장부금액은 공정가치와 일치한다.

과목	㈜지배	㈜종속	단순합산 결과
현 금	₩180,000	₩50,000	₩230,000
종속기업투자	120,000	–	120,000
유 형 자 산	300,000	150,000	450,000
합 계	₩600,000	₩200,000	₩800,000
부 채	₩300,000	₩100,000	₩400,000
자 본 금	200,000	70,000	270,000
자본잉여금	60,000	20,000	80,000
이익잉여금	40,000	10,000	50,000
합 계	₩600,000	₩200,000	₩800,000

종속기업투자와 ㈜종속의 자본을 상계제거할 때 종속기업투자가 ㈜종속의 자본보다 ₩20,000이 더 많으므로 ₩20,000의 차이가 발생하는데, 이를 영업권으로 분개한다. 연결조정분개와 연결정산표는 다음과 같다.

<연결조정분개>

(차)	자 본 금	70,000	(대) 종속기업투자	120,000
	자 본 잉 여 금	20,000		
	이 익 잉 여 금	10,000		
	영 업 권	20,000[(1)]		

(1) 종속기업투자 − 종속기업 순자산의 공정가치
= ₩120,000 − 100,000 = ₩20,000

<연결정산표>

과목	㈜지배	㈜종속	연결조정분개		연결재무제표
			차변	대변	
현금	₩180,000	₩50,000			₩230,000
종속기업투자	120,000	–		120,000	–
유형자산	300,000	150,000			450,000
영업권	–	–	20,000		20,000
합계	₩600,000	₩200,000			₩700,000
부채	₩300,000	₩100,000			₩400,000
자본금	200,000	70,000	70,000		200,000
자본잉여금	60,000	20,000	20,000		60,000
이익잉여금	40,000	10,000	10,000		40,000
합계	₩600,000	₩200,000	₩120,000	₩120,000	₩700,000

위의 연결정산표상 ㈜지배와 연결재무제표의 금액을 비교하여 보면 ㈜종속의 자산과 부채 총액 그리고 영업권 ₩20,000이 연결재무제표에 추가되고, ㈜지배의 종속기업투자는 '0'이 되었음을 알 수 있다. 또한 취득일 현재 연결재무제표상 자본은 ㈜지배의 자본과 동일하다.

---

(3) 종속기업투자의 취득원가 < 종속기업 순자산의 공정가치(=장부금액)

실무에서 흔한 경우는 아니지만 지배기업이 종속기업의 지배력을 취득하면서 지급한 대가가 종속기업 순자산의 공정가치보다 적을 수도 있다. 이러한 경우 연결재무제표를 작성하면 상계제거하는 종속기업투자가 종속기업 자본보다 더 적어 연결조정분개의 대변에 차이가 생기는데, 이를 염가매수차익(gain on a bargain purchase)으로 인식한다.

(차)	자본금	×××	(대) 종속기업투자	×××
	자본잉여금	×××	염가매수차익	×××
	이익잉여금	×××		

이와 같은 연결조정분개도 제1장에서 설명한 합병분개와 유사하다. 합병 시 취득자가 피취득자 순자산의 공정가치보다 더 적은 이전대가를 지급했다면 염가매수차익을 인식하는 합병분개를 한다. 이에 반해 지배기업이 종속기업 지분을 취득한 경우 지급한 대가가 종속기업투자에 포함되므로 지배기업의 별도재무제표에 염가매수차익이 구분 표시되지는 않지만, 연결

과정에서 종속기업투자의 장부금액에 차감되어 있던 염가매수차익이 분리되어 연결재무제표에 표시되는 것이다.

제1장의 2.5절에서 사업결합 시 이전대가가 피취득자 순자산의 공정가치에 미달할 경우 일단 취득 자산과 인수 부채를 정확하게 식별하였는지 재검토하고, 필요하다면 추가로 자산과 부채를 인식한 후에도 차액이 남는다면 이를 염가매수차익으로 인식한다고 설명한 바 있다. 연결조정분개를 할 경우에도 염가매수차익이 발생하면 종속기업 순자산의 공정가치를 재검토할 필요가 있는데, 이후 본서에서는 별도의 언급이 없는 한 재검토 결과 추가로 인식할 자산이나 부채는 없다고 가정한다. 따라서 종속기업투자가 종속기업 자본의 공정가치보다 적다면, 그 차이를 모두 염가매수차익으로 연결조정한다.

예 4 종속기업투자와 종속기업 자본의 상계제거(3)

20×1년 초에 ㈜지배는 ㈜종속의 의결권 있는 주식 100%를 ₩90,000에 취득하여 지배력을 소유하게 되었다. 20×1년 초 지배력 취득 직후 두 기업의 재무상태표와 두 기업의 재무상태표를 단순합산한 결과는 다음과 같다. 단, ㈜종속의 자산 및 부채의 장부금액은 공정가치와 일치한다.

과목	㈜지배	㈜종속	단순합산 결과
현 금	₩210,000	₩50,000	₩260,000
종속기업투자	90,000	−	90,000
유 형 자 산	300,000	150,000	450,000
합 계	₩600,000	₩200,000	₩800,000
부 채	₩300,000	₩100,000	₩400,000
자 본 금	200,000	70,000	270,000
자 본 잉 여 금	60,000	20,000	80,000
이 익 잉 여 금	40,000	10,000	50,000
합 계	₩600,000	₩200,000	₩800,000

연결조정과정에서 ㈜지배의 종속기업투자와 ㈜종속의 자본을 상계제거해야 하는데, 종속기업투자가 ㈜종속의 자본보다 ₩10,000이 더 적으므로 연결조정분개를 할 때 대변에 ₩10,000의 차이가 발생하는데, 이를 염가매수차익으로 분개한다. 연결조정분개와 연결정산표는 다음과 같다.

<연결조정분개>

(차)	자 본 금	70,000	(대) 종 속 기 업 투 자	90,000
	자 본 잉 여 금	20,000	염 가 매 수 차 익	10,000(1)
	이 익 잉 여 금	10,000		

(1) 종속기업투자－종속기업 순자산의 공정가치
　＝₩90,000－100,000＝(－)₩10,000(염가매수차익)

염가매수차익은 취득일이 속하는 회계기간의 당기손익에 반영되므로 연결재무상태표만 작성하는 아래의 연결정산표에는 이익잉여금에 반영하였다.

〈연결정산표〉

과목	㈜지배	㈜종속	연결조정분개		연결재무제표
			차변	대변	
현 금	₩210,000	₩50,000			₩260,000
종속기업투자	90,000	－		90,000	－
유 형 자 산	300,000	150,000			450,000
합 계	₩600,000	₩200,000			₩710,000
부 채	₩300,000	₩100,000			₩400,000
자 본 금	200,000	70,000	70,000		200,000
자본잉여금	60,000	20,000	20,000		60,000
이익잉여금	40,000	10,000	10,000	10,000*	50,000
합 계	₩600,000	₩200,000	₩100,000	₩100,000	₩710,000

* 염가매수차익 발생액이다.

위의 연결정산표상 ㈜지배와 연결재무제표의 금액을 비교하여 보면 ㈜종속의 자산과 부채 총액이 연결재무제표에 추가되고, ㈜지배의 종속기업투자는 ‘0’이 되었음을 알 수 있다. 또한 취득일 현재 연결재무제표상 자본은 ㈜지배의 자본과 동일한데, 다만 염가매수차익을 이익잉여금에 포함하였기 때문에 그만큼 연결재무상태표의 이익잉여금이 더 많이 표시되어 있다.

전술한 (예 2), (예 3)과 (예 4)의 연결재무제표 작성 과정을 그림으로 제시하면 다음과 같다.

| 그림 2 | 연결재무제표 작성 과정

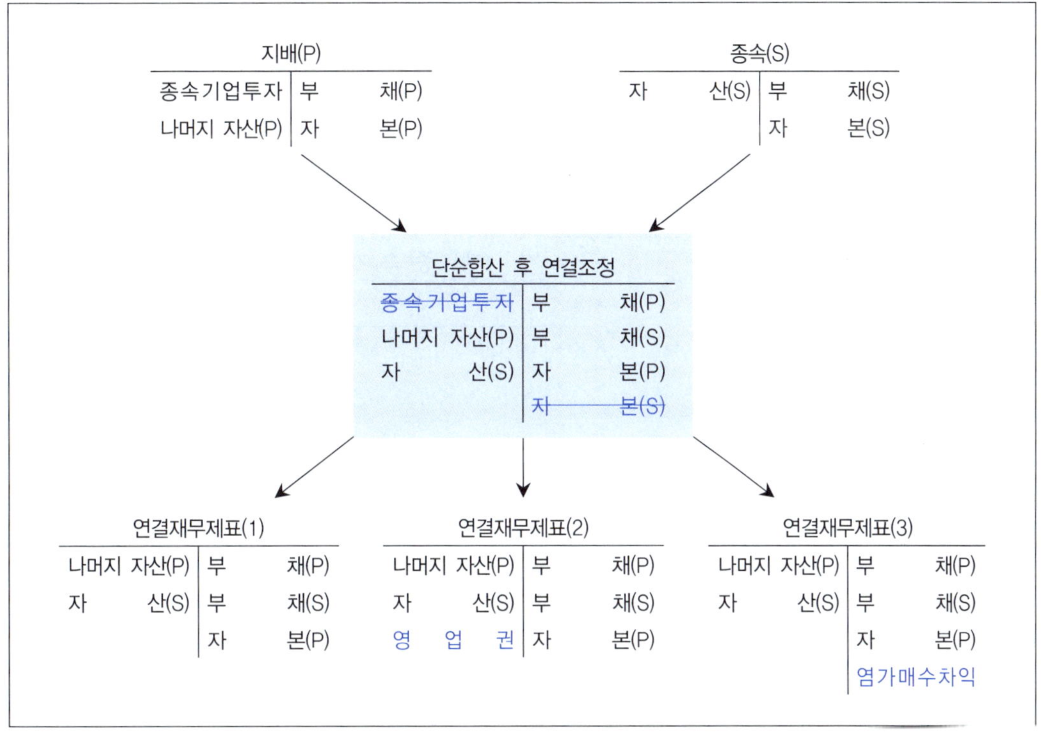

[그림 2]를 보면, 지배기업(P)과 종속기업(S)의 재무제표를 합친 후 종속기업투자와 종속기업 자본(자본(S))을 상계제거하는데, 종속기업투자와 자본(S)이 같은 금액이면 연결재무제표(1)이 되고, 종속기업투자가 자본(S)보다 많으면 차이를 영업권으로 표시한 연결재무제표(2)가 된다. 흔하지는 않지만 종속기업투자가 자본(S)보다 적으면 차이를 염가매수차익으로 표시한 연결재무제표(3)이 된다. 어느 경우이든 지배력 취득시점에서 연결재무제표를 작성하면 종속기업 자본이 모두 상계 제거되므로 연결재무제표의 자본은 지배기업 자본(자본(P))만 남는다. 물론 연결재무제표의 자산과 부채는 지배기업과 종속기업의 구분 없이 합친 상태로 표시된다.

2.2 종속기업 순자산의 장부금액과 공정가치가 일치하지 않는 경우

(예 2)부터 (예 4)까지의 사례에서는 ㈜종속의 자산 및 부채의 장부금액이 공정가치와 일치한다고 가정하였다. 제1장에서 설명한 취득법을 적용한 합병 형태의 사업결합에서 취득자는 피취득자로부터 취득하는 자산과 인수하는 부채를 공정가치로 인식하였다. 연결도 사업결합에 해당하므로 취득일 현재 종속기업의 자산·부채의 장부금액과 공정가치가 다를 경우 연결재무제표에는 취득일 현재 종속기업 자산·부채의 공정가치가 반영되어야 한다.

연결재무제표에 종속기업 자산·부채의 공정가치가 반영되도록 하기 위해서 종속기업투자와 종속기업의 자본을 상계제거하는 연결조정분개를 할 때 종속기업 자산·부채의 장부금액과 공정가치의 차이에 대해서도 함께 조정을 해야 한다. 예를 들어, 지배력 취득일 현재 종속기업의 재고자산과 유형자산, 그리고 사채의 공정가치가 장부금액을 초과한다면, 해당 자산이나 부채의 공정가치와 장부금액의 차이를 다음과 같이 연결조정분개에 반영한다(영업권 발생 가정).

(차)	자 본 금	×××[(1)]	(대)	종속기업투자	×××
	자본잉여금	×××		사 채	×××
	이익잉여금	×××			
	재고자산	×××			
	유형자산	×××			
	영 업 권	×××			

(1) 종속기업 순자산의 공정가치(점선 표시 부분)

위와 같이 연결조정분개를 하면 연결재무상태표상 자산과 부채 금액은 지배기업 자산·부채의 장부금액에 종속기업 자산·부채의 공정가치가 합쳐지므로 제1장에서 설명한 합병의 경우와 결과가 동일하다. 만약에 종속기업의 자산이나 부채의 공정가치가 장부금액에 미달하면, 미달금액만큼 당해 자산이나 부채를 감소시키는 연결조정분개를 한다.

예 5 종속기업 순자산 장부금액과 공정가치가 다를 경우

1. 종속기업투자의 취득원가가 종속기업 순자산의 공정가치를 초과하는 경우
   (예 3)에서 ㈜지배가 ㈜종속의 의결권 있는 주식 100%를 ₩120,000에 취득하였다. 취득일 현재 ㈜종속의 유형자산의 공정가치가 장부금액보다 ₩5,000 더 많을 경우 연결조정분개와 연결정산표는 다음과 같다.

<연결조정분개>

(차)	자 본 금	70,000	(대)	종속기업투자	120,000
	자본잉여금	20,000			
	이익잉여금	10,000			
	유형자산	5,000			
	영 업 권	15,000[(1)]			

(1) 종속기업투자 − 종속기업 순자산의 공정가치
= ₩120,000 − 105,000 = ₩15,000

〈연결정산표〉

과목	㈜지배	㈜종속	연결조정분개		연결재무제표
			차변	대변	
현금	₩180,000	₩50,000			₩230,000
종속기업투자	120,000	–		120,000	–
유형자산	300,000	150,000	5,000		455,000
영업권	–	–	15,000		15,000
합계	₩600,000	₩200,000			₩700,000
부채	₩300,000	₩100,000			₩400,000
자본금	200,000	70,000	70,000		200,000
자본잉여금	60,000	20,000	20,000		60,000
이익잉여금	40,000	10,000	10,000		40,000
합계	₩600,000	₩200,000	₩120,000	₩120,000	₩700,000

위의 연결정산표상 ㈜지배와 연결재무제표의 금액을 비교하면 ㈜종속의 자산과 부채의 장부금액, 공정가치 조정액 ₩5,000, 그리고 영업권 ₩15,000이 연결재무제표에 추가되고, ㈜지배의 종속기업투자는 '0'이 되었음을 알 수 있다. 또한 취득일 현재 연결재무제표상 자본은 ㈜지배의 자본과 동일하다.

2. 종속기업투자의 취득원가가 종속기업 순자산의 공정가치에 미달하는 경우

(예 4)에서 ㈜지배가 ㈜종속의 의결권 있는 주식 100%를 ₩90,000에 취득하였다. 취득일 현재 ㈜종속의 유형자산의 공정가치가 장부금액보다 ₩6,000 더 적을 경우 연결조정분개와 연결정산표는 다음과 같다. 단, 염가매수차익은 취득일이 속하는 회계기간의 당기손익에 반영되므로 연결정산표에는 이익잉여금에 반영하였다.

<연결조정분개>

(차)	자본금	70,000	(대) 종속기업투자	90,000
	자본잉여금	20,000	유형자산	6,000
	이익잉여금	10,000	염가매수차익	4,000(1)

(1) 종속기업투자 − 종속기업 순자산의 공정가치
= ₩90,000 − 94,000 = (−)₩4,000

〈연결정산표〉

과목	㈜지배	㈜종속	연결조정분개		연결재무제표
			차변	대변	
현 금	₩210,000	₩50,000			₩260,000
종속기업투자	90,000	–		90,000	–
유 형 자 산	300,000	150,000		6,000	444,000
합 계	₩600,000	₩200,000			₩704,000
부 채	₩300,000	₩100,000			₩400,000
자 본 금	200,000	70,000	70,000		200,000
자본잉여금	60,000	20,000	20,000		60,000
이익잉여금	40,000	10,000	10,000	4,000	44,000
합 계	₩600,000	₩200,000	₩100,000	₩100,000	₩704,000

위의 연결정산표상 ㈜지배와 연결재무제표의 금액을 비교하면 ㈜종속의 자산과 부채의 장부금액, 공정가치 조정액 (−)₩6,000이 연결재무제표에 추가되고, ㈜지배의 종속기업투자는 '0'이 되었음을 알 수 있다. 또한 취득일 현재 연결재무제표상 자본은 ㈜지배의 자본과 동일한데, 다만 염가매수차익을 이익잉여금에 포함하였기 때문에 그만큼 연결재무상태표의 이익잉여금이 더 많이 표시되어 있다.

지금까지 설명했던 지배력 취득일의 연결조정분개(100% 지분 취득)를 요약하면 다음과 같다. 즉, 지배력 취득일에 해야 할 연결조정분개는 종속기업투자와 종속기업 자본을 상계제거하는 한 가지 분개뿐이다.

(1) 종속기업투자의 취득원가 = 종속기업의 순자산의 FV (BV와 동일)*

(차) 자 본 금	×××	(대) 종 속 기 업 투 자	×××
자 본 잉 여 금	×××		
이 익 잉 여 금	×××		

* FV는 공정가치(fair value)를, BV는 장부금액(book value)을 의미한다. 이하 모두 같다.

(2) 종속기업투자의 취득원가 > 종속기업의 순자산의 FV (BV와 동일)

(차) 자 본 금	×××	(대) 종 속 기 업 투 자	×××
자 본 잉 여 금	×××		
이 익 잉 여 금	×××		
영 업 권	×××		

(3) 종속기업투자의 취득원가 < 종속기업의 순자산의 FV (BV와 동일)

(차) 자본금	×××	(대) 종속기업투자	×××
자본잉여금	×××	염가매수차익	×××
이익잉여금	×××		

(4) 종속기업투자의 취득원가 > 종속기업의 순자산의 FV (유형자산의 FV > BV 가정)

(차) 자본금	×××	(대) 종속기업투자	×××
자본잉여금	×××		
이익잉여금	×××		
유형자산	×××		
영업권	×××		

(5) 종속기업투자 취득원가 < 종속기업의 순자산의 FV (유형자산의 FV > BV 가정)

(차) 자본금	×××	(대) 종속기업투자	×××
자본잉여금	×××	염가매수차익	×××
이익잉여금	×××		
유형자산	×××		

종속기업 순자산의 장부금액과 공정가치가 다를 경우에도 연결재무제표의 작성 과정은 [그림 2]와 동일하다. 다만 자산(S)과 부채(S)의 장부금액이 공정가치와 다를 경우 장부금액과 공정가치의 차이 조정을 포함하여 종속기업투자와 종속기업 자본을 상계제거한다. 따라서 [그림 2]에서 연결재무제표에 포함되어 있는 '나머지 자산(P)과 부채(P)'는 당초 지배기업의 장부금액이지만, '자산(S)과 부채(S)'는 당초 종속기업의 장부금액과 공정가치가 다를 경우 공정가치로 수정한 금액을 의미한다. 한편, 어느 경우이든 지배력 취득시점 현재 종속기업 자본(자본금, 잉여금 등)은 모두 상계제거되므로 지배력 취득일 현재 연결재무제표의 자본은 지배기업의 자본(자본(P))만 표시된다.

종속기업에 대한 100% 지분 취득일에 연결재무제표를 작성할 경우 연결재무상태표에 표시될 주요 계정을 요약하면 다음과 같다.

연결재무상태표의 영업권 = 종속기업투자의 취득원가 − 취득일 현재 종속기업 순자산의 FV

연결재무상태표의 자본금 및 잉여금 = 지배기업의 자본금 및 잉여금 + 염가매수차익

연결재무상태표의 자산 또는 부채의 금액
= 취득일 현재 지배기업 자산·부채의 BV (종속기업투자는 제외)
+ 취득일 현재 종속기업 자산·부채의 FV + 영업권

예제 1 지배력 취득시점의 연결

다음은 갑회사가 을회사 발행주식을 취득하기 직전의 20×1년 초 재무상태표이다.

과목	갑회사	을회사
현 금	₩400,000	₩30,000
유 형 자 산	500,000	120,000
합 계	₩900,000	₩150,000
부 채	₩350,000	₩60,000
자 본 금	300,000	50,000
자 본 잉 여 금	150,000	10,000
이 익 잉 여 금	100,000	30,000
합 계	₩900,000	₩150,000

물음

1. 갑회사가 20×1년 초에 을회사의 발행주식 중 100%를 취득하여 지배력을 소유하게 되었다. 을회사 취득일 현재 을회사 자산과 부채의 공정가치는 장부금액과 일치한다. 갑회사가 각각 ₩90,000, ₩110,000 및 ₩80,000의 현금을 지급하고 을회사 발행주식을 취득하였을 경우로 구분하여 20×1년 초에 연결재무제표를 작성한다면 갑회사가 해야 할 연결조정분개를 하고, 다음의 연결재무상태표 양식에 들어갈 금액을 표시하라.

과목	취득원가가 ₩90,000인 경우	취득원가가 ₩110,000인 경우	취득원가가 ₩80,000인 경우
현 금			
종 속 기 업 투 자			
유 형 자 산			
영 업 권			
합 계			
부 채			
자 본 금			
자 본 잉 여 금			
이 익 잉 여 금			
합 계			

2. (물음 1)에서 을회사 자산 중 유형자산의 공정가치가 장부금액을 ₩5,000 초과한다고 가정하고, 갑회사가 각각 ₩95,000, ₩120,000 및 ₩82,000의 현금을 지급하고 을회사 발행주식을 취득하였을 경우로 구분하여 다시 답하라.

해답

1. <연결조정분개>

① 종속기업투자의 취득원가가 ₩90,000인 경우

(차)	자본금	50,000	(대) 종속기업투자	90,000
	자본잉여금	10,000		
	이익잉여금	30,000		

② 종속기업투자의 취득원가가 ₩110,000인 경우

(차)	자본금	50,000	(대) 종속기업투자	110,000
	자본잉여금	10,000		
	이익잉여금	30,000		
	영업권	20,000		

③ 종속기업투자의 취득원가가 ₩80,000인 경우

(차)	자본금	50,000	(대) 종속기업투자	80,000
	자본잉여금	10,000	염가매수차익	10,000
	이익잉여금	30,000		

〈연결재무상태표〉

과목	취득원가가 ₩90,000인 경우	취득원가가 ₩110,000인 경우	취득원가가 ₩80,000인 경우
현금	₩340,000(1)	₩320,000(2)	₩350,000(3)
종속기업투자	–	–	–
유형자산	620,000	620,000	620,000
영업권	–	20,000	–
합계	₩960,000	₩960,000	₩970,000
부채	₩410,000	₩410,000	₩410,000
자본금	300,000	300,000	300,000
자본잉여금	150,000	150,000	150,000
이익잉여금	100,000	100,000	110,000(4)
합계	₩960,000	₩960,000	₩970,000

(1) ₩400,000 − 90,000(종속기업투자 취득 시 감소) + 30,000(을회사 현금) = ₩340,000
(2) ₩400,000 − 110,000(종속기업투자 취득 시 감소) + 30,000(을회사 현금) = ₩320,000
(3) ₩400,000 − 80,000(종속기업투자 취득 시 감소) + 30,000(을회사 현금) = ₩350,000
(4) ₩100,000 + 10,000(염가매수차익) = ₩110,000

2. <연결조정분개>

① 종속기업투자의 취득원가가 ₩95,000인 경우

(차)	자본금	50,000	(대) 종속기업투자	95,000
	자본잉여금	10,000		
	이익잉여금	30,000		
	유형자산	5,000		

② 종속기업투자의 취득원가가 ₩120,000인 경우

(차)	자본금	50,000	(대) 종속기업투자	120,000
	자본잉여금	10,000		
	이익잉여금	30,000		
	유형자산	5,000		
	영업권	25,000		

③ 종속기업투자의 취득원가가 ₩82,000인 경우

(차)	자본금	50,000	(대) 종속기업투자	82,000
	자본잉여금	10,000	염가매수차익	13,000
	이익잉여금	30,000		
	유형자산	5,000		

〈연결재무상태표〉

과목	취득원가가 ₩95,000인 경우	취득원가가 ₩120,000인 경우	취득원가가 ₩82,000인 경우
현금	₩335,000(1)	₩310,000(2)	₩348,000(3)
종속기업투자	–	–	–
유형자산	625,000(4)	625,000	625,000
영업권	–	25,000	–
합계	₩960,000	₩960,000	₩973,000
부채	₩410,000	₩410,000	₩410,000
자본금	300,000	300,000	300,000
자본잉여금	150,000	150,000	150,000
이익잉여금	100,000	100,000	113,000(5)
합계	₩960,000	₩960,000	₩973,000

(1) ₩400,000 − 95,000(종속기업투자 취득 시 감소) + 30,000(을회사 현금) = ₩335,000
(2) ₩400,000 − 120,000(종속기업투자 취득 시 감소) + 30,000(을회사 현금) = ₩310,000
(3) ₩400,000 − 82,000(종속기업투자 취득 시 감소) + 30,000(을회사 현금) = ₩348,000
(4) ₩500,000 + 120,000 + 5,000(유형자산의 BV · FV 차이) = ₩625,000
(5) ₩100,000 + 13,000(염가매수차익) = ₩113,000

3 지배력 취득 이후의 연결 - 종속기업에 대한 100% 지분 취득

3.1 별도재무제표에서 종속기업투자의 다양한 평가방법

제2장 5절에서 설명한 바와 같이 지배기업이 종속기업투자를 취득한 이후 지배기업은 기준서 제1027호에 따라 종속기업투자를 원가법, 기준서 제1109호의 방법(공정가치법) 또는 지분법 중 한 가지 방법을 적용하여 별도재무제표를 작성한다. 따라서 실무상 지배기업은 개별 장부에서 종속기업투자를 원가법, 공정가치법 또는 지분법 중 한 가지 방법으로 평가할 것이다.[8)]

[그림 3]에서 보는 바와 같이 원가법, 공정가치법 및 지분법은 재무상태표와 포괄손익계산서에 미치는 영향이 각각 다르기 때문에 3가지 방법을 적용한 지배기업의 별도재무제표는 같지 않을 것이다. 그러나 지배기업과 종속기업을 경제적 단일실체라고 가정하기 때문에 지배기업이 별도재무제표를 작성할 때 종속기업투자를 어떤 방법으로 평가하였는지 관계없이 연결재무제표는 동일해야 한다. 따라서 지배기업이 별도재무제표를 작성할 때 종속기업투자에 적용한 평가방법에 따라 연결조정분개는 다를 수밖에 없다.

| 그림 3 | 지배기업의 별도재무제표와 연결재무제표

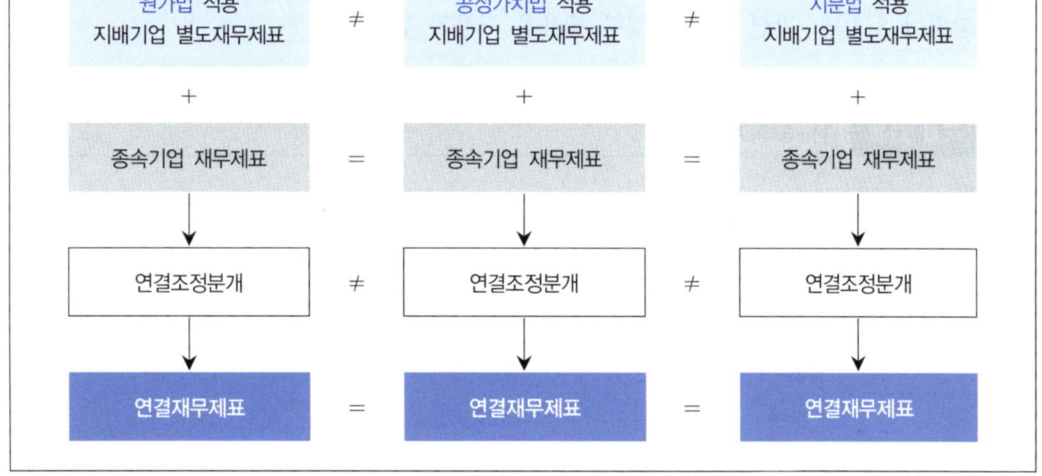

8) 저자는 연구논문을 작성하는 과정에서 다수의 우리나라 상장기업의 별도재무제표의 주석을 검토한 바 있는데, 검토했던 모든 기업들은 종속기업투자를 원가법으로 평가하였다.

지배기업이 지분법 또는 공정가치법을 적용하여 별도재무제표를 작성한 경우 보고기간 말에 원가법을 적용하였다면 표시되었을 금액으로 재무제표 금액을 먼저 수정한 후에 원가법 하에서의 연결조정분개를 하면 된다. 따라서 본서에서는 지배기업이 원가법으로 별도재무제표를 작성하였다고 전제하고 모든 연결조정 절차를 설명한다.

3.2 영업권의 손상차손

지배력 취득시점에서 영업권을 인식한 경우 지배력 취득 후에는 영업권의 손상차손을 인식하는 연결조정분개가 추가될 수 있다. 연결재무제표 작성 시 영업권의 손상차손 인식은 제1장의 2.7절에서 설명한 영업권의 손상차손 인식 과정과 동일하므로 본절에서는 제1장에서의 설명했던 영업권의 손상차손 인식 과정을 요약하기로 한다.

영업권은 독립적으로 현금을 창출하지 못하므로 영업권의 회수가능액을 추정하여 손상차손을 직접 측정할 수 없다. 따라서 영업권의 손상검사 목적을 위해서 사업결합으로 인한 시너지 효과의 혜택을 받게 될 것으로 기대되는 현금창출단위에 영업권을 배분한 후, 그 현금창출단위의 회수가능액이 장부금액에 미달할 경우 그 미달액을 영업권의 손상차손으로 인식한다. 만약에 미달액이 영업권보다 많으면 초과액은 현금창출단위를 구성하는 다른 자산의 장부금액에 비례하여 배분한다. 다만, 영업권에 대해서 손상차손을 인식한 후에는 손상차손환입을 인식할 수 없다.

참고로 삼성전자㈜의 제53기 연결재무제표에는 영업권의 기말 장부금액 5,844,259백만 원이 포함되어 있는데, 관련 주석의 일부 내용은 다음과 같다.

주석 공시 사례 11. 무형자산

(중략)

나. 연결회사는 영업권을 식별된 현금창출단위에 배분하고 있으며, 보고기간 종료일 현재 보고부문별 영업권 내역은 다음과 같습니다.

(단위 : 백만 원)

구분		당기 말	전기 말
CE 부문		529,979	524,383
IM 부문		684,751	657,146
DS 부문	반도체	160,026	153,520
	DP	138,061	138,754

Harman 부문	4,330,139	4,199,334
기타	1,303	505
계	5,844,259	5,673,642

연결회사는 매년 영업권의 손상 여부를 검토하고 있으며, 현금창출단위의 회수가능액은 사용가치 계산 등에 근거하여 결정되었습니다. 사용가치의 계산은 경영진이 승인한 향후 5년간(단, 신기술 산업 등 중장기 계획이 합리적인 경우 5년 초과)의 재무예산에 근거한 세전현금흐름 추정치를 사용하였습니다. 동 기간을 초과하는 기간에 대한 영구 현금흐름의 산출은 일정 성장률의 가정(단, 산업평균 성장률을 초과하지 않음)이 사용되었습니다.

본서에서는 영업권이 배분된 현금창출단위의 회수가능액과 장부금액의 자료를 제시하고 현금창출단위의 회수가능액이 장부금액에 미달할 경우 그 미달액을 영업권의 손상차손으로 인식하는 방식으로 문제를 풀이한다. 다만, 지배기업이 종속기업 지분 중 100% 미만을 취득한 경우에는 영업권의 손상차손을 인식하는 과정이 다소 복잡하므로 본장 보론에서 자세하게 설명한다.

3.3 종속기업 순자산의 장부금액과 공정가치가 일치하는 경우

2절에서 종속기업 순자산의 장부금액과 공정가치가 일치하는 경우와 일치하지 않는 경우로 구분하여 지배력 취득시점의 연결 절차를 설명하였다. 본절의 지배력 취득 이후의 연결 절차도 지배력 취득일 현재 종속기업 순자산의 장부금액과 공정가치가 일치하는 경우와 일치하지 않는 경우로 구분하여 설명하기로 한다.

(1) 지배력 취득 후 1차 연도 말 연결재무제표 작성

지배력을 취득한 이후 지배기업이 연결재무제표를 작성할 경우에는 재무상태표 뿐만 아니라 포괄손익계산서도 작성해야 한다.[9] 지배력 취득 후 어느 시점에서 연결재무제표를 작성하더라도 종속기업투자와 종속기업 자본의 상계제거라는 연결조정분개는 반드시 해야 한다. 이때 유의할 점은 어느 시점에 연결재무제표를 작성하더라도 지배력 취득시점을 기준으로 종속기업투자와 종속기업 자본의 상계제거를 한다는 것이다.

9) 제2장에서 손익계산서, 포괄손익을 표시하는 보고서 및 포괄손익계산서라는 명칭을 설명하였는데, 본장부터 연결재무제표를 작성할 때 경우에 따라 (연결)손익계산서와 (연결)포괄손익계산서라는 명칭을 모두 사용하기로 한다.

예를 들어, 20×1년 초에 지배력을 취득한 후 20×1년 말이나 20×2년 말에 연결재무제표를 작성할 경우 20×1년 말이나 20×2년 말이 아니라 지배력 취득시점인 20×1년 초 현재 종속기업투자와 종속기업 자본을 상계제거한다. 그리고 지배력 취득 이후 영업권의 손상, 종속기업 자본(순자산)의 변동, 지배기업과 종속기업 간의 내부거래, 지배기업의 종속기업에 대한 지분율의 변동 등이 발생할 수 있는데, 이를 순차적으로 연결조정분개에 반영하면 된다.

본절에서 지배기업은 종속기업의 지분을 100% 소유한 것으로 가정하기 때문에 종속기업의 순자산 변동(당기순손익이나 기타포괄손익)[10]을 모두 지배기업에 귀속시켜야 한다. 그런데 지배기업 재무제표와 종속기업 재무제표를 단순 합산하는 과정에서 이미 종속기업의 모든 수익과 비용이 지배기업에 귀속되므로 종속기업의 당기순손익이나 기타포괄손익을 지배기업에 귀속시키는 별도의 연결조정분개는 필요하지 않다.

지배기업이 100% 미만의 종속기업 지분을 소유한 경우에는 종속기업의 당기순손익이나 기타포괄손익을 지배기업의 소유주지분과 비지배지분으로 나누는 연결조정분개가 필요한데, 4절에서 자세하게 설명한다.

종속기업의 100% 지분을 취득한 후 1차 연도 말의 연결조정분개는 다음과 같다.

① 종속기업투자와 종속기업 자본의 상계제거(지배력 취득시점의 금액 기준)

(차)	자 본 금	×××	(대) 종속기업투자	×××
	자본잉여금	×××		
	이익잉여금	×××		
	영 업 권	×××		

또는

(차)	자 본 금	×××	(대) 종속기업투자	×××
	자본잉여금	×××	염가매수차익	×××
	이익잉여금	×××		

② 영업권의 손상차손 인식(해당하는 경우에만)

(차)	손 상 차 손	×××	(대) 영 업 권	×××

10) 종속기업 순자산은 당기순손익이나 기타포괄손익 이외에 자본거래(증자, 감자 등)로 인하여 변동될 수 있다. 자본거래가 발생할 경우에는 종속기업에 대한 지분율이 바뀔 수 있으므로 일단 본장에서 순자산의 변동을 당기순손익이나 기타포괄손익에 의한 변동에 국한하며, 자본거래로 인한 순자산 변동이 있는 경우 연결재무제표의 작성은 제5장에서 설명한다.

(2) 지배력 취득 후 2차 연도 말 이후 연결재무제표 작성

연결재무제표는 지배기업이 지배력을 취득한 이후 지배기업의 매 보고기간 말마다 작성하여야 한다. 그런데 과년도에 연결재무제표를 작성하면서 종속기업투자와 종속기업 자본의 상계제거를 포함한 연결조정분개를 하였더라도 연결정산표상에만 표시하였을 뿐 지배기업이나 종속기업의 개별 장부에 기록한 것은 아니다. 따라서 지배력 취득 후 어느 시점에서 연결재무제표를 작성하더라도 지배력 취득시점을 기준으로 종속기업투자와 종속기업 자본을 상계제거하는 연결조정분개를 해야 한다.

한편, 과년도에 영업권 손상차손이나 염가매수차익을 인식했다면 이는 더 이상 당해연도의 손익이 아니므로 당해연도 연결조정분개에서는 이익잉여금으로 조정하고, 당해연도에 영업권 손상차손을 추가 인식할지 판단한다. 이때 유의할 점은 과년도에 연결재무제표 작성 시 인식했던 영업권의 손상차손은 이후에 환입할 수 없다는 것이다.

종속기업의 100% 지분을 취득한 후 2차 연도 말의 연결조정분개는 다음과 같다.

① 종속기업투자와 종속기업 자본의 상계제거(지배력 취득시점의 금액 기준)

(차)	자본금	×××	(대) 종속기업투자	×××
	자본잉여금	×××	(염가매수차익	×××)
	이익잉여금	×××		
	영업권	×××		

② 과년도에 영업권의 손상차손을 인식한 경우(해당하는 경우에만)

(차)	이익잉여금	×××	(대) 영업권	×××

③ 당해연도에 영업권의 손상차손을 추가로 인식한 경우(해당하는 경우에만)

(차)	손상차손	×××	(대) 영업권	×××

④ 분개 ①에서 영업권 대신 염가매수차익을 인식한 경우

(차)	염가매수차익	×××	(대) 이익잉여금	×××

예제 2 지배력 취득 후 연결재무제표의 작성

갑회사는 20×1년 초에 을회사의 의결권 있는 주식 100%를 ₩200,000에 취득하여 지배기업이 되었다. 취득일 현재 을회사 자산과 부채의 장부금액과 공정가치는 일치하였다. 20×1년 말과 20×2년 말의 갑회사와 을회사의 재무제표는 다음과 같다. 20×1년 초 이후 두 회사 간의 내부거래는 없다.

과목	20×1년도		20×2년도	
	갑회사	을회사	갑회사	을회사
수익	₩800,000	₩200,000	₩750,000	₩180,000
비용	(750,000)	(180,000)	(710,000)	(164,000)
당기순이익	₩50,000	₩20,000	₩40,000	₩16,000
현금·매출채권	₩70,000	₩46,000	₩100,000	₩68,000
재고자산	180,000	50,000	170,000	60,000
종속기업투자	200,000	–	200,000	–
유형자산	600,000	134,000	650,000	128,000
합계	₩1,050,000	₩230,000	₩1,120,000	₩256,000
부채	₩320,000	₩70,000	₩350,000	₩80,000
자본금	400,000	100,000	400,000	100,000
자본잉여금	130,000	20,000	130,000	20,000
이익잉여금	200,000	40,000	240,000	56,000
합계	₩1,050,000	₩230,000	₩1,120,000	₩256,000

물음

1. 20×1년 초에 갑회사가 을회사의 지배력을 취득한 직후 연결재무제표를 작성할 경우 해야 할 연결조정분개를 하라.
2. 20×1년 말에 갑회사가 연결재무제표를 작성할 경우 연결조정분개를 하고, 연결정산표를 작성하라. 단, 영업권이 배분된 현금창출단위의 20×1년 말 현재 회수가능액이 장부금액보다 ₩35,000 적다.
3. 20×2년 말에 갑회사가 연결재무제표를 작성할 경우 연결조정분개를 하고, 연결정산표를 작성하라. 단, 영업권이 배분된 현금창출단위의 20×2년 말 현재 회수가능액이 장부금액보다 ₩2,000 적다.
4. (물음 2)와 관계없이 갑회사가 을회사와의 사업결합에서 발생한 영업권을 갑회사의 공장건물과 기계장치로 구성되는 현금창출단위에 배분하였다고 가정하라. 영업권이 배분된 현금창출단위의 20×1년 말 장부금액(영업권은 제외)은 ₩200,000(공장건물 ₩150,000, 기계장치 ₩50,000)이며, 회수가능액이 ₩190,000일 때 손상차손과 관련된 연결조정분개를 하라. 단, 공장건물과 기계장치의 개별 회수가능액은 측정하기 곤란하다.

해답

1. <20×1년 초 연결조정분개>

(차) 자 본 금	100,000	(대) 종 속 기 업 투 자	200,000
자 본 잉 여 금	20,000		
이 익 잉 여 금	20,000[(1)]		
영 업 권	60,000		

(1) 20×1년 초 이익잉여금＝₩40,000(20×1년 말 이익잉여금)－20,000(당기순이익)

2. <20×1년 말 연결조정분개>

① 종속기업투자와 지배력 취득시점의 종속기업 자본의 상계제거

(차) 자 본 금	100,000	(대) 종 속 기 업 투 자	200,000
자 본 잉 여 금	20,000		
이 익 잉 여 금	20,000		
영 업 권	60,000		

② 영업권의 손상차손 인식

(차) 손 상 차 손	35,000	(대) 영 업 권	35,000

〈20×1년도 연결정산표〉

과목	갑회사	을회사	연결조정분개		연결재무제표
			차변	대변	
수 익	₩800,000	₩200,000			₩1,000,000
비 용	(750,000)	(180,000)	②35,000		(965,000)
당기순이익	₩50,000	₩20,000	₩35,000*		₩35,000
현금·매출채권	₩70,000	₩46,000			₩116,000
재 고 자 산	180,000	50,000			230,000
종속기업투자	200,000	–		①200,000	–
유 형 자 산	600,000	134,000			734,000
영 업 권	–	–	①60,000	②35,000	25,000
합 계	₩1,050,000	₩230,000			₩1,105,000
부 채	₩320,000	₩70,000			₩390,000
자 본 금	400,000	100,000	①100,000		400,000
자본잉여금	130,000	20,000	①20,000		130,000
이익잉여금	200,000	40,000	①20,000 35,000*		185,000
합 계	₩1,050,000	₩230,000	₩235,000	₩235,000	₩1,105,000

* 당기순이익의 조정 금액만큼 이익잉여금에 반영한다.

3. <20×2년 말 연결조정분개>

① 종속기업투자와 지배력 취득시점의 종속기업 자본의 상계제거

(차)	자본금	100,000	(대) 종속기업투자	200,000
	자본잉여금	20,000		
	이익잉여금	20,000		
	영업권	60,000		

② 영업권의 손상차손 인식

(차)	이익잉여금	35,000[(1)]	(대) 영업권	37,000
	손상차손	2,000[(1)]		

(1) 20×1년도 손상차손은 이익잉여금에서 조정하고, 20×2년도 추가 인식 손상차손은 당기손익으로 인식한다.

〈20×2년도 연결정산표〉

과목	갑회사	을회사	연결조정분개		연결재무제표
			차변	대변	
수익	₩750,000	₩180,000			₩930,000
비용	(710,000)	(164,000)	②2,000		(876,000)
당기순이익	₩40,000	₩16,000	₩2,000*		₩54,000
현금·매출채권	₩100,000	₩68,000			₩168,000
재고자산	170,000	60,000			230,000
종속기업투자	200,000	–		①200,000	–
유형자산	650,000	128,000			778,000
영업권	–	–	①60,000	②37,000	23,000
합계	₩1,120,000	₩256,000			₩1,199,000
부채	₩350,000	₩80,000			₩430,000
자본금	400,000	100,000	①100,000		400,000
자본잉여금	130,000	20,000	①20,000		130,000
이익잉여금	240,000	56,000	①20,000 ②35,000 2,000*		239,000
합계	₩1,120,000	₩256,000	₩237,000	₩237,000	₩1,199,000

* 당기순이익의 조정 금액만큼 이익잉여금에 반영한다.

4. 영업권이 배분된 현금창출단위의 손상차손 = ₩260,000 − 190,000 = (−)₩70,000

<손상차손의 개별자산 배분>

과목	배분 전 장부금액	손상차손의 배분[(1)]
건 물	₩150,000	₩(7,500)
기 계 장 치	50,000	(2,500)
영 업 권	60,000	(60,000)
계	₩260,000	₩(70,000)

(1) 현금창출단위의 손상차손 ₩70,000 중 ₩60,000을 영업권에 우선 배분
나머지 현금창출단위의 손상차손 ₩10,000을 건물과 기계장치의 장부금액에 비례하여 배분
건물 손상차손 = ₩10,000×(150,000/200,000) = ₩7,500
기계장치 손상차손 = ₩10,000×(50,000/200,000) = ₩2,500

<20×1년 말 손상차손 관련 연결조정분개>

(차)	손 상 차 손	70,000	(대) 영 업 권	60,000
			(건 물)손상차손누계액	7,500
			(기계장치)손상차손누계액	2,500

3.4 종속기업 순자산의 장부금액과 공정가치가 일치하지 않는 경우

(1) 지배력 취득 후 1차 연도 말 연결재무제표 작성

2.2절에서 설명한 바와 같이 지배력 취득일 현재 종속기업 순자산의 장부금액과 공정가치가 일치하지 않는 경우 지배력 취득시점에 연결재무제표를 작성한다면 종속기업투자와 종속기업 자본의 상계제거분개를 할 때 해당 자산 및 부채의 장부금액과 공정가치의 차이를 조정한다. 그런데 취득일 이후 기간이 경과하면서 해당 자산 및 부채의 장부금액과 공정가치의 차이가 소멸할 수 있다. 예를 들어, 취득일 현재 재고자산의 장부금액과 공정가치의 차이는 이후 재고자산을 판매할 때 소멸할 것이며, 유형자산의 장부금액과 공정가치의 차이는 유형자산에 대한 감가상각비를 인식하거나 유형자산을 매각할 때 소멸할 것이다. 또한 부채의 장부금액과 공정가치의 차이는 부채를 결제할 때 소멸할 것이다. 따라서 지배력 취득 후 1차 연도 말에 연결재무제표를 작성할 경우 종속기업 순자산의 장부금액과 공정가치의 차이 중 취득일 이후 소멸한 부분에 대한 연결조정분개가 필요하다.

지배력 취득 후 1차 연도 말의 연결조정분개는 다음과 같다(취득일 현재 재고자산과 유형자산의 공정가치가 장부금액을 초과하고, 영업권 발생 가정).

① 종속기업투자와 종속기업 자본의 상계제거(지배력 취득시점의 금액 기준)

(차)	자본금	×××	(대) 종속기업투자	×××
	자본잉여금	×××		
	이익잉여금	×××		
	재고자산	×××		
	유형자산	×××		
	영업권	×××		

② 종속기업 순자산의 BV·FV 차이조정

②-1 상각대상자산의 경우

(차)	감가상각비	×××	(대) 감가상각누계액	×××

②-2 당기 중 비상각대상자산을 처분하였을 경우

(차)	유형자산처분이익	×××(1)	(대) 유형자산	×××
(차)	매출원가	×××	(대) 재고자산	×××

(1) 당기 중 유형자산 처분 시 처분이익이 발생한 것을 가정한 연결조정분개이다. 만약 당기 중 유형자산 처분 시 처분손실이 발생하였다면 유형자산처분손실로 한다.

③ 영업권의 손상차손 인식(해당하는 경우에만)

(차)	손상차손	×××	(대) 영업권	×××

100% 지배지분을 소유하는 경우 연결재무제표에 표시되는 자산과 부채의 금액은 합병을 했다면 취득자의 재무제표에 표시되었을 자산과 부채의 금액과 동일하다. 왜냐하면 연결이든 합병이든 형식만 다를 뿐 사업결합이라는 본질은 동일하기 때문이다. 예를 들어, 갑회사가 을회사를 합병하는데 을회사의 상각대상 유형자산의 공정가치가 장부금액보다 많다면 갑회사는 을회사 유형자산을 공정가치로 취득하는 합병 분개를 하였을 것이고, 이후 동 유형자산에 대한 감가상각비도 취득일의 공정가치에 기초한 금액으로 인식할 것이다.

그런데 갑회사가 을회사를 합병하는 것이 아니라 을회사의 지분 100%를 취득하여 연결재무제표를 작성할 경우에는 갑회사와 을회사의 재무제표를 단순합산한 후에 연결조정분개를 반영하는데, 단순합산 금액에는 을회사의 유형자산 장부금액이 포함되어 있을 것이고, 감가상각비도 유형자산의 장부금액에 기초하여 계산한 금액이 포함되어 있을 것이다. 따라서 연결조정분개를 할 때 을회사 유형자산을 공정가치로 조정할 뿐만 아니라(위의 연결조정분개 ①) 감가상각비도 공정가치에 기초하여 계산한 금액이 되도록 조정(위의 연결조정분개 ②-1)하는 것이다. 이렇게 연결조정분개를 하면 연결재무제표에 표시되는 금액(자산, 부채, 수익 및 비용)은 당초 합병을 했다면 표시될 금액과 같은 금액으로 표시된다.

만약에 재고자산과 유형자산의 공정가치가 장부금액에 미달한다면 다음과 같이 연결조정분개를 한다.

① 종속기업투자와 종속기업 자본의 상계제거(지배력 취득시점의 금액 기준)

(차)	자 본 금	×××	(대) 종속기업투자	×××
	자본잉여금	×××	재 고 자 산	×××
	이익잉여금	×××	유 형 자 산	×××
	영 업 권	×××		

② 종속기업 순자산의 BV·FV 차이조정

②−1 상각대상자산의 경우

(차)	감가상각누계액	×××	(대) 감 가 상 각 비	×××

②−2 당기 중 비상각대상자산이 처분되었을 경우

(차)	유 형 자 산	×××	(대) 유형자산처분이익	×××(1)
(차)	재 고 자 산	×××	(대) 매 출 원 가	×××

(1) 당기 중 유형자산 처분 시 처분이익이 발생한 것을 가정한 연결조정분개이다. 만약 당기 중 유형자산 처분 시 처분손실이 발생하였다면 유형자산처분손실로 한다.

③ 영업권의 손상차손 인식(해당하는 경우에만)

(차)	손 상 차 손	×××	(대) 영 업 권	×××

(2) 지배력 취득 후 2차 연도 말 이후 연결재무제표 작성

지배력을 취득한 후 2차 연도부터 종속기업 순자산의 장부금액과 공정가치 차이의 소멸을 과년도분과 당기분으로 구분하여 과년도분을 이익잉여금에서 조정한다. 지배력 취득 후 2차 연도 말 이후의 연결조정분개는 다음과 같다(취득일 현재 재고자산과 유형자산의 공정가치가 장부금액을 초과하고, 영업권 발생 가정).

① 종속기업투자와 종속기업 자본의 상계제거(지배력 취득시점의 금액 기준)

(차)	자 본 금	×××	(대) 종속기업투자	×××
	자본잉여금	×××	(염가매수차익	×××)
	이익잉여금	×××		
	재 고 자 산	×××		
	유 형 자 산	×××		
	영 업 권	×××		

② 종속기업 순자산의 BV·FV 차이조정

②-1 상각대상자산의 경우

(차) 이 익 잉 여 금	××× (1)	(대) 감가상각누계액	×××
감 가 상 각 비	××× (2)		

(1) 전기이전 감가상각비
(2) 당기 감가상각비

②-2 비상각대상자산이 처분되었을 경우

(차) 이 익 잉 여 금	××× (3)	(대) 유 형 자 산	×××
유형자산처분이익	××× (4)		
(차) 이 익 잉 여 금	××× (3)	(대) 재 고 자 산	×××
매 출 원 가	××× (4)		

(3) 전기이전 처분이익 또는 매출원가
(4) 당기 처분이익 또는 매출원가

③ 영업권의 손상차손 인식(해당하는 경우에만)

(차) 이 익 잉 여 금	××× (5)	(대) 영 업 권	×××
손 상 차 손	××× (6)		

(5) 전기이전 인식 손상차손
(6) 당기 인식 손상차손

④ 분개 ①에서 영업권 대신 염가매수차익을 인식한 경우

(차) 염 가 매 수 차 익	×××	(대) 이 익 잉 여 금	×××

종속기업의 100% 지분 취득일 이후 1차 연도 말 또는 2차 연도 말에 연결재무제표를 작성할 경우 연결재무제표에 표시될 주요 계정 금액(종속기업의 증자나 감자는 없다고 가정)의 결정과정을 요약하면 다음과 같다.

연결재무상태표의 영업권
=종속기업투자의 취득원가－취득일 현재 종속기업 순자산의 FV－영업권 손상차손 누계액

연결재무상태표의 자산(영업권 제외) 또는 부채의 금액
=당기 말 지배기업 자산·부채의 BV(종속기업투자는 제외)
　+당기 말 종속기업 자산·부채의 BV
　+취득일 현재 종속기업 자산·부채의 BV·FV 차이 중 미소멸 금액

연결재무상태표의 자본금=지배기업의 자본금

연결재무상태표의 자본잉여금
=지배기업 자본잉여금±취득일 이후 종속기업 자본잉여금 변동액

연결재무상태표의 이익잉여금
=지배기업 이익잉여금±취득일 이후 종속기업 이익잉여금 변동액
 −종속기업 순자산의 BV·FV 차이조정 누계액−영업권 손상차손 누계액+염가매수차익

연결손익계산서의 당기순이익
=지배기업 당기순이익+종속기업 당기순이익−종속기업 순자산의 BV·FV 차이의 당기분 조정
 −당기 영업권 손상차손+당기 염가매수차익

위의 요약에서 주목할 부분은 연결재무상태표상 자산·부채의 금액이다. 취득일 현재 연결재무상태표에는 취득일 현재 종속기업 자산·부채의 공정가치가 포함된다. 그러나 취득일로부터 n년 후의 연결재무상태표에는 n년 후의 종속기업 자산·부채의 공정가치가 포함되는 것이 아니라, n년 후 종속기업 자산·부채의 장부금액과 취득일 현재 자산·부채의 장부금액과 공정가치 차이 중 n년 동안 소멸하지 않은 잔액이 포함된다.

그리고 위의 요약을 보면, 연결당기순이익은 기본적으로 지배기업 당기순이익과 종속기업 당기순이익을 합한 금액과 동일하다. 그러나 당기 발생 영업권의 손상차손이나 염가매수차익이 있다면 이를 지배기업 당기순이익에 반영하고, 지배력 취득 시 종속기업 순자산의 장부금액과 공정가치의 차이 중 당기 소멸분이 있다면 이를 종속기업 당기순이익에 반영하여 연결당기순이익을 결정하는 것으로 이해하면 될 것이다. 이 과정을 그림으로 표시하면 [그림 4]와 같다. 이 그림은 본장 4절의 비지배지분이 있는 경우와 제4장의 내부미실현이익이 있는 경우에도 그대로 사용될 것이다.

| 그림 4 | 연결당기순이익(100% 지배·종속 관계인 경우)의 결정

지배기업 당기순이익 − 당기 발생 영업권 손상차손 + 당기 발생 염가매수차익	종속기업 당기순이익 − BV·FV 차이 당기분 조정

[그림 4]를 보면 당기 발생 영업권 손상차손과 염가매수차익은 지배기업 당기순이익에서, 그리고 BV·FV 차이 당기분 조정은 종속기업 당기순이익에서 각각 조정하는 것으로 표시하였는데 어느 쪽에서 조정하든 연결당기순이익은 동일하게 도출될 것이다. 그러나 후술하겠지만 지배기업이 100% 미만의 종속기업 지분을 취득하여 비지배지분이 존재하는 경우에는 종속기업 당기순이익에 조정하는 금액만 비지배지분에 영향을 미치므로 [그림 4]에서 특정 조정금액이 어느 쪽에 해당하는지 구분할 필요가 있다.

예제 3 지배력 취득 후 연결재무제표의 작성

갑회사는 20×1년 초에 을회사의 의결권 있는 주식 100%를 ₩200,000에 취득하여 지배기업이 되었다. 취득일 현재 다음의 을회사 자산을 제외한 모든 자산과 부채의 장부금액과 공정가치는 일치하였다.

항목	장부금액	공정가치	비고
토 지	₩80,000	₩95,000	20×1년 중에 ₩100,000에 전부 처분
건 물	60,000	70,000	잔존내용연수 10년, 잔존가치 없이 정액법 상각
재고자산	55,000	60,000	20×1년 중에 70% 판매, 20×2년 중에 30% 판매

20×1년 말과 20×2년 말의 갑회사와 을회사의 재무제표는 다음과 같다. 20×1년 초 이후 두 회사 간의 내부거래는 없다.

과목	20×1년도		20×2년도	
	갑회사	을회사	갑회사	을회사
수 익	₩800,000	₩220,000	₩750,000	₩180,000
비 용	(750,000)	(180,000)	(710,000)	(164,000)
당기순이익	₩50,000	₩40,000	₩40,000	₩16,000
현금·매출채권	₩70,000	₩146,000	₩100,000	₩168,000
재고자산	180,000	50,000	170,000	60,000
종속기업투자	200,000	–	200,000	–
토 지	350,000	–	400,000	–
건 물(순액)	250,000	54,000	250,000	48,000
합 계	₩1,050,000	₩250,000	₩1,120,000	₩276,000
부 채	₩320,000	₩70,000	₩350,000	₩80,000
자 본 금	400,000	100,000	400,000	100,000
자본잉여금	130,000	20,000	130,000	20,000
이익잉여금	200,000	60,000	240,000	76,000
합 계	₩1,050,000	₩250,000	₩1,120,000	₩276,000

물음

1. 20×1년 초에 갑회사가 을회사의 지배력을 취득한 직후 연결재무제표를 작성할 경우 해야 할 연결조정분개를 하라.
2. 20×1년 말에 갑회사가 연결재무제표를 작성할 경우 연결조정분개를 하고, 연결정산표를 작성하라. 단, 영업권이 배분된 현금창출단위의 20×1년 말 현재 회수가능액이 장부금액보다 ₩5,000 적다.
3. 20×2년 말에 갑회사가 연결재무제표를 작성할 경우 연결조정분개를 하고, 연결정산표를 작성하라. 단, 영업권이 배분된 현금창출단위의 20×2년 말 현재 회수가능액이 장부금액보다 ₩2,000 많다.

해답

1. <20×1년 초 연결조정분개>

(차) 자본금	100,000	(대) 종속기업투자	200,000
자본잉여금	20,000		
이익잉여금	20,000(1)		
토지	15,000		
건물	10,000		
재고자산	5,000		
영업권	30,000		

(1) 20×1년 초 이익잉여금 = ₩60,000(20×1년 말 이익잉여금) − 40,000(당기순이익)

2. <20×1년 말 연결조정분개>

① 종속기업투자와 지배력 취득시점의 종속기업 자본의 상계제거

(차) 자본금	100,000	(대) 종속기업투자	200,000
자본잉여금	20,000		
이익잉여금	20,000		
토지	15,000		
건물	10,000		
재고자산	5,000		
영업권	30,000		

② 종속기업 자산의 공정가치와 장부금액 차이의 조정

(차) 유형자산처분이익	15,000(1)	(대) 토지	15,000
(차) 감가상각비	1,000(2)	(대) 감가상각누계액	1,000
(차) 매출원가	3,500(3)	(대) 재고자산	3,500

(1) 토지는 20×1년 중에 모두 처분되었으므로 BV · FV 차이 ₩15,000 전액을 조정한다. 만약에 토지가 처분되지 않았다면 토지에 대한 차이 조정분개는 없다.

(2) ₩10,000÷10년 = ₩1,000

(3) ₩5,000×70% = ₩3,500

③ 영업권의 손상차손 인식

(차) 손 상 차 손 5,000 (대) 영 업 권 5,000

〈20×1년도 연결정산표〉

과목	갑회사	을회사	연결조정분개		연결재무제표
			차변	대변	
수익	₩800,000	₩220,000	②15,000		₩1,005,000
비용	(750,000)	(180,000)	②1,000 ②3,500 ③5,000		(939,500)
당기순이익	₩50,000	₩40,000	₩24,500*		₩65,500
현금·매출채권	₩70,000	₩146,000			₩216,000
재고자산	180,000	50,000	①5,000	②3,500	231,500
종속기업투자	200,000	–		①200,000	–
토지	350,000	–	①15,000	②15,000	350,000
건물(순액)	250,000	54,000	①10,000	②1,000	313,000
영업권	–	–	①30,000	③5,000	25,000
합계	₩1,050,000	₩250,000			₩1,135,500
부채	₩320,000	₩70,000			₩390,000
자본금	400,000	100,000	①100,000		400,000
자본잉여금	130,000	20,000	①20,000		130,000
이익잉여금	200,000	60,000	①20,000 24,500*		215,500
합계	₩1,050,000	₩250,000	₩224,500	₩224,500	₩1,135,500

* 당기순이익의 조정 금액만큼 이익잉여금에 반영한다.

<추가 설명>

물음 2번을 풀기 전에 다음과 같이 미리 연결당기순이익과 연결이익잉여금을 구해 놓고 나중에 정산표의 금액과 비교하면 풀이 과정의 오류 여부를 검증할 수 있다.

연결당기순이익 = (갑회사 당기순이익 − 당기 영업권 손상차손) + (을회사 당기순이익 − BV·FV 차이 당기분 조정)
= (₩50,000 − 5,000(영업권 손상차손)) + (40,000 − 15,000(토지) − 1,000(건물) − 3,500(재고자산))
= ₩65,500

연결이익잉여금 = (갑회사 이익잉여금 − 영업권 손상차손 누계액) + (지배력 취득 후 증가한 을회사 이익잉여금 − BV · FV 차이조정 누계액)
= (₩200,000 − 5,000) + (40,000 − 15,000 − 1,000 − 3,500)
= ₩215,500

3. <20×2년 말 연결조정분개>

① 종속기업투자와 지배력 취득시점의 종속기업 자본의 상계제거

(차)	자본금	100,000	(대) 종속기업투자	200,000
	자본잉여금	20,000		
	이익잉여금	20,000		
	토지	15,000		
	건물	10,000		
	재고자산	5,000		
	영업권	30,000		

② 종속기업 자산의 공정가치와 장부금액 차이의 조정

(차)	이익잉여금	15,000	(대) 토지	15,000
(차)	이익잉여금	1,000[(1)]	(대) 감가상각누계액	2,000
	감가상각비	1,000[(1)]		
(차)	이익잉여금	3,500[(2)]	(대) 재고자산	5,000
	매출원가	1,500[(2)]		

(1) ₩10,000÷10년 = ₩1,000. 20×1년도 감가상각비는 이익잉여금에서 조정한다.
(2) 20×1년도 차이 조정분(₩5,000×70% = ₩3,500)은 이익잉여금에서 조정한다.
20×2년도 차이 조정분(₩5,000×30% = ₩1,500)은 당기비용에서 조정한다.

③ 영업권의 손상차손 인식

(차)	이익잉여금	5,000[(3)]	(대) 영업권	5,000

(3) 20×2년 말 현재 회수가능액 증가분에 대한 영업권의 손상차손환입은 인식하지 않고 20×1년도 손상차손만 이익잉여금에서 조정한다.

〈20×2년도 연결정산표〉

과목	갑회사	을회사	연결조정분개 차변	연결조정분개 대변	연결재무제표
수익	₩750,000	₩180,000			₩930,000
비용	(710,000)	(164,000)	②1,000 ②1,500		(876,500)
당기순이익	₩40,000	₩16,000	₩2,500*		₩53,500
현금·매출채권	₩100,000	₩168,000			₩268,000
재고자산	170,000	60,000	①5,000	②5,000	230,000
종속기업투자	200,000	–		①200,000	–
토지	400,000	–	①15,000	②15,000	400,000
건물(순액)	250,000	48,000	①10,000	②2,000	306,000
영업권	–	–	①30,000	③5,000	25,000
합계	₩1,120,000	₩276,000			₩1,229,000
부채	₩350,000	₩80,000			₩430,000
자본금	400,000	100,000	①100,000		400,000
자본잉여금	130,000	20,000	①20,000		130,000
이익잉여금	240,000	76,000	①20,000 ②15,000 ②1,000 ②3,500 ③5,000 2,500*		269,000
합계	₩1,120,000	₩276,000	₩227,000	₩227,000	₩1,229,000

* 당기순이익의 조정 금액만큼 이익잉여금에 반영한다.

<추가 설명>

물음 3번을 풀기 전에 다음과 같이 미리 연결당기순이익과 연결이익잉여금을 구해 놓고 나중에 정산표의 금액과 비교하면 풀이 과정의 오류 여부를 검증할 수 있다.

연결당기순이익 = (갑회사 당기순이익 − 당기 영업권 손상차손) + (을회사 당기순이익 − BV·FV 차이 당기분 조정)

= ₩40,000 + (16,000 − 1,000(건물) − 1,500(재고자산)) = ₩53,500

연결이익잉여금 = (갑회사 이익잉여금 − 영업권 손상차손 누계액) + (지배력 취득 후 증가한 을회사 이익잉여금 − BV·FV 차이조정 누계액)

= (₩240,000 − 5,000) + (56,000 − 15,000 − 2,000 − 5,000) = ₩269,000

예제 4 지배력 취득 후 연결재무제표의 작성

갑회사는 20×1년 초에 을회사의 의결권 있는 주식 100%를 ₩200,000에 취득하여 지배기업이 되었다. 취득일 현재 을회사의 다음의 자산을 제외한 모든 자산과 부채의 장부금액과 공정가치는 일치하였다.

항목	장부금액	공정가치	비고
토지	₩70,000	₩90,000	20×2년 중에 ₩95,000에 전부 처분(처분이익 ₩25,000)
건물	60,000	50,000	잔존내용연수 10년, 잔존가치 없이 정액법 상각

20×1년과 20×2년의 갑회사와 을회사의 재무제표는 다음과 같다. 20×1년 초 이후 두 회사 간의 내부거래는 없다.

과목	20×1년도		20×2년도	
	갑회사	을회사	갑회사	을회사
수익	₩750,000	₩300,000	₩810,000	₩785,000
비용	(730,000)	(290,000)	(785,000)	(770,000)
당기순이익	₩20,000	₩10,000	₩25,000	₩15,000
유동자산	₩320,000	₩296,000	₩385,000	₩417,000
종속기업투자	200,000	–	200,000	–
토지	250,000	70,000	250,000	–
건물(순액)	160,000	54,000	150,000	48,000
합계	₩930,000	₩420,000	₩985,000	₩465,000
부채	₩330,000	₩200,000	₩360,000	₩230,000
자본금	400,000	150,000	400,000	150,000
자본잉여금	80,000	30,000	80,000	30,000
이익잉여금	120,000	40,000	145,000	55,000
합계	₩930,000	₩420,000	₩985,000	₩465,000

물음

1. 20×1년 초에 갑회사가 을회사의 지배력을 취득한 직후 연결재무제표를 작성할 경우 해야 할 연결조정분개를 하라. 단, 지배력 취득시점에 을회사 자산·부채의 공정가치를 재검토한 결과 공정가치를 수정해야 할 자산·부채는 없다.
2. 20×1년 말에 갑회사가 연결재무제표를 작성할 경우 연결조정분개를 하고, 연결정산표를 작성하라.
3. 20×2년 말에 갑회사가 연결재무제표를 작성할 경우 연결조정분개를 하고, 연결정산표를 작성하라.

해답

1. <20×1년 초 연결조정분개>

(차) 자본금	150,000	(대) 종속기업투자	200,000
자본잉여금	30,000	건물	10,000
이익잉여금	30,000(1)	염가매수차익	20,000
토지	20,000		

(1) 20×1년 초 이익잉여금＝₩40,000(20×1년 말 이익잉여금)－10,000(당기순이익)

2. <20×1년 말 연결조정분개>

① 종속기업투자와 지배력 취득시점의 종속기업 자본의 상계제거

(차) 자본금	150,000	(대) 종속기업투자	200,000
자본잉여금	30,000	건물	10,000
이익잉여금	30,000	염가매수차익	20,000
토지	20,000		

② 종속기업 자산의 공정가치와 장부금액 차이의 조정

(차) 감가상각누계액	1,000	(대) 감가상각비	1,000(1)

(1) ₩10,000÷10년＝₩1,000
토지는 계속 보유 중이므로 공정가치와 장부금액의 차이를 조정하지 않는다.

〈20×1년도 연결정산표〉

과목	갑회사	을회사	연결조정분개		연결재무제표
			차변	대변	
수익	₩750,000	₩300,000		①20,000	₩1,070,000
비용	(730,000)	(290,000)		②1,000	(1,019,000)
당기순이익	₩20,000	₩10,000		₩21,000*	₩51,000
유동자산	₩320,000	₩296,000			₩616,000
종속기업투자	200,000	–		①200,000	–
토지	250,000	70,000	①20,000		340,000
건물(순액)	160,000	54,000	②1,000	①10,000	205,000
합계	₩930,000	₩420,000			₩1,161,000
부채	₩330,000	₩200,000			₩530,000
자본금	400,000	150,000	①150,000		400,000
자본잉여금	80,000	30,000	①30,000		80,000
이익잉여금	120,000	40,000	①30,000	21,000*	151,000
합계	₩930,000	₩420,000	₩231,000	₩231,000	₩1,161,000

* 당기순이익의 조정 금액만큼 이익잉여금에 반영한다.

3. <20×2년 말 연결조정분개>

① 종속기업투자와 지배력 취득시점의 종속기업 자본의 상계제거

(차)	자본금	150,000	(대) 종속기업투자	200,000
	자본잉여금	30,000	건물	10,000
	이익잉여금	30,000	이익잉여금	20,000[(1)]
	토지	20,000		

(1) 염가매수차익은 20×1년도 연결재무제표상 당기손익에 해당하므로 20×2년도 연결재무제표에는 이익잉여금에 포함시킨다. 종속기업투자와 종속기업 자본 상계 시 염가매수차익을 인식하고 이를 이익잉여금으로 대체하는 별도의 분개로 표시하지 않고 직접 이익잉여금에서 조정하였다.

② 종속기업 자산의 공정가치와 장부금액 차이의 조정

(차)	감가상각누계액	2,000	(대) 이익잉여금	1,000[(2)]
			감가상각비	1,000
(차)	유형자산처분이익	20,000	(대) 토지	20,000[(3)]

(2) ₩10,000÷10년＝₩1,000. 20×1년도 감가상각비는 이익잉여금에서 조정한다.

(3) 토지를 모두 처분하였으므로 연결조정분개 ①에서 인식한 토지의 BV·FV 차이 ₩20,000을 제거한다. 연결재무제표에는 토지의 처분이익 ₩5,000이 표시되는데, 이 금액은 지배력 취득일 현재 토지의 공정가치 ₩90,000과 매각금액 ₩95,000의 차이이다.

〈20×2년도 연결정산표〉

과목	갑회사	을회사	연결조정분개 차변	연결조정분개 대변	연결재무제표
수익	₩810,000	₩785,000	②₩20,000		₩1,575,000
비용	(785,000)	(770,000)		②1,000	(1,554,000)
당기순이익	₩25,000	₩15,000	₩20,000*	₩1,000*	₩21,000
유동자산	₩385,000	₩417,000			₩802,000
종속기업투자	200,000	–		①200,000	–
토지	250,000	–	①20,000	②20,000	250,000
건물(순액)	150,000	48,000	②2,000	①10,000	190,000
합계	₩985,000	₩465,000			₩1,242,000
부채	₩360,000	₩230,000			₩590,000
자본금	400,000	150,000	①150,000		400,000
자본잉여금	80,000	30,000	①30,000		80,000
이익잉여금	145,000	55,000	①30,000	①20,000	172,000
				②1,000	
			₩20,000*	1,000*	
합계	₩985,000	₩465,000	₩252,000	₩252,000	₩1,242,000

* 당기순이익의 조정 금액만큼 이익잉여금에 반영한다.

예제 5 연결재무제표의 특정 금액 계산

A회사는 20×1년 초에 B회사의 의결권 있는 주식 100%를 ₩400,000에 취득하여 지배기업이 되었다. 지배력 취득일 현재 B회사 순자산의 장부금액은 ₩300,000(자본금 ₩200,000, 이익잉여금 ₩100,000)이며, B회사 유형자산(내용연수 10년, 잔존가치 없이 정액법 상각)의 공정가치가 장부금액을 ₩60,000 초과하는 것을 제외하고는 다른 자산·부채의 장부금액과 공정가치는 동일하다. 동 유형자산은 20×2년 초에 제3자에게 매각되었다. 다음은 20×1년 말과 20×2년 말 A회사와 B회사 재무제표의 일부 금액이다. 두 회계기간 동안 내부거래는 발생하지 않았다.

과목	20×1년도		20×2년도	
	A회사	B회사	A회사	B회사
당기순이익	₩250,000	₩20,000	₩320,000	₩30,000
자산총계(종속기업투자 제외)	5,600,000	1,530,000	6,100,000	1,840,000
이익잉여금	1,340,000	120,000	1,660,000	150,000

물음

20×1년에는 영업권의 손상이 발생하지 않았으나 영업권이 배분된 현금창출단위의 20×2년 말 현재 회수가능액이 장부금액보다 ₩15,000 작다. 20×1년도와 20×2년도의 A회사 연결재무제표 금액 중 다음의 양식에 금액을 표시하라.

과목	20×1년도	20×2년도
당기순이익		
영업권		
영업권 제외 자산총액		
이익잉여금		

해답

과목	20×1년도	20×2년도
당기순이익	₩264,000(2)	₩281,000(6)
영업권	40,000(1)	25,000(5)
영업권 제외 자산총액	7,184,000(3)	7,940,000(7)
이익잉여금	1,354,000(4)	1,635,000(8)

<20×1년도>

(1) 지배력 취득 시 영업권 = ₩400,000 − 360,000 = ₩40,000
영업권 손상차손이 발생하지 않았으므로 20×1년 말 잔액은 ₩40,000

(2) 연결당기순이익
= A회사 당기순이익 + B회사 당기순이익 − B회사 순자산의 BV · FV 차이조정
= ₩250,000 + 20,000 − 60,000×1/10 = ₩264,000

(3) 영업권 제외 자산총액
= A회사 자산 BV + B회사 자산 BV + 취득일 현재 B회사 순자산의 BV · FV 차이
− 취득일 이후 B회사 순자산의 BV · FV 차이조정 누계액
= ₩5,600,000 + 1,530,000 + 60,000 − 6,000 = ₩7,184,000

(4) 이익잉여금
= A회사 이익잉여금 + 취득일 이후 B회사 이익잉여금 변동액
− 취득일 이후 B회사 순자산의 BV · FV 차이조정 누계액
= ₩1,340,000 + (120,000 − 100,000) − 6,000 = ₩1,354,000

<20×2년도>

지배력 취득일 현재 장부금액과 공정가치가 일치하지 않았던 유형자산이 20×2년 중에 제3자에게 매각되었으므로 더 이상 장부금액·공정가치 차이에 대한 조정을 고려할 필요가 없다.

(5) 영업권 잔액 = ₩40,000 − 15,000(손상차손) = ₩25,000

(6) 연결당기순이익
= A회사 당기순이익 + B회사 당기순이익
− 당기 영업권 손상차손 − 종속기업 순자산의 BV · FV 차이의 당기분 조정
= ₩320,000 + 30,000 − 15,000 − 54,000* = ₩281,000

* 공정가치가 장부금액을 초과하는 유형자산이 당기 초에 매각되었으므로 해당 유형자산의 BV · FV 차이 중 20×2년 초 현재 미소멸 잔액(₩54,000)을 일시에 조정한다.

(7) 영업권 제외 자산총액
= A회사 자산 BV + B회사 자산 BV
= ₩6,100,000 + 1,840,000 = ₩7,940,000

(8) 이익잉여금
= A회사 이익잉여금 + 취득일 이후 B회사 이익잉여금 변동액
− 영업권 손상차손 누계액 − 종속기업 순자산의 BV · FV 차이조정 누계액
= ₩1,660,000 + (150,000 − 100,000) − 15,000 − 60,000 = ₩1,635,000

만약 B회사가 유형자산(취득일 현재 공정가치가 장부금액을 ₩60,000 초과)을 20×2년 초에 매각한 것이 아니라 20×2년 말에 매각했더라도 20×2년의 연결당기순이익은 달라지지 않는다. 왜냐하면 20×1년 말

현재 유형자산의 BV·FV 차이 중 미소멸 금액이 ₩54,000이므로 그 유형자산을 20×2년 초에 매각하든 20×2년 말에 매각하든 20×2년 말에 연결조정분개를 할 때 조정할 유형자산의 BV·FV 차이는 ₩54,000이기 때문이다. 다만, 20×2년 말에 유형자산을 매각했다면 ₩6,000은 감가상각비를 통해서, 나머지 ₩48,000은 유형자산처분이익을 통해서 BV·FV 차이를 조정하는 연결조정분개를 한다.

4 지배력 취득시점의 연결 - 비지배지분이 있는 경우

지금까지 설명한 연결재무제표는 지배기업이 종속기업의 지분 100%를 취득한 경우를 대상으로 하였다. 본절에서는 지배기업이 종속기업의 지분 중 일부를 취득하여 비지배지분이 존재하는 경우 연결재무제표의 작성 절차를 설명한다.

비지배지분(non-controlling interests)이란 종속기업의 지분 중 지배기업에 직접 또는 간접으로 귀속되지 않는 지분을 말한다. 종속기업의 주주는 지배기업과 그 이외의 주주로 구분할 수 있는데, 종속기업의 지분 중 지배기업에 귀속되지 않는 지분이 비지배지분이다. 예를 들어, 지배기업이 종속기업의 지분 중 90%를 취득하였다면 종속기업의 지분 중 10%가 비지배지분이다.

제2장 7절에서 연결재무상태표의 양식을 제시하였는데, 자본을 지배기업 소유주에게 귀속되는 자본과 비지배지분으로 구분 표시하였다. 본절에서는 연결재무상태표에 비지배분을이 인식하는지 자세하게 설명한다.

4.1 종속기업 순자산의 장부금액과 공정가치가 일치하는 경우

취득일에 종속기업 순자산의 장부금액과 공정가치가 일치하며, 지배기업이 종속기업의 지분 중 80%를 취득한 상태에서 연결재무제표를 작성할 경우에도 종속기업투자와 종속기업 자본의 상계제거가 필요하다. 그런데 종속기업투자는 종속기업 지분의 80% 해당액이므로 종속기업투자와 종속기업 자본 중 80% 해당액만 상계제거해야 한다. 이렇게 종속기업투자와 종속기업 자본 중 80% 해당액을 상계제거하면 종속기업 자본 중 20% 해당액이 남는데, 이것이 비지배지분이다.

3절에서 설명한 비지배지분이 없는 경우와 본절의 비지배지분이 있는 경우 지배력 취득일 현재 종속기업투자와 종속기업 자본의 상계 과정을 그림으로 표시하면 다음과 같다(지배기업을 P, 종속기업을 S로 표시).

| 그림 5 | 종속기업투자와 종속기업 자본의 상계 과정

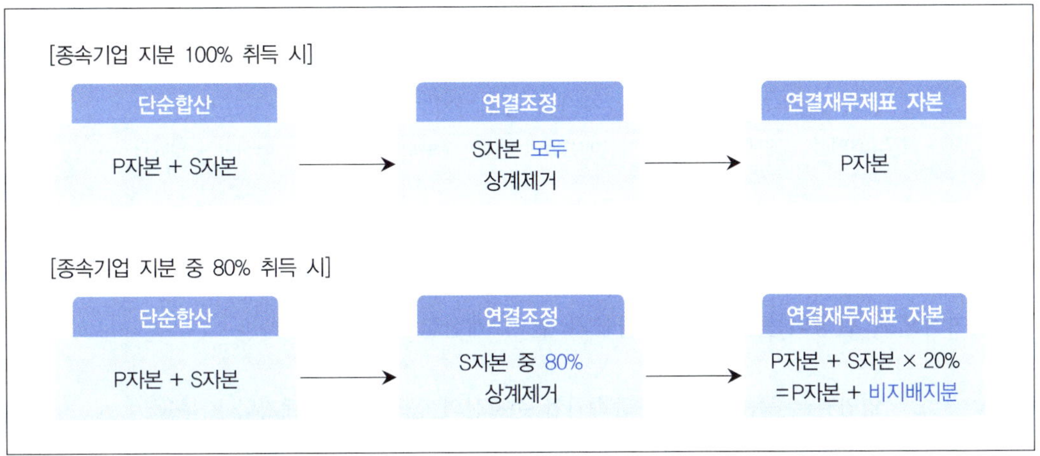

[그림 5]에서 보는 바와 같이 지배기업이 80%의 종속기업 지분을 취득할 경우 연결재무제표 작성 시 종속기업투자와 종속기업 자본 중 80% 해당액만 상계제거하므로 종속기업 자본 중 20% 해당액은 연결재무제표의 자본을 구성하는데, 이 금액을 비지배지분이라는 과목으로 표시한다. 연결조정분개는 다음과 같다(영업권 발생 가정).

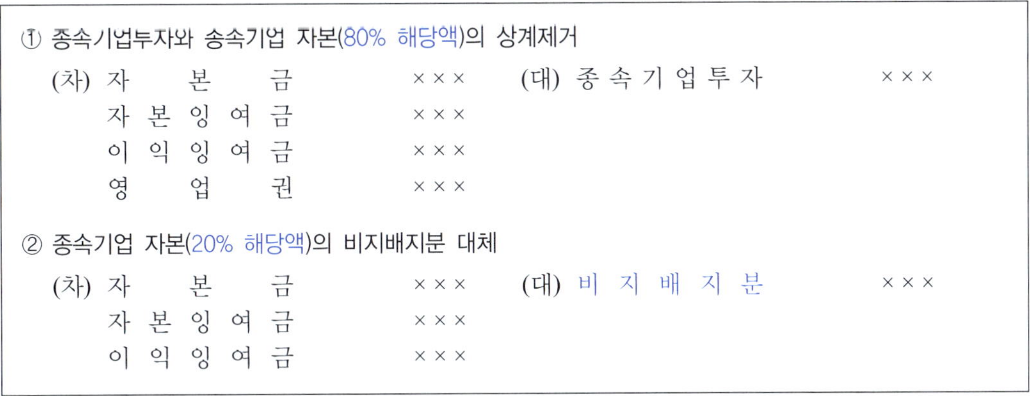

① 종속기업투자와 종속기업 자본(80% 해당액)의 상계제거

(차)	자 본 금	×××	(대) 종 속 기 업 투 자	×××
	자 본 잉 여 금	×××		
	이 익 잉 여 금	×××		
	영 업 권	×××		

② 종속기업 자본(20% 해당액)의 비지배지분 대체

(차)	자 본 금	×××	(대) 비 지 배 지 분	×××
	자 본 잉 여 금	×××		
	이 익 잉 여 금	×××		

이후 본서에서는 위의 두 개의 연결조정분개를 합하여 다음과 같이 종속기업투자와 종속기업 자본을 상계제거하는 것으로 설명한다.

(차)	자 본 금	×××(1)	(대) 종 속 기 업 투 자	×××
	자 본 잉 여 금	×××(1)	비 지 배 지 분	×××(2)
	이 익 잉 여 금	×××(1)		
	영 업 권	×××		

(1) 종속기업 자본 100% 금액
(2) 종속기업 자본 중 20% 금액

2절에서 설명한 것과 같이 비지배지분이 있는 경우에도 지배기업의 개별 장부에 표시되는 종속기업투자(취득원가)는 다음의 두 가지 요소로 구성되어 있다고 볼 수 있다.

종속기업투자 = 종속기업 순자산의 공정가치×지배기업 지분율* + 영업권

* 2.1절에서는 지배기업 지분율이 100%였기 때문에 지배기업 지분율을 표시하지 않았다.

영업권은 종속기업투자 계정에 포함되어 있기 때문에 지배기업 재무제표에 표시되지 않으나, 연결과정에서 종속기업투자로부터 분리되어 연결재무상태표에 표시된다. 연결조정과정에서 잔여액으로 결정되는 영업권은 다음과 같이 계산할 수 있다.

영업권 = 종속기업투자 − 종속기업 순자산의 공정가치×지배기업 지분율

2절에서 제시했던 [그림 2]는 비지배지분이 없는 경우 연결조정과정을 보여준다. 비지배지분(비지배지분율은 20%로 가정)이 있는 경우 연결재무제표 작성 과정은 다음의 [그림 6]과 같다.

| 그림 6 | 비지배지분이 있는 경우 연결재무제표 작성 과정

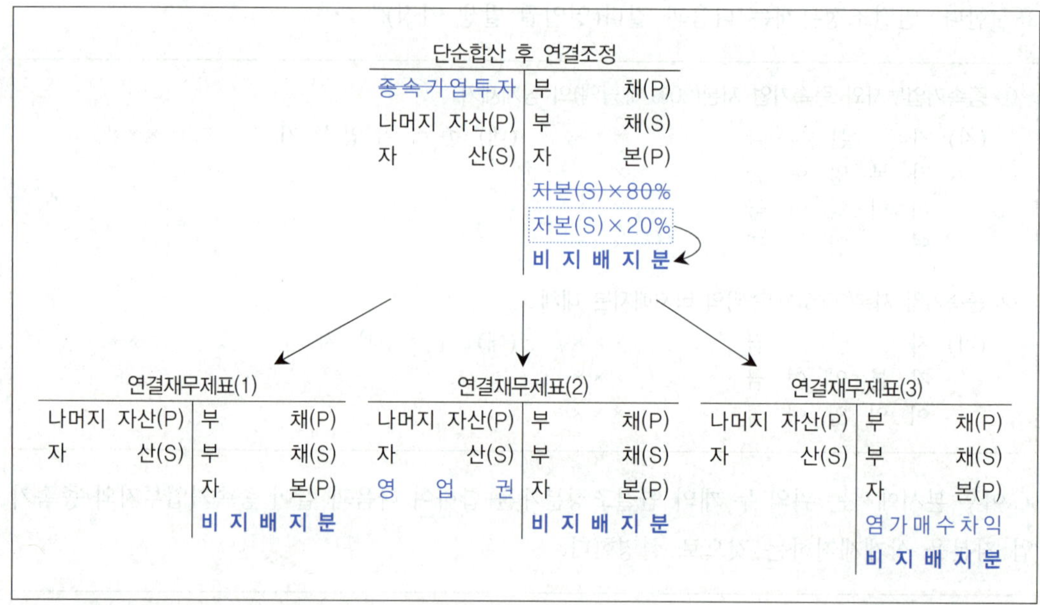

[그림 6]에서 보는 바와 같이 종속기업투자는 자본(S) 중 80%와 상계제거한다. 상계제거하지 않은 자본(S)의 20%는 비지배지분이라는 별도 계정으로 대체한다. 따라서 연결재무제표의 자본은 자본(P)와 비지배지분으로 구성된다. 그 이외의 연결재무제표 작성 과정은 [그림 2]와 동일하다.

4.2 종속기업 순자산의 장부금액과 공정가치가 일치하지 않는 경우

취득일 현재 종속기업 순자산의 장부금액과 공정가치가 일치하지 않는 경우도 있다. 이 경우 연결재무제표를 작성할 때 다음과 같이 종속기업투자와 종속기업 자본을 상계제거하면서 장부금액과 공정가치가 일치하지 않는 자산 또는 부채의 장부금액과 공정가치의 차이를 반영한다(유형자산의 공정가치가 장부금액을 초과하며, 영업권 발생 가정).

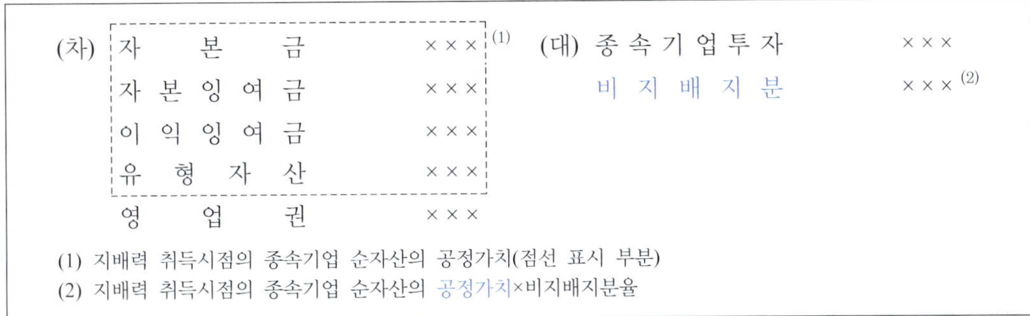

(차)	자본금	××× (1)	(대)	종속기업투자	×××
	자본잉여금	×××		비지배지분	××× (2)
	이익잉여금	×××			
	유형자산	×××			
	영업권	×××			

(1) 지배력 취득시점의 종속기업 순자산의 공정가치(점선 표시 부분)
(2) 지배력 취득시점의 종속기업 순자산의 공정가치×비지배지분율

종속기업 순자산의 장부금액과 공정가치가 다르더라도 연결조정과정은 [그림 6]과 기본적으로 동일하다. 다만, 종속기업 자산과 부채의 장부금액과 공정가치의 차액만큼 당해 자산과 부채의 금액을 수정한 후 종속기업투자와 종속기업 순자산의 공정가치 중 지배기업 지분 해당액을 상계제거하면서 영업권(또는 염가매수차익)을 확정하고, 종속기업 순자산의 공정가치 중 비지배지분 해당액을 비지배지분으로 대체한다.

예제 6 비지배지분이 있는 경우 취득시점에서의 연결

20×1년 초에 갑회사는 을회사의 발행주식 중 80%를 ₩350,000에 취득하여 지배력을 소유하게 되었다. 지배력 취득일 현재 을회사 순자산의 장부금액은 ₩400,000(자본금 ₩200,000, 자본잉여금 ₩120,000, 이익잉여금 ₩80,000)이다.

물음

1. 지배력 취득일에 연결재무제표를 작성할 경우 연결조정분개를 하라. 단, 지배력 취득일 현재 을회사 순자산의 장부금액과 공정가치는 동일하다.
2. (물음 1)과 관계없이 지배력 취득일 현재 을회사 순자산의 공정가치가 장부금액을 ₩10,000 초과하는데, 이는 건물의 공정가치가 장부금액을 ₩10,000 초과하는 데 기인한다고 가정하고 다시 답하라.

3. (물음 2)에서 지배력 취득일 현재 을회사 순자산의 공정가치가 장부금액보다 ₩10,000 작으며, 이는 건물의 공정가치가 장부금액보다 ₩10,000 작은 데 기인한다고 가정하고 다시 답하라.

해답

1. <20×1년 초 연결조정분개>

(차)	자본금	200,000	(대) 종속기업투자	350,000
	자본잉여금	120,000	비지배지분	80,000(1)
	이익잉여금	80,000		
	영업권	30,000(2)		

(1) ₩400,000(20×1년 초 을회사 순자산의 공정가치)×20%＝₩80,000
(2) 영업권은 대차 일치 금액으로 계산할 수 있으나, 다음과 같이 독립적으로 계산할 수도 있다.
₩350,000－400,000×80%＝₩30,000

2. <20×1년 초 연결조정분개>

(차)	자본금	200,000	(대) 종속기업투자	350,000
	자본잉여금	120,000	비지배지분	82,000(1)
	이익잉여금	80,000		
	건물	10,000		
	영업권	22,000(2)		

(1) ₩410,000(20×1년 초 을회사 순자산의 공정가치)×20%＝₩82,000
(2) 영업권은 대차 일치 금액으로 계산할 수 있으나, 다음과 같이 독립적으로 계산할 수도 있다.
₩350,000－410,000×80%＝₩22,000

3. <20×1년 초 연결조정분개>

(차)	자본금	200,000	(대) 종속기업투자	350,000
	자본잉여금	120,000	건물	10,000
	이익잉여금	80,000	비지배지분	78,000(1)
	영업권	38,000(2)		

(1) ₩390,000(20×1년 초 을회사 순자산의 공정가치)×20%＝₩78,000
(2) 영업권은 대차 일치 금액으로 계산할 수 있으나, 다음과 같이 독립적으로 계산할 수도 있다.
₩350,000－390,000×80%＝₩38,000

4.3 비지배지분의 측정방법과 영업권의 인식

(1) 비지배지분의 측정방법

기준서는 다음의 2가지 방법 중 한 가지를 선택하여 취득일 현재 비지배지분을 측정하도록 규정하고 있다(1103:19).

> 취득일에 피취득자에 대한 비지배지분의 요소가 현재의 지분이며, 청산할 때 보유자에게 기업 순자산의 비례적 몫에 대하여 권리를 부여하는 경우에 그 비지배지분의 요소를 다음 중 하나의 방법으로 측정한다.
> (1) 공정가치
> (2) 피취득자의 식별할 수 있는 순자산에 대해 인식한 금액 중 현재의 지분상품의 비례적 몫

위의 문단 19(1)은 비지배지분을 공정가치로 측정하는 방법이고, 문단 19(2)는 「종속기업 순자산의 공정가치×비지배지분율」로 측정하는 것으로 앞의 (예제 6)에서 비지배지분을 측정한 방법이다.

제1장의 합병 형태의 사업결합의 경우 모든 사업결합의 구성요소를 공정가치로 측정하고, 영업권은 잔여금액으로 결정하였다. 이러한 관점에서 국제회계기준위원회는 비지배지분도 사업결합의 다른 구성요소와 같이 공정가치로 측정해야 한다고 결론을 내렸다.[11] 그러나 비지배지분의 공정가치를 직접 측정하는 것이 종속기업 순자산의 공정가치에 비례하여 비지배지분을 측정하는 것보다 더 많은 비용을 부담한다는 반대 때문에 문단 19의 두 가지 방법 중 한 가지를 선택할 수 있도록 허용하였다(1103:BC207,213).

전술한 문단 19를 다시 살펴보면, '청산할 때 보유자에게 기업 순자산의 비례적 몫에 대하여 권리를 부여'하는 경우에만 비지배지분의 측정을 선택할 수 있도록 규정하고 있다. 보통주의 경우에는 청산할 때 보유자에게 지분 비율에 따라 순자산을 배분하기 때문에 보통주에 대한 비지배지분을 공정가치로 측정하거나 비례적 지분으로 측정할 수 있다. 반면에 우선주의 경우에는 청산할 때 보통주 보유자보다 선순위로 순자산을 배분하기 때문에 우선주에 대한 비지배지분은 취득일의 공정가치로만 측정하여야 한다(1103:IE44E). 종속기업이 우선주를 발행한 경우 비지배지분 측정을 비롯하여 연결재무제표를 작성하는 과정은 제6장 보론에서 자세하게 설명한다.

11) 예를 들어, 비지배지분에 해당하는 주식수에 시장가격을 곱하면 비지배지분을 공정가치로 측정한 것이다.

실무적으로 보통주에 대한 비지배지분의 공정가치를 독립적으로 측정하는 것이 쉽지 않기 때문에[12] 우리나라의 기업들은 보통주에 대한 비지배지분을 종속기업 순자산의 공정가치에 비례적 지분으로 측정하는 것이 일반적이다. 참고로 삼성전자㈜의 연결재무제표의 주석을 제시하면 다음과 같다.

주석 공시 사례 2.3 연결

가. 종속기업

연결회사의 사업결합은 취득법으로 회계처리 됩니다. 이전대가는 취득일의 공정가치로 측정하고, 사업결합으로 취득한 식별가능한 자산·부채 및 우발부채는 취득일의 공정가치로 최초측정하고 있습니다. 연결회사는 청산 시 순자산의 비례적 몫을 제공하는 비지배지분을 사업결합 건별로 판단하여 피취득자의 순자산 중 비례적 지분으로 측정합니다. 취득관련원가는 발생 시 당기비용으로 인식됩니다. (이하 생략)

(2) 비지배지분 측정방법에 따른 영업권의 인식

지배력 취득일에 비지배지분을 측정할 때 두 가지 방법 중 어떤 방법을 적용하는지에 따라 취득일의 비지배지분은 다른 금액으로 인식되며, 그 결과 잔여금액으로 결정되는 영업권도 영향을 받는다. 다음의 (예 6)을 통하여 비지배지분을 측정하는 두 가지 방법에 따른 영업권 인식금액을 비교한다.

예 6 비지배지분의 측정방법과 영업권의 인식

갑회사는 20×1년 초에 을회사 지분 90%를 ₩120,000에 취득하여 지배기업이 되었다. 20×1년 초 현재 을회사 순자산의 장부금액은 ₩100,000(자본금 ₩70,000, 이익잉여금 ₩30,000)이며, 공정가치는 ₩110,000(건물의 공정가치가 장부금액을 ₩10,000 초과)이다. 을회사 발행주식수는 1,000주이며, 20×1년 초 현재 주당 공정가치는 ₩120이다. 갑회사는 다음의 두 가지 방법 중 한 가지 방법을 선택하여 비지배지분을 계산할 수 있다.

<방법 1> 종속기업 순자산의 공정가치에 비례하는 지분으로 측정하는 방법

비지배지분 = 종속기업 순자산의 FV × 비지배지분율

= ₩110,000 × 10% = ₩11,000

12) 종속기업이 비상장기업이라면 종속기업 지분의 시장가격을 구할 수 없기 때문에 공정가치 측정이 쉽지 않을 것이다.

취득일에 해야 할 연결조정분개는 다음과 같다.

(차)	자 본 금	70,000	(대) 종 속 기 업 투 자	120,000
	이 익 잉 여 금	30,000	비 지 배 지 분	11,000
	건 물	10,000		
	영 업 권	21,000		

<방법 2> 공정가치법

비지배지분=종속기업 지분(주식)의 주당 FV×비지배주주 소유주식수

=₩120×100주=₩12,000

또는

비지배지분=종속기업 지분(주식)의 FV×비지배지분율

=₩120×1,000주×10%=₩12,000

취득일에 해야 할 연결조정분개는 다음과 같다.

(차)	자 본 금	70,000	(대) 종 속 기 업 투 자	120,000
	이 익 잉 여 금	30,000	비 지 배 지 분	12,000
	건 물	10,000		
	영 업 권	22,000		

(예 6)의 <방법 1>에서는 종속기업의 식별가능한 순자산의 공정가치 중 비지배지분의 비례적 몫으로 비지배지분을 측정하기 때문에 영업권 ₩21,000에는 비지배지분과 관련되는 영업권이 포함되지 않는 반면, <방법 2>에서는 비지배지분을 공정가치로 직접 측정하기 때문에 영업권 ₩22,000에는 비지배지분과 관련되는 영업권이 포함된다.

비지배지분을 공정가치로 측정하는 경우 활성시장에서 결정된 종속기업 지분의 공시가격을 공정가치로 사용할 수 있으나, 종속기업 지분에 대한 활성시장의 공시가격을 사용할 수 없다면 기준서 제1113호 '공정가치'에서 규정하는 다른 가치평가기법을 사용하여 비지배지분의 공정가치를 측정한다(1103:B44).

본서에서는 연결조정분개를 할 때 종속기업 순자산의 공정가치의 비례 지분으로 비지배지분을 측정하는 방법을 적용한다. 공정가치로 비지배지분을 측정하는 경우 전반적인 연결과정은 본장 보론에서 설명한다.

5 지배력 취득 이후의 연결 - 비지배지분이 있는 경우

5.1 영업권 손상차손의 인식

3절에서 설명한 바와 같이 영업권은 다른 자산과 독립적으로 현금흐름을 창출하지 못하므로 영업권의 회수가능액을 직접 추정할 수 없다. 따라서 영업권의 손상검사 목적을 위하여 영업권을 사업결합으로 시너지 효과의 혜택을 받게 될 것으로 기대되는 현금창출단위에 배분하고, 영업권이 배분된 현금창출단위의 장부금액과 회수가능액을 비교하여 영업권 손상차손 금액을 간접적으로 측정한다.

합병이나 종속기업의 100% 지분을 취득하는 사업결합의 경우에는 비지배지분이 존재하지 않기 때문에 영업권의 손상차손 인식과정이 비교적 단순하다. 그러나 비지배지분이 있는 경우에는 영업권의 손상차손을 측정하는 과정이 다소 복잡하며, 4.3절에서 설명한 바와 같이 비지배지분을 측정하는 두 가지 방법에 따라 영업권을 다른 금액으로 인식하기 때문에 영업권의 손상차손을 인식하는 과정도 다르다.

비지배지분을 측정하는 두 가지 방법에 따른 영업권의 손상차손 계산과 회계처리에 대해서는 보론에서 자세하게 설명한다. 따라서 본문에서는 영업권의 손상차손을 계산하기 위한 상세한 자료를 제시하지 않는 대신, '영업권이 배분된 현금창출단위의 회수가능액이 장부금액보다 적으며, 그 차이 중 지배기업 지분 해당액은 ₩×××이다'라는 식으로 영업권의 손상차손 금액을 간략하게 제시한다.

5.2 취득일 이후 비지배지분의 변동

3.1절에서 지배기업이 종속기업의 지분 100%를 소유한 경우, 지배력 취득일 이후 발생한 종속기업의 순자산 변동(일단 순자산 변동은 당기순손익 및 기타포괄손익에 국한함)을 모두 지배기업에 귀속시킨다고 설명하였다. 연결재무제표를 작성할 때 지배기업 재무제표와 종속기업 재무제표를 단순 합산하면, 이미 종속기업의 수익과 비용이 모두 단순합산 재무제표에 포함되므로 종속기업의 당기순손익 및 기타포괄손익은 지배기업 소유주에 자동으로 귀속된다. 따라서 지배기업이 종속기업의 지분 100%를 소유하는 경우에는 종속기업의 수익과 비용을 지배기업 소유주에 귀속시키는 별도의 연결조정분개가 필요하지 않다.

그러나 비지배지분이 있는 경우에는 지배력 취득일 이후 발생한 종속기업의 순자산 변동(당기순손익 및 기타포괄손익)을 지배기업 소유주와 비지배지분으로 나누어 귀속시키는 연결조정분개가 필요하다. 연결재무제표를 작성할 때 지배기업 재무제표와 종속기업 재무제표를 단순 합산하면 종속기업의 수익과 비용이 모두 지배기업으로 귀속되는데, 이 중에서 비지배지분에 귀속시킬 당기순손익과 기타포괄손익을 구분하는 연결조정분개를 하면 나머지 당기순손익과 기타포괄손익은 자동으로 지배기업 소유주에 귀속된다. 이와 같이 연결조정을 하면, 취득일 이후 특정 시점 현재 비지배지분의 잔액은 다음의 두 가지 금액으로 구성된다.

① 최초 사업결합 시점에서 측정한 비지배지분(4.3절에서 설명한 2가지 방법 중 하나를 선택하여 측정한 금액)
② 사업결합 이후 종속기업 순자산의 변동 중 비지배지분에 귀속되는 금액

4.3절에서 비지배지분을 측정하는 두 가지 방법을 설명한 바 있는데, 이는 지배력 취득일에만 국한된다. 따라서 지배력 취득일 이후 종속기업 순자산의 변동에 대해서는 그 변동액에 비지배지분율을 곱한 금액으로만 비지배지분을 측정한다.

종속기업 순자산에 비례하는 지분으로 비지배지분을 측정할 경우, 지배력 취득일 및 취득일 이후에 연결재무제표를 작성할 때 비지배지분을 어떻게 결정하는지 그림으로 표시하면 다음과 같다(비지베지분율 20% 가성).

| 그림 7 | 비지배지분의 결정과정

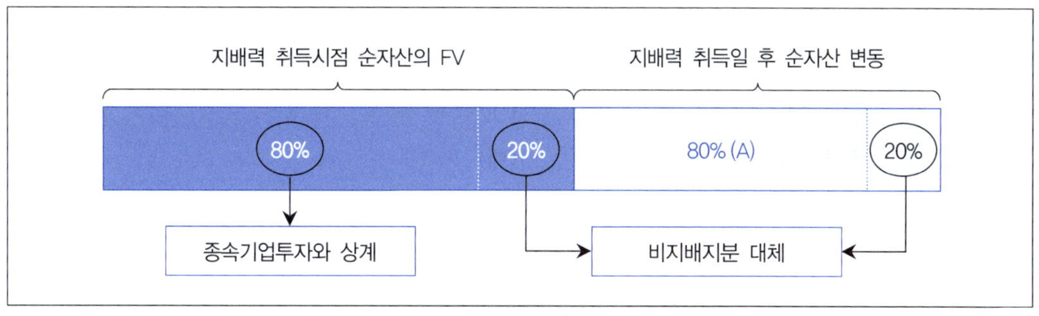

[그림 7]은 연결재무제표를 작성할 때 지배력 취득시점의 종속기업 순자산의 공정가치 중 80%를 종속기업투자와 상계하고 20%를 비지배지분으로 대체하며, 지배력 취득일 후 종속기업 순자산의 변동액 중 20%를 비지배지분으로 대체하여 비지배지분을 결정하는 과정을 보여준다. [그림 7]에서 지배력 취득일 이후 종속기업 순자산의 변동액 중 80%(A부분)에 대해서는 연결조정분개가 필요하지 않다. 왜냐하면 연결재무제표를 작성하기 위해 지배기업과 종속

기업의 재무제표를 단순 합산하면 종속기업 순자산의 변동액 100%가 지배기업 소유주에 귀속되므로 종속기업 순자산의 변동액 중 20%만 비지배지분에 귀속시키면 나머지 80%의 금액은 연결조정분개 없이 자동으로 지배기업 소유주에 귀속된다.

종속기업 순자산의 변동은 대부분 당기순손익 및 기타포괄손익에 기인한다. 일단 본장에서는 종속기업 순자산의 변동이 모두 당기순손익 및 기타포괄손익에 기인하는 것으로 가정하며, 증자나 감자와 같은 자본거래로 인하여 종속기업 순자산이 변동되는 경우 연결재무제표의 작성은 제5장에서 설명한다.

5.3 종속기업 순자산의 장부금액과 공정가치가 일치하는 경우

취득일 현재 종속기업 순자산의 장부금액과 공정가치가 일치하고, 비지배지분이 있는 경우 지배력 취득 후 1차 연도 말의 연결조정분개는 다음과 같다(단, 지배력 취득 시 영업권이 발생하며, 종속기업에서 당기순이익과 기타포괄이익이 발생했다고 가정).

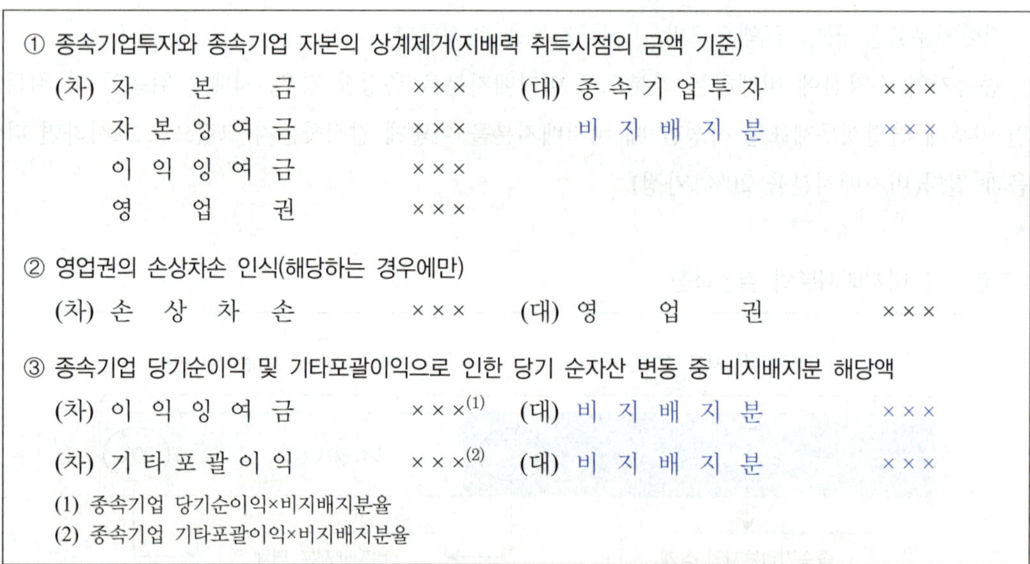

① 종속기업투자와 종속기업 자본의 상계제거(지배력 취득시점의 금액 기준)

(차)	자본금	×××	(대) 종속기업투자	×××
	자본잉여금	×××	비지배지분	×××
	이익잉여금	×××		
	영업권	×××		

② 영업권의 손상차손 인식(해당하는 경우에만)

(차)	손상차손	×××	(대) 영업권	×××

③ 종속기업 당기순이익 및 기타포괄이익으로 인한 당기 순자산 변동 중 비지배지분 해당액

(차)	이익잉여금	×××(1)	(대) 비지배지분	×××
(차)	기타포괄이익	×××(2)	(대) 비지배지분	×××

(1) 종속기업 당기순이익×비지배지분율
(2) 종속기업 기타포괄이익×비지배지분율

위의 연결조정분개 ③을 반영함으로써 종속기업 당기순손익 및 기타포괄손익 중 비지배지분 해당액이 비지배지분에 귀속된다.

한편, 지배력 취득 후 2차 연도 말의 연결조정분개는 다음과 같다.

① 종속기업투자와 종속기업 자본의 상계제거(지배력 취득시점의 금액 기준)

(차)	자본금	×××	(대) 종속기업투자	×××
	자본잉여금	×××	비지배지분	×××
	이익잉여금	×××		
	영업권	×××		

② 지배력 취득시점부터 당기 초까지 종속기업 순자산 변동(당기순이익, 기타포괄이익 발생 가정) 중 비지배지분 해당액

(차)	이익잉여금	×××	(대) 비지배지분	×××
(차)	기타포괄이익	×××	(대) 비지배지분	×××

③ 영업권의 손상차손 인식(해당하는 경우에만)

(차)	이익잉여금	×××(1)	(대) 영업권	×××
	손상차손	×××(2)		

(1) 과년도 영업권 손상차손
(2) 당기 영업권 손상차손

④ 당기 종속기업 순자산 변동(당기순이익 및 기타포괄이익 발생 가정) 중 비지배지분 해당액

(차)	이익잉여금	×××	(대) 비지배지분	×××
(차)	기타포괄이익	×××	(대) 비지배지분	×××

만약 종속기업에서 당기순손실과 기타포괄손실이 발생하였나변 연결조정분개는 다음과 같다.

(차)	비지배지분	×××	(대) 이익잉여금	×××
(차)	비지배지분	×××	(대) 기타포괄손실	×××

위의 연결조정분개 ②는 지배력 취득시점부터 당기 초까지 종속기업 당기순이익 및 기타포괄이익으로 인한 순자산 변동액 중 비지배지분 해당액을 비지배지분으로 귀속시키는 분개이며, 연결조정분개 ④는 종속기업 당기순이익 및 기타포괄이익 발생으로 인한 당기 순자산 변동액 중 비지배지분 해당액을 비지배지분에 귀속시키는 분개이다. 따라서 연결조정분개 ②와 ④는 그 성격이 동일하다.

연결조정분개는 결국 지배력 취득일부터 당기 말까지 종속기업의 순자산을 지배기업과 비지배지분 귀속분으로 구분하는 과정이라고 할 수 있다. 종속기업 순자산 중 비지배지분 귀속분을 제대로 구분하면 나머지는 결국 지배기업에 귀속될 수밖에 없다.

예제 7 비지배지분이 있는 연결재무제표 작성(1)

갑회사는 20×1년 초에 을회사의 의결권 있는 주식 90%를 ₩180,000에 취득하여 지배기업이 되었다. 취득일 현재 을회사 순자산의 장부금액과 공정가치는 일치하였다. 20×1년과 20×2년의 갑회사와 을회사의 재무제표는 다음과 같다. 20×1년 초 이후 두 회사 모두 배당금 지급 등의 자본관련 거래는 없다. 을회사는 보유 토지에 대해서 재평가모형을 적용하는데, 20×1년 말에 ₩5,000만큼 공정가치가 증가했고, 20×2년 말에는 ₩2,000만큼 공정가치가 감소했으며, 이를 적절하게 회계처리하였다.

과목	20×1년도		20×2년도	
	갑회사	을회사	갑회사	을회사
수 익	₩800,000	₩200,000	₩750,000	₩180,000
비 용	(750,000)	(180,000)	(710,000)	(164,000)
당기순이익	50,000	20,000	40,000	16,000
재평가잉여금	–	5,000	–	(2,000)
총포괄손익	₩50,000	₩25,000	₩40,000	₩14,000
종속기업투자	₩180,000	–	₩180,000	–
그 이외 자산	870,000	₩235,000	940,000	₩259,000
합 계	₩1,050,000	₩235,000	₩1,120,000	₩259,000
부 채	₩320,000	₩70,000	₩350,000	₩80,000
자 본 금	400,000	100,000	400,000	100,000
자본잉여금	130,000	20,000	130,000	20,000
이익잉여금	200,000	40,000	240,000	56,000
재평가잉여금	–	5,000	–	3,000
합 계	₩1,050,000	₩235,000	₩1,120,000	₩259,000

물음

1. 20×1년 초에 갑회사가 을회사의 지배력을 취득한 직후 연결재무제표를 작성할 경우 해야 할 연결조정분개를 하라.
2. 20×1년 말에 갑회사가 연결재무제표를 작성할 경우 해야 할 연결조정분개를 하고, 연결정산표를 작성하라. 단, 갑회사는 20×1년 말 현재 영업권이 배분된 현금창출단위의 회수가능액이 장부금액보다 적으며, 그 차이 중 지배기업 지분 해당액은 ₩29,000이다.

3. 20×2년 말에 갑회사가 연결재무제표를 작성할 경우 해야 할 연결조정분개를 하고, 연결정산표를 작성하라. 단, 갑회사는 20×2년 말 현재 영업권이 배분된 현금창출단위의 회수가능액이 장부금액보다 많으며, 그 차이 중 지배기업 지분 해당액은 ₩2,000이다.

해답

1. <20×1년 초 연결조정분개>

(차)	자본금	100,000	(대) 종속기업투자	180,000
	자본잉여금	20,000	비지배지분	14,000[(2)]
	이익잉여금	20,000[(1)]		
	영업권	54,000[(3)]		

(1) 20×1년 초 이익잉여금 = ₩40,000(20×1년 말 이익잉여금) − 20,000(당기순이익)
(2) ₩140,000(20×1년 초 을회사 순자산의 공정가치 = 장부금액)×10% = ₩14,000
(3) 영업권은 대차 일치 금액으로 계산할 수 있으나, 다음과 같이 독립적으로 계산할 수도 있다.
₩180,000(종속기업투자 취득원가) − 140,000(20×1년 초 을회사 순자산의 공정가치)×90% = ₩54,000

2. <20×1년 말 연결조정분개>

① 종속기업투자와 지배력 취득시점의 종속기업 자본의 상계제거

(차)	자본금	100,000	(대) 종속기업투자	180,000
	자본잉여금	20,000	비지배지분	14,000
	이익잉여금	20,000		
	영업권	54,000		

② 영업권의 손상차손 인식

(차)	손상차손	29,000	(대) 영업권	29,000

③ 당기순이익 및 기타포괄손익으로 인한 순자산 변동 중 비지배지분 해당액

(차)	이익잉여금	2,000[(1)]	(대) 비지배지분	2,000
(차)	재평가잉여금	500[(2)]	(대) 비지배지분	500

(1) ₩20,000(20×1년도 당기순이익)×10% = ₩2,000
(2) ₩5,000(20×1년 재평가잉여금 증가)×10% = ₩500

〈20×1년도 연결정산표〉

과목	갑회사	을회사	연결조정분개 차변	연결조정분개 대변	연결재무제표
수 익	₩800,000	₩200,000			₩1,000,000
비 용	(750,000)	(180,000)	②29,000		(959,000)
당 기 순 이 익	50,000	20,000	29,000		41,000
재평가잉여금	–	5,000			5,000
총 포 괄 이 익	₩50,000	₩25,000	₩29,000*		₩46,000
종속기업투자	₩180,000	–		①180,000	–
그 이외 자산	870,000	₩235,000			₩1,105,000
영 업 권	–	–	①54,000	②29,000	25,000
합 계	₩1,050,000	₩235,000			₩1,130,000
부 채	₩320,000	₩70,000			₩390,000
자 본 금	400,000	100,000	①100,000		400,000
자 본 잉 여 금	130,000	20,000	①20,000		130,000
이 익 잉 여 금	200,000	40,000	①20,000 ③2,000 29,000*		189,000
재평가잉여금	–	5,000	③500		4,500
비 지 배 지 분	–	–		①14,000 ③2,500	16,500
합 계	₩1,050,000	₩235,000	₩225,500	₩225,500	₩1,130,000

* 당기순이익의 조정 금액만큼 이익잉여금에 반영한다.

<추가 설명>

참고로 20×1년 말 비지배지분 잔액 ₩16,500은 다음과 같이 직접 계산할 수 있다.

비지배지분 = 20×1년 말 을회사 순자산의 FV(BV와 동일)×10%

= (₩100,000 + 20,000 + 40,000 + 5,000)×10% = ₩16,500

또한 20×1년 말 연결이익잉여금 잔액 ₩189,000은 다음과 같이 직접 계산할 수 있다.

20×1년 말 연결이익잉여금 = ₩200,000(20×1년 말 지배기업 이익잉여금)

− 29,000(영업권 손상차손)

+ 20,000(지배력 취득 이후 종속기업 이익잉여금 증가분)×90%

= ₩189,000

한편, 제2장 7.2절에서 손익계산서와 포괄손익을 표시하는 보고서의 양식을 소개한 바 있다. 손익계산서와 포괄손익을 표시하는 보고서의 하단에 각각 당기순이익과 총포괄이익이 지배기업의 소유주와 비지배지분에 얼마씩 귀속되는지 구분 표시한다. 본 (예제 7)에서 갑회사의 20×1년도 연결손익계산서와 연결 포괄손익을 표시하는 보고서에 다음과 같이 당기순이익과 총포괄이익의 귀속금액을 각각 표시한다.

당기순이익의 귀속	
지배기업 소유주	₩39,000
비지배지분	2,000
	₩41,000
총포괄이익의 귀속	
지배기업 소유주	₩43,500
비지배지분	2,500
	₩46,000

참고로 당기순이익과 총포괄이익의 귀속금액의 계산과정은 다음과 같다.

<당기순이익의 귀속금액>

비지배지분 귀속 당기순이익 = ₩20,000(종속기업 당기순이익)×10%
= ₩2,000(연결조정분개 ③과 동일한 금액임)

지배기업 소유주 귀속 당기순이익 = ₩41,000 − 2,000 = ₩39,000

지배기업 소유주 귀속 당기순이익을 다음과 같이 계산할 수도 있다.

₩50,000(갑회사 당기순이익) + 20,000(을회사 당기순이익)×90% − 29,000(영업권 손상차손)
= ₩39,000

<총포괄이익의 귀속금액>

지배기업 소유주 귀속 총포괄이익 = ₩39,000(당기순이익 귀속액) + 5,000(재평가잉여금)×90%
= ₩43,500

비지배지분 귀속 총포괄이익 = ₩2,000(당기순이익 귀속액) + 5,000(재평가잉여금)×10%
= ₩2,500

3. <20×2년 말 연결조정분개>

① 종속기업투자와 지배력 취득시점의 종속기업 자본의 상계제거

(차)	자본금	100,000	(대)	종속기업투자	180,000
	자본잉여금	20,000		비지배지분	14,000
	이익잉여금	20,000			
	영업권	54,000			

② 지배력 취득시점부터 당기 초까지 종속기업 순자산 변동 중 비지배지분 해당액

(차)	이익잉여금	2,000(1)	(대)	비지배지분	2,000

(1) ₩20,000(20×1년 당기순이익)×10% = ₩2,000

(차)	재평가잉여금	500	(대)	비지배지분	500

③ 영업권의 손상차손 인식

(차) 이 익 잉 여 금 29,000(2) (대) 영 업 권 29,000

(2) 20×2년 말 현재 회수가능액 증가분에 대한 손상차손환입은 인식하지 않고 20×1년도 손상차손만 이익잉여금에서 조정한다.

④ 당기순이익 및 기타포괄손익으로 인한 순자산 변동 중 비지배지분 해당액

(차) 이 익 잉 여 금 1,600(3) (대) 비 지 배 지 분 1,600

(차) 비 지 배 지 분 200 (대) 재 평 가 잉 여 금 200(4)

(3) ₩16,000(20×2년도 당기순이익)×10%＝₩1,600

(4) ₩2,000(20×2년 재평가잉여금 감소)×10%＝₩200

〈20×2년도 연결정산표〉

과목	갑회사	을회사	연결조정분개		연결재무제표
			차변	대변	
수익	₩750,000	₩180,000			₩930,000
비용	(710,000)	(164,000)			(874,000)
당기순이익	40,000	16,000			56,000
재평가잉여금	–	(2,000)			(2,000)
총포괄이익	₩40,000	₩14,000			₩54,000
종속기업투자	₩180,000	–		①180,000	–
그 이외 자산	940,000	₩259,000			₩1,199,000
영업권	–	–	①54,000	③29,000	25,000
합계	₩1,120,000	₩259,000			₩1,224,000
부채	₩350,000	₩80,000			₩430,000
자본금	400,000	100,000	①100,000		400,000
자본잉여금	130,000	20,000	①20,000		130,000
이익잉여금	240,000	56,000	①20,000 ②2,000 ③29,000 ④1,600		243,400
재평가잉여금	–	3,000	②500	④200	2,700
비지배지분	–	–	④200	①14,000 ②2,500 ④1,600	17,900
합계	₩1,120,000	₩259,000	₩227,300	₩227,300	₩1,224,000

<추가 설명>

참고로 20×2년 말 비지배지분 잔액 ₩17,900은 다음과 같이 직접 계산할 수 있다.

비지배지분＝을회사 순자산의 FV(BV와 동일)×10%

＝(₩100,000＋20,000＋56,000＋3,000)×10%＝₩17,900

20×2년 말 연결이익잉여금 잔액 ₩243,400은 다음과 같이 직접 계산할 수 있다.

20×2년 말 연결이익잉여금＝₩240,000(20×2년 말 지배기업 이익잉여금)

－29,000(영업권 손상차손 누계액)

＋36,000(지배력 취득 이후 종속기업 이익잉여금 증가분)×90%

＝₩243,400

20×2년도 연결손익계산서와 연결포괄손익을 표시하는 보고서에 다음과 같이 당기순이익과 총포괄이익의 귀속 금액을 각각 표시한다.

당기순이익의 귀속	
지배기업 소유주	₩54,400
비지배지분	1,600
	₩56,000
총포괄이익의 귀속	
지배기업 소유주	₩52,600
비지배지분	1,400
	₩54,000

참고로 귀속금액의 계산과정은 다음과 같다.

<당기순이익의 귀속금액>

비지배지분 귀속 당기순이익＝₩16,000(종속기업 당기순이익)×10%

＝₩1,600(연결조정분개 ④와 동일한 금액임)

지배기업 소유주 귀속 당기순이익＝₩56,000－1,600＝₩54,400

지배기업 소유주 귀속 당기순이익은 다음과 같이 계산할 수도 있다.

₩40,000(갑회사 당기순이익)＋16,000(을회사 당기순이익)×90%＝₩54,400

<총포괄이익의 귀속금액>

지배기업 소유주 귀속 총포괄이익＝₩54,400(당기순이익 귀속액)－2,000(재평가잉여금)×90%

＝₩52,600

비지배지분 귀속 총포괄이익＝₩1,600(당기순이익 귀속액)－2,000(재평가잉여금)×10%

＝₩1,400

5.4 종속기업 순자산의 장부금액과 공정가치가 일치하지 않는 경우

(예제 6)에서 설명한 바와 같이 취득일 현재 종속기업 순자산의 장부금액이 공정가치와 일치하지 않는 경우 비지배지분의 최초 측정금액에는 종속기업 순자산의 장부금액과 공정가치의 차이 중 비지배지분에 해당하는 금액이 포함되어 있다. 그런데 취득일 현재 존재하는 종속기업 순자산의 장부금액과 공정가치의 차이는 이후 관련 자산 또는 부채가 매각 또는 결제되거나 상각될 때 소멸할 것이므로 비지배지분도 비례적으로 함께 감소시키는 연결조정분개를 해야 한다. 다음의 (예 7)을 통하여 여기에 대한 설명을 한다.

예 7 종속기업 순자산의 장부금액과 공정가치 차이에 대한 비지배지분의 조정

㈜지배는 20×1년 초에 ㈜종속의 지분 90%를 ₩120,000에 취득하여 지배력을 소유하게 되었다. 지배력 취득일 현재 ㈜종속의 순자산의 장부금액은 ₩100,000(자본금 ₩70,000, 이익잉여금 ₩30,000)이고, 건물(잔존내용연수 10년, 잔존가치 없이 정액법 상각)의 공정가치가 장부금액을 ₩10,000 초과하는 것을 제외하고는 그 이외의 자산·부채의 장부금액과 공정가치는 동일하다. ㈜종속의 20×1년도 당기순이익은 ₩15,000이다.

㈜지배가 20×1년 말에 연결재무제표를 작성한다면 일단 지배력 취득일을 기준으로 종속기업투자와 종속기업 자본의 상계제거를 위하여 다음과 같은 연결조정분개를 한다.

① 종속기업투자와 지배력 취득시점의 종속기업 자본의 상계제거

(차)	자본금	70,000	(대)	종속기업투자	120,000
	이익잉여금	30,000		비지배지분	11,000
	건물	10,000			
	영업권	21,000			

건물의 공정가치가 장부금액을 ₩10,000 초과하므로 이를 10년간 매년 ₩1,000씩 상각하여야 한다. 그런데 연결조정분개 ①에서 확정한 비지배지분 ₩11,000에는 건물의 장부금액과 공정가치의 차이 ₩10,000 중 10% 해당액인 ₩1,000이 포함되어 있다. 따라서 지배력 취득일 이후 건물의 장부금액과 공정가치의 차이에 대한 감소 조정을 할 때 비지배지분도 비례적으로 감소시켜야 한다. 이때 다음과 같은 연결조정분개 ②를 고려해 볼 수 있다.

② 건물의 장부금액과 공정가치 차이에 대한 조정

(차)	감가상각비	900	(대)	감가상각누계액	1,000
	비지배지분	100			

마지막으로 ㈜종속의 20×1년도 당기순이익 ₩15,000 중 10% 해당액을 비지배지분에 귀속시키는 연결조정분개 ③을 추가한다.

③ 종속기업 당기순이익 중 비지배지분 해당액

(차) 이 익 잉 여 금	1,500	(대) 비 지 배 지 분	1,500

이와 같이 3가지의 연결조정분개를 하면 20×1년 말 현재 비지배지분 잔액은 ₩12,400이 되는데, 이는 20×1년 말 ㈜종속의 순자산의 공정가치 ₩124,000(₩110,000 − 1,000 + 15,000)의 10% 해당액임을 알 수 있다.

그런데 위의 연결조정분개 ②에서 장부금액과 공정가치의 차이에 대한 조정액 중 90% 해당액인 ₩900만 감가상각비로 연결조정을 하기 때문에 단일실체의 개념에 기초한 감가상각비가 연결당기순이익에 반영되지 못하는 문제가 발생한다. 즉, 지배기업과 종속기업이 단일실체라면 장부금액과 공정가치의 차이에 대한 조정액 전체인 ₩1,000의 감가상각비가 연결당기순이익에 반영되어야 할 것이다. 기준서에서도 취득일 현재 자산의 공정가치에 기초하여 계산한 감가상각비가 연결손익계산서에 반영되어야 한다고 언급하고 있다(1110:B88).

따라서 연결조정분개를 할 때에는 장부금액과 공정가치의 차이에 대한 조정액 전체를 당기손익에 반영하고, 종속기업 당기순이익 중 비지배지분 해당액을 결정할 때 장부금액과 공정가치의 차이에 대한 조정을 반영한 당기순이익에 기초하여 비지배지분에 귀속시킬 금액을 계산한다. 즉, 위의 연결조정분개 ②와 ③ 대신에 다음과 같은 ②−1과 ③−1의 연결조정분개를 한다.

②−1 건물의 장부금액과 공정가치의 차이에 대한 조정

(차) 감 가 상 각 비	1,000	(대) 감가상각누계액	1,000

③−1 종속기업 당기순이익 중 비지배지분 해당액

(차) 이 익 잉 여 금	1,400	(대) 비 지 배 지 분	1,400(1)

(1) (₩15,000 − 1,000)×10% = ₩1,400

연결조정분개 ①, ②−1 및 ③−1을 반영하면 20×1년 말 비지배지분 잔액은 ₩12,400이 되며, 연결당기순이익은 단일실체에 기초한 금액으로 보고될 수 있다.

취득일 현재 종속기업 건물의 공정가치가 장부금액을 초과할 경우 지배력 취득 후 1차 연도 말의 연결조정분개는 다음과 같다(영업권 발생 가정).

① 종속기업투자와 종속기업 자본의 상계제거(지배력 취득시점의 금액 기준)

(차) 자본금	×××	(대) 종속기업투자	×××
자본잉여금	×××	비지배지분	×××
이익잉여금	×××		
건물	×××		
영업권	×××		

② 건물의 BV·FV 차이조정

(차) 감가상각비	×××	(대) 감가상각누계액	×××

③ 영업권의 손상차손 인식(해당하는 경우에만)

(차) 손상차손	×××	(대) 영업권	×××

④ 종속기업 당기순이익으로 인한 순자산 변동 중 비지배지분 해당액

(차) 이익잉여금	×××	(대) 비지배지분	×××[(1)]

(1) (종속기업 당기순이익 – 건물의 BV·FV 차이조정)×비지배지분율

위와 동일한 상황에서 지배력 취득 후 2차 연도 말의 연결조정분개는 다음과 같다.

① 종속기업투자와 종속기업 자본의 상계제거(지배력 취득시점의 금액 기준)

(차) 자본금	×××	(대) 종속기업투자	×××
자본잉여금	×××	비지배지분	×××
이익잉여금	×××		
건물	×××		
영업권	×××		

② 지배력 취득시점부터 당기 초까지 종속기업 순자산 변동 중 비지배지분 해당액

(차) 이익잉여금	×××	(대) 비지배지분	×××[(1)]

(1) (과년도 종속기업 당기순이익 – 과년도 건물의 BV·FV 차이조정)×비지배지분율

③ 건물의 BV·FV 차이조정

(차) 이익잉여금	×××[(2)]	(대) 감가상각누계액	×××
감가상각비	×××[(3)]		

(2) 과년도 감가상각비
(3) 당기 감가상각비

④ 영업권의 손상차손 인식(해당하는 경우에만)

(차) 이익잉여금	×××[(4)]	(대) 영업권	×××
손상차손	×××[(5)]		

(4) 과년도 영업권 손상차손
(5) 당기 영업권 손상차손

⑤ 종속기업 당기순이익으로 인한 순자산 변동 중 비지배지분 해당액

(차) 이 익 잉 여 금	×××	(대) 비 지 배 지 분	×××[(6)]

(6) (종속기업 당기순이익 - 당기 건물의 BV·FV 차이조정)×비지배지분율

전술한 (예 7)에서 20×2년도 ㈜종속의 당기순이익이 ₩18,000일 경우 지배력 취득 2차 연도 말의 연결조정분개를 제시하면 다음과 같다.

① 종속기업투자와 지배력 취득시점의 종속기업 자본의 상계제거

(차) 자 본 금	70,000	(대) 종 속 기 업 투 자	120,000
이 익 잉 여 금	30,000	비 지 배 지 분	11,000
건 물	10,000		
영 업 권	21,000		

② 지배력 취득시점부터 당기 초까지 종속기업 순자산 변동 중 비지배지분 해당액

(차) 이 익 잉 여 금	1,400[(1)]	(대) 비 지 배 지 분	1,400

(1) {₩15,000(20×1년도 당기순이익) - 1,000(20×1년도 건물 BV·FV 차이조정)}×10% = ₩1,400

③ 건물의 BV·FV 차이조정

(차) 이 익 잉 여 금	1,000[(2)]	(대) 감가상각누계액	2,000
감 가 상 각 비	1,000[(3)]		

(2) 20×1년도 감가상각비
(3) 20×2년도 감가상각비

④ 종속기업 당기순이익으로 인한 순자산 변동 중 비지배지분 해당액

(차) 이 익 잉 여 금	1,700	(대) 비 지 배 지 분	1,700[(4)]

(4) {₩18,000(20×2년도 당기순이익) - 1,000(20×2년도 건물 BV·FV 차이조정)}×10% = ₩1,700

5.5 연결재무제표의 주요 금액의 결정과정

비지배지분이 있는 상황에서 지배력 취득일(영업권 발생 가정) 이후 1차 연도 말 또는 2차 연도 말에 연결재무제표를 작성할 경우 연결재무제표에 표시될 주요 계정 금액(종속기업의 증자나 감자는 없다고 가정)의 결정과정을 요약하면 다음과 같다(종속기업 순자산의 BV < FV 가정).

연결재무상태표의 영업권
=종속기업투자 취득원가
　−취득일 현재 종속기업 순자산의 FV×지배기업 지분율
　−영업권 손상차손 누계액

연결재무상태표의 자산(영업권 제외) 또는 부채의 금액
=당기 말 지배기업 자산·부채의 BV(종속기업투자는 제외)
　+당기 말 종속기업 자산·부채의 BV
　+취득일 현재 종속기업 자산·부채의 BV·FV 차이의 조정 후 잔액

연결재무상태표의 자본금=지배기업의 자본금

연결재무상태표의 자본잉여금
=지배기업 자본잉여금
　+지배력 취득일 이후 종속기업 자본잉여금 변동액×지배기업 지분율

연결재무상태표의 이익잉여금
=지배기업 이익잉여금−영업권 손상차손 누계액+염가매수차익(취득일 발생액)
　+지배력 취득일 이후 종속기업 이익잉여금 변동액×지배기업 지분율
　−종속기업 순자산의 BV·FV 차이조정 누계액×지배기업 지분율

비지배지분
=취득일 현재 종속기업 순자산의 FV×비지배지분율
　+취득일 이후 종속기업 순자산 변동액×비지배지분율
　−취득일 이후 종속기업 순자산의 BV·FV 차이조정 누계액×비지배지분율
=(취득일 현재 종속기업 순자산의 FV+취득일 이후 종속기업 순자산 변동액
　−취득일 이후 종속기업 순자산의 BV·FV 차이조정 누계액)×비지배지분율

연결당기순손익
=지배기업 당기순손익
　−당기 영업권 손상차손+당기 염가매수차익(당기가 취득일일 경우에만 해당)
　+종속기업 당기순손익−종속기업 순자산의 BV·FV 차이의 당기분 조정

취득일 현재 종속기업 순자산의 장부금액과 공정가치가 일치하며, 영업권 손상차손이나 염가매수차익이 없고, 제4장에서 설명할 내부거래 미실현손익도 없다면, 연결당기순손익은 지배기업 당기순손익과 종속기업 당기순손익을 합친 금액과 동일하다. 즉, 연결당기순이익은 비지배지분이 있는 경우와 없는 경우가 동일하다. 다만, 비지배지분이 있는 경우 다음과 같이 연결당기순손익을 지배기업 소유주 귀속 당기순손익과 비지배지분 귀속 당기순손익으로 구분하여 연결손익계산서에 표시하여야 한다.

지배기업 소유주 귀속 당기순손익
=지배기업 당기순손익+종속기업 당기순손익×지배기업 지분율

비지배지분 귀속 당기순손익=종속기업 당기순손익×비지배지분율

그러나 취득일 현재 종속기업 순자산의 장부금액과 공정가치가 일치하지 않거나, 영업권 손상차손이나 염가매수차익이 있다면(제4장에서 설명할 내부거래 미실현손익은 없다고 가정), 지배기업 소유주 귀속 당기순손익과 비지배지분 귀속 당기순손익은 다음과 같이 결정된다. 즉, 영업권 손상차손이나 염가매수차익은 비지배지분과 무관[13)]하므로 비지배지분 귀속 당기순손익을 계산할 때 고려할 필요가 없다.

지배기업 소유주 귀속 당기순손익
=지배기업 당기순손익−당기발생 영업권 손상차손+당기발생 염가매수차익
+(종속기업 당기순손익−종속기업 순자산의 BV·FV 차이의 당기분 조정)×지배기업 지분율

비지배지분 귀속 당기순손익
=(종속기업 당기순손익−종속기업 순자산의 BV·FV 차이의 당기분 조정)×비지배지분율

연결당기순이익을 지배기업 소유주와 비지배지분으로 각각 귀속시키는 위의 계산식이 다소 복잡해 보인다. 비지배지분이 없는 경우 연결당기순이익을 3.4절의 [그림 4]에서 제시한 바 있는데, [그림 4]에 기초하여 비지배지분이 있는 경우 연결당기순이익을 지배기업 소유주와 비지배지분에 귀속시키는 과정을 [그림 8]에 표시하였다.

| 그림 8 | 연결당기순이익의 지배기업 소유주와 비지배지분의 귀속 과정

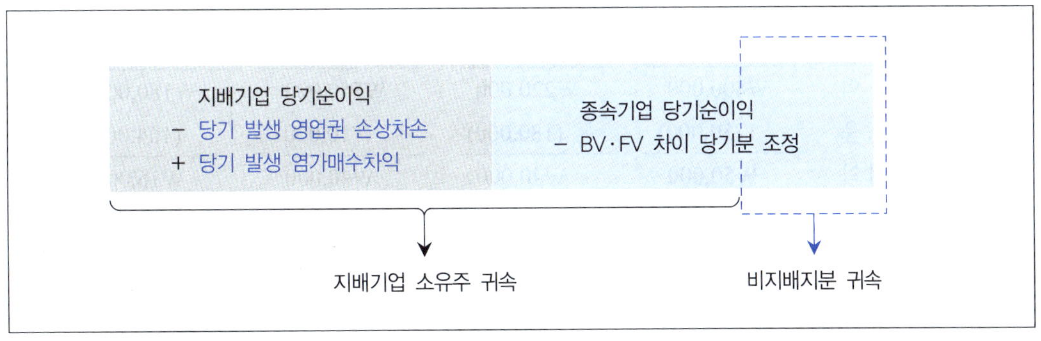

13) 종속기업 순자산이 변동되어야 비지배지분이 영향을 받는데 영업권 손상차손이나 염가매수차익은 종속기업 순자산과 관련이 없으므로 비지배지분과도 관련이 없다.

[그림 8]에서 회색 음영 부분과 파란색 음영 부분의 합계가 연결당기순이익이다. 영업권 손상차손이나 염가매수차익은 종속기업 당기순이익과 무관하므로 지배기업 당기순이익(회색 음영 부분)에서 조정하고, 취득일 현재 종속기업 순자산의 공정가치와 장부금액의 차이 중 당기분 조정액은 종속기업 당기순이익(파란색 음영 부분)에서 조정하는 것으로 표시되어 있다. 이때 '파란색 음영 부분에 비지배지분율을 곱한 금액(즉, 점선으로 표시한 부분)'이 비지배지분 귀속 당기순손익이다. 그리고 연결당기순이익에서 비지배지분 귀속 당기순손익을 차감한 후의 금액이 지배기업 소유주 귀속 당기순손익이다.

예제 8 비지배지분이 있는 연결재무제표 작성(2)

(예제 3)의 변형 문제이다. 갑회사는 20×1년 초에 을회사의 의결권 있는 주식 90%를 ₩180,000에 취득하여 지배기업이 되었다. 취득일 현재 을회사의 다음 자산을 제외한 모든 자산과 부채의 장부금액과 공정가치는 일치하였다.

항목	장부금액	공정가치	비고
토 지	₩80,000	₩95,000	20×1년 중에 ₩100,000에 전부 처분
건 물	60,000	70,000	잔존내용연수 10년, 잔존가치 없이 정액법 상각
재고자산	55,000	60,000	20×1년 중에 70% 판매, 20×2년 중에 30% 판매

20×1년과 20×2년의 갑회사와 을회사의 재무제표는 다음과 같다. 20×1년 초 이후 두 회사 모두 배당금 지급 등의 자본관련 거래는 없다.

과목	20×1년도		20×2년도	
	갑회사	을회사	갑회사	을회사
수 익	₩800,000	₩220,000	₩750,000	₩180,000
비 용	(750,000)	(180,000)	(710,000)	(164,000)
당기순이익	₩50,000	₩40,000	₩40,000	₩16,000
현금·매출채권	₩90,000	₩146,000	₩120,000	₩168,000
재 고 자 산	180,000	50,000	170,000	60,000
종속기업투자	180,000	–	180,000	–
토 지	350,000	–	400,000	–
건 물(순액)	250,000	54,000	250,000	48,000
합 계	₩1,050,000	₩250,000	₩1,120,000	₩276,000

부 채	₩320,000	₩70,000	₩350,000	₩80,000
자 본 금	400,000	100,000	400,000	100,000
자본잉여금	130,000	20,000	130,000	20,000
이익잉여금	200,000	60,000	240,000	76,000
합 계	₩1,050,000	₩250,000	₩1,120,000	₩276,000

물음

1. 20×1년 초에 갑회사가 을회사의 지배력을 취득한 직후 연결재무제표를 작성할 경우 해야 할 연결조정분개를 하라.
2. 20×1년 말에 갑회사가 연결재무제표를 작성할 경우 해야 할 연결조정분개를 하고, 연결정산표를 작성하라. 단, 20×1년 말 현재 영업권이 배분된 현금창출단위의 회수가능액이 장부금액보다 적으며, 그 차이 중 지배기업 지분 해당액은 ₩2,000이다.
3. 20×2년 말에 갑회사가 연결재무제표를 작성할 경우 해야 할 연결조정분개를 하고, 연결정산표를 작성하라. 단, 20×2년 말 현재 영업권이 배분된 현금창출단위의 회수가능액이 장부금액보다 많으며, 그 차이 중 지배기업 지분 해당액은 ₩3,000이다.

해답

1. <20×1년 초 연결조정분개>

(차)	자본금	100,000	(대) 종속기업투자	180,000
	자본잉여금	20,000	비지배지분	17,000(2)
	이익잉여금	20,000(1)		
	토지	15,000		
	건물	10,000		
	재고자산	5,000		
	영업권	27,000(3)		

(1) 20×1년 초 이익잉여금 = ₩60,000(20×1년 말 이익잉여금) − 40,000(당기순이익)
(2) ₩170,000(20×1년 초 을회사 순자산의 공정가치)×10% = ₩17,000
(3) 영업권은 대차 일치 금액으로 계산할 수 있으나, 다음과 같이 독립적으로 계산할 수도 있다.
₩180,000(종속기업투자 취득원가) − 170,000(20×1년 초 을회사 순자산의 공정가치)×90% = ₩27,000

2. <20×1년 말 연결조정분개>

① 종속기업투자와 지배력 취득시점의 종속기업 자본의 상계제거

(차)	자본금	100,000	(대) 종속기업투자	180,000
	자본잉여금	20,000	비지배지분	17,000
	이익잉여금	20,000		
	토지	15,000		
	건물	10,000		
	재고자산	5,000		
	영업권	27,000		

② 종속기업 자산의 BV · FV 차이조정

(차)	유형자산처분이익	15,000	(대) 토지	15,000
(차)	감가상각비	1,000	(대) 감가상각누계액	1,000
(차)	매출원가	3,500	(대) 재고자산	3,500

③ 영업권의 손상차손 인식

(차)	손상차손	2,000	(대) 영업권	2,000

④ 당기순이익으로 인한 순자산 변동 중 비지배지분 해당액

(차)	이익잉여금	2,050(1)	(대) 비지배지분	2,050

(1) {₩40,000(20×1년도 당기순이익) − 15,000(처분이익) − 1,000(감가상각비) − 3,500(매출원가)}×10% = ₩2,050

〈20×1년도 연결정산표〉

과목	갑회사	을회사	연결조정분개		연결재무제표
			차변	대변	
수익	₩800,000	₩220,000	②15,000		₩1,005,000
비용	(750,000)	(180,000)	②1,000 ②3,500 ③2,000		(936,500)
당기순이익	₩50,000	₩40,000	₩21,500*		₩68,500
현금 · 매출채권	₩90,000	₩146,000			₩236,000
재고자산	180,000	50,000	①5,000	②3,500	231,500
종속기업투자	180,000	−		①180,000	−
토지	350,000	−	①15,000	②15,000	350,000
건물(순액)	250,000	54,000	①10,000	②1,000	313,000
영업권	−	−	①27,000	③2,000	25,000
합계	₩1,050,000	₩250,000			₩1,155,500

부 채	₩320,000	₩70,000			₩390,000
자 본 금	400,000	100,000	①100,000		400,000
자본잉여금	130,000	20,000	①20,000		130,000
이익잉여금	200,000	60,000	①20,000 ④2,050 21,500*		216,450
비지배지분	–	–		①17,000 ④2,050	19,050
합 계	₩1,050,000	₩250,000	₩220,550	₩220,550	₩1,155,500

* 당기순이익의 조정 금액만큼 이익잉여금에 반영한다.

<추가 설명>

참고로 20×1년 말 비지배지분 잔액 ₩19,050은 다음과 같이 직접 계산할 수 있다.

20×1년 말 을회사 순자산의 FV
=₩180,000(순자산의 BV)+9,000(건물의 BV·FV 차이 잔액)
+1,500(재고자산의 BV·FV 차이 잔액)
=₩190,500

비지배지분=을회사 순자산의 FV×10%=₩190,500×10%=₩19,050

20×1년 말 연결이익잉여금 잔액 ₩216,450은 다음과 같이 직접 계산할 수 있다.

20×1년 말 연결이익잉여금
=₩200,000(20×1년 말 지배기업 이익잉여금)−2,000(영업권 손상차손)
+{40,000(지배력 취득 이후 종속기업 이익잉여금 증가분)−15,000−1,000
−3,500(BV·FV 차이조정)}×90%
=₩216,450

한편, 연결손익계산서 하단에는 당기순이익 ₩68,500을 다음과 같이 두 부분으로 구분하여 표시한다.

비지배지분 귀속 당기순이익
={₩40,000(종속기업 당기순이익)−15,000−1,000−3,500(BV·FV 차이조정)}×10%
=₩2,050 (연결조정분개 ④와 동일한 금액임)

지배기업 소유주 귀속 당기순이익=₩68,500−2,050=₩66,450

또는

₩50,000+(40,000−15,000−1,000−3,500)×90%−2,000(영업권 손상차손)=₩66,450

앞에서 [그림 8]을 이용하여 연결당기순이익을 지배기업 소유주와 비지배지분으로 귀속시키는 과정을 설명하였는데, 이를 해답 2에 적용하면 다음과 같다.

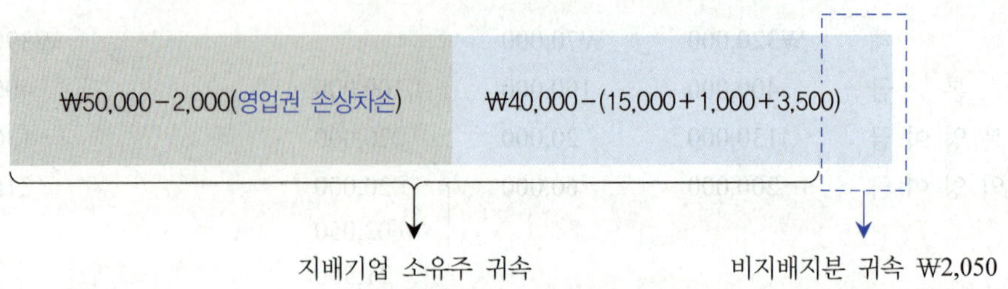

위의 그림에서

연결당기순이익 = ₩50,000 − 2,000 + 40,000 − (15,000 + 1,000 + 3,500) = ₩68,500

비지배지분 귀속 당기순이익 = 파란색 음영 부분×10%

= {₩40,000 − (15,000 + 1,000 + 3,500)} × 10% = ₩2,050

지배기업 소유주 귀속 당기순이익 = ₩68,500(연결당기순이익) − 2,050 = ₩66,450

3. <20×2년 말 연결조정분개>

① 종속기업투자와 지배력 취득시점의 종속기업 자본의 상계제거

(차) 자본금	100,000	(대) 종속기업투자	180,000
자본잉여금	20,000	비지배지분	17,000
이익잉여금	20,000		
토지	15,000		
건물	10,000		
재고자산	5,000		
영업권	27,000		

② 지배력 취득시점부터 당기 초까지 종속기업 순자산 변동 중 비지배지분 해당액

(차) 이익잉여금	2,050[(1)]	(대) 비지배지분	2,050

(1) {₩40,000(20×1년 당기순이익) − 15,000 − 1,000 − 3,500(20×1년도 BV · FV 차이조정)} × 10% = ₩2,050
해답 2의 분개 ④와 동일함

③ 종속기업 자산의 BV · FV 차이조정

(차) 이익잉여금	15,000	(대) 토지	15,000
(차) 이익잉여금	1,000	(대) 감가상각누계액	2,000
감가상각비	1,000		
(차) 이익잉여금	3,500	(대) 재고자산	5,000[(3)]
매출원가	1,500		

(3) 20×1년도 조정분 ₩3,500(₩5,000×70%)과 20×2년도 조정분 ₩1,500(₩5,000×30%)

④ 영업권의 손상차손 인식

(차) 이익잉여금	2,000[(4)]	(대) 영업권	2,000

(4) 20×2년 말 현재 회수가능액 증가분에 대한 손상차손환입은 인식하지 않고 20×1년도 손상차손만 이익잉여금에서 조정한다.

⑤ 당기순이익으로 인한 순자산 변동 중 비지배지분 해당액

(차) 이 익 잉 여 금 1,350[(5)] (대) 비 지 배 지 분 1,350

(5) {₩16,000(20×2년도 당기순이익) − 1,000 − 1,500(20×2년도 BV · FV 차이조정)}×10% = ₩1,350

〈20×2년도 연결정산표〉

과목	갑회사	을회사	연결조정분개		연결재무제표
			차변	대변	
수익	₩750,000	₩180,000			₩930,000
비용	(710,000)	(164,000)	③1,000 ③1,500		(876,500)
당기순이익	₩40,000	₩16,000	₩2,500*		₩53,500
현금·매출채권	₩120,000	₩168,000			₩288,000
재고자산	170,000	60,000	①5,000	③5,000	230,000
종속기업투자	180,000	−		①180,000	−
토지	400,000	−	①15,000	③15,000	400,000
건물(순액)	250,000	48,000	①10,000	③2,000	306,000
영업권	−	−	①27,000	④2,000	25,000
합계	₩1,120,000	₩276,000			₩1,249,000
부채	₩350,000	₩80,000			₩430,000
자본금	400,000	100,000	①100,000		400,000
자본잉여금	130,000	20,000	①20,000		130,000
이익잉여금	240,000	76,000	①20,000 ②2,050 ③15,000 ③1,000 ③3,500 ④2,000 ⑤1,350 2,500*		268,600
비지배지분	−	−		①17,000 ②2,050 ⑤1,350	20,400
합계	₩1,120,000	₩276,000	₩224,400	₩224,400	₩1,249,000

* 당기순이익의 조정 금액만큼 이익잉여금에 반영한다.

<추가 설명>

참고로 20×2년 말 비지배지분 잔액 ₩20,400은 다음과 같이 직접 계산할 수 있다.

20×2년 말 을회사 순자산의 FV

=₩196,000(순자산의 BV)+8,000(건물의 BV·FV 차이 잔액)=₩204,000

비지배지분=을회사 순자산의 FV×10%=₩204,000×10%=₩20,400

또한 20×2년 말 연결이익잉여금 잔액 ₩268,600은 다음과 같이 직접 계산할 수 있다.

20×2년 말 연결이익잉여금

=₩240,000(20×2년 말 지배기업 이익잉여금)−2,000(영업권 손상차손 누계액)

+{56,000(지배력 취득 이후 종속기업 이익잉여금 증가분)−15,000−2,000

−5,000(BV·FV 차이조정 누계액)}×90%

=₩268,600

연결손익계산서 하단에 당기순이익 ₩53,500을 다음과 같이 두 부분으로 구분하여 표시한다.

비지배지분 귀속 당기순이익

={₩16,000(종속기업 당기순이익)−1,000−1,500(20×2년도 BV·FV 차이조정)}×10%

=₩1,350(연결조정분개 ⑤와 동일한 금액임)

지배기업 소유주 귀속 당기순이익=₩53,500−1,350=₩52,150

또는

₩40,000+(16,000−1,000−1,500)×90%=₩52,150

[그림 8]을 이용하여 연결당기순이익을 지배기업 소유주와 비지배지분으로 귀속시키는 과정을 설명하였는데, 이를 해답 3에 적용하면 다음과 같다.

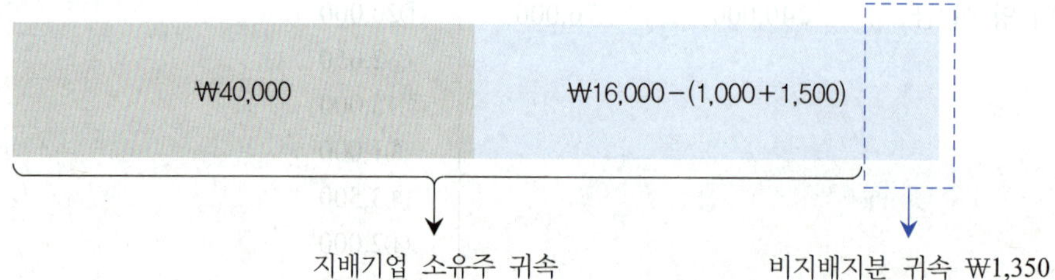

위의 그림에서

연결당기순이익=₩40,000+16,000−(1,000+1,500)=₩53,500

비지배지분 귀속 당기순이익=파란색 음영 부분×10%

={₩16,000−(1,000+1,500)}×10%=₩1,350

지배기업 소유주 귀속 당기순이익=₩53,500(연결당기순이익)−1,350=₩52,150

예제 9 연결재무제표의 금액 계산 – 비지배지분이 있는 경우

(예제 5)의 변형 문제이다. A회사는 20×1년 초에 B회사의 의결권 있는 주식 80%를 ₩320,000에 취득하여 지배기업이 되었다. 지배력 취득일 현재 B회사 순자산의 장부금액은 ₩300,000(자본금 ₩200,000, 이익잉여금 ₩100,000)이며, B회사 유형자산(내용연수 10년, 잔존가치 없이 정액법 상각)의 공정가치가 장부금액을 ₩60,000 초과하는 것을 제외하고는 다른 자산·부채의 장부금액과 공정가치는 동일하다. 동 유형자산은 20×2년 말까지 B회사가 계속 사용하고 있다. 다음은 20×1년 말과 20×2년 말 A회사와 B회사 재무제표의 일부 금액이다. 두 회계기간 동안 내부거래는 발생하지 않았다.

과목	20×1년도		20×2년도	
	A회사	B회사	A회사	B회사
당기순이익	₩250,000	₩20,000	₩320,000	₩30,000
자산총계(종속기업투자 제외)	5,600,000	1,530,000	6,100,000	1,840,000
이익잉여금	1,340,000	120,000	1,660,000	150,000

물음

20×1년도와 20×2년노의 A회사 연결재무제표 금액 중 다음의 양식에 표시될 금액을 계산하라. 단, 20×1년 말과 20×2년 말 현재 영업권이 배분된 현금창출단위의 회수가능액이 장부금액보다 적으며, 그 차이 중 지배기업 지분 해당액은 각각 ₩6,000과 ₩5,000이다.

과목	20×1년도	20×2년도
당기순이익		
비지배지분 귀속 당기순이익		
영업권		
영업권 제외 자산총액		
이익잉여금		
비지배지분		

해답

과목	20×1년도	20×2년도
당기순이익	₩258,000(2)	₩339,000(8)
비지배지분 귀속 당기순이익	2,800(3)	4,800(9)
영업권	26,000(1)	21,000(7)
영업권 제외 자산총액	7,184,000(4)	7,988,000(10)
이익잉여금	1,345,200(5)	1,679,400(11)
비지배지분	74,800(6)	79,600(12)

<20×1년도>

(1) 지배력 취득 시 영업권 = ₩320,000 − (300,000 + 60,000)×80% = ₩32,000

영업권 손상차손 = ₩6,000

영업권 잔액 = ₩32,000 − 6,000 = ₩26,000

(2) 연결당기순이익

= A회사 당기순이익 − 당기 영업권 손상차손 + B회사 당기순이익 − B회사 순자산의 BV·FV 차이의 당기분 조정

= ₩250,000 − 6,000 + 20,000 − 60,000×1/10 = ₩258,000

(3) 비지배지분 귀속 당기순이익

= (B회사 당기순이익 − B회사 순자산의 BV·FV 차이의 당기분 조정)×비지배지분율

= (₩20,000 − 60,000×1/10)×20% = ₩2,800

(4) 영업권 제외 자산총액

= A회사 자산 BV + B회사 자산 BV + (취득일 현재 B회사 순자산의 BV·FV 차이 − 취득일 이후 B회사 순자산의 BV·FV 차이조정 누계액)

= ₩5,600,000 + 1,530,000 + (60,000 − 6,000) = ₩7,184,000

(5) 이익잉여금

= A회사 이익잉여금 − 영업권 손상차손 누계액
+ 취득일 이후 B회사 이익잉여금 변동액×A회사 지분율
− 취득일 이후 B회사 순자산의 BV·FV 차이조정 누계액×A회사 지분율

= ₩1,340,000 − 6,000 + (120,000 − 100,000)×80% − 6,000×80% = ₩1,345,200

(6) 비지배지분

= 취득일 현재 B회사 순자산의 FV×비지배지분율 + 취득일 이후 B회사 이익잉여금 변동액×비지배지분율 − 취득일 이후 B회사 순자산의 BV·FV 차이조정 누계액×비지배지분율

= ₩360,000×20% + (120,000 − 100,000)×20% − 6,000×20% = ₩74,800

또는

(20×1년 말 B회사 순자산 BV+B회사 순자산의 BV·FV 차이 잔액)×비지배지분율

={₩200,000+120,000+(60,000−6,000)}×20%=₩74,800

<20×2년도>

(7) 영업권 손상차손=₩5,000

영업권 잔액=₩26,000−5,000=₩21,000

(8) 연결당기순이익

=A회사 당기순이익−당기 영업권 손상차손+B회사 당기순이익

−B회사 순자산의 BV·FV 차이의 당기분 조정

=₩320,000−5,000+30,000−60,000×1/10=₩339,000

(9) 비지배지분 귀속 당기순이익

=(B회사 당기순이익−B회사 순자산의 BV·FV 차이의 당기분 조정)×비지배지분율

=(₩30,000−60,000×1/10)×20%=₩4,800

(10) 영업권 제외 자산총액

=A회사 자산 BV+B회사 자산 BV+취득일 현재 B회사 순자산의 BV·FV 차이

−취득일 이후 B회사 순자산의 BV·FV 차이조정 누계액

=₩6,100,000+1,840,000+(60,000−12,000)=₩7,988,000

(11) 이익잉여금

=A회사 이익잉여금−영업권 손상차손 누계액

+취득일 이후 B회사 이익잉여금 변동액×A회사 지분율

−취득일 이후 B회사 순자산의 BV·FV 차이조정 누계액×A회사 지분율

=₩1,660,000−11,000+(150,000−100,000)×80%−12,000×80%=₩1,679,400

(12) 비지배지분

=취득일 현재 B회사 순자산의 FV×비지배지분율+취득일 이후 B회사 이익잉여금 변동액

×비지배지분율−취득일 이후 B회사 순자산의 BV·FV 차이조정 누계액×비지배지분율

=₩360,000×20%+(150,000−100,000)×20%−12,000×20%=₩79,600

또는

(20×2년 말 B회사 순자산의 BV+B회사 순자산의 BV·FV 차이 잔액)×비지배지분율

={₩200,000(자본금)+150,000(이익잉여금)+(60,000−12,000)}×20%=₩79,600

5.6 비지배지분 초과 손실이 있는 경우의 연결

종속기업에 대한 지배력을 취득한 후 종속기업에 당기순손실이 발생하면 다음과 같이 당기순손실 중 비지배지분에 귀속되는 금액만큼 비지배지분을 감소시키는 연결조정분개를 한다.

(차) 비 지 배 지 분	×××	(대) 이 익 잉 여 금	×××

종속기업의 결손이 누적되면 지배력 취득시점의 비지배지분이 점점 감소되어 부(−)의 잔액이 되는 경우도 발생할 수 있다. 기준서에서는 비지배지분이 부(−)의 잔액이 되더라도 총포괄손익을 지배기업 소유주와 비지배지분에 귀속시키도록 규정하고 있다(1110:B94). 여기에 대한 반대의 견해로서 비지배지분은 부(−)의 잔액이 될 수 없으며, 비지배지분을 초과하는 손실은 지배기업 지분에 귀속시켜야 한다는 주장이 있을 수 있으나, 비지배지분도 연결실체의 자본이고 자본은 부(−)의 잔액이 될 수 있으므로 이러한 주장은 타당하지 않다.

예제 10 비지배지분 초과손실이 발생하는 경우의 연결

20×1년 초에 갑회사는 을회사의 의결권 있는 주식 80%를 ₩30,000에 취득하였다. 취득일 현재 을회사의 자산과 부채의 장부금액과 공정가치는 일치하였다. 20×1년과 20×2년의 갑회사와 을회사의 재무제표는 다음과 같다. 20×1년 초 이후 두 회사 모두 배당금 지급 등의 자본관련 거래는 없다.

과목	20×1년도		20×2년도	
	갑회사	을회사	갑회사	을회사
수익	₩300,000	₩60,000	₩350,000	₩90,000
비용	(290,000)	(100,000)	(335,000)	(48,000)
당기순이익	₩10,000	₩(40,000)	₩15,000	₩42,000

과목	20×1년도		20×2년도	
	갑회사	을회사	갑회사	을회사
자산(종속기업투자 제외)	₩370,000	₩25,000	₩435,000	₩58,000
종속기업투자	30,000	−	30,000	−
합계	₩400,000	₩25,000	₩465,000	₩58,000
부채	₩180,000	₩30,000	₩230,000	₩21,000
자본금	150,000	20,000	150,000	20,000
자본잉여금	20,000	10,000	20,000	10,000
이익잉여금	50,000	(35,000)	65,000	7,000
합계	₩400,000	₩25,000	₩465,000	₩58,000

물음

1. 20×1년 초에 갑회사가 을회사의 지배력을 취득한 직후 연결재무제표를 작성할 경우 해야 할 연결조정분개를 하라.
2. 20×1년 말에 갑회사가 연결재무제표를 작성할 경우 해야 할 연결조정분개를 하고, 연결정산표를 작성하라. 단, 20×1년 말 현재 영업권이 배분된 현금창출단위의 회수가능액이 장부금액보다 적으며, 그 차이 중 지배기업 지분 해당액은 ₩1,500이다.
3. 20×2년 말에 갑회사가 연결재무제표를 작성할 경우 해야 할 연결조정분개를 하고, 연결정산표를 작성하라. 단, 20×2년 말 현재 영업권이 배분된 현금창출단위의 회수가능액이 장부금액보다 적으며, 그 차이 중 지배기업 지분 해당액은 ₩400이다.

해답

1. <20×1년 초 연결조정분개>

(차)	자본금	20,000	(대) 종속기업투자	30,000
	자본잉여금	10,000	비지배지분	7,000(2)
	이익잉여금	5,000(1)		
	영업권	2,000(3)		

(1) 20×1년 초 이익잉여금 = ₩(35,000)(20×1년 말 이익잉여금) + 40,000(당기순손실)
(2) ₩35,000(20×1년 초 을회사 순자산의 공정가치)×20% = ₩7,000
(3) 영업권은 대차 일치 금액으로 계산할 수 있으나, 다음과 같이 독립적으로 계산할 수도 있다.
₩30,000(종속기업투자 취득원가) − 35,000(20×1년 초 을회사 순자산의 공정가치)×80% = ₩2,000

2. <20×1년 말 연결조정분개>

① 종속기업투자와 지배력 취득시점의 종속기업 자본의 상계제거

(차)	자본금	20,000	(대) 종속기업투자	30,000
	자본잉여금	10,000	비지배지분	7,000
	이익잉여금	5,000		
	영업권	2,000		

② 영업권의 손상차손 인식

(차)	손상차손	1,500	(대) 영업권	1,500

③ 당기순손실로 인한 순자산 변동 중 비지배지분 해당액

(차)	비지배지분	8,000(1)	(대) 이익잉여금	8,000

(1) (−)₩40,000(20×1년도 당기순손실)×20% = (−)₩8,000

<20×1년도 연결정산표>

과목	갑회사	을회사	연결조정분개 차변	연결조정분개 대변	연결재무제표
수 익	₩300,000	₩60,000			₩360,000
비 용	(290,000)	(100,000)	②1,500		(391,500)
당기순이익	₩10,000	₩(40,000)	₩1,500*		₩(31,500)
자 산 (종속기업투자제외)	₩370,000	₩25,000			₩395,000
종속기업투자	30,000			①30,000	–
영 업 권	–	–	①2,000	②1,500	500
합 계	₩400,000	₩25,000			₩395,500
부 채	₩180,000	₩30,000			₩210,000
자 본 금	150,000	20,000	①20,000		150,000
자본잉여금	20,000	10,000	①10,000		20,000
이익잉여금	50,000	(35,000)	①5,000 1,500*	③8,000	16,500
비지배지분	–	–	③8,000	①7,000	(1,000)
합 계	₩400,000	₩25,000	₩46,500	₩46,500	₩395,500

* 당기순이익의 조정 금액만큼 이익잉여금에 반영한다.

3. <20×2년 말 연결조정분개>

① 종속기업투자와 지배력 취득시점의 종속기업 자본의 상계제거

(차)	자본금	20,000	(대) 종속기업투자	30,000
	자본잉여금	10,000	비지배지분	7,000
	이익잉여금	5,000		
	영업권	2,000		

② 지배력 취득시점부터 당기 초까지 종속기업 순자산 변동 중 비지배지분 해당액

(차)	비지배지분	8,000	(대) 이익잉여금	8,000(1)

(1) ₩(40,000)×20%=₩(8,000)

③ 영업권의 손상차손 인식

(차)	이익잉여금	1,500(2)	(대) 영업권	1,900
	손상차손	400(3)		

(2) 20×1년도 영업권 손상차손 해당액을 이익잉여금에서 조정한다.
(3) 20×2년도 영업권 손상차손

④ 당기순이익으로 인한 순자산 변동 중 비지배지분 해당액

(차) 이 익 잉 여 금 8,400[(4)] (대) 비 지 배 지 분 8,400

(4) ₩42,000×20%=₩8,400

〈20×2년도 연결정산표〉

과목	갑회사	을회사	연결조정분개		연결재무제표
			차변	대변	
수 익	₩350,000	₩90,000			₩440,000
비 용	(335,000)	(48,000)	③400		(383,400)
당 기 순 이 익	₩15,000	₩42,000	₩400*		₩56,600
자 산 (종속기업투자제외)	₩435,000	₩58,000			₩493,000
종 속 기 업 투 자	30,000	–		①30,000	–
영 업 권	–	–	①2,000	③1,900	100
합 계	₩465,000	₩58,000			₩493,100
부 채	₩230,000	₩21,000			₩251,000
자 본 금	150,000	20,000	①20,000		150,000
자 본 잉 여 금	20,000	10,000	①10,000		20,000
이 익 잉 여 금	65,000	7,000	①5,000 ③1,500 ④8,400 400*	②8,000	64,700
비 지 배 지 분	–	–	②8,000	①7,000 ④8,400	7,400
합 계	₩465,000	₩58,000	₩55,300	₩55,300	₩493,100

* 당기순이익의 조정 금액만큼 이익잉여금에 반영한다.

지금까지 설명한 연결재무제표의 작성 과정(비지배지분 10% 가정)을 요약하면 [그림 9]와 같다.

| 그림 9 | 종속기업 순자산의 제거와 비지배지분 귀속 과정

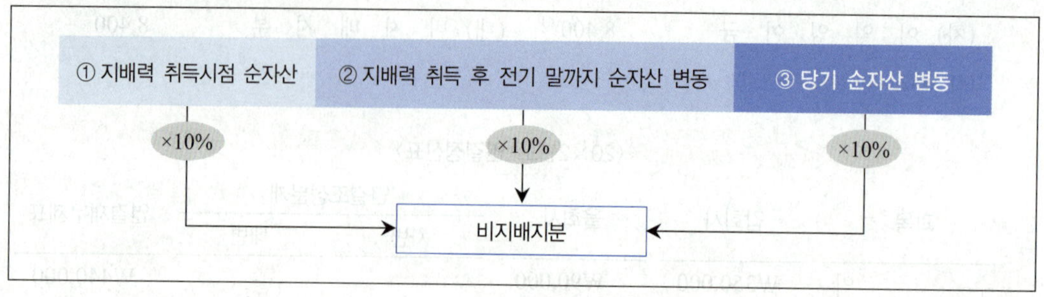

[그림 9]에서 보는 바와 같이 당기 말 현재 종속기업 순자산(①+②+③)의 10%가 비지배지분 잔액을 구성한다. 이때 ①에 해당하는 종속기업 순자산 중 90%는 종속기업투자와 상계할 때 제거된다. 반면에 ②와 ③에 해당하는 종속기업 순자산의 변동 중 90%는 자동으로 지배기업에 귀속되어 연결실체의 순자산(즉, 자본)을 구성한다.

[그림 9]에서 지배력 취득일 현재 종속기업 순자산의 장부금액과 공정가치 간에 차이가 있다면 ①에 그 차이가 포함되어야 하고, 그 차이 중 과년도 조정 누계액은 ②에, 당기 조정액은 ③에 각각 포함되어야 한다. 따라서 ①에 종속기업 순자산의 장부금액과 공정가치 간에 차이가 있더라도 기간이 상당히 경과하여 ②와 ③에서 그 차이가 모두 조정되었다면, 비지배지분 잔액은 지배기업 순자산의 장부금액에 기초하여 계산해도 무방할 것이다.

6 연결이론의 비교

제2장에서 연결이론으로 지배기업 개념, 실체 개념 및 비례연결 개념을 설명한 바 있는데, 금액 예시가 없기 때문에 명확하게 3가지 연결이론의 차이를 이해하기 어려웠다. 그러나 본장에서 지금까지 비지배지분을 포함한 연결재무제표 작성을 설명하였으므로 특정 금액을 이용하여 3가지 연결이론의 차이를 이해할 수 있는 단계가 되었다.

㈜지배가 당기 초에 ㈜종속의 의결권 있는 지분 80%를 소유하여 지배기업이 되었으며, 취득일 현재 ㈜종속 순자산의 장부금액은 ₩4,000(자본금 ₩3,000, 이익잉여금 ₩1,000)이고 공정가치와 동일하며, 내부거래는 없다. 다음은 ㈜지배와 ㈜종속의 당기 재무제표이다.

과목	㈜지배	㈜종속
수익	₩15,000	₩3,000
비용	(13,000)	(2,000)
당기순이익	₩2,000	₩1,000
자산(종속기업투자 제외)	₩16,800	₩10,000
종속기업투자	3,200	–
합계	₩20,000	₩10,000
부채	₩10,000	5,000
자본금	7,000	3,000
이익잉여금	3,000	2,000
합계	₩20,000	₩10,000

(1) 실체 개념

실체 개념에 따른 정산표는 다음과 같다.

과목	단순합산금액	연결조정 차변	연결조정 대변	연결재무제표
수익	₩18,000			₩18,000
비용	(15,000)			(15,000)
당기순이익	₩3,000	–	–	₩3,000
자산(종속기업투자 제외)	₩26,800			₩26,800
종속기업투자	3,200		₩3,200	–
합계	₩30,000			₩26,800
부채	₩15,000			₩15,000
자본금	10,000	₩3,000		7,000
이익잉여금	5,000	{ 1,000 200		3,800
비지배지분	–		{ 800 200	1,000
합계	₩30,000	₩4,200	₩4,200	₩26,800

위의 연결재무제표는 단순합산 금액에 다음과 같은 연결조정분개를 반영하여 작성된 것이다.

① 종속기업투자와 지배력 취득시점의 종속기업 자본의 상계제거

(차) 자본금	3,000	(대) 종속기업투자	3,200
이익잉여금	1,000	비지배지분	800

② 당기순이익으로 인한 순자산 변동 중 비지배지분 해당액

(차) 이익잉여금	200(1)	(대) 비지배지분	200

(1) ₩1,000(당기순이익)×20% = ₩200

국제회계기준은 실체 개념에 따라 연결재무제표를 작성하도록 요구한다. 다만, 실제로 공표되는 손익계산서는 위의 연결재무제표 금액 중 당기순이익 ₩3,000 하단에 지배기업 소유주 귀속 당기순이익 ₩2,800(₩2,000 + 1,000×80%)과 비지배지분 귀속 당기순이익 ₩200이 구분되어 표시된다.

(2) 지배기업 개념

지배기업 개념에 따른 정산표는 다음과 같다.

과목	단순합산금액	연결조정		연결재무제표
		차변	대변	
수 익	₩18,000			₩18,000
비 용	(15,000)	200		(15,200)
당 기 순 이 익	₩3,000	200*	–	₩2,800
자산(종속기업투자 제외)	₩26,800			₩26,800
종 속 기 업 투 자	3,200		₩3,200	–
합 계	₩30,000			₩26,800
부 채	₩15,000			₩15,000
비 지 배 지 분	–		{ 800 200	1,000
자 본 금	10,000	₩3,000		7,000
이 익 잉 여 금	5,000	{ 1,000 200*		3,800
합 계	₩30,000	₩4,200	₩4,200	₩26,800

* 당기순이익의 조정 금액만큼 이익잉여금에 반영한다.

위의 연결재무제표는 단순합산 금액에 다음과 같은 연결조정분개를 반영하여 작성된 것이다.

① 종속기업투자와 지배력 취득시점의 종속기업 자본의 상계제거

(차)	자 본 금	3,000	(대) 종 속 기 업 투 자	3,200
	이 익 잉 여 금	1,000	비 지 배 지 분	800

② 당기순이익으로 인한 순자산 변동 중 비지배지분 해당액

(차)	비 용	200	(대) 비 지 배 지 분	200

실체 개념과 달리 지배기업 개념에서는 비지배지분에 귀속되는 종속기업 당기순이익을 비용으로 조정한다. 따라서 당기순이익은 실체 개념에 비해 ₩200만큼 적다. 실체 개념에는 비지배지분 귀속 당기순이익을 이익잉여금에서 직접 조정하는 반면, 지배기업 개념에서는 비용

으로 조정하는 점에 차이가 있다. 그 결과 연결당기순이익 ₩2,800은 실체개념 하에서 지배기업 소유주 귀속 당기순이익과 같은 금액임을 알 수 있다. 비지배지분 귀속 당기순이익을 비용으로 조정하더라도 결국 그만큼 이익잉여금에서 조정되기 때문에 실체 개념과 지배기업 개념 모두 비지배지분 잔액은 동일하다. 한편, 지배기업 개념에서는 비지배지분을 연결실체의 자본이 아니라 부채로 분류한다.

(3) 비례연결 개념

비례연결에서는 종속기업의 수익, 비용, 자산 및 부채 중 80% 해당액만 지배기업에 포함시킨다. 또한 비지배지분은 표시되지 않는다. 참고로 비례연결 개념에 따른 정산표를 제시하면 다음과 같다.

과목	㈜지배	비례연결조정		비례 연결재무제표
		차변	대변	
수익	₩15,000		₩2,400	₩17,400
비용	(13,000)	₩1,600		(14,600)
당기순이익	₩2,000	₩1,600*	₩2,400*	₩2,800
자산(종속기업투자 제외)	₩16,800	₩8,000		₩24,800
종속기업투자	3,200		₩3,200	−
합계	₩20,000			₩24,800
부채	₩10,000		4,000	₩14,000
자본금	7,000			7,000
이익잉여금	3,000	1,600*	2,400*	3,800
합계	₩20,000	₩9,600	₩9,600	₩24,800

* 당기순이익의 조정 금액만큼 이익잉여금에 반영한다.

비례연결 개념은 종속기업의 자산, 부채, 수익 및 비용 중 지배기업 지분 해당액만 연결재무제표에 포함시킨다. 그런데 지배기업이 종속기업에 대해서 지배력을 보유할 경우 그것이 100% 지분율이든 60% 지분율이든 관계없이 종속기업의 관련 활동을 일방적으로 지시할 수 있는 능력을 가지고 있으므로 종속기업의 자산, 부채, 수익 및 비용 전체를 연결재무제표에 포함시키는 것이 타당하다.

1. 영업권 손상차손의 계산 및 연결조정분개

본장 본문에서는 설명의 편의상 영업권이 배분된 현금창출단위의 회수가능액을 제시하고 회수가능액이 장부금액에 미달되는 금액을 영업권 손상차손으로 인식하였으나 기준서에 따라 영업권 손상차손을 측정하는 과정은 다소 복잡하다. 아래에서는 영업권 손상차손 측정과 연결조정분개를 자세하게 설명한다.

비지배지분의 측정방법에 따라 영업권이 배분된 현금창출단위의 장부금액과 회수가능액이 어떻게 다른지 요약하면 [표 1]과 같다.

| 표 1 | 영업권이 배분된 현금창출단위에 포함되는 영업권

구분	비지배지분의 측정 방법	
	공정가치로 측정	종속기업 순자산의 공정가치에 비례하여 측정
현금창출단위의 장부금액	지배기업 지분의 영업권과 비지배지분의 영업권이 모두 포함	지배기업 지분의 영업권만 포함
현금창출단위의 회수가능액	지배기업 지분의 영업권과 비지배지분의 영업권이 모두 포함	

현금창출단위의 장부금액에는 영업권이 배분되어 있다. 이때 공정가치로 비지배지분을 측정하면 지배기업 지분과 비지배지분에 대한 영업권이 모두 현금창출단위의 장부금액에 포함되는 반면, 종속기업 순자산의 공정가치에 비례하는 방법으로 비지배지분을 측정하면 지배기업 지분에 대한 영업권만 현금창출단위의 장부금액에 포함된다. 그러나 비지배지분을 어느 방법으로 측정하든 관계없이 현금창출단위의 회수가능액에는 지배기업 지분과 비지배지분에 대한 영업권이 모두 포함되어 있다. 따라서 공정가치로 비지배지분을 측정하는 경우에는 별다른 조정이 필요하지 않지만, 종속기업 순자산의 공정가치에 비례하여 비지배지분을 측정하는 경우에는 현금창출단위의 장부금액에 '비지배지분에 대한 영업권'을 가산(gross-up)하는 조정이 필요하다. 이와 관련된 내용을 다음의 (예 1)과 (예 2)에서 설명한다.

예 1 영업권 손상차손의 인식 - 공정가치로 비지배지분 측정

P회사는 20×1년 초에 S회사 지분 80%를 ₩2,000에 취득하였다. 취득일 현재 S회사의 식별가능 순자산의 공정가치는 ₩1,500이며, P회사는 비지배지분을 공정가치 ₩350으로 측정하였다. 따라서 영업권은 다음과 같이 ₩850으로 계산된다.

영업권 = ₩2,000 + 350 − 1,500 = ₩850

취득일의 종속기업투자와 종속기업 자본의 상계제거에 대한 연결조정분개는 다음과 같다.

(차)	순 자 산	1,500	(대) 종 속 기 업 투 자	2,000
	영 업 권	850	비 지 배 지 분	350

P회사는 영업권 ₩850을 현금창출단위인 S회사에 모두 배분하였다. 20×1년 말 현재 영업권을 포함한 현금창출단위인 S회사 순자산의 장부금액은 ₩2,150이고, 회수가능액은 ₩2,000으로 추정하였다. 20×1년 말에 인식할 영업권의 손상차손을 계산하기로 한다.

S회사 순자산의 장부금액에는 비지배지분에 귀속되는 영업권이 이미 포함되어 있으므로 비지배지분에 해당하는 영업권의 가산조정은 필요하지 않다.

(1) S회사에 대한 손상검사

	S회사 영업권	S회사 식별가능 순자산	현금창출단위
장 부 금 액	₩850	₩1,300*	₩2,150
회 수 가 능 액			2,000
손 상 차 손			₩150

* ₩2,150 − 850 = ₩1,300

(2) 현금창출단위 손상차손의 배분

현금창출단위의 손상차손 ₩150을 모두 영업권 손상차손으로 인식한다. 다만, ₩150의 손상차손 중 비지배지분에 귀속될 손상차손 ₩30(₩150×20%)만큼 비지배지분을 감소시키면서 이익잉여금에서 조정하는 연결조정분개를 한다. 이와 같은 회계처리는 종속기업 순자산의 BV·FV 차이조정 전체를 연결당기순이익에 반영하고, 마지막 연결조정분개(당기순이익으로 인한 순자산 변동 중 비지배지분 해당액)를 할 때 BV·FV 차이조정 금액을 반영하는 것과 같은 논리라고 보면 된다.

(차)	손 상 차 손	150	(대) 영 업 권	150
(차)	비 지 배 지 분	30	(대) 이 익 잉 여 금	30

예 2 영업권 손상차손의 인식 – 비례지분으로 비지배지분 측정

P회사는 20×1년 초에 S회사 지분 80%를 ₩2,000에 취득하였다. 취득일 현재 S회사의 식별가능 순자산의 공정가치는 ₩1,500이며, P회사는 S회사 순자산의 공정가치에 대한 비례적 지분 ₩300 (₩1,500×20%)을 비지배지분으로 인식한다. 따라서 영업권은 다음과 같이 ₩800으로 계산된다.

영업권 = ₩2,000 − 1,500×80% = ₩800

취득일의 종속기업투자와 종속기업 자본의 상계제거에 대한 연결조정분개는 다음과 같다.

(차)	순 자 산	1,500	(대) 종 속 기 업 투 자	2,000
	영 업 권	800	비 지 배 지 분	300

P회사는 영업권 ₩800을 현금창출단위인 S회사에 모두 배분하였다. 20×1년 말 현재 영업권을 포함한 현금창출단위인 S회사의 장부금액은 ₩2,100이고, 회수가능액은 ₩2,000으로 추정하였다. 20×1년 말에 인식할 영업권의 손상차손을 계산하기로 한다.

S회사 순자산의 장부금액 ₩2,100에는 비지배지분에 귀속되는 영업권이 포함되어 있지 않은 반면, S회사의 회수가능액 ₩2,000에는 비지배지분에 귀속되는 영업권과 관련된 현금흐름이 포함되어 있다. 따라서 S회사 순자산의 회수가능액과 장부금액을 비교하기 위해서는 우선 다음과 같이 비지배지분에 귀속될 영업권 해당액을 S회사 순자산의 장부금액에 가산하는 조정(gross-up)을 한다.

가산조정 영업권 = ₩800÷80%(전체 영업권 추정액)* − 800 = ₩200

* ₩800÷80% = ₩1,000인데, 이 금액은 종속기업의 지분 100%를 취득했다면 계상했을 영업권을 의미한다.

(1) S회사에 대한 손상검사

	S회사 영업권	S회사 식별가능 순자산	현금창출단위
장 부 금 액	₩800	₩1,300	₩2,100
가산조정 영업권	200	–	200
조정 후 장부금액	₩1,000	₩1,300	₩2,300
회 수 가 능 액			2,000
손 상 차 손			₩300

(2) 현금창출단위 손상차손의 배분

손상차손 ₩300은 비지배지분에 귀속될 영업권까지 고려한 금액이므로 지배기업 지분(80%)에 해당하는 영업권 ₩240(₩300×80%)만 연결재무제표의 비용(손상차손)으로 인식한다. 손상차손의 연결조정분개를 제시하면 다음과 같다.

(차)	손 상 차 손	240	(대) 영 업 권	240

(3) 추가 고려사항

위에서 가산조정하는 영업권 ₩200을 고려하지 않고 손상차손을 인식한다면, 손상차손은 ₩2,100과 ₩2,000의 차이인 ₩100으로 잘못 계산된다.

한편, 위에서 S회사의 회수가능액이 ₩2,000이 아니라 ₩1,000이라면 손상차손 총액은 ₩1,300이 되는데, 이 중 ₩1,000을 우선 영업권에 배분하고, 나머지 ₩300을 S회사의 식별가능 순자산의 장부금액에 비례하여 배분한다. 다만 영업권에 배분하는 ₩1,000 중 지배회사 지분 80%에 해당하는 ₩800을 연결재무제표의 영업권 손상차손으로 인식한다. 만약 S회사 식별가능 순자산에 배분하는 손상차손 ₩300을 건물과 기계장치에 각각 2 : 1로 배분한다면, 손상차손의 연결조정분개는 다음과 같다.

(차) 손 상 차 손	800	(대) 영 업 권	800
(차) 손 상 차 손	300	(대) (건 물)손상차손누계액	200
		(기계장치)손상차손누계액	100

보론의 (예 1)에서 설명한 바와 같이 비지배지분을 공정가치로 측정할 경우에는 영업권이 배분된 현금창출단위의 회수가능액과 장부금액의 차이를 손상차손으로 인식하면서 여기에 비지배지분율을 곱한 금액만큼 비지배지분의 감소로 회계처리해야 한다. 또한 보론의 (예 2)에서 설명한 바와 같이 비지배지분을 종속기업 순자산의 공정가치의 비례지분으로 측정할 경우에는 비지배지분에 귀속될 영업권을 현금창출단위의 장부금액에 가산조정하는 복잡한 절차가 필요하다. 따라서 본문과 연습문제에서는 영업권의 계산과정보다는 연결재무제표 작성 과정에 초점을 두기 위하여 '영업권이 배분된 현금창출단위의 회수가능액이 장부금액보다 적고 그 차이 중 지배기업 지분 해당액은 ₩1,000이다'라는 식으로 간략하게 영업권 손상차손 금액을 제시하였다.

2. 공정가치로 비지배지분을 측정할 경우의 지배력 취득 후 연결

지배력 취득일에 비지배지분을 종속기업 순자산의 공정가치에 비례하는 방법으로 측정하지 않고 비지배지분의 공정가치로 측정하였다고 하더라도 연결조정과정은 본장의 (예제 7)이나 (예제 8)의 연결조정과 기본적으로 다르지 않다. 즉, 비지배지분은 ① 지배력 취득시점에 측정한 금액과 ② 지배력 취득일 이후 종속기업 순자산의 변동 중 비지배지분 해당액의 합계로 결정되는데, ①에 해당하는 금액을 두 가지 방법(순자산의 공정가치에 비례하는 방법으로 측정 또는 비지배지분의 공정가치로 측정) 중 어떤 방법으로 측정하는지에 관계없이 ②에 해당하는 금액은 동일하게 결정되기 때문이다. 따라서 비지배지분을 공정가치로 측정하는 방법을 적용하더라도 지배력 취득시점을 기준으로 종속기업투자와 종속기업 자본을 상계제거하는 연결조정분개만 차이가 있을 뿐 다른 연결조정분개는 비지배지분을 종속기업 순자산의 공정가치에 비례하는 방법으로 측정하는 경우와 다르지 않다.

(예제 8)의 자료를 이용하여 비지배지분을 공정가치로 측정할 경우 연결조정분개를 다음의 (예 3)에서 제시한다(20×2년 연결은 설명을 생략함).

예 3 비지배지분을 공정가치로 측정하는 경우 연결재무제표 작성

갑회사는 20×1년 초에 을회사의 의결권 있는 주식 90%를 ₩180,000에 취득하여 지배기업이 되었다. 취득일 현재 을회사의 다음 자산을 제외한 모든 자산과 부채의 장부금액과 공정가치는 일치하였다.

항목	장부금액	공정가치	비고
토 지	₩80,000	₩95,000	20×1년 중에 ₩100,000에 전부 처분
건 물	60,000	70,000	잔존내용연수 10년, 잔존가치 없이 정액법 상각
재고자산	55,000	60,000	20×1년 중에 70% 판매, 20×2년 중에 30% 판매

20×1년과 20×2년의 갑회사와 을회사의 재무제표는 다음과 같다. 20×1년 초 이후 두 회사 모두 배당금 지급 등의 자본관련 거래는 없다.

과목	20×1년도		20×2년도	
	갑회사	을회사	갑회사	을회사
수 익	₩800,000	₩220,000	₩750,000	₩180,000
비 용	(750,000)	(180,000)	(710,000)	(164,000)
당 기 순 이 익	₩50,000	₩40,000	₩40,000	₩16,000
현금·매출채권	₩90,000	₩146,000	₩120,000	₩168,000
재 고 자 산	180,000	50,000	170,000	60,000
종속기업투자	180,000	–	180,000	–
토 지	350,000	–	400,000	–
건 물(순액)	250,000	54,000	250,000	48,000
합 계	₩1,050,000	₩250,000	₩1,120,000	₩276,000
부 채	₩320,000	₩70,000	₩350,000	₩80,000
자 본 금	400,000	100,000	400,000	100,000
자 본 잉 여 금	130,000	20,000	130,000	20,000
이 익 잉 여 금	200,000	60,000	240,000	76,000
합 계	₩1,050,000	₩250,000	₩1,120,000	₩276,000

물음

1. 20×1년 초에 갑회사가 을회사의 지배력을 취득한 직후 연결재무제표를 작성할 경우 해야 할 연결조정분개를 하라. 단, 비지배지분은 공정가치로 측정하는데, 취득일의 공정가치는 ₩18,000이다.
2. 20×1년 말에 갑회사가 연결재무제표를 작성할 경우 해야 할 연결조정분개를 하고, 연결정산표를 작성하라. 단, 20×1년 말 현재 영업권이 배분된 현금창출단위의 회수가능액이 장부금액보다 ₩2,000 적다.

해답

1. <20×1년 초 연결조정분개>

(차)	자본금	100,000	(대) 종속기업투자	180,000
	자본잉여금	20,000	비지배지분	18,000[(2)]
	이익잉여금	20,000[(1)]		
	토지	15,000		
	건물	10,000		
	재고자산	5,000		
	영업권	28,000[(3)]		

(1) 20×1년 초 이익잉여금＝₩60,000(20×1년 말 이익잉여금)－40,000(당기순이익)
(2) 취득일의 공정가치
(3) 영업권은 대차 일치 금액임

2. <20×1년 말 연결조정분개>

① 종속기업투자와 지배력 취득시점의 종속기업 자본의 상계제거

(차)	자본금	100,000	(대) 종속기업투자	180,000
	자본잉여금	20,000	비지배지분	18,000
	이익잉여금	20,000		
	토지	15,000		
	건물	10,000		
	재고자산	5,000		
	영업권	28,000		

② 종속기업 자산의 BV·FV 차이조정

(차)	유형자산처분이익	15,000	(대) 토지	15,000
(차)	감가상각비	1,000	(대) 감가상각누계액	1,000
(차)	매출원가	3,500	(대) 재고자산	3,500

③ 영업권의 손상차손 인식

(차) 손 상 차 손	2,000	(대) 영 업 권	2,000
(차) 비 지 배 지 분	200[(1)]	(대) 이 익 잉 여 금	200

(1) 비지배지분에 귀속되는 영업권 손상차손 = ₩2,000×10% = ₩200

④ 당기순이익으로 인한 순자산 변동 중 비지배지분 해당액

(차) 이 익 잉 여 금	2,050[(2)]	(대) 비 지 배 지 분	2,050

(2) {₩40,000(20×1년도 당기순이익) − 15,000(처분이익) − 1,000(감가상각비) − 3,500(매출원가)}×10% = ₩2,050

〈20×1년도 연결정산표〉

과목	갑회사	을회사	연결조정분개		연결재무제표
			차변	대변	
수 익	₩800,000	₩220,000	②15,000		₩1,005,000
비 용	(750,000)	(180,000)	②1,000 ②3,500 ③2,000		(936,500)
당 기 순 이 익	₩50,000	₩40,000	₩21,500*		₩68,500
현금·매출채권	₩90,000	₩146,000			₩236,000
재 고 자 산	180,000	50,000	①5,000	②3,500	231,500
종속기업투자	180,000	−		①180,000	−
토 지	350,000	−	①15,000	②15,000	350,000
건 물(순액)	250,000	54,000	①10,000	②1,000	313,000
영 업 권	−	−	①28,000	③2,000	26,000
합 계	₩1,050,000	₩250,000			₩1,156,500
부 채	₩320,000	₩70,000			₩390,000
자 본 금	400,000	100,000	①100,000		400,000
자 본 잉 여 금	130,000	20,000	①20,000		130,000
이 익 잉 여 금	200,000	60,000	①20,000 ④2,050 21,500*	③200	216,650
비 지 배 지 분	−	−	③200	①18,000 ④2,050	19,850
합 계	₩1,050,000	₩250,000	₩221,750	₩221,750	₩1,156,500

* 당기순이익의 조정 금액만큼 이익잉여금에 반영한다.

참고로 20×1년 말 비지배지분 잔액 ₩19,850은 다음과 같이 계산할 수 있다.

취득일의 공정가치+취득일 후 을회사 순자산의 공정가치 변동액 중 10%−영업권 손상차손 중 10%
=₩18,000+(40,000−15,000−1,000−3,500)×10%−2,000×10%=₩19,850

본장 4.3절에서 비지배지분을 종속기업 순자산의 공정가치에 비례하는 지분으로 측정할 경우 비지배지분의 기말 잔액을 다음과 같이 측정한다고 설명한 바 있다.

비지배지분
=취득일 현재 종속기업 순자산의 FV×비지배지분율
 +취득일 이후 종속기업 순자산 변동액×비지배지분율
 −취득일 이후 종속기업 순자산의 BV·FV 차이조정 누계액×비지배지분율
=(취득일 현재 종속기업 순자산의 FV+취득일 이후 종속기업 순자산 변동액
 −취득일 이후 종속기업 순자산의 BV·FV 차이조정 누계액)×비지배지분율

비지배지분을 공정가치로 측정할 경우에는 비지배지분의 기말 잔액을 다음과 같이 측정한다. 비지배지분을 공정가치로 측정할 경우 영업권은 지배기업 지분과 비지배지분이 모두 포함된 금액이므로 영업권 손상차손을 인식할 경우 비지배지분도 감소되어야 한다(보론의 (예 1) 참조).

비지배지분
=취득일 현재 비지배지분의 공정가치
 +취득일 이후 종속기업 순자산 변동액×비지배지분율
 −취득일 이후 종속기업 순자산의 BV·FV 차이조정 누계액×비지배지분율
 −영업권 손상차손 누계액×비지배지분율

3. 역취득 – 합병 및 연결재무제표 작성

제1장 2.2절에서 합병 형태의 사업결합을 역취득으로 회계처리하는 경우를 설명하였다. 본 장 보론에서는 종속기업의 지분 취득을 통해 지배기업이 되는 경우 이를 역취득으로 보고 연결재무제표를 어떻게 작성하는지 합병과 비교하여 설명한다.

예 4 역취득[14]

갑회사(법적 지배기업)는 갑회사의 보통주를 발행하여 20×1년 9월 30일에 을회사(법적 종속기업)를 취득하였으나, 이러한 사업결합은 역취득에 해당한다고 가정하자. 관련 자료는 다음과 같다.

(1) 사업결합 직전 갑회사와 을회사의 재무상태표

	갑회사	을회사
유동자산	₩500	₩700
비유동자산	1,300	3,000
자산총계	₩1,800	₩3,700
유동부채	₩300	₩600
비유동부채	400	1,100
부채총계	700	1,700
납입자본		
보통주 100주(액면금액 ₩3)	300	
보통주 60주(액면금액 ₩10)		600
이익잉여금	800	1,400
자본총계	1,100	2,000
부채 및 자본총계	₩1,800	₩3,700

(2) 갑회사는 20×1년 9월 30일에 을회사 보통주 1주당 갑회사 보통주 2.5주를 발행(즉, 갑회사는 을회사 보통주 60주에 대해서 150주를 발행)하고, 을회사 주주는 자신들이 보유하고 있는 을회사 주식을 모두 갑회사 주식으로 교환한다.

(3) 20×1년 9월 30일 현재 을회사 보통주 1주당 공정가치는 ₩40이고, 갑회사 보통주의 공시되는 시장가격은 주당 ₩16이다.

(4) 20×1년 9월 30일 현재 갑회사의 비유동자산의 공정가치는 ₩1,500이며, 이를 제외한 갑회사의 식별가능한 자산과 부채의 공정가치는 장부금액과 동일하다.

14) 본 사례는 기업회계기준서 제1103호의 적용사례(문단 IE1~IE8)에 기초하여 구성하였다.

(1) 합병 시 역취득

위의 사업결합이 역취득에 해당하지 않는다면 이전대가의 공정가치는 ₩2,400(150주×₩16)이다. 그러나 위의 사업결합이 역취득에 해당하므로 법적 취득자는 갑회사이더라도 회계상 취득자는 을회사이다. 따라서 을회사의 관점에서 이전대가의 공정가치를 다음과 같이 계산한다.

① 법적 형식에 기초한 갑회사(법적 취득자) 주주의 결합기업에 대한 소유지분율
=100주÷(100주+150)=40%

법적 취득자인 갑회사가 사업결합과정에서 150주를 발행하였다면 총발행주식수는 250주인데, 이 중에서 150주(60%)를 을회사의 이전주주가 소유하므로 실질적으로는 을회사가 갑회사를 취득한 결과가 된다.

② 법적 취득자인 갑회사의 을회사에 대한 소유지분율 40%를 유지하도록 회계상 취득자인 을회사가 발행할(실제 발행하는 것이 아니라 취득자를 가정하여 발행하였을) 주식수(x주)를 다음과 같이 계산한다.

x주/(60주+x)=40%, 따라서 x=40주

③ 을회사의 사실상 이전대가의 공정가치
=40주×₩40=₩1,600

이 경우 영업권은 다음과 같이 사실상 이전대가의 공정가치와 갑회사의 식별가능한 순자산의 공정가치의 차이로 계산한다.

사실상 이전대가		₩1,600
갑회사의 식별가능한 순자산의 공정가치		
유동자산	₩500	
비유동자산	1,500	
유동부채	(300)	
비유동부채	(400)	(1,300)
영업권		₩300

따라서 본 예의 사업결합이 합병거래에 해당한다면 법적 형식에 불구하고 을회사가 다음과 같이 회계처리한 것으로 간주한다.

(차)	유동자산	500	(대) 유동부채	300
	비유동자산	1,500	비유동부채	400
	영업권	300	납입자본	1,600

또한 사업결합 직후 재무상태표를 작성하면 다음과 같다.

유 동 자 산	(₩700 + 500)	₩1,200
비 유 동 자 산	(₩3,000 + 1,500)	4,500
영 업 권		300
자 산 총 계		₩6,000
유 동 부 채	(₩600 + 300)	₩900
비 유 동 부 채	(₩1,100 + 400)	1,500
부 채 총 계		₩2,400
납 입 자 본	보통주 250주(₩600 + 1,600)	₩2,200
이 익 잉 여 금		1,400
자 본 총 계		₩3,600
부채 및 자본총계		₩6,000

위의 사업결합 직후 재무상태표에서 유의할 점은 자본구조(발행된 지분의 수량과 종류 등)는 법적 지배기업(즉, 갑회사)의 자본구조를 반영해야 한다는 것이다. 따라서 사업결합 직후 납입자본은 ₩2,200인데 이 중 자본금은 ₩750(=250주(갑회사 주식수)×₩3)이고 주식발행초과금은 ₩1,450이다.

(2) 종속기업 지분 취득 시 역취득

한편, 지금까지 설명한 제1103호의 적용사례(문단 IE1~IE8)의 내용은 합병에 해당하는 것인에도 불구하고 해당 문단은 연결재무제표의 작성으로 설명하고 있어 혼란스럽다. 만일 위의 사례가 연결에 해당한다면(즉, 법적으로 갑회사가 주식 150주를 발행하여 을회사 주식 100%를 취득하였으나, 회계상으로는 을회사가 주식 40주를 발행하여 갑회사 주식 100%를 취득) 다음과 같은 연결조정분개(지배력 취득일 현재 연결재무제표 작성 가정)를 해야 한다.

① 갑회사 장부에 인식한 을회사 주식 취득거래의 취소

(차) 납 입 자 본	2,400[(1)]	(대) 투 자 주 식 (을)	2,400

(1) 갑회사 주식 공정가치 ₩16×150주=₩2,400

② 을회사를 취득자로 간주하여 갑회사 주식 취득거래 반영

(차) 투 자 주 식 (갑)	1,600	(대) 납 입 자 본	1,600[(2)]

(2) 을회사 주식 공정가치 ₩40×40주=₩1,600

③ 투자주식과 종속기업(갑회사) 자본의 상계제거

(차)	자 본 금	300	(대) 투 자 주 식(갑)	1,600
	이 익 잉 여 금	800		
	비 유 동 자 산	200		
	영 업 권	300		

위의 ①부터 ③까지의 연결조정분개를 반영하여 연결재무제표를 작성하면 전술한 사업결합(합병) 직후의 재무상태표와 동일한 재무상태표가 작성된다.

만약에 위의 사업결합이 역취득이 아니라면 취득일의 분개는 다음과 같을 것이다(을회사의 자산, 부채의 공정가치는 장부금액과 동일하다고 가정).

(차)	유 동 자 산	700	(대) 유 동 부 채	600
	비 유 동 자 산	3,000	비 유 동 부 채	1,100
	영 업 권	400	납 입 자 본	2,400

위의 사업결합 분개에 기초하여 사업결합 직후 재무상태표를 작성하면 다음과 같다. 아래의 재무상태표와 앞에서 역취득의 경우 작성한 재무상태표를 비교하면 상당한 차이가 있음을 알 수 있다.

유 동 자 산	(₩500 + 700)	₩1,200
비 유 동 자 산	(₩1,300 + 3,000)	4,300
영 업 권		400
자 산 총 계		₩5,900
유 동 부 채	(₩300 + 600)	₩900
비 유 동 부 채	(₩400 + 1,100)	1,500
부 채 총 계		₩2,400
납 입 자 본	(₩300 + 2,400)	₩2,700
이 익 잉 여 금		800
자 본 총 계		₩3,500
부채 및 자본총계		₩5,900

(3) 주당이익

역취득의 경우 법적 취득자의 관점이 아니라 회계상 취득자의 관점에서 회계처리를 하였다. 그러나 연결재무제표상 자본구조(즉, 발행된 주식수와 유형)는 법적 취득자의 자본구조를 반영하기 때문에 역취득이 발생한 회계기간의 가중평균유통보통주식수는 다음과 같이 계산한다.

- 당해 회계기간 개시일부터 취득일까지 : 그 기간의 법적 피취득자의 가중평균유통보통주식수에 기초하여 합병약정에서 정한 교환비율을 곱하여 산정
- 취득일부터 당해 회계기간의 종료일까지 : 그 기간에 유통되는 법적 취득자의 실제 보통주식수

(예 1)과 관련하여 다음의 자료를 이용하여 20×1년도 주당이익을 계산해보자.

20×0. 1. 1. ~ 12. 31. 을회사 당기순이익 ₩600

20×1. 1. 1. ~ 12. 31. 을회사 연결당기순이익 ₩800

20×1년 기초부터 역취득 직전까지 을회사 유통보통주식수 변동 없음

가중평균유통보통주식수의 계산

20×1. 1. 1. ~ 9. 29.까지 유통주식수 = 60주(을회사 주식수)×2.5(교환비율) = 150주

20×1. 9. 30. ~ 12. 31.까지 갑회사 유통주식수 = 100주 + 150 = 250주

가중평균유통보통주식수 = 150주×9/12 + 250주×3/12 = 175주

20×1년도 주당이익 = ₩800÷175주 = ₩4.57

20×0년도에 대하여 재작성된 주당이익 = ₩600÷150주 = ₩4

(을회사 20×0년 당기순이익 ₩600을 150주(= 60주×2.5)로 나누어 계산)

(4) 비지배지분

(예 1)에서 을회사의 보통주 60주 중 54주만 교환되는 것을 제외하고 모든 사항은 동일하다고 가정하자. 이 경우 역취득에 해당하지 않는다면 이전대가의 공정가치는 ₩2,160(= 135주[15)]×₩16)이다. 그러나 위의 사업결합이 역취득에 해당한다고 가정하였기 때문에 법적 취득자는 갑회사이더라도 회계상 취득자는 을회사가 되고, 을회사의 관점에서 이전대가의 공정가치를 다음과 같이 계산한다.

① 법적 형식에 기초한 갑회사(법적 취득자) 주주의 결합기업에 대한 소유지분율
= 100주÷(100주 + 135) = 42.6%

② 법적 취득자인 갑회사의 결합기업에 대한 소유지분율(42.6%)이 유지되도록 법적 피취득자인 을회사가 갑회사에게 발행하였을 보통주식수(x주) : 이 경우 비지배지분 6주(10%)는 계산에서 제외
x주÷(54주 + x) = 42.6%, 따라서 x = 40주

③ 을회사의 사실상 이전대가의 공정가치
= 40주×₩40 = ₩1,600

갑회사 주식과 교환되지 않은 을회사 보통주 60주 중 6주는 비지배지분을 나타내며, 비지배지분율은 10%이다. 따라서 연결재무상태표상 비지배지분은 다음과 같이 ₩200(을회사 자본 ₩2,000의 10%)으로 표시된다.

15) 54주×2.5(교환비율) = 135주

유 동 자 산	(₩700＋500)	₩1,200
비 유 동 자 산	(₩3,000＋1,500)	4,500
영 업 권		300
자 산 총 계		₩6,000
유 동 부 채	(₩600＋300)	₩900
비 유 동 부 채	(₩1,100＋400)	1,500
부 채 총 계		₩2,400
납 입 자 본	보통주 235주(₩600×90%＋1,600)	₩2,140
이 익 잉 여 금	(₩1,400×90%)	1,260
비 지 배 지 분	(₩600×10%＋1,400×10%)	200
자 본 총 계		₩3,600
부채 및 자본총계		₩6,000

연 / 습 / 문 / 제 - 객관식 문제

01 20×2년 1월 1일에 ㈜지배는 ㈜종속의 의결권 있는 보통주식 60%를 ₩360,000에 취득하여 지배력을 획득하였다. 20×2년 1월 1일 현재 ㈜종속의 요약재무상태표상 장부금액과 공정가치는 다음과 같다.

요약재무상태표

㈜종속 20×2. 1. 1. 현재 (단위 : ₩)

계정과목	장부금액	공정가치	계정과목	장부금액	공정가치
현 금	180,000	180,000	부 채	100,000	100,000
재 고 자 산	140,000	160,000	자 본 금	300,000	–
유 형 자 산	200,000	300,000	이 익 잉 여 금	120,000	–
자 산 총 계	520,000		부채·자본총계	520,000	

20×2년 1월 1일에 ㈜종속은 20×1년 말 현재의 주주에게 배당금 ₩20,000을 지급하였다. 위 요약재무상태표상의 이익잉여금은 배당금 지급을 반영하기 전의 금액이다. 이 경우 ㈜지배가 지배력 획득 시 인식할 영업권의 금액은 얼마인가? 단, 비지배지분은 종속기업의 식별가능한 순자산공정가치에 비례하여 결정한다. (CPA 2015)

① ₩28,000 ② ₩36,000 ③ ₩48,000
④ ₩60,000 ⑤ ₩108,000

02 ㈜대한은 20×1년 1월 1일 ㈜민국의 지배력을 획득하였다. 지배력 획득시점의 양사의 재무상태표와 연결재무상태표는 다음과 같다.

	㈜대한의 재무상태표	㈜민국의 재무상태표	㈜대한 및 ㈜민국의 연결재무상태표
현 금	₩400,000	₩60,000	₩460,000
재고자산	200,000	300,000	580,000
투자주식(㈜민국)	?	–	–
영 업 권	–	–	30,000
자산총계 :	?	₩360,000	₩1,070,000
매입채무	₩70,000	₩40,000	₩110,000
자 본 금	?	150,000	250,000
이익잉여금	?	170,000	550,000
비지배지분	–	–	160,000
부채·자본총계 :	?	₩360,000	₩1,070,000

㈜대한이 지배력 획득을 위해 지급한 대가는 얼마인가? 단, 비지배지분은 종속기업의 식별가능한 순자산 공정가치에 비례하여 결정한다. (CPA 2015)

① ₩110,000 ② ₩192,000 ③ ₩222,000
④ ₩270,000 ⑤ ₩292,000

03 제조업을 영위하는 ㈜한국은 ㈜서울에 대한 지배력을 획득하기 위해 다음의 두 가지 방안을 고려하고 있다.

방안(1) ㈜서울의 의결권 있는 보통주식 100%를 ₩20,000에 취득하고 ㈜서울을 흡수합병한다.
방안(2) ㈜서울의 의결권 있는 보통주식 60%를 ₩14,000에 취득한다.

사업결합이 검토되는 시점에서 ㈜한국과 ㈜서울의 요약재무상태표는 다음과 같다.

구분	㈜한국	㈜서울	
		장부금액	공정가치
자산	₩80,000	₩30,000	₩35,000
부채	50,000	20,000	20,000
자본	30,000	10,000	

㈜한국이 방안(1)을 실행함에 따라 합병 직후에 작성되는 '합병재무상태표'와 방안(2)를 실행함에 따라 지배력획득 직후에 작성되는 '연결재무상태표'에 대한 비교설명으로 옳은 것은? 단, 비지배지분은 종속기업의 식별가능한 순자산공정가치에 비례하여 결정한다. (CPA 2016)

① 합병재무상태표에 계상되는 영업권과 연결재무상태표에 계상되는 영업권은 그 금액이 동일하다.
② 합병재무상태표의 자산합계액은 연결재무상태표의 자산합계액보다 크다.
③ 합병재무상태표의 부채합계액은 연결재무상태표의 부채합계액보다 작다.
④ 합병재무상태표의 자본합계와 연결재무상태표의 자본합계는 그 금액이 동일하다.
⑤ 합병재무상태표에 계상되는 비지배지분과 연결재무상태표에 계상되는 비지배지분은 그 금액이 동일하다.

04 갑회사는 20×1년 초에 을회사의 의결권 있는 지분 80%를 취득하여 지배력을 획득하였다. 취득일 현재 을회사 순자산의 장부금액은 ₩360,000이며, 다음의 항목을 제외하고는 자산·부채의 장부금액과 공정가치는 동일하다.

항목	장부금액	공정가치	차액
토 지	₩100,000	₩130,000	₩30,000
건 물	70,000	90,000	20,000
재고자산	50,000	55,000	5,000

지배력 취득일 현재 건물의 잔존 내용연수는 10년이며 잔존가치 없이 정액법으로 상각한다. 을회사는 20×1년 초 현재 재고자산을 20×1년 중에 모두 외부에 판매하였으며, 토지와 건물은 20×1년 말 현재 계속 사용 중이다. 을회사의 20×1년 당기순이익이 ₩25,000일 때 20×1년 말 연결재무상태표에 표시되는 비지배지분 잔액은 얼마인가?

① ₩83,000 ② ₩86,600 ③ ₩87,000
④ ₩87,600 ⑤ ₩88,000

※ 다음은 문제 5와 6에 관련된다.

갑회사는 20×1년 초에 을회사의 의결권 있는 지분 70%를 ₩80,000에 취득하여 지배기업이 되었다. 갑회사는 종속기업투자를 원가법으로 평가한다. 지배력 취득일 현재 을회사 순자산의 장부금액은 ₩100,000이고 공정가치는 ₩110,000이다. 양자의 차이는 토지의 공정가치가 장부금액을 ₩10,000 초과하였기 때문이며, 토지는 20×1년 중에 모두 외부로 매각되었다. 20×1년 12월 31일을 기준일로 작성한 두 회사의 재무제표 상 일부의 금액은 다음과 같다.

	갑회사	을회사
당기순이익	₩20,000	₩9,000
자산총계(종속기업투자 포함)	₩960,000	₩340,000
이익잉여금	₩144,000	₩25,000

연결재무제표 작성 시 비지배지분은 을회사 순자산의 공정가치에 비례하여 인식하고, 20×1년 말에 영업권의 손상차손은 없다.

05 20×1년도 연결당기순이익은 얼마인가?

① ₩19,000 ② ₩20,000 ③ ₩22,700
④ ₩26,300 ⑤ ₩29,000

06 20×1년 말 연결재무상태표에 표시될 이익잉여금 잔액은 얼마인가?

① ₩143,000 ② ₩143,300 ③ ₩147,300
④ ₩150,300 ⑤ ₩153,000

정답 및 해설

01 ③

(1) 20×2년 초 ㈜종속의 순자산 공정가치

₩300,000(자본금) + 120,000(이익잉여금) − 20,000* + 20,000(재고자산) + 100,000(유형자산)

= ₩520,000

* 20×1년 말 주주에게 현금배당 ₩20,000 지급하므로 이익잉여금에서 동 금액 차감

또는 다음과 같이 계산할 수도 있다.

₩180,000 + 160,000 + 300,000 − 100,000 − 20,000 = ₩520,000

(2) 영업권

₩360,000 − 520,000×60% = ₩48,000

02 ④

(1) 지배력 획득시점 ㈜민국의 순자산 공정가치

₩150,000(자본금) + 170,000(이익잉여금) + 80,000(재고자산 BV와 FV 차이)

= ₩400,000

(2) 비지배지분율

₩160,000(비지배지분)÷400,000(순자산 공정가치) = 40%

(3) ㈜대한이 60% 지분을 획득하기 위해서 지급한 대가

₩400,000×60% + 30,000(영업권) = ₩270,000

03 ①

(1) 합병회계처리(방안 1)

(차) 자산	35,000	(대) 부채	20,000
영업권	5,000	현금	20,000

(2) 연결회계처리(방안 2)

① 투자주식 취득

(차) 종속기업투자	14,000	(대) 현금	14,000

② 연결조정분개

(차)	자 본	10,000	(대) 종 속 기 업 투 자	14,000
	자 산	5,000	비 지 배 지 분	6,000
	영 업 권	5,000		

(3) 합병재무상태표의 영업권(₩5,000)과 연결재무상태표의 영업권(₩5,000)이 동일하다.

04 ②

20×1년 초 을회사 순자산의 공정가치
=₩360,000+30,000(토지 차액)+20,000(건물 차액)+5,000(재고자산 차액)
=₩415,000

20×1년 말 을회사 순자산의 공정가치
=₩415,000+25,000(당기순이익)−2,000(건물 차액 조정)−5,000(재고자산 차액 조정)
=₩433,000

비지배지분 잔액=₩433,000×20%=₩86,600

05 ①

연결당기순이익=갑회사 당기순이익+을회사 당기순이익−을회사 순자산의 BV·FV 차이조정
=₩20,000+9,000−10,000(토지 조정)=₩19,000

06 ②

이익잉여금=갑회사 이익잉여금+취득일 이후 을회사 이익잉여금 변동액×갑회사 지분율
−취득일 이후 을회사 순자산의 BV·FV 차이조정 누계액×갑회사 지분율
=₩144,000+9,000×70%−10,000×70%=₩143,300

연/습/문/제 - 주관식 문제

01 지배력 취득시점, 취득 1년 후 및 2년 후의 연결

P회사는 20×1년 초에 S회사의 보통주식 80%를 ₩360,000에 취득하여 지배기업이 되었다. 취득일 현재 S회사의 순자산 장부금액과 공정가치와의 차이는 다음과 같다.

항목	장부금액	공정가치	비고
토 지	₩240,000	₩260,000	20×2년 중 처분(처분이익 ₩30,000 발생)
건 물	200,000	240,000	잔존내용연수 10년, 잔존가치 없이 정액법 상각
재고자산	100,000	110,000	20×1년 중에 60% 판매, 20×2년 중에 40% 판매

20×1년 말과 20×2년 말의 P회사와 S회사의 재무제표는 다음과 같다. 20×1년 초 이후 두 회사 모두 배당금 지급 등의 자본관련 거래는 없다.

과목	20×1년도		20×2년도	
	P회사	S회사	P회사	S회사
수익	₩5,000,000	₩3,000,000	₩5,200,000	₩2,800,000
비용	(4,800,000)	(2,920,000)	(4,980,000)	(2,740,000)
당기순이익	₩200,000	₩80,000	₩220,000	₩60,000
현금·매출채권	₩500,000	₩300,000	₩430,000	₩560,000
재고자산	300,000	120,000	330,000	180,000
종속기업투자	360,000	–	360,000	–
토지	540,000	240,000	600,000	–
건물(순액)	360,000	180,000	370,000	160,000
합계	₩2,060,000	₩840,000	₩2,090,000	₩900,000
부채	₩830,000	₩400,000	₩640,000	₩400,000
자본금	700,000	300,000	700,000	300,000
이익잉여금	530,000	140,000	750,000	200,000
합계	₩2,060,000	₩840,000	₩2,090,000	₩900,000

물음

1. 20×1년 초에 P회사가 S회사의 지배력을 취득한 직후 연결재무제표를 작성할 경우 해야 할 연결조정분개를 하라. 단, 비지배지분은 종속기업 순자산의 공정가치에 비례하여 결정한다.
2. 20×1년 말에 P회사가 연결재무제표를 작성할 경우 해야 할 연결조정분개를 하고, 연결정산표를 작성하라. 단, 20×1년 말 현재 영업권이 배분된 현금창출단위의 회수가능액이 장부금액보다 적으며, 그 차이 중 지배기업 지분 해당액은 ₩1,000이다.
3. 20×2년 말에 P회사가 연결재무제표를 작성할 경우 해야 할 연결조정분개를 하고, 연결정산표를 작성하라. 단, 20×2년 말 현재 영업권이 배분된 현금창출단위의 회수가능액이 장부금액보다 적으며, 그 차이 중 지배기업 지분 해당액은 ₩2,000이다.
4. 각 연도 말 비지배지분 및 연결이익잉여금 잔액을 구하라.

해답

물음 1

<20×1년 초 연결조정분개>

(차)	자본금	300,000	(대) 종속기업투자	360,000
	이익잉여금	60,000(1)	비지배지분	86,000(2)
	토지	20,000		
	건물	40,000		
	재고자산	10,000		
	영업권	16,000(3)		

(1) 20×1년 초 이익잉여금 = ₩140,000(20×1년 말 이익잉여금) − 80,000(20×1년 초 당기순이익) = ₩60,000
(2) ₩430,000(20×1년 초 S회사 순자산의 공정가치)×20% = ₩86,000
(3) 영업권은 대차 일치 금액으로 계산할 수 있으나, 다음과 같이 독립적으로 계산할 수도 있다.
₩360,000(종속기업투자 취득원가) − 430,000(20×1년 초 S회사 순자산의 공정가치)×80% = ₩16,000

물음 2

<20×1년 말 연결조정분개>

① 종속기업투자와 지배력 취득시점의 종속기업 자본의 상계제거

(차)	자본금	300,000	(대) 종속기업투자	360,000
	이익잉여금	60,000	비지배지분	86,000
	토지	20,000		
	건물	40,000		
	재고자산	10,000		
	영업권	16,000		

② 종속기업 자산의 공정가치와 장부금액 차이의 조정

(차) 감 가 상 각 비	4,000	(대) 감가상각누계액	4,000
(차) 매 출 원 가	6,000	(대) 재 고 자 산	6,000

③ 영업권의 손상차손 인식

(차) 손 상 차 손	1,000	(대) 영 업 권	1,000

④ 당기순이익으로 인한 순자산 변동 중 비지배지분 해당액

(차) 이 익 잉 여 금	14,000(1)	(대) 비 지 배 지 분	14,000

(1) {₩80,000(20×1년도 당기순이익) − 4,000(감가상각비) − 6,000(매출원가)}×20% = 14,000

〈20×1년도 연결정산표〉

과목	P회사	S회사	연결조정분개		연결재무제표
			차변	대변	
수 익	₩5,000,000	₩3,000,000			₩8,000,000
비 용	(4,800,000)	(2,920,000)	②4,000 ②6,000 ③1,000		(7,731,000)
당 기 순 이 익	₩200,000	₩80,000	₩11,000*	−	₩269,000
현금·매출채권	₩500,000	₩300,000			₩800,000
재 고 자 산	300,000	120,000	①10,000	②6,000	424,000
종속기업투자	360,000	−		①360,000	−
토 지	540,000	240,000	①20,000		800,000
건 물(순액)	360,000	180,000	①40,000	②4,000	576,000
영 업 권	−	−	①16,000	③1,000	15,000
합 계	₩2,060,000	₩840,000			₩2,615,000
부 채	₩830,000	₩400,000			₩1,230,000
자 본 금	700,000	300,000	①300,000		700,000
이 익 잉 여 금	530,000	140,000	①60,000 ④14,000 11,000*		585,000
비 지 배 지 분	−	−		①86,000 ④14,000	100,000
합 계	₩2,060,000	₩840,000	₩471,000	₩471,000	₩2,615,000

* 당기순이익의 조정 금액만큼 이익잉여금에 반영한다.

물음 3

<20×2년 말 연결조정분개>

① 종속기업투자와 지배력 취득시점의 종속기업 자본의 상계 제거

(차) 자본금	300,000	(대) 종속기업투자	360,000
이익잉여금	60,000	비지배지분	86,000
토지	20,000		
건물	40,000		
재고자산	10,000		
영업권	16,000		

② 지배력 취득시점부터 당기 초까지 종속기업의 순자산 변동 중 비지배지분 해당액

(차) 이익잉여금	14,000[(1)]	(대) 비지배지분	14,000

(1) {₩80,000(20×1년 당기순이익) − 4,000(20×1년 감가상각비) − 6,000(20×1년 매출원가)}×20% = ₩14,000

③ 종속기업 자산의 공정가치와 장부금액 차이의 조정

(차) 유형자산처분이익	20,000	(대) 토지	20,000

(차) 이익잉여금	4,000	(대) 감가상각누계액	8,000[(2)]
감가상각비	4,000		

(2) ₩40,000÷10년×2(20×1년과 20×2년 상각) = ₩8,000

(차) 이익잉여금	6,000	(대) 재고자산	10,000[(3)]
매출원가	4,000		

(3) 20×1년도 조정분 ₩6,000(₩10,000×60%)과 20×2년도 조정분 ₩4,000(₩10,000×40%)

④ 영업권의 손상차손 인식

(차) 이익잉여금	1,000	(대) 영업권	3,000[(4)]
손상차손	2,000		

(4) 20×1년도 손상분 ₩1,000과 20×2년도 손상분 ₩2,000

⑤ 당기순이익으로 인한 순자산 변동 중 비지배지분 해당액

(차) 이익잉여금	6,400[(5)]	(대) 비지배지분	6,400

(5) {₩60,000(20×2년도 당기순이익) − 20,000(처분이익 취소) − 4,000(감가상각비) − 4,000(매출원가)}×20% = ₩6,400

〈20×2년도 연결정산표〉

과목	P회사	S회사	연결조정분개		연결재무제표
			차변	대변	
수익	₩5,200,000	₩2,800,000	③20,000		₩7,980,000
비용	(4,980,000)	(2,740,000)	③4,000 ③4,000 ④2,000		(7,730,000)
당기순이익	₩220,000	₩60,000	₩30,000*	–	₩250,000
현금·매출채권	₩430,000	₩560,000			₩990,000
재고자산	330,000	180,000	①10,000	③10,000	510,000
종속기업투자	360,000	–		①360,000	–
토지	600,000	–	①20,000	③20,000	600,000
건물(순액)	370,000	160,000	①40,000	③8,000	562,000
영업권	–	–	①16,000	④3,000	13,000
합계	₩2,090,000	₩900,000			₩2,675,000
부채	₩640,000	₩400,000			₩1,040,000
자본금	700,000	300,000	①300,000		700,000
이익잉여금	750,000	200,000	①60,000 ②14,000 ③4,000 ③6,000 ④1,000 ⑤6,400 30,000*		828,600
비지배지분	–	–		①86,000 ②14,000 ⑤6,400	106,400
합계	₩2,090,000	₩900,000	₩507,400	₩507,400	₩2,675,000

* 당기순이익의 조정 금액만큼 이익잉여금에 반영한다.

물음 4

<20×1년 말>

20×1년 말 S회사 순자산의 공정가치

=₩440,000(순자산의 장부금액)+20,000(토지)+36,000(건물)+4,000(재고자산)

=₩500,000

비지배지분=S회사 순자산의 공정가치×20%

=₩500,000×20%=₩100,000

연결이익잉여금=₩530,000(20×1년 말 지배기업 이익잉여금)

+{80,000(지배력 취득 이후 종속기업 이익잉여금 증가)

−4,000(건물 감가상각비)−6,000(매출원가)}×80%−1,000(영업권 손상차손)

=₩585,000

한편, 연결손익계산서 하단에는 당기순이익 ₩269,000을 다음과 같이 구분하여 표시한다.

비지배지분 귀속 당기순이익

={₩80,000(종속기업 당기순이익)−4,000(감가상각비)−6,000(매출원가)}×20%

=₩14,000

지배기업 소유주 귀속 당기순이익=₩269,000−14,000=₩255,000

<20×2년 말>

20×2년 말 S회사 순자산의 공정가치=₩500,000(순자산의 장부금액)+32,000(건물)

=₩532,000

비지배지분=S회사 순자산의 공정가치×20%

=₩532,000×20%=₩106,400

연결이익잉여금=₩750,000(20×2년 말 지배기업 이익잉여금)

+{140,000(지배력 취득 이후 종속기업 이익잉여금 증가)

−20,000(토지 처분이익 취소)−8,000(건물 감가상각비 누계액)

−10,000(재고자산 조정 누계액)}×80%−3,000(영업권 손상차손 누계액)

=₩828,600

한편, 연결손익계산서 하단에는 당기순이익 ₩250,000을 다음과 같이 구분하여 표시한다.

비지배지분 귀속 당기순이익

={₩60,000(종속기업 당기순이익)−20,000(처분이익 취소)−4,000(감가상각비)

−4,000(매출원가)}×20%

=₩6,400

지배기업 소유주 귀속 당기순이익=₩250,000−6,400=₩243,600

02 지배력 취득 3년 후의 연결

P회사는 S회사 주식의 60%를 20×1년 초 ₩200,000에 취득하여 지배권을 획득하였다. 취득일 현재 S회사 순자산 중 장부금액과 공정가치가 일치하지 않는 항목은 다음과 같다.

항목	장부금액	공정가치	비고
토 지	₩18,000	₩25,000	20×3년 말까지 계속 보유
건 물	12,000	18,000	잔존내용연수 10년, 잔존가치 없이 정액법 상각
기계장치	15,000	20,000	잔존내용연수 5년, 잔존가치 없이 정액법 상각, 20×3년 말 처분(처분이익 ₩7,000발생)
재고자산	3,000	5,000	20×1년 중 전액 판매

S회사의 자본의 변동 내역은 아래와 같다. 이익잉여금은 모두 당기순이익으로 인한 것이며, 이익 처분은 없었다.

과목	20×1. 1. 1.	20×1. 12. 31.	20×2. 12. 31.	20×3. 12. 31.
자 본 금	₩100,000	₩100,000	₩100,000	₩100,000
자본잉여금	120,000	120,000	120,000	120,000
이익잉여금	80,000	100,000	125,000	160,000
합 계	₩300,000	₩320,000	₩345,000	₩380,000

영업권이 배분된 현금창출단위의 매 연도 말 회수가능액에서 장부금액(과년도 영업권 손상차손 인식금액을 조정한 후 금액)을 차감한 금액 중 지배기업 지분 해당액은 다음과 같다.

20×1. 12. 31.	20×2. 12. 31.	20×3. 12. 31.
(−)₩2,000	₩500	(−)₩1,000

물음

1. 20×3년 말에 P회사가 연결재무제표를 작성할 경우 해야 할 연결조정분개를 하라. 단, 비지배지분은 종속기업 순자산의 공정가치에 비례하여 결정한다.
2. P회사의 20×3년 말 이익잉여금이 ₩300,000이라고 할 때 20×3년 말 비지배지분 및 연결이익잉여금 잔액을 구하라.

해답

물음 1

<20×3년 말 연결조정분개>

① 종속기업투자와 지배력 취득시점의 종속기업 자본의 상계제거

(차)	자본금	100,000	(대)	종속기업투자	200,000
	자본잉여금	120,000		비지배지분	128,000[1]
	이익잉여금	80,000			
	토지	7,000			
	건물	6,000			
	기계장치	5,000			
	재고자산	2,000			
	영업권	8,000[2]			

(1) ₩320,000(20×1년 초 S회사 순자산의 공정가치)×40%＝₩128,000

(2) 영업권은 대차 일치 금액으로 계산할 수 있으나, 다음과 같이 독립적으로 계산할 수도 있다.
₩200,000(종속기업투자 취득원가)－320,000(20×1년 초 S회사 순자산의 공정가치)×60%＝₩8,000

② 지배력 취득시점부터 당기 초까지 종속기업의 순자산 변동 중 비지배지분 해당액

(차)	이익잉여금	15,920[3]	(대)	비지배지분	15,920

(3) {₩45,000(20×1년, 20×2년 당기순이익)－1,200(20×1년, 20×2년 건물 감가상각비)
－2,000(20×1년, 20×2년 기계장치 감가상각비)－2,000(20×1년 매출원가)}×40%＝₩15,920

③ 종속기업 자산의 공정가치와 장부금액 차이의 조정

(차)	이익잉여금	1,200	(대)	감가상각누계액(건물)	1,800[4]
	감가상각비	600			

(4) ₩6,000÷10년×3(20×1년부터 20×3년까지 상각)＝₩1,800

(차)	이익잉여금	2,000	(대)	감가상각누계액(기계)	3,000
	감가상각비	1,000			
(차)	감가상각누계액	3,000	(대)	기계장치	5,000
	유형자산처분이익	2,000[5]			

(5) 20×3년도 감가상각 후 기계장치의 장부금액 ₩2,000은 처분이익 취소금액이 된다.

(차)	이익잉여금	2,000	(대)	재고자산	2,000[6]

(6) 20×1년도 조정분 ₩2,000

④ 영업권의 손상차손 인식

(차)	이 익 잉 여 금	2,000	(대) 영 업 권	3,000(7)
	손 상 차 손	1,000		

(7) 20×1년도 손상차손 ₩2,000과 20×3년도 손상차손 ₩1,000

⑤ 당기순이익으로 인한 순자산 변동 중 비지배지분 해당액

(차)	이 익 잉 여 금	12,560(8)	(대) 비 지 배 지 분	12,560

(8) {₩35,000(20×3년도 당기순이익) − 600(건물 감가상각비) − 1,000(기계장치 감가상각비) − 2,000(기계장치 처분이익 취소)} × 40% = ₩12,560

물음 2

20×3년 말 S회사 순자산의 공정가치
= ₩380,000(순자산의 장부금액) + 7,000(토지) + 4,200(건물)
= ₩391,200

비지배지분 = S회사 순자산의 공정가치 × 40%
= ₩391,200 × 40% = ₩156,480

연결이익잉여금 = ₩300,000(20×3년 말 지배기업 이익잉여금)
+ {80,000(지배력 취득 이후 종속기업 이익잉여금 증가)
− 1,800(건물 감가상각비 누계액) − 3,000(기계장치 감가상각비 누계액)
− 2,000(기계장치 처분이익 취소) − 2,000(재고자산 조정 누계액)} × 60%
− 3,000(영업권 손상차손 누계액)
= ₩339,720

03 연결재무제표의 금액 계산

A회사는 20×1년 초에 B회사의 의결권 있는 주식 80%를 ₩320,000에 취득하여 지배기업이 되었다. 지배력 취득일 현재 B회사 순자산의 장부금액은 ₩300,000(자본금 ₩200,000, 이익잉여금 ₩100,000)이며, B회사 재고자산과 유형자산(내용연수 10년, 잔존가치 없이 정액법 상각)의 공정가치가 장부금액을 각각 ₩20,000, ₩60,000 초과하는 것을 제외하고는 다른 자산·부채의 장부금액과 공정가치는 동일하다. 동 재고자산은 20×1년 말 모두 판매되었고 유형자산은 20×2년 말에 매각되었다. 다음은 20×1년 말과 20×2년 말 A회사와 B회사 재무제표의 일부 금액이다. 두 회계기간 동안 내부거래는 발생하지 않았다.

과목	20×1년도		20×2년도	
	A회사	B회사	A회사	B회사
당기순이익	₩250,000	₩20,000	₩320,000	₩30,000
자산총계(종속기업투자 제외)	5,600,000	1,530,000	6,100,000	1,840,000
이익잉여금	1,340,000	120,000	1,660,000	150,000

물음

20×1년 말 현재 영업권이 배분된 현금창출단위의 회수가능액이 장부금액보다 적으며, 그 차이 중 지배기업 지분 해당액은 ₩2,000이다. 또한 20×2년 말 현재 영업권이 배분된 현금창출단위의 회수가능액은 장부금액보다 많으며, 그 차이 중 지배기업 지분 해당액은 ₩1,000이다. 20×1년도와 20×2년도의 A회사 연결재무제표 금액 중 다음의 양식에 표시될 금액을 계산하라. 단, 비지배지분은 종속기업 순자산의 공정가치에 비례하여 결정한다.

과목	20×1년도	20×2년도
당기순이익		
비지배지분 귀속 당기순이익		
영업권		
영업권 제외 자산총액		
이익잉여금		
비지배지분		

해답

물음 1

과목	20×1년도	20×2년도
당기순이익	₩242,000(2)	₩296,000(8)
비지배지분 귀속 당기순이익	(1,200)(3)	(4,800)(9)
영업권	14,000(1)	14,000(7)
영업권 제외 자산총액	7,184,000(4)	7,940,000(10)
이익잉여금	1,333,200(5)	1,634,000(11)
비지배지분	74,800(6)	70,000(12)

<20×1년도>

(1) 지배력 취득 시 영업권 = ₩320,000 − 380,000×80% = ₩16,000
　영업권 손상차손 = ₩2,000
　영업권 잔액 = ₩16,000 − 2,000 = ₩14,000

(2) 연결당기순이익
　= A회사 당기순이익 + B회사 당기순이익 − B회사 순자산의 BV·FV 차이의 당기분 조정
　　− 당기 영업권 손상차손
　= ₩250,000 + 20,000 − 20,000 − 60,000×1/10 − 2,000 = ₩242,000

(3) 비지배지분 귀속 당기순이익
　= (B회사 당기순이익 − B회사 순자산의 BV·FV 차이의 당기분 조정)×비지배지분율
　= (₩20,000 − 20,000 − 60,000×1/10)×20% = ₩(1,200)

(4) 영업권 제외 자산총액
　= A회사 자산 BV + B회사 자산 BV + 취득일 현재 B회사 순자산의 BV·FV 차이
　　− 취득일 이후 B회사 순자산의 BV·FV 차이조정 누계액
　= ₩5,600,000 + 1,530,000 + (60,000 − 6,000)
　= ₩7,184,000

(5) 이익잉여금
　= A회사 이익잉여금 + 취득일 이후 B회사 이익잉여금 변동액×A회사 지분율
　　− 취득일 이후 B회사 순자산의 BV·FV 차이조정 누계액×A회사 지분율
　　− 영업권 손상차손 누계액
　= ₩1,340,000 + (120,000 − 100,000)×80% − (20,000 + 6,000)×80% − 2,000
　= ₩1,333,200

(6) 비지배지분

=취득일 현재 B회사 순자산의 FV×비지배지분율+취득일 이후 B회사 이익잉여금 변동액 ×비지배지분율−취득일 이후 B회사 순자산의 BV·FV 차이조정 누계액×비지배지분율

=₩380,000×20%+(120,000−100,000)×20%−(20,000+6,000)×20%

=₩74,800

<20×2년도>

(7) 영업권 손상차손환입은 인정하지 않으므로 영업권 잔액은 ₩14,000 유지

(8) 연결당기순이익

=A회사 당기순이익+B회사 당기순이익−B회사 순자산의 BV·FV 차이의 당기분 조정 −당기 영업권 손상차손

=₩320,000+30,000−(60,000−6,000)=₩296,000

(9) 비지배지분 귀속 당기순이익

=(B회사 당기순이익−B회사 순자산의 BV·FV 차이의 당기분 조정)×비지배지분율

=(₩30,000−(60,000−6,000))×20%

=₩(4,800)

(10) 영업권 제외 자산총액

=A회사 자산 BV+B회사 자산 BV+취득일 현재 B회사 순자산의 BV·FV 차이 −취득일 이후 B회사 순자산의 BV·FV 차이조정 누계액

=₩6,100,000+1,840,000

=₩7,940,000

(11) 이익잉여금

=A회사 이익잉여금+취득일 이후 B회사 이익잉여금 변동액×A회사 지분율 −취득일 이후 B회사 순자산의 BV·FV 차이조정 누계액×A회사 지분율 −영업권 손상차손 누계액

=₩1,660,000+(150,000−100,000)×80%−(20,000+60,000)×80%−2,000

=₩1,634,000

(12) 비지배지분

=취득일 현재 B회사 순자산의 FV×비지배지분율+취득일 이후 B회사 이익잉여금 변동액 ×비지배지분율−취득일 이후 B회사 순자산의 BV·FV 차이조정 누계액×비지배지분율

=₩380,000×20%+(150,000−100,000)×20%−(20,000+60,000)×20%

=₩70,000

04 비지배지분 초과손실이 발생하는 경우의 연결

20×1년 초에 P회사는 S회사의 발행주식 중 90%를 ₩380,000에 취득하여 지배기업이 되었다. 취득일 현재 S회사의 순자산 장부금액과 공정가치는 다음의 건물을 제외하고 일치하였다.

항목	장부금액	공정가치	비고
건물	₩100,000	₩120,000	잔존내용연수 5년, 잔존가치 없이 정액법 상각

20×1년의 P회사와 S회사의 재무제표는 다음과 같다.

과목	20×1년도	
	P회사	S회사
수익	₩1,000,000	₩600,000
비용	(900,000)	(1,000,000)
당기순이익	₩100,000	₩(400,000)
현금·매출	500,000	30,000
재고자산	600,000	150,000
종속기업투자	380,000	–
건물(순액)	680,000	80,000
합계	₩2,160,000	₩260,000
부채	₩660,000	₩280,000
자본금	1,000,000	200,000
자본잉여금	300,000	80,000
이익잉여금	200,000	(300,000)
합계	₩2,160,000	₩260,000

물음

1. 20×1년 초에 P회사가 S회사의 지배력을 취득한 직후 연결재무제표를 작성할 경우 해야 할 연결조정분개를 하라. 단, 비지배지분은 종속기업 순자산의 공정가치에 비례하여 결정한다.
2. 20×1년 말에 P회사가 연결재무제표를 작성할 경우 해야 할 연결조정분개를 하고, 연결정산표를 작성하라. 단, 20×1년 말 현재 영업권이 배분된 현금창출단위의 회수가능액이 장부금액보다 적으며, 그 차이 중 지배기업 지분 해당액은 ₩2,000이다.
3. 20×1년 말 비지배지분 및 연결이익잉여금 잔액을 구하라.

해답

물음 1

<20×1년 초 연결조정분개>

(차)	자본금	200,000	(대)	종속기업투자	380,000
	자본잉여금	80,000		비지배지분	40,000(2)
	이익잉여금	100,000(1)			
	건물	20,000			
	영업권	20,000(3)			

(1) 20×1년 초 이익잉여금 = ₩(300,000)(20×1년 말 이익잉여금) + 400,000(당기순손실) = ₩100,000

(2) ₩400,000(20×1년 초 S회사 순자산의 공정가치)×10% = ₩40,000

(3) 영업권은 대차 일치 금액으로 계산할 수 있으나, 다음과 같이 독립적으로 계산할 수도 있다.
₩380,000(종속기업투자 취득원가) − 400,000(20×1년 초 S회사 순자산의 공정가치)×90% = ₩20,000

물음 2

<20×1년 말 연결조정분개>

① 종속기업투자와 지배력 취득시점의 종속기업 자본의 상계제거

(차)	자본금	200,000	(대)	종속기업투자	380,000
	자본잉여금	80,000		비지배지분	40,000
	이익잉여금	100,000			
	건물	20,000			
	영업권	20,000			

② 종속기업 자산의 공정가치와 장부금액 차이의 조정

(차)	감가상각비	4,000	(대)	감가상각누계액	4,000

③ 영업권의 손상차손 인식

(차)	손상차손	2,000	(대)	영업권	2,000

④ 당기순손실로 인한 순자산 변동 중 비지배지분 해당액

(차)	비지배지분	40,400(1)	(대)	이익잉여금	40,400

(1) {₩(400,000)(20×1년도 당기순손실) − 4,000(감가상각비)}×10% = ₩(40,400)

〈20×1년도 연결정산표〉

과목	P회사	S회사	연결조정분개		연결재무제표
			차변	대변	
수익	₩1,000,000	₩600,000			₩1,600,000
비용	(900,000)	(1,000,000)	{ ②4,000 ③2,000		(1,906,000)
당기순이익	₩100,000	₩(400,000)	₩6,000*	–	₩(306,000)
현금·매출채권	₩500,000	₩30,000			₩530,000
재고자산	600,000	150,000			750,000
종속기업투자	380,000	–		①380,000	–
건물(순액)	680,000	80,000	①20,000	②4,000	776,000
영업권	–	–	①20,000	③2,000	18,000
합계	₩2,160,000	₩260,000			₩2,074,000
부채	₩660,000	₩280,000			₩940,000
자본금	1,000,000	200,000	①200,000		1,000,000
자본잉여금	300,000	80,000	①80,000		300,000
이익잉여금	200,000	(300,000)	{ ①100,000 6,000*	④40,400	(165,600)
비지배지분	–	–	④40,400	①40,000	(400)
합계	W2,160,000	₩260,000	₩466,400	₩466,400	₩2,074,000

* 당기순이익의 조정 금액만큼 이익잉여금에 반영한다.

물음 3

20×1년 말 S회사 순자산의 공정가치＝₩(20,000)(순자산의 장부금액)＋16,000(건물)

＝₩(4,000)

비지배지분＝S회사 순자산의 공정가치×10%＝₩(4,000)×10%＝₩(400)

연결이익잉여금＝₩200,000(20×1년 말 지배기업 이익잉여금)

＋{(400,000)(지배력 취득 이후 종속기업 이익잉여금 감소)

－4,000(건물 감가상각비)}×90%－2,000(영업권 손상차손)

＝₩(165,600)

한편, 연결손익계산서 하단에는 당기순손실 ₩(306,000)을 다음과 같이 구분하여 표시한다.

비지배지분 귀속 당기순손실

＝{₩(400,000)(종속기업 당기순손실)－4,000(추가 감가상각비)}×10%

＝₩(40,400)

지배기업 소유주 귀속 당기순손실

＝₩(306,000)－(40,400)＝₩(265,600)

05 역취득 (CPA 2011)

갑회사(상장기업)는 20×1년 4월 1일에 을회사(비상장기업) 주식과 교환하여 갑회사 주식을 발행함으로써 을회사를 취득하였다. 이와 같은 사업결합을 통하여 갑회사와 을회사는 각각 법적 지배기업과 법적 종속기업이 되었다. 취득일 현재 갑회사와 을회사의 재무상태표 및 추가 정보는 다음과 같다.

<재무상태표>

과목	갑회사	을회사
자산총계	₩55,000	₩110,000
부채총계	30,000	60,000
자본총계	25,000	50,000
납입자본(보통주)	10,000	30,000
이익잉여금	15,000	20,000

〈추가 정보〉

1. 취득 직전일 현재 두 회사의 발행주식은 다음과 같다.

구분	갑회사	을회사
발행주식수	100주	150주
주당 액면금액	₩100	₩200
주당 공정가치	₩200	₩800

2. 취득일 현재 두 회사의 자산 및 부채의 공정가치는 다음과 같다.

구분	갑회사	을회사
자산의 공정가치	₩70,000	₩120,000
부채의 공정가치	₩33,000	₩70,000

3. 갑회사는 사업결합과정에서 을회사 주식 1주와 교환하여 갑회사 주식 2주를 발행하기로 하고 총 300주를 발행하였다.
4. 관련 회계처리에서 법인세 효과는 고려하지 않는다.

물음

1. 갑회사의 경영자는 갑회사가 취득자라고 주장하는데 반해, 회계전문가는 이를 역취득으로 보고 을회사가 회계상 취득자라고 판단하고 있다. 역취득이라고 판단하는 이유를 제시하라.

2. 상기 사업결합에서 회계상 취득자가 갑회사인 경우와 회계상 취득자가 을회사인 경우(역취득)로 구분하여 사업결합 직후 다음과 같이 연결재무상태표를 작성하였다. 공란에 들어 갈 금액(①부터 ⑧까지)을 모두 계산하라.

과목	회계상 취득자가 갑회사인 경우	회계상 취득자가 을회사인 경우
자산총계(영업권 포함)	①	⑤
부채총계	②	⑥
자본총계		
납입자본	③	⑦
이익잉여금	④	⑧

3. 갑회사가 사업결합과정에서 을회사의 발행주식 150주 중 135주와 교환하여 갑회사의 주식을 발행하기로 하고 총 270주를 발행하였으며, 이를 제외한 다른 모든 사실은 위와 동일하다고 가정한다. 이러한 사업결합이 역취득에 해당할 때 사업결합 직후 연결재무상태표에 표시될 비지배지분을 계산하라.

해답

물음 1 역취득이라고 판단하는 이유

사업결합 후 을회사 주주가 결합기업의 지분 75%(=300주/400주)를 소유하므로 역취득

물음 2

과목	회계상 취득자가 갑회사인 경우	회계상 취득자가 을회사인 경우
자산총계(영업권 포함)	① ₩185,000	⑤ ₩183,000
부채총계	② ₩100,000	⑥ ₩93,000
자본총계		
납입자본	③ ₩70,000	⑦ ₩70,000
이익잉여금	④ ₩15,000	⑧ ₩20,000

① ₩55,000+120,000+10,000(영업권)=₩185,000

② ₩30,000+70,000=₩100,000

③ ₩10,000+60,000=₩70,000

④ ₩15,000

⑤ ₩110,000+70,000+3,000(영업권)=₩183,000 : 이전대가=50주×₩800=₩40,000

⑥ ₩60,000+33,000=₩93,000

⑦ ₩30,000+40,000=₩70,000

⑧ ₩20,000

참고자료 관련 회계처리

1. 회계상 취득자가 갑회사인 경우

① 20×1년 4월 1일 을회사 주식 취득 시 회계처리

(차)	투 자 주 식(을)	60,000	(대) 납 입 자 본	60,000

② 20×1년 4월 1일 연결조정분개

(차)	자 본 금(을)	30,000	(대) 투 자 주 식(을)	60,000
	이 익 잉 여 금(을)	20,000	부 채(을)	10,000
	자 산(을)	10,000		
	영 업 권	10,000		

2. 회계상 취득자가 을회사인 경우

① 20×1년 4월 1일 을회사 주식 취득 시 회계처리

(차)	투 자 주 식(갑)	40,000	(대) 납 입 자 본	40,000

② 20×1년 4월 1일 연결조정분개

(차)	자 본 금(갑)	10,000	(대) 투 자 주 식(갑)	40,000
	이 익 잉 여 금(갑)	15,000	부 채(갑)	3,000
	자 산(갑)	15,000		
	영 업 권	3,000		

물음 3

비지배지분율 : 10%(=15주/150주)

을회사 순자산장부금액=₩30,000(자본금)+20,000(이익잉여금)
=₩50,000

비지배지분=을회사 순자산장부금액×10%=₩50,000×10%=₩5,000

내부거래 및 내부미실현손익

본장의 내용

제3장에서 지배력 취득시점 및 그 이후 시점에서 연결재무제표를 작성하는 기본적인 절차를 설명할 때 연결실체를 구성하는 기업 간의 거래는 없다고 가정하였다. 그러나 실제로는 지배기업과 종속기업 간의 거래, 또는 종속기업이 여러 개일 경우 종속기업 간의 거래가 발생하는 경우가 많은데 이를 내부거래라고 한다. 예를 들어, 재고자산이나 유형자산의 매매거래, 자금의 대여·차입거래, 배당금의 지급·수취거래 등이 내부거래에 해당한다. 연결실체 내의 기업 간에 발생한 거래는 연결재무제표 관점에서 볼 때 하나의 단일 실체 내에서 발생한 거래나 다름없기 때문에 연결재무제표를 작성하는 과정에서 모두 상계제거해야 한다.

한편, 연결실체의 내부거래 시 판매회사가 이익을 가산하여 자산을 판매하고, 보고기간 말 현재 매입회사가 이를 보유하고 있는 경우 연결실체 내에서는 아직 이익이 실현되었다고 볼 수 없다. 이를 내부미실현이익이라고 하며 연결재무제표 작성 과정에서 이를 제거하는 조정이 필요하다.

본장에서는 다양한 내부거래 및 내부미실현손익의 제거에 대한 연결조정분개를 설명한다. 연결재무제표를 작성하는 근본적인 이유가 내부거래 및 미실현손익으로 인하여 왜곡된 지배기업이나 종속기업의 재무제표를 올바로 표시하는 것이므로 본장에서 설명하는 내용은 매우 중요하다.

1 내부거래 및 내부미실현손익의 조정

1.1 내부거래의 상계제거

연결실체 내의 기업 간에 여러 가지 거래가 발생할 수 있다. 예를 들어, 재고자산이나 유형자산의 매매거래가 발생할 수도 있고, 자금의 대여·차입 거래나 리스거래가 발생할 수도 있으며, 지배기업이 종속기업으로부터 현금배당금을 받을 수도 있다. 이와 같이 연결실체 내의 기업 간에 발생한 거래를 내부거래(intragroup transactions)라고 한다.

연결실체 내의 기업 간에 거래가 발생하면 거래가 이루어진 개별 기업들의 장부에 그 거래가 기록될 것이다. 예를 들어, 지배기업이 종속기업에 현금을 대여하였다면, 지배기업의 개별 장부에는 대여금이 기록되고, 종속기업의 개별 장부에는 차입금이 기록된다. 그러나 연결실체 관점에서 볼 때 지배기업과 종속기업 간에 발생한 현금 대여·차입 거래는 내부거래이므로 연결재무제표에 표시될 거래는 아니다. 이는 사업부 A와 사업부 B로 구성되어 있는 갑회사에서 사업부 A의 현금을 사업부 B로 이전하더라도 이러한 내부거래를 갑회사의 재무제표에 인식하지 않는 것과 같은 이유이다.

연결실체 내에서 발생한 내부거래는 개별 기업의 재무제표에 기록되므로 연결재무제표의 작성을 위하여 지배기업과 종속기업의 재무제표를 단순합산하면, 내부거래로 인하여 발생한 자산과 부채, 그리고 관련 수익과 비용이 단순합산한 재무제표에 모두 포함될 것이다. 그러나 연결실체의 관점에서 볼 때, 내부거래는 처음부터 발생하지 않은 것으로 보기 때문에 연결재무제표를 작성할 때 내부거래에서 발생한 자산과 부채, 그리고 관련 수익과 비용을 모두 상계제거하는 연결조정분개를 해야 한다. 예를 들어, 지배기업이 종속기업에 현금을 대여하였다면 지배기업은 대여금과 이자수익을 인식할 것이고 종속기업은 차입금과 이자비용을 인식할 것이므로 연결재무제표를 작성하는 과정에서 대여금과 차입금을 상계제거하고, 이자수익과 이자비용도 상계제거하는 연결조정분개를 한다.

1.2 내부미실현손익의 제거

연결 실체 내의 기업 간에 재고자산의 매매거래가 발생하였는데 판매한 회사가 이익을 가산하여 재고자산을 판매하였고, 매입한 회사가 동 재고자산을 보고기간 말까지 계속 보유하고 있는 경우에는 또 다른 연결조정 문제가 발생한다. 예를 들어, 지배기업이 재고자산을 장부금액에 ₩1,000의 이익을 가산한 금액으로 종속기업에게 판매하고, 종속기업은 지배기업으로부터 매입한 재고자산을 보고기간 말까지 계속 보유하고 있다고 가정하자. 이 경우 두 회사의 단순 합산 재무제표에는 내부거래로부터 발생한 매출총이익 ₩1,000이 포함되어 있고, 기말재고자산도 ₩1,000만큼 과대표시되어 있다. 연결실체의 관점에서 볼 때, 이 거래는 연결실체 외부와 이루어진 거래가 아니기 때문에 보고기간 말 현재 매출총이익 ₩1,000은 아직 실현되지 않은 이익이다.

이와 같이 연결실체의 관점에서 보고기간 말 현재 아직 실현되지 않은(즉, 연결실체 외부와의 거래가 아직 발생하지 않은) 내부거래손익을 미실현손익(unrealized profits or losses)이라고 한다. 따라서 연결재무제표를 작성할 때 1.1절에서 설명한 내부거래의 상계제거뿐만 아니라 미실현손익도 제거하는 연결조정분개를 해야 한다.

1.3 내부거래 및 내부미실현손익의 제거의 필요성

지배기업 또는 종속기업만의 재무제표는 내부거래를 통해서 얼마든지 조작할 수 있다. 예를 들어, 지배기업이 외부 수요가 거의 없는 재고자산을 종속기업에게 밀어내기 식으로 매출을 하면, 종속기업이 지배기업으로부터 매입한 재고자산을 외부로 판매하지 않고 계속 보유하더라도 지배기업의 별도재무제표는 경영성과가 양호한 것으로 보고할 수 있다.

우리나라의 코스피(코스닥) 상장기업은 연간 매출액이 50억(30억) 원 미만이면 관리종목으로 지정되고, 2년 연속 매출액이 50억(30억) 원 미만이면 상장폐지된다. 따라서 보고기간 말이 가까워지는데 상장 지배기업의 매출액이 한계선을 넘지 못한 상태라면 비상장 종속기업에 밀어내기 매출을 하여 재무제표를 조작하기도 하는데, 매년 감독기관이 이러한 조작 사례를 적발하는 경우가 적지 않다.[1] 따라서 정보이용자가 지배기업의 재무제표에만 의존하여 의사결정을 내린다면 잘못된 결과를 초래할 수 있다.

연결실체 관점에서 내부거래는 당초부터 발생하지 않은 거래로 간주되므로 연결실체 내의 한 기업이 내부거래를 통해서 의도적으로 재무제표를 조작했더라도 연결재무제표를 작성하는 과정에서 재무제표 조작의 영향을 제거할 수 있다.

1.4 당기 발생 내부미실현이익의 제거

내부거래는 [그림 1]에서 보는 바와 같이 하향거래(지배기업이 종속기업에 판매), 상향거래(종속기업이 지배기업에 판매), 그리고 수평거래(종속기업 간의 매매)로 구분할 수 있다.

---

1) 우리나라에서는 연결기준이 아니라 개별기업 기준으로 관리종목 여부나 상장폐지 여부를 판단한다.

| 그림 1 | 내부거래의 종류

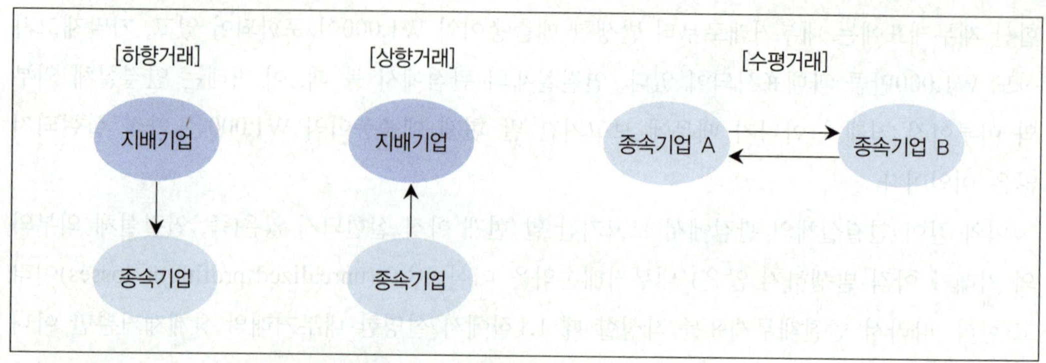

연결재무제표를 작성할 때에는 내부거래의 종류에 관계없이 미실현이익을 모두 제거한다. 왜냐하면 연결재무제표의 관점에서 볼 때 내부거래는 처음부터 발생하지 않은 것으로 보기 때문에 내부거래의 종류에 관계없이 모두 제거하는 것이 타당하다. 이러한 전액제거 조정은 제2장에서 설명한 실체 개념과도 부합된다.[2)]

연결실체의 내부거래에서 미실현손실이 발생할 수도 있다. 그러나 미실현손실은 미실현이익처럼 무조건 전액 제거하는 것이 아니라는 점에 유의하여야 한다. 왜냐하면 내부거래 미실현손실이 발생하였다는 것은 장부금액보다 낮은 금액으로 자산을 매각하였다는 것인데, 이는 해당 자산에서 이미 자산손상이 발생했기 때문일 수도 있다. 내부거래가 발생하지 않았더라도 개별 재무제표에 자산의 손상차손을 인식해야 하는데, 연결재무제표를 작성하면서 손상차손에 해당하는 금액을 미실현손실로 보고 제거하면 오히려 인식해야 할 손상차손을 인식하지 않는 문제가 발생한다. 따라서 내부미실현손실이 발생한 경우 그 미실현손실이 자산손상에 해당하는지의 여부를 검토한 후 자산손상에 해당하지 않는 경우에만 연결과정에서 내부미실현손실을 제거한다. 이하 설명에서는 미실현손익 대신 미실현이익이라는 표현을 주로 사용한다.

1.5 전기 말 내부미실현이익의 실현

특정 연도 말 현재 내부미실현이익은 다음 연도 이후에 연결실체 외부와 거래가 발생할 때 실현된다. 다음의 [그림 2]는 내부거래 미실현이익이 발생하고, 이후 연결실체 외부와 거래가 발생할 때 실현되는 과정을 보여준다.

---

2) 제2장에서 설명한 연결이론 중 지배기업 개념에 기초한다면 미실현손익 중 지배기업 지분에 해당하는 금액만 제거해야 할 것이다. 그러나 실체 개념에서는 지배기업 지분뿐만 아니라 비지배지분도 모두 연결실체를 구성하는 지분이라고 보기 때문에 미실현손익을 전액 제거한다.

| 그림 2 | 내부미실현이익의 실현

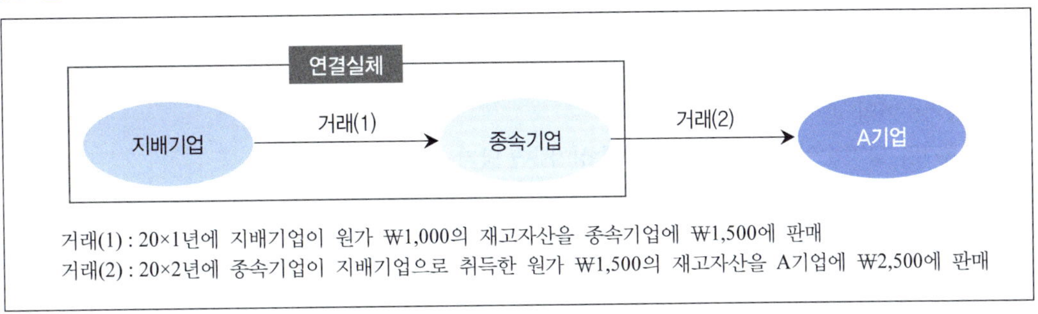

[그림 2]에서 거래(1)은 내부거래이다. 연결실체 내에서 아무리 많은 거래가 발생하더라도 연결재무제표의 관점에서는 아무런 거래도 발생하지 않은 것으로 본다. 따라서 20×1년 연결재무제표를 작성할 때 ₩1,500의 내부거래를 상계제거하면서 20×1년 말 현재 미실현이익 ₩500도 제거한다(구체적인 연결조정분개는 2절에서 설명함).

[그림 2]에서 거래(2)는 종속기업이 20×1년에 지배기업으로부터 ₩1,500에 매입한 재고자산을 20×2년에 연결실체 외부의 A기업에게 ₩2,500에 판매하는 것을 보여준다. 이때 종속기업은 개별 장부에 ₩1,000의 매출총이익을 인식할 것이다. 그러나 연결재무제표의 관점에서는 20×2년에 연결실체가 원가 ₩1,000의 재고자산을 외부로 ₩2,500에 판매하여 ₩1,500의 매출총이익이 발생한 것으로 본다. 따라서 거래(2)가 발생한 20×2년의 연결재무제표를 작성할 때 전년도 말 현재 미실현이익 ₩500이 실현되는 연결조정분개를 하여야 한다(구체적인 연결조정분개는 2절에서 설명함).

[그림 2]는 하향거래를 가정하고 있는데, 내부거래가 상향거래나 수평거래이더라도 연결실체 외부에서 볼 때에는 아무런 거래도 발생하지 않았으므로 연결재무제표를 작성할 때 내부거래의 종류에 관계없이 미실현이익을 전액 제거한다. 물론 [그림 2]에서 거래(1)과 거래(2)가 20×1년에 모두 발생하였다면 20×1년 말 현재 미실현이익은 없으므로 내부거래만 상계제거하고, 미실현이익을 제거하는 연결조정분개는 필요하지 않다.

1.6 내부미실현이익이 있는 경우 비지배지분의 결정

보고기간 말 현재 연결실체 내의 미실현이익은 판매한 기업의 개별 당기순이익에 포함되어 있다. 하향거래 미실현이익이 있다면 그만큼 지배기업의 개별 당기순이익이 과대표시되고, 상향거래 또는 수평거래 미실현이익이 있다면 그만큼 종속기업의 개별 당기순이익이 과대표시된다.

제3장의 5.5절에서 내부거래가 없는 경우 다음과 같이 연결당기순이익과 종속기업 당기순이익 중 비지배지분 귀속 당기순이익 및 비지배지분 잔액을 계산한다고 설명한 바 있다.

연결당기순이익
=지배기업 당기순이익−당기 영업권 손상차손+당기 염가매수차익
　+종속기업 당기순이익−종속기업 순자산의 BV·FV 차이의 당기분 조정

비지배지분 귀속 당기순이익
=(종속기업 당기순이익−종속기업 순자산의 BV·FV 차이의 당기분 조정)×비지배지분율

비지배지분 잔액
=(취득일 현재 종속기업 순자산의 FV+취득일 이후 종속기업 순자산 변동액
　−취득일 이후 종속기업 순자산의 BV·FV 차이조정 누계액)×비지배지분율

당기 중에 내부거래가 발생하였고, 당기 말 현재 내부거래로 인한 미실현이익이 존재한다면 그 미실현이익이 하향거래 미실현이익이든 상향거래(수평거래도 포함. 이하 동일) 미실현이익이든 관계없이 연결당기순이익을 계산할 때 모두 제거한다. 또한 과년도 말 현재 존재했던 미실현이익이 당기 중에 실현되었다면 연결당기순이익을 계산할 때 가산한다.

그런데 당기 발생 상향거래 미실현이익이 당기 말 현재 존재하거나 과년도 말 현재 존재했던 상향거래 미실현이익이 당기 중에 실현되었다면 이는 종속기업의 당기순이익과 기말 순자산 금액에 영향을 미치기 때문에 비지배지분 귀속 당기순이익과 비지배지분 잔액을 계산할 때 이를 반영하여야 한다. 지금까지 설명한 내용을 요약하면 다음과 같다.

연결당기순이익
=지배기업 당기순이익−당기 영업권 손상차손+당기 발생 염가매수차익
　+종속기업 당기순이익−종속기업 순자산의 BV·FV 차이의 당기분 조정
　−당기 발생 미실현이익+과년도 말 미실현이익 중 당기 실현이익

비지배지분 귀속 당기순이익
=(종속기업 당기순이익−종속기업 순자산의 BV·FV 차이의 당기분 조정
　−당기 발생 상향거래 미실현이익+과년도 말 상향거래 미실현이익 중 당기 실현이익)
　×비지배지분율

비지배지분 잔액
=(취득일 현재 종속기업 순자산의 FV+취득일 이후 종속기업 순자산 변동액
　−취득일 이후 종속기업 순자산의 BV·FV 차이조정 누계액
　−당기 말 상향거래 미실현이익 잔액)×비지배지분율

예 1 당기 미실현이익의 발생

갑회사는 20×1년 초에 을회사의 의결권 있는 지분 중 90%를 ₩1,800에 취득하여 지배기업이 되었다. 취득일 현재 을회사 순자산의 공정가치는 ₩2,000(장부금액과 동일)이며, 영업권은 발생하지 않았다. 갑회사와 을회사의 20×1년 당기순이익이 각각 ₩1,000과 ₩100일 때 다음의 독립된 3가지 〈경우〉로 구분하여, 내부거래 미실현이익이 연결당기순이익, 지배기업 소유주 귀속 당기순이익, 비지배지분 귀속 당기순이익, 그리고 비지배지분 잔액에 미치는 영향을 살펴보기로 한다.

〈경우 1〉 내부거래 미실현이익이 없는 경우

연결당기순이익
　=갑회사 당기순이익+을회사 당기순이익
　=₩1,000+100=₩1,100
지배기업 소유주 귀속 당기순이익
　=갑회사 당기순이익+을회사 당기순이익×지배기업 지분율
　=₩1,000+100×90%=₩1,090
비지배지분 귀속 당기순이익
　=을회사 당기순이익×비지배지분율
　=₩100×10%=₩10
비지배지분 잔액
　=(취득일 현재 을회사 순자산의 공정가치+당기 을회사 순자산 변동액)×비지배지분율
　=(₩2,000+100)×10%=₩210

제3장의 [그림 8]을 이용하여 연결당기순이익 ₩1,100이 지배기업 소유주와 비지배지분에 귀속되는 과정을 보여주면 다음과 같다.

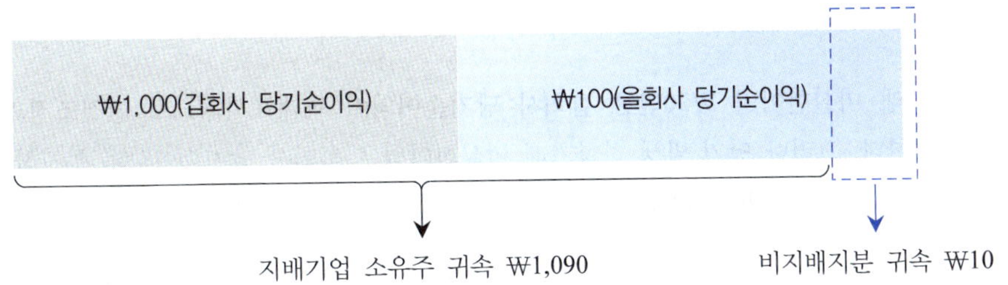

손익계산서상 당기순이익의 하단에 다음과 같이 지배기업 소유주 귀속 당기순이익과 비지배지분 귀속 당기순이익이 표시된다.

손익계산서	
…	×××
당기순이익	₩1,100
당기순이익의 귀속 :	
지배기업 소유주	₩1,090
비지배지분	10
	₩1,100

〈경우 2〉 당기 발생 하향거래 미실현이익 ₩30이 있는 경우

연결당기순이익

=갑회사 당기순이익+을회사 당기순이익−당기 발생 하향거래 미실현이익

=₩1,000+100−30=₩1,070

지배기업 소유주 귀속 당기순이익

=갑회사 당기순이익−당기 발생 하향거래 미실현이익+을회사 당기순이익×지배기업 지분율

=(₩1,000−30)+100×90%=₩1,060

비지배지분 귀속 당기순이익

=을회사 당기순이익×비지배지분율

=₩100×10%=₩10

비지배지분 잔액

=(취득일 현재 을회사 순자산의 공정가치+당기 을회사 순자산 변동액)×비지배지분율

=(₩2,000+100)×10%=₩210

당기 발생 하향거래 미실현이익 ₩30만큼 갑회사 당기순이익이 과대표시되므로 연결조정과정에서 ₩30을 전액 제거한다. 그러나 당기 발생 하향거래 미실현이익은 을회사 당기순이익과 무관하므로 비지배지분 귀속 당기순이익과 비지배지분 잔액을 계산할 때 고려할 필요가 없다.

연결당기순이익 ₩1,070이 지배기업 소유주와 비지배지분에 귀속되는 과정을 보여주면 다음과 같다.

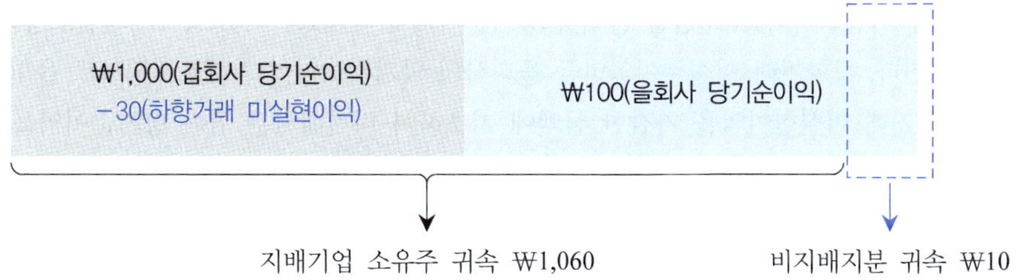

손익계산서상 당기순이익의 하단에 다음과 같이 지배기업 소유주 귀속 당기순이익과 비지배지분 귀속 당기순이익이 표시된다.

손익계산서

…	×××
당기순이익	₩1,070
당기순이익의 귀속 :	
지배기업 소유주	₩1,060
비지배지분	10
	₩1,070

〈경우 3〉 당기 발생 상향거래 미실현이익 ₩30이 있는 경우

연결당기순이익
=갑회사 당기순이익+을회사 당기순이익−당기 발생 상향거래 미실현이익
=₩1,000+100−30=₩1,070

지배기업 소유주 귀속 당기순이익
=갑회사 당기순이익+(을회사 당기순이익−당기 발생 상향거래 미실현이익)×지배기업 지분율
=₩1,000+(100−30)×90%=₩1,063

비지배지분 귀속 당기순이익
=(을회사 당기순이익−당기 발생 상향거래 미실현이익)×비지배지분율
=(₩100−30)×10%=₩7

비지배지분 잔액
=(취득일 현재 을회사 순자산의 공정가치+당기 을회사 순자산 변동액
−당기 말 상향거래 미실현이익 잔액)×비지배지분율
=(₩2,000+100−30)×10%=₩207

당기 발생 상향거래 미실현이익 ₩30만큼 을회사 당기순이익이 과대표시되었으므로 연결조정과정에서 ₩30을 전액 제거한다. 상향거래 미실현이익만큼 을회사의 당기순이익이 과대표시되므로 을회사의 당기순이익에서 상향거래 미실현이익을 차감한 금액에 기초하여 비지배지분 귀속 당기순이익을 계산한다. 그리고 을회사 순자산의 공정가치에서 당기 말 상향거래 미실현이익의 잔액을 차감한 금액에 기초하여 비지배지분 잔액을 계산한다.

연결당기순이익 ₩1,070이 지배기업 소유주와 비지배지분에 귀속되는 과정을 보여주면 다음과 같다.

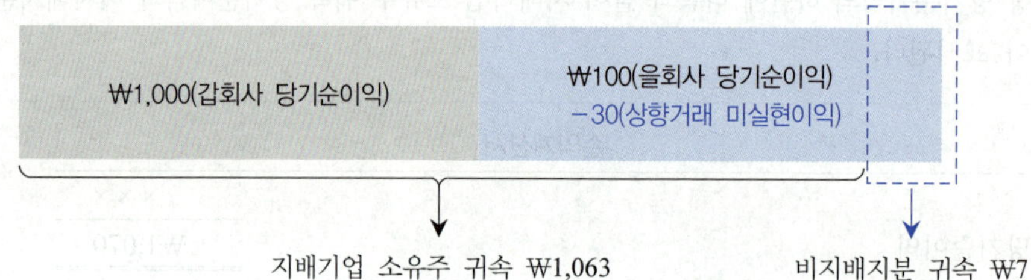

손익계산서상 당기순이익의 하단에 다음과 같이 지배기업 소유주 귀속 당기순이익과 비지배지분 귀속 당기순이익이 표시된다.

손익계산서	
…	×××
당기순이익	₩1,070
당기순이익의 귀속 :	
지배기업 소유주	₩1,063
비지배지분	7
	₩1,070

(예 1)의 3가지 경우의 결과를 비교하면 [표 1]과 같다.

| 표 1 | (예 1)의 결과 비교

구분	미실현이익이 없는 경우	하향거래 미실현이익이 있는 경우	상향거래 미실현이익이 있는 경우
(연결)당기순이익	₩1,100	₩1,070	₩1,070
지배기업 소유주 귀속	1,090	1,060	1,063
비지배지분 귀속	10	10	7
비지배지분 잔액	210	210	207

[표 1]에서 미실현이익이 없는 경우 당기순이익은 ₩1,100이지만, 미실현이익이 있는 경우 당기순이익은 하향거래와 상향거래 모두 ₩1,070이다. 그 이유는 연결과정에서 내부거래의 종류에 관계없이 미실현이익 ₩30을 전액제거하기 때문이다.

하향거래 미실현이익이 있는 경우의 비지배지분 잔액 ₩210은 미실현이익이 없는 경우의 비지배지분 잔액과 동일하다. 그 이유는 비지배지분이 종속기업 순자산에 기초하여 결정되는데, 하향거래 미실현이익은 종속기업의 당기순이익과 무관하기 때문이다. 그러나 하향거래 미실현이익이 있는 경우에 비해 상향거래 미실현이익이 있는 경우의 비지배지분은 ₩3만큼 적다. 그 이유는 종속기업의 당기순이익이 상향거래 미실현이익(₩30)만큼 차감조정되므로 ₩30에 10%를 곱한 ₩3만큼 비지배지분이 감소되기 때문이다.

하향거래 미실현이익이 있는 경우와 상향거래 미실현이익이 있는 경우의 당기순이익은 모두 ₩1,070으로 동일하지만, 지배기업 소유주 귀속 당기순이익과 비지배지분 귀속 당기순이익으로 구분되는 금액에 ₩3만큼 차이가 있다.

예 2 전기 말 미실현이익의 당기 실현

(예 1)의 연속이다. 갑회사와 을회사의 20×2년 당기순이익은 각각 ₩1,200과 ₩150이다. 다음의 독립된 3가지 〈경우〉로 구분하여 선기 말 내부거래 미실현이익 중 당기 실현이익이 연결당기순이익, 지배기업 소유주 귀속 당기순이익, 비지배지분 귀속 당기순이익, 그리고 비지배지분 잔액에 미치는 영향을 살펴보기로 한다.

〈경우 1〉 내부거래 미실현(실현)손익이 없는 경우

연결당기순이익

=갑회사 당기순이익+을회사 당기순이익

=₩1,200+150=₩1,350

지배기업 소유주 귀속 당기순이익

=갑회사 당기순이익+을회사 당기순이익×지배기업 지분율

=₩1,200+150×90%=₩1,335

비지배지분 귀속 당기순이익

=을회사 당기순이익×비지배지분율

=₩150×10%=₩15

비지배지분 잔액

=(취득일 현재 을회사 순자산의 공정가치+전기 및 당기 을회사 순자산 변동액)×비지배지분율

=(₩2,000+100+150)×10%=₩225

연결당기순이익 ₩1,350이 지배기업 소유주와 비지배지분에 귀속되는 과정을 보여주면 다음과 같다.

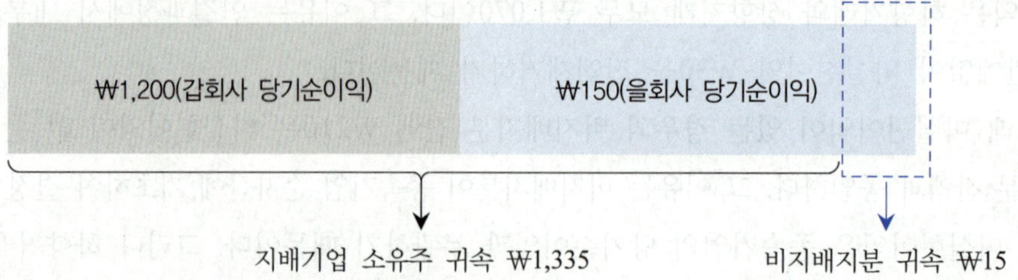

손익계산서상 당기순이익의 하단에 다음과 같이 지배기업 소유주 귀속 당기순이익과 비지배지분 귀속 당기순이익이 표시된다.

손익계산서

…	×××
당기순이익	₩1,350
당기순이익의 귀속 :	
지배기업 소유주	₩1,335
비지배지분	15
	₩1,350

〈경우 2〉 전기 말 하향거래 미실현이익 ₩30 중 ₩20이 당기에 실현된 경우

연결당기순이익

=갑회사 당기순이익+을회사 당기순이익+전기 말 하향거래 미실현이익 중 당기 실현이익

=₩1,200+150+20=₩1,370

지배기업 소유주 귀속 당기순이익

=갑회사 당기순이익+전기 말 하향거래 미실현이익 중 당기 실현이익

+을회사 당기순이익×지배기업 지분율

=₩1,200+20+150×90%=₩1,355

비지배지분 귀속 당기순이익

=을회사 당기순이익×비지배지분율

=₩150×10%=₩15

비지배지분 잔액

=(취득일 현재 을회사 순자산의 공정가치+전기 및 당기 을회사 순자산 변동액)×비지배지분율

=(₩2,000+100+150)×10%=₩225

하향거래 실현이익 ₩20만큼 갑회사 당기순이익이 과소표시 되었으므로 연결조정과정에서 ₩20을 가산한다. 그러나 하향거래 실현이익은 을회사 당기순이익과 무관하므로 비지배지분 귀속 당기순이익과 비지배지분 잔액을 계산할 때 고려할 필요가 없다.

연결당기순이익 ₩1,370이 지배기업 소유주와 비지배지분에 귀속되는 과정을 보여주면 다음과 같다.

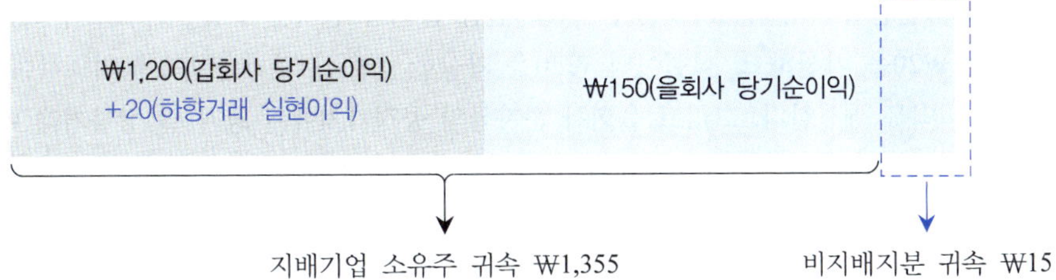

손익계산서상 당기순이익의 하단에 다음과 같이 지배기업 소유주 귀속 당기순이익과 비지배지분 귀속 당기순이익이 표시된다.

손익계산서	
…	×××
당기순이익	₩1,370
당기순이익의 귀속 :	
지배기업 소유주	₩1,355
비지배지분	15
	₩1,370

〈경우 3〉 전기 말 상향거래 미실현이익 ₩30 중 ₩20이 당기에 실현된 경우

연결당기순이익
　=갑회사 당기순이익+을회사 당기순이익+전기 말 상향거래 미실현이익 중 당기 실현이익
　=₩1,200+150+20=₩1,370
지배기업 소유주 귀속 당기순이익
　=갑회사 당기순이익
　　+(을회사 당기순이익+전기 말 상향거래 미실현이익 중 당기 실현이익)×지배기업 지분율
　=₩1,200+(150+20)×90%=₩1,353
비지배지분 귀속 당기순이익
　=(을회사 당기순이익+전기 말 상향거래 미실현이익 중 당기 실현이익)×비지배지분율
　=(₩150+20)×10%=₩17

비지배지분 잔액

=(취득일 현재 을회사 순자산의 공정가치+전기 및 당기 을회사 순자산 변동액
  −당기 말 상향거래 미실현이익 잔액)×비지배지분율

=(₩2,000+100+150−10)×10%=₩224

전기 말 상향거래 미실현이익 중 당기 실현이익 ₩20만큼 을회사 당기순이익이 과소표시 되었으므로 연결조정과정에서 ₩20을 가산하고, 실현이익 ₩20을 가산한 을회사 당기순이익에 기초하여 비지배지분 귀속 당기순이익을 계산한다. 그리고 을회사 순자산의 공정가치에서 당기 말 상향거래 미실현이익의 잔액을 차감한 금액에 기초하여 비지배지분 잔액을 계산한다.

연결당기순이익 ₩1,370이 지배기업 소유주와 비지배지분에 귀속되는 과정을 보여주면 다음과 같다.

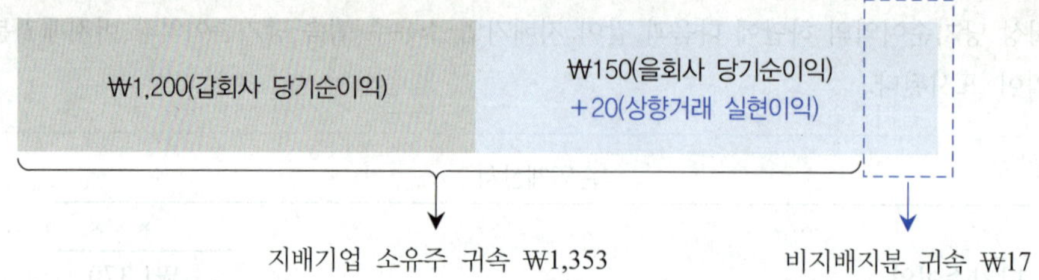

손익계산서상 당기순이익의 하단에 다음과 같이 지배기업 소유주 귀속 당기순이익과 비지배지분 귀속 당기순이익이 표시된다.

손익계산서	
…	×××
당기순이익	₩1,370
당기순이익의 귀속 :	
지배기업 소유주	₩1,353
비지배지분	17
	₩1,370

(예 2)의 3가지 경우의 결과를 비교하면 [표 2]와 같다.

| 표 2 | (예 2)의 결과 비교

구분	미실현(실현)이익이 없는 경우	하향거래 실현이익이 있는 경우	상향거래 실현이익이 있는 경우
(연결)당기순이익	₩1,350	₩1,370	₩1,370
지배기업 소유주 귀속	1,335	1,355	1,353
비지배지분 귀속	15	15	17
비지배지분 잔액	225	225	224

[표 2]에서 미실현(실현)이익이 없는 경우 당기순이익은 ₩1,350이지만, 실현이익이 있는 경우 당기순이익은 하향거래와 상향거래 모두 ₩1,370이다. 그 이유는 연결과정에서 내부거래 종류에 관계없이 실현이익 ₩20을 가산하기 때문이다.

하향거래 실현이익이 있는 경우의 비지배지분 잔액 ₩225는 미실현(실현)이익이 없는 경우의 비지배지분 잔액과 동일하다. 그 이유는 비지배지분이 종속기업 순자산에 기초하여 결정되는데, 하향거래 실현이익은 종속기업의 당기순이익과 무관하기 때문이다. 그러나 20×2년 말 현재 상향거래 내부미실현이익 ₩30 중 ₩10이 계속 미실현된 상태이므로 ₩10에 10%를 곱한 ₩1만큼 상향거래 실현이익이 있는 경우의 비지배지분 잔액이 적다. 차기 이후 상향거래 미실현이익이 모두 실현된다면 비지배지분 잔액은 하향거래가 있는 경우와 같아질 것이다.

이하에서는 재고자산 내부거래를 비롯한 여러 가지 형태의 내부거래 및 관련 미실현이익의 제거에 대해서 설명한다. 내부거래가 있는 경우의 연결조정과정은 다소 복잡하게 느껴질 수도 있으나, '처음부터 연결실체 내에서 이 거래가 발생하지 않았다면 연결재무제표에 표시되었을 금액'이 되도록 조정한다는 점을 기억한다면 연결조정과정을 이해하는 데 큰 어려움은 없을 것이다.

2 재고자산 내부거래

2.1 재고자산 내부거래의 상계제거

[그림 3]은 연결실체 내의 갑회사가 재고자산 원가에 이익을 가산하여 연결실체 내의 을회사에게 판매하였으며, 을회사는 동 재고자산을 보유하다가 연결실체 외부의 A회사에 다시 판매하는 과정을 보여주고 있다.

| 그림 3 | 내부거래

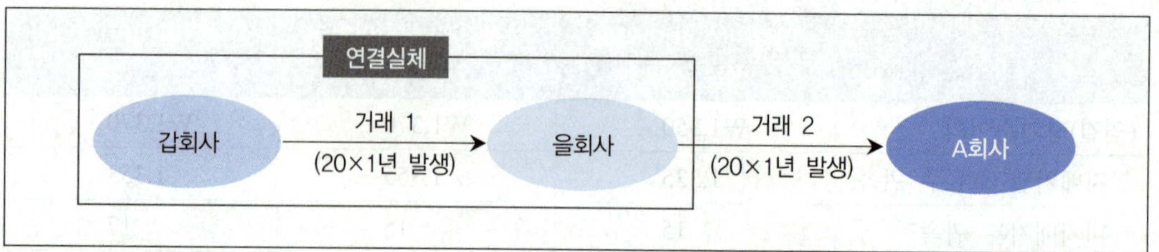

[그림 3]에서 갑회사와 을회사 간의 내부거래(거래 1)와 을회사와 A회사 간의 외부거래(거래 2)가 모두 20×1년 중에 발생하였으므로 20×1년 말 현재 내부거래 미실현이익은 없다. 따라서 연결재무제표를 작성할 때 갑회사와 을회사 간에 발생한 내부거래만 상계제거하는 연결조정분개를 하면 된다. 다음의 (예 3)을 통해서 내부거래 상계제거의 연결조정분개를 설명한다.

예 3 내부거래의 상계제거

20×1년도에 ㈜지배는 연결실체 외부로부터 ₩1,000에 취득한 재고자산을 ㈜종속에게 ₩1,300에 판매하였으며, ㈜종속은 동 재고자산을 20×1년 중에 다시 연결실체 외부의 회사에게 ₩1,500에 판매하였다. 이 거래만을 반영한 두 회사의 20×1년도 재무제표를 단순 합산한 결과와 연결재무제표에 표시되어야 할 금액은 다음과 같다.

과목	㈜지배	㈜종속	단순 합산 결과	연결재무제표 표시 금액
재고자산	–	–	–	–
매출	₩1,300	₩1,500	₩2,800	₩1,500
매출원가	(1,000)	(1,300)	(2,300)	(1,000)
매출총이익	300	200	500	500

단순 합산 결과를 보면 장부금액이 ₩2,300인 재고자산을 ₩2,800에 판매하여 ₩500의 매출총이익이 실현된 것으로 보고하고 있다. 그러나 20×1년도 연결재무제표에는 연결실체 외부로부터 ₩1,000에 취득한 재고자산을 연결실체 외부에 ₩1,500에 판매하여 ₩500의 매출총이익을 실현한 것으로 보고되어야 한다. 내부거래와 외부거래가 같은 회계기간에 모두 발생하였으므로 보고기간 말 현재 미실현이익은 없다. 그러나 내부거래로 인하여 수익과 비용이 ₩1,300씩 과대표시되어 있으므로 연결재무제표 작성 과정에서 다음과 같이 내부거래에서 발생한 수익과 비용을 상계제거하는 연결조정분개를 해야 한다.[3)]

3) 연결조정분개에서 매입 계정을 사용하지 않고 매출원가 계정을 사용하는 이유는 매입 계정은 계속기록법으로 재고자산 거래를 기록할 때에는 표시되지 않는 계정일 뿐만 아니라 실지재고조사법을 사용하더라도 손익계산서는 매입 계정이 표시되는 것이 아니라 매출원가가 표시되기 때문이다.

(차) 매 출	1,300	(대) 매 출 원 가	1,300

2.2 재고자산 내부미실현이익

[그림 4]는 20×1년 중에 갑회사와 을회사 간의 내부거래가 발생하였으나, 을회사와 A회사 간의 외부거래는 20×2년에 발생한 경우를 보여주고 있다.

| 그림 4 | 내부거래 및 미실현이익

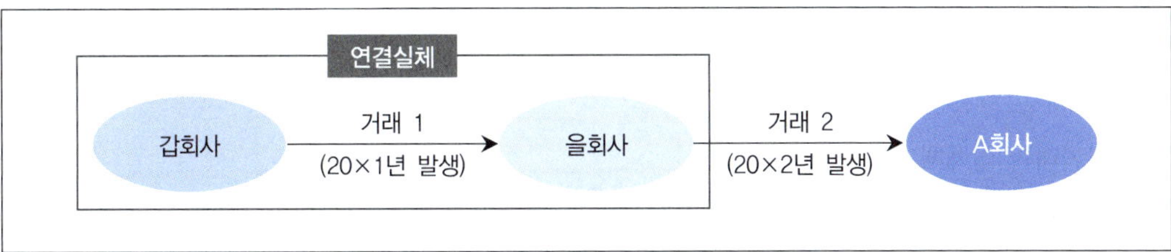

[그림 4]에서 20×1년에 갑회사가 을회사에게 재고자산을 판매하면서 이익을 인식하였지만, 연결실체가 재고자산 판매에 대한 이익을 인식해야 하는 회계연도는 20×2년이다. 즉, 20×1년 말에는 내부거래이익이 미실현된 상태이며, 20×2년에 전기 미실현이익이 실현된다. 따라서 20×1년도 연결재무제표를 작성할 때 내부거래에서 발생한 수익과 비용을 상계제거할 뿐만 아니라 20×1년 말 현재 미실현이익도 제거하는 연결조정분개를 해야 한다. 그리고 20×2년도 연결재무제표를 작성할 때 전기 미실현이익의 실현에 대한 연결조정분개를 해야 한다. 다음의 (예 4)를 통해서 내부거래 미실현이익의 제거 및 전기 미실현이익의 실현과 관련된 연결조정분개를 설명한다.

예 4 내부거래 미실현이익과 실현이익

20×1년도에 ㈜지배는 연결실체 외부로부터 ₩1,000에 취득한 재고자산을 ㈜종속에게 ₩1,300에 판매하였으며, ㈜종속은 동 재고자산을 20×2년 중에 연결실체 외부의 회사에게 ₩1,500에 판매하였다. 이 거래만을 반영한 두 회사의 20×1년도 재무제표를 단순 합산한 결과와 연결재무제표에 표시되어야 할 금액은 다음과 같다.

<20×1년도>

과목	㈜지배	㈜종속	단순 합산 결과	연결재무제표 표시 금액
재고자산	–	₩1,300	₩1,300	₩1,000
매출	₩1,300	–	₩1,300	–
매출원가	(1,000)	–	(1,000)	–
매출총이익	300	–	300	–

20×1년 중에 내부거래가 발생하였으나, 20×1년 말까지 연결실체 외부와의 거래가 발생하지 않았기 때문에 이러한 거래가 처음부터 발생하지 않은 것으로 보고 연결조정을 해야 한다. 즉, 내부거래가 발생하지 않았다면 기말재고자산은 ₩1,300이 아니라 ₩1,000으로 표시되었을 것이며, 매출, 매출원가 및 매출총이익 모두 재무제표에 보고되지 않았을 것이다. 따라서 20×1년도 연결재무제표를 작성할 때 다음과 같이 내부거래에서 발생한 수익과 비용을 상계제거하고 미실현이익을 제거하는 연결조정분개를 해야 한다.

① 내부거래의 상계제거

(차) 매 출	1,300	(대) 매 출 원 가	1,300

② 당기 미실현이익의 제거

(차) 매 출 원 가	300	(대) 재 고 자 산	300

연결조정분개 ②는 미실현이익 ₩300을 제거하는 분개인데, 차변이 매출총이익이 아니라 매출원가이다. 매출총이익은 분개할 때 사용하는 계정이 아니므로 차변으로 매출원가를 ₩300만큼 증가시키는 조정을 함으로써 매출총이익을 그만큼 감소시키는 것으로 이해하면 된다.

20×1년 말 미실현이익은 20×2년 중에 연결실체 외부와의 거래가 발생할 때 실현되었다. 내부거래만을 반영한 두 회사의 20×2년도의 재무제표를 단순 합산한 결과와 연결재무제표에 표시되어야 할 금액은 다음과 같다.

<20×2년도>

과목	㈜지배	㈜종속	단순 합산 결과	연결재무제표 표시 금액
재고자산	–	–	–	–
매출	–	₩1,500	₩1,500	₩1,500
매출원가	–	(1,300)	(1,300)	(1,000)
매출총이익	–	200	200	500

20×2년도 연결재무제표에는 연결실체 외부로부터 ₩1,000에 매입한 재고자산을 연결실체 외부로 ₩1,500에 판매하여 ₩500의 매출총이익이 발생한 것으로 보고한다. 따라서 다음과 같이 전기 말 미

실현이익의 당기 실현에 대한 연결조정분개를 한다.

<전기 미실현이익의 실현>

(차) 이 익 잉 여 금 300 (대) 매 출 원 가 300

위의 분개는 대변으로 매출원가 ₩300을 감소시킴으로써 매출총이익을 그만큼 증가시키는 것으로 이해하면 된다. 그런데 왜 차변으로 이익잉여금의 감소 분개를 하는지 쉽게 이해가 되지 않을 수 있다. 20×1년도에는 ㈜지배가 ㈜종속에 재고자산을 판매하면서 ₩300의 매출총이익을 ㈜지배의 개별 장부에 기록하였는데, 연결실체의 관점에서 이를 미실현이익으로 보고 ₩300을 제거하는 연결조정분개를 하였다. 그러나 연결조정분개는 개별 기업의 장부에 기록되는 것이 아니므로 비록 미실현이익을 제거하는 연결조정분개를 했더라도 ㈜지배의 20×1년도 개별 장부에는 ₩300만큼 당기순이익이 더 인식되어 20×2년도의 (기말)이익잉여금도 그만큼 과대표시되어 있는 상태이고, 단순합산 결과에도 과대표시된 금액이 포함되어 있다. 따라서 전기 미실현이익의 실현에 대한 연결조정분개를 하는 과정에서 과대표시된 이익잉여금을 수정하는 것이다. 즉, 전기 말 미실현이익의 실현 분개의 의미를 전년도 이익이 아니라 당기의 이익으로 조정하는 분개로 이해하면 된다.

(예 4)에서 20×1년도와 20×2년도 ㈜지배와 ㈜종속의 매출총이익을 단순합산한 결과와 연결재무제표에 계상되는 매출총이익을 비교하면 다음과 같다.

연도	단순합산 매출총이익	±	연결조정금액	=	연결재무제표 매출총이익
20×1년	₩300		₩(300)		–
20×2년	200		300		₩500
2개 연도 합계	₩500		–		₩500

2개 연도 매출총이익의 합계는 단순합산 결과와 연결재무제표 금액 모두 ₩500으로 동일하다. 단순합산 결과 20×1년에 ₩300, 20×2년에 ₩200의 매출총이익이 각각 발생한 것으로 보고하지만, 연결실체의 관점에서는 매출총이익 ₩500이 모두 20×2년에 발생한 것으로 본다. 따라서 20×1년도 연결재무제표를 작성할 때 ₩300만큼 매출총이익을 감소시키고(즉, 제거하고), 20×2년도 연결재무제표를 작성할 때 ₩300만큼 매출총이익을 증가시키는(즉, 전기에 제거했던 금액을 실현시키는) 연결조정분개를 한다.

(예 4)의 내부거래는 하향거래이다. (예 4)의 내부거래가 상향거래라고 하더라도 당기 말 현재 미실현이익을 제거하는 연결조정분개는 하향거래일 경우와 동일하다. 다만, 종속기업 당기순이익 중 비지배지분 귀속 금액을 다음과 같이 계산하는 데 유의하여야 한다.

비지배지분 귀속 당기순이익
=(종속기업 당기순이익 − 당기 발생 상향거래 미실현이익
+ 전기 말 상향거래 미실현이익 중 당기 실현이익)×비지배지분율

재고자산 내부거래가 있는 경우 연결조정분개를 요약하면 다음과 같다(단, 20×1년과 20×2년 모두 내부거래가 발생하고, 20×1년 말 현재 미실현이익이 20×2년에 실현되었다고 가정).

〈20×1년도〉

① 당기 내부거래 제거

(차) 매 출	×××	(대) 매 출 원 가	×××

② 당기 미실현이익의 제거(상·하향거래 구분 없음)

(차) 매 출 원 가	×××	(대) 재 고 자 산	×××

③ 종속기업 당기순이익 중 비지배지분 해당액

(차) 이 익 잉 여 금	×××	(대) 비 지 배 지 분	×××(1)

(1) (종속기업 당기순이익 − 당기 상향거래 미실현이익)×비지배지분율

〈20×2년도〉

① 지배력 취득시점부터 당기 초까지 종속기업의 순자산 변동 중 비지배지분 해당액

(차) 이 익 잉 여 금	×××	(대) 비 지 배 지 분	×××(2)

(2) (과년도 순이익 − 전기 상향거래 미실현이익)×비지배지분율

② 전기 미실현이익의 실현(상·하향거래 구분 없음)

(차) 이 익 잉 여 금	×××	(대) 매 출 원 가	×××

③ 당기 내부거래 제거

(차) 매 출	×××	(대) 매 출 원 가	×××

④ 당기 미실현이익의 제거(상·하향거래 구분 없음)

(차) 매 출 원 가	×××	(대) 재 고 자 산	×××

⑤ 종속기업 당기순이익 중 비지배지분 해당액

(차) 이 익 잉 여 금	×××	(대) 비 지 배 지 분	×××(3)

(3) (종속기업 당기순이익 − 당기 상향거래 미실현이익 + 전기 말 상향거래 미실현이익 중 당기 실현이익)×비지배지분율

위의 연결조정분개를 설명하기로 한다. 20×1년도 연결조정분개 ①은 20×1년에 발생한 내부거래를 상계제거하는 분개이고, 연결조정분개 ②는 상향거래와 하향거래의 구분 없이 20×1년 말 현재 미실현이익을 모두 제거하는 분개이다. 연결조정분개 ③은 당기 상향거래 미실현이익만큼 종속기업 당기순이익이 과대표시되어 있으므로 이를 조정한 금액에 기초하여 비지배지분에 귀속시키는 금액을 결정하는 분개이다.

20×2년도 연결조정분개 ①은 20×1년도의 연결조정분개 ③과 연계된다. 연결조정분개 ②는 전기에 제거했던 미실현이익 중 당기에 실현된 금액만큼 조정하는 분개이다. 연결조정분개 ③과 ④는 20×2년에 발생한 내부거래의 상계제거 및 미실현이익을 제거하는 연결조정분개이다. 그리고 마지막으로 연결조정분개 ⑤는 종속기업 당기순이익에 당기 상향거래 미실현이익을 차감하고, 전기 미실현이익 중 당기 실현금액을 가산한 금액에 기초하여 비지배지분에 귀속시키는 금액을 결정하는 분개이다.

예제 1 재고자산 내부거래 - 하향거래

갑회사는 20×1년 초에 을회사의 지분 80%를 ₩230,000에 취득하여 지배기업이 되었다. 지배력 취득일 현재 을회사 순자산의 장부금액은 공정가치와 동일하다. 다음은 20×1년도와 20×2년도의 두 회사의 재무제표이다.

과목	20×1년도		20×2년도	
	갑회사	을회사	갑회사	을회사
매출	₩900,000	₩300,000	₩880,000	₩320,000
기타수익	240,000	130,000	200,000	90,000
매출원가	(750,000)	(230,000)	(730,000)	(240,000)
기타비용	(310,000)	(180,000)	(290,000)	(147,000)
당기순이익	₩80,000	₩20,000	₩60,000	₩23,000
현금·매출채권	₩480,000	₩150,000	₩560,000	₩193,000
재고자산	290,000	50,000	340,000	70,000
종속기업투자	230,000	–	230,000	–
유형자산	460,000	330,000	510,000	340,000
합계	₩1,460,000	₩530,000	₩1,640,000	₩603,000
부채	₩500,000	₩250,000	₩620,000	₩300,000
자본금	600,000	200,000	600,000	200,000
이익잉여금	360,000	80,000	420,000	103,000
합계	₩1,460,000	₩530,000	₩1,640,000	₩603,000

갑회사는 을회사에게 20×1년 중에 ₩100,000의 재고자산 매출을 인식하였으며, 을회사는 갑회사로부터 매입한 재고자산 중 60%를 20×1년 중에, 나머지 40%를 20×2년 중에 각각 연결실체 외부기업에 판매하였다. 갑회사가 을회사에게 판매한 재고자산의 매출총이익률은 30%이다. 재고자산 내부거래 이외의 다른 내부거래는 발생하지 않았다.

물음

1. 20×1년 말에 갑회사가 연결재무제표를 작성할 경우 연결조정분개를 하고, 연결정산표를 작성하라.
2. 20×2년 말에 갑회사가 연결재무제표를 작성할 경우 연결조정분개를 하고, 연결정산표를 작성하라.

해답

1. <20×1년 말 연결조정분개>

① 종속기업투자와 지배력 취득시점의 종속기업 자본의 상계제거

(차) 자본금	200,000	(대) 종속기업투자	230,000
이익잉여금	60,000[(1)]	비지배지분	52,000[(2)]
영업권	22,000[(3)]		

(1) 20×1년 초 이익잉여금 = ₩80,000(20×1년 말 이익잉여금) − 20,000(당기순이익) = ₩60,000
(2) ₩260,000(20×1년 초 을회사 순자산의 FV)×20% = ₩52,000
(3) 영업권은 대차 일치 금액으로 계산할 수 있으나, 다음과 같이 독립적으로 계산할 수도 있다.
₩230,000(종속기업투자 취득원가) − 260,000(20×1년 초 을회사 순자산의 FV)×80% = ₩22,000

② 재고자산 내부거래의 상계제거

(차) 매출	100,000	(대) 매출원가	100,000

③ 재고자산 하향거래 당기 미실현이익의 제거

(차) 매출원가	12,000[(4)]	(대) 재고자산	12,000

(4) ₩100,000×30%(매출총이익률)×40%(기말 보유비율) = ₩12,000

④ 당기순이익으로 인한 순자산 변동 중 비지배지분 해당액

(차) 이익잉여금	4,000[(5)]	(대) 비지배지분	4,000

(5) ₩20,000×20% = ₩4,000. 이 금액이 손익계산서상 (연결)당기순이익 하단에 표시되는 비지배지분 귀속 당기순이익이다.

〈20×1년도 연결정산표〉

과목	갑회사	을회사	연결조정분개		연결재무제표
			차변	대변	
매출	₩900,000	₩300,000	②100,000		₩1,100,000
기타수익	240,000	130,000			370,000
매출원가	(750,000)	(230,000)	③12,000	②100,000	(892,000)
기타비용	(310,000)	(180,000)			(490,000)
당기순이익	₩80,000	₩20,000	₩112,000(1)	₩100,000(1)	₩88,000(2)
현금·매출채권	₩480,000	₩150,000			₩630,000
재고자산	290,000	50,000		③12,000	328,000
종속기업투자	230,000	–		①230,000	–
유형자산	460,000	330,000			790,000
영업권	–	–	①22,000		22,000
합계	₩1,460,000	₩530,000			₩1,770,000
부채	₩500,000	₩250,000			₩750,000
자본금	600,000	200,000	①200,000		600,000
이익잉여금	360,000	80,000	①60,000 ④4,000 112,000(1)	100,000(1)	364,000
비지배지분	–	–		①52,000 ④4,000	56,000(3)
합계	₩1,460,000	₩530,000	₩398,000	₩398,000	₩1,770,000

(1) 당기순이익의 조정 금액만큼 이익잉여금에 반영한다.
(2) 연결당기순이익은 다음과 같이 검증가능하다.
₩80,000(갑회사 당기순이익)+20,000(을회사 당기순이익)−12,000(미실현이익)=₩88,000
비지배지분 귀속 당기순이익=₩20,000×20%=₩4,000
지배기업 소유주 귀속 당기순이익=₩80,000−12,000(하향거래 미실현이익)+20,000×80%=₩84,000
(3) 비지배지분=을회사의 기말 순자산(₩280,000)×20%=₩56,000

참고로 제3장에서 사용했던 그림을 이용하여 연결당기순이익 ₩88,000이 지배기업 소유주와 비지배지분에 얼마씩 귀속되는지 보여주면 다음과 같다.

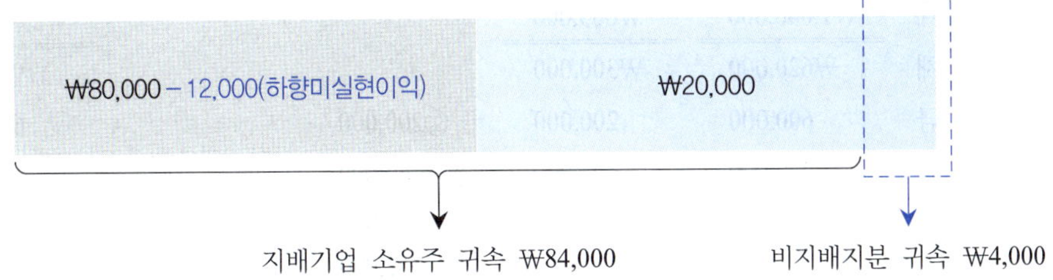

2. <20×2년 말 연결조정분개>

① 종속기업투자와 지배력 취득시점의 종속기업 자본의 상계제거

(차) 자 본 금	200,000	(대) 종 속 기 업 투 자	230,000
이 익 잉 여 금	60,000	비 지 배 지 분	52,000
영 업 권	22,000		

② 지배력 취득시점부터 당기 초까지 종속기업의 순자산 변동 중 비지배지분 해당액

(차) 이 익 잉 여 금	4,000	(대) 비 지 배 지 분	4,000[(1)]

(1) ₩20,000(20×1년 당기순이익)×20%=₩4,000. 해답 1의 분개 ④와 동일

③ 재고자산 전기 하향거래 미실현이익의 실현

(차) 이 익 잉 여 금	12,000	(대) 매 출 원 가	12,000

④ 당기순이익으로 인한 순자산 변동 중 비지배지분 해당액

(차) 이 익 잉 여 금	4,600	(대) 비 지 배 지 분	4,600[(2)]

(2) ₩23,000×20%=₩4,600. 이 금액이 손익계산서상 연결당기순이익 하단에 표시되는 비지배지분 귀속 당기순이익이다.

〈20×2년도 연결정산표〉

과목	갑회사	을회사	연결조정분개		연결재무제표
			차변	대변	
매 출	₩880,000	₩320,000			₩1,200,000
기 타 수 익	200,000	90,000			290,000
매 출 원 가	(730,000)	(240,000)		③12,000	(958,000)
기 타 비 용	(290,000)	(147,000)			(437,000)
당 기 순 이 익	₩60,000	₩23,000		₩12,000[(1)]	₩95,000[(2)]
현금·매출채권	₩560,000	₩193,000			₩753,000
재 고 자 산	340,000	70,000			410,000
종속기업투자	230,000	–		①230,000	–
유 형 자 산	510,000	340,000			850,000
영 업 권	–	–	①22,000		22,000
합 계	₩1,640,000	₩603,000			₩2,035,000
부 채	₩620,000	₩300,000			₩920,000
자 본 금	600,000	200,000	①200,000		600,000
이 익 잉 여 금	420,000	103,000	①60,000 ②4,000 ③12,000 ④4,600	12,000[(1)]	454,400

비지배지분	–	–		①52,000 ②4,000 ④4,600	60,600[(3)]
합　　계	₩1,640,000	₩603,000	₩302,600	₩302,600	₩2,035,000

(1) 당기순이익의 조정 금액만큼 이익잉여금에 반영한다.
(2) 연결당기순이익은 다음과 같이 검증가능하다.
₩60,000(갑회사 당기순이익)+23,000(을회사 당기순이익)+12,000(전기 미실현이익의 실현)=₩95,000
비지배지분 귀속 당기순이익=₩23,000×20%=₩4,600
지배기업 소유주 귀속 당기순이익=₩60,000+12,000(전기 하향거래 미실현이익의 실현)+23,000×80%
=₩90,400
(3) 비지배지분=을회사의 기말 순자산(₩200,000+103,000)×20%=₩60,600

참고로 그림을 이용하여 연결당기순이익 ₩95,000이 지배기업 소유주와 비지배지분에 얼마씩 귀속되는지 보여주면 다음과 같다.

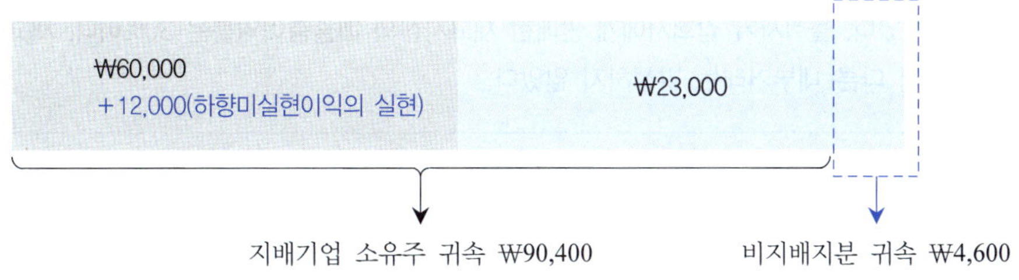

예제 2 재고자산 내부거래 – 상향거래

갑회사는 20×1년 초에 을회사의 지분 80%를 ₩230,000에 취득하여 지배기업이 되었다. 지배력 취득일 현재 을회사 순자산의 장부금액은 공정가치와 동일하다. 다음은 20×1년도와 20×2년도의 두 회사의 재무제표이다.

과목	20×1년도		20×2년도	
	갑회사	을회사	갑회사	을회사
매　　출	₩900,000	₩300,000	₩880,000	₩320,000
기 타 수 익	240,000	130,000	200,000	90,000
매 출 원 가	(750,000)	(230,000)	(730,000)	(240,000)
기 타 비 용	(310,000)	(180,000)	(290,000)	(147,000)
당 기 순 이 익	₩80,000	₩20,000	₩60,000	₩23,000
현금·매출채권	₩480,000	₩150,000	₩560,000	₩193,000

재고자산	290,000	50,000	340,000	70,000
종속기업투자	230,000	–	230,000	–
유형자산	460,000	330,000	510,000	340,000
합계	₩1,460,000	₩530,000	₩1,640,000	₩603,000
부채	₩500,000	₩250,000	₩620,000	₩300,000
자본금	600,000	200,000	600,000	200,000
이익잉여금	360,000	80,000	420,000	103,000
합계	₩1,460,000	₩530,000	₩1,640,000	₩603,000

을회사는 갑회사에게 20×1년 중에 ₩100,000의 재고자산 매출을 인식하였으며, 갑회사는 을회사로부터 매입한 재고자산 중 60%를 20×1년 중에, 나머지 40%를 20×2년 중에 각각 연결실체 외부기업에 판매하였다. 을회사가 갑회사에게 판매한 재고자산의 매출총이익률은 30%이다. 재고자산 내부거래 이외의 다른 내부거래는 발생하지 않았다.

물음

1. 20×1년 말에 갑회사가 연결재무제표를 작성할 경우 연결조정분개를 하고, 연결정산표를 작성하라.
2. 20×2년 말에 갑회사가 연결재무제표를 작성할 경우 연결조정분개를 하고, 연결정산표를 작성하라.

해답

1. <20×1년 말 연결조정분개>

① 종속기업투자와 지배력 취득시점의 종속기업 자본의 상계제거

(차) 자본금	200,000	(대) 종속기업투자	230,000
이익잉여금	60,000(1)	비지배지분	52,000(2)
영업권	22,000(3)		

(1) 20×1년 초 이익잉여금 = ₩80,000(20×1년 말 이익잉여금) – 20,000(당기순이익) = ₩60,000
(2) ₩260,000(20×1년 초 을회사 순자산의 FV)×20% = ₩52,000
(3) 영업권은 대차 일치 금액으로 계산할 수 있으나, 다음과 같이 독립적으로 계산할 수도 있다.
₩230,000(종속기업투자 취득원가) – 260,000(20×1년 초 을회사 순자산의 FV)×80% = ₩22,000

② 재고자산 내부거래의 상계제거

(차) 매출	100,000	(대) 매출원가	100,000

③ 재고자산 당기 상향거래 미실현이익의 제거

(차) 매출원가	12,000(4)	(대) 재고자산	12,000

(4) ₩100,000×30%(매출총이익률)×40%(기말 보유비율) = ₩12,000

④ 당기순이익으로 인한 순자산 변동 중 비지배지분 해당액

(차) 이 익 잉 여 금 1,600(5) (대) 비 지 배 지 분 1,600

(5) (₩20,000 − 12,000)×20% = ₩1,600. 이 금액이 손익계산서상 연결당기순이익 하단에 표시되는 비지배지분 귀속 당기순이익이다.

〈20×1년도 연결정산표〉

과목	갑회사	을회사	연결조정분개		연결재무제표
			차변	대변	
매 출	₩900,000	₩300,000	②100,000		₩1,100,000
기 타 수 익	240,000	130,000			370,000
매 출 원 가	(750,000)	(230,000)	③12,000	②100,000	(892,000)
기 타 비 용	(310,000)	(180,000)			(490,000)
당 기 순 이 익	₩80,000	₩20,000	₩112,000(1)	₩100,000(1)	₩88,000(2)
현금·매출채권	₩480,000	₩150,000			₩630,000
재 고 자 산	290,000	50,000		③12,000	328,000
종속기업투자	230,000	−		①230,000	−
유 형 자 산	460,000	330,000			790,000
영 업 권	−	−	①22,000		22,000
합 계	₩1,460,000	₩530,000			₩1,770,000
부 채	₩500,000	₩250,000			₩750,000
자 본 금	600,000	200,000	①200,000		600,000
이 익 잉 여 금	360,000	80,000	①60,000 ④1,600 112,000(1)	100,000(1)	366,400
비 지 배 지 분	−	−		①52,000 ④1,600	53,600(3)
합 계	₩1,460,000	₩530,000	₩395,600	₩395,600	₩1,770,000

(1) 당기순이익의 조정 금액만큼 이익잉여금에 반영한다.
(2) 연결당기순이익은 다음과 같이 검증가능하다.
₩80,000(갑회사 당기순이익) + 20,000(을회사 당기순이익) − 12,000(미실현이익) = ₩88,000
비지배지분 귀속 당기순이익 = {₩20,000 − 12,000(상향거래 미실현이익)}×20% = ₩1,600
지배기업 소유주 귀속 당기순이익 = ₩80,000 + {₩20,000 − 12,000(상향거래 미실현이익)}×80% = ₩86,400
(3) 비지배지분 = {을회사의 기말 순자산(₩280,000) − 상향거래 미실현이익 잔액(₩12,000)}×20% = ₩53,600

참고로 그림을 이용하여 연결당기순이익 ₩88,000이 지배기업 소유주와 비지배지분에 얼마씩 귀속되는지 보여주면 다음과 같다.

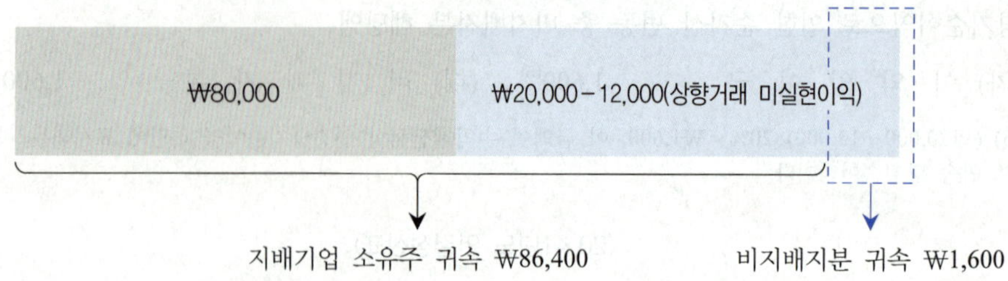

2. <20×2년 말 연결조정분개>

① 종속기업투자와 지배력 취득시점의 종속기업 자본의 상계제거

(차)	자본금	200,000	(대) 종속기업투자	230,000
	이익잉여금	60,000	비지배지분	52,000
	영업권	22,000		

② 지배력 취득시점부터 당기 초까지 종속기업의 순자산 변동 중 비지배지분 해당액

(차)	이익잉여금	1,600	(대) 비지배지분	1,600[(1)]

(1) (₩20,000(20×1년 당기순이익) - 12,000)×20% = ₩1,600. 해답 1의 분개 ④와 동일

③ 재고자산 전기 상향거래 미실현이익의 실현

(차)	이익잉여금	12,000	(대) 매출원가	12,000

④ 당기순이익으로 인한 순자산 변동 중 비지배지분 해당액

(차)	이익잉여금	7,000	(대) 비지배지분	7,000[(2)]

(2) (₩23,000 + 12,000)×20% = ₩7,000. 이 금액이 손익계산서상 연결당기순이익 하단에 표시되는 비지배지분 귀속 당기순이익이다.

〈20×2년도 연결정산표〉

과목	갑회사	을회사	연결조정분개		연결재무제표
			차변	대변	
매출	₩880,000	₩320,000			₩1,200,000
기타수익	200,000	90,000			290,000
매출원가	(730,000)	(240,000)		③12,000	(958,000)
기타비용	(290,000)	(147,000)			(437,000)
당기순이익	₩60,000	₩23,000	-	₩12,000[(1)]	₩95,000[(2)]
현금·매출채권	₩560,000	₩193,000			₩753,000
재고자산	340,000	70,000			410,000
종속기업투자	230,000	-		①230,000	-
유형자산	510,000	340,000			850,000
영업권	-	-	①22,000		22,000
합계	₩1,640,000	₩603,000			₩2,035,000

부채	₩620,000	₩300,000			₩920,000
자본금	600,000	200,000	①200,000		600,000
이익잉여금	420,000	103,000	①60,000 ②1,600 ③12,000 ④7,000	12,000(1)	454,400
비지배지분	–	–		①52,000 ②1,600 ④7,000	60,600(3)
합계	₩1,640,000	₩603,000	₩302,600	₩302,600	₩2,035,000

(1) 당기순이익의 조정 금액만큼 이익잉여금에 반영한다.
(2) 연결당기순이익은 다음과 같이 검증가능하다.
₩60,000(갑회사 당기순이익)+23,000(을회사 당기순이익)+12,000(전기 미실현이익의 실현)=₩95,000
비지배지분 귀속 당기순이익={₩23,000+12,000(전기 상향거래 미실현이익의 실현)}×20%=₩7,000
지배기업 소유주 귀속 당기순이익=₩60,000+(₩23,000+12,000)×80%=₩88,000
(3) 비지배지분=을회사의 기말 순자산(₩200,000+103,000)×20%=₩60,600
20×2년 말 현재 상향거래 미실현이익 잔액은 없다.

참고로 그림을 이용하여 연결당기순이익 ₩95,000이 지배기업 소유주와 비지배지분에 얼마씩 귀속되는지 보여주면 다음과 같다.

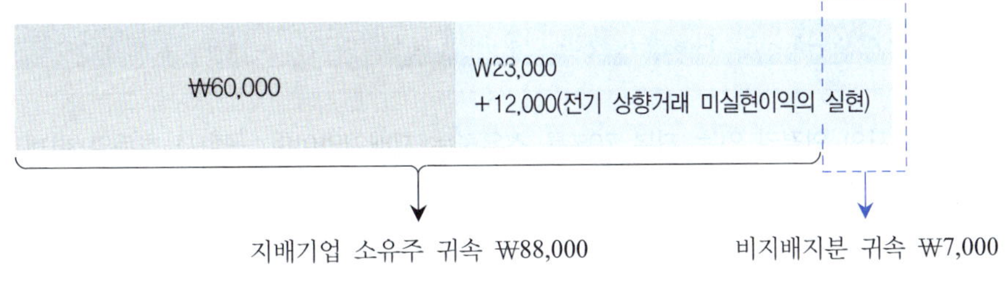

재고자산 하향거래의 (예제 1)과 재고자산 상향거래의 (예제 2)에서 연결재무제표의 당기순이익과 비지배지분 및 이익잉여금의 잔액을 연도별로 비교하면 다음과 같다.

| 표 3 | 내부거래의 결과 비교

구분	20×1년			20×2년		
	당기순이익	비지배지분	이익잉여금	당기순이익	비지배지분	이익잉여금
(예제 1) 하향거래	₩88,000	₩56,000	₩364,000	₩95,000	₩60,600	₩454,400
(예제 2) 상향거래	88,000	53,600	366,400	95,000	60,600	454,400
차이	–	2,400	(–)2,400	–	–	–

내부미실현손익은 상향거래와 하향거래의 구분 없이 모두 제거하기 때문에 (예제 1)의 20×1년과 20×2년의 당기순이익과 (예제 2)의 20×1년과 20×2년의 당기순이익은 동일하다. 그러나 20×1년 말 비지배지분 잔액은 (예제 1)과 (예제 2) 간에 ₩2,400만큼 차이가 있다.

(예제 1)에서는 '종속기업 당기순이익 중 비지배지분 해당액의 대체'라는 연결조정분개를 할 때 하향거래 미실현이익 ₩12,000을 고려하지 않는다. 반면에 (예제 2)에서는 종속기업 당기순이익에서 상향거래 미실현이익 ₩12,000을 차감한 금액에 기초하여 '종속기업 당기순이익 중 비지배지분 해당액의 대체'라는 연결조정분개를 하기 때문에 ₩12,000에 비지배지분율 20%를 곱한 ₩2,400만큼 차이가 발생한다.

(예제 2)의 20×1년 말 이익잉여금 잔액은 (예제 1)의 이익잉여금 잔액보다 ₩2,400 더 많은데, 이는 상향거래 미실현이익으로 인하여 종속기업 당기순이익 중 비지배지분으로 대체하는 금액을 ₩2,400만큼 적게 인식하기 때문이다. 그 결과 비지배지분으로 적게 대체된 금액만큼 지배기업지분에 귀속되는 금액이 더 많아지므로 이익잉여금이 ₩2,400만큼 더 많은 것이다. 한편, 20×2년 말에는 전기 미실현이익이 모두 실현되었기 때문에 (예제 1)과 (예제 2)의 당기순이익, 비지배지분 및 이익잉여금 간에 차이는 없다.

예제 3 재고자산 내부거래 – 상향거래와 하향거래가 모두 발생

갑회사는 을회사의 의결권 있는 지분 70%를 소유하는 지배기업이며, 을회사 취득일 현재 을회사 순자산의 장부금액은 공정가치와 동일하였다. 20×1년과 20×2년도 갑회사와 을회사의 재무제표에 계상되어 있는 금액의 일부와 매출액에 포함되어 있는 갑회사와 을회사 간의 내부거래금액은 다음과 같다.

과목	20×1년도		20×2년도	
	갑회사	을회사	갑회사	을회사
기말재고자산	₩50,000	₩20,000	₩60,000	₩45,000
매출	750,000	340,000	800,000	400,000
(내부거래매출)	(100,000)	(50,000)	(200,000)	(30,000)
매출원가	450,000	170,000	440,000	240,000
당기순이익	80,000	35,000	83,000	36,000

매 회계연도에 내부거래로부터 매입한 재고자산은 매입한 연도 말 현재 20%가 남아 있으며, 이는 다음 연도에 모두 연결실체 외부로 판매된다.

물음

1. 20×1년과 20×2년에 하향거래와 상향거래로부터 발생한 내부미실현이익을 계산하라. 단, 내부거래와 외부거래의 매출총이익률은 동일하다.
2. 20×1년도와 20×2년도의 연결손익계산서에 표시될 비지배지분 귀속 당기순이익을 각각 계산하라.
3. 다음의 20×1년도와 20×2년도 연결재무제표의 양식에 계상될 금액을 계산하라. 단, 20×1년 말과 20×2년 말 현재 을회사 순자산의 장부금액은 각각 ₩230,000과 ₩266,000이다.

과목	20×1년도	20×2년도
재고자산		
비지배지분		
매출		
매출원가		
당기순이익		

해답

1. 매출총이익률의 계산

<20×1년>

갑회사 매출총이익률 = (₩750,000 − 450,000)÷750,000 = 40%

을회사 매출총이익률 = (₩340,000 − 170,000)÷340,000 = 50%

하향거래 미실현이익 = ₩100,000×40%×20%(기말재고 보유비율) = ₩8,000

상향거래 미실현이익 = ₩50,000×50%×20%(기말재고 보유비율) = ₩5,000

<20×2년>

갑회사 매출총이익률 = (₩800,000 − 440,000)÷800,000 = 45%

을회사 매출총이익률 = (₩400,000 − 240,000)÷400,000 = 40%

하향거래 미실현이익 = ₩200,000×45%×20%(기말재고 보유비율) = ₩18,000

상향거래 미실현이익 = ₩30,000×40%×20%(기말재고 보유비율) = ₩2,400

2. 20×1년도 비지배지분 귀속 당기순이익

= (20×1년도 을회사 당기순이익 − 당기발생 상향거래 미실현이익)×비지배지분율

= (₩35,000 − 5,000)×30% = ₩9,000

20×2년도 비지배지분 귀속 당기순이익

= (20×2년도 을회사 당기순이익 − 당기발생 상향거래 미실현이익

+ 전기 말 상향거래 미실현이익 중 당기실현금액)×비지배지분율

= (₩36,000 − 2,400 + 5,000)×30% = ₩11,580

3.

과목	20×1년도	20×2년도
재고자산	₩57,000(1)	₩84,600(6)
비지배지분	67,500(2)	79,080(7)
매출	940,000(3)	970,000(8)
매출원가	483,000(4)	457,400(9)
당기순이익	102,000(5)	111,600(10)

<20×1년도>

(1) ₩50,000(갑회사 기말재고자산)+20,000(을회사 기말재고자산)
−8,000(당기 하향거래 미실현이익)−5,000(당기 상향거래 미실현이익)
=₩57,000

(2) {₩230,000(을회사 기말 순자산 금액)−5,000(당기 말 상향거래 미실현이익 잔액)}×30%
=₩67,500

(3) ₩750,000(갑회사 매출)+340,000(을회사 매출)−100,000(당기 하향 내부거래)
−50,000(당기 상향 내부거래)=₩940,000

(4) ₩450,000(갑회사 매출원가)+170,000(을회사 매출원가)
−100,000(당기 하향 내부거래)−50,000(당기 상향 내부거래)
+8,000(당기 하향거래 미실현이익)+5,000(당기 상향거래 미실현이익)
=₩483,000

(5) ₩80,000(갑회사 당기순이익)+35,000(을회사 당기순이익)
−8,000(당기 하향거래 미실현이익)−5,000(당기 상향거래 미실현이익)=₩102,000*

* 비지배지분 귀속 당기순이익이 ₩9,000이므로 연결손익계산서의 당기순이익 하단에 ₩93,000의 지배기업 소유주 귀속 당기순이익이 표시된다.

<20×2년도>

(6) ₩60,000(갑회사 기말재고자산)+45,000(을회사 기말재고자산)
−18,000(당기 하향거래 미실현이익)−2,400(당기 상향거래 미실현이익)=₩84,600
20×1년 말 기말재고자산에 포함되어 있던 미실현이익은 20×2년 중에 모두 실현되었으므로 20×2년 말 기말재고자산을 계산할 때 이를 고려할 필요가 없다.

(7) {₩266,000(을회사 기말 순자산 금액)−2,400(당기 말 상향거래 미실현이익 잔액)}×30%
=₩79,080

(8) ₩800,000(갑회사 매출)+400,000(을회사 매출)−200,000(당기 하향 내부거래)
−30,000(당기 상향 내부거래)
=₩970,000

(9) ₩440,000(갑회사 매출원가)+240,000(을회사 매출원가)−200,000(당기 하향 내부거래)
−30,000(당기 상향 내부거래)+18,000(당기 하향거래 미실현이익)
+2,400(당기 상향거래 미실현이익)−8,000(전기 말 하향거래 미실현이익의 실현)
−5,000(전기 말 상향거래 미실현이익의 실현)=₩457,400

(10) ₩83,000(갑회사 당기순이익)+36,000(을회사 당기순이익)
−18,000(당기 하향거래 미실현이익)−2,400(당기 상향거래 미실현이익)
+8,000(전기 말 하향거래 미실현이익의 실현)+5,000(전기 말 상향거래 미실현이익의 실현)
=₩111,600*

* 비지배지분 귀속 당기순이익이 ₩11,580(해답 2 참조)이므로 연결손익계산서의 당기순이익 하단에 ₩100,020의 지배기업 소유주 귀속 당기순이익이 표시된다.

예제 4 내부미실현손실이 발생한 경우

갑회사는 을회사 지분의 90%를 소유하는 지배기업이다. 갑회사는 20×1년 중에 취득원가 ₩10,000의 재고자산을 을회사에게 ₩8,000에 판매하였으며, 을회사는 갑회사로부터 매입한 재고자산 중 70%를 20×1년 중에, 나머지 30%를 20×2년 중에 연결실체 외부로 판매하였다.

물음

1. 갑회사가 취득원가 이하로 재고자산을 판매하였다는 것이 재고자산에 대해서 평가손실을 인식해야 하는 것을 의미하지 않는다고 가정하고 갑회사가 20×1년과 20×2년의 연결재무제표 작성 시 해야 할 재고자산 내부거래의 상계제거 및 미실현손실 제거(전기 미실현손실의 실현)에 대한 연결조정분개를 하라.
2. (물음 1)에서 갑회사가 취득원가 이하로 재고자산을 판매하였다는 것이 재고자산에 대해서 평가손실을 인식해야 하는 것을 의미하며, 내부거래 재고자산의 순실현가능가치가 ₩8,000이라고 가정하고 다시 답하라.

해답

1. <20×1년도 연결조정분개>

① 내부거래 상계제거

(차) 매 출	8,000	(대) 매 출 원 가	8,000

② 하향거래 당기 미실현손실의 제거

(차) 재 고 자 산 600[(1)] (대) 매 출 원 가 600

(1) ₩2,000(매출총손실)×30% = ₩600

<20×2년도 연결조정분개>

① 하향거래 전기 미실현손실의 실현

(차) 매 출 원 가 600 (대) 이 익 잉 여 금 600

2. 내부거래미실현손실이 평가손실(손상차손)에 기인하는 것이라면 연결조정과정에서 이를 제거하지 않는다. 이와 같은 상황에서 (해답 1)과 같이 내부거래미실현손실 ₩600을 제거하는 연결조정분개를 하면, 동 분개를 반영하지 않은 경우에 비해 재고자산 금액이 ₩600 증가하고, 매출총손실이 ₩600 감소(또는 매출총이익이 ₩600 증가)하는 문제가 발생한다. 따라서 당기 내부미실현손실의 제거 및 전기 내부미실현손실의 실현과 관련된 연결조정분개를 하지 않아야 한다.

<20×1년도 연결조정분개>

① 내부거래 상계제거

(차) 매 출 8,000 (대) 매 출 원 가 8,000

② 하향거래 당기 미실현손실의 제거

연결조정분개 없음

<20×2년도 연결조정분개>

① 하향거래 전기 미실현손실의 실현

연결조정분개 없음

예제 5 취득일 현재 종속기업이 보유하던 재고자산의 내부거래

갑회사는 20×1년 초에 을회사의 지분 90%를 ₩140,000에 취득하여 지배력을 획득하였다. 취득일 현재 을회사 순자산의 장부금액은 ₩130,000이고 공정가치는 ₩132,000인데, 두 금액의 차이는 재고자산(장부금액 ₩1,000, 공정가치 ₩3,000)에 기인한다. 이 재고자산은 취득일 현재 을회사가 보유하는 재고자산의 전부이다.

물음

1. 취득일 현재 을회사가 보유 중이던 재고자산 전부를 20×1년 중에 연결실체 외부로 ₩3,000에 판매하였다고 가정하고 20×1년 말에 갑회사가 연결재무제표 작성 시 해야 할 연결조정분개를 하라. 단, 20×1년 을회사 당기순이익은 ₩12,000이다.

2. (물음 1)과 관계없이 취득일 현재 을회사가 보유 중이던 재고자산 전부를 20×1년 중에 갑회사에게 ₩3,000에 판매하였으며, 갑회사는 이를 20×1년 말 현재 모두 보유하고 있다고 가정하고 다시 답하라. 단, 20×1년 을회사 당기순이익은 ₩12,000이다.

3. (물음 2)와 관련하여 20×1년 말 현재 재고자산 상향거래 미실현이익이 20×2년에 모두 실현되었다고 가정하고 20×2년 말에 갑회사가 연결재무제표 작성 시 해야 할 연결조정분개를 하라. 단, 20×2년 을회사 당기순이익은 ₩10,000이다.

해답

1. 취득일 현재 을회사 보유 재고자산을 연결실체 외부로 모두 판매한 경우

① 종속기업투자와 지배력 취득시점의 종속기업 자본의 상계제거

(차) 자본금등	130,000	(대) 종속기업투자	140,000
재고자산	2,000	비지배지분	13,200
영업권	21,200		

② 재고자산의 BV·FV 차이 조정

(차) 매출원가	2,000(1)	(대) 재고자산	2,000

(1) 지배력 취득 시점 현재 을회사가 갖고 있던 재고자산이 모두 연결실체 외부로 판매되었으므로 재고자산의 BV와 FV 차이 ₩2,000을 소멸시킨다.

③ 당기순이익으로 인한 순자산 변동 중 비지배지분 해당액

(차) 이익잉여금	1,000(2)	(대) 비지배지분	1,000

(2) (₩12,000 − 2,000)×10% = ₩1,000

2. 취득일 현재 을회사 보유 재고자산을 갑회사에게 판매하였으며, 20×1년 말 현재 모두 미실현된 경우

① 종속기업투자와 지배력 취득시점의 종속기업 자본의 상계제거

(차) 자본금등	130,000	(대) 종속기업투자	140,000
재고자산	2,000	비지배지분	13,200
영업권	21,200		

② 재고자산의 BV·FV 차이 조정

분개 없음. 연결실체 외부로 재고자산이 판매되지 않았으므로 재고자산의 BV와 FV의 차이는 소멸되지 않는다.

③ 내부거래 상계제거

(차) 매출	3,000	(대) 매출원가	3,000

④ 상향거래 미실현이익 제거

(차) 매출원가	2,000(1)	(대) 재고자산	2,000

(1) 을회사는 장부금액 ₩1,000의 재고자산을 갑회사에게 ₩3,000에 판매하였으므로 내부거래 이익은 ₩2,000인데, 모두 미실현되었으므로 이를 제거한다.

⑤ 당기순이익으로 인한 순자산 변동 중 비지배지분 해당액

(차) 이 익 잉 여 금	1,000[(2)]	(대) 비 지 배 지 분	1,000

(2) {₩12,000 − 2,000(상향거래 미실현이익)} × 10% = ₩1,000

3. 전기 상향거래 미실현이익이 20×2년 중에 모두 실현된 경우

① 종속기업투자와 지배력 취득시점의 종속기업 자본의 상계제거

(차) 자 본 금 등	130,000	(대) 종 속 기 업 투 자	140,000
재 고 자 산	2,000	비 지 배 지 분	13,200
영 업 권	21,200		

② 지배력 취득시점부터 당기 초까지 종속기업의 순자산 변동 중 비지배지분 해당액

(차) 이 익 잉 여 금	1,000	(대) 비 지 배 지 분	1,000

③ 재고자산의 BV · FV 차이 조정

(차) 매 출 원 가	2,000[(1)]	(대) 재 고 자 산	2,000

(1) 지배력 취득 시점 현재 을회사가 갖고 있던 재고자산이 20×2년 중에 모두 연결실체 외부로 판매되었으므로 재고자산의 BV와 FV 차이 ₩2,000을 소멸시킨다.

④ 전기 상향거래 미실현이익의 실현

(차) 이 익 잉 여 금	2,000	(대) 매 출 원 가	2,000

⑤ 당기순이익으로 인한 순자산 변동 중 비지배지분 해당액

(차) 이 익 잉 여 금	1,000[(2)]	(대) 비 지 배 지 분	1,000

(2) {₩10,000 − 2,000(재고자산 BV · FV 차이 조정) + 2,000(상향거래 실현이익)} × 10% = ₩1,000

(예제 5)의 연결조정분개의 초점은 지배력 취득일 현재 종속기업이 보유하던 재고자산(장부금액과 공정가치 불일치)을 20×1년에 내부거래로 판매하였으나 20×2년 말 현재 내부거래이익이 미실현된 상태라면 이를 제거하는 연결조정분개를 하되 그 재고자산이 연결 실체 외부로 판매된 것이 아니므로 재고자산의 장부금액과 공정가치의 차이가 소멸되는 연결조정분개는 하지 않는다는 것이다. 그리고 20×2년에 재고자산 내부거래와 관련된 전기 미실현이익이 실현될 경우 전기 미실현이익의 실현과 관련된 연결조정분개 뿐만 아니라 재고자산이 연결실체 외부로 판매되었으므로 재고자산의 장부금액과 공정가치의 차이가 소멸되는 연결조정분개도 한다는 것이다.

예제 6 재고자산의 내부거래 – 수평거래 포함

갑회사는 20×1년 초에 을회사의 지분 80%를 ₩90,000에, 병회사의 지분 60%를 ₩40,000에 각각 취득하여 지배력을 획득하였다. 취득일 현재 을회사 순자산의 장부금액은 ₩100,000이고, 병회사 순자산의 장부금액은 ₩60,000이며, 두 회사 모두 순자산의 장부금액과 공정가치는 동일하다. 다음은 20×1년 중에 발생한 재고자산 내부거래의 내역이다.

갑회사 : 을회사에 ₩50,000 매출, 병회사에 ₩40,000 매출
을회사 : 갑회사에 ₩20,000 매출, 병회사에 ₩30,000 매출
병회사 : 을회사에 ₩15,000 매출

갑회사, 을회사 및 병회사의 20×1년 매출총이익률(외부거래와 내부거래 동일)은 각각 50%, 40% 및 45%이며, 내부거래를 통해 매입한 재고자산 중 20%를 20×1년 말 현재 매입한 회사가 보유하고 있다. 을회사와 병회사의 20×1년 당기순이익은 각각 ₩25,000과 ₩18,000이다.

물음

1. 갑회사가 20×1년 말에 연결재무제표를 작성할 때 해야 할 연결조정분개를 하라.
2. 갑회사의 별도재무제표상 20×1년 당기순이익이 ₩40,000일 때 20×1년 연결당기순이익을 계산하고, 연결당기순이익의 지배기업 소유주 귀속 금액과 비지배지분 귀속 금액을 구분하라.

해답

1. <20×1년 연결조정분개>

을회사와 병회사 간의 거래는 수평거래인데, 갑회사의 관점에서는 모두 상향거래로 보고 미실현이익을 조정한다. 연결조정분개를 하기 전에 내부거래 미실현이익을 구분하면 다음과 같다.

갑회사의 미실현이익＝(₩50,000×50%＋40,000×50%)×20%＝₩9,000(모두 하향거래)
을회사의 미실현이익＝(₩20,000×40%＋30,000×40%)×20%＝₩4,000(모두 상향거래)
병회사의 미실현이익＝₩15,000×45%×20%＝₩1,350(상향거래)

① 을회사 투자와 을회사 자본의 상계제거

(차)	순자산	100,000	(대) 을회사투자	90,000
	영업권	10,000(2)	비지배지분	20,000(1)

(1) ₩100,000×20%＝₩20,000
(2) 대차 일치 금액으로 결정 또는 ₩90,000－100,000×80%＝₩10,000

② 병회사 투자와 병회사 자본의 상계제거

(차)	순자산	60,000	(대) 병회사투자	40,000
	영업권	4,000(4)	비지배지분	24,000(3)

(3) ₩60,000×40%＝₩24,000
(4) 대차 일치 금액으로 결정 또는 ₩40,000－60,000×60%＝₩4,000

③ 재고자산 내부거래의 상계제거

(차) 매 출 155,000(5) (대) 매 출 원 가 155,000

(5) ₩50,000 + 40,000 + 20,000 + 30,000 + 15,000 = ₩155,000 내부거래 종류에 관계없이 전액 제거

④ 당기 하향거래 미실현이익의 제거

(차) 매 출 원 가 9,000(6) (대) 재 고 자 산 9,000

(6) 갑회사의 미실현이익 = (₩50,000×50% + 40,000×50%)×20% = ₩9,000

⑤ 당기 상향거래(수평거래 포함) 미실현이익의 제거

(차) 매 출 원 가 4,000(7) (대) 재 고 자 산 4,000

(차) 매 출 원 가 1,350(8) (대) 재 고 자 산 1,350

(7) 을회사의 미실현이익 = (₩20,000×40% + 30,000×40%)×20% = ₩4,000
(8) 병회사의 미실현이익 = ₩15,000×45%×20% = ₩1,350

⑥ 종속기업 당기순이익 중 비지배지분 해당액

(차) 이 익 잉 여 금 10,860(9) (대) 비 지 배 지 분 10,860

(9) {₩25,000 − 4,000(상향거래 미실현이익)}×20%+{18,000 − 1,350(상향거래 미실현이익)}×40% = ₩10,860

2. 연결당기순이익 = (₩40,000 − 9,000) + (25,000 − 4,000) + (18,000 − 1,350) = ₩68,650
비지배지분 귀속 순이익 = ₩10,860(해답 1의 ⑥ 참조)
지배기업 소유주 귀속 순이익 = ₩68,650 − 10,860 = ₩57,790

3 유형자산 내부거래

3.1 비상각자산의 내부거래 및 미실현이익

연결실체 내에서 토지와 같은 비상각자산의 내부거래가 발생한 경우 처음부터 그 거래가 발생하지 않았던 것처럼 내부거래를 상계제거하고, 미실현이익이 있다면 이를 전액 제거한다. 다만, 토지와 같은 비상각자산을 취득한 회사는 동 자산을 상당 기간 동안 보유할 가능성이 높으므로 미실현이익이 조기에 실현되지 않을 수 있다는 점이 재고자산의 미실현이익과 다르다. 따라서 내부거래로 취득한 토지를 연결실체의 외부에 매각하는 보고기간의 직전 보고기간 말까지 매년 관련 미실현이익을 제거하는 연결조정분개를 해야 한다.

토지의 내부거래(유형자산처분이익 발생 가정)가 발생한 경우 각 연도별로 해야 할 내부거래 관련 연결조정분개를 제시하면 다음과 같다.

① 내부거래 발생연도의 미실현이익의 제거

(차) 유형자산처분이익	×××	(대) 토 지	×××

② 내부거래 발생연도의 다음 연도부터 외부로 매각하기 직전연도까지 연결조정분개(상·하향거래 구분 없음)

(차) 이 익 잉 여 금	×××	(대) 토 지	×××

③ 외부로 매각한 연도의 연결조정분개(상·하향거래 구분 없음)

(차) 이 익 잉 여 금	×××	(대) 유형자산처분이익	×××

재고자산의 경우에는 총액으로 매출과 매출원가를 별도로 인식하기 때문에 내부거래를 상계제거하는 연결조정분개와 내부미실현이익을 제거하는 연결조정분개를 각각 하였다. 그러나 토지의 경우에는 처분손익을 순액으로 인식하기 때문에 미실현이익을 제거하는 연결조정분개만 하면 된다. 따라서 토지의 내부거래는 재고자산의 내부거래에 비해 연결조정분개가 단순하다.

예제 7 토지의 내부거래

㈜지배는 20×1년 초에 ㈜종속의 지분 70%를 ₩750,000에 취득하여 지배기업이 되었다. 지배력 취득 시 ㈜종속의 순자산의 장부금액은 ₩1,000,000(자본금 ₩650,000, 이익잉여금 ₩350,000)이며, 공정가치와 동일하다. 20×1년부터 20×3년까지 ㈜종속의 당기순이익은 각각 ₩50,000, ₩60,000 및 ₩70,000이다.

물음

1. 20×1년 중에 ㈜지배가 보유하던 토지(장부금액 ₩10,000)를 ㈜종속에 ₩15,000에 매각하였으며, ㈜종속은 동 토지를 20×3년 초에 연결실체 외부에 ₩18,000에 매각하였다. 20×1년 말부터 20×3년 말까지 ㈜지배가 해야 할 연결조정분개를 하라.
2. (물음 1)에서 ㈜종속이 보유하던 토지(장부금액 ₩10,000)를 ㈜지배에 ₩15,000에 매각하였으며, ㈜지배는 동 토지를 20×3년 초에 연결실체 외부에 ₩18,000에 매각한 것으로 가정하고 다시 답하라.
3. 위의 물음과 관계없이 ㈜지배를 포함한 연결실체는 토지에 대해서 재평가모형을 적용하는데, 20×1년 중에 ㈜지배가 보유하던 토지(장부금액 ₩10,000, 관련 재평가잉여금 ₩500)를 ㈜종속에 ₩15,000에 매각하였다. ㈜종속은 20×1년 말에 동 토지를 계속 보유하면서 토지에 대해서 재평가모형을 적용하였다. 20×1년 말 현재 토지의 공정가치가 ₩16,000일 경우 20×1년 말 ㈜지배가 해야 할 내부거래 및 미실현이익 제거와 관련된 연결조정분개만 제시하라.

해답

1. 토지의 내부거래는 하향거래에 해당한다.

<20×1년 말 연결조정분개>

① 종속기업투자와 지배력 취득시점의 종속기업 자본의 상계제거

(차)	자본금	650,000	(대)	종속기업투자	750,000
	이익잉여금	350,000		비지배지분	300,000
	영업권	50,000			

② 토지 내부거래 및 미실현이익의 상계제거

(차)	유형자산처분이익	5,000	(대)	토지	5,000

③ ㈜종속의 당기순이익 중 비지배지분 해당액

(차)	이익잉여금	15,000(1)	(대)	비지배지분	15,000

(1) ₩50,000×30%＝₩15,000

<20×2년 말 연결조정분개>

① 종속기업투자와 지배력 취득시점의 종속기업 자본의 상계제거

(차)	자본금	650,000	(대)	종속기업투자	750,000
	이익잉여금	350,000		비지배지분	300,000
	영업권	50,000			

② 지배력 취득시점부터 당기 초까지 종속기업의 순자산 변동 중 비지배지분 해당액

(차)	이익잉여금	15,000(2)	(대)	비지배지분	15,000

(2) ₩50,000×30%＝₩15,000

③ 토지 미실현이익의 제거

(차)	이익잉여금	5,000	(대)	토지	5,000

④ ㈜종속의 당기순이익 중 비지배지분 해당액

(차)	이익잉여금	18,000(3)	(대)	비지배지분	18,000

(3) ₩60,000×30%＝₩18,000

<20×3년 말 연결조정분개>

① 종속기업투자와 지배력 취득시점의 종속기업 자본의 상계제거

(차)	자본금	650,000	(대)	종속기업투자	750,000
	이익잉여금	350,000		비지배지분	300,000
	영업권	50,000			

② 지배력 취득시점부터 당기 초까지 종속기업의 순자산 변동 중 비지배지분 해당액

차변	금액	대변	금액
(차) 이익잉여금	33,000[4]	(대) 비지배지분	33,000

(4) (₩50,000 + 60,000)×30% = ₩33,000

③ 토지 전기 미실현이익의 실현

차변	금액	대변	금액
(차) 이익잉여금	5,000	(대) 유형자산처분이익	5,000

④ ㈜종속의 당기순이익 중 비지배지분 해당액

차변	금액	대변	금액
(차) 이익잉여금	21,000[5]	(대) 비지배지분	21,000

(5) ₩70,000×30% = ₩21,000

2. 토지의 내부거래는 상향거래에 해당한다.

<20×1년 말 연결조정분개>

① 종속기업투자와 지배력 취득시점의 종속기업 자본의 상계제거

차변	금액	대변	금액
(차) 자본금	650,000	(대) 종속기업투자	750,000
이익잉여금	350,000	비지배지분	300,000
영업권	50,000		

② 토지 내부거래 및 미실현이익의 상계제거

차변	금액	대변	금액
(차) 유형자산처분이익	5,000	(대) 토지	5,000

③ ㈜종속의 당기순이익 중 비지배지분 해당액

차변	금액	대변	금액
(차) 이익잉여금	13,500[1]	(대) 비지배지분	13,500

(1) (₩50,000 − 5,000)×30% = ₩13,500

<20×2년 말 연결조정분개>

① 종속기업투자와 지배력 취득시점의 종속기업 자본의 상계제거

차변	금액	대변	금액
(차) 자본금	650,000	(대) 종속기업투자	750,000
이익잉여금	350,000	비지배지분	300,000
영업권	50,000		

② 지배력 취득시점부터 당기 초까지 종속기업의 순자산 변동 중 비지배지분 해당액

차변	금액	대변	금액
(차) 이익잉여금	13,500[2]	(대) 비지배지분	13,500

(2) (₩50,000 − 5,000)×30% = ₩13,500

③ 토지 미실현이익의 제거

차변	금액	대변	금액
(차) 이익잉여금	5,000	(대) 토지	5,000

④ ㈜종속의 당기순이익 중 비지배지분 해당액

(차) 이익잉여금	18,000[(3)]	(대) 비지배지분	18,000

(3) ₩60,000×30%=₩18,000

<20×3년 말 연결조정분개>

① 종속기업투자와 지배력 취득시점의 종속기업 자본의 상계제거

(차) 자본금	650,000	(대) 종속기업투자	750,000
이익잉여금	350,000	비지배지분	300,000
영업권	50,000		

② 지배력 취득시점부터 당기 초까지 종속기업의 순자산 변동 중 비지배지분 해당액

(차) 이익잉여금	31,500[(4)]	(대) 비지배지분	31,500

(4) (₩50,000－5,000＋60,000)×30%=₩31,500

③ 토지 전기 미실현이익의 실현

(차) 이익잉여금	5,000	(대) 유형자산처분이익	5,000

④ ㈜종속의 당기순이익 중 비지배지분 해당액

(차) 이익잉여금	22,500[(5)]	(대) 비지배지분	22,500

(5) (₩70,000＋5,000)×30%=₩22,500

3. ㈜지배가 재평가모형을 적용하던 토지를 매각하더라도 과년도에 기타포괄손익으로 인식했던 재평가잉여금은 후속적으로 당기손익으로 재분류하지 않으므로 ㈜지배가 개별 장부에 인식하는 유형자산처분이익은 ₩5,000이다. 그리고 ㈜종속은 ₩15,000에 취득한 토지를 20×1년 말 공정가치 ₩16,000으로 재평가했을 것이므로 재평가잉여금 ₩1,000을 인식했을 것이다. 그러나 연결실체 관점에서 토지의 내부거래는 발생하지 않은 것으로 보기 때문에 처분이익 ₩5,000을 내부미실현이익으로 모두 제거해야 한다. 또한 장부금액 ₩10,000의 토지를 공정가치 ₩16,000으로 재평가하면서 재평가잉여금 ₩6,000을 인식했을 것이므로 연결재무제표의 재평가잉여금 잔액은 ₩6,500이어야 한다. 따라서 다음과 같이 연결조정분개를 한다.

<토지 미실현이익의 제거>

(차) 유형자산처분이익	5,000	(대) 재평가잉여금	5,000[(1)]

(1) 단순합산 재무제표에는 재평가잉여금이 ₩1,500이다. ₩500은 ㈜지배가 과년도에 인식한 재평가잉여금이고, ₩1,000은 ㈜종속이 20×1년 말에 인식한 재평가잉여금이다. 여기에 위의 연결조정분개를 반영하면 연결재무제표의 재평가잉여금은 ₩6,500이 된다.

예제 8 취득일 현재 종속기업이 보유하던 토지의 내부거래

㈜지배는 20×1년 초에 ㈜종속의 지분 90%를 ₩60,000에 취득하여 지배기업이 되었다. 지배력 취득 시 ㈜종속의 순자산의 장부금액은 ₩50,000(자본금 ₩40,000, 이익잉여금 ₩10,000)이며, 토지의 장부금액이 ₩10,000이고 공정가치가 ₩15,000인 것을 제외하고 모든 자산과 부채의 장부금액과 공정가치는 동일하다.

물음

1. 20×1년 중에 ㈜종속이 보유하던 토지 전부를 연결실체 외부에 ₩18,000에 매각하고 ₩8,000의 처분이익을 인식하였다. 20×1년 말에 ㈜지배가 해야 할 연결조정분개를 하라. 단, ㈜종속의 20×1년 당기순이익은 ₩20,000이다.
2. (물음 1)과 관계없이 ㈜종속이 보유하던 토지 전부를 ㈜지배에 ₩18,000에 매각하고 ₩8,000의 처분이익을 인식하였다. ㈜지배는 동 토지를 20×1년 말 현재 보유하고 있다. ㈜지배가 해야 할 연결조정분개를 하라. 단, ㈜종속의 20×1년 당기순이익은 ₩20,000이다.
3. (물음 2)와 관련하여 ㈜지배가 20×1년 중에 ㈜종속으로부터 취득한 토지를 20×2년 중에 연결실체 외부로 ₩18,000에 매각하였을 때 ㈜지배가 20×2년 말에 해야 할 연결조정분개를 하라. 단, ㈜종속의 20×2년 당기순이익은 ₩15,000이다.

해답

해답을 제시하기 전에 물음별로 연결재무제표에 토지 매각과 관련된 유형자산처분이익이 얼마로 표시되어야 하는지 설명한다. (물음 1)에서 ㈜종속은 ₩8,000의 유형자산처분이익을 개별재무제표에 인식하였으나, 20×1년 연결재무제표에는 ₩15,000의 토지를 ₩18,000에 처분한 것으로 보기 때문에 유형자산처분이익 ₩3,000이 표시되어야 한다. 그러나 (물음 2)에서는 토지의 상향 내부거래로 인한 처분이익이 20×1년 말 현재 모두 미실현된 상태이므로 20×1년 연결재무제표에는 유형자산처분이익이 표시되지 않아야 한다. 반면에 (물음 3)에서는 토지가 20×2년에 연결실체 외부로 매각되었으므로 20×2년 연결재무제표에 유형자산처분이익 ₩3,000이 표시되어야 한다.

1. <20×1년 말 연결조정분개>

① 종속기업투자와 지배력 취득시점의 종속기업 자본의 상계제거

(차)	자본금	40,000	(대)	종속기업투자	60,000
	이익잉여금	10,000		비지배지분	5,500(1)
	토지	5,000			
	영업권	10,500			

(1) (₩40,000 + 10,000 + 5,000)×10% = ₩5,500

② 토지의 BV·FV 차이조정

(차)	유형자산처분이익	5,000[(2)]	(대)	토 지	5,000

(2) 토지가 연결실체 외부로 매각되었으므로 토지의 장부금액과 공정가치의 차이를 소멸시킨다. ㈜종속 재무제표에는 유형자산처분이익이 ₩8,000 표시되어 있을 것이나, 연결조정분개 ②를 반영하면 연결재무제표에는 유형자산처분이익이 ₩3,000으로 표시된다.

③ 종속기업 당기순이익 중 비지배지분 해당액

(차)	이 익 잉 여 금	1,500[(3)]	(대)	비 지 배 지 분	1,500

(3) {₩20,000 − 5,000(토지 BV·FV 차이조정)} × 10% = ₩1,500

2. <20×1년 말 연결조정분개>

① 종속기업투자와 지배력 취득시점의 종속기업 자본의 상계제거

(차)	자 본 금	40,000	(대)	종 속 기 업 투 자	60,000
	이 익 잉 여 금	10,000		비 지 배 지 분	5,500
	토 지	5,000			
	영 업 권	10,500			

② 토지의 BV·FV 차이조정

분개 없음. 토지는 연결실체 외부로 매각되지 않았으므로 토지의 장부금액과 공정가치의 차이조정에 대한 연결조정분개는 필요하지 않다.

③ 상향 내부거래 미실현이익의 제거

(차)	유형자산처분이익	8,000[(1)]	(대)	토 지	8,000

(1) ㈜종속의 개별재무제표에는 토지 매각에 따른 유형자산처분이익 ₩8,000이 표시되고, ㈜지배의 별도재무제표에는 토지가 ₩18,000으로 표시되어 있을 것이다. 그러나 연결재무제표에는 유형자산처분이익이 표시되지 않아야 하고, 토지는 ₩15,000(공정가치)으로 표시되어야 한다. 연결조정분개 ①과 ③을 연결정산표에 반영하면 유형자산처분이익은 ₩0으로, 토지는 ₩15,000으로 조정된다.

④ 종속기업 당기순이익 중 비지배지분 해당액

(차)	이 익 잉 여 금	1,200[(2)]	(대)	비 지 배 지 분	1,200

(2) {₩20,000 − 8,000(상향거래 미실현이익)} × 10% = ₩1,200

3. <20×2년 말 연결조정분개>

① 종속기업투자와 지배력 취득시점의 종속기업 자본의 상계제거

(차)	자 본 금	40,000	(대)	종 속 기 업 투 자	60,000
	이 익 잉 여 금	10,000		비 지 배 지 분	5,500
	토 지	5,000			
	영 업 권	10,500			

② 지배력 취득시점부터 당기 초까지 종속기업의 순자산 변동 중 비지배지분 해당액

(차)	이 익 잉 여 금	1,200	(대) 비 지 배 지 분	1,200

③ 토지의 BV·FV 차이 조정

(차)	유형자산처분이익	5,000	(대) 토 지	5,000

④ 전기 상향 미실현이익의 실현

(차)	이 익 잉 여 금	8,000	(대) 유형자산처분이익	8,000

⑤ 종속기업 당기순이익 중 비지배지분 해당액

(차)	이 익 잉 여 금	1,800(1)	(대) 비 지 배 지 분	1,800

(1) {₩15,000 − 5,000(토지 BV·FV 차이 조정) + 8,000(상향거래 실현이익)} × 10% = ₩1,800

연결조정분개 ③과 ④를 연결정산표에 반영하면 유형자산처분이익은 ₩3,000이 표시된다.

(예제 5)와 마찬가지로 상기 (예제 8)의 연결조정분개의 초점은 지배력 취득일 현재 종속기업이 보유하던 토지(장부금액과 공정가치 불일치)를 20×1년에 내부거래로 매각하였으나 내부거래 이익이 미실현된 상태라면 이를 제거하는 연결조정분개를 하되, 토지를 연결 실체가 계속 보유하고 있으므로 토지의 장부금액과 공정가치의 차이를 소멸시키는 연결조정분개는 하지 않으며, 20×2년에 토지를 연결실체의 외부로 매각했으므로 전기 미실현이익의 실현뿐만 아니라 토지의 장부금액과 공정가치의 차이를 소멸시키는 연결조정분개도 한다는 것이다.

3.2 상각자산의 내부거래 및 미실현이익

연결실체 내에서 건물이나 기계장치 등 상각자산의 내부거래가 발생할 수 있다. 이 경우에도 내부거래를 상계제거하고, 관련 내부미실현이익을 전액 제거해야 한다. 그러나 비상각자산과 달리 상각자산의 경우에는 자산을 취득한 회사가 미실현이익이 포함된 금액으로 자산의 취득원가를 인식하기 때문에 미실현이익이 없는 경우에 비해 매년 감가상각비를 더 많이 인식하게 된다. 이렇게 더 많이 인식하는 감가상각비만큼 미실현이익이 실현되는 것으로 본다. 다음의 (예 5)를 통해서 상각자산의 미실현이익이 매년 실현되는 과정을 설명하기로 한다.

예 5 상각자산의 미실현이익

20×1년 초에 ㈜지배가 보유하고 있던 비품(장부금액 ₩12,000, 잔존내용연수 3년, 잔존가치 없이 정액법 상각)을 ㈜종속에게 ₩15,000에 매각하였다. ㈜종속은 동 비품을 계속 사용하며, 잔존내용연수 3년에 걸쳐 잔존가치 없이 정액법으로 감가상각한다. 이 경우 ㈜지배는 20×1년 재무제표에 유형자산처분이익 ₩3,000을 인식할 것인데, 이는 내부미실현이익이므로 연결재무제표 작성 과정에서 전액 제거하여야 한다. 이때 ㈜종속이 ㈜지배로부터 취득한 비품을 연결실체 외부로 매각하지 않고 계속 보유하더라도 내부미실현이익이 실현되는데, 그 과정을 설명한다.

비품의 내부거래가 없었다면 유형자산처분이익 ₩3,000은 인식되지 않았을 것이며, 비품의 감가상각비는 매년 ₩4,000(₩12,000÷3년)씩 인식되었을 것이다. 그러나 비품의 내부거래로 인하여 ㈜지배의 재무제표에는 20×1년에 ₩3,000의 유형자산처분이익이 인식되고, ㈜종속의 재무제표에는 20×1년부터 20×3년까지 매년 ₩5,000(₩15,000÷3년)의 감가상각비가 인식된다. 즉, 내부거래로 인하여 유형자산처분이익 ₩3,000을 인식하고, 감가상각비도 3년 동안 매년 ₩1,000씩 총 ₩3,000을 더 인식한다. 이로 인한 단순합산 재무제표의 당기손익에 미치는 영향을 요약하면 아래와 같다.

연도	㈜지배의 유형자산처분이익	㈜종속의 추가 감가상각비	단순 합산 결과 당기손익의 영향
20×1년	₩3,000	₩(1,000)	₩2,000
20×2년	–	(1,000)	(1,000)
20×3년	–	(1,000)	(1,000)
합계	₩3,000	₩(3,000)	₩0

20×1년도의 두 회사 재무제표의 단순합산 결과를 보면 미실현이익은 ₩3,000이 아니라 ₩2,000이다. 당초 발생한 미실현이익은 ₩3,000이지만, ₩1,000의 감가상각비를 더 인식하기 때문에 연결재무제표 작성 과정에서 조정해야 할 미실현이익 순액은 ₩2,000이다. 즉, 연결회계에서는 추가 감가상각비 ₩1,000을 실현이익으로 간주하여 연결조정분개를 한다.

20×3년 말이 되면 미실현이익 ₩3,000은 모두 실현되어 잔액이 ₩0이 된다. 따라서 내부거래로 상각자산을 취득한 후 이를 연결실체의 외부로 매각하지 않더라도 매년 추가 감가상각비만큼 미실현이익이 실현됨을 알 수 있다. 다만, 위의 경우 20×3년이 되기 전에 비품을 연결실체의 외부로 매각하였다면 그 이전까지 남아 있던 미실현이익을 일시에 실현시키는 연결조정분개를 하면 된다. 한편, 연결조정분개에서 유의할 점은 비품을 장부금액(순액)만 조정하는 것이 아니라 비품의 취득원가와 감가상각누계액을 내부거래가 발생하기 전의 금액으로 환원시키는 방법으로 조정한다는 점이다.

상각자산의 내부거래가 발생(비품의 처분이익 발생 가정)한 경우 각 연도별로 해야 할 내부거래 관련 연결조정분개를 제시하면 다음과 같다.

① 내부거래 발생연도의 미실현이익의 제거(상·하향거래 구분 없음)

(차)	비품	×××	(대) 감가상각누계액	×××
	유형자산처분이익	×××		
(차)	감가상각누계액	×××	(대) 감가상각비	×××

② 내부거래 발생연도의 다음연도부터 외부로 매각하기 직전연도까지 연결조정분개(상·하향거래 구분 없음)

(차)	비품	×××	(대) 감가상각누계액	×××
	이익잉여금	×××		
(차)	감가상각누계액	×××	(대) 이익잉여금	×××
			감가상각비	×××

③ 외부로 매각한 연도의 연결조정분개(상·하향거래 구분 없음)

(차)	이익잉여금	×××	(대) 유형자산처분이익	×××

예제 9 기계장치의 내부거래

㈜지배는 ㈜종속의 지분 90%를 소유하는 지배기업이며, 지배력 취득 시 ㈜종속의 순자산의 장부금액과 공정가치는 동일하다. 20×1년부터 20×3년까지 ㈜종속의 당기순이익은 각각 ₩100,000, ₩110,000 및 ₩120,000이다.

물음

1. 20×1년 초에 ㈜지배는 ㈜종속에 보유 기계장치(취득원가 ₩60,000, 감가상각누계액 ₩20,000, 잔존내용연수 4년, 잔존가치 없이 정액법 상각)를 ₩50,000에 매각하였다. ㈜종속은 동 기계장치를 계속 사용하다가 20×3년 초에 연결실체 외부에 ₩30,000에 매각하였다. 20×1년 말부터 20×3년 말까지 ㈜지배가 연결재무제표를 작성할 때 기계장치의 내부거래와 관련하여 해야 할 연결조정분개와 ㈜종속의 당기순이익 중 비지배지분 해당액을 귀속시키는 연결조정분개를 하라.
2. (물음 1)에서 ㈜종속이 기계장치를 20×3년 7월 1일에 연결실체 외부에 매각하였다고 가정하고 20×3년 말의 연결조정분개 중 과년도 미실현이익의 실현 및 ㈜종속의 당기순이익 중 비지배지분 해당액을 귀속시키는 연결조정분개만 표시하라.

3. (물음 1)에서 ㈜종속이 보유하던 기계장치(취득원가 ₩60,000, 감가상각누계액 ₩20,000, 잔존내용연수 4년, 잔존가치 없이 정액법 상각)를 ㈜지배에 ₩50,000에 매각하였으며, ㈜지배는 동 기계장치를 계속 사용하다가 20×3년 초에 연결실체 외부에 ₩30,000에 매각하였다고 가정하고, 다시 답하라.

4. (물음 3)에서 ㈜지배가 기계장치를 20×3년 7월 1일에 연결실체 외부에 매각하였다고 가정하고 20×3년 말의 연결조정분개 중 과년도 말 미실현이익의 당기 실현 및 ㈜종속의 당기순이익 중 비지배지분 해당액을 귀속시키는 연결조정분개만 표시하라.

해답

1. 하향거래에 해당한다.

<내부거래로 인한 영향>

㈜지배는 20×1년에 ₩10,000의 유형자산처분이익을 인식하는데, 이는 하향거래 미실현이익이다. ㈜종속은 기계장치를 장부금액보다 ₩10,000 더 높은 금액으로 취득하였기 때문에 4년간 매년 ₩2,500(총 ₩10,000)의 감가상각비를 더 인식하는데, 이 금액은 내부거래가 없었다면 인식하지 않았을 금액이므로 미실현이익 ₩10,000에 대한 실현이익으로 본다. 따라서 내부거래로 취득한 기계장치를 연결실체의 외부로 매각하지 않더라도 취득 후 4년이 경과하면 미실현이익 ₩10,000은 모두 실현된다.

<20×1년 말 연결조정분개>

① 기계장치 하향거래의 내부거래 및 미실현이익 제거

(차) 기 계 장 치	10,000(1)	(대) 감가상각누계액	20,000(1)
유형자산처분이익	10,000		
(차) 감가상각누계액	2,500	(대) 감 가 상 각 비	2,500(2)

(1) ㈜종속의 재무제표에는 기계장치가 취득원가 ₩50,000으로 표시되어 있을 것이며, 20×1년 초 현재 감가상각누계액은 ₩0일 것이다. 따라서 내부거래가 발생하기 전의 기계장치 취득원가 ₩60,000, 감가상각누계액 ₩20,000의 상태로 환원시켜야 한다.

(2) ㈜종속의 감가상각비는 ₩10,000의 미실현이익으로 인하여 매년 ₩2,500씩 추가로 인식하였을 것이므로 이를 제거한다.
₩10,000(미실현이익)÷4년＝₩2,500. 20×1년 말 현재 미실현이익 잔액은 ₩7,500이다.

② ㈜종속의 당기순이익 중 비지배지분 해당액

(차) 이 익 잉 여 금	10,000(3)	(대) 비 지 배 지 분	10,000

(3) ₩100,000×10%＝₩10,000
하향거래 미실현이익은 비지배지분에 영향을 주지 않으므로 고려하지 않는다.

<20×2년 말 연결조정분개>

① 지배력 취득시점부터 당기 초까지 종속기업의 순자산 변동 중 비지배지분 해당액

(차) 이 익 잉 여 금	10,000(4)	(대) 비 지 배 지 분	10,000

(4) ₩100,000×10%＝₩10,000

② 기계장치 하향거래의 내부거래 및 미실현이익 제거 및 과년도 미실현이익의 실현

(차) 기계장치	10,000	(대) 감가상각누계액	20,000
이익잉여금	10,000(5)		

(차) 감가상각누계액	5,000	(대) 이익잉여금	2,500(6)
		감가상각비	2,500

(5) 기계장치의 내부거래가 발생하지 않은 상태로 환원하되, 20×1년에 인식한 유형자산처분이익은 20×2년 말 현재 재무제표의 이익잉여금에 포함되어 있을 것이므로 이익잉여금을 감소시킨다.

(6) 20×1년도 추가 감가상각비는 이익잉여금에 반영하고, 20×2년도 추가 감가상각비는 감가상각비에서 조정한다. 따라서 20×2년 말 현재 미실현이익 잔액은 ₩5,000이다.

③ ㈜종속의 당기순이익 중 비지배지분 해당액

(차) 이익잉여금	11,000(7)	(대) 비지배지분	11,000

(7) ₩110,000×10% = ₩11,000

<20×3년 말 연결조정분개>

① 지배력 취득시점부터 당기 초까지 종속기업의 순자산 변동 중 비지배지분 해당액

(차) 이익잉여금	21,000(8)	(대) 비지배지분	21,000

(8) (₩100,000 + 110,000)×10% = ₩21,000

② 기계장치 과년도 하향거래 미실현이익의 실현

(차) 이익잉여금	5,000	(대) 유형자산처분이익	5,000(9)

(9) 20×3년 초 현재 전기이월 미실현이익이 ₩5,000이므로 이를 실현시킨다.

③ ㈜종속의 당기순이익 중 비지배지분 해당액

(차) 이익잉여금	12,000(10)	(대) 비지배지분	12,000

(10) ₩120,000×10% = ₩12,000

2. <20×3년 말 연결조정분개>

① 기계장치 과년도 하향거래 미실현이익의 실현

(차) 이익잉여금	5,000	(대) 감가상각비	1,250(1)
		유형자산처분이익	3,750

(1) ㈜지배가 20×3년 7월 1일에 기계장치를 매각하기 전까지 6개월의 감가상각비(₩2,500×6/12 = ₩1,250)를 인식하였을 것이므로 그만큼 실현된 것으로 보고 이를 제거한다. 따라서 20×3년 중 매각일이 언제인지 관계없이 20×3년도 실현이익은 ₩5,000(₩1,250 + 3,750)이다.

② ㈜종속의 당기순이익 중 비지배지분 해당액

(차) 이익잉여금	12,000(2)	(대) 비지배지분	12,000

(2) ₩120,000×10% = ₩12,000

3. 상향거래에 해당한다.

<20×1년 말 연결조정분개>

① 기계장치 상향거래의 내부거래 및 미실현이익 제거

(차) 기 계 장 치	10,000	(대) 감가상각누계액	20,000
유형자산처분이익	10,000		
(차) 감가상각누계액	2,500	(대) 감 가 상 각 비	2,500

② ㈜종속의 당기순이익 중 비지배지분 해당액

(차) 이 익 잉 여 금	9,250(1)	(대) 비 지 배 지 분	9,250

(1) (₩100,000 − 10,000 + 2,500)×10% = ₩9,250
20×1년 말 현재 미실현이익 ₩7,500을 차감하여 비지배지분 해당액을 계산한다.

<20×2년 말 연결조정분개>

① 지배력 취득시점부터 당기 초까지 종속기업의 순자산 변동 중 비지배지분 해당액

(차) 이 익 잉 여 금	9,250(2)	(대) 비 지 배 지 분	9,250

(2) (₩100,000 − 10,000 + 2,500)×10% = ₩9,250

② 기계장치 상향거래의 내부거래 및 미실현이익 제거 및 과년도 미실현이익의 실현

(차) 기 계 장 치	10,000	(대) 감가상각누계액	20,000
이 익 잉 여 금	10,000		
(차) 감가상각누계액	5,000	(대) 이 익 잉 여 금	2,500
		감 가 상 각 비	2,500

③ ㈜종속의 당기순이익 중 비지배지분 해당액

(차) 이 익 잉 여 금	11,250(3)	(대) 비 지 배 지 분	11,250

(3) (₩110,000 + 2,500)×10% = ₩11,250
20×2년에는 추가로 미실현이익은 발생하지 않고, 전기말 미실현이익 ₩7,500 중 ₩2,500이 실현되었으므로 이를 가산하여 비지배지분 해당액을 계산한다.

<20×3년 말 연결조정분개>

① 지배력 취득시점부터 당기 초까지 종속기업의 순자산 변동 중 비지배지분 해당액

(차) 이 익 잉 여 금	20,500(4)	(대) 비 지 배 지 분	20,500

(4) (₩100,000 − 10,000 + 2,500 + 110,000 + 2,500)×10% = ₩20,500

② 기계장치 과년도 상향거래 미실현이익의 실현

(차) 이 익 잉 여 금	5,000	(대) 유형자산처분이익	5,000

③ ㈜종속의 당기순이익 중 비지배지분 해당액

(차) 이 익 잉 여 금	12,500(5)	(대) 비 지 배 지 분	12,500

(5) (₩120,000 + 5,000)×10% = ₩12,500
20×2년 말 미실현이익 잔액 ₩5,000이 20×3년 초에 모두 실현되었으므로 이를 가산하여 비지배지분 해당액을 계산한다.

4. <20×3년 말 연결조정분개>

① 기계장치 과년도 상향거래 미실현이익의 실현

(차) 이 익 잉 여 금	5,000	(대) 감 가 상 각 비	1,250(1)
		유형자산처분이익	3,750

(1) ㈜지배가 20×3년 7월 1일에 기계장치를 매각하기 전까지 6개월의 감가상각비(₩2,500×6/12 = ₩1,250)를 인식하였을 것이므로 그만큼 실현된 것으로 보고 이를 제거한다. 따라서 20×3년 중 매각일이 언제인지 관계없이 20×3년도 실현이익은 ₩5,000(₩1,250 + 3,750)이다.

② ㈜종속의 당기순이익 중 비지배지분 해당액

(차) 이 익 잉 여 금	12,500(2)	(대) 비 지 배 지 분	12,500

(2) (₩120,000 + 1,250 + 3,750)×10% = ₩12,500

4 채무상품 내부거래

4.1 금융자산과 금융부채의 장부금액이 동일한 경우

연결실체 내의 한 기업이 발행한 채무상품(예 : 사채)을 연결실체 내의 다른 기업이 취득하였다면 단순 합산한 재무제표에는 금융자산(예 : AC 금융자산[4] 등)과 금융부채(예 : 사채)가 함께 표시될 것이다. 그러나 연결실체의 관점에서 보면 이 거래는 내부거래이므로 관련 자산과 부채 및 수익과 비용을 모두 상계제거하여야 한다.

금융자산과 금융부채를 모두 상각후원가로 측정하고 연결재무제표의 보고기간 말 현재 장부금액이 동일하다면 연결조정분개는 간단하다. 이 경우 금융자산과 금융부채를 상계제거하고, 관련 이자수익과 이자비용을 상계제거하면 된다. 예를 들어, 연결실체 내의 기업이 사채를

4) AC 금융자산은 amortized cost(상각후원가)로 측정하는 금융자산을 말한다.

할인발행하고, 연결실체 내의 다른 기업이 사채 발행일에 사채발행가액과 동일한 금액을 지급하고 사채를 취득하여 AC 금융자산으로 분류하였을 경우 보고기간 말의 연결조정분개는 다음과 같다.

(차)	사　　채	×××	(대)	사채할인발행차금	×××
				AC 금융자산	×××
(차)	이자수익	×××	(대)	이자비용	×××

위의 연결조정분개는 대여금과 차입금, 그리고 대여금의 이자수익과 차입금의 이자비용을 상계제거하는 것과 성격이 동일하다.

한편, 금융자산을 취득한 회사가 이를 AC 금융자산이 아니라 FVOCI 금융자산으로 분류[5] 했더라도 취득일의 유효이자율로 매년 이자수익을 인식하기 때문에 AC 금융자산으로 분류한 경우의 이자수익과 동일하다. 따라서 FVOCI 금융자산을 공정가치 평가손익을 인식하기 전의 금액으로 환원한 후 AC 금융자산으로 분류한 경우의 연결조정분개와 동일한 연결조정분개를 하면 된다. 예를 들어, 연결실체 내의 기업이 사채를 할인발행하고, 연결실체 내의 다른 기업이 사채 발행일에 사채발행가액과 동일한 금액을 지급하고 사채를 취득하여 FVOCI 금융자산으로 분류하였을 경우 보고기간 말의 연결조정분개는 다음과 같다(단, 개별 장부에 FVOCI 금융자산에 대해서 평가이익 인식 가정).

(차)	금융자산평가이익(OCI)	×××	(대)	FVOCI 금융자산	×××
(차)	사　　채	×××	(대)	사채할인발행차금	×××
				FVOCI 금융자산	×××
(차)	이자수익	×××	(대)	이자비용	×××

5) 기준서 제1109호에 따라 공정가치(FV) 변동을 기타포괄손익(OCI)으로 인식하는 금융자산으로 분류한 것을 말한다.

예제 10 금융상품의 내부거래

갑회사는 을회사의 지배기업이다. 20×1년 초에 갑회사가 발행한 사채를 을회사가 즉시 모두 취득하여 AC 금융자산으로 회계처리하였다. 갑회사가 발행한 사채의 조건은 다음과 같다.

- 액면금액 : ₩1,000,000
- 사채기간 : 20×1년 1월 1일부터 20×3년 12월 31일까지
- 이자지급 : 액면금액의 연 6%의 이자를 매년 12월 31일에 지급
- 사채발행일의 유효이자율 : 연 10%

물음

1. 20×1년부터 20×3년까지 갑회사의 사채와 을회사의 AC 금융자산의 장부금액 조정표를 작성하라.
2. 20×1년 말부터 20×3년 말까지 갑회사가 연결재무제표를 작성할 때 사채와 AC 금융자산의 내부거래와 관련하여 해야 할 연결조정분개를 하라.

해답

1. 사채의 발행가액 = ₩60,000×2.4869 + 1,000,000×0.7513 = ₩900,514

갑회사 사채의 장부금액 조정표

일자	이자비용(10%)	표시이자(6%)	장부금액 조정	장부금액
20×1. 1. 1.				₩900,514
20×1. 12. 31.	₩90,051	₩60,000	₩30,051	930,565
20×2. 12. 31.	93,057	60,000	33,057	963,622
20×3. 12. 31.	96,378*	60,000	36,378	1,000,000
	₩279,486	₩180,000	₩99,486	

* 단수 차이 조정

을회사 AC 금융자산의 장부금액 조정표

일자	이자수익(10%)	표시이자(6%)	장부금액 조정	장부금액
20×1. 1. 1.				₩900,514
20×1. 12. 31.	₩90,051	₩60,000	₩30,051	930,565
20×2. 12. 31.	93,057	60,000	33,057	963,622
20×3. 12. 31.	96,378*	60,000	36,378	1,000,000
	₩279,486	₩180,000	₩99,486	

* 단수 차이 조정

2. <20×1년 말 연결조정분개>

(차) 사채	1,000,000	(대) 사채할인발행차금	69,435
		AC 금융자산	930,565
(차) 이자수익	90,051	(대) 이자비용	90,051

<20×2년 말 연결조정분개>

(차) 사채	1,000,000	(대) 사채할인발행차금	36,378
		AC 금융자산	963,622
(차) 이자수익	93,057	(대) 이자비용	93,057

<20×3년 말 연결조정분개>

(차) 이자수익	96,378	(대) 이자비용	96,378

20×3년 말에는 AC 금융자산과 사채가 상환되어 장부에서 제거되었을 것이므로 연결조정분개 시 상계할 금액은 없다.

4.2 금융자산과 금융부채의 장부금액이 동일하지 않은 경우

연결재무제표 보고기간 말 현재 금융자산과 금융부채의 장부금액이 일치하지 않을 수 있다. 금융자산과 금융부채를 모두 상각후원가로 측정하더라도 금융부채의 발행일과 금융자산의 취득일이 다르다면 양자의 장부금액은 일치하지 않을 수 있다.

예를 들어, 연결실체 내의 갑회사가 20×1년 1월 1일에 사채를 발행하고, 연결실체 내의 을회사가 시장에서 유통 중이던 그 사채를 20×2년 1월 1일에 취득하였다면 금융자산의 최초인식금액은 20×2년 1월 1일 현재 갑회사의 사채의 장부금액과 일치하지 않을 것이다. 왜냐하면 유효이자율은 계속 변동하는데, 사채의 장부금액은 미래현금흐름을 20×1년 1월 1일(사채발행일)의 유효이자율로 할인한 현재가치인 반면, 금융자산의 최초 인식금액은 미래현금흐름을 20×2년 1월 1일(사채 취득일)의 유효이자율로 할인한 현재가치이기 때문이다.

우선 금융자산과 금융부채 모두 상각후원가로 측정하는 경우에 대해서 설명하기로 한다. 보고기간 말 현재 양자의 장부금액이 다를 경우 연결재무제표 작성 과정에서 금융자산과 금융부채를 상계할 때 발생하는 차이를 상환손익으로 인식한다. 즉, 연결재무제표에서는 연결실체가 발행한 사채를 연결실체가 상환한 것으로 보기 때문에 금융자산과 금융부채를 상계할 때 발생하는 차이를 상환손익으로 인식하는 것이다.

그런데 이렇게 연결재무제표에 인식한 상환손익은 발생연도부터 금융부채의 만기 동안 이자수익과 이자비용을 상계제거하는 과정에서 자동적으로 소멸한다. 예를 들어, 액면금액 ₩100,000의 사채의 장부금액이 ₩95,000이고, 연결실체 내의 다른 회사가 이를 ₩96,000에 취득하여 AC 금융자산으로 회계처리하였다면, 연결 관점에서는 장부금액 ₩95,000의 사채를 ₩96,000에 상환한 것으로 보기 때문에 사채상환손실 ₩1,000이 발생한다. 그런데 이후 연결실체 내의 개별회사가 회계장부를 기록할 때 사채 발행회사는 표시이자 이외에 총 ₩5,000(액면금액과 장부금액의 차이)의 이자비용을 더 인식하고, AC 금융자산을 인식한 회사는 표시이자 이외에 총 ₩4,000(액면금액과 취득원가의 차이)의 이자수익을 더 인식할 것이다. 이 경우 연결재무제표를 작성하면 이자비용은 총 ₩5,000이 제거되는 반면, 이자수익은 총 ₩4,000이 제거되어 ₩1,000만큼 차이가 발생하는데, 이 금액은 사채상환손실과 같은 금액이다. 따라서 사채상환손익은 이자수익과 이자비용의 상계제거 과정을 통해 사채 기간 동안 모두 소멸한다.

예제 11 사채의 내부거래 - 사채상환손익 발생

갑회사는 20×1년 초에 다음과 같은 조건으로 사채를 ₩873,202에 발행하였다.

- 액면금액 : ₩1,000,000
- 사채의 만기상환일 : 20×4년 12월 31일
- 이자 지급 : 액면금액의 연 6%의 이자를 매년 12월 31일에 지급
- 사채발행일의 유효이자율 : 연 10%

갑회사의 종속기업인 을회사는 20×2년 1월 1일에 상기 갑회사 사채를 ₩948,456에 취득하여 AC 금융자산으로 분류하였다. AC 금융자산의 유효이자율은 연 8%이다.

물음

1. 20×1년부터 20×4년까지 갑회사의 사채와 20×2년부터 20×4년까지 을회사의 AC 금융자산의 장부금액 조정표를 작성하라.
2. 사채와 AC 금융자산의 내부거래에서 발생한 사채상환손익을 계산하고, 20×2년 말에 갑회사가 연결재무제표를 작성할 때 사채와 AC 금융자산의 내부거래와 관련하여 해야 할 연결조정분개를 하라.
3. 20×3년 말과 20×4년 말에 갑회사가 연결재무제표를 작성할 때 사채와 AC 금융자산의 내부거래와 관련하여 해야 할 연결조정분개를 하라.

해답

1.

갑회사 사채의 장부금액 조정표

일자	이자비용(10%)	표시이자(6%)	장부금액 조정	장부금액
20×1. 1. 1.				₩873,202
20×1. 12. 31.	₩87,320	₩60,000	₩27,320	900,522
20×2. 12. 31.	90,052	60,000	30,052	930,574
20×3. 12. 31.	93,057	60,000	33,057	963,631
20×4. 12. 31.	96,369*	60,000	36,369	1,000,000
	₩366,798	₩240,000	₩126,798	

* 단수 차이 조정

을회사 AC 금융자산의 장부금액 조정표

일자	이자수익(8%)	표시이자(6%)	장부금액 조정	장부금액
20×2. 1. 1.				₩948,456
20×2. 12. 31.	₩75,876	₩60,000	₩15,876	964,332
20×3. 12. 31.	77,147	60,000	17,147	981,479
20×4. 12. 31.	78,521*	60,000	18,521	1,000,000
	₩231,544	₩180,000	₩51,544	

* 단수 차이 조정

2. 사채상환손실 = ₩948,456 − 900,522 = ₩47,934

그런데 20×2년부터 20×4년까지 인식할 3년분 이자비용과 이자수익은 각각 ₩279,478(= 90,052 + 93,057 + 96,369)과 ₩231,544이며, 두 금액의 차이도 ₩47,934이다. 즉, 사채상환손실은 3년 동안 이자비용 ₩279,478과 이자수익 ₩231,544를 상계제거하는 과정에서 모두 소멸한다.

<20×2년 말 연결조정분개>

(차)	사채	1,000,000	(대)	사채할인발행차금	69,426
	사채상환손실	47,934		AC 금융자산	964,332
	이자수익	75,876		이자비용	90,052

3. <20×3년 말 연결조정분개>

(차)	사채	1,000,000	(대)	사채할인발행차금	36,369
	이익잉여금	33,758(1)		AC 금융자산	981,479
	이자수익	77,147		이자비용	93,057

(1) 20×2년도 사채 내부거래에서 조정된 차액
= ₩47,934(사채상환손실) + 75,876(이자수익 제거) − 90,052(이자비용 제거) = ₩33,758

<20×4년 말 연결조정분개>

(차) 이 익 잉 여 금	17,848[(2)]	(대) 이 자 비 용	96,369
이 자 수 익	78,521		

(2) 20×3년도 사채 내부거래에서 조정된 차액
=₩33,758(이익잉여금 조정액)+77,147(이자수익 제거)−93,057(이자비용 제거)=₩17,848

사채는 20×4년 말에 모두 만기상환되었으므로 AC 금융자산과 사채는 모두 장부에서 제거되었을 것이다. 따라서 연결조정분개 시 상계할 금액은 없다.

(예제 11)의 사채상환손익과 이자수익·이자비용의 상계제거에 따른 연결재무제표의 영향을 요약하면 다음과 같다.

연도	사채상환손실	제거되는 이자수익	제거되는 이자비용	연결재무제표에 대한 영향(순액)
20×2년	₩(47,934)	₩(75,876)	₩90,052	₩(33,758)
20×3년	−	(77,147)	93,057	15,910
20×4년	−	(78,521)	96,369	17,848
합계	₩(47,934)	₩(231,544)	₩279,478	₩0

연결조정과정에서 사채상환손실 ₩47,934를 인식하지만, 제거되는 이자수익보다 제거되는 이자비용이 ₩47,934만큼 더 많으므로 결국 3년에 걸친 연결재무제표에 대한 영향은 0이 됨을 알 수 있다.

(예제 11)에서 사채상환손익의 인식은 재고자산이나 유형자산의 내부거래에서 발생한 미실현이익의 제거와는 그 성격이 다르다. 재고자산이나 유형자산의 내부거래의 경우 매출총이익이나 유형자산처분이익이 개별 장부에 인식되어 있지만, 연결 관점에서는 이를 이익으로 볼 수 없기 때문에 제거하는 것이다. 반면에 사채의 내부거래의 경우에는 개별 장부에 아무런 손익도 인식하지 않았지만, 연결 관점에서는 사채를 상환하면서 손익이 발생한 것이나 다름없기 때문에 사채상환손익을 인식하는 것이다. 즉, 전자는 개별 장부에 인식한 손익을 미실현손익으로 보고 연결과정에서 제거하는 것이고, 후자는 개별 장부에 인식하지 않은 손익을 발생한 손익으로 간주하여 연결과정에서 인식하는 것이라고 이해하면 된다.

한편, (예제 11)에서 사채를 취득한 회사가 사채를 FVOCI 금융자산으로 분류했더라도 이후에 개별 장부에 인식하는 이자수익은 사채를 AC 금융자산으로 분류했다면 인식했을 이자수익과 동일하다. 따라서 4.1절에서 설명한 바와 같이 FVOCI 금융자산을 공정가치 평가손익을 인식하기 전의 금액으로 환원한 후 AC 금융자산으로 분류한 경우의 연결조정분개와 동일한 연결조정분개를 하면 된다.

4.3 사채상환손익의 귀속에 대한 논의

연결조정과정에서 반영한 사채상환손익을 사채발행회사와 이를 취득한 회사 중 어느 회사에 귀속시킬 것인가에 대해서 이견이 있을 수 있다. 연결회계에서 고려할 수 있는 방법으로는 사채상환손익을 ① 전액 사채발행회사에 귀속시키는 방법, ② 전액 사채취득회사에게 귀속시키는 방법, 그리고 ③ 사채발행회사와 사채취득회사에 안분하는 방법 등이 있다.

사채상환손익을 사채발행회사에게 귀속시키는 방법은 사채의 취득행위를 사채발행회사를 대리한 행위로 보고, 사채상환손익을 사채발행회사에 귀속시키는 데 근거를 둔다. 사채상환손익을 사채취득회사에게 귀속시키는 방법은 사채취득행위로 인하여 사채상환손익이 발생하였으므로 이를 사채취득회사에게 귀속시키는 것이 타당하다는 데 근거를 둔다. 한편, 사채상환손익을 두 회사에게 안분하는 방법은 취득회사가 사채를 만기까지 보유한다면 발행회사는 액면금액으로 사채를 상환할 것이므로 향후 발행회사가 이자비용을 통하여 실현될 부분인 장부금액과 액면금액의 차이만큼 발행회사에 귀속시켜야 한다는 주장이다. 또한 취득회사는 사채의 만기일에 액면금액으로 상환받을 것이므로 향후 사채취득회사에서 이자수익을 통하여 실현될 부분에 취득원가와 액면금액의 차이에 해당하는 부분이 취득회사에 귀속되어야 한다는 데 근거한다.

국제회계기준에는 여기에 대해서 아무런 언급을 하고 있지 않다. 저자의 견해로는 사채상환손익의 경우에도 전술한 재고자산이나 유형자산의 내부거래손익과 마찬가지로 전액을 인식하되, 사채발행회사가 종속기업이고 사채취득회사가 지배기업의 경우에만 이를 상향거래로 보아 비지배지분 귀속 당기순이익 결정 시 사채상환손익과 이자수익 및 이자비용의 제거금액을 고려하는 것이 타당하다고 판단된다. 따라서 (예제 11)에서 을회사가 발행한 사채를 갑회사가 취득한 것으로 가정한다면 종속기업 당기순이익 중 비지배지분 해당액을 인식하는 20×2년도 연결조정분개에서 비지배지분 귀속 당기순이익을 「(을회사 당기순이익－47,934－75,876＋90,052)×비지배지분율」로 계산하면 될 것이다.

5 기타의 내부거래

5.1 배당금의 내부거래

지배기업이 종속기업으로부터 현금배당금을 수취하는 경우 지배기업은 배당금수익을 당기이익으로 인식한다.[6] 그러나 연결실체 내에서 발생한 배당금의 지급 및 수취는 내부거래이므로 연결재무제표를 작성할 때 그 영향을 제거하여야 한다. 따라서 다음과 같이 현금배당을 하기 전의 상태로 환원하는 연결조정분개를 한다.

〈현금배당금 내부거래의 제거〉

(차)	배 당 금 수 익	×××	(대) 이 익 잉 여 금	×××
	비 지 배 지 분	×××		

위의 연결조정분개에서 현금배당을 하지 않은 상태로 환원시키면서 비지배지분을 감소시키는 이유는 종속기업투자와 종속기업 자본을 상계제거하는 연결조정분개를 할 때와 지배력 취득시점부터 당기 초까지 종속기업 순자산 변동 중 비지배지분 해당액에 대한 연결조정분개를 할 때 당기의 현금배당을 고려하지 않았기 때문이다. 즉, 종속기업의 현금배당으로 인한 이익잉여금의 감소분을 차감하지 않은 상태로 이익잉여금을 비지배지분으로 대체하였으므로 현금배당금의 내부거래를 제거할 때 비지배주주가 수취한 현금배당금만큼 비지배지분을 감소시킨다.

한편, 종속기업이 주식배당을 할 경우 이익잉여금을 자본금으로 대체하는 회계처리를 하기 때문에 종속기업 순자산의 변동은 없으며, 지배기업도 수취한 주식배당에 대해서 아무런 회계처리를 하지 않는다. 따라서 다음과 같이 주식배당을 하기 전의 상태로 환원하는 연결조정분개만 추가하면 된다.

(차)	자 본 금	×××	(대) 이 익 잉 여 금	×××

6) 엄밀하게 표현하면, 종속기업이 현금배당 지급을 결의할 때 지배기업이 배당금수익을 인식하며, 현금배당금을 수령하면 이전에 인식했던 미수배당금을 감소시킨다. 그러나 설명의 편의상 현금배당의 지급 결의일에 현금을 지급했다고 가정하고 회계처리를 설명한다.

만약 종속기업이 무상증자를 했다면 그 실질은 주식배당과 유사하다. 따라서 다음과 같이 무상증자(자본잉여금의 자본전입 가정)를 하기 전의 상태로 환원하는 연결조정분개를 한다.

(차) 자 본 금	×××	(대) 자 본 잉 여 금	×××

예제 12 현금배당과 주식배당의 내부거래

20×1년 초에 갑회사는 을회사의 의결권 주식 80%를 ₩130,000에 취득하여 지배기업이 되었다. 지배력 취득일 이후 을회사 순자산의 장부금액(공정가치와 동일)의 변동은 다음과 같다.

	자본금	₩100,000
	이익잉여금	40,000
20×1년 1월 1일	순자산 장부금액	140,000
20×1년	당기순이익	30,000
20×1년 12월 31일	순자산 장부금액	170,000
20×2년 3월 10일	현금배당 결의 · 지급	(20,000)
20×2년	당기순이익	25,000
20×2년 12월 31일	순자산 장부금액	175,000
20×3년 4월 1일	주식배당 결의 · 교부	–
20×3년	당기순이익	40,000
20×3년 12월 31일	순자산 장부금액	₩215,000

물음

1. 20×1년 말에 갑회사가 연결재무제표를 작성할 경우 연결조정분개를 하라.
2. 20×2년 말에 갑회사가 연결재무제표를 작성할 경우 연결조정분개를 하라.
3. 20×3년 말에 갑회사가 연결재무제표를 작성할 경우 연결조정분개를 하라. 단, 20×3년 4월 1일에 주식배당 ₩20,000을 실시하였다.

해답

1. <20×1년 말 연결조정분개>

① 종속기업투자와 지배력 취득시점의 종속기업 자본의 상계제거

(차)		(대)	
자본금	100,000	종속기업투자	130,000
이익잉여금	40,000	비지배지분	28,000[1]
영업권	18,000[2]		

(1) ₩140,000(20×1년 초 을회사 순자산의 FV)×20%＝₩28,000
(2) ₩130,000－140,000(20×1년 초 을회사 순자산의 FV)×80%＝₩18,000

② 당기순이익으로 인한 순자산 변동 중 비지배지분 해당액

(차)		(대)	
이익잉여금	6,000[3]	비지배지분	6,000

(3) ₩30,000(20×1년도 당기순이익)×20%＝₩6,000

위의 연결조정분개에서 20×1년도 말 비지배지분 잔액은 ₩34,000인데, 이는 다음과 같이 직접 계산할 수 있다.

20×1년 말 비지배지분 잔액
＝₩170,000(20×1년 말 을회사 순자산의 공정가치)×20%＝₩34,000

2. <20×2년 말 연결조정분개>

① 종속기업투자와 지배력 취득시점의 종속기업 자본의 상계제거

(차)		(대)	
자본금	100,000	종속기업투자	130,000
이익잉여금	40,000	비지배지분	28,000
영업권	18,000		

② 지배력 취득시점부터 당기 초까지 종속기업의 순자산 변동 중 비지배지분 해당액

(차)		(대)	
이익잉여금	6,000[1]	비지배지분	6,000

(1) ₩30,000×20%＝₩6,000

③ 배당금수익의 제거

(차)		(대)	
배당금수익	16,000[2]	이익잉여금	20,000
비지배지분	4,000		

(2) 을회사 현금배당금 지급액 중 80%를 갑회사는 배당금수익으로 인식하였을 것이므로 이를 제거한다.

④ 당기순이익으로 인한 순자산 변동 중 비지배지분 해당액

(차)		(대)	
이익잉여금	5,000[3]	비지배지분	5,000

(3) ₩25,000(20×2년 당기순이익)×20%＝₩5,000

위의 연결조정분개에서 20×2년도 말 비지배지분 잔액은 ₩35,000인데, 이는 다음과 같이 직접 계산할 수 있다.

20×2년 말 비지배지분 잔액
=₩175,000(20×2년 말 을회사 순자산의 공정가치)×20%=₩35,000

3. <20×3년 말 연결조정분개>

① 종속기업투자와 지배력 취득시점의 종속기업 자본의 상계제거

(차) 자 본 금	100,000	(대) 종 속 기 업 투 자	130,000
이 익 잉 여 금	40,000	비 지 배 지 분	28,000
영 업 권	18,000		

② 지배력 취득시점부터 당기 초까지 종속기업의 순자산 변동 중 비지배지분 해당액

(차) 이 익 잉 여 금	7,000(1)	(대) 비 지 배 지 분	7,000

(1) {₩30,000(20×1년 당기순이익)−20,000(현금배당금)+25,000(20×2년 당기순이익)}×20%=₩7,000

③ 주식배당 효과의 제거

(차) 자 본 금	20,000	(대) 이 익 잉 여 금	20,000

④ 당기순이익으로 인한 순자산 변동 중 비지배지분 해당액

(차) 이 익 잉 여 금	8,000(2)	(대) 비 지 배 지 분	8,000

(2) ₩40,000(20×3년 당기순이익)×20%=₩8,000

5.2 기타 내부거래 및 채권·채무 상계제거

연결실체 내의 회사 간에 발생한 재고자산 매매거래가 외상거래이고, 관련 채권과 채무가 보고기간 말까지 결제되지 않았다면 동 채권과 채무를 상계제거하는 연결조정분개가 필요하다. 따라서 매출채권과 매입채무를 상계제거한다.

그런데 판매회사가 내부거래에서 발생한 매출채권 등에 대해서 개별 장부에 손실충당금과 손상차손을 인식했다면 연결재무제표를 작성하는 과정에서 이를 제거해야 한다. 또한 판매회사가 내부거래에 대해서 개별 장부에 제품보증충당부채와 비용을 인식한 경우에도 연결재무제표를 작성하는 과정에서 이를 제거해야 한다. 이와 관련된 연결조정분개를 요약하면 다음과 같다.

(차) 매 입 채 무	×××	(대) 매 출 채 권	×××
(차) 손 실 충 당 금	×××	(대) 손 상 차 손	×××
(차) 제품보증충당부채	×××	(대) 제 품 보 증 비	×××

위의 연결조정분개에서 종속기업의 개별 장부에 인식했던 손상차손이나 제품보증비를 제거하는 것이라면 종속기업의 개별당기순이익은 그만큼 과소표시되어 있을 것이다. 따라서 손상차손이나 제품보증비를 종속기업의 당기순이익에 가산한 금액에 기초하여 비지배지분 귀속 당기순이익을 계산해야 한다.

내부거래로 금융자산과 금융부채가 발생하였는데, 금융자산을 개별 장부에 인식한 회사가 이를 연결실체의 외부에 양도하고 금융자산을 제거한 경우 연결재무제표 작성 시 유의해야 할 점이 있다. 예를 들어, 내부거래가 발생하여 판매회사가 매출채권을 인식하고 매입회사가 매입채무를 인식하였으며, 보고기간 말까지 매입채무가 결제되지 않았다고 하자. 그런데 판매회사가 보고기간 말 이전에 매출채권을 연결실체 외부로 양도하였으나 양도거래가 금융자산의 제거조건[7]을 충족하지 못했다면, 매출채권 양도회사는 개별 장부에서 매출채권을 제거하지 않고 대신 차입금을 인식했을 것이다. 이 경우 관련 채권·채무를 상계하는 연결조정분개는 다음과 같다.

(차) 매 입 채 무	×××	(대) 매 출 채 권	×××

그러나 매출채권의 양도가 금융자산의 제거조건을 충족했다면 매출채권 양도회사는 개별 장부에서 매출채권을 제거했을 것이므로 연결재무제표 작성 시 매입채무와 상계제거할 매출채권이 존재하지 않는다. 연결실체의 입장에서는 이러한 금융자산의 양도거래를 연결실체 외부와의 차입거래로 보고 다음과 같이 연결조정분개를 한다.

(차) 매 입 채 무	×××	(대) 단 기 차 입 금	×××
(차) 이 자 비 용	×××	(대) 매출채권처분손실	×××

즉, 매입채무를 제거하면서 단기차입금을 인식한다. 그리고 매출채권을 양도한 회사의 개별 장부에 매출채권처분손실이 인식되어 있다면 이를 이자비용으로 대체한다. 따라서 금융자산을 양도한 회사가 이를 개별 장부에 매각거래로 회계처리했든 차입거래로 회계처리했든 관계없이 연결재무제표에는 모두 차입거래로 표시된다.

예를 들어, 연결실체 내에 갑회사와 을회사가 있는데, 갑회사가 을회사에 외상매출을 하면서 인식한 매출채권을 금융기관에 양도하고 현금을 수취하였다. 갑회사는 이러한 양도가 금융자산의 제거조건을 충족한다고 판단하여 매출채권을 제거하는 회계처리를 하였다. 원래 갑회사의 매출채권과 을회사의 매입채무는 내부거래로 발생한 자산과 부채이므로 연결재무제표에

---

7) 금융자산의 제거에 대한 회계처리는 중급회계를 참조하라.

표시되지 않는다. 따라서 이러한 매출채권을 금융기관에 양도한 것은 연결실체의 관점에서 볼 때 존재하지 않는 매출채권의 양도로서 연결실체의 신용으로 자금을 차입한 거래로 볼 수 있으므로 연결과정에서 단기차입금을 인식하는 것이다.

매출채권과 매입채무 이외에 내부거래에서 발생한 대여금·차입금, 미수금·미지급금, 미수이익·미지급비용 등의 자산과 부채도 상계제거하며, 관련 자산·부채에서 발생한 이자수익과 이자비용도 상계제거한다. 그 밖에도 다양한 내부거래가 발생할 수 있는데, 부동산 리스의 내부거래와 연결실체 내 기업간 주식기준보상거래가 있는 경우의 연결재무제표 작성은 본장 보론에서 설명한다.

예제 13 매출채권·매입채무의 상계제거

갑회사는 갑회사의 종속기업(을회사)에 대하여 당기 중 ₩100,000의 매출채권이 발생하였으며, 당기 말 현재 미결제 상태이다.

물음

1. 당기 말 연결재무제표 작성 시 채권·채무 상계에 필요한 연결조정분개를 하라.
2. (물음 1)과 관계없이 갑회사가 을회사에 대한 매출채권 ₩100,000을 연결실체 외부에 ₩95,000에 양도하였으나, 매출채권 소유에 따른 위험과 보상의 대부분을 보유한 것으로 보고 개별 장부에 단기차입금을 인식하였다. 당기 말 연결재무제표 작성 시 채권·채무 상계에 필요한 연결조정분개를 하라.
3. (물음 2)에서 갑회사가 을회사에 대한 매출채권 ₩100,000을 연결실체 외부에 ₩95,000에 양도하였으며, 매출채권 소유에 따른 위험과 보상의 대부분을 이전한 것으로 보고 개별 장부기록(₩5,000의 매출채권처분손실 인식)을 하였다. 당기 말 연결재무제표 작성 시 채권·채무 상계에 필요한 연결조정분개를 하라.

해답

1. (차) 매 입 채 무 100,000 (대) 매 출 채 권 100,000

2. (차) 매 입 채 무 100,000 (대) 매 출 채 권 100,000

연결실체의 관점에서 매출채권의 양도거래는 매출채권을 담보로 차입한 거래에 해당한다. 그런데 이미 개별 장부에 이를 차입거래로 회계처리(즉, 단기차입금 인식)하였으므로 매출채권은 개별 장부에 남아 있다. 따라서 매출채권과 매입채무를 상계제거하는 연결조정분개를 한다. 한편, 갑회사는 개별 장부에 단기차입금 ₩95,000을 인식하고 이후 기간 경과에 따라 ₩5,000의 이자비용을 인식하면서 단기차입금의 장부금액을 ₩100,000으로 증액시킨다.

3. (차) 매 입 채 무 100,000 (대) 단 기 차 입 금 100,000

(차) 이 자 비 용 5,000 (대) 매출채권처분손실 5,000

갑회사 개별 장부에는 매출채권이 계상되어 있지 않으므로 매입채무와 상계할 매출채권은 존재하지 않는다. 그러나 연결실체 관점에서 볼 때 매출채권을 담보로 자금을 차입한 거래에 해당하므로 단기차입금을 인식하며, 기간경과에 따라 개별 장부에 인식했던 매출채권처분손실을 이자비용으로 대체한다.

5.3 연결재무제표의 주요 금액의 결정과정

제3장 5.5절에서 연결재무제표의 주요 금액의 결정과정을 요약한 바 있다. 내부거래가 있는 경우 연결재무제표의 주요 금액의 결정과정을 요약하면 다음과 같다(제3장 5.5절의 요약과 다른 부분만 파란색으로 표시함).

연결재무상태표의 영업권(제3장과 동일)
= 종속기업투자 취득원가
− 취득일 현재 종속기업 순자산의 FV×지배기업 지분율
− 영업권 손상차손 누계액

연결재무상태표의 자산(영업권 제외) 또는 부채의 금액
= 당기 말 지배기업 자산·부채의 BV(종속기업투자는 제외)
+ 당기 말 종속기업 자산·부채의 BV
+ 취득일 현재 종속기업 자산·부채의 BV·FV 차이의 조정 후 잔액
− 당기 말 자산·부채의 BV에 포함되어 있는 미실현이익 잔액

연결재무상태표의 자본금(제3장과 동일) = 지배기업의 자본금

연결재무상태표의 자본잉여금(제3장과 동일)
= 지배기업 자본잉여금
± 지배력 취득일 이후 종속기업 자본잉여금 변동액×지배기업 지분율

연결재무상태표의 이익잉여금
= 지배기업 이익잉여금
± 지배력 취득일 이후 종속기업 이익잉여금 변동액×지배기업 지분율
− 종속기업 순자산의 BV·FV 차이조정 누계액×지배기업 지분율
− 영업권 손상차손 누계액 + 염가매수차익
− 당기 말 하향거래 미실현이익 잔액
− 당기 말 상향거래 미실현이익 잔액×지배기업 지분율

비지배지분 잔액
=취득일 현재 종속기업 순자산의 FV×비지배지분율
+취득일 이후 종속기업 순자산 변동액×비지배지분율
−취득일 이후 종속기업 순자산의 BV·FV 차이조정 누계액×비지배지분율
−당기 말 상향거래 미실현이익 잔액×비지배지분율
=(취득일 현재 종속기업 순자산의 FV+취득일 이후 종속기업 순자산 변동액
−취득일 이후 종속기업 순자산의 BV·FV 차이조정 누계액
−당기 말 상향거래 미실현이익 잔액)×비지배지분율

연결당기순이익
=지배기업 당기순이익+종속기업 당기순이익
−종속기업 순자산의 BV·FV 차이의 당기분 조정
−당기 영업권 손상차손+당기 염가매수차익
−지배기업 당기순이익에 포함된 종속기업으로부터의 배당금수익
−당기 발생 미실현이익
+과년도 말 상향거래 미실현이익 중 당기 실현이익

비지배지분 귀속 당기순손익
=(종속기업 당기순손익−종속기업 순자산의 BV·FV 차이의 당기분 조정
−당기 발생 상향거래 미실현이익+과년도 말 상향거래 미실현이익 중 당기 실현이익)
× 비지배지분율

이 중에서 특히 비지배지분 기말 잔액과 연결당기순이익 및 비지배지분 귀속 당기순이익은 다음과 같이 그림을 이용하면 쉽게 이해할 수 있다.

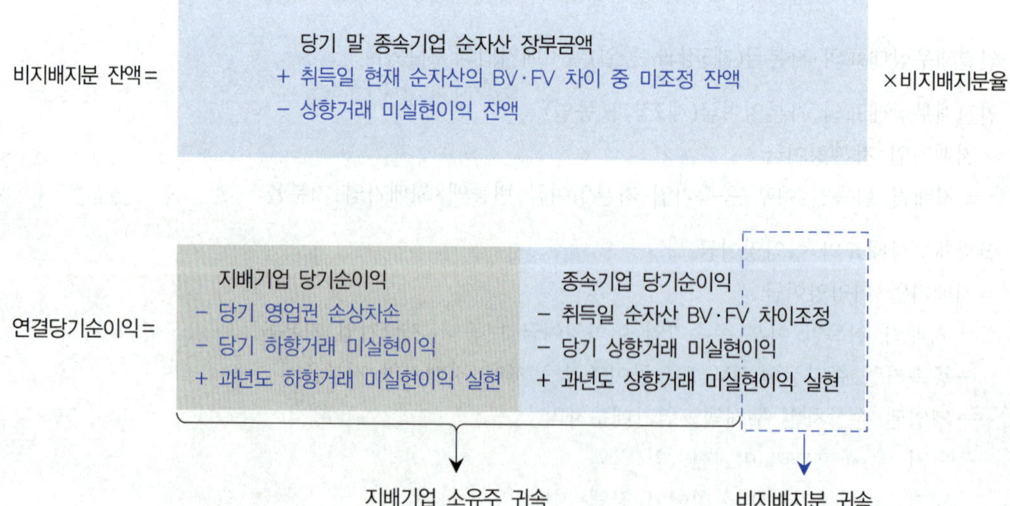

연결실체 내의 부동산 리스의 내부거래

연결실체 내의 한 기업이 소유하는 부동산(토지, 건물)을 연결실체 내의 다른 기업에게 리스하는 경우도 있다. 이러한 부동산이 투자부동산의 정의를 충족할 경우 개별 실체의 관점에서는 투자부동산(임대목적이므로)으로 분류하지만, 연결재무상태표에는 투자부동산으로 분류할 수 없다. 왜냐하면 연결실체 내의 한 기업이 리스제공자이고 다른 기업이 리스이용자라고 하더라도 연결실체의 관점에서 보면 연결실체가 그 부동산을 자가사용하는 것이기 때문이다(1040:15).

1. 운용리스로 부동산을 제공하는 경우

리스제공자가 리스계약을 체결하고 자가사용목적으로 보유하던 토지를 리스이용자에게 이전하였는데, 리스의 분류기준에 따라 이를 운용리스로 분류할 경우[8] 리스제공자의 개별 장부에는 리스개시일에 다음과 같이 회계처리한다.

(차) 투 자 부 동 산	×××	(대) 토 지	×××

기준서 제1040호 '투자부동산'에서는 임대수익이나 시세차익 또는 둘 다를 얻기 위하여 보유하는 부동산을 투자부동산으로 정의하고 있다. 예를 들어, 기업이 자가사용목적으로 보유하던 토지(유형자산으로 분류)를 운용리스 방식으로 리스할 경우, 임대수익을 얻기 위해 토지를 보유하는 것이므로 당해 토지는 투자부동산에 해당한다. 따라서 리스제공자는 리스개시일에 위와 같이 자가사용부동산인 토지를 투자부동산으로 대체하는 회계처리를 한다.

그러나 연결실체의 관점에서 볼 때 당해 토지는 연결실체의 자가사용부동산이기 때문에 원래의 상태 즉, 유형자산으로 환원시키는 연결조정분개가 필요하다. 토지를 운용리스하는 경우 리스제공자와 리스이용자의 개별 장부에서의 회계처리와 연결조정분개를 제시하면 다음과 같다. 리스제공자는 리스거래의 실질에 따라 운용리스 또는 금융리스로 분류하나, 리스이용자는 인식 면제 대상[9]이 아닌 모든 리스에 대해서 사용권자산과 리스부채를 인식한다. 세부적인

---

8) 자산의 소유에 따른 위험과 보상의 대부분을 리스이용자에게 이전하면 금융리스로 분류하고, 그렇지 않으면 운용리스로 분류한다.

9) 1년 이내 단기리스 또는 소액기초자산 리스에 대해서는 사용권자산과 리스부채를 인식하지 않는 회계처리를 선택할 수 있다.

리스회계처리는 중급회계를 참조하라.

〈운용리스 제공자의 개별 장부 회계처리〉

① 리스개시일

(차) 투 자 부 동 산	×××	(대) 토 지	×××

② 리스료 수익의 인식

(차) 현 금	×××	(대) 리 스 료 수 익	×××

〈리스이용자의 개별 장부 회계처리〉

① 리스개시일

(차) 사 용 권 자 산	×××	(대) 리 스 부 채	×××

② 리스료 지급

(차) 이 자 비 용	×××	(대) 현 금	×××
리 스 부 채	×××		

③ 사용권자산의 상각

(차) 사용권자산상각비	×××	(대) 사 용 권 자 산	×××

〈연결조정분개〉

개별 장부에서 했던 분개를 리스가 없었던 상태로 환원하는 분개

(차) 토 지	×××	(대) 투 자 부 동 산	×××
(차) 리 스 부 채	×××	(대) 사 용 권 자 산	×××
(차) 리 스 료 수 익	×××	(대) 이 자 비 용	×××
		리 스 부 채	×××
(차) 사 용 권 자 산	×××	(대) 사용권자산상각비	×××

위와 같이 연결조정분개를 하면, 단순합산 재무제표에 표시되었던 투자부동산이 제거되고 연결재무제표에는 자가사용부동산(토지)만 표시된다.

2. 금융리스로 부동산을 제공하는 경우

리스제공자가 리스계약을 체결하고 자가사용목적으로 보유하던 토지를 리스이용자에게 이전하였는데, 리스의 분류기준에 따라 이를 금융리스로 분류할 경우 리스제공자의 개별 장부에는 리스개시일에 다음과 같이 회계처리한다.

(차) 리 스 채 권	×××	(대) 토 지	×××

금융리스 제공자는 리스개시일에 보유 자산을 제거하고 리스채권이라는 금융자산을 인식한다. 따라서 이 경우에는 투자부동산과 관련된 분류 문제가 발생하지 않는다. 토지를 금융리스하는 경우 리스제공자와 리스이용자의 개별 장부에서의 회계처리와 연결조정분개를 제시하면 다음과 같다(임의의 금액을 표시함[10]).

〈금융리스 제공자의 개별 장부 회계처리〉

① 리스개시일

차변	금액	대변	금액
(차) 리 스 채 권	1,000	(대) 토 지	1,000

② 리스료 수취

차변	금액	대변	금액
(차) 현 금	100	(대) 이 자 수 익	40
		리 스 채 권	60

〈리스이용자의 개별 장부 회계처리〉

① 리스개시일

차변	금액	대변	금액
(차) 사 용 권 자 산	950	(대) 리 스 부 채	950

② 리스료 지급

차변	금액	대변	금액
(차) 이 자 비 용	38	(대) 현 금	100
리 스 부 채	62		

③ 사용권자산의 상각

차변	금액	대변	금액
(차) 사용권자산상각비	95	(대) 사 용 권 자 산	95

〈연결조정분개〉

개별 장부에서 했던 분개를 리스가 없었던 상태로 환원하는 분개

차변	금액	대변	금액
(차) 토 지	1,000	(대) 리 스 채 권	1,000
(차) 리 스 부 채	950	(대) 사 용 권 자 산	950
(차) 리 스 채 권	60	(대) 리 스 부 채	62
이 자 수 익	40	이 자 비 용	38
(차) 사 용 권 자 산	95	(대) 사용권자산상각비	95

10) 리스개시일 현재 리스제공자의 리스채권과 리스이용자의 리스부채는 같은 금액이 아닐 수 있다.

연 / 습 / 문 / 제 - 객관식 문제

01 다음 중 연결대상에 포함되는 종속기업이 아닌 것은? 단, 지분율이 50%를 초과하면 지배력이 있는 것으로 본다.

① 지분율이 60%에 해당하는 미국에 있는 종속기업
② 100%지분을 가지고 있고 국내에 있는 벤처캐피탈
③ 제조기업인 A회사가 금융기관인 B회사의 지분을 60% 보유하고 있는 경우
④ A회사가 일본에 있는 B회사의 의결권 있는 주식을 40% 보유하고 있는 경우
⑤ 주식회사가 계약 또는 전환사채 등의 권리행사에 의하여 의결권의 50%를 초과하여 그 의결권을 행사할 수 있는 권한이 있는 경우

02 20×1년 1월 1일 ㈜가람은 현금 ₩200,000에 장부상 순자산가액이 ₩190,000인 ㈜나람의 주식 90%를 취득하여 지배기업이 되었다. 취득일 현재 ㈜나람의 자산 및 부채에 대한 장부금액과 공정가치는 건물을 제외하고 모두 일치하였다. 건물(잔존내용연수는 10년)은 정액법으로 상각하며, 장부금액과 공정가치는 각각 ₩100,000과 ₩110,000이다. 한편, ㈜나람은 20×1년도 당기순이익으로 ₩30,000을 보고하였으며, 이를 제외하면 20×1년 중 자본의 변동은 없다. 연결기준서에 따라 회계처리할 때 ㈜가람과 ㈜나람의 20×1년도 연결재무제표에 계상될 비지배지분과 비지배지분 귀속 당기순이익은 각각 얼마인가?

	비지배지분	비지배지분 귀속 당기순이익
①	₩22,900	₩2,900
②	22,900	3,000
③	22,000	2,900
④	23,000	3,000
⑤	23,000	2,900

03 20×3년 1월 1일 A사는 B사 주식의 70%를 취득하였고, B사는 C사 주식의 60%를 취득하여 A사와 B사 및 B사와 C사는 지배·종속관계가 성립되었다. 20×3년도 중 A사는 B사에 원가 ₩500,000의 상품을 ₩600,000에 매출하였으며, B사는 같은 해에 동 상품을 전부 ₩750,000에 외부에 판매하였다. C사는 A사에 원가 ₩300,000의 상품을 ₩375,000에 매출하였으며, A사는 같은 해에 동 상품 중 ₩225,000을 외부에 ₩280,000에 매출하였고, 기말재고자산으로 ₩150,000을 보유하고 있다. 20×3년 12월 31일 연결재무제표를 작성하기 위한 내부거래 및 미실현손익 제거분개를 할 때 기말재고자산에 포함된 미실현손익은 얼마인가?

① ₩180,000 ② ₩70,000 ③ ₩45,000
④ ₩30,000 ⑤ ₩27,000

04 갑회사는 20×1년 초에 을회사의 지분 80%를 ₩230,000에 취득하여 지배기업이 되었다. 갑회사는 20×1년 중에 을회사에게 재고자산을 ₩60,000에 판매하였다. 을회사는 갑회사로부터 매입한 재고자산 중 70%는 20×1년 중에, 나머지는 20×2년 중에 각각 연결실체 외부기업에 판매하였다. 갑회사가 을회사에게 판매한 재고자산의 매출총이익률은 20%이다. 갑회사가 연결재무제표 작성 시 재고자산 내부거래와 관련하여 20×2년도에 인식할 실현이익은 얼마인가?

① ₩1,800 ② ₩2,400 ③ ₩2,800
④ ₩3,600 ⑤ ₩4,200

※ 다음은 문제 5번부터 문제 7번과 관련된 내용이다.

㈜나무는 20×1년 1월 1일 ㈜종로의 보통주 60%를 ₩2,700,000에 취득하여 지배기업이 되었으며, 동일 ㈜나무와 ㈜종로의 주주지분은 다음과 같다.

	㈜나무	㈜종로
자 본 금	₩4,000,000	₩2,000,000
자 본 잉 여 금	1,000,000	500,000
이 익 잉 여 금	1,400,000	600,000

주식취득일 현재 ㈜종로의 장부금액과 공정가치가 다른 자산·부채는 다음과 같다.

	장부금액	공정가치
재 고 자 산	₩500,000	₩600,000
토 지	1,500,000	2,000,000
건 물(순액)	2,000,000	2,300,000

재고자산은 20×1년 중 전액 매출되었고 건물은 20×1년 1월 1일부터 5년의 내용연수를 가지며 잔존가치는 없고 정액법으로 감가상각한다.

㈜종로는 20×1년과 20×2년에 각각 ₩300,000과 ₩700,000의 당기순이익을 보고했다. ㈜나무는 20×2년에 ㈜종로로부터 ₩120,000의 현금배당을 수취하였다. 영업권이 배분된 현금창출단위의 20×1년 말 현재 회수가능액은 장부금액보다 적으며, 그 차이 중 지배기업 지분 해당액은 ₩50,000이다. 또한 영업권이 배분된 현금창출단위의 20×2년 말 현재 회수가능액은 장부금액보다 많으며, 그 차이 중 지배기업 지분 해당액은 ₩40,000이다. 비지배지분은 종속기업 순자산의 공정가치에 기초하여 결정하는 방법으로 한다.

05 20×1년 말 연결재무제표 작성 시 인식될 영업권 잔액은 얼마인가?

① ₩50,000 ② ₩100,000 ③ ₩200,000
④ ₩250,000 ⑤ ₩300,000

06 20×1년 연결손익계산서상 비지배지분 귀속 당기순이익 금액은 얼마인가?

① ₩52,000 ② ₩54,000 ③ ₩56,000
④ ₩58,000 ⑤ ₩60,000

07 20×2년 연결재무상태표상 비지배지분 금액은 얼마인가?

① ₩1,812,000 ② ₩1,832,000 ③ ₩1,852,000
④ ₩1,872,000 ⑤ ₩1,892,000

※ 다음은 문제 8번부터 문제 9번에 관련된 자료이다.

갑회사는 20×1년 초에 을회사의 의결권 있는 주식 80%를 ₩180,000에 취득하여 지배기업이 되었다. 취득일 현재 을회사의 다음 자산을 제외한 모든 자산과 부채의 장부금액과 공정가치는 일치하였다.

항목	장부금액	공정가치	비고
토 지	₩80,000	₩100,000	20×2년 중에 처분(처분가액 ₩110,000)
건 물	40,000	70,000	잔존내용연수 10년, 잔존가치 없이 정액법 상각
재고자산	30,000	40,000	20×1년 중에 전액 처분

20×1년과 20×2년 갑회사와 을회사 관련된 자료는 다음과 같다. 20×1년 초 이후 두 회사 모두 배당금 지급 등의 자본관련 거래는 없다. 갑회사와 을회사의 20×1년도 당기순이익은 각각 ₩50,000과 ₩20,000이다.

과목	20×1년 말		20×2년 말	
	갑회사	을회사	갑회사	을회사
자 본 금	₩400,000	₩100,000	₩400,000	₩100,000
자 본 잉 여 금	130,000	20,000	130,000	20,000
이 익 잉 여 금	200,000	40,000	240,000	70,000

08 20×1년도 연결당기순이익 금액은 얼마인가? 단, 20×1년 말 현재 영업권이 배분된 현금창출단위의 회수가능액은 장부금액보다 적으며, 그 차이 중 지배기업 지분 해당액은 ₩5,000이다.

① ₩52,000 ② ₩53,000 ③ ₩54,000
④ ₩55,000 ⑤ ₩56,000

09 20×2년도 연결재무상태표상 연결이익잉여금 금액은 얼마인가? 단, 20×2년 말 현재 영업권이 배분된 현금창출단위의 회수가능액은 장부금액보다 많으며, 그 차이 중 지배기업 지분 해당액은 ₩2,000이다.

① ₩216,200 ② ₩226,200 ③ ₩236,200
④ ₩246,200 ⑤ ₩256,200

10 ㈜백두는 20×3년 1월 1일 ㈜한라의 발행주식 총수 중 80%를 ₩452,000에 현금 취득하여 지배기업이 되었다. 주식취득일 현재 ㈜한라의 자산과 부채는 아래의 유형자산을 제외하고 장부가액과 공정가치는 일치하였다.

	장부금액	공정가치	차액
토지	₩150,000	₩160,000	₩10,000
건물	110,000	140,000	30,000

취득 당시 ㈜한라의 자본금은 ₩400,000이고, 이익잉여금은 ₩100,000이었다. ㈜백두와 ㈜한라의 20×3년도 당기순이익은 각각 ₩450,000, ₩200,000이며, 배당지급액은 없다. 20×3년 말 영업권이 배분된 현금창출단위의 회수가능액은 장부금액보다 적으며, 그 차이 중 지배기업 지분 해당액은 ₩5,000이다. 건물은 잔존내용연수 10년 동안 잔존가액 ₩0으로 하여 정액법으로 감가상각한다. 20×3년 말 현재 연결재무상태표상 비지배지분은 얼마인가?

① ₩100,000 ② ₩140,000 ③ ₩147,400
④ ₩148,000 ⑤ ₩150,000

정답 및 해설

01 ④

지분율이 50% 초과하지 않으므로 실질지배력 여부를 추가로 검토해야만 한다.

02 ①

(1) 비지배지분 귀속 당기순이익 : (₩30,000 − 10,000×1/10)×10% = ₩2,900

(2) 비지배지분 : (₩190,000 + 30,000) + 10,000×9/10 = ₩229,000
₩229,000×10% = ₩22,900

03 ④

(1) 매출총이익률 : ₩75,000/375,000 = 20%

(2) 재고자산 미실현이익 : ₩150,000×20% = ₩30,000

04 ④

₩60,000×30%×20% = ₩3,600

05 ④

20×1년 초 영업권 : ₩2,700,000 − (3,100,000 + 100,000 + 500,000 + 300,000)×60%
= ₩300,000

20×1년 말 영업권 잔액 : ₩300,000 − 50,000(손상차손) = ₩250,000

06 ③

비지배지분 귀속 당기순이익 : (₩300,000 − 100,000 − 60,000)×40% = ₩56,000

07 ②

(1) 20×2년 말 순자산 장부금액 : ₩3,100,000(20×1년 초) + 300,000 − 200,000(현금배당)
+ 700,000 = ₩3,900,000

(2) 20×2년 말 비지배지분 : (₩3,900,000 + 500,000(토지) + 180,000(건물))×40% = ₩1,832,000

08 ①

(1) 20×1년 초 영업권 = ₩180,000 − (140,000 + 20,000 + 30,000 + 10,000)×80% = ₩20,000

(2) 20×1년 연결당기순이익
₩50,000 + 20,000 − 30,000×1/10 − 10,000 − 5,000(영업권 손상차손) = ₩52,000

09 ④

<20×2년 연결재무상태표상 연결이익잉여금>

₩240,000(20×2년 말 지배기업 이익잉여금)+(50,000−20,000(토지)−30,000×2/10−10,000)×80%−5,000(영업권 손상차손)=₩246,200

10 ③

비지배지분 : (₩400,000+100,000+200,000+10,000+30,000×9/10)×20%=₩147,400

연 / 습 / 문 / 제 - 주관식 문제

01 내부미실현이익의 제거(재고자산, 유형자산)

P회사는 20×1년 초 S회사의 보통주식 80%를 ₩400,000에 취득하여 지배기업이 되었다. 취득일 현재 S회사의 다음 자산을 제외한 모든 자산과 부채의 장부금액과 공정가치는 일치하였다. 20×2년 중 S회사의 무상증자 이외에 두 회사 모두 자본관련 거래는 없다.

항목	장부금액	공정가치	비고
건　물	₩80,000	₩100,000	잔존내용연수 10년, 잔존가치 없이 정액법 상각
재고자산	40,000	50,000	20×1년 중에 30% 판매, 20×2년 중에 70% 판매

20×1년과 20×2년의 P회사와 S회사의 재무제표는 다음과 같다.

과목	20×1년도		20×2년도	
	P회사	S회사	P회사	S회사
매　출	₩1,000,000	₩850,000	₩1,250,000	₩930,000
유형자산처분이익	80,000	50,000	60,000	48,000
기 타 수 익	200,000	130,000	220,000	145,000
매 출 원 가	(800,000)	(720,000)	(920,000)	(780,000)
기 타 비 용	(320,000)	(200,000)	(340,000)	(220,000)
당 기 순 이 익	₩160,000	₩110,000	₩270,000	₩123,000
현금·매출채권	₩300,000	₩220,000	₩340,000	₩200,000
재 고 자 산	210,000	130,000	240,000	150,000
종속기업투자	400,000	–	400,000	–
건　물(순액)	320,000	400,000	340,000	410,000
기계장치(순액)	130,000	100,000	100,000	120,000
합　계	₩1,360,000	₩850,000	₩1,420,000	₩880,000
부　채	₩600,000	₩320,000	₩390,000	₩227,000
자 본 금	300,000	200,000	300,000	230,000
자 본 잉 여 금	260,000	130,000	260,000	100,000
이 익 잉 여 금	200,000	200,000	470,000	323,000
합　계	₩1,360,000	₩850,000	₩1,420,000	₩880,000

20×1년과 20×2년 중 P회사와 S회사 간의 내부거래는 다음과 같다.

1. 20×1년 중에 P회사는 S회사에 상품을 ₩50,000에 판매하였으며, 이 중 80%는 20×1년 중에, 나머지 20%는 20×2년 중에 각각 연결실체 외부기업에 판매되었다. P회사가 S회사에게 판매한 재고자산의 매출총이익률은 30%이다.
2. 20×1년 초에 S회사는 P회사에 보유 기계장치(취득원가 ₩100,000, 감가상각누계액 ₩60,000, 잔존내용연수 5년, 잔존가치 없이 정액법 상각)를 ₩50,000에 매각하였다. P회사는 동 기계장치를 계속 사용하다가 20×2년 6월 30일에 연결실체 외부회사에 ₩45,000에 매각하였다.

물음

1. 20×1년 초에 P회사가 S회사의 지배력을 취득한 직후 연결재무제표를 작성할 경우 해야 할 연결조정분개를 하라. 단, 비지배지분은 종속기업 순자산의 공정가치에 비례하여 결정한다.
2. 20×1년 말에 P회사가 연결재무제표를 작성할 경우 연결조정분개를 하고, 연결정산표를 작성하라. 단, P회사는 영업권이 배분된 현금창출단위의 20×1년 말 현재 회수가능액이 장부금액보다 적으며, 그 차이 중 지배기업 지분 해당액은 ₩5,000이다.
3. 20×2년 말에 P회사가 연결재무제표를 작성할 경우 연결조정분개를 하고, 연결정산표를 작성하라. 단, P회사는 영업권이 배분된 현금창출단위의 20×2년 말 현재 회수가능액이 장부금액보다 많으며, 그 차이 중 지배기업 지분 해당액은 ₩3,000이다.
4. 각 연도 말 비지배지분 및 연결이익잉여금 잔액을 구하라.

해답

물음 1

<20×1년 초 연결조정분개>

(차)	자본금	200,000	(대) 종속기업투자	400,000
	자본잉여금	130,000	비지배지분	90,000[(2)]
	이익잉여금	90,000[(1)]		
	건물	20,000		
	재고자산	10,000		
	영업권	40,000[(3)]		

(1) 20×1년 초 이익잉여금 = ₩200,000(20×1년 말 이익잉여금) − 110,000(당기순이익) = ₩90,000
(2) ₩450,000(20×1년 초 S회사 순자산의 공정가치)×20% = ₩90,000
(3) 영업권은 대차 일치 금액으로 계산할 수 있으나, 다음과 같이 독립적으로 계산할 수도 있다.
₩400,000(종속기업투자 취득원가) − 450,000(20×1년 초 S회사 순자산의 공정가치)×80% = ₩40,000

물음 2

<20×1년 말 연결조정분개>

(1) 종속기업투자와 지배력 취득시점의 종속기업 자본의 상계제거

(차) 자본금	200,000	(대) 종속기업투자	400,000
자본잉여금	130,000	비지배지분	90,000
이익잉여금	90,000		
건물	20,000		
재고자산	10,000		
영업권	40,000		

(2) 종속기업 자산의 공정가치와 장부금액 차이의 조정

(차) 감가상각비	2,000	(대) 감가상각누계액	2,000
(차) 매출원가	3,000	(대) 재고자산	3,000

(3) 영업권의 손상차손 인식

(차) 손상차손	5,000	(대) 영업권	5,000

(4) 내부거래

① 재고자산 내부거래의 상계제거

(차) 매출	50,000	(대) 매출원가	50,000

② 재고자산 당기 미실현이익의 제거(하향거래)

(차) 매출원가	3,000[(1)]	(대) 재고자산	3,000

(1) ₩50,000×30%(매출총이익률)×20%(기말 보유비율)=₩3,000

③ 기계장치 당기 미실현이익의 제거(상향거래)

(차) 기계장치	50,000[(2)]	(대) 감가상각누계액	60,000[(2)]
유형자산처분이익	10,000		
(차) 감가상각누계액	2,000	(대) 감가상각비	2,000[(3)]

(2) P회사의 별도재무제표에는 기계장치가 취득원가 ₩50,000으로 표시되어 있을 것이며, 20×1년 초 현재 감가상각누계액은 ₩0일 것이다. 따라서 내부거래가 발생하기 전의 기계장치 취득원가 ₩100,000, 감가상각누계액 ₩60,000의 상태로 환원시켜야 한다.

(3) P회사의 감가상각비는 ₩10,000의 미실현이익으로 인하여 매년 ₩2,000씩 추가로 인식하였을 것이므로 이를 제거한다.
₩10,000(미실현이익)÷5년=₩2,000. 20×1년 말 현재 미실현이익은 ₩8,000이다.

(5) 당기순이익으로 인한 순자산 변동 중 비지배지분 해당액

(차) 이 익 잉 여 금 19,400[(4)] (대) 비 지 배 지 분 19,400

(4) {₩110,000(20×1년 당기순이익) − 2,000(감가상각비) − 3,000(매출원가) − 10,000(처분이익) + 2,000(감가상각비)} × 20% = ₩19,400

〈20×1년도 연결정산표〉

과목	P회사	S회사	연결조정분개		연결재무제표
			차변	대변	
매 출	₩1,000,000	₩850,000	④50,000		₩1,800,000
유형자산처분이익	80,000	50,000	④10,000		120,000
기 타 수 익	200,000	130,000			330,000
매 출 원 가	(800,000)	(720,000)	②3,000 ④3,000	④50,000	(1,476,000)
기 타 비 용	(320,000)	(200,000)	②2,000 ③5,000	④2,000	(525,000)
당 기 순 이 익	₩160,000	₩110,000	₩73,000*	₩52,000*	₩249,000
현금·매출채권	₩300,000	₩220,000			₩520,000
재 고 자 산	210,000	130,000	①10,000	②3,000 ④3,000	344,000
종속기업투자	400,000	–		①400,000	–
건 물(순액)	320,000	400,000	①20,000	②2,000	738,000
기계장치(순액)	130,000	100,000	④50,000 ④2,000	④60,000	222,000
영 업 권	–	–	①40,000	③5,000	35,000
합 계	₩1,360,000	₩850,000			₩1,859,000
부 채	₩600,000	₩320,000			₩920,000
자 본 금	300,000	200,000	①200,000		300,000
자 본 잉 여 금	260,000	130,000	①130,000		260,000
이 익 잉 여 금	200,000	200,000	①90,000 ⑤19,400 73,000*	52,000*	269,600
비 지 배 지 분	–	–		①90,000 ⑤19,400	109,400
합 계	₩1,360,000	₩850,000	₩634,400	₩634,400	₩1,859,000

* 당기순이익의 조정 금액만큼 이익잉여금에 반영한다.

물음 3

<20×2년 말 연결조정분개>

(1) 종속기업투자와 지배력 취득시점의 종속기업 자본의 상계제거

(차)	자본금	200,000	(대) 종속기업투자	400,000
	자본잉여금	130,000	비지배지분	90,000
	이익잉여금	90,000		
	건물	20,000		
	재고자산	10,000		
	영업권	40,000		

(2) 지배력 취득시점부터 당기 초까지 종속기업의 순자산 변동 중 비지배지분 해당액

(차)	이익잉여금	19,400(1)	(대) 비지배지분	19,400

(1) (₩110,000 − 2,000 − 3,000 − 10,000 + 2,000)×20% = ₩19,400

(3) 무상증자 효과 제거

(차)	자본금	30,000	(대) 자본잉여금	30,000

(4) 종속기업 자산의 공정가치와 장부금액 차이의 조정

(차)	이익잉여금	2,000	(대) 감가상각누계액	4,000(2)
	감가상각비	2,000		

(2) ₩20,000÷10년×2(20×1년과 20×2년 상각) = ₩4,000

(차)	이익잉여금	3,000	(대) 재고자산	10,000(3)
	매출원가	7,000		

(3) 20×1년도 조정분 ₩3,000(₩10,000×30%)과 20×2년도 조정분 ₩7,000(₩10,000×70%)

(5) 영업권의 손상차손 인식

(차)	이익잉여금	5,000(4)	(대) 영업권	5,000

(4) 20×2년 말 현재 회수가능액 증가분에 대한 손상차손환입은 인식하지 않고 20×1년도 손상차손만 이익잉여금에서 조정한다.

(6) 내부거래

① 재고자산 전기 미실현이익의 실현(하향거래)

(차)	이익잉여금	3,000	(대) 매출원가	3,000

② 기계장치 전기 미실현이익의 실현(상향거래)

(차)	이익잉여금	8,000	(대) 감가상각비	1,000(5)
			유형자산처분이익	7,000(6)

(5) ₩2,000(감가상각비)×6/12 = ₩1,000

(6) 전기이월 미실현이익 ₩8,000 중 ₩1,000은 감가상각비로 실현되었으므로 나머지 ₩7,000을 유형자산처분이익으로 실현시킨다.

(7) 당기순이익으로 인한 순자산 변동 중 비지배지분 해당액

(차) 이 익 잉 여 금 24,400[(7)] (대) 비 지 배 지 분 24,400

(7) {₩123,000(20×2년도 당기순이익) − 2,000(감가상각비) − 7,000(매출원가) + 1,000(감가상각비) + 7,000(처분이익)} × 20% = ₩24,400

〈20×2년도 연결정산표〉

과목	P회사	S회사	연결조정분개		연결재무제표
			차변	대변	
매 출	₩1,250,000	₩930,000			₩2,180,000
유형자산처분이익	60,000	48,000		⑥7,000	115,000
기 타 수 익	220,000	145,000			365,000
매 출 원 가	(920,000)	(780,000)	④7,000	⑥3,000	(1,704,000)
기 타 비 용	(340,000)	(220,000)	④2,000	⑥1,000	(561,000)
당 기 순 이 익	₩270,000	₩123,000	₩9,000*	₩11,000*	₩395,000
현금·매출채권	₩340,000	₩200,000			₩540,000
재 고 자 산	240,000	150,000	①10,000	④10,000	390,000
종속기업투자	400,000	–		①400,000	–
건 물(순액)	340,000	410,000	①20,000	④4,000	766,000
기계장치(순액)	100,000	120,000			220,000
영 업 권	–	–	①40,000	⑤5,000	35,000
합 계	₩1,420,000	₩880,000			₩1,951,000
부 채	₩390,000	₩227,000			₩617,000
자 본 금	300,000	230,000	①200,000 ③30,000		300,000
자 본 잉 여 금	260,000	100,000	①130,000	③30,000	260,000
이 익 잉 여 금	470,000	323,000	①90,000 ②19,400 ④2,000 ④3,000 ⑤5,000 ⑥3,000 ⑥8,000 ⑦24,400 9,000*	11,000*	640,200
비 지 배 지 분	–	–		①90,000 ②19,400 ⑦24,400	133,800
합 계	₩1,420,000	₩880,000	₩593,800	₩593,800	₩1,951,000

* 당기순이익의 조정 금액만큼 이익잉여금에 반영한다.

물음 4

<20×1년 말>

20×1년 말 S회사 순자산의 공정가치
=₩530,000(순자산의 장부금액)+18,000(건물)+7,000(재고자산)
=₩555,000

비지배지분=(S회사 순자산의 공정가치-당기 말 상향 미실현이익 잔액)×20%
=(₩555,000-10,000×4/5)×20%=₩109,400

연결이익잉여금=₩200,000(20×1년 말 지배기업 이익잉여금)
+{110,000(지배력 취득 이후 종속기업 이익잉여금 증가)
-2,000(건물 감가상각비)-3,000(매출원가)-8,000(상향 미실현이익 잔액)}×80%
-5,000(영업권 손상차손)-3,000(하향 미실현이익)
=₩269,600

한편, 연결손익계산서 하단에는 당기순이익 ₩249,000을 다음과 같이 두 부분으로 구분하여 표시한다.

비지배지분 귀속 당기순이익
={₩110,000(종속기업 당기순이익)-2,000(감가상각비)-3,000(매출원가)
-10,000(처분이익)+2,000(감가상각비)}×20%=₩19,400

지배기업 소유주 귀속 당기순이익
=₩249,000-19,400=₩229,600

<20×2년 말>

20×2년 말 S회사 순자산의 공정가치
=₩653,000(순자산의 장부금액)+16,000(건물)=₩669,000

비지배지분=(S회사 순자산의 공정가치-당기 말 상향 미실현이익 잔액)×20%
=(₩669,000+0)×20%=₩133,800

연결이익잉여금=₩470,000(20×2년 말 지배기업 이익잉여금)
+{233,000(지배력 취득 이후 종속기업 이익잉여금 증가)
-4,000(건물 감가상각비 누계액)-10,000(매출원가 조정 누계액)
-0(상향 미실현이익 잔액)}×80%-5,000(영업권 손상차손 누계액)
=₩640,200(모든 내부거래가 실현되었으므로 차감할 미실현손익은 없다.)

한편, 연결손익계산서 하단에는 당기순이익 ₩395,000을 다음과 같이 두 부분으로 구분하여 표시한다.

비지배지분 귀속 당기순이익
={₩123,000(종속기업 당기순이익)-2,000(감가상각비)-7,000(매출원가)
+1,000(감가상각비)+7,000(처분이익)}×20%=₩24,400

지배기업 소유주 귀속 당기순이익=₩395,000-24,400=₩370,600

02 재고자산 내부거래 및 내부미실현이익

20×1년 1월 1일 P회사는 S회사 보통주의 90%를 ₩154,000에 취득하여 지배기업이 되었다. 취득 당시 S회사 순자산은 ₩160,000으로, 자본금이 ₩100,000, 이익잉여금이 ₩60,000이며, S회사 순자산의 장부금액과 공정가치는 동일하다. S회사의 20×1년 당기순이익은 ₩12,000이며, 20×2년 당기순이익은 ₩15,000이고 20×2년 중 현금배당금 ₩5,000을 지급하였다. 한편, P회사의 20×1년과 20×2년의 당기순이익은 각각 ₩20,000과 ₩30,000이다.

P회사와 S회사는 상호 간에 재고자산의 매출, 매입 거래가 있었으며, 다음은 20×1년과 20×2년의 상향거래 및 하향거래에 관련된 자료이다.

	20×1년도		20×2년도	
	상향거래	하향거래	상향거래	하향거래
매출액	₩4,000	₩22,000	₩5,600	₩21,000
매출원가	2,400	16,500	3,300	15,000
기말재고 중 내부거래잔액비율	20%	20%	20%	20%

20×1년 말 내부거래 기말재고자산은 다음 연도에 모두 판매되었다.

물음

1. 연도별 상향거래 및 하향거래로 인한 미실현이익을 계산하라.

2. 연도별 연결당기순이익을 계산하라.

해답

물음 1

	20×1년도		20×2년도	
	상향거래	하향거래	상향거래	하향거래
매출액	₩4,000	₩22,000	₩5,600	₩21,000
매출원가	2,400	16,500	3,300	15,000
매출총이익	₩1,600	₩5,500	₩2,300	₩6,000
기말재고 중 내부거래잔액비율	20%	20%	20%	20%
미실현이익	₩320	₩1,100	₩460	₩1,200

물음 2

20×1년 연결당기순이익 = ₩20,000(P회사 당기순이익) + 12,000(S회사 당기순이익)
− 320(상향 미실현이익) − 1,100(하향 미실현이익)
= ₩30,580

20×2년 연결당기순이익 = ₩30,000(P회사 당기순이익) + 15,000(S회사 당기순이익)
− 4,500(배당금수익) + 320(상향 미실현이익의 실현)
− 460(상향 미실현이익) + 1,100(하향 미실현이익의 실현)
− 1,200(하향 미실현이익)
= ₩40,260

03 연결재무제표(1) (CPA 2014)

㈜지배는 20×1년 1월 1일에 ㈜종속의 보통주 80%(80주, 주당 액면금액 ₩5,000)를 ₩680,000에 취득하고 지배력을 획득하였다. 주식취득일 현재 ㈜종속의 자본계정은 자본금 ₩500,000과 이익잉여금 ₩200,000으로 구성되어 있으며, 보통주 1주당 공정가치는 ₩8,200이다.

〈추기 자료〉

1. 20×1년 1월 1일 현재 ㈜종속의 자산과 부채 중에서 장부금액과 공정가치가 일치하지 않는 항목은 다음과 같다.

	장부금액	공정가치
상 품	₩70,000	₩84,000
토 지	300,000	350,000
건물(순액)	180,000	216,000

위 상품 중 80%는 20×1년 중에 외부로 판매되었으며, 나머지 20%는 20×2년 중에 외부로 판매되었다. 토지와 건물은 ㈜종속이 20×0년 초에 현금 ₩500,000을 지급하고 일괄취득한 자산이며, 건물은 정액법(내용연수 10년, 잔존가치 ₩0)에 따라 감가상각하고 있다.

2. 20×1년 중에 ㈜지배는 ㈜종속에 원가 ₩12,000인 상품을 ₩15,000에 현금 판매하였으며, ㈜종속은 동 상품 전액을 20×2년 중에 외부로 판매하였다.

3. 20×2년 1월 1일에 ㈜종속은 사용하던 비품(장부금액 ₩30,000)을 ₩36,000에 ㈜지배에 현금 매각하였다. 비품 매각일 현재 잔존내용연수는 3년, 잔존가치는 ₩0, 감가상각방법은 정액법이다. ㈜지배는 동 자산을 20×2년 말 현재 사용하고 있다.

4. 20×2년 1월 1일 ㈜종속은 신규시설투자와 관련하여 ㈜지배로부터 현금 ₩200,000을 차입하였다. 동 차입금은 약정이자(연 이자율 5%)와 함께 20×3년 12월 31일에 상환할 예정이다.

5. 20×1년과 20×2년에 대한 ㈜지배와 ㈜종속의 별도(개별)재무제표상 당기순이익은 아래와 같으며, 동 기간 중에 양 사는 배당을 선언한 바가 없다.

	20×1년	20×2년
㈜지배	₩55,000	₩75,000
㈜종속	20,000	25,000

6. ㈜지배는 ㈜종속의 주식을 원가법으로 회계처리하고 있으며, 연결재무제표 작성 시 비지배지분은 공정가치로 평가한다.

7. ㈜지배와 ㈜종속이 작성한 별도(개별)재무제표는 한국채택국제회계기준에 따라 적정하게 작성되었다.

물음

1. ㈜지배와 ㈜종속의 20×1년도 별도(개별)재무제표상 일부항목이 다음과 같다고 할 때, 연결재무제표의 빈 칸(①~⑤)에 계상될 금액을 구하라. 단, 20×1년 말 현재 영업권에 대한 손상은 발생하지 않은 것으로 가정하며, 해당 금액이 없는 경우에는 "0"으로 표시하라.

계정과목	㈜지배	㈜종속	연결재무제표
손익계산서 항목			
매출원가	₩650,000	₩280,000	①
당기순이익	55,000	20,000	②
재무상태표 항목			
상품	₩240,000	₩90,000	③
건물(순액)	380,000	160,000	④
영업권	0	0	⑤

2. 20×2년도에 ㈜지배가 작성하는 연결재무제표에 계상될 ① 비지배지분 귀속 당기순이익과 ② 비지배지분 금액을 각각 구하라.

해답

물음 1

계정과목	㈜지배	㈜종속	연결재무제표
손익계산서 항목			
매출원가	₩650,000	₩280,000	① ₩929,200
당기순이익	55,000	20,000	② ₩56,800
재무상태표 항목			
상품	₩240,000	₩90,000	③ ₩329,800
건물(순액)	380,000	160,000	④ ₩572,000
영업권	0	0	⑤ ₩44,000

<계산근거>

① ₩650,000 + 280,000 + 11,200 − 15,000 + 3,000 = ₩929,200

② ₩55,000 + 20,000 − 11,200 − 4,000 − 3,000 = ₩56,800

③ ₩240,000 + 90,000 + 14,000 − 11,200 − 3,000 = ₩329,800

④ ₩380,000 + 160,000 + 36,000 − 4,000 = ₩572,000

⑤ ₩680,000 + 20주×8,200 − (500,000 + 200,000 + 14,000 + 50,000 + 36,000)
= ₩44,000(단, 비지배지분 귀속 영업권 = 20주×₩8,200 − (500,000 + 200,000 + 14,000 + 50,000 + 36,000)×20% = ₩4,000)

참고

<20×1년 말 연결조정분개>

① 투자주식과 지배력 취득시점의 종속기업 자본의 상계제거

(차)	자 본 금	500,000	(대) 투 자 주 식	680,000
	이 익 잉 여 금	200,000	비 지 배 지 분	164,000
	상 품	14,000		
	토 지	50,000		
	건 물	36,000		
	영 업 권	44,000		

② 종속기업 자산의 공정가치와 장부금액 차이의 조정

(차)	매 출 원 가	11,200	(대) 상 품	11,200
(차)	감 가 상 각 비	4,000	(대) 건 물	4,000

③ 상품 관련 내부거래제거(하향거래)

(차) 매 출	15,000	(대) 매 출 원 가	15,000
(차) 매 출 원 가	3,000	(대) 상 품	3,000

④ 당기순이익으로 인한 순자산 변동분 중 비지배지분 해당액

(차) 이 익 잉 여 금	960	(대) 비 지 배 지 분	960

* {₩20,000 − 11,200(매출원가) − 4,000(감가상각비)} × 20% = ₩960

물음 2

(1) 20×2년 비지배지분 귀속 당기순이익 : ₩2,840

(₩25,000 − 2,800(매출원가) − 4,000(감가상각비) − 6,000(상향 미실현이익) + 2,000(상향 실현이익)) × 20% = ₩2,840

(2) 20×2년 말 비지배지분 : ₩167,800

20×1년 초 비지배지분(20주×₩8,200)	₩164,000
20×1년 말 비지배지분 증가	960
20×2년 말 비지배지분 증가	2,840
20×2년 말 비지배지분 잔액	₩167,800

<별해>

① 20×2년 말 ㈜종속 자본 : ₩700,000 + 20,000 + 25,000 =	₩745,000
② 20×2년 말 기준 ㈜종속 자산의 공정가치와 장부금액의 차이	
상품	0
건물 ₩36,000×7/9 =	28,000
토지	50,000
③ 20×2년 말 상향 미실현손익 : ₩(6,000) + 2,000 =	(4,000)
계	₩819,000
④ 20×2년 말 비지배지분 = ₩819,000×20% + 비지배지분 귀속 영업권 ₩4,000 =	₩167,800

참고

<20×2년 말 연결조정분개>

① 투자주식과 지배력 취득시점의 종속기업 자본의 상계제거

(차)	자본금	500,000	(대)	투자주식	680,000
	이익잉여금	200,000		비지배지분	164,000[(1)]
	상품	14,000			
	토지	50,000			
	건물	36,000			
	영업권	44,000			

(1) 20주×₩8,200 = ₩164,000

② 지배력 취득시점부터 당기 초까지 종속기업 순자산 변동중 비지배지분 해당액

(차)	이익잉여금	960	(대)	비지배지분	960[(2)]

(2) (₩20,000 − 11,200 − 4,000)×20% = ₩960

③ 종속기업 자산의 공정가치와 장부금액 차이의 조정

(차)	이익잉여금	11,200	(대)	상품	14,000
	매출원가	2,800			
(차)	이익잉여금	4,000	(대)	건물	8,000
	감가상각비	4,000			

④ 상품 관련 내부거래제거(하향거래)

(차)	이익잉여금	3,000	(대)	매출원가	3,000

⑤ 비품 관련 내부거래제거(상향거래)

(차)	유형자산처분이익	6,000	(대)	비품	4,000
				감가상각비	2,000

⑥ 채권·채무 상계

(차)	차입금	200,000	(대)	대여금	200,000
(차)	이자수익	10,000	(대)	이자비용	10,000

⑦ 당기순이익으로 인한 순자산 변동분 중 비지배지분 해당액

(차)	이익잉여금	2,840	(대)	비지배지분	2,840[(3)]

(3) {₩25,000 − 2,800(매출원가) − 4,000(감가상각비) − 6,000(상향 미실현이익) + 2,000(상향 실현이익)} ×20% = ₩2,840

04 연결재무제표(2) (CPA 2010)

㈜서울은 20×1년 1월 1일 ㈜송파의 발행주식 60%를 ₩700,000에 취득하여 지배력을 획득하였다. 주식 취득일 현재 ㈜서울과 ㈜송파의 자본계정은 다음과 같다.

	㈜서울	㈜송파
납입자본	₩1,000,000	₩650,000
이익잉여금	400,000	350,000

〈추가 자료〉

1. 20×1년 1월 1일 현재 ㈜송파의 자산과 부채 중에서 장부금액과 공정가치가 일치하지 않는 항목은 다음과 같다.

	장부금액	공정가치
재고자산	₩150,000	₩180,000
건물	100,000	150,000

위의 재고자산은 20×1년 중에 모두 외부로 판매되었다. 20×1년 1월 1일 현재 위의 건물 잔존내용연수는 10년이며 잔존가치는 ₩0이고 정액법에 따라 감가상각한다.

2. 20×1년 중에 ㈜송파는 ㈜서울에 원가 ₩10,000인 재고자산을 ₩12,000의 가격으로 판매하였으며, 이 중 50%는 20×1년 중에 외부로 판매되었고 나머지 50%는 20×2년 말 현재 ㈜서울이 보유 중이다. 한편, ㈜서울은 20×2년 중에 원가 ₩30,000의 재고자산을 ㈜송파에게 ₩25,000의 가격으로 판매하였다. 동 재고자산은 경쟁사의 신제품 출시로 인하여 가격이 급격히 하락하였으며, ㈜송파에 판매한 가격은 순실현가능가치와 동일한 금액이다.
3. 20×2년 말 ㈜서울의 ㈜송파에 대한 매출채권 ₩25,000 중 ₩12,000은 은행에서 할인한 상태이며, 동 할인거래는 매출채권의 제거조건을 만족하지 못한다.
4. 20×1년 말 ㈜송파는 자사가 보유중인 건물에 대하여 재평가를 실시하였으며 재평가된 금액은 ₩180,000이었다. ㈜송파는 재평가잉여금을 이익잉여금에 대체하지 않는 회계정책을 채택하고 있다.
5. 20×2년 초에 ㈜송파는 사용하던 비품(처분 시 장부금액은 ₩30,000, 처분시점에서의 잔존 내용연수는 5년, 잔존가치는 ₩0)을 ㈜서울에 ₩36,000에 매각하였다. ㈜서울은 동 비품을 20×2년에 사용하였으며 정액법(잔존 내용연수 5년, 잔존가치는 ₩0)으로 상각하였다. 20×2년 말 ㈜서울은 동 비품을 ₩40,000의 가격으로 외부에 처분하였다.
6. 20×1년과 20×2년에 대한 ㈜서울과 ㈜송파의 별도재무제표상 당기순이익은 다음과 같으며 동 기간 중에 양사는 배당을 선언한 바 없다.

	20×1년	20×2년
㈜서울	₩200,000	₩220,000
㈜송파	150,000	180,000

7. ㈜서울은 ㈜송파의 주식 취득에서 발생한 영업권을 현금창출단위에 배분하였는데, 을 20×1년 말 현재 현금창출단위의 회수가능액은 장부금액보다 적으며, 그 차이 중 지배기업 지분 해당액은 ₩4,000이다. 또한 20×2년 말 현재 현금창출단위의 회수가능액은 장부금액보다 많으며, 그 차이 중 지배기업 지분 해당액은 ₩3,000이다.
8. ㈜서울은 ㈜송파의 주식을 원가법으로 회계처리하고 있으며 연결재무제표 작성 시 비지배지분은 종속기업의 순자산 공정가치에 대한 비례적 지분으로 평가한다.
9. ㈜서울과 ㈜송파가 작성한 별도재무제표는 한국채택국제회계기준(K-IFRS)에 따라 적정하게 작성되었다.

물음

1. ㈜서울이 20×2 회계연도에 대하여 연결재무제표를 작성한다고 할 때 다음에 제시되는 부분 연결재무제표의 빈 칸 ①~⑪에 들어갈 금액을 계산하라.

계정과목	별도재무제표		연결재무제표
	㈜서울	㈜송파	
재무상태표 항목			
매출채권(순액)	₩110,000	₩90,000	①
재고자산	45,000	33,000	②
건물(순액)	190,000	160,000	③
영업권	0	0	④
단기차입금	90,000	50,000	⑤
재평가잉여금	0	90,000	⑥
이익잉여금	820,000	680,000	⑦
손익계산서 항목			
매출원가	₩600,000	₩400,000	⑧
감가상각비	55,000	25,000	⑨
유형자산처분이익	11,200	6,000	⑩
비지배지분 귀속 당기순이익	–	–	⑪

2. 20×1년 1월 1일 ㈜송파의 발행주식수는 100주이고 1주당 공정가치는 ₩11,000이라고 가정한다. ㈜송파의 비지배지분을 공정가치에 따라 평가한다고 할 때 20×1년 1월 1일 취득시점에서의 영업권을 계산하라.

3. 비지배지분은 종속기업의 순자산 공정가치에 대한 비례적 지분으로 측정할 수도 있고 공정가치로 측정할 수도 있다. 두 방법 중에서 어느 방법을 선택하는가에 따라 연결재무제표에 보고되는 영업권 금액에 있어 차이가 발생하는 것이 일반적이다. 이와 같이 차이가 발생하는 이유는 무엇이며, 두 방법 중에서 어느 방법이 연결실체이론에 보다 부합하는지를 설명하라.

해답

물음 1 20×2년 연결 회계처리

(1) 최초 취득 시 영업권의 계산

₩700,000 − 1,000,000(20×1년 초 ㈜송파 자본)×60% = ₩100,000

차이 ₩100,000			
	재고자산	₩30,000×60% =	₩18,000
	건 물	50,000×60% =	30,000
	∴ 영 업 권		₩52,000

(2) 회계처리

① 종속기업투자와 지배력 취득시점의 종속기업 자본의 상계제거

(차)	납 입 자 본	650,000	(대) 종 속 기 업 투 자	700,000
	이 익 잉 여 금	350,000	비 지 배 지 분	432,000
	재 고 자 산	30,000		
	건 물	50,000		
	영 업 권	52,000		

② 지배력 취득시점부터 당기 초까지 종속기업 순자산 변동분 중 비지배지분 해당액

(차)	이 익 잉 여 금	45,600	(대) 비 지 배 지 분	45,600

* (₩150,000 − 30,000 − 5,000 − 1,000)×40% = ₩45,600

(차)	재 평 가 잉 여 금	18,000	(대) 비 지 배 지 분	18,000

* (₩90,000 − 45,000)×40% = ₩18,000

③ 종속기업 자산의 공정가치와 장부금액 차이의 조정

(차)	이 익 잉 여 금	30,000	(대) 재 고 자 산	30,000
(차)	이 익 잉 여 금	5,000	(대) 건 물(순액)	5,000
(차)	재 평 가 잉 여 금	90,000	(대) 건 물(순액)	45,000
			재 평 가 잉 여 금	45,000

* ① 종속기업 회계처리

<20×1년 말>

(차)	감 가 상 각 비	10,000	(대) 건 물(순액)	10,000
(차)	건 물(순액)	90,000	(대) 재 평 가 잉 여 금	90,000

<20×2년 말>

(차)	감 가 상 각 비	20,000	(대) 건 물(순액)	20,000

② 연결실체 관점의 회계처리

<20×1년 말>

(차) 감 가 상 각 비	15,000	(대) 건 물(순액)	15,000
(차) 건 물(순액)	45,000	(대) 재 평 가 잉 여 금	45,000

<20×2년 말>

(차) 감 가 상 각 비	20,000	(대) 건 물(순액)	20,000

④ 영업권의 손상차손 인식

(차) 이 익 잉 여 금	4,000	(대) 영 업 권	4,000

⑤ 내부거래

• 전기 재고자산 내부거래의 당기미실현이익의 제거(상향거래)

(차) 이 익 잉 여 금	1,000	(대) 재 고 자 산	1,000

• 당기 재고자산 내부거래의 상계제거

(차) 매 출	25,000	(대) 매 출 원 가	25,000

• 당기 재고자산 내부거래의 미실현손익의 제거

회계처리 없음*

* 연결실체의 내부거래에서 발생한 미실현손실은 미실현이익처럼 무조건 전액 제거하지 않는 점에 유의하여야 한다. 왜냐하면 내부거래손실이 발생하였다는 것은 연결실체 간의 거래에서 장부금액보다 낮은 금액으로 자산을 매각하였다는 것인데, 이는 이미 자산손상의 징후가 나타났기 때문일 수도 있다. 즉, 내부거래가 발생하지 않았더라도 손상차손을 인식했을 것이므로 연결재무제표 작성 과정에서 내부거래손실을 제거하면 오히려 정상적으로 인식되었어야 할 손상차손이 연결재무제표에 반영되지 못하는 문제가 발생한다. 따라서 내부미실현손실이 발생한 경우에는 자산손상에 해당하는지의 여부를 고려하여 자산손상에 해당하지 않는 경우에만 연결조정과정에서 제거하여야 한다.

• 채권·채무 상계

(차) 매 입 채 무	25,000	(대) 매 출 채 권	25,000

• 비품 관련 당기미실현이익의 제거(상향거래)

(차) 유형자산처분이익	6,000	(대) 비 품(순액)	4,800
		감 가 상 각 비	1,200
(차) 비 품(순액)	4,800	(대) 유형자산처분이익	4,800

⑥ 당기순이익으로 인한 순자산 변동분 중 비지배지분 해당액

(차) 이 익 잉 여 금	72,000	(대) 비 지 배 지 분	72,000

* {₩180,000(20×2년 당기순이익) − 1,200(유형자산처분이익) + 1,200(감가상각비)} × 40% = ₩72,000

(3) 연결재무제표

계정과목	별도재무제표		연결재무제표
	㈜서울	㈜송파	
재무상태표 항목			
매출채권(순액)	₩110,000	₩90,000	₩175,000
재고자산	45,000	33,000	77,000
건물(순액)	190,000	160,000	350,000
영업권	0	0	48,000
단기차입금	90,000	50,000	140,000
재평가잉여금	0	90,000	27,000
이익잉여금	820,000	680,000	992,400
손익계산서 항목			
매출원가	₩600,000	₩400,000	₩975,000
감가상각비	55,000	25,000	78,800
유형자산처분이익	11,200	6,000	16,000
비지배지분 귀속 당기순이익	–	–	72,000

① ₩110,000 + 90,000 − 25,000(채권 · 채무상계) = ₩175,000

② ₩45,000 + 33,000 − 1,000(전기 재고자산 내부거래 제거) = ₩77,000

③ ₩190,000 + 160,000 = ₩350,000

④ ₩52,000 − 4,000(전기손상차손) = ₩48,000

⑤ ₩90,000 + 50,000 = ₩140,000

⑥ ₩90,000 − 90,000 + 45,000 − 18,000(비지배지분 해당액) = ₩27,000

⑦ ₩820,000 + 680,000 − 350,000(최초자본제거)
− 45,600(전기 이익잉여금 증감 중 비지배지분 해당액)
− 30,000(시가변동분(재고) 차이조정) − 5,000(시가변동분(건물) 차이조정)
− 4,000(전기영업권 손상차손) − 1,000(전기 재고자산 미실현이익 제거)
− 1,200(유형자산처분이익) + 1,200(감가상각비)
− 72,000(당기순이익 중 비지배지분 해당액)
= ₩992,400

⑧ ₩600,000 + 400,000 − 25,000(내부거래 제거) = ₩975,000

⑨ ₩55,000 + 25,000 − 1,200(내부거래 제거) = ₩78,800

⑩ ₩11,200 + 6,000 − 1,200(내부거래 제거) = ₩16,000

⑪ ₩72,000

물음 2

비지배지분 = 종속기업 지분(주식)의 주당 공정가치×비지배주주 소유주식수
= ₩11,000×40주
= ₩440,000

영업권 = {종속기업투자 취득원가(60% 지분금액) + 비지배지분(40% 지분금액)}
− 종속기업 순자산의 공정가치
= (₩700,000 + 440,000) − (₩1,000,000 + 30,000 + 50,000)
= ₩60,000

물음 3

종속기업 순자산의 공정가치에 대한 비례적 지분으로 비지배지분을 측정하면 지배기업 지분에 대한 영업권만이 계상되지만, 공정가치로 비지배지분을 측정하면 지배기업 지분에 대한 영업권과 비지배지분에 대한 영업권 모두를 계상하게 되므로 양자의 영업권에 차이가 발생한다. 연결실체이론은 비지배지분도 연결실체의 주주로 보는 개념이므로 지배기업지분과 비지배지분의 영업권을 모두 계상하는 방법 즉, 공정가치로 비지배지분을 측정하는 방법이 연결실체이론에 더 부합하는 방법이라고 할 수 있다.

05 내부미실현이익의 제거(사채) (1)

P회사는 20×1년 초 S회사의 보통주식 80%를 ₩400,000에 취득하여 지배기업이 되었다. 취득일 현재 S회사의 다음 자산을 제외한 모든 자산과 부채의 장부금액과 공정가치는 일치하였다. 두 회사 모두 자본거래는 없다.

항목	장부금액	공정가치	비고
건 물	₩80,000	₩100,000	잔존내용연수 10년, 잔존가치 없이 정액법 상각
재고자산	40,000	50,000	20×1년 중에 30% 판매, 20×2년 중에 70% 판매

20×1년과 20×2년의 P회사와 S회사의 주요 재무수치는 다음과 같다.

과목	20×1년도		20×2년도	
	P회사	S회사	P회사	S회사
당 기 순 이 익	₩160,000	₩110,000	₩270,000	₩123,000
⋮				
자 본 금	₩300,000	₩200,000	₩300,000	₩200,000
자 본 잉 여 금	260,000	130,000	260,000	130,000
이 익 잉 여 금	200,000	200,000	470,000	323,000
합 계	₩760,000	₩530,000	₩1,030,000	₩653,000

20×1년 중 P회사와 S회사 간의 내부거래는 다음과 같다.

> 20×1년 초 P회사는 S회사가 20×0년 초에 발행한 사채 ₩100,000(액면금액)을 현금 ₩91,000에 매입하였다. S회사 사채는 발행가액이 ₩80,000이고, 액면이자 10%를 매년 말에 지급하며 만기는 20×3년 말이다. P회사는 이 사채를 AC 금융자산으로 분류하여 회계처리하였다. 두 회사는 모두 정액법 상각을 한다.

물음

1. 20×1년 초에 P회사가 S회사의 지배력을 취득한 직후 연결재무제표를 작성할 경우 해야 할 연결조정분개를 하라. 단, 비지배지분은 종속기업 순자산의 공정가치에 비례하여 결정한다.
2. 20×1년 말에 P회사가 연결재무제표를 작성할 경우 연결조정분개를 하고, 연결정산표를 작성하라. 단, P회사는 20×1년 말 현재 영업권이 배분된 현금창출단위의 회수가능액이 장부금액보다 적으며, 그 차이 중 지배기업 지분 해당액은 ₩5,000이다.
3. 20×2년 말에 P회사가 연결재무제표를 작성할 경우 연결조정분개를 하고, 연결정산표를 작성하라. 단, P회사는 20×2년 말 현재 영업권의 배분된 현금창출단위의 회수가능액이 장부금액보다 많으며, 그 차이 중 지배기업 지분 해당액은 ₩4,000이다.
4. 각 연도 말 비지배지분 및 연결이익잉여금 잔액을 구하라.

해답

물음 1

<20×1년 초 연결조정분개>

(차)	자본금	200,000	(대) 종속기업투자	400,000
	자본잉여금	130,000	비지배지분	90,000(2)
	이익잉여금	90,000(1)		
	건물	20,000		
	재고자산	10,000		
	영업권	40,000(3)		

(1) 20×1년 초 이익잉여금 = ₩200,000(20×1년 말 이익잉여금) − 110,000(당기순이익) = ₩90,000
(2) ₩450,000(20×1년 초 S회사 순자산의 공정가치)×20% = ₩90,000
(3) 영업권은 대차 일치 금액으로 계산할 수 있으나, 다음과 같이 독립적으로 계산할 수도 있다.
₩400,000(종속기업투자 취득원가) − 450,000(20×1년 초 S회사 순자산의 공정가치)×80% = ₩40,000

물음 2

<20×1년 말 연결조정분개>

(1) 종속기업투자와 지배력 취득시점의 종속기업 자본의 상계제거

(차)	자본금	200,000	(대) 종속기업투자	400,000
	자본잉여금	130,000	비지배지분	90,000
	이익잉여금	90,000		
	건물	20,000		
	재고자산	10,000		
	영업권	40,000		

(2) 종속기업 자산의 공정가치와 장부금액 차이의 조정

(차)	감가상각비	2,000	(대) 감가상각누계액	2,000
(차)	매출원가	3,000	(대) 재고자산	3,000

(3) 영업권의 손상차손 인식

(차)	손상차손	5,000	(대) 영업권	5,000

(4) 내부거래(상향거래)

(차)	사채	100,000	(대) 사채할인발행차금	10,000
	사채상환손실	6,000	AC 금융자산	94,000
	이자수익	13,000	이자비용	15,000

S회사 사채의 상각표

일자	이자비용	표시이자	상각액	장부금액
20×0년 초				₩80,000
20×0년 말	₩15,000	₩10,000	₩5,000	85,000
20×1년 말	15,000	10,000	5,000	90,000
20×2년 말	15,000	10,000	5,000	95,000
20×3년 말	15,000	10,000	5,000	100,000

P회사 AC 금융자산의 상각표

일자	이자수익	표시이자	상각액	장부금액
20×1년 초				₩91,000
20×1년 말	₩13,000	₩10,000	₩3,000	94,000
20×2년 말	13,000	10,000	3,000	97,000
20×3년 말	13,000	10,000	3,000	100,000

(5) 당기순이익으로 인한 순자산 변동 중 비지배지분 해당액

(차) 이 익 잉 여 금	20,200[(1)]	(대) 비 지 배 지 분	20,200

(1) {₩110,000(20×1년 당기순이익) − 2,000(감가상각비) − 3,000(매출원가) − 6,000(상환손실) − 13,000(이자수익) + 15,000(이자비용)}×20% = ₩20,200

물음 3

<20×2년 말 연결조정분개>

(1) 종속기업투자와 지배력 취득시점의 종속기업 자본의 상계제거

(차) 자 본 금	200,000	(대) 종 속 기 업 투 자	400,000
자 본 잉 여 금	130,000	비 지 배 지 분	90,000
이 익 잉 여 금	90,000		
건 물	20,000		
재 고 자 산	10,000		

(2) 지배력 취득시점부터 당기 초까지 종속기업의 순자산 변동 중 비지배지분 해당액

(차) 이 익 잉 여 금	20,200[(1)]	(대) 비 지 배 지 분	20,200

(1) (₩110,000 − 2,000 − 3,000 − 6,000 − 13,000 + 15,000)×20% = ₩20,200

(3) 종속기업 자산의 공정가치와 장부금액 차이의 조정

(차) 이 익 잉 여 금	2,000	(대) 감 가 상 각 누 계 액	4,000[(2)]
감 가 상 각 비	2,000		

(2) ₩20,000÷10년×2(20×1년과 20×2년 상각) = ₩4,000

(차) 이 익 잉 여 금	3,000	(대) 재 고 자 산	10,000[(3)]
매 출 원 가	7,000		

(3) 20×1년도 조정분 ₩3,000(₩10,000×30%)과 20×2년도 조정분 ₩7,000(₩10,000×70%)

(4) 영업권의 손상차손 인식

(차) 이 익 잉 여 금	5,000[(4)]	(대) 영 업 권	5,000

(4) 20×2년 말 현재 회수가능액 증가분에 대한 손상차손환입은 인식하지 않고 20×1년도 손상차손만 이익잉여금에서 조정한다.

(5) 내부거래(상향거래)

(차) 사 채	100,000	(대) 사 채 할 인 발 행 차 금	5,000
이 익 잉 여 금	4,000	A C 금 융 자 산	97,000
이 자 수 익	13,000	이 자 비 용	15,000

(6) 당기순이익으로 인한 순자산 변동 중 비지배지분 해당액

(차) 이 익 잉 여 금 23,200[(5)] (대) 비 지 배 지 분 23,200

(5) {₩123,000(20×2년 당기순이익) − 2,000(감가상각비) − 7,000(매출원가) − 13,000(이자수익) + 15,000(이자비용)}×20% = ₩23,200

물음 4

<20×1년 말>

20×1년 말 S회사 순자산의 공정가치
= ₩530,000(순자산의 장부금액) + 18,000(건물) + 7,000(재고자산)
= ₩555,000

비지배지분 = (S회사 순자산의 공정가치 − 당기 말 상향 미실현손실 잔액)×20%
= (₩555,000 − 6,000×2/3)×20%
= ₩110,200

연결이익잉여금 = ₩200,000(20×1년 말 지배기업 이익잉여금)
+ 110,000(지배력 취득 이후 종속기업 이익잉여금 증가)
− 2,000(건물 감가상각비) − 3,000(매출원가) − 4,000(상향 미실현손실)}
×80% − 5,000(영업권 손상차손 누계액)
= ₩275,800

<20×2년 말>

20×2년 말 S회사 순자산의 공정가치
= ₩653,000(순자산의 장부금액) + 16,000(건물)
= ₩669,000

비지배지분 = (S회사 순자산의 공정가치 − 당기 말 상향 미실현손실 잔액)×20%
= (₩669,000 − 6,000×1/3)×20%
= ₩133,400

연결이익잉여금 = ₩470,000(20×2년 말 지배기업 이익잉여금)
+ {233,000(지배력 취득 이후 종속기업 이익잉여금 증가)
− 4,000(건물 감가상각비) − 10,000(매출원가 조정 누계액)
− 2,000(상향 미실현손실)}×80% − 5,000(영업권 손상차손 누계액)
= ₩638,600

06 내부미실현이익의 제거(사채) (2)

P회사는 20×1년 초에 S회사의 의결권 있는 주식 90%를 ₩320,000에 취득하여 지배기업이 되었다. 취득일 현재 S회사의 다음 자산을 제외한 모든 자산과 부채의 장부금액과 공정가치는 일치하였다.

항목	장부금액	공정가치	비고
토 지	₩60,000	₩70,000	20×2년 말까지 계속 보유
재고자산	35,000	50,000	20×1년 중에 60% 판매, 20×2년 중에 40% 판매

20×1년과 20×2년의 P회사와 S회사의 재무제표는 다음과 같다. 20×1년 초 두 회사 모두 배당금 지급 등의 자본관련 거래는 없다.

과목	20×1년도		20×2년도	
	P회사	S회사	P회사	S회사
수익(이자수익 제외)	₩500,000	₩420,000	₩530,000	₩440,000
이자수익	20,000	8,000	22,000	9,000
매출원가	(350,000)	(300,000)	(370,000)	(310,000)
이자비용	(30,000)	(12,000)	(27,000)	(14,000)
기타비용	(80,000)	(60,000)	(60,000)	(70,000)
당기순이익	₩60,000	₩56,000	₩95,000	₩55,000
현금·매출채권	₩220,000	₩150,000	₩210,000	₩130,000
재고자산	250,000	120,000	260,000	110,000
종속기업투자	320,000	−	320,000	−
AC 금융자산	200,000	100,000	200,000	100,000
토지	400,000	200,000	430,000	200,000
건물(순액)	380,000	310,000	380,000	280,000
합계	₩1,770,000	₩880,000	₩1,800,000	₩820,000
사채(순액)	₩300,000	₩200,000	₩250,000	₩220,000
기타부채	820,000	310,000	805,000	175,000
자본금	350,000	200,000	350,000	200,000
이익잉여금	300,000	170,000	395,000	225,000
합계	₩1,770,000	₩880,000	₩1,800,000	₩820,000

20×0년 초에 S회사가 발행한 사채를 P회사가 20×1년 초에 모두 취득하여 AC 금융자산으로 회계처리하였다. S회사가 발행한 사채의 조건은 다음과 같다.

• 액면금액 : ₩100,000
• 사채기간 : 20×0년 1월 1일부터 20×2년 12월 31일까지
• 이자지급 : 액면금액의 연 8%의 이자를 매년 12월 31일에 지급
• 유효이자율 : 20×0년 초 연 12%(기간 3, ₩1의 현가계수 0.7118, 연금현가계수 2.4018)
　　　　　　20×1년 초 연 10%(기간 2, ₩1의 현가계수 0.8264, 연금현가계수 1.7355)

20×2년 초에 P회사는 매입한 S회사의 사채를 모두 제3자에게 중도매각하여 처분이익 ₩2,000을 인식하였다.

물음

1. 20×1년 초에 P회사가 S회사의 지배력을 취득한 직후 연결재무제표를 작성할 경우 해야 할 연결조정분개를 하라. 단, 비지배지분은 종속기업 순자산의 공정가치에 비례하여 결정한다.
2. 20×1년 말에 P회사가 연결재무제표를 작성할 경우 연결조정분개를 하고, 연결정산표를 작성하라. 단, P회사는 20×1년 말 현재 영업권이 배분된 현금창출단위의 회수가능액이 장부금액보다 적으며, 그 차이 중 지배기업 지분 해당액은 ₩4,900이다.
3. 20×2년 말에 P회사가 연결재무제표를 작성할 경우 연결조정분개를 하고, 연결정산표를 작성하라. 단, P회사는 20×2년 말 현재 영업권의 배분된 현금창출단위의 회수가능액이 장부금액보다 많으며, 그 차이 중 지배기업 지분 해당액은 ₩2,000이다.
4. 각 연도 말 비지배지분 및 연결이익잉여금 잔액을 구하라.

해답

물음 1

<20×1년 초 연결조정분개>

(차)	자본금	200,000	(대)	종속기업투자	320,000
	이익잉여금	114,000(1)		비지배지분	33,900(2)
	토지	10,000			
	재고자산	15,000			
	영업권	14,900(3)			

(1) 20×1년 초 이익잉여금 = ₩170,000(20×1년 말 이익잉여금) − 56,000(당기순이익) = ₩114,000
(2) ₩339,000(20×1년 초 S회사 순자산의 공정가치)×10% = ₩33,900
(3) 영업권은 대차 일치 금액으로 계산할 수 있으나, 다음과 같이 독립적으로 계산할 수도 있다.
₩320,000(종속기업투자 취득원가) − 339,000(20×1년 초 S회사 순자산의 공정가치)×90% = ₩14,900

물음 2

<20×1년 말 연결조정분개>

① 종속기업투자와 지배력 취득시점의 종속기업 자본의 상계제거

(차) 자본금	200,000	(대) 종속기업투자	320,000
이익잉여금	114,000	비지배지분	33,900
토지	10,000		
재고자산	15,000		
영업권	14,900		

② 종속기업 자산의 공정가치와 장부금액 차이의 조정

(차) 매출원가	9,000	(대) 재고자산	9,000

③ 영업권의 손상차손 인식

(차) 손상차손	4,900	(대) 영업권	4,900

④ 사채 내부거래의 상계제거(상향거래)

(차) 사채(순액)	96,430	(대) AC 금융자산	98,176
이자수익	9,652	이자비용	11,189
사채상환손실	3,283		

P회사 AC 금융자산의 장부금액 조정표

일자	이자수익	표시이자	상각액	장부금액
20×1. 1. 1.				₩96,524
20×1. 12. 31.	₩9,652	₩8,000	₩1,652	98,176
20×2. 12. 31.	9,824*	8,000	1,824	100,000
	₩19,476	₩16,000	₩3,476	

* 단수 차이 조정

S회사 사채의 장부금액 조정표

일자	이자비용	표시이자	상각액	장부금액
20×0. 1. 1.				₩90,394
20×0. 12. 31.	₩10,847	₩8,000	₩2,847	93,241
20×1. 12. 31.	11,189	8,000	3,189	96,430
20×2. 12. 31.	11,570*	8,000	3,570	100,000
	₩33,606	₩24,000	₩9,606	

* 단수 차이 조정

⑤ 당기순이익으로 인한 순자산 변동 중 비지배지분 해당액

(차) 이 익 잉 여 금　　4,525[(1)]　　(대) 비 지 배 지 분　　4,525

(1) {₩56,000(20×1년도 당기순이익) − 9,000(매출원가) − 9,652(이자수익) + 11,189(이자비용) − 3,283(상환손실)} × 10% = ₩4,525

〈20×1년도 연결정산표〉

과목	P회사	S회사	연결조정분개		연결재무제표
			차변	대변	
수익(이자수익 제외)	₩500,000	₩420,000			₩920,000
이 자 수 익	20,000	8,000	④9,652		18,348
매 출 원 가	(350,000)	(300,000)	②9,000		(659,000)
이 자 비 용	(30,000)	(12,000)		④11,189	(30,811)
사채상환손실			④3,283		(3,283)
기 타 비 용	(80,000)	(60,000)	③4,900		(144,900)
당 기 순 이 익	₩60,000	₩56,000	₩26,835*	₩11,189*	₩100,354
현금·매출채권	₩220,000	₩150,000			₩370,000
재 고 자 산	250,000	120,000	①15,000	②9,000	376,000
종속기업투자	320,000			①320,000	−
AC금융자산	200,000	100,000		④98,176	201,824
토 지	400,000	200,000	①10,000		610,000
건 물(순액)	380,000	310,000			690,000
영 업 권	−	−	①14,900	③4,900	10,000
합 계	₩1,770,000	₩880,000			₩2,257,824
사 채(순액)	₩300,000	₩200,000	④96,430		₩403,570
기 타 부 채	820,000	310,000			1,130,000
자 본 금	350,000	200,000	①200,000		350,000
이 익 잉 여 금	300,000	170,000	①114,000 ⑤4,525 26,835*	11,189*	335,829
비 지 배 지 분	−	−		①33,900 ⑤4,525	38,425
합 계	₩1,770,000	₩880,000	₩481,690	₩481,690	₩2,257,824

* 당기순이익의 조정 금액만큼 이익잉여금에 반영한다.

물음 3

<20×2년 말 연결조정분개>

① 종속기업투자와 지배력 취득시점의 종속기업 자본의 상계제거

(차)	자본금	200,000	(대) 종속기업투자	320,000
	이익잉여금	114,000	비지배지분	33,900
	토지	10,000		
	재고자산	15,000		
	영업권	14,900		

② 지배력 취득시점부터 당기 초까지 종속기업의 순자산 변동 중 비지배지분 해당액

(차)	이익잉여금	4,525[(1)]	(대) 비지배지분	4,525

(1) (₩56,000－9,000－3,283－9,652＋11,189)×10%＝₩4,525

③ 종속기업 자산의 공정가치와 장부금액 차이의 조정

(차)	이익잉여금	9,000	(대) 재고자산	15,000[(2)]
	매출원가	6,000		

(2) 20×1년도 조정분 ₩9,000(₩15,000×60%)과 20×2년도 조정분 ₩6,000(₩15,000×40%)

④ 영업권의 손상차손 인식

(차)	이익잉여금	4,900[(3)]	(대) 영업권	4,900

(3) 20×2년 말 현재 회수가능액 증가분에 대한 손상차손환입은 인식하지 않고 20×1년도 손상차손만 이익잉여금에서 조정한다.

⑤ 전기 사채 내부거래의 실현(상향거래)

(차)	이익잉여금	1,746	(대) 이자비용	3,746[(4)]
	처분이익	2,000		

(4) 20×1년 말(20×2년 초) P회사의 금융자산은 ₩98,176(상각표 참조)인데 이를 처분하여 ₩2,000의 처분이익이 발생하였다는 것은 ₩100,176에 처분하였다는 뜻이다. 연결 회계에서는 내부거래로 취득한 사채를 제3자에게 처분하였을 경우 사채 발행회사(S회사)가 해당 사채를 재발행한 것으로 간주한다. S회사의 사채 장부금액은 20×2년 초 현재 ₩96,430(상각표 참조)이므로 이를 기준으로 이자비용 ₩11,570을 계상하였으나 이는 새로운 사채 ₩100,176을 기준으로 이자비용을 계상하였을 때보다 ₩3,746(사채간의 장부금액 차이 ₩100,176－96,430) 과대계상한 결과가 되므로 이를 차감하여야 한다.

⑥ 당기순이익으로 인한 순자산 변동 중 비지배지분 해당액

(차)	이익잉여금	5,075[(5)]	(대) 비지배지분	5,075

(5) {₩55,000(20×2년도 당기순이익)－6,000(매출원가)＋3,746(이자비용)－2,000(처분이익)}×10%＝₩5,075

〈20×2년도 연결정산표〉

과목	P회사	S회사	연결조정분개		연결재무제표
			차변	대변	
수익(이자수익 제외)	₩530,000	₩440,000	⑤2,000		₩968,000
이 자 수 익	22,000	9,000			31,000
매 출 원 가	(370,000)	(310,000)	③6,000		(686,000)
이 자 비 용	(27,000)	(14,000)		⑤3,746	(37,254)
기 타 비 용	(60,000)	(70,000)			(130,000)
당 기 순 이 익	₩95,000	₩55,000	₩8,000*	₩3,746*	₩145,746
현금·매출채권	₩210,000	₩130,000			₩340,000
재 고 자 산	260,000	110,000	①15,000	③15,000	370,000
종속기업투자	320,000	–		①320,000	–
AC금융자산	200,000	100,000			300,000
토 지	430,000	200,000	①10,000		640,000
건 물(순액)	380,000	280,000			660,000
영 업 권	–	–	①14,900	④4,900	10,000
합 계	₩1,800,000	₩820,000			₩2,320,000
사 채(순액)	₩250,000	₩220,000			₩470,000
기 타 부 채	805,000	175,000			980,000
자 본 금	350,000	200,000	①200,000		350,000
이 익 잉 여 금	395,000	225,000	①114,000 ②4,525 ③9,000 ④4,900 ⑤1,746 ⑥5,075 8,000*	3,746*	476,500
비 지 배 지 분	–	–		①33,900 ②4,525 ⑥5,075	43,500
합 계	₩1,800,000	₩820,000	₩387,146	₩387,146	₩2,320,000

* 당기순이익의 조정 금액만큼 이익잉여금에 반영한다.

물음 4

<20×1년 말>

20×1년 말 S회사 순자산의 공정가치

=₩370,000(순자산의 장부금액)+10,000(토지)+6,000(재고자산)

=₩386,000

비지배지분=(S회사 순자산의 공정가치−상향거래 미실현이익 잔액)×10%

=(₩386,000−9,652+11,189−3,283)×10%

=₩38,425

연결이익잉여금=₩300,000(20×1년 말 지배기업 이익잉여금)

+{56,000(지배력 취득 이후 종속기업 이익잉여금 증가)−9,000(매출원가)

−1,746(사채 미실현이익)}×90%−4,900(영업권 손상차손)

=₩335,829

한편, 연결손익계산서 하단에는 당기순이익 ₩100,354을 다음과 같이 두 부분으로 구분하여 표시한다.

비지배지분 귀속 당기순이익

={₩56,000(종속기업 당기순이익)−9,000(매출원가)−1,746(사채 미실현이익)}×10%

=₩4,525

지배기업 소유주 귀속 당기순이익

=₩100,354−4,525=₩95,829

<20×2년 말>

20×2년 말 S회사 순자산의 공정가치

=₩425,000(순자산의 장부금액)+10,000(토지)

=₩435,000

비지배지분=S회사 순자산의 공정가치×10%

=₩435,000×10%

=₩43,500

연결이익잉여금=₩395,000(20×2년 말 지배기업 이익잉여금)

+{111,000(지배력 취득 이후 종속기업 이익잉여금 증가)

−15,000(매출원가 조정 누계액)}×90%−4,900(영업권 손상차손 누계액)

=₩476,500(모든 내부거래가 실현되었으므로 차감할 미실현손익은 없다.)

한편, 연결손익계산서 하단에는 당기순이익 ₩145,746을 다음과 같이 두 부분으로 구분하여 표시한다.

비지배지분 귀속 당기순이익

={₩55,000(종속기업 당기순이익)−6,000(매출원가)+1,746(사채 실현이익)}×10%

=₩5,075

지배기업 소유주 귀속 당기순이익=₩145,746−5,075=₩140,671

07 특정 시점의 연결

P회사는 S회사의 보통주식 80%를 20×1년 초 ₩200,000에 취득하여 지배기업이 되었다. 취득일 현재 S회사 순자산 중 장부금액과 공정가치가 일치하지 않는 항목은 다음과 같다.

항목	장부금액	공정가치	비고
건물	₩100,000	₩120,000	잔존내용연수 10년, 잔존가치 없이 정액법 상각, 20×3년 말 처분(처분이익 ₩30,000 발생)
비품	70,000	80,000	잔존내용연수 5년, 잔존가치 없이 정액법 상각

S회사의 자본의 변동 내역은 다음과 같다. 20×3년 중 ₩10,000의 배당금 지급 이외의 변동은 모두 당기순이익으로 인한 것이다.

과목	20×1. 1. 1.	20×1. 12. 31.	20×2. 12. 31.	20×3. 12. 31.
자 본 금	₩150,000	₩150,000	₩150,000	₩150,000
이 익 잉 여 금	60,000	80,000	85,000	110,000
합 계	₩210,000	₩230,000	₩235,000	₩260,000

주식 취득일 이후 P회사와 S회사 간의 내부거래는 다음과 같다.

1. 20×3년 중에 P회사는 S회사에 ₩10,000의 이익을 가산하여 상품을 ₩50,000에 판매하였으며, 이 중 20%가 20×3년 S회사 기말재고에 남아있다. 20×3년 말 현재 동 거래에 대한 매출채권 ₩20,000이 미회수 상태이다. 당기 중 ₩10,000을 양도·할인하여 장부에서 이를 제거하는 회계처리를 하면서 ₩500의 매출채권처분손실을 인식하였다. 두 회사 모두 기말 매출채권 잔액의 2%를 손실충당금으로 인식하는 회계처리를 한다.
2. 20×1년 초 S회사는 P회사에 기계장치를 ₩70,000에 매각하였다. 동 기계장치의 취득원가는 ₩80,000, 감가상각누계액은 ₩30,000이며 잔존내용연수는 4년이고 잔존가치는 없다. 감가상각법은 정액법을 적용한다.
3. 영업권이 배분된 현금창출단위의 매 연도 말 회수가능액에서 영업권을 조정한 후 현금창출단위의 장부금액을 차감한 금액 중 P회사 지분 해당액은 다음과 같다.

20×1. 12. 31.	20×2. 12. 31.	20×3. 12. 31.
₩1,000	(−)₩1,000	(−)₩500

물음

1. 20×3년 말에 P회사가 연결재무제표를 작성할 경우 해야 할 연결조정분개를 하라. 단, 비지배지분은 종속기업 순자산의 공정가치에 비례하여 결정한다.
2. P회사의 20×3년 말 이익잉여금이 ₩300,000이라고 할 때 20×3년 말 비지배지분 및 연결이익잉여금 잔액을 구하라.

해답

물음 1

<20×3년 말 연결조정분개>

(1) 종속기업투자와 지배력 취득시점의 종속기업 자본의 상계제거

(차)	자본금	150,000	(대) 종속기업투자	200,000
	이익잉여금	60,000	비지배지분	48,000(1)
	건물	20,000		
	비품	10,000		
	영업권	8,000(2)		

(1) ₩240,000(20×1년 초 S회사 순자산의 공정가치)×20%=₩48,000
(2) 영업권은 대차 일치 금액으로 계산할 수 있으나, 다음과 같이 독립적으로 계산할 수도 있다.
₩200,000(종속기업투자 취득원가)−240,000(20×1년 초 S회사 순자산의 공정가치)×80%
=₩8,000

(2) 지배력 취득시점부터 당기 초까지 종속기업의 순자산 변동 중 비지배지분 해당액

(차)	이익잉여금	1,400(3)	(대) 비지배지분	1,400

(3) (₩25,000−2,000×2년−2,000×2년−10,000)×20%=₩1,400

(3) 배당금수익의 제거

(차)	배당금수익	8,000(4)	(대) 이익잉여금	10,000
	비지배지분	2,000		

(4) S회사 현금배당금 지급액 중 80%를 P회사는 배당금수익으로 인식하였을 것이므로 이를 제거한다.

(4) 종속기업 자산의 공정가치와 장부금액 차이의 조정

(차)	이익잉여금	4,000	(대) 건물	20,000
	감가상각비	2,000		
	유형자산처분이익	14,000(5)		

(5) 20×3년도 감가상각 후 건물의 장부금액 ₩14,000은 처분이익 취소금액이 된다.

(차)	이익잉여금	4,000	(대) 비품	6,000(6)
	감가상각비	2,000		

(6) ₩10,000÷5년×3(20×1년부터 20×3년까지 상각)=₩6,000

(5) 내부거래 제거

① 재고자산 내부거래의 상계제거(하향거래)

(차) 매출	50,000	(대) 매출원가	50,000

② 재고자산 당기 미실현이익의 제거

(차) 매출원가	2,000[7]	(대) 재고자산	2,000

(7) ₩10,000×20%(기말 보유비율)=₩2,000

③ 채권·채무 상계제거

(차) 매입채무	30,000	(대) 매출채권	20,000
		단기차입금	10,000

(차) 손실충당금	400	(대) 손상차손	400

(차) 이자비용	500	(대) 매출채권처분손실	500

④ 기계장치 전기 미실현이익의 실현(상향거래)

(차) 기계장치	10,000	(대) 감가상각누계액	15,000
이익잉여금	10,000	감가상각비	5,000

(6) 영업권의 손상차손

(차) 이익잉여금	1,000	(대) 영업권	1,500[8]
손상차손	500		

(8) 20×2년도 손상분 ₩1,000과 20×3년도 손상분 ₩500

(7) 당기순이익으로 인한 순자산 변동 중 비지배지분 해당액

(차) 이익잉여금	4,400[9]	(대) 비지배지분	4,400

(9) {₩35,000(20×3년도 당기순이익)−2,000(건물 감가상각비)−14,000(건물 처분이익 취소)
−2,000(비품 감가상각비)+5,000(상향 미실현이익 실현)}×20%=₩4,400

물음 2

20×3년 말 S회사 순자산의 공정가치
=₩260,000(순자산의 장부금액)+4,000(비품)
=₩264,000

비지배지분=(S회사 순자산의 공정가치−당기 말 상향 미실현이익 잔액)×20%
=(₩264,000−5,000)×20%
=₩51,800

연결이익잉여금 = ₩300,000(20×3년 말 지배기업 이익잉여금)

+{50,000(지배력 취득 이후 종속기업 이익잉여금 증가)

−6,000(건물 감가상각비 누계액) − 14,000(건물 처분이익 취소분)

−6,000(비품 감가상각비 누계액) − 5,000(상향 미실현이익 잔액)}×80%

−1,500(영업권 손상차손 누계액) + 400(대손상각비 취소)

−2,000(재고자산 내부거래)

= ₩312,100

08 종합문제

P회사는 20×1년 1월 1일 S회사의 보통주 90%를 ₩200,000에 취득하여 지배기업이 되었다. 취득일 현재 S회사의 순자산은 ₩200,000으로 자본금 ₩150,000과 이익잉여금 ₩50,000으로 구성되어 있으며, S회사 순자산의 장부금액과 공정가치는 동일하다. P회사와 S회사는 20×1년에 각각 ₩30,000과 ₩21,000의 당기순이익을 보고하였으며, 배당금 지급 등 자본거래는 없었다. 다음은 20×2년 12월 31일(결산일)의 P회사와 S회사의 재무제표이다.

	P회사	S회사
매출액	₩110,000	₩40,000
유형자산처분이익	12,080	−
매출원가	(60,000)	(20,000)
감가상각비	(10,000)	(5,000)
기타비용	(17,000)	(2,000)
당기순이익	₩35,080	₩13,000
현금	₩107,320	₩102,000
재고자산	80,000	50,000
종속기업투자	200,000	−
토지	11,000	19,000
건물·기계	620,000	107,000
감가상각누계액	(330,000)	(27,000)
	₩688,320	₩251,000
매입채무	₩60,940	₩17,000
자본금	489,000	150,000
이익잉여금	138,380	84,000
	₩688,320	₩251,000

20×1년과 20×2년 중 P회사와 S회사 간의 내부거래는 다음과 같다.

1. 20×1년 중에 S회사는 P회사에 ₩15,000의 이익을 가산하여 상품을 ₩50,000에 판매하였으며 이 중 20%가 20×1년 P회사 기말재고에 남아있었다. 동 상품은 20×2년 중에 모두 제3자에게 판매되었다.
2. 20×1년 1월 1일 S회사는 P회사에 기계장치를 ₩21,600에 판매하였다. 동 기계장치의 취득원가는 ₩40,000, 감가상각누계액은 ₩28,000이며 잔존 내용연수는 8년이고 잔존가치는 없다. 감가상각방법은 정액법을 적용한다.
3. 20×2년 4월 1일 P회사는 S회사에 토지를 판매하였으며, 유형자산처분이익 ₩1,000을 계상하였다.
4. 20×1년 7월 1일 P회사는 S회사에 건물을 ₩86,000에 매각처분하였다. 처분 당시 건물의 취득원가는 ₩300,000, 감가상각누계액은 ₩220,000이며 잔존 내용연수는 10년이고 잔존가치는 없다. 감가상각방법은 정액법을 적용한다.
5. 영업권이 배분된 현금창출단위의 20×1년 말 현재 회수가능액은 장부금액보다 적으며, 그 차이 중 지배기업 지분 해당액은 ₩2,000이다. 또한 영업권이 배분된 현금창출단위의 20×2년 말 현재 회수가능액은 장부금액보다 많으며, 그 차이 중 지배기업 지분 해당액은 ₩1,000이다.
6. 그 이외에 내부거래 또는 상호 채권·채무는 없다.

물음

1. 연도별 연결당기순이익을 계산하라.
2. 연도별 연결재무상태표의 이익잉여금을 계산하라.
3. 연도별 비지배지분을 계산하라.
4. 연도별 연결조정분개를 하라.

해답

물음 1

20×1년 연결당기순이익
=₩30,000(P회사 당기순이익)+21,000(S회사 당기순이익)−2,000(영업권 손상차손)
−3,000(상향, 재고자산 미실현이익)−9,600(상향, 기계 미실현이익)+1,200(상향, 기계 실현이익)
−6,000(하향, 건물 미실현이익)+300(하향, 건물 실현이익)
=₩31,900

20×2년 연결당기순이익
=₩35,080(P회사 당기순이익)+13,000(S회사 당기순이익)
+3,000(상향, 재고자산 실현이익)+1,200(상향, 기계 실현이익)
−1,000(하향, 토지 미실현이익)+600(하향, 건물 실현이익)
=₩51,880

물음 2

20×1년 연결재무상태표의 이익잉여금

=₩103,300(P회사 이익잉여금, ₩138,380−35,080)

+{21,000(지배력 취득일 이후 S회사 이익잉여금 변동액)−3,000(상향, 재고 미실현이익)

−8,400(상향, 기계 미실현이익)}×90%−5,700(하향, 건물 미실현이익)

−2,000(영업권 손상차손 누계액)

=₩104,240

20×2년 연결재무상태표의 이익잉여금

=₩138,380(P회사 이익잉여금)+{34,000(지배력 취득일 이후 S회사 이익잉여금 변동액)

−7,200(상향, 기계 미실현이익)}×90%−1,000(하향, 토지 미실현이익)

−5,100(하향, 건물 미실현이익)−2,000(영업권 손상차손 누계액)

=₩154,400

물음 3

20×1년 비지배지분

={₩221,000(S회사 자본)−3,000(상향, 재고 미실현이익)−8,400(상향, 기계 미실현이익)}×10%

=₩20,960

20×2년 비지배지분

={₩234,000(S회사 자본)−7,200(상향, 기계 미실현이익)}×10%

=₩22,680

물음 4

<20×1년 말 연결조정분개>

(1) 종속기업투자와 지배력 취득시점의 종속기업 자본의 상계제거

(차)	자 본 금	150,000	(대) 종 속 기 업 투 자	200,000
	이 익 잉 여 금	50,000	비 지 배 지 분	20,000
	영 업 권	20,000		

(2) 영업권의 손상차손 인식

(차)	손 상 차 손	2,000	(대) 영 업 권	2,000

(3) 내부거래

① 재고자산 내부거래의 상계제거

(차) 매 출 50,000 (대) 매 출 원 가 50,000

② 재고자산 당기 미실현이익의 제거(상향거래)

(차) 매 출 원 가 3,000(1) (대) 재 고 자 산 3,000

(1) ₩15,000(매출총이익)×20%(기말 보유비율) = ₩3,000

③ 기계장치 당기 미실현이익의 제거(상향거래)

(차) 기 계 장 치 18,400(2) (대) 감가상각누계액 28,000(2)
유형자산처분이익 9,600

(2) P회사의 별도재무제표에는 기계장치가 취득원가 ₩21,600으로 표시되어 있을 것이며, 20×1년 초 현재 감가상각누계액은 ₩0일 것이다. 따라서 내부거래가 발생하기 전의 기계장치 취득원가 ₩40,000, 감가상각누계액 ₩28,000의 상태로 환원시켜야 한다.

(차) 감가상각누계액 1,200 (대) 감 가 상 각 비 1,200(3)

(3) P회사의 감가상각비는 ₩9,600의 미실현이익으로 인하여 매년 ₩1,200씩 추가로 인식하였을 것이므로 이를 제거한다.

④ 건물 당기 미실현이익의 제거(하향거래)

(차) 건 물 214,000(4) (대) 감가상각누계액 220,000(5)
유형자산처분이익 6,000

(4) S회사의 재무제표에는 건물이 취득원가 ₩86,000으로 표시되어 있을 것이며, 20×1년 7월 1일 현재 감가상각누계액은 ₩0일 것이다. 따라서 내부거래가 발생하기 전의 건물 취득원가 ₩300,000, 감가상각누계액 ₩220,000의 상태로 환원시켜야 한다.

(차) 감가상각누계액 300 (대) 감 가 상 각 비 300(5)

(5) S회사의 감가상각비는 ₩6,000의 미실현이익으로 인하여 매년 ₩600씩 추가로 인식하였을 것이므로 이를 제거한다. 당기 말은 7월 1일 내부거래가 발생하였으므로 ₩300을 제거한다.

(4) 당기순이익으로 인한 순자산 변동 중 비지배지분 해당액

(차) 이 익 잉 여 금 960(6) (대) 비 지 배 지 분 960

(6) {₩21,000(20×1년 당기순이익) − 3,000(매출원가) − 9,600(처분이익) + 1,200(감가상각비)}×10 = ₩960

<20×2년 말 연결조정분개>

(1) 종속기업투자와 지배력 취득시점의 종속기업 자본의 상계제거

(차) 자 본 금 150,000 (대) 종 속 기 업 투 자 200,000
이 익 잉 여 금 50,000 비 지 배 지 분 20,000
영 업 권 20,000

(2) 지배력 취득시점부터 당기 초까지 종속기업의 순자산 변동 중 비지배지분 해당액

(차) 이 익 잉 여 금	960	(대) 비 지 배 지 분	960

(1) (₩21,000 − 3,000 − 9,600 + 1,200) × 10% = ₩960

(3) 영업권의 손상차손 인식

(차) 이 익 잉 여 금	2,000	(대) 영 업 권	2,000

(4) 내부거래

① 재고자산 전기 미실현이익의 실현(상향거래)

(차) 이 익 잉 여 금	3,000	(대) 매 출 원 가	3,000

② 기계장치 전기 미실현이익의 실현(상향거래)

(차) 기 계 장 치	18,400	(대) 감가상각누계액	28,000
이 익 잉 여 금	9,600		
(차) 감가상각누계액	2,400	(대) 이 익 잉 여 금	1,200
		감 가 상 각 비	1,200

③ 건물 전기 미실현이익의 실현(하향거래)

(차) 건 물	214,000	(대) 감가상각누계액	220,000
이 익 잉 여 금	6,000		
(차) 감가상각누계액	900	(대) 이 익 잉 여 금	300
		감 가 상 각 비	600

④ 토지 당기 미실현이익의 제거(하향거래)

(차) 유형자산처분이익	1,000	(대) 토 지	1,000

(5) 당기순이익으로 인한 순자산 변동 중 비지배지분 해당액

(차) 이 익 잉 여 금	1,720[(2)]	(대) 비 지 배 지 분	1,720

(2) {₩13,000(20×2년 당기순이익) + 3,000(매출원가) + 1,200(감가상각비)} × 10% = ₩1,720

지배기업 지분율의 변동

본장의 내용

제3장과 제4장에서는 지배기업이 종속기업의 지배력을 일시에 취득한 것으로 가정하였으나, 여러 차례에 걸쳐 종속기업의 지분을 취득하여 단계적으로 지배력을 취득하는 경우도 있다. 또한 지배기업의 종속기업에 대한 지분율은 다양한 거래로 인하여 증가 또는 감소될 수 있다.

본장에서는 단계적으로 지배력을 취득할 경우의 연결, 종속기업에서 증자나 감자 또는 자기주식 취득거래가 발생하여 지배기업의 지분율이 변동할 경우의 연결, 그리고 지배기업이 소유 지분을 매각하여 지분율이 감소되거나 지배력을 상실할 경우 연결을 설명한다. 또한 보고기간 중에 지배력을 취득한 경우의 연결재무제표 작성방법에 대해서도 설명한다.

본장의 회계처리는 기준서 제1103호와 제1110호를 중심으로 설명한다. 본장에서 기준서의 내용을 언급할 때 괄호 안에 사용하는 숫자는 기준서 번호와 문단 번호를 의미한다. 예를 들어 (1110:25)는 기준서 제1110호, 문단 25를 의미한다.

1 종속기업 지분의 단계적 취득과 보고기간 중 취득

1.1 단계적 취득

제3장과 제4장에서는 투자자가 피투자자의 지분을 한 번만 취득하여 지배력을 취득하는 경우 연결재무제표의 작성을 설명하였다. 투자자가 피투자자의 지분을 여러 차례에 걸쳐 취득하여 지배력을 취득하는 경우도 있는데, 이를 단계적 취득이라고 한다.

투자자가 피투자자의 지분을 취득하였으나 지배력을 취득한 것이 아니라면, 취득 목적이나 보유 지분율 등에 따라 취득한 지분을 다음과 같은 자산으로 분류한다.

① 단순투자 목적 : FVPL 금융자산 또는 FVOCI 선택 금융자산
② 피투자자에 대해서 유의적인 영향력 행사 가능 : 관계기업투자
③ 피투자자에 대해서 공동지배력 취득 : 공동기업투자

투자자가 단순투자 목적으로 피투자자의 지분을 취득하면 기준서 제1109호 '금융상품'에 따라 당기손익－공정가치 측정 금융자산(이하 'FVPL 금융자산'이라 함)으로 분류한다. 다만, 지분상품을 단기매매목적으로 취득하지도 않았고, 사업결합과정에서 인식한 조건부 대가도 아니라면 기타포괄손익－공정가치 측정 금융자산(이하 'FVOCI 선택 금융자산'이라 함)으로 분류를 선택할 수 있다.

한편, 투자자가 피투자자의 지분을 취득하여 유의적인 영향력[1]을 행사할 수 있는 경우 피투자자를 관계기업(associate)이라 하고 취득한 지분을 관계기업투자라고 하는데, 투자자는 개별재무제표에서 관계기업투자를 기준서 제1028호 '관계기업과 공동기업에 대한 투자'에 따라 지분법으로 평가한다. 또한 투자자가 피투자자의 지분을 취득하여 공동지배력(joint control)을 갖는 경우 피투자자를 공동기업(joint venture)이라 하고 취득한 지분을 공동기업투자라고 하는데, 투자자는 개별재무제표에서 공동기업투자를 기준서 제1028호에 따라 지분법으로 평가한다.[2] 투자자가 피투자자의 지분을 어느 것으로 분류하든 지배력을 취득한 것이 아니기 때문에 연결재무제표를 작성하지는 않는다. 단계적 취득은 FVPL 금융자산, 관계기업투자 등으로

---

1) 유의적인 영향력이란 피투자자의 재무정책과 영업정책에 관한 의사결정에 참여할 수 있는 능력을 말하는데, 피투자자에 대한 의결권의 20% 이상을 소유하고 있다면 유의적인 영향력이 있다고 본다. 관계기업투자의 회계처리는 제7장에서 설명한다.

2) 공동지배력은 (단독)지배력이 아니므로 투자자가 연결재무제표를 작성하지 않는다. 공동기업투자의 회계처리는 제7장에서 설명한다.

분류했던 피투자자의 지분을 추가 취득하여 피투자자가 종속기업으로 바뀌는 것이라고 이해하면 된다.

관계기업투자와 공동기업투자에 대한 지분법 평가는 제7장에서 설명하므로 본절에서는 투자자가 취득한 피투자자의 지분을 FVPL 금융자산(또는 FVOCI 선택 금융자산)으로 회계처리를 하던 중 피투자자의 지분을 추가 취득하여 지배력을 취득(즉, 단계적 취득)한 경우 연결재무제표의 작성 과정을 설명한다.

1.2 단계적 취득 시 연결

(1) 단계적 취득 시 종속기업투자의 취득원가와 영업권의 결정

단계적 취득으로 지배력을 취득할 경우 영업권(또는 염가매수차익)을 어떻게 측정하는지에 대해서 이견이 있을 수 있다. 즉, 여러 차례 지분을 취득한 시점마다 영업권(또는 염가매수차익)을 각각 측정하는 방법(이를 단계법이라 함)과 지배력을 취득한 시점에서 한 번만 영업권(또는 염가매수차익)을 측정하는 방법(이를 일괄법이라 함)이 있다.

제1장 3절에서 설명한 바와 같이 기준서는 연속적으로 주식을 취득하여 단계적으로 사업결합을 하는 경우 취득자가 이미 취득하여 보유하고 있는 피취득자 지분의 취득일(즉, 사업결합일)의 공정가치와 추가로 취득한 지분의 취득원가의 합계액에 기초하여 영업권을 인식하도록 규정하고 있다(1103:32). 즉, 일괄법을 적용한다.

단계적 취득 시 영업권(일괄법 적용)
=(이전에 취득하여 보유하고 있는 지분의 사업결합 취득일 현재 공정가치+추가 취득 지분의 취득원가)−지배력 취득일의 종속기업 순자산의 공정가치×일괄취득 지분율

예를 들어, 갑회사가 을회사 지분 10%를 취득, 보유하고 있는데, 20×2년 초에 을회사 지분 50%를 추가 취득하여 지배력(총 60% 지분율)을 취득하는 경우, 갑회사는 20×2년 초에 을회사 지분 60%를 일괄하여(즉, 한꺼번에) 취득한 것으로 간주하여 연결재무제표를 작성한다. 이때 을회사 지분 60%의 취득원가는 이전에 취득했던 10% 지분의 20×2년 초 현재의 공정가치와 20×2년 초에 추가 취득한 50% 지분의 취득원가의 합계 금액으로 측정한다. 이렇게 연결조정을 하는 이유는 지배력 취득 이전에 보유하던 을회사 지분 10%를 20×2년 초에 공정가치로 처분한 후에 즉시 을회사 지분 60%를 일괄하여 취득한 것으로 보기 때문이다.

일괄법을 적용할 때 지배력 취득일 전에 보유하고 있던 피투자자의 지분을 지배력 취득일의 공정가치로 재측정하여 종속기업투자의 취득 금액에 포함해야 하므로 당해 지분의 장부금액과 공정가치의 차액을 당기손익 또는 기타포괄손익으로 인식한다(1103:42). 예를 들어, 단계

적 취득 시 지배력 취득일 전에 보유하고 있던 피취득자 지분을 FVPL 금융자산 또는 관계기업투자로 분류하였다면, 취득일의 공정가치로 재측정하고 차손익을 당기손익으로 인식한다. 그러나 지배력 취득일 전에 보유하고 있던 피취득자 지분을 FVOCI 선택 금융자산으로 분류하였다면, 취득일의 공정가치로 재측정하고 차손익을 기타포괄손익으로 인식한다.[3)]

(2) 단계적 취득 시 연결 절차

단계적 취득 시 지배기업의 개별 장부에 기록할 분개와 연결재무제표 작성을 위한 연결조정분개를 제시하면 다음과 같다.

〈지배기업의 개별 장부 반영〉

①-1 취득일 이전에 보유하고 있던 피투자자 지분(FVPL 금융자산으로 분류)의 공정가치 재측정(평가이익 가정)

(차) 종속기업투자	×××	(대)	FVPL 금융자산	×××
			금융자산평가이익(PL)	×××

①-2 취득일 이전에 보유하고 있던 피투자자 지분(FVOCI 선택 금융자산으로 분류)의 공정가치 재측정(평가이익 가정)

(차) 종속기업투자	×××	(대)	FVOCI 선택 금융자산	×××
			금융자산평가이익(OCI)	×××

② 피투자자 지분의 추가 취득

(차) 종속기업투자	×××	(대)	현금	×××

〈연결조정분개〉

① 종속기업투자와 종속기업 자본의 상계제거

(차) 자본금	×××	(대)	종속기업투자	×××*
자본잉여금	×××		비지배지분	×××
이익잉여금	×××			
영업권	×××			

* 지배력 취득 전 보유 지분을 공정가치로 재측정한 금액과 추가 취득한 금액의 합계

이외의 연결조정분개는 제3장 및 제4장에서 설명한 것과 동일

3) FVOCI 선택 금융자산에 대해서 인식한 기타포괄손익은 당해 금융자산을 처분하더라도 후속적으로 당기손익으로 재분류하지 않으므로 단계적 취득이 이루어지더라도 이미 인식한 기타포괄손익을 당기손익으로 대체하지 않는다.

위의 분개 중 지배기업의 개별 장부에 반영한 ①-1 또는 ①-2의 분개도 연결조정분개라는 주장이 있다. 즉, 지배력 취득일 현재 지배기업이 보유하고 있던 금융자산의 장부금액은 지배기업의 개별 장부에 그대로 유지하고, 연결조정분개에서 금융자산의 장부금액을 공정가치로 수정하자는 견해이다.

제1장 3절의 단계적 취득의 사업결합에서 이미 보유하고 있던 피취득자 지분을 취득일의 공정가치로 재측정하여 차손익을 인식하고, 재측정한 피취득자 지분을 추가 취득한 지분의 취득원가와 함께 이전대가에 포함시켜 영업권(또는 염가매수차익)을 인식하도록 규정한 점을 고려한다면, 보유하고 있는 피취득자 지분의 공정가치 재측정은 연결조정분개를 하기 전에 지배기업의 개별 장부에 반영하는 분개로 보는 것이 적절하다.

「일반기업회계기준」 '제4장 연결재무제표'의 사례 4(단계적 취득)에서도 지배력 취득일 직전에 보유하고 있는 피취득자 주식의 장부금액과 공정가치의 차액을 연결조정분개를 하기 전에 지배기업의 개별 장부에 반영하는 것으로 서술하고 있다. 따라서 본서도 단계적 취득에 따른 연결재무제표 작성 시 지배력 취득일 전에 보유하고 있던 피취득자 지분에 대한 공정가치 재측정은 지배기업의 개별 장부에 반영하는 것으로 한다.

예제 1 종속기업의 단계적 취득

갑회사는 을회사 발행 주식을 다음과 같이 단계적으로 취득하여 20×2년 초에 지배기업이 되었다.

을회사 주식 취득일	취득 지분율	취득원가
20×1. 1. 1.	10%	₩12,000
20×2. 1. 1.	50%	80,000

한편, 지배력 취득일 현재 을회사 순자산의 장부금액과 공정가치는 동일하며, 을회사 순자산의 변동은 다음과 같다.

	자본금	₩70,000
	이익잉여금	30,000
20×1. 1. 1.	순자산 장부금액	100,000
20×1	당기순이익	30,000
20×1. 12. 31.	순자산 장부금액	130,000
20×2	당기순이익	25,000
20×2. 12. 31.	순자산 장부금액	₩155,000

물음

1. 갑회사는 20×1년 초에 취득한 을회사 주식을 FVPL 금융자산으로 분류하였으며, 20×1년 말과 20×2년 초 현재 을회사 주식(10% 지분)의 공정가치는 각각 ₩12,900과 ₩13,000이다. 갑회사가 20×1년과 20×2년에 을회사 지분투자와 관련하여 개별 장부에 반영할 분개 및 20×2년 말에 연결재무제표를 작성할 때 해야 할 연결조정분개를 각각 하라.
2. (물음 1)에서 갑회사가 20×1년 초에 취득한 을회사 주식을 FVOCI 선택 금융자산으로 분류하였다고 가정하고 다시 답하라.

해답

1. <20×1. 1. 1. 갑회사 개별 장부 인식분개>

(차) F V P L 금 융 자 산	12,000	(대) 현 금	12,000

<20×1. 12. 31. 갑회사 개별 장부 인식분개>

(차) F V P L 금 융 자 산	900	(대) 금융자산평가이익(PL)	900

<20×2. 1. 1. 갑회사 개별 장부 인식분개>

(차) 종 속 기 업 투 자	13,000	(대) F V P L 금 융 자 산	12,900
		금융자산평가이익(PL)	100(1)
(차) 종 속 기 업 투 자	80,000	(대) 현 금	80,000

(1) 지배력 취득일에 지배기업의 개별장부에 이미 보유하고 있던 을회사 투자지분의 장부금액을 ₩12,900에서 ₩13,000으로 조정하면서 ₩100의 평가이익을 당기손익으로 인식하고, FVPL 금융자산을 종속기업투자로 계정분류한다.

<20×2년 말 연결조정분개>

① 종속기업투자와 지배력 취득시점의 종속기업 자본의 상계제거

(차) 자 본 금	70,000	(대) 종 속 기 업 투 자	93,000(2)
이 익 잉 여 금	60,000	비 지 배 지 분	52,000(3)
영 업 권	15,000(4)		

(2) ₩13,000＋80,000＝₩93,000

(3) ₩130,000(20×2년 초 을회사 순자산의 FV)×40%＝₩52,000

(4) 대차 일치 금액이며, 다음과 같이 일괄법을 적용하여 계산할 수 있다.
일괄법 적용 영업권＝₩93,000－130,000×60%＝₩15,000

② 당기순이익으로 인한 순자산 변동 중 비지배지분 해당액

(차) 이 익 잉 여 금	10,000(5)	(대) 비 지 배 지 분	10,000

(5) ₩25,000(20×2년 당기순이익)×40%＝₩10,000

2. <20×1. 1. 1. 갑회사 개별 장부 인식분개>

(차)	FVOCI 선택 금융자산	12,000	(대) 현 금	12,000

<20×1. 12. 31. 갑회사 개별 장부 인식분개>

(차)	FVOCI 선택 금융자산	900	(대) 금융자산평가이익(OCI)	900

<20×2. 1. 1. 갑회사 개별 장부 인식분개>

(차)	종 속 기 업 투 자	13,000	(대) FVOCI 선택 금융자산	12,900
			금융자산평가이익(OCI)	100[(1)]
(차)	종 속 기 업 투 자	80,000	(대) 현 금	80,000

(1) FVOCI 선택 금융자산에 대해서 인식한 기타포괄손익은 당해 금융자산이 제거되더라도 당기손익으로 재분류하지 않는다.

<20×2년 말 연결조정분개> (해답 1과 동일)

① 종속기업투자와 지배력 취득시점의 종속기업 자본의 상계제거

(차)	자 본 금	70,000	(대) 종 속 기 업 투 자	93,000
	이 익 잉 여 금	60,000	비 지 배 지 분	52,000
	영 업 권	15,000		

② 당기순이익으로 인한 순자산 변동 중 비지배지분 해당액

(차)	이 익 잉 여 금	10,000	(대) 비 지 배 지 분	10,000

해답 1과 해답 2 모두 20×2년 말 연결재무상태표의 비지배지분 잔액은 ₩62,000인데 다음과 같이 금액을 확인할 수 있다.

20×2년 말 비지배지분 잔액 = ₩155,000(을회사 순자산금액)×40% = ₩62,000

(3) IFRS 해석위원회 회신 – 단계적 취득 시 종속기업투자의 취득원가(2019.1.)

IFRS 해석위원회는 단계적으로 지배력을 획득한 시점에 별도재무제표에 표시될 종속기업투자의 취득원가를 다음의 두 가지 방법 중 어느 방법을 적용해서 측정하는지에 대한 질의를 받았다.

(1) 기존 투자지분의 지배력 획득시점의 공정가치와 추가 지분 취득 시 지급한 대가(공정가치 간주원가법)

(2) 기존 투자지분의 최초 취득시점의 취득금액과 추가 지분 취득 시 지급한 대가(누적원가법)

질의의 첫 번째 방법인 공정가치 간주원가법은 기존 투자지분을 공정가치로 측정할 수 있는 지분증권일 경우 자연스럽게 지배력 취득시점에 공정가치를 측정할 수 있을 것이고, 여기에 추가 지분 취득 시 지급한 대가를 합한 금액으로 종속기업투자를 별도재무제표에 인식하는 방법이다. 이 방법은 기준서 제1103호 문단 32의 일괄법과도 일관된다.

그런데 기존 투자지분에 대해서 신뢰성 있는 공정가치 측정이 어려운 경우도 있다. 예를 들어, 스타트업 기업 등에 투자를 할 경우 가치평가모형에 따른 신뢰성 있는 공정가치 평가가 어려울 수 있는데, 이 경우 기준서 제1109호 문단 B5.2.3에 따라 원가로 측정할 수 있다. 질의의 두 번째 방법인 누적원가법은 기존 투자지분을 원가로 측정하여 왔는데, 추가 지분 취득으로 지배력을 획득한 경우 당초 원가에 추가 취득 시 지급한 대가를 합한 금액으로 종속기업투자를 별도재무제표에 인식하는 방법이다. IFRS 해석위원회는 공정가치 간주원가법과 누적원가법 모두를 인정하고, 이 중에서 하나를 선택하여 일관되게 적용하도록 회신하였다.

1.3 지배력 취득 후 종속기업 지분의 추가 취득

지배력(100% 미만 지분)을 취득한 후에 종속기업의 지분을 추가 취득하는 경우도 있다. 이 때 영업권(또는 염가매수차익)을 어떻게 결정하는가에 대해서 국제회계기준은 명시적 규정을 하고 있지 않다.

기준서(1110:B96)에 근거할 때, 지배기업이 종속기업에 대해서 이미 지배력을 소유하고 있는 상태에서 종속기업의 지분을 추가로 취득하는 거래는 연결실체의 관점에서 볼 때 자본거래에 해당한다. 따라서 자본거래에서 발생한 차액을 영업권(또는 염가매수차익)으로 인식하지 않고, 자본잉여금에서 조정한다.[4)]

예제 2 종속기업의 지배력 취득 후 지분의 추가 취득

갑회사는 을회사 발행 주식을 다음과 같이 취득하였으며, 을회사에 대한 지배력은 20×1년 초부터 소유하였다.

을회사 주식 취득일	취득 지분율	취득원가
20×1. 1. 1.	60%	₩65,000
20×2. 1. 1.	10%	13,000

4) 만약 차감 조정해야 할 자본잉여금이 부족한 경우에는 「일반기업회계기준」의 규정에 따라 이익잉여금에서 조정하면 될 것이다.

한편, 지배력 취득일 현재 을회사 순자산의 장부금액과 공정가치는 동일하며, 을회사 순자산의 변동은 다음과 같다.

	자본금	₩70,000
	이익잉여금	30,000
20×1. 1. 1.	순자산 장부금액	100,000
20×1	당기순이익	20,000
20×1. 12. 31.	순자산 장부금액	120,000
20×2	당기순이익	25,000
20×2. 12. 31.	순자산 장부금액	₩145,000

물음

1. 20×1년 말에 연결재무제표를 작성할 경우 해야 할 연결조정분개를 하라.
2. 20×2년 말에 연결재무제표를 작성할 경우 해야 할 연결조정분개를 하라.
3. 위의 물음과 관련하여 20×1년 중에 을회사가 보유 토지(장부금액 ₩9,000)를 갑회사에게 ₩10,000에 매각하는 거래가 발생하였으며, 내부거래에서 발생한 미실현이익 ₩1,000은 20×2년 중에 모두 실현되었다고 가정하고 20×1년 말과 20×2년 말의 연결조정분개를 각각 하라.

해답

본 예제의 풀이를 제시하기 전에 각 시점별 비지배지분의 잔액을 미리 계산하면 다음과 같다.

일자	종속기업 순자산	비지배지분율	비지배지분 잔액	비지배지분 변동
20×1년 말	₩120,000	40%	₩48,000	–
20×2년 초	120,000	30%	36,000(1)	(−)₩12,000
20×2년 말	145,000	30%	43,500	7,500

(1) 20×2년 초에 지배기업지분을 10% 추가 취득하기 때문에 비지배지분율이 40%에서 30%로 감소한다. 따라서 비지배지분 잔액이 ₩48,000에서 ₩36,000으로 ₩12,000 감소한다.

갑회사는 20×1년 초에 을회사에 대한 지배력(60% 지분)을 취득한 후 20×2년 초에 10%의 지분을 추가 취득하였다. 20×2년 초 추가 취득 시 발생한 차액은 다음과 같이 계산하며, 영업권이 아니라 자본잉여금에서 차감 조정한다.

20×2년 초 10% 지분 취득 시 차액

=₩13,000(취득원가) − 120,000(20×2년 초 을회사 순자산가액)×10% = ₩1,000

지배력 취득시점을 기준으로 종속기업투자와 종속기업 자본을 상계제거(해답 2의 연결조정분개 ①)하면서 영업권을 인식하고, 추가 취득시점을 기준으로 종속기업투자와 비지배지분을 상계제거(해답 2의 연결조정분개 ③)하면서 위에서 계산한 자본잉여금을 차감조정한다.

한편, 물음 3에서는 20×1년 말 현재 종속기업 순자산에 상향거래 미실현이익 ₩1,000이 포함되어 있다가 20×2년 중에 모두 실현되는 사례이다. 물음 3의 상황에서 비지배지분 잔액을 미리 계산하면 다음과 같다.

일자	종속기업 순자산	비지배지분율	비지배지분 잔액	비지배지분 변동
20×1년 말	₩120,000 − 1,000 = ₩119,000	40%	₩47,600	–
20×2년 초	119,000	30%	35,700(2)	(−)₩11,900
20×2년 말	145,000	30%	43,500	7,800

(2) 20×2년 초에 지배기업지분을 10% 추가 취득하기 때문에 비지배지분율이 40%에서 30%로 감소한다. 따라서 비지배지분 잔액이 ₩47,600에서 ₩35,700으로 ₩11,900 감소한다.

(물음 3)과 관련하여 20×2년 초 추가 취득 시 발생한 차액은 다음과 같이 계산하며, 영업권이 아니라 자본잉여금에서 차감 조정한다.

20×2년 초 10% 지분 취득 시 차액

= ₩13,000 − 119,000(상향거래 미실현이익 조정 후 20×2년 초 을회사 순자산가액)×10%

= ₩1,100

만약에 (물음 3)에서 상향거래 미실현이익이 아니라 하향거래 미실현이익이라면 이는 종속기업 순자산과 무관하므로 20×1년 말과 20×2년 초 현재 종속기업 순자산을 ₩119,000이 아니라 ₩120,000에 기초하여 비지배지분 잔액과 변동액, 그리고 자본잉여금 조정액을 계산한다.

1. <20×1년 말 연결조정분개>

   ① 종속기업투자와 지배력 취득시점의 종속기업 자본의 상계제거

(차)	자본금	70,000	(대) 종속기업투자	65,000
	이익잉여금	30,000	비지배지분	40,000(1)
	영업권	5,000		

   (1) (₩70,000 + 30,000)×40% = ₩40,000

   ② 당기순이익으로 인한 순자산 변동 중 비지배지분 해당액

(차)	이익잉여금	8,000	(대) 비지배지분	8,000(2)

   (2) ₩20,000(을회사 당기순이익)×40% = ₩8,000

2. <20×2년 말 연결조정분개>

   ① 종속기업투자와 지배력 취득시점의 종속기업 자본의 상계제거

(차)	자본금	70,000	(대) 종속기업투자	65,000
	이익잉여금	30,000	비지배지분	40,000
	영업권	5,000		

② 지배력 취득시점부터 당기 초까지 종속기업 순자산 변동 중 비지배지분 해당액

(차) 이 익 잉 여 금	8,000	(대) 비 지 배 지 분	8,000[(1)]

(1) ₩20,000×40%=₩8,000

③ 당기 초 종속기업투자 추가 취득에 대한 조정

(차) 비 지 배 지 분	12,000[(2)]	(대) 종 속 기 업 투 자	13,000
자 본 잉 여 금	1,000[(3)]		

(2) 20×1년 말 비지배지분 잔액 ₩48,000이 20×2초 현재 ₩36,000으로 ₩12,000 감소한다(앞에서 설명).
(3) 지배기업지분 10% 추가 취득 시 발생한 차액 ₩1,000(앞에서 설명)을 자본잉여금에서 조정

④ 당기순이익으로 인한 순자산 변동 중 비지배지분 해당액

(차) 이 익 잉 여 금	7,500	(대) 비 지 배 지 분	7,500[(4)]

(4) ₩25,000(을회사 당기순이익)×30%=₩7,500

연결조정분개의 비지배지분 변동을 모두 합하면 잔액이 ₩43,500으로 앞에서 미리 계산한 비지배지분 잔액과 동일함을 알 수 있다.

3. <20×1년 말 연결조정분개>

① 종속기업투자와 지배력 취득시점의 종속기업 자본의 상계제거

(차) 자 본 금	70,000	(대) 종 속 기 업 투 자	65,000
이 익 잉 여 금	30,000	비 지 배 지 분	40,000
영 업 권	5,000		

② 토지 상향거래 미실현이익의 제거

(차) 유형자산처분이익	1,000	(대) 토 지	1,000

③ 당기순이익으로 인한 순자산 변동 중 비지배지분 해당액

(차) 이 익 잉 여 금	7,600	(대) 비 지 배 지 분	7,600[(1)]

(1) (₩20,000−1,000)×40%=₩7,600

<20×2년 말 연결조정분개>

① 종속기업투자와 지배력 취득시점의 종속기업 자본의 상계제거

(차) 자 본 금	70,000	(대) 종 속 기 업 투 자	65,000
이 익 잉 여 금	30,000	비 지 배 지 분	40,000
영 업 권	5,000		

② 지배력 취득시점부터 당기 초까지 종속기업 순자산 변동 중 비지배지분 해당액

(차) 이 익 잉 여 금	7,600	(대) 비 지 배 지 분	7,600

③ 당기 초 종속기업투자 추가 취득에 대한 조정

(차) 비 지 배 지 분	11,900(2)	(대) 종 속 기 업 투 자	13,000
자 본 잉 여 금	1,100(3)		

(2) 20×1년 말 비지배지분 잔액 ₩47,600이 20×2초 현재 ₩35,700으로 ₩11,900 감소한다(해답 1의 시작 전에 설명).

(3) 지배기업지분 10% 추가 취득 시 발생한 차액 ₩1,100(앞에서 설명)을 자본잉여금에서 조정

④ 전기 상향거래 미실현이익의 실현

(차) 이 익 잉 여 금	1,000	(대) 유형자산처분이익	1,000

⑤ 당기순이익으로 인한 순자산 변동 중 비지배지분 해당액

(차) 이 익 잉 여 금	7,800	(대) 비 지 배 지 분	7,800(4)

(4) (₩25,000 + 1,000)×30% = ₩7,800

연결조정분개의 비지배지분 변동을 모두 합하면 잔액이 ₩43,500으로 앞에서 미리 계산한 비지배지분 잔액과 동일함을 알 수 있다.

예제 3 단계적 취득 또는 지배력 취득 후 추가 취득

다음의 두 경우는 독립적이다.

〈경우 1〉

갑회사는 20×1년 초에 을회사에 대한 지분을 취득하였고, 20×2년 초에 을회사 지분을 추가 취득하여 지배력을 갖게 되었다. 다음은 을회사 지분 취득과 관련된 자료이다.

을회사 주식 취득일	취득 지분율	취득원가	을회사 순자산 장부금액	을회사 순자산 공정가치
20×1. 1. 1.	10%	₩12,000	₩100,000	₩110,000
20×2. 1. 1.	60%	70,000	105,000	116,000

〈경우 2〉

갑회사는 20×1년 초에 을회사에 대한 지배력을 취득하였고, 20×2년 초에 을회사 지분을 추가 취득하였다. 다음은 을회사 지분 취득과 관련된 자료이다.

을회사 주식 취득일	취득 지분율	취득원가	을회사 순자산 장부금액	을회사 순자산 공정가치
20×1. 1. 1.	60%	₩70,000	₩100,000	₩110,000
20×2. 1. 1.	10%	12,000	105,000	116,000

〈공통 자료〉

을회사 순자산의 장부금액 증가는 모두 당기순이익이며, 20×2년도 을회사의 당기순이익은 ₩3,000이다. 20×1년 초 현재 을회사 순자산의 장부금액과 공정가치의 차이 ₩10,000은 건물(잔존내용연수 10년, 잔존가치 없이 정액법 상각)의 공정가치가 장부금액을 ₩10,000 초과하는 데 기인한다.

또한 20×2년 초 현재 을회사 순자산의 장부금액과 공정가치의 차이 ₩11,000 중 ₩9,000은 20×1년 초 현재 공정가치가 장부금액을 초과했던 건물과 관련된 차이이며, 나머지 ₩2,000은 20×1년 말에 취득한 기계장치(잔존내용연수 4년, 잔존가치 없이 정액법 상각)의 공정가치가 장부금액을 초과하는 데 기인한다.

물음

1. <경우 1>에서 갑회사가 20×2년 말에 연결재무제표를 작성할 경우 해야 할 연결조정분개를 하라. 단, 갑회사는 20×1년 초에 취득한 을회사 지분을 FVPL 금융자산으로 분류하였으며, 20×1년 말과 20×2년 초의 공정가치는 모두 ₩13,000이다.
2. <경우 2>에서 갑회사가 20×2년 말에 연결재무제표를 작성할 경우 해야 할 연결조정분개를 하라.

해답

1. <20×2년 말 연결조정분개>

① 종속기업투자와 지배력 취득시점(20×2년 초)의 종속기업 자본의 상계제거

(차) 자본(순자산)	105,000	(대) 종속기업투자	83,000(1)
건물	9,000(2)	비지배지분	34,800(3)
기계장치	2,000		
영업권	1,800		

(1) 20×1년 초 취득한 10% 지분의 공정가치 ₩13,000+20×2년 초 추가 취득 지분의 취득금액 ₩70,000
(2) 20×2년 초 건물의 장부금액과 공정가치의 차이 중 미소멸 금액
(3) (₩105,000+9,000+2,000)×30%=₩34,800

② 종속기업 자산의 BV·FV 차이 조정

(차) 감가상각비	1,000(4)	(대) 감가상각누계액	1,000
(차) 감가상각비	500(5)	(대) 감가상각누계액	500

(4) 건물 감가상각비=₩9,000÷9년=₩1,000
(5) 기계장치 감가상각비=₩2,000÷4년=₩500

③ 당기순이익으로 인한 순자산 변동 중 비지배지분 해당액

(차) 이익잉여금	450	(대) 비지배지분	450(6)

(6) {₩3,000(을회사 당기순이익)−1,000(건물 상각비)−500(기계장치 상각비)}×30%=₩450

연결조정분개의 비지배지분을 모두 더하면 잔액이 ₩35,250인데, 다음과 같이 검증가능하다.
20×2년 말 비지배지분
=20×2년 말 을회사 순자산의 공정가치×비지배지분율
={₩116,000+3,000(당기순이익)−1,000(건물 상각비)−500(기계장치 상각비)}×30%
=₩35,250

2. 지배력을 최초 취득하는 시점 현재 종속기업 순자산의 장부금액과 공정가치의 차이 ₩10,000만 연결조정에 반영한다. 따라서 갑회사가 을회사 지분을 추가 취득하는 시점 현재 기계장치의 공정가치와 장부금액의 차이 ₩2,000은 연결조정과정에서 고려하지 않는다.

① 지배력 취득 시 초과지급액
=60% 지분 취득원가−취득일 현재 종속기업 순자산의 공정가치×60%
=₩70,000−110,000×60%=₩4,000(영업권)

② 지배력 취득 후 추가 취득 시 초과지급액
=10% 지분 취득원가−(추가 취득일 현재 종속기업 순자산의 장부금액+지배력 취득일 현재 종속기업 순자산의 BV·FV 차이 중 미소멸 금액)×10%
=₩12,000−(105,000+9,000)×10%=₩600(자본잉여금에서 조정)

종속기업투자를 추가 취득하면 그만큼 비지배지분율이 감소하므로 추가 취득한 종속기업투자와 비지배지분을 상계하는데, 이때 발생하는 차이가 자본잉여금 조정액이다(아래의 연결조정분개 ③ 참조).

<20×2년 말 연결조정분개>

① 종속기업투자와 지배력 취득시점(20×1년 초)의 종속기업 자본의 상계제거

(차) 자본(순자산)	100,000	(대) 종속기업투자	70,000
건물	10,000	비지배지분	44,000
영업권	4,000		

② 지배력 취득시점부터 당기 초까지 종속기업 순자산 변동 중 비지배지분 해당액

(차) 이익잉여금	1,600	(대) 비지배지분	1,600(1)

(1) {₩5,000−1,000(건물 상각비)}×40%=₩1,600

③ 당기 초 종속기업투자 추가 취득에 대한 조정

(차) 비지배지분	11,400(2)	(대) 종속기업투자	12,000
자본잉여금	600(3)		

(2) ₩45,600(20×1년 말 비지배지분)×10%/40%=₩11,400
(3) 연결분개 시작 전의 설명 참조

④ 종속기업 자산의 BV·FV 차이 조정

(차) 이 익 잉 여 금	1,000[(4)]	(대) 감 가 상 각 누 계 액	2,000
감 가 상 각 비	1,000[(4)]		

(4) 건물 감가상각비 = ₩10,000÷10년 = ₩1,000, 20×1년분은 이익잉여금에서 조정하고 20×2년분은 감가상각비로 조정

⑤ 당기순이익으로 인한 순자산 변동 중 비지배지분 해당액

(차) 이 익 잉 여 금	600	(대) 비 지 배 지 분	600[(5)]

(5) {₩3,000(을회사 당기순이익) − 1,000(건물 상각비)}×30% = ₩600

연결조정분개의 비지배지분을 모두 더하면 잔액이 ₩34,800인데, 이는 해답 1의 비지배지분 잔액 ₩35,250과 다르다. 그 이유는 (물음 1)에서는 지배력 취득시점에 건물과 기계장치의 장부금액과 공정가치 차이를 식별하여 이를 비지배지분에 모두 반영하고 이후 비지배지분 귀속 당기순이익을 계산할 때에도 이를 고려하는 반면, (물음 2)에서는 지배력 취득 후 추가 취득시점에서 기계장치의 장부금액과 공정가치의 차이를 식별하지 않기 때문이다.

(예제 3)의 <경우 2>와 같이 지배력을 취득한 후 종속기업의 지분을 추가 취득하는 경우뿐만 아니라 2절과 3절에서 설명하는 종속기업의 증자나 감자, 자기주식의 취득 및 처분거래 등이 발생할 경우 지배기업의 지분율이 증가할 수도 있다. 이때 지배기업의 지분율이 증가하는 시점마다 종속기업 순자산의 장부금액과 공정가치의 차이를 식별할 필요는 없다. 앞에서도 강조한 바와 같이 연결재무제표에 반영되는 종속기업 순자산의 장부금액과 공정가치의 차이는 지배력을 취득하는 시점에 존재하는 차이에 국한하며, 추가 취득 등으로 인해 지배기업의 지분율이 증가하는 경우마다 그 시점에 존재하는 종속기업 순자산의 장부금액과 공정가치의 차이까지 식별해야 하는 것은 아니다.

1.4 보고기간 중에 지배력 취득

제3장과 제4장에서는 설명의 편의상 종속기업의 취득일을 보고기간 초로 가정하였다. 그러나 실제 상황에서는 보고기간 중 어느 날이라도 종속기업을 취득할 수 있다. 보고기간 중 특정일에 지배력을 취득한 경우 지배력을 취득한 보고기간 말에 작성하는 연결재무제표에는 당해 보고기간에 발생한 종속기업의 수익과 비용 중 얼마의 금액이 반영되어야 하는지 다음의 [그림 1]을 통해서 설명한다.

| 그림 1 | 보고기간 중 지배력 취득

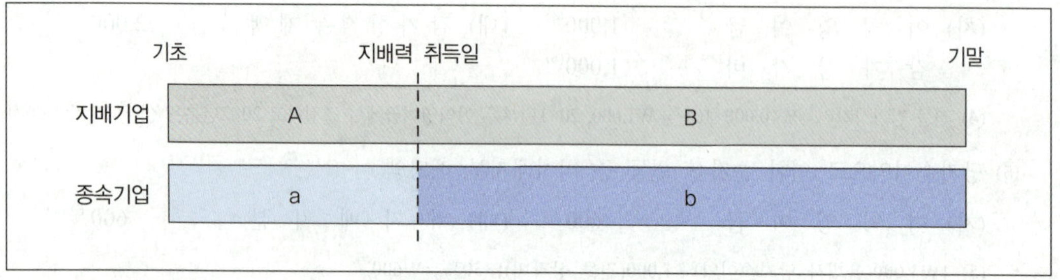

[그림 1]에서 당기 지배기업의 수익과 비용 중 기초부터 지배력 취득 직전까지 발생한 금액을 A, 지배력 취득일부터 기말까지 발생한 금액을 B라 하고, 당기 종속기업의 수익과 비용 중 기초부터 지배력 취득 직전까지 발생한 금액을 a, 지배력 취득일부터 기말까지 발생한 금액을 b라고 하자. 당기에 지배기업이 연결재무제표를 작성할 경우 종속기업의 수익과 비용 중 어느 범위까지 연결재무제표에 포함하여야 하는가? 여기에 대해서 기준서는 지배력을 취득하는 시점부터 지배력을 상실하기 전까지 발생한 종속기업 수익과 비용을 연결재무제표에 포함하도록 규정하고 있다(1110:B88). 따라서 [그림 1]에서 지배력을 취득한 보고기간의 연결재무제표에 포함할 수익과 비용은 'A+B+b'이다.

제1장에서 설명한 합병형태의 사업결합의 경우에도 연결의 경우와 동일하게 취득일 이후에 발생한 피취득자의 수익과 비용만 취득자의 재무제표에 반영한다. 왜냐하면 회계기간 중에 합병거래가 발생할 경우 취득회사는 취득일 현재 피취득회사의 자산과 부채만 취득·인수할 뿐 취득일까지 발생한 수익과 비용은 승계하지 않기 때문이다. 즉, 사업결합의 형태와 관계없이 보고기간 중에 피취득자를 취득했거나 지배력을 획득한 경우 그 이후에 발생한 피취득자 또는 종속기업의 수익과 비용만 연결재무제표에 반영한다.

보고기간 중에 종속기업을 취득할 경우 실무적으로 문제가 되는 것은 종속기업이 취득일을 기준으로 결산을 해야 한다는 점이다. 예를 들어, 보고기간 말이 12월 31일인 지배기업이 4월 1일에 지배력을 취득한 경우 지배기업은 4월 1일 현재 종속기업의 자본과 종속기업투자를 상계제거해야 하며, 4월 1일 이후에 발생한 종속기업의 수익과 비용만 연결재무제표에 포함하여야 하므로 종속기업이 3월 31일을 보고기간 말로 간주하여 결산을 수행하여야 한다.[5)]

---

5) 일반기업회계기준(제4장 연결재무제표)도 회계연도 중에 종속기업을 취득하는 경우 취득일 이후부터 발생한 수익과 비용을 연결재무제표에 반영하도록 규정하고 있어 국제회계기준과 그 내용이 동일하다.

예제 4 보고기간 중 지배력의 취득

갑회사는 20×1년 4월 1일에 을회사 주식 80%를 ₩65,000에 취득하여 지배기업이 되었다. 지배력 취득일 현재 을회사 순자산의 공정가치는 장부금액과 동일하다. 다음은 20×1년도 두 기업의 재무제표이다. 재무상태표의 금액은 각 보고기간 말의 잔액이다.

과목	갑회사	을회사	
	1. 1. ~ 12. 31.	1. 1. ~ 3. 31.	4. 1. ~ 12. 31.
수익	₩340,000	₩30,000	₩70,000
비용	(315,000)	(21,000)	(59,000)
당기순이익	₩25,000	₩9,000	₩11,000
	12. 31.	3. 31.	12. 31.
자산(종속기업투자 제외)	₩330,000	₩135,000	₩151,000
종속기업투자	65,000	–	–
합계	₩395,000	₩135,000	₩151,000
부채	₩170,000	₩65,000	₩70,000
자본금	150,000	50,000	50,000
이익잉여금	75,000	20,000	31,000
합계	₩395,000	₩135,000	₩151,000

물음

20×1년 말에 연결재무제표를 작성할 때 해야 할 연결조정분개를 하고, 연결정산표를 작성하라. 단, 20×1년 말 현재 영업권이 배분된 현금창출단위의 회수가능액이 영업권을 조정한 후 현금창출단위의 장부금액보다 적으며, 그 중 갑회사 지분에 해당하는 금액은 ₩2,000이다.

해답

<20×1년 말 연결조정분개>

① 종속기업투자와 지배력 취득시점(20×1. 4. 1.)의 종속기업 자본의 상계제거

(차)	자본금	50,000	(대) 종속기업투자	65,000
	이익잉여금	20,000	비지배지분	14,000(1)
	영업권	9,000		

(1) ₩70,000(20×1년 4월 1일 현재 을회사 순자산의 공정가치)×20%＝₩14,000

② 영업권의 손상차손 인식

(차)	손상차손	2,000	(대) 영업권	2,000

③ 당기순이익으로 인한 순자산 변동 중 비지배지분 해당액

(차) 이 익 잉 여 금 2,200[(2)] (대) 비 지 배 지 분 2,200

(2) ₩11,000(지배력 취득일 이후의 20×1년 당기순이익)×20% = ₩2,200

〈20×1년도 연결정산표〉

과목	갑회사	을회사	연결조정분개		연결재무제표
			차변	대변	
수 익	₩340,000	₩70,000[(1)]			₩410,000
비 용	(315,000)	(59,000)[(1)]	②2,000		(376,000)
당 기 순 이 익	₩25,000	₩11,000	₩2,000[(2)]		₩34,000
자산(종속기업투자 제외)	₩330,000	₩151,000			₩481,000
종속기업투자	65,000	–		①65,000	–
영 업 권	–	–	①9,000	②2,000	7,000
합 계	₩395,000	₩151,000			₩488,000
부 채	₩170,000	₩70,000			₩240,000
자 본 금	150,000	50,000	①50,000		150,000
이 익 잉 여 금	75,000	31,000	①20,000 ③2,200 2,000[(2)]		81,800
비 지 배 지 분	–	–		①14,000 ③2,200	16,200
합 계	₩395,000	₩151,000	₩83,200	₩83,200	₩488,000

(1) 20×1년 4월 1일 이후 발생분만 포함시킨다.

(2) 당기순이익의 조정 금액만큼 이익잉여금에 반영한다.

2 종속기업투자의 매각

2.1 종속기업투자의 일부 매각 후 지배력을 계속 보유하는 경우

지배기업이 종속기업투자 중 일부를 매각하더라도 지배력을 계속 보유할 수 있다. 예를 들어, 지배기업이 종속기업의 80% 지분을 보유하다가 이 중 일부를 매각하여 70%의 지분을 보유할 경우, 지배기업은 종속기업 주식을 매각한 후에도 종속기업에 대해서 여전히 지배력을 보유할 것이다.

지배기업이 종속기업의 주식을 매각한 후에도 지배력을 계속 보유하는 거래는 연결실체의 관점에서 자산의 처분거래가 아니라 자본거래에 해당한다. 왜냐하면 연결실체가 보유하던 연결실체의 주식은 자산이 아니므로 이를 매각하는 거래도 자산의 처분거래가 아니라 자본거래이기 때문이다. 따라서 지배기업이 종속기업투자를 매각하면서 개별 장부에 인식한 종속기업투자처분손익이 있다면, 연결재무제표를 작성할 때 다음과 같이 종속기업투자처분손익을 자본잉여금으로 대체하는 연결조정분개를 한다.

(차) 종속기업투자처분이익	×××	(대) 자 본 잉 여 금	×××
또는			
(차) 자 본 잉 여 금	×××*	(대) 종속기업투자처분손실	×××

* 차감할 자본잉여금이 부족하면 이익잉여금에서 조정한다.

지배력을 유지한 채 종속기업투자를 일부 매각할 경우 지배기업의 지분율은 낮아지는 반면 비지배지분율은 높아진다. 따라서 다음과 같이 비지배지분을 증가시키는 연결조정분개도 필요하다.

(차) 종 속 기 업 투 자	×××	(대) 비 지 배 지 분	×××

첫 번째 연결조정분개(종속기업투자와 종속기업 자본의 상계제거 분개)를 할 때, 종속기업투자 금액은 종속기업 지분을 일부 매각한 후의 잔액이 아니라 지배력 취득시점의 금액이기 때문에 당기 중에 일부 매각한 종속기업투자를 증가시키면서 비지배지분도 증가시키는 연결조정분개가 필요하다. 만약에 위와 같이 당기에 일부 매각한 종속기업투자를 증가시키는 연결조정분개를 하지 않으면 연결정산표의 종속기업투자는 음(−)의 값이 될 것이다.

위의 분개에서 차변의 종속기업투자와 대변의 비지배지분이 같은 금액이 아닐 수 있다. 왜냐하면 종속기업투자 장부금액에는 영업권 해당액(즉, 종속기업 순자산의 공정가치를 초과하는 지급액)이 포함되어 있을 수 있고, 지배기업은 개별 장부에서 종속기업투자를 원가법으로 평가하는 반면, 비지배지분에는 취득일 현재 종속기업 순자산의 공정가치와 취득일 이후 종속기업 순자산의 변동액 중 비지배지분 해당액이 포함되기 때문이다. 따라서 매각한 종속기업투자와 증가하는 비지배지분이 같은 금액이 아니라면 다음과 같이 대차 불일치 금액을 자본잉여금에서 조정한다(차변 조정일 수도 있음).

(차) 종 속 기 업 투 자	×××	(대) 비 지 배 지 분	×××
		자 본 잉 여 금	×××

지배기업이 종속기업투자의 일부를 종속기업에게 매각(즉, 종속기업이 자기주식 취득)한 경우에는 종속기업 순자산이 감소하므로 매각 후 비지배지분이 감소할 수도 있다. 이 경우에는 다음과 같은 연결조정분개를 한다. 이 경우에도 대차 불일치 금액이 있다면 자본잉여금에서 조정한다.

(차) 종속기업투자	×××	(대) 자기주식	×××
비지배지분	×××		

한편, 지배력 취득 시 영업권이 존재한다면 종속기업투자를 일부 매각할 경우 영업권도 일부 제거해야 하는가? 국제회계기준은 종속기업투자를 매각하여 지배력을 상실하는 경우에 영업권을 제거하도록 명시적으로 규정(1110:B98)하고 있다. 영업권은 지배력을 상실하거나 손상차손을 인식할 때 제거하는 것이지, 지배력을 유지한 채 종속기업투자 중 일부를 매각하는 경우에도 제거하는 것은 아니라고 판단된다. 따라서 종속기업투자를 매각하더라도 지배력을 유지할 경우 종속기업투자의 일부 매각에 대한 연결조정분개를 할 때 영업권을 감소시키지는 않는다.

예제 5 종속기업 주식의 일부 매각 후에도 지배력 유지

갑회사는 20×1년 초에 을회사의 발행주식 800주 중 640주(80%)를 ₩960,000에 취득하여 지배기업이 되었다. 20×1년 초 현재 을회사 순자산의 장부금액은 ₩1,000,000(자본금 ₩800,000, 이익잉여금 ₩200,000)이며 공정가치와 동일하다. 을회사의 20×1년 당기순이익은 ₩100,000이고, 20×2년 당기순이익은 ₩150,000이며, 배당금 지급을 포함한 자본거래는 발생하지 않았다. 다음은 독립된 경우이다.

〈경우 1〉
갑회사는 20×2년 초에 을회사 주식 160주를 연결실체 외부에 매각하면서 처분대가 ₩250,000을 수취하고 종속기업투자처분이익 ₩10,000을 인식하였다. 갑회사는 을회사 주식을 매각한 후에도 을회사에 대한 지배력을 계속 유지한다.

〈경우 2〉
갑회사는 20×2년 초에 을회사 주식 160주를 을회사에 매각하면서 처분대가 ₩250,000을 수취하고 종속기업투자처분이익 ₩10,000을 인식하였다. 갑회사는 을회사 주식을 매각한 후에도 을회사에 대한 지배력을 계속 유지하며, 을회사는 20×2년 말 현재 자기주식 160주를 계속 보유한다.

물음

2가지 경우별로 20×2년 말에 갑회사가 연결재무제표를 작성할 때 해야 할 연결조정분개를 하라.

해답

2가지 경우별로 갑회사가 을회사 지분을 일부 매각할 때 비지배지분의 증가를 먼저 계산하면 다음과 같다.

<경우 1>

구분	을회사 지분 매각 전	을회사 지분 매각 후	변동액
을회사 순자산	₩1,100,000	₩1,100,000	–
지배기업 지분율	640주/800주=80%	(640주–160)/800주=60%	
비지배지분율	20%	40%	
비지배지분	220,000	440,000	220,000

<경우 2> 을회사가 자기주식을 취득하는 것이므로 유통주식수도 160주 감소한다.

구분	을회사 지분 매각 전	을회사 지분 매각 후	변동액
을회사 순자산	₩1,100,000	₩850,000	–
지배기업 지분율	640주/800주=80%	(640–160)/(800–160)=75%	
비지배지분율	20%	25%	
비지배지분	220,000	212,500	(–)7,500

1. 연결조정분개 ③의 이해를 돕기 위해서 20×2년 초에 갑회사가 을회사 지분을 일부 매각할 때 개별 장부에 반영한 분개를 제시하면 다음과 같다. 개별 장부에 반영한 처분이익 ₩10,000은 후술하는 연결조정분개 ③에서 자본잉여금으로 대체한다. <경우 2>도 동일하다.

(차) 현금	250,000	(대) 종속기업투자	240,000*
		처분이익	10,000

* 처분한 을회사 주식의 장부금액=₩960,000×(20%/80%)=₩240,000

<경우 1>의 20×2년 말 연결조정분개

① 종속기업투자와 지배력 취득시점의 종속기업 자본의 상계제거

(차) 자본금	800,000	(대) 종속기업투자	960,000
이익잉여금	200,000	비지배지분	200,000
영업권	160,000		

② 지배력 취득시점부터 당기 초까지 종속기업의 순자산 변동 중 비지배지분 해당액

(차) 이익잉여금	20,000(1)	(대) 비지배지분	20,000

(1) ₩100,000(20×1년 당기순이익)×20%=₩20,000

③ 20×2년 초 종속기업 지분을 연결실체 외부에 매각 시 비지배지분 조정

(차) 종속기업투자	240,000(2)	(대) 비지배지분	220,000(3)
		자본잉여금	20,000(4)

(차) 처분이익	10,000	(대) 자본잉여금	10,000(5)

(2) 종속기업투자 매각 시 종속기업투자의 장부금액 중 ₩240,000(₩960,000×20%/80%)이 감소되었을 것인데, 연결조정분개 ①에서 종속기업투자 매각 전의 금액을 이미 제거하였으므로 매각한 종속기업투자 금액을 환원
(3) 앞에서 제시한 비지배지분 변동액 계산과정 참조
(4) 대차 일치 금액을 자본잉여금에서 조정
(5) 갑회사의 별도재무제표에 인식한 종속기업투자처분이익을 자본잉여금으로 대체

④ 당기순이익으로 인한 순자산 변동 중 비지배지분 해당액

(차) 이익잉여금	60,000(6)	(대) 비지배지분	60,000

(6) ₩150,000(20×2년 당기순이익)×40% = ₩60,000

2. <경우 2>의 20×2년 말 연결조정분개

① 종속기업투자와 지배력 취득시점의 종속기업 자본의 상계제거

(차) 자본금	800,000	(대) 종속기업투자	960,000
이익잉여금	200,000	비지배지분	200,000
영업권	160,000		

② 지배력 취득시점부터 당기 초까지 종속기업의 순자산 변동 중 비지배지분 해당액

(차) 이익잉여금	20,000	(대) 비지배지분	20,000

③ 20×2년 초 종속기업 지분을 종속기업에 매각 시 비지배지분 조정

(차) 종속기업투자	240,000	(대) 자기주식	250,000(1)
비지배지분	7,500(2)		
자본잉여금	2,500(3)		

(차) 처분이익	10,000	(대) 자본잉여금	10,000

(1) 종속기업이 지배기업으로부터 취득한 자기주식 ₩250,000을 제거
(2) 앞에서 제시한 비지배지분 변동액 계산과정 참조
(3) 대차 일치 금액을 자본잉여금에서 조정

④ 당기순이익으로 인한 순자산 변동 중 비지배지분 해당액

(차) 이익잉여금	37,500(4)	(대) 비지배지분	37,500

(4) ₩150,000(20×2년 당기순이익)×25% = ₩37,500

2.2 보고기간 초에 지배력을 상실한 경우

(1) 종속기업투자의 전부 매각

종속기업에 대한 종속기업투자를 전부 또는 일부 매각하여 지배력을 상실할 수 있다. 지배기업은 절대적이거나 상대적인 지분 소유 수준의 변동에 따라 종속기업에 대한 지배력을 상실하기도 하지만, 지분 소유 수준이 변동하지 않더라도 지배력을 상실할 수 있다. 예를 들어, 종속기업이 정부, 법원, 관재인 또는 감독기구의 통제를 받게 되는 경우에 지배력을 상실할 수 있으며, 계약상 합의로도 지배력을 상실할 수 있다.

기준서에서는 지배기업이 종속기업에 대한 지배력을 상실한 경우 다음과 같이 회계처리하도록 규정하고 있다(1110:B98).

(1) 다음을 제거한다.
  (가) 지배력을 상실한 날에 종속기업의 자산(영업권 포함)과 부채의 장부금액
  (나) 지배력을 상실한 날에 이전의 종속기업에 대한 비지배지분이 있다면 그 장부금액(비지배지분에 귀속되는 기타포괄손익의 모든 구성요소를 포함)
(2) 다음을 인식한다.
  (가) 지배력을 상실하게 한 거래, 사건 또는 상황에서 수취한 대가가 있다면 그 공정가치
  (나) 지배력을 상실하게 한 거래, 사건 또는 상황에서 소유주로서의 자격을 행사하는 소유주에게 종속기업에 대한 지분을 분배하는 것이 포함될 경우, 그 분배
(3) 문단 B99[6]에 근거하여 종속기업에 관하여 기타포괄손익으로 인식한 금액을 당기손익으로 재분류하거나 다른 한국채택국제회계기준서에 규정이 있는 경우 직접 이익잉여금으로 대체한다.
(4) 회계처리에 따른 모든 차이는 손익으로서 지배기업에 귀속하는 당기손익으로 인식한다.

위의 기준서 제1110호 문단 B98은 지배력을 상실하기 직전에 지배기업과 종속기업을 포함하여 작성한 연결재무제표상에서 지배력을 상실한 종속기업의 자산과 부채, 그리고 관련되는 영업권, 비지배지분 등을 제거하는 방식으로 회계처리를 설명하고 있다. 기준서가 이렇게 회계처리를 설명하는 이유는 국제회계기준의 기본재무제표가 연결재무제표이기 때문이다. 따라서 지배기업이 지배력을 상실한 경우에도 지배력을 상실하기 직전에 작성한 연결재무제표에서 지배력을 상실한 종속기업과 관련된 항목들을 제거하는 방식으로 회계처리를 설명하는 것이다.

---

6) 지배기업이 종속기업에 대한 지배력을 상실한 경우, 그 종속기업과 관련하여 기타포괄손익으로 인식한 모든 금액에 대하여 지배기업이 관련 자산이나 부채를 직접 처분한 경우의 회계처리와 동일한 기준으로 회계처리한다. 그러므로 이전에 기타포괄손익으로 인식한 손익을 관련 자산이나 부채의 처분 시 후속적으로 당기손익으로 재분류하는 경우, 지배기업은 종속기업에 대한 지배력을 상실한 때에 그 손익을 기타포괄손익에서 당기손익으로 재분류(재분류 조정)한다.

지배기업이 보고기간 초에 종속기업투자를 전부 매각하여 지배력을 상실할 경우 기준서 제1110호 문단 B98에 따른 지배력 상실 분개는 다음과 같다(처분이익 발생 가정).

(차) 현 금	×××(1)	(대) 자 산	×××(2)
부 채	×××(2)	영 업 권	×××(3)
비 지 배 지 분	×××(3)	처 분 이 익	×××(4)

(1) 종속기업투자의 처분대가
(2) 지배력 상실 시점 현재 종속기업 자산과 부채의 장부금액 제거
(3) 지배력 상실 시점 현재 연결재무제표상 영업권과 비지배지분의 제거
(4) 대차 일치 금액

지배력을 상실한 종속기업을 포함하여 작성한 연결재무제표에 위의 지배력 상실 분개를 반영하여 최종 재무제표[7]를 작성한다고 이해하면 된다. 위의 지배력 상실 분개에 기초하여 처분손익을 계산하는 식을 제시하면 다음과 같다.

지배력 상실 시점에서 인식할 처분손익
=종속기업투자 처분대가−(종속기업 자산+영업권−종속기업 부채−비지배지분)

예를 들어, 지배기업인 갑회사가 종속기업인 을회사와 병회사를 지배하고 매년 연결재무제표를 작성하여 오다가 20×2년 초에 을회사에 대한 지배력을 상실하였다고 가정하자. 이러한 경우 갑회사는 20×2년 말에 갑회사와 병회사의 20×2년 말 재무제표와 을회사의 20×2년 초 재무제표를 합쳐서 연결재무제표를 일단 작성한 후, 여기에 기준서 제1110호 문단 B98에 따른 지배력 상실 분개를 반영하여 갑회사와 병회사를 포함한 20×2년도의 최종 연결재무제표를 작성하면 된다. 참고로 20×2년 말에 공시하는 당기 재무제표는 갑회사와 병회사를 포함한 20×2년 연결재무제표이며, 여기에 비교식으로 공시하는 전기 재무제표는 갑회사, 을회사 및 병회사를 포함한 20×1년 연결재무제표이다.

실무에서는 위에서 설명한 복잡한 절차를 거쳐서 20×2년 연결재무제표를 작성하기 보다는 20×2년 초에 을회사 지분을 매각하는 다음과 같은 분개(처분이익 발생 가정)를 갑회사의 개별 장부에 반영하고, 20×2년 말에 갑회사가 병회사만을 포함하는 연결재무제표를 작성하는 것이 일반적일 것이다.

7) 지배기업이 2 이상 종속기업을 지배하다가 이 중 하나의 종속기업 지분을 모두 매각했다면 '최종 재무제표'는 매각하지 않은 다른 종속기업을 포함한 연결재무제표를 의미하는 것이고, 만약 지배기업이 1개의 종속기업을 지배하다가 그 종속기업 지분을 모두 매각했다면 '최종 재무제표'는 개별재무제표가 된다. 별도재무제표는 제2장에서 설명한 바와 같이 연결재무제표를 작성해야 하는 지배기업만의 재무제표를 말한다.

(차) 현 금	×××[(1)]	(대) 종속기업투자	×××[(2)]
		처분이익	×××

(1) 종속기업투자의 처분대가
(2) 종속기업투자의 장부금액

그런데 여기에서 주목할 점은 갑회사의 개별 장부에 반영한 종속기업투자처분손익이 기준서 제1110호 문단 B98에 따라 결정하는 처분손익과 동일하지 않을 수 있다는 것이다. 지배기업은 개별 장부에 종속기업투자를 원가법으로 평가하기 때문에 지배력 취득 후 종속기업이 당기순손익을 보고하였더라도 종속기업투자의 장부금액을 변동시키지 않는다. 반면에 종속기업투자의 처분대가는 처분시점까지 발생한 종속기업의 순자산 변동을 반영하여 결정될 것이므로 갑회사가 개별 장부에 인식하는 종속기업투자처분손익에 그 영향이 반영될 것이다.

기준서 제1110호 문단 B98에 따른 회계처리를 살펴보면, 종속기업의 당기순손익 누적액이 지배력 상실 시점의 종속기업의 순자산과 비지배지분에 반영되어 있을 것이므로 대차 일치금액으로 결정되는 처분손익은 지배기업이 개별 장부에 인식한 종속기업투자처분손익과 다를 것이다. 따라서 지배기업이 기준서 제1110호 문단 B98의 회계처리를 하지 않고 개별 장부에 종속기업투자처분손익을 인식한 후 지배력을 유지하고 있는 다른 종속기업만을 포함하여 연결재무제표를 작성할 경우, 기준서 제1110호 문단 B98에 따른 처분손익이 연결당기순손익에 반영되도록 다음과 같은 조정 분개를 지배기업의 개별 장부에 반영해야 한다(지배기업의 개별 장부에 인식한 종속기업투자처분이익이 ₩1,000이고, 기준서 제1110호 문단 B98의 처분이익이 ₩800이라고 가정).

(차) 처분이익	200	(대) 이익잉여금	200

지금까지 설명한 회계처리는 지배기업이 하나의 종속기업을 지배하다가 그 종속기업에 대한 지배력을 상실하는 경우에도 동일하게 적용한다. 예를 들어, 지배기업인 갑회사가 을회사 하나만을 지배하고 매년 연결재무제표를 작성하여 오다가 20×2년 초에 을회사에 대한 지배력을 상실하였다고 가정하자. 이러한 경우 갑회사는 20×2년 말에 갑회사의 20×2년 말 재무제표와 을회사의 20×2년 초 재무제표를 합쳐서 연결재무제표를 일단 작성한 후, 여기에 기준서 제1110호 문단 B98에 따른 지배력 상실 분개를 반영한 갑회사의 개별재무제표를 작성하면 된다.

그러나 실무에서는 이와 같은 복잡한 절차를 거치기 보다는 갑회사가 20×2년 초에 을회사 지분을 매각하는 거래를 개별 장부에 반영하고 20×2년 말에는 연결재무제표를 작성하지 않고 개별재무제표만 작성하는 것이 일반적일 것이다. 이때 갑회사가 단 하나의 종속기업에 대한 지배력을 상실한 후 갑회사의 개별재무제표만 작성하는 경우에도 기준서 제1110호 문단 B98에 따라 결정되는 처분손익이 20×2년의 개별당기순손익에 반영되어야 한다. 따라서 종속기업투자처분손익과 기준서 제1110호 문단 B98에 따른 처분손익의 차이를 조정하는 분개를 개별 장부에 반영하여야 한다. 참고로 이러한 상황에서 20×2년 말에 공시하는 당기 재무제표는 갑회사의 개별재무제표이며, 여기에 비교식으로 공시하는 전기 재무제표는 갑회사와 을회사를 포함한 20×1년 연결재무제표이다.

예 1 보고기간 초에 지배력 상실

갑회사는 20×1년 초에 을회사 지분 80%를 ₩60,000에 취득하여 지배기업이 되었다. 지배력 취득일 현재 을회사 순자산은 ₩70,000(자본금 ₩50,000, 이익잉여금 ₩20,000)이며 공정가치와 동일하다. 갑회사가 을회사 지분 전부를 20×2년 초에 ₩63,000에 처분하여 지배력을 상실하였다. 갑회사와 을회사의 20×1년 재무제표는 다음과 같다.

과목	갑회사 20×1. 1. 1. ~ 12. 31.	을회사 20×1. 1. 1. ~ 12. 31.
수익	₩300,000	₩150,000
비용	(285,000)	(147,000)
당기순이익	₩15,000	₩3,000
	20×1. 12. 31.	20×1. 12. 31.
자산(종속기업투자 제외)	₩280,000	₩140,000
종속기업투자	60,000	–
합계	₩340,000	₩140,000
부채	₩190,000	₩67,000
자본금	100,000	50,000
이익잉여금	50,000	23,000
합계	₩340,000	₩140,000

기준서 제1110호 문단 98에 따른 회계처리를 적용하여 연결조정분개와 연결정산표를 제시하면 다음과 같다.

20×2년 초에 갑회사가 연결재무제표를 작성한다면 필요한 연결조정분개는 다음과 같다.

① 종속기업투자와 지배력 취득시점의 종속기업 자본의 상계제거

(차)	자　　본　　금	50,000	(대) 종 속 기 업 투 자	60,000
	이 익 잉 여 금	20,000	비 지 배 지 분	14,000[(1)]
	영　　업　　권	4,000[(2)]		

(1) ₩70,000(20×1년 초 을회사 순자산의 FV)×20%＝₩14,000
(2) 대차 일치 금액이며, 다음과 같이 계산할 수 있다.
영업권＝₩60,000－70,000×80%＝₩4,000

② 지배력 취득 시점부터 당기 초까지 종속기업의 순자산 변동 중 비지배지분 해당액

(차)	이 익 잉 여 금	600[(3)]	(대) 비 지 배 지 분	600

(3) ₩3,000(20×1년 당기순이익)×20%＝₩600

③ 기준서 제1110호 문단 B98에 따른 지배력 상실 분개

지배력 상실 시점 현재 영업권과 비지배지분 잔액을 위의 연결조정분개 ①과 ②에서 파악할 수 있으나, 다음과 같이 직접 계산할 수도 있다.

20×2년 초(20×1년 말) 연결재무제표상 영업권＝₩60,000－70,000×80%＝₩4,000

20×2년 초(20×1년 말) 연결재무제표상 비지배지분＝(₩50,000＋20,000＋3,000)×20%
＝₩14,600

지배력 상실 관련 처분손익(기준서 제1110호 문단 B98을 따름)
＝수취한 대가의 공정가치－{종속기업 자산(영업권 포함)－부채－비지배지분}
＝₩63,000－{140,000(을회사 자산)＋4,000(영업권)－67,000(을회사 부채)－14,600(비지배지분)}
＝₩600(처분이익)

(차)	현　　　　금	63,000[(4)]	(대) 자　　　　산	140,000[(5)]
	부　　　　채	67,000[(5)]	영　　업　　권	4,000[(6)]
	비 지 배 지 분	14,600[(6)]	처 분 이 익	600[(7)]

(4) 종속기업투자의 처분대가
(5) 20×2년 초 현재 을회사의 자산과 부채의 장부금액의 제거
(6) 20×1년 말 연결재무제표상 영업권과 비지배지분의 제거
(7) 위의 계산과정 참조. 또는 대차 일치 금액으로도 결정 가능

20×2년 초에 갑회사와 을회사의 연결재무제표를 작성한 후 위에서 제시한 연결조정분개(분개 ①과 분개 ②)와 지배력 상실 분개(분개 ③)를 반영하여 정산표를 작성하면 다음과 같다.

과목	갑회사	을회사	연결조정분개		연결 재무제표	지배력 상실분개		최종 재무제표
			차변	대변		차변	대변	
수익							③600	600
비용								–
당기순이익							600*	600
자산(종속기업투자 제외)	280,000	140,000			420,000	③63,000	③140,000	343,000
종속기업투자	60,000	–		①60,000	–			–
영업권	–	–	①4,000		4,000		③4,000	–
합계	340,000	140,000			424,000			343,000
부채	190,000	67,000			257,000	③67,000		190,000
자본금	100,000	50,000	①50,000		100,000			100,000
이익잉여금	50,000	23,000	①20,000 ②600		52,400		600*	53,000
비지배지분	–	–		①14,000 ②600	14,600	③14,600		–
합계	340,000	140,000	74,600	74,600	424,000	144,600	144,600	343,000

* 당기손익으로 조정한 금액만큼 이익잉여금에서 조정한다.

<보충 설명>

갑회사가 종속기업투자를 처분한 후 더 이상 연결재무제표를 작성하지 않는 경우 회계처리를 설명한다. 갑회사가 20×2년 초에 종속기업투자를 처분할 때 개별 장부에 반영했을 분개는 다음과 같다.

① 종속기업투자의 처분

(차) 현 금	63,000	(대) 종 속 기 업 투 자	60,000
		처 분 이 익	3,000

기준서 제1110호 문단 B98에 따른 처분이익은 ₩600인데 반해, 갑회사 개별 장부에 반영한 처분이익은 ₩3,000으로 ₩2,400의 차이가 발생한다. 이 차이는 20×1년 을회사 당기순이익 ₩3,000 중 지배기업 지분 귀속액(80% 해당액) ₩2,400에 기인한다. 따라서 기준서 제1110호 문단 B98의 처분이익과 동일한 금액으로 조정하기 위하여 다음과 같은 분개를 갑회사의 개별 장부에 반영한다.[8)]

② 종속기업투자처분손익의 조정

(차) 처 분 이 익	2,400	(대) 이 익 잉 여 금	2,400

8) 제7장에서 설명하는 지분법을 갑회사가 개별 장부에 적용했다면 20×1년 말에 지분법이익 ₩2,400(종속기업 당기순이익 ₩3,000에 지배기업 지분율 80%를 곱한 금액임)을 인식하면서 종속기업투자를 ₩2,400 증가시켰을 것이므로 20×2년 초 종속기업투자 매각 시 종속기업투자의 장부금액은 ₩62,400이었을 것이고, 그 결과 처분이익은 ₩600이었을 것이다. 즉, 지배기업이 별도재무제표에 종속기업투자를 지분법으로 평가하면 이후 지배력을 상실할 때 인식하는 종속기업투자처분손익은 기준서 제1110호 문단 B98에 따라 계산한 처분손익과 동일한 금액이다.

갑회사가 종속기업투자를 처분하고 더 이상 연결재무제표를 작성하지 않을 경우, 위에서 제시했던 두 가지 분개(분개 ①과 분개 ②)를 반영하여 정산표를 작성하면 다음과 같다.

과목	갑회사	종속기업투자 처분분개		갑회사 재무제표	처분이익 조정분개		최종 재무제표
		차변	대변		차변	대변	
수익			①3,000	3,000	②2,400		600
비용							–
당기순이익			3,000*	3,000	2,400*		600
자산(종속기업투자 제외)	280,000	①63,000		343,000			343,000
종속기업투자	60,000		①60,000	–			–
합계	340,000			343,000			343,000
부채	190,000			190,000			190,000
자본금	100,000			100,000			100,000
이익잉여금	50,000		3,000*	53,000	2,400*	②2,400	53,000
합계	340,000	63,000	63,000	343,000	2,400	2,400	343,000

* 당기손익으로 조정한 금액만큼 이익잉여금에서 조정한다.

위에서 보는 바와 같이 두 가지 접근법에 따라 작성한 최종 재무제표는 동일함을 알 수 있다.

---

(2) 종속기업투자 중 일부 매각으로 지배력 상실, 잔여 지분 보유

한편, 지배기업이 보유하던 종속기업 지분 중 일부만 처분하여 지배력을 상실할 수도 있다. 이 경우 잔여지분은 지배력 상실 시점의 공정가치로 재측정하고 장부금액과 공정가치의 차이를 당기손익으로 인식한다(1110:25). 이는 종속기업투자를 모두 매각하지 않더라도 지배력을 상실하였다면, 종속기업투자 전체를 공정가치로 매각한 것으로 보아 처분손익을 인식하고, 계속 보유하는 일부의 지분을 공정가치로 다시 취득한 것처럼 회계처리하는 것이다. 지배력을 상실하였으나 잔여지분이 있는 경우 기준서 제1110호 문단 B98에 따른 회계처리를 제시하면 다음과 같다(처분이익 발생 가정).

(차)	현금	×××(1)	(대) 자산	×××(2)
	부채	×××(2)	영업권	×××(3)
	비지배지분	×××(3)	처분이익	×××(5)
	잔여지분	×××(4)		

(1) 종속기업투자의 처분대가
(2) 지배력 상실 시점 현재 종속기업 자산과 부채의 장부금액 제거
(3) 지배력 상실 시점 현재 연결재무제표상 영업권과 비지배지분의 제거
(4) 지배력 상실 시점 현재 공정가치
(5) 대차 일치 금액

위의 분개에서 차변의 잔여지분의 최초 인식금액은 종속기업투자를 처분한 날의 공정가치이며, 잔여지분의 보유 목적이나 특성에 따라 FVPL 금융자산, FVOCI 선택 금융자산, 관계기업투자 등의 계정으로 회계처리하면 될 것이다.

종속기업투자를 전부 매각하지 않아 잔여지분이 있는 경우에도 지배기업이 개별장부에 반영한 종속기업투자처분손익과 기준서 제1110호 문단 B98에 따라 계산한 처분손익과의 차이를 조정하는 회계처리는 필요하다. 위의 지배력 상실 분개에 기초하여 처분손익을 계산하는 식을 제시하면 다음과 같다.

지배력 상실 시점에서 인식할 처분손익
=종속기업투자 처분대가
 −(종속기업 자산+영업권−종속기업 부채−비지배지분−잔여지분 공정가치)

IFRS 해석위원회는 종속기업투자의 일부를 매각하여 지배력을 상실하고 잔여 지분을 FVOCI 선택 금융상품으로 분류한 경우 지배력을 상실한 날의 공정가치와 장부금액의 차이를 당기손익과 기타포괄손익 중 어느 것으로 인식해야 하는지에 대한 질의에 대해서 당기손익으로 인식한다고 결론을 내렸다(2019.1.). 즉, 종속기업투자 전체를 매각한 후 잔여지분만큼 공정가치로 취득하여 FVOCI 선택 금융자산으로 분류한 것으로 보기 때문에 종속기업투자 전체를 매각하면서 인식한 처분손익(당기손익)에 지배력을 상실한 날 현재 잔여지분에 해당하는 FVOCI 선택 금융자산의 장부금액과 공정가치의 차이도 포함되는 것으로 본다.

예 2 보고기간 초에 지배력 상실 – 잔여지분 보유

(예 1)에서 갑회사가 을회사 지분 80% 중 7/8에 해당하는 지분을 ₩57,000에 매각하여 지배력을 상실하고, 나머지 1/8에 해당하는 지분은 계속 보유한다고 가정하고 회계처리를 설명한다. 단, 계속 보유하는 잔여지분은 FVPL 항목으로 분류하며, 20×2년 초 현재 잔여지분의 공정가치는 ₩6,000이다.

기준서 제1110호 문단 98에 따른 지배력 상실의 회계처리는 다음과 같다. 연결조정분개를 하기 전에 지배력 상실 시점에서 인식할 처분손익을 다음과 같이 계산한다.

지배력 상실 관련 처분손익(기준서 제1110호 문단 B98을 따름)

=수취한 대가의 공정가치 – {종속기업 자산(영업권 포함) – 부채 – 비지배지분 – 잔여지분 공정가치}

=₩57,000 – {140,000(을회사 자산) + 4,000(영업권) – 67,000(을회사 부채) – 14,600(비지배지분) – 6,000(잔여지분 공정가치)}

=₩600

기준서 제1110호 문단 B98에 따른 지배력 상실 연결조정분개

(차)	현금	57,000(1)	(대) 자산	140,000(2)
	부채	67,000(2)	영업권	4,000(3)
	비지배지분	14,600(3)	처분이익	600(4)
	FVPL 금융자산	6,000		

(1) 종속기업투자의 처분대가
(2) 20×2년 초 현재 을회사의 자산과 부채의 장부금액의 제거
(3) 20×1년 말 연결재무제표상 영업권과 비지배지분의 제거
(4) 위의 처분손익 계산과정 참조

<보충 설명>

갑회사가 종속기업투자를 처분한 후 더 이상 연결재무제표를 작성하지 않는 경우 갑회사가 20×2년 초에 종속기업투자를 처분할 때 개별 장부에 반영했을 분개는 다음과 같다.

① 종속기업투자의 처분

(차)	현금	57,000	(대) 종속기업투자	60,000
	FVPL 금융자산	6,000	처분이익	3,000

기준서 제1110호 문단 B98에 따른 처분이익은 ₩600인데 반해, 갑회사 개별 장부에 반영한 처분이익은 ₩3,000으로 ₩2,400의 차이가 발생하므로 기준서 제1110호 문단 B98의 처분이익과 동일한 금액으로 조정하기 위하여 다음과 같은 분개를 갑회사의 개별 장부에 반영한다.

② 종속기업투자처분손익의 조정

(차) 처 분 이 익	2,400	(대) 이 익 잉 여 금	2,400

위에서 보는 바와 같이 (예 2)의 회계처리(잔여지분을 보유하는 경우)는 (예 1)의 회계처리(잔여지분을 보유하지 않는 경우)와 근본적으로 동일하다.

2.3 보고기간 중에 지배력 상실

기준서에서는 지배력을 취득하는 시점부터 지배력을 상실하기 전까지 종속기업의 수익과 비용을 연결재무제표에 포함하도록 규정하고 있다(1110:B88). 예를 들어, 지배기업인 갑회사가 종속기업인 을회사와 병회사를 지배하고(보고기간 말은 12월 31일 가정) 매년 연결재무제표를 작성하여 오다가 20×2년 6월 30일에 을회사에 대한 지배력을 상실하였다고 가정하자. 이러한 경우 갑회사는 20×2년 말에 갑회사와 병회사의 20×2년 말 재무제표와 을회사의 20×2년 6월 30일 재무제표를 합쳐서 연결재무제표를 일단 작성한 후, 여기에 기준서 제1110호 문단 B98에 따른 지배력 상실 분개를 반영하여 갑회사와 병회사를 포함한 20×2년도의 최종 연결재무제표를 작성하면 된다.

그런데 실무에서는 이와 같이 복잡한 절차를 거쳐서 20×2년도 연결재무제표를 작성하기보다는 20×2년 6월 30일에 을회사 지분을 매각하는 분개를 갑회사의 개별 장부에 반영하고, 20×2년 말에 갑회사와 병회사를 포함하는 연결재무제표를 작성하는 것이 일반적일 것이다. 이때 유의해야 할 점은 2.2절에서 언급한 바와 같이 갑회사가 개별 장부에 반영한 종속기업투자처분손익과 기준서 제1110호 문단 B98에 따른 처분손익이 다르기 때문에 처분손익 차이를 조정하는 분개를 지배기업의 개별 장부에 반영해야 한다는 점이다. 다만, 보고기간 초에 지배력을 상실할 때의 분개와 다른 점은 보고기간 초부터 지배력 상실시점까지 발생한 을회사 수익과 비용을 포함하여 분개를 한다는 것이다. 분개를 제시하면 다음과 같다(지배기업의 개별 장부에 인식한 종속기업투자처분이익이 기준서 제1110호 문단 B98의 처분이익보다 많다고 가정).

(차) 비 용	××× [1]	(대) 수 익	××× [1]
종속기업투자처분이익	×××	이 익 잉 여 금	×××

(1) 보고기간 초부터 지배력 상실시점까지 발생한 종속기업의 수익과 비용

예 3 보고기간 중에 지배력 상실

갑회사는 20×1년 초에 을회사 지분 80%를 ₩60,000에 취득하여 지배기업이 되었다. 지배력 취득일 현재 을회사 순자산은 ₩70,000(자본금 ₩50,000, 이익잉여금 ₩20,000)이며 공정가치와 동일하다.

갑회사는 을회사 지분 전부를 20×2년 6월 30일에 ₩65,000에 처분하여 지배력을 상실하였다. 갑회사와 을회사의 20×1년과 20×2년(반기)의 재무제표는 다음과 같다.

과목	갑회사		을회사	
	20×1. 1. 1.～12. 31.	20×2. 1. 1.～6. 30.	20×1. 1. 1.～12. 31.	20×2. 1. 1.～6. 30.
수 익	₩300,000	₩180,000	₩150,000	₩100,000
비 용	(285,000)	(170,000)	(147,000)	(98,000)
당기순이익	₩15,000	₩10,000	₩3,000	₩2,000
	20×1. 12. 31.	20×2. 6. 30.	20×1. 12. 31.	20×2. 6. 30.
자 산 (종속기업투자 제외)	₩280,000	₩300,000	₩140,000	₩145,000
종속기업투자	60,000	60,000	–	–
합 계	₩340,000	₩360,000	₩140,000	₩145,000
부 채	₩190,000	200,000	₩67,000	₩70,000
자 본 금	100,000	100,000	50,000	50,000
이익잉여금	50,000	60,000	23,000	25,000
합 계	₩340,000	₩360,000	₩140,000	₩145,000

기준서 제1110호 문단 98에 따른 회계처리를 하는 경우와 지배기업이 종속기업투자를 처분한 후 더 이상 연결재무제표를 작성하지 않는 경우로 구분하여 회계처리를 설명한다.

1. 기준서 제1110호 문단 B98에 따른 회계처리

20×2년 6월 말에 연결재무제표를 작성한다면 필요한 연결조정분개는 다음과 같다.

① 종속기업투자와 지배력 취득시점의 종속기업 자본의 상계제거

(차)	자본금	50,000	(대)	종속기업투자	60,000
	이익잉여금	20,000		비지배지분	14,000
	영업권	4,000			

② 지배력 취득시점부터 당기 초까지 종속기업 순자산 변동 중 비지배지분 해당액

(차)	이익잉여금	600(1)	(대)	비지배지분	600

(1) ₩3,000(20×1년 을회사 당기순이익×20% = ₩600

③ 당기 6월 말까지 종속기업의 순자산 변동 중 비지배지분 해당액

(차)	이익잉여금	400(2)	(대)	비지배지분	400

(2) ₩2,000(20×2년 6월 말까지 순이익)×20% = ₩400

20×2년 6월 말 지배력 상실 시점에서 인식할 손익(기준서 제1110호 문단 B98을 따름)

= 수취한 대가의 공정가치 – {종속기업 자산(영업권 포함) – 부채 + 비지배지분}

지배력 상실 시점 현재 영업권과 비지배지분 잔액을 위의 연결조정분개에서 파악할 수 있으나, 다음과 같이 직접 계산할 수도 있다.

20×2년 6월 말 영업권 = ₩60,000 – 70,000×80% = ₩4,000

20×2년 6월 말 비지배지분 = (₩50,000 + 20,000 + 3,000 + 2,000)×20% = ₩15,000

지배력 상실 시점에서 인식할 처분손익

= ₩65,000 – {145,000(을회사 자산) + 4,000(영업권) – 70,000(을회사 부채) – 15,000(비지배지분)}

= ₩1,000(처분이익)

위의 계산과정을 기준서 제1110호 문단 B98에 따른 분개(지배력 상실 분개)로 표시하면 다음과 같다.

④ 기준서 제1110호 문단 B98에 따른 지배력 상실 관련 처분손익의 인식

(차)	현금	65,000(1)	(대)	자산	145,000(2)
	부채	70,000(2)		영업권	4,000(3)
	비지배지분	15,000(3)		처분이익	1,000(4)

(1) 종속기업투자의 처분대가

(2) 20×2년 6월 말 현재 을회사의 자산과 부채의 장부금액의 제거

(3) 20×2년 6월 말 연결재무제표상 영업권과 비지배지분의 제거

(4) 대차 일치 금액

20×2년 6월 말에 갑회사와 을회사의 연결재무제표를 작성한 후 위에서 제시한 연결조정분개(분개 ①, ② 및 ③)와 지배력 상실 분개(분개 ④)를 반영하여 정산표를 작성하면 다음과 같다.

과목	갑회사	을회사	연결조정분개		연결	지배력 상실분개		최종
			차변	대변	재무제표	차변	대변	재무제표
수익	180,000	100,000			280,000		④1,000	281,000
비용	(170,000)	(98,000)			(268,000)			(268,000)
당기순이익	10,000	2,000			12,000		1,000*	13,000
자산(종속기업투자 제외)	300,000	145,000			445,000	④65,000	④145,000	365,000
종속기업투자	60,000	–		①60,000	–			–
영업권	–	–	①4,000		4,000		④4,000	–
합계	360,000	145,000			449,000			365,000
부채	200,000	70,000			270,000	④70,000		200,000
자본금	100,000	50,000	①50,000		100,000			100,000
이익잉여금	60,000	25,000	①20,000 ②600 ③400		64,000		1,000*	65,000
비지배지분	–	–		①14,000 ②600 ③400	15,000	④15,000		–
합계	360,000	145,000	75,000	75,000	449,000	150,000	150,000	365,000

* 당기손익으로 조정한 금액만큼 이익잉여금에서 조정한다.

2. 갑회사가 종속기업투자를 처분한 후 더 이상 연결재무제표를 작성하지 않는 경우 회계처리

갑회사가 20×2년 6월 말에 종속기업투자를 처분할 때 개별 장부에 반영했을 분개는 다음과 같다.

① 종속기업투자의 처분

(차) 현금	65,000	(대) 종속기업투자	60,000
		처분이익	5,000

기준서 제1110호 문단 B98에 따른 처분이익은 ₩1,000인데 반해, 갑회사 개별 장부에 반영한 처분이익은 ₩5,000으로 ₩4,000의 차이가 발생한다. 이 차이는 20×1년 을회사 당기순이익 ₩3,000과 20×2년 상반기 순이익 ₩2,000의 합계 ₩5,000 중 지배기업 지분 귀속액(80% 해당액) ₩4,000에 기인한다. 따라서 기준서 제1110호 문단 B98의 처분이익과 동일하게 조정해야 할 뿐만 아니라 기준서 제1110호 문단 B88에 따라 지배력 상실시점(20×2년 6월 말)까지 발생한 20×2년도 을회사의 수익 ₩100,000과 비용 ₩98,000도 갑회사의 개별 장부에 반영하기 위하여 다음과 같은 분개를 갑회사의 개별 장부에 반영한다. 손익항목만의 조정이므로 대차 불일치 금액은 이익잉여금에서 조정한다.

② 종속기업투자처분손익 및 종속기업 수익과 비용의 조정

(차) 비 용	98,000	(대) 수 익	100,000
처 분 이 익	4,000	이 익 잉 여 금	2,000

갑회사가 종속기업투자를 처분하고 더 이상 연결재무제표를 작성하지 않을 경우, 위에서 제시했던 두 가지 분개(분개 ①과 분개 ②)를 반영하여 정산표를 작성하면 다음과 같다.

과목	갑회사	종속기업투자 처분분개		갑회사 재무제표	처분손익 및 6개월 발생 손익 조정분개		최종 재무제표
		차변	대변		차변	대변	
수 익	180,000		①5,000	185,000	②4,000	②100,000	281,000
비 용	(170,000)			(170,000)	②98,000		(268,000)
당 기 순 이 익	10,000		5,000*	15,000	102,000*	100,000*	13,000
자산(종속기업투자 제외)	300,000	①65,000		365,000			365,000
종 속 기 업 투 자	60,000		①60,000	–			–
합 계	360,000			365,000			365,000
부 채	200,000			200,000			200,000
자 본 금	100,000			100,000			100,000
이 익 잉 여 금	60,000		5,000*	65,000	102,000*	②2,000 100,000*	65,000
합 계	360,000	65,000	65,000	365,000	102,000	102,000	365,000

* 당기손익으로 조정한 금액만큼 이익잉여금에서 조정한다.

위에서 보는 바와 같이 두 가지 접근법에 따라 작성한 최종 재무제표는 동일함을 알 수 있다. 한편, 갑회사가 을회사에 대한 지배력을 20×2년 6월 말이 아니라 20×2년 12월 말에 상실했더라도 20×2년 6월 말에 지배력을 상실한 경우와 기본적으로 동일하게 회계처리를 하고 재무제표를 작성하면 된다.

2.4 종속기업 지분이 매각예정 분류기준 충족 시

종속기업에 대한 지배력의 상실을 포함하는 매각계획을 확약하는 기업이 기준서 제1105호 '매각예정비유동자산과 중단영업'의 매각예정 분류기준[9]을 충족하면, 매각 후 종전 종속기업에 대한 비지배지분의 보유 여부에 관계없이 그 종속기업의 모든 자산과 부채를 매각예정으

9) 매각예정 분류기준을 충족하려면 현재의 상태에서 통상적이고 관습적인 거래조건만으로 즉시 매각가능하고 매각될 가능성이 매우 높아야 한다.

로 분류한다(1105:8A). 즉, 보고기간 말 현재 종속기업투자를 아직 매각완료하지 않았다면 그 종속기업을 포함하여 연결재무제표를 작성하되, 연결재무제표에 표시되어 있는 종속기업의 모든 자산과 부채를 매각예정비유동자산과 관련 부채로 분류하라는 의미이다.

매각예정으로 분류된 비유동자산(또는 처분자산집단)은 공정가치에서 처분부대원가를 뺀 금액(즉, 순공정가치)과 장부금액 중 작은 금액으로 측정하고 차액을 당기손익으로 인식한다(1105:15). 이러한 회계처리는 매각예정 분류일 뿐만 아니라 매각이 완료되지 않은 보고기간 말에도 수행되어야 한다.

2.5 잠재적 의결권이 실질적인 권리로 판단되어 지배력 취득 또는 상실

제2장 3.2절에서 지배력의 유무를 판단할 때 잠재적 의결권도 고려해야 한다는 것을 설명한 바 있다. 잠재적 의결권은 선도계약을 포함하는 전환상품이나 옵션에서 발생하는 권리와 같이 피투자자의 의결권을 획득하는 권리인데, 그 권리가 실질적일 경우에만 고려한다. 예를 들어, 갑회사가 을회사의 지분 10%와 을회사의 지분을 추가로 매수할 수 있는 콜옵션을 보유하고 있는데 당기 말 현재 콜옵션의 행사가능성이 매우 높을 경우(즉, 잠재적 의결권이 실질적인 권리임을 의미함), 갑회사가 콜옵션을 행사하면 을회사 지분 60%를 보유하게 되어 을회사에 대해서 지배력을 갖는다고 결론을 내릴 수 있으므로 갑회사는 당기 말에 을회사를 포함하여 연결재무제표를 작성해야 한다. 이때 갑회사의 을회사에 대한 지분율을 실제 보유하고 있는 10%(비지배지분율은 90%)로 하여 연결조정분개를 한다는 점에 유의하여야 한다.

예 4 잠재적 의결권의 행사가능성 변동 – 지배력 취득

갑회사는 20×1년 초에 A회사 지분 10%를 ₩15,000에 취득하였으며, 동시에 A회사 지분 50%를 추가 취득할 수 있는 콜옵션을 부여받았다. 갑회사는 20×1년 초에 취득한 A회사 지분을 공정가치 –기타포괄손익 인식 금융자산으로 분류를 선택하였으나, A회사 지분의 공정가치를 후속적으로 신뢰성 있게 측정할 수 없다고 판단하고 원가로 측정하는 예외를 적용하기로 하였다.
20×1년 초 현재 A회사 순자산의 장부금액은 ₩100,000으로 공정가치와 동일하다. 20×1년 A회사 당기순손실은 ₩5,000이었으나, 20×2년 당기순이익을 ₩25,000으로 보고하였으며, 갑회사는 미래에도 A회사가 지속적으로 당기순이익을 보고할 것으로 예상하였다. 이에 20×2년 말 현재 갑회사는 아직 콜옵션을 행사하지는 않았으나, 콜옵션의 행사가능성은 매우 높아 그 권리가 실질적이라고 판단하였다. 이 경우 갑회사는 20×2년 말에 연결재무제표를 작성해야 하는가? 단, 갑회사가 A회사의 지분 60%를 보유하면 A회사에 대해 지배력을 갖는다.

갑회사는 20×2년 말 현재 A회사 지분을 10%밖에 보유하고 있지 않지만, 50% 지분을 취득할 수 있는 콜옵션을 행사할 가능성이 매우 높다고 판단하기 때문에 20×2년 말에 지배력을 획득한 것으로 보고 연결재무제표를 작성해야 한다. 다만, 이 경우 지배기업 지분율은 실제 보유하고 있는 A회사 지분 10%(즉, 비지배지분율은 90%)에 기초하여 연결재무제표를 작성한다.

그런데 20×2년 말에 갑회사가 연결재무제표를 작성할 경우 상계제거할 종속기업투자와 A회사 자본을 20×2년 말 현재의 공정가치로 하는지, 아니면 20×2년 말 현재의 장부금액으로 하는지에 대해서 기준서는 명시적인 규정을 하고 있지 않다. 저자의 견해로는 본 예와 같이 잠재적 의결권의 행사가능성이 높아짐에 따라 지배력을 획득한 것으로 보는 경우, 본장 1절에서 설명했던 단계적 취득의 회계처리를 준용하는 것이 적절하다고 판단된다. 본 예에서 20×2년 말 현재 A회사 지분 10%의 공정가치가 ₩18,000이고, 20×2년 말 현재 A회사 순자산(자본)의 공정가치가 ₩130,000이라고 가정할 때, 20×2년 말 연결재무제표 작성 시 종속기업투자와 종속기업 자본의 상계제거 분개를 제시하면 다음과 같다.

종속기업투자와 지배력 취득시점의 종속기업 자본의 상계제거

(차) 순 자 산	130,000(2)	(대) 종속기업투자	18,000(1)
영 업 권	5,000(4)	비 지 배 지 분	117,000(3)

(1) 갑회사의 개별 장부에 인식했던 A회사 지분(FVOCI 선택 금융자산)을 20×2년 말에 공정가치로 재측정하고 종속기업 투자로 대체한 금액
(2) 20×2년 말 A회사 순자산의 공정가치
(3) ₩130,000×90%=₩117,000
(4) 대차 일치 금액

이와 반대로 갑회사가 을회사(종속기업)의 지분을 60% 보유하고, 병회사가 갑회사로부터 을회사 지분을 매수할 수 있는 콜옵션을 보유하고 있는데, 당기 말 현재 병회사의 콜옵션 행사 가능성이 매우 높고(즉, 잠재적 의결권이 실질적인 권리임을 의미함), 병회사가 콜옵션을 행사할 경우 갑회사가 보유하고 있는 을회사 지분율이 60%에서 10%로 하락한다면, 당기 말 현재 갑회사는 을회사에 대하여 지배력을 상실하였다고 결론을 내리고 더 이상 연결재무제표를 작성하지 않는다. 이때 갑회사는 4.3절에서 설명한 지배력 상실의 회계처리를 한다.

예 5 잠재적 의결권의 행사가능성 변동 – 지배력 상실

갑회사와 을회사는 20×1년 초에 각각 ₩70,000(70% 지분율)과 ₩30,000(30% 지분율)을 출자하여 A회사를 설립하면서, 을회사가 20×1년 말부터 3년 동안 갑회사가 보유하는 A회사 지분의 일부(40% 지분율에 해당)를 매수할 수 있는 콜옵션을 보유하기로 하였다. A회사 설립일에는 갑회사가 A회사에 대해 지배력을 갖는다.

> 20×1년 A회사에 당기순손실 ₩10,000이 발생하였으며, 갑회사는 을회사가 콜옵션을 행사할 가능성이 낮아 그 권리가 실질적이지 않다고 판단하고 A회사를 포함하여 연결재무제표를 작성하였다. 그러나 20×2년 A회사에 당기순이익 ₩30,000이 발생하여 갑회사는 20×2년 말 현재 을회사의 콜옵션 행사 가능성이 매우 높아져 그 권리가 실질적이라고 판단하였다. 이 경우 갑회사는 20×2년 말에 연결재무제표를 작성해야 하는가? 단, 갑회사는 A회사 이외에 다른 피투자회사는 갖고 있지 않다.

갑회사는 20×2년 말 현재 A회사 지분을 70% 보유하고 있으나, 을회사가 A회사 지분 40%를 취득할 수 있는 콜옵션을 행사할 가능성이 매우 높으므로 갑회사는 20×2년 말에 A회사에 대한 지배력을 상실한 것으로 보고 더 이상 연결재무제표를 작성하지 않는다. 다만, 갑회사가 20×2년 말 현재 A회사의 지분 70%를 실제 보유하고 있으므로 기준서 제1110호 문단 B98에 따라 지배력 상실 분개를 할 때 A회사 지분 70% 전체를 잔여지분으로 보고 공정가치로 재측정한다.

예를 들어, 20×2년 말 현재 A회사 지분 70%의 공정가치가 ₩90,000이라면, 갑회사는 A회사를 포함하여 일단 연결재무제표를 작성한 후 다음의 지배력 상실 분개를 반영하여 최종 재무제표를 작성하고, 이후 더 이상 연결재무제표를 작성하지 않는다.

(차)	비 지 배 지 분	36,000(2)	(대) 순 자 산	120,000(1)
	잔 여 지 분	90,000(3)	처 분 이 익	6,000(4)

(1) A회사의 설립 당시 순자산 ₩100,000 − 20×1년 당기순손실 10,000 + 20×2년 당기순이이 30,000 = W120,000
(2) ₩120,000×30% = W36,000
(3) A회사 지분 70%의 공정가치
(4) 대차 일치 금액

2.6 복수 약정에 의한 지배력의 상실

지배기업은 둘 이상의 약정(거래)에 의해 종속기업에 대한 지배력을 상실할 수 있다. 이와 같이 복수 약정에 따라 지배력을 상실할 때 각각의 거래를 개별거래로 보는지, 아니면 각각의 거래를 합쳐서 단일거래로 보는지에 따라 지배기업이 인식하는 당기손익이 달라질 수 있다. 예를 들어, 종속기업에 대해서 80%의 지분을 소유하고 있는 지배기업이 소유 지분 중 20% 지분을 매각한 후에 다시 나머지 60% 지분을 매각하였다고 가정하자. 이러한 복수 약정을 개별 거래로 판단하면, 지배기업은 20% 지분을 매각하더라도 지배력을 상실하지 않은 것으로 보고 계속 연결재무제표를 작성하되, 개별 장부에 당기손익으로 인식한 종속기업투자처분손익을 연결재무제표를 작성할 때 다음과 같이 자본잉여금으로 대체한다.

(차) 종속기업투자처분이익	×××	(대) 자 본 잉 여 금	×××
또는			
(차) 자 본 잉 여 금	×××	(대) 종속기업투자처분손실	×××

그리고 이후에 나머지 60% 지분을 매각하여 지배력을 상실할 경우 그 보고기간에 4.2절과 4.3절에서 설명한 지배력 상실의 회계처리를 한다.

그러나 복수 약정을 단일거래라고 판단하면 지배기업은 20%의 지분을 매각할 때 지배력을 상실한 것으로 보고 그 보고기간에 4.2절과 4.3절에서 설명한 지배력 상실의 회계처리를 한다.

다음의 상황 중 하나 이상에 해당하면 지배기업은 복수 약정을 단일거래로 회계처리한다 (1110:B97).

(1) 복수 약정을 동시에 체결하거나 서로를 고려하여 체결한다.
(2) 복수 약정이 전반적인 상업적 효과를 달성하기 위하여 설계된 단일 거래를 구성한다.
(3) 하나의 약정의 체결은 적어도 다른 하나의 약정의 체결에 의존한다.
(4) 하나의 약정이 그 자체로서는 경제적으로 정당화되지 못하지만 다른 약정과 함께 고려할 때 경제적으로 정당화된다. 예를 들어, 주식의 일부를 시장가격보다 낮게 처분하고 후속적으로 시장가격보다 높게 처분하여 보상받는 경우이다.

결국 복수 약정을 개별거래로 보든 단일거래로 보든 관계없이 투자자는 지배력을 상실할 때 4.3절에서 설명한 지배력 상실의 회계처리를 하고 연결재무제표(다른 종속기업이 있는 경우) 또는 개별재무제표(더 이상 종속기업이 없는 경우)를 작성한다.

예제 6 복수 약정에 의한 지배력의 상실

갑회사는 20×1년 초에 을회사 지분 70%를 ₩70,000에 취득하여 지배기업이 되었다. 지배력 취득일 현재 을회사 순자산의 장부금액은 ₩90,000(자본금 ₩40,000, 자본잉여금 ₩30,000, 이익잉여금 ₩20,000)이며 공정가치와 동일하다. 을회사의 20×1년과 20×2년 당기순이익은 각각 ₩5,000과 ₩6,000이며, 당기순이익 이외에 순자산의 변동은 없다. 갑회사는 20×1년 중에 다음과 같이 을회사 지분을 매각하는 약정을 제3자와 체결하였다.

- 20×2년 초 을회사 지분 10%를 ₩15,000에 매각
- 20×2년 말 을회사 지분 60%를 ₩90,000에 매각

물음

1. 상기 복수 약정을 단일 거래라고 보고, 다음 자료에 기초하여 20×1년 말 연결재무제표 작성을 위한 연결조정분개, 20×2년 초 을회사 지분 10% 매각 분개, 그리고 20×2년 말 을회사 지분 60% 매각 분개를 각각 표시하라. 단, 20×2년 초 현재 을회사에 대한 잔여지분(FVPL 금융자산으로 분류) 60%의 공정가치는 ₩70,000이다.
2. (물음 1)에서 상기 복수 약정을 개별 거래라고 보고 다시 답하라.

해답

1. 복수 약정을 단일 거래로 판단하면, 20×2년 초에 지배력을 상실한 것으로 보고 회계처리한다.

(1) 20×1년 말 연결조정분개

① 종속기업투자와 지배력 취득시점의 종속기업 자본의 상계제거

(차) 순 자 산	90,000	(대) 종 속 기 업 투 자	70,000
영 업 권	7,000	비 지 배 지 분	27,000

② 당기 종속기업의 순자산 변동 중 비지배지분 해당액

(차) 이 익 잉 여 금	1,500[1]	(대) 비 지 배 지 분	1,500

(1) ₩5,000(20×1년 당기순이익)×30%=₩1,500

(2) 20×2년 초 을회사 지분 10% 매각 분개 – 지배력 상실 분개

복수 약정이 단일 거래에 해당하므로 을회사 지분 10%의 매각으로 갑회사는 을회사에 대한 지배력을 상실한다. 기준서 제1110호 문단 B98에 따른 지배력 상실 분개는 다음과 같다. 아래의 지배력 상실 분개는 20×2년 초에 갑회사와 을회사를 포함하여 작성한 연결재무제표에 반영하는 분개이다.

(차) 현 금	15,000	(대) 순 자 산	95,000[2]
비 지 배 지 분	28,500[3]	영 업 권	7,000[3]
잔여지분(FVPL)	70,000	처 분 이 익	11,500[4]

(2) 20×2년 초 현재 을회사의 순자산의 장부금액
=지배력 취득일 현재 순자산 장부금액(₩90,000)+당기순이익(₩5,000)

(3) 20×1년 말 연결재무제표상 영업권과 비지배지분의 제거

(4) 대차 일치 금액. 처분이익 ₩11,500 중 ₩10,000은 잔여지분의 장부금액(₩60,000)과 공정가치의 차이이므로 나머지 ₩1,500이 순수한 처분이익에 해당

(3) 20×2년 말 잔여 지분의 매각 분개

갑회사는 이미 20×2년 초에 을회사에 대한 지배력을 상실하였으므로 20×2년 초 이후부터 더 이상 연결재무제표를 작성하지 않는다. 갑회사가 보유하고 있던 을회사 잔여 지분(60% 지분)을 매각할 때 갑회사의 개별 장부에 다음과 같이 회계처리한다.

(차) 현 금	90,000	(대) 잔여지분(FVPL)	70,000
		처 분 이 익	20,000

2. 복수 약정을 개별 거래로 판단하면, 20×2년 말에 지배력을 상실한 것으로 보고 회계처리한다.

(1) 20×1년 말 연결조정분개(복수 약정이 단일 거래인 경우와 동일)

① 종속기업투자와 지배력 취득시점의 종속기업 자본의 상계제거

(차)	순 자 산	90,000	(대)	종 속 기 업 투 자	70,000
	영 업 권	7,000		비 지 배 지 분	27,000

② 당기 종속기업의 순자산 변동 중 비지배지분 해당액

(차)	이 익 잉 여 금	1,500(1)	(대)	비 지 배 지 분	1,500

(1) ₩5,000(20×1년 당기순이익)×30% = ₩1,500

(2) 20×2년 초 을회사 지분 10% 매각 분개

다음과 같이 을회사 지분 매각의 회계처리를 갑회사의 개별 장부에 반영한다.

(차)	현 금	15,000	(대)	종 속 기 업 투 자	10,000
				처 분 이 익	5,000

다만, 20×2년 말에 지배력을 상실하기 전에 연결재무제표를 작성한다면, 위의 처분이익 ₩5,000은 연결실체 관점에서 자본거래 이익이므로 다음과 같이 자본잉여금으로 대체하는 연결조정분개를 해야 한다. 또한 갑회사가 을회사 지분 10%를 매각하면 비지배지분율이 10% 증가하므로 여기에 대한 연결조정분개도 함께 해야 한다.

(차)	처 분 이 익	5,000	(대)	자 본 잉 여 금	5,000
(차)	종 속 기 업 투 자	10,000(2)	(대)	비 지 배 지 분	9,500(3)
				자 본 잉 여 금	500(4)

(2) 첫 번째 연결조정분개 지배력 취득시점의 을회사 순자산과 종속기업투자(70% 지분)을 상계제거하는데, 20×2년 초에 60% 지배기업 지분율이 감소하였으므로 10% 지분 감소액을 환원

(3) 20×1년 말 을회사 순자산금액에 30%로 비지배지분이 결정되나, 20×2년 초에 비지배지분율이 10% 증가하므로 20×2년 초 현재 을회사 순자산금액(₩95,000)의 10% 해당액만큼 비지배지분을 증가시킴

(4) 대차일치 금액을 자본잉여금에서 조정

(3) 20×2년 말 잔여 지분의 매각 분개(지배력 상실)

20×2년 말에 갑회사와 을회사를 포함하여 작성한 연결재무제표에 다음과 같은 지배력 상실의 분개를 반영한다.

(차)	현 금	90,000	(대)	순 자 산	101,000(2)
	비 지 배 지 분	40,400(3)		영 업 권	7,000(3)
				처 분 이 익	22,400(4)

(2) 20×2년 초 현재 을회사의 순자산의 장부금액
= 지배력 취득일 현재 순자산 장부금액(₩90,000) + 지배력 취득일 이후 순자산 증가(₩5,000 + 6,000)

(3) 20×2년 말 연결재무제표상 영업권과 비지배지분의 제거
비지배지분 잔액 = ₩101,000×40%(기초에 지배기업 지분 10%를 매각했으므로 비지배지분율은 10% 증가)

(4) 대차 일치 금액

3 종속기업의 증자 또는 감자

3.1 종속기업의 증자

기업이 유상증자를 할 때 주당 발행가액이 증자 직전 주당 순자산의 장부금액과 같을 수도 있고, 다를 수도 있다.[10] 또한 유상증자 시 기존 주주의 지분율에 비례하여 증자(즉, 균등 증자)를 할 수도 있고, 일부 주주에 대해서만 증자(즉, 불균등 증자)를 할 수도 있다.

종속기업이 유상증자를 할 때 주당 발행가액이 증자 직전 주당 순자산의 장부금액과 같거나, 기존 주주의 지분율에 비례하여 증자(즉, 균등 증자)를 할 경우 증자로 인한 지배기업의 종속기업에 대한 지분 변동액은 증자 시 납입금액과 동일하다. 그러나 종속기업이 증자 직전 주당 순자산의 장부금액과 다른 금액으로 불균등 증자를 할 경우에는 증자로 인한 지배기업의 종속기업에 대한 지분 변동액과 증자 시 납입금액 간에 차액이 발생하는데, 그 차액을 다음과 같이 계산한다.

증자 직전 종속기업 순자산의 공정가치×지배기업 지분율(①)	×××
증자 직후 종속기업 순자산의 공정가치×지배기업 지분율(②)	(×××)
증자로 인한 지배기업의 종속기업에 대한 지분 변동액(②－①)	×××
증자 시 납입금액	(×××)
증자 시 발생한 차액(자본잉여금에서 조정)	×××

기준서에서는 지배력을 상실하지 않는 종속기업에 대한 지배기업의 소유지분 변동은 연결재무제표를 작성할 때 자본거래로 회계처리하도록 규정하고 있다(1110:B96). 따라서 종속기업의 유상증자 시 발생한 차액을 영업권(또는 염가매수차익)이 아니라 자본잉여금의 조정으로 연결재무제표에 반영한다.[11] 그리고 종속기업이 유상증자를 하면 종속기업의 순자산이 변동하고 비지배지분율이 변동할 수도 있으므로 증자 후 종속기업 순자산과 비지배지분율에 기초하여 비지배지분 잔액을 변동시키는 연결조정분개도 필요하다.

한편, 위의 증자 시 발생한 차액의 계산과정을 다시 살펴보면, 증자 직전과 직후 종속기업 순자산의 공정가치에 지배기업 지분율을 곱하여 ①과 ②의 금액을 계산하는 것으로 설명하고

10) 일반적으로 유상증자 시 주당 발행가액은 증자 직전 주당 순자산의 장부금액과 다르다.
11) 증자 시 발생한 차액을 (연결)자본잉여금의 차감으로 조정할 경우 차감할 자본잉여금이 부족하다면, 「일반기업회계기준」의 규정을 준용하여 (연결)이익잉여금의 감소로 조정하는 것이 타당하다.

있다. 이때 종속기업 순자산의 공정가치란 증자일 현재 종속기업 순자산의 공정가치가 아니라 지배력 취득일 현재 종속기업 순자산의 장부금액과 공정가치의 차이 중 증자일 현재 미소멸 금액이 반영된 금액을 말한다. 앞에서도 강조한 바와 같이[12] 종속기업 순자산의 장부금액과 공정가치의 차이에 대한 식별은 오직 지배력을 취득하는 시점에서만 필요하다.

예를 들어, 종속기업의 유상증자로 인하여 비지배지분율이 30%에서 20%로 감소하고, 유상증자 시 납입금액이 지배기업의 종속기업에 대한 지분 증가액보다 더 많을 경우 유상증자 연도의 연결조정분개는 다음과 같다. 단, 지배력 취득일의 종속기업 순자산의 장부금액과 공정가치는 동일하고 영업권이 발생하는 것으로 가정한다.

① 종속기업투자와 지배력 취득시점의 종속기업 자본의 상계제거

(차)	자본금	×××	(대) 종속기업투자	×××
	자본잉여금	×××	비지배지분	×××(1)
	이익잉여금	×××		
	영업권	×××		

(1) 취득시점 종속기업 순자산의 공정가치×30%

② 지배력 취득시점부터 당기 초까지 종속기업 순자산 변동 중 비지배지분 해당액

(차)	이익잉여금	×××	(대) 비지배지분	×××(2)

(2) 전년도 종속기업 당기순이익×30%

③ 당기 유상증자 시 취득한 종속기업투자와 종속기업 자본 증가분의 상계제거

(차)	자본금	×××(3)	(대) 종속기업투자	×××
	자본잉여금	×××(3)	비지배지분	×××(4)
	자본잉여금	×××(5)		

(3) 유상증자 시 증가한 종속기업 자본(자본금과 주식발행초과금 해당액)
(4) 유상증자 직전과 직후 비지배지분의 순변동액(유상증자 시 주당 발행가액이 증자 직전 주당 장부금액보다 적을 경우 비지배지분 순변동액이 차변에 표시될 수 있음)
(5) 유상증자 시 발생한 차액. 영업권이 아니라 자본잉여금에서 조정(대변으로 조정할 수도 있음)

④ 당기순이익으로 인한 종속기업 순자산 변동 중 비지배지분 해당액

(차)	이익잉여금	×××	(대) 비지배지분	×××(6)

(6) 종속기업 당기순이익×20%

12) (예제 3)의 <경우 2>에서도 지배력 취득 후 종속기업 지분을 추가 취득할 때, 추가 취득일 현재 종속기업 순자산의 공정가치가 아니라 지배력 취득일 현재 순자산의 장부금액과 공정가치의 차이 중 추가 취득일 현재 미소멸 금액을 반영한 순자산 금액에 기초하여 자본잉여금 조정액을 계산하였다.

종속기업이 무상증자나 주식배당을 하는 경우에는 종속기업 주주(즉, 지배기업과 비지배주주)의 지분율에 비례하여 무상으로 주식을 교부하므로 지배기업지분율과 비지배지분율은 변동하지 않는다. 따라서 이러한 경우 비지배지분 및 자본잉여금 변동의 연결조정분개는 필요하지 않으며, 무상증자 또는 주식배당 전의 상태로 환원하는 연결조정분개만 필요하다(제4장 예제 12 참조).

예제 7 종속기업의 유상증자

갑회사는 20×1년 초에 을회사 주식 640주(80%)를 ₩1,100,000에 취득하여 지배기업이 되었다. 을회사의 자본 항목의 변동은 다음과 같으며, 지배력 취득일 현재 순자산의 장부금액은 공정가치와 동일하다. 을회사는 20×2년 초에 200주를 유상증자하였으며, 주당 발행가액은 ₩2,000이다.

	자본금(800주, 액면금액 ₩1,000)	₩800,000
	자본잉여금	200,000
	이익잉여금	300,000
20×1. 1. 1.	순자산 장부금액	1,300,000
20×1	당기순이익	100,000
20×1. 12. 31.	순자산 장부금액	1,400,000
20×2. 1. 1.	유상증자(200주)	400,000
20×2	당기순이익	250,000
20×2. 12. 31.	순자산 장부금액	₩2,050,000

물음

1. 20×1년 말에 갑회사가 연결재무제표를 작성할 때 필요한 연결조정분개를 하라.
2. 을회사의 유상증자 시 갑회사가 160주를 인수하였을 때 20×2년 말에 연결재무제표를 작성 시 필요한 연결조정분개를 하라.
3. 을회사의 유상증자 시 갑회사가 200주를 모두 인수하였을 때 20×2년 말에 연결재무제표를 작성 시 필요한 연결조정분개를 하라.
4. 을회사의 유상증자 시 갑회사가 신주를 전혀 인수하지 않았을 때 20×2년 말에 연결재무제표를 작성 시 필요한 연결조정분개를 하라.

해답

물음 2, 3 및 4에 대한 풀이를 설명하기 전에 유상증자 시 발생하는 차액(자본잉여금 조정액)을 계산하면 다음과 같다(괄호 내의 %는 지배기업지분율임).

구분	160주 인수 (80% 유지)(1)	200주 인수 (80% → 84%)(2)	인수 없음 (80% → 64%)(3)
증자 직전 을회사 순자산 중 갑회사 지분	1,400,000×80% =1,120,000	1,120,000	1,120,000
증자 직후 을회사 순자산 중 갑회사 지분	1,800,000×80% =1,440,000	1,800,000×84% =1,512,000	1,800,000×64% =1,152,000
유상증자로 인한 갑회사 지분 변동액	320,000	392,000	32,000
유상증자 납입액	(320,000)	(400,000)	0
차액(연결 시 자본잉여금에서 조정)	0	(8,000)	32,000

(1) (640주+160)÷(800주+200)=80%
(2) (640주+200)÷(800주+200)=84%
(3) 640주÷(800주+200)=64%

또한 물음 2, 3 및 4에 대한 풀이를 하기 전에 비지배지분 잔액을 계산하면 다음과 같다(괄호 내의 %는 비지배지분율임).

일자	을회사 순자산가액	비지배지분		
		160주 인수 (20% 유지)	200주 인수 (20% → 16%)	인수 없음 (20% → 36%)
20×1년 말	1,400,000	1,400,000×20% =280,000	280,000	280,000
20×2년 초 (유상증자 직후)	1,800,000	1,800,000×20% =360,000	1,800,000×16% =288,000	1,800,000×36% =648,000
유상증자 시 비지배지분 변동		360,000−280,000 =80,000	288,000−280,000 =8,000	648,000−280,000 =368,000
20×2년 말	2,050,000	2,050,000×20% =410,000	2,050,000×16% =328,000	2,050,000×36% =738,000

1. <20×1년 말 연결조정분개>

① 종속기업투자와 지배력 취득시점의 종속기업 자본의 상계제거

(차)		(대)	
자본금	800,000	종속기업투자	1,100,000
자본잉여금	200,000	비지배지분	260,000(1)
이익잉여금	300,000		
영업권	60,000		

(1) ₩1,300,000(20×1년 초 을회사 순자산의 공정가치)×20%=₩260,000

② 당기순이익으로 인한 순자산 변동 중 비지배지분 해당액

(차)	이 익 잉 여 금	20,000[(2)]	(대) 비 지 배 지 분	20,000

(2) ₩100,000(20×1년 당기순이익)×20% = ₩20,000

2. 이해를 돕기 위해서 연결조정분개를 설명하기 전에 유상증자 시 갑회사와 을회사가 개별 장부에 반영한 분개를 제시하면 다음과 같다.

〈을회사〉

(차)	현 금	400,000	(대) 자 본 금	200,000
			자 본 잉 여 금	200,000

〈갑회사〉

(차)	종 속 기 업 투 자	320,000	(대) 현 금	320,000

<20×2년 말 연결조정분개>

① 종속기업투자와 지배력 취득시점의 종속기업 자본의 상계제거

(차)	자 본 금	800,000	(대) 종 속 기 업 투 자	1,100,000
	자 본 잉 여 금	200,000	비 지 배 지 분	260,000
	이 익 잉 여 금	300,000		
	영 업 권	60,000		

② 지배력 취득시점부터 당기 초까지 종속기업의 순자산 변동 중 비지배지분 해당액

(차)	이 익 잉 여 금	20,000[(1)]	(대) 비 지 배 지 분	20,000

(1) ₩100,000(20×1년 당기순이익)×20% = ₩20,000

③ 당기 유상증자 시 취득한 종속기업투자와 종속기업 자본의 상계제거

(차)	자 본 금	200,000	(대) 종 속 기 업 투 자	320,000
	자 본 잉 여 금	200,000	비 지 배 지 분	80,000[(2)]

(2) 전술한 유상증자로 인한 비지배지분 변동에 대한 계산과정 참조

④ 당기순이익으로 인한 순자산 변동 중 비지배지분 해당액

(차)	이 익 잉 여 금	50,000[(3)]	(대) 비 지 배 지 분	50,000

(3) ₩250,000(20×2년 당기순이익)×20% = ₩50,000

위의 연결조정분개에서 비지배지분 잔액은 ₩410,000인데, 이 금액은 풀이 전에 제시한 비지배지분 잔액을 계산한 결과와 일치함을 알 수 있다.

3. 이해를 돕기 위해서 연결조정분개를 설명하기 전에 유상증자 시 갑회사와 을회사가 개별 장부에 반영할 분개를 제시하면 다음과 같다.

〈을회사〉

(차) 현 금	400,000	(대) 자 본 금	200,000
		자 본 잉 여 금	200,000

〈갑회사〉

(차) 종 속 기 업 투 자	400,000	(대) 현 금	400,000

<20×2년 말 연결조정분개>

① 종속기업투자와 지배력 취득시점의 종속기업 자본의 상계제거

(차) 자 본 금	800,000	(대) 종 속 기 업 투 자	1,100,000
자 본 잉 여 금	200,000	비 지 배 지 분	260,000
이 익 잉 여 금	300,000		
영 업 권	60,000		

② 지배력 취득시점부터 당기 초까지 종속기업의 순자산 변동 중 비지배지분 해당액

(차) 이 익 잉 여 금	20,000(1)	(대) 비 지 배 지 분	20,000

(1) ₩100,000(20×1년 당기순이익)×20% = ₩20,000

③ 당기 유상증자 시 취득한 종속기업투자와 종속기업 자본의 상계제거

(차) 자 본 금	200,000	(대) 종 속 기 업 투 자	400,000
자 본 잉 여 금	200,000	비 지 배 지 분	8,000(2)
자 본 잉 여 금	8,000(3)		

(2) 전술한 증자 시 비지배지분 잔액 변동 계산 참조
(3) 전술한 유상증자로 인한 차액(자본잉여금 조정액) 계산 참조

④ 당기순이익으로 인한 순자산 변동 중 비지배지분 해당액

(차) 이 익 잉 여 금	40,000(4)	(대) 비 지 배 지 분	40,000

(4) ₩250,000(20×2년 당기순이익)×16% = ₩40,000

위의 연결조정분개에서 비지배지분 잔액은 ₩328,000인데, 이 금액은 풀이 전에 제시한 비지배지분 잔액을 계산한 결과와 일치함을 알 수 있다.

4. 이해를 돕기 위해서 연결조정분개를 설명하기 전에 유상증자 시 갑회사와 을회사가 개별 장부에 반영할 분개를 제시하면 다음과 같다.

〈을회사〉

(차) 현 금	400,000	(대)	자 본 금	200,000
			자 본 잉 여 금	200,000

〈갑회사〉

회계처리 없음

<20×2년 말 연결조정분개>

① 종속기업투자와 지배력 취득시점의 종속기업 자본의 상계제거

(차)	자 본 금	800,000	(대) 종 속 기 업 투 자	1,100,000
	자 본 잉 여 금	200,000	비 지 배 지 분	260,000
	이 익 잉 여 금	300,000		
	영 업 권	60,000		

② 지배력 취득시점부터 당기 초까지 종속기업의 순자산 변동 중 비지배지분 해당액

(차)	이 익 잉 여 금	20,000(1)	(대) 비 지 배 지 분	20,000

(1) ₩100,000(20×1년 당기순이익)×20%=₩20,000

③ 당기 유상증자 시 종속기업 자본의 비지배지분 대체

(차)	자 본 금	200,000	(대) 비 지 배 지 분	368,000(2)
	자 본 잉 여 금	200,000	자 본 잉 여 금	32,000(3)

(2) 전술한 증자 시 비지배지분 잔액 변동 계산 참조

(3) 전술한 유상증자로 인한 차액(자본잉여금 조정액) 계산 참조

④ 당기순이익으로 인한 순자산 변동 중 비지배지분 해당액

(차)	이 익 잉 여 금	90,000(4)	(대) 비 지 배 지 분	90,000

(4) ₩250,000(20×2년 당기순이익)×36%=₩90,000

위의 연결조정분개에서 비지배지분 잔액은 ₩738,000인데, 이 금액은 풀이 전에 제시한 비지배지분 잔액을 계산한 결과와 일치함을 알 수 있다.

(예제 7)에서 유상증자 직전 을회사 순자산의 장부금액이 ₩1,400,000이고 발행주식수가 800주이므로 주당 순자산의 장부금액은 ₩1,750이다. 만약 을회사가 200주를 주당 ₩1,750에 유상증자하였다면, 다음에서 보는 바와 같이 유상증자로 인해 지배기업지분율이 변동하더라도 아무런 차액이 발생하지 않는다.

구분	160주 인수 (80% 유지)	200주 인수 (80%→84%)	인수 없음 (80%→64%)
증자 직전 을회사 순자산 중 갑회사 지분	1,400,000×80% =1,120,000	1,120,000	1,120,000
증자 직후 을회사 순자산 중 갑회사 지분	1,750,000×80% =1,400,000	1,750,000×84% =1,470,000	1,750,000×64% =1,120,000
유상증자로 인한 갑회사 지분 변동액	280,000	350,000	0
유상증자 납입액	(280,000)	(350,000)	0
차액(연결 시 자본잉여금에서 조정)	0	0	0

위에서 보는 바와 같이 유상증자 시 주당 발행가액(₩1,750)이 증자 직전 주당 순자산의 장부금액(₩1,750)과 같을 경우 차액은 발생하지 않으나, 유상증자 전후 비지배지분 잔액은 다음과 같이 변동할 수 있다.

일자	을회사 순자산가액	비지배지분		
		160주 인수 (20% 유지)	200주 인수 (20%→16%)	인수 없음 (20%→36%)
20×1년 말	1,400,000	1,400,000×20% =280,000	280,000	280,000
20×2년 초 (유상증자 직후)	1,750,000	1,750,000×20% =350,000	1,750,000×16% =280,000	1,750,000×36% =630,000
유상증자 시 비지배지분 변동		350,000−280,000 =70,000	280,000−280,000 =0	630,000−280,000 =350,000

참고로 위의 3가지 경우에 유상증자와 관련된 연결조정분개만 제시하면 다음과 같다.

〈을회사 주식 160주를 인수한 경우 : 종속기업투자 취득원가 ₩280,000〉

(차) 자본금	200,000	(대) 종속기업투자	280,000
자본잉여금	150,000	비지배지분	70,000

〈을회사 주식 200주를 인수한 경우 : 종속기업투자 취득원가 ₩350,000〉

(차) 자본금	200,000	(대) 종속기업투자	350,000
자본잉여금	150,000		

〈을회사 주식을 인수하지 않은 경우 : 종속기업투자 취득원가 ₩0〉

(차) 자본금	200,000	(대) 비지배지분	350,000
자본잉여금	150,000		

3.2 종속기업의 감자

전술한 유상증자의 경우와 마찬가지로 주당 감자금액이 감자 직전 주당 순자산의 장부금액과 같거나 기존 주주의 지분율에 비례하여 감자(즉, 균등 감자)를 할 경우, 유상감자로 인한 지배기업의 종속기업에 대한 지분 변동액은 감자 시 수취금액과 동일하다. 그러나 감자금액이 감자 직전 주당 순자산의 장부금액과 다르거나 불균등 감자를 할 경우에는 감자로 인한 지배기업의 종속기업에 대한 지분 변동액과 감자 시 수취금액 간에 차액이 발생한다. 그 차액은 다음과 같이 계산하며, 증자의 경우와 마찬가지로 자본잉여금의 조정으로 연결재무제표에 반영한다.

감자 직전 종속기업 순자산의 공정가치×지배기업 지분율(①)	×××
감자 직후 종속기업 순자산의 공정가치×지배기업 지분율(②)	(×××)
감자로 인한 지배기업의 종속기업에 대한 지분 변동액(②－①)	×××
감자 시 수취금액	(×××)
감자 시 발생한 차액(자본잉여금에서 조정)	×××

종속기업이 유상감자를 할 경우 종속기업의 순자산이 변동하므로 주당 감자금액이 얼마인지 또는 균등 감자인지의 여부와 관계없이 감자 전후 비지배지분 잔액이 변동될 수 있다. 따라서 감자 후 종속기업 순자산과 비지배지분율에 기초하여 비지배지분 잔액을 변동시키는 연결조정분개도 필요하다.

예를 들어, 유상감자로 인하여 비지배지분율이 30%에서 40%로 증가하고 유상감자 시 수취금액이 지배기업의 종속기업에 대한 지분 감소액보다 더 많은 경우(즉, 지배기업의 개별 장부에 처분이익 인식) 유상감자 연도의 연결조정분개를 예시하면 다음과 같다. 단, 지배력 취득일의 종속기업 순자산의 장부금액과 공정가치는 동일하고, 영업권이 발생하는 것으로 가정한다.

① 종속기업투자와 지배력 취득시점의 종속기업 자본의 상계제거

(차)	자본금	×××	(대) 종속기업투자	×××
	자본잉여금	×××	비지배지분	×××(1)
	이익잉여금	×××		
	영업권	×××		

(1) 취득시점 종속기업 순자산의 공정가치×30%

② 지배력 취득시점부터 당기 초까지 종속기업 순자산 변동 중 비지배지분 해당액

(차)	이익잉여금	×××	(대) 비지배지분	×××(2)

(2) 전년도 종속기업 당기순이익×30%

③ 당기 유상감자 시 종속기업투자와 비지배지분의 조정

(차)	종속기업투자	×××(3)	(대) 자본금	×××(4)
	처분이익	×××(3)	감자차손	×××(4)
	비지배지분	×××(5)	자본잉여금	×××(6)

(3) 연결조정분개 ①에서 유상감자 전의 종속기업투자를 제거하였으므로 유상감자 시 감소한 종속기업투자를 환원. 유상감자 시 인식했던 종속기업투자처분이익도 제거
(4) 연결조정분개 ①에서 유상감자 전의 종속기업 자본을 제거하였으므로 유상감자 전으로 환원
(5) 유상감자 직전과 직후 비지배지분 변동액
(6) 유상감자 시 발생한 차액을 자본잉여금에서 조정(차변으로 조정할 수도 있음)

④ 당기순이익으로 인한 종속기업 순자산 변동 중 비지배지분 해당액

(차)	이익잉여금	×××	(대) 비지배지분	×××(7)

(7) 종속기업 당기순이익×40%

종속기업이 무상감자를 하는 경우에는 일반적으로 종속기업 순자산의 변동 없이 주주(즉, 지배기업과 비지배주주)의 지분율에 비례하여 무상으로 감자를 하기(즉, 감자의 대가를 지급하지 않기) 때문에 지배기업지분율과 비지배지분율은 변동하지 않는다. 따라서 이러한 경우 비지배지분 및 자본잉여금 변동의 연결조정분개는 필요하지 않다. 단, 무상증자와 마찬가지로 무상감자 전의 상태로 환원하는 연결조정분개는 필요하다.

예제 8 종속기업의 유상감자

갑회사는 20×1년 초에 을회사 주식 960주(80%)를 주당 ₩1,500(총 취득원가 ₩1,440,000)에 취득하여 지배기업이 되었으며, 취득일 현재 을회사 순자산의 장부금액과 공정가치는 동일하다. 을회사는 20×2년 초에 200주를 주당 ₩2,000에 유상감자하였다. 유상감자 시 을회사는 유상감자금액과 주식의 액면금액의 차이를 감자차손(자본조정)으로 인식했으며, 갑회사는 종속기업투자의 장부금액과 유상감자 시 수취액의 차이를 종속기업투자처분이익으로 회계처리하였다. 을회사의 자본 항목의 변동은 다음과 같다.

	자본금(1,200주, 액면금액 ₩1,000)	₩1,200,000
	자본잉여금	300,000
	이익잉여금	200,000
20×1. 1. 1.	순자산 장부금액	1,700,000
20×1	당기순이익	100,000
20×1. 12. 31.	순자산 장부금액	1,800,000
20×2. 1. 1.	유상감자(200주)	(400,000)
20×2	당기순이익	150,000
20×2. 12. 31.	순자산 장부금액	₩1,550,000

물음

1. 20×1년 말에 갑회사가 연결재무제표를 작성할 때 필요한 연결조정분개를 하라.
2. 을회사의 유상감자 시 갑회사의 보유주식 중 160주가 감자되었을 때 20×2년 말에 연결재무제표를 작성 시 필요한 연결조정분개를 하라.
3. 을회사의 유상감자 시 갑회사의 보유주식 중 200주가 감자되었을 때 20×2년 말에 연결재무제표를 작성 시 필요한 연결조정분개를 하라.
4. 을회사의 유상감자 시 갑회사의 보유주식 중 감자된 주식이 전혀 없을 때 20×2년 말에 연결재무제표를 작성 시 필요한 연결조정분개를 하라.

해답

물음 2, 3 및 4에 대한 풀이를 하기 전에 유상감자 시 발생하는 차액(자본잉여금 조정액)을 계산하면 다음과 같다(괄호 내의 %는 지배기업지분율임).

구분	160주 감자 (80% 유지)[(1)]	200주 감자 (80% → 76%)[(2)]	감자 없음 (80% → 96%)[(3)]
감자 직전 을회사 순자산 중 갑회사 지분	1,800,000×80% =1,440,000	1,440,000	1,440,000
감자 직후 을회사 순자산 중 갑회사 지분	1,400,000×80% =1,120,000	1,400,000×76% =1,064,000	1,400,000×96% =1,344,000
유상감자로 인한 갑회사 지분 변동액	(320,000)	(376,000)	(96,000)
유상감자 시 수취액	320,000	400,000	0
차액(연결 시 자본잉여금에서 조정)	0	24,000	(96,000)

(1) (960주−160)÷(1,200주−200)=80%
(2) (960주−200)÷(1,200주−200)=76%
(3) 960주÷(1,200주−200)=96%

또한 물음 2, 3 및 4에 대한 풀이를 하기 전에 비지배지분 잔액을 계산하면 다음과 같다(괄호 내의 %는 비지배지분율임).

일자	을회사 순자산가액	비지배지분 160주 감자 (20% 유지)	200주 감자 (20% → 24%)	감자 없음 (20% → 4%)
20×1년 말	1,800,000	1,800,000×20% =360,000	360,000	360,000
20×2년 초 (유상감자 직후)	1,400,000	1,400,000×20% =280,000	1,400,000×24% =336,000	1,400,000×4% =56,000
감자 시 비지배지분 변동		280,000−360,000 =(80,000)	336,000−360,000 =(24,000)	56,000−360,000 =(304,000)
20×2년 말	1,550,000	1,550,000×20% =310,000	1,550,000×24% =372,000	1,550,000×4% =62,000

1. <20×1년 말 연결조정분개>

① 지배력 취득시점의 종속기업투자와 종속기업 자본의 상계제거

(차) 자본금	1,200,000	(대) 종속기업투자	1,440,000
자본잉여금	300,000	비지배지분	340,000[(1)]
이익잉여금	200,000		
영업권	80,000		

(1) (20×1년 초 을회사 순자산의 공정가치)×20%=₩340,000

② 당기순이익으로 인한 순자산 변동 중 비지배지분 해당액

(차) 이익잉여금	20,000[(2)]	(대) 비지배지분	20,000

(2) ₩100,000(20×1년 당기순이익)×20%=₩20,000

2. 이해를 돕기 위해서 연결조정분개를 설명하기 전에 유상감자 시 갑회사와 을회사가 개별 장부에 반영한 분개를 제시하면 다음과 같다.

〈을회사〉

(차)	자 본 금	200,000	(대) 현 금	400,000
	감 자 차 손	200,000		

〈갑회사〉

(차)	현 금	320,000[(1)]	(대) 종 속 기 업 투 자	240,000[(2)]
			처 분 이 익	80,000

(1) 160주×₩2,000＝₩320,000

(2) ₩1,440,000×160주/960주＝₩240,000

<20×2년 말 연결조정분개>

① 종속기업투자와 지배력 취득시점의 종속기업 자본의 상계제거

(차)	자 본 금	1,200,000	(대) 종 속 기 업 투 자	1,440,000
	자 본 잉 여 금	300,000	비 지 배 지 분	340,000
	이 익 잉 여 금	200,000		
	영 업 권	80,000		

② 지배력 취득시점부터 당기 초까지 종속기업의 순자산 변동 중 비지배지분 해당액

(차)	이 익 잉 여 금	20,000[(1)]	(대) 비 지 배 지 분	20,000

(1) ₩100,000(20×1년 당기순이익)×20%＝₩20,000

③ 당기 유상감자 시 종속기업투자와 비지배지분의 조정

(차)	종 속 기 업 투 자	240,000[(2)]	(대) 자 본 금	200,000
	처 분 이 익	80,000[(2)]	감 자 차 손	200,000[(3)]
	비 지 배 지 분	80,000[(4)]		

(2) 유상감자 시 종속기업투자 ₩240,000(₩1,440,000×160주/960주)이 감소하는데, 연결조정분개 ①에서 유상감자 전의 종속기업투자 금액을 이미 제거하였으므로 유상감자 시 감소한 종속기업투자 금액을 환원시키는 것이다. 또한 갑회사가 인식한 처분이익 ₩80,000도 함께 제거한다.

(3) 을회사가 인식한 감자차손 ₩200,000을 제거한다.

(4) 전술한 감자 시 비지배지분 잔액 변동 계산 참조

④ 당기순이익으로 인한 순자산 변동 중 비지배지분 해당액

(차)	이 익 잉 여 금	30,000[(5)]	(대) 비 지 배 지 분	30,000

(5) ₩150,000(20×2년 당기순이익)×20%＝₩30,000

위의 연결조정분개의 비지배지분 잔액은 ₩310,000인데, 이 금액은 풀이 전에 제시한 비지배지분 잔액을 계산한 결과와 일치함을 알 수 있다.

3. 이해를 돕기 위해서 연결조정분개를 설명하기 전에 유상감자 시 갑회사와 을회사가 개별 장부에 반영한 분개를 제시하면 다음과 같다.

〈을회사〉

(차) 자본금	200,000	(대) 현금	400,000
감자차손	200,000		

〈갑회사〉

(차) 현금	400,000[(1)]	(대) 종속기업투자	300,000[(2)]
		처분이익	100,000

(1) 200주×₩2,000＝₩400,000
(2) ₩1,440,000×200주/960주＝₩300,000

<20×2년 말 연결조정분개>

① 종속기업투자와 지배력 취득시점의 종속기업 자본의 상계제거

(차) 자본금	1,200,000	(대) 종속기업투자	1,440,000
자본잉여금	300,000	비지배지분	340,000
이익잉여금	200,000		
영업권	80,000		

② 지배력 취득시점부터 당기 초까지 종속기업의 순자산 변동 중 비지배지분 해당액

(차) 이익잉여금	20,000[(1)]	(대) 비지배지분	20,000

(1) ₩100,000(20×1년 당기순이익)×20%＝₩20,000

③ 당기 유상감자 시 종속기업투자와 비지배지분의 조정

(차) 종속기업투자	300,000[(2)]	(대) 자본금	200,000
처분이익	100,000[(2)]	감자차손	200,000
비지배지분	24,000[(3)]	자본잉여금	24,000[(4)]

(2) 유상감자 시 종속기업투자 ₩300,000(₩1,440,000×200주/960주)이 감소하는데, 연결조정분개 ①에서 유상감자 전의 종속기업투자 금액을 이미 제거하였으므로 유상감자 시 감소한 종속기업투자 금액을 환원시키는 것이다. 또한 갑회사가 인식한 처분이익 ₩100,000도 함께 제거한다.
(3) 전술한 감자 시 비지배지분 잔액 변동 계산 참조
(4) 전술한 유상감자로 인한 차액(자본잉여금 조정액) 계산 참조

④ 당기순이익으로 인한 순자산 변동 중 비지배지분 해당액

(차) 이익잉여금	36,000[(5)]	(대) 비지배지분	36,000

(5) ₩150,000(20×2년 당기순이익)×24%＝₩36,000

위의 연결조정분개에서 비지배지분 잔액은 ₩372,000인데, 이 금액은 풀이 전에 제시한 비지배지분 잔액을 계산한 결과와 일치함을 알 수 있다.

4. 이해를 돕기 위해서 연결조정분개를 설명하기 전에 유상감자 시 갑회사와 을회사가 개별 장부에 반영한 분개를 제시하면 다음과 같다.

〈을회사〉

(차)	자 본 금	200,000	(대) 현 금	400,000
	감 자 차 손	200,000		

〈갑회사〉

회계처리 없음

<20×2년 말 연결조정분개>

① 종속기업투자와 지배력 취득시점의 종속기업 자본의 상계제거

(차)	자 본 금	1,200,000	(대) 종 속 기 업 투 자	1,440,000
	자 본 잉 여 금	300,000	비 지 배 지 분	340,000
	이 익 잉 여 금	200,000		
	영 업 권	80,000		

② 지배력 취득시점부터 당기 초까지 종속기업의 순자산 변동 중 비지배지분 해당액

(차)	이 익 잉 여 금	20,000(1)	(대) 비 지 배 지 분	20,000

(1) ₩100,000(20×1년 당기순이익)×20% = ₩20,000

③ 당기 유상감자 시 종속기업투자와 비지배지분의 조정

(차)	비 지 배 지 분	304,000(2)	(대) 자 본 금	200,000
	자 본 잉 여 금	96,000(3)	감 자 차 손	200,000

(2) 전술한 감자 시 비지배지분 잔액 변동 계산 참조
(3) 전술한 유상감자로 인한 차액(자본잉여금 조정액) 계산 참조

④ 당기순이익으로 인한 순자산 변동 중 비지배지분 해당액

(차)	이 익 잉 여 금	6,000(4)	(대) 비 지 배 지 분	6,000

(4) ₩150,000(20×2년 당기순이익)×4% = ₩6,000

위의 연결조정분개에서 비지배지분 잔액은 ₩62,000인데, 이 금액은 풀이 전에 제시한 비지배지분 잔액을 계산한 결과와 일치함을 알 수 있다.

(예제 8)에서 유상감자 직전 을회사 순자산의 장부금액이 ₩1,800,000이고 발행주식수가 1,200주이므로 주당 순자산의 장부금액은 ₩1,500이다. 이때 을회사가 200주를 주당 ₩2,000에 유상감자하였기 때문에 연결재무제표 작성 시 자본잉여금에서 조정하는 차액이 발생하였다. 만약 을회사가 200주를 주당 ₩1,500에 유상감자하였다면(유상감자로 인하여 을회사 순자산은 ₩300,000 감소) 다음에서 보는 바와 같이 유상감자로 인해 지배기업지분율이 변동하더라도 아무런 차액이 발생하지 않는다.

구분	160주 감자 (80% 유지)	200주 감자 (80% → 76%)	감자 없음 (80% → 96%)
감자 직전 을회사 순자산 중 갑회사 지분	1,800,000×80% =1,440,000	1,440,000	1,440,000
감자 직후 을회사 순자산 중 갑회사 지분*	1,500,000×80% =1,200,000	1,500,000×76% =1,140,000	1,500,000×96% =1,440,000
유상감자로 인한 갑회사 지분 변동액	(240,000)	(300,000)	0
유상감자 시 수취액	240,000	300,000	0
차액(연결 시 자본잉여금에서 조정)	0	0	0

* 유상감자 직후 을회사 순자산= ₩1,800,000−200주×1,500=₩1,500,000

위에서 보는 바와 같이 유상감자 시 주당 수취금액(₩1,500)이 감자 직전 주당 순자산의 장부금액(₩1,500)과 같을 경우 자본잉여금에서 조정할 차액은 발생하지 않으나, 유상감자 전후 비지배지분 잔액은 다음과 같이 변동할 수 있다.

일자	을회사 순자산가액	비지배지분		
		160주 감자 (20% 유지)	200주 감자 (20% → 24%)	감자 없음 (20% → 4%)
20×1년 말	1,800,000	1,800,000×20% =360,000	360,000	360,000
20×2년 초 (유상감자 직후)	1,500,000	1,500,000×20% =300,000	1,500,000×24% =360,000	1,500,000×4% =60,000
유상감자 시 비지배지분 변동		300,000−360,000 =(−)60,000	360,000−360,000 =0	60,000−360,000 =(−)300,000

참고로 위의 3가지 경우에 유상감자와 관련된 연결조정분개만 제시하면 다음과 같다.

〈갑회사 보유주식 중 160주를 감자한 경우〉

(차) 종속기업투자	240,000	(대) 자본금	200,000
비지배지분	60,000	감자차손	100,000

〈갑회사 보유주식 중 200주를 감자한 경우〉

(차) 종속기업투자	300,000	(대) 자본금	200,000
		감자차손	100,000

〈갑회사 보유주식 중 감자된 주식이 없는 경우〉

(차) 비지배지분	300,000	(대) 자본금	200,000
		감자차손	100,000

4 종속기업의 자기주식 취득 또는 처분

4.1 종속기업의 자기주식 취득

지배기업의 종속기업에 대한 지분율의 변동은 종속기업이 자기주식을 취득하거나 처분할 경우에도 발생한다. 예를 들어, 발행주식수와 유통주식수가 모두 1,000주인 종속기업의 주식 중 60%(600주/1,000주)를 지배기업이 소유하고 있는데, 종속기업이 100주의 자기주식을 비지배주주로부터 취득하였다면 유통주식수가 1,000주에서 900주로 감소하기 때문에 지배기업의 지분율은 60%에서 66.7%(600주/900주)로 증가하고, 비지배지분율은 40%에서 33.3%로 감소한다. 이후 종속기업이 비지배주주에게 자기주식 50주를 처분한다면 그만큼 유통주식수가 증가하므로 지배기업의 지분율은 66.7%에서 63.2%로 (600주/950주)감소하고, 비지배지분율은 33.3%에서 36.8%로 증가한다.

종속기업이 자기주식을 지배기업으로부터 취득한다면, 지배기업의 입장에서 볼 때 종속기업투자를 매각하는 거래이며, 이러한 거래로 지배기업은 지배력을 상실할 수도 있다. 따라서 본절에서 설명하는 종속기업의 자기주식 거래는 거래상대방이 지배기업이 아니라 비지배주주로 한정한다.

전술한 바와 같이 종속기업이 비지배주주로부터 자기주식을 취득하면 유통주식수가 감소하기 때문에 비지배지분율이 감소한다. 따라서 연결재무제표를 작성할 경우 자기주식과 비지배지분을 상계하는 연결조정분개를 한다. 다만, 자기주식 취득일 현재 주당 장부금액과 다른 금액으로 자기주식을 취득할 경우 자기주식과 비지배지분의 감소 금액이 일치하지 않으므로 그 차이를 자본잉여금에서 조정한다.

예를 들어, 지배기업이 종속기업의 지분 60%를 보유하고 있는데, 당기 중에 종속기업이 비지배주주로부터 자기주식을 취득하여 지배기업지분율이 60%에서 80%로 증가하고, 비지배지분율이 40%에서 20%로 감소한 경우 연결조정분개는 다음과 같다. 단, 지배력 취득일의 종속기업 순자산의 장부금액과 공정가치는 동일하고, 영업권이 발생하는 것으로 가정한다.

① 종속기업투자와 지배력 취득시점의 종속기업 자본의 상계제거

(차) 자 본 금	×××	(대) 종속기업투자	×××
자본잉여금	×××	비지배지분	×××[(1)]
이익잉여금	×××		
영 업 권	×××		

(1) 취득시점 종속기업 순자산의 공정가치×40%

② 지배력 취득시점부터 당기 초까지 종속기업 순자산 변동 중 비지배지분 해당액

(차) 이익잉여금	×××	(대) 비지배지분	×××[(2)]

(2) 전년도 종속기업 당기순이익×40%

③ 자기주식 취득에 대한 조정

(차) 비지배지분	×××[(3)]	(대) 자기주식	×××

(3) 자기주식 취득 직전 비지배지분(40% 해당액)과 자기주식 취득 후 비지배지분(20% 해당액)의 차이. 만약 차변과 대변의 금액이 일치하지 않으면 자본잉여금에서 조정

④ 당기순이익으로 인한 종속기업 순자산 변동 중 비지배지분 해당액

(차) 이익잉여금	×××	(대) 비지배지분	×××[(4)]

(4) 종속기업 당기순이익×20%

예제 9 종속기업의 자기주식 취득 시 연결

갑회사는 20×1년 초에 을회사의 발행주식 1,000주(유통주식수와 동일) 중 600주(60%)를 ₩1,000,000에 취득하여 지배기업이 되었다. 20×1년 초 현재 을회사 순자산의 장부금액과 공정가치는 동일하다. 을회사는 20×2년 초에 자기주식 250주를 비지배주주로부터 취득하였으며, 20×2년 말까지 계속 보유하고 있다. 20×1년 초부터 을회사 자본의 변동은 다음과 같다.

	자본금	₩1,000,000
	자본잉여금	300,000
	이익잉여금	200,000
20×1. 1. 1.	순자산 장부금액	1,500,000
20×1	당기순이익	100,000
20×1. 12. 31.	순자산 장부금액	1,600,000
20×2. 1. 1.	자기주식 취득(250주)	?
20×2	당기순이익	150,000

물음

1. 을회사가 자기주식을 주당 ₩1,600에 취득하였을 때 갑회사가 20×2년 말에 해야 할 연결조정분개를 하라.
2. 을회사가 자기주식을 주당 ₩2,000에 취득하였을 때 갑회사가 20×2년 말에 해야 할 연결조정분개를 하라.
3. 을회사가 자기주식을 주당 ₩1,200에 취득하였을 때 갑회사가 20×2년 말에 해야 할 연결조정분개를 하라.

해답

을회사가 자기주식 250주를 취득하면 유통주식수가 1,000주에서 750주로 감소하기 때문에 갑회사 지분율은 60%에서 80%(600주/750주)로 증가하고, 비지배지분율은 40%에서 20%로 감소한다. 연결조정분개를 하기 전에 자기주식 취득 직전과 직후 을회사 순자산은 얼마나 변동하며, 그 변동으로 인해 을회사에 대한 갑회사의 지분과 비지배지분이 얼마나 변동하는지 살펴보기로 한다. 자기주식 취득 직전 을회사 순자산의 장부금액이 ₩1,600,000이므로 주당 장부금액은 ₩1,600이다.

1. 자기주식 250주를 주당 ₩1,600에 취득한 경우

구분	자기주식 취득 전	자기주식 취득 후	변동액
을회사 순자산	₩1,600,000	₩1,200,000	(−)₩400,000
갑회사 지분율	60%	80%	
갑회사 지분	960,000	960,000	0
비지배지분율	40%	20%	
비지배지분	640,000	240,000	(−)400,000

자기주식 취득으로 인한 을회사 순자산의 감소 ₩400,000을 모두 비지배지분의 감소로 연결조정분개한다.

2. 자기주식 250주를 주당 ₩2,000에 취득한 경우

구분	자기주식 취득 전	자기주식 취득 후	변동액
을회사 순자산	₩1,600,000	₩1,100,000	(−)₩500,000
갑회사 지분율	60%	80%	
갑회사 지분	960,000	880,000	(−)80,000
비지배지분율	40%	20%	
비지배지분	640,000	220,000	(−)420,000

자기주식 취득으로 인한 을회사 순자산의 감소 ₩500,000 중 ₩80,000을 자본잉여금의 감소로, ₩420,000을 비지배지분의 감소로 연결조정분개한다.

3. 자기주식 250주를 주당 ₩1,200에 취득한 경우

구분	자기주식 취득 전	자기주식 취득 후	변동액
을회사 순자산	₩1,600,000	₩1,300,000	(−)₩300,000
갑회사 지분율	60%	80%	
갑회사 지분	960,000	1,040,000	80,000
비지배지분율	40%	20%	
비지배지분	640,000	260,000	(−)380,000

자기주식 취득으로 인한 을회사 순자산의 감소 ₩300,000 중 ₩80,000을 자본잉여금의 증가로, ₩380,000을 비지배지분의 감소로 연결조정분개한다.

〈연결조정분개〉

1. 자기주식을 주당 ₩1,600에 취득한 경우

<20×2년 말 연결조정분개>

① 종속기업투자와 지배력 취득시점의 종속기업 자본의 상계제거

(차)	자본금	1,000,000	(대) 종속기업투자	1,000,000
	자본잉여금	300,000	비지배지분	600,000
	이익잉여금	200,000		
	영업권	100,000		

② 지배력 취득시점부터 당기 초까지 종속기업의 순자산 변동 중 비지배지분 해당액

(차)	이익잉여금	40,000(1)	(대) 비지배지분	40,000

(1) ₩100,000(20×1년 당기순이익)×40% = ₩40,000

③ 자기주식 취득에 대한 조정

(차)	비지배지분	400,000(2)	(대) 자기주식	400,000

(2) 전술한 자기주식 취득 직전과 직후 비지배지분 변동 참조
주당 자기주식 취득원가 ₩1,600은 자기주식 취득 직전 주당 순자산 금액 ₩1,600과 동액이다. 따라서 자기주식 취득으로 인한 비지배지분 변동액과 자기주식 취득원가가 동일하다. (해답 2)와 (해답 3)에서는 자기주식 취득원가가 ₩1,600이 아니므로 자기주식 취득으로 인한 비지배지분 변동액과 자기주식의 취득원가가 다르며, 이 차이를 자본잉여금에서 조정한다.

④ 당기순이익으로 인한 순자산 변동 중 비지배지분 해당액

(차)	이익잉여금	30,000(3)	(대) 비지배지분	30,000

(3) ₩150,000(20×2년 당기순이익)×20% = ₩30,000

위의 연결조정분개의 비지배지분 잔액은 ₩270,000인데, 이 금액은 20×2년 말 을회사 순자산의 공정가치 ₩1,350,000(₩1,600,000 − 400,000 + 150,000)에 20%를 곱한 금액과 일치함을 알 수 있다.

2. 자기주식을 주당 ₩2,000에 취득한 경우

<20×2년 말 연결조정분개>

① 종속기업투자와 지배력 취득시점의 종속기업 자본의 상계제거

(차)	자본금	1,000,000	(대) 종속기업투자	1,000,000
	자본잉여금	300,000	비지배지분	600,000
	이익잉여금	200,000		
	영업권	100,000		

② 지배력 취득시점부터 당기 초까지 종속기업의 순자산 변동 중 비지배지분 해당액

(차)	이익잉여금	40,000(1)	(대) 비지배지분	40,000

(1) ₩100,000(20×1년 당기순이익)×40% = ₩40,000

③ 자기주식 취득에 대한 조정

(차) 비 지 배 지 분	420,000(2)	(대) 자 기 주 식	500,000
자 본 잉 여 금	80,000		

(2) 전술한 자기주식 취득 직전과 직후 비지배지분 변동 참조
자기주식 취득으로 인한 비지배지분 변동액보다 자기주식 취득원가가 ₩80,000 더 많으므로 이를 자본잉여금에서 조정한다.

④ 당기순이익으로 인한 순자산 변동 중 비지배지분 해당액

(차) 이 익 잉 여 금	30,000(3)	(대) 비 지 배 지 분	30,000

(3) ₩150,000(20×2년 당기순이익)×20% = ₩30,000

위의 연결조정분개의 비지배지분 잔액은 ₩250,000인데, 이 금액은 20×2년 말 을회사 순자산의 공정가치 ₩1,250,000(₩1,600,000 − 500,000 + 150,000)에 20%를 곱한 금액과 일치함을 알 수 있다.

3. 자기주식을 주당 ₩1,200에 취득한 경우

<20×2년 말 연결조정분개>

① 종속기업투자와 지배력 취득시점의 종속기업 자본의 상계제거

(차) 자 본 금	1,000,000	(대) 종 속 기 업 투 자	1,000,000
자 본 잉 여 금	300,000	비 지 배 지 분	600,000
이 익 잉 여 금	200,000		
영 업 권	100,000		

② 지배력 취득시점부터 당기 초까지 종속기업의 순자산 변동 중 비지배지분 해당액

(차) 이 익 잉 여 금	40,000(1)	(대) 비 지 배 지 분	40,000

(1) ₩100,000(20×1년 당기순이익)×40% = ₩40,000

③ 자기주식 취득에 대한 조정

(차) 비 지 배 지 분	380,000(2)	(대) 자 기 주 식	300,000
		자 본 잉 여 금	80,000

(2) 전술한 자기주식 취득 직전과 직후 비지배지분 변동 참조
자기주식 취득으로 인한 비지배지분 변동액보다 자기주식 취득원가가 ₩80,000 더 적으므로 이를 자본잉여금에서 조정한다.

④ 당기순이익으로 인한 순자산 변동 중 비지배지분 해당액

(차) 이 익 잉 여 금	30,000(3)	(대) 비 지 배 지 분	30,000

(3) ₩150,000(20×2년 당기순이익)×20% = ₩30,000

위의 연결조정분개의 비지배지분 잔액은 ₩290,000인데, 이 금액은 20×2년 말 을회사 순자산의 공정가치 ₩1,450,000(₩1,600,000 − 300,000 + 150,000)에 20%를 곱한 금액과 일치함을 알 수 있다.

4.2 종속기업의 자기주식 처분

종속기업이 비지배주주에게 자기주식을 처분하면 유통주식수가 증가하지만 지배기업이 보유하는 종속기업 주식수는 변동이 없으므로 종속기업에 대한 지배기업 지분율은 감소하고 비지배지분율은 증가한다. 따라서 자기주식과 비지배지분을 증가시키는 연결조정분개를 한다. 이때 종속기업이 개별 장부에 인식한 자기주식처분손익도 함께 제거한다. 또한 자기주식의 처분일 현재 주당 처분금액이 주당 장부금액과 다를 경우 발생하는 차액은 자본잉여금에서 조정한다.

예를 들어, 과년도에 지배기업이 자기주식을 보유하고 있는 종속기업의 지분을 취득하여 지배기업이 되었는데, 당기 중에 종속기업이 비지배주주에게 자기주식을 처분하여 지배기업의 종속기업에 대한 지분율이 70%에서 60%로 감소(비지배지분율은 30%에서 40%로 증가)한 경우 연결조정분개를 제시하면 다음과 같다. 단, 지배력 취득일의 종속기업 순자산의 장부금액과 공정가치는 동일하고 영업권이 발생하는 것으로 가정한다.

① 종속기업투자와 지배력 취득시점의 종속기업 자본의 상계제거

(차)	자본금	×××	(대)	자기주식	×××
	자본잉여금	×××		종속기업투자	×××
	이익잉여금	×××		비지배지분	×××[(1)]
	영업권	×××			

(1) 취득시점 종속기업 순자산의 공정가치×30%

② 지배력 취득시점부터 당기 초까지 종속기업 순자산 변동 중 비지배지분 해당액

(차)	이익잉여금	×××	(대)	비지배지분	×××[(2)]

(2) 전년도 종속기업 당기순이익×30%

③ 자기주식 처분에 대한 조정(처분 시 처분손실 발생 가정)

(차)	자기주식	×××[(3)]	(대)	자기주식처분손실	×××
	자본잉여금	×××[(5)]		비지배지분	×××[(4)]

(3) 연결조정분개 ①에서 자기주식을 처분하기 전의 금액으로 자기주식을 제거하였으므로 처분한 금액만큼 환원
(4) 자기주식 처분으로 인해 증가한 비지배지분
(5) 차액(처분손실)을 자본잉여금에서 조정

④ 당기순이익으로 인한 종속기업 순자산 변동 중 비지배지분 해당액

(차)	이익잉여금	×××	(대)	비지배지분	×××[(6)]

(6) 종속기업 당기순이익×40%

예제 10 종속기업의 자기주식 처분 시 연결

갑회사는 20×1년 12월 31일에 을회사의 주식 640주를 ₩1,200,000에 취득하여 지배기업이 되었다. 20×1년 말 현재 을회사의 자본의 장부금액과 공정가치는 동일하며, 을회사는 자기주식 200주를 보유하고 있는 상태이다. 을회사의 20×2년도 자본의 변동은 다음과 같다.

	자본금(1,000주, 액면금액 ₩1,000)	₩1,000,000
	자본잉여금	300,000
	이익잉여금	200,000
	자기주식(200주)	(400,000)
20×1. 12. 31.	순자산 장부금액	1,100,000
20×2. 1. 2.	자기주식 200주 처분	?
20×2	당기순이익	100,000

물음

1. 을회사가 자기주식을 주당 ₩1,375에 처분하였을 때 갑회사가 20×2년 말에 해야 할 연결조정분개를 하라.
2. 을회사가 자기주식을 주당 ₩2,000에 처분하였을 때 갑회사가 20×2년 말에 해야 할 연결조정분개를 하라.
3. 을회사가 자기주식을 주당 ₩1,000에 처분하였을 때 갑회사가 20×2년 말에 해야 할 연결조정분개를 하라.

해답

갑회사가 지배력 취득 시 을회사에 대한 지분율은 80%(640주/800주)이며, 자기주식 처분 후 을회사에 대한 지분율은 64%(640주/1,000주)로 감소하고, 비지배지분율은 20%에서 36%로 증가한다. 연결조정분개를 하기 전에 자기주식 처분 직전과 직후 을회사 순자산은 얼마나 변동하며, 그 변동으로 인해 을회사에 대한 갑회사의 지분과 비지배지분이 얼마나 변동하는지 살펴보기로 한다. 자기주식 처분 직전 을회사 순자산의 장부금액이 ₩1,100,000이고, 유통주식수가 800주이므로 주당 장부금액은 ₩1,375이다.

1. 자기주식 200주를 주당 ₩1,375에 처분한 경우

구분	자기주식 처분 전	자기주식 처분 후	변동액
을회사 순자산	₩1,100,000	₩1,375,000	₩275,000
갑회사 지분율	80%	64%	
갑회사 지분	880,000	880,000	0
비지배지분율	20%	36%	
비지배지분	220,000	495,000	275,000

자기주식 처분으로 인한 을회사 순자산의 증가 ₩275,000을 비지배지분의 증가로 연결조정분개한다.

2. 자기주식 200주를 주당 ₩2,000에 처분한 경우

구분	자기주식 처분 전	자기주식 처분 후	변동액
을회사 순자산	₩1,100,000	₩1,500,000	₩400,000
갑회사 지분율	80%	64%	
갑회사 지분	880,000	960,000	80,000
비지배지분율	20%	36%	
비지배지분	220,000	540,000	320,000

자기주식 취득으로 인한 을회사 순자산의 증가 ₩400,000 중 ₩80,000을 자본잉여금의 증가로, ₩320,000을 비지배지분의 증가로 연결조정분개한다.

3. 자기주식 200주를 주당 ₩1,000에 처분한 경우

구분	자기주식 처분 전	자기주식 처분 후	변동액
을회사 순자산	₩1,100,000	₩1,300,000	₩200,000
갑회사 지분율	80%	64%	
갑회사 지분	880,000	832,000	(−)48,000
비지배지분율	20%	36%	
비지배지분	220,000	468,000	248,000

자기주식 취득으로 인한 을회사 순자산의 증가 ₩200,000 중 ₩48,000을 자본잉여금의 감소로, ₩248,000을 비지배지분의 증가로 연결조정분개한다.

〈연결조정분개〉

1. 자기주식을 주당 ₩1,375에 처분한 경우
이해를 돕기 위해서 연결조정분개를 설명하기 전에 자기주식 처분 시 을회사가 개별 장부에 반영한 분개를 제시하면 다음과 같다.

〈을회사〉

(차) 현　　금	275,000	(대) 자 기 주 식	400,000
자기주식처분손실	125,000		

<20×2년 말 연결조정분개>

① 종속기업투자와 지배력 취득시점의 종속기업 자본의 상계제거

(차) 자 본 금	1,000,000	(대) 자 기 주 식	400,000
자 본 잉 여 금	300,000	종 속 기 업 투 자	1,200,000
이 익 잉 여 금	200,000	비 지 배 지 분	220,000
영 업 권	320,000		

② 자기주식 처분에 대한 조정

(차) 자 기 주 식	400,000	(대) 자기주식처분손실	125,000
		비 지 배 지 분	275,000(1)

(1) 전술한 자기주식 처분 후 지배기업지분과 비지배지분 변동 설명 참조

③ 당기순이익으로 인한 순자산 변동 중 비지배지분 해당액

(차) 이 익 잉 여 금	36,000(2)	(대) 비 지 배 지 분	36,000

(2) ₩100,000(20×2년 당기순이익)×36%=₩36,000

위의 연결조정분개의 비지배지분 잔액은 ₩531,000인데, 이 금액은 20×2년 말 을회사 순자산의 공정가치 ₩1,475,000(₩1,100,000+275,000+100,000)에 36%를 곱한 금액과 일치함을 알 수 있다.

2. 자기주식을 주당 ₩2,000에 처분한 경우

이해를 돕기 위해서 연결조정분개를 설명하기 전에 자기주식 처분 시 을회사가 개별 장부에 반영한 분개를 제시하면 다음과 같다.

〈을회사〉

(차) 현　　금	400,000	(대) 자 기 주 식	400,000

<20×2년 말 연결조정분개>

① 종속기업투자와 지배력 취득시점의 종속기업 자본의 상계제거

(차) 자 본 금	1,000,000	(대) 자 기 주 식	400,000
자 본 잉 여 금	300,000	종 속 기 업 투 자	1,200,000
이 익 잉 여 금	200,000	비 지 배 지 분	220,000
영 업 권	320,000		

② 자기주식 처분에 대한 조정

(차) 자기주식	400,000	(대) 자본잉여금	80,000[(1)]
		비지배지분	320,000[(1)]

(1) 전술한 자기주식 처분 후 지배기업지분과 비지배지분 변동 설명 참조

③ 당기순이익으로 인한 순자산 변동 중 비지배지분 해당액

(차) 이익잉여금	36,000[(2)]	(대) 비지배지분	36,000

(2) ₩100,000(20×2년 당기순이익)×36% = ₩36,000

위의 연결조정분개의 비지배지분 잔액은 ₩576,000인데, 이 금액은 20×2년 말 을회사 순자산의 공정가치 ₩1,600,000(₩1,100,000 + 400,000 + 100,000)에 36%를 곱한 금액과 일치함을 알 수 있다.

3. 자기주식을 주당 ₩1,000에 처분한 경우
이해를 돕기 위해서 연결조정분개를 설명하기 전에 자기주식 처분 시 을회사가 개별 장부에 반영한 분개를 제시하면 다음과 같다.

〈을회사〉

(차) 현금	200,000	(대) 자기주식	400,000
자기주식처분손실	200,000		

<20×2년 말 연결조정분개>

① 종속기업투자와 지배력 취득시점의 종속기업 자본의 상계제거

(차) 자본금	1,000,000	(대) 자기주식	400,000
자본잉여금	300,000	종속기업투자	1,200,000
이익잉여금	200,000	비지배지분	220,000
영업권	320,000		

② 자기주식 처분에 대한 조정

(차) 자기주식	400,000	(대) 자기주식처분손실	200,000
자본잉여금	48,000[(1)]	비지배지분	248,000[(1)]

(1) 전술한 자기주식 처분 후 지배기업지분과 비지배지분 변동 설명 참조

③ 당기순이익으로 인한 순자산 변동 중 비지배지분 해당액

(차) 이익잉여금	36,000[(2)]	(대) 비지배지분	36,000

(2) ₩100,000(20×2년 당기순이익)×36% = ₩36,000

위의 연결조정분개의 비지배지분 잔액은 ₩504,000인데, 이 금액은 20×2년 말 을회사 순자산의 공정가치 ₩1,400,000(₩1,100,000 + 200,000 + 100,000)에 36%를 곱한 금액과 일치함을 알 수 있다.

연 / 습 / 문 / 제 - 객관식 문제

01 갑회사는 을회사 주식을 아래와 같이 단계적으로 취득하였으며, 취득일별 취득원가, 지분율, 취득일 현재 을회사 순자산의 장부금액(공정가치와 동일)의 내용은 다음과 같다. 을회사 이익잉여금은 모두 당기순이익으로 인해 증가한 것이며 이익처분은 없었다. 갑회사는 20×2년 1월 1일에 을회사의 주식을 추가 취득함으로써 지배권을 획득하게 되었다.

	20×1년 1월 1일	20×2년 1월 1일	20×2년 12월 31일
자본금	₩500,000	₩500,000	₩500,000
이익잉여금	400,000	500,000	700,000
계	₩900,000	₩1,000,000	₩1,200,000
주식 취득원가	95,000	600,000	
취득지분율	10%	50%	

갑회사가 20×1년 1월 1일에 을회사 주식을 취득하면서 FVOCI 선택 금융자산으로 평가하여 왔을 경우 20×2년의 연결재무상태표상의 영업권은 얼마인가? 단, 20×1년 12월 31일 갑회사가 보유한 을회사 주식의 공정가치는 ₩100,000이고 이는 20×2년 초의 공정가치와 동일하다. 또한 영업권이 배분된 현금창출단위의 회수가능액은 장부금액 보다 많으며, 그 차이 중 지배기업 지분 해당액은 ₩5,000이다.

① ₩120,000 ② ₩110,000 ③ ₩105,000
④ ₩100,000 ⑤ ₩104,000

02 20×1년 1월 1일에 갑회사는 을회사 주식 60%를 ₩700,000에 취득하여 지배기업이 되었다. 이후 20×2년 1월 1일에 갑회사는 을회사의 비지배주주로부터 주식 20%를 ₩250,000에 추가로 취득하여 총지분율이 80%가 되었다. 을회사의 순자산 변동은 다음과 같으며 순자산의 장부금액과 공정가치는 동일하다. 을회사 이익잉여금은 모두 당기순이익으로 인해 증가한 것이며 이익처분은 없었다.

	20×1년 1월 1일	20×2년 1월 1일	20×2년 12월 31일
자 본 금	₩500,000	₩500,000	₩500,000
이 익 잉 여 금	500,000	700,000	1,000,000
계	₩1,000,000	₩1,200,000	₩1,500,000
주식 취득원가	700,000	250,000	
취 득 지 분 율	60%	20%	

갑회사와 을회사 간에 내부거래는 없다. 영업권이 배분된 현금창출단위의 20×1년 말 현재 회수가능액은 장부금액보다 ₩5,000 적으며, 20×2년 말 현재 회수가능액은 장부금액보다 많으며 그 차이 중 지배기업 지분 해당액은 ₩3,000이다. 20×2년 연결재무상태표에 계상될 영업권의 가액은 얼마인가?

① ₩90,000　　② ₩95,000　　③ ₩98,000
④ ₩80,000　　⑤ ₩96,000

03 갑회사는 20×1년 초에 을회사 주식 660주(60%)를 ₩990,000에 취득하여 지배기업이 되었다. 지배력 취득 당시 을회사 순자산의 장부금액과 공정가치는 동일하다. 다음은 을회사 순자산의 변동 내역이다.

자본금(1,100주)	₩1,100,000
자본잉여금	100,000
이익잉여금	300,000
20×1년 초 순자산	1,500,000
20×1년 당기순이익	100,000
20×1년 말 순자산	1,600,000
20×2년 초 유상감자(100주)	(200,000)
20×2년 당기순이익	80,000
20×2년 말 순자산	₩1,480,000

20×2년 초에 을회사가 유상감자를 하면서 갑회사 보유 주식만 100주를 감자하였다. 유상감자로 인하여 연결과정에서 갑회사가 자본잉여금에서 조정할 금액은 얼마인가?

① 없음　　② ₩80,000 감소　　③ ₩24,000 감소
④ ₩80,000 증가　　⑤ ₩24,000 증가

04 갑회사는 20×1년 초에 을회사의 지분 70%를 ₩78,000에 취득하여 지배력을 획득하였다. 을회사 순자산의 공정가치는 장부금액과 동일하며, 20×1년 초 순자산은 자본금 ₩70,000과 이익잉여금 ₩30,000이다. 갑회사는 20×2년 초에 을회사 보유 지분 중 7%를 ₩8,000처분하고 처분이익 ₩200을 인식하였다. 을회사 지분의 일부 처분 후 갑회사의 을회사에 대한 지분율은 63%이며, 여전히 을회사에 대한 지배력을 유지한다. 을회사의 20×1년과 20×2년 당기순이익은 각각 ₩5,000과 ₩8,000이며, 다른 자본거래는 발생하지 않았다. 20×2년 말에 갑회사가 을회사를 포함하여 연결재무제표를 작성할 때 비지배지분 잔액은 얼마인가?

① ₩41,810 ② ₩42,280 ③ ₩44,960
④ ₩45,200 ⑤ ₩75,710

05 ㈜대한은 20×1년 초에 ㈜민국의 보통주 80주(80%)를 ₩240,000에 취득하여 지배력을 획득하였다. 취득일 현재 ㈜민국의 순자산은 자본금 ₩150,000과 이익잉여금 ₩100,000이며, 식별가능한 자산과 부채의 장부금액과 공정가치는 일치하였다. 취득일 이후 20×2년까지 ㈜대한과 ㈜민국이 별도(개별)재무제표에 보고한 순자산변동(당기순이익)은 다음과 같으며, 이들 기업 간에 발생한 내부거래는 없다.

구분	20×1년	20×2년
㈜대한	₩80,000	₩120,000
㈜민국	20,000	30,000

20×3년 1월 1일에 ㈜대한은 보유중이던 ㈜민국의 보통주 50주(50%)를 ₩200,000에 처분하여 ㈜민국에 대한 지배력을 상실하였다. 남아있는 ㈜민국의 보통주 30주(30%)의 공정가치는 ₩120,000이며, ㈜대한은 이를 관계기업투자주식으로 분류하였다. ㈜민국에 대한 지배력 상실시점의 회계처리가 ㈜대한의 20×3년도 연결당기순이익에 미치는 영향은 얼마인가? 단, 20×3년 말 현재 ㈜대한은 다른 종속기업을 지배하고 있어 연결재무제표를 작성한다.

(CPA 2022)

① ₩10,000 감소 ② ₩10,000 증가 ③ ₩40,000 증가
④ ₩50,000 증가 ⑤ ₩80,000 증가

정답 및 해설

01 ④

<종속기업투자 매입 시>

(차) 종속기업투자	700,000	(대) 현금	600,000
		FVOCI 선택 금융자산	100,000

한편, 종속기업투자 취득 시 종속기업투자의 취득원가는 ₩700,000이다. 이에 대한 구성내역은 다음과 같다.

(1) 을회사 순자산공정가치	₩1,000,000×60% =	₩600,000
(2) 영업권		100,000
계		₩700,000

영업권이 배분된 현금창출단위의 회수가능액이 장부금액을 초과하므로 손상차손은 인식하지 않는다.

02 ②

취득 시 종속기업투자의 취득원가는 ₩700,000이다. 이에 대한 구성내역은 다음과 같다.

(1) 을회사 순자산공정가치	₩1,000,000×60% =	₩600,000
(2) 영업권		100,000
계		₩700,000

20×1년 말 영업권이 배분된 현금창출단위의 회수가능액이 장부금액보다 적고 그 중 갑회사 지분 해당액이 ₩5,000이므로 ₩5,000의 손상차손을 인식한다. 그러나 20×2년 말에는 영업권이 배분된 현금창출단위의 회수가능액이 장부금액을 초과하지만 영업권의 손상차손 환입은 인식하지 않는다.
또한 종속기업투자의 추가 취득으로 인한 지배기업의 소유지분 변동은 자본거래로 회계처리 하도록 규정되어 있으므로 20% 추가 취득으로 인한 영업권 등은 발생하지 않는다. 따라서 20×2년 말 영업권 잔액은 ₩100,000 − 5,000 = ₩95,000이다.

03 ⑤

감자 직전 을회사 순자산 중 갑회사 지분 = ₩1,600,000×60% = ₩960,000
감자 직후 을회사 순자산 중 갑회사 지분 = ₩1,400,000×56% = ₩784,000
유상감자로 인한 갑회사 지분 변동액 = ₩176,000 감소
유상감자 시 수령액 = ₩200,000
차액 = ₩200,000 − 176,000 = ₩24,000 자본잉여금 증가 조정

04 ①

20×2년 말 을회사 순자산 금액 = ₩70,000 + 30,000 + 5,000 + 8,000 = ₩113,000
20×2년 말 비지배지분 잔액 = ₩113,000×37% = ₩41,810

05 ③

지배력 상실 시점의 영업권(취득시점 영업권과 동일)
= ₩240,000 − 250,000×80% = ₩40,000
지배력 상실 시점의 비지배지분
= (₩200,000 + 20,000 + 30,000)×20% = ₩60,000

<기준서 제1110호 문단 B98에 기초한 지배력 상실 분개>

(차)	현금	200,000	(대)	순자산	300,000[(1)]
	비지배지분	60,000		영업권	40,000
	잔여지분	120,000		처분이익	40,000

(1) 취득일 현재 ㈜민국 순자산의 공정가치 + 취득일부터 지배력 상실일까지 ㈜민국의 순자산변동(당기순이익)
= ₩250,000 + 20,000 + 30,000 = ₩300,000

<별해>
제7장에서 지분법 회계처리를 배우고 나면, 다음과 같이 풀이할 수도 있다.

(1) 원가법으로 평가된 종속기업투자를 지분법으로 평가
연결관점에서 20×1년과 20×2년 ㈜민국의 당기순이익 ₩20,000과 ₩30,000이 지배기업 이익잉여금에 반영되어 있어야 한다. 따라서 종속기업투자 금액을 지분법으로 평가한 금액으로 조정한다.

(차)	종속기업투자	40,000	(대)	이익잉여금	40,000

* (₩20,000 + 30,000)×80% = ₩40,000

(2) 20×3년 초 처분 회계처리

(차)	현금	200,000	(대)	종속기업투자	280,000*
	관계기업투자	120,000**		처분이익	40,000

* ₩240,000 + 40,000 = ₩280,000
** 30주의 20×3년 초 공정가치 금액

연 / 습 / 문 / 제 - 주관식 문제

01 종속기업 지분의 단계적 취득

갑회사는 을회사 발행 주식을 다음과 같이 단계적으로 취득하여 20×2년 초에 지배기업이 되었다.

을회사 주식 취득일	취득 지분율	취득원가
20×1. 1. 1.	30%	₩36,000
20×2. 1. 1.	50%	80,000

한편, 을회사 순자산의 장부금액(공정가치와 동일) 변동은 다음과 같다.

	자본금	₩70,000
	이익잉여금	30,000
20×1. 1. 1.	순자산 장부금액	100,000
20×1	당기순이익	30,000
20×1. 12. 31.	순자산 장부금액	130,000
20×2	당기순이익	25,000
20×2. 12. 31.	순자산 장부금액	₩155,000

물음

20×2년 말에 연결재무제표를 작성할 경우 해야 할 연결조정분개를 하라. 단, 갑회사는 20×1년 초에 취득한 을회사 주식을 지분법으로 평가하였으며, 20×2년 초 현재 동 주식의 장부금액과 공정가치는 각각 ₩45,000과 ₩48,000이다. 또한 20×2년 말 현재 영업권이 배분된 현금창출단위의 회수가능액은 장부금액보다 적으며, 그 차이 중 지배기업 지분 해당액은 ₩4,000이다.

해답

<20×2년 초 지배기업 개별장부 조정분개>

(차) 종 속 기 업 투 자	48,000[(1)]	(대) 평가이익(당기손익)	3,000[(1)]
		관 계 기 업 투 자	45,000

(1) 지배력 취득일에 지배기업의 개별 장부에 이미 보유하고 있던 관계기업투자의 장부금액을 ₩45,000에서 ₩48,000으로 조정하면서 ₩3,000의 평가이익을 당기손익으로 인식하고 이를 모두 종속기업투자로 대체한다.

<20×2년 말 연결조정분개>

① 종속기업투자와 지배력 취득시점의 종속기업 자본의 상계제거

(차) 자 본 금	70,000	(대) 종 속 기 업 투 자	128,000(2)
이 익 잉 여 금	60,000	비 지 배 지 분	26,000(3)
영 업 권	24,000(4)		

(2) 종속기업 자본과 상계할 종속기업투자 금액은 ₩48,000과 추가지분 취득원가 ₩80,000의 합계 금액인 ₩128,000 이다.

(3) ₩130,000(20×2년 초 을회사 순자산의 FV)×20%=₩26,000

(4) 대차 일치 금액이며, 다음과 같이 일괄법을 적용하여 계산할 수 있다.
일괄법 적용 영업권=₩128,000-130,000×80%=₩24,000

② 영업권의 손상차손 인식

(차) 손 상 차 손	4,000	(대) 영 업 권	4,000

③ 당기순이익으로 인한 순자산 변동 중 비지배지분 해당액

(차) 이 익 잉 여 금	5,000	(대) 비 지 배 지 분	5,000(5)

(5) ₩25,000(20×2년 당기순이익)×20%=₩5,000

02 종속기업 취득 후 추가지분 취득

갑회사는 을회사 발행 주식을 다음과 같이 취득하였으며, 을회사에 대한 지배력은 20×1년 초부터 소유하였다.

을회사 주식 취득일	취득 지분율	취득원가
20×1. 1. 1.	60%	₩65,000
20×2. 1. 1.	20%	26,000

한편, 을회사 순자산의 장부금액(공정가치와 동일) 변동은 다음과 같다.

	자본금	₩70,000
	이익잉여금	30,000
20×1. 1. 1.	순자산 장부금액	100,000
20×1	당기순이익	20,000
20×1. 12. 31.	순자산 장부금액	120,000
20×2	당기순이익	25,000
20×2. 12. 31.	순자산 장부금액	₩145,000

물음

20×2년 말에 연결재무제표를 작성할 경우 해야 할 연결조정분개를 하라.

해답

<20×2년 말 연결조정분개>

① 종속기업투자와 지배력 취득시점의 종속기업 자본의 상계제거

(차)	자 본 금	70,000	(대) 종 속 기 업 투 자	65,000
	이 익 잉 여 금	30,000	비 지 배 지 분	40,000
	영 업 권	5,000		

② 지배력 취득시점부터 당기 초까지 종속기업 순자산 변동 중 비지배지분 해당액

(차)	이 익 잉 여 금	8,000	(대) 비 지 배 지 분	8,000(1)

(1) ₩20,000×40% = ₩8,000

③ 당기 초 종속기업투자 추가 취득에 대한 조정

(차)	비 지 배 지 분	24,000(2)	(대) 종 속 기 업 투 자	26,000
	자 본 잉 여 금	2,000(2)		

(2) 20×2년 초 현재 비지배지분 잔액은 ₩48,000(40%)이나, 지배기업이 종속기업 지분 20%를 추가 취득함으로써 비지배지분율은 20%로 하락한다. 이때 비지배지분 감소액과 종속기업투자의 추가 취득원가의 차이를 영업권으로 인식하지 않고 자본잉여금에서 조정한다.
비지배지분 감소액 = ₩48,000(추가 취득 직전 비지배지분)×(20%/40%) = ₩24,000
종속기업의 자본금 규모가 변동되지 않는 상태에서 지배기업의 지분이 변동되는 것은 지배기업과 비지배주주 간에 주식 매매거래가 발생하였기 때문이므로 지분변동액을 비지배지분에서 조정한다.

④ 당기순이익으로 인한 순자산 변동 중 비지배지분 해당액

(차)	이 익 잉 여 금	5,000	(대) 비 지 배 지 분	5,000(3)

(3) ₩25,000(을회사 당기순이익)×20% = ₩5,000

위의 20×2년도 연결조정분개에 기초하여 20×2년 말 연결재무제표상 비지배지분 잔액을 계산하면 ₩29,000인데, 이는 다음과 같이 직접 계산할 수 있다.

20×2년 말 비지배지분 = ₩145,000(20×2년 말 을회사 순자산의 공정가치)×20%
= ₩29,000

03 종속기업 주식의 일부 매각, 지배력 유지

갑회사는 20×1년 초에 을회사의 발행주식 800주 중 640주(80%)를 ₩480,000에 취득하여 지배기업이 되었다. 20×1년 초 현재 을회사 순자산의 장부금액은 ₩500,000(자본금 ₩400,000, 이익잉여금 ₩100,000)이며 공정가치와 동일하다. 을회사의 20×1년 당기순이익은 ₩100,000이며, 배당금 지급을 포함한 자본거래는 발생하지 않았다.
갑회사는 20×2년 초에 을회사 주식 160주를 ₩125,000에 매각하였다. 을회사 주식을 매각한 후 갑회사의 을회사에 대한 지분율이 60%로 감소하였으나 을회사에 대한 지배력을 계속 유지한다. 을회사의 20×2년 당기순이익은 ₩150,000이며, 배당금 지급을 포함한 자본거래는 발생하지 않았다.

물음

20×2년 말에 갑회사가 연결재무제표를 작성할 때 해야 할 연결조정분개를 하라.

해답

<20×2년 말 연결조정분개>

① 종속기업투자와 지배력 취득시점의 종속기업 자본의 상계제거

(차)	자본금	400,000	(대) 종속기업투자	480,000
	이익잉여금	100,000	비지배지분	100,000
	영업권	80,000		

② 지배력 취득시점부터 당기 초까지 종속기업의 순자산 변동 중 비지배지분 해당액

(차)	이익잉여금	20,000	(대) 비지배지분	20,000(1)

(1) ₩100,000(20×1년 당기순이익)×20%＝₩20,000

③ 종속기업 지분 매각 시 비지배지분 조정

(차)	종속기업투자	120,000(2)	(대) 비지배지분	120,000(3)
(차)	처분이익	5,000	(대) 자본잉여금	5,000(4)

(2) 종속기업투자 매각 시 종속기업투자의 장부금액 중 ₩120,000(₩480,000×20%/80%)이 감소되었을 것인데, 연결조정분개 ①에서 종속기업투자 매각 전의 금액을 이미 제거하였으므로 매각한 종속기업투자 금액을 환원시키는 것이다.
(3) 종속기업투자 매각으로 비지배지분이 20%에서 40%로 증가하였으므로 비지배지분 금액을 조정한다.
₩600,000(20×2년 초 을회사 순자산 공정가치)×(40%－20%)＝₩120,000
대차 일치 금액이 필요하지 않으므로 자본잉여금으로 조정할 금액은 없다.
(4) 갑회사 별도재무제표에 인식된 처분이익(₩125,000－120,000)을 자본잉여금으로 대체한다.

④ 당기순이익으로 인한 순자산 변동 중 비지배지분 해당액

(차)	이익잉여금	60,000	(대) 비지배지분	60,000(5)

(5) ₩150,000(20×2년 당기순이익)×40%＝₩60,000

04 지배기업의 지분율 변동, 지배력 유지

P회사는 S회사의 주식을 다음과 같이 취득 및 매각하였다. P회사는 20×2년 초의 주식 취득으로 인하여 S회사의 지배기업이 되었으며, 20×3년 초 S회사 주식을 매각한 후에도 지배력은 계속 유지된다.

S회사 주식 거래일	누적 지분율	취득원가	매각대가
20×1. 1. 1.	10%	₩70,000	–
20×2. 1. 1.	80%	550,000	–
20×3. 1. 1.	70%	–	₩80,000

지배력 획득일 현재 S회사의 순자산 장부금액과 공정가치가 차이가 나는 항목은 다음과 같다.

항목	장부금액	공정가치	비고
토 지	₩100,000	₩120,000	20×3년 말까지 계속보유
재고자산	80,000	90,000	20×2년 중에 80% 판매, 20×3년 중에 20% 판매

한편, S회사 순자산의 장부금액 변동은 다음과 같다.

	자본금	₩300,000
	이익잉여금	370,000
20×1. 1. 1.	순자산 장부금액	670,000
20×1	당기순이익	30,000
20×1. 12. 31.	순자산 장부금액	700,000
20×2	당기순이익	40,000
20×2. 12. 31.	순자산 장부금액	740,000
20×3	당기순이익	50,000
20×3. 12. 31.	순자산 장부금액	₩790,000

물음

1. 20×2년 말에 연결재무제표를 작성하는 경우 해야 할 연결조정분개를 하라. 단, P회사는 20×1년 초 취득한 S회사 주식을 원가법으로 평가하였으며, 20×2년 초 현재 동 주식의 공정가치는 ₩75,000이다. 그리고 비지배지분은 종속기업 순자산의 공정가치에 비례하여 결정한다.
2. 20×3년 말에 연결재무제표를 작성할 경우 해야 할 연결조정분개를 하라. 단, 주식 매각 시 인식한 처분이익은 ₩1,875이다.

3. 만일 주식매각 후 지배력을 상실한 경우 20×3년 초 P회사가 해야 할 회계처리를 하라. 단, 20×3년 초 현재 P회사가 보유한 S회사의 잔여 종속기업투자의 공정가치는 ₩550,000이며 FVPL금융자산으로 분류하였다.

해답

물음 1

<20×2년 말 지배기업 개별 장부 조정분개>

(차)	종속기업투자	5,000	(대) 평가이익(당기손익)	5,000

<20×2년 말 연결조정분개>

① 종속기업투자와 지배력 취득시점의 종속기업 자본의 상계제거

(차)	자본금	300,000	(대) 종속기업투자	625,000(1)
	이익잉여금	400,000	비지배지분	146,000(2)
	토지	20,000		
	재고자산	10,000		
	영업권	41,000(3)		

(1) 지배력 취득일에 지배기업의 개별 장부에 이미 보유하고 있던 종속기업투자의 장부금액을 ₩70,000에서 ₩75,000으로 조정하면서 ₩5,000의 평가이익을 당기손익으로 인식하여야 한다. 따라서 종속기업 자본과 상계할 종속기업투자 금액은 ₩75,000과 추가지분 취득원가 ₩550,000의 합계 금액이다.

(2) ₩730,000(20×2년 초 S회사 순자산의 공정가치)×20% = ₩146,000

(3) 대차 일치 금액이며, 다음과 같이 일괄법을 적용하여 계산할 수 있다.
일괄법 적용 영업권 = (₩550,000 + 75,000) − 730,000×80% = ₩41,000

② 종속기업 자산의 공정가치와 장부금액 차이의 조정

(차)	매출원가	8,000	(대) 재고자산	8,000

③ 당기순이익으로 인한 순자산 변동 중 비지배지분 해당액

(차)	이익잉여금	6,400	(대) 비지배지분	6,400(4)

(4) {₩40,000(20×2년 당기순이익) − 8,000(매출원가)}×20% = ₩6,400

물음 2

<20×3년 말 연결조정분개>

① 종속기업투자와 지배력 취득시점의 종속기업 자본의 상계제거

(차)	자본금	300,000	(대) 종속기업투자	625,000
	이익잉여금	400,000	비지배지분	146,000
	토지	20,000		
	재고자산	10,000		
	영업권	41,000		

② 지배력 취득시점부터 당기 초까지 종속기업의 순자산 변동 중 비지배지분 해당액

(차) 이 익 잉 여 금	6,400	(대) 비 지 배 지 분	6,400(1)

(1) (₩40,000 − 8,000)×20% = ₩6,400

③ 종속기업 자산의 공정가치와 장부금액 차이의 조정

(차) 이 익 잉 여 금	8,000	(대) 재 고 자 산	10,000(2)
매 출 원 가	2,000		

(2) 20×2년도 조정분 ₩8,000(₩10,000×80%)과 20×3년도 조정분 ₩2,000(₩10,000×20%)

④ 종속기업 지분 매각 시 비지배지분 조정

(차) 종 속 기 업 투 자	78,125(3)	(대) 비 지 배 지 분	76,200(4)
		자 본 잉 여 금	1,925(5)
(차) 종속기업투자처분이익	1,875	(대) 자 본 잉 여 금	1,875(6)

(3) 종속기업투자 매각 시 종속기업투자의 장부금액 중 ₩78,125(₩625,000×10%/80%)이 감소되었을 것인데, 연결조정분개 ①에서 종속기업투자 매각 전의 금액을 이미 제거하였으므로 매각한 종속기업투자 금액을 환원시키는 것이다.
(4) 종속기업투자 매각으로 비지배지분이 20%에서 30%로 증가하였으므로 비지배지분 금액을 조정한다.
20×3년 초 S회사 순자산의 공정가치
= ₩740,000 + 20,000(토지 장부금액과 공정가치 차이)
+ 2,000(재고자산 장부금액과 공정가치 차이. ₩8,000은 전기말 소멸)
= ₩762,000
비지배지분 변동액 = ₩762,000×(30% − 20%) = ₩76,200
(5) 대차 일치 금액을 자본잉여금에서 조정한다.
(6) P회사의 별도재무제표에 인식된 종속기업투자처분이익을 자본잉여금으로 대체한다.

⑤ 당기순이익으로 인한 순자산 변동 중 비지배지분 해당액

(차) 이 익 잉 여 금	14,400	(대) 비 지 배 지 분	14,400(7)

(7) {₩50,000(20×3년 당기순이익) − 2,000(매출원가)}×30% = ₩14,400

위의 연결조정분개의 비지배지분 잔액은 ₩243,000인데, 이 금액은 20×3년 말 S회사 순자산의 공정가치 ₩810,000(순자산 장부금액 ₩790,000 + 토지 ₩20,000)에 30%를 곱한 금액과 일치함을 알 수 있다.

물음 3

<20×3년 초>

(차) 현 금	80,000	(대) 종 속 기 업 투 자	78,125(1)
		처분이익(당기손익)	1,875
(차) FVPL 금융자산	550,000	(대) 종 속 기 업 투 자	546,875(2)
		처분이익(당기손익)	3,125(3)

(1) ₩625,000×10%/80% = ₩78,125
(2) ₩625,000×70%/80% = ₩546,875
(3) 지배기업이 종속기업에 대한 지배력을 상실한 경우 이전의 종속기업에 대한 투자가 있다면 그 투자를 지배력을 상실한 날의 공정가치로 인식한다. 또한 FVPL금융자산의 장부금액과 공정가치의 차이는 당기손익으로 처리한다. 잔여 종속기업투자를 FVOCI 선택 금융자산으로 분류하더라도 결과는 동일하다.

05 종속기업 주식의 매각, 지배력 상실

갑회사는 20×1년 초에 을회사의 의결권 있는 주식 60%를 ₩70,000에 취득하여 지배기업이 되었다. 20×1년 초 현재 을회사 순자산의 장부금액은 ₩100,000이며 공정가치와 동일하다. 을회사의 20×1년 당기순이익은 ₩6,000이며, 배당금 지급을 포함한 자본거래는 발생하지 않았다.

물음

1. 20×2년 초에 갑회사는 보유하고 있던 을회사 지분 전체를 ₩80,000에 매각하여 지배력을 상실하였다. 20×2년 갑회사 재무제표에 포함될 지배력 상실과 관련 손익을 계산하라.
2. (물음 1)과 관계없이 20×2년 초에 갑회사가 보유하고 있는 을회사 지분 중 1/2을 ₩40,000에 매각하여 지배력을 상실하였고 가정하고 다시 답하라. 단, 잔여지분(30%)의 공정가치는 ₩39,000이다.
3. 위의 물음과 관계없이 20×2년 6월 30일에 갑회사는 보유하고 있던 을회사 지분 전체를 ₩80,000에 매각하여 지배력을 상실하였다. 20×2년 갑회사 재무제표에 포함될 지배력 상실과 관련 손익을 계산하라. 단, 20×2년 반기 동안 을회사에서 발생한 수익과 비용은 각각 ₩5,000과 ₩3,500이다.

해답

물음 1

지배력 상실 시점에서 인식할 손익(기준서 제1110호 문단 B98)
=수취한 대가의 공정가치－{종속기업 자산(영업권 포함)－부채－비지배지분}

20×2년 초 영업권(취득시점 영업권)=₩70,000－100,000×60%=₩10,000
20×2년 초 비지배지분=(₩100,000+6,000)×40%=₩42,400
지배력 상실 시점에서 인식할 손익=₩80,000－{106,000(을회사 순자산)+10,000(영업권)
－42,400(비지배지분)}
=₩6,400(처분이익)

물음 2

지배력 상실 시점에서 인식할 손익(기준서 제1110호 문단 B98)
=수취한 대가의 공정가치－{종속기업 자산(영업권 포함)－부채－비지배지분－잔여지분 공정가치}

지배력 상실 시점에서 인식할 손익=₩40,000－{106,000(을회사 순자산)+10,000(영업권)
－42,400(비지배지분)－39,000(잔여지분 공정가치)}
=₩5,400(처분이익)

물음 3

20×2년 6월 말 영업권(취득시점 영업권) = ₩70,000 − 100,000×60% = ₩10,000

20×2년 6월 말 비지배지분 = (₩100,000 + 6,000 + 5,000 − 3,500)×40% = ₩43,000

지배력 상실 시점에서 인식할 손익(기준서 제1110호 문단 B98)

= 수취한 대가의 공정가치 − {종속기업 자산(영업권 포함) − 부채 − 비지배지분}

지배력 상실 시점에서 인식할 손익 = ₩80,000 − {107,500(을회사 순자산) + 10,000(영업권)

− 43,000(비지배지분)}

= ₩5,500(처분이익)

06 종속기업의 유상증자

P회사는 20×1년 초에 S회사의 의결권 있는 주식 700주(70%)를 ₩900,000에 취득하여 지배기업이 되었다. 취득일 현재 S회사의 다음 자산을 제외한 모든 자산과 부채의 장부금액과 공정가치는 일치하였다.

항목	장부금액	공정가치	비 고
건 물	₩80,000	₩95,000	잔존내용연수 5년, 잔존가치 없이 정액법 상각
재고자산	55,000	60,000	20×1년 중에 80% 판매, 20×2년 중에 20% 판매

S회사의 자본 항목의 변동은 다음과 같다. S회사는 20×2년 초에 300주를 유상증자하였으며, 주당 발행가액은 ₩800(액면금액 ₩500)이다.

	자본금	₩500,000
	자본잉여금	300,000
	이익잉여금	400,000
20×1. 1. 1.	순자산 장부금액	1,200,000
20×1	당기순이익	50,000
20×1. 12. 31.	순자산 장부금액	1,250,000
20×2. 1. 1.	유상증자(300주)	240,000
20×2	당기순이익	110,000
20×2. 12. 31.	순자산 장부금액	₩1,600,000

물음

1. 20×1년 초에 P회사가 S회사의 지배력을 취득한 즉시 연결재무제표를 작성할 때 필요한 연결조정분개를 하라. 단, 비지배지분은 종속기업 순자산의 공정가치에 기초하여 결정한다.
2. S회사의 유상증자 시 P회사가 275주를 인수하였을 때 20×2년 말에 연결재무제표를 작성 시 필요한 연결조정분개를 하라.
3. S회사의 유상증자 시 P회사가 145주를 인수하였을 때 20×2년 말에 연결재무제표를 작성 시 필요한 연결조정분개를 하라.
4. 275주 인수 시와 145주 인수 시 20×2년 말 비지배지분 잔액을 구하라.

해답

물음 1

<20×1년 초 연결조정분개>

(차)	자본금	500,000	(대)	종속기업투자	900,000
	자본잉여금	300,000		비지배지분	366,000(1)
	이익잉여금	400,000			
	건물	15,000			
	재고자산	5,000			
	영업권	46,000			

(1) ₩1,220,000(20×1년 초 S회사 순자산의 공정가치)×30%＝₩366,000

물음 2

<유상증자 시 발생한 차액 계산>

유상증자 직전 S회사 순자산의 공정가치×P회사 지분율

＝{₩1,250,000＋12,000(건물)＋1,000(재고자산)}×70%

＝₩884,100

유상증자 직후 S회사 순자산의 공정가치×P회사 지분율

＝(₩1,263,000＋240,000)×75%(975주/1,300주)

＝₩1,127,250

유상증자로 인한 지분변동액

＝₩1,127,250－884,100＝₩243,150

유상증자 시 발생한 차액

＝275주×₩800(유상증자 납입금액)－243,150(지분변동액)

＝₩(23,150)(자본잉여금의 증가로 조정)

<유상증자 시 비지배지분 변동 계산>
증자 직전 비지배지분 잔액
=(₩1,250,000+12,000+1,000)×30%=₩378,900
증자 직후 비지배지분 잔액
=(₩1,250,000+12,000+1,000+240,000)×25%
=₩375,750
증자로 인한 비지배지분 감소=₩3,150

<20×2년 말 연결조정분개>
① 종속기업투자와 지배력 취득시점의 종속기업 자본의 상계제거

(차)	자본금	500,000	(대) 종속기업투자	900,000
	자본잉여금	300,000	비지배지분	366,000
	이익잉여금	400,000		
	건물	15,000		
	재고자산	5,000		
	영업권	46,000		

② 지배력 취득시점부터 당기 초까지 종속기업의 순자산 변동 중 비지배지분 해당액

(차)	이익잉여금	12,900	(대) 비지배지분	12,900[(1)]

(1) (₩50,000−3,000−4,000)×30%=₩12,900

③ 종속기업 자산의 공정가치와 장부금액 차이의 조정

(차)	이익잉여금	3,000	(대) 감가상각누계액	6,000[(2)]
	감가상각비	3,000		

(2) ₩15,000÷5년×2(20×1년과 20×2년 상각)=₩6,000

(차)	이익잉여금	4,000	(대) 재고자산	5,000[(3)]
	매출원가	1,000		

(3) 20×1년도 조정분 ₩4,000(=₩5,000×80%)과 20×2년도 조정분 ₩1,000(=₩5,000×20%)

④ 당기 유상증자 시 취득한 종속기업투자와 종속기업 자본의 상계제거

(차)	자본금	150,000	(대) 종속기업투자	220,000
	자본잉여금	90,000	자본잉여금	23,150[(4)]
	비지배지분	3,150[(5)]		

(4) 유상증자 시 발생한 차익 계산 참조
(5) 유상증자 시 비지배지분 변동 계산 참조

⑤ 당기순이익으로 인한 순자산 변동 중 비지배지분 해당액

(차)	이 익 잉 여 금	26,500	(대) 비 지 배 지 분	26,500[(6)]

(6) {₩110,000(20×2년 당기순이익) − 3,000(감가상각비) − 1,000(매출원가)} × 25% = ₩26,500

물음 3

<유상증자 시 발생한 차액 계산>

유상증자 직전 S회사 순자산의 공정가치×P회사 지분율

= {₩1,250,000 + 12,000(건물) + 1,000(재고자산)} × 70% = ₩884,100

유상증자 직후 S회사 순자산의 공정가치×P회사 지분율

= (₩1,263,000 + 240,000) × 65%(845주/1,300주) = ₩976,950

유상증자로 인한 지분변동액

= ₩976,950 − 884,100 = ₩92,850

유상증자 시 발생한 차액

= 145주 × ₩800(유상증자 납입금액) − 92,850(지분변동액)

= ₩23,150(자본잉여금의 감소로 조정)

<유상증자 시 비지배지분 변동 계산>

증자직전 비지배지분 잔액

= (₩1,250,000 + 12,000 + 1,000) × 30% = ₩378,900

증자직후 비지배지분 잔액

= (₩1,250,000 + 12,000 + 1,000 + 240,000) × 35% = ₩526,050

증자로 인한 비지배지분 증가 = ₩147,150

<20×2년 말 연결조정분개>

① 종속기업투자와 지배력 취득시점의 종속기업 자본의 상계제거

(차)	자 본 금	500,000	(대) 종 속 기 업 투 자	900,000
	자 본 잉 여 금	300,000	비 지 배 지 분	366,000
	이 익 잉 여 금	400,000		
	건 물	15,000		
	재 고 자 산	5,000		
	영 업 권	46,000		

② 지배력 취득시점부터 당기 초까지 종속기업의 순자산 변동 중 비지배지분 해당액

(차)	이 익 잉 여 금	12,900	(대) 비 지 배 지 분	12,900[(1)]

(1) (₩50,000 − 3,000 − 4,000) × 30% = ₩12,900

③ 종속기업 자산의 공정가치와 장부금액 차이의 조정

(차)	이 익 잉 여 금	3,000	(대) 감가상각누계액	6,000
	감 가 상 각 비	3,000		

(차)	이 익 잉 여 금	4,000	(대) 재 고 자 산	5,000
	매 출 원 가	1,000		

④ 당기 유상증자 시 취득한 종속기업투자와 종속기업 자본의 상계제거

(차)	자 본 금	150,000	(대) 종속기업투자	116,000
	자 본 잉 여 금	90,000	비 지 배 지 분	147,150(3)
	자 본 잉 여 금	23,150(2)		

(2) 유상증자 시 발생한 차액 계산 참조
(3) 유상증자 시 비지배지분 변동 계산 참조

⑤ 당기순이익으로 인한 순자산 변동 중 비지배지분 해당액

(차)	이 익 잉 여 금	37,100	(대) 비 지 배 지 분	37,100(4)

(4) {₩110,000(20×2년 당기순이익) − 3,000(감가상각비) − 1,000(매출원가)}×35% = ₩37,100

물음 4

20×2년 말 S회사 순자산의 공정가치
= ₩1,600,000(순자산의 장부금액) + 9,000(건물)
= ₩1,609,000
비지배지분(275주 인수 시)
= S회사 순자산의 공정가치×25%
= ₩1,609,000×25%
= ₩402,250
비지배지분(145주 인수 시)
= ₩1,609,000×35%
= ₩563,150

연결의 기타 사항

본장의 내용

본장은 연결재무제표의 마지막 장으로서 앞에서 다루지 않았던 여러 가지 연결과 관련된 사항을 설명한다. 지금까지 다루었던 지배·종속관계는 지배기업이 종속기업을 직접 지배하는 경우였다. 그러나 단순한 직접지배 이외에 다양한 지배·종속관계가 있을 수 있다. 본장에서는 부-자-손자형 지배·종속관계, 종속기업을 통한 간접지배, 순환지배, 지배기업과 종속기업 간의 상호소유 등에 대한 연결재무제표의 작성 과정을 설명한다.

또한 연결재무제표 작성 과정에서 이연법인세의 효과를 어떻게 인식하는지, 연결 기본주당이익과 희석주당이익은 어떻게 계산하는지, 그리고 연결현금흐름표는 중급회계에서 다루었던 개별현금흐름표와 어떤 차이가 있는지도 설명한다.

종속기업이 보통주뿐만 아니라 우선주도 발행하였다면 종속기업의 자본을 보통주주지분과 우선주주지분으로 구분한 후 연결재무제표를 작성해야 하는데, 보론에서 연결 절차를 설명한다. 그리고 해외종속기업의 연결은 기능통화 재무제표를 표시통화 재무제표로 환산하는 절차가 필요한데, 재무제표 환산 후 연결을 비롯하여 환율변동효과의 전반적인 회계처리는 제8장에서 설명한다. 본장에서 기준서의 내용을 언급할 때 괄호 안에 사용하는 숫자는 기준서 번호와 문단 번호를 의미한다. 예를 들어 (1110:29)는 기준서 제1110호, 문단 29를 의미한다.

1 다양한 지배·종속 관계에서의 연결[1)]

제5장까지 설명한 연결재무제표는 지배기업이 하나의 종속기업만 지배하고 있는 경우를 가정하였다. 그러나 지배기업이 종속기업을 두 개 이상 소유하는 경우도 있고, 종속기업을 통해서 다른 종속기업을 간접 지배하는 경우도 있다. 지배기업이 둘 이상의 종속기업을 지배하더라도 모든 종속기업을 직접 지배한다면 각각의 종속기업에 대해서 연결조정절차를 적용하면 된다.

제5장까지 설명했던 지배·종속 관계는 지배기업이 하나의 종속기업을 지배하는 것이었으므로 [그림 1]의 단일 종속기업의 상황에 해당한다. 어떤 경우에는 A회사가 B회사, C회사 및 D회사를 모두 직접 지배할 수도 있는데, 이와 같은 경우에도 A회사와 B회사의 연결조정분개, A회사와 C회사의 연결조정분개, 그리고 A회사와 D회사의 연결조정분개를 각각 하면 되므로 단일 종속기업의 연결과정과 다르지 않다.

| 그림 1 | 직접지배

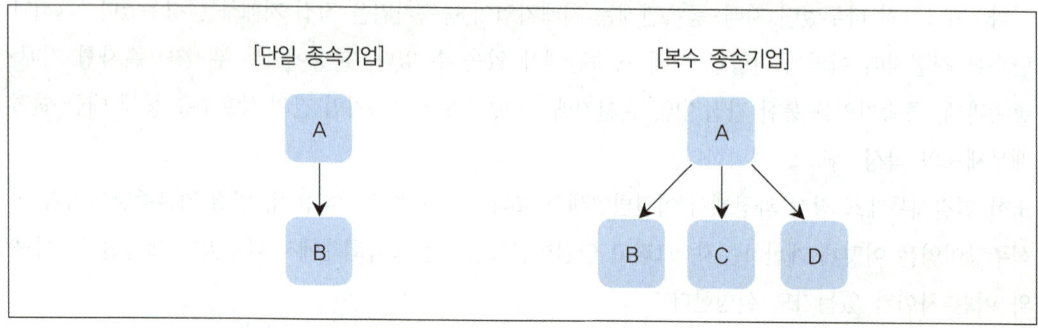

지배기업의 종속기업에 대한 지배는 직접지배 이외에도 [그림 2]에서 보는 바와 같이 간접지배, 상호소유, 순환지배 등 다양한 지배·종속 관계가 있을 수 있다. 본절에서는 [그림 2]의 A회사 입장에서 어떻게 연결재무제표를 작성하는지 설명한다. 제2장 4절에서 설명한 바와 같이 중간 지배기업도 연결 면제조건을 충족하지 않으면 연결재무제표를 작성해야 하므로 중간 지배기업에 해당하는 B회사([그림 2]의 상호소유 제외)도 자신의 종속기업을 포함하여 연결재무제표를 작성해야 한다. 다만, 중간 지배기업의 연결재무제표 작성 과정은 제3장부터 제5장까지 설명한 연결재무제표의 작성 과정을 적용하면 되므로 본장에서 별도로 설명하지는 않는다.

---

1) 간접지배나 상호소유 등의 지배·종속 관계가 있는 경우 연결재무제표 작성에 대해서 기준서 제1110호에 명시적 규정이 없다. 따라서 본서의 설명은 「일반기업회계기준」을 참고하였다.

| 그림 2 | 다양한 지배·종속 관계

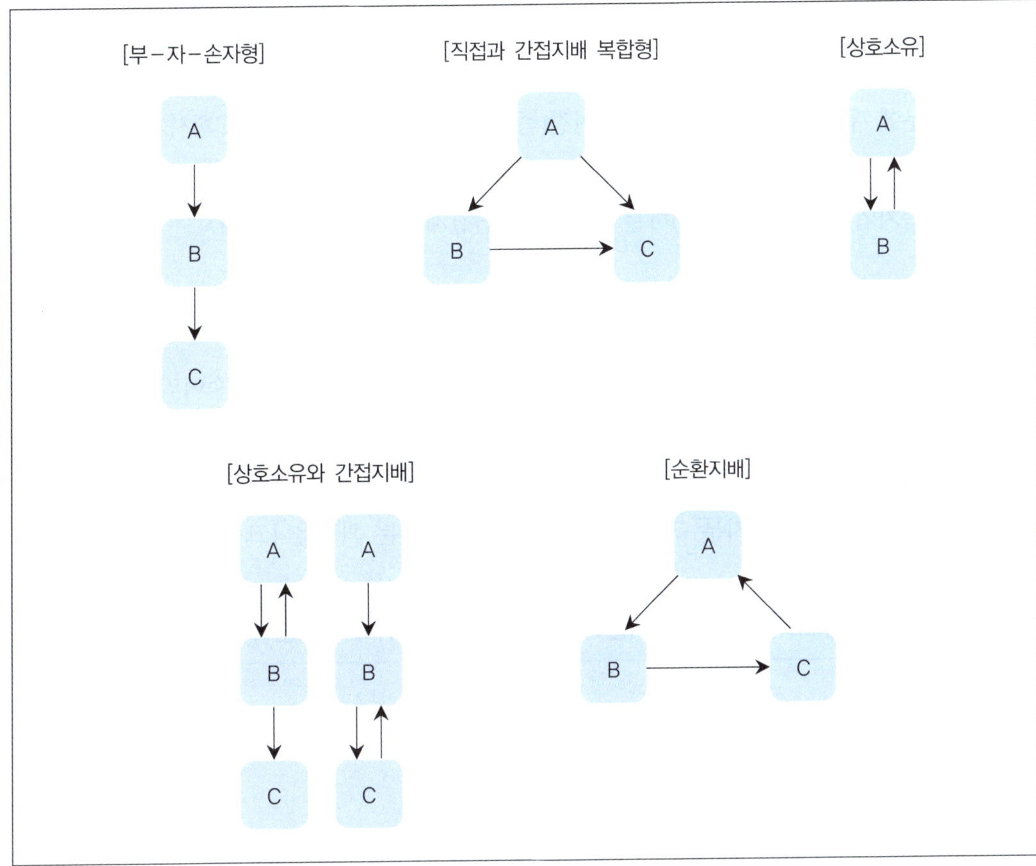

1.1 부-자-손자형 지배·종속 관계의 연결

[그림 3]은 A회사가 B회사의 지분 80%를 소유하고, B회사가 C회사의 지분 60%를 소유하는 부-자-손자형의 지배·종속 관계를 보여주고 있다. 이때 최상위 지배기업인 A회사는 B회사를 직접지배할 뿐만 아니라 종속기업인 B회사를 통하여 C회사를 간접지배한다.

| 그림 3 | 간접지배

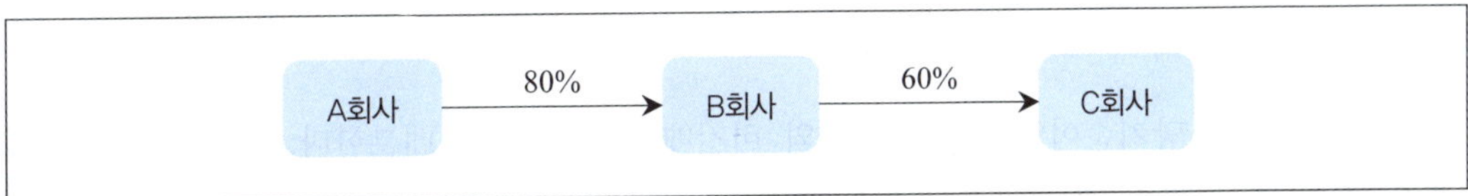

[그림 3]과 같은 부-자-손자형 지배·종속 관계에서 연결재무제표를 작성할 경우 연결조정 분개는 지금까지 설명했던 종속기업이 하나인 직접지배의 경우와 기본적으로 동일하다. 지배기업(A회사)은 종속기업(B회사)을 직접 지배할 뿐만 아니라 다른 종속기업(C회사)을 간접 지배하기 때문에 우선 B회사와 C회사를 연결(즉, B회사가 지배기업이고 C회사가 종속기업인 것처럼 연결)한 후, A회사와 B회사를 연결(즉, A회사가 지배기업이고 B회사와 C회사를 합친 실체가 종속기업인 것처럼 연결)하는 방식으로 연결재무제표를 작성한다.

(1) 지배기업 소유주와 비지배지분 귀속 당기순이익의 결정

[그림 3]의 지배·종속 관계에서 A회사, B회사 및 C회사의 개별 당기순이익이 각각 ₩A, ₩B, 및 ₩C이고 내부거래는 없으며, 지배력 취득일 현재 종속기업 순자산의 장부금액과 공정가치는 일치하고, 영업권 손상차손이나 염가매수차익은 없다고 가정할 때, 지배기업 소유주 귀속 당기순이익과 비지배지분 귀속 당기순이익이 도출되는 과정을 [그림 4]에 제시하였다.

| 그림 4 | 지배기업 소유주 귀속 당기순이익과 비지배지분 귀속 당기순이익의 도출 과정

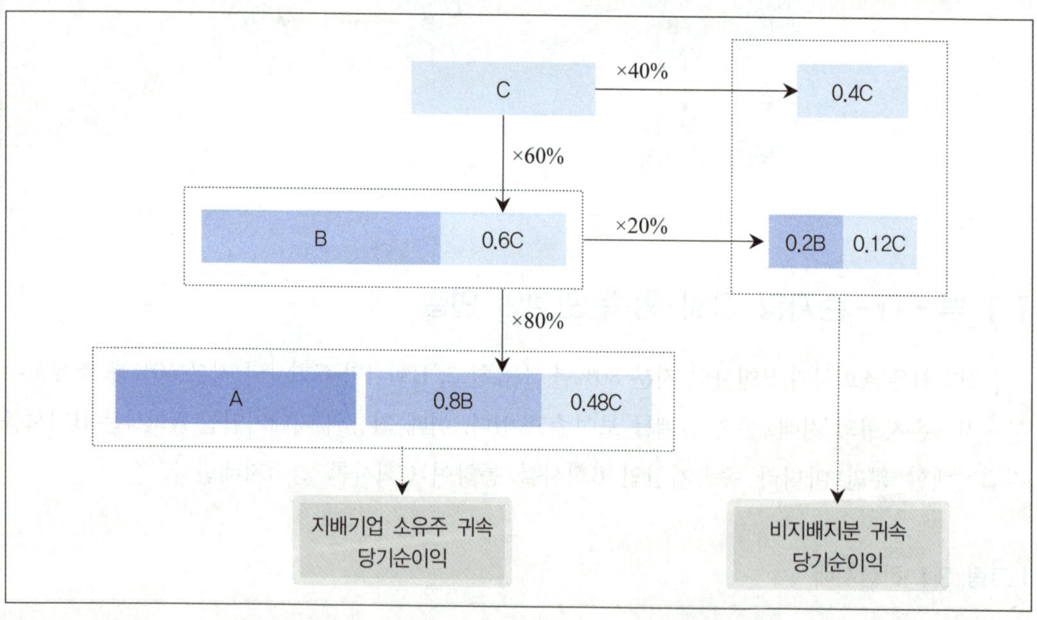

우선 C회사의 당기순이익(C)을 B회사와 비지배지분에 6:4로 배분한다. 그 결과 B회사의 조정 후 당기순이익은 'B+0.6C'가 되는데, 이 금액을 A회사와 비지배지분에 8:2로 배분한다. 이렇게 배분한 결과 연결당기순이익 'A+B+C'는 다음과 같이 지배기업 소유주와 비지배지분에 귀속된다.

지배기업 소유주 귀속 당기순이익		A+0.8B+0.48C
비지배지분 귀속 당기순이익	0.4C+0.2B+0.12C=	0.2B+0.52C
연결당기순이익		A+B+C

결국 B회사 당기순이익 중 80%와 C회사 당기순이익 중 48%(즉, 60%×80%)가 A회사 당기순이익과 합쳐지므로 지배기업 소유주 귀속 당기순이익은 'A+0.8B+0.48C'가 되고, 연결당기순이익 중 잔여액이 비지배지분에 귀속 당기순이익이 된다. 다음의 (예 1)을 통해서 위에서 설명한 내용을 확인하기로 한다.

예 1 연결당기순이익의 귀속

A회사는 B회사의 지분 80%를 소유하는 지배기업이고, B회사는 C회사의 지분 60%를 소유하는 지배기업이다. 세 회사의 당기순이익은 다음과 같다. 단, 연결실체 간의 내부거래는 없으며, 종속기업의 지배력 취득 시 종속기업 순자산의 장부금액과 공정가치는 동일하고, 영업권이나 염가매수차익은 발생하지 않았다.

	A회사	B회사	C회사
당기순이익	₩100,000	₩50,000	₩20,000

내부거래도 없고, 지배력 취득 시 종속기업 순자산의 장부금액과 공정가치도 동일하며 영업권이나 염가매수차익도 발생하지 않았기 때문에 연결당기순이익은 세 회사의 개별 당기순이익을 합한 ₩170,000이다. 이제 ₩170,000이 지배기업 소유주 귀속 당기순이익과 비지배지분 귀속 당기순이익으로 어떻게 배분되는지 확인하기로 하자.

[그림 4]에 기초하여 연결당기순이익 ₩170,000이 지배기업 소유주와 비지배지분에 얼마씩 귀속되는지 계산과정을 제시하면 다음과 같다.

C회사 당기순이익 중 비지배지분 귀속 금액=₩20,000×40%=₩8,000

C회사 당기순이익 중 B회사 귀속 금액=₩20,000×60%=₩12,000

B회사 조정 후 당기순이익 중 비지배지분 귀속 금액=(₩50,000+12,000)×20%=₩12,400

B회사 조정 후 당기순이익 중 A회사 귀속 금액=(₩50,000+12,000)×80%=₩49,600

따라서

지배기업 소유주 귀속 당기순이익=₩100,000(A회사 당기순이익)+49,600=₩149,600

비지배지분 귀속 당기순이익=₩8,000+12,400=₩20,400

연결당기순이익의 지배기업 소유주와 비지배지분 귀속 금액을 다음과 같이 계산할 수도 있다.
지배기업 소유주 귀속 당기순이익 = ₩100,000 + 50,000×0.8 + 20,000×0.6×0.8 = ₩149,600
비지배지분 귀속 당기순이익 = ₩170,000(연결당기순이익) − 149,600 = ₩20,400

연결당기순이익의 귀속 과정을 배분표로 표시하면 다음과 같다.

구분	C회사	B회사	A회사	비지배지분
개별 당기순이익	20,000	50,000	100,000	−
C회사 당기순이익의 배분	(20,000)(1)	12,000	−	8,000
B회사 당기순이익의 배분		(62,000)(2)	49,600	12,400
연결당기순이익의 귀속			149,600	20,400

(1) C회사 당기순이익 ₩20,000 중 60%를 B회사에, 40%를 비지배지분에 배분
(2) B회사의 당초 당기순이익 ₩50,000에 C회사 당기순이익 중 60%(₩12,000)를 가산한 당기순이익 ₩62,000 중 80%를 A회사에, 20%를 비지배지분에 배분

간접지배의 경우에도 제4장에서 설명한 내부거래 미실현이익이 있을 수 있다. 다음의 (예 2)에서 상향거래 미실현이익과 하향거래 미실현이익 자료를 추가하여 설명하기로 한다.

예 2 내부거래 미실현이익이 있는 경우

A회사는 B회사의 지분 80%를 소유하는 지배기업이고, B회사는 C회사의 지분 60%를 소유하는 지배기업이다. 세 회사의 당기순이익은 다음과 같다. 단, 종속기업에 대한 지배력 취득 시 종속기업 순자산의 장부금액과 공정가치는 동일하였고, 영업권이나 염가매수차익은 발생하지 않았다.

	A회사	B회사	C회사
당기순이익	₩100,000	₩50,000	₩20,000

당기 중에 재고자산 내부거래가 발생하였으며, 당기 말 현재 미실현이익은 다음과 같다.

판매회사	매입회사	미실현이익
A회사	B회사	₩2,000
A회사	C회사	1,500
B회사	A회사	1,200
B회사	C회사	500
C회사	A회사	1,000
C회사	B회사	400
		₩6,600

지배력 취득 시 종속기업 순자산의 장부금액과 공정가치는 동일하였고 영업권이나 염가매수차익도 발생하지 않았으나 당기에 내부미실현이익이 발생하였기 때문에 연결당기순이익은 세 회사의 개별 당기순이익(₩170,000)에서 당기 발생 미실현이익(상향거래 및 하향거래 구분 없이)의 합계(₩6,600)를 차감한 ₩163,400이다. 내부미실현이익이 있는 경우 ₩163,400이 지배기업 소유주 귀속 당기순이익과 비지배지분 귀속 당기순이익으로 어떻게 배분되는지 확인하기로 하자.

종속기업 간 내부거래는 지배기업 관점에서 수평거래에 해당하나 연결재무제표를 작성할 때에는 상향거래와 동일한 방법으로 연결조정을 한다. 먼저 내부미실현이익을 제거한 개별 기업의 당기순이익을 다음과 같이 계산한다.

내부미실현이익 제거 후 A회사 당기순이익 = ₩100,000 − 2,000 − 1,500 = ₩96,500
내부미실현이익 제거 후 B회사 당기순이익 = ₩50,000 − 1,200 − 500 = ₩48,300
내부미실현이익 제거 후 C회사 당기순이익 = ₩20,000 − 1,000 − 400 = ₩18,600
연결당기순이익 = ₩96,500 + 48,300 + 18,600 = ₩163,400

지배기업 소유주 귀속 당기순이익과 비지배지분 귀속 당기순이익은 다음과 같다.
지배기업 소유주 귀속 당기순이익 = ₩96,500 + 48,300×0.8 + 18,600×0.6×0.8 = ₩144,068
비지배지분 귀속 당기순이익 = ₩163,400(연결당기순이익) − 144,068 = ₩19,332

위의 계산과정을 다음과 같은 배분표로 나타낼 수도 있다.

구분	C회사	B회사	A회사	비지배지분
개별 당기순이익(1)	18,600	48,300	96,500	−
C회사 당기순이익의 배분	(18,600)(2)	11,160	−	7,440
B회사 당기순이익의 배분		(59,460)(3)	47,568	11,892
연결당기순이익의 귀속			144,068	19,332

(1) 당기에 각 기업에서 발생한 미실현이익을 차감한 후 개별 당기순이익
(2) B회사 당기순이익 ₩18,600 중 60%를 B회사에, 40%를 비지배지분에 배분
(3) B회사의 당초 당기순이익 ₩48,300에 C회사 당기순이익 중 60%(₩11,460)를 가산한 당기순이익 ₩59,460 중 80%를 A회사에, 20%를 비지배지분에 배분

(2) 종속기업의 취득 순서

[그림 3]에서 부-자-손자형 지배·종속 관계가 다음의 두 가지 중 어느 순서로 형성되었는지에 따라 연결재무제표 작성 시 첫 번째 연결조정분개인 종속기업투자와 종속기업 자본을 상계제거하는 분개가 달라진다.

경우 1 : A회사가 B회사 취득 후 B회사가 C회사 취득

경우 2 : B회사가 C회사 취득 후 A회사가 B회사 취득

경우 1과 같이 A회사가 B회사를 취득하고 일정 기간 경과 후 B회사가 C회사를 취득한 경우(즉, 순차적 취득)에는 지금까지 설명했던 연결조정 절차를 그대로 따르면 된다. 즉, A회사 보유 B회사 투자와 지배력 취득일 현재 B회사 자본을 상계제거하고, B회사 보유 C회사 투자와 지배력 취득일 현재 C회사 자본을 상계제거하면 된다.

그러나 경우 2와 같이 B회사가 C회사를 취득하고 일정 기간 경과 후 A회사가 B회사를 취득한 경우(즉, 비순차적 취득)에는 A회사 보유 B회사 투자와 상계제거할 B회사 자본은 B회사의 개별재무제표상 자본이 아니라 B회사와 C회사의 연결재무제표 상 자본에 기초하여야 한다. 왜냐하면 B회사와 C회사가 이미 연결실체가 된 상태에서 A회사가 B회사 지분을 취득하여 지배력을 획득하는 경우에는 A회사가 B회사뿐만 아니라 C회사에 대한 지배력도 획득하기 때문이다.

예제 1 간접지배의 연결

갑회사는 을회사의 지배기업이며, 을회사는 병회사의 지배기업이다. 세 회사의 순자산의 장부금액(공정가치와 동일) 변동 내역은 다음과 같다.

		갑회사	을회사	병회사
	자본금	₩1,000,000	₩500,000	₩300,000
	이익잉여금	400,000	200,000	100,000
20×1. 1. 1.	순자산 장부금액	1,400,000	700,000	400,000
20×1	당기순이익	100,000	50,000	40,000
20×1. 12. 31.	순자산 장부금액	1,500,000	750,000	440,000
20×2	당기순이익	80,000	40,000	20,000
20×2. 12. 31.	순자산 장부금액	₩1,580,000	₩790,000	₩460,000

물음

1. 갑회사는 20×1년 초에 을회사 주식 80%를 ₩580,000에 취득하였으며, 을회사는 20×2년 초에 병회사 주식 60%를 ₩280,000에 취득하였다. 갑회사가 20×2년 말에 연결재무제표를 작성할 때 필요한 연결조정분개를 하라. 단, 갑회사의 을회사 취득일 현재 을회사 순자산의 장부금액과 공정가치는 동일하며, 을회사의 병회사 취득일 현재 병회사 순자산의 장부금액과 공정가치는 동일하다. 또한 영업권의 손상차손은 발생하지 않았다.
2. 을회사는 20×1년 초에 병회사 주식 60%를 ₩250,000에 취득하였으며, 갑회사는 20×2년 초에 을회사 주식 80%를 ₩630,000에 취득하였다. 갑회사가 20×2년 말에 연결재무제표를 작성할 때 필요한 연결조정분개를 하라. 단, 을회사의 병회사 취득일 현재 병회사 순자산의 장부금액과 공정가치는 동일하며, 갑회사의 을회사 취득일 현재 을회사 순자산의 장부금액과 공정가치는 동일하다. 또한 영업권의 손상차손은 없다.

해답

(물음 1)과 (물음 2)에 대한 연결조정분개를 설명하기 전에 20×2년도 연결재무제표에 표시될 연결당기순이익이 지배기업 소유주와 비지배지분에 귀속되는 과정을 제시하면 다음과 같다.
종속기업 순자산의 장부금액과 공정가치 차이 조정, 내부거래 미실현손익 및 영업권 손상차손 등이 없으므로 연결당기순이익은 3회사의 개별당기순이익의 합계인 ₩140,000이며, 다음과 같이 지배기업 소유주(아래의 표에 갑회사로 표시됨)와 비지배지분에 귀속된다.

구분	병회사	을회사	갑회사	비지배지분
개별 당기순이익	20,000	40,000	80,000	–
병회사 당기순이익의 배분	(20,000)	12,000	–	8,000
을회사 당기순이익의 배분		(52,000)	41,600	10,400
연결당기순이익의 귀속			121,600	18,400

갑회사의 을회사 취득 시점과 관계없이 20×2년도 연결당기순이익은 ₩140,000이며, 지배기업 소유주 귀속 당기순이익은 ₩121,600, 비지배지분 귀속 당기순이익은 ₩18,400이다.

1. 갑회사가 을회사를 20×1년 초에 취득하고, 을회사가 병회사를 20×2년 초에 취득한 경우
   (1) 을회사와 병회사의 연결조정분개
      ① 을회사 종속기업투자와 지배력 취득시점의 병회사 자본의 상계제거(20×2년 초 기준)

(차)	자본금	300,000	(대) 병회사투자	280,000
	이익잉여금	140,000	비지배지분	176,000[(1)]
	영업권	16,000		

(1) (₩300,000 + 140,000)×40% = ₩176,000

② 병회사 당기순이익으로 인한 순자산 변동 중 비지배지분 해당액

(차)	이 익 잉 여 금	8,000	(대) 비 지 배 지 분	8,000(2)

(2) ₩20,000×40%=₩8,000

(2) 갑회사와 을회사의 연결조정분개

① 갑회사 종속기업투자와 지배력 취득시점의 을회사 자본의 상계제거(20×1년 초 기준)

(차)	자 본 금	500,000	(대) 을 회 사 투 자	580,000
	이 익 잉 여 금	200,000	비 지 배 지 분	140,000(3)
	영 업 권	20,000		

(3) (₩500,000+200,000)×20%=₩140,000

② 지배력 취득시점부터 당기 초까지 을회사의 순자산 변동 중 비지배지분 해당액

(차)	이 익 잉 여 금	10,000	(대) 비 지 배 지 분	10,000(4)

(4) ₩50,000(20×1년 당기순이익)×20%=₩10,000

③ 당기순이익으로 인한 순자산 변동 중 비지배지분 해당액

(차)	이 익 잉 여 금	10,400	(대) 비 지 배 지 분	10,400(5)

(5) {₩40,000(을회사 당기순이익)+20,000(병회사 당기순이익)×60%}×20%=₩10,400

위의 연결조정분개에서 비지배지분 잔액은 ₩344,400이다.

2. 을회사가 병회사를 20×1년 초에 취득하고 갑회사가 을회사를 20×2년 초에 취득한 경우

(1) 을회사와 병회사의 연결조정분개

① 을회사 종속기업투자와 지배력 취득시점의 병회사 자본의 상계제거(20×1년 초 기준)

(차)	자 본 금	300,000	(대) 병 회 사 투 자	250,000
	이 익 잉 여 금	100,000	비 지 배 지 분	160,000
	영 업 권	10,000		

(1) (₩300,000+100,000)×40%=₩160,000

② 지배력 취득시점부터 당기 초까지 병회사의 순자산 변동 중 비지배지분 해당액

(차)	이 익 잉 여 금	16,000	(대) 비 지 배 지 분	16,000(2)

(2) ₩40,000(20×1년 당기순이익)×40%=₩16,000

③ 병회사 당기순이익으로 인한 순자산 변동 중 비지배지분 해당액

(차)	이 익 잉 여 금	8,000	(대) 비 지 배 지 분	8,000(3)

(3) ₩20,000(20×2년 당기순이익)×40%=₩8,000

(2) 갑회사와 을회사의 연결조정분개

① 갑회사 종속기업투자와 지배력 취득시점의 을회사 자본의 상계제거(20×2년 초 기준)

(차)	자 본 금	500,000	(대) 을 회 사 투 자	630,000
	이 익 잉 여 금	274,000[(4)]	비 지 배 지 분	154,800[(5)]
	영 업 권	10,800		

(4) 20×2년 초 을회사의 개별재무제표 상 이익잉여금은 ₩250,000이나, 이미 20×1년 초부터 을회사와 병회사는 지배·종속 관계를 유지하고 있으므로 20×1년도 병회사 당기순이익 중 60% 해당액을 을회사 이익잉여금에 반영한 금액(즉, 연결재무제표 상 이익잉여금)에 기초하여 비지배지분을 결정한다.
₩250,000 + 40,000(20×1년 병회사 당기순이익)×60% = ₩274,000

(5) (₩500,000 + 274,000)×20% = ₩154,800

② 을회사 당기순이익으로 인한 순자산 변동 중 비지배지분 해당액

(차)	이 익 잉 여 금	10,400	(대) 비 지 배 지 분	10,400[(6)]

(6) {₩40,000(을회사 당기순이익) + 20,000(병회사 당기순이익)×60%}×20% = ₩10,400

위의 연결조정분개에서 비지배지분 잔액은 ₩349,200이다.

<추가 논의>
해답 2의 (2) 갑회사와 을회사의 연결조정분개 ①을 보면 갑회사가 을회사(좀 더 정확하게 표현하면 을회사와 병회사의 연결실체)를 취득할 때, 취득일 현재 을회사와 병회사의 연결재무제표 상 순자산의 장부금액과 공정가치가 동일하다고 가정하였는데, 만약 취득일 현재 을회사와 병회사의 연결재무제표 상 순자산의 장부금액과 공정가치가 다르다면 두 금액의 차이를 조정하는 것이 타당하다. 왜냐하면 합병이든 연결이든 취득자(지배기업)는 취득일 현재 피취득자(종속기업)의 식별가능한 순자산의 공정가치를 취득하는 것으로 사업결합의 회계처리를 하기 때문이다. 따라서 해답 2의 (2) 갑회사와 을회사의 연결조정분개 ①에 을회사와 병회사 연결재무제표 상 자산, 부채의 장부금액과 취득일(20×2년 초) 현재 공정가치의 차이를 추가 반영한다.
한편, 을회사와 병회사의 연결재무제표에 영업권이 표시되어 있을 텐데, 영업권은 식별가능한 자산이 아니므로 해답 2의 (2) 갑회사와 을회사의 연결조정분개 ①의 대변에 영업권을 제거하더라도 잔여액으로 결정되는 차변의 영업권이 그만큼 증가할 것이다. 따라서 을회사와 병회사의 연결재무제표 상 영업권을 식별가능한 자산에서 제외하는지의 여부와 관계없이 갑회사의 연결재무제표에 표시되는 최종 영업권은 동일한 금액으로 표시된다.

1.2 직접지배와 부-자-손자형이 혼합된 지배·종속 관계의 연결

[그림 5]를 보면 갑회사는 을회사에 대해서 80%의 지분을 직접 소유하고 있으며, 병회사에 대해서 35%의 지분을 직접 소유하고 있다. 또한 을회사는 병회사에 대해서 40%의 지분을 직접 소유하고 있기 때문에 결국 갑회사는 을회사를 통해서 병회사를 간접 소유하고 있다.

| 그림 5 | 직접지배와 간접지배의 혼합형

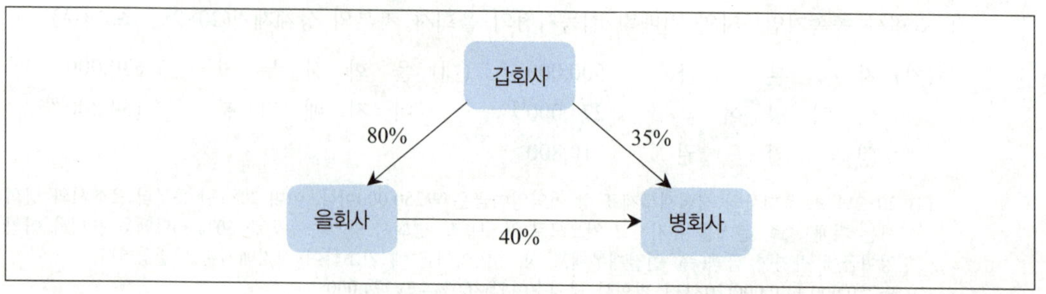

이러한 지배·종속 관계에서의 연결재무제표는 전술한 부-자-손자형의 지배·종속 관계(갑회사→을회사→병회사)와 직접 지배·종속 관계(갑회사→병회사)로 구분하여 각각 연결조정분개를 하면 된다. 다만, [그림 5]에서 을회사 지분의 80%를 갑회사가 소유하고 있으므로 을회사의 비지배지분율은 20%이고, 병회사 지분의 75%를 갑회사와 을회사가 소유하고 있으므로 병회사의 비지배지분율은 25%이다. 이때 유의할 점은 을회사의 비지배지분은 '을회사가 병회사를 포함하여 연결재무제표를 작성하였다면 계상되었을 을회사 순자산 금액'에 비지배지분율을 곱하여 계산한다는 것이다.

예제 2 직접지배와 간접지배의 혼합형 연결재무제표

20×1년 초에 갑회사는 을회사 지분 80%를 ₩125,000에 취득하였고, 병회사 지분 35%를 ₩26,000에 취득하였으며, 을회사는 병회사 지분 40%를 ₩29,000에 취득하였다. 20×1년도의 세 회사의 재무제표는 다음과 같다. 지분 취득일 현재 을회사와 병회사 순자산의 장부금액과 공정가치는 동일하다.

과목	갑회사	을회사	병회사
수익	₩600,000	₩100,000	₩50,000
비용	(580,000)	(95,000)	(48,000)
당기순이익	₩20,000	₩5,000	₩2,000
자산(종속기업투자 제외)	₩849,000	₩326,000	₩102,000
을회사투자	125,000	–	–
병회사투자	26,000	29,000	–
합계	₩1,000,000	₩355,000	₩102,000
부채	₩500,000	₩200,000	₩30,000

자 본 금	400,000	100,000	50,000
이 익 잉 여 금	100,000	55,000	22,000
합 계	₩1,000,000	₩355,000	₩102,000

물음

20×1년 말에 갑회사가 연결재무제표 작성 시 해야 할 연결조정분개를 하고, 연결정산표를 작성하라. 단, 영업권의 손상차손은 없다.

해답

종속기업 순자산의 장부금액과 공정가치 차이 조정, 내부거래 미실현손익 및 영업권 손상차손 등이 없으므로 연결당기순이익은 3회사의 개별당기순이익의 합계인 ₩27,000이며, 다음과 같이 지배기업 소유주(아래의 표에 갑회사로 표시됨)와 비지배지분에 귀속된다.

구분	병회사	을회사	갑회사	비지배지분
개별 당기순이익	2,000	5,000	20,000	–
병회사 당기순이익의 배분	(2,000)	800	700	500
을회사 당기순이익의 배분	–	(5,800)	4,640	1,160
연결당기순이익의 귀속			25,340	1,660

또한 20×1년 말 연결재무상태표상 비지배지분은 다음과 같이 결정된다.

20×1년 말 병회사 순자산 금액 중 비지배지분 = ₩72,000×25% = ₩18,000

20×1년 초 이후 병회사 순자산 증가액 중 을회사 귀속 = ₩2,000(당기순이익)×40% = ₩800

20×1년 말 을회사 조정 후 순자산 금액 중 비지배지분 = (₩155,000 + 800)×20% = ₩31,160

따라서 비지배지분 잔액 = ₩18,000 + 31,160 = ₩49,160

〈연결조정분개〉

① 종속기업투자(갑회사와 을회사 보유 병회사 투자)와 지배력 취득시점의 병회사 자본의 상계제거

(차)	자 본 금	50,000	(대) 병 회 사 투 자	55,000(1)
	이 익 잉 여 금	20,000(2)	비 지 배 지 분	17,500(3)
	영 업 권	2,500		

(1) ₩26,000 + 29,000 = ₩55,000

(2) 20×1년 초 이익잉여금 = ₩22,000(20×1년 말 이익잉여금) − 2,000(20×1년 당기순이익) = ₩20,000

(3) ₩70,000×25% = ₩17,500

② 병회사 당기순이익으로 인한 순자산 변동 중 비지배지분 해당액

(차)	이 익 잉 여 금	500	(대) 비 지 배 지 분	500(4)

(4) ₩2,000(병회사 20×1년 당기순이익)×25% = ₩500

③ 종속기업투자(갑회사 보유 을회사 투자)와 지배력 취득시점의 을회사 자본의 상계제거

(차) 자 본 금	100,000	(대) 을 회 사 투 자	125,000
이 익 잉 여 금	50,000[(5)]	비 지 배 지 분	30,000[(6)]
영 업 권	5,000		

(5) 20×1년 초 이익잉여금 = ₩55,000(20×1년 말 이익잉여금) − 5,000(20×1년 당기순이익) = ₩50,000

(6) ₩150,000×20% = ₩30,000

④ 을회사 당기순이익으로 인한 순자산 변동 중 비지배지분 해당액

(차) 이 익 잉 여 금	1,160	(대) 비 지 배 지 분	1,160[(7)]

(7) {₩5,000(을회사 당기순이익) + 2,000(병회사 당기순이익)×40%}×20% = ₩1,160

〈20×1년도 연결정산표〉

과목	갑회사	을회사	병회사	연결조정분개 차변	연결조정분개 대변	연결재무제표
수 익	₩600,000	₩100,000	₩50,000			₩750,000
비 용	(580,000)	(95,000)	(48,000)			(723,000)
당 기 순 이 익	₩20,000	₩5,000	₩2,000	–	–	₩27,000
자산(종속기업투자제외)	₩849,000	₩326,000	₩102,000			₩1,277,000
을 회 사 투 자	125,000	–	–		③125,000	–
병 회 사 투 자	26,000	29,000	–		①55,000	–
영 업 권	–	–	–	①2,500 ③5,000		7,500
합 계	₩1,000,000	₩355,000	₩102,000			₩1,284,500
부 채	₩500,000	₩200,000	₩30,000			₩730,000
자 본 금	400,000	100,000	50,000	①50,000 ③100,000		400,000
이 익 잉 여 금	100,000	55,000	22,000	①20,000 ②500 ③50,000 ④1,160		105,340
비 지 배 지 분	–	–	–		①17,500 ②500 ③30,000 ④1,160	49,160*
합 계	₩1,000,000	₩355,000	₩102,000	₩229,160	₩229,160	₩1,284,500

* 비지배지분 잔액 ₩49,160은 앞에서 미리 계산한 비지배지분 잔액과 일치한다.

1.3 상호소유

지배기업이 종속기업에 대하여 지배력을 소유하면서 동시에 종속기업도 지배기업에 대한 지분을 일부 소유하는 지배·종속 관계도 있다. 이를 상호출자라고도 한다.

I 그림 6 I 상호소유

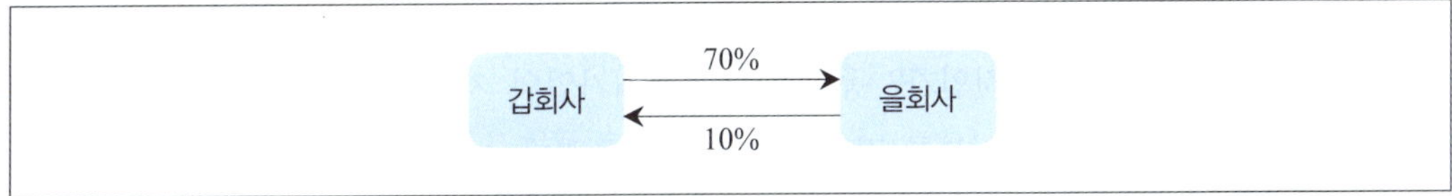

[그림 6]에서 갑회사는 을회사에 대한 지분 70%를 소유하여 지배력을 가지고 있는데, 동시에 을회사도 갑회사에 대한 지분 10%를 소유하고 있다. 이러한 상호소유의 상황에서는 일반적으로 자기주식 접근법(treasury stock approach) 또는 전통적 접근법(conventional approach)을 적용하여 연결재무제표를 작성할 수 있다.[2)]

(1) 자기주식 접근법

자기주식 접근법은 종속기업이 소유하는 지배기업의 주식을 연결실체의 자기주식으로 보는 방법이다. 따라서 [그림 6]의 경우 갑회사가 보유하는 종속기업투자와 을회사의 자본만 상계제거하고, 을회사가 개별 장부에 인식한 갑회사 투자를 자기주식으로 대체하는 연결조정분개를 한다.

[그림 6]에서 을회사가 갑회사 지분을 취득하고 이를 FVPL 금융자산 또는 FVOCI 선택 금융자산으로 분류한 후 공정가치 변동을 인식했다면, 여기에 대한 연결조정분개도 필요하다. 왜냐하면 연결 관점에서 볼 때 을회사가 보유하는 갑회사 지분은 자기주식이므로 공정가치 변동을 인식하지 않아야 하는데, 을회사의 개별 장부에는 갑회사 지분에 대한 공정가치 변동을 당기손익(또는 기타포괄손익)으로 인식했을 것이기 때문이다. 따라서 을회사가 갑회사 지분을 취득한 후 인식한 공정가치 변동을 모두 취소하는 연결조정분개가 필요하다.[3)]

---

2) 국제회계기준은 명시적으로 회계처리방법을 규정하고 있지 않으나, 「일반기업회계기준」(문단 실4.16)에서는 자기주식접근방법으로 연결재무제표를 작성하도록 규정하고 있다.

3) 물론 을회사가 갑회사 지분을 취득한 후 공정가치 측정이 곤란하여 원가법을 적용하였다면 공정가치 변동을 취소하는 연결조정분개는 필요하지 않다.

(2) 전통적 접근법

전통적 접근법을 적용하면 갑회사가 보유하는 종속기업투자와 을회사의 자본을 상계제거할 뿐만 아니라, 을회사가 보유하는 갑회사 투자와 갑회사의 자본도 상계제거한다. 다만, 갑회사 투자와 상계제거하는 갑회사의 자본은 갑회사의 자본 전체가 아니라 '갑회사 자본 중 을회사 지분 해당액'이라는 점에 유의하여야 한다.

그런데 [그림 6]에서 을회사가 보유하는 갑회사 투자와 갑회사의 자본을 상계제거할 때 대차가 불일치하면 어떻게 할 것인가? 종속기업이 지배기업의 지분 일부를 취득한 경우 연결관점에서는 연결실체의 자본 일부를 감자한 것으로 간주한다. 기준서에 명시적인 규정은 없으나, 종속기업이 지배기업의 지분을 취득하는 것을 연결실체의 자본거래로 간주하므로 투자와 자본을 상계제거할 때 발생하는 차액은 영업권이 아니라 자본잉여금에서 조정하는 것이 타당할 것이다.

전통적 접근법을 적용할 경우 갑회사와 을회사 간의 상호소유에 따른 당기순이익의 귀속금액을 연립방정식을 통해서 산출하고, 이 금액에 기초하여 비지배지분으로 대체할 금액을 결정한다. 예를 들어, [그림 6]에서 갑회사의 개별 당기순이익이 ₩1,000이고 을회사의 개별 당기순이익이 ₩300일 때, 상호소유를 고려한 갑회사와 을회사의 수정 후 개별 당기순이익을 다음과 같은 연립방정식을 이용하여 계산할 수 있다.

> 조정 후 갑회사 당기순이익을 A, 조정 후 을회사 당기순이익을 B라고 하면 다음과 같은 두 개의 연립방정식을 세울 수 있다.
>
> $A = 1,000 + 0.7B$ $\qquad$ $B = 300 + 0.1A$
>
> 위의 연립방정식을 통해 A와 B를 계산하였다면, 지배기업 소유주 귀속 당기순이익과 비지배지분 귀속 당기순이익을 다음과 같이 결정할 수 있다.
>
> 지배기업 소유주 귀속 당기순이익 $= A \times 90\%$
>
> 비지배지분 귀속 당기순이익 $= B \times 30\%$

전통적 접근법을 적용할 경우에도 을회사가 갑회사 지분을 취득하고 이를 FVPL 금융자산 또는 FVOCI 선택 금융자산으로 분류한 후 공정가치 변동을 인식했다면, 자기주식 접근법과 마찬가지로 공정가치 변동을 모두 취소하는 연결조정분개가 필요하다.

기준서 제1110호는 종속기업이 지배기업의 지분을 소유할 경우 어떻게 연결재무제표를 작성하는지 명시적으로 언급하고 있지 않다. 논리적으로는 전통적 접근법이 더 타당하나, 실무적으로는 전통적 접근법보다 자기주식 접근법이 더 수월할 것이다. 본장에서는 두 가지 접근법 모두를 적용하여 연결조정분개를 설명한다.

예제 3 상호소유

갑회사는 20×1년 초에 을회사 주식 70%를 ₩280,000에 취득하여 지배기업이 되었으며, 지배력 취득일 현재 을회사 순자산의 공정가치는 장부금액과 동일하다. 한편, 동일자에 을회사도 갑회사 주식 10%를 ₩110,000에 취득하고 원가법으로 평가하였다. 20×1년도 갑회사의 별도재무제표와 을회사의 재무제표는 다음과 같으며, 내부거래는 없다.

과목	갑회사	을회사
수익	₩1,500,000	₩700,000
비용	(1,400,000)	(650,000)
당기순이익	₩100,000	₩50,000
자산(종속기업투자 제외)	₩1,620,000	₩740,000
을회사투자	280,000	–
갑회사투자	–	110,000
합계	₩1,900,000	₩850,000
부채	₩800,000	₩400,000
자본금	700,000	300,000
자본잉여금	100,000	–
이익잉여금	300,000	150,000
합계	₩1,900,000	₩850,000

물음

1. 자기주식 접근방법을 적용하여 20×1년 말에 연결재무제표 작성 시 해야 할 연결조정분개와 연결정산표를 작성하라.
2. 전통적 접근방법을 적용하여 20×1년 말에 연결재무제표 작성 시 해야 할 연결조정분개와 연결정산표를 작성하라.

해답

1. ① 종속기업투자와 지배력 취득시점의 을회사 자본의 상계제거

(차) 자본금	300,000	(대) 을회사투자	280,000
이익잉여금	100,000[(1)]	비지배지분	120,000[(2)]

(1) 20×1년 초 이익잉여금 = ₩150,000(20×1년 말 이익잉여금) − 50,000(20×1년 당기순이익) = ₩100,000
(2) ₩400,000×30% = ₩120,000

② 을회사 소유 갑회사 투자의 자기주식 대체

(차) 자 기 주 식 110,000 (대) 갑 회 사 투 자 110,000

③ 당기순이익으로 인한 순자산 변동 중 비지배지분 해당액

(차) 이 익 잉 여 금 15,000 (대) 비 지 배 지 분 15,000[(3)]

(3) ₩50,000(20×1년 당기순이익)×30%=₩15,000

〈20×1년도 연결정산표〉

과목	갑회사	을회사	연결조정분개		연결 재무제표
			차변	대변	
수 익	₩1,500,000	₩700,000			₩2,200,000
비 용	(1,400,000)	(650,000)			(2,050,000)
당 기 순 이 익	₩100,000	₩50,000	–	–	₩150,000
자산(종속기업투자 제외)	₩1,620,000	₩740,000			₩2,360,000
을 회 사 투 자	280,000	–		①280,000	–
갑 회 사 투 자	–	110,000		②110,000	–
합 계	₩1,900,000	₩850,000			₩2,360,000
부 채	₩800,000	₩400,000			₩1,200,000
자 본 금	700,000	300,000	①300,000		700,000
자 본 잉 여 금	100,000				100,000
이 익 잉 여 금	300,000	150,000	①100,000 ③15,000		335,000
자 기 주 식	–	–	②110,000		(110,000)
비 지 배 지 분	–	–		①120,000 ③15,000	135,000*
합 계	₩1,900,000	₩850,000	₩525,000	₩525,000	₩2,360,000

* 비지배지분=₩450,000(을회사의 기말 자본)×30%=₩135,000

만약에 을회사가 갑회사 투자를 공정가치법으로 평가했다면 최초 취득원가로 환원하는 연결조정분개를 추가하여야 한다. (물음 2)의 경우에도 동일하다.

2. 전통적 접근방법을 적용하는 경우에는 을회사 당기순이익을 갑회사 당기순이익 중 10%가 반영된 후의 금액으로 조정해야 한다. 그런데, 갑회사 당기순이익은 을회사 당기순이익의 70%가 반영된 후의 금액이어야 하므로 연립방정식을 통해서 조정 후 을회사 당기순이익을 구해야 한다. 조정 후 갑회사 당기순이익을 A라 하고, 조정 후 을회사 당기순이익을 B라고 하면 다음과 같은 두 개의 방정식을 세울 수 있다.

A＝₩100,000(장부상 갑회사 당기순이익)＋0.7B
B＝₩50,000(장부상 을회사 당기순이익)＋0.1A

위의 두 방정식에서 A와 B를 계산하면 다음과 같다.
A＝₩145,161　　　B＝₩64,516

조정 후 당기순이익을 지배기업 소유주와 비지배지분에 배분한 결과는 다음과 같다.

지배기업 소유주 귀속 당기순이익	₩145,161×90%＝	₩130,645
비지배지분 귀속 당기순이익	64,516×30%＝	19,355
연결당기순이익		₩150,000

① 갑회사 소유 을회사 종속기업투자와 지배력 취득시점의 을회사 자본의 상계제거

(차)	자본금	300,000	(대) 을회사투자	280,000
	이익잉여금	100,000	비지배지분	120,000

② 을회사 소유 갑회사 투자(10% 지분)와 주식 취득시점의 갑회사 자본 중 10%의 상계제거

(차)	자본금	70,000(1)	(대) 갑회사투자	110,000
	자본잉여금	10,000(2)		
	이익잉여금	20,000(3)		
	자본잉여금	10,000(4)		

(1) ₩700,000×10%＝₩70,000
(2) ₩100,000×10%＝₩10,000
(3) {₩300,000(20×1년 말 이익잉여금)－100,000(20×1년 당기순이익)}×10%＝₩20,000
(4) 종속기업이 지배기업 지분을 취득하면서 초과 지급액이 있을 때 지배력을 취득한 것이 아니므로 영업권으로 인식할 수 없다. 따라서 자본잉여금에서 조정한다.

③ 당기순이익으로 인한 순자산 변동 중 비지배지분 해당액

(차)	이익잉여금	19,355	(대) 비지배지분	19,355(3)

(3) ₩64,516(조정 후 을회사 20×1년 당기순이익)×30%＝₩19,355

〈20×1년도 연결정산표〉

과목	갑회사	을회사	연결조정분개		연결
			차변	대변	재무제표
수 익	₩1,500,000	₩700,000			₩2,200,000
비 용	(1,400,000)	(650,000)			(2,050,000)
당기순이익	₩100,000	₩50,000	–	–	₩150,000
자산(종속기업투자 제외)	₩1,620,000	₩740,000			₩2,360,000
을회사투자	280,000	–		① 280,000	–
갑회사투자	–	110,000		② 110,000	–
합계	₩1,900,000	₩850,000			₩2,360,000
부 채	₩800,000	₩400,000			₩1,200,000
자 본 금	700,000	300,000	①300,000 ②70,000		630,000
자본잉여금	100,000	–	②20,000		80,000
이익잉여금	300,000	150,000	①100,000 ②20,000 ③19,355		310,645
비지배지분	–	–		①120,000 ③19,355	139,355*
합계	₩1,900,000	₩850,000	₩529,355	₩529,355	₩2,360,000

* 비지배지분＝{₩450,000(20×1년 말 을회사 순자산)＋145,161(조정 후 갑회사 당기순이익)×10%}×30%＝₩139,355

상호소유와 간접지배의 복합형 및 및 순환지배(출자)의 경우 연결재무제표의 작성은 본장 보론에서 설명한다.

2 이연법인세를 고려한 연결

제1장의 합병 형태의 사업결합에서 이연법인세의 영향을 설명한 바 있다. 합병 시 취득자는 피취득자의 식별가능한 자산·부채를 공정가치로 평가하여 취득 자산과 인수 부채를 인식하는 회계처리를 하는데, 세법상 취득 자산과 인수 부채의 세무기준액이 공정가치와 다를 경우 일시적차이가 발생한다. 따라서 일시적차이에 대하여 이연법인세자산이나 이연법인세부채를 인식

한 후에 영업권(또는 염가매수차익)을 결정하여야 한다. 단, 영업권은 잔여금액으로 측정되기 때문에 영업권의 세무기준액이 장부금액과 다르더라도 영업권에 대한 이연법인세부채는 예외적으로 인식하지 않는다.

제3장부터 지금까지 연결재무제표를 작성하는 과정에서 일시적차이에 대한 이연법인세자산 및 이연법인세부채를 고려하지 않았으나, 연결재무제표를 정확하게 작성하기 위해서는 본절에서 설명하는 일시적차이에 대한 이연법인세자산과 이연법인세부채를 고려해야 한다. 연결재무제표를 작성하는 과정에서 다음의 경우에 일시적 차이가 발생한다.

① 종속기업투자와 종속기업 자본의 상계제거 시 종속기업 자산 또는 부채의 세무기준액과 공정가치가 다른 경우
② 내부거래 미실현이익을 제거하는 경우
③ 종속기업투자에 대한 미배당이익이 발생하는 경우

제1장 2.3절에서 합병의 사업결합과정에서 발생한 일시적차이에 대해서 취득자의 세율을 적용하여 이연법인세를 인식하는 것으로 설명하였다. 합병의 경우에는 피취득자가 법률적으로 소멸하고 피취득자의 자산과 부채를 취득자가 모두 취득, 인수하기 때문에 피취득자의 세율을 고려할 필요가 없었다.

그러나 연결재무제표를 작성할 경우 지배기업과 종속기업의 적용 세율이 다르다면 어느 기업의 세율을 적용하여 이연법인세를 인식할 것인지 판단해야 한다. 지배기업과 종속기업의 적용 세율이 다를 경우 일시적차이에 대한 이연법인세를 인식할 때 적용할 세율은 일시적차이가 발생한 자산이나 부채를 보유하는 기업의 세율로 한다. 왜냐하면 일시적차이의 소멸로 인한 법인세효과는 관련 자산이나 부채를 보유하는 기업에서 발생하기 때문이다.

일시적차이에 대한 이연법인세를 인식할 때 적용 세율을 요약하면 [표 1]과 같다.

| 표 1 | 일시적차이에 대한 이연법인세 인식에 적용할 세율

일시적차이	적용 세율
종속기업 순자산의 세무기준액과 공정가치가 다른 경우	종속기업 세율
하향거래 미실현이익	종속기업 세율
상향거래 미실현이익	지배기업 세율

[표 1]에서 종속기업의 자산과 부채의 공정가치가 세무기준액과 다를 경우 발생하는 일시적차이에 대해서 적용할 세율은 종속기업의 세율이다. 하향거래가 발생한 경우 종속기업이 내부거래로 취득한 자산을 보유하고 있으므로 그 자산에 포함되어 있는 미실현이익(즉, 일시적

차이)에 대해서 적용할 세율은 종속기업의 세율이다. 반면에 상향거래가 발생한 경우 지배기업이 내부거래로 취득한 자산을 보유하고 있으므로 그 자산에 포함되어 있는 미실현이익(즉, 일시적차이)에 대해서 적용할 세율은 지배기업의 세율이다.

2.1 종속기업투자와 종속기업 자본의 상계제거 시 일시적차이의 고려

종속기업투자와 종속기업 자본을 상계하는 연결조정분개를 할 때 종속기업의 자산·부채 중 장부금액과 공정가치가 일치하지 않을 경우 양자의 차이를 조정하는데, 법인세법상 자산 및 부채의 세무기준액이 공정가치와 다를 경우 일시적차이가 발생한다. 따라서 일시적차이에 대한 이연법인세를 고려하여 다음과 같이 연결조정분개를 한다(종속기업 건물의 공정가치가 장부금액(세무기준액과 동일)을 초과하는 것으로 가정).

① 종속기업투자와 종속기업 자본의 상계제거

(차)	자본금	×××	(대) 종속기업투자	×××
	자본잉여금	×××	이연법인세부채	×××(1)
	이익잉여금	×××	비지배지분	×××(2)
	건물	×××		
	영업권	×××		

(1) 건물의 BV·FV 차이×종속기업 세율
(2) (종속기업 자본의 장부금액+건물의 BV·FV 차이−이연법인세부채)×비지배지분율

② 건물의 장부금액과 공정가치 차이의 조정

(차)	감가상각비	×××	(대) 감가상각누계액	×××
(차)	이연법인세부채	×××(3)	(대) 법인세비용	×××

(3) 건물의 감가상각비×종속기업 세율

위의 분개 ①을 보면, 건물의 장부금액과 공정가치의 차이에 대한 법인세 효과를 이연법인세부채로 인식하는데, 이연법인세부채도 종속기업 순자산의 일부이다. 따라서 취득일 현재 종속기업투자와 종속기업 순자산을 상계제거할 때 이연법인세부채를 대변에 표시하여 이연법인세부채를 차감한 종속기업 순자산의 공정가치에 비지배지분율을 곱하여 비지배지분을 측정한다.

그리고 분개 ②를 보면, 취득일 이후 종속기업 순자산의 장부금액과 공정가치의 차이가 소멸할 때 일시적차이도 감소하므로 취득일에 인식했던 이연법인세부채도 일시적차이의 소멸분만큼 감소시킨다(분개 ②).

법인세법에서 영업권을 자산으로 인정하지 않을 경우 영업권의 세무기준액이 0이므로 일시적차이가 발생한다. 그러나 영업권은 종속기업투자와 종속기업 자본의 상계제거 시 잔여액으

로 결정되므로 영업권에 대해서 이연법인세부채를 인식하면 잔여액으로 결정되는 영업권이 다시 변동하는 순환문제가 발생한다. 따라서 전술한 바와 같이 영업권에 대해서는 이연법인세부채를 인식하지 않는다(1012:15).

예제 4 일시적차이를 고려한 연결(1)

갑회사는 20×1년 초에 을회사 주식 80%를 ₩1,000,000에 취득하여 지배기업이 되었다. 지배력 취득일 현재 을회사 자본의 장부금액은 ₩1,000,000(자본금 ₩700,000, 이익잉여금 ₩300,000)이며, 건물(잔존내용연수 10년, 잔존가치 없이 정액법 상각)의 공정가치가 장부금액을 ₩100,000 초과하는 것을 제외하고 을회사의 모든 자산과 부채의 공정가치는 장부금액과 동일하다. 을회사의 20×1년 당기순이익은 ₩50,000이며, 20×1년 중에 내부거래는 발생하지 않았다.

물음

갑회사가 20×1년 말에 연결재무제표를 작성할 때 일시적차이를 고려하여 연결조정분개를 하라. 단, 세무기준액은 장부금액과 같으며, 갑회사의 적용 세율은 30%이고 을회사의 적용 세율은 25%이다.

해답

〈20×1년 말 연결조정분개〉

① 종속기업투자와 지배력 취득시점의 종속기업 자본의 상계제거

(차)	자본금	700,000	(대)	종속기업투자	1,000,000
	이익잉여금	300,000		이연법인세부채	25,000[(1)]
	건물	100,000		비지배지분	215,000[(2)]
	영업권	140,000			

(1) ₩100,000(건물의 공정가치 조정액)×25%(을회사 세율)=₩25,000
(2) (₩700,000+300,000+100,000−25,000)×20%=₩215,000

② 건물의 장부금액과 공정가치 차이의 조정

(차)	감가상각비	10,000[(3)]	(대)	감가상각누계액	10,000
(차)	이연법인세부채	2,500[(4)]	(대)	법인세비용	2,500

(3) ₩100,000÷10년=₩10,000
(4) ₩10,000×25%=₩2,500. 감가상각비만큼 건물의 장부금액과 공정가치의 차이가 소멸하였으므로 건물의 장부금액과 공정가치의 차이에 대해서 인식했던 이연법인세부채를 감소시킨다.

③ 당기순이익으로 인한 순자산 변동 중 비지배지분 해당액

(차)	이익잉여금	8,500	(대)	비지배지분	8,500[(5)]

(5) {₩50,000(20×1년 당기순이익)−10,000(감가상각비)+2,500(법인세비용)}×20%=₩8,500

본 예제의 비지배지분 잔액은 ₩223,500인데, 일시적차이를 고려하지 않고 연결조정분개를 하면 비지배지분 잔액은 ₩228,000이다. 두 금액은 다음과 같이 직접 계산할 수 있다.

(1) 일시적차이를 고려하지 않은 경우 비지배지분 잔액
=20×1년 말 종속기업 순자산의 공정가치×20%
={₩1,100,000(20×1년 초 순자산의 공정가치) − 10,000(공정가치 조정분의 감가상각비) + 50,000(당기순이익)}×20%
=₩228,000

(2) 일시적차이를 고려한 경우 비지배지분 잔액
=일시적차이를 고려한 20×1년 말 종속기업 순자산의 공정가치×20%
={₩1,000,000(20×1년 초 순자산의 장부금액) + 100,000(공정가치 조정액)×(1 − 25%) − 10,000(공정가치 조정분의 감가상각비)×(1 − 25%) + 50,000(당기순이익)}×20%
=₩223,500

일시적차이를 고려하지 않은 경우와 고려한 경우 비지배지분의 차이는 ₩4,500인데, 이는 다음과 같이 미소멸 일시적차이 ₩90,000에 을회사 세율(25%)과 비지배지분율(20%)을 곱한 금액으로 확인할 수 있다.
₩90,000×25%×20% = ₩4,500

2.2 내부미실현이익에 대한 일시적차이의 고려

연결실체 내에서 재고자산의 매매거래가 발생하였는데 매입한 기업이 당해 재고자산을 당기 중에 모두 연결실체의 외부로 판매하지 않았다면 연결 실체 내에 미실현이익이 존재하기 때문에 연결조정과정에서 이를 제거하여야 한다. 연결재무제표에는 미실현이익을 제거한 금액으로 재고자산이 표시되는 반면, 세법에는 미실현이익의 제거 개념이 없어 재고자산의 세무기준액은 미실현이익이 포함된 금액이므로 차감할 일시적차이가 발생한다. 따라서 재고자산의 미실현이익을 제거하는 연결조정분개를 할 때 다음과 같이 차감할 일시적차이를 고려하여 이연법인세자산을 인식한다.

(차) 매 출 원 가	×××	(대) 재 고 자 산	×××
(차) 이연법인세자산	×××*	(대) 법 인 세 비 용	×××

* 미실현이익×재고자산 보유 기업의 적용 세율

예제 5 일시적차이를 고려한 연결(2)

갑회사는 20×1년 초에 을회사 주식 80%를 ₩1,000,000에 취득하여 지배기업이 되었다. 지배력 취득일 현재 을회사 자본의 장부금액은 ₩1,000,000(자본금 ₩700,000, 이익잉여금 ₩300,000)이며, 건물(잔존내용연수 10년, 잔존가치 없이 정액법 상각)의 공정가치가 장부금액을 ₩100,000 초과하는 것을 제외하고 을회사의 모든 자산과 부채의 공정가치는 장부금액과 동일하다.

당기 중에 갑회사는 을회사에게 원가 ₩30,000의 재고자산을 ₩50,000에 매출하였으며, 을회사는 매입한 재고자산 중 40%를 20×1년 말 현재 보유하고 있다. 을회사의 20×1년 당기순이익은 ₩50,000이다.

물음

갑회사가 20×1년 말에 연결재무제표를 작성할 때 일시적차이를 고려하여 연결조정분개를 하라. 단, 세무상기준액은 장부금액이며, 갑회사의 법인세율은 30%, 을회사의 법인세율은 25%이다.

해답

〈20×1년 말 연결조정분개〉

① 종속기업투자와 지배력 취득시점의 종속기업 자본의 상계제거

(차)	자본금	700,000	(대)	종속기업투자	1,000,000
	이익잉여금	300,000		이연법인세부채	25,000(1)
	건물	100,000		비지배지분	215,000(2)
	영업권	140,000			

(1) 종속기업 건물의 장부금액과 공정가치의 차이 ₩100,000(일시적차이)에 대하여 인식한 이연법인세부채이다.
₩100,000×25% = ₩25,000

(2) (₩700,000 + 300,000 + 100,000 − 25,000)×20% = ₩215,000

② 건물의 장부금액과 공정가치 차이의 조정

(차)	감가상각비	10,000(3)	(대)	감가상각누계액	10,000
(차)	이연법인세부채	2,500(4)	(대)	법인세비용	2,500

(3) ₩100,000÷10년 = ₩10,000

(4) ₩10,000×25% = ₩2,500

③ 하향 내부거래 상계제거

(차)	매출	50,000	(대)	매출원가	50,000

④ 내부미실현이익의 제거

(차) 매 출 원 가	8,000[5]	(대) 재 고 자 산	8,000
(차) 이연법인세자산	2,000[6]	(대) 법 인 세 비 용	2,000

(5) 하향거래 미실현이익 = (₩50,000 − 30,000)×40% = ₩8,000
(6) ₩8,000×25%(재고자산 보유 기업(을회사)의 세율 적용) = ₩2,000

⑤ 당기순이익으로 인한 순자산 변동 중 비지배지분 해당액

(차) 이 익 잉 여 금	8,500	(대) 비 지 배 지 분	8,500[7]

(7) {₩50,000(20×1년 당기순이익) − 10,000(감가상각비) + 2,500(법인세비용)}×20% = ₩8,500

만약에 본 예제에서 재고자산의 내부거래가 상향거래였다면, 위의 연결조정분개 ④와 ⑤는 다음과 같이 바뀌어야 한다.

④ 내부미실현이익의 제거

(차) 매 출 원 가	8,000	(대) 재 고 자 산	8,000
(차) 이연법인세자산	2,400[8]	(대) 법 인 세 비 용	2,400

(8) ₩8,000×30%(재고자산 보유 기업(갑회사)의 세율 적용) = ₩2,400

⑤ 당기순이익으로 인한 순자산 변동 중 비지배지분 해당액

(차) 이 익 잉 여 금	7,380	(대) 비 지 배 지 분	7,380[9]

(9) {₩50,000(20×1년 당기순이익) − 10,000(감가상각비) + 2,500(법인세비용) − 8,000(매출원가) + 2,400(법인세비용)} ×20% = ₩7,380

참고로 20×1년 말 재고자산의 내부미실현이익이 20×2년에 모두 실현된다면, 20×2년도 연결재무제표를 작성할 때 다음과 같은 연결조정분개를 한다.

(차) 이 익 잉 여 금	8,000	(대) 매 출 원 가	8,000
(차) 법 인 세 비 용	2,000	(대) 이 익 잉 여 금	2,000[10]

(10) 갑회사와 을회사의 재무제표를 단순 합산한 상태에서 연결조정분개를 한다면, 단순합산 재무제표에는 미실현이익과 관련된 이연법인세자산이 표시되어 있지 않을 것이므로 일시적차이의 소멸 시 대변을 이연법인세자산이 아니라 이익잉여금으로 한다.

2.3 종속기업투자 관련 미배당이익에 대한 이연법인세부채

지배기업이 별도재무제표에 종속기업투자에 원가법을 적용하지 않고 지분법이나 공정가치법을 적용할 경우 세무기준액은 원가법을 적용한 금액이므로 일시적차이가 발생한다. 그런데 연결재무제표에서도 종속기업투자에서 일시적차이가 발생할 수 있다. 연결재무제표 작성 과정에서 종속기업투자는 종속기업 자본과 상계제거되지만 이는 회계 관점에서 지배기업과 종

속기업을 단일 실체로 보아 상계제거한 것이며, 세법 관점에서 지배기업과 종속기업은 법적으로 개별 실체이므로 자산과 부채의 일시적차이 여부는 지배기업과 종속기업의 자산과 부채를 단순합산한 금액에 기초하여 판단한다.

지배기업이 현금을 지급하고 종속기업투자를 취득했다면 취득 시점 현재 종속기업투자의 세무기준액도 지급한 원가로 측정되므로 별도재무제표와 연결재무제표 모두 종속기업투자와 관련하여 일시적차이는 발생하지 않는다. 그러나 최초 인식 이후 종속기업에 미배당이익이 발생하는 경우 종속기업투자와 관련하여 가산할 일시적차이가 발생하는데 이를 실무에서는 외부 일시적차이라고도 한다. 다음의 예를 통해서 미배당이익에서 발생하는 가산할 일시적차이를 설명한다.

예 3 일시적차이의 측정

갑회사는 20×1년 초에 을회사 지분 70%를 ₩9,000에 취득하여 지배기업이 되었다. 지배력 취득일 현재 을회사 순자산의 장부금액은 ₩10,000이고 공정가치는 ₩12,000인데, 을회사 순자산의 장부금액과 공정가치의 차이 ₩2,000은 토지에 기인하며, 20×1년 말 현재 을회사가 계속 보유하고 있다. 20×1년 을회사의 당기순이익은 ₩600이고, 내부거래는 발생하지 않았으며 갑회사와 을회사의 적용 세율은 각각 25%와 20%이다.

지배력 취득일 현재 종속기업 순자산의 공정가치
= {₩10,000 + 2,000 − 2,000×20%(법인세 효과, 이연법인세부채)}×70% = 8,120
지배력 취득일 현재 영업권 = ₩9,000 − 8,120 = ₩880

지배력 취득일과 20×1년 말 현재 종속기업투자의 일시적 차이를 계산하면 다음과 같다.

	지배력 취득일	20×1년 말
장부금액	종속기업 순자산 중 지배기업 지분 해당액 + 영업권 = ₩8,120 + 880 = ₩9,000	종속기업 순자산 중 지배기업 지분 해당액 + 영업권 = ₩8,120 + 600×70% + 880 = ₩9,420
세무기준액	₩9,000(취득원가)	₩9,000(취득원가)
일시적차이	₩0	₩420(가산할 일시적차이)

상기 (예 3)에서 20×1년 말 현재 종속기업투자와 관련하여 가산할 일시적차이 ₩420이 발생하는데, 이는 20×1년 말 현재 종속기업에 미배당이익이 존재하기 때문이다. 만약 종속기업이

전액 배당을 하면 종속기업 순자산은 감소하지만 원가법을 적용하는 종속기업투자의 장부금액은 변동하지 않아 미배당이익이 존재하지 않는 상태로 환원되므로 일시적차이는 존재하지 않는다.

종속기업의 미배당이익으로 인하여 종속기업투자에 가산할 일시적차이가 존재할 경우 다음의 두 가지 조건을 모두 충족하면 이연법인세부채를 인식하지 않는다(1012:39).

(1) 지배기업, 투자자, 공동기업 참여자 또는 공동영업자가 일시적차이의 소멸 시점을 통제할 수 있다.
(2) 예측가능한 미래에 일시적차이가 소멸하지 않을 가능성이 높다.

종속기업투자와 관련된 일시적차이는 종속기업투자의 처분, 현금배당 수취, 피투자자의 청산이나 피합병 등에 의해 소멸할 수 있는데, 지배기업은 종속기업에 대하여 지배력이 있으므로 가산할 일시적차이의 소멸 방법이나 소멸 시점을 통제할 수 있다. 따라서 미배당이익으로 인하여 종속기업투자에 일시적차이가 존재하더라도 지배기업은 이연법인세부채를 인식하지 않는다.

3 연결주당이익

3.1 개별 실체의 주당이익 계산

연결주당이익을 설명하기 전에 중급회계에서 설명했던 개별 기업의 주당이익 계산과 관련된 기본적인 내용을 우선 설명한다.[4] 주당이익은 실제 유통되고 있는 보통주식수에 기초하여 계산한 기본주당이익과 희석성 잠재적보통주를 유통보통주식수에 포함하여 계산한 희석주당이익으로 구분한다.

기본주당이익(basic EPS)은 보통주 1주에 귀속되는 당기순손익을 의미하므로 다음과 같이 당기순손익에서 우선주배당금을 차감한 금액을 가중평균 유통보통주식수로 나누어 계산한다.

$$\text{기본주당이익} = \frac{\text{당기순손익} - \text{우선주배당금}}{\text{가중평균 유통보통주식수}}$$

4) 주당이익에 대한 자세한 설명은 중급회계를 참조하라.

기업이 전환사채나 전환우선주, 신주인수권(옵션) 등을 발행한 경우 이를 잠재적 보통주라고 한다. 잠재적 보통주가 당기 말 현재 보통주로 바뀌지는 않았지만 만약에 보통주로 바뀌었다고 가정하면 유통보통주식수가 증가할 것이므로 주당이익은 낮아질 수 있다. 희석주당이익(diluted EPS)은 잠재적보통주가 모두 보통주로 바뀌었다고 가정하고 다음과 같이 계산한 주당이익을 말한다.

$$\text{희석주당이익} = \frac{\text{당기순손익} - \text{우선주배당금} + \text{조정액}}{\text{가중평균 유통보통주식수} + \text{조정주식수}}$$

위의 희석주당이익의 계산식은 기본주당이익의 계산식(검정색 글자 부분)의 분모와 분자에 조정주식수와 조정액(파란색 글자 부분)을 추가한 것이다. 희석주당이익 계산식의 분모에서 조정주식수는 전환우선주나 전환사채 등이 모두 보통주로 전환되었다고 가정할 때 증가하는 주식수를 말한다. 또한 희석주당이익 계산식의 분자에서 조정액은 전환우선주나 전환사채 등이 모두 보통주로 전환되었다면 우선주배당금이나 전환사채 이자비용이 발생하지 않았을 것이므로 당기순손익에서 우선주배당금과 세후 전환사채 이자비용을 가산하는 것을 말한다.

반면에 신주인수권과 같은 잠재적 보통주는 조정주식수만 희석주당이익 계산식의 분모에 반영한다. 다만, 신주인수권의 행사가격이 주식의 시가보다 높을 경우 신주인수권을 행사할 가능성이 없으므로(즉, 보통주식수가 증가할 가능성이 없으므로) 이러한 반희석 효과를 제거하기 위해서 다음과 같이 조정주식수를 계산한다.

$$\text{조정주식수} = \text{권리행사 시 증가주식수} - \text{권리행사 시 증가주식수} \times \frac{\text{행사가격}}{\text{평균시가}}$$

희석주당이익은 기본주당이익보다 작아야 한다. 그런데 희석주당이익을 계산하다 보면 분모의 조정 효과보다 분자의 조정 효과가 더 클 경우 오히려 희석주당이익이 기본주당이익을 초과하는 반희석효과(anti-dilution)가 발생하기도 한다.[5] 따라서 반희석효과가 있는 잠재적 보통주는 제외하고, 희석효과가 있는 잠재적 보통주(희석성 잠재적 보통주, dilutive potential ordinary shares)만 포함하여 희석주당이익을 계산한다.

---

5) 예를 들어, 기본주당이익은 ₩1,000÷100주=₩10이며, 잠재적보통주의 효과는 분자의 조정액이 ₩30이고 분모의 조정주식수가 2주라고 하자. 잠재적보통주의 효과만 본다면 ₩30÷2주=₩15가 되어 기본주당이익 ₩10보다 더 크므로 이 잠재적보통주는 반희석효과를 갖는다. 이렇게 반희석효과를 갖는 잠재적보통주를 포함하여 희석주당이익을 계산하면 (₩1,000+30)÷(100주+2)=₩10.1이 되어 기본주당이익 ₩10보다 크다. 따라서 이러한 경우 희석주당이익은 기본주당이익과 동일한 ₩10으로 한다.

3.2 연결 실체의 주당이익 계산

(1) 연결 기본주당이익의 계산

연결재무제표를 작성하는 과정에서 종속기업의 자본금은 모두 제거되므로 연결재무상태표상 자본금은 지배기업의 자본금만 남는다. 따라서 주당이익을 계산할 때 분모의 주식수는 지배기업의 가중평균 유통보통주식수(이하 지배기업 유통보통주식수라 함)이다.

연결 기본주당이익의 계산과정을 다음의 (예 4)와 (예 5)를 통해 설명한다.

예 4 연결 기본주당이익의 계산(1)

㈜지배는 ㈜종속의 발행보통주 중 800주(80%)를 소유하는 지배기업이다. 당기 중에 두 회사의 보통주식수의 변동은 없으며, 잠재적 보통주도 없다. 연결 기본주당이익의 계산을 위한 자료는 다음과 같다.

(1) ㈜지배의 별도재무제표와 ㈜종속의 재무제표

	㈜지배	㈜종속
기말유통보통주식수	10,000주	1,000주
당기순이익	₩300,000	₩50,000
우선주배당금	60,000	–

(2) 연결손익계산서

당기순이익의 귀속	
지배기업 소유주 귀속	₩340,000
비지배지분 귀속	10,000
	₩350,000

위의 자료를 이용하여 연결기본주당이익을 다음과 같이 두 가지 방법으로 계산할 수 있다.

<방법 1>

연결 기본주당이익 = 지배기업 보통주에 귀속되는 이익 ÷ 지배기업 유통보통주식수
= (지배기업 소유주 귀속 순이익 − 우선주배당금) ÷ 지배기업 유통보통주식수
= (₩340,000 − 60,000) ÷ 10,000주 = ₩28

지배기업 소유주 귀속 순이익 ₩340,000은 지배기업 당기순이익 ₩300,000에 종속기업 당기순이익 ₩50,000의 80% 해당액인 ₩40,000을 가산한 금액이다.

<방법 2>
그런데 위에서 계산한 ₩40,000은 다음과 같이 지배기업이 소유하는 종속기업 보통주식수 800주에 종속기업의 기본주당이익 ₩50을 곱한 금액과 같다.

종속기업 기본주당이익 = ₩50,000÷1,000주 = ₩50

800주×₩50 = ₩40,000

즉, 지배기업이 보유하는 종속기업 보통주식수에 종속기업 기본주당이익을 곱하는 방식을 이용하여 다음과 같이 연결기본주당이익을 계산할 수 있는데, 이 방법이 기준서 제1033호 '주당이익'에서 설명하는 연결기본(희석)주당이익의 계산 방법이다.

연결 기본주당이익 = (지배기업 당기순이익 − 우선주배당금 + 지배기업 보유 종속기업 보통주식수 ×종속기업 기본주당이익)÷지배기업 유통보통주식수

= (₩300,000 − 60,000 + 800주×50)÷10,000주 = ₩28

<방법 1>과 <방법 2>의 결과는 동일하다. 그러나 연결 희석주당이익을 계산할 때에는 종속기업의 희석주당이익 중 지배기업에 귀속될 금액을 반영해야 하는 복잡한 절차가 필요하므로 <방법 2>를 적용하는 것이 훨씬 수월하다. 이후 제시하는 모든 (예)의 풀이는 <방법 2>를 사용하여 설명한다.

예 5 연결 기본주당이익의 계산(2)

㈜지배는 ㈜종속의 발행보통주 중 800주(80%)를 소유하는 지배기업이다. 당기 중에 두 회사의 보통주식수의 변동은 없으며, 잠재적보통주도 없다. 연결주당이익의 계산을 위한 자료는 다음과 같다. 미실현이익은 ㈜지배와 ㈜종속 간의 상품거래에서 발생하였다.

	㈜지배	㈜종속
기말유통보통주식수	10,000주	1,000주
당기순이익	₩300,000	₩50,000
미실현이익	5,000(1)	1,000(2)
우선주배당금	60,000	−

(1) 하향거래 미실현이익
(2) 상향거래 미실현이익

연결 주당이익은 내부거래 미실현이익을 제거한 후의 금액에 기초하여 계산한다.

종속기업 기본주당이익 = (종속기업 당기순이익 − 상향거래 미실현이익)÷1,000주

= (₩50,000 − 1,000)÷1,000주 = ₩49

연결 기본주당이익＝(지배기업 당기순이익－하향거래 미실현이익－우선주배당금
＋지배기업 보유 종속기업 보통주식수×종속기업 기본주당이익)
÷지배기업 유통보통주식수
＝(₩300,000－5,000－60,000＋800주×49)÷10,000주
＝₩27.42((예 4)의 <방법 2>)

참고로 (예 4)의 <방법 1>에 따라 연결 기본주당이익을 계산하면 다음과 같다.

연결당기순이익＝₩300,000－5,000(하향거래 미실현이익)＋50,000(종속 당기순이익)
－1,000(상향거래 미실현이익)
＝₩344,000

연결손익계산서상 지배기업 소유주 귀속 당기순이익
＝연결당기순이익－비지배지분 귀속 당기순이익
＝₩344,000－(50,000－1,000)×20%＝₩334,200

연결 기본주당이익＝(₩334,200－60,000)÷10,000주＝₩27.42

---

(2) 연결 희석주당이익의 계산

(예 4)와 (예 5)에서 종속기업은 잠재적 보통주를 발행하지 않은 것으로 사례를 간단하게 제시하였는데, 종속기업이 잠재적 보통주를 발행하였고 이 중 일부를 지배기업이 보유하고 있다면 지배기업은 연결 기본주당이익과 연결 희석주당이익을 모두 계산해야 한다.

종속기업이 잠재적 보통주로 전환우선주와 신주인수권을 발행하였고, 지배기업이 종속기업의 보통주뿐만 아니라 전환우선주와 신주인수권을 일부 보유하고 있는 경우 연결 기본주당이익과 연결 희석주당이익의 계산식의 분자를 요약하면 다음과 같다. 분모는 연결 기본주당이익의 경우 지배기업의 유통보통주식수이고, 연결 희석주당이익의 경우에는 지배기업의 유통보통주식수에 조정주식수를 가산한 주식수이다.

연결 기본주당이익의 분자
＝지배기업 당기순이익－지배기업 발행 우선주의 배당금
＋지배기업 보유 종속기업 보통주식수×종속기업 **기본주당이익**
＋지배기업 보유 종속기업 전환우선주식수×**1주당 배당금**

연결 희석주당이익의 분자
＝지배기업 당기순이익－지배기업 발행 우선주의 배당금
＋지배기업 보유 종속기업 보통주식수×종속기업 **희석주당이익**
＋지배기업 보유 종속기업 전환우선주의 전환될 보통주식수×종속기업 **희석주당이익**
＋지배기업 보유 종속기업 신주인수권의 조정주식수×종속기업 **희석주당이익**

위의 계산식에 따라 (예 6)과 (예 7)을 통해 연결 기본주당이익과 연결 희석주당이익의 계산과정을 설명한다.

예 6 연결 기본주당이익 및 희석주당이익의 계산(1)

연결 희석주당이익의 계산에 필요한 ㈜지배와 ㈜종속의 자료는 다음과 같다.

(1) ㈜지배
① 별도재무제표 당기순이익 ₩1,000,000, 우선주 배당금 ₩250,000
② 당기 유통보통주식수 : 2,000주
③ ㈜지배가 소유하고 있는 ㈜종속 발행 금융상품
– ㈜종속의 보통주 600주(지분율 60%)
– ㈜종속의 전환우선주 100주(보통주 전환비율 1 : 1, 1주당 배당금 ₩100)

(2) ㈜종속
① 당기순이익 : ₩300,000
② 당기 유통보통주식수 : 1,000주
③ 전환우선주 : 500주(보통주 전환비율 1 : 1, 1주당 배당금 ₩100)

단계 1 : ㈜종속의 기본주당이익과 희석주당이익의 계산

기본주당이익 = (당기순이익 – 우선주배당금)÷유통보통주식수
= (₩300,000 – 500주×₩100)÷1,000주
= ₩250

희석주당이익 = (당기순이익 – 우선주배당금 + 우선주배당금[(1)])÷(유통보통주식수 + 조정주식수[(2)])
= (₩300,000 – 500주×₩100 + 500주×₩100)÷(1,000주 + 500)
= ₩200

(1) 전환우선주가 전환되었다고 가정하면 우선주배당금을 지급하지 않을 것이므로 희석주당이익 계산식의 분자에 가산 조정
(2) 전환우선주의 조정주식수 = 500주×1(전환비율) = 500주

단계 2 : 연결 기본주당이익의 계산

연결기본주당이익 = (㈜지배 당기순이익 – 우선주배당금 + 보유 중인 종속기업 보통주식수×기본주당이익 + 보유 중인 종속기업 전환우선주식수×주당 배당금)÷유통보통주식수
= (₩1,000,000 – 250,000 + 600주×₩250[(3)] + 100주×₩100[(4)])/2,000주
= ₩455

(3) 종속기업 기본주당이익
(4) 전환우선주의 주당 배당금

단계 3 : 연결 희석주당이익의 계산

연결희석주당이익 = (당기순이익 − 우선주배당금 + 보유 중인 종속기업 보통주식수×희석주당이익 + 보유 중인 종속기업 전환우선주의 보통주 전환주식수×희석주당이익) ÷유통보통주식수

= (₩1,000,000 − 250,000 + 600주×₩200(5) + 100주×₩200(5))/2,000주

= ₩445 < ₩455 연결기본주당이익(한도)

(5) 종속기업 희석주당이익

예 7 연결 기본주당이익 및 희석주당이익의 계산(2)[6)]

연결주당이익 계산을 위한 ㈜지배와 ㈜종속의 자료는 다음과 같다. 내부거래 미실현이익은 없다.

(1) ㈜지배
- ① 별도재무제표 당기순이익 ₩130,000, 우선주 배당금 ₩10,000
- ② 당기 유통보통주식수 : 10,000주
- ③ ㈜지배가 소유하고 있는 ㈜종속의 금융상품
  - ㈜종속의 보통주 800주
  - ㈜종속의 전환우선주 300주(보통주 전환비율 1 : 1, 1주당 배당금 ₩10)
  - ㈜종속의 보통주를 매입할 수 있는 신주인수권 20개

(2) ㈜종속
- ① 당기순이익 : ₩58,000
- ② 당기 유통보통주식수 : 1,000주
- ③ 전환우선주 : 400주(보통주 전환비율 1 : 1, 1주당 배당금 ₩10)
- ④ 전기 발행 신주인수권 : ㈜종속의 보통주를 매입할 수 있는 권리 100개(행사가격 ₩80, 보통주 1주의 평균시장가격 ₩200). 당기 중에 신주인수권 행사는 없음

단계 1 : ㈜종속의 기본주당이익과 희석주당이익의 계산

기본주당이익 = {₩58,000 − 400주×₩10(우선주배당금)}÷1,000주

= ₩54

희석주당이익 = (₩58,000 − 400주×₩10 + 400주×₩10(1))÷(1,000주 + 400(2) + 60(3))

= ₩40

(1) 전환우선주가 전환되었다고 가정하면 배당금을 지급하지 않을 것이므로 우선주배당금을 희석주당이익 계산식의 분자에서 가산 조정하여 배당금 지급 효과 제거

(2) 전환우선주의 조정주식수 = 400주×1(전환비율) = 400주

(3) 신주인수권의 조정주식수 = 100주 − 100주×(₩80/₩200) = 60주

---

6) 기준서 제1033호의 적용사례 10 수정

단계 2 : 연결 기본주당이익의 계산

연결 기본주당이익 = (₩130,000 − 10,000 + 800주 × ₩54(4) + 300주 × ₩10(5)) ÷ 10,000주

= ₩16.62

(4) 종속기업 기본주당이익
(5) 전환우선주의 주당 배당금

단계 3 : 연결 희석주당이익의 계산

희석주당이익 = (₩130,000 − 10,000 + 800주 × ₩40(6) + 300주(7) × ₩40(6) + 12주(8) × ₩40(6)) ÷ 10,000주

= ₩16.45 < ₩16.62 연결 기본주당이익(한도)

(6) 종속기업 희석주당이익
(7) 지배기업 소유 종속기업 전환우선주의 전환될 보통주식수
(8) 지배기업 소유 종속기업의 신주인수권의 조정주식수 = 20주 − 20 × 80/200 = 12주

지배기업 또는 종속기업이 발행한 잠재적 보통주가 무조건 발행한 기업의 보통주로 전환되는 것은 아니다. 지배기업이 발행한 잠재적 보통주가 종속기업의 보통주로 전환되거나, 종속기업이 발행한 잠재적 보통주가 지배기업의 보통주로 전환되는 경우도 있다. 이러한 경우에 희석주당이익은 [표 2]와 같이 계산한다(1033:A11,A12).

| 표 2 | 발행한 기업의 보통주로 전환되지 않는 잠재적보통주가 있는 경우

구분	희석주당이익 계산 방법
지배기업이 발행한 잠재적 보통주가 종속기업의 보통주로 전환될 수 있는 경우	보통주로 전환된다고 가정하고 분자(지배기업 보통주에 귀속되는 당기순손익)에 미치는 세후 금액을 조정한다. 그러나 잠재적 보통주는 종속기업의 보통주식수에만 영향을 미치므로 분모의 지배기업 보통주식수는 영향을 받지 않는다.
종속기업이 발행한 잠재적 보통주가 지배기업의 보통주로 전환될 수 있는 경우	이는 지배기업의 잠재적 보통주에 해당하므로 지배기업의 희석주당이익 계산에만 포함한다.

4 연결현금흐름표

4.1 작성방법

연결현금흐름표를 작성할 때 두 가지 방법이 가능하다. 첫 번째 방법은 개별현금흐름표를 작성하는 것과 동일하게 연결재무상태표와 연결손익계산서를 이용하여 보고기간 중에 발생한 현금의 유입과 유출을 영업활동, 투자활동 및 재무활동으로 분류하여 당기 현금및현금성자산의 증감을 계산하고, 여기에 기초 현금및현금성자산을 가산하여 기말 현금및현금성자산을 표시하는 방식으로 연결현금흐름표를 작성하는 방법이다. 두 번째 방법은 지배기업과 종속기업이 각각 작성한 현금흐름표를 단순합산한 후에 연결실체 내부에서 발생한 현금흐름을 상계하여 작성하는 방법이다.

첫 번째 방법보다 두 번째 방법이 실무상 적용하기가 수월하다. 본절에서도 두 번째 방법에 기초하여 연결현금흐름표를 작성할 때 상계하는 항목을 중심으로 설명한다.

4.2 연결 실체 관점에서 현금흐름의 분류

2025년에 기준서 제1118호 '재무제표의 표시와 공시'가 제정되어 손익계산서의 수익, 비용을 영업 범주, 투자 범주, 재무 범주, 법인세 범주 및 중단영업 범주로 분류하여 표시하며, 이에 따라 기준서 제1007호 '현금흐름표'의 현금흐름 분류도 일부 변경되었다. 또한 기준서 제1118호가 특정 유형의 자산에 투자하거나 고객에게 금융을 제공하는 것을 주된 사업활동으로 하는 기업과 그렇지 않은 일반 기업의 수익, 비용의 범주 분류를 다르게 규정하고 있으므로 그에 따라 현금흐름표의 현금흐름도 다르게 분류한다. 기준서 제1118호에 따르면 영업활동 현금흐름을 간접법으로 표시할 때 당기순손익이 아니라 영업손익에 가감 조정을 하여 영업활동 현금흐름을 계산한다. 현금흐름표의 세부적인 작성 과정은 중급회계를 참조하라.

개별 기업의 현금흐름표는 중급회계에서 설명하였으므로 본절에서는 연결실체의 현금흐름표와 개별 기업의 현금흐름표의 차이를 일반 기업을 중심으로 설명한다.

개별현금흐름표와 달리 연결현금흐름표를 작성할 때 현금흐름의 분류에 유의하여야 할 항목을 다음의 [표 3]에 요약하였다.

| 표 3 | 연결현금흐름표의 현금흐름 분류

구분	현금흐름의 분류
종속기업에 대한 지배력의 취득 또는 상실에 따른 현금흐름	투자활동 현금흐름으로 분류
지배력의 변동 없이 종속기업 지분의 추가 취득 및 일부 처분에 따른 현금흐름	재무활동 현금흐름으로 분류
종속기업이 비지배지분에 지급한 현금배당금	재무활동 현금흐름으로 분류

지배기업이 종속기업의 지배력을 취득할 경우 유출된 현금흐름이나 지배기업이 소유하던 종속기업 지분을 처분하여 지배력을 상실하는 경우 유입된 현금흐름은 모두 투자활동 현금흐름으로 분류한다. 그러나 종속기업투자를 처분하였지만 지배력을 상실하지 않은 경우에는 유입된 현금흐름을 재무활동 현금흐름으로 분류한다. 이는 제5장에서 설명한 바와 같이 지배력을 상실하지 않은 종속기업 지분의 처분을 자본거래로 간주하기 때문에 자본거래에서 발생한 현금흐름을 재무활동 현금흐름으로 분류하는 것이다.

종속기업이 지급한 현금배당금 중 지배기업이 수취한 금액은 내부거래로서 제거되었을 것이다. 따라서 연결실체의 관점에서 종속기업의 현금배당금 중 비지배지분에게 지급한 현금배당금만 현금유출이며, 재무활동 현금흐름으로 분류한다.[7)]

[표 3]의 첫 번째 경우인 당기 중에 종속기업의 지배력을 취득했을 때 지배기업의 현금흐름표와 연결현금흐름표의 현금흐름 표시방법을 다음의 (예 8)을 통하여 비교하기로 한다.

예 8 연결현금흐름표(1)

갑회사는 당기 중에 을회사의 발행 보통주 중 80%를 ₩2,400에 취득하여 지배기업이 되었다. 갑회사의 현금흐름표에는 당기 중에 종속기업투자 취득에 따른 ₩2,400의 현금유출이 투자활동 현금흐름으로 표시된다. 갑회사의 기초 현금이 ₩3,000이고, 당기 중에 종속기업투자 취득거래만 발생하였다면 당기 현금흐름표를 다음과 같이 작성한다.

7) 기준서 제1118호가 제정되기 전까지는 이자 수취, 배당금 수취, 이자 지급, 배당금 지급의 현금흐름을 기업이 선택할 수 있었으나, 기준서 제1118호가 제정되면서 일반 기업은 이자 수취와 배당금 수취를 투자활동 현금유입으로, 이자 지급 및 배당금 지급은 재무활동 현금유출로 분류한다.

〈별도현금흐름표〉

……	
투자활동 현금흐름	
종속기업투자의 취득	(2,400)
……	
현금및현금성자산의 순증감	(2,400)
기초 현금및현금성자산	3,000
기말 현금및현금성자산	600

을회사의 기초 및 기말 현금이 모두 ₩200이며, 다른 현금흐름 거래가 없다고 가정하고 연결현금흐름표를 작성해 보자.

다음에서 보는 바와 같이 갑회사 현금흐름표와 을회사 현금흐름표를 단순합산한 후 갑회사 현금흐름표의 종속기업 취득에 따른 현금유출 ₩200과 을회사 기초 현금 ₩200을 함께 제거하면 연결현금흐름표의 금액이 표시된다.

	갑회사 현금흐름표	을회사 현금흐름표	연결 현금흐름표
……			
투자활동 현금흐름			
종속기업의 취득	(2,400)	–	(2,200)⁽¹⁾
……			
현금및현금성자산의 순증감	(2,400)	–	(2,200)
기초 현금및현금성자산	3,000	200	3,000⁽²⁾
기말 현금및현금성자산	600	200	800⁽³⁾

(1) ₩2,400(을회사 지분 취득 시 지급한 현금) − 200(취득일 현재 을회사 보유 현금) = ₩2,200

(2) 을회사를 회계기간 중에 취득하였으므로 기초 현금및현금성자산에는 지배력 취득일 현재 을회사가 보유하고 있던 현금 ₩200은 포함되어 있지 않다.

(3) ₩600(기말 현재 갑회사 보유 현금) + 200(기말 현재 을회사 보유 현금) = ₩800

(예 8)에서 보는 바와 같이 지배기업이 종속기업을 취득하였다면 지배기업의 현금흐름표에는 종속기업투자의 취득으로 인한 현금유출 ₩2,400을 투자활동 현금흐름으로 분류한다. 반면에 연결현금흐름표에는 종속기업의 취득에 따른 총현금유출 ₩2,400에서 취득일 현재 종속기업 보유 현금 ₩200을 차감한 ₩2,200의 순현금유출을 투자활동 현금흐름으로 분류한다. 그리고 종속기업이 보유한 현금을 연결현금흐름표의 기말 현금및현금성자산에 포함시킨다.

[표 3]의 두 번째 경우인 당기 중에 종속기업 지분을 추가 취득했을 때 지배기업의 현금흐

름표와 연결현금흐름표의 현금흐름 표시방법을 다음의 (예 9)를 통하여 비교한다.

예 9 연결현금흐름표(2)

갑회사는 을회사의 발행 보통주 70%를 보유하는 지배기업인데, 당기 중에 을회사의 보통주 10%를 ₩2,000에 추가 취득하였다. 갑회사의 현금흐름표에는 당기 중에 종속기업투자 추가 취득에 따른 ₩2,000의 현금유출이 투자활동 현금흐름으로 표시된다. 갑회사의 기초 현금이 ₩3,000이고, 당기 중에 종속기업투자의 취득거래만 발생하였다면 당기 현금흐름표를 다음과 같이 작성한다.

〈별도현금흐름표〉

……	
투자활동 현금흐름	
종속기업투자의 취득	(2,000)
……	
현금및현금성자산의 순증감	(2,000)
기초 현금및현금성자산	3,000
기말 현금및현금싱자산	1,000

을회사의 기초 및 기말 현금이 모두 ₩200이며, 다른 현금흐름 거래가 없다고 가정하고 연결현금흐름표를 작성해 보자.

다음에서 보는 바와 같이 갑회사 현금흐름표와 을회사 현금흐름표를 단순합산한 후 투자활동 현금흐름으로 분류되어 있는 종속기업 취득에 따른 현금유출 ₩2,000을 재무활동 현금흐름으로 재분류하면 연결현금흐름표의 금액이 표시된다.

	갑회사 현금흐름표	을회사 현금흐름표	연결현금흐름표
……			
투자활동 현금흐름			
종속기업의 취득	(2,000)	–	
재무활동 현금흐름			
종속기업의 취득			(2,000)⁽¹⁾
……			
현금및현금성자산의 순증감	(2,000)	–	(2,000)
기초 현금및현금성자산	3,000	200	3,200⁽²⁾
기말 현금및현금성자산	1,000	200	1,200⁽²⁾

(1) 종속기업투자 추가 취득으로 인한 현금유출을 재무활동으로 분류
(2) 갑회사의 현금 기초잔액 ₩3,000과 기말잔액 ₩1,000에 을회사의 기초 및 기말현금 잔액 ₩200을 각각 가산한 금액임

[표 3]의 세 번째 경우인 당기 중에 종속기업이 현금배당금을 지급했을 때 지배기업의 현금흐름표와 연결현금흐름표의 현금흐름 표시방법을 다음의 (예 10)을 통하여 비교한다.

예 10 연결현금흐름표(3)

P회사는 S회사 지분 80%를 소유하는 지배기업이다. 당기 중에 S회사가 ₩1,000의 현금배당금을 지급하였다. 이 경우 연결현금흐름표를 작성해 보자.

S회사가 지급한 현금배당금 ₩1,000을 S회사의 현금흐름표에는 재무활동 현금유출액으로 표시하며, 이 중 P회사가 수취한 ₩800은 P회사의 현금흐름표에 투자활동 현금유입액으로 표시한다. 그런데 ₩800만큼의 현금배당은 연결실체 내에서의 내부거래이므로 연결현금흐름표에는 표시하지 않으며, 연결실체 외부로 유출된 비지배지분에 지급한 현금배당금만 재무활동 현금유출로 표시한다. 따라서 다음에서 보는 바와 같이 P회사 현금흐름표와 S회사 현금흐름표를 단순합산한 후 배당금 수취 ₩800과 배당금 지급 ₩800을 상계하면 배당금 지급 ₩200만 연결현금흐름표에 표시된다.

	P회사 현금흐름표	S회사 현금흐름표	연결현금흐름표
……			
투자활동 현금흐름			
배당금 수취	800	–	–
재무활동 현금흐름			
배당금 지급	–	(1,000)	(200)
현금및현금성자산의 순증감	800	(1,000)	(200)

4.3 내부거래 및 내부미실현손익이 있는 경우

연결실체의 내부거래 및 미실현손익은 현금흐름에 영향을 미치지 않는다. 연결재무상태표나 연결손익계산서를 작성할 때 내부거래 및 미실현손익을 상계제거하는 것과 마찬가지로 연결현금흐름표를 작성할 때에도 단순합산 현금흐름표에서 내부거래 및 미실현손익의 제거 부분을 조정하면 된다.

예 11 연결현금흐름표(4)

지배기업인 P회사는 당기에 종속기업인 S회사에 원가 ₩1,000의 재고자산을 ₩1,500에 외상판매하였다. S회사는 당기 말 현재 P회사로부터 매입한 상품을 모두 보유하고 있으며, 매입채무도 결제하지 않은 상태이다. 이 거래만 있다고 가정하고 P회사와 S회사의 개별현금흐름표와 연결현금흐름표(간접법)를 작성해 보자.

개별현금흐름표의 작성을 수월하게 하기 위해 상기 내부거래를 분개하면 다음과 같다.

<P회사>

(차) 매 출 채 권	1,500	(대) 매 출	1,500
(차) 매 출 원 가	1,000	(대) 재 고 자 산	1,000

<S회사>

(차) 재 고 자 산	1,500	(대) 매 입 채 무	1,500

당기에 위의 거래만 발생하였다고 가정하면 P회사의 현금흐름표에는 매출총이익 ₩500이 영업이익에 포함되며, 매출채권의 증가 ₩1,500과 재고자산의 감소 ₩1,000이 표시된다. 한편, S회사의 현금흐름표에는 재고자산의 증가 ₩1,500과 매입채무의 증가 ₩1,500이 표시되고 영업이익에 영향이 없다. 따라서 다음에서 보는 바와 같이 P회사 현금흐름표와 S회사 현금흐름표를 단순합산한 후 매출채권 증가 ₩1,500과 매입채무 증가 ₩1,500을 상계한다. 또한 P회사 영업이익 ₩500이 미실현이익 ₩500 제거를 통해 연결영업이익이 ₩0이 되므로 연결현금흐름표에는 아무런 금액도 표시되지 않는다.

	P회사 현금흐름표	S회사 현금흐름표	연결현금흐름표
영업이익[8)]	500	–	–
매출채권의 (증가)	(1,500)	–	–
재고자산의 (증가)감소	1,000	(1,500)	–
매입채무의 증가	–	1,500	–
영업활동 현금흐름	–	–	–

8) 기준서 제1118호의 제정으로 기준서 제1007호의 현금흐름표도 일부 개정되었는데, 영업활동 현금흐름을 간접법으로 표시할 때 당기순손익이 아니라 영업손익에 가감항목을 조정한다.

5 연결실체 내 기업의 주식기준보상거래

5.1 연결실체 내 기업의 주식기준보상거래의 의의

연결실체 내 주식기준보상거래는 거래상대방으로부터 재화나 용역을 제공받는 연결실체 내 기업과 그 대가를 결제하는 연결실체 내 기업이 다를 수 있다. 예를 들어, 지배기업이 상장기업이고 신약개발을 목적으로 설립한 종속기업(비상장기업)이 있는 경우, 신약개발의 성과를 촉진하기 위하여 지배기업의 주식에 대한 주식선택권을 종속기업의 임직원에게 부여하는 경우가 여기에 해당한다.

5.2 재화나 용역을 제공받는 연결실체 내 기업

재화나 용역을 제공받는 기업은 자신의 별도재무제표에 부여된 권리의 속성 및 재화나 용역을 제공받는 기업의 권리와 의무를 평가하여 제공받는 재화나 용역을 측정한다. 이때 재화나 용역을 제공받는 기업이 인식하는 금액은 주식기준보상거래를 결제하는 연결실체나 연결실체 내 다른 기업이 인식하는 금액과 다를 수도 있다(1102:43A).

재화나 용역을 제공받는 기업은 다음의 어느 하나에 해당하면 제공받는 재화나 용역을 주식결제형 주식기준보상거래로 측정한다(1102:43B).

(1) 부여된 권리가 기업 자신의 지분상품이다.
(2) 기업은 주식기준보상거래를 결제할 의무가 없다.

그 밖의 모든 상황에서 재화나 용역을 제공받는 기업은 제공받는 재화나 용역을 현금결제형 주식기준보상거래로 측정한다.

5.3 주식기준보상거래의 대가를 결제하는 연결실체 내 기업

연결실체 내 다른 기업이 재화나 용역을 제공받을 때, 주식기준보상거래를 결제하는 기업은 해당 거래가 기업 자신의 지분상품으로 결제되는 경우에만 그 거래를 주식결제형 주식기준보상거래로 측정한다. 그 밖의 경우에는 해당 거래를 현금결제형 주식기준보상거래로 인식한다(1102:43C).

예 12 연결실체 내 기업의 주식기준보상거래 회계처리

20×1년 초에 지배기업인 갑회사는 종속기업인 을회사 종업원 50명에게 3년 동안 근무할 것을 조건으로 주식선택권 100개씩을 각각 부여하였다. 부여일 현재 주식선택권의 공정가치는 ₩30이다. 20×1년 말 현재 을회사 종업원 중 90%가 3년의 근로제공조건을 충족할 것으로 예상된다.

종속기업인 을회사(재화나 용역을 제공받는 기업)의 개별재무제표의 회계처리는 다음과 같다.

<20×1년 말>

(차) 보 상 비 용	45,000(1)	(대) 자 본 항 목	45,000(2)

(1) 50명×90%×100개×₩30×1/3 = ₩45,000
(2) 지배기업으로부터 출자로 본다.

지배기업인 갑회사(대가를 결제하는 기업)의 별도재무제표의 회계처리는 다음과 같다.

<20×1년 말>

(차) 종 속 기 업 투 자	45,000(3)	(대) 주 식 선 택 권	45,000

(3) 을회사 종업원이 갑회사에 용역을 제공하지 않았으므로 보상비용을 인식하지 않는다. 대신 종속기업에 대한 투자로 회계처리한다.

연결재무제표를 작성할 때 을회사가 인식한 자본항목과 갑회사가 인식한 종속기업투자를 상계하면, 연결재무제표에는 보상비용과 주식선택권만 표시된다.

1. 상호소유와 간접지배의 복합형일 경우 연결

다음의 [그림 1]은 갑회사가 을회사를 지배하고, 을회사는 병회사를 지배하는 간접지배 형태이면서 동시에 갑회사와 을회사 간에 상호소유가 있는 지배·종속 관계를 보여주고 있다.

| 그림 1 | 상호소유와 간접지배(1)

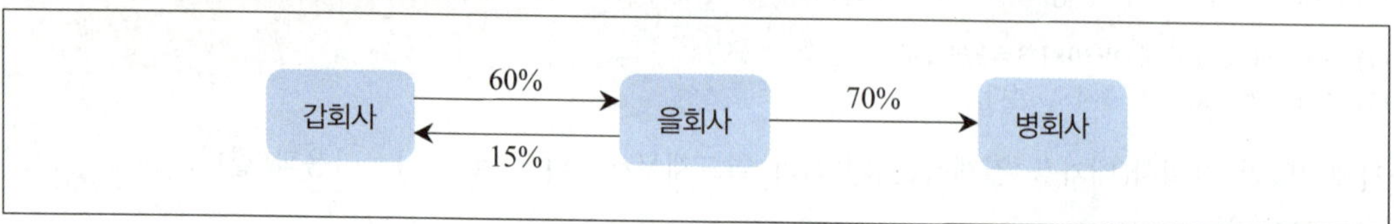

이러한 경우에는 일단 을회사와 병회사에 대한 연결조정분개를 하고, 갑회사와 을회사는 상호소유에 해당하므로 자기주식 접근방법 또는 전통적 접근방법에 따라 연결조정분개를 하면 된다.

다음의 [그림 2]는 갑회사가 을회사를 지배하고, 을회사는 병회사를 지배하는 간접지배 형태이면서 동시에 을회사와 병회사 간에 상호소유가 있는 지배·종속 관계를 보여주고 있다.

| 그림 2 | 상호소유와 간접지배(2)

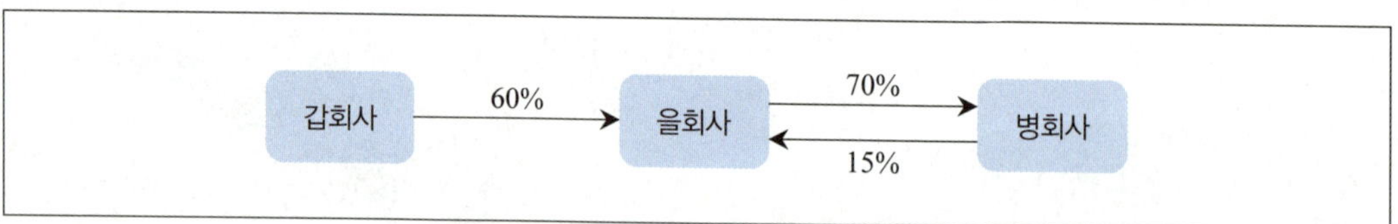

[그림 2]의 경우에도 을회사와 병회사 간의 상호소유에 대해서는 자기주식 접근방법 또는 전통적 접근방법을 적용할 수 있으며, 다른 모든 연결조정분개는 [그림 1]의 경우와 동일하다.

예 1 상호소유와 간접지배(1)

20×1년 초에 A회사는 B회사 지분 60%를 ₩85,000에 취득하였으며, B회사는 C회사 지분 70%를 ₩50,000에 취득하였다. 또한 B회사는 A회사 지분 15%를 ₩59,000에 취득하고 원가법으로 평가하였다. 20×1년도의 세 회사의 재무제표는 다음과 같으며, 지분 취득일 현재 세 회사의 순자산의 장부금액과 공정가치는 동일하다.

과목	A회사	B회사	C회사
수익	₩650,000	₩100,000	₩50,000
비용	(620,000)	(80,000)	(40,000)
당기순이익	₩30,000	₩20,000	₩10,000
자산(종속기업투자 제외)	₩615,000	₩191,000	₩100,000
B회사투자	85,000	–	–
A회사투자	–	59,000	–
C회사투자	–	50,000	–
합계	₩700,000	₩300,000	₩100,000
부채	₩280,000	₩140,000	₩20,000
자본금	300,000	100,000	50,000
자본잉여금	10,000	–	–
이익잉여금	110,000	60,000	30,000
합계	₩700,000	₩300,000	₩100,000

자기주식 접근법과 전통적 접근법을 각각 적용하여 연결재무제표를 작성 과정을 설명한다.

1. 자기주식 접근법 적용

B회사가 소유한 A회사 투자를 고려하지 않는다면, 일반적인 간접지배와 유사하다. 다만, B회사가 소유한 A회사 투자를 자기주식으로 대체하는 연결조정분개만 추가하면 된다.

〈연결조정분개〉

(1) B회사와 C회사의 연결

① B회사 소유 C회사 종속기업투자와 지배력 취득시점의 C회사 자본의 상계제거

(차)	자본금	50,000	(대)	C회사투자	50,000
	이익잉여금	20,000(1)		비지배지분	21,000(2)
	영업권	1,000			

(1) C회사의 20×1년 초 이익잉여금

(2) ₩70,000×30% = ₩21,000

② C회사 당기순이익으로 인한 순자산 변동 중 비지배지분 해당액

(차) 이 익 잉 여 금	3,000	(대) 비 지 배 지 분	3,000[(3)]

(3) ₩10,000×30%=₩3,000

(2) A회사와 B회사의 연결

③ A회사 소유 B회사 종속기업투자와 지배력 취득시점의 B회사 자본의 상계제거

(차) 자 본 금	100,000	(대) B 회 사 투 자	85,000
이 익 잉 여 금	40,000	비 지 배 지 분	56,000[(4)]
영 업 권	1,000		

(4) (₩100,000+40,000)×40%=₩56,000

④ B회사 소유 A회사 투자의 자기주식 대체

(차) 자 기 주 식	59,000	(대) A 회 사 투 자	59,000

⑤ B회사 당기순이익으로 인한 순자산 변동 중 비지배지분 해당액

(차) 이 익 잉 여 금	10,800	(대) 비 지 배 지 분	10,800[(5)]

(5) {₩20,000(B회사 당기순이익)+10,000(C회사 당기순이익)×70%}×40%=₩10,800

〈20×1년도 연결정산표〉

과목	A회사	B회사	C회사	연결조정분개		연결 재무제표
				차변	대변	
수 익	₩650,000	₩100,000	₩50,000			₩800,000
비 용	(620,000)	(80,000)	(40,000)			(740,000)
당 기 순 이 익	₩30,000	₩20,000	₩10,000	–	–	₩60,000
자산(종속기업투자 제외)	₩615,000	₩191,000	₩100,000			₩906,000
B 회 사 투 자	85,000	–	–		③85,000	–
A 회 사 투 자	–	59,000	–		④59,000	
C 회 사 투 자	–	50,000	–		①50,000	–
영 업 권	–	–	–	①1,000 ③1,000		2,000
합 계	₩700,000	₩300,000	₩100,000			₩908,000
부 채	₩280,000	₩140,000	₩20,000			₩440,000
자 본 금	300,000	100,000	50,000	①50,000 ③100,000		300,000
자 본 잉 여 금	10,000	–	–			10,000

이 익 잉 여 금	110,000	60,000	30,000	①20,000 ②3,000 ③40,000 ⑤10,800		126,200
자 기 주 식	–	–	–	④59,000		(59,000)
비 지 배 지 분	–	–	–		①21,000 ②3,000 ③56,000 ⑤10,800	90,800*
합 계	₩700,000	₩300,000	₩100,000	₩284,800	₩284,800	₩908,000

* 비지배지분 = ₩80,000(20×1년 말 C회사 순자산)×30% + {₩160,000(20×1년 말 B회사 순자산) + 10,000(지배력 취득 후 B회사 순자산 증가분)×70%}×40%
= ₩90,800

2. 전통적 접근법 적용

A회사, B회사 및 C회사의 조정 후 당기순이익을 각각 a, b, c라고 하면 다음과 같은 연립방정식을 세울 수 있다.

a = 30,000 + 0.6b

b = 20,000 + 0.15a + 0.7c

c = 10,000

위의 연립방정식을 풀면

a = ₩50,769, b = ₩34,615, c = ₩10,000

조정 후 당기순이익을 지배기업 소유주와 비지배지분에 배분한 결과는 다음과 같다.

지배기업 소유주 귀속 당기순이익	₩50,769×85%* =	₩43,154
비지배지분 귀속 당기순이익	34,615×40% + 10,000×30% =	16,846
연결당기순이익		₩60,000

* B회사가 A회사의 지분 15%를 소유하고 있으므로 A회사의 조정 후 당기순이익 중 85%가 A회사에 귀속되는 것으로 본다.

〈연결조정분개〉

(1) B회사와 C회사의 연결

① B회사 소유 C회사 종속기업투자와 지배력 취득시점의 C회사 자본의 상계제거

(차) 자본금	50,000	(대) C회사투자	50,000
이익잉여금	20,000(1)	비지배지분	21,000(2)
영업권	1,000		

(1) C회사의 20×1년 초 이익잉여금
(2) ₩70,000×30%＝₩21,000

② C회사 당기순이익으로 인한 순자산 변동 중 비지배지분 해당액

(차) 이익잉여금	3,000	(대) 비지배지분	3,000(3)

(3) ₩10,000×30%＝₩3,000

(2) A회사와 B회사의 연결

③ A회사 소유 B회사 종속기업투자와 지배력 취득시점의 B회사 자본의 상계제거

(차) 자본금	100,000	(대) B회사투자	85,000
이익잉여금	40,000	비지배지분	56,000(4)
영업권	1,000		

(4) (₩100,000＋40,000)×40%＝₩56,000

④ B회사 소유 A회사 투자와 주식 취득시점의 A회사 자본의 상계제거

(차) 자본금	45,000(5)	(대) A회사투자	59,000
자본잉여금	1,500(6)		
이익잉여금	12,000(7)		
자본잉여금	500(8)		

(5) ₩300,000×15%＝₩45,000
(6) ₩10,000×15%＝₩1,500
(7) ₩80,000(20×1년 초 이익잉여금)×15%＝₩12,000
(8) B회사 소유 A회사 투자지분 취득원가와 A회사 자본 상계제거 시 차액은 영업권이 아니라 자본잉여금에서 조정

⑤ B회사 당기순이익으로 인한 순자산 변동 중 비지배지분 해당액

(차) 이익잉여금	13,846	(대) 비지배지분	13,846(9)

(9) ₩34,615(조정 후 B회사 20×1년 당기순이익)×40%＝₩13,846

〈20×1년도 연결정산표〉

과목	A회사	B회사	C회사	연결조정분개 차변	연결조정분개 대변	연결 재무제표
수익	₩650,000	₩100,000	₩50,000			₩800,000
비용	(620,000)	(80,000)	(40,000)			(740,000)
당기순이익	₩30,000	₩20,000	₩10,000	–	–	₩60,000
자산(종속기업투자 제외)	₩615,000	₩191,000	₩100,000			₩906,000
B회사투자	85,000	–	–		③85,000	–
A회사투자	–	59,000	–		④59,000	
C회사투자	–	50,000	–		①50,000	–
영업권	–	–	–	①1,000 ③1,000		2,000
합계	₩700,000	₩300,000	₩100,000			₩908,000
부채	₩280,000	₩140,000	₩20,000			₩440,000
자본금	300,000	100,000	50,000	①50,000 ③100,000 ④45,000		255,000
자본잉여금	10,000	–	–	④1,500 ④500		8,000
이익잉여금	110,000	60,000	30,000	①20,000 ②3,000 ③40,000 ④12,000 ⑤13,846		111,154
비지배지분	–	–	–		①21,000 ②3,000 ③56,000 ⑤13,846	93,846*
합계	₩700,000	₩300,000	₩100,000	₩287,846	₩287,846	₩908,000

* 비지배지분 = ₩80,000(20×1년 말 C회사 순자산)×30% + {₩160,000(20×1년 말 B회사 순자산)
+ 14,615(조정으로 인한 B회사 당기순이익 증가분)}×40%
= ₩93,846

예 2 상호소유와 간접지배(2)

20×1년 초에 A회사는 B회사 지분 60%를 ₩85,000에 취득하였으며, B회사는 C회사 지분 70%를 ₩50,000에 취득하였고, C회사는 B회사 지분 15%를 ₩20,000에 취득하였다. 20×1년도의 세 회사의 재무제표는 다음과 같으며, 지분 취득일 현재 세 회사의 순자산의 장부금액과 공정가치는 동일하다.

과목	A회사	B회사	C회사
수 익	₩650,000	₩100,000	₩50,000
비 용	(620,000)	(80,000)	(40,000)
당 기 순 이 익	₩30,000	₩20,000	₩10,000
자산(종속기업투자 제외)	₩615,000	₩250,000	₩80,000
B 회 사 투 자	85,000	–	20,000
C 회 사 투 자	–	50,000	–
합 계	₩700,000	₩300,000	₩100,000
부 채	₩280,000	₩140,000	₩20,000
자 본 금	300,000	100,000	50,000
이 익 잉 여 금	120,000	60,000	30,000
합 계	₩700,000	₩300,000	₩100,000

자기주식 접근법과 전통적 접근법을 각각 적용하여 연결재무제표를 작성 과정을 설명한다.

1. 자기주식 접근법 적용

<연결조정분개>

(1) B회사와 C회사의 연결

① B회사 소유 C회사 종속기업투자와 지배력 취득시점의 C회사 자본의 상계제거

(차)	자 본 금	50,000	(대) C 회 사 투 자	50,000
	이 익 잉 여 금	20,000[(1)]	비 지 배 지 분	21,000[(2)]
	영 업 권	1,000		

(1) C회사의 20×1년 초 이익잉여금

(2) ₩70,000×30% = ₩21,000

② C회사 소유 B회사 투자의 자기주식 대체

(차)	자 기 주 식	20,000	(대) B 회 사 투 자	20,000

③ C회사 당기순이익으로 인한 순자산 변동 중 비지배지분 해당액

(차) 이 익 잉 여 금 3,000 (대) 비 지 배 지 분 3,000(3)

(3) ₩10,000(C회사 20×1년 당기순이익)×30% = ₩3,000

(2) A회사와 B회사의 연결

④ A회사 소유 B회사 투자와 지배력 취득시점의 B회사 자본의 상계제거

(차)	자 본 금	100,000	(대) B 회 사 투 자	85,000
	이 익 잉 여 금	40,000(4)	비 지 배 지 분	56,000(5)
	영 업 권	1,000		

(4) B회사의 20×1년 초 이익잉여금
(5) (₩100,000 + 40,000)×40% = ₩56,000

⑤ B회사 당기순이익으로 인한 순자산 변동 중 비지배지분 해당액

(차) 이 익 잉 여 금 10,800 (대) 비 지 배 지 분 10,800(6)

(6) {₩20,000(B회사 당기순이익) + 10,000(C회사 당기순이익)×70%}×40% = ₩10,800

〈20×1년도 연결정산표〉

과목	A회사	B회사	C회사	연결조정분개		연결 재무제표
				차변	대변	
수 익	₩650,000	₩100,000	₩50,000			₩800,000
비 용	(620,000)	(80,000)	(40,000)			(740,000)
당 기 순 이 익	₩30,000	₩20,000	₩10,000	–	–	₩60,000
자산(종속기업투자 제외)	₩615,000	₩250,000	₩80,000			₩945,000
B 회 사 투 자	85,000	–	20,000		②20,000 ④85,000	–
C 회 사 투 자	–	50,000	–		①50,000	–
영 업 권	–	–	–	①1,000 ④1,000		2,000
합 계	₩700,000	₩300,000	₩100,000			₩947,000
부 채	₩280,000	₩140,000	₩20,000			₩440,000
자 본 금	300,000	100,000	50,000	①50,000 ④100,000		300,000
이 익 잉 여 금	120,000	60,000	30,000	①20,000 ③3,000 ④40,000 ⑤10,800		136,200
자 기 주 식	–	–	–	②20,000		(20,000)

비 지 배 지 분	–	–	–		①21,000 ③3,000 ④56,000 ⑤10,800	90,800*
합 계	₩700,000	₩300,000	₩100,000	₩245,800	₩245,800	₩947,000

* 비지배지분 = ₩80,000(20×1년 말 C회사 순자산)×30%
 + {₩160,000(20×1년 말 B회사 순자산) + 10,000(C회사 당기순이익)×70%}×40%
 = ₩90,800

2. 전통적 접근법 적용

A회사, B회사 및 C회사의 조정 후 당기순이익을 각각 a, b, c라고 하면 다음과 같은 연립방정식을 세울 수 있다.

a = 30,000 + 0.6b

b = 20,000 + 0.7c

c = 10,000 + 0.15b

위의 연립방정식을 풀면

a = ₩48,101, b = ₩30,168, c = ₩14,525

조정 후 당기순이익을 지배기업 소유주와 비지배지분에 배분한 결과는 다음과 같다.

지배기업 소유주 귀속 당기순이익		₩48,101
비지배지분 귀속 당기순이익	30,168×25%* + 14,525×30% =	11,899
연결당기순이익		₩60,000

* B회사에 대해서 A회사가 60%의 지분을, C회사가 15%의 지분을 각각 소유하고 있으므로 B회사의 조정 후 당기순이익 중 25%가 비지배지분에 귀속되는 것으로 본다.

〈연결조정분개〉

(1) B회사와 C회사의 연결

① B회사 소유 C회사 종속기업투자와 지배력 취득시점의 C회사 자본의 상계제거

(차) 자 본 금	50,000	(대) C 회 사 투 자	50,000
이 익 잉 여 금	20,000(1)	비 지 배 지 분	21,000(2)
영 업 권	1,000		

(1) C회사의 20×1년 초 이익잉여금
(2) ₩70,000×30% = ₩21,000

② C회사 소유 B회사 종속기업투자와 주식 취득시점의 B회사 자본의 상계제거

(차) 자 본 금	15,000(3)	(대) B 회 사 투 자	20,000
이 익 잉 여 금	6,000(4)	자 본 잉 여 금	1,000(5)

(3) ₩100,000×15% = ₩15,000

(4) ₩40,000(20×1년 초 이익잉여금)×15% = ₩6,000
(5) C회사 소유 B회사 투자지분과 B회사 순자산 가액의 차이는 염가매수차익이 아니라 자본잉여금에서 조정한다.

③ C회사 당기순이익으로 인한 순자산 변동 중 비지배지분 해당액

(차) 이 익 잉 여 금	4,357	(대) 비 지 배 지 분	4,357(6)

(6) ₩14,525(조정 후 C회사 20×1년 당기순이익)×30% = ₩4,357

(2) A회사와 B회사의 연결

④ A회사 소유 B회사 종속기업투자와 지배력 취득시점의 B회사 자본의 상계제거

(차) 자 본 금	85,000(7)	(대) B 회 사 투 자	85,000
이 익 잉 여 금	34,000(8)	비 지 배 지 분	35,000(9)
영 업 권	1,000		

20×1년초 현재 B회사 자본금은 ₩100,000, 이익잉여금은 ₩40,000인데, 이 중 15%는 연결조정분개 ②에서 상계제거하였으므로, 연결조정분개 ④에서는 나머지 85%를 상계제거한다. 단, 비지배지분은 자본금 ₩100,000과 이익잉여금 ₩40,000의 합계액의 25%로 계산하고, 대차 일치금액을 영업권으로 인식한다.

(7) ₩100,000×85% = ₩85,000
(8) ₩40,000(20×1년 초 이익잉여금)×85% = ₩34,000
(9) (₩100,000 + 40,000)×25% = ₩35,000

⑤ B회사 당기순이익으로 인한 순자산 변동 중 비지배지분 해당액

(차) 이 익 잉 여 금	7,542	(대) 비 지 배 지 분	7,542(10)

(10) ₩30,168(조정 후 B회사 20×1년 당기순이익)×25% = ₩7,542

〈20×1년도 연결정산표〉

과목	A회사	B회사	C회사	연결조정분개		연결 재무제표
				차변	대변	
수 익	₩650,000	₩100,000	₩50,000			₩800,000
비 용	(620,000)	(80,000)	(40,000)			(740,000)
당 기 순 이 익	₩30,000	₩20,000	₩10,000	–	–	₩60,000
자산(종속기업투자 제외)	₩615,000	₩250,000	₩80,000			₩945,000
B 회 사 투 자	85,000	–	20,000		②20,000 ④85,000	–
C 회 사 투 자	–	50,000	–		①50,000	–
영 업 권	–	–	–	①1,000 ④1,000		2,000
합 계	₩700,000	₩300,000	₩100,000			₩947,000

부 채	₩280,000	₩140,000	₩20,000			₩440,000
자 본 금	300,000	100,000	50,000	①50,000 ②15,000 ④85,000		300,000
자본잉여금	–	–	–		②1,000	1,000
이익잉여금	120,000	60,000	30,000	①20,000 ②6,000 ③4,357 ④34,000 ⑤7,542		138,101
비지배지분	–	–	–		①21,000 ③4,357 ④35,000 ⑤7,542	67,899*
합 계	₩700,000	₩300,000	₩100,000	₩223,899	₩223,899	₩947,000

* 비지배지분 = {₩80,000(20×1년 말 C회사 순자산) + 30,168(조정 후 B회사 당기순이익)×15%}×30%
+ {₩160,000(20×1년 말 B회사 순자산)
+ 10,168(조정으로 인한 B회사 당기순이익 증가분)}×25%
≒ ₩67,899

2. 순환지배의 연결

[그림 3]은 갑회사가 을회사의 지분 60%를 소유하고, 을회사는 병회사 지분 70%를 소유하며, 병회사는 갑회사 지분 15%를 소유하는 지배·종속 관계를 보여주고 있다.

| 그림 3 | 순환지배

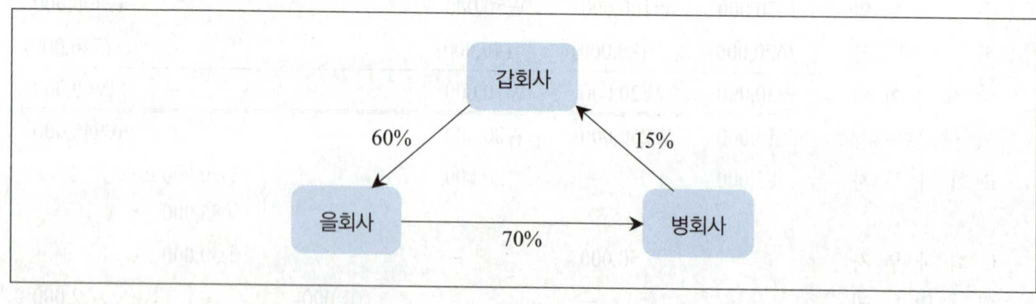

순환지배의 경우 갑회사가 연결재무제표를 작성할 때 전술한 부−자−손자형(갑회사 → 을회사 → 병회사)의 연결조정분개를 하고, 병회사가 소유하는 갑회사 지분은 상호소유에 해당하므로 자기주식 접근방법 또는 전통적 접근방법에 따라 연결조정분개를 한다.

만약에 병회사가 소유하는 갑회사 지분이 과반수 이상이라면 누가 지배기업인지 불분명할 수 있다. 이와 같은 경우에는 순환지배의 연결고리 중 가장 먼저 직접 지배 관계가 형성되었을 때의 그 지배기업이 전체 순환지배 구조에서의 지배기업이 된다.

예 3 순환지배

20×1년 초에 A회사는 B회사 지분 60%를 ₩85,000에 취득하였으며, B회사는 C회사 지분 70%를 ₩50,000에 취득하였고, C회사는 A회사 지분 15%를 ₩59,000에 취득하였다. 20×1년도의 세 회사의 재무제표는 다음과 같으며, 지분 취득일 현재 세 회사의 순자산의 장부금액과 공정가치는 동일하다.

과목	A회사	B회사	C회사
수익	₩650,000	₩100,000	₩50,000
비용	(620,000)	(80,000)	(40,000)
당기순이익	₩30,000	₩20,000	₩10,000
자산(종속기업투자 제외)	₩615,000	₩250,000	41,000
B회사투자	85,000	−	−
C회사투자	−	50,000	−
A회사투자	−	−	59,000
합계	₩700,000	₩300,000	₩100,000
부채	₩280,000	₩140,000	₩20,000
자본금	300,000	100,000	50,000
자본잉여금	10,000	−	−
이익잉여금	110,000	60,000	30,000
합계	₩700,000	₩300,000	₩100,000

자기주식 접근법과 전통적 접근법을 각각 적용하여 연결재무제표를 작성 과정을 설명한다.

1. 자기주식 접근법 적용

〈연결조정분개〉

(1) B회사와 C회사의 연결

① B회사 소유 C회사 종속기업투자와 지배력 취득시점의 C회사 자본의 상계제거

(차) 자본금	50,000	(대) C회사투자	50,000
이익잉여금	20,000(1)	비지배지분	21,000(2)
영업권	1,000		

(1) C회사의 20×1년 초 이익잉여금

(2) ₩70,000×30%＝₩21,000

② C회사 당기순이익으로 인한 순자산 변동 중 비지배지분 해당액

(차) 이익잉여금	3,000	(대) 비지배지분	3,000(3)

(3) ₩10,000×30%＝₩3,000

(2) A회사와 B회사의 연결

③ A회사 소유 B회사 종속기업투자와 지배력 취득시점의 B회사 자본의 상계제거

(차) 자본금	100,000	(대) B회사투자	85,000
이익잉여금	40,000	비지배지분	56,000(4)
영업권	1,000		

(4) (₩100,000＋40,000)×40%＝₩56,000

④ B회사 당기순이익으로 인한 순자산 변동 중 비지배지분 해당액

(차) 이익잉여금	10,800	(대) 비지배지분	10,800(5)

(5) {₩20,000＋10,000(C회사 당기순이익)×70%}×40%＝₩10,800

(3) A회사와 C회사의 연결

⑤ C회사 소유 A회사 투자를 자기주식으로 대체

(차) 자기주식	59,000	(대) A회사투자	59,000

〈20×1년도 연결정산표〉

과목	A회사	B회사	C회사	연결조정분개		연결 재무제표
				차변	대변	
수익	₩650,000	₩100,000	₩50,000			₩800,000
비용	(620,000)	(80,000)	(40,000)			(740,000)
당기순이익	₩30,000	₩20,000	₩10,000	–	–	₩60,000
자산(종속기업투자 제외)	₩615,000	₩250,000	₩41,000			₩906,000
B회사투자	85,000	–	–		③85,000	–

C회사투자	–	50,000	–		①50,000	–
A회사투자	–	–	59,000		⑤59,000	
영업권	–	–	–	①1,000 ③1,000		2,000
합계	₩700,000	₩300,000	₩100,000			₩908,000
부채	₩280,000	₩140,000	₩20,000			₩440,000
자본금	300,000	100,000	50,000	①50,000 ③100,000		300,000
자본잉여금	10,000	–	–			10,000
이익잉여금	110,000	60,000	30,000	①20,000 ②3,000 ③40,000 ④10,800		126,200
자기주식				⑤59,000		(59,000)
비지배지분	–	–	–		①21,000 ②3,000 ③56,000 ④10,800	90,800*
합계	₩700,000	₩300,000	₩100,000	₩284,800	₩284,800	₩908,000

* 비지배지분 = ₩80,000(20×1년 말 C회사 순자산)×30%
+{₩160,000(20×1년 말 B회사 순자산)
+10,000(C회사 순자산 증가분)×70%}×40%
= ₩90,800

2. 전통적 접근법 적용

A회사, B회사 및 C회사의 조정 후 당기순이익을 각각 a, b, c라고 하면 다음과 같은 연립방정식을 세울 수 있다.

$a = 30,000 + 0.6b$

$b = 20,000 + 0.7c$

$c = 10,000 + 0.15a$

위의 연립방정식을 풀면

a = ₩49,306, b = ₩32,177, c = ₩17,396

조정 후 당기순이익을 지배기업 소유주와 비지배지분에 배분한 결과는 다음과 같다.

지배기업 소유주 귀속 당기순이익	₩49,306×85% =	₩41,910
비지배지분 귀속 당기순이익	32,177×40% + 17,396×30% =	18,090
연결당기순이익		₩60,000

〈연결조정분개〉

(1) B회사와 C회사의 연결

① B회사 소유 C회사 종속기업투자와 지배력 취득시점의 C회사 자본의 상계제거

(차)	자 본 금	50,000	(대) C 회 사 투 자	50,000
	이 익 잉 여 금	20,000(1)	비 지 배 지 분	21,000(2)
	영 업 권	1,000		

(1) C회사의 20×1년 초 이익잉여금
(2) 70,000×30%=₩21,000

② C회사 당기순이익으로 인한 순자산 변동 중 비지배지분 해당액

(차)	이 익 잉 여 금	5,219	(대) 비 지 배 지 분	5,219(3)

(3) ₩17,396(조정 후 C회사 20×1년 당기순이익)×30%=₩5,219

(2) A회사와 B회사의 연결

③ A회사 소유 B회사 종속기업투자와 지배력 취득시점의 B회사 자본의 상계제거

(차)	자 본 금	100,000	(대) B 회 사 투 자	85,000
	이 익 잉 여 금	40,000	비 지 배 지 분	56,000(4)
	영 업 권	1,000		

(4) (₩100,000+40,000)×40%=₩56,000

④ B회사 당기순이익으로 인한 순자산 변동 중 비지배지분 해당액

(차)	이 익 잉 여 금	12,871	(대) 비 지 배 지 분	12,871(5)

(5) ₩32,177(조정 후 B회사 20×1년 당기순이익)×40%=₩12,871

(3) A회사와 C회사의 연결

⑤ C회사 소유 A회사 투자와 A회사 자본의 상계제거

(차)	자 본 금	45,000(6)	(대) A 회 사 투 자	59,000
	자 본 잉 여 금	1,500(7)		
	이 익 잉 여 금	12,000(8)		
	자 본 잉 여 금	500(9)		

(6) ₩300,000×15%=₩45,000
(7) ₩10,000×15%=₩1,500
(8) ₩80,000(20×1년 초 A회사 이익잉여금)×15%=₩12,000
(9) C회사 소유 A회사 투자와 A회사 자본의 상계제거 시 차액은 자본잉여금에서 조정한다.

〈20×1년도 연결정산표〉

과목	A회사	B회사	C회사	연결조정분개		연결 재무제표
				차변	대변	
수익	₩650,000	₩100,000	₩50,000			₩800,000
비용	(620,000)	(80,000)	(40,000)			(740,000)
당기순이익	₩30,000	₩20,000	₩10,000	–	–	₩60,000
자산(종속기업투자 제외)	₩615,000	₩250,000	₩41,000			₩906,000
B회사투자	85,000	–	–		③85,000	–
C회사투자	–	50,000	–		①50,000	–
A회사투자	–	–	59,000		⑤59,000	
영업권	–	–	–	①1,000 ③1,000		2,000
합계	₩700,000	₩300,000	₩100,000			₩908,000
부채	₩280,000	₩140,000	₩20,000			₩440,000
자본금	300,000	100,000	50,000	①50,000 ③100,000 ⑤45,000		255,000
자본잉여금	10,000	–	–	⑤1,500 ⑤500		8,000
이익잉여금	110,000	60,000	30,000	①20,000 ②5,219 ③40,000 ④12,871 ⑤12,000		109,910
비지배지분	–	–	–		①21,000 ②5,219 ③56,000 ④12,871	95,090*
합계	₩700,000	₩300,000	₩100,000	₩286,590	₩289,090	₩908,000

* 비지배지분 = {₩80,000(20×1년 말 C회사 순자산) + 7,396(조정으로 인한 C회사 당기순이익 증가)}×30%
+ {₩160,000(20×1년 말 B회사 순자산)
+ 12,177(조정으로 인한 B회사 당기순이익 증가분)}×40%
= ₩95,090

3. 종속기업이 우선주를 발행한 경우의 연결

종속기업이 보통주뿐만 아니라 우선주도 발행한 경우 지배기업이 연결재무제표를 작성할 때에는 [그림 4]에서 보는 바와 같이 종속기업의 우선주의 성격에 따라서 종속기업의 자본을 보통주주와 우선주주에게 귀속될 부분으로 구분한 후 종속기업투자와 종속기업의 자본을 상계제거하고, 비지배지분으로 대체할 금액을 결정하여야 한다.

| 그림 4 | 종속기업 자본의 구분 및 연결조정

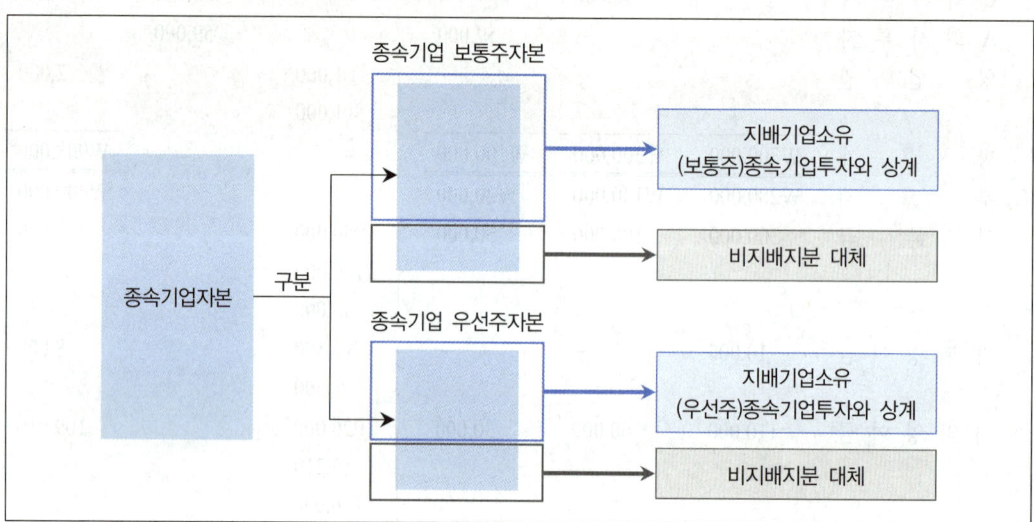

종속기업이 우선주를 발행한 경우 연결의 초점은 어떻게 종속기업의 자본(자본금, 자본잉여금, 이익잉여금 등)을 보통주주와 우선주주에게 귀속될 부분으로 구분하는가이다. 기준서에서는 종속기업이 자본으로 분류하는 누적적우선주를 발행하고 이를 비지배지분이 소유하고 있는 경우, 지배기업은 배당결의 여부에 관계없이 이러한 주식의 배당금에 대하여 조정한 후 당기순손익에 대한 자신의 지분을 산정하도록 규정하고 있다(1110:B95).

그러나 「일반기업회계기준」(문단 실4.15)에서는 우선주를 누적적 우선주의 여부뿐만 아니라 참가적 우선주의 여부까지 고려하여 보통주주지분과 우선주주지분을 구분하도록 규정하고 있다. 따라서 「일반기업회계기준」의 규정이 누적적 우선주의 여부만 고려하는 기준서 제1110호의 규정보다 더 논리적이라고 할 수 있다. 본절에서는 「일반기업회계기준」을 준용하여 종속기업의 우선주가 누적적인지의 여부 및 참가적인지의 여부도 고려하여 연결조정분개를 설명한다.

3.1 종속기업 자본의 구분

연결재무제표를 작성하기 위해서는 종속기업 자본을 우선주 발행일 이후부터 보통주주지분과 우선주주지분으로 구분하되, 우선주 발행일 이후 종속기업의 자본의 변동을 이익잉여금 변동액과 이익잉여금 이외의 변동액으로 다시 구분하여 보통주주지분과 우선주주지분 귀속금액을 결정한다.

(1) 우선주 발행일 이후 이익잉여금 변동액의 구분

우선주 발행일 이후 종속기업의 이익잉여금 변동액 중 우선주주지분에 귀속되는 금액은 매 회계연도마다 우선주에 대한 이익배당의 성격(누적적 여부, 참가적 여부)에 따라 종속기업의 당기순이익을 우선주주지분에 귀속시킨 금액의 누적액이다. 보통주주지분에 귀속되는 금액은 총 이익잉여금 변동액 중 우선주주지분에 귀속되는 금액을 차감한 후의 금액으로 한다. [표 1]은 우선주주지분에 귀속되는 종속기업의 당기순이익을 계산하는 방법을 보여주고 있다.

| 표 1 | 종속기업의 당기순이익 중 우선주주지분 귀속금액의 계산

우선주의 성격 구분	종속기업 당기순이익 중 우선주주지분 귀속금액
비누적적·비참가적	당기분 우선주배당금(1)
누 적 적·비참가적	당기분 우선주배당금(2)+과년도 우선주 연체배당금
비누적적·참 가 적	당기분 우선주배당금(1)+(당기순이익−당기분 우선주배당금(1) −보통주배당금)×우선주자본금비율(3)
누 적 적·참 가 적	당기분 우선주배당금(2)+과년도 우선주 연체배당금+(당기순손익 −당기분 우선주배당금(2)−과년도 우선주 연체배당금−보통주배당금) ×우선주자본금비율(3)

(1) 배당결의가 없다면 ₩0으로 한다.
(2) 배당결의에 관계없이 포함한다.
(3) 우선주자본금비율=우선주자본금÷(보통주자본금+우선주자본금)

(2) 우선주 발행일 이후 이익잉여금 이외의 자본 변동액의 구분

우선주에 잔여재산분배청구권이 있는지의 여부(즉, 참가적 우선주 여부)에 따라 종속기업의 자본(이익잉여금 제외)을 [표 2]와 같이 우선주주지분과 보통주주지분에 귀속될 금액으로 구분한다.

| 표 2 | 종속기업 자본(이익잉여금 제외)의 구분

잔여재산분배 청구권의 유무	우선주주지분 귀속금액	보통주주지분 귀속금액
있는 경우 (참가적 우선주)	종속기업 자본×우선주자본금비율	종속기업 자본×보통주자본금비율
없는 경우 (비참가적 우선주)	우선주자본금	종속기업 자본－우선주자본금

3.2 종속기업 자본의 구분 후 연결 절차

종속기업의 자본을 보통주주지분 귀속금액과 우선주주지분 귀속금액으로 구분하였다면 종속기업이 우선주를 발행한 경우의 연결조정절차도 보통주만 발행한 경우의 연결조정절차와 기본적으로 동일하다. 다만 제3장 4.3절에서 언급했던 바와 같이 종속기업이 청산할 때 지분 보유자에게 종속기업 순자산의 비례적 몫에 대한 권리를 부여하는 경우 비지배지분은 공정가치 또는 종속기업 순자산 중 비례적 몫 중 한 가지 방법을 선택할 수 있으나, 청산 시 우선주주에게 보통주주보다 우선적으로 순자산을 배분하는 권리를 부여한 경우에는 우선주에 대한 비지배지분을 공정가치로만 측정해야 한다.

(1) 지배기업이 보통주만 소유하고 있는 경우

지배기업이 보통주만 소유하고 있다면 종속기업의 우선주주지분 귀속 자본과 상계제거할 (우선주)종속기업투자가 없기 때문에 종속기업의 자본 중 우선주주지분 귀속 자본은 모두 비지배지분으로 대체한다. 다만, 전술한 바와 같이 청산 시 보통주주보다 우선주주에게 순자산을 우선 배분하는 권리를 부여했다면 우선주주지분에 대한 비지배지분은 공정가치로만 측정해야 한다. 따라서 이 경우에는 차변으로 제거되는 우선주주지분과 대변의 비지배지분이 일치하지 않을 수 있는데, 그 차이는 영업권(또는 염가매수차익)이 아니라 자본잉여금에서 조정한다. 한편, 종속기업의 당기순이익 중 우선주주지분 귀속분도 모두 비지배지분으로 대체한다.

(2) 지배기업이 보통주와 우선주를 모두 소유하고 있는 경우

지배기업이 종속기업이 발행한 보통주와 우선주를 모두 소유하고 있다면 (보통주)종속기업투자와 종속기업의 보통주주지분 귀속 자본을 상계제거하고, (우선주)종속기업투자와 종속기업의 우선주주지분 귀속 자본을 상계제거한다. 다만, 전술한 바와 같이 청산 시 보통주주보다 우선주주에게 순자산을 우선 배분하는 권리를 부여했다면 우선주주지분에 대한 비지배지분은

공정가치로만 측정해야 하며, 이때 발생하는 차액은 영업권(또는 염가매수차익)이 아니라 자본잉여금에서 조정한다. 우선주는 의결권이 제한되기 때문에 (우선주)종속기업투자의 취득원가에 경영권 프리미엄이 포함되어 있다고 보기 어렵다. 따라서 (우선주)종속기업투자와 종속기업의 우선주주지분 귀속 자본 간의 차액을 자본잉여금에서 조정하는 것이다. 한편, 종속기업 당기순이익도 보통주주지분과 우선주주지분에 귀속될 금액으로 구분하여 각각 비지배지분으로 대체한다.

예 4 종속기업이 우선주를 발행한 경우 연결

갑회사는 20×1년 초에 을회사의 보통주 80%를 ₩500,000에 취득하여 지배기업이 되었다. 또한 갑회사는 20×2년 초에 을회사의 우선주 60%를 ₩230,000에 취득하였다. 을회사 자본의 장부금액 변동 내역은 다음과 같으며, 공정가치와 동일하다. 단, 보통주와 우선주의 배당률은 모두 10%이다.

20×1. 1. 1.	보통주자본금	₩300,000
	우선주자본금	200,000
	자본잉여금	60,000
	이익잉여금	240,000
	합계	800,000
20×1	당기순이익	80,000
	배당선언	(50,000)
20×2. 1. 1.	순자산 금액	830,000
20×2	당기순이익	60,000
20×2. 12. 31.	순자산 금액	₩890,000

우선주의 성격을 다음의 4가지로 구분하여 20×1년 말과 20×2년 말에 연결재무제표를 작성할 때 해야 할 연결조정분개를 설명한다.

1. 누적적·참가적 우선주
2. 누적적·비참가적 우선주
3. 비누적적·참가적 우선주
4. 비누적적·비참가적 우선주

을회사는 20×1년 말에 보통주와 우선주 모두에 대해서 배당을 선언하였으나 20×2년 말에는 배당을 선언하지 않았다. 한편, 보통주와 우선주 간에 청산 시 순자산 배분 순서의 차등은 없으며, 을회사 순자산의 비례적 몫으로 비지배지분을 측정한다.

본 예제에서 을회사의 자본잉여금 ₩60,000은 보통주와 우선주에 각각 얼마씩 관련되어 있는지 구분되지 않은 상태로 제시되어 있으므로 아래의 풀이에서 보는 바와 같이 보통주자본금과 우선주자본금에 비례하여 구분하였다. 만약 자본잉여금이 보통주로부터 비롯된 것인지, 아니면 우선주로부터 비롯된 것인지 구분하여 제시되어 있다면 그 구분된 금액을 보통주주지분과 우선주주지분에 귀속되는 금액으로 보면 될 것이다.

1. 우선주가 누적적·참가적인 경우

<종속기업 자본의 보통주주지분과 우선주주지분으로의 구분>

	보통주주지분 귀속		우선주주지분 귀속	
20×1년 초 자본금		₩300,000		₩200,000
자본잉여금	60,000×3/5 =	36,000	60,000×2/5 =	24,000
이익잉여금	240,000×3/5 =	144,000	240,000×2/5 =	96,000
합계		480,000		320,000
20×1 당기순이익(₩80,000)				
기본배당금	300,000×10% =	30,000	200,000×10% =	20,000
잔여배당금	30,000*×3/5 =	18,000	30,000*×2/5 =	12,000
20×1년 말		528,000		352,000
20×2 당기순이익(₩60,000)				
기본배당금	300,000×10% =	30,000	200,000×10% =	20,000
잔여배당금	10,000×3/5 =	6,000	10,000×2/5 =	4,000
20×2년 말		₩564,000		₩376,000

* ₩80,000(당기순이익) − 30,000(보통주 기본배당금) − 20,000(우선주 기본배당금) = ₩30,000

<20×1년 말 연결조정분개>

① 종속기업투자(보통주)와 지배력 취득시점의 을회사 보통주주지분의 상계제거

(차)	보통주자본금	300,000	(대)	종속기업투자(보통주)	500,000
	자본잉여금	36,000		비지배지분	96,000[(1)]
	이익잉여금	144,000			
	영업권	116,000			

(1) (₩300,000 + 36,000 + 144,000)×20% = ₩96,000

② 을회사 우선주주지분의 비지배지분 대체

(차)	우선주자본금	200,000	(대)	비지배지분	320,000
	자본잉여금	24,000			
	이익잉여금	96,000			

③ 현금배당금 내부거래의 조정

(차)	배 당 금 수 익	24,000[(2)]	(대) 이 익 잉 여 금	30,000
	비 지 배 지 분	6,000[(2)]		
(차)	미 지 급 배 당 금	24,000[(2)]	(대) 미 수 배 당 금	24,000
(차)	비 지 배 지 분	20,000[(3)]	(대) 이 익 잉 여 금	20,000

(2) 보통주 배당금에 대한 내부거래의 조정 및 비지배지분의 조정
(3) 우선주 배당금에 대한 비지배지분의 조정

④ 당기순이익으로 인한 순자산 변동 중 비지배지분 해당액

(차)	이 익 잉 여 금	41,600[(4)]	(대) 비 지 배 지 분	41,600

(4) (₩30,000 + 18,000)×20% + (₩20,000 + 12,000)×100% = ₩41,600

<20×2년 말 연결조정분개>

(1) 보통주주지분의 연결

① 종속기업투자(보통주)와 지배력 취득시점의 을회사 보통주주지분의 상계제거(20×1년 초 기준)

(차)	보 통 주 자 본 금	300,000	(대) 종속기업투자(보통주)	500,000
	자 본 잉 여 금	36,000	비 지 배 지 분	96,000
	이 익 잉 여 금	144,000		
	영 업 권	116,000		

② 지배력 취득시점부터 당기초까지 을회사의 순자산 변동 중 비지배지분 해당액

(차)	이 익 잉 여 금	3,600[(1)]	(대) 비 지 배 지 분	3,600

(1) (₩30,000 + 18,000 − 30,000(현금배당))×20% = ₩3,600

③ 당기순이익으로 인한 순자산 변동 중 비지배지분 해당액

(차)	이 익 잉 여 금	7,200[(2)]	(대) 비 지 배 지 분	7,200

(2) (₩30,000 + 6,000)(보통주주지분 귀속 당기순이익)×20% = ₩7,200

(2) 우선주주지분의 연결

④ 종속기업투자(우선주)와 지배력 취득시점의 을회사 우선주주지분의 상계제거(20×2년 초 기준)

(차)	우 선 주 자 본 금	200,000	(대) 종속기업투자(우선주)	230,000
	자 본 잉 여 금	24,000	비 지 배 지 분	132,800[(4)]
	이 익 잉 여 금	108,000[(3)]		
	자 본 잉 여 금	30,800[(5)]		

(3) ₩96,000 + 20,000 + 12,000 − 20,000(현금배당 선언) = ₩108,000
(4) (₩200,000 + 24,000 + 108,000)×40% = ₩132,800
(5) 우선주에 대해서는 영업권을 인식하지 않고 자본잉여금에서 조정한다.

⑤ 당기순이익으로 인한 순자산 변동 중 비지배지분 해당액

(차) 이 익 잉 여 금	9,600[6]	(대) 비 지 배 지 분	9,600

(6) (₩20,000 + 4,000)(우선주주지분 귀속 당기순이익)×40% = ₩9,600

> 만약 을회사 청산 시 을회사의 우선주주가 보통주주보다 우선하여 순자산을 배분받을 권리가 있다면 우선주주지분에 대한 비지배지분은 공정가치로만 측정해야 한다. 만약 취득일 현재 우선주지분의 공정가치가 ₩330,000이라면 20×1년 말 연결조정분개에서 을회사 우선주주지분의 비지배지분 대체는 다음과 같다.
>
> <을회사 우선주주지분의 비지배지분 대체>
>
> | | | | |
> |---|---|---|---|
> | (차) 우 선 주 자 본 금 | 200,000 | (대) 비 지 배 지 분 | 330,000 |
> | 자 본 잉 여 금 | 24,000 | | |
> | 이 익 잉 여 금 | 96,000 | | |
> | 자 본 잉 여 금 | 10,000 | | |

2. 우선주가 누적적·비참가적인 경우

<종속기업 자본의 보통주주지분과 우선주주지분으로의 구분>

	보통주주지분 귀속		우선주주지분 귀속	
20×1년 초 자본금		₩300,000		₩200,000
자본잉여금	60,000×3/5 =	36,000	60,000×2/5 =	24,000
이익잉여금		240,000		–
합계		576,000		224,000
20×1 당기순이익(₩80,000)				
기본배당금	300,000×10% =	30,000	200,000×10% =	20,000
잔여배당금		30,000		–
20×1년 말		636,000		244,000
20×2 당기순이익(₩60,000)				
기본배당금	300,000×10% =	30,000	200,000×10% =	20,000
잔여배당금		10,000		–
20×2년 말		₩676,000		₩264,000

<20×1년 말 연결조정분개>

① 종속기업투자(보통주)와 지배력 취득시점의 을회사 보통주주지분의 상계제거

(차)	보통주자본금	300,000	(대)	종속기업투자(보통주)	500,000
	자본잉여금	36,000		비지배지분	115,200(1)
	이익잉여금	240,000			
	영업권	39,200			

(1) (₩300,000 + 36,000 + 240,000)×20% = ₩115,200

② 을회사 우선주주지분의 비지배지분 대체

(차)	우선주자본금	200,000	(대)	비지배지분	224,000
	자본잉여금	24,000			

③ 현금배당금 내부거래의 조정

(차)	배당금수익	24,000	(대)	이익잉여금	30,000
	비지배지분	6,000			
(차)	미지급배당금	24,000	(대)	미수배당금	24,000
(차)	비지배지분	20,000	(대)	이익잉여금	20,000

④ 당기순이익으로 인한 순자산 변동 중 비지배지분 해당액

(차)	이익잉여금	32,000(2)	(대)	비지배지분	32,000

(2) (₩30,000 + 30,000)×20% + 20,000×100% = ₩32,000

<20×2년 말 연결조정분개>

(1) 보통주주지분의 연결

① 종속기업투자(보통주)와 지배력 취득시점의 을회사 보통주주지분의 상계제거(20×1년 초 기준)

(차)	보통주자본금	300,000	(대)	종속기업투자(보통주)	500,000
	자본잉여금	36,000		비지배지분	115,200
	이익잉여금	240,000			
	영업권	39,200			

② 지배력 취득시점부터 당기초까지 을회사의 순자산 변동 중 비지배지분 해당액

(차)	이익잉여금	6,000(1)	(대)	비지배지분	6,000

(1) (₩30,000 + 30,000 − 30,000(현금배당 선언))×20% = ₩6,000

③ 당기순이익으로 인한 순자산 변동 중 비지배지분 해당액

(차)	이익잉여금	8,000(2)	(대)	비지배지분	8,000

(2) (₩30,000 + 10,000)(보통주주지분 귀속 당기순이익)×20% = ₩8,000

(2) 우선주주지분의 연결

④ 종속기업투자(우선주)와 지배력 취득시점의 을회사 우선주주지분의 상계제거(20×2년 초 기준)

(차)	우 선 주 자 본 금	200,000	(대) 종속기업투자(우선주)	230,000
	자 본 잉 여 금	24,000	비 지 배 지 분	89,600(4)
	이 익 잉 여 금	0(3)		
	자 본 잉 여 금	95,600(5)		

(3) ₩20,000 − 20,000(현금배당 선언) = ₩0
(4) (₩200,000 + 24,000)×40% = ₩89,600
(5) 우선주에 대해서는 영업권을 인식하지 않고 자본잉여금에서 조정한다.

⑤ 당기순이익으로 인한 순자산 변동 중 비지배지분 해당액

(차)	이 익 잉 여 금	8,000(6)	(대) 비 지 배 지 분	8,000

(6) ₩20,000(우선주주지분 귀속 당기순이익)×40% = ₩8,000

3. 우선주가 비누적적·참가적인 경우

<종속기업 자본의 보통주주지분과 우선주주지분으로의 구분>

	보통주주지분 귀속		우선주주지분 귀속	
20×1년 초 자본금		₩300,000		₩200,000
자 본 잉 여 금	60,000×3/5 =	36,000	60,000×2/5 =	24,000
이 익 잉 여 금	240,000×3/5 =	144,000	240,000×2/5 =	96,000
합 계		480,000		320,000
20×1 당기순이익(₩80,000)				
기 본 배 당 금	300,000×10% =	30,000	200,000×10% =	20,000
잔 여 배 당 금	30,000×3/5 =	18,000	30,000×2/5 =	12,000
20×1년 말		528,000		352,000
20×2 당기순이익(₩60,000)				
	60,000×3/5 =	36,000	60,000×2/5 =	24,000
20×2년 말		564,000		376,000

<20×1년 말 연결조정분개>

① 종속기업투자(보통주)와 지배력 취득시점의 을회사 보통주주지분의 상계제거

(차)	보 통 주 자 본 금	300,000	(대) 종속기업투자(보통주)	500,000
	자 본 잉 여 금	36,000	비 지 배 지 분	96,000(1)
	이 익 잉 여 금	144,000		
	영 업 권	116,000		

(1) (₩300,000 + 36,000 + 144,000)×20% = ₩96,000

② 을회사 우선주주지분의 비지배지분 대체

(차)	우 선 주 자 본 금	200,000	(대) 비 지 배 지 분	320,000
	자 본 잉 여 금	24,000		
	이 익 잉 여 금	96,000		

③ 현금배당금 내부거래의 조정

(차)	배 당 금 수 익	24,000	(대) 이 익 잉 여 금	30,000
	비 지 배 지 분	6,000		

(차)	미 지 급 배 당 금	24,000	(대) 미 수 배 당 금	24,000

(차)	비 지 배 지 분	20,000	(대) 이 익 잉 여 금	20,000

④ 당기순이익으로 인한 순자산 변동 중 비지배지분 해당액

(차)	이 익 잉 여 금	41,600(2)	(대) 비 지 배 지 분	41,600

(2) (₩30,000 + 18,000)×20% + (20,000 + 12,000)×100% = ₩41,600

<20×2년 말 연결조정분개>

(1) 보통주주지분의 연결

① 종속기업투자(보통주)와 지배력 취득시점의 을회사 보통주주지분의 상계제거(20×1년 초 기준)

(차)	보 통 주 자 본 금	300,000	(대) 종속기업투자(보통주)	500,000
	자 본 잉 여 금	36,000	비 지 배 지 분	96,000
	이 익 잉 여 금	144,000		
	영 업 권	116,000		

② 지배력 취득시점부터 당기초까지 을회사의 순자산 변동 중 비지배지분 해당액

(차)	이 익 잉 여 금	3,600(1)	(대) 비 지 배 지 분	3,600

(1) {₩30,000 + 18,000 − 30,000(현금배당 선언)}×20% = ₩3,600

③ 당기순이익으로 인한 순자산 변동 중 비지배지분 해당액

(차)	이 익 잉 여 금	7,200(2)	(대) 비 지 배 지 분	7,200

(2) ₩36,000×20% = ₩7,200

(2) 우선주주지분의 연결

④ 종속기업투자(우선주)와 지배력 취득시점의 을회사 우선주주지분의 상계제거(20×2년 초 기준)

(차)	우 선 주 자 본 금	200,000	(대) 종속기업투자(우선주)	230,000
	자 본 잉 여 금	24,000	비 지 배 지 분	132,800(4)
	이 익 잉 여 금	108,000(3)		
	자 본 잉 여 금	30,800(5)		

(3) ₩96,000 + 20,000 + 12,000 − 20,000(현금배당 선언) = ₩108,000

(4) (₩200,000 + 24,000 + 108,000)×40% = ₩132,800

(5) 우선주에 대해서는 영업권을 인식하지 않고 자본잉여금에서 조정한다.

⑤ 당기순이익으로 인한 순자산 변동 중 비지배지분 해당액

(차)	이 익 잉 여 금	9,600(6)	(대) 비 지 배 지 분	9,600

(6) ₩24,000(우선주주지분 귀속 당기순이익)×40% = ₩9,600

4. 우선주가 비누적적·비참가적인 경우

<종속기업 자본의 보통주주지분과 우선주주지분으로의 구분>

	보통주주지분 귀속		우선주주지분 귀속	
20×1년 초 자본금		₩300,000		₩200,000
자본잉여금	60,000×3/5 =	36,000	60,000×2/5 =	24,000
이익잉여금		240,000		–
합계		576,000		224,000
20×1 당기순이익(₩80,000)				
기본배당금	300,000×10% =	30,000	200,000×10% =	20,000
잔여배당금		30,000		–
20×1년 말		636,000		244,000
20×2 당기순이익(₩60,000)		60,000		–
20×2년 말		₩696,000		₩244,000

<20×1년 말 연결조정분개>

① 종속기업투자(보통주)와 지배력 취득시점의 을회사 보통주주지분의 상계제거

(차)	보 통 주 자 본 금	300,000	(대) 종속기업투자(보통주)	500,000
	자 본 잉 여 금	36,000	비 지 배 지 분	115,200(1)
	이 익 잉 여 금	240,000		
	영 업 권	39,200		

(1) (₩300,000 + 36,000 + 240,000)×20% = ₩115,200

② 을회사 우선주주지분의 비지배지분 대체

(차)	우 선 주 자 본 금	200,000	(대) 비 지 배 지 분	224,000
	자 본 잉 여 금	24,000		

③ 현금배당금 내부거래의 조정

(차)	배당금수익	24,000	(대) 이익잉여금	30,000
	비지배지분	6,000		
(차)	미지급배당금	24,000	(대) 미수배당금	24,000
(차)	비지배지분	20,000	(대) 이익잉여금	20,000

④ 당기순이익으로 인한 순자산 변동 중 비지배지분 해당액

(차)	이익잉여금	32,000[(2)]	(대) 비지배지분	32,000

(2) (₩30,000 + 30,000)×20% + 20,000×100% = ₩32,000

<20×2년 말 연결조정분개>

(1) 보통주주지분의 연결

① 종속기업투자(보통주)와 지배력 취득시점의 을회사 보통주주지분의 상계제거(20×1년 초 기준)

(차)	보통주자본금	300,000	(대) 종속기업투자(보통주)	500,000
	자본잉여금	36,000	비지배지분	115,200
	이익잉여금	240,000		
	영업권	39,200		

② 지배력 취득시점부터 당기초까지 을회사의 순자산 변동 중 비지배지분 해당액

(차)	이익잉여금	6,000[(1)]	(대) 비지배지분	6,000

(1) {₩30,000 + 30,000 − 30,000(현금배당 선언)×20% = ₩6,000

③ 당기순이익으로 인한 순자산 변동 중 비지배지분 해당액

(차)	이익잉여금	12,000[(2)]	(대) 비지배지분	12,000

(2) ₩60,000(보통주주지분 귀속 당기순이익)×20% = ₩12,000

(2) 우선주주지분의 연결

④ 종속기업투자(우선주)와 지배력 취득시점의 을회사 우선주주지분의 상계제거(20×2년 초 기준)

(차)	우선주자본금	200,000	(대) 종속기업투자(우선주)	230,000
	자본잉여금	24,000	비지배지분	89,600[(3)]
	이익잉여금	0[(3)]		
	자본잉여금	95,600[(5)]		

(3) ₩20,000 − 20,000(현금배당 선언) = ₩0

(4) (₩200,000 + 24,000)×40% = ₩89,600

(5) 우선주에 대해서는 영업권을 인식하지 않고 자본잉여금에서 조정한다.

⑤ 당기순이익으로 인한 순자산 변동 중 비지배지분 해당액의 연결조정분개는 없음

연습문제 - 객관식 문제

※ 다음은 문제 1과 문제 2에 관련된다.

갑회사는 을회사 발행주식의 70%를, 을회사는 병회사 발행주식의 60%를 소유하는 지배기업이다. 세 회사의 순자산 변동내역(장부금액과 공정가치는 동일)은 다음과 같으며, 순자산 변동은 모두 당기순이익이다. 또한 내부거래는 없다.

	갑	을	병
20×1년 초	₩100,000	₩52,000	₩20,000
20×2년 초	106,000	55,000	22,000
20×2년 말	115,000	60,000	23,000

01 갑회사가 을회사 보통주 70%를 20×1년 초에 취득하고, 을회사가 병회사 보통주 60%를 20×2년 초에 취득하였다. 20×2년도 연결당기순이익 중 비지배지분 귀속 당기순이익은 얼마인가?

① ₩1,680 ② ₩1,800 ③ ₩1,900
④ ₩2,080 ⑤ ₩2,400

02 문제 1과 관련하여 20×2년 말 비지배지분 잔액은 얼마인가?

① ₩27,200 ② ₩27,380 ③ ₩27,560
④ ₩27,740 ⑤ ₩27,960

03 ㈜나무는 20×1년 초에 ㈜종로의 보통주 60%를 ₩3,000,000에 취득하여 지배기업이 되었다. 주식취득 당시 ㈜종로의 순자산장부금액은 ₩3,300,000이었으며, 주식취득일 현재 ㈜종로의 장부금액과 공정가치가 다른 자산 및 부채는 다음과 같다.

	장부금액	공정가치
재고자산	₩700,000	₩900,000
토 지	1,200,000	1,500,000
기계장치	400,000	500,000

양사의 법인세율이 30%라고 할 때 ㈜나무가 20×1년 말 연결재무상태표 상에 계상될 영업권은 얼마인가?

① ₩594,000 ② ₩660,000 ③ ₩671,200
④ ₩691,200 ⑤ ₩768,000

※ 다음은 문제 4와 문제 5에 관련된다.

제조업을 영위하는 ㈜대한은 20×1년 1월 1일 ㈜민국의 보통주식 80%를 ₩270,000에 취득하여 지배력을 획득하였다. 지배력 획득일 현재 ㈜민국의 순자산 장부금액은 ₩200,000(자본금 ₩100,000, 이익잉여금 ₩100,000)이다.

〈추가 자료〉

(1) 지배력 획득일 현재 ㈜민국의 자산과 부채 중 장부금액과 공정가치가 다른 자산은 건물로서 차이 내역은 다음과 같다.

	장부금액	공정가치
건 물	₩150,000	₩200,000

위 건물은 원가모형에 따라 회계처리되며, 지배력 획득일 현재 잔존내용연수는 10년이고 잔존가치 없이 정액법으로 감가상각한다.

(2) 20×1년 중에 ㈜민국은 원가 ₩20,000의 상품을 ㈜대한에게 ₩30,000에 판매하였다. ㈜대한은 이 재고자산 중 80%를 20×1년에 외부로 판매하고, 나머지 20%는 20×1년 말 현재 재고자산으로 보유하고 있다.

(3) ㈜민국은 20×1년 당기순이익으로 ₩20,000을 보고하였다.

(4) ㈜대한은 별도재무제표상 ㈜민국 주식을 원가법으로 회계처리하고 있으며, 연결재무제표 작성 시 비지배지분은 종속기업의 식별할 수 있는 순자산 공정가치에 비례하여 결정한다.

04 ㈜대한의 20×1년 말 연결재무제표에 계상되는 영업권과 비지배지분귀속당기순이익은 각각 얼마인가? 단, 영업권 손상여부는 고려하지 않는다. (CPA 2016)

	영업권	비지배지분귀속당기순이익
①	₩70,000	₩2,600
②	70,000	3,600
③	80,000	4,000
④	60,000	2,600
⑤	60,000	3,600

05 ㈜대한과 ㈜민국에 적용되는 법인세율은 모두 25%이며, 이는 당분간 유지될 전망이다. 이러한 법인세효과를 추가적으로 고려하는 경우, 지배력획득일에 작성되는 ㈜대한의 연결재무상태표에 계상되는 영업권은 얼마인가? (CPA 2016)

① ₩57,500 ② ₩70,000 ③ ₩72,500
④ ₩80,000 ⑤ ₩82,500

06 ㈜갑은 20×1년 말과 20×2년 말 현재 ㈜을의 의결권있는 보통주식 60%를 보유하고 있다. 20×1년과 20×2년에 ㈜갑과 ㈜을 사이에 발생한 거래는 다음과 같다.

- 20×1년 중 ㈜을은 ㈜갑에게 장부금액 ₩100,000인 상품을 ₩150,000에 판매하였다. ㈜갑은 20×1년 중에 이 상품의 40%를 외부로 판매하였으며 나머지는 20×2년에 외부로 판매하였다.
- 20×2년 중 ㈜갑은 ㈜을에게 장부금액 ₩60,000인 상품을 ₩80,000에 판매하였으며, ㈜을은 20×2년 말 현재 이 상품의 50%를 보유하고 있다.

㈜갑은 ㈜을의 주식을 원가법으로 회계처리하고 있으며, 양사의 법인세율은 30%이다. 내부거래·미실현손익을 제거하기 위한 연결제거분개가 20×1년과 20×2년의 지배기업 소유주지분 당기순이익에 미치는 영향은 얼마인가? (CPA 2012)

	20×1년	20×2년
①	₩12,600 감소	₩8,400 증가
②	12,600 감소	5,600 증가
③	18,000 감소	8,000 증가
④	18,000 감소	12,000 증가
⑤	21,000 감소	14,000 증가

※ 다음은 문제 7과 문제 8에 관련된다.

종속기업인 을회사의 20×1년도 주당이익 계산을 위한 자료는 다음과 같다.

- 기초유통보통주식수 : 3,000주(당기 중 변동 없음)
- 기초유통우선주식수 : 1,000주(전환우선주로서 우선주 1주가 보통주 1주로 전환가능, 배당금은 주당 ₩100). 당기 중 전환청구는 없다.
- 당기순이익 : ₩700,000

갑회사는 을회사의 보통주 1,800주(60%)를 보유하는 지배기업으로, 을회사 발행 전환우선주도 200주를 보유하고 있다. 갑회사의 당기 가중평균유통보통주식수는 10,000주이고, 보통주에 귀속되는 이익(을회사의 이익 및 을회사가 지급하는 배당금 제외)은 ₩1,500,000이다.

07 연결재무제표에 표시될 기본주당이익은 얼마인가?

① ₩186 ② ₩188 ③ ₩194
④ ₩196 ⑤ ₩200

08 연결재무제표에 표시될 희석주당이익은 얼마인가?

① ₩175 ② ₩180 ③ ₩182
④ ₩185 ⑤ ₩188

정답 및 해설

01 ④

비지배지분 귀속 종속기업 순이익
=₩1,000(병회사 당기순이익)×40%+{5,000(을회사 당기순이익)+1,000(병회사 당기순이익)×60%}×30%=₩2,080

02 ②

비지배지분 잔액=₩23,000×40%+{60,000+1,000(병회사 20×2년도 당기순이익)×60%}×30%
=₩27,380

03 ⑤

영업권 : ₩3,000,000−(3,300,000+200,000+300,000+100,000−180,000)×60%=₩768,000
참고로 연결조정분개는 다음과 같다.

(차) 순자산	3,300,000	(대) 종속기업투자	3,000,000
재고자산	200,000	이연법인세부채	180,000[(1)]
토지	300,000	비지배지분	1,488,000[(2)]
기계장치	100,000		
영업권	768,000		

(1) (₩200,000+300,000+100,000)×30%=₩180,000
(2) (₩3,300,000+200,000+300,000+100,000−180,000)×40%=₩1,488,000

04 ①

(1) 영업권 : ₩270,000−(200,000+50,000)×80%=₩70,000
(2) 비지배지분귀속 당기순이익 : (₩20,000−50,000×1/10−2,000*)×20%=₩2,600
* 상향거래 미실현이익=(₩30,000−20,000)×20%=₩2,000

05 ④

(1) 연결조정분개 (법인세효과고려)

(차) 자본금	100,000	(대) 종속기업투자	270,000
이익잉여금	100,000	이연법인세부채	12,500[(1)]
건물	50,000	비지배지분	47,500[(2)]
영업권	80,000		

(1) 건물의 일시적차이에 대한 이연법인세부채=(₩200,000−150,000)×25%=₩12,500
(2) (₩100,000+100,000+50,000−12,500)×20%=₩47,500

(2) 연결재무상태표상 영업권 : ₩80,000

06 ②

(1) 20×1년 상향판매 미실현이익이 지배기업 당기순이익에 미치는 영향

① 상향판매 미실현이익

(₩150,000 − 100,000)×60% = ₩30,000

② 법인세효과 고려 후 미실현이익

₩30,000×(1 − 0.3) = ₩21,000

③ 지배기업 당기순이익에 미치는 영향

₩21,000×60% = ₩12,600 감소

(2) 20×2년 상향판매 실현이익이 지배기업 당기순이익에 미치는 영향

₩12,600 증가 (전기 미실현이익이 전액 실현되면서 당기순이익에 반대 영향을 미침)

(3) 20×2년 하향판매 미실현이익이 지배기업 당기순이익에 미치는 영향

① 하향판매 미실현이익

(₩80,000 − 60,000)×50% = ₩10,000

② 법인세효과 고려 후 미실현이익

₩10,000×(1 − 0.3) = ₩7,000 감소

(4) 20×2년 지배기업 당기순이익에 미치는 영향

₩12,600 − 7,000 = ₩5,600 증가

07 ②

을회사 기본주당이익 = (₩700,000 − 1,000주×₩100)÷3,000주 = ₩200

연결 기본주당이익 = (₩1,500,000 + 1,800주×₩200 + 200주×₩100)÷10,000주 = ₩188

08 ④

을회사 희석주당이익 = ₩700,000÷(3,000 + 1,000주) = ₩175

연결 희석주당이익 = (₩1,500,000 + 1,800주×₩175 + 200주×₩175)÷10,000주 = ₩185 < ₩188

연 / 습 / 문 / 제 - 주관식 문제

01 공동지배형 연결재무제표 (CPA 2014)

20×1년 1월 1일에 ㈜대한은 ㈜민국의 발행주식 70%를 ₩250,000에 취득하였으며, 또한 ㈜서울의 발행주식 40%를 ₩40,000에 취득하였다. 그리고 동 일자에 ㈜민국은 ㈜서울의 발행주식 20%를 ₩20,000에 취득하였다. 20×1년 1월 1일 현재 ㈜대한, ㈜민국, ㈜서울의 자본계정은 다음과 같으며, 순자산장부금액과 공정가치는 일치하였다.

	㈜대한	㈜민국	㈜서울
자 본 금	₩700,000	₩200,000	₩60,000
이익잉여금	300,000	100,000	30,000

〈추가 자료〉

1. ㈜대한은 ㈜민국과 ㈜서울에 대한 투자주식을 원가법으로 회계처리하고 있으며, ㈜민국은 ㈜서울의 주식을 지분법으로 회계처리하고 있다.
2. ㈜대한, ㈜민국, ㈜서울이 보고한 20×1년도의 당기순이익은 아래와 같다. 이 중 ㈜민국의 당기순이익에는 ㈜서울 주식에 대한 관계기업투자 평가손익(지분법손익)이 포함되어 있다.

	㈜대한	㈜민국	㈜서울
당기순이익	₩115,000	₩32,000	₩8,000

3. 연결재무제표 작성 시 비지배지분은 종속기업의 식별가능한 순자산 공정가치에 비례하여 결정한다.

※ 본 기출문제는 지분법 회계처리가 포함되어 있으나 간접지배 연결에 해당하므로 본장에 수록하였으나, 제7장의 지분법 회계처리를 공부한 후에 풀어보는 것을 권한다.

물음

1. ㈜서울에 대한 투자주식과 관련하여, ㈜민국의 20×1년 말 재무제표에 계상되는 관계기업투자의 장부금액을 구하라.

2. ㈜대한이 작성하는 20×1년도의 연결재무제표에 계상될 다음의 금액을 구하라. 단, 해당 금액이 없는 경우에는 "0"으로 표시하라.

<연결재무상태표>

영 업 권	①

<연결손익계산서>

연 결 당 기 순 이 익	
지배기업 소유주 순이익	②
비지배지분 순이익	③

해답

물음 1

20×1년 말 관계기업투자 장부금액 : ₩21,600

참고자료 일자별 회계처리

<20×1년 1월 1일>

(차) 관계기업투자	20,000	(대) 현 금	20,000

<20×1년 12월 31일>

(차) 관계기업투자	1,600	(대) 지분법이익	1,600

* ₩8,000×20% = ₩1,600

물음 2

<연결재무상태표>

영 업 권	① ₩46,000

<연결손익계산서>

연 결 당 기 순 이 익	
지배기업 소유주 순이익	② ₩140,600(1)
비지배지분 순이익	③ ₩12,800(2)

(1) ₩115,000(대한) + 32,000(민국) + 8,000(서울) − 1,600(지분법이익 취소) − 12,800(비지배지분 순이익) = ₩140,600

(2) ₩3,200(㈜서울 비지배지분 순이익) + 9,600(㈜민국 비지배지분 순이익) = ₩12,800

<계산근거 : 20×1년 말 연결조정분개>

(1) 종속기업 ㈜서울과의 연결조정분개

① 지분법 회계처리 취소분개

(차)	지 분 법 이 익	1,600	(대) 관 계 기 업 투 자	1,600

② 투자주식과 지배력 취득시점의 종속기업(㈜서울) 자본의 상계제거

(차)	자 본 금	60,000	(대) 투 자 주 식 (대 한)	40,000
	이 익 잉 여 금	30,000	투 자 주 식 (민 국)	20,000
	영 업 권	6,000[(1)]	비 지 배 지 분	36,000

(1) (₩40,000 + 20,000) − (90,000 + 0)×60% = ₩6,000

③ 당기순이익으로 인한 순자산 변동분 중 비지배지분 해당액

(차)	이 익 잉 여 금	3,200	(대) 비 지 배 지 분	3,200[(2)]

(2) ₩8,000×40% = ₩3,200

(2) 종속기업 ㈜민국과의 연결조정분개

① 투자주식과 지배력 취득시점의 종속기업(㈜민국) 자본의 상계제거

(차)	자 본 금	200,000	(대) 투 자 주 식 (대 한)	250,000
	이 익 잉 여 금	100,000	비 지 배 지 분	90,000
	영 업 권	40,000[(3)]		

(3) ₩250,000 − (300,000 + 0)×70% = ₩40,000

② 당기순이익으로 인한 순자산 변동분 중 비지배지분 해당액

(차)	이 익 잉 여 금	9,600	(대) 비 지 배 지 분	9,600[(4)]

(4) ₩32,000×30% = ₩9,600

02 일시적차이를 고려한 연결

P회사는 20×1년 초 S회사의 보통주 80%를 ₩300,000에 취득하여 지배기업이 되었으며, 취득 당시 S회사 자산의 장부금액과 공정가치의 차이는 다음과 같다.

항목	장부금액	공정가치	비 고
토 지	₩80,000	₩100,000	20×1년 말까지 계속 보유
건 물	120,000	150,000	잔존내용연수 10년, 잔존가치 없이 정액법 상각
재고자산	50,000	60,000	20×1년 중에 40%판매, 20×2년 중에 60% 판매

20×1년 말 P회사와 S회사의 재무제표는 다음과 같다. 20×1년 초 이후 두 회사 모두 배당금 지급 등의 자본관련 거래는 없다.

과목	P회사	S회사
수 익	₩1,000,000	₩500,000
비 용	(800,000)	(400,000)
당기순이익	₩200,000	₩100,000
현금·매출채권	300,000	100,000
재 고 자 신	500,000	250,000
종속기업투자	300,000	–
토 지	550,000	300,000
건 물(순액)	600,000	350,000
합 계	₩2,250,000	₩1,000,000
부 채	₩1,500,000	₩600,000
자 본 금	350,000	100,000
이익잉여금	400,000	300,000
합 계	₩2,250,000	₩1,000,000

20×1년 초 S회사는 P회사에 건물(취득원가 ₩100,000, 감가상각누계액 ₩40,000, 잔존 내용연수 5년, 잔존가치 없이 정액법 상각)을 ₩80,000에 매각하였다.

물음

P회사가 20×1년 말에 연결재무제표를 작성할 때 일시적차이를 고려하여 연결조정분개를 하고 연결정산표를 작성하라. 단, 세무기준액은 장부금액이며, 법인세율은 30%이다.

해답

물음 1

<20×1년 말 연결조정분개>

① 종속기업투자와 지배력 취득시점의 종속기업 자본의 상계제거

(차)	자본금	100,000	(대)	종속기업투자	300,000
	이익잉여금	200,000		이연법인세부채	18,000(1)
	토지	20,000		비지배지분	68,400(2)
	건물	30,000			
	재고자산	10,000			
	영업권	26,400			

(1) {₩20,000(토지의 공정가치 조정액)+30,000(건물의 공정가치 조정액)+10,000(재고자산의 공정가치 조정액)}×30%=₩18,000

(2) {₩100,000+200,000+(20,000+30,000+10,000)×(1−30%)}×20%=₩68,400

② 종속기업 자산의 공정가치와 장부금액 차이의 조정

(차)	감가상각비	3,000	(대)	감가상각누계액	3,000(3)
(차)	이연법인세부채	900(4)	(대)	법인세비용	900

(3) ₩30,000÷10년=₩3,000

(4) ₩3,000×30%=₩900. 공정가치 조정액의 감가상각비에 해당하는 이연법인세부채 감소

(차)	매출원가	4,000	(대)	재고자산	4,000(5)
(차)	이연법인세부채	1,200(6)	(대)	법인세비용	1,200

(5) ₩10,000×40%=₩4,000

(6) ₩4,000×30%=₩1,200. 공정가치 조정액의 매출원가에 해당하는 이연법인세부채 감소

③ 내부미실현이익의 제거(상향판매)

(차)	건물	20,000	(대)	감가상각누계액	40,000
	유형자산처분이익	20,000			
(차)	감가상각누계액	4,000	(대)	감가상각비	4,000(7)
(차)	이연법인세자산	4,800(8)	(대)	법인세비용	4,800(9)

(7) S회사의 감가상각비는 ₩20,000의 미실현이익으로 인하여 매년 ₩4,000씩 추가로 인식하였을 것이므로 이를 제거한다.

(8) {₩40,000(감가상각누계액)−20,000(건물)−4,000(감가상각누계액)}×30%=₩4,800

(9) {₩20,000(유형자산처분이익)−4,000(감가상각비)}×30%=₩4,800

④ 당기순이익으로 인한 순자산 변동 중 비지배지분 해당액

(차) 이 익 잉 여 금　　16,780　　(대) 비 지 배 지 분　　16,780(10)

(10) {₩100,000(20×1년 당기순이익) − 3,000(감가상각비) + 900(법인세비용) − 4,000(매출원가) + 1,200(법인세비용) − 20,000(유형자산처분이익) + 4,000(감가상각비) + 4,800(법인세비용)} ×20% = ₩16,780

〈20×1년도 연결정산표〉

과목	P회사	S회사	연결조정분개		연결재무제표
			차변	대변	
수 익	₩1,000,000	₩500,000	③20,000		₩1,480,000
비 용	(800,000)	(400,000)	②3,000 ②4,000	②900 ②1,200 ③4,000 ③4,800	(1,196,100)
당 기 순 이 익	₩200,000	₩100,000	₩27,000*	₩10,900*	₩283,900
현금·매출채권	₩300,000	₩100,000			₩400,000
재 고 자 산	500,000	250,000	①10,000	②4,000	756,000
종속기업투자	300,000	−		①300,000	−
토 지	550,000	300,000	①20,000		870,000
건 물(순액)	600,000	350,000	①30,000 ③20,000 ③4,000	②3,000 ③40,000	961,000
이연법인세자산	−	−	③4,800		4,800
영 업 권	−	−	①26,400		26,400
합 계	₩2,250,000	₩1,000,000			₩3,018,200
부 채	₩1,500,000	₩600,000			₩2,100,000
이연법인세부채	−	−	②900 ②1,200	①18,000	15,900
자 본 금	350,000	100,000	①100,000		350,000
이 익 잉 여 금	400,000	300,000	①200,000 ④16,780 27,000*	10,900*	467,120
비 지 배 지 분	−	−		①68,400 ④16,780	85,180
합 계	₩2,250,000	₩1,000,000	₩461,080	₩461,080	₩3,018,200

* 당기순이익의 조정 금액만큼 이익잉여금에 반영한다.

03 연결주당이익

㈜지배는 ㈜종속의 발행주식 80%를 보유하고 있다. ㈜지배와 ㈜종속의 주당이익 계산과 관련된 자료는 다음과 같다.

〈㈜지배〉

- 지배기업의 보통주에 귀속되는 이익 : ₩1,200,000(종속기업의 이익 또는 종속기업이 지급하는 배당은 제외한 금액임)
- 유통보통주식수 : 10,000주
- 지배기업이 소유한 종속기업의 금융상품
  보통주 800주
  종속기업의 보통주를 매입할 수 있는 주식매입권 30개
  전환우선주 300주

〈㈜종속〉

- 당기순이익 : ₩540,000
- 유통보통주식수 : 1,000주
- 주식매입권(발행) : 150개(행사가격 ₩1,000)
- 전환우선주 : 400주(전환우선주 1주당 보통주 1주로 전환가능)
- 우선주배당금 : 1주당 ₩100
- ㈜종속의 당기 중 보통주 1주의 평균시장가격 : ₩2,000

주당이익은 소수점 첫째 자리에서 반올림하고, 주식의 유통기간을 월수로 계산한다.

물음

1. ㈜종속의 기본주당이익과 희석주당이익을 계산하라.
2. 연결실체의 기본주당이익과 희석주당이익을 계산하라.

해답

물음 1 종속기업의 주당이익

(1) 기본주당이익

(₩540,000 − 400주×₩100)÷1,000주 = ₩500/주

(2) 희석주당이익 계산

<희석화 판단순서>

구분	보통주당기순이익의 증가	÷	보통주식수	=	주당이익	희석효과 순서
전환우선주	₩40,000		400		100	②
주식매입권	–		75*		–	①

* 150주 – 150×(₩1,000/₩2,000) = 75주

<희석주당이익의 계산>

구분	보통주당기순이익	÷	보통주식수	=	주당이익	희석화 여부
기본주당이익	540,000 – 40,000 = 500,000		1,000		500	–
주식매입권	–		75			
	500,000		1,075		465	희 석
전환우선주	40,000		400			
	540,000		1,475		366	희 석

따라서 희석주당이익은 ₩366이다.

물음 2 연결실체의 주당이익

(1) 기본주당이익

지배기업의 보통주에 귀속되는 지배기업의 이익 = ₩1,200,000

연결 기본주당이익에 포함되는 종속기업의 이익

= 800주×₩500(종속기업의 기본주당이익) + 300주×₩100(우선주배당금) = ₩430,000

기본주당이익

= (₩1,200,000 + 430,000)÷10,000주 = ₩163

(2) 희석주당이익

보통주에 귀속되는 종속기업의 이익 중 지배기업의 지분

= 1,000주×₩366(종속기업의 희석주당이익)×(800주÷1,000주) = ₩292,800

주식매입권에 귀속되는 종속기업의 이익 중 지배기업의 지분

= 75주(증분주식수)×₩366(종속기업의 희석주당이익)×(30주÷150주) = ₩5,490

전환우선주에 귀속되는 종속기업의 이익 중 지배기업의 지분계산

= 400주(전환으로 인한 주식수)×₩366(종속기업의 희석주당이익)×(300주÷400주)

= ₩109,800

연결실체의 희석주당이익

= (₩1,200,000 + 292,800 + 5,490 + 109,800)÷10,000주 = ₩161

04 연결현금흐름표 (CPA 2010)

다음 자료는 ㈜초록의 연결현금흐름표 작성과 관련된 자료이다. 추가 정보를 고려하여 물음에 답하라.

연결재무상태표

과목	20×2년 말		20×1년 말	
자산				
현금및현금성자산		₩460		₩1,320
수취채권		3,800		2,400
재고자산		5,000		6,400
FVPL금융자산		2,000		1,500
유형자산	7,460		3,820	
감가상각누계액	(2,900)		(2,120)	
유형자산순액		4,560		1,700
자산총계		₩15,820		₩13,320
부채				
매입채무		₩500		₩3,780
미지급이자		460		200
미지급법인세		980		2,000
장기차입금		2,580		2,080
사채		1,840		–
부채총계		₩6,360		₩8,060
자본				
납입자본		₩4,000		₩2,500
이익잉여금		5,460		2,760
자본총계		₩9,460		₩5,260
부채 및 자본총계		₩15,820		₩13,320

20×2년 연결손익계산서

과목	금액
매출액	₩61,300
매출원가	(52,000)
매출총이익	₩9,300
감가상각비	(900)
판매비와 관리비	(1,320)
FVPL 금융자산평가손실	(500)
이자비용	(800)
이자수익	600
배당금수익	400
외환손실	(80)
법인세비용차감전순이익	₩6,700
법인세비용	(600)
당기순이익	₩6,100

〈추가 자료〉

1. ㈜초록은 기중에 종속기업의 모든 주식을 ₩1,180에 취득하였다. 취득 자산과 인수 부채의 공정가치는 다음과 같다.
   재고자산(₩200), 현금(₩80), 유형자산(₩1,300), 장기차입금(₩400)
2. 당기에 유상증자로 ₩1,000, 장기차입금으로 ₩100을 조달하였다.
3. 이자비용 ₩800에는 사채할인발행차금상각과 관련된 이자비용 ₩40이 포함되어 있다.
4. 당기에 선언된 배당금에는 주식배당 ₩500이 포함되어 있으며, 나머지 배당금은 모두 현금 지급되었다.
5. FVPL 금융자산(단기매매목적) ₩1,000을 취득하였고, 나머지 차액은 기말 공정가치와 취득원가의 차이로 발생하였다.
6. 유형자산을 개별적으로 총 ₩2,500에 취득하였다. 이 중에서 ₩1,800은 사채(액면금액 ₩2,000)를 발행하여 취득하였고, 나머지 ₩700은 현금으로 지급하였다.
7. 취득원가가 ₩160이고 감가상각누계액이 ₩120인 설비자산을 ₩40에 매각하였다.
8. 20×2년 말의 수취채권에는 미수이자 ₩200이 포함되어 있다.
9. 외환손실 ₩80은 외화예금에서 발생한 것이다.
10. 판매비와 관리비는 당기 발생된 비용으로 모두 현금 지출되었다.

물음

㈜초록의 20×2년 연결현금흐름표를 직접법에 의하여 작성할 때, 아래의 빈 칸 ① ~ ⑤에 들어갈 숫자를 계산하라.

영업활동 현금흐름		
고객으로부터 유입된 현금	①	
공급자와 종업원등에 대한 현금유출	②	
법인세차감전 영업활동 현금흐름	?	
법인세납부	(1,620)	
영업활동 순현금흐름		?
투자활동 현금흐름		
이자수취	?	
배당금수취	₩400	
종속기업 취득에 따른 현금유출	③	
유형자산취득	₩(700)	
설비처분	40	
투자활동 순현금흐름		?
재무활동 현금흐름		
이자지급	④	
유상증자	₩1,000	
장기차입금	100	
배당금지급	⑤	
재무활동 순현금흐름		?

해답

<계산근거 : 추가 자료에 대한 회계처리>

• 추가 자료 1

(차)	현금	80	(대) 장기차입금	400
	재고자산	200	현금	1,180
	유형자산	1,300		

• 추가 자료 2

(차) 현 금	1,000	(대) 자 본 금	1,000
(차) 현 금	100	(대) 장 기 차 입 금	100

• 추가 자료 3, 6

(차) 유 형 자 산	2,500	(대) 사 채	2,000
사채할인발행차금	200	현 금	700
(차) 이 자 비 용	40	(대) 사채할인발행차금	40

• 추가 자료 4

(차) 집 합 손 익	6,100	(대) 이 익 잉 여 금	6,100
(차) 이 익 잉 여 금	3,400	(대) 자 본 금	500
		현 금	2,900

• 추가 자료 7

(차) 감가상각누계액	120	(대) 설 비 자 산	160
현 금	40		

① 고객으로부터 유입된 현금 = 매출액 − △매출채권*

= ₩61,300 − 1,200 = ₩60,100

* 매출채권의 총변동 ₩1,400(이중 미수이자의 변동 ₩200 포함)
∴ 진정한 매출채권의 변동 ₩1,200

② 공급자와 종업원 등에 대한 현금유출

= 매출원가 + 판매비와관리비 + 금융자산평가손실(PL) − △재고자산* − △FVPL금융자산 + △매입채무

= (−)₩52,000 − 1,320 − 500 + 1,600* − 500 − 3,280

= (−)₩56,000

* 기초 ₩6,400 + 200(지배력 획득 시 취득한 부분, 투자활동 ₩1,100에 포함되었음) + 증감 = 기말 ₩5,000
∴ 감소 ₩1,600

③ 종속기업 취득에 따른 현금유출 = 종속기업 취득 시 현금유출 + 종속기업 현금

= (−)₩1,180 + 80 = (−)₩1,100

④ 이자지급 = 이자비용 + 사채할인발행차금상각 + △미지급비용

= (−)₩800 + 40 + 260 = (−)₩500

⑤ 배당금지급 = (−)₩2,900

공동약정 및 관계기업투자

본장의 내용

투자자가 피투자자의 지분을 취득하였으나 피투자자에 대하여 지배력을 취득하지 않았다면 연결재무제표를 작성할 필요가 없다. 그러나 투자자가 피투자자에 대하여 유의적인 영향력을 행사할 수 있다면 피투자자를 관계기업이라 하고, 투자자는 개별 장부에 관계기업에 대한 투자주식을 지분법으로 평가한다. 한편, 둘 이상의 당사자들이 약정을 통하여 공동지배력을 갖는 경우 법적형식이나 약정의 조건 등을 종합적으로 평가하여 공동약정을 공동영업 또는 공동기업으로 분류한다. 이때 공동약정이 공동기업에 해당하면 당사자들은 자신의 투자지분을 지분법으로 평가한다.

본장의 내용과 관련된 기준서는 제1111호와 제1028호이다. 기준서 제1111호 '공동약정'은 공동약정의 유형과 공동지배력의 정의, 그리고 공동약정이 공동영업이나 공동기업으로 분류될 때 당사자들이 이를 재무제표에 어떻게 인식하는지에 대해서 규정하고 있으며, 기준서 제1028호 '관계기업 및 공동기업 투자'는 지분법의 회계처리를 다루고 있다.

본장에서는 우선 기준서 제1111호에 기초하여 공동약정에 대하여 설명하고, 이후 기준서 제1028호에 기초하여 관계기업 및 공동기업 투자에 대하여 어떻게 지분법을 적용하는지에 대해서 설명한다. 그리고 보론에서 관계기업의 우선주에 대한 지분법 적용과 제6장에서 설명한 간접지배 연결을 지분법과 관련지어 설명한다. 한편, 외국 관계기업투자의 회계처리는 제8장에서 설명한다. 본장에서 기준서의 내용을 언급할 때 괄호 안에 사용하는 숫자는 기준서 번호와 문단 번호를 의미한다. 예를 들어 (1111:4)는 기준서 제1111호, 문단 4를 의미한다.

1 공동약정

1.1 공동약정의 의의

두 개 이상의 회사가 동업 형식으로 특정 사업을 수행하는 경우가 있다. 예를 들어, 당사자들이 서로 보완적인 기술을 보유하고 있거나, 수행하려는 프로젝트의 위험이 너무 커서 이를 여러 회사에 분산하고자 할 때 또는 혼자서는 수행할 수 없는 대규모의 프로젝트를 수행하고자 할 때 당사자들 간에 약정을 맺고 공동으로 프로젝트를 수행하는 경우가 많은데, 이러한 약정을 공동약정이라고 한다.

기준서 제1111호에서는 공동약정(joint arrangement)을 둘 이상의 당사자들이 공동지배력(joint control)을 보유하는 약정으로서 다음과 같은 특징을 갖는 것으로 정의하고 있다(1111:4,5).

(1) 당사자들이 계약상 약정(contractual arrangement)에 구속된다.
(2) 계약상 약정은 둘 이상의 당사자들에게 약정의 공동지배력을 부여한다.

계약상 약정은 다양한 방법으로 나타낼 수 있는데, 흔히 당사자들 간에 계약이나 회의록 방식으로 문서화된다(1111:B2). 공동약정이 별도기구를 통하여 설계되는 경우(예 : 별도 회사를 설립하는 경우) 계약상 약정은 별도기구의 정관, 인가서 또는 내규에 편입될 것이다(1111:B3). 계약상 약정은 당사자들이 약정의 대상인 활동에 참여하는 조건을 제시하는데, 일반적으로 공동약정의 목적, 활동, 존속기간, 집행기구 구성원의 선임방법, 의사결정과정, 당사자들에게 요구되는 자본의 출자, 공동약정의 자산, 부채 및 손익의 분배방법 등이 포함된다(1111:B4).

1.2 공동지배력

공동지배력(joint control)은 약정의 지배력에 대한 합의된 공유(contractually agreed sharing of control of an arrangement)를 말한다(1111:7). 기준서 제1111호는 공동지배력을 정의하면서 제2장에서 설명했던 기준서 제1110호 '연결재무제표'의 지배력의 정의를 사용하는데, 약정에 관여함에 따라 변동이익에 노출되거나 변동이익에 대한 권리가 있고, 약정에 대한 힘으로 변동이익에 영향을 미치는 능력이 있다면 공동지배력이 있다고 본다. 즉, 모든 당사자들 또는 일부 당사자들 집단이, 약정의 이익에 유의적인 영향을 미치는 활동(즉, 관련 활동)을 지시하기 위하여 항상 함께 행동해야 할 때, 그 약정을 집합적으로(collectively) 지배하는 것으로 본다(1111:8).

모든 당사자들 또는 일부 당사자들 집단이 약정을 집합적으로 지배한다고 결정되면, 공동지배력은 관련 활동에 대한 결정에 그 약정을 집합적으로 지배하는 당사자들 전체의 동의가 요구되는 경우에만 존재한다(1111:9). 약정의 당사자들이 다수일 때, 모든 당사자들이 약정을 집합적으로 지배하지 않을 수도 있다.[1] 따라서 전술한 문단 9에서 공동지배력이 존재하기 위해서 '약정의 모든 당사자'의 동의를 요구하는 것이 아니라 '약정을 집합적으로 지배하는 당사자들' 전체의 동의를 요구한다는 점에 유의하여야 한다.

전체 동의 규정은 약정의 공동지배력을 보유하는 어떤 당사자라도 다른 당사자들의 동의 없이 다른 당사자들이나 일부 당사자들 집단의 관련 활동에 대한 일방적인 결정을 막을 수 있음을 의미한다. 전체 동의 규정이 어떤 당사자에게 방어권을 부여하고 있는 결정에만 관련되고 약정의 관련 활동 결정에는 관련되지 않는다면, 그 당사자는 약정의 공동지배력을 보유하지 않는다(1111:B9).

계약상 약정이 관련 활동에 대한 결정을 위하여 의결권의 최소비율을 요구하는 경우도 있다. 이러한 경우 그 최소 요구 의결권 비율이 당사자들이 합의하는 하나 이상의 조합[2]으로 달성될 수 있다면, 계약상 약정에서 약정의 관련 활동에 대한 의사결정을 위해 어느 당사자들(또는 당사자들의 조합)의 전체 동의가 요구되는지 명시하지 않는 한, 그 약정은 공동약정에 해당하지 않는다(1111:B8).

예 1 공동지배력 보유 여부 판단[3]

〈상황 1〉

A, B 및 C의 세 당사자가 약정을 설정하였는데, A는 의결권의 50%, B는 30%, 그리고 C는 20%를 보유한다. 또한 계약상 약정은 관련 활동에 대한 결정을 위하여 최소한 의결권의 75%가 요구된다고 명시하고 있다.

---

1) 기준서 제1111호는 공동약정의 공동지배력을 보유하는 당사자들(공동영업자들 또는 공공기업 참여자들)과 공동약정에 참여하지만 공동지배력을 보유하지 않는 당사자들을 구분한다(1111:11).

2) IFRS No.11의 원문을 보면 "… by more than one combination of the parties …"라고 되어 있어 하나 이상이 아니라 둘 이상이라고 번역해야 옳다. 왜냐하면 하나 이상이라면 하나도 포함되기 때문이다. 예를 들어, 공동약정의 당사자가 A, B, C 셋일 경우 의결권의 최소 비율을 충족하기 위해 A와 B, A와 C 또는 B와 C의 어떤 조합도 가능하다고 가정하자. 이러한 경우 약정에서 세 가지 조합 중 어떤 조합의 당사자 전체의 동의가 요구되는지 명시하지 않았다면 그 약정은 공동약정이 아니다. 그러나 약정의 관련 활동을 결정하기 위하여 A와 B의 전체 동의만을 요구한다고 약정에 명시하였다면 그러한 약정은 공동약정에 해당한다.

3) 기준서 제1111호, 문단 B8

A는 어떠한 결정이라도 막을 수 있지만, 관련 활동의 결정을 위해서는 B의 합의를 필요로 하기 때문에 A가 단독으로 약정을 지배하지 못한다. 관련 활동에 대한 결정을 위해 최소한 의결권의 75%를 요구하는 계약상 약정의 조건은, A와 B가 모두 동의해야 약정의 관련 활동에 대한 결정이 이루어질 수 있기 때문에, A와 B가 약정의 공동지배력을 보유한다는 것을 의미한다. 한편, C는 공동지배력을 보유하지 않는다.

〈상황 2〉
A, B 및 C의 세 당사자가 약정을 설정하였는데, A는 의결권의 50%, B와 C는 각각 25%를 보유한다. 또한 계약상 약정은 관련 활동에 대한 결정을 위하여 최소한 의결권의 75%가 요구된다고 명시하고 있다.

A는 어떠한 결정이라도 막을 수 있지만, B 또는 C와의 합의를 필요로 하기 때문에 A가 단독으로 약정을 지배하지 못한다. 이 상황에서 세 당사자는 집합적으로 약정을 지배하는데, A와 B의 조합뿐만 아니라 A와 C의 조합도 의결권의 75%를 충족할 수 있다. 따라서 동 약정이 공동약정이 되려면, 계약상 약정에 대한 관련 활동을 결정하기 위하여 어떤 당사자들 결합의 전체 동의를 요구해야 하는지 명시할 필요가 있다.

〈상황 3〉
약정에서 A와 B가 각각 의결권의 35%를 보유하고, 잔여 의결권 30%는 널리 분산되어 있다. 관련 활동에 관한 결정은 의결권의 다수결에 의한 승인을 요구한다.

이 경우 A와 B는 계약상 약정에 대한 관련 활동을 결정하기 위하여 A와 B 모두의 합의를 요구하는 것을 명시한 경우에만, 약정의 공동지배력을 보유한다.

1.3 공동약정의 유형

공동약정은 다양한 목적(예 : 당사자들이 원가와 위험을 공유하거나 새로운 기술과 새로운 시장에 당사자들이 접근하기 위한 방법)을 위하여 설정되며, 서로 다른 구조와 법적 형식을 이용하여 설정될 수 있다. 또한 일부 약정은 별도기구의 설립을 요구하기도 한다.

공동약정은 약정의 당사자들에게 약정의 자산에 대한 권리와 부채에 대한 의무를 부여하는지의 여부에 따라 [표 1]과 같이 공동영업(joint operation) 또는 공동기업(joint venture)으로 분류한다.

| 표 1 | 공동약정의 유형

유형	분류 기준
공동영업	약정의 공동지배력을 보유하는 당사자들이 약정의 자산에 대한 권리와 부채에 대한 의무를 보유하는 공동약정을 공동영업으로 분류. 공동영업의 당사자들을 공동영업자(joint operator)라고 함
공동기업	약정의 공동지배력을 보유하는 당사자들이 약정의 순자산에 대한 권리를 보유하는 공동약정을 공동기업으로 분류. 공동기업의 당사자들을 공동기업 참여자(joint venturer)라고 함

공동영업의 사례로 A회사와 B회사가 공동으로 도로 건설 프로젝트를 수주하는 경우를 들 수 있다. 이 경우 A회사와 B회사는 각각 담당할 공사구간을 나눈 후 각자의 자산을 제공하여 건설 사업을 수행하며, 발생한 부채와 비용 중 자신의 몫만큼을 부담하고, 합의된 수익을 배분받는 조건으로 약정을 맺을 수 있다.

한편, 공동기업의 사례로 A회사와 B회사가 공동으로 출자하여 제품 제조활동을 수행할 C회사를 설립하고, C회사에 대한 자신의 지분에 대한 권리만을 보유하는 경우를 들 수 있다. 이와 같이 별개의 회사를 설립하는 방식으로 설정하는 공동약정을 별도기구(separate vehicle)[4]로 구조화된 공동약정이라고 한다.

별도기구로 구조화되지 않은 공동약정은 공동영업으로 분류한다. 반면에 별도기구로 구조화된 공동약정은 무조건 공동기업으로 분류하는 것이 아니라 법적 형식, 계약상 약정의 조건 및 그 밖의 사실과 상황을 고려하여 공동영업 또는 공동기업으로 분류한다(1111:B15).

(1) 별도기구로 구조화되지 않은 공동약정

별도기구로 구조화되지 않은 공동약정은 공동영업이다. 이러한 경우 계약상 약정에서 약정에 관련된 당사자들의 자산에 대한 권리와 부채에 대한 의무, 그리고 당사자들의 해당 수익에 대한 권리와 비용에 대한 의무를 정한다. 예를 들어, 공동약정의 당사자들은 각자가 특정 임무에 대한 책임을 지면서 각자의 자산과 부채를 사용하여 함께 제품을 제조하기로 합의할 수도 있고, 공동의 수익과 비용을 당사자들에게 배분하는 방법을 명시할 수도 있다(1111:B17).

다른 예로, 공동약정의 당사자들이 함께 자산을 공유하고 공동운영하기로 합의했다면 (예 : 부동산을 공동명의로 소유하고 임대사업을 수행하기로 합의), 계약상 약정은 공동으로 운영되는 자산에 대한 당사자들의 권리를 정하고, 자산으로부터의 산출물 또는 수익, 그리고

4) 별도기구란 별도의 법적 기업 또는 법에 의해 인식되는 기업을 포함하여, 그러한 기업이 법인격이 있는지 상관없이, 별도로 식별가능한 재무구조를 말한다.

운영원가에 대한 당사자들의 배분방법을 정한다. 각각의 공동영업자는 공동자산에 대한 자신의 몫과 부채에 대한 합의된 자신의 몫을 회계처리하고, 계약상 약정에 따라서 산출물, 수익, 그리고 비용에 대한 자신의 몫을 인식한다(1111:B18).

(2) 별도기구로 구조화된 공동약정

별도기구로 구조화된 공동약정은 공동영업 또는 공동기업이 될 수 있다. 당사자가 공동영업자인지 아니면 공동기업 참여자인지는 별도기구에서 보유하는 약정과 관련하여 당사자의 자산에 대한 권리 및 부채에 대한 의무에 따라 다르다. [그림 1]과 같이 별도기구의 법적 형식, 계약상 약정의 조건 및 그 밖의 사실과 상황을 평가하여 공동약정을 구분한다(1111:B33).

| 그림 1 | 별도기구로 구조화된 공동약정의 구분

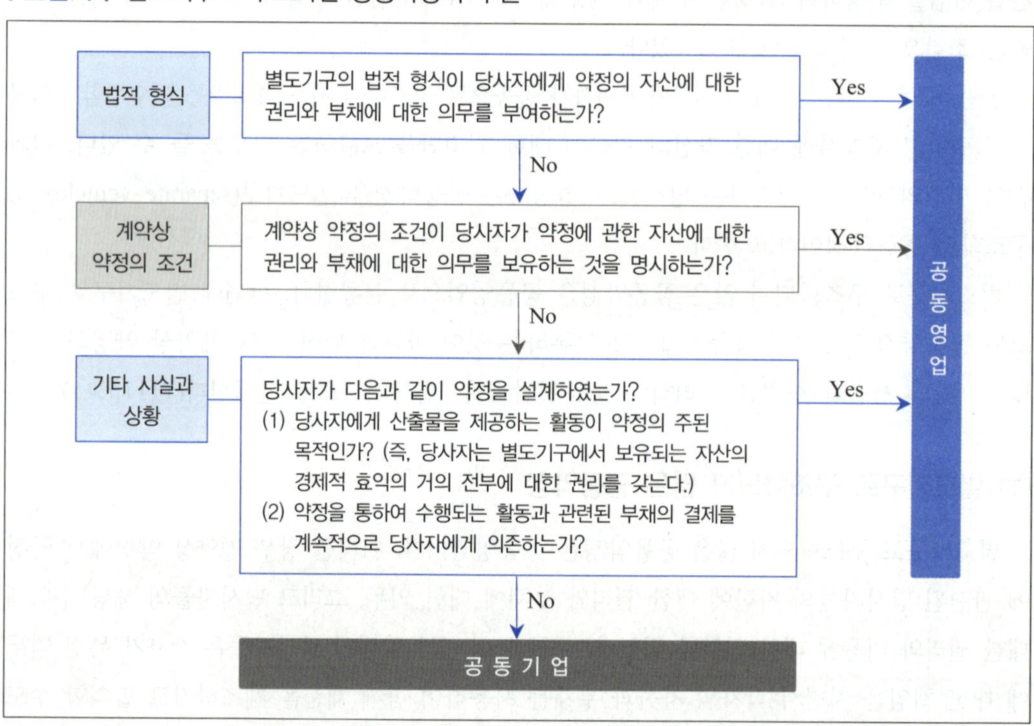

당사자들이 별도기구를 통하여 공동약정을 수행할 경우 법적 형식은 별도기구가 그 자신의 권리를 보유하도록 할 수 있다. 이때 별도기구가 보유하는 자산과 부채는 별도기구의 자산과 부채이지 당사자들의 자산과 부채가 아니다. 따라서 이러한 공동약정은 공동기업으로 구분한다. 예를 들어, A회사와 B회사가 50 : 50의 지분비율로 C회사를 공동으로 설립한 경우, C회사의 자산과 부채는 C회사의 자산과 부채이지, A회사나 B회사의 자산과 부채가 될 수 없다.

반면에 당사자들이 자신들과 별도기구를 구분하지 않는 법적 형식의 별도기구에서 공동약정을 수행할 수도 있다. 이때 별도기구가 보유하는 자산과 부채는 당사자들의 자산과 부채이다. 따라서 이러한 약정은 공동영업으로 구분한다.

당사자들은 구조화된 별도기구의 법적 형식에 의해 부여되는 권리와 의무를 변경 또는 수정하여 공동약정의 구분을 변경할 수 있다. 예를 들어, A와 B가 공동약정을 통하여 기업을 설립(즉, 별도기구로 구조화된 공동약정임)하고, 각각 50%씩 지분을 소유한다고 가정하자. 기업의 설립은 소유주로부터 기업을 구분할 수 있고, 결과적으로 기업이 보유하는 자산과 부채는 설립된 기업의 자산과 부채이며, 당사자들은 약정의 순자산에 대한 권리를 보유하게 되므로 이러한 공동약정은 공동기업으로 구분한다. 그러나 당사자들이, 특정한 비율로, 설립된 기업의 자산에 대한 지분을 보유하고 설립된 기업의 부채에 대한 법적 의무를 부담하기로, 계약상 약정을 통하여 기업의 특성을 수정함으로써 공동기업을 공동영업으로 변경할 수 있다.

계약상 약정의 조건에서 당사자들이 약정의 자산에 대한 권리와 부채에 대한 의무를 보유하는 것을 명시하지 않은 경우 당사자들은 약정이 공동영업인지 아니면 공동기업인지를 평가하기 위하여 그 밖의 사실과 상황을 고려한다. 예를 들어, 약정의 활동이 주로 당사자들에게 산출물을 제공하도록 설계된 경우(즉, 제3자에게 산출물을 매각하지 못하도록 한 경우), 이것은 당사자들이 약정의 자산에 대하여 실질적으로 모든 경제적 효익에 대한 권리를 보유한다는 것을 의미하므로 공동기업으로 보기 어렵다.

예 2 공동영업과 공동기업의 구분[5)]

〈사례 1〉

A와 B의 두 당사자는 공동약정으로 C회사를 설립하여 구조화하고 각각 50%의 소유지분을 보유한다. 이 약정의 목적은 당사자들 자신의 개별적 제조 공정에서 요구하는 원재료를 제조하는 것이며, 당사자들이 자신의 사양대로 수량과 품질의 원재료를 생산하는 설비를 가동하는 것을 보장한다. 당사자들 사이의 계약상 약정은 당사자들이 C회사 자산에 대한 권리와 부채에 대한 의무를 보유한다고 명시하지 않는다.

C회사의 법적 형식은 C회사가 보유하는 자산과 부채가 C회사의 자산과 부채임을 나타내며, 계약상 약정의 조건에서 당사자들(A와 B)이 C회사 자산에 대한 권리와 부채에 대한 의무를 보유한다고 명시하지 않으므로 이 약정은 공동기업이다.

---

5) 기준서 제1111호, 문단 B32

〈사례 2〉

〈사례 1〉에서 당사자들은 C회사가 생산한 모든 산출물을 50대 50으로 구매하기로 합의하였으며, C회사는 약정의 두 당사자들의 승인 없이 제3자에게 어떠한 산출물도 판매할 수 없다. 당사자들에게 판매되는 산출물의 가격은 C회사에서 발생하는 제조원가와 관리비를 회수할 수 있는 수준(손익분기수준)으로 정해진다.

이와 같은 사실과 상황에 기초할 때 당사자들이 C회사가 생산한 모든 산출물을 매입해야 하는 의무는 C회사가 현금흐름의 창출을 당사자들에게 전적으로 의존한다는 것을 나타내며, 따라서 당사자들은 C회사의 부채를 결제하기 위한 자금 조달 의무를 부담한다. 또한 당사자들이 C회사가 생산한 산출물에 대한 권리를 가진다는 것은 당사자들이 C회사 자산의 모든 경제적 효익을 소비하며 이에 대한 권리를 가진다는 것을 의미한다. 따라서 이러한 약정은 공동영업이다.

〈사례 3〉

〈사례 2〉에서 당사자들은 C회사가 산출물을 제3자에게 판매할 수 있도록 약정의 조건을 변경하였다.

이는 수요, 재고자산, 그리고 신용위험이 C회사에게 있다는 의미이다. 이러한 경우 공동약정은 공동기업이라는 것을 나타낸다.

1.4 공동약정 당사자들의 재무제표

(1) 공동영업

1) 공동영업에 대한 지분 취득

기업은 기준서 제1103호에서 정의된 사업에 해당하는 활동이 이루어지는 공동영업에 대한 지분을 취득할 때 후술하는 문단 20에 따른 자신의 몫에 해당하는 부분에 대하여 기준서 제1111호 '공동약정'의 지침과 상충되지 않는 기준서 제1103호 '사업결합'을 비롯한 사업결합 회계에 대한 모든 원칙을 적용한다(1111:21A). 기준서 제1111호와 상충되지 않는 사업결합회계의 원칙은 다음을 포함하지만 이에 한정되는 것은 아니다(1111:B33A).[6] 다음의 문단 B33A는 제1장에서 설명한 사업결합의 회계처리와 동일함을 알 수 있다.

6) 문단 21A와 B33A는 공동영업에 참가하는 참여자 중의 하나가 기준서 제1103호에서 정의된 기존 사업을 공동영업에 출자하는 경우에 한하여 그 공동영업의 성립에도 적용한다. 그러나 위의 문단들은 공동영업에 참여하는 모든 참여자가 사업에 해당하지 않는 자산이나 자산집단을 공동영업에 출자만 한다면 그 공동영업의 성립에는 적용하지 않는다(1111:B33B).

(1) 기준서 제1103호와 그 밖의 기준서에서 예외로 한 항목이 아닌 경우, 식별가능한 자산과 부채를 공정가치로 측정
(2) 취득관련원가를 그 원가가 발생하고 용역을 제공받은 기간에 비용으로 인식. 다만, 채무상품과 지분상품의 발행원가는 당해 증권의 발행가액에서 차감
(3) 기준서 제1103호와 기준서 제1012호 '법인세'의 요구사항에 따라, 자산과 부채의 최초 인식으로 발생하는 이연법인세자산과 이연법인세부채를 인식. 다만, 영업권의 최초 인식에서 발생하는 이연법인세부채는 제외
(4) 이전대가가 취득일의 식별가능한 취득 자산과 인수 부채의 순액을 초과하는 금액을 영업권으로 인식
(5) 기준서 제1036호 '자산손상'의 요구사항에 따라, 영업권이 배분된 현금창출단위에 대해서 적어도 매년, 그리고 손상을 시사하는 징후가 있을 때마다 손상검사

공동영업자는 사업에 해당하는 활동이 이루어지는 공동영업에 대한 지분을 추가 취득하여 자신의 지분을 증가시킬 수도 있다. 이 경우 공동영업자가 공동지배력을 유지한다면 그 공동영업에 대해 이전에 보유한 지분을 재측정하지 않는다(1111:B33C). 또한 공동영업에 참여하지만 공동지배력을 보유하지 않은 공동영업 당사자가 그 공동영업에 대한 공동지배력을 획득하는 경우에도 그 공동영업에 대해 이전에 보유하고 있던 지분은 재측정하지 않는다(1111:B33CA).

예 3 공동영업에 대한 지분 취득[7)]

A회사, B회사 및 C회사는 기준서 제1103호에서 정의된 사업에 해당하는 활동이 이루어지는 공동영업을 공동지배한다. 20×1년 초에 D회사는 C회사의 전체 보유지분(공동영업의 전체 지분 중 30% 지분임)을 현금 ₩30,000에 취득하였다. A회사, B회사와 D회사는 계약상 약정으로 일부 자산과 부채에 대한 D회사의 몫이 공동영업에 대한 D회사의 지분과 다르게 정해졌다. 다음은 참여자들 간의 계약상 약정에서 정해진 대로 공동영업과 관련된 자산과 부채에 대한 D회사의 몫과 기준서 제1103호에 따른 측정치이다.

과목	D회사의 몫	측정치
수취채권	30%	₩15,000
유형자산	25%	65,000
매입채무	35%	24,000
확정급여채무	40%	32,000

D회사가 공동영업의 지분을 취득할 때의 회계처리는 다음과 같다.

7) 기준서 제1111호 적용사례 7 수정

공동영업에 대한 식별가능 자산 및 부채의 D회사 몫
=₩15,000+65,000−24,000−32,000=₩24,000

영업권=이전대가−식별가능 순자산 측정치
=₩30,000−24,000=₩6,000

<공동영업에 대한 지분 취득>

(차)	공동영업투자	30,000	(대) 현금	30,000

<공동영업에 대한 D회사 몫의 배분>

(차)	수취채권	15,000	(대) 매입채무	24,000
	유형자산	65,000	확정급여채무	32,000
	영업권	6,000	공동영업투자	30,000

위의 분개를 하나로 합쳐도 무방하나 후술할 (예 4)와 같이 보고기간 말에 자산과 부채뿐만 아니라 수익과 비용까지 공동영업자의 지분에 비례하여 배분하는 회계처리와 일관되도록 위와 같이 분개를 분리하여 표시하였다.

---

2) 공동영업에 대한 자신의 지분 인식

공동영업자는 공동영업에 대한 자신의 지분과 관련하여 다음을 인식한다(1111:20).

(1) 자신의 자산(공동으로 보유하는 자산 중 자신의 몫 포함)
(2) 자신의 부채(공동으로 발생한 부채 중 자신의 몫 포함)
(3) 공동영업에서 발생한 산출물 중 자신의 몫의 판매 수익
(4) 공동영업의 산출물 판매 수익 중 자신의 몫
(5) 자신의 비용(공동으로 발생한 비용 중 자신의 몫 포함)

공동영업자는 공동영업의 자산, 부채, 수익 및 비용 중 자신의 지분에 해당하는 금액을 각각 자산, 부채, 수익 및 비용으로 인식하고, 특정 자산, 부채, 수익 및 비용에 적용하는 기준서에 따라서 회계처리한다. 예를 들어, 갑회사와 을회사가 공동으로 임대업을 영위하기 위해서 50억 원의 부동산을 취득했으며, 이 중에서 갑회사가 20억 원을 부담하여 40%의 공동약정의 지분을 가지게 되었다면 갑회사는 자신의 재무제표에 투자부동산 20억 원을 인식한다. 이후 임대업에서 공동으로 발생한 부채, 수익 및 비용 중 40%를 자신의 재무제표에 인식한다. 물론 을회사는 60% 지분에 해당하는 자신의 자산과 부채, 수익 및 비용을 자신의 재무제표에 인식한다. 즉, 공동영업자는 마치 자신이 해당 영업을 수행하는 것처럼 공동영업의 자산, 부채, 수익 및 비용 중 자신의 몫을 인식하는 회계처리를 한다.

전술한 문단 20의 (3)과 (4)가 유사한 것처럼 보이는데, (3)은 공동영업자의 지분비율에 따라 배분된 공동영업의 산출물을 공동영업자 각자가 판매한 수익이므로 공동영업자 간의 지분율이 같더라도 공동영업자 각자의 판매 수익은 다를 수 있다. 반면, (4)는 공동영업의 산출물 판매 수익을 공동영업자의 지분비율에 따라 배분한 것이므로 공동영업자의 지분비율이 같다면 배분된 판매 수익도 같다.

3) IFRS 해석위원회의 회신－공동영업자가 받은 산출물(2019.3.)

IFRS 해석위원회는 공동영업자가 보고기간 중 고객에게 이전한 산출물에 해당하는 수익을 인식해야 하는지, 아니면 보고기간의 공동영업의 활동으로부터 생산한 산출물 중 해당 공동영업자의 사전 약정된 비율에 해당하는 수익을 인식해야 하는지에 대해서 질의를 받았다. IFRS 해석위원회는 위의 질의에 대하여 개별 보고기간에 고객에게 이전한 산출물에 해당하는 수익을 인식하며, 공동영업자가 권리는 있으나 공동영업으로부터 받지 못하여 판매하지 못한 산출물을 수익으로 인식하지 않는다고 결론을 내렸다.

예를 들어, 공동영업자 갑은 공동영업에서 발생한 산출물 중 30%를 가져갈 권리를 획득하고 공동영업 생산원가의 30%를 부담할 의무가 있는데, 영업상의 이유로 당기에 공동영업에서 발생한 산출물 중 20%만 수령하여 고객에게 판매하였다. 이러한 차이가 차기에 산출물을 추가로 받음으로써 정산되는 경우, 공동영업자 갑이 당기에 인식하는 매출은 실제 고객에게 이전한 산출물(즉, 공동영업에서 발생한 산출물 중 20%)의 판매액으로 한다.

4) 공동영업과 공동영업자 간의 거래

공동영업자인 기업과 공동영업 간에 자산의 판매나 구매, 출자 등의 거래가 발생할 수 있는데, 공동영업자의 회계처리를 요약하면 [표 2]와 같다(1111:B34～B37).

| 표 2 | 공동영업자인 기업과 공동영업 간에 발생한 거래의 회계처리

거래 유형	공동영업자의 회계처리
공동영업자인 기업이 공동영업에 자산을 판매하거나 출자	거래의 결과인 손익을 다른 당사자들의 지분 한도까지만 인식[8]
공동영업자인 기업이 공동영업으로부터 자산을 구매	그 자산을 제3자에게 재판매하기 전까지 공동영업의 자산 판매 관련 손익에 대한 자신의 몫을 인식하지 않음[9]

8) 단, 그러한 거래가 공동영업에 판매되거나 출자되는 자산의 순실현가능가치 감소 또는 그러한 자산의 손상차손의 증거를 제공하는 경우, 공동영업자는 그러한 손실을 전부 인식한다.

9) 단, 그러한 거래가 공동영업으로 구매되는 자산의 순실현가능가치 감소 또는 그러한 자산의 손상차손의 증거를 제공하는 경우, 공동영업자는 그러한 손실에 대한 자신의 몫을 인식한다.

예를 들어, A, B 및 C가 각각 1/3씩 의결권을 보유하고 공동영업을 수행하는데, A가 공동영업에 자산을 판매하면서 ₩300의 처분이익이 발생하였다고 가정하자. 자산의 판매자인 A는 자산의 구매자인 공동영업의 당사자 중 하나이기도 하다. 이러한 경우 A가 ₩300의 처분이익을 인식하면 자신에게 자산을 판매하면서 스스로 이익을 인식하는 결과를 초래한다. 따라서 A는 다른 당사자들의 지분 한도(2/3)인 ₩200의 처분이익만 인식한다. 즉, 본인 A의 지분(1/3)에 해당하는 이익은 인식하지 않는다.

반면에 A, B 및 C가 각각 1/3씩 의결권을 보유하고 공동영업을 수행하는데, A가 공동영업으로부터 자산을 구매하였으며 이 거래로 공동영업에서 ₩300의 처분이익이 발생하였다고 가정하자. 이 경우 공동영업에서 발생한 처분이익 중 ₩100은 A의 몫이지만, 그 이익이 포함된 금액으로 자산을 구매하여 A가 보유하고 있으므로 당해 자산을 제3자에게 재판매할 때까지 처분이익 ₩100의 인식을 이연한다.

한편, 공동영업에 참여는 하지만 공동지배력을 보유하지 않은 당사자가 공동영업과 관련된 자산에 대한 권리와 부채에 대한 의무를 보유할 경우 전술한 공동지배력을 보유한 당사자의 회계처리와 동일하게 회계처리한다. 또한 공동영업에 참여는 하지만 공동지배력을 보유하지 않은 당사자가 공동영업의 자산에 대한 권리와 부채에 대한 의무를 보유하지 않는다면, 그 당사자는 그러한 지분에 적용하는 기준서에 따라 공동영업에 대한 자신의 지분을 회계처리한다(1111:23).

예 4 공동영업의 회계처리

갑회사와 을회사는 20×1년 초에 상품의 공동판매를 위한 공동약정을 하였으며, 공동약정은 공동영업에 해당한다. 갑회사와 을회사는 각각 ₩500의 현금을 공동영업에 출자하고, 20×1년 말에 공동영업에서 창출된 수익, 비용 및 공동영업의 자산과 부채를 각각 50 : 50의 비율로 배분하기로 하였다. 20×1년 말 현재 공동영업의 시산표는 다음과 같다.

과목	20×1년도
현금	₩1,200
매출채권	600
재고자산	250
매출원가	1,800
판매관리비	350
합계	₩4,200

매 입 채 무	₩200
출 연 금	1,000
매 출	3,000
합 계	₩4,200

20×1년에 갑회사 또는 을회사가 해야 할 회계처리는 다음과 같다.

<공동영업에 대한 지분 취득>

(차)	공 동 영 업 투 자	500	(대) 현 금	500

<20×1년 말 공동영업의 자산, 부채, 수익, 비용의 배분>

(차)	현 금	600	(대) 매 입 채 무	100
	매 출 채 권	300	공 동 영 업 투 자	500(1)
	재 고 자 산	125	매 출	1,500
	매 출 원 가	900		
	판 매 관 리 비	175		

(1) 공동영업에 ₩500의 현금을 출자할 때 자산으로 인식했던 공동영업투자를 보고기간 말에 공동영업의 자산, 부채, 수익 및 비용 배분 시 제거한다.

(2) 공동기업

공동기업 참여자는 공동기업에 대한 자신의 지분을 투자자산으로 인식하며, 그 투자자산은 본장에서 설명할 기준서 제1028호 '관계기업과 공동기업 투자'에 따라 지분법으로 회계처리한다(1111:24). 그러나 공동기업에 참여는 하지만 공동지배력을 보유하지 않은 당사자는 기준서 제1109호 '금융상품'에 따라 약정에 대한 자신의 지분을 회계처리한다(1111:25). 한편, 공동기업참여자가 종속기업을 소유하고 있어 연결재무제표를 작성하는 경우 별도재무제표에서 공동기업에 대한 지분은 원가법, 기준서 제1109호의 방법 또는 지분법을 적용한다(1111:26).

2 관계기업투자

투자자가 유의적인 영향력(significant influence)을 보유하는 기업을 관계기업(associate)이라고 한다. 유의적인 영향력이란 피투자자의 재무정책과 영업정책에 관한 의사결정에 참여할 수 있는 능력을 의미하며, 지배력이나 공동지배력보다 낮은 수준의 힘이다.

기준서 제1028호 '관계기업과 공동기업 투자'에서는 기업(즉, 투자자)이 직접 또는 간접(예 : 종속기업을 통하여)으로 피투자자에 대한 의결권의 20% 이상을 소유하고 있다면 유의적인 영향력이 있는 것으로 본다. 다만, 유의적인 영향력이 없다는 사실을 명백하게 제시할 수 있는 경우에는 그러하지 않는다. 반대로 기업이 직접 또는 간접으로(예 : 종속기업을 통하여) 피투자자에 대한 의결권의 20% 미만을 소유하고 있다면 유의적인 영향력이 없는 것으로 본다. 다만, 유의적인 영향력이 있다는 사실을 명백하게 제시할 수 있는 경우는 그러하지 않는다. 한편, 다른 투자자가 해당 피투자자의 주식을 상당한 부분 또는 과반수 이상을 소유하고 있다고 하여도 기업이 피투자자에 대하여 유의적인 영향력을 보유하고 있는 것을 반드시 배제하는 것은 아니다(1028:5).

기업은 20% 지분 소유 여부와 관계없이 다음 중 하나 이상에 해당하는 경우 일반적으로 유의적인 영향력이 있다는 것이 입증된다(1028:6).

(1) 피투자자의 이사회나 이에 준하는 의사결정기구에 참여
(2) 배당이나 다른 분배에 관한 의사결정에 참여하는 것을 포함하여 정책결정과정에 참여
(3) 기업과 피투자자 사이의 중요한 거래
(4) 경영진의 상호 교류
(5) 필수적 기술정보의 제공

[그림 2]를 통해서 갑회사가 을회사에 대해서 유의적인 영향력이 있는지 살펴보기로 하자.

| 그림 2 | 유의적인 영향력 판단

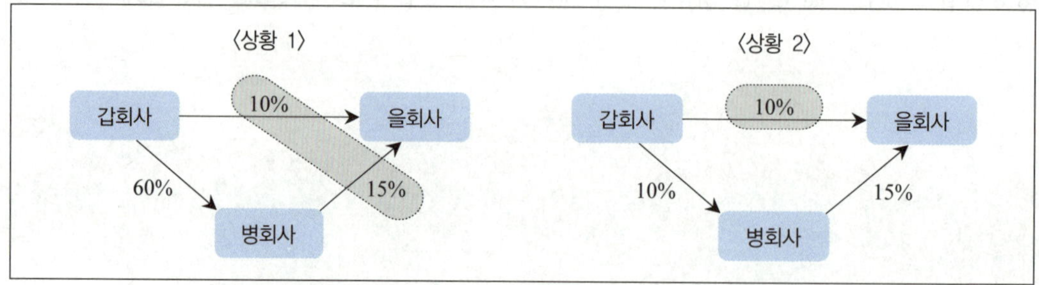

[그림 2]의 <상황 1>에서 갑회사는 병회사와 을회사에 대하여 각각 60%(지배력 있음)와 10% 지분(지배력 없음)을 소유하고, 병회사(갑회사의 종속기업)는 을회사에 대하여 15% 지분을 소유하고 있다. 갑회사는 을회사에 대하여 직접으로 10%의 지분을 소유하고 종속기업인 병회사를 통하여 을회사의 15% 지분을 소유함으로써 총 25%의 지분을 소유하고 있다.[10] 따라서 갑회사는 유의적인 영향력이 없다는 사실을 명백하게 제시할 수 있는 경우가 아니라면 을회사에 대하여 유의적인 영향력이 있다.

반면에 [그림 2]의 <상황 2>에서는 갑회사가 병회사와 을회사에 대하여 각각 10%씩(지배력 없음)의 지분을 소유하고, 병회사(갑회사의 종속기업이 아님)는 을회사에 대하여 15% 지분을 소유하고 있다. 갑회사는 을회사에 대하여 직접으로 10% 지분만을 소유할 뿐 종속기업을 통하여 간접으로 지분을 소유하고 있지 않으므로 전술한 문단 6에 해당하지 않는다면 을회사에 대하여 유의적인 영향력은 없다.

피투자자에 대하여 유의적인 영향력이 있는지 평가할 때 잠재적 의결권을 포함하여 현재 행사할 수 있거나 전환할 수 있는 잠재적 의결권의 존재와 영향을 고려한다.[11] 잠재적 의결권이란 주식매입권, 주식콜옵션, 보통주식으로 전환할 수 있는 금융상품 등이 행사되거나 전환될 경우 해당 피투자자의 재무정책과 영업정책에 대한 기업의 의결권을 증가시키거나 다른 상대방의 의결권을 줄일 수 있는 잠재력을 말한다. 잠재적 의결권을 미래의 특정일이 되기 전까지 또는 미래의 특정사건이 일어나기 전까지는 행사할 수 없거나 전환할 수 없는 경우라면, 그 잠재적 의결권은 현재 행사할 수 있거나 전환할 수 있는 것이 아니다(1028:7).

잠재적 의결권이 유의적인 영향력에 기여하는지 평가할 때 기업은 잠재적 의결권에 영향을 미치는 모든 사실과 상황을 검토하여야 한다. 다만, 잠재적 의결권의 행사나 전환에 대한 경영진의 의도와 재무 능력은 고려하지 않는다(1028:8).

기업이 피투자자의 재무정책과 영업정책의 의사결정에 참여할 수 있는 능력을 상실하면 피투자자에 대한 유의적인 영향력을 상실한다. 유의적인 영향력은 절대적이거나 상대적인 소유지분율의 변동에 따라 또는 소유지분율이 변동하지 않더라도 상실할 수 있다. 예를 들어, 관계기업이 정부, 법원, 관재인, 감독기구의 통제를 받게 되는 경우에 유의적인 영향력을 상실할 수 있다. 또 계약상 약정으로도 유의적인 영향력을 상실할 수 있다(1028:9).

---

10) 기준서에서는 관계기업에 대한 연결실체의 몫은 연결실체 내의 지배기업과 종속기업이 소유하고 있는 지분을 단순합산한 것으로 한다(1028:27). 갑회사와 병회사는 연결실체를 구성하므로 연결실체가 을회사의 지분 25%를 소유한 것으로 보는 것이다.

11) 제2장 3.2절에서 설명한 지배력 판단 시 고려하는 잠재적 의결권은 유의적인 영향력 판단 시 고려하는 잠재적 의결권과 다소 차이가 있다. 기준서 제1110호(문단 B24)에서는 현재 행사가능하지 않는 잠재적 의결권이라고 하더라도 관련 활동을 지시하는 시점에 행사가능하다고 한다면 지배력 판단 시 고려하도록 규정하고 있다.

3 지분법의 회계처리

3.1 지분법의 적용 면제

피투자자에 대하여 공동지배력이나 유의적인 영향력을 갖는 기업은 공동기업투자 또는 관계기업투자에 대하여 지분법(equity method)을 적용한다. 제2장의 5.2절에서 별도재무제표를 '종속기업, 공동기업 및 관계기업에 대한 투자를 원가법, 기준서 제1109호의 방법(즉, 공정가치법), 지분법 중 어느 하나를 적용하여 표시한 재무제표'로 정의하였다. 그러나 국제회계기준의 기본재무제표는 연결재무제표이므로 피투자자에 대하여 공동지배력이나 유의적인 영향력을 갖는 기업은 공동기업투자 또는 관계기업투자를 연결재무제표에 표시할 때 반드시 지분법을 적용한다.

그러나 다음의 경우에는 지분법 적용을 면제하므로(1028:17) 기준서 제1109호에 의한 방법(즉, 공정가치법)이나 원가법을 적용한다.

기업이 기준서 제1110호 문단 4(1)[12]의 적용 범위 제외에 따라 연결재무제표 작성이 면제되는 지배기업이거나 다음의 조건을 모두 충족하는 경우, 관계기업이나 공동기업에 대한 투자에 지분법을 적용할 필요가 없다.

(1) 기업이 그 자체의 지분 전부를 소유하고 있는 다른 기업의 종속기업이거나, 그 자체의 지분 일부를 소유하고 있는 다른 기업의 종속기업이면서 그 기업이 지분법을 적용하지 않는다는 사실을 그 기업의 다른 소유주들(의결권이 없는 소유주 포함)에게 알리고 그 다른 소유주들이 그것을 반대하지 않는 경우
(2) 기업의 채무상품 또는 지분상품이 공개시장(국내 · 외 증권거래소나 장외시장. 지역시장 포함)에서 거래되지 않는 경우
(3) 기업이 공개시장에서 증권을 발행할 목적으로 증권감독기구나 그 밖의 감독기관에 재무제표를 제출한 적이 없으며 현재 제출하는 과정에 있지도 않은 경우
(4) 기업의 최상위 지배기업이나 중간 지배기업이 한국채택국제회계기준을 적용하여 작성한 공용 가능한 재무제표에 기준서 제1110호에 따라 종속기업을 연결하거나 종속기업을 공정가치로 측정하여 당기손익에 반영한 경우

위의 문단 17은 제2장 4절에서 설명한 기준서 제1110호 '연결재무제표'의 문단 4와 동일하다. 즉, 연결재무제표의 작성 의무가 면제되는 지배기업은 보유하고 있는 관계기업투자나 공동기업투자에 대해서도 지분법을 적용하지 않는다. 또한 투자자가 종속기업투자는 보유하지 않고

12) 기준서 제1110호 문단 4의 연결재무제표 작성의 면제 규정은 제2장 4절의 설명을 참조하라.

관계기업투자나 공동기업투자만 보유하는 경우 위의 문단 17의 네 가지 조건을 모두 충족하면 지분법 적용이 면제되므로 관계기업투자나 공동기업투자에 원가법 또는 공정가치법을 적용한 별도재무제표를 작성한다.

벤처캐피탈 투자기구나 뮤추얼펀드, 단위신탁 및 이와 유사한 기업(투자와 연계된 보험펀드 포함)이 관계기업투자나 공동기업투자를 보유하거나 이와 같은 기업을 통하여 간접적으로 보유하는 경우, 기업은 그 투자를 기준서 제1109호에서 규정하고 있는 FVPL 항목으로 선택할 수 있다. 따라서 이러한 경우 지분법 적용이 면제된다(1028:18).[13]

한편, 매각예정으로 분류되는 관계기업투자나 공동기업투자는 장부금액과 순공정가치 중 작은 금액으로 회계처리하므로 매각예정 분류시점부터 지분법을 적용하지 않는데, 여기에 대해서는 3.12절에서 자세하게 설명한다. 관계기업투자와 공동기업투자에 대해서 적용하는 지분법은 동일하므로, 설명의 편의를 위하여 이후의 모든 설명에서 언급하는 관계기업투자에는 공동기업투자가 포함되는 것으로 한다.

3.2 지분법 적용의 사전 준비

기업(즉, 투자자를 말함)은 지분법을 적용할 때 가장 최근의 이용가능한 관계기업의 재무제표를 사용한다. 기업의 보고기간 종료일과 관계기업 보고기간 종료일이 다른 경우, 관계기업은 실무적으로 적용할 수 없는 경우가 아니라면 기업(투자자)의 보고기간 종료일에 맞추어 재무제표를 다시 작성한다(1028:33).

만약에 지분법을 적용하기 위하여 사용하는 관계기업 재무제표의 보고기간 종료일이 기업 재무제표의 보고기간 종료일과 다른 경우 두 재무제표의 보고기간 종료일 사이에 발생한 유의적인 거래나 사건의 영향을 반영한다. 그러나 어떠한 경우라도 두 재무제표의 보고기간 종료일의 차이는 3개월 이내이어야 한다. 또한 보고기간의 길이와 보고기간 종료일의 차이는 매 기간마다 동일하여야 한다(1028:34).

예를 들어, 기업(기능통화 원화)의 보고기간 종료일은 12월 31일이나, 미국에 소재하는 관계기업(기능통화 달러화)의 보고기간 종료일은 9월 30일이며, 기업은 실무적으로 12월 31일자 관계기업의 재무제표를 이용할 수 없어 9월 30일자 관계기업의 재무제표를 이용하여 지분법을 적용한다고 가정하자. 만약 9월 30일자 환율이 ₩1,000/$이고, 12월 31일자 환율이 ₩1,300/$이며 3개월간의 환율변동이 유의하다고 판단되면 기업은 12월 31일 환율에 기초하여

13) 기업은 벤처캐피탈 투자기구나 뮤추얼펀드, 단위신탁 및 이와 유사한 기업(투자와 연계된 보험펀드 포함)을 통하여 보유되지 않은 관계기업투자의 나머지 부분에 대하여 지분법을 적용한다(1028:19). 즉, 일부에 대해서만 지분법 면제 규정을 적용할 수 있다.

관계기업 재무제표를 환산하여 지분법을 적용하여야 한다.[14)]

기업과 관계기업의 보고기간 종료일이 다를 경우 두 기업의 보고기간 종료일 사이에 발생한 유의적인 거래나 사건에는 환율변동뿐만 아니라 관계기업 소유 자산의 재해손실, 관계기업 소유 중요 자산의 매각, 매출의 급격한 변동 등도 포함된다. 따라서 지분법을 적용하기 위해서는 이와 같은 거래나 사건의 영향을 가장 최근의 이용가능한 관계기업의 재무제표에 반영하여야 하며, 동 거래나 사건의 영향이 다음 회계기간의 관계기업의 재무제표에 반영되어 있다면 이는 이전 회계기간의 지분법 회계처리에 반영되었으므로 이를 제거한 후 다음 회계기간의 지분법을 적용한다.

한편, 관계기업이 유사한 상황에서 발생한 동일한 거래와 사건에 대하여 기업의 회계정책과 다른 회계정책을 사용한 경우, 기업이 지분법을 적용하기 위하여 관계기업의 재무제표를 사용할 때 관계기업의 회계정책을 투자자의 회계정책과 일관되도록 해야 한다(1028:36). 따라서 우리나라에서 투자자가 한국채택국제회계기준을 적용하는 상장기업이고 관계기업이 「일반기업회계기준」을 적용하는 비상장기업일 경우 한국채택국제회계기준을 적용하여 관계기업의 재무제표를 수정해야 하는 부담이 있다.

3.3 지분법의 기본적인 회계처리

지분법은 관계기업투자를 원가로 최초 인식하고, 취득일 이후에 발생한 피투자자의 순자산 변동액 중 투자자의 몫에 해당하는 금액을 관계기업투자의 장부금액에 반영하는 방법이다. 예를 들어, 피투자자가 당기순손익을 보고하면 그 중 투자자의 몫만큼 지분법손익을 인식하면서 관계기업투자의 장부금액을 조정한다. 또한 피투자자가 현금배당과 같은 분배액을 지급하면 그만큼 피투자자의 순자산이 감소하므로 분배액을 받은 투자자는 관계기업투자의 장부금액을 감소시킨다.

지분법의 회계처리를 제시하면 다음과 같다.[15)]

① 투자주식의 취득

(차) 관 계 기 업 투 자	×××	(대) 현	금	×××

14) 재무제표의 환산은 제8장에서 설명한다.

15) 국제회계기준에는 회계처리에서 사용할 계정을 명시적으로 언급하고 있지 않다. 따라서 본장에서 사용하는 계정은 「일반기업회계기준」에서 규정하는 계정을 사용한다.

16) 엄격하게 회계처리한다면 투자자는 피투자자의 현금배당 결의일에 「(차) 미수배당금 ××× (대) 관계기업투자 ×××」의 회계처리를 하고, 현금배당 수취일에 「(차) 현금 ××× (대) 미수배당금 ×××」의 회계처리를 한다.

② 관계기업이 지급하는 현금배당 수취[16)]

(차) 현 금 ××× (대) 관 계 기 업 투 자 ×××

③ 관계기업이 교부하는 주식배당의 수취

회계처리 없음

④ 관계기업의 당기순손익 보고

(차) 관 계 기 업 투 자 ××× (대) 지 분 법 이 익 (P L) ×××

또는

(차) 지 분 법 손 실 (P L) ××× (대) 관 계 기 업 투 자 ×××

⑤ 관계기업의 기타포괄손익의 변동

(차) 관 계 기 업 투 자 ××× (대) 지분법기타포괄이익(OCI) ×××

또는

(차) 지분법기타포괄손실(OCI) ××× (대) 관 계 기 업 투 자 ×××

⑥ 관계기업의 전기이월이익잉여금의 변동(전기오류수정손익, 회계정책변경 누적효과)

(차) 관 계 기 업 투 자 ××× (대) 지분법이익잉여금변동 ×××

또는

(차) 지분법이익잉여금변동 ××× (대) 관 계 기 업 투 자 ×××

관계기업이 현금배당을 하면 그만큼 관계기업의 순자산이 감소하므로 투자자는 수취한 현금배당금만큼 관계기업투자의 장부금액을 감소시킨다. 따라서 투자자는 관계기업으로부터 아무리 현금배당금을 많이 수취하더라도 당기손익에 영향을 미치지 않는다. 그러나 관계기업이 주식배당을 할 경우 관계기업 순자산은 변동하지 않으므로[17)] 투자자도 아무런 회계처리를 하지 않는다.

지분법에서 가장 중요한 회계처리는 취득일 이후에 발생한 관계기업의 당기순손익 중 투자자의 몫만큼 지분법손익을 인식하는 것이다. 관계기업이 당기순이익을 보고하면 그만큼 관계기업 순자산이 증가하므로 관계기업의 당기순이익 중 투자자의 몫만큼 관계기업투자의 장부금액을 증가시키면서 지분법이익(당기손익)을 인식한다. 반대로 관계기업이 당기순손실을 보고하면 그만큼 관계기업 순자산이 감소하므로 관계기업의 당기순손실 중 투자자의 몫만큼 관계기업투자의 장부금액을 감소시키면서 지분법손실(당기손익)을 인식한다(1028:10).

관계기업의 순자산 변동이 당기순손익 이외에 기타포괄손익(예 : 재평가잉여금 등)의 변동 때문에 발생할 수도 있다. 이 경우 관계기업의 기타포괄손익 변동액 중 투자자의 몫만큼 관계

17) 관계기업이 주식배당을 하면 이익잉여금이 감소하면서 자본금이 증가하므로 순자산의 변동은 없다.

기업투자의 장부금액을 조정하고, 지분법기타포괄손익(기타포괄손익)을 인식한다.[18] 흔하지는 않지만 종속기업이 전기오류수정손익이나 회계정책변경 누적효과를 소급적용하면서 이를 기초이익잉여금에 반영하는 경우, 기초이익잉여금 변동액 중 투자자의 몫만큼 지분법이익잉여금변동(이익잉여금에 포함되는 계정임)으로 회계처리한다.[19]

지분법손익이나 지분법기타포괄손익을 인식할 때 잠재적 의결권(또는 잠재적 의결권이 포함된 파생상품)을 고려하지 않고, 투자자가 현재 소유하고 있는 지분에만 기초하여 산정한다(1028:12). 또한 관계기업에 대한 연결실체의 몫은 연결실체 내 지배기업과 종속기업이 소유하는 지분을 단순 합산한 것이다. 연결실체의 다른 관계기업이 소유하고 있는 해당 관계기업의 지분은 합산하지 않는다(1028:27).

지분법 회계처리의 초점은 관계기업의 당기순손익 중 투자자의 몫에 해당하는 금액을 지분법손익으로 인식하는 것인데, 지분법손익은 관계기업투자를 취득하는 시점 현재 관계기업 순자산의 장부금액과 공정가치가 동일한지의 여부에 따라 영향을 받는다.

(1) 관계기업 순자산의 장부금액과 공정가치가 동일한 경우

지분법을 적용하는 데 적합한 절차의 많은 부분은 제3장부터 제6장에 걸쳐 설명한 기준서 제1110호의 연결재무제표 작성 절차와 유사하다. 특히 종속기업을 취득할 때 사용한 회계처리의 기본개념은 관계기업투자의 취득 시에도 적용된다.

제3장에서 종속기업투자의 취득원가에 영업권 또는 염가매수차익 해당액이 포함되어 있는 경우 종속기업투자와 종속기업의 자본을 상계제거하는 연결조정분개를 할 때 영업권이나 염가매수차익의 인식을 설명한 바 있다. 이와 유사하게 관계기업투자의 장부금액에도 영업권 또는 염가매수차익 해당액이 포함되어 있을 수 있다.

관계기업투자 취득원가	… ①
관계기업 순자산의 공정가치(=장부금액)×투자자 지분율	… ②

위에서 ①과 ②의 차이가 영업권 또는 염가매수차익에 해당한다. 관계기업투자에 포함되어 있는 영업권은 사업결합으로 취득한 것이 아니므로 분리하여 인식할 수 없으며, 영업권에 대해서 별도로 상각이나 손상차손도 인식하지 않으므로 지분법손익을 계산할 때 고려할 필요가 없다. 그러나 염가매수차익은 발생연도의 당기손익으로 인식하므로 다음과 같이 지분법손익

18) 일반기업회계기준 제8장 지분법에서는 '지분법자본변동' 계정을 사용하고 있으나, 본서에서는 지분법기타포괄이익 또는 지분법기타포괄손실 계정을 사용하기로 한다.

19) 일반기업회계기준 제8장 지분법

을 계산할 때 관계기업투자에 포함되어 있는 염가매수차익 해당액을 고려하여야 한다.

> 지분법손익 = 관계기업 당기순손익×투자자 지분율 + 염가매수차익 해당액*
> * 관계기업투자를 취득한 회계기간의 지분법손익에만 반영

다음의 (예 5)를 통해서 지분법손익의 계산과정을 설명한다.

예 5 지분법손익의 계산(1)

> 갑회사는 당기 초에 을회사 지분 20%를 취득하여 유의적인 영향력을 행사할 수 있게 되었다. 당기 초 현재 을회사 순자산의 장부금액은 ₩10,000이며 공정가치와 동일하다. 을회사의 당기순이익은 ₩3,000이며, 당기 중에 두 회사 간의 상호거래는 없다.
>
> 〈경우 1〉 갑회사의 관계기업투자 취득원가가 ₩2,000인 경우

관계기업투자의 취득원가 ₩2,000은 을회사 순자산의 공정가치(장부금액과 동일) ₩10,000의 20%와 동일한 금액이므로 영업권이나 염가매수차익 해당액은 없다. 따라서 갑회사가 당기 말에 관계기업투자에 대해서 인식할 지분법이익은 다음과 같다.
지분법이익 = ₩3,000×20% = ₩600

> 〈경우 2〉 갑회사의 관계기업투자 취득원가가 ₩2,500인 경우

관계기업투자의 취득원가 ₩2,500은 을회사 순자산의 공정가치 ₩10,000의 20%보다 ₩500이 더 많은데, 이 금액은 제3장에서 설명한 영업권에 해당하는 금액이다. 그런데 관계기업투자에 포함되어 있는 영업권은 별도로 인식하지 않고, 영업권에 대해서 별도로 상각이나 손상차손도 허용되지 않는다(1028:32(1)).[20] 따라서 지분법손익의 계산과정은 전술한 <경우 1>과 동일하다.
지분법이익 = ₩3,000×20% = ₩600

> 〈경우 3〉 갑회사의 관계기업투자 취득원가가 ₩1,800인 경우

관계기업투자의 취득원가 ₩1,800은 을회사 순자산의 공정가치(장부금액과 동일) ₩10,000의 20%

20) 일반기업회계기준에서는 영업권을 20년 이내에 상각하도록 규정하고 있으므로 지분법손익을 계산할 때 영업권상각액을 차감해야 하는 점이 국제회계기준과 다른 점이다.

보다 ₩200이 적은데, 이 금액은 제3장에서 설명한 염가매수차익에 해당하는 금액이다. 염가매수차익 해당액은 투자자산을 취득한 회계기간의 당기손익으로 인식하기 때문에(1028:32(2)) 다음과 같이 관계기업투자를 취득한 연도의 지분법이익에 반영한다.

지분법이익 = ₩3,000×20% + 200 = ₩800

만약 <경우 1> 또는 <경우 2>에서 갑회사가 보유하고 있는 을회사의 지분은 5%이지만, 잠재적 의결권 15%를 포함하여 을회사에 대하여 유의적인 영향력이 있다고 판단하였다면, 다음과 같이 실제 보유하고 있는 을회사 지분 5%에 기초하여 지분법이익을 계산한다.

지분법이익 = ₩3,000×5% = ₩150

---

(2) 관계기업 순자산의 장부금액과 공정가치가 동일하지 않은 경우

관계기업투자를 취득하는 시점에서 관계기업 순자산의 장부금액과 공정가치가 동일하지 않은 경우 동 차이는 이후 당해 자산 매각이나 감가상각 또는 당해 부채의 결제 등을 통해서 소멸할 수 있다. 제3장에서 종속기업 순자산의 장부금액과 공정가치의 차이의 소멸에 대한 조정액을 연결당기순손익에 반영했던 것처럼 관계기업 순자산의 장부금액과 공정가치 차이의 소멸에 대한 조정액을 지분법손익에 반영한다(1028:32).

관계기업 순자산의 장부금액과 공정가치가 동일하지 않은 경우에도 다음과 같이 관계기업투자의 취득원가에 포함되어 있는 영업권(또는 염가매수차익) 해당액을 우선 구분해야 한다.

관계기업투자 취득원가 … ①
관계기업 순자산의 공정가치×투자자 지분율 … ②

전술한 바와 같이 ①과 ②의 차이가 영업권이라면 지분법손익 계산에 아무런 영향을 미치지 않지만, 염가매수차익이라면 관계기업투자 취득 연도의 지분법손익에 반영하여야 한다. 그리고 관계기업 순자산의 장부금액과 공정가치가 다를 경우 장부금액과 공정가치의 차이를 항목별로 구분한 후 다음과 같이 해당 차이가 소멸하는 연도의 지분법손익에 반영한다.

지분법손익
=(관계기업 당기순손익 − 관계기업 순자산의 BV·FV 차이 조정)×투자자 지분율
　+ 염가매수차익 해당액*

* 관계기업투자를 취득한 회계기간의 지분법손익에만 반영

다음의 (예 6)을 통해서 관계기업 순자산의 장부금액과 공정가치의 차이의 소멸금액을 어떻게 지분법손익에 반영하는지 설명한다.

예 6 지분법손익의 계산(2)

갑회사는 당기 초에 을회사 지분 20%를 취득하여 유의적인 영향력을 행사할 수 있게 되었다. 당기 초 현재 을회사 순자산의 장부금액은 ₩10,000이며 공정가치는 ₩11,000이다. 을회사의 당기순이익은 ₩3,000이며, 당기 중에 두 회사 간의 상호거래는 없으며, 다음의 각 〈경우〉는 독립적이다.

〈경우 1〉 갑회사의 관계기업투자 취득원가가 ₩2,200이고, 을회사 순자산의 장부금액과 공정가치의 차이 ₩1,000은 건물(잔존내용연수 10년, 잔존가치 없이 정액법 상각)에서 발생한 경우

관계기업투자 취득원가 = ₩2,200 ··· ①
관계기업 순자산의 공정가치×투자자 지분율 = ₩11,000×20% = ₩2,200 ··· ②

①과 ②가 동일하므로 영업권이나 염가매수차익 해당액은 없다.
을회사 건물의 장부금액보다 공정가치가 ₩1,000 더 많은데, 갑회사는 관계기업투자를 취득할 때 이를 고려하여 ₩200만큼 더 지급한 것으로 본다. 을회사 건물의 장부금액과 공정가치의 차이 ₩1,000은 잔존내용연수에 걸쳐 소멸할 것이므로 갑회사는 다음과 같이 을회사 당기순이익에서 건물의 장부금액과 공정가치의 차이 중 당기 소멸금액을 차감한 금액에 기초하여 지분법이익을 인식한다.
지분법이익 = (을회사 당기순이익 − 관계기업 순자산의 BV·FV 차이조정)×투자자 지분율
= (₩3,000 − 1,000÷10년)×20% = ₩580
결국 매년 건물의 BV·FV 차이 조정액에 20%를 곱한 금액만큼 지분법이익을 덜 인식하게 되어 10년에 걸쳐 관계기업투자의 취득원가에 포함되어 있는 ₩200이 모두 소멸한다.

〈경우 2〉 갑회사의 관계기업투자 취득원가가 ₩2,500이고, 을회사 순자산의 장부금액과 공정가치의 차이는 건물(잔존내용연수 10년, 잔존가치 없이 정액법 상각)에서 발생한 경우

관계기업투자 취득원가 = ₩2,500 ··· ①
관계기업 순자산의 공정가치×투자자 지분율 = ₩11,000×20% = ₩2,200 ··· ②

①과 ②의 차이는 영업권이므로 더 이상 지분법손익을 계산할 때 고려할 필요가 없다. 따라서 지분법손익의 계산과정은 전술한 경우 1과 동일하다.
지분법이익 = (을회사 당기순이익 − 관계기업 순자산의 BV·FV 차이조정)×투자자 지분율
= (₩3,000 − 1,000÷10년)×20% = ₩580

만약에 관계기업투자의 취득원가가 ₩2,500이 아니라 ₩2,100이었다면 ₩2,100과 ₩2,200의 차이 ₩100이 염가매수차익에 해당하므로 관계기업투자 취득연도의 지분법이익을 계산할 때 ₩100을 가산한다.

〈경우 3〉 갑회사의 관계기업투자 취득원가가 ₩2,500이고, 을회사 순자산의 장부금액과 공정가치의 차이는 토지(당기 말 현재 을회사 계속 보유)에서 발생한 경우

관계기업투자 취득원가 = ₩2,500 … ①
관계기업 순자산의 공정가치×투자자 지분율 = ₩11,000×20% = ₩2,200 … ②

①과 ②의 차이는 영업권이므로 더 이상 지분법손익을 계산할 때 고려할 필요가 없다. 을회사 토지의 장부금액보다 공정가치가 ₩1,000 더 많은데, 갑회사는 관계기업투자를 취득할 때 이를 고려하여 ₩200만큼 더 지급한 것으로 본다. 을회사 토지의 장부금액과 공정가치의 차이 ₩1,000은 을회사가 동 토지를 매각하지 않는 한 소멸하지 않는다. 따라서 당기 말 현재 동 토지를 을회사가 계속 보유하고 있다면 당기 말 지분법이익은 다음과 같이 계산한다.

지분법이익 = (을회사 당기순이익 − 관계기업 순자산의 BV·FV 차이조정)×투자자 지분율
= (₩3,000 − 0)×20% = ₩600

만약 을회사가 토지를 당기 중에 모두 매각했다면 관계기업투자를 취득하는 시점에 존재했던 을회사 순자산의 장부금액과 공정가치의 차이가 모두 소멸하였으므로 토지 처분연도의 지분법이익을 다음과 같이 계산한다.

지분법이익 = (을회사 당기순이익 − 관계기업 순자산의 BV·FV 차이조정)×투자자 지분율
= (₩3,000 − 1,000)×20% = ₩400

〈경우 4〉 갑회사의 관계기업투자 취득원가가 ₩2,500이고, 을회사 순자산의 장부금액과 공정가치의 차이는 재고자산에서 발생한 경우

관계기업투자 취득원가 = ₩2,500 … ①
관계기업 순자산의 공정가치×투자자 지분율 = ₩11,000×20% = ₩2,200 … ②

①과 ②의 차이는 영업권이므로 더 이상 지분법손익을 계산할 때 고려할 필요가 없다. 을회사 재고자산의 장부금액보다 공정가치가 ₩1,000 더 많은데, 갑회사는 관계기업투자를 취득할 때 이를 고려하여 ₩200만큼 더 지급한 것으로 본다. 을회사 재고자산의 장부금액과 공정가치의 차이 ₩1,000은 을회사가 재고자산을 판매할 때 소멸한다. 따라서 당기 중에 판매한 부분만 차이조정으로 지분법이익에 반영한다. 예를 들어, 관계기업투자 취득 시 존재했던 재고자산 중 90%가 당기 중에 판매되었다면 재고자산의 장부금액과 공정가치의 차이 중 90%도 당기에 소멸하였으므로 당기 말 지분법이익을 다음과 같이 계산한다.

지분법이익 = (을회사 당기순이익 − 관계기업 순자산의 BV · FV 차이조정)×투자자 지분율

= (₩3,000 − 1,000×90%)×20% = ₩420

당기 말까지 판매하지 않은 10%의 재고자산을 다음 연도에 판매하였다면 다음 연도의 지분법손익 계산 시 재고자산의 장부금액과 공정가치의 차이 중 10% 금액을 반영한다.

예제 1 지분법의 회계처리

갑회사는 20×1년 초에 을회사 주식 20%를 취득하여 유의적인 영향력을 갖게 되었다. 20×1년 초 현재 을회사 순자산의 장부금액은 ₩1,000,000이며, 공정가치와 장부금액이 상이한 자산은 다음과 같다.

항목	장부금액	공정가치	비고
토 지	₩500,000	₩600,000	20×1년 말까지 보유, 20×2년 중 매각
건 물	250,000	300,000	잔존내용연수 10년, 잔존가치 없이 정액법 상각
재고자산	160,000	200,000	20×1년 중 90% 판매, 나머지 10%는 20×2년 중 판매

을회사의 순자산 변동은 다음과 같다.

20×1년 초 순자산 장부금액	₩1,000,000
20×1년 당기순이익	100,000
20×1년 말 순자산 장부금액	1,100,000
20×2년 현금배당 결의 및 지급	(40,000)
20×2년 당기순이익	150,000
20×2년 기타포괄이익(재평가잉여금) 증가	30,000
20×2년 말 순자산 장부금액	₩1,240,000

물음

1. 갑회사의 을회사 주식의 취득원가는 ₩250,000이다. 갑회사가 을회사 투자주식과 관련하여 20×1년과 20×2년에 해야 할 회계처리를 모두 하라.
2. (물음 1)에서 갑회사의 을회사 주식의 취득원가가 ₩210,000일 경우 갑회사가 을회사 투자주식과 관련하여 20×1년에 해야 할 회계처리만 제시하라.

해답

1. <영업권 또는 염가매수차익의 식별>

관계기업투자 취득원가 = ₩250,000 … ①

관계기업 순자산의 공정가치×투자자 지분율 = ₩1,190,000×20% = ₩238,000 … ②

①과 ②의 차이 ₩12,000은 영업권이므로 지분법손익을 계산할 때 고려할 필요가 없다.

<을회사 순자산의 장부금액과 공정가치 차이>

토지의 BV·FV 차이 = ₩100,000 20×2년에 모두 소멸

건물의 BV·FV 차이 = ₩50,000 10년 동안 정액법 소멸

재고자산의 BV·FV 차이 = ₩40,000 20×1년에 90%, 20×2년에 10% 소멸

<20×1년의 회계처리>

① 투자주식의 취득

(차) 관 계 기 업 투 자	250,000	(대) 현 금	250,000

② 지분법손익의 인식

(차) 관 계 기 업 투 자	11,800	(대) 지 분 법 이 익	11,800(1)

(1) (을회사 당기순이익 − 건물 및 재고자산 차이조정)×20%
= (₩100,000 − 50,000÷10년 − 40,000×90%)×20% = ₩11,800

<20×2년의 회계처리>

① 현금배당금의 수령

(차) 현 금	8,000(2)	(대) 관 계 기 업 투 자	8,000

(2) ₩40,000×20% = ₩8,000

② 지분법손익의 인식

(차) 관 계 기 업 투 자	8,200	(대) 지 분 법 이 익	8,200(3)

(3) (을회사 당기순이익 − 토지, 건물 및 재고자산 차이조정)×20%
= (₩150,000 − 100,000 − 50,000÷10년 − 40,000×10%)×20% = ₩8,200

③ 지분법기타포괄손익의 인식

(차) 관 계 기 업 투 자	6,000	(대) 지분법기타포괄이익	6,000(4)

(4) ₩30,000(을회사 기타포괄이익 증가)×20% = ₩6,000

2. <을회사 순자산의 장부금액과 공정가치 차이>

관계기업투자 취득원가 = ₩210,000 … ①

관계기업 순자산의 공정가치×투자자 지분율 = ₩1,190,000×20% = ₩238,000 … ②

①과 ②의 차이 (−)₩28,000은 염가매수차익 해당액이므로 취득연도의 지분법손익에 반영한다. 토지, 건물 및 재고자산의 BV·FV 차이조정은 해답 1과 동일하다.

<20×1년의 회계처리>

① 투자주식의 취득

(차) 관 계 기 업 투 자	210,000	(대) 현 금	210,000

② 지분법손익의 인식

(차) 관 계 기 업 투 자	39,800	(대) 지 분 법 이 익	39,800(1)

(1) (을회사 당기순이익−건물 및 재고자산 차이조정)×20%+염가매수차익
=(₩100,000−50,000÷10년−40,000×90%)×20%+28,000=₩39,800

20×2년의 회계처리는 해답 1과 동일하다. 염가매수차익은 20×1년도 지분법손익에만 반영하므로 20×2년도 지분법손익을 계산할 때에는 고려하지 않는다.

(예제 1)의 (물음 1)은 관계기업투자의 취득원가에 영업권이 포함되어 있는 반면, (물음 2)는 염가매수차익 해당액이 포함되어 있다. 전술한 바와 같이 영업권은 상각이나 손상차손을 별도로 인식하지 않기 때문에 지분법손익에 영향을 미치지 않으나, 염가매수차익 해당액은 관계기업투자 취득연도의 지분법손익에 반영해야 하므로 관계기업투자의 취득원가에 염가매수차익이 포함되어 있는지 확인하는 것이 필요하다.

(예제 1)의 (해답 1) 중 분개 ②의 지분법이익 ₩11,800과 관련하여 다음과 같이 구분된 분개를 할 수도 있다.

(차) 관 계 기 업 투 자	20,000	(대) 지 분 법 이 익	20,000
(차) 지 분 법 이 익	1,000	(대) 관 계 기 업 투 자	1,000
(차) 지 분 법 이 익	7,200	(대) 관 계 기 업 투 자	7,200

본장의 연습문제 풀이에서는 지분법손익의 결정과정을 상세하게 보여주기 위해서 구분된 분개를 제시하였는데, 어떤 방법으로 분개를 하든 무방하다.

한편, 지분법을 적용하는 관계기업투자의 기말 장부금액을 다음과 같이 직접 계산할 수 있다.

> 관계기업투자의 기말 장부금액
> =(관계기업 기말자본 장부금액+관계기업 자산·부채 BV와 FV 차이조정 후 잔액)
> ×투자자 지분율+영업권 해당액

(예제 1)의 (해답 1)에서 을회사 투자주식의 20×1년과 20×2년의 기말 장부금액은 각각 ₩261,800 및 ₩268,000이며, 이 금액은 위의 계산식을 이용하여 다음과 같이 계산할 수 있다.

20×1년 초 을회사 순자산의 BV	₩1,000,000
순자산의 BV·FV 차이	190,000
20×1년 초 을회사 순자산의 FV	1,190,000
당기순이익	100,000
건물의 BV·FV 차이 중 당기 조정액(₩50,000×1/10)	(5,000)
재고자산의 BV·FV 차이 중 당기 조정액(₩40,000×90%)	(36,000)
20×1년 말 을회사 순자산의 조정 후 금액	1,249,000
현금배당 지급	(40,000)
당기순이익	150,000
기타포괄이익	30,000
토지의 BV·FV 차이 당기 조정액	(100,000)
건물의 BV·FV 차이 중 당기 조정액(₩50,000×1/10)	(5,000)
재고자산의 BV·FV 차이 중 당기 조정액(₩40,000×10%)	(4,000)
20×2년 말 을회사 순자산의 조정 후 금액	₩1,280,000

20×1년 말 관계기업투자 장부금액 = ₩1,249,000×20% + 12,000(영업권) = ₩261,800
20×2년 말 관계기업투자 장부금액 = ₩1,280,000×20% + 12,000(영업권) = ₩268,000

3.4 상호거래 미실현손익의 제거

투자자와 관계기업 간에 상호거래[21]가 발생하였는데, 보고기간 말까지 상호거래로 인한 손익이 미실현될 수 있다. 예를 들어, 투자자가 관계기업에게 원가 ₩100의 자산을 ₩120에 처분하였고 관계기업이 동 자산을 보고기간 말 현재 계속 보유하고 있다면, 상호거래를 통하여 투자자의 당기순이익을 ₩20만큼 증가시키는데, 이때 ₩20을 미실현이익(unrealized profits)이라고 한다.

투자자는 관계기업에 대하여 유의적인 영향력을 행사할 수 있으므로 상호거래를 이용하여 당기손익을 조정할 수 있다. 따라서 지분법손익을 계산할 때 상호거래에서 발생한 미실현손익을 제거하여야 한다.

21) 투자자와 관계기업은 단일의 연결실체를 구성하는 것이 아니라 별개의 실체이므로 양자 간의 거래는 내부거래가 아니라 상호거래라고 한다.

제4장에서 연결재무제표 작성 시 내부미실현손익은 거래의 형태(즉, 하향거래, 상향거래 또는 수평거래)에 관계없이 전액 제거하는 것으로 설명한 바 있다. 따라서 연결당기순이익은 하향거래 미실현손익이든 상향거래 미실현손익이든 전액 제거된 후의 금액으로 결정된다. 다만, 비지배지분을 계산할 경우에는 상향거래 미실현손익만 고려하였다.

관계기업투자에 대해서도 연결의 경우와 동일한 논리로 상호거래 미실현손익을 제거한 금액에 기초하여 지분법손익을 인식한다. 기준서에서는 투자자와 관계기업 사이의 상향거래 또는 하향거래의 결과로 발생한 관계기업의 당기손익 중 투자자의 몫을 제거하도록 규정하고 있다(1028:28). 즉, 다음과 같이 지분법손익을 계산한다.[22)]

지분법손익
=(관계기업 당기순손익－관계기업 순자산의 BV·FV 차이조정
－당기미실현이익＋전기 미실현이익 중 당기실현이익)×투자자 지분율＋염가매수차익 해당액*

* 관계기업투자를 취득한 회계기간의 지분법손익에만 반영

기준서 제1028호 문단 28에서는 '투자자와 관계기업 사이의 상향거래나 하향거래에서 발생한 당기손익에 대하여 투자자는 그 관계기업에 대한 지분과 무관한 손익까지만 투자자의 재무제표에 인식한다'고 규정하고 있다. 위의 지분법손익의 계산식을 보면 관계기업 당기순손익에서 상호거래 미실현이익을 차감한 후의 금액에 투자자의 지분율을 곱하기 때문에 지분법손익에는 관계기업 당기순손익 중 투자자의 몫이 제외되어 결국 투자자의 지분과 무관한 손익만 인식하게 된다. 한편, 전기 미실현이익 중 당기 실현이익은 지분법손익을 계산할 때 관계기업 당기순손익에 가산 조정한다.

제4장에서 상향거래 미실현손익이 발생하든 하향거래 미실현손익이 발생하든 연결과정에서 모두 제거하는 연결조정분개를 하였다. 마찬가지로 지분법손익을 계산할 때에도 상호거래가 상향거래인지 하향거래인지를 구분할 필요 없이 미실현손익을 모두 제거한다.

하향거래가 매각대상 또는 출자대상 자산의 순실현가능가치의 감소나 그 자산에 대한 손상차손의 증거를 제공하는 경우 투자자는 그러한 손실을 모두 인식한다. 반면에 상향거래가 구입된 자산의 순실현가능가치의 감소나 그 자산에 대한 손상차손의 증거를 제공하는 경우, 투자자는 그러한 손실 중 자신의 몫을 인식한다(1028:29). 기준서 제1028호의 문단 29를 보면 마치 하향거래 미실현손실과 상향거래의 미실현손실의 조정방법이 다른 것처럼 보이는데, 하향거래이든 상향거래이든 관계없이 전술한 지분법이익 계산식에서 손상차손에 해당하는 당기미실현손실을 가산하는 조정을 하지 않으면 된다. 그 결과 투자자는 하향거래의 손상차손에

22) 미실현손실이라면 부호만 반대로 바꾸면 된다.

해당하는 모든 손실을 인식하게 되고, 상향거래의 손상차손 중 자신의 몫만 인식하게 된다. 이를 다음의 (예 7)을 통해서 설명하기로 한다.

예 7 손상차손에 해당하는 상호거래 미실현손실의 조정

> 갑회사는 관계기업인 을회사의 지분 30%를 보유하고 있으며, 관계기업투자 취득 시 관계기업 순자산의 장부금액과 공정가치는 동일하였다. 당기 중에 갑회사와 을회사 간의 자산의 매매거래로 인하여 자산의 처분손실 ₩100이 발생하였다. 자산의 처분손실 ₩100은 자산의 손상차손에 해당하며, 당기 말 현재 미실현된 상태이다. 을회사의 당기순이익은 ₩1,000이다.

(1) 상호거래가 하향거래인 경우

지분법이익 = ₩1,000×30% = ₩300

이미 갑회사가 개별 장부에 처분손실 ₩100을 모두 인식하였다. 만약 갑회사가 을회사 당기순이익 ₩1,000에 미실현손실 ₩100을 가산 조정한 금액에 기초하여 지분법이익을 ₩330으로 인식하면, 갑회사는 자산의 손상차손에 해당하는 ₩100 전부를 인식하지 못하는(즉, ₩70의 손실만 인식하는) 결과를 초래한다. 따라서 지분법이익 계산 시 자산의 손상차손에 해당하는 미실현손실을 가산하는 조정을 하지 않아야 손상차손에 해당하는 처분손실 ₩100 전부를 인식하게 된다.

(2) 상호거래가 상향거래인 경우

지분법이익 = ₩1,000×30% = ₩300

을회사의 당기순이익 ₩1,000은 을회사가 자산을 처분하면서 인식한 손실 ₩100이 반영된 금액이다. 만약 갑회사가 지분법이익을 계산할 때 을회사 당기순이익 ₩1,000에 손상차손에 해당하는 미실현손실 ₩100을 가산 조정하지 않으면, 손상차손에 해당하지 않는 미실현손실 ₩100을 가산 조정한 경우에 비해 ₩30만큼 지분법이익을 적게 인식하게 되어 을회사의 손상차손 중 갑회사의 몫만큼 인식하는 결과가 된다.

위의 두 가지 경우에서 보는 바와 같이 어느 경우이든 지분법손익을 계산할 때 손상차손에 해당하는 미실현손실을 관계기업 당기순이익에 가산하는 조정을 하지 않는다(즉, 미실현손실을 제거하지 않는다).

투자자와 관계기업 간에 상호거래 미실현이익이 있는 경우 투자주식 기말 장부금액은 다음과 같이 미실현이익을 차감하여 직접 계산할 수 있다.

관계기업투자 기말 장부금액
=(관계기업 기말자본 장부금액+관계기업 자산·부채의 BV·FV 차이조정 후 잔액
-미실현이익 잔액)×투자자 지분율+영업권 해당액

예제 2 상호거래가 있는 지분법 평가(1)

갑회사는 20×1년 초에 을회사 주식 30%를 ₩400,000에 취득하여 유의적인 영향력을 갖게 되었다. 20×1년 초 현재 을회사 순자산의 장부금액은 ₩1,000,000이며, 공정가치는 ₩1,100,000이다. 이는 건물(잔존내용연수 10년, 잔존가치 없이 정액법 상각)의 공정가치가 장부금액을 ₩100,000 초과하는 데 기인한다.

한편, 20×1년 중에 갑회사와 을회사 간에 발생한 상호거래는 다음과 같다.

항목	매출액	매출총이익률	매입회사의 20×1년 말 재고자산 보유 비율
갑회사 매출	₩300,000	40%	30% (20×2년에 모두 판매)
을회사 매출	200,000	35%	20% (20×2년에 모두 판매)

물음

1. 20×1년도 을회사의 당기순이익이 ₩500,000일 때 20×1년 말에 갑회사가 을회사 투자주식에 대해서 인식해야 할 지분법손익을 계산하라.
2. 20×2년도 을회사의 당기순이익이 ₩450,000이며, 20×2년 중 갑회사와 을회사 간의 상호거래가 발생하지 않았다고 가정하고 20×2년 말에 갑회사가 을회사 투자주식에 대해서 인식해야 할 지분법손익을 계산하라.

해답

1. 관계기업투자 취득원가 = ₩400,000 ··· ①
   관계기업 순자산의 공정가치×투자자 지분율=₩1,100,000×30% = ₩330,000 ··· ②
   ①과 ②의 차이가 영업권이므로 더 이상 지분법손익 계산에 고려할 필요가 없다.
   건물의 BV·FV 차이=₩100,000. 10년에 걸쳐 소멸하므로 지분법손익에 반영한다.

<미실현이익의 계산>

상호거래 미실현이익＝₩300,000×40%×30%(기말보유 비율)＝₩36,000

상호거래 미실현이익＝₩200,000×35%×20%(기말보유 비율)＝₩14,000

지분법손익 계산 시 미실현이익이 상향거래인지 하향거래인지의 구분은 의미가 없다.

<지분법손익의 계산>

지분법손익＝(₩500,000－100,000÷10년－36,000－14,000)×30%＝₩132,000

2. 20×1년 말 상호거래 미실현이익이 20×2년 중에 모두 실현되었으므로 지분법손익에 이를 반영한다.

지분법손익＝(₩450,000－100,000÷10년＋36,000＋14,000)×30%＝₩147,000

(해답 1)과 관련하여 관계기업투자의 20×1년 말 장부금액은 ₩400,000＋132,000＝₩532,000이다. 관계기업투자 기말장부금액을 전술한 아래의 공식에 따라 계산해보기로 한다.

> 관계기업투자 기말 장부금액
> ＝(관계기업 기말자본 장부금액＋관계기업 자산·부채의 BV·FV 차이조정 후 잔액
> －미실현이익 잔액)×투자자 지분율＋영업권 해당액

관계기업투자 20×1년 말 장부금액＝{₩1,000,000(기초자본)＋500,000(당기순이익)＋90,000(관계기업 순자산 BV·FV 차이 ₩100,000 중 당기 소멸분 ₩10,000 차감후 금액)－50,000(상호거래 미실현이익 잔액)}×30%＋70,000(관계기업 취득 시 영업권 해당액)＝₩532,000

예제 3 상호거래가 있는 지분법 평가(2)

갑회사(보고기간 말 12월 31일)는 20×1년 초에 을회사 주식 20%를 ₩250,000에 취득하여 유의적인 영향력을 갖게 되었다. 20×1년 초 현재 을회사 순자산의 장부금액은 ₩1,000,000이며, 공정가치는 ₩1,100,000이다. 이는 토지(20×2년 초에 제3자에게 매각)의 공정가치가 장부금액을 ₩100,000 초과하는 데 기인한다.

다음은 갑회사와 을회사 간에 20×1년 중에 발생한 상호거래이다.

(1) 20×1년 7월 1일에 갑회사는 을회사에게 기계장치(장부금액 ₩80,000, 잔존내용연수 5년, 잔존가치 없이 정액법 상각)를 ₩100,000에 매각하였으며, 을회사는 보고기간 말 현재 기계장치를 계속 사용하고 있다.

(2) 20×1년 10월 1일에 을회사는 갑회사에게 비품(장부금액 ₩50,000, 잔존내용연수 3년, 잔존가치 없이 정액법 상각)을 ₩44,000에 매각하였으며, 갑회사는 보고기간 말 현재 비품을 계속 사용하고 있다.

물음

1. 20×1년도 을회사의 당기순이익이 ₩200,000일 때 20×1년 말에 갑회사가 을회사 투자주식에 대해서 인식해야 할 지분법손익을 계산하라. 단, 비품의 상호거래에서 발생한 처분손실은 비품의 손상에 해당하지 않는다.
2. 20×2년도 을회사의 당기순이익이 ₩250,000이며, 20×2년 중 갑회사와 을회사 간의 상호거래가 발생하지 않았다고 가정하고 20×2년 말에 갑회사가 을회사 투자주식에 대해서 인식해야 할 지분법손익을 계산하라.
3. (물음 1)에서 20×1년 10월 1일에 을회사가 갑회사에게 비품을 매각하면서 인식한 처분손실이 모두 비품의 손상에 해당한다고 가정하고 다시 답하라.

해답

1. 관계기업투자 취득원가 = ₩250,000 ··· ①
   관계기업 순자산의 공정가치×투자자 지분율 = ₩1,100,000×20% = ₩220,000 ··· ②

   ①과 ②의 차이가 영업권이므로 더 이상 지분법손익 계산에 고려할 필요가 없다.
   토지의 BV · FV 차이 = ₩100,000. 20×2년에 차이가 모두 소멸하므로 20×2년 지분법손익에 반영한다.

   <미실현손익과 실현손익의 계산>
   상각대상자산의 미실현손익은 외부로 당해 자산을 매각하지 않더라도 추가 감가상각비를 통해 매년 일정액씩 실현된다(제4장 3.2절 설명 참조).
   기계장치 매각거래 미실현이익 = ₩100,000 − 80,000 = ₩20,000
   기계장치 매각거래 미실현이익 중 당기 실현이익 = ₩20,000÷5년×6/12 = ₩2,000
   비품 매각거래 미실현손실 = ₩44,000 − 50,000 = (−)₩6,000
   비품 매각거래 미실현손실 중 당기 실현손실 = (−)₩6,000÷3년×3/12 = (−)₩500

   <지분법손익의 계산>
   지분법손익 = {₩200,000 − 20,000(기계장치 미실현이익) + 2,000(기계장치 실현이익)
   + 6,000(비품 미실현손실) − 500(비품 실현손실)}×20%
   = ₩37,500

2. <실현손익의 계산>

20×2년 중에 추가로 발생한 미실현손익은 없으며, 전기 발생 미실현손익 중 실현손익만 고려한다.
기계장치 매각거래 미실현이익 중 당기 실현이익＝₩20,000÷5년＝₩4,000
비품 매각거래 미실현손실 중 당기 실현손실＝(－)₩6,000÷3년＝(－)₩2,000
또한 토지를 20×2년 초에 매각했으므로 BV·FV 차이를 모두 조정한다.

<지분법손익의 계산>

지분법손익＝{₩250,000－100,000(토지 차이조정)＋4,000(기계장치 실현이익)
－2,000(비품 실현손실)}×20%＝₩30,400

3. 손상차손에 해당하는 비품의 상호거래 미실현손실과 실현손실을 고려하지 않는다.

<지분법손익의 계산>

지분법손익＝{₩200,000－20,000(기계장치 미실현이익)＋2,000(기계장치 실현이익)}×20%
＝₩36,400

3.5 관계기업 지분과의 교환으로 비화폐성자산의 출자

투자자가 관계기업의 지분을 취득하기 위하여 토지와 같은 비화폐성자산을 출자하는 경우도 있다. 이러한 경우 상업적 실질[23]이 결여되어 있는 경우를 제외하고 비화폐성자산의 출자에 따른 처분손익을 상호거래에서 발생한 미실현손익으로 보고 지분법손익 계산 시 투자자의 몫을 제거한다(1028:30). 즉, 관계기업 당기순이익에서 비화폐성자산의 출자에 따른 처분손익을 제거한 금액에 기초하여 지분법손익을 계산한다.

또한 비화폐성자산을 출자하여 관계기업 지분을 수령하는 과정에서 관계기업으로부터 추가로 화폐성 또는 비화폐성자산을 받았다면, 투자자는 수령한 화폐성 또는 비화폐성자산과 관련하여 비화폐성 출자에 대한 손익의 해당 부분을 모두 당기손익으로 인식한다(1028:31). 즉, 투자자는 화폐성 또는 비화폐성자산을 받은 부분에 해당하는 처분손익을 실현손익으로 보고 지분법손익을 계산할 때 이 부분을 제거하지 않는다.

---

23) 기준서 제1016호(문단 25)에서는 다음의 ① 또는 ②에 해당하면서 ③을 충족하는 경우 교환거래는 상업적 실질이 있다고 규정하고 있다.
① 취득한 자산과 관련된 현금흐름의 구성이 제공한 자산과 관련된 현금흐름의 구성과 다르다.
② 교환거래의 영향을 받는 영업 부분의 기업특유가치가 교환거래의 결과로 변동한다.
③ 위 ①이나 ②의 차이가 교환된 자산의 공정가치에 비하여 유의적이다.

예 8 비화폐성자산의 출자에 의한 관계기업투자의 취득

〈사례 1〉
당기 초에 갑회사는 보유 토지(장부금액 ₩10,000, 공정가치 ₩12,000)를 을회사에 출자하고 을회사 지분 30%를 취득하여 유의적인 영향력을 가지게 되었다. 을회사의 당기순이익이 ₩5,000일 경우 갑회사의 관계기업투자 취득 및 지분법이익 인식의 회계처리는 다음과 같다. 단, 토지의 출자거래에 상업적 실질은 결여되어 있지 않으며, 다른 상호거래는 없다.

<관계기업투자의 취득>

(차)	관계기업투자	12,000	(대) 토지	10,000
			처분이익	2,000

관계기업투자는 최초 원가로 인식하는데, 원가란 지급한 대가의 공정가치를 말한다. 관계기업투자를 취득하면서 그 대가로 토지를 출자하였고 동 토지의 공정가치가 ₩12,000이므로 관계기업투자의 최초 인식금액은 ₩12,000이다.

<지분법손익의 인식>

(차)	관계기업투자	900	(대) 지분법이익	900*

* (₩5,000 − 2,000)×30% = ₩900

만약 토지의 출자거래가 상업적 실질을 결여하고 있다면 관계기업투자를 토지의 장부금액인 ₩10,000으로 최초 인식하면서 처분이익을 인식하지 않았을 것이므로 지분법손익을 인식할 때 이를 고려할 필요가 없다.

〈사례 2〉
당기 초에 갑회사는 보유 토지(장부금액 ₩10,000, 공정가치 ₩12,000)를 을회사에 출자하고 을회사 지분 30%와 현금 ₩3,000을 수취하여 유의적인 영향력을 가지게 되었다. 을회사의 당기순이익이 ₩5,000일 경우 갑회사의 관계기업투자 취득 및 지분법이익 인식의 회계처리는 다음과 같다. 단, 다른 상호거래는 없다.

<관계기업투자의 취득>

(차)	관계기업투자	9,000	(대) 토지	10,000
	현금	3,000	처분이익	2,000

관계기업투자는 최초 원가로 인식하는데, 이때 원가란 지급한 대가의 공정가치를 말한다. 공정가치 ₩12,000의 토지를 출자하면서 관계기업투자뿐만 아니라 현금 ₩3,000을 수취하였으므로 토지의 공정가치 ₩12,000에서 현금 ₩3,000을 차감한 ₩9,000으로 관계기업투자를 최초 인식한다.

<지분법손익의 인식>

(차) 관 계 기 업 투 자	1,050	(대) 지 분 법 이 익	1,050*

* (₩5,000 − 2,000×9,000/12,000)×30% = ₩1,050

즉, 처분이익 중 현금 수취분(₩2,000×3,000/12,000 = ₩500)만큼 실현된 것으로 보고, 지분법이익을 계산할 때 제거하지 않는다.

3.6 단계적 취득에 따른 관계기업투자로의 변경

투자자는 기준서 제1109호에 따라 공정가치법(또는 예외적으로 원가법)을 적용하던 지분상품을 추가 취득하거나 기타 약정을 체결함으로써 피투자자에 대해서 유의적인 영향력을 단계적으로 획득할 수 있다. 이 경우 투자자가 보유하던 지분상품을 일반적인 금융자산에서 관계기업투자로 변경하고, 이때부터 기준서 제1028호에 따라 지분법을 적용하여야 한다.

단계적 취득으로 일반적인 금융상품을 관계기업투자로 변경하고 지분법 적용을 개시하는 시점에 관계기업투자를 얼마로 측정할 것인지에 대해서 기준서 제1028호에는 아무런 규정이 없다. 여기에 대해서 실무에서는 소위 단계법과 일괄법이라는 두 가지 견해가 제시되고 있다. 단계법은 기존에 보유하던 지분을 재측정하지 않고, 추가 취득하는 지분과 별개로 구분하여 지분법을 적용하자는 견해이고, 일괄법은 제1장에서 설명한 기준서 제1103호의 단계적 취득을 준용하여 기존에 보유하던 지분을 공정가치로 재측정한 후 추가 취득하는 지분과 합쳐서 지분법을 적용하자는 견해이다.

단계법은 각 단계에서 취득한 지분의 취득원가의 합계액으로 관계기업투자의 최초 인식금액을 측정하는 방법이다. 따라서 기존에 소유하던 지분에 대해서 공정가치 평가손익을 인식했다면 유의적인 영향력을 갖게 된 시점에 투자지분을 당초의 취득원가로 조정하고, 조정액을 당기손익에 반영한다(즉, 처음부터 공정가치 평가를 하지 않은 상태로 환원한다).[24] 한편, 기존 소유지분에 대하여 유의적인 영향력을 취득한 시점까지 지분법 적용을 가정하여 순자산 변동액을 반영한다.[25] 이에 반해 일괄법은 유의적인 영향력을 취득한 시점에 기존 보유지분까지 일괄하여 취득한 것으로 간주하기 때문에 단계법보다 회계처리가 간단하다.

24) K-IFRS 실무사례와 해설(연결재무제표와 지분법), 2019, 한국공인회계사회

25) 기존 소유지분에 대하여 유의적인 영향력을 취득한 시점까지 순자산 변동액을 반영하지 않아야 한다는 견해도 있다.

국제회계기준위원회는 유의적인 영향력의 단계적 취득에 대한 다양한 견해가 제기되는 것을 인지하고 있으나, 현재 지분법에 대한 광범위한 프로젝트가 진행 중이라는 점을 고려하여 결정을 보류한 상태이다. 따라서 실무에서는 두 가지 견해 중 한 가지를 선택하여 일관되게 적용하면 될 것이다. 두 가지 견해에 따른 단계적 취득의 회계처리를 다음의 (예 9)를 통해서 설명하기로 한다.

예 9 유의적인 영향력의 단계적 취득

갑회사는 다음과 같이 을회사 발행주식을 단계적으로 취득하여 20×2년 1월 1일에 유의적인 영향력을 획득하였다. 20×1년도 을회사 순자산의 장부금액 증가는 모두 당기순이익이며, 두 회사 간의 상호거래는 없다.

취득일	취득원가	취득 지분율	을회사 순자산	
			장부금액	공정가치
20×1. 1. 1.	₩1,200	10%	₩11,000	₩11,000
20×2. 1. 1.	3,000	20%	12,200	12,500

20×2년 초 현재 을회사 건물(잔존내용연수 10년, 잔존가치 없이 정액법 상각)의 공정가치가 장부금액을 ₩300 초과하며, 그 이외의 자산과 부채의 장부금액은 공정가치와 동일하다. 20×2년도 을회사 당기순이익은 ₩200이다. 갑회사는 20×1년 1월 1일에 취득한 을회사 투자주식을 FVOCI 선택 금융자산으로 분류하였으며, 20×1년 말과 20×2년 초 현재 FVOCI 선택 금융자산의 공정가치는 ₩1,250이다.[26)]

(1) 일괄법(기준서 제1103호)을 적용할 경우

일괄법을 적용할 경우에는 20×2년 초에 을회사 지분 30%를 ₩4,250(1,250+3,000)에 취득한 것으로 간주한다.

① 20×1. 1. 1. 을회사 지분 10%의 취득

(차) FVOCI 선택 금융자산	1,200	(대) 현 금	1,200

② 20×1. 12. 31. FVOCI 선택 금융자산의 공정가치 평가

(차) FVOCI 선택 금융자산	50	(대) 금융자산평가이익(OCI)	50[(1)]

(1) ₩1,250 − 1,200 = ₩50

26) 을회사가 상장기업이라면 을회사 주식의 공정가치는 시가이며, 20×1년 말 시가는 을회사 순자산의 공정가치 ₩12,500의 10%인 ₩1,250이 아닐 수도 있다.

③ 20×2. 1. 1. 을회사 지분 20%의 취득 및 FVOCI 선택 금융자산의 관계기업투자 대체

(차) 관 계 기 업 투 자	4,250	(대) 현 금	3,000
		FVOCI 선택 금융자산	1,250

FVOCI 선택 금융자산에 대해 기타포괄손익으로 인식한 금액은 당기손익으로 재분류할 수 없다. 20×2년 초 현재 관계기업투자의 장부금액 ₩4,250에 포함된 영업권 또는 염가매수차익의 해당액을 계산하면 다음과 같다.

₩4,250 − 12,500(20×2년 초 순자산 공정가치)×30% = ₩500(영업권)

건물의 공정가치와 장부금액의 차이 ₩300에 대한 조정만 지분법이익 계산에 반영한다.

20×2년도 지분법이익 = (₩200 − 300÷10년)×30% = ₩51

(2) 단계법을 적용할 경우

① 20×1. 1. 1. 을회사 지분 10%의 취득

(차) FVOCI 선택 금융자산	1,200	(대) 현 금	1,200

② 20×1. 12. 31. FVOCI 선택 금융자산의 공정가치 평가

(차) FVOCI 선택 금융자산	50	(대) 금융자산평가이익(OCI)	50

③ 20×2. 1. 1. 을회사 지분 20%의 취득

(차) 관 계 기 업 투 자	3,000	(대) 현 금	3,000

④ 기존 보유 지분 10%의 관계기업투자 대체

(차) 관 계 기 업 투 자	1,200	(대) FVOCI 선택 금융자산	1,250(2)
금융자산평가손실(PL)	50		

(2) 20×1년 말에 FVOCI 선택 금융자산에 대해서 인식했던 금융자산평가이익(OCI) ₩50은 그대로 유지된다.

⑤ 기존 보유 지분 10%에 대한 을회사 순자산 변동 반영

(차) 관 계 기 업 투 자	120	(대) 이 익 잉 여 금	120(3)

(3) 20×1년부터 지분법을 적용하였다면 인식했을 금액을 반영하는 것이다. ₩1,200(20×1년 을회사 당기순이익)×10% = ₩120. 본 문제는 관계기업 순자산의 장부금액과 공정가치가 동일하므로 그 차이를 조정하지 않았지만, 만일 차이가 존재한다면 그 부분에 대해 차이의 조정을 하여야 한다.

20×2년 초 현재 관계기업투자의 장부금액 ₩4,320(3,000 + 1,200 + 120)에 포함된 영업권 또는 염가매수차익의 해당액을 계산하면 다음과 같다(취득 단계별로 계산).

20×1년 초 취득 : ₩1,200 − ₩11,000(20×1년 초 순자산 공정가치)×10% = ₩100(영업권)

20×2년 초 취득 : ₩3,000 − ₩12,500(20×2년 초 순자산 공정가치)×20% = ₩500(영업권)

20×2년도 지분법이익 = ₩200×10% + (₩200 − 300÷10년)×20% = ₩54

을회사 순자산의 장부금액과 공정가치의 차이 ₩300은 20×2년 초 취득분에서만 조정한다.

(예 9)에서 보는 바와 같이 일괄법을 적용할 경우와 단계법을 적용할 경우 관계기업투자의 장부금액에 포함되어 있는 영업권 해당액(또는 경우에 따라 염가매수차익 해당액)은 물론 피투자자 순자산의 장부금액과 공정가치의 차이도 동일하지 않다. 따라서 이후 두 가지 방법 간에 피투자자 순자산의 장부금액과 공정가치 차이에 대한 조정액도 동일하지 않으므로 지분법손익도 상이하다.

전술한 바와 같이 관계기업투자의 단계적 취득에 대한 국제회계기준의 명시적 규정이 마련되기 전까지는 (예 9)에서 제시한 두 가지 방법이 모두 적용가능할 것으로 판단된다. 참고로 「일반기업회계기준(제8장, 문단 8.13)」에서는 단계적으로 유의적인 영향력을 취득할 경우 일괄법을 적용하도록 규정하고 있다.

3.7 관계기업투자와 공동기업투자 간의 변경

투자자가 관계기업투자를 보유하고 있는데, 관계기업의 지분을 추가 취득하여 공동지배력을 획득하면 관계기업투자를 공동기업투자로 변경한다. 이미 유의적인 영향력을 행사할 수 있는 상태에서 관계기업의 지분을 추가 취득하여 공동지배력을 획득하는 것은 3.6절에서 설명한 단계적 취득에 해당하지 않는다. 따라서 추가로 취득한 지분에 대해서 별도로 지분법을 적용한다. 즉, 추가로 취득한 지분에 대해서 취득시점의 피투자자의 순자산의 공정가치에 기초하여 영업권 또는 염가매수차익 해당액을 결정하며, 기존 지분을 공정가치로 재측정하지 않는다. 그 결과 추가 지분 취득으로 유의적인 영향력이 공동지배력으로 바뀌더라도 회계처리는 달라지지 않는다.

반대로 투자자가 공동기업투자를 보유하고 있는데, 공동기업의 지분을 일부 처분하여 공동지배력을 상실하고 유의적인 영향력을 행사할 수 있게 되면 공동기업투자를 관계기업투자로 변경한다. 이 경우에도 투자자는 잔여 지분을 공정가치로 재측정하지 않으며, 지분법을 계속 적용한다(1028:24).

지분의 추가 취득으로 인해 관계기업투자에서 공동기업투자로 변경하는 경우와 지분의 일부 처분으로 인해 공동기업투자에서 관계기업투자로 변경하는 경우의 회계처리는 다음과 같다.

〈관계기업투자에서 추가 지분 취득으로 공동기업투자로 변경〉

(차) 공 동 기 업 투 자	×××	(대) 현 금	×××(1)
		관 계 기 업 투 자	×××(2)

(1) 추가 지분 취득대가
(2) 관계기업투자 장부금액

〈보유 지분의 일부 처분으로 공동기업투자에서 관계기업투자로 변경〉

(차) 현　　금	×××	(대) 공동기업투자	×××(1)
		처 분 이 익	×××(2)
(차) 관계기업투자	×××	(대) 공동기업투자	×××(3)

(1) 처분한 공동기업투자의 장부금액
(2) 처분대가와 처분한 공동기업투자의 장부금액의 차이로 처분손실을 인식할 수도 있음
(3) 공동기업투자 잔여분의 장부금액

예 10 유의적인 영향력 취득 후 추가 지분 취득

갑회사는 20×1년 1월 1일에 을회사에 대해서 유의적인 영향력을 보유하게 되었고, 20×2년 1월 1일에 을회사 지분을 추가로 취득하였다. 다음은 갑회사의 을회사 지분 취득과 관련된 자료이다.

취득일	취득원가	취득 지분율	을회사 순자산	
			장부금액	공정가치
20×1. 1. 1.	₩4,500	20%	₩20,000	₩22,000
20×2. 1. 1.	2,500	10%	21,000	23,300

20×1년 초 현재 을회사 건물(잔존내용연수 10년, 잔존가치 없이 정액법 상각)의 공정가치가 장부금액을 ₩2,000 초과한다. 또한 20×2년 초 현재 을회사 건물(잔존내용연수 9년, 잔존가치 없이 정액법 상각)의 공정가치가 장부금액을 ₩1,800 초과하고, 기계장치(잔존내용연수 5년, 잔존가치 없이 정액법 상각)의 공정가치가 장부금액을 ₩500 초과한다. 그 이외의 자산과 부채의 장부금액은 공정가치와 동일하며, 상기 건물과 기계장치는 을회사가 계속 사용하고 있다. 20×1년과 20×2년 을회사 당기순이익은 각각 ₩1,000과 ₩1,200이다. 20×1년 말과 20×2년 말에 갑회사가 인식할 지분법손익은 다음과 같이 계산한다.

<20×1년 말>
20×1년 초 을회사 지분 취득 시 관계기업투자에 포함된 영업권(또는 염가매수차익)
=₩4,500－22,000×20%=₩100(영업권)

영업권은 지분법손익 계산 시 고려할 필요가 없다. 을회사 순자산의 장부금액과 공정가치의 차이 ₩2,000은 건물에서 비롯된 것으로 10년에 걸쳐 매년 소멸하는 금액을 지분법손익 계산 시 반영한다.
20×1년 말 지분법이익=(₩1,000－2,000÷10년)×20%=₩160

<20×2년 말>

20×2년 초 을회사 지분 추가 취득 시 관계기업투자에 포함된 영업권(또는 염가매수차익)
= ₩2,500 − 23,300×10% = ₩170(영업권)

영업권은 지분법손익 계산 시 고려할 필요가 없다. 을회사 순자산의 장부금액과 공정가치의 차이 ₩2,300 중 ₩1,800(20×1년 초 건물에서 비롯된 차이 ₩2,000의 20×2년 초 현재 미소멸 금액으로 20×2년부터 9년에 걸쳐 소멸)은 20×1년 초에 취득한 지분과 20×2년 초에 취득한 지분의 지분법손익을 계산할 때 반영하고, 나머지 차이 ₩500(기계장치에서 비롯된 차이로 20×2년부터 5년에 걸쳐 소멸)은 20×2년 초에 취득한 지분의 지분법손익을 계산할 때 반영한다.

20×2년 말 지분법이익 = (₩1,200 − 1,800÷9년*)×20% + (1,200 − 1,800÷9년 − 500÷5년)×10%
= ₩290

* '₩1,800÷9년' 대신 '₩2,000÷10년'으로 계산해도 동일한 결과가 나오지만, 20×2년 초 추가 취득 시 을회사 순자산의 장부금액과 공정가치의 차이 중 건물분은 ₩2,000이 아니라 ₩1,800이므로 20×1년 취득분과 20×2년 취득분의 지분법손익의 계산을 일관되게 표시하기 위하여 '₩1,800÷9년'의 상각액을 표시하였다.

20×1년과 20×2년에 갑회사가 해야 할 회계처리(분개)를 제시하면 다음과 같다.

<20×1년>

① 을회사 지분 20% 취득

(차) 관 계 기 업 투 자	4,500	(대) 현 금	4,500

② 지분법이익의 인식

(차) 관 계 기 업 투 자	160	(대) 지 분 법 이 익	160

<20×2년>

① 을회사 지분 10% 추가 취득

(차) 관 계 기 업 투 자	2,500	(대) 현 금	2,500

② 지분법이익의 인식

(차) 관 계 기 업 투 자	290	(대) 지 분 법 이 익	290

본 사례에서 갑회사가 20×2년 초에 을회사 지분을 추가 취득하여 공동지배력을 획득하였다고 하더라도 20×2년도의 지분법이익은 동일하다. 다만, 20×2년 초에 전기이월 관계기업투자 장부금액 ₩4,660을 공동기업투자로 대체하는 회계처리가 필요하다.

① 을회사 지분 10% 추가 취득

(차) 공동기업투자	7,160	(대) 현금	2,500
		관계기업투자	4,660

② 지분법이익의 인식

(차) 공동기업투자	290	(대) 지분법이익	290

예 11 지분의 일부 처분으로 공동지배력에서 유의적인 영향력으로 변경

갑회사는 20×1년 1월 1일에 을회사 지분 50%를 ₩6,000에 취득하여 공동지배력을 획득하였다. 공동지배력 취득일 현재 을회사 순자산의 장부금액은 ₩10,000이지만 공정가치는 ₩11,000으로 양자의 차이는 건물(잔존내용연수 10년, 잔존가치 없이 정액법 상각)의 공정가치가 장부금액을 ₩1,000 초과하는 데 기인한다. 을회사의 20×1년 당기순이익은 ₩600이며, 상호거래는 없다. 한편, 갑회사는 20×2년 초에 을회사 지분 30%를 ₩3,900에 처분하여 공동지배력을 상실하였으나, 을회사에 대한 유의적인 영향력은 보유하고 있다. 20×2년 을회사 당기순이익은 ₩400이며, 상호거래는 없다.

20×1년 초 을회사 지분 취득 시 공동기업투자에 포함된 영업권(또는 염가매수차익)
=₩6,000－11,000×50%=₩500(영업권)

영업권은 지분법손익 계산 시 고려할 필요가 없다. 을회사 순자산의 장부금액과 공정가치의 차이 ₩1,000은 건물에서 비롯된 것으로 10년에 걸쳐 소멸하는 차이를 지분법손익 계산 시 반영한다.
20×1년 말 지분법이익=(₩600－1,000÷10년)×50%=₩250

20×2년 초에 갑회사가 을회사 지분의 일부를 처분하여 공동지배력을 상실하였으므로 다음과 같이 공동기업투자를 관계기업투자로 대체하는 회계처리를 한다.
<공동기업투자의 처분>

(차) 현금	3,900	(대) 공동기업투자	3,750(1)
		투자자산처분이익	150
(차) 관계기업투자	2,500	(대) 공동기업투자	2,500(2)

(1) ₩6,250(처분 직전 공동기업투자 장부금액)×30%/50%=₩3,750
(2) 공동기업투자의 잔여지분=₩6,250－3,750=₩2,500

20×2년 지분법이익=(₩400－1,000÷10년)×20%=₩60

3.8 관계기업의 손실 발생

관계기업에서 손실이 발생할 경우 투자자는 지분법손실을 인식하면서 관계기업투자의 장부금액을 감소시키는 회계처리를 한다. 그러나 관계기업의 손실이 계속 누적되어 관계기업투자의 장부금액을 계속 감소시키더라도 관계기업투자의 잔액이 ₩0보다 작아질 수는 없으므로 관계기업투자지분 이상으로 관계기업의 손실이 발생하면 투자자는 지분법손실의 인식을 중지한다(1028:38). 예를 들어, 보고기간 말에 지분법손익을 인식하기 전의 관계기업투자 장부금액이 ₩1,000인데, 관계기업의 당기순손실 중 투자자의 몫이 ₩1,200이라면 투자자는 지분법손실을 ₩1,000만 인식하고, 더 이상 지분법손실을 인식하지 않는다.

그러나 투자자가 관계기업에 대해서 실질적으로 투자자의 순투자의 일부를 구성하는 장기투자지분을 보유하고 있다면 그러한 자산의 장부금액이 ₩0이 될 때까지 추가로 지분법손실을 인식한다. 예를 들어, 예측 가능한 미래에 상환받을 계획도 없고 상환가능성도 높지 않은 장기대여금이 있는 경우, 이러한 항목은 실질적으로 관계기업에 대한 투자자산의 연장이나 다름없으므로 다음과 같이 관계기업투자의 장부금액이 ₩0이 되어 더 이상 인식하지 못한 지분법손실을 장기대여금의 장부금액을 감소시키면서 인식한다.

(차) 지 분 법 손 실	×××	(대) (장기대여금)손실충당금	×××

투자자의 순투자의 일부를 구성하는 장기투자지분에는 관계기업의 우선주, 장기수취채권 및 장기대여금 등이 포함될 수 있으나, 매출채권 또는 적절한 담보가 있는 장기수취채권(담보부대여금)은 제외한다. 장기투자지분에 대해서 관계기업투자의 장부금액을 초과하는 지분법손실을 인식할 때 어떤 항목부터 감소시킬 것인지 순위가 필요한데, 관계기업이 청산된다면 상환받는 우선순위와 반대의 순서(예 : 보통주 → 우선주 → 대여금)로 지분법손실을 추가 인식한다(1028:38).

투자자의 지분이 영(0)으로 감소된 이후 추가 손실분에 대하여 투자자가 법적의무 또는 의제의무를 부담하거나 관계기업을 대신하여 지불해야 하는 경우 그 금액을 다음과 같이 충당부채로 인식한다.

(차) 지 분 법 손 실	×××	(대) 충 당 부 채	×××

한편, 투자자가 과거에 인식하지 못한 지분법손실이 있는데 이후에 관계기업에서 당기순이익이 발생하는 경우, 과거에 인식하지 못한 손실을 초과한 금액만을 지분법이익으로 인식한다(1028:39). 예를 들어, 과년도에 관계기업투자의 장부금액이 0이 되어 지분법손실 ₩100을 인식하지 못했는데, 당기에 관계기업에서 당기순이익이 발생하여 그 중 투자자의 몫이 ₩300이라면 투자자는 ₩300의 지분법이익을 인식하는 것이 아니라 과년도에 인식하지 못한 ₩100을 제외한 ₩200만 지분법이익을 인식한다.

예제 4 관계기업의 손실 발생

갑회사는 20×1년 초에 을회사 주식 30%를 ₩160,000에 취득하여 유의적인 영향력을 갖게 되었다. 20×1년 초 현재 을회사 순자산의 장부금액은 ₩500,000이며, 공정가치와 동일하다. 다음은 을회사 순자산의 장부금액 변동 내역이다.

20×1년 초	₩500,000
20×1년 당기순손실	(600,000)
20×1년 말	(100,000)
20×2년 당기순이익	150,000
20×2년 말	₩50,000

물음

1. 20×1년 말 갑회사가 해야 할 지분법손익을 인식하는 회계처리를 하라.
2. (물음 1)과 관련하여 갑회사는 을회사에 대하여 20×1년 말 현재 장기대여금(무담보) ₩15,000과 매출채권 ₩10,000이 있다고 가정하고, 이를 고려하여 다시 답하라.
3. (물음 1)과 관련하여 갑회사는 관계기업투자 취득원가의 10%까지 을회사의 초과손실에 대하여 의제의무를 부담한다고 가정하고, 이를 고려하여 다시 답하라.
4. (물음 1)과 관련하여 20×2년 말 갑회사가 해야 할 지분법손익을 인식하는 회계처리를 하라.
5. (물음 2)와 관련하여 20×2년 말 갑회사가 해야 할 지분법손익을 인식하는 회계처리를 하라.

해답

1. 지분법손익 = (−)₩600,000×30% = (−)₩180,000
관계기업투자의 장부금액 ₩160,000을 초과하는 지분법손실 ₩20,000은 인식하지 못한다.
<지분법손익의 인식 분개>

(차) 지 분 법 손 실	160,000	(대) 관 계 기 업 투 자	160,000

2. 장기대여금(무담보)은 실질적으로 갑회사의 순투자의 일부를 구성한다. 따라서 관계기업투자의 장부금액이 0이 되어 인식하지 못한 초과손실이 있다면 장기대여금에 대해서 추가로 지분법손실을 인식한다.
<지분법손익의 인식 분개>

(차) 지 분 법 손 실	175,000	(대) 관 계 기 업 투 자	160,000
		손 실 충 당 금	15,000[(1)]

(1) 장기대여금의 장부금액(₩15,000)을 직접 감소시키기 보다는 손실충당금 등 평가계정을 사용하는 것이 타당할 것이다. 매출채권은 갑회사의 순투자의 일부를 구성하지 않으므로 결국 ₩5,000의 손실은 인식하지 못한다.

3. <지분법손익의 인식 분개>

(차) 지 분 법 손 실	176,000	(대) 관 계 기 업 투 자	160,000
		충 당 부 채	16,000[(1)]

(1) 관계기업투자 취득원가의 10% 해당액만큼 의제의무를 부담하므로 이를 부채로 인식하고, 추가로 지분법손실을 인식한다. 기준서에는 부채의 계정을 명시적으로 언급하고 있지 않으므로 충당부채라는 계정을 사용하였다. 이 경우 ₩4,000의 손실은 인식하지 못한다.

4. 지분법손익 = ₩150,000×30% = ₩45,000
20×1년 말에 관계기업투자의 장부금액을 초과하는 지분법손실 ₩20,000을 인식하지 않았으므로, 20×2년 말에 인식할 지분법이익은 미인식 초과손실 ₩20,000을 제외한 ₩25,000이다.
<지분법손익의 인식 분개>

(차) 관 계 기 업 투 자	25,000	(대) 지 분 법 이 익	25,000

5. 지분법손익 = ₩150,000×30% = ₩45,000
20×1년 말에 관계기업투자와 장기대여금의 장부금액을 초과하는 지분법손실 ₩5,000을 인식하지 않았으므로, 20×2년 말에 인식할 지분법이익은 미인식 초과손실 ₩5,000을 제외한 ₩40,000이다.
<지분법손익의 인식 분개>

(차) 손 실 충 당 금	15,000	(대) 지 분 법 이 익	40,000
관 계 기 업 투 자	25,000		

투자자의 순투자의 일부를 구성하는 장기투자지분에 대해서 지분법손실을 추가로 인식할 경우 유의할 점은 장기투자지분에 대해서 기준서 제1109호 '금융상품'에 따른 손상규정을 우선 적용한 후에 지분법손실을 추가로 인식한다는 것이다(1028:14A). 예를 들어, 관계기업에서 거액의 당기순손실이 발생하여 관계기업투자의 장부금액이 0 이하가 되는 경우, 투자자의 순투자를 구성하는 관계기업에 대한 대여금이 있다면 그 대여금에 대해서 기준서 제1109호에 따른 손상차손을 우선 인식한 후에 대여금의 잔여 장부금액에 대해서 지분법손실을 인식한다.

예제 5 관계기업투자와 실질적 순투자의 회계처리

갑회사는 20×1년 초 현재 을회사에 대하여 다음과 같은 금융상품을 보유하고 있다.

종류	분류	기초 장부금액
을회사 발행 보통주 30%	관계기업투자	₩5,000
을회사 발행 우선주	FVPL 금융자산	2,000
장기대여금	AC 금융자산	3,000

갑회사가 소유하는 을회사 발행 우선주와 을회사에 대한 대여금(표시이자와 유효이자 동일)은 관계기업의 순투자의 일부를 구성하며, 관계기업이 청산된다면 장기대여금, 우선주 및 보통주의 순서로 상환받는다.

20×1년 초 이후 FVPL 금융자산(우선주)과 AC 금융자산(장기대여금)의 추가 취득이나 처분은 없으며, 기준서 제1109호 '금융상품'을 적용한 후 FVPL 금융자산과 AC 금융자산의 연도별 기말 장부금액 및 을회사가 보고한 당기순손익은 다음과 같다.

연도	FVPL 금융자산	AC 금융자산	을회사 당기순손익
20×1년	₩1,500	₩2,700	(−)₩8,000
20×2년	800	2,200	(−)12,000

물음

갑회사가 20×1년 말과 20×2년 말에 FVPL 금융자산, AC 금융자산 및 관계기업투자와 관련하여 해야 할 회계처리(AC 금융자산의 이자수익 인식 제외)를 하라. 단, 관계기업투자 취득 시 을회사 순자산의 장부금액과 공정가치는 동일하다.

해답

기준서 제1109호에 따라 금융자산의 손상차손을 먼저 인식한 후에 기준서 제1028호에 따라 지분법손익을 인식한다.

<20×1년 말>

(차) 금융자산평가손실	500(1)	(대) FVPL 금융자산	500
(차) 손 상 차 손	300(2)	(대) 손 실 충 당 금	300
(차) 지 분 법 손 실	2,400(3)	(대) 관 계 기 업 투 자	2,400

(1) FVPL 금융자산 평가손실 = ₩1,500 − 2,000 = (−)₩500
(2) AC 금융자산의 손상차손 = ₩2,700 − 3,000 = (−)₩300
표시이자와 유효이자가 동일하므로 유효이자율법 적용에 따른 AC 금융자산 장부금액의 조정은 없다.
(3) 지분법손실 = (−)₩8,000×30% = (−)₩2,400. 20×1년 말 관계기업투자 장부금액은 ₩2,600이다.

<20×2년 말>

(차) 금융자산평가손실	700(1)	(대) FVPL 금융자산	700
(차) 손 상 차 손	500(2)	(대) 손 실 충 당 금	500
(차) 지 분 법 손 실	2,600	(대) 관 계 기 업 투 자	2,600(3)
(차) 지 분 법 손 실	1,000	(대) FVPL 금융자산	800(4)
		손 실 충 당 금	200(4)

(1) FVPL 금융자산 평가손실 = ₩800 − 1,500 = (−)₩700. 공정가치 평가 후 기말 장부금액은 ₩800이다.
(2) AC 금융자산의 손상차손 = ₩2,200 − 2,700 = (−)₩500. 손상차손 인식 후 기말 장부금액은 ₩2,200이다.
(3) 지분법손실 = (−)₩12,000×30% = (−)₩3,600. 20×1년 말 관계기업투자 장부금액은 ₩2,600이므로 관계기업투자를 ₩2,600만큼 감소시키면서 지분법손실을 인식한다.
(4) 관계기업투자의 장부금액이 0 이하가 되어 더 이상 인식하지 못한 지분법손실 ₩1,000을 청산 시 상환 우선 순위와 반대 순서로 감소시킨다. 따라서 우선주(FVPL 금융자산) ₩800과 장기대여금(AC 금융자산) ₩200의 순서로 감소시킨다. 이렇게 회계처리하고 나면, 관계기업투자와 FVPL 금융자산의 기말 장부금액은 ₩0이며, AC 금융자산의 기말 장부금액은 ₩2,000이다.

관계기업에서 기타포괄손실이 발생한다면 투자자는 지분법기타포괄손실을 인식하면서 관계기업투자를 감소시킨다. 이때 관계기업에서 당기순손실과 기타포괄손실이 동시에 발생하였는데, 인식해야 할 지분법손실과 지분법기타포괄손실이 관계기업투자 장부금액을 초과한다고 가정하자. 이 경우 지분법손실과 지분법기타포괄손실 중 어느 것을 먼저 인식해야 하는지에 대해서 기준서에 명시적 규정은 없다. 다음의 (예 12)를 통해 설명한다.

예 12 관계기업에 당기순손실과 기타포괄손실이 발생하는 경우

> 갑회사는 을회사의 지분 30%를 소유하여 유의적인 영향력을 행사할 수 있다. 을회사는 20×1년에 당기순손실 ₩60,000과 기타포괄손실 ₩10,000을 보고하였다. 갑회사의 20×1년 지분법 평가 전 관계기업투자의 장부금액은 ₩16,000이다. 갑회사의 지분법손실과 지분법기타포괄손실의 인식 방법을 생각해보기로 한다.

(1) 지분법손실을 먼저 인식하는 경우

(차)	지 분 법 손 실	16,000	(대) 관 계 기 업 투 자	16,000(1)

(1) 지분법손실은 ₩60,000의 30%인 ₩18,000을 인식해야 하나, 관계기업투자의 장부금액이 ₩16,000이므로 지분법손실 ₩2,000은 인식할 수 없다. 또한 을회사의 기타포괄손실 ₩10,000에 대해서 ₩3,000의 지분법기타포괄손실도 인식하지 못한다.

(2) 지분법기타포괄손실을 먼저 인식하는 경우

(차)	지분법기타포괄손실	3,000	(대) 관 계 기 업 투 자	16,000
	지 분 법 손 실	13,000		

(1) 을회사의 기타포괄손실 ₩10,000에 대해서 ₩3,000의 지분법기타포괄손실을 인식하면, 관계기업투자의 장부금액이 ₩13,000만 남으므로 지분법손실은 ₩13,000만 인식한다.

위의 두 가지 회계처리에서 보는 바와 같이 지분법손실과 지분법기타포괄손실 중 어느 것을 먼저 인식하는지에 따라 갑회사의 20×1년 당기순손익이 달라지게 된다.[27)]

3.9 관계기업투자에 대한 손상차손

기준서 제1109호 '금융상품'에 따르면 지분증권에 대한 손상차손은 인식하지 않는다. 그러나 관계기업투자는 기준서 제1109호를 적용하지 않는 자산이므로 기준서 제1028호를 적용하여 지분법손실을 인식한 후에 추가적인 손상차손을 인식할 필요가 있는지 결정하여야 한다.

관계기업투자의 최초 인식 이후 손실사건이 발생한 결과 손상되었다는 객관적인 증거가 있으며 그 손실사건이 신뢰성 있게 추정할 수 있는 순투자의 추정미래현금흐름에 영향을 미친 경우에만 해당 순투자는 손상된 것이고, 손상차손이 발생한 것이다. 그러나 미래 사건의 결과로 예상되는 손실은 발생가능성에 상관없이 인식하지 않는다.

순투자가 손상되었다는 객관적인 증거에는 다음의 손실사건에 대한 관측 가능한 자료가

27) 본서 출간일 현재 아직 확정되지 않은 공개초안(2024. 9. 19. 발표) '지분법 회계처리'에서는 지분법손실을 먼저 인식하도록 하고 있다.

포함된다(1028:41A).

(1) 관계기업의 유의적인 재무적 어려움
(2) 관계기업의 채무불이행 또는 연체와 같은 계약의 위반
(3) 관계기업의 재무적 어려움에 관련된 경제적 또는 법률적 이유로 인해 다른 경우라면 고려하지 않았을 양보를 그 관계기업에게 제공
(4) 관계기업이 파산이나 그 밖의 재무적 구조조정의 가능성이 높은 상태가 됨
(5) 관계기업의 재무적 어려움으로 순투자에 대한 활성시장의 소멸

관계기업투자의 장부금액에 포함되어 있는 영업권은 분리하여 인식하지 않으므로 기준서 제1036호 '자산손상'에 규정된 영업권의 손상검사에 관한 요구사항[28]에 따른 손상검사를 하지 않는다. 그 대신에 순투자자산의 손상 징후가 나타날 때마다 기준서 제1036호에 따라 단일 자산으로서 투자자산 전체 장부금액을 회수가능액(순공정가치와 사용가치 중 큰 금액)과 비교하여 손상검사를 한다.

관계기업투자에 대해서 인식하는 손상차손은 관계기업투자 장부금액의 일부를 구성하는 어떠한 자산(영업권 포함)에도 배분하지 않는다. 따라서 이 손상차손의 모든 환입도 이러한 순투자자산의 회수가능액이 후속적으로 증가하는 만큼 인식한다(1028:42).

예 13 관계기업투자의 손상차손

갑회사는 20×1년 초에 을회사 지분 30%를 ₩31,000에 취득하여 유의적인 영향력을 행사할 수 있게 되었다. 20×1년 초 현재 을회사 순자산의 장부금액과 공정가치는 모두 ₩100,000이다. 20×1년 말에 을회사는 당기순손실 ₩30,000을 보고하였다. 갑회사는 20×1년 말 현재 을회사가 유의적인 재무적 어려움이 있다는 관측 가능한 자료에 기초하여 관계기업투자가 손상되었다는 증거를 확보하고 관계기업투자의 순공정가치를 ₩20,000으로, 사용가치를 ₩19,000으로 각각 추정하였다. 갑회사의 20×1년 말 지분법 평가의 회계처리는 다음과 같다.

20×1년 말에 지분법손실을 먼저 인식한 후 손상차손 인식 여부를 판단한다. 관계기업투자의 취득원가에 포함되어 있는 영업권 해당액(₩1,000)은 지분법 평가 시 고려할 필요가 없다.

지분법손실 = (−)₩30,000×30% = (−)₩9,000

지분법손실 반영 후 관계기업투자 기말잔액 = ₩31,000 − 9,000 = ₩22,000

회수가능액 = Max(순공정가치 ₩20,000, 사용가치 ₩19,000) = ₩20,000

관계기업투자손상차손 = ₩20,000 − 22,000 = (−)₩2,000

28) 영업권의 손상차손은 제1장 2.6절의 설명을 참조하라.

따라서 갑회사는 20×1년 말에 지분법손실 ₩9,000과 관계기업투자손상차손 ₩2,000을 각각 인식한다. 3.8절에서 관계기업에 거액의 당기순손실이 발생하여 관계기업투자를 0이하로 감액할 수 없는 경우 실질적으로 투자자의 순투자를 구성하는 장기투자지분에 대해서 추가로 지분법손실을 인식할 수 있다고 설명한 바 있다. 만약에 관계기업에 거액의 당기순손실이 발생하고 관계기업에 유의적인 재무적 어려움이 있어 관계기업투자가 손상되었다고 판단할 때 장기투자지분에 대한 추가 지분법손실과 손상차손 중 어느 것을 먼저 인식해야 하는가?

손상차손은 특정 자산의 장부금액보다 회수가능액이 적어 장부금액을 회수가능액으로 감액하는 것을 말한다. 이때 당해 자산의 장부금액은 적절한 평가손익을 반영한 후의 금액을 의미한다. 관계기업투자의 경우 지분법과 관련된 손익을 모두 인식한 후의 장부금액과 회수가능액을 비교해야 하는데, 만약 장기투자지분에 대한 추가 지분법손실까지 모두 인식한 후라면 이미 관계기업투자의 장부금액은 0이 되었을 것이므로 이러한 경우에는 더 이상 손상차손을 인식할 수 없을 것이다.

3.10 관계기업투자에서 발생한 일시적차이에 대한 이연법인세의 인식

관계기업투자에 대해서 지분법을 적용할 경우 세법에서는 원가법을 적용한 금액이 세무기준액이기 때문에 일시적차이가 발생한다. 관계기업투자에 대해서 가산할 일시적차이가 발생하는 경우 다음의 두 가지 조건을 모두 만족하는 정도까지를 제외하고는 가산할 일시적차이에 대해서 이연법인세부채를 인식한다.[29)]

(1) 지배기업, 투자자, 공동기업 참여자 또는 공동영업자가 일시적차이의 소멸시점을 통제할 수 있다.
(2) 예측가능한 미래에 일시적차이가 소멸하지 않을 가능성이 높다.

예를 들어, 당기 말에 지분법이익 ₩1,000이 발생하였고, 적용 세율이 20%일 때 이연법인세 회계를 적용하여 다음과 같이 회계처리한다.

(차) 관 계 기 업 투 자	1,000	(대) 지 분 법 이 익	1,000
(차) 법 인 세 비 용	200	(대) 이 연 법 인 세 부 채	200[(1)]

(1) 단, 투자자가 일시적차이의 소멸시점을 통제할 수 있고, 예측가능한 미래에 일시적차이가 소멸하지 않을 가능성이 높을 경우에는 이연법인세부채를 인식하지 않는다.

29) 예를 들어, '(차) 관계기업투자 100 (대) 지분법이익 100'의 회계처리를 하면 세법에서는 지분법을 인정하지 않으므로 회계이익에 포함되어 있는 지분법이익 ₩100을 차감하는 세무조정을 하는데, 이는 미래의 과세소득 계산 시 가산할 일시적차이에 해당하므로 이연법인세부채를 인식한다.

한편, 관계기업투자와 관련된 차감할 일시적차이에 대하여 다음의 조건을 모두 만족하는 정도까지만 이연법인세자산을 인식한다(1012:44).

(1) 일시적차이가 예측가능한 미래에 소멸할 가능성이 높다.
(2) 일시적차이가 사용될 수 있는 과세소득이 발생할 가능성이 높다.

예를 들어, 관계기업투자에 대해서 지분법손실을 인식하면 당해 지분법손실이 차감할 일시적차이에 해당하지만, 여기에 대해서 무조건 이연법인세자산을 인식하는 것이 아니라 미래에 차감할 일시적차이가 소멸될 정도로 과세소득이 발생할 가능성이 높을 경우에만 이연법인세자산을 인식한다.

3.11 관계기업투자의 일부 처분

(1) 관계기업투자 일부 처분으로 유의적인 영향력 상실, 잔여지분 보유

투자자가 관계기업투자의 일부를 처분하여 유의적인 영향력을 상실한 경우 잔여 보유지분에 대해서는 더 이상 지분법을 적용하지 않고, 기준서 제1109호를 적용하여 처분일 현재의 공정가치로 잔여 보유지분을 측정한다. 즉, 잔여 보유지분의 공정가치를 기준서 제1109호에 따른 금융자산의 최초 인식 금액으로 본다(1028:22). 그리고 다음의 (가)와 (나)의 차이가 있다면 그 차이를 당기손익으로 인식한다.

(가) 잔여 보유 지분의 공정가치와 관계기업 지분의 일부 처분으로 발생한 대가의 공정가치
(나) 지분법을 중단한 시점의 투자자산의 장부금액

관계기업투자의 일부 처분 시 회계처리(처분이익 발생 가정)를 제시하면 다음과 같다.

(차)	현금	×××	(대) 관계기업투자	×××(1)
	잔여지분	×××(2)	처분이익	×××

(1) 전체 관계기업투자의 장부금액
(2) 잔여지분의 공정가치. 잔여지분은 FVPL 금융자산 또는 FVOCI 선택 금융자산으로 분류

위와 같은 회계처리는 제5장의 3.5절에서 종속기업투자를 일부 처분하여 지배력을 상실할 경우 잔여 보유지분을 공정가치로 재측정하고 공정가치와 장부금액과의 차이를 당기손익으로 인식하는 회계처리와 유사하다.

예 14 관계기업투자의 일부 처분 및 지분법 적용의 중단

갑회사는 관계기업투자(장부금액 ₩100,000) 중 일부를 ₩72,000에 처분하였으며, 처분으로 인하여 더 이상 관계기업의 정의를 충족하지 못하게 되었다. 관계기업투자의 처분일 현재 계속 보유하는 잔여지분은 FVOCI 선택 금융자산으로 분류한다. 관계기업투자의 처분일 현재 FVOCI 선택 금융자산의 공정가치가 ₩48,000일 경우 관계기업투자의 처분일의 회계처리는 다음과 같다.

(차)	현금	72,000	(대) 관계기업투자	100,000
	FVOCI 선택 금융자산	48,000	처분이익	20,000

기준서에서는 잔여 보유지분의 공정가치(₩48,000)와 처분대가(₩72,000)의 합계액과 지분법 중단시점의 투자자산의 장부금액(₩100,000)의 차이 ₩20,000을 당기손익으로 인식하도록 규정하고 있다. FVOCI 선택 금융자산의 평가손익은 기타포괄손익으로 인식하며, 후속적으로 당기손익 재분류를 허용하지 않는다. 그렇다면 위의 분개에서 ₩20,000의 당기손익에 FVOCI 선택 금융자산으로 분류한 잔여지분의 공정가치 평가손익이 포함되어 있는 것은 아닌가?

위의 분개에서 FVOCI 선택 금융자산은 관계기업투자 중 처분하지 않은 잔여지분을 일단 공정가치로 재측정하면서 차액을 당기손익으로 인식한 후 관계기업투자(잔여지분)를 FVOCI 선택 금융자산으로 계정대체한 것이라고 보면 된다. 따라서 위의 분개에서 ₩20,000의 당기손익에는 FVOCI 선택 금융자산의 평가손익이 포함되어 있지 않다.

---

(2) 관계기업투자 처분 시 이전에 인식했던 지분법기타포괄손익(OCI)의 회계처리

지분법 적용을 중단한 경우 그 투자와 관련하여 이전에 기타포괄손익으로 인식한 모든 금액(예 : 지분법기타포괄손익)은 피투자자가 관련 자산이나 부채를 직접 처분한 경우의 회계처리와 동일한 기준으로 회계처리한다(1028:22). 예를 들어, 피투자자가 인식한 기타포괄손익이 후속적으로 당기손익으로 재분류되는 항목(예 : FVOCI 채무상품에 대한 평가손익)에 대해서 투자자가 인식한 지분법기타포괄손익은 지분법 적용 중단 시 당기손익으로 재분류한다. 그러나 피투자자가 인식한 기타포괄손익이 후속적으로 당기손익으로 재분류되지 않는 항목(예 : 재평가잉여금, FVOCI 선택 지분상품에 대한 평가손익)에 대해서 투자자가 인식한 지분법기타포괄손익은 지분법 적용 중단 시 당기손익으로 재분류하지 않는다.

관계기업이나 공동기업에 대한 투자자의 소유지분이 감소하지만 그 투자자산이 각각 관계기업 또는 공동기업에 대한 투자로 계속 분류될 경우, 기업은 이전에 기타포괄손익으로 인식했던 손익이 관련 자산이나 부채의 처분에 따라 당기손익으로 재분류되는 경우라면, 그 손익 중 소유지분의 감소와 관련된 비례적 부분을 당기손익으로 재분류한다(1028:25). 예를 들어, 관계기업투자를 처분하였으나 계속 지분법을 적용할 경우 투자자가 과거에 인식했던 지분법기타포괄손익이 후속적으로 당기손익으로 재분류되는 기타포괄손익으로부터 비롯되었다면 지분기타포괄손익 중 소유지분의 감소와 관련된 비례적 부분을 당기손익으로 재분류한다. 지금까지 설명한 관계기업투자의 일부 처분에 대한 회계처리를 요약하면 [표 3]과 같다.

| 표 3 | 관계기업투자의 일부 처분 시 회계처리

구분	회계처리
관계기업투자의 일부 처분으로 유의적인 영향력 상실	① 관계기업투자 전액 제거 ② 처분하지 않은 지분(잔여지분)은 공정가치로 측정하여 FVPL 금융자산 등으로 대체 ③ 후속적으로 당기손익 재분류 가능 기타포괄손익에 대해서 인식했던 지분법기타포괄손익이 있다면 전액 제거 ④ 후속적으로 당기손익 재분류 금지 기타포괄손익에 대해서 인식했던 지분법기타포괄손익은 제거하지 않음*
관계기업투자의 일부 처분 후에도 유의적인 영향력 유지	① 관계기업투자 중 처분한 부분만 제거 ② 후속적으로 당기손익 재분류 가능 기타포괄손익에 대해서 인식했던 지분법기타포괄손익이 있다면 처분한 부분에 해당하는 금액만 제거 ③ 후속적으로 당기손익 재분류 금지 기타포괄손익에 대해서 인식했던 지분법기타포괄손익은 제거하지 않음*

* 당기손익 재분류 금지 기타포괄손익에 대해서 인식했던 지분법기타포괄손익은 다른 자본항목(예 : 이익잉여금 등)으로 대체 가능

한편, 3.7절에서 설명한 바와 같이 공동기업투자를 일부 처분하여 관계기업투자로 변경되는 경우에는 기존 지분에 대한 공정가치 재측정은 하지 않고, 지분법을 계속 적용한다.

예제 6 관계기업투자의 일부 처분

A회사는 20×1년 초 현재 B회사 지분 40%를 소유하여 유의적인 영향력을 행사할 수 있으며, B회사 투자주식에 대하여 지분법을 적용하고 있다. 20×1년 초 현재 B회사 투자주식의 장부금액은 ₩10,000이며, B회사 투자주식과 관련하여 지분법기타포괄이익 ₩1,200이 기타포괄손익으로 계상되어 있다. 이는 B회사가 보유하고 있는 FVOCI 금융자산으로 분류한 채무상품과 관련한 평가이익에 대해서 인식한 것이다. B회사 투자주식의 장부금액에 B회사 순자산의 장부금액과 공정가치의 차이 및 영업권은 포함되어 있지 않다. 20×1년 1월 1일부터 6월 30일까지 B회사의 순자산 증가는 ₩6,000(당기순이익 ₩5,000, 기타포괄이익(재평가잉여금) ₩1,000)이다.

물음

1. A회사가 20×1년 6월 30일에 B회사 지분 중 30% 지분에 해당하는 투자주식을 ₩9,000에 매각하여 유의적인 영향력을 상실하였다. B회사 투자주식 매각 후 잔여지분 10%는 FVOCI 선택 금융자산으로 분류하며, 공정가치는 ₩3,200이다. A회사가 20×1년 6월 30일에 해야 할 회계처리를 하라.
2. (물음 1)과 관계없이 A회사가 20×1년 6월 30일에 B회사 지분 중 10% 지분에 해당하는 투자주식을 ₩3,200에 매각하였으나, 잔여지분 30%에 대해서 유의적인 영향력은 계속 보유하고 있다. A회사가 20×1년 6월 30일에 해야 할 회계처리를 하라.

해답

본 예제에서 FVOCI 금융자산평가손익은 후속적으로 당기손익으로 재분류하는 기타포괄손익인 반면, 재평가잉여금은 후속적으로 당기손익 재분류가 금지된 기타포괄손익이다.

1. <20×1. 6. 30.>

(차)	관계기업투자	2,400	(대) 지분법이익	2,000[(1)]
			지분법기타포괄이익	400[(2)]
(차)	현금	9,000	(대) 관계기업투자	12,400[(3)]
	지분법기타포괄이익	1,200[(4)]	처분이익	1,000
	FVOCI 선택 금융자산	3,200		

(1) 20×1년 6개월간 지분법 평가. ₩5,000×40% = ₩2,000
(2) 20×1년 6개월간 지분법 평가. ₩1,000×40% = ₩400
(3) ₩10,000 + 2,400 = ₩12,400
(4) FVOCI 금융자산으로 분류한 채무상품에 대하여 인식한 기타포괄손익은 당기손익 재분류 항목이므로 A회사가 여기에 대해서 과거에 인식했던 지분법기타포괄이익 ₩1,200을 전액 제거한다. 그러나 20×1년 6월 30일에 인식한 지분법기타포괄이익 ₩400은 당기손익으로 재분류할 수 없는 재평가잉여금에 대해서 인식한 것이므로 관계기업투자를 처분할 때에도 제거하지 않는다.

2. <20×1. 6. 30.>

(차)	관계기업투자	2,400	(대) 지분법이익	2,000
			지분법기타포괄이익	400
(차)	현금	3,200	(대) 관계기업투자	3,100[(1)]
	지분법기타포괄이익	300[(2)]	처분이익	400

(1) (₩10,000 + 2,400)×10%/40% = ₩3,100
(2) ₩1,200(FVOCI 금융자산으로 분류한 채무상품의 평가이익에 대해 인식한 지분법기타포괄이익)×10%/40% = ₩300. 매각한 부분에 해당하는 지분법기타포괄이익만 제거한다. 이 경우에도 재평가잉여금에 대해서 인식했던 지분법기타포괄이익 ₩400은 제거하지 않는다.

3.12 관계기업투자의 매각예정 분류

관계기업투자가 매각예정 분류기준[30]을 충족하는 경우 기준서 제1105호 '매각예정비유동자산과 중단영업'에 따라 회계처리한다. 따라서 관계기업투자를 매각예정비유동자산으로 재분류하고, 그 시점의 장부금액과 순공정가치 중 작은 금액으로 측정하고 차액을 당기손익으로 인식한다(1105:15). 이렇게 매각예정비유동자산으로 분류한 관계기업투자에 대해서는 더 이상 지분법을 적용하지 않는다.

관계기업투자 중 일부만 매각예정으로 분류될 경우 매각예정으로 분류되지 않은 잔여 보유분은 매각예정으로 분류된 부분이 매각될 때까지 지분법을 적용하여 회계처리한다. 예를 들어, 갑회사가 관계기업지분 35%에 대하여 지분법을 적용하던 중 20% 지분을 매각하고자 할 때, 관계기업투자 20% 지분 해당액을 매각예정비유동자산으로 분류하되 이 부분은 지분법을 적용하지 않고 장부금액과 순공정가치 중 작은 금액으로 측정하며, 15%의 잔여지분은 매각예정으로 분류한 20% 지분을 매각할 때까지 계속 지분법을 적용한다. 왜냐하면 매각예정인 20% 지분을 매각하기 전까지는 유의적인 영향력을 계속 보유하고 있기 때문이다. 지금까지 설명한 내용을 요약하면 [표 4]와 같다.

| 표 4 | 매각예정 분류시점부터 매각 전까지 회계처리

구분	회계처리
매각예정 부분	기준서 제1105호를 적용하여 장부금액과 순공정가치 중 작은 금액으로 측정하고, 차액을 당기손익(손상차손)으로 인식
잔여 부분	유의적인 영향력의 유지 여부와 관계없이 매각예정 부분의 매각이 완료되기 전까지 계속 지분법 적용

매각예정으로 분류한 지분을 매각한 경우 잔여보유 지분이 관계기업투자에 해당하면 지분법을 적용하고, 관계기업투자에 해당하지 않으면 지분법 사용을 중단하고 기준서 제1109호에 따라 회계처리한다(1028:20). 기준서 제1109호에 따른 회계처리(관계기업투자의 일부 처분)는 3.11절에서 이미 설명하였다.

30) 비유동자산의 장부금액이 계속사용이 아닌 매각거래를 통하여 주로 회수될 것이라면 이를 매각예정으로 분류한다. 매각예정으로 분류하기 위해서는 당해 자산은 현재의 상태에서 통상적이고 관습적인 거래조건만으로 즉시 매각가능하여야 하며 매각될 가능성이 매우 높아야 한다(1105:6,7).

매각예정으로 분류된 관계기업투자가 더 이상 매각예정의 분류기준을 충족하지 않는다면 (예 : 매각계획 철회 등), 매각예정으로 분류된 그 시점부터 소급하여 지분법을 적용하여 회계처리한다. 따라서 매각예정으로 분류된 시점 이후 기간의 재무제표는 이에 따라 수정되어야 한다(1028:21).

예제 7 관계기업투자의 매각예정 분류 및 후속 회계처리

갑회사는 을회사의 보통주 30%를 관계기업투자로 분류하고 있는데, 20×1년 11월 1일에 보유하고 있는 관계기업투자 중 2/3를 매각하기로 결정하였으며, 매각예정 분류기준을 충족한다. 20×1년 11월 1일 현재 지분법을 적용한 관계기업투자의 장부금액은 ₩30,000이며, 이 중에서 매각예정 분류기준을 충족하는 지분의 순공정가치는 ₩19,000이다. 갑회사는 보고기간 말인 20×1년 12월 31일까지 매각을 완료하지 못하였으며, 12월 31일 현재 매각예정 분류기준을 충족하는 지분의 순공정가치는 ₩18,800이다.

물음

1. 갑회사가 20×1년 11월 1일에 해야 할 회계처리를 하라.
2. 을회사는 20×1년 11월과 12월의 2개월 동안 순손실 ₩3,000을 보고하였다. 을회사에 대한 투자지분 중 매각예정 지분과 계속 보유 지분에 대해서 갑회사가 20×1년 말에 해야 할 회계처리를 하라.
3. 을회사는 20×2년 1월에 순손실 ₩500이 발생하였다. 갑회사는 매각예정으로 분류했던 을회사 지분을 20×2년 2월 1일에 ₩18,500에 매각하였다. 20×2년 2월 1일에 매각예정으로 분류했던 지분의 매각과 잔여 지분에 대해서 해야 할 회계처리를 하라. 단, 잔여 지분은 FVOCI 선택 금융자산으로 분류하기로 하였으며, 20×2년 2월 1일 현재 공정가치는 ₩9,600이다.

해답

1. <20×1. 11. 1.>

(차) 매각예정비유동자산	19,000(2)	(대) 관계기업투자	20,000(1)
손상차손	1,000		

(1) 매각예정으로 분류되는 날 관계기업투자의 장부금액 = ₩30,000×2/3 = ₩20,000
매각예정으로 분류하지 않은 잔여지분은 매각예정으로 분류한 지분의 매각완료 전까지 계속 관계기업투자로 분류한다.

(2) 매각예정으로 분류한 날의 관계기업투자의 순공정가치(₩19,000)와 장부금액(₩20,000) 중 작은 금액

2. <20×1. 12. 31.>

(차) 손 상 차 손	200(1)	(대) 매각예정비유동자산	200
(차) 지 분 법 손 실	300(2)	(대) 관 계 기 업 투 자	300

(1) 보고기간 말 매각예정비유동자산에 대한 손상차손 = ₩19,000 − 18,800 = ₩200
(2) 매각예정이 아닌 잔여지분 10%에 대한 지분법손익 = ₩3,000(을회사의 2개월 순손실)×10% = ₩300
관계기업투자의 기말 장부금액 = ₩10,000 − 300 = ₩9,700

3. <20×2. 2. 1.>

(차) 현 금	18,500	(대) 매각예정비유동자산	18,800(1)
자 산 처 분 손 실	300		
(차) 지 분 법 손 실	50(2)	(대) 관 계 기 업 투 자	50
(차) FVOCI 선택 금융자산	9,600(4)	(대) 관 계 기 업 투 자	9,650(3)
금융자산처분손실(PL)	50(4)		

(1) 매각예정비유동자산의 전기 말 장부금액
(2) 매각 직전까지 잔여지분 10%에 대한 지분법손익 = ₩500(을회사의 1개월 순손실)×10% = ₩50
(3) ₩9,700(전기말 관계기업투자 장부금액) − 50(지분법손실) = ₩9,650
(4) 잔여 보유지분의 공정가치로 측정하고 제거하는 관계기업투자의 장부금액과의 차이를 처분손익으로 인식

만약 매각예정으로 분류했던 지분을 결국 매각하지 않기로 했다면 20×1년도 재무제표를 처음부터 매각예정비유동자산으로 분류하지 않았다면 표시되었을 금액으로 모두 소급 재작성하고, 20×2년 2월 1일자 회계처리도 수정해야 한다.

보론

1. 관계기업의 우선주에 대한 지분법 적용

1.1 우선주에 대한 지분법 적용 상황

피투자자가 보통주와 우선주를 모두 발행한 상태에서 투자자가 피투자자의 우선주만을 취득했다면 유의적인 영향력은 갖지 못할 것이다. 왜냐하면 우선주는 이익이나 재산 등의 배분에 있어 보통주에 비해 우신하는 대신 의결권이 제한되기 때문이다. 따라서 피투자자가 보통주와 우선주를 모두 발행한 상태에서 투자자가 피투자자의 투자주식에 대해서 지분법을 적용하려면 피투자자의 보통주만 취득하거나, 피투자자의 보통주와 우선주를 모두 취득하여야 한다.

지분법을 적용하기 위해서는 투자주식 취득원가에 포함되어 있는 피투자자 순자산의 공정가치와 장부금액 차이를 구분한 후 지분법손익을 인식해야 하는데, 보통주주지분과 우선주주지분에 귀속되는 순자산 및 당기순이익이 우선주에 부여되어 있는 권리(누적적 우선주 여부, 참가적 우선주 여부)로 인하여 달라질 수 있다. 따라서 피투자자가 보통주와 우선주를 모두 발행한 상태에서 투자자가 지분법을 적용하기 위해서는 피투자자 순자산과 당기순손익을 보통주주지분과 우선주주지분으로 구분하여야 한다.

그런데 기준서에서는 관계기업이 자본으로 분류하는 누적적우선주를 발행하였고 이를 다른 투자자가 소유하고 있는 경우, 투자자는 배당결의 여부에 관계없이 이러한 주식의 배당금에 대하여 조정한 후 당기순손익에 대한 투자자의 지분을 산정한다고만 규정(1028:37)할 뿐, 더 이상 구체적인 회계처리를 언급하고 있지 않다. 따라서 아래의 우선주에 대한 지분법 회계처리는 「일반기업회계기준」의 규정을 준용하여 설명하기로 한다. 또한 관계기업이 아닌 종속기업이 우선주를 발행한 경우의 연결 절차는 제6장에서 자세하게 설명하였기 때문에 본장에서는 기본적인 내용만 설명한다.

1.2 관계기업 자본의 구분

우선주에 잔여재산분배청구권이 있는지의 여부에 따라 유의적인 영향력을 갖기 시작하는 시점 현재 관계기업의 자본을 [표 1]과 같이 우선주주지분과 보통주주지분에 귀속될 금액으로 구분한다.

| 표 1 | 관계기업 자본(이익잉여금 제외)의 구분

잔여재산분배청구권의 유무	우선주주지분 귀속금액	보통주주지분 귀속금액
있는 경우 (참가적 우선주)	관계기업 자본× 우선주자본금비율	관계기업 자본× 보통주자본금비율
없는 경우 (비참가적 우선주)	우선주자본금	관계기업 자본－우선주자본금

유의적인 영향력을 갖기 시작한 시점 이후 발생한 관계기업의 당기순이익은 우선주의 성격에 따라 우선주주지분과 보통주주지분에 귀속되는 금액이 달라진다. 따라서 [표 2]와 같이 우선주가 누적적인지의 여부와 참가적인지의 여부에 따라 우선주주지분귀속 당기순이익을 계산하고, 잔여액을 보통주주지분귀속 당기순이익으로 결정한다.

| 표 2 | 당기순이익 중 우선주주지분 귀속금액의 계산

우선주의 성격	우선주주지분 귀속
비누적적·비참가적	당기분 우선주배당금(1)
누 적 적·비참가적	당기분 우선주배당금(2)＋과년도 우선주 연체배당금
비누적적·참 가 적	당기분 우선주배당금(1)＋(당기순이익－당기분 우선주배당금(1) －보통주배당금)×우선주자본금비율(3)
누 적 적·참 가 적	당기분 우선주배당금(2)＋과년도 우선주 연체배당금＋(당기순손익 －당기분 우선주배당금(2)－과년도 우선주 연체배당금－보통주배당금) ×우선주자본금비율(3)

(1) 배당결의가 없다면 ₩0으로 한다.
(2) 배당결의에 관계없이 포함한다.
(3) 우선주자본금비율＝우선주자본금÷(보통주자본금＋우선주자본금)

1.3 지분법의 적용

투자자가 관계기업의 보통주만 취득한 경우 [표 1]의 보통주주지분귀속 관계기업 자본에 기초하여 투자주식 취득원가에 포함되어 있는 관계기업 순자산의 장부금액과 공정가치의 차이를 계산한다. 또한 [표 2]의 절차에 따라 보통주주지분귀속 당기순이익에 기초하여 지분법손익을 계산한다.

한편, 투자자가 관계기업의 보통주와 우선주를 모두 취득한 경우 [표 1]의 보통주주지분귀속 관계기업 자본과 우선주주지분귀속 관계기업 자본에 기초하여 보통주 투자주식과 우선주 투자주식의 취득원가에 포함되어 있는 차액을 계산한다. 다만, 우선주 투자주식의 취득원가에

포함되어 있는 차액은 영업권으로 보지 않는다.[31] 왜냐하면 영업권의 본질은 경영권 프리미엄 취득의 대가인데, 우선주주는 경영권에 참여할 수 없기 때문에 우선주 투자주식의 취득원가에 영업권이 포함되어 있다고 주장하기는 곤란하다. 한편, 지분법손익은 [표 2]의 절차에 따라 보통주주지분귀속 당기순이익과 우선주주지분귀속 당기순이익에 기초하여 보통주 투자주식과 우선주 투자주식에 대해서 각각 인식한다.

예 1 관계기업이 우선주를 발행한 경우 지분법 평가

갑회사는 20×1년 초에 을회사의 보통주 20%를 ₩120,000에 취득하여 유의적인 영향력을 갖게 되었다. 또한 갑회사는 20×2년 초에 을회사의 우선주 10%를 ₩40,000에 취득하였다. 을회사 자본의 장부금액 변동 내역은 다음과 같으며, 공정가치와 동일하다. 단, 보통주와 우선주의 배당률은 모두 10%이다.

20×1. 1. 1.	보통주자본금	₩300,000
	우선주자본금	200,000
	자본잉여금	60,000
	이익잉여금	240,000
	합계	800,000
20×1	당기순이익	80,000
	배당선언	(50,000)
20×2. 1. 1.	순자산 금액	830,000
20×2	당기순이익	60,000
20×2. 12. 31.	순자산 금액	₩890,000

물음

우선주가 누적적·참가적 우선주일 때 20×1년 말과 20×2년 말에 갑회사가 관계기업 투자주식(보통주 및 우선주)에 대해서 인식해야 할 지분법손익을 계산하라. 단, 을회사는 20×1년 말에 보통주와 우선주 모두에 대해서 배당을 선언하였으나, 20×2년 말에는 배당을 선언하지 않았다.

31) 제6장의 연결회계에서 설명한 바와 같이 보통주 투자주식의 취득원가에 포함되어 있는 영업권 해당액은 연결재무제표상에 영업권으로 표시되지만, 우선주 투자주식의 취득원가에 포함되어 있는 지분법자본변동 해당액은 연결자본잉여금으로 표시된다.

(해답)

이 예제에서 자본잉여금은 보통주와 우선주로 구분되지 않은 상태로 제시되었기 때문에 불가피하게 보통주자본금과 우선주자본금의 비율로 자본잉여금을 배분하였다. 만약 보통주와 우선주에 귀속될 자본잉여금을 구분하여 제시하였다면 각각 구분된 금액을 보통주와 우선주에 귀속시키면 될 것이다.

<관계기업 자본의 보통주주지분과 우선주주지분으로의 구분>

	보통주주지분 귀속		우선주주지분 귀속	
20×1년 초 자본금		₩300,000		₩200,000
자본잉여금	60,000×3/5 =	36,000	60,000×2/5 =	24,000
이익잉여금	240,000×3/5 =	144,000	240,000×2/5 =	96,000
합계		480,000		320,000
20×1 당기순이익(₩80,000)				
기본배당금	300,000×10% =	30,000	200,000×10% =	20,000
잔여배당금	30,000×3/5 =	18,000	30,000×2/5 =	12,000
20×1년 말		528,000		352,000
20×2 당기순이익(₩60,000)				
기본배당금	300,000×10% =	30,000	200,000×10% =	20,000
잔여배당금	10,000×3/5 =	6,000	10,000×2/5 =	4,000
20×2년 말		₩564,000		₩376,000

20×1년 초 취득 보통주 취득원가의 분해
= ₩120,000 − 480,000×20% = ₩24,000(영업권)
염가매수차익이 아닌 한 구분의 실익은 없다.

20×2년 초 취득 우선주 취득원가의 분해
= ₩40,000 − 352,000×10% = ₩4,800(지분법자본변동)

<20×1년 말 지분법손익>
보통주 투자주식의 지분법이익 = (₩30,000 + 18,000)×20% = ₩9,600

<20×2년 말 지분법손익>
보통주 투자주식의 지분법이익 = (₩30,000 + 6,000)×20% = ₩7,200
우선주 투자주식의 지분법이익 = (₩20,000 + 4,000)×10% = ₩2,400

2. 간접지배 연결

제6장의 부－자－손자형의 지배·종속 관계의 연결재무제표 작성과 관련하여 아래에서는 갑회사가 을회사를 지배하고, 다시 을회사가 병회사를 지배하는 경우 본장에서 설명한 지분법 손익을 이용하여 어떻게 연결조정분개를 하는지 설명한다.

예 2 지분법손익을 이용한 연결조정분개[32)]

갑회사는 을회사의 지배기업이며, 을회사는 병회사의 지배기업이다. 세 회사의 순자산의 장부금액의 변동 내역은 다음과 같다.

		갑회사	을회사	병회사
	자본금	₩1,000,000	₩500,000	₩300,000
	이익잉여금	400,000	200,000	100,000
20×1. 1. 1.	순자산 장부금액	1,400,000	700,000	400,000
20×1	당기순이익	100,000	50,000	40,000
20×1. 12. 31.	순자산 장부금액	1,500,000	750,000	440,000
20×2	당기순이익	80,000	40,000	20,000
20×2. 12. 31.	순자산 장부금액	₩1,580,000	₩790,000	₩460,000

20×2년 중에 을회사는 병회사에 원가 ₩15,000의 상품을 ₩20,000에 현금판매하였다. 병회사는 을회사로부터 매입한 상품 중 30%를 20×2년 말까지 보유하고 있다.

물음

갑회사는 20×1년 초에 을회사 주식 80%를 ₩560,000에 취득하였으며, 을회사는 20×2년 초에 병회사 주식 60%를 ₩280,000에 취득하였다. 갑회사가 20×2년 말에 연결재무제표를 작성할 때 필요한 연결조정분개를 하라. 단, 20×2년 초 현재 병회사 순자산의 공정가치는 ₩450,000이며, 이 차이는 재고자산의 공정가치가 장부금액을 ₩10,000 초과하기 때문이다. 동 재고자산은 20×2년 중에 모두 연결실체 외부로 판매되었다. 한편, 을회사의 20×1년 초 순자산의 공정가치는 장부금액과 동일하다.

32) 본 (예)는 제6장의 (예제 1)의 자료에서 종속기업 순자산의 공정가치가 장부금액과 동일하지 않고, 내부거래 미실현이익이 있는 상황으로 변경한 문제이다.

해답

이 문제의 핵심은 20×2년도 을회사 이익잉여금 변동액 중 비지배지분으로 대체할 금액을 결정하는 것이다. 제6장의 (예제 1)에서는 병회사의 20×2년도 당기순이익 ₩20,000 중 60%인 ₩12,000을 을회사 당기순이익에 가산한 후에 비지배지분으로 대체하는 연결조정분개를 하였다. 이때 ₩12,000이 본장에서 설명한 지분법이익에 해당하는 금액이다. 그런데 을회사가 병회사에 대한 지배력 취득일 현재 병회사 순자산의 공정가치와 장부금액이 일치하지 않고, 내부거래 미실현이익이 있다면 지분법이익이 달라질 것이다. 본 (예)에서는 이러한 상황을 반영하여 계산한 지분법이익을 을회사 당기순이익에 가산한 후에 비지배지분으로 대체하는 연결조정분개를 할 것이다.

(1) 을회사와 병회사의 연결조정분개

① 종속기업투자와 병회사 자본의 상계제거(20×2년 초 기준)

(차)	자본금	300,000	(대)	종속기업투자	280,000
	이익잉여금	140,000		비지배지분	180,000[(1)]
	재고자산	10,000			
	영업권	10,000			

(1) ₩450,000×40% = ₩180,000

② 병회사 재고자산의 공정가치와 장부금액의 차이조정

(차)	매출원가	10,000[(2)]	(대)	재고자산	10,000

(2) 20×2년 중에 재고자산 전액이 연결실체 외부로 판매되었기 때문에 공정가치와 장부금액의 차이를 모두 조정한다.

③ 을회사와 병회사 간의 내부거래 상계제거 및 미실현이익 제거(하향판매)

(차)	매출	20,000	(대)	매출원가	20,000
	매출원가	1,500[(3)]		재고자산	1,500

(3) (₩20,000 − 15,000)×30% = ₩1,500

④ 당기순이익으로 인한 순자산 변동액 중 비지배지분 대체

(차)	이익잉여금	4,000[(4)]	(대)	비지배지분	4,000

(4) (₩20,000 − 10,000(매출원가))×40% = ₩4,000

(2) 갑회사와 을회사의 연결조정분개

① 종속기업투자와 을회사 자본의 상계제거(20×1년 초 기준)

(차)	자본금	500,000	(대)	종속기업투자	560,000
	이익잉여금	200,000		비지배지분	140,000

② 지배력 취득시점부터 당기 초까지 을회사의 순자산 변동분 중 비지배지분 해당액

(차) 이 익 잉 여 금　　10,000(5)　(대) 비 지 배 지 분　　10,000

(5) ₩50,000(20×1년 당기순이익)×20%＝₩10,000

③ 당기순이익으로 인한 순자산 변동액 중 비지배지분 대체

(차) 이 익 잉 여 금　　8,900(6)　(대) 비 지 배 지 분　　8,900

(6) 을회사가 병회사 투자주식에 대해서 지분법을 적용했다면 인식했을 지분법이익
＝₩20,000×60%－6,000(재고자산 공정가치 차이조정)－1,500(내부미실현이익)＝₩4,500
(₩40,000(20×2년 당기순이익)＋4,500)×20%＝₩8,900

연 / 습 / 문 / 제 - 객관식 문제

01 관계기업과 공동기업에 대한 투자 및 지분법 회계처리에 대한 설명으로서 옳지 않은 것은? (CPA 2016)

① 관계기업이란 투자자가 유의적인 영향력을 보유하고 있는 기업을 말하며, 여기에서 유의적인 영향력은 투자자가 피투자자의 재무정책과 영업정책에 관한 의사결정에 참여할 수 있는 능력을 의미한다.

② 기업이 피투자자에 대한 의결권의 20% 이상을 소유하고 있다면 명백한 반증이 없는 한 유의적인 영향력을 보유하는 것으로 판단한다. 이때 의결권은 투자자가 직접 보유하는 지분과 투자자의 다른 관계기업이 소유하고 있는 지분을 합산하여 판단한다.

③ 투자자와 관계기업 사이의 '상향'거래나 '하향'거래에서 발생한 손익에 대하여 투자자는 그 관계기업에 대한 지분과 무관한 손익까지만 재무제표에 인식한다.

④ 관계기업 투자가 공동기업 투자로 되거나 공동기업 투자가 관계기업 투자로 되는 경우, 투자자는 지분법을 계속 적용하며 잔여 보유 지분을 재측정하지 않는다.

⑤ 관계기업에 대한 투자 장부금액의 일부를 구성하는 영업권은 분리하여 인식하지 않으므로 영업권에 대한 별도의 손상검사를 하지 않는다.

02 공동약정(joint arrangement)에 대한 다음의 설명 중 옳지 않은 것은? (CPA 2013)

① 공동약정은 둘 이상의 당사자들이 공동지배력을 보유하는 약정이며, 공동지배력은 관련 활동에 대한 결정에 약정을 집합적으로 지배하는 당사자들 전체의 동의가 요구될 때에만 존재한다.

② 공동약정은 공동영업 또는 공동기업으로 분류하는데, 별도기구로 구조화되지 않은 공동약정은 공동영업으로 분류한다.

③ 별도기구로 구조화된 공동약정의 경우, 별도기구의 법적 형식이 당사자에게 약정의 자산에 대한 권리와 부채에 대한 의무를 부여한다면 공동기업으로 분류한다.

④ 공동영업자는 공동영업의 자산, 부채, 수익 및 비용 중 자신의 지분에 해당하는 금액을 공동영업자의 별도재무제표에 각각 자산, 부채, 수익 및 비용으로 인식한다.

⑤ 공동기업 참여자는 공동기업에 대한 자신의 지분을 투자자산으로 인식하고, 지분법으로 회계처리한다.

03 ㈜지배는 20×1년 초 ㈜종속의 보통주식 40%를 ₩5,000,000에 취득하여 유의적인 영향력을 갖게 되었다. 취득일 현재 ㈜종속의 순자산가액은 ₩10,000,000이였으며, 장부금액과 공정가치가 다른 자산은 다음과 같다.

	장부금액	공정가치
재고자산	₩500,000	₩800,000
토　지	3,000,000	4,500,000
건　물	2,000,000	2,600,000

재고자산은 전액 20×1년 중 외부로 판매되었고, 토지 중 70%는 20×4년 중에 외부로 판매되었다. 건물은 20×5년 말 현재 ㈜종속이 계속 보유 중인데, 20×1년 초 현재 잔존내용연수 10년, 잔존가액 ₩0이며 정액법으로 상각된다. 20×5년 말 현재 ㈜종속의 순자산가액이 ₩18,000,000 때, 20×5년 말 ㈜지배의 관계기업투자주식 계정 잔액은 얼마인가? 단, 지난 5년간 두 회사의 상호거래는 없었으며 ㈜종속의 이익처분도 없었다. 즉, 5년간 ㈜종속의 당기순이익의 증가는 ₩8,000,000이다.

① ₩7,200,000　② ₩7,350,000　③ ₩7,540,000
④ ₩7,420,000　⑤ ₩7,500,000

04 12월 결산법인인 ㈜한국은 ㈜고려의 의결권 있는 보통주식(총 발행주식수 100주)의 30%를 다음과 같이 단계적으로 취득함으로써 유의적인 영향력을 행사하게 되었다.

취득일	취득원가	주식수	㈜고려의 순자산 장부금액
20×6. 1. 1.	₩10,000	10주	₩78,000
20×7. 1. 1.	30,000	20주	90,000

〈추가 자료〉

(1) 20×6년과 20×7년에 대한 ㈜고려의 당기순이익은 각각 ₩12,000과 ₩20,000이다.
(2) 20×7년 7월 ㈜고려는 ₩1,000의 중간배당을 지급하였다.
(3) 각 주식취득일에서 ㈜고려의 순자산 장부금액은 공정가치와 일치하였다.
(4) 20×7년 1월 1일 시점에서 20×6년 초에 취득한 ㈜고려 주식(FVOCI 선택 금융자산으로 분류)의 공정가치는 ₩15,000이다.

㈜한국이 20×7년 말 현재 보유하고 있는 ㈜고려의 관계기업투자주식 장부금액은 얼마인가? 단, 단계적 취득에 대해 일괄법을 적용한다.

① ₩47,100　② ₩47,300　③ ₩48,600
④ ₩48,800　⑤ ₩50,700

05 다음 중 유의적인 영향력이 있다고 볼 수 없는 것은?

① 피투자자의 이사회나 이에 준하는 의사결정기구에 참여
② 배당이나 다른 분배에 관한 의사결정에 참여하는 것을 포함하여 정책결정과정에 참여
③ 투자자와 피투자자 사이의 중요한 거래
④ 경영진의 상호 교류
⑤ 일반적 기술정보의 제공

06 갑회사는 20×1년 초에 을회사 주식 30%를 ₩400,000에 취득하여 유의적인 영향력을 갖게 되었다. 20×1년 초 현재 을회사 순자산의 장부금액은 ₩1,000,000이며, 공정가치는 ₩1,100,000이다. 이는 건물(잔존내용연수 10년, 잔존가치 없이 정액법 상각)의 공정가치가 장부금액을 ₩100,000 초과하는 데 기인한다. 한편, 20×1년 중에 갑회사와 을회사 간에 발생한 상호거래는 다음과 같다. 20×1년도 을회사의 당기순이익은 ₩500,000일 때 20×1년 말에 갑회사가 을회사 투자주식에 대해서 인식해야 할 지분법이익은 얼마인가?

항목	매출액	매출 총이익률	매입회사의 20×1년 말 재고자산 보유 비율
갑회사 매출	₩200,000	30%	20% (20×2년에 모두 판매)
을회사 매출	100,000	25%	40% (20×2년에 모두 판매)

① ₩102,000　② ₩113,000　③ ₩121,000
④ ₩125,000　⑤ ₩140,400

07 갑회사는 20×1년 초에 을회사 주식 30%를 ₩160,000에 취득하여 유의적인 영향력을 갖게 되었다. 20×1년 초 현재 을회사 순자산의 장부금액은 ₩500,000이며, 공정가치와 동일하다. 다음은 을회사 순자산의 장부금액 변동 내역이다. 갑회사는 을회사에 대하여 20×1년 말 현재 장기대여금(무담보) ₩18,000과 매출채권 ₩10,000이 있다고 할 때 20×1년 말에 갑회사가 인식할 지분법손실은 얼마인가?

20×1년 초	₩500,000
20×1년 당기순손실	(600,000)
20×1년 말	(100,000)
20×2년 당기순이익	150,000
20×2년 말	₩50,000

① ₩160,000 ② ₩170,000 ③ ₩178,000
④ ₩180,000 ⑤ ₩188,000

08 ㈜한국은 20×1년 초에 ㈜서울의 의결권 있는 보통주식 30%를 ₩40,000에 취득하여 유의적인 영향력을 갖게 되었다. 20×1년 초 ㈜서울의 순자산의 장부금액은 ₩73,000이고 공정가치는 ₩70,000인데, 건물(잔존내용연수 10년, 잔존가치 ₩0, 정액법 상각)의 공정가치가 장부금액보다 ₩3,000 낮음에 기인한다. 20×1년 ㈜서울의 당기순이익은 ₩10,000이지만, 자금난으로 결국 부도처리 되었으며 이는 손상차손 발생에 대한 객관적 증거에 해당한다. 20×1년 12월 31일 현재 ㈜한국이 보유한 ㈜서울 주식의 회수가능액은 ₩14,000이다. ㈜한국이 ㈜서울의 관계기업투자주식에 대해서 지분법을 적용할 때 20×1년 말에 인식해야 할 손상차손은 얼마인가? (CPA 2015)

① ₩28,100 ② ₩28,910 ③ ₩29,000
④ ₩29,090 ⑤ ₩29,900

정답 및 해설

01 ②

다른 관계기업이 아니라 다른 종속기업이 소유하고 있는 지분을 합산하여 판단하는 것이다(기준서 제1028호 문단 5).

02 ③

별도기구로 구조화된 공동약정은 공동기업이나 공동영업이 될 수 있다(기준서 제1111호 문단 B19). 별도기구의 법적 형식이 당사자에게 약정의 자산에 대한 권리와 부채에 대한 의무를 부여한다면 공동영업으로 분류한다.

03 ③

(1) 투자차액 등 :

투자차액 등 :	₩1,000,000	=₩5,000,000−₩10,000,000×40%
재고자산	120,000	=₩300,000×40%
토지	600,000	=₩1,500,000×40%
건물	240,000	=₩600,000×40%
영업권	40,000	
	₩1,000,000	

(2) 투자주식 가액(20×5년 말)

취득가액	₩5,000,000	
㈜종속의 당기순이익	3,200,000	=(₩18,000,000−10,000,000)×40%
재고자산의 매출	(120,000)	
토지의 처분	(420,000)	=₩600,000×70%
감가상각비	(120,000)	=₩240,000×5/10
	₩7,540,000	

04 ⑤

<20×7년 1월 1일>

(차) 관 계 기 업 투 자	45,000	(대) 현 금	30,000
		FVOCI 선택 금융자산	15,000

<20×7년 7월>

(차) 현 금	300	(대) 관 계 기 업 투 자	300[(1)]

(1) ₩1,000×30%=₩300

<20×7년 12월 31일>

(차) 관 계 기 업 투 자	6,000[(2)]	(대) 지 분 법 이 익	6,000

(2) ₩20,000×30%＝₩6,000

20×7년 말 투자주식 장부금액 : ₩45,000－300＋6,000＝₩50,700

05 ⑤

일반적 기술정보가 아니라 필수적 기술정보이어야 한다.

06 ⑤

<투자주식 취득원가의 분해>

총차이	＝₩400,000－1,000,000×30%＝	₩100,000
건물의 공정가치와 장부금액 차이×30%＝	₩100,000×30%＝	(30,000)
잔여금액(영업권)		₩70,000

<미실현이익의 계산>

상향거래 미실현이익＝₩100,000×25%×40%(기말보유 비율)＝₩10,000

하향거래 미실현이익＝₩200,000×30%×20%(기말보유 비율)＝₩12,000

<지분법손익의 계산>

지분법이익＝{₩500,000－100,000÷10년(건물의 공정가치 차이조정)
－10,000(상향거래 미실현이익)－12,000(하향거래 미실현이익)}×30%
＝₩140,400

07 ③

장기대여금은 실질적으로 갑회사의 순투자의 일부를 구성하기 때문에 투자주식의 장부금액이 0이 되어 인식하지 못한 초과손실을 장기대여금에 대해서 인식한다. 그러나 매출채권은 갑회사의 순투자의 일부를 구성하지 않는다.

<지분법손익의 인식 분개>

(차) 지 분 법 손 실	178,000	(대) 관 계 기 업 투 자	160,000
		손 실 충 당 금	18,000[(1)]

(1) 장기대여금의 장부금액(₩18,000)을 직접 감소시키기 보다는 손실충당금 등 평가계정을 사용하는 것이 타당할 것이다.

08 ④

(1) 일자별 회계처리

<20×1. 1. 1>

(차) 관 계 기 업 투 자	40,000	(대) 현 금	40,000

* ₩40,000 − 73,000×30% = ₩18,100
건 물 : ₩(3,000)×30% = 900
영업권 ₩19,000

<20×1. 12. 31>

(차) 관 계 기 업 투 자	3,090	(대) 지 분 법 이 익	3,090

* (₩10,000 + 3,000×1/10)×30% = ₩3,090

(차) 손 상 차 손	29,090	(대) 관 계 기 업 투 자	29,090

* ₩43,090(기말 장부금액) − 14,000(회수가능액) = ₩29,090

(2) 관계기업투자주식 손상차손 : ₩29,090

연 / 습 / 문 / 제 - 주관식 문제

01 지분법 회계처리(1)

㈜갑은 20×1년 초에 ㈜을의 주식 30%를 ₩445,000에 취득하여 유의적인 영향력을 갖게 되었다. 취득 당시 ㈜을의 자본은 다음과 같다.

㈜을 자본

	20×1년 초
자본금	₩500,000
자본잉여금	300,000
이익잉여금	200,000
계	₩1,000,000

한편, 20×1년 말 ㈜갑과 ㈜을의 재무상태표와 손익계산서는 다음과 같다.

재무상태표

20×1. 12. 31.

자산	㈜갑	㈜을	부채 및 자본	㈜갑	㈜을
현금및현금성자산	₩200,000	₩300,000	매입채무	₩200,000	₩200,000
관계기업투자	?	–	사채	700,000	600,000
기타자산	?	1,050,000	자본금	1,000,000	500,000
건물	1,000,000	–	자본잉여금	500,000	300,000
토지	500,000	650,000	이익잉여금	600,000	400,000
계	₩3,000,000	₩2,000,000	계	₩3,000,000	₩2,000,000

손익계산서

20×1. 1. 1. ~ 20×1. 12. 31.

	㈜갑	㈜을
수익	₩600,000	₩400,000
지분법손익	?	–
비용	(400,000)	(200,000)
당기순이익	?	₩200,000

〈추가 정보〉

(1) 20×1년 초 ㈜을의 장부금액과 공정가치가 다른 자산과 부채는 다음과 같다.

	장부금액	공정가치
건물	₩400,000	₩500,000
토지	650,000	850,000
사채	600,000	500,000

(2) ㈜을의 건물 잔존내용연수는 5년이고 잔존가치 없이 정액법으로 감가상각하여 오다가 20×1년 9월 30일 건물을 ₩600,000에 처분하였다.

(3) 사채의 만기는 20×5년 12월 31일이며 정액법으로 상각한다.

물음

20×1년 ㈜갑의 재무상태표와 손익계산서에 계상될 관계기업투자주식의 장부금액과 지분법손익을 각각 계산하라.

해답

(1) 투자차액 : 투자주식 취득 시 투자주식의 구성은 다음과 같다.

① ㈜을 순자산장부금액(사본)	₩1,000,000×30% =	₩300,000
② 건물의 BV · FV 차이	100,000×30% =	30,000
③ 토지의 BV · FV 차이	200,000×30% =	60,000
④ 사채의 BV · FV 차이	100,000×30% =	30,000
⑤ 잔여금액(영업권)		25,000
계		₩445,000

(2) 투자주식 장부금액과 지분법손익

<투자주식 매입 시>

(차) 관 계 기 업 투 자	445,000	(대) 현 금	445,000

<당기순이익 보고 시>

(차) 관 계 기 업 투 자	60,000	(대) 지 분 법 이 익	60,000

* ₩200,000×30% = ₩60,000

<건물 감가상각 시>

(차) 지 분 법 이 익	4,500	(대) 관 계 기 업 투 자	4,500

* (₩100,000×1/5×9/12)×30% = ₩4,500

<건물 처분 시>

(차) 지 분 법 이 익	25,500	(대) 관 계 기 업 투 자	25,500

* (₩100,000 − 100,000×1/5×9/12)×30% = ₩25,500

<이자 지급 시>

(차) 지 분 법 이 익	6,000	(대) 관 계 기 업 투 자	6,000

* (₩100,000×1/5)×30% = ₩6,000

<20×1년 말 장부금액>

관계기업투자	₩469,000(1)
지분법이익	₩24,000(2)

(1) (₩500,000 + 300,000 + 400,000 + 200,000(토지) + 100,000(사채)×4/5)×30% + 25,000(영업권)
= ₩469,000

(2) (₩200,000 − 100,000(건물) − 100,000(사채)÷5년)×30% = ₩24,000

02 지분법회계처리(2)

㈜갑은 20×1년 초에 ㈜을의 주식 30%를 현금 ₩445,000에 취득하여 유의적인 영향력을 갖게 되었으며 취득 당시 ㈜을의 자본은 다음과 같다.

㈜을 자본

	20×1년 초
자 본 금	₩500,000
자 본 잉 여 금	300,000
이 익 잉 여 금	200,000
계	₩1,000,000

한편, 20×2년 말 ㈜갑과 ㈜을의 재무상태표와 손익계산서는 다음과 같다.

재무상태표

20×2. 12. 31.

자 산	㈜갑	㈜을	부채 및 자본	㈜갑	㈜을
현금및현금성자산	₩200,000	₩400,000	매 입 채 무	₩200,000	₩200,000
관 계 기 업 투 자	?	−	사 채	700,000	600,000
기 타 자 산	1,431,000	2,000,000	자 본 금	1,000,000	500,000
건 물	800,000	−	자 본 잉 여 금	500,000	300,000
토 지	500,000	−	이 익 잉 여 금	?	800,000
계	?	₩2,400,000	계	?	₩2,400,000

손익계산서

20×2. 1. 1. ~ 20×2. 12. 31.

	㈜갑	㈜을
수 익	₩800,000	₩700,000
지 분 법 손 익	?	–
비 용	(400,000)	(300,000)
당 기 순 이 익	?	₩400,000

〈추가 정보〉

(1) 20×1년 초 ㈜을의 장부금액과 공정가치가 다른 자산과 부채는 다음과 같다.

	장부금액	공정가치
건물	₩400,000	₩500,000
토지	650,000	850,000
사채	600,000	500,000

(2) ㈜을의 건물 잔존내용연수는 5년이고 잔존가치 없이 정액법으로 감가상각하여 왔다. ㈜을은 20×1년 9월 30일에 건물을 ₩600,000에 매각하였고, 20×2년 12월 1일에 토지를 ₩900,000에 매각하였다.

(3) 사채의 만기는 20×5년 12월 31일이며 정액법으로 상각한다.

물음

20×2년 ㈜갑의 손익계산서에 계상될 지분법손익과 재무상태표에 계상될 관계기업 투자주식 기말 장부금액을 계산하라.

해답

<당기순이익 보고 시>

(차) 관 계 기 업 투 자	120,000	(대) 지 분 법 이 익	120,000

* ₩400,000×30% = ₩120,000

<토지 처분 시>

(차) 지 분 법 이 익	60,000	(대) 관 계 기 업 투 자	60,000

* ₩200,000×30% = ₩60,000

<이자 지급 시>

(차) 지 분 법 이 익	6,000	(대) 관 계 기 업 투 자	6,000

* (₩100,000×1/5)×30% = ₩6,000

<20×2년 말 장부금액>

관계기업투자 ₩523,000(1)

지분법이익 ₩54,000(2)

(1) (₩500,000 + 300,000 + 800,000 + 100,000(사채)×3/5)×30% + 25,000(영업권) = ₩523,000
(2) (₩400,000 − 200,000(토지) − 100,000(사채)÷5년)×30% = ₩54,000

03 건물, 재고자산 상호거래

㈜갑은 20×1년 초에 ㈜을의 주식 30%를 현금 ₩1,000,000에 취득하여 유의적인 영향력을 갖게 되었으며 취득 당시 ㈜을의 자본은 다음과 같다.

㈜을 자본

	20×1년 초
자본금	₩1,000,000
자본잉여금	500,000
이익잉여금	1,500,000
계	₩3,000,000

한편, 20×2년 말 ㈜갑과 ㈜을의 재무상태표와 손익계산서는 다음과 같다.

재무상태표

20×2. 12. 31.

자산	㈜갑	㈜을	부채 및 자본	㈜갑	㈜을
현금및현금성자산	₩150,000	₩200,000	매입채무	₩390,000	₩500,000
금융자산	100,000	200,000	사채	500,000	−
관계기업투자	1,089,100	−	사채할인발행차금	(30,000)	−
기타자산	1,560,900	1,400,000	자본금	2,000,000	1,000,000
건물	2,500,000	2,000,000	자본잉여금	1,000,000	700,000
감가상각누계액	(1,200,000)	(800,000)	지분법자본변동	60,000	−
토지	800,000	1,000,000	이익잉여금	1,080,000	1,800,000
계	₩5,000,000	₩4,000,000	계	₩5,000,000	₩4,000,000

손익계산서

20×2. 1. 1. ~ 20×2. 12. 31.

	㈜갑	㈜을
매 출 액	₩2,500,000	₩2,000,000
매 출 원 가	(2,000,000)	(1,600,000)
매 출 총 이 익	500,000	400,000
판매비와관리비	(250,000)	(300,000)
기 타 수 익	350,000	150,000
기 타 비 용	(100,000)	(50,000)
당 기 순 이 익	₩500,000	₩200,000

〈추가 정보〉

(1) 20×1년 초 ㈜을의 장부금액과 공정가치가 다른 자산과 부채는 다음과 같다.

	장부금액	공정가치
토 지	₩1,000,000	₩1,200,000

(2) 20×1년과 20×2년의 재고자산 상호거래는 다음과 같다.

〈20×1년〉

판매회사	판매가격(매출총이익률)	20×1년 매입회사 기말재고자산 포함분
㈜갑	₩150,000(10%)	₩40,000
㈜을	200,000(20%)	25,000

〈20×2년〉

판매회사	판매가격(매출총이익률)	20×2년 매입회사 기말재고자산 포함분
㈜갑	₩200,000(10%)	₩60,000
㈜을	100,000(20%)	15,000

(3) 20×2년 1월 1일 ㈜을은 장부금액이 ₩400,000(취득원가 ₩600,000)이고 잔존내용연수 5년인 건물을 ㈜갑에 ₩500,000에 처분하였다. ㈜갑은 동 건물을 20×2년 12월 31일에 외부에 매각하였는데 보유기간 동안 잔존가치 없이 잔존내용연수 5년으로 감가상각했다.

(4) ㈜을은 20×2년 3월 31일에 보유하고 있던 토지를 현금 ₩1,500,000에 외부에 매각하였다.

(5) ㈜을은 20×1년에 ₩200,000의 자본잉여금이 증가하였다.

(6) ㈜을의 20×1년 당기순이익은 ₩300,000이며, 20×2년에 ₩200,000의 현금배당을 실시하였다.

물음

㈜갑의 20×1년, 20×2년의 지분법 회계처리를 하라.

해답

(1) 20×1년 지분법 회계처리

<투자주식 매입 시>

(차) 관 계 기 업 투 자	1,000,000	(대) 현 금	1,000,000

* 투자주식 취득 시 투자주식의 구성은 다음과 같다.

① ㈜을 순자산장부금액(자본)	₩3,000,000×30% =	₩900,000
② 토지의 BV·FV 차이	200,000×30% =	60,000
③ 잔여금액(영업권)		40,000
계		₩1,000,000

<당기순이익 보고 시>

(차) 관 계 기 업 투 자	90,000	(대) 지 분 법 이 익	90,000

* ₩300,000×30% = ₩90,000

<상호거래 미실현손익의 제거>

• 재고자산(하향판매)

(차) 지 분 법 이 익	1,200	(대) 관 계 기 업 투 자	1,200

* ₩40,000×10%×30% = ₩1,200

• 재고자산(상향판매)

(차) 지 분 법 이 익	1,500	(대) 관 계 기 업 투 자	1,500

* ₩25,000×20%×30% = ₩1,500

<자본잉여금 증가 시>

(차) 관 계 기 업 투 자	60,000	(대) 지분법자본변동	60,000

* ₩200,000×30% = ₩60,000

<20×1년 말 장부금액>

관계기업투자 ₩1,147,300

지분법이익 ₩87,300

참고

지분법이익과 관계기업투자의 기말장부금액은 위의 복잡한 과정을 거치지 않고 다음과 같이 직접 계산할 수 있다.

① 지분법이익

<피투자자의 진정한 당기순이익>

20×1년 피투자자 당기순이익	₩300,000
피투자자 순자산의 BV·FV 차이조정	–
당기 발생 상호거래 미실현손익 및 실현손익	
재고자산 미실현이익(상향)	(5,000)
재고자산 미실현이익(하향)	(4,000)
계	₩291,000

<지분법이익>

피투자자의 진정한 당기순이익×투자자지분율	₩291,000×30% =	₩87,300

② 관계기업투자

<피투자자의 순자산 공정가치>

20×1년 말 피투자자 순자산 장부금액	₩3,500,000
피투자자 순자산의 BV·FV 차이 잔액 – 토지	200,000
상호거래 미실현손익 잔액	
재고자산 미실현이익(상향)	(5,000)
재고자산 미실현이익(하향)	(4,000)
계	₩3,691,000

<관계기업투자>

피투자자 순자산의 FV×투자자지분율	₩3,691,000×30% =	₩1,107,300
영업권		40,000
계		₩1,147,300

(2) 20×2년 지분법 회계처리

<현금배당 시>

(차) 현 금	60,000	(대) 관 계 기 업 투 자	60,000

<당기순이익 보고 시>

(차) 관 계 기 업 투 자	60,000	(대) 지 분 법 이 익	60,000

* ₩200,000×30% = ₩60,000

<시가변동분(토지)의 처분 시>

(차) 지 분 법 이 익	60,000	(대) 관 계 기 업 투 자	60,000

* (₩1,200,000 − 1,000,000)×30% = ₩60,000

<상호거래의 제거>

• 재고자산(하향판매)

(차) 관 계 기 업 투 자	1,200	(대) 지 분 법 이 익	1,200

* ₩40,000×10%×30% = ₩1,200(실현)

(차) 지 분 법 이 익	1,200	(대) 관 계 기 업 투 자	1,800
지 분 법 손 실	600		

* ₩60,000×10%×30% = ₩1,800(미실현)

• 재고자산(상향판매)

(차) 관 계 기 업 투 자	1,500	(대) 지 분 법 손 실	600
		지 분 법 이 익	900

* ₩25,000×20%×30% = ₩1,500(실현)

(차) 지 분 법 이 익	900	(대) 관 계 기 업 투 자	900

* ₩15,000×20%×30% = ₩900(미실현)

• 건물(상향판매)

(차) 지 분 법 손 실	30,000	(대) 관 계 기 업 투 자	30,000

* (₩500,000 − 400,000)×30% = ₩30,000(처분이익)

(차) 관 계 기 업 투 자	6,000	(대) 지 분 법 손 실	6,000

* ₩100,000×1/5×30% = ₩6,000(감가상각비)

(차) 관 계 기 업 투 자	24,000	(대) 지 분 법 손 실	24,000

* (₩100,000 − 100,000×1/5)×30% = ₩24,000(외부처분이익)

회계연도 내에 상호거래한 자산을 외부에 매각한 경우 지분법 회계처리는 상계되어 없어지므로 상호거래에 대한 회계처리를 하지 않아도 결과는 동일하다.

<20×2년 말 장부금액>

관계기업투자 ₩1,087,300

지분법이익 ₩0

참고

지분법이익과 관계기업투자의 기말장부금액은 위의 복잡한 과정을 거치지 않고 다음과 같이 직접 계산할 수 있다.

① 지분법이익

<피투자자의 진정한 당기순이익>

20×2년 피투자자 당기순이익	₩200,000
피투자자 순자산의 BV·FV 차이조정	(200,000)
당기 발생 상호거래 미실현손익 및 실현손익	
재고자산 실현이익(상향)	5,000
재고자산 미실현이익(상향)	(3,000)
재고자산 실현이익(하향)	4,000
재고자산 미실현이익(하향)	(6,000)
계	₩0

<지분법이익>

피투자자의 진정한 당기순이익×투자자지분율	₩0×30% =	₩0

② 관계기업투자

<피투자자의 순자산 공정가치>

20×2년 말 피투자자 순자산 장부금액	₩3,500,000
피투자자 순자산의 BV·FV 차이 잔액－토지	－
상호거래 미실현손익 잔액	
재고자산 미실현이익(상향)	(3,000)
재고자산 미실현이익(하향)	(6,000)
계	₩3,491,000

<관계기업투자>

피투자자 순자산의 FV×투자자지분율	₩3,491,000×30% =	₩1,047,300
영업권		40,000
계		₩1,087,300

04 단계적 취득을 통한 유의적인 영향력 획득

㈜갑은 ㈜을의 주식 10%를 20×1년 1월 1일에 ₩50,000에 취득한 ㈜을의 주식을 FVOCI 선택 금융자산으로 분류하였다. 20×2년 1월 1일 ㈜갑은 ㈜을 주식 20%를 추가 취득하여 유의적인 영향력을 행사할 수 있게 되었다. ㈜을 자본의 변동 내역은 아래와 같다. ㈜을의 이익잉여금은 모두 당기순이익으로 인해 증가한 것이며, 이익처분은 없었다.

	20×1. 1. 1.	20×2. 1. 1.	20×3. 1. 1.	20×3. 12. 31.
자 본 금	₩200,000	₩200,000	₩200,000	₩200,000
자본잉여금	100,000	100,000	100,000	100,000
이익잉여금	100,000	170,000	200,000	250,000
계	₩400,000	₩470,000	₩500,000	₩550,000
주식취득원가	₩50,000	₩120,000		
지 분 율	10%	20%		

㈜갑과 ㈜을 간에 상호거래는 없었고 단계적 취득에 대해 일괄법을 적용한다.

물음

1. 20×1년에 필요한 모든 회계처리를 하라. 단, 20×1년 말 ㈜갑이 보유한 ㈜을 주식의 공정가치는 ₩60,000이다.
2. 20×2년에 필요한 모든 회계처리를 하라. 단, 20×2년 초 ㈜을의 순자산 공정가치는 ₩510,000이며, 장부금액과의 차이 원인은 건물(잔존내용연수 10년, 잔존가치 없이 정액법 상각)에서 비롯되었다.
3. 20×3년에 필요한 모든 회계처리를 하라.

해답

물음 1

<투자주식 매입 시>

(차) FVOCI 선택 금융자산	50,000	(대) 현 금	50,000

<투자주식 평가 시>

(차) FVOCI 선택 금융자산	10,000	(대) 금융자산평가이익(OCI)	10,000

* ₩60,000 − 50,000 = ₩10,000

물음 2

<투자주식 매입 시>

(차) 관 계 기 업 투 자	180,000	(대) 현 금	120,000
		FVOCI 선택 금융자산	60,000

* 투자주식 취득 시 투자주식의 구성은 다음과 같다.

① ㈜을 순자산장부금액(자본)	₩470,000×30% =	₩141,000
② 건물의 BV·FV 차이	(₩510,000 − 470,000)×30% =	12,000
③ 잔여금액(영업권)		27,000
		₩180,000

<지분법손익의 인식>

(차) 관 계 기 업 투 자 7,800 (대) 지 분 법 이 익 7,800

* (₩30,000－40,000(건물)÷10년)×30%＝₩7,800

물음 3

<지분법손익의 인식>

(차) 관 계 기 업 투 자 13,800 (대) 지 분 법 이 익 13,800

* (₩50,000－40,000(건물)÷10년)×30%＝₩13,800

05 관계기업의 손실 발생

갑회사는 20×1년 초에 을회사 주식 30%를 ₩80,000에 취득하여 유의적인 영향력을 갖게 되었다. 20×1년 초 현재 을회사 순자산의 장부금액은 ₩250,000이며, 공정가치와 동일하다. 다음은 을회사 순자산의 장부금액 변동 내역이다.

20×1년 초	₩250,000
20×1년 당기순손실	(300,000)
20×1년 말	(50,000)
20×2년 당기순이익	75,000
20×2년 말	₩25,000

물음

1. 20×1년 말 갑회사가 해야 할 지분법손익을 인식하는 회계처리를 하라.
2. (물음 1)과 관련하여 갑회사는 을회사에 대하여 20×1년 말 현재 장기대여금(무담보) ₩7,500과 매출채권 ₩5,000이 있다고 가정하고, 이를 고려하여 다시 답하라.
3. (물음 1)과 관련하여 갑회사는 투자주식 취득원가의 10%까지 을회사의 초과손실에 대하여 의제의무를 부담한다고 가정하고, 이를 고려하여 다시 답하라.
4. (물음 1)과 관련하여 20×2년 말 갑회사가 해야 할 지분법손익을 인식하는 회계처리를 하라.
5. (물음 2)와 관련하여 20×2년 말 갑회사가 해야 할 지분법손익을 인식하는 회계처리를 하라.
6. (물음 3)과 관련하여 20×2년 말 갑회사가 해야 할 지분법손익을 인식하는 회계처리를 하라.

해답

물음 1

지분법손익 = ₩(300,000)×30% = ₩(90,000)

관계기업투자주식의 장부금액 ₩80,000을 초과하는 ₩10,000의 손실은 인식하지 않는다.

<지분법손익의 인식 분개>

(차) 지분법손실	80,000	(대) 관계기업투자	80,000

물음 2

장기대여금은 실질적으로 갑회사의 순투자의 일부를 구성하기 때문에 투자주식의 장부금액이 0이 되어 인식하지 못한 초과손실을 장기대여금에 대해서 인식한다. 그러나 매출채권은 갑회사의 순투자의 일부를 구성하지 않는다.

<지분법손익의 인식 분개>

(차) 지분법손실	87,500	(대) 관계기업투자	80,000
		손실충당금	7,500(1)

(1) 장기대여금의 장부금액(₩7,500)을 직접 감소시키기 보다는 손실충당금 등 평가계정을 사용하는 것이 타당할 것이다.

물음 3

<지분법손익의 인식 분개>

(차) 지분법손실	88,000	(대) 관계기업투자	80,000
		충당부채	8,000(1)

(1) 투자주식 취득원가의 10% 해당액만큼 의제의무를 부담하므로 이를 부채로 인식하고, 추가로 지분법손실을 인식한다. 기준서에는 계정을 명시적으로 언급하고 있지 않으므로 충당부채라는 계정을 사용하였다.

물음 4

지분법손익 = ₩75,000×30% = ₩22,500

20×1년 말에 투자주식의 장부금액을 초과하는 지분법손실 ₩10,000을 인식하지 않았으므로, 20×2년 말에 인식할 지분법이익은 미인식 초과손실을 제외한 금액으로 한다.

<지분법손익의 인식 분개>

(차) 관계기업투자	12,500	(대) 지분법이익	12,500

물음 5

지분법손익 = ₩75,000×30% = ₩22,500

20×1년 말에 투자주식(장기대여금 포함)의 장부금액을 초과하는 지분법손실 ₩2,500을 인식하지 않았으므로, 20×2년 말에 인식할 지분법이익은 미인식 초과손실을 제외한 금액으로 한다.

<지분법손익의 인식 분개>

(차)	손 실 충 당 금	7,500	(대) 지 분 법 이 익	20,000
	관 계 기 업 투 자	12,500		

물음 6

지분법손익 = ₩75,000×30% = ₩22,500

20×1년 말에 투자주식의 110%를 초과하는 지분법손실 ₩2,000을 인식하지 않았으므로, 20×2년 말에 인식할 지분법이익은 미인식 초과손실을 제외한 금액으로 한다.

<지분법손익의 인식 분개>

(차)	충 당 부 채	8,000	(대) 지 분 법 이 익	20,500
	관 계 기 업 투 자	12,500		

06 관계기업투자의 처분(1) (세무사 2011)

㈜대한은 20×1년 1월 1일 ㈜서울의 보통주 400주(발행주식의 40%)를 주당 ₩1,800에 취득하여 ㈜서울의 영업 및 재무정책에 유의적인 영향력을 행사할 수 있게 됨에 따라 ㈜서울의 보통주를 '관계기업투자'로 회계처리하였다. 20×1년 1월 1일 ㈜서울의 순자산 장부금액은 ₩1,000,000이었으며 재고자산과 건물의 공정가치는 장부금액에 비해 각각 ₩150,000과 ₩500,000이 더 많고, 이외의 자산과 부채의 공정가치는 장부금액과 일치하였다. ㈜서울의 재고자산은 20×1년에 모두 판매되었고, 건물의 잔존내용연수는 10년이며 정액법으로 감가상각한다.

20×1년도와 20×2년도 ㈜서울이 보고한 당기순이익은 각각 ₩300,000과 ₩400,000이며, 20×1년도 기타포괄이익(FVOCI 금융자산으로 분류한 채무상품의 평가이익)은 ₩60,000이고 20×2년도 기타포괄손실(FVOCI 금융자산으로 분류한 채무상품의 평가손실)은 ₩25,000이었다. ㈜서울은 20×1년도와 20×2년도에 각각 ₩50,000과 ₩80,000의 현금배당을 실시하였다.

20×3년 1월 1일 ㈜대한은 ㈜서울의 보통주 300주를 시장가격인 주당 ₩3,000에 처분함에 따라 ㈜서울에 대하여 유의적인 영향력을 상실하였으며, 남아있는 ㈜서울의 보통주 100주는 FVOCI 선택 금융자산으로 회계처리하였다. 단, ㈜서울은 자기주식을 보유하고 있지 않고 ㈜대한과 ㈜서울 간 상호거래는 없으며, 20×1년도와 20×2년도 ㈜대한이 보유하고 있는 ㈜서울의 보통주에 대한 손상징후는 없다고 가정한다.

물음

1. ㈜대한이 ㈜서울의 보통주를 취득하면서 ㈜서울에 지불한 영업권의 가치를 구하라.
2. ㈜대한이 20×1년 말 재무상태표에 보고할 ㈜서울의 보통주에 대한 관계기업투자의 장부금액을 구하라.

※ ㈜대한이 보유하고 있는 ㈜서울의 보통주에 대한 20×2년도 기말장부금액이 ₩862,000일 때, (물음 3)과 (물음 4)에 대해 답하라.

3. 20×3년 1월 1일 ㈜대한이 처분한 ㈜서울의 보통주 300주에 대한 관계기업투자처분이익을 구하라.
4. 20×3년 1월 1일에 ㈜대한이 남아있는 ㈜서울의 보통주 100주를 FVOCI 선택 금융자산으로 분류를 변경하여 회계처리할 경우, 이러한 회계처리로 인하여 ㈜대한이 FVOCI 선택 금융자산으로 새로이 인식할 금액과 관계기업투자처분이익으로 인식할 금액을 각각 구하라.

해답

물음 1 영업권의 계산

(1) 관계기업투자 취득 시 투자차액(총차이)

관계기업투자 취득원가	₩720,000
취득 당시 관계기업 순자산장부금액 중 투자자 지분	(400,000)
투자차액(총차이)	₩320,000

(2) 투자차액(총차이) 중 영업권

투자차액(총차이)		₩320,000
재고자산 :	₩150,000×40% =	60,000
건　물 :	₩500,000×40% =	200,000
영업권		₩60,000

물음 2 20×1년 말 관계기업투자 장부금액

20×1년 1월 1일 취득시점 장부금액	₩720,000
20×1년 현금배당수령	(20,000)
20×1년 지분법이익	40,000
20×1년 지분법자본변동	24,000
20×1년 말 장부금액	₩764,000

<20×1. 1. 1.>

(차) 관계기업투자	720,000	(대) 현금	720,000

* ₩1,800×400주 = ₩720,000

<20×1. 현금배당 수령>

(차) 현금	20,000	(대) 관계기업투자	20,000

* ₩50,000×40% = ₩20,000

<20×1. 12. 31.>

(차) 관계기업투자	40,000	(대) 지분법이익	40,000

* (₩300,000 − 150,000 − 500,000×1/10)×40% = ₩40,000

(차) 관계기업투자	24,000	(대) 지분법자본변동	24,000

* ₩60,000×40% = ₩24,000

참고자료 **20×2년 일자별 회계처리**

<20×2. 현금배당 수령>

(차) 현금	32,000	(대) 관계기업투자	32,000

* ₩80,000×40% = ₩32,000

<20×2. 12. 31.>

(차) 관계기업투자	140,000	(대) 지분법이익	140,000

* (₩400,000 − 500,000×1/10)×40% = ₩140,000

(차) 지분법기타포괄손익	10,000	(대) 관계기업투자	10,000

* ₩(25,000)×40% = ₩(10,000)

물음 3 20×3년 초 관계기업투자처분이익

투자주식처분가액 :	300주×₩3,000 =	₩900,000
투자주식장부금액 :	₩862,000×300주/400주 =	(646,500)
지분법자본변동 :	₩14,000×300주/400주 =	10,500
투자주식처분이익 :		₩264,000

참고자료 **20×3년 초 처분 시 회계처리**

(차) 현금	900,000	(대) 관계기업투자	646,500
지분법기타포괄손익	10,500	투자주식처분이익	264,000

물음 4 20×3년 초 FVOCI 선택 금융자산 장부금액

(1) 20×3년 초 FVOCI 선택 금융자산 장부금액 : 100주×₩3,000(20×3년 초 공정가치)
=₩300,000

(2) 20×3년 초 관계기업투자처분이익 : ₩88,000

참고자료 20×3년 초 회계처리

(차)	FVOCI 선택 금융자산	300,000	(대) 관계기업투자	215,500
	지분법기타포괄손익	3,500	투자주식처분이익	88,000

07 관계기업투자의 처분(2) (CPA 2013)

㈜한국은 20×1년 1월 1일에 다음과 같이 ㈜영동, ㈜영서, ㈜영남의 의결권 있는 보통주를 취득하였다. 이로써 ㈜한국은 ㈜영동, ㈜영서, ㈜영남에 대해 유의적인 영향력을 행사할 수 있게 되었다.

	취득주식수(지분율)	취득원가
㈜영동	30주 (30%)	₩180,000
㈜영서	25주 (25%)	65,000
㈜영남	40주 (40%)	50,000

〈추가 자료〉

1. 취득일 현재 ㈜영동의 순자산장부금액은 ₩390,000이며, 자산부채 중 장부금액과 공정가치가 일치하지 않는 내역은 다음과 같다.

계정과목	장부금액	공정가치
재고자산	₩50,000	₩56,000
토 지	110,000	140,000
기계장치	40,000	49,000

위 자산 중 재고자산은 20×1년 중에 전액 외부에 판매되었으며, 기계장치는 20×1년 초 현재 잔존내용연수 3년에 잔존가치 없이 정액법으로 상각한다.

2. 취득일 현재 ㈜영서와 ㈜영남의 순자산장부금액은 각각 ₩280,000과 ₩100,000이며, 자산부채의 장부금액은 공정가치와 일치하였다.

3. 20×1년 중에 ㈜한국은 ㈜영서에 원가 ₩20,000의 상품을 ₩28,000에 판매하였으며, ㈜영서는 동 상품 전액을 20×2년 중에 외부에 판매하였다.

4. 20×1년에 ㈜영동, ㈜영서, ㈜영남이 보고한 당기순이익과 기타포괄손익은 다음과 같다.

	당기순이익	기타포괄손익
㈜영동	₩52,000	₩10,000
㈜영서	15,000	–
㈜영남	10,000	5,000

다음은 ㈜한국이 보유한 각각의 관계기업투자에 관한 물음이다.

물음

1. ㈜영동의 보통주 취득과 관련하여, ㈜한국의 관계기업투자 취득원가에 포함된 영업권 금액을 구하라.
2. ㈜영동의 투자주식과 관련하여, ㈜한국의 20×1년 재무제표에 계상될 지분법손익을 구하라. 단, 손실의 경우에는 금액 앞에 (−)를 표시하라.
3. 20×2년 4월 20일에 ㈜영동은 보통주 1주당 ₩150의 현금배당을 실시하였다. 동 배당금 수령 시에 ㈜한국이 수행해야 할 회계처리(분개)를 제시하라.
4. ㈜영서의 투자주식과 관련하여, ㈜한국의 20×1년 말 재무제표에 계상되는 관계기업투자의 장부금액을 구하라.
5. ㈜한국은 20×2년 초에 ㈜영남의 보통주 10주를 ₩12,000에 매각하였다. 이 매각거래에 따른 투자주식처분손익을 구하라. 단, 손실의 경우에는 금액 앞에 (−)를 표시하라.

해답

물음 1

영업권 : ₩180,000 − 390,000×30% − 45,000×30% = ₩49,500

<투자주식 취득원가의 분해>

총차이	= ₩180,000(취득원가) − 390,000×30% =	₩63,000
재고자산의 BV·FV 차이×30% =	₩6,000×30% =	(1,800)
토 지 의 BV·FV 차이×30% =	₩30,000×30% =	(9,000)
기계장치의 BV·FV 차이×30% =	₩9,000×30% =	(2,700)
잔여금액(영업권)		₩49,500

물음 2

지분법이익 = ₩12,900

(차) 관 계 기 업 투 자 12,900 (대) 지 분 법 이 익 12,900

* ₩52,000(㈜영동의 당기순이익)×30% − 6,000(재고자산의 BV · FV 차이조정)×30% − 9,000(기계장치의 BV · FV 차이조정)×1/3×30% = ₩12,900

물음 3

(차) 현 금 4,500 (대) 관 계 기 업 투 자 4,500

물음 4

₩65,000(취득원가) − 280,000×25% = (−)₩5,000 ⇒ 염가매수차익 ₩5,000

지분법손익 = ₩15,000×25% − 8,000×25% + 5,000(염가매수차익) = ₩6,750

(차) 관 계 기 업 투 자 6,750 (대) 지 분 법 이 익 6,750

∴ 20×1년 말 관계기업투자주식 장부금액 = ₩65,000 + 6,750 = ₩71,750

물음 5

<20×1년 초>

(차) 관 계 기 업 투 자 50,000 (대) 현 금 50,000

<20×1년 말>

(차) 관 계 기 업 투 자	6,000	(대) 지 분 법 이 익	4,000
		지분법기타포괄손익	2,000

(차) 현 금	12,000	(대) 관 계 기 업 투 자	14,000
지분법기타포괄손익	500		
투자주식처분손실	1,500		

∴ 처분손익 = (−)₩1,500

※ 관계기업의 기타포괄손익누계액이 재분류조정항목이 아닌 경우 지분법기타포괄손익 항목이 재분류 조정이 되지 않을 수도 있다. 이때의 처분손익은 (−)₩2,000이다.

(차) 현 금	12,000	(대) 관 계 기 업 투 자	14,000
투자주식처분손실	2,000		

환율변동효과

본장의 내용

한국에서 영업을 하는 기업이 원화로 장부기록을 하는데, 그 기업에서 발생하는 거래가 모두 원화 거래는 아니다. 외국에 제품을 수출할 경우 외화 매출채권이 발생하기도 하고, 외국에서 자산을 취득하고 이를 결제하는 데 필요한 자금을 외화 차입하기도 한다. 이와 같이 다양한 거래가 발생할 때 외화 자산이나 외화 부채를 원화로 인식해야 하는데, 최초 인식하는 날의 환율은 이후 계속 변동하게 마련이다. 따라서 본장에서는 외화 자산이나 외화 부채를 결제하거나, 보고기간 말 현재 미결제 상태일 경우 환율변동손익을 어떻게 재무제표에 보고해야 하는지 설명한다.

한국의 기업이 외국에 현지 법인을 설립하기도 하고, 외국에 소재하는 기업의 지분을 취득하여 그 기업을 지배하기도 한다. 이때 한국의 기업은 연결재무제표를 작성하는 지배기업이 되는데, 연결재무제표는 원화로 표시되는 데 반해 외국에 소재하는 종속기업의 재무제표는 외화로 표시되어 있으므로 외국의 종속기업 재무제표를 원화로 환산한 후 원화 표시 연결재무제표를 작성해야 한다. 따라서 본장에서 외화로 표시된 재무제표를 원화로 환산하는 절차를 설명한다. 또한 외국의 관계기업에 투자하여 기능통화와 표시통화가 상이한 관계기업투자에 지분법을 적용하는 경우의 회계처리도 설명한다. 한편, 기준서 제1118호 '재무제표 표시와 공시'에서 규정하는 환율변동손익의 손익계산서 범주 분류는 파생상품 관련 손익의 범주 분류와 함께 제9장에서 설명한다.

본장의 설명은 기업회계기준서 제1021호 '환율변동효과'에 기초한다. 본장에서 기준서의 내용을 언급할 때 괄호 안에 사용하는 숫자는 기준서 번호와 문단 번호를 의미한다. 예를 들어 (1021:13)은 기준서 제1021호, 문단 13을 의미한다.

1 환율변동효과

1.1 환율변동효과의 의의와 회계처리의 개요

기업의 영업활동이 국제화됨에 따라 외화가 개입되는 국외 거래가 빈번하게 발생하고 있다. 상품을 외상으로 수출하거나 수입하는 거래가 발생할 수도 있고, 설비투자를 위하여 외화차입을 할 수도 있으며, 외국에 소재한 기업에 출자할 수도 있다. 이와 같이 다양한 외화거래와 관련된 자산과 부채를 원화로 장부기록을 할 경우 해당 거래가 발생할 당시의 현물환율을 적용하여 최초 원화 장부금액을 인식할 것이다.

그런데 외화거래가 발생한 날의 환율이 이후 변동하여 보고기간 말의 환율과 다를 경우 당초 원화로 기록한 자산과 부채의 장부금액을 변동시켜야 하는지 고려할 필요가 있다. 또한 외화 자산과 부채를 보고기간 중에 회수하거나 결제할 때의 환율이 당초 장부에 기록할 때 적용했던 환율과 다를 경우 환율변동에 따른 차이를 어떻게 인식할 것인지도 논의할 필요가 있다.

한편, 기업이 장부기록을 할 때 사용하는 통화와 재무제표를 표시할 때 사용하는 통화가 다를 수 있다. 예를 들어, 국내기업이 달러화로 장부기록을 할 수도 있는데, 이 경우 국내에서 공시하는 재무제표는 원화이어야 하므로 달러화 표시 재무제표를 원화표시 재무제표로 환산할 필요가 있다. 또한 국내 지배기업이 원화로 연결재무제표를 작성하는데 미국에 소재하는 종속기업의 재무제표가 달러화로 표시되어 있다면, 종속기업의 달러화 표시 재무제표를 원화로 환산한 후에 (원화 표시)연결재무제표를 작성해야 한다.

1.2 기준서 제1021호의 적용 범위

본장에서 설명하는 환율변동효과는 기준서 제1021호 '환율변동효과'에 기초한다. 기준서 제1021호는 다음의 경우에 적용한다(1021:3).

(1) 외화거래와 외화잔액의 회계처리
(2) 연결재무제표 또는 지분법을 적용하여 작성하는 재무제표에 포함되는 해외사업장의 경영성과와 재무상태의 환산
(3) 기업의 경영성과와 재무상태를 표시통화로 환산

2 기능통화, 외화 및 표시통화

2.1 기능통화, 외화 및 표시통화의 정의

기능통화(functional currency)란 영업활동이 이루어지는 주된 경제 환경의 통화로서 기업이 장부를 기록할 때 사용하는 통화를 말한다. 일반적으로 영업활동이 이루어지는 주된 경제 환경은 주로 현금을 창출하고 사용하는 환경을 말한다. 기업은 2.2절에서 설명하는 기능통화 결정 요인을 고려하여 어떤 통화를 기능통화로 사용할 것인지 결정하여야 한다. 대부분의 우리나라 국내 기업은 원화를 기능통화로 사용하지만, 원화 대신 달러화 등을 기능통화로 선택하는 기업도 있다.

외화(foreign currency)란 기능통화 이외의 다른 통화를 말한다. 국내 기업이 원화를 기능통화로 사용할 경우 달러화나 유로화 등은 외화에 해당한다. 그러나 국내 기업이 달러화를 기능통화로 사용한다면 원화나 유로화 등이 외화가 된다. 기업은 기능통화로 장부기록을 하기 때문에 외화거래가 발생할 경우 적절한 환율을 적용하여 외화를 기능통화로 환산해야 할 뿐만 아니라 이후 환율변동으로 인한 효과도 재무제표에 인식해야 하는 문제가 발생한다.

한편, 표시통화(presentation currency)란 재무제표를 표시할 때 사용하는 통화를 말한다. 국내 기업이 우리나라의 관련 법규에 따라서 재무제표를 공시 또는 보고할 경우 그 재무제표는 원화로 표시된 재무제표이므로 표시통화는 원화이다. 우리나라에서 영업활동을 하는 기업이 원화가 아니라 달러화를 기능통화로 사용하더라도 우리나라에서 공시하는 재무제표는 원화로 표시되어야 하므로 그 기업의 달러화 표시 재무제표를 일괄하여 원화로 환산해야 한다. 이와 반대로 우리나라에서 영업활동을 하는 기업이 원화를 기능통화로 사용하고 있는데, 외국 금융시장에 달러화 표시 재무제표를 보고해야 한다면 원화 표시 재무제표를 일괄하여 달러화로 환산해야 한다.

가장 흔한 사례는 기능통화와 표시통화가 원화인 국내 기업이 외국 종속기업을 포함하여 우리나라에서 연결재무제표를 공시할 경우이다. 이 경우 연결재무제표의 표시통화는 원화인데, 외국 종속기업이 달러화나 유로화 등을 표시통화로 사용한다면 종속기업이 작성한 달러화 표시 재무제표나 유로화 표시 재무제표를 원화로 환산한 후에 연결재무제표를 작성한다.

지금까지 설명한 기능통화, 외화 및 표시통화와 관련된 회계처리를 요약하면 [표 1]과 같다.

| 표 1 | 기능통화, 외화 및 표시통화 관련 회계처리

구분	사례	회계처리
외화거래의 발생	기능통화가 원화인 국내기업이 달러 차입을 할 경우	외화(달러화)를 기능통화(원화)로 환산하여 차입거래 기록
기능통화와 표시통화가 상이	국내 기업이 달러화를 기능통화로 사용하면서 원화 표시 재무제표를 보고할 경우	달러화 표시 재무제표를 일괄하여 원화 표시 재무제표로 환산
	국내 기업이 원화를 기능통화로 사용하면서 미국 금융시장에 달러화 표시 재무제표를 보고할 경우	원화 표시 재무제표를 일괄하여 달러화 표시 재무제표로 환산
	기능통화가 원화인 국내 지배기업이 기능통화가 유로화인 외국 종속기업의 재무제표를 포함하여 원화 표시 연결재무제표를 보고할 경우	유로화 표시 재무제표를 일괄하여 원화 표시 재무제표로 환산

2.2 기능통화의 결정

기업이 어떤 통화를 기능통화로 결정하는가에 따라 외화의 환율변동효과가 재무제표에 미치는 영향이 달라진다. 기업이 자유롭게 기능통화를 결정하는 것은 아니며, 다음의 사항을 고려하여 기능통화를 결정한다(1021:9).

(1) 다음의 통화
  (가) 재화와 용역의 공급가격에 주로 영향을 미치는 통화(흔히 재화와 용역의 공급가격을 표시하고 결제하는 통화)
  (나) 재화와 용역의 공급가격을 주로 결정하는 경쟁요인과 법규가 있는 국가의 통화
(2) 재화를 공급하거나 용역을 제공하는 데 드는 노무원가, 재료원가와 그 밖의 원가에 주로 영향을 미치는 통화(흔히 이러한 원가를 표시하고 결제하는 통화)

해외사업장의 기능통화를 결정할 때에는 다음의 사항을 추가로 고려한다(1021:11).

(1) 해외사업장의 활동이 보고기업 활동의 일부로서 수행되는지 아니면 상당히 독자적으로 수행되는지
  (가) 해외사업장이 보고기업에서 수입한 재화를 판매하고 그 판매대금을 보고기업으로 송금하는 역할만 한다면 해외사업장이 보고기업의 일부로서 활동하는 예에 해당
  (나) 해외사업장이 대부분 현지통화로 현금 등의 화폐성항목을 축적하고 비용과 수익을 발생시키며 차입을 일으킨다면 해외사업장의 활동이 상당히 독자적으로 수행되는 예에 해당

(2) 보고기업과의 거래가 해외사업장의 활동에서 차지하는 비중이 높은지 낮은지
(3) 해외사업장 활동에서의 현금흐름이 보고기업의 현금흐름에 직접 영향을 주고 보고기업으로 쉽게 송금될 수 있는지
(4) 보고기업의 자금 지원 없이 해외사업장 활동에서의 현금흐름만으로 현재의 채무나 통상적으로 예상되는 채무를 감당하기에 충분한지

전술한 지표들이 서로 다른 결과를 제시하여 기능통화가 분명하지 않은 경우 경영진이 판단하여 실제 거래, 사건과 상황의 경제적 효과를 가장 충실하게 표현하는 기능통화를 결정한다(1021:12). 우리나라의 기업 중 해운업을 주업으로 하는 기업들은 대부분의 수익이 외국에서 운송용역을 제공하면서 발생하고, 거래대가를 달러화로 결제한다. 이 경우 원화를 기능통화로 결정하면 대부분의 거래가 외화거래에 해당하여 환율변동이 당기손익에 미치는 영향이 커지기 때문에 이를 회피하기 위해서 달러화를 기능통화로 결정하고 있다. 참고로 기능통화를 미국 달러화로 사용하고 있는 HMM㈜의 제40기 재무제표 주석을 제시하면 다음과 같다.

주석 공시 사례 | **주석 2.4 외화환산**

(1) 기능통화와 표시통화
회사는 재무제표에 포함되는 항목들을 영업활동이 이뤄지는 주된 경제 환경에서의 통화("기능통화")를 적용하여 측정하고 있습니다. 회사의 기능통화는 미국 달러화이며 재무제표는 대한민국 원화로 표시되어 있습니다.

HMM㈜는 달러화로 장부기록을 하더라도 우리나라에서는 원화로 표시된 재무제표를 공시해야 하므로 4절에서 설명하는 기능통화 재무제표의 표시통화 환산 절차를 적용해야 한다.

3 외화 거래의 기능통화 보고

3.1 외화거래의 최초 인식

외화거래는 외화로 표시되어 있거나 외화로 결제되어야 하는 거래이다. 예를 들어, 외화로 가격이 표시되어 있는 재화나 용역의 매매, 지급하거나 수취할 금액이 외화로 표시된 자금의

차입이나 대여, 외화로 표시된 자산의 취득이나 처분, 외화로 표시된 부채의 발생이나 상환 등이 외화거래에 해당한다(1021:20).

외화거래가 발생할 경우 기업은 다음과 같이 계산한 기능통화로 최초 장부기록을 한다.

장부기록 금액(기능통화) = 외화금액×거래일의 현물환율(또는 해당기간 평균환율)

현물환율은 거래일의 외화와 기능통화 사이의 현물환율(spot exchange rate)[1]을 말한다. 거래일은 한국채택국제회계기준에 따라 거래의 인식요건을 최초로 충족하는 날이다. 실무적으로는 거래일의 실제 환율에 근접한 환율을 자주 사용한다. 예를 들어, 일주일이나 한 달 동안 발생하는 모든 외화거래에 대하여 해당 기간의 평균환율을 사용할 수 있다. 그러나 환율이 유의적으로 변동된 경우에 해당 기간의 평균환율을 사용하는 것은 부적절하다(1021:21,22).

3.2 보고기간 말의 외화환산

(1) 화폐성항목과 비화폐성항목의 구분

외화거래를 발생일의 현물환율로 최초 인식한 후 보고기간 말까지 관련 외화자산·부채가 회수 또는 결제되지 않았는데, 보고기간 말의 환율이 외화거래 발생일의 환율과 다르다면 환율변동효과를 어떻게 회계처리해야 하는가? 기준서에 따르면 외화자산·부채가 화폐성항목인지, 아니면 비화폐성항목인지에 따라 환율변동효과에 대한 회계처리가 달라진다. 따라서 화폐성항목과 비화폐성항목을 어떻게 구분하는지 먼저 설명한다.

화폐성항목(monetary items)의 본질적 특징은 확정되었거나 결정 가능한 화폐단위의 수량으로 받을 권리나 지급할 의무라는 것이다. 예를 들어, 현금으로 지급하는 연금과 그 밖의 종업원급여, 현금으로 상환하는 충당부채, 리스부채, 부채로 인식하는 현금배당 등이 화폐성항목에 속한다. 또한 수량이 확정되지 않은 기업 자신의 지분상품이나 금액이 확정되지 않은 자산을 받거나 주기로 한 계약의 공정가치가 화폐단위로 확정되었거나 결정 가능하다면 이러한 계약도 화폐성항목에 속한다(1021:16).

반면에 비화폐성항목(non-monetary items)의 본질적 특징은 확정되었거나 결정 가능한 화폐단위의 수량으로 받을 권리나 지급할 의무가 없다는 것이다. 예를 들어, 재화와 용역에 대한 선급금, 영업권, 무형자산, 재고자산, 유형자산, 사용권자산, 비화폐성자산을 인도하여 상환하는 충당부채 등이 비화폐성항목에 속한다(1021:16).

---

1) 기준서 제1021호에서는 현물환율을 즉시 인도가 이루어지는 거래에서 사용하는 환율로 정의하는데(1021:8), 실무에서는 매매기준율 또는 재정환율을 현물환율로 사용하고 있다.

(2) 보고기간 말 외화자산 및 외화부채의 환산방법

보고기간 말 현재 회수 또는 결제되지 않은 외화자산·부채를 환산할 때 적용할 환율과 외환차이(exchange differences)의 회계처리를 요약하면 [표 2]와 같다(1021:23,28,30).

| 표 2 | 보고기간 말 외화자산·부채의 환산방법

항목 구분	환산방법[2]	외환차이의 회계처리
화폐성 외화항목	마감환율로 환산	외환차이를 당기손익으로 인식
역사적 원가로 측정하는 비화폐성 외화항목	거래일의 환율로 환산	외환차이가 발생하지 않음
공정가치로 측정하는 비화폐성 외화항목	공정가치가 결정된 날의 환율로 환산	비화폐성항목에서 생긴 손익을 기타포괄손익(또는 당기손익)으로 인식하는 경우에 그 손익에 포함된 외환차이도 기타포괄손익(또는 당기손익)으로 인식

화폐성 외화항목은 마감환율(closing rate)로 환산한 금액으로 보고기간 말의 재무상태표에 표시된다. 이때 환산 전 장부금액과 환산 후 장부금액(즉, 마감환율로 환산한 금액)의 차이를 외환차이로 하여 당기손익으로 인식한다.

비화폐성항목은 역사적 원가로 측정하는 경우와 공정가치로 측정하는 경우 환율변동효과의 회계처리가 다르다. 예를 들어, 국내 기업이 외화를 지급하고 외국에 소재하는 사업용 토지를 취득하였을 경우 당해 토지에 대해서 원가모형을 적용한다면 그 토지는 역사적 원가로 측정하는 비화폐성항목에 해당하며, 재평가모형을 적용한다면 그 토지는 공정가치로 측정하는 비화폐성항목에 해당한다.

[표 2]에 따르면 역사적 원가로 측정하는 비화폐성 외화항목은 거래일의 환율로 환산한 금액으로 보고기간 말의 재무상태표에 표시한다. 즉, 보고기간 말의 환율로 환산하지 않으므로 외환차이는 발생하지 않는다.

2) 여러 가지 환율을 사용할 수 있는 경우에는 해당 거래나 잔액에 따른 미래현금흐름이 측정일에 발생하였다면 결제하였을 환율을 사용한다. 일시적으로 두 통화의 교환이 불가능한 경우에는 그 이후에 처음으로 교환이 이루어지는 때의 환율을 사용한다(1021:26).

공정가치로 측정하는 비화폐성 외화항목은 공정가치가 결정된 날의 환율로 환산한 금액으로 보고기간 말의 재무상태표에 표시하고,[3] 외환차이는 공정가치평가손익을 인식하는 방법과 동일하게 인식한다. 기능통화로 환산한 항목의 공정가치 평가손익에는 환율변동효과도 포함되는데, 평가손익과 환율변동효과를 구분할 수는 없다. 따라서 공정가치평가손익 전체를 당기손익(또는 기타포괄손익)으로 인식하면 그 손익에 포함된 외환차이도 당기손익(또는 기타포괄손익)으로 인식하는 결과가 된다.

예 1 공정가치로 측정하는 비화폐성 외화항목의 외환차이

갑회사(기능통화 : ₩)는 20×1년 7월 1일에 외국에 소재하는 A회사의 발행 주식을 $100에 취득하였으며, 이를 공정가치로 측정하는 FVOCI 선택 금융자산으로 회계처리하였다. 갑회사의 보고기간 말인 20×1년 12월 31일 현재 A회사 주식의 공정가치는 $110로 상승하였다. 20×1년 7월 1일과 20×1년 12월 31일(공정가치 결정일) 환율(₩/$)은 각각 ₩1,000과 ₩1,100이다. 갑회사가 A회사 주식에 대해서 인식할 외환차이를 계산해 보자.

20×1년 7월 1일 FVOCI 선택 금융자산의 최초 인식금액
=$100×₩1,000=₩100,000
20×1년 12월 31일 FVOCI 선택 금융자산의 재무상태표 표시 금액
=$110×₩1,100=₩121,000

FVOCI 선택 금융자산의 장부금액은 ₩21,000만큼 증가하는데, ₩21,000에는 공정가치 변동과 환율변동의 영향이 혼합되어 있다. 그러나 이 중에서 공정가치 변동의 영향과 환율변동의 영향을 구분할 수는 없다. 따라서 환율변동에 따른 외환차이를 구분하지 않고 이를 모두 공정가치평가손익으로 인식한다. 그 결과 공정가치평가손익을 당기손익으로 인식하면 외환차이도 당기손익으로 인식하고, 공정가치평가손익을 기타포괄손익으로 인식하면 외환차이도 기타포괄손익으로 인식하게 된다. FVOCI 선택 금융자산의 공정가치 변동은 기타포괄손익으로 인식하므로 환율변동이 포함된 ₩21,000 전체를 기타포괄손익으로 인식한다.
만약 본 예에서 갑회사가 취득한 A회사 주식을 FVPL 금융자산으로 분류했다면, 공정가치평가손익을 당기손익으로 인식해야 하므로 ₩21,000 전체를 당기손익으로 인식한다.

---

3) 공정가치로 평가하는 주식의 경우 공정가치가 결정된 날은 일반적으로 보고기간 말일과 동일할 것이다. 그러나 거래소 상장 주식의 경우에는 보고기간 말과 거래소 폐장일이 다를 수 있으므로 공정가치가 결정된 날과 보고기간 말이 다를 수 있다. 또한 재평가모형을 적용하는 유형자산의 경우 공정가치가 결정된 날은 재평가일이며 재평가일은 보고기간 말과 대부분 일치하지 않을 것이다. 따라서 공정가치 결정일과 보고기간 말이 항상 일치하지는 않는다.

(3) 둘 이상의 금액을 비교하여 금액을 결정하는 외화항목

둘 이상의 금액을 비교하여 장부금액을 결정하는 경우가 있다. 예를 들어, 재고자산을 저가법으로 평가할 때 취득원가와 순실현가능가치 중 작은 금액으로 측정하거나, 유형자산의 손상차손을 인식할 때 장부금액과 회수가능액 중 작은 금액으로 측정하는 경우가 있다. 이러한 자산이 비화폐성항목이고 외화로 측정되는 경우에는 다음의 두 가지를 비교하여 장부금액을 결정한다(1021:25).

(1) 그 금액이 결정된 날의 환율(즉, 역사적 원가로 측정한 항목의 경우 거래일의 환율)로 적절하게 환산한 취득원가나 장부금액
(2) 그 가치가 결정된 날의 환율(예 : 보고기간 말의 마감환율)로 적절하게 환산한 순실현가능가치나 회수가능액

위의 문단 25의 (1)과 (2)를 비교하는 경우 외화를 기준으로 할 때는 평가손실이나 손상차손을 인식하지만, 기능통화를 기준으로 할 때는 평가손실이나 손상차손을 인식하지 않을 수 있으며, 그 반대의 경우도 발생할 수 있다. 따라서 외화기준과 관계없이 기능통화기준으로 평가손실이나 손상차손의 인식 여부를 판단한다.

예 2 평가손실 및 손상차손의 인식

〈사례 1〉
갑회사(기능통화 : ₩)는 재고자산을 $1,000에 매입하였으며 보고기간 말까지 계속 보유하고 있다. 매입일의 현물환율은 ₩1,000/$이며, 보고기간 말 현재 현물환율은 ₩1,030/$이다. 보고기간 말 현재 재고자산의 순실현가능가치가 $980일 때와 $950일 때로 구분하여 보고기간 말 현재 재고자산의 장부금액과 인식해야 할 재고자산평가손실을 각각 계산해 보자.

구분	순실현가능가치 $980	순실현가능가치 $950
매입일 장부금액	$1,000×₩1,000 = ₩1,000,000	$1,000×₩1,000 = ₩1,000,000
보고기간 말 순실현가능가치	$980×₩1,030 = ₩1,009,400	$950×₩1,030 = ₩978,500
재고자산평가손실	₩0	₩1,000,000 − 978,500 = ₩21,500(1)
보고기간 말 장부금액	₩1,000,000	₩978,500

(1) 외화 기준으로 재고자산 원가는 $1,000이고 두 경우 모두 순실현가능가치가 $1,000보다 작으므로 평가손실이 발생하나, 기능통화(원화)기준으로는 순실현가능가치가 $950일 경우 재고자산평가손실을 인식한다.

〈사례 2〉

을회사(기능통화 : ₩)는 당기에 취득한 기계장치에 대해서 원가모형을 적용한다. 당기 말 기계장치의 손상차손 인식 전 장부금액이 $500이며, 회수가능액은 $510이다. 기계장치 취득일의 현물환율은 ₩1,100/$이다. 보고기간 말 현재 현물환율을 각각 ₩1,080/$과 ₩1,050/$으로 가정하여 보고기간 말 현재 기계장치의 장부금액과 인식해야 할 유형자산손상차손을 각각 계산해 보자.

구분	보고기간 말 현물환율 ₩1,080	보고기간 말 현물환율 ₩1,050
손상차손 인식 전 장부금액	$500×₩1,100 = ₩550,000	$500×₩1,100 = ₩550,000
보고기간 말 회수가능액	$510×₩1,080 = ₩550,800	$510×₩1,050 = ₩535,500
손상차손 인식	없음	₩550,000 − 535,500 = ₩14,500(2)
보고기간 말 장부금액	₩550,000	₩535,500

(2) 외화 기준으로 기계장치의 장부금액은 $500이고 회수가능액이 $510이므로 보고기간 말 환율에 관계없이 손상차손이 발생하지 않지만, 기능통화(원화)기준으로는 보고기간 말 현물환율이 ₩1,050일 경우 손상차손을 인식한다.

3.3 결제시점의 외환차이

(1) 화폐성항목의 결제시점 외환차이

화폐성항목의 결제시점에서 발생하는 외환차이(exchange differences)는 [표 3]과 같이 계산하며, 그 외환차이가 생기는 회계기간의 당기손익으로 인식한다(1021:28).

| 표 3 | 화폐성항목의 결제시점 외환차이

구분	외환차이
발생 및 결제가 동일한 회계기간에 이루어지는 경우	외화금액×(결제일 환율 − 거래일 환율)
발생 및 결제가 동일한 회계기간에 이루어지지 않는 경우	외화금액×(결제일 환율 − 직전 보고기간 말 외화환산 시 적용한 환율)

동일한 회계기간 중에 화폐성항목의 발생 및 결제가 이루어졌다면 결제일과 거래일 사이의 환율변동만큼 결제일에 외환차이를 인식한다. 그러나 화폐성항목의 발생 및 결제가 동일한 회계기간에 이루어지지 않았다면 이미 직전 보고기간 말의 환율로 외환차이를 인식하였을 것이므로, 직전 보고기간 말과 결제일 사이의 환율변동만큼 결제일에 외환차이를 인식한다.

(2) 비화폐성항목의 결제시점 외환차이

전술한 3.2절의 [표 2]에서 비화폐성항목에서 생긴 손익을 기타포괄손익(또는 당기손익)으로 인식하는 경우 그 손익에 포함된 환율변동효과도 기타포괄손익(또는 당기손익)으로 인식한다고 설명하였다(1021:30). 이때 비화폐성항목에서 '생긴 손익'에는 공정가치평가손익뿐만 아니라 처분손익도 포함된다. 즉, 비화폐성항목을 처분할 때 처분대가와 장부금액의 차이에 포함되어 있는 환율변동효과를 구분할 수 없으므로 모두 처분손익에 포함하여 인식한다. 다만, FVOCI 항목으로 분류를 선택한 지분상품에 대해서는 처분 직전에 평가손익(기타포괄손익)을 인식하고 대신 처분손익은 인식하지 않지 않기 때문에 환율변동효과도 평가손익(기타포괄손익)에 포함하여 인식한다.

예제 1 화폐성항목의 외환차이

갑회사는 20×1년 10월 1일에 미국으로 $1,000의 외상매출을 하였다. $1,000의 매출채권 중 $400는 20×1년 12월 1일에 회수하였으며, 나머지 $600는 20×2년 2월 1일에 회수하였다. 갑회사의 기능통화는 원화이며, 달러화 대비 원화의 환율은 다음과 같다.

일자	20×1. 10. 1.	20×1. 12. 1.	20×1. 12. 31.	20×2. 2. 1.
환율	₩1,000	₩1,030	₩1,020	₩1,010

물음

1. 갑회사가 20×1년 10월 1일에 $1,000의 외상매출 시 해야 할 회계처리를 하라.
2. 갑회사가 20×1년 12월 1일에 매출채권 $400을 회수할 때 해야 할 회계처리를 하라.
3. 갑회사의 20×1년도 재무제표 보고기간 말인 20×1년 12월 31일에 미회수 매출채권 $600에 대한 외환차이 인식에 필요한 회계처리를 하라.
4. 갑회사가 20×2년 2월 1일에 매출채권 $600을 회수할 때 해야 할 회계처리를 하라.

해답

1. (차) 매 출 채 권 1,000,000(1) (대) 매 출 1,000,000

(1) $1,000×₩1,000=₩1,000,000

2. (차) 현 금 412,000(2) (대) 매 출 채 권 400,000(3)
외 환 차 이 12,000

(2) $400×₩1,030=₩412,000
(3) $400×₩1,000=₩400,000

3. (차) 매 출 채 권 12,000 (대) 외 환 차 이 12,000(4)

(4) $600×(₩1,020−1,000)=₩12,000

4. (차) 현 금 606,000(5) (대) 매 출 채 권 612,000(6)
외 환 차 이 6,000

(5) $600×₩1,010=₩606,000
(6) $600×₩1,020=₩612,000

20×1년 12월 1일과 20×2년 2월 1일에 인식하는 외환차이는 결제 시 인식하는 환율변동손익으로서 일반기업회계기준에서는 외환차익 또는 외환차손 계정을 사용하도록 규정하고 있다. 또한 20×1년 12월 31일에 인식하는 외환차이는 화폐성 외화항목에 대해서 보고기간 말에 인식하는 미실현 환율변동손익으로서 일반기업회계기준은 외화환산이익 또는 외화환산손실 계정을 사용하도록 규정하고 있다. 그러나 국제회계기준에서는 구체적인 계정을 언급하고 있지 않으므로 본서에서는 모두 외환차이 계정을 사용하여 회계처리한다.

예제 2 비화폐성항목의 외환차이(1)

갑회사(결산일 12월 31일)는 사업확장을 위하여 20×1년 7월 1일에 미국에 소재하는 토지를 $10,000에 취득하였다. 그러나 당초 사업확장 계획을 일부 축소함에 따라 20×2년 4월 1일에 동 토지 중 1/2을 $6,000에 매각처분하였다.

20×1년 말 현재 토지의 공정가치는 $11,000이다. 갑회사의 기능통화는 원화이며, 달러화 대비 원화의 환율은 다음과 같다.

일자	20×1. 7. 1.	20×1. 12. 31.	20×2. 4. 1.
환율	₩1,030	₩1,000	₩1,010

물음

1. 갑회사가 토지를 원가모형으로 평가할 경우 20×1년 7월 1일, 12월 31일 및 20×2년 4월 1일에 해야 할 회계처리를 모두 하라.
2. (물음 1)과 관계없이 갑회사가 토지를 재평가모형으로 평가할 경우 20×1년 7월 1일, 12월 31일 및 20×2년 4월 1일에 해야 할 회계처리를 모두 하라.

해답

1. <20×1. 7. 1.>

(차)	토 지	10,300,000[1]	(대) 현 금	10,300,000

(1) \$10,000×₩1,030 = ₩10,300,000

<20×1. 12. 31.>

역사적 원가로 측정하기 때문에 외환차이는 발생하지 않는다.

<20×2. 4. 1.>

(차)	현 금	6,060,000[2]	(대) 토 지	5,150,000[3]
			유형자산처분이익	910,000[4]

(2) \$6,000×₩1,010 = ₩6,060,000
(3) ₩10,300,000×1/2 = ₩5,150,000
(4) 유형자산처분이익에 외환차이가 포함되어 있으나, 이를 구분하지 않고 모두 유형자산처분이익(당기손익)으로 회계처리한다.

2. <20×1. 7. 1.>

(차)	토 지	10,300,000	(대) 현 금	10,300,000

<20×1. 12. 31.>

(차)	토 지	700,000[1]	(대) 재 평 가 잉 여 금	700,000

(1) \$11,000×₩1,000 = ₩11,000,000
재평가잉여금 = ₩11,000,000 − 10,300,000 = ₩700,000
재평가잉여금 중에 외환차이가 포함되어 있으나 이를 구분하지 않고 모두 재평가잉여금으로 인식한다.

<20×2. 4. 1.>

(차)	현 금	6,060,000	(대) 토 지	5,500,000[2]
			유형자산처분이익	560,000[3]

(2) ₩11,000,000×1/2 = ₩5,500,000
(3) 유형자산처분이익에 외환차이가 포함되어 있으나, 이를 구분하지 않고 모두 유형자산처분이익(당기손익)으로 회계처리한다. 재평가잉여금 중 처분된 토지 해당액 ₩350,000은 회사의 선택에 따라 이익잉여금으로 대체할 수 있다.

예제 3 비화폐성항목의 외환차이(2)

갑회사(보고기간 말 12월 31일)는 20×1년 10월 1일에 을회사 지분상품을 $100에 취득하였다. 갑회사는 을회사 지분상품 전부를 20×2년 4월 1일에 $108에 처분하였다. 관련 환율(₩/$)은 다음과 같다.

20×1. 10. 1.	20×1. 12. 31.	20×2. 4. 1.
₩1,100	₩1,150	₩1,130

물음

1. 갑회사가 을회사 지분상품을 FVPL 금융자산으로 분류한 경우와 FVOCI 선택 금융자산으로 분류한 경우로 구분하여 20×1년 10월 1일과 12월 31일, 그리고 20×2년 4월 1일에 해야 할 회계처리를 하라. 단, 20×1년 12월 31일 지분상품 공정가치는 $110이다.
2. (물음 1)과 관계없이 을회사 지분상품의 공정가치를 결정하기 위해 이용할 수 있는 더 최근의 정보가 불충분한 제한적 상황이 발생하여 원가를 보고기간 말의 공정가치의 적절한 추정치로 결정하였다. 20×1년 10월 1일과 12월 31일, 그리고 20×2년 4월 1일에 해야 할 회계처리를 하라.

해답

1. (1) FVPL 금융자산으로 분류한 경우

<20×1. 10. 1.>

(차) FVPL 금융자산	110,000(1)	(대) 현금	110,000

(1) $100×₩1,100 = ₩110,000

<20×1. 12. 31.>

(차) FVPL 금융자산	16,500	(대) 금융자산평가이익(PL)	16,500(2)

(2) FVPL 금융자산은 비화폐성항목이나 공정가치로 측정하기 때문에 보고기간 말에 외화환산을 한다.
20×1년 말 재무상태표 금액 = $110×₩1,150 = ₩126,500
평가이익 = ₩126,500 − 110,000 = ₩16,500
공정가치평가손익과 외환차이를 구분할 수 없으므로 모두 공정가치평가손익에 포함시킨다. FVPL 금융자산의 평가손익을 당기손익으로 인식하므로 외환차이도 여기에 포함시켜 당기손익으로 인식한다.

<20×2. 4. 1.>

(차) 현금	122,040(3)	(대) FVPL 금융자산	126,500
금융자산처분손실	4,460(4)		

(3) $108×₩1,130 = ₩122,040
(4) 처분손익과 외환차이를 구분할 수 없으므로 모두 처분손익으로 인식한다.

(2) FVOCI 선택 금융자산으로 분류한 경우

<20×1. 10. 1.>

(차) FVOCI 선택 금융자산	110,000	(대) 현 금	110,000

<20×1. 12. 31.>

(차) FVOCI 선택 금융자산	16,500	(대) 금융자산평가이익(OCI)	16,500(5)

(5) 공정가치평가손익과 외환차이를 구분할 수 없으므로 모두 공정가치평가손익에 포함시킨다. FVOCI 선택 금융자산의 평가손익을 기타포괄손익으로 인식하므로 외환차이도 여기에 포함시켜 기타포괄손익으로 인식한다.

<20×2. 4. 1.>

(차) 금융자산평가이익(OCI)	4,460(6)	(대) FVOCI 선택 금융자산	4,460
(차) 현 금	122,040	(대) FVOCI 선택 금융자산	122,040(7)

(6) FVOCI 선택 금융자산의 처분 직전에 공정가치평가손익을 먼저 인식한다.
처분시점의 공정가치 = \$108×₩1,130 = ₩122,040
평가손익 = ₩122,040 − 126,500(공정가치 평가전 전기이월 장부금액) = (−)₩4,460
평가손실을 인식하지 않고, 전기에 기타포괄손익으로 인식한 평가이익 ₩16,500 중 ₩4,460을 감소시킨다.
(7) 처분 직전에 공정가치평가손익을 인식하므로 FVOCI 선택 금융자산에 대해서는 처분손익을 인식하지 않는다.

2. (1) FVPL 금융자산으로 분류한 경우

<20×1. 10. 1.>

(차) FVPL 금융자산	110,000	(대) 현 금	110,000

<20×1. 12. 31.>

비화폐성항목에 대해서 원가모형을 적용하는 경우이므로 보고기간 말에 기능통화 환산을 하지 않는다. 따라서 아무런 회계처리도 없다.

<20×2. 4. 1.>

(차) 현 금	122,040	(대) FVPL 금융자산	110,000
		금융자산처분이익	12,040(1)

(1) 처분손익과 외환차이를 구분할 수 없으므로 모두 처분손익으로 인식한다.

(2) FVOCI 선택 금융자산으로 분류한 경우

<20×1. 10. 1.>

(차) FVOCI 선택 금융자산	110,000	(대) 현 금	110,000

<20×1. 12. 31.>

비화폐성항목에 대해서 원가모형을 적용하는 경우이므로 보고기간 말에 기능통화 환산을 하지 않는다. 따라서 아무런 회계처리도 없다.

<20×2. 4. 1.>

(차) FVOCI 선택 금융자산 12,040(2) (대) 금융자산평가이익(OCI) 12,040

(차) 현 금 122,040 (대) FVOCI 선택 금융자산 122,040

(2) 보유기간 중에 공정가치 측정이 곤란하여 평가손익을 인식하지 않더라도 처분 시 처분가액이 그 시점의 공정가치에 해당하므로 평가손익을 기타포괄손익으로 인식하고 처분손익을 인식하지 않는다.
₩122,040(처분가액 = 처분 시 공정가치) − 110,000 = ₩12,040

3.4 외화선급금 또는 외화선수금의 회계처리(해석서 제2122호)

외화로 선급금을 지급한 후 자산을 취득할 경우 취득원가 인식에 적용할 환율은 당초 선급금을 지급한 날의 환율인가, 아니면 당해 자산을 취득한 날의 환율인가? 또한 외화로 선수금을 수취한 후 자산을 판매하거나 용역을 제공할 경우 인식할 수익에 대해서 적용할 환율은 선수금을 수취한 날의 환율인가, 아니면 자산을 판매하거나 용역을 제공한 날의 환율인가?

이 문제에 대해서 해석서 제2122호에서는 자산, 비용, 수익 등의 최초 인식에 적용할 환율을 결정하기 위한 거래일은 대가의 선지급이나 선수취로 인해 비화폐성자산(예 : 선급금)이나 비화폐성부채(예 : 선수금)를 최초로 인식하는 날로 하도록 규정하고 있다. 따라서 당초 인식한 선급금이나 선수금을 자산이나 수익으로 대체하고 별도의 외환차이는 인식하지 않는다.

예 3 외화선급금 및 외화선수금의 회계처리

〈경우 1〉
갑회사는 20×1년 4월 1일에 기계장치를 취득하는 계약을 체결하고 $100를 선급하였다. 갑회사는 20×1년 5월 1일에 기계장치를 인수하고 사용하기 시작하였다. 20×1년 4월 1일과 5월 1일의 환율은 각각 ₩1,100/$과 ₩1,150/$이다.

〈경우 2〉
을회사는 20×1년 4월 1일에 고객으로부터 $100를 수취하고, 20×1년 5월 1일에 용역을 제공하기로 하였다. 20×1년 4월 1일과 5월 1일의 환율은 각각 ₩1,100/$과 ₩1,150/$이다.

<경우 1>에서 갑회사의 회계처리는 다음과 같다.

<20×1. 4. 1.>

(차) 선 급 금 110,000(1) (대) 현 금 110,000

(1) $100×₩1,100 = ₩110,000

<20×1. 5. 1.>

(차) 기 계 장 치 110,000[(2)] (대) 선 급 금 110,000

(2) 결국 기계장치는 당초 선급금을 지급한 날의 환율로 인식하는 결과가 된다.

만약 기계장치 취득 시 현물환율을 결정하는 거래일을 20×1년 5월 1일로 본다면 다음과 같은 회계처리를 하게 될 것이다.

(차) 기 계 장 치	115,000*	(대) 선 급 금	110,000
		?	5,000

* $100×₩1,150 = ₩115,000

위의 회계처리에서 보는 바와 같이 5월 1일자 환율로 기계장치를 최초 인식하면 당초 인식한 선급금과 차이가 발생할 수 있는데, 이를 외환차이로 인식하면 자산을 최초 인식하는 과정에서 손익을 인식하게 되는 문제가 발생하므로 적절한 회계처리라고 볼 수 없다.

<경우 2>에서 을회사의 회계처리는 다음과 같다.

<20×1. 4. 1.>

(차) 현 금 110,000[(1)] (대) 선 수 금 110,000

(1) $100×₩1,100 = ₩110,000

<20×1. 5. 1.>

(차) 선 수 금 110,000[(2)] (대) 용역수익(매출) 110,000

(2) 결국 매출은 당초 선수금을 수취한 날의 환율로 인식하는 결과가 된다.

3.5 외환차이에 대한 추가 논의

(1) 외화표시 사채

외화표시 사채를 발행한 경우 이자비용에는 표시이자와 사채발행차금상각이 포함되어 있다. 이자비용 인식분개를 제시하면 다음과 같다(할인발행된 사채 가정).

(차) 이 자 비 용	×××[(1)]	(대) 현금(미지급비용)	×××[(2)]
외 환 차 이	×××[(4)]	사채할인발행차금	×××[(3)]

(1) 외화유효이자×이자계산기간의 평균환율
(2) 외화표시이자×이자지급일(또는 미지급비용의 경우에는 보고기간 말) 환율
(3) 외화사채할인발행차금상각액×발행일(또는 직전 보고기간 말) 환율
(4) 외환차이는 대차일치 금액으로 차변 또는 대변으로 인식될 수 있음

위의 분개에서 대변의 현금(또는 미지급비용)은 이자지급일(또는 보고기간 말)의 환율로 환산하며, 사채할인발행차금은 사채 발행연도라면 발행일의 환율로 환산하고, 발행 이후 연도라면 직전 보고기간 말의 환율로 환산한다. 또한 이자비용은 평균환율로 환산한다. 이때 대차일치를 위한 금액을 외환차이로 인식한다.

한편, 이자비용을 인식한 후 사채의 장부금액에 기초하여 보고기간 말 화폐성항목에 대한 외환차이를 추가로 인식한다. 기초에 비해 보고기간 말 환율이 상승했다고 가정하고 관련 분개를 예시하면 다음과 같다.

(차) 사채할인발행차금	××× (1)	(대) 사　　　　채	××× (1)
외　환　차　이	××× (2)		

(1) 보고기간 말 외화 사채와 미상각 사채할인발행차금 장부금액×(보고기간 말 환율 − 전기말 환율)
(2) 외환차이는 대차일치 금액으로 차변 또는 대변으로 인식될 수 있음

예제 4 외화표시 사채

A회사는 20×1년 1월 1일 다음과 같은 조건의 외화표시 사채를 발행하였다.

액면금액 : $10,000
이자지급 : 연 6%, 매년 12월 31일 후급
상환 : 20×3년 12월 31일 일시 상환

발행 시 유효이자율은 연 10%이며, 환율(₩/$) 자료는 다음과 같다.

20×1. 1. 1. : ₩1,100	20×1년 평균 : ₩1,140
20×1. 12. 31. : ₩1,200	20×2년 평균 : ₩1,170
20×2. 12. 31. : ₩1,150	20×3년 평균 : ₩1,190
20×3. 12. 31. : ₩1,230	

물음

외화환산을 포함하여 A회사가 20×1년부터 20×3년까지 해야 할 회계처리를 모두 하라.

해답

사채의 발행가액 = $600×2.48685(기간 3, 10%, 연금현가계수)
　　　　　　　+ $10,000×0.75131(기간 3, 10%, ₩1의 현가계수) = $9,005

사채할인발행차금 = $10,000 − 9,005 = $995

사채장부금액 조정표(단위 : $)

일자	유효이자(10%)	표시이자(6%)	사채할인 발행차금상각	사채장부금액
20×1. 1. 1.				$9,005
20×1. 12. 31.	$901	$600	$301	9,306
20×2. 12. 31.	931	600	331	9,637
20×3. 12. 31.	963*	600	363	10,000
	$2,795	$1,800	$995	

* 단수차이 조정

<20×1. 1. 1.>

(차)	현금	9,905,500(1)	(대)	사채	11,000,000(2)
	사채할인발행차금	1,094,500(3)			

(1) $9,005×₩1,100 = ₩9,905,500
(2) $10,000×₩1,100 = ₩11,000,000
(3) $995×₩1,100 = ₩1,094,500

<20×1. 12. 31.>

사채할인발행차금상각을 먼저 인식한 후 사채 및 미상각 사채할인발행차금 잔액(즉, 사채의 보고기간 말 현재 장부금액)에 대해서 외화환산을 한다. 즉, 이자비용 인식 후 외화환산의 회계처리를 한다.

(차)	이자비용	1,027,140(1)	(대)	현금	720,000(2)
	외환차이	23,960		사채할인발행차금	331,100(3)

(1) $901×₩1,140 = ₩1,027,140
(2) $600×₩1,200 = ₩720,000
(3) $301×₩1,100(발행일 환율) = ₩331,100

(차)	사채할인발행차금	69,400(5)	(대)	사채	1,000,000(4)
	외환차이	930,600			

(4) $10,000×(₩1,200 − 1,100) = ₩1,000,000
(5) $694(미상각 사채할인발행차금)×(₩1,200 − 1,100) = ₩69,400

이렇게 외화환산을 함으로써 20×1년 말 현재 사채할인발행차금은 $당 ₩1,200으로 장부에 계상된다.

<20×2. 12. 31.>

(차)	이자비용	1,089,270(1)	(대)	현금	690,000(2)
				사채할인발행차금	397,200(3)
				외환차이	2,070

(1) $931×₩1,170 = ₩1,089,270
(2) $600×₩1,150 = ₩690,000
(3) $331×₩1,200(전기말 환율) = ₩397,200

(차) 사 채	500,000[(4)]	(대) 사채할인발행차금	18,150[(5)]
		외 환 차 이	481,850

(4) \$10,000×(₩1,150－1,200)＝₩(500,000)
(5) \$363(미상각 사채할인발행차금)×(₩1,150－1,200)＝₩(18,150)

<20×3. 12. 31.>

(차) 이 자 비 용	1,145,970[(1)]	(대) 현 금	738,000[(2)]
외 환 차 이	9,480	사채할인발행차금	417,450[(3)]

(1) \$963×₩1,190＝₩1,145,970
(2) \$600×₩1,230＝₩738,000
(3) \$363×₩1,150(전기말 환율)＝₩417,450

(차) 사 채	11,500,000[(4)]	(대) 현 금	12,300,000[(5)]
외 환 차 이	800,000		

(4) \$10,000×₩1,150(전기말 환율)＝₩11,500,000
(5) \$10,000×₩1,230(현금지급일 환율)＝₩12,300,000

(2) 외화표시 FVOCI 금융자산(채무상품)

기업이 사업모형에 따라 채무상품을 FVOCI 금융자산으로 분류할 경우 이를 화폐성항목으로 본다. 따라서 FVOCI 금융자산에 대해서 유효이자율법을 적용하여 인식한 상각후원가에 대한 외환차이는 당기손익으로 인식한다. 그 밖의 FVOCI 금융자산의 장부금액의 변동은 모두 공정가치평가손익(기타포괄손익)에 포함하여 인식한다(1109:B5.7.2A).

예제 5 외화표시 FVOCI 금융자산

갑회사는 20×1년 1월 1일에 외화표시 채무상품(액면금액 \$10,000, 매년 12월 31일에 액면금액의 4% 이자 수령)을 \$9,200에 취득하여 FVOCI 금융자산으로 회계처리하였다. 동 채무상품의 유효이자율은 연 6%이며, 20×1년 12월 31일 현재 공정가치는 \$9,400이다. 관련 환율(₩/\$)은 다음과 같다.

20×1. 1. 1.	20×1 평균	20×1. 12. 31.
₩1,000	₩1,080	₩1,200

물음

20×1년 12월 31일에 FVOCI 금융자산에 대하여 갑회사가 해야 할 모든 회계처리를 하라.

해답

20×1. 1. 1. 최초 인식금액 = $9,200×₩1,000 = ₩9,200,000 … ①

20×1. 12. 31. 공정가치 평가 전 장부금액 = $9,352*×₩1,200 = ₩11,222,400 … ②

* $9,200 + (9,200×6% − 10,000×4%) = $9,352

20×1. 12. 31. 공정가치 평가 후 장부금액 = $9,400×₩1,200 = ₩11,280,000 … ③

유효이자율법 적용 장부금액 조정(② − ①) = ₩2,022,400
공정가치평가 장부금액 조정(③ − ②) = ₩57,600

<20×1. 12. 31.>

(차)	현금	480,000(1)	(대) 이자수익	596,160(2)
	FVOCI 금융자산	2,022,400(3)	외환차이	1,906,240(4)
(차)	FVOCI 금융자산	57,600	(대) 금융자산평가이익(OCI)	57,600(5)

(1) $10,000×4%×₩1,200 = ₩480,000
(2) $9,200×6%×₩1,080 = ₩596,160
(3) 유효이자율법 적용 장부금액 조정
(4) 대차일치 금액으로서 여기에는 상각후원가에 대한 외환차이가 포함되어 있다.
(5) 공정가치평가 장부금액 조정으로서 모두 ₩1,200의 환율로 환산한 금액의 차이이므로 ③과 ②의 차이에 외환차이는 포함되어 있지 않다.

(3) 기능통화의 변경

기능통화가 결정된 후에는 이를 변경할 수 없으나, 실제 거래, 사건과 상황에 변화가 일어난 경우에만 기능통화를 변경할 수 있다. 예를 들어, 재화나 용역의 공급가격에 주로 영향을 미치는 통화의 변경은 기능통화의 변경을 초래할 수 있다(1021:36).

기능통화의 변경에 따른 효과는 전진적용하여 회계처리한다. 즉, 기능통화가 변경된 날의 환율을 사용하여 모든 항목을 새로운 기능통화로 환산한다. 비화폐성항목의 경우에는 새로운 기능통화로 환산한 금액이 역사적 원가가 된다(1021:37).

4 기능통화 재무제표의 표시통화 환산

4.1 표시통화 환산의 필요성

표시통화는 재무제표를 보고할 때 재무제표에 표시되는 통화인데, 재무제표는 어떠한 통화로도 보고할 수 있다. 기업이 장부기록을 할 때 사용하는 통화 즉, 기능통화가 표시통화와 다를 경우에는 기능통화 재무제표를 표시통화 재무제표로 환산해야 한다. 예를 들어, 우리나라 기업이 달러화를 기능통화로 선택하여 장부기록을 하고 있는데, 원화로 재무제표를 공시해야 한다면 달러화 표시 재무제표를 원화 표시 재무제표로 일괄 환산해야 한다.[4] 반대로 우리나라 기업이 원화를 기능통화로 선택하여 장부기록을 하고 있는데, 해외 증권거래소에 달러화 표시 재무제표를 보고해야 한다면 원화 표시 재무제표를 달러화 표시 재무제표로 일괄 환산해야 한다.

표시통화로 환산하는 다른 예로서 기능통화와 표시통화가 모두 원화인 우리나라 지배기업이 유럽에 종속기업을 소유하고 있고 그 종속기업의 기능통화가 유로화일 경우 우리나라 지배기업이 원화로 연결재무제표를 공시해야 한다면 종속기업의 유로화 표시 재무제표를 원화 표시 재무제표로 일괄 환산해야 한다.

4.2 기능통화 재무제표의 표시통화 환산

(1) 환산 방법

기능통화 재무제표를 표시통화 재무제표로 환산하기 위해서는 다음의 두 가지 문제를 고려해야 한다.

(1) 각 계정의 기능통화금액에 어떤 환율을 적용하여 표시통화로 환산할 것인가?
(2) 표시통화로 환산한 후 대차 불일치 금액을 어떻게 회계처리할 것인가?

기능통화 재무제표를 일괄하여 표시통화 재무제표로 환산하려면 우선 자산, 부채, 자본, 수익 및 비용의 각 계정에 어떤 환율을 적용할 것인지 결정해야 한다. 이때 재무제표 구성요소 모두를 동일한 환율로 환산하지 않는 한 환산 후 금액 즉, 표시통화 금액의 대차는 일치하지 않을 것이므로 그 차이를 재무제표에 어떻게 보고할 것인지도 결정해야 한다.

---

4) 2.2절에서 주석 공시 사례로 제시했던 HMM㈜가 우리나라에서 재무제표를 공시할 때 달러화 재무제표를 원화 재무제표로 환산해야 한다.

재무회계분야에서는 오랜 기간 동안 여러 가지 재무제표 환산방법이 제시되어 왔는데, 국제회계기준은 소위 현행환율법이라는 방법을 적용하도록 규정하고 있다. 기능통화가 초인플레이션 경제(hyperinflationary economy)의 통화가 아닌 경우 경영성과와 재무상태를 기능통화와 다른 표시통화로 환산하는 방법은 다음과 같다(1021:39).[5)]

(1) 재무상태표의 자산과 부채는 해당 보고기간 말의 마감환율로 환산한다.
(2) 포괄손익계산서의 수익과 비용은 해당 거래일의 환율로 환산한다.
(3) 위 (1)과 (2)의 환산에서 생기는 외환차이는 기타포괄손익으로 인식한다.

수익과 비용은 회계기간 중에 자주 발생하는 항목인데, 이를 거래일의 환율로 환산하려면 매우 번거로울 수 있다. 따라서 국제회계기준에서는 실무적으로 수익과 비용을 환산할 때 거래일의 환율에 근접한 환율(예 : 해당 기간의 평균환율)을 사용할 수 있도록 하고 있다. 다만, 환율이 유의적으로 변동한 경우에는 일정기간의 평균환율을 사용하는 것이 부적절하므로(1021:40) 이러한 경우에는 거래일의 환율을 사용해야 할 것이다.

재무제표의 모든 항목을 동일한 환율로 환산한다면 환산 과정에서 외환차이가 발생하지 않겠지만, 자산과 부채에 적용하는 환율과 수익과 비용에 적용하는 환율이 다르기 때문에 환산 과정에서 외환차이가 발생한다. 이때 외환차이는 단순히 기능통화를 표시통화로 환산할 때 재무상태표의 차변과 대변의 합계를 일치시키기 위한 금액으로 당기손익이나 현금흐름과 관계가 없으므로 기타포괄손익으로 인식한다.

이하에서는 기능통화가 달러화인 기업이 작성한 달러화 표시 재무제표를 표시통화인 원화로 환산하는 과정을 3단계로 구분하여 설명한다.

[단계 1] 포괄손익계산서의 환산

달러화로 표시된 수익과 비용을 거래일 환율 또는 당기 평균환율을 적용하여 원화로 환산한다. 그리고 환산한 원화 수익에서 원화 비용을 차감한 금액을 원화 당기순손익으로 결정한다.[6)] 최종 포괄손익계산서에는 [단계 3]에서 결정되는 재무제표 환산 과정에서 발생하는 외환차이(기타포괄손익으로 인식)도 포함해야 하므로 [단계 1]의 포괄손익계산서는 아직 환산이 종료된 포괄손익계산서가 아니다.

---

5) 기능통화가 초인플레이션 경제의 통화인 경우 기능통화와 다른 표시통화로 환산할 때 모든 금액(자산, 부채, 자본항목, 수익과 비용, 비교 표시되는 금액 포함)을 최근 재무상태표 일자의 마감환율로 환산한다(1021:42).

6) 물론 수익과 비용 중 기타포괄손익 항목(예 : 재평가잉여금 등)이 있다면 이를 거래일 또는 당기 평균환율로 환산하여 당기발생 원화 기타포괄손익을 결정한다.

[단계 2] 재무상태표의 환산

달러화로 표시된 종속기업의 모든 자산과 부채를 마감환율(보고기간 말 환율)을 적용하여 원화로 환산한다. 기준서에는 자본금이나 자본잉여금과 같은 자본항목의 환산 방법에 대해서 언급하고 있지 않은데, 본장에서 설명하는 표시통화로 환산하는 재무제표는 외국의 종속기업 재무제표이므로 보고기간 말에 다음과 같이 자본항목을 환산한다.

| 표 4 | 종속기업 자본의 환산방법

구분	환산방법
종속기업 취득일 현재 자본 (자본금, 자본잉여금, 이익잉여금 등)	거래일(즉, 취득일) 환율로 환산
취득일 이후 자본금, 자본잉여금의 증가	거래일(즉, 변동일) 환율로 환산
취득일 이후 이익잉여금의 변동[7]	[단계 1]에서 취득연도부터 매 보고기간별로 환산한 원화 당기순손익의 누적액

[단계 3] 외환차이의 결정과 최종 포괄손익계산서의 작성

[단계 2]에서 원화로 환산한 재무상태표의 차변 합계와 대변 합계는 일치하지 않을 것이므로 그 차이를 외환차이(exchange difference)로 결정한다.[8] 그리고 이 외환차이를 [단계 1]에서 원화로 환산한 포괄손익계산서의 기타포괄손익에 반영하여 최종 포괄손익계산서를 작성한다.

(2) 외환차이의 발생원인

기준서는 전술한 [단계 3]에서 결정된 외환차이의 발생원인을 다음과 같은 두 가지로 설명한다(1021:41).

(1) 수익과 비용은 해당 거래일의 환율(또는 평균환율)로 환산하고, 자산과 부채는 마감환율로 환산한다.
(2) 순자산의 기초 잔액을 전기의 마감환율과 다른 마감환율로 환산한다.

위의 문단 41의 외환차이 발생원인을 다음의 (예 4)를 통하여 설명한다.

7) 취득일 이후 종속기업의 기타포괄손익누계액(예 : 재평가잉여금)의 변동도 이익잉여금의 변동과 같은 방법으로 환산하므로 기타포괄손익을 별도로 구분하여 환산절차를 설명하지는 않는다.
8) 기업들은 실무에서 '표시통화 환산차이' 등 다양한 계정을 사용하고 있다.

예 4 표시통화 재무제표로의 환산과 외환차이의 발생원인

갑회사(기능통화 달러화, 표시통화 원화)는 20×1년 초에 자본금 $500을 납입받아 설립되었다. 다음은 20×1년 초와 20×1년 말(보고기간 말) 갑회사의 재무상태표이다. 20×1년 당기순이익은 $100이며, 그 이외의 순자산 변동은 없다.

과목	20×1년 초	20×1년 말
자 산	$500	$900
합 계	$500	$900
부 채	–	$300
자 본 금	₩500	500
이익잉여금	–	100
합 계	$500	$900

관련 환율(₩/$)은 다음과 같다.

20×1년 초 : ₩1,000	20×1년 평균 : ₩1,060	20×1년 말 : ₩1,100

20×1년 초와 20×1년 말 갑회사의 달러화 재무상태표를 원화 재무상태표로 환산하면 다음과 같다. 단, 20×1년 당기순이익(수익과 비용)은 평균환율로 환산한다.

과목	20×1년 초			20×1년 말		
	외화 (기능통화)	환율	원화 (표시통화)	외화 (기능통화)	환율	원화 (표시통화)
자 산	$500	1,000	₩500,000	$900	1,100	₩990,000
합 계	$500		₩500,000	$900		₩990,000
부 채	–		–	$300	1,100	₩330,000
자 본 금	$500	1,000	₩500,000	500	1,000	500,000
이 익 잉 여 금 (당 기 순 이 익)	–		–	100	1,060*	106,000
외환차이(OCI)	–		–	–		54,000
합 계	$500		₩500,000	$900		₩990,000

* 설립연도이므로 기말 이익잉여금은 모두 당기순이익이고, 당기순이익은 수익에서 비용을 차감한 금액이므로 평균환율을 적용하여 환산한 금액과 동일하다. 그러나 차기에는 전기이월 이익잉여금과 당기순이익을 구분하여 환산해야 한다(예제 6 참조).

위의 환산 결과를 보면 ₩54,000의 외환차이가 발생하였는데, 이 금액을 문단 41에 따라 다음과 같이 분해할 수 있다.

① 수익과 비용을 마감환율이 아닌 평균환율로 환산하는 과정에서 발생한 외환차이
  =$100×(₩1,100－1,060)=₩4,000

② 기초 순자산을 전기 마감환율(여기에서는 갑회사가 당기 초에 설립되었으므로 기초 환율과 동일함) 이 아닌 당기 마감환율로 환산하는 과정에서 발생한 외환차이
  =$500×(₩1,100－1,000)=₩50,000

①+②=₩54,000

다음의 (예제 6)을 통해서 2년 연속하여 기능통화 재무제표를 표시통화 재무제표로 환산하는 경우 연도별로 외환차이가 얼마나 발생하는지, 그리고 외환차이의 발생 원인은 무엇인지 파악하기로 한다.

예제 6 기능통화 재무제표의 표시통화 환산

한국의 갑회사는 20×1년 초에 미국에 ABC회사(결산일 12월 31일, 기능통화 달러화, 표시통화 원화)를 설립하고 100% 지분을 출자하였다. 다음은 ABC회사의 20×1년과 20×2년도 포괄손익계산서와 20×1년 말과 20×2년 말 현재 재무상태표이다.

과목	20×1년도	20×2년도
수익	$2,000	$3,000
비용	(1,500)	(2,400)
당기순이익	$500	$600
자산	$4,500	$5,800
자산총계	$4,500	$5,800
부채	$2,000	$2,700
자본금	2,000	2,000
이익잉여금	500	1,100
부채·자본 총계	$4,500	$5,800

재무제표 환산에 필요한 환율(₩/$)은 다음과 같다.

20×1년 초 : ₩1,000　　20×1년 말 : ₩1,200　　20×1년 평균 : ₩1,120
20×2년 말 : ₩1,020　　20×2년 평균 : ₩1,100

물음

ABC회사의 달러화 재무제표를 표시통화인 원화로 환산한 20×1년도와 20×2년도의 재무상태표와 포괄손익계산서를 작성하라. 단, 수익과 비용은 평균환율을 적용하여 환산한다.

해답

1. 20×1년도 재무제표의 환산

[단계 1] 포괄손익계산서의 환산(미완성 상태임)

과목	외화(기능통화)	환율	원화(표시통화)
수익	$2,000	1,120	₩2,240,000
비용	(1,500)	1,120	(1,680,000)
당기순이익	$500		₩560,000

[단계 2] 재무상태표 환산 및 외환차이 결정

과목	외화(기능통화)	환율	원화(표시통화)
자산	$4,500	1,200	₩5,400,000
합계	$4,500		₩5,400,000
부채	$2,000	1,200	₩2,400,000
자본금	2,000	1,000	2,000,000
이익잉여금(당기순이익)	500	1,120	560,000(1)
외환차이(OCI)			440,000(2)
합계	$4,500		₩5,400,000

(1) [단계 1]에서 원화로 환산한 당기순이익 ₩560,000을 그대로 가져온다. 수익과 비용을 평균환율로 환산하므로 당기순이익 $500에 평균환율을 곱해서 환산해도 무방하다.
(2) 원화 환산 후 재무상태표의 대차를 일치시키는 조정액으로 대변에 ₩440,000이 필요하다.

[단계 3] 포괄손익계산서의 환산(최종 완성)

과목	외화(기능통화)	환율	원화(표시통화)
수익	$2,000	1,120	₩2,240,000
비용	(1,500)	1,120	(1,680,000)
당기순이익	$500		560,000
외환차이(OCI)			440,000
총포괄손익			₩1,000,000

문단 41에 따라 20×1년도 외환차이 ₩440,000의 발생원인을 구분하면 다음과 같다.

① 수익과 비용을 마감환율이 아닌 평균환율로 환산하는 과정에서 발생한 외환차이
=$500×(₩1,200 − 1,120)=₩40,000

② 기초 자본을 전기 마감환율이 아닌 당기 마감환율로 환산하는 과정에서 발생한 외환차이
=$2,000×(₩1,200-1,000)=₩400,000
①+②=₩440,000

2. 20×2년도 재무제표의 환산

[단계 1] 포괄손익계산서의 환산(미완성 상태임)

과목	외화(기능통화)	환율	원화(표시통화)
수익	$3,000	1,100	₩3,300,000
비용	(2,400)	1,100	(2,640,000)
당기순이익	$600		₩660,000

[단계 2] 재무상태표의 환산 및 외환차이의 결정

과목	외화(기능통화)	환율	원화(표시통화)
자산	$5,800	1,020	₩5,916,000
합계	$5,800		₩5,916,000
부채	$2,700	1,020	₩2,754,000
자본금	2,000	1,000	2,000,000
이익잉여금(기초)	500	–	560,000(1)
이익잉여금(당기순이익)	600	1,100	660,000(2)
외환차이(OCI)			(58,000)(3)
합계	$5,800		₩5,916,000

(1) 이익잉여금 중 기초이익잉여금(전기이월이익잉여금)은 환산 대상이 아니라 전기 말 재무상태표의 이익잉여금 원화 금액 ₩560,000을 그대로 가져온다.

(2) [단계 1]에서 원화로 환산한 당기순이익 ₩660,000이다. 수익과 비용을 평균환율로 환산하므로 당기순이익 $600에 평균환율을 곱해서 환산해도 무방하다.

(3) 원화 환산 후 재무상태표의 대차를 일치시키는 조정액으로 차변에 ₩58,000이 필요하다. 회계기간 중 환율이 상승하면 대변에 외환차이가 발생하고, 반대로 회계기간 중 환율이 하락하면 차변에 외환차이가 발생한다.

[단계 3] 포괄손익계산서의 환산(최종 완성)

과목	외화(기능통화)	환율	원화(표시통화)
수익	$3,000	1,100	₩3,300,000
비용	2,400	1,100	(2,640,000)
당기순이익	$600		660,000
외환차이(OCI)			(498,000)(1)
총포괄손익			₩162,000

(1) [단계 2]의 외환차이 (-)₩58,000은 재무상태표상 기말잔액이고, 포괄손익계산서상 외환차이는 당기 발생액(변동액)이다. 전기이월 외환차이 잔액이 ₩440,000이고 당기 말 외환차이 잔액은 (-)₩58,000이므로 포괄손익계산서에 표시될 당기 변동액은 (-)₩498,000이다.

문단 41에 따라 20×2년도 외환차이 (−)₩498,000의 발생원인을 구분하면 다음과 같다.

① 수익과 비용을 마감환율이 아닌 평균환율로 환산하는 과정에서 발생한 외환차이
=$600×(₩1,020−1,100)=(−)₩48,000

② 기초 자본을 전기 마감환율이 아닌 당기 마감환율로 환산하는 과정에서 발생한 외환차이
=($2,000+500)×(₩1,020−1,200)=(−)₩450,000

①+②=(−)₩498,000

외국 소재 종속기업의 기능통화 재무제표를 표시통화 재무제표로 환산은 그 자체로 끝나는 것이 아니라 이후 지배기업이 표시통화로 연결재무제표를 작성하는 과정으로 이어진다. 외국 소재 종속기업을 포함하는 연결재무제표의 작성은 5절에서 설명한다.

4.3 국내 기업 재무제표의 표시통화 환산

전술한 (예제 6)은 외국 소재 종속기업을 포함하여 우리나라 지배기업이 연결재무제표(표시통화 원화)를 작성하려고 할 때 현지국의 화폐단위로 표시된 외국 소재 종속기업의 재무제표를 표시통화인 원화로 환산하는 사례로 실무에서 흔하게 발생한다.

우리나라의 대부분의 국내 기업은 원화를 기능통화로 사용하지만, 일부 기업은 원화 이외의 통화를 기능통화로 사용하기도 한다. 2.2절에서 달러화를 기능통화로 사용하는 HMM㈜의 주석 공시 사례를 제시한 바 있는데, HMM㈜와 같은 해운업을 영위하는 기업들은 주요 거래가 대부분 달러화로 결제되기 때문에 원화를 기능통화로 사용하면 환율변동이 당기손익의 변동에 직접적인 영향을 미칠 뿐만 아니라 부채비율의 변동에도 유의한 영향을 미칠 수 있다. 만약 그러한 기업이 달러화를 기능통화로 선택하여 장부기록을 하고, 보고기간 말에 달러화 재무제표를 원화로 일괄 환산한다면 표시통화 환산 과정에서 발생하는 외환차이를 4.2절에서 설명한 바와 같이 기타포괄손익으로 인식하므로 환율변동이 당기손익에 영향을 주지 않는다. 또한 자산과 부채를 동일한 마감환율로 환산하므로 부채비율이 급격하게 증가하는 문제도 피할 수 있다.

다음의 (예 5)를 통하여 국내 기업이 원화를 기능통화로 결정한 경우와 원화 이외의 다른 통화를 기능통화로 결정한 경우 재무제표에 미치는 영향을 비교한다.

예 5 표시통화로의 환산

갑회사(결산일 12월 31일)는 당기에 설립된 회사이며, 당기 중에 발생한 거래는 다음과 같다.

11월 1일 : 자 본 금 ₩100,000으로 설립
12월 1일 : 외화차입 $50
12월 10일 : 유형자산 $120 취득(원가모형 적용)

관련 환율은 다음과 같다.

11월 1일 : ₩1,000	12월 1일 : ₩1,100
12월 10일 : ₩1,150	12월 31일 : ₩1,200

갑회사의 기능통화가 원화라면 당기에 다음과 같은 회계처리를 한다.

<11. 1.>

(차) 현 금	100,000	(대) 자 본 금	100,000

<12. 1.>

(차) 현 금	55,000[(1)]	(대) 차 입 금	55,000

(1) $50×₩1,100 = ₩55,000

<12. 10.>

(차) 유 형 자 산	138,000[(2)]	(대) 현 금	138,000

(2) $120×₩1,150 = ₩138,000

<12. 31.>

(차) 외 환 차 이	5,000[(3)]	(대) 차 입 금	5,000

(3) $50×(₩1,200 − 1,100) = ₩5,000

만약 갑회사의 기능통화가 달러화라면 당기에 다음과 같은 회계처리를 한다. 다음 분개의 모든 화폐단위는 달러화이다.

<11. 1.>

(차) 현 금	100[(1)]	(대) 자 본 금	100

(1) ₩1,000,000 / 1,000 = $100

<12. 1.>

(차) 현 금 50 (대) 차 입 금 50

<12. 10.>

(차) 유 형 자 산 120 (대) 현 금 120

기능통화가 달러화인 경우 갑회사는 표시통화인 원화로 재무제표를 환산해야 한다. 기능통화가 원화인 경우와 달러화인 경우 위의 거래기록을 반영한 재무제표를 비교하면 다음과 같다.

과목	기능통화와 표시통화가 모두 원화인 경우	기능통화가 달러화이고 표시통화가 원화인 경우		
		달러화 표시	적용환율	원화 표시
현 금	₩17,000	$30	1,200	₩36,000
유 형 자 산	138,000	120	1,200	144,000
자 산 총 계	₩155,000	$150		₩180,000
차 입 금	₩60,000	$50	1,200	₩60,000
자 본 금	100,000	100	1,000	100,000
이 익 잉 여 금	(−)5,000	−		−
기타포괄손익	−	−		20,000
부채·자본총계	₩155,000	$150		₩180,000

원화를 기능통화로 사용할 경우 환율이 상승하였기 때문에 외화차입금에서 환율변동손실 ₩5,000이 발생하여 이익잉여금이 (−)₩5,000으로 표시된다. 또한 부채비율을 계산하면 약 63%(60,000÷95,000)이다. 그러나 달러화를 기능통화로 사용하고 달러화 재무제표를 원화 재무제표로 일괄 환산할 경우에는 환산에 따른 외환차이를 기타포괄손익으로 인식하기 때문에 당기손익에는 영향이 없다. 또한 부채비율을 계산하면 50%(60,000÷120,000)로서 원화를 기능통화로 사용한 경우에 비해 낮음을 알 수 있다.

4.4 표시통화의 변경

기업은 어떠한 통화로도 재무제표를 보고할 수 있다. 표시통화의 변경은 기준서 제1008호에 따른 회계정책의 변경에 해당한다. 따라서 실무적으로 적용할 수 없는 경우가 아니라면 비교 표시되는 재무제표를 변경 후의 표시통화로 재작성하여야 한다. 예를 들어, 전기까지 달러화를 표시통화로 사용하였으나, 당기에는 유로화로 표시통화를 변경할 경우 비교 표시되는 전기재무제표를 소급하여 유로화로 재작성하여야 한다.

5 표시통화로 환산한 종속기업 재무제표의 연결

종속기업의 기능통화 재무제표를 지배기업의 표시통화로 환산하는 과정을 마쳤으면, 지배기업의 재무제표와 합치는 연결조정을 한다. 지배기업이 외국 소재 종속기업을 포함하여 연결재무제표를 작성하는 절차는 제3장과 제4장에서 설명한 국내 종속기업을 포함한 연결재무제표를 작성하는 절차와 기본적으로 동일하다.

본절에서는 국내 종속기업을 포함하여 연결재무제표를 작성하는 경우와 다른 점을 중심으로 연결과정을 설명하되, 설명의 편의상 지배기업의 기능통화와 표시통화는 원화(₩)이고 외국 종속기업의 기능통화와 표시통화는 달러화($)라고 가정한다.

5.1 종속기업투자와 종속기업 자본의 상계제거

외국 소재 종속기업의 취득일이 포함된 보고기간 말에 지배기업이 연결재무제표를 작성할 경우 종속기업투자와 종속기업 자본을 상계제거하는 연결조정분개는 다음과 같다.

〈취득일의 종속기업 순자산의 장부금액과 공정가치가 일치하는 경우〉

(차) 자본금	×××(1)	(대) 종속기업투자	×××(2)
이익잉여금	×××(1)	비지배지분	×××(3)
영업권	×××(6)	외환차이(OCI)	×××(7)

〈취득일의 종속기업 순자산의 장부금액과 공정가치가 일치하지 않는 경우. 건물의 공정가치가 장부금액을 초과하는 것으로 가정〉

(차) 자본금	×××(1)	(대) 종속기업투자	×××(2)
이익잉여금	×××(1)	비지배지분	×××(5)
건물	×××(4)	외환차이(OCI)	×××(7)
영업권	×××(6)		
(차) 외환차이(OCI)	×××	(대) 비지배지분	×××(8)

(1) 취득일 현재 종속기업 자본금 또는 이익잉여금($)×취득일 환율
(2) 종속기업투자의 취득원가($)에 취득일 환율을 곱하여 지배기업의 별도재무제표에 최초 인식한 금액(₩)
(3) (원화 환산 자본금과 이익잉여금)×비지배지분율
(4) 종속기업 순자산의 장부금액과 공정가치의 차이($)×마감환율
(5) (원화 환산 자본금, 이익잉여금+건물 BV와 FV 차이×취득일 환율)×비지배지분율
(6) 영업권($)×마감환율
(7) 대차 일치 금액. 외환차이가 차변으로 인식될 수도 있음
(8) 건물에서 발생한 외환차이 중 비지배지분 해당액((예 6)의 <경우 2>에서 설명)

종속기업투자와 상계제거하는 취득일의 종속기업 자본은 취득일의 환율을 적용하여 표시통화로 환산되었을 것이므로 그 금액을 제거한다. 취득일의 종속기업 순자산의 장부금액과 공정가치가 다를 경우 그 차이는 마감환율로 환산한다. 왜냐하면 종속기업의 자산과 부채는 모두 마감환율을 적용하여 표시통화로 환산하기 때문이다(1021:47).

영업권은 일단 외화로 측정한다. 국제회계기준위원회는 영업권이 종속기업의 장부에 계상되지 않은 무형자산에 대한 대가의 일부이므로 종속기업에 귀속되는 부분이라고 본다. 종속기업의 자산이나 부채는 모두 마감환율을 적용하여 환산하므로 영업권도 마감환율로 환산한다(1021:47).

취득일의 종속기업 자본은 취득일의 환율로 환산하는 반면, 영업권 및 종속기업 순자산 장부금액과 공정가치의 차이는 마감환율로 환산하기 때문에 위의 종속기업투자와 종속기업 자본의 상계제거 분개에서 보듯이 차변과 대변의 합계가 불일치하는데, 불일치 금액을 외환차이로 하여 기타포괄손익으로 구분한다.

예 6 종속기업투자와 자본 상계 시 발생하는 외환차이

P회사(기능통화 및 표시통화 : ₩)가 S회사 지분 80%를 $90에 취득하여 지배기업이 되었다. 지배력 취득일 현재 S회사(기능통화 : $) 자본의 장부금액은 $100이다. 지배력 취득일의 환율은 ₩1,000/$이고 보고기간 말의 환율은 ₩1,050/$이다. S회사 자본의 장부금액과 공정가치가 동일한 경우와 다른 경우로 구분하여 종속기업투자와 종속기업 자본의 상계제거에 대한 연결조정 분개를 제시하면 다음과 같다.

〈경우 1〉 지배력 취득일 현재 S회사 자본의 장부금액이 공정가치와 동일한 경우

달러화($)로 종속기업투자와 종속기업 자본의 상계제거 분개를 표시하면 다음과 같다.

(차)	자본금, 잉여금	100	(대) 종속기업투자	90
	영업권	10(2)	비지배지분	20(1)

(1) $100×20% = $20
(2) 대차 일치 금액

위의 분개 차변과 대변 항목에 적절한 환율을 곱하여 원화로 환산한 금액으로 분개를 표시하면 다음과 같다.

(차) 자 본 금, 잉 여 금	100,000[(3)]	(대) 종 속 기 업 투 자	90,000[(4)]
영 업 권	10,500[(6)]	비 지 배 지 분	20,000[(5)]
		외 환 차 이(OCI)	500[(7)]

(3) $100×₩1,000(지배력 취득일 환율)=₩100,000
(4) $90×₩1,000=₩90,000
(5) ₩100,000×20%=₩20,000
(6) $10×₩1,050/$=₩10,500
(7) 대차 일치 금액. 외환차이는 다음과 같이 영업권에서 발생
영업권에서 발생한 외환차이=$10×(₩1,050－1,000)=₩500
영업권을 지배력 취득일이 아니라 보고기간 말의 환율로 환산하기 때문에 그만큼 외환차이 발생

〈경우 2〉 지배력 취득일 현재 S회사 건물의 공정가치가 장부금액을 $5 초과하는 경우

달러화로 종속기업투자와 종속기업 자본의 상계제거 분개를 표시하면 다음과 같다.

(차) 자 본 금, 잉 여 금	100	(대) 종 속 기 업 투 자	90
건 물	5	비 지 배 지 분	21[(1)]
영 업 권	6[(2)]		

(1) $105×20%=$21
(2) 대차 일치 금액

위의 분개 차변과 대변 항목에 환율을 곱하여 원화로 표시하면 다음과 같다.

① (차) 자 본 금, 잉 여 금	100,000[(3)]	(대) 종 속 기 업 투 자	90,000[(5)]
건 물	5,250[(4)]	비 지 배 지 분	21,000[(6)]
영 업 권	6,300[(7)]	외 환 차 이(OCI)	550[(8)]
② (차) 외 환 차 이(OCI)	50	(대) 비 지 배 지 분	50[(9)]

(3) $100×₩1,000(지배력 취득일 환율)=₩100,000
(4) $5×₩1,050=₩5,250
(5) $90×₩1,000=₩90,000
(6) (₩100,000+$5×₩1,000)×20%=₩21,000
(7) $6×₩1,050=₩6,300
(8) 대차 일치 금액. 외환차이 ₩550은 다음과 같이 영업권과 건물에서 발생
영업권에서 발생한 외환차이=$6×(₩1,050－1,000)=₩300
건물에서 발생한 외환차이=$5×(₩1,050－1,000)=₩250
(9) 건물에서 발생한 외환차이 중 비지배지분 해당액=₩250×20%=₩50

위의 분개 ①에서 건물의 장부금액과 공정가치의 차이($5)에 취득일의 환율(₩1,000)을 곱한 ₩5,000에 기초하여 비지배지분을 ₩21,000으로 인식하였다. 그러나 건물의 장부금액과 공정가치의 차이 $5에 보고기간 말 환율(₩1,050)을 적용한 금액이 보고기간 말의 비지배지분에 포함되어야 하므로 분개 ①에서 인식했던 외환차이 ₩550 중 '$5×₩50(환율 차이)×20%(비지배지분율)=₩50'을 비지배지분으로 대체하는 분개 ②를 해야 한다.

처음부터 분개 ①에서 비지배지분을 '(₩100,000 + $5×₩1,000)×20% = ₩21,000'으로 측정하지 않고, '(₩100,000 + $5×₩1,050)×20% = ₩21,050'으로 측정하면, 분개 ②가 필요하지 않다고 생각할 수 있을 것이다. 그러나 분개 ①의 외환차이(대변) ₩550은 당기 발생 기타포괄손익으로 연결포괄손익계산서에 표시되어야 하는 반면, 분개 ②의 외환차이(차변) ₩50은 재분류조정이 아니라 기타포괄손익을 비지배지분으로 대체하는 것이므로 연결포괄손익계산서에 표시할 거래가 아니다. 후술하는 (예제 7)의 연결정산표에서 확인하는 바와 같이 위의 분개 ①과 ②를 하나로 묶어서 분개하면 연결재무상태표는 문제가 없으나 연결포괄손익계산서의 총포괄손익이 잘못된 금액으로 표시된다.

따라서 연결포괄손익계산서에 당기 발생 외환차이를 제대로 표시하기 위해서는 종속기업투자와 종속기업 순자산을 상계 제거하는 분개를 할 때 비지배지분은 순자산의 장부금액과 공정가치의 차이에 취득일 환율을 적용한 금액에 기초하여 측정하고, 별도로 종속기업 순자산의 장부금액과 공정가치의 차이에 취득일과 보고기간 말 환율의 차이를 곱하고 여기에 비지배지분율을 곱한 금액만큼 외환차이를 비지배지분으로 대체하는 분개를 할 필요가 있다.

5.2 해외사업장순투자의 환산

지배기업이 외국에 소재하는 종속기업의 지분을 취득하면 거래일의 환율로 환산한 금액으로 지배기업의 별도재무제표에 최초 인식하는데, 종속기업투자는 비화폐성항목이므로 거래일 이후 환율변동에 따른 변동을 인식하지 않는다. 이에 반해 지배기업이 외국에 소재하는 종속기업에 현금을 대여하면 거래일의 환율로 환산한 금액으로 지배기업의 별도재무제표에 최초 인식하는데, 대여금은 화폐성항목이므로 이후 환율변동에 따른 변동을 외환차이(당기손익)로 인식한다.

그런데 지배기업이 종속기업에 현금을 대여하였으나 예측할 수 있는 미래에 결제할 계획이 없고 결제될 가능성도 낮다면, 이는 지배기업이 종속기업의 지분을 취득한 것(즉, 종속기업에 출자를 한 것)과 실질이 유사하다. 이와 같이 투자기업이 해외사업장으로부터 수취하거나 해외사업장에 지급할 화폐성항목 중에서 예측할 수 있는 미래에 결제할 계획이 없고 결제될 가능성이 낮은 항목은 비화폐성항목과 성격이 유사한데, 이를 해외사업장순투자(net investment in a foreign operation)라고 한다. 해외사업장순투자에 해당하는 화폐성항목에는 장기채권이나 대여금은 포함될 수 있으나 매출채권이나 매입채무는 포함되지 않는다(1021:15).

지배기업의 별도재무제표에 표시되어 있는 해외사업장순투자는 종속기업에 대한 지분 출자와 성격이 유사하더라도 화폐성 항목에 해당하므로 기준서 제1021호에 따라 보고기간 말에 마감환율로 환산하고 외환차이를 당기손익으로 보고한다. 그러나 연결재무제표에 표시되는 해외사업장순투자는 종속기업의 지분과 성격이 유사하므로 외환차이를 당기손익으로 보고하는 것은 적절하지 않다. 따라서 연결재무제표를 작성할 때 지배기업이 별도재무제표에 당기손익으로 인식했던 해외사업장순투자에 대한 외환차이를 기타포괄손익으로 대체하는 다음과 같은 연결조정분개를 한다(1021:32).

〈연결조정분개〉

(차) 외환차이(PL)	×××	(대) 외환차이(OCI)	×××
또는			
(차) 외환차이(OCI)	×××	(대) 외환차이(PL)	×××

한편, 지배기업의 별도재무제표에 해외사업장순투자로 보는 종속기업에 대한 대여금이 있다면 종속기업의 개별재무제표에는 지배기업에 대한 차입금이 있을 텐데, 이는 내부거래로 발생한 채권·채무이므로 연결재무제표를 작성할 때 상계제거한다. 다만, 위의 연결조정분개에서 기타포괄손익으로 대체한 외환차이는 상계제거 대상이 아니므로 지배기업이 연결포괄손익계산서에 표시된 외환차이(PL)로 인하여 기타포괄손익이 변동하는 위험을 회피하고자 한다면 제9장 7절에서 설명하는 해외사업장순투자의 위험회피를 적용하면 될 것이다.

5.3 외환차이의 비지배지분 대체

지금까지 연결재무제표를 작성하는 과정에서 다음과 같은 3가지의 외환차이(기타포괄손익)가 발생하였다.

① 종속기업의 기능통화 재무제표를 표시통화로 환산할 때 발생하는 외환차이(4절)
② 종속기업투자와 종속기업의 자본을 상계제거할 때 발생하는 외환차이(5.1절)
　㉮ 종속기업 순자산의 장부금액과 공정가치 차이를 마감환율로 환산함에 따라 발생하는 외환차이
　㉯ 영업권을 마감환율로 환산함에 따라 발생하는 외환차이
③ 지배기업이 별도재무제표에서 당기손익으로 인식했던 해외사업장순투자에 대한 외환차이를 기타포괄손익으로 대체(5.2절)

위의 외환차이 중 ①에 해당하는 외환차이는 4절에서 설명한 바와 같이 종속기업의 기능통화 재무제표를 표시통화 재무제표로 환산하면서 발생한 외환차이로서 그 금액만큼 표시통화로 환산한 종속기업의 순자산이 증가(또는 감소)하므로 비지배지분도 증가(또는 감소)한다. 따라서 외환차이에 비지배지분율을 곱한 금액만큼 외환차이를 비지배지분으로 대체하는 다음과 같은 연결조정분개를 한다.

표시통화 환산 과정에서 발생한 외환차이가 기타포괄이익인 경우

(차) 외 환 차 이(OCI)	×××	(대) 비 지 배 지 분	×××

표시통화 환산 과정에서 발생한 외환차이가 기타포괄손실인 경우

(차) 비 지 배 지 분	×××	(대) 외 환 차 이(OCI)	×××

전술한 (예 6)의 <경우 2>를 보면, 종속기업투자와 종속기업 순자산을 상계제거하는 연결조정분개를 할 때 인식하는 외환차이에 종속기업 순자산의 장부금액과 공정가치의 차이에서 발생하는 외환차이가 위에서 언급한 3가지 외환차이 중 ②–㉮에 해당하는 외환차이이다. 그런데 표시통화 환산차이(전술한 외환차이 중 ①에 해당)에 비지배지분율을 곱한 금액만큼 외환차이를 비지배지분으로 대체하는 연결조정분개를 할 때 ②–㉮에 해당하는 외환차이가 있다면, 이 중 당기 소멸분을 반영해야 한다. 다음의 (예 7)을 통해서 자세하게 설명한다.

예 7 외환차이의 비지배지분 대체

(예 6)의 사례를 이용한다.

20×1년 초에 P회사(기능통화 및 표시통화 : ₩)가 S회사 지분 80%를 $90에 취득하여 지배기업이 되었다. 지배력 취득일 현재 S회사(기능통화 : $) 자본의 장부금액은 $100이다. 지배력 취득일 현재 S회사가 보유하는 건물(잔존내용연수 5년, 잔존가치 없이 정액법 상각)의 공정가치가 장부금액을 $5 초과하는 것을 제외하고 다른 자산이나 부채의 공정가치는 장부금액과 동일하다. 20×1년 S회사 당기순이익은 $30이다. 지배력 취득일의 환율은 ₩1,000/$, 보고기간 평균 환율은 ₩1,030/$, 보고기간 말의 환율은 ₩1,050/$이다.

20×1년 말 연결조정분개를 하기 전에 S회사 재무제표를 표시통화로 환산할 때 발생하는 외환차이를 먼저 계산한다. S회사의 전체 재무제표가 제시되지 않아도 전술한 문단 41에 따라 20×1년도 표시통화 환산 시 발생한 외환차이를 다음과 같이 계산할 수 있다.

① 수익과 비용을 마감환율이 아닌 평균환율로 환산하는 과정에서 발생한 외환차이
   =$30(당기순이익)×(₩1,050 – 1,030)=₩600

② 기초 자본을 전기 마감환율이 아닌 당기 마감환율로 환산하는 과정에서 발생한 외환차이
   =$100×(₩1,050 – 1,000)=₩5,000

①+②=₩5,600

20×1년 말 연결조정분개는 다음과 같다.

① 종속기업투자와 지배력 취득 시점 종속기업 자본의 상계제거((예 6)의 <경우 2>와 동일)

(차)	자본금, 잉여금	100,000[(1)]	(대) 종속기업투자	90,000[(3)]
	건물	5,250[(2)]	비지배지분	21,000[(4)]
	영업권	6,300[(5)]	외환차이(OCI)	550[(6)]
(차)	외환차이(AOCI)	50	(대) 비지배지분	50[(7)]

(1) $100×₩1,000(지배력 취득일 환율)=₩100,000
(2) $5×₩1,050=₩5,250
(3) $90×₩1,000=₩90,000
(4) (₩100,000+$5×₩1,000)×20%=₩21,000
(5) $6×₩1,050/$=₩6,300
(6) 대차 일치 금액. 외환차이는 다음과 같이 영업권과 건물에서 발생
영업권에서 발생한 외환차이=$6×(₩1,050−1,000)=₩300
건물에서 발생한 외환차이=$5×(₩1,050−1,000)=₩250
(7) 건물에서 발생한 외환차이 중 비지배지분 해당액=₩250×20%=₩50

② 종속기업 건물의 장부금액과 공정가치 차이의 조정

(차)	감가상각비	1,030[(8)]	(대) 감가상각누계액	1,050[(9)]
	외환차이(OCI)	20		

(8) ($5÷5년)×₩1,030(평균환율)=₩1,030
(9) ($5÷5년)×₩1,050(마감환율)=₩1,050
외환차이 감소 ₩20을 아래의 연결조정분개 ④에 반영한다.

③ 종속기업 당기순이익 중 비지배지분 해당액

(차)	이익잉여금	5,974[(10)]	(대) 비지배지분	5,974

(10) {$30×₩1,030(평균환율)−1,030(건물 감가상각비 조정)}×20%=₩5,974

④ 표시통화 환산 시 발생한 외환차이 중 비지배지분 대체

(차)	외환차이	1,116[(11)]	(대) 비지배지분	1,116

(11) {₩5,600(표시통화 환산차이)−20(분개 ②의 외환차이 감소분)}×20%=₩1,116

위의 연결조정분개에 포함된 비지배지분의 증가 합계는 ₩28,140인데, 다음과 같이 검증가능하다.
20×1년 말 표시통화로 환산한 재무상태표상 S회사 순자산의 공정가치
={$100(기초 순자산)+30(당기순이익)+4(건물 장부금액과 공정가치 차이 중 미소멸 금액)}
×₩1,050(보고기간 말 환율)×20%=₩28,140

전술한 3가지의 외환차이 중 ②−㉯와 ③에 해당하는 외환차이는 종속기업 순자산의 변동과 무관하므로 비지배지분에 영향을 미치지 않는다. 따라서 연결조정분개를 할 때 고려할 필요가 없다.

예제 7 외국 소재 종속기업의 연결

한국의 갑회사(보고기간 말 12월 31일, 기능통화와 표시통화 모두 원화)는 20×1년 초에 미국에 소재하는 A회사(기능통화 : 달러화)의 주식 80%를 $1,100에 취득하여 지배기업이 되었다. A회사 취득 시 A회사 순자산의 장부금액은 $1,200인데, A회사 건물(잔존내용연수 10년, 잔존가치 없이 정액법 상각)의 공정가치가 장부금액을 $50 초과하는 것을 제외하고 다른 자산과 부채의 공정가치는 장부금액과 동일하다. 다음은 20×1년도 두 회사의 재무제표이다.

과목	갑회사	A회사
수익	₩6,400,000	$2,000
비용	(5,950,000)	(1,900)
당기순이익	₩450,000	$100
자산(종속기업투자 제외)	₩6,500,000	$2,500
종속기업투자	1,100,000	–
합계	₩7,600,000	$2,500
부채	₩3,400,000	$1,200
자본금	3,000,000	1,000
이익잉여금	1,200,000	300
합계	₩7,600,000	$2,500

20×1년 중에 두 회사 간의 내부거래는 없으며, 관련 환율은 다음과 같다.

20×1. 1. 1.	20×1. 12. 31.	20×1 평균
₩1,000/$	₩1,100/$	₩1,040/$

물음

1. 표시통화인 원화로 A회사의 재무제표를 환산하라. 단, 수익과 비용은 당기 평균환율로 환산한다.
2. 갑회사가 20×1년 말에 A회사를 포함하는 연결재무제표를 작성할 때 해야 할 연결조정분개를 하고, 연결정산표를 작성하라. 단, 영업권의 손상차손은 고려하지 않는다.

해답

1.

과목	기능통화	적용환율	환산금액(표시통화)
수 익	$2,000	1,040	₩2,080,000
비 용	(1,900)	1,040	(1,976,000)
당 기 순 이 익	$100		₩104,000
자 산	$2,500	1,100	₩2,750,000
합 계	$2,500		₩2,750,000
부 채	$1,200	1,100	₩1,320,000
자 본 금	1,000	1,000	1,000,000
이 익 잉 여 금 (기 초)	200	1,000	200,000
이익잉여금(당기순이익)	100		104,000(1)
외 환 차 이(OCI)	–		126,000(2)
합 계	$2,500		₩2,750,000

(1) 원화로 환산한 포괄손익계산서의 당기순이익이다.
(2) 대차 일치를 위한 금액. 외환차이는 자본 중 기타포괄손익으로 구분한다.

2. <20×1년 말 연결조정분개>

① 종속기업투자와 지배력 취득시점 A회사 자본의 상계제거(20×1년 초 기준)

	차변	금액		대변	금액
(차)	자 본 금	1,000,000(1)	(대)	종 속 기 업 투 자	1,100,000
	이 익 잉 여 금	200,000(2)		비 지 배 지 분	250,000(4)
	건 물	55,000(3)		외 환 차 이(OCI)	15,000(6)
	영 업 권	110,000(5)			
(차)	외 환 차 이(AOCI)	1,000	(대)	비 지 배 지 분	1,000(7)

(1) $1,000(기초자본금)×₩1,000(20×1년 초 환율) = ₩1,000,000
(2) $200(기초이익잉여금)×₩1,000(20×1년 초 환율) = ₩200,000
(3) $50×₩1,100 = ₩55,000
(4) (₩1,000,000 + 200,000 + $50×₩1,000)×20% = ₩250,000
(5) 달러화 표시 영업권 = $1,100 − 1,250×80% = $100
원화 표시 영업권 = $100×₩1,100(마감환율) = ₩110,000
(6) 대차 일치 금액. 외환차이는 다음과 같이 영업권과 건물에서 발생
영업권에서 발생한 외환차이 = $100×(₩1,100 − 1,000) = ₩10,000
건물에서 발생한 외환차이 = $50×(₩1,100 − 1,000) = ₩5,000
(7) 건물에서 발생한 외환차이 중 비지배지분 해당액 = ₩5,000×20% = ₩1,000

② 종속기업 건물의 장부금액과 공정가치 차이의 조정

	차변	금액		대변	금액
(차)	감 가 상 각 비	5,200(8)	(대)	감가상각누계액	5,500(9)
	외 환 차 이(OCI)	300			

(8) ($50÷10년)×₩1,040(평균환율) = ₩5,200
(9) ($50÷10년)×₩1,100(마감환율) = ₩5,500

③ 종속기업 당기순이익 중 비지배지분 해당액

(차) 이 익 잉 여 금 19,760(10) (대) 비 지 배 지 분 19,760

(10) {₩104,000 − 5,200(분개 ②, 감가상각비)}×20% = ₩19,760

④ 외환차이(표시통화 환산차이) 중 비지배지분 대체

(차) 외 환 차 이 (O C I) 25,140(11) (대) 비 지 배 지 분 25,140

(11) {₩126,000(표시통화 환산 시 발생) − 300(분개 ②에서 외환차이 감소분)}×20% = ₩25,140

〈20×1년 말 연결정산표〉

과목	갑회사	A회사	연결조정분개		연결재무제표
			차변	대변	
수 익	₩6,400,000	₩2,080,000			₩8,480,000
비 용	(5,950,000)	(1,976,000)	②5,200		(7,931,200)
당 기 순 이 익	450,000	104,000	5,200*	−	548,800
외환차이(OCI)	−	126,000	②300	①15,000	140,700
기 타 포 괄 손 익	−	126,000	300**	15,000**	140,700
총 포 괄 손 익	₩450,000	₩230,000	₩5,500	₩15,000	₩689,500
자산(종속기업투자제외)	₩6,500,000	₩2,750,000	①55,000	②5,500	₩9,299,500
종 속 기 업 투 자	1,100,000	−		①1,100,000	−
영 업 권	−	−	①110,000		110,000
합 계	₩7,600,000	₩2,750,000			₩9,409,500
부 채	₩3,400,000	₩1,320,000			₩4,720,000
자 본 금	3,000,000	1,000,000	①1,000,000		3,000,000
이 익 잉 여 금	1,200,000	304,000	①200,000 ③19,760 5,200*		1,279,040
외환차이(OCI)	−	126,000	④25,140 ①1,000 300**	15,000**	114,560
비 지 배 지 분	−	−		①250,000 ①1,000 ③19,760 ④25,140	295,900
합 계	₩7,600,000	₩2,750,000	₩1,416,400	₩1,416,400	₩9,409,500

* 당기순이익의 조정 금액만큼 이익잉여금에 반영한다.
** 포괄손익계산서의 기타포괄손익의 조정 금액만큼 재무상태표의 기타포괄손익에 반영한다.

연결정산표 상 비지배지분 잔액 ₩295,900은 다음과 같이 확인할 수 있다.
{$1,200(기초순자산) + 100(당기순이익) + 45(건물 BV · FV 차이 미소멸 금액)}×₩1,100×20%
= ₩295,900

5.4 해외사업장의 처분

외국 소재 종속기업 등 해외사업장을 처분하는 경우에는 별도의 자본항목으로 인식한 해외사업장 관련 외환차이의 누계액을 해외사업장 처분 시 당기손익으로 재분류한다(1021:48). 이때 '해외사업장 관련 외환차이의 누계액'이란 표시통화 환산 시 발생한 외환차이와 종속기업투자와 종속기업 자본의 상계제거 시 발생한 외환차이를 말한다.

종속기업인 해외사업장을 처분하면 종속기업에 대한 지배력을 상실하게 되므로 지배기업은 제5장 2.2절과 2.3절에서 설명했던 지배력 상실의 회계처리를 해야 한다. 즉, 기준서 제1110호 문단 B98에 따라 지배력을 상실한 날 현재 종속기업의 자산(영업권 포함)과 부채, 비지배지분을 제거하고 해외사업장의 처분 대가를 인식하면서 모든 차이를 당기손익으로 인식한다. 이때 해외사업장 관련 외환차이(즉, 표시통화의 환산 및 종속기업투자와 종속기업의 자산 상계 시 발생한 외환차이)가 있다면 이 금액도 제거한다. 그 결과 기타포괄손익으로 인식했던 외환차이가 처분손익에 반영되므로 자연스럽게 외환차이가 당기손익으로 재분류된다. 이를 제5장 2.2절에서 설명했던 분개로 표시하면 다음과 같다(단, 외환차이는 기타포괄이익이고 처분이익 발생 가정).

(차)	현금	××× (1)	(대) 자산	××× (2)
	부채	××× (2)	영업권	××× (3)
	외환차이	××× (3)	처분이익	××× (4)
	비지배지분	××× (3)		

(1) 해외사업장(종속기업투자)의 처분대가
(2) 지배력 상실 시점 현재 종속기업의 자산과 부채의 장부금액 제거
(3) 지배력 상실 시점 현재 연결재무제표상 영업권, 외환차이 및 비지배지분의 제거
(4) 대차 일치 금액

제5장 2.2절에서 설명한 바와 같이 실무에서는 보고기간 중에 종속기업투자를 매각하여 지배력을 상실할 경우 지배기업의 개별 장부에 종속기업투자처분손익을 인식하고 더 이상 지배력을 상실한 종속기업을 연결재무제표에 포함시키지 않는 것이 일반적이다. 만약에 지배기업이 개별 장부에 종속기업투자처분손익을 인식했다면, 그 금액은 위의 분개(기준서 제1110호 문단 B98에 기초)에서 인식한 처분손익과 다를 것이므로 양자의 차이를 조정하는 분개를 지배기업의 개별 장부에 반영해야 한다. 즉, 종속기업이 해외사업장이더라도 지배력을 상실할 경우의 회계처리 및 재무제표 작성은 제5장 2.2절과 2.3절의 설명을 따르면 된다.

예 8 해외사업장의 처분에 따른 지배력 상실

(예제 7)에서 20×2년 초에 갑회사가 보유하고 있는 A회사 지분 전부를 $1,300에 모두 처분하여 지배력을 상실하였을 경우 지배력 상실의 회계처리를 설명한다. 단, 20×2년 초 환율은 20×1년 말 환율과 같다.

(1) 기준서 제1110호 문단 B98에 따라 지배력 상실의 회계처리를 제시하면 다음과 같다.

(차) 현금	1,430,000(1)	(대) 자산	2,799,500(2)
부채	1,320,000	영업권	110,000
비지배지분	295,900	처분이익	250,960
외환차이(OCI)	114,560		

(1) $1,300×₩1,100 = ₩1,430,000
(2) 연결재무제표에 포함되어 있는 A회사 자산(공정가치) = ₩2,750,000 + (55,000 − 5,500)* = ₩2,799,500
* 건물의 공정가치와 장부금액의 차이 중 미소멸 잔액

(2) 실무에서 20×2년 초에 갑회사가 A회사 지분 매각의 거래를 갑회사의 개별 장부에 반영하고 더 이상 A회사를 연결재무제표에 포함하지 않을 경우 갑회사의 A회사 지분 매각 시 개별 장부에 반영한 분개는 다음과 같다.

(차) 현금	1,430,000	(대) 종속기업투자	1,100,000
		처분이익	330,000

기준서 제1110호 문단 B98에 따른 처분이익은 ₩250,960인데, 갑회사의 개별 장부에 반영한 처분이익은 ₩330,000이므로 ₩79,040만큼 차이가 있다. 이 금액은 다음과 같이 20×1년 A회사 원화 조정 후 당기순이익의 80% 해당액으로 확인할 수 있다. (₩104,000 − 5,200)×80% = ₩79,040 따라서 다음과 같은 추가 분개가 필요하다.

(차) 처분이익	79,040	(대) 이익잉여금	79,040

해외사업장의 처분 시 관련 기타포괄손익으로 인식한 외환차이의 누계액을 당기손익으로 재분류하는 회계처리는 해외사업장의 전체 지분을 처분하는 경우뿐만 아니라 일부 지분을 처분하여 지배력을 상실하는 경우에도 동일하게 적용한다(1021:48A). 예를 들어, 갑회사가 100% 지분을 보유하던 해외사업장의 지분 중 80%를 처분하여 지배력을 상실한 경우 기타포괄손익으로 인식한 외환차이 누계액 중 80%를 당기손익으로 재분류하는 것이 아니라 100% 전체를 당기손익으로 재분류한다.

반면에 해외사업장에 대한 지분 중 일부를 처분하였으나 계속 지배력을 보유하는 경우에는 기타포괄손익으로 인식한 외환차이 누계액 중 처분한 부분을 그 해외사업장의 비지배지분으로 재귀속시킨다(1021:48C). 예를 들어, 갑회사가 100% 지분을 보유하던 해외사업장의 지분 중 20%를 처분한 후에도 80% 지분을 소유하고 있어 계속 지배력을 유지할 경우 기타포괄손익으로 인식한 외환차이 누계액 중 20%를 비지배지분으로 재귀속시킨다.9)

5.5 내부거래 손익 및 상호 채권·채무의 환산

(1) 내부미실현손익이 없는 경우

내부거래가 발생하였는데, 보고기간 말 현재 내부미실현손익이 없다면 내부거래에서 발생한 수익과 비용, 채권과 채무를 연결재무제표 작성 과정에서 상계제거한다. 그런데 종속기업에서 발생한 수익 또는 비용을 표시통화로 환산할 때 어떤 환율을 적용하는지에 따라 상계할 금액에 차이가 발생할 수 있다. 다음의 (예 9)를 통해서 설명한다.

예 9 내부거래제거 시 적용할 환율

20×1년 10월 1일에 지배기업인 갑회사(한국 소재, 기능통화 원화, 표시통화 원화)가 종속기업인 A회사(미국 소재, 기능통화 달러화)에 재고자산을 $100에 수출했으며, 보고기간 말(20×1년 12월 31일) 현재 매출채권은 회수되지 않은 상태라고 가정하자. 미실현이익은 없으며, 관련 환율은 다음과 같다.

20×1. 10. 1.	20×1. 12. 31.	20×1.10.1.~12.31. 평균
₩1,050/$	₩1,080/$	₩1,060/$

이 거래와 관련하여 갑회사와 A회사의 재무제표에 표시되는 기능통화 금액과 표시통화 금액(원화)은 다음과 같다.

9) 기준서에서는 외환차이 누계액 중 20%를 비지배지분으로 재귀속시킨다고 규정하고 있으나, 갑회사가 보고기간 말에 80% 지분에 해당하는 종속기업투자를 보유하고 있어 표시통화 환산차이 중 20% 해당액을 비지배지분으로 대체하는 연결조정분개를 할 것이다. 그 결과 비지배지분 잔액에 외환차이 중 20% 해당액이 포함된다.

구분	20×1. 10. 1. (기능통화)	20×1. 12. 31. (기능통화)	20×1. 12. 31. (표시통화)
<갑회사>			
매 출 채 권	$100×₩1,050 =₩105,000	$100×₩1,080[(1)] =₩108,000	₩108,000
매 출	₩105,000	₩105,000	₩105,000

(1) 회사가 보고기간 말에 보유하는 화폐성 외화자산·부채에 대해서 보고기간 말의 마감환율을 적용하여 외화환산을 한다. 따라서 갑회사는 재무제표에서 매출채권의 장부금액을 ₩105,000에서 ₩108,000으로 조정하면서 ₩3,000의 외환차이를 당기손익으로 인식한다.

구분	20×1. 10. 1. (기능통화)	20×1. 12. 31. (기능통화)	20×1. 12. 31. (표시통화)
<A회사>			
매 입 채 무	$100	$100	$100×₩1,080[(2)] =₩108,000
매 출 원 가[(3)]	$100	$100	?

(2) A회사의 달러화 재무제표를 원화(표시통화)로 환산할 때 모든 자산과 부채는 마감환율로 환산한다.
(3) 20×1년 중에 A회사는 갑회사로부터 수입한 재고자산을 연결실체 외부로 모두 판매하였으므로 매출원가로 표시하였다.

A회사의 매출원가 $100를 원화로 환산할 때 평균환율(₩1,060/$)로 환산하면 ₩106,000이 되어 내부거래 상계 시 제거할 갑회사의 매출액 ₩105,000과 금액이 일치하지 않는 문제가 발생한다. 여기에 대해서 기준서에는 명시적 언급이 없지만, 이러한 문제를 해결하려면 A회사의 매출원가 $100를 거래일 환율(₩1,050/$)로 환산하는 것이 적절할 것이다. 종속기업의 포괄손익계산서를 간단하게 환산하기 위해서 종속기업의 모든 수익과 비용을 평균환율로 환산하더라도 지배기업과의 내부거래에서 발생한 수익과 비용은 평균환율 대신 거래일의 환율을 적용하여 환산해야 수익과 비용을 정확하게 상계제거할 수 있다.

위의 (예 9)에서 갑회사는 20×1년 말에 매출채권에 대해서 ₩3,000의 외환차이를 당기손익으로 인식한다고 설명하였는데, 이 금액은 연결재무제표에 그대로 표시되어야 한다(1021:45). 보고기간 말 현재 화폐성 외화항목의 환산에서 발생하는 외환차이뿐만 아니라 회계연도 중 결제과정에서 발생하는 외환차이 모두 연결실체가 외화위험에 노출되었기 때문에 발생하는 손익이므로 이러한 외환차이를 연결재무제표 작성 과정에서 상계제거할 이유는 없다.

(2) 내부미실현이익의 환산 및 과년도 미실현이익의 실현

제4장에서 설명한 재고자산의 내부미실현이익을 제거하는 연결조정분개는 다음과 같다.

(차) 매 출 원 가	×××	(대) 재 고 자 산	×××

이때 해외종속기업과의 내부거래에서 발생한 미실현이익을 제거할 때 미실현이익에 적용할 환율에 유의하여야 한다. 전술한 (예 9)에서 $100 수출액의 매출원가가 $60이고, A회사는 갑회사로부터 수입한 재고자산 중 1/2을 20×1년 12월 31일 현재 계속 보유하고 있다면 내부미실현이익은 $20(매출총이익 $40의 1/2)이다. 갑회사는 수출 당시 ₩1,050/$의 환율로 매출과 매출원가를 인식하였을 것이다.

그런데 A회사의 재고자산을 원화로 환산할 때 적용할 환율은 마감환율(₩1,080/$)이므로 재고자산에 포함되어 있는 $20의 미실현이익도 ₩1,080/$의 환율이 적용될 것이다. 그 결과 상계제거해야 할 매출원가는 ₩1,050의 환율이 적용된 반면, 재고자산은 ₩1,080의 환율이 적용되어 양자의 상계제거가 이루어지지 못하는 문제가 발생한다. 저자의 견해로는 이러한 문제를 해결하려면 A회사의 재고자산을 원화로 환산할 때 내부미실현이익에 해당하는 금액은 마감환율 대신 거래일 환율을 적용하는 것이 적절하다고 판단된다.

한편, 과년도 미실현이익이 실현될 때 연결조정분개는 다음과 같다.

(차) 이 익 잉 여 금	×××	(대) 매 출 원 가	×××

이 경우에도 대차가 불일치하는 문제가 발생한다. 차변의 이익잉여금은 과년도 환산 시 적용한 환율로 환산하는데, 대변의 매출원가는 당해연도 환율(그것이 거래일 환율이든 평균환율이든 관계없이)로 환산하기 때문이다. 따라서 저자의 견해로는 분개의 대차를 일치시키기 위해서는 대변의 매출원가를 차변과 동일한 금액으로 환산하는 것이 필요하다고 판단된다.

5.6 기능통화와 표시통화가 상이한 관계기업투자에 대한 지분법 적용

외국에 소재하는 관계기업이 소재국의 통화로 장부기록을 한다면 그 소재국의 통화가 기능통화이다. 이때 투자자의 표시통화와 관계기업의 기능통화가 다를 경우 투자자는 외국에 소재하는 관계기업의 기능통화 재무제표를 투자자의 표시통화로 환산한 금액에 기초하여 관계기업투자에 대한 지분법을 적용한다.

투자자가 표시통화로 관계기업 재무제표를 환산하였다면, 환산한 재무제표 상 당기순손익에 기초하여 지분법손익(PL)을 인식하고, 표시통화 환산과정에서 발생한 외환차이(OCI)만큼 관계기업 순자산이 변동하였으므로 표시통화 환산차이 중 투자자 지분 해당액만큼 지분법기타포괄손익(OCI)을 인식한다. 또한 투자자의 관계기업투자 기말장부금액에 포함되어 있는 투자차액 즉, 관계기업 순자산의 장부금액과 공정가치의 차이 중 미소멸 잔액과 영업권 해당액을 마감환율로 환산(1021:44,47)해야 하므로 이 과정에서 발생하는 외환차이(OCI)에 대해서도 지분법기타포괄손익(OCI)을 인식한다.

이렇게 회계처리하면 관계기업투자의 기말 장부금액(표시통화 금액)은 관계기업투자의 외화금액에 보고기간 말 환율을 곱한 금액과 같은 금액으로 재무제표에 표시된다. 아래의 (예 10)을 통하여 자세하게 회계처리를 설명한다.

예 10 기능통화와 표시통화가 다른 관계기업투자에 대한 지분법 적용

갑회사(기능통화, 표시통화 모두 원화)는 20×1년 초에 미국에 소재하는 A회사(기능통화 $)의 지분 20%를 $60에 취득하고 이를 관계기업투자로 분류하였다. 20×1년 초 현재 A회사 순자산의 장부금액은 $200이고 20×1년 A회사의 당기순이익은 $30이며, 관련 환율(₩/$)은 다음과 같다.

20×1년 초	20×1년 평균	20×1년 말
₩1,000	₩1,100	₩1,200

20×1년 초 현재 (1) A회사 순자산의 공정가치가 장부금액과 동일한 $200일 경우와 (2) A회사 순자산의 공정가치가 $220일 경우(장부금액과 공정가치의 차이 $20은 유형자산에 기인함. 유형자산은 2년에 걸쳐 잔존가치 없이 상각)로 구분하여 갑회사의 관계기업투자에 대한 지분법 회계처리를 설명한다.

(경우 1) A회사 순자산의 장부금액($200)과 공정가치($200)가 동일한 경우

(1) A회사의 20×1년 말 재무상태표의 환산
(A회사의 20×1년 초 자본금 $150, 이익잉여금 $50이라고 가정)

과목	외화(기능통화)	환율	원화(표시통화)
순 자 산	$230	1,200	₩276,000
합 계	$230		₩276,000
자 본 금	$150	1,000	₩150,000
이익잉여금(기초)	50	1,000	50,000
이익잉여금(당기순이익)	30	1,100	33,000(1)
외환차이(OCI)		–	43,000(2)
합 계	$230		₩276,000

(1) $30×₩1,100＝₩33,000
(2) 대차 일치를 위한 조정액으로 외환차이로 끼워 넣는다.

(2) 갑회사의 관계기업투자에 대한 지분법 회계처리

<20×1년 초>

(차) 관계기업투자	60,000(3)	(대) 현금	60,000

(3) $60×₩1,000＝₩60,000
$60－$200×20%＝$20(영업권)

<20×1년 말>

(차) 관계기업투자	15,200	(대) 지분법이익	6,600(4)
		지분법기타포괄이익	8,600(5)

(4) ₩33,000×20%＝₩6,600
(5) ₩43,000×20%＝₩8,600

(차) 관계기업투자	4,000	(대) 지분법기타포괄이익	4,000

(6) $20×(₩1,200－1,000)＝₩4,000

(3) 갑회사의 20×1년 말 관계기업투자주식 : ₩79,200
① ₩60,000＋15,200＋4,000＝₩79,200
② 간편법
외화기준 관계기업투자주식 : $60＋$30×20%＝$66
20×1년 말 관계기업투자주식 : $66×₩1,200(20×1년 말 환율)＝₩79,200

(경우 1)의 별해

(1) 관계기업투자 취득 금액 $60에 포함된 항목의 구분

관계기업 순자산 장부금액 해당액 = $200×20% = $40

영업권 해당액 = $60 − $40 = $20

(2) 20×1년 말 관계기업투자 기말장부금액(외화 기준)의 구분

20×1년 초 관계기업 순자산 장부금액 해당액 = $200×20% = $40

20×1년 당기순이익 = $30×20% = $6

영업권 해당액(최초 인식 금액에 포함된 영업권과 동일) = $20

20×1년 말 관계기업투자 장부금액(외화) = $40 + 6 + 20 = $66

(3) 간단한 방법을 적용한 지분법 평가

관계기업투자 기초 원화 장부금액 = $60×₩1,000 = ₩60,000 … ①

관계기업투자 기말 원화 장부금액 = $66×₩1,200 = ₩79,200 … ②

②와 ①의 차이 ₩19,200은 다음과 같이 지분법이익과 지분법기타포괄이익으로 구분하여 인식한다.

지분법이익 = $30(관계기업 당기순이익)×20%×₩1,100(평균환율) = ₩6,600

지분법기타포괄이익(OCI) = ₩19,200 − 6,600 = ₩12,600

위의 지분법기타포괄이익 ₩12,600은 다음과 같이 구분하여 직접 계산할 수도 있다.

표시통화 환산차이 = $200(기초 순자산 장부금액)×20%×(₩1,200 − 1,000)

+ $30(당기순이익)×20%×(₩1,200 − 1,100) = ₩8,600

영업권을 마감환율로 환산할 때 발생하는 외화차이(1021:47) = $20×(₩1,200 − 1,000) = ₩4,000

갑회사가 20×1년 말에 해야 할 지분법 평가분개는 다음과 같다.

(차) 관 계 기 업 투 자	19,200	(대) 지 분 법 이 익	6,600
		지분법기타포괄이익(OCI)	12,600

(경우 2) A회사 순자산의 장부금액($200)과 공정가치($220)가 일치하지 않는 경우

(1) A회사의 20×1년 말 재무상태표의 환산 : (경우 1)과 동일

(2) 갑회사의 관계기업투자에 대한 지분법 회계처리

<20×1년 초>

(차) 관 계 기 업 투 자	60,000(1)	(대) 현 금	60,000

(1) $60×₩1,000 = ₩60,000

$60 − $200×20% − $20(유형자산)×20% = $16(영업권)

<20×1년 말>

(차) 관계기업투자	13,000	(대) 지분법이익	4,400[(2)]
		지분법기타포괄이익	8,600[(3)]

(2) (₩33,000－$20×1/2×₩1,100)×20%＝₩4,400
(3) ₩43,000×20%＝₩8,600

(차) 관계기업투자	3,800	(대) 지분법기타포괄이익	3,800

(4) ($20×(₩1,200－1,000)－$10×(₩1,200－1,100))×20%＋$16×(₩1,200－1,000)＝₩3,800

(3) 갑회사의 20×1년 말 관계기업투자주식 : ₩76,800

① ₩60,000＋13,000＋3,800＝₩76,800

② 간편법

외화기준 관계기업투자주식 : $60＋($30－$20×1/2)×20%＝$64

20×1년 말 관계기업투자주식 : $64×₩1,200(20×1년 말 환율)＝₩76,800

(경우 2)의 별해

(1) 관계기업투자 취득 금액 $60에 포함된 항목의 구분

관계기업 순자산 장부금액 해당액＝$200×20%＝$40

장부금액과 공정가치 차이 중 투자자 지분＝$20×20%＝$4

영업권 해당액＝$60－40－4＝$16

(2) 20×1년 말 관계기업투자 기말장부금액(외화 기준)의 구분

20×1년 초 관계기업 순자산 장부금액 해당액＝$200×20%＝$40

20×1년 초 장부금액과 공정가치 차이 중 투자자 지분＝$20×20%＝$4

20×1년 당기순이익＝($30－20÷2년)×20%＝$4

영업권(최초 인식 금액에 포함된 영업권과 동일)＝$16

20×1년 말 관계기업투자 장부금액(외화)＝$40＋4＋4＋16＝$64

(3) 간단한 방법을 적용한 지분법 평가

관계기업투자 기초 원화 장부금액＝$60×₩1,000＝₩60,000 … ①

관계기업투자 기말 원화 장부금액＝$64×₩1,200＝₩76,800 … ②

②와 ①의 차이 ₩16,800은 다음과 같이 지분법이익과 지분법기타포괄이익으로 구분하여 인식한다.

지분법이익＝{$30(관계기업 당기순이익)－10(공정가치 차이 당기 조정액)}×20%×₩1,100(평균환율)
＝₩4,400

지분법기타포괄이익(OCI)＝₩16,800－4,400＝₩12,400

위의 지분법기타포괄이익 ₩12,400은 다음과 같이 구분하여 직접 계산할 수도 있다.

표시통화 환산차이 = $200(기초 순자산 장부금액)×20%×(₩1,200 − 1,000)
+ $30(공정가치 차이조정 반영 전 당기순이익)×20%×(₩1,200 − 1,100) = ₩8,600

공정가치 차이 조정 환산 시 외환차이
= {$20×(₩1,200 − ₩1,000) − $10×(₩1,200 − ₩1,100)}×20% = ₩600

영업권을 마감환율로 환산 시 외환차이 = $16×(₩1,200 − 1,000) = ₩3,200

갑회사가 20×1년 말에 해야 할 지분법 평가분개는 다음과 같다.

(차) 관 계 기 업 투 자	16,800	(대)	지 분 법 이 익	4,400
			지분법기타포괄이익(OCI)	12,400

연 / 습 / 문 / 제 - 객관식 문제

01 외화거래와 해외사업장의 운영을 재무제표에 반영하는 방법과 기능통화재무제표를 표시통화로 환산하는 방법에 관한 다음 설명 중 옳지 않은 것은? 단, 기능통화는 초인플레이션 경제의 통화가 아닌 것으로 가정한다. (CPA 2018)

① 기능통화를 표시통화로 환산함에 있어 재무상태표의 자산과 부채는 해당 보고기간 말의 마감환율을 적용한다.

② 기능통화를 표시통화로 환산함에 있어 포괄손익계산서의 수익과 비용은 해당 거래일의 환율을 적용한다.

③ 공정가치로 측정하는 비화폐성 외화항목은 공정가치가 측정된 날의 환율로 환산하며, 이 과정에서 발생하는 외환차이는 당기손익으로 인식한다.

④ 보고기업의 해외사업장에 대한 순투자의 일부인 화폐성항목에서 생기는 외환차이는 보고기업의 별도재무제표나 해외사업장의 개별재무제표에서 당기손익으로 인식한다.

⑤ 해외사업장을 처분하는 경우에 기타포괄손익으로 인식한 해외사업장관련 외환차이의 누계액은 해외사업장의 처분손익을 인식하는 시점에 자본에서 당기손익으로 재분류한다.

02 해외사업장이 없는 ㈜갑의 기능통화는 원(₩)화이며, 20×1년 말 현재 외화자산·부채와 관련된 자료는 다음과 같다.

계정과목	외화 금액	최초 인식금액
매 출 채 권	$20	₩22,000
FVOCI 선택 금융자산	50	44,000
선 급 금	10	9,000
매 입 채 무	30	28,000
선 수 금	40	43,000
차 입 금	80	85,000

• FVOCI 선택 금융자산은 지분상품으로 $40에 취득하였고, 20×1년 말 공정가치는 $50이다.

20×1년 말의 마감환율은 $1당 ₩1,000이다. 위 외화자산·부채와 관련하여 발생하는 외환차이가 ㈜갑의 20×1년도 손익계산서의 당기순이익에 미치는 영향은 얼마인가? 단, 위 외화자

산·부채에 대해서는 위험회피회계가 적용되지 않으며, 모두 20×1년에 최초로 인식되었고, 법인세효과는 고려하지 않는다. (CPA 2013)

① ₩3,000 감소　② ₩2,000 감소　③ ₩1,000 증가
④ ₩2,000 증가　⑤ ₩3,000 증가

03 ㈜세무는 원화를 기능통화로 사용하는 해외사업장으로 20×1년 초 달러 표시 재고자산을 $100에 매입하여 20×1년 말까지 보유하고 있다. 동 재고자산의 순실현가능가치와 거래일 및 20×1년 말의 환율이 다음과 같을 때, 20×1년 말 현재 재고자산의 장부금액 및 재고자산평가손실은? (세무사 2017)

구분	외화금액	환율
취 득 원 가	$100	거래일 환율(₩1,000/$)
순실현가능가치	$96	20×1년 말 마감환율(₩1,050/$)

	장부금액	재고자산평가손실
①	₩96,000	₩4,000
②	100,000	0
③	100,000	4,000
④	100,000	4,200
⑤	100,800	0

04 20×1년 초에 설립된 ㈜한국의 기능통화는 미국달러화($)이며 표시통화는 원화(₩)이다. ㈜한국의 기능통화로 작성된 20×2년 말 요약재무상태표와 환율변동정보 등은 다음과 같다.

요약재무상태표

㈜한국　20×2. 12. 31 현재　(단위 : $)

자　산	2,400	부　채	950
		자 본 금	1,000
		이익잉여금	450
	2,400		2,400

• 자본금은 설립 당시의 보통주 발행금액이며 이후 변동은 없다.
• 20×1년과 20×2년의 당기순이익은 각각 $150와 $300이며, 수익과 비용은 연중 균등하게 발생하였다.
• 20×1년부터 20×2년 말까지의 환율변동정보는 다음과 같다.

	기초(₩/$)	평균(₩/$)	기말(₩/$)
20×1년	900	940	960
20×2년	960	980	1,000

• 기능통화와 표시통화는 모두 초인플레이션 경제의 통화가 아니며, 위 기간에 환율의 유의한 변동은 없었다.

㈜한국의 표시통화로 환산된 20×2년 말 재무상태표상 환산차이(기타포괄손익누계액)는?

(CPA 2017)

① ₩0 ② ₩72,500 ③ ₩90,000
④ ₩115,000 ⑤ ₩122,500

※ 다음은 문제 5와 6에 관련된다.

한국의 갑회사(기능통화, 표시통화 : 원화)는 20×1년 초에 미국의 ABC회사(기능통화 : 달러화)의 보통주 90%를 $950에 취득하여 지배기업이 되었다. 지배력 취득일 현재 ABC회사 순자산의 장부금액과 공정가치는 모두 $1,000이다. 다음은 20×1년도 ABC회사 시산표이다.

자산	$2,000	부채	$900
비용	800	자본금	700
		이익잉여금	300
		수익	900
	$2,800		$2,800

ABC회사의 재무제표 환산을 위한 환율은 다음과 같다.

20×1년 초	20×1년 평균	20×1년 말
₩1,000	₩1,040	₩1,100

05 ABC회사의 달러화 재무제표를 원화 재무제표로 환산할 경우 발생하는 외환차이는 얼마인가?

① ₩60,000 ② ₩76,000 ③ ₩106,000
④ ₩164,000 ⑤ ₩210,000

06 연결재무제표 작성 시 종속기업투자와 종속기업자본의 상계제거 과정에서 인식하는 외환차이는 얼마인가?

① (−)₩1,000 ② (−)₩5,000 ③ ₩2,000
④ ₩5,000 ⑤ ₩6,000

07 20×1년 초에 ㈜갑은 지분 100%를 소유한 해외종속기업 ㈜ABC에 무이자로 $1,000을 대여하였다. ㈜갑의 기능통화와 표시통화는 원화(₩)이고, ㈜ABC의 기능통화는 달러화($)이다. 동 외화대여금은 '해외사업장에 대한 순투자의 일부'에 해당한다. 20×1년 환율정보는 다음과 같다.

구분	환율(₩/$)
20×1년 초	1,000
20×1년 말	1,100
20×1년 평균	1,050

20×1년도에 동 외화대여금과 관련된 회계처리(연결 절차 포함)는 모두 적절히 수행되었다. ㈜갑이 작성하는 20×1년 말 연결재무상태표상 외화대여금의 잔액과 동 회계처리가 20×1년도 연결포괄손익계산서 상 기타포괄이익에 미치는 영향은 각각 얼마인가? 단, 20×1년 초 연결재무상태표 상 외화대여금 잔액은 ₩0이고, 동 외화대여거래 이외에 다른 거래는 없었다.

(CPA 2015)

	외화대여금의 잔액	기타포괄이익에 미치는 영향
①	₩0	₩100,000 증가
②	0	영향 없음
③	1,000,000	영향 없음
④	1,100,000	영향 없음
⑤	1,100,000	100,000 증가

정답 및 해설

01 ③

비화폐성항목에서 생긴 손익을 기타포괄손익으로 인식하는 경우에 그 손익에 포함된 환율변동효과도 기타포괄손익으로 인식한다. 그러나 비화폐성항목에서 생긴 손익을 당기손익으로 인식하는 경우에는 그 손익에 포함된 환율변동효과도 당기손익으로 인식한다. (기준서 제1021호 문단 30)

02 ③

(1) 당기손익에 영향을 미치는 외환차이는 화폐성항목의 환산 시 발생한다. 비화폐성항목 중 기말에 공정가치평가 하는 항목인 경우 공정가치평가손익이 당기손익에 반영되어야 외환차이 부분도 당기손익으로 반영한다. 결국 매출채권, 매입채무, 차입금 3개 항목의 외환차이를 계산하면 된다.

(2) 매출채권(자산)
$20×₩1,000 − 22,000 = ₩(2,000) 손실

(3) 매입채무(부채)
$30×₩1,000 − 28,000 = ₩2,000 손실

(4) 차입금(부채)
$80×₩1,000 − 85,000 = ₩(5,000) 이익

(5) 당기순이익에 미치는 영향
₩5,000 − 2,000 − 2,000 = ₩1,000 이익증가

03 ②

(1) 기능통화로 환산한 취득원가 : $100×₩1,000 = ₩100,000
(2) 기능통화로 환산한 순실현가능가치 : $96×₩1,050 = ₩100,800
(3) 기말 저가재고는 ₩100,000이고, 재고자산평가손실은 ₩0이다.

04 ④

$2,400×₩1,000 − ($950×₩1,000 + $1,000×₩900 + $150×₩940 + $300×₩980)
= ₩115,000 외환차이

05 ③

자　　산	$2,000×₩1,100＝	₩2,200,000	부　　채	$900×₩1,100＝	₩990,000
비　　용	800×₩1,040＝	832,000	자 본 금	700×₩1,000＝	700,000
			이익잉여금	300×₩1,000＝	300,000
			수　　익	900×₩1,040＝	936,000
			외환차이		106,000
		₩3,032,000			₩3,032,000

06 ④

영업권($)＝$950－1,000×90%＝$50

영업권에서 발생하는 외환차이＝$50×(₩1,100－1,000)＝₩5,000

07 ①

(1) 외화대여금 외환차이에 대한 지배기업 회계처리

<20×1. 1. 1>

(차) 외화대여금	1,000,000	(대) 현　　금	1,000,000

* $1,000×₩1,000＝₩1,000,000

<20×1. 12. 31>

(차) 외화대여금	100,000	(대) 외환차이(당기손익)	100,000

* $1,000×(₩1,100－1,000)＝₩100,000

(2) 연결재무제표 작성 시 조정분개

(차) 차　입　금	1,100,000	(대) 외화대여금	1,100,000
(차) 외환차이(당기손익)	100,000	(대) 외환차이(기타포괄손익)	100,000

(3) 외화대여금은 연결조정분개 시 상계제거되어 연결재무상태표 상 잔액이 "0"이 되었고, 외환차이가 기타포괄손익으로 대체되어 연결포괄손익계산서 상 기타포괄손익은 ₩100,000 증가하게 되었다.

연 / 습 / 문 / 제 - 주관식 문제

01 외국 소재 종속기업의 연결

한국의 P회사(기능통화 : 원화)는 20×1년 초에 미국에 소재하는 S회사(기능통화 : 달러화)의 보통주식 60%를 $1,200에 취득하여 지배력을 획득하였다. 다음은 20×1년도 두 회사의 재무제표이다.

과목	P회사	S회사
매출	₩8,000,000	$5,000
기타수익	1,000,000	800
매출원가	(5,600,000)	(4,000)
기타비용	(1,200,000)	(1,200)
당기순이익	₩2,200,000	$600
현금·매출채권	₩800,000	$500
외화매출채권($1,000)	1,000,000	−
재고자산	2,400,000	1,300
종속기업투자	1,200,000	−
건물(순액)	5,000,000	2,000
합계	₩10,400,000	$3,800
부채	₩5,700,000	$1,500
자본금	2,000,000	1,000
이익잉여금	2,700,000	1,300
합계	₩10,400,000	$3,800

20×1년도의 환율은 다음과 같다.

20×1. 1. 1.	20×1. 12. 31.	20×1 평균
₩1,000/$	₩950/$	₩980/$

물음

1. 표시통화인 원화로 S회사의 재무제표를 환산하라.

2. P회사가 20×1년 말에 S회사를 포함하는 연결재무제표를 작성할 때 해야 할 연결조정분개를 하고, 연결정산표를 작성하라. 단, 20×1년 말 현재 영업권이 배분된 현금창출단위의 회수가능액이 장부금액보다 적으며 이 차이 중 지배기업 지분 해당액은 ₩21,000이다.

해답

1.

과목	기능통화	적용환율	환산금액(표시통화)
매출	$5,000	980	₩4,900,000
기타수익	800	980	784,000
매출원가	(4,000)	980	(3,920,000)
기타비용	(1,200)	980	(1,176,000)
당기순이익	$600		₩588,000
현금·매출채권	$500	950	₩475,000
재고자산	1,300	950	1,235,000
건물(순액)	2,000	950	1,900,000
합계	$3,800		₩3,610,000
부채	$1,500	950	₩1,425,000
자본금	1,000	1,000	1,000,000
이익잉여금	1,300		1,288,000(1)
외환차이(OCI)	–		(103,000)(2)
합계	$3,800		₩3,610,000

(1) $700(기초이익잉여금)×₩1,000/$ + ₩588,000 = ₩1,288,000
(2) 대차 일치를 위한 끼워 넣기 금액이다. 외환차이는 자본 중 기타포괄손익으로 구분한다.

2. <20×1년 말 연결조정분개>

① 종속기업투자와 지배력 취득시점의 S회사 자본의 상계제거(20×1년 초 기준)

(차)	자본금	1,000,000(1)	(대) 종속기업투자	1,200,000
	이익잉여금	700,000(2)	비지배지분	680,000(3)
	영업권	171,000(4)		
	외환차이(OCI)	9,000		

(1) 1,000(기초자본금)×₩1,000/$(20×1년 초 환율) = ₩1,000,000
(2) $700(기초이익잉여금)×₩1,000/$(20×1년 초 환율) = ₩700,000
(3) (₩1,000,000 + 700,000)×40% = ₩680,000
(4) 달러화 표시 영업권 = $1,200(취득원가) − 1,700×60% = $180
영업권은 마감환율로 환산한다.
원화 표시 영업권 = $180×₩950/$ = ₩171,000

② 영업권의 손상차손 인식

(차) 손 상 차 손 21,000 (대) 영 업 권 21,000

③ 당기순이익으로 인한 순자산 변동분 중 비지배지분 해당액

(차) 이 익 잉 여 금 235,200(5) (대) 비 지 배 지 분 235,200

(5) ₩588,000×40%＝₩235,200

④ 외환차이 중 비지배지분 대체

(차) 비 지 배 지 분 41,200 (대) 외 환 차 이(OCI) 41,200(6)

(6) ₩103,000×40%＝₩41,200

〈20×1년 말 연결정산표〉

과목	P회사	S회사	연결조정분개		연결재무제표
			차변	대변	
매출	₩8,000,000	₩4,900,000			₩12,900,000
기타수익	1,000,000	784,000			1,784,000
매출원가	(5,600,000)	(3,920,000)			(9,520,000)
기타비용	(1,200,000)	(1,176,000)	②21,000		(2,397,000)
당기순이익	₩2,200,000	₩588,000	₩21,000*		₩2,767,000
현금·매출채권	₩800,000	₩475,000			₩1,275,000
외화매출채권	1,000,000	–			1,000,000
재고자산	2,400,000	1,235,000			3,635,000
종속기업투자	1,200,000	–		①1,200,000	–
건물(순액)	5,000,000	1,900,000			6,900,000
영업권	–	–	①171,000	②21,000	150,000
합계	₩10,400,000	₩3,610,000			₩12,960,000
부채	₩5,700,000	₩1,425,000			₩7,125,000
자본금	2,000,000	1,000,000	①1,000,000		2,000,000
이익잉여금	2,700,000	1,288,000	①700,000 ③235,200 21,000*		3,031,800
외환차이(OCI)	–	(103,000)	①9,000	④41,200	(70,800)
비지배지분	–	–	④41,200	①680,000 ③235,200	874,000
합계	₩10,400,000	₩3,610,000	₩2,177,400	₩2,177,400	₩12,960,000

* 당기순이익의 조정 금액만큼 이익잉여금에 반영한다.

02 재무제표 환산과 연결재무제표 (CPA 2011)

㈜지배는 20×8년 1월 1일에 미국에 소재하고 있는 ㈜종속의 보통주 지분 80%를 $2,500(₩3,000,000 상당액)에 취득하면서 지배력을 획득하였다. 취득 당시 ㈜종속의 자본항목은 자본금 $2,000와 이익잉여금 $1,000로 구성되어 있다. ㈜지배의 기능통화와 표시통화는 원화(₩)이며, ㈜종속의 기능통화는 US $이다. 또한 US $는 초인플레이션 경제의 통화에 해당하지 않는다.

20×8년도 ㈜종속의 재무상태표와 포괄손익계산서는 다음과 같다.

재무상태표
20×8년 12월 31일 현재

과목	금액	과목	금액
현금	$600	매입채무	$800
수취채권	1,800	장기차입금	1,300
재고자산	1,200	자본금	2,000
유형자산	2,400	기타포괄손익누계액	500
		이익잉여금	1,400
자산총계	$6,000	부채와자본총계	$6,000

포괄손익계산서
20×8년 1월 1일부터 20×8년 12월 31일까지

과목	금액
매출액	$20,000
매출원가	(18,000)
매출총이익	2,000
기타비용	(1,400)
금융원가	(100)
법인세비용	(100)
당기순이익	400
기타포괄이익	500
총포괄이익	$900

㈜종속의 수익과 비용은 평균적으로 발생한다고 가정하며, 기타포괄이익은 20×8년 12월 31일에 발생한 재평가잉여금으로 법인세 효과를 차감한 순액이다. 20×8년의 환율정보는 다음과 같다.

- 20×8년 1월 1일 : US$1 = ₩1,200
- 20×8년 평균 : US$1 = ₩1,100
- 20×8년 12월 31일 : US$1 = ₩1,050

물음

1. 20×8년 12월 31일 ㈜지배가 연결재무제표를 작성하기 위해 ㈜종속의 재무제표를 ㈜지배의 표시통화로 환산하면서 발생하는 외환차이를 계산하라. 단, 손실의 경우에는 금액 앞에 (-) 표시를 하라.

2. 20×8년 12월 31일 ㈜지배의 표시통화로 작성되는 연결재무제표에 계상되는 영업권을 계산하라. 단, 20×8년 1월 1일 현재 ㈜종속의 자산과 부채의 공정가치는 장부금액과 동일하다.

3. ㈜종속의 장기차입금 $1,300 중 $600은 20×8년에 ㈜지배로부터 차입한 것이며, 차입 당시의 환율은 US$1=₩1,150이었다. 동 거래와 관련하여 ㈜지배는 20×8년 말 기능통화로 작성된 별도재무상태표에 ₩630,000의 장기대여금을 계상하고 있다. ㈜지배는 동 장기대여금이 예측할 수 있는 미래에 결제될 가능성이 낮다고 판단하고 있다. ㈜지배가 별도재무제표를 이용하여 연결포괄손익계산서를 작성할 때 어떠한 회계처리를 고려하여야 하는지 그 금액을 포함하여 2줄 이내로 기술하라.

해답

1. 외환차이 (-)₩470,000

<계산근거 : 20×8년도 재무제표 환산>

과목	환산 전	환율	환산 후
자 산	$6,000	1,050	₩6,300,000
외 환 차 이	-		470,000
계	$6,000		₩6,770,000
부 채	$2,100	1,050	₩2,205,000
자 본 금	2,000	1,200	2,400,000
기타포괄손익	500	1,050	525,000
기초이익잉여금	1,000	1,200	1,200,000
당 기 순 이 익	400	1,100	440,000
계	$6,000		₩6,770,000

2. 영업권은 마감환율로 환산한다.

$100×₩1,050=₩105,000

3. 지배기업은 장기대여금에 대해서 ₩60,000(=690,000-630,000)의 외환차이(손실)를 당기손익으로 계상하였다. 종속기업 재무제표 환산 시 장기차입금 $600로 인하여 외환차이 ₩60,000이 발생하였고 동 금액은 기타포괄이익(표시통화 환산으로 인한 차이)으로 계상되어 있다.

연결재무제표 작성 시 지배기업이 장기대여금에 대해서 당기손익으로 인식한 외환차이 ₩60,000을 기타포괄손익으로 대체하여야 한다.

파생상품 및 위험회피회계

본장의 내용

본장에서는 파생상품의 회계처리 및 파생상품을 이용한 위험회피회계를 설명한다. 파생상품의 본질적인 설명은 재무론 등에서 이루어지기 때문에 본장에서는 파생상품 회계를 이해하는 데 필요한 기본적인 내용만 소개할 것이다. 또한 금융상품에 해당하는 파생상품은 금융자산 또는 금융부채로 분류되므로 중급회계에서 설명했던 금융자산 및 금융부채의 회계처리에 대한 일부의 설명이 반복될 것이다.
기업이 공정가치나 현금흐름의 변동위험을 회피하기 위하여 파생상품 계약을 체결하는 경우가 있는데, 이 경우에는 위험회피회계라는 독특한 회계처리를 필요로 한다. 본장에서는 공정가치위험회피, 현금흐름위험회피뿐만 아니라 해외사업장순투자의 위험회피에 대한 회계처리도 설명한다.
한국채택국제회계기준에서는 파생상품만을 위한 별도의 기준서를 마련하지 않고, 금융상품과 관련된 여러 가지 기준서(제1032호, 제1109호 및 제1107호)에 그 내용이 분산되어 있다. 본장에서는 이 기준서들을 중심으로 파생상품의 회계처리 및 위험회피회계를 제시한다. 또한 기준서 제1118호 '재무제표의 표시와 공시'에 기초하여 제7장에서 설명한 환율변동손익 및 본장에서 설명하는 파생상품평가손익의 손익계산서 범주의 분류를 10절에 요약하였다. 본장에서 기준서의 내용을 언급할 때 괄호 안에 사용하는 숫자는 기준서 번호와 문단 번호를 의미한다. 예를 들어 (1109:4.3.1)은 기준서 제1109호, 문단 4.3.1을 의미한다.

1 파생상품

1.1 파생상품의 의의

파생상품(derivatives)이란 그 상품의 가치가 독립적으로 결정되지 않고, 다른 상품(기초변수 또는 기초자산, underlying)의 가치 변동에 따라 변동하는 계약을 말한다. 이때 다른 상품이란 곡물이나 광물 등 일반상품일 수도 있고, 이자율, 환율, 주가 등 금융상품일 수도 있다. 예를 들어, 옥수수 1톤을 3개월 후에 톤당 ₩1,000에 매수하는 계약(이와 같은 계약을 선도계약이라 함)을 체결한 경우 그 계약의 가치는 독립적으로 결정되지 않고 계약 체결 후 옥수수 가격(기초변수)의 변동에 따라 변동할 것이므로 옥수수를 매수하는 선도계약은 파생상품에 해당한다. 만약 옥수수의 톤당 가격이 ₩1,000에서 ₩1,100으로 올라간다면 옥수수를 매수하는 선도계약의 가치도 올라갈 것이고, 반대로 옥수수의 톤당 가격이 ₩1,000에서 ₩950으로 내려간다면 옥수수를 매수하는 선도계약의 가치도 내려갈 것이다.[1] 옥수수를 특정 가격으로 매수하는 선도계약을 체결하면 미래의 옥수수 가격과 관계없이 옥수수 현물을 인도받을 때 지급할 현금유출액을 사전에 확정시키므로 미래 현금흐름의 불확실성을 제거할 수 있다.

근대적인 파생상품은 미국의 곡물거래로부터 시작되었다. 곡물을 재배하는 농부들은 작황이 좋을 경우 공급과잉으로 곡물가격이 폭락하는 문제가 발생하였고, 곡물을 사들이는 가공업자들은 작황이 좋지 않을 경우 공급부족으로 곡물가격이 폭등하는 문제가 발생하였다. 이러한 상황에 대비하기 위하여 농부들과 가공업자들은 정해진 가격으로 미리 곡물을 매매하는 계약을 체결하기 시작하였는데, 이것이 바로 선도계약이다. 이후 파생상품계약은 일반상품뿐만 아니라 금융상품으로 그 범위가 확대되었고 다양한 종류의 파생상품이 개발되었다.

1.2 파생상품의 종류

파생상품은 기초변수(기초자산)에 따라 일반파생상품(기초변수가 농산물, 광물자원, 원유 등인 파생상품)과 금융파생상품(기초변수가 외환, 금리, 주가지수 등인 파생상품)으로 구분할

1) 이때 거래 상대방은 옥수수 1톤을 3개월 후에 톤당 ₩1,000에 매도하는 계약을 체결하였으므로 옥수수의 톤당 가격이 ₩1,000에서 ₩1,100으로 올라간다면 옥수수를 매도하는 계약의 가치는 내려갈 것이고, 반대로 옥수수의 톤당 가격이 ₩1,000에서 ₩950으로 내려간다면 옥수수를 매도하는 계약의 가치는 올라갈 것이다.

수 있다. 또한 거래되는 장소에 따라 장내파생상품과 장외파생상품으로 구분하기도 한다. 장내파생상품은 거래조건을 표준화하고 거래의 안정성을 확보한 파생상품이라는 점에서 장외파생상품과 구분된다.

파생상품을 거래형태에 따라 분류하면 선도(forward contract), 선물(futures), 스왑(swap), 옵션(option)으로 구분할 수 있다. 선도란 전술한 곡물 선도계약과 같이 계약시점에 정해 놓은 가격으로 특정 상품을 미래의 특정 시점에 교환하기로 하는 두 당사자 간의 계약을 말한다. 선물은 장외거래인 선도계약을 표준화된 장내거래로 바꾼 것을 말한다. 스왑은 계약당사자의 특정 자산 또는 부채를 일정기간 동안 정해진 조건으로 교환하는 대표적인 장외파생상품계약이다. 스왑에는 고정금리와 변동금리를 교환하는 이자율스왑, 서로 다른 통화를 교환하는 통화스왑 등이 있다. 한편, 옵션이란 미래 특정 시점 또는 특정 기간 동안에 지정된 자산을 미리 정한 조건으로 매매할 수 있는 권리를 사고파는 계약을 말한다. 여기에는 통화옵션, 주식옵션, 주가지수옵션 등이 있다.[2)]

1.3 파생상품으로 정의되기 위한 특성

국제회계기준은 파생상품이 자산 또는 부채의 인식조건을 충족하므로 이를 자산 또는 부채로 인식하고, 기초변수의 변동에 따른 파생상품의 공정가치의 변동을 인식하도록 요구하고 있다. 기준서는 다음의 3가지 특성을 모두 가진 금융상품이나 기타 계약을 파생상품으로 정의한다(1109:부록A).

(1) 기초변수의 변동에 따라 가치가 변동한다. 기초변수는 이자율, 금융상품가격, 일반상품가격, 환율, 가격 또는 비율의 지수, 신용등급 또는 신용지수나 그 밖의 변수를 말한다. 다만, 비금융변수의 경우에는 계약의 당사자에게 특정되지 아니하여야 한다.
(2) 최초 계약 시 순투자금액이 필요하지 않거나 시장요소의 변동에 유사한 영향을 받을 것으로 기대되는 다른 유형의 계약보다 적은 순투자금액이 필요하다.
(3) 미래에 결제된다.

아래에서 파생상품의 3가지 특성에 대해서 자세하게 설명한다.

2) 본장 보론에 파생상품의 기초에 대한 요약을 참고하라.

(1) 기초변수

기초변수는 해당 파생상품의 결제금액을 결정하기 위한 변수인데, 파생상품은 연계되어 있는 기초변수의 변동에 따라 그 가치가 변동하는 특성이 있다. 예를 들어, 기업이 3개월 후에 $100을 ₩1,100/$의 환율(이를 선도환율이라 함)에 매입하는 계약(이를 통화선도계약이라고 함)을 체결할 경우 기업은 3개월 후에 $100을 수취할 권리와 ₩110,000을 지급할 의무가 동시에 발생한다. 이때 3개월 후에 ₩110,000을 지급할 의무의 원화 금액은 고정되어 있는 반면, $100을 수취할 권리의 원화 금액은 기초변수인 환율변동에 따라 변동한다.

기초변수에는 환율 이외에도 이자율(예 : 무위험 단기금리 RFR)[3], 금융상품가격, 일반상품가격, 지수(예 : FTSE 100[4], KOSPI 200), 신용등급이나 신용지수(예 : S&P 신용등급) 등이 있다. 기초변수는 결제시점에 인도해야 할 대상이 아니라, 보통 현금으로 결제되는 금액을 계산하기 위한 근거로 사용된다.

1) 물리적 기초변수

특정 지역의 지진 재해지수, 특정 도시의 기온 지수와 같은 비금융변수도 기초변수가 될 수 있다. 다만 이 경우에는 비금융변수가 계약 당사자에게 특정되지 않아야(not specific to a party) 파생상품으로 구분된다. 만약 비금융변수가 계약 당사자에게 특정되어 있다면 이는 파생상품이 아니라 보험계약 또는 보증계약에 해당한다. 예를 들어, 갑회사가 소유하는 건물에 화재가 발생할 경우 피해를 보상받는 계약을 체결했다면, 화재라는 비금융변수는 계약당사자인 갑회사의 건물에만 특정되어 있으므로 이러한 계약은 파생상품이 아니라 보험계약(insurance contract)[5]이다. 반면에 여름철 평균 강우량이 100mm에 미달할 경우 농작물 재배업자가 보상을 받는 계약을 체결했다면, 강우량이라는 비금융변수는 계약 당사자의 경작지에만 특정된 것이 아니라 해당 지역의 모든 경작지에 적용될 수 있으므로 이러한 계약은 파생상품에 해당한다.

---

3) 현재 국제기준금리는 LIBOR가 아니라 SOFR(Secured Overnight Financing Rate, 미국 국채를 담보로 한 익일물 금리)을 중심으로 한 각국의 무위험 단기금리(RFR)를 말한다.

4) Financial Times Stock Exchange 100 (런던 증권거래소 100개 기업 주가지수)

5) 보험계약에 대해서는 기준서 제1104호에서 별도로 규정하고 있으나, 보험업종의 회계처리는 본서의 범위를 벗어나기 때문에 동 기준서의 내용은 설명하지 않는다.

2) 신용 기초변수

신용변수에 기초한 계약은 그 신용변수가 계약당사자에게 특정되지 않은 경우에만 파생상품의 요건을 충족한 것으로 본다. 예를 들어, 금융보증계약은 채무자의 채무 불이행 시 채권자에게 대금을 대신 지급하기로 보증한 계약을 말하는데, 채무 불이행이라는 사건이 계약 당사자에게 특정되어 있으므로 파생상품이 아닌 일반 금융부채(금융보증부채)에 해당한다.[6)]

신용관련 보증계약 중에는 보증대상자산에 관하여 지급기일에 채무자의 지급불이행으로 인한 위험과 손실을 부담하는 것을 지급의 전제조건으로 하지 않는 계약도 있다. 예를 들어, 특정 신용등급이나 신용지수의 하락에 대하여 특정 금액을 지급하는 계약은 기초변수인 신용등급이나 신용지수가 계약 당사자에게 특정되어 있지 않으므로 금융보증계약이 아니라 파생상품에 해당한다.

(2) 최초 순투자금액

파생상품이 되기 위해서는 최초 계약 시 순투자금액이 필요하지 않거나 시장요소의 변동에 유사한 영향을 받을 것으로 기대되는 다른 유형의 계약보다 순투자금액이 적어야 한다. 일반적으로 선도계약이나 선물계약은 최초 계약 시에 권리와 의무의 공정가치가 동일(즉, 순공정가치가 0)하기 때문에 계약시점에 현금의 유출입은 발생하지 않는다. 또한 스왑계약의 경우에도 미래에 현금을 주고 받을 뿐 계약시점에 현금의 유출입은 발생하지 않는다.

선물거래의 경우 증거금을 납부하는데, 이는 거래의 이행을 보증하기 위한 담보성격의 금액이지 순투자금액의 일부는 아니다. 옵션거래의 경우 옵션매입자가 옵션프리미엄(option premium)을 지급하는데, 이는 기초 금융상품을 취득하는 데 필요한 투자금액보다 매우 적은 금액이므로 파생상품의 정의를 충족한다.[7)]

(3) 미래 결제

모든 파생상품은 미래에 결제되는 특성이 있다. 선도계약은 계약 시 정한 특정일에 결제되며, 이자율스왑은 일정 기간(예 : 매 3개월)마다 이자 차액이 결제된다.[8)] 그리고 옵션은 권리

---

6) 그러나 금융보증계약의 발행자가 당해 계약을 보험계약으로 간주한다는 것을 명백히 하고, 보험계약에 적용가능한 회계처리를 하였다면 기준서 제1104호에 따라 보험계약으로 회계처리할 수 있다.

7) A회사 주식 100주를 취득하는 데 소요되는 금액보다 1개월 후 A회사 주식 100주를 행사가격 ₩100에 취득할 수 있는 콜옵션을 취득하는 데 소요되는 금액이 훨씬 적을 것이다.

8) 매 3개월마다 6%의 고정금리를 지급하고, RFR + 1%의 변동금리를 수취하는 이자율스왑의 경우 최초 계약 시뿐만 아니라 그 이후에도 원금의 교환은 없고 단지 고정금리와 변동금리의 차이만 결제된다.

행사일이나 만기일에 결제된다. 옵션의 경우 현재 외가격상태(out-of-the-money)이기 때문에 옵션의 행사가능성이 매우 낮더라도 만기에 그 권리가 소멸함으로써 결제될 수 있다.

결제는 다양한 방법으로 이루어질 수 있으며, 총액결제와 차액결제에 관계없이 미래 결제의 조건을 충족한다. 예를 들어, $100를 ₩1,200/$의 선도환율로 매도하는 계약을 체결하고 결제일에 실제 환율이 ₩1,300/$일 경우, 총액결제를 한다면 ₩120,000을 수취하고 ₩130,000($100×₩1,300)을 지급할 것이며, 차액결제를 한다면 순액인 ₩10,000만 지급할 것이다.

1.4 파생상품의 회계처리

(1) 파생금융상품의 의의

파생금융상품은 기초변수가 금융변수인 파생상품으로서 통화선도계약, 국채 선물, 이자율 스왑, 주가지수옵션 등이 여기에 해당한다. 본장에서 다루는 파생상품의 회계처리는 파생금융상품에 국한한다. 따라서 이후 파생상품이라는 표현은 모두 파생금융상품의 의미로 사용할 것이다.

기업이 파생상품 계약을 체결함으로써 미래에 현금 등 금융자산을 수취할 권리가 발생하거나, 잠재적으로 유리한 조건으로 거래상대방과 금융자산과 금융부채를 교환할 계약상 권리를 갖게 된다면 당해 파생상품은 금융자산에 해당한다. 반면에 파생상품 계약을 체결함으로써 미래에 현금 등 금융자산을 인도할 의무가 발생하거나, 잠재적으로 불리한 조건으로 거래상대방과 금융자산과 금융부채를 교환할 의무를 부담하게 된다면 당해 파생상품은 금융부채에 해당한다(1032:11).

(2) 파생상품의 재무상태표 분류

파생상품은 금융자산 또는 금융부채에 해당하므로 기준서 제1109호의 분류 기준에 따라 재무상태표에 표시한다. 기준서 제1109호는 금융자산을 ① 계약상 현금흐름 특성과 ② 금융자산의 관리를 위한 기업의 사업모형에 따라 분류하도록 규정한다(1109:4.1.1. ~ 4.1.5.). 계약상 현금흐름 특성은 원금과 이자 지급의 현금흐름이 특정일에 생기는 특성을 말하는데, 실무에서는 흔히 SPPI(Solely Payment of Principal and Interest) 조건이라고 한다.

중급회계에서 설명한 금융자산의 분류를 간략하게 요약하면 다음과 같다. 기업이 보유하는 금융자산이 SPPI 조건을 충족한다면 기업의 사업모형(현금흐름 수취/현금흐름 수취와 매도/기타)에 따라 상각후원가 측정 금융자산(이하 'AC 금융자산'이라 함), 기타포괄손익－공정가치 측정 금융자산(이하 'FVOCI 금융자산'이라 함) 또는 당기손익－공정가치 측정 금융자산

(이하 'FVPL 금융자산'이라 함)으로 분류한다. 그러나 기업이 보유하는 금융자산이 SPPI 조건을 충족하지 않는다면 기업의 사업모형을 고려하지 않고 모두 당기손익-공정가치 측정 금융자산(이하 'FVPL 금융자산'이라 함)으로 분류한다. 다만, 해당 금융자산이 단기매매목적도 아니고 사업결합에서 발생한 조건부 대가도 아니라면 기업의 선택에 따라 기타포괄손익-공정가치 측정 금융자산(이하 'FVOCI 선택 금융자산'이라 함)으로 분류할 수 있다. 파생상품자산은 SPPI 조건을 충족하지 못하므로 기업의 사업모형을 고려할 필요 없이 FVPL 금융자산으로 분류한다.

기준서 제1109호에 따르면, 금융부채는 금융자산과 달리 SPPI 조건이나 기업의 사업모형을 고려하지 않고 상각후원가측정 금융부채 또는 별도의 후속측정기준을 적용하는 금융부채로 분류한다. 파생상품부채는 별도의 후속측정 기준을 적용하는 부채로서 FVPL 금융부채로 분류한다(1109:4.2.1(1)).

(3) 파생상품의 인식과 측정

금융자산이나 금융부채는 금융상품의 계약당사자가 되는 때에만 재무상태표에 인식한다. 파생상품도 금융상품에 해당하므로 파생상품의 계약당사자가 될 때 계약상 권리와 의무를 재무상태표에 자산과 부채루 각각 인식한다.

선도계약은 결제일이 아니라 계약일에 자산이나 부채로 인식한다. 다만, 선도계약의 당사자가 되는 때에 일반적으로 권리와 의무의 공정가치가 같으므로 계약일에 선도계약의 순공정가치는 0이다. 시간의 경과에 따라 권리와 의무의 순공정가치가 0이 아닐 수 있는데, 이러한 경우 해당 계약을 자산이나 부채로 인식한다. 옵션계약은 그 보유자나 발행자가 계약의 당사자가 되는 때 자산이나 부채로 인식한다(1109:B3.1.2).[9)]

파생상품자산·부채는 FVPL 금융자산(부채)으로 분류하므로 후속적으로 공정가치 변동을 측정하여 당기손익으로 인식한다. 단, 5절에서 설명하는 현금흐름 위험회피수단으로 지정된 파생상품의 공정가치 변동 중 위험회피에 효과적인 부분은 기타포괄손익으로 인식하고, 위험회피에 비효과적인 부분만 당기손익으로 인식한다.

다음의 (예제 1)을 통해서 실무에서 흔히 발생하는 통화선도계약을 대상으로 기본적인 파생상품의 회계처리를 설명한다.

---

9) 본장에서는 선도계약자산, 콜옵션자산 등 세부 계정을 사용하지 않고, 파생상품자산 또는 파생상품부채라는 계정을 사용하여 회계처리를 설명한다.

예제 1 통화선도거래의 회계처리

갑회사는 20×1년 9월 1일에 $100를 수취하고, ₩106,000을 지급하는 통화선도계약을 체결하였다. 통화선도계약의 만기결제일은 20×2년 9월 1일이다.

일자	현물환율	선도환율 (만기 20×2. 9. 1.)
20×1. 9. 1.	₩1,000	₩1,060
20×1. 12. 31.	1,080	1,090
20×2. 6. 30.	1,050	1,070
20×2. 9. 1.	1,100	–

물음

20×1년 9월 1일(계약체결일)과 12월 31일(연차결산일) 및 20×2년 6월 30일(반기결산일)과 9월 1일(결제일)에 갑회사가 통화선도계약과 관련하여 해야 할 회계처리를 하라. 단, 통화선도계약의 공정가치는 현재가치로 계산해야 하나, 이를 생략한다.[10)]

해답

<20×1. 9. 1.>

회계처리 없음

통화선도계약 체결시점에서 갑회사는 다음과 같은 자산과 부채가 발생한다.

(1) 12개월 후 $100를 수취할 권리(자산)

(2) 12개월 후 ₩106,000을 지급해야 할 의무(부채)

계약 체결일 현재 $100를 수취할 권리의 공정가치는 선도환율 ₩1,060을 적용한 ₩106,000인데, 이는 지급해야 할 의무의 공정가치 ₩106,000과 동일하므로 통화선도계약의 순공정가치는 0이다. 따라서 회계처리는 없다.

---

10) 선도환율(forward rate)은 현행환율(spot rate)과 두 나라의 이자율에 따라 결정된다. 예를 들어, 달러화 대 원화의 특정 시점 현행환율(₩/$)이 ₩1,000이고, 한국의 이자율이 6%, 미국의 이자율이 2%일 때 1년 후 선도환율은 다음과 같이 계산된다.

₩1,000의 1년 후 원리금 합계 = ₩1,000×1.06 = ₩1,060, $1의 1년 후 원리금 합계 = $1×1.02 = $1.02

1년 후 선도환율 = ₩1,060÷$1.02 = ₩1,039

또는 1년 후 선도환율 $= \text{현물환율} \times \frac{(1+\text{원화\%})}{(1+\text{달러화\%})} = ₩1,000 \times \frac{1.06}{1.02} = ₩1,039$

<20×1. 12. 31.>

20×1년 12월 31일 현재 갑회사는 다음과 같은 자산과 부채를 보유한다.

(1) 8개월 후 $100를 수취할 권리(자산)

(2) 8개월 후 ₩106,000을 지급해야 할 의무(부채)

8개월 후에 $100를 수취할 권리의 공정가치는 선도환율이 ₩1,060에서 ₩1,090으로 변동함에 따라 평가이익이 발생하는 반면, ₩106,000을 지급할 의무의 공정가치는 원화로 확정되어 있으므로 환율변동의 영향을 받지 않는다. 평가이익＝$100×(₩1,090－1,060)＝₩3,000

(차)	파생상품자산	3,000	(대) 파생상품평가이익	3,000

<20×2. 6. 30.>

20×2년 6월 30일 현재 갑회사는 다음과 같은 자산과 부채를 보유한다.

(1) 2개월 후 $100를 수취할 권리(자산)

(2) 2개월 후 ₩106,000을 지급해야 할 의무(부채)

2개월 후에 $100를 수취할 권리의 공정가치는 선도환율이 ₩1,060에서 ₩1,070으로 변동함에 따라 (누적)파생상품평가이익이 발생하는 반면, ₩106,000을 지급할 의무의 공정가치는 원화로 확정되어 있으므로 환율변동의 영향을 받지 않는다.

(누적)파생상품평가손익＝$100×(₩1,070－1,060)＝₩1,000

20×2. 6. 30.에 인식할 인식할 평가손익＝₩1,000－3,000＝(－)₩2,000(평가손실)

(차)	파생상품평가손실	2,000	(대) 파생상품자산	2,000*

* 20×1년 12월 31일에 인식했던 파생상품자산 ₩3,000 중 ₩2,000을 감소시킨다.

<20×2. 9. 1.>

20×2년 9월 1일 현재 $100를 수취할 권리의 공정가치는 선도환율 ₩1,060에서 현물환율 ₩1,100으로 변동함에 따라 (누적)파생상품평가이익이 발생한다.

(누적)파생상품평가이익＝$100×(₩1,100－1,060)＝₩4,000

20×2. 9. 1.에 인식할 평가손익＝₩4,000－1,000＝₩3,000(평가이익)

(차)	파생상품자산	3,000	(대) 파생상품평가이익	3,000
(차)	현금	110,000	(대) 현금	106,000
			파생상품자산	4,000

갑회사가 20×1년 9월 1일에 체결한 통화선도계약은 미래의 환율이 어떻게 변동하든 관계없이 ₩106,000을 지급하고 $100를 매수하는 계약인데, 20×2년 9월 1일의 현물환율이 ₩1,100으로 당초 예상했던 환율보다 보다 ₩40 더 높기 때문에 ₩4,000의 현금(순액)을 최종 수취한다.

(4) 파생상품의 제거

파생상품도 금융상품에 해당하므로 금융상품의 제거에 대한 회계처리를 적용한다. 비파생상품에 해당하는 금융자산과 금융부채의 제거는 중급회계에서 자세하게 설명하였으므로 아래에서는 파생상품을 양도할 때 이를 제거할 것인지의 여부에 대한 주요 사례만 제시한다(1109:B3.2.16).

① 깊은 내가격 상태인 풋옵션과 콜옵션

양도자가 양도한 금융자산에 대한 콜옵션(즉, 양도한 금융자산을 매입할 권리)을 보유하며 해당 콜옵션이 깊은 내가격 상태라면, 양도자가 콜옵션을 행사하여 양도한 금융자산을 다시 매입할 가능성이 매우 높으므로 양도 거래의 실질을 매각이라고 보기 어렵다. 따라서 양도자는 양도자산의 소유에 따른 위험과 보상의 대부분을 보유하고 있으므로 해당 양도는 제거 조건을 충족하지 못한다(즉, 양도자산을 계속 인식).

이와 마찬가지로 양도한 금융자산에 대한 풋옵션(즉, 양수자가 양도자에게 매입을 요구할 권리)을 양수자가 보유하며 해당 풋옵션이 깊은 내가격 상태라면, 양도자는 양수자가 행사한 풋옵션에 따라 양도한 금융자산을 다시 매입할 가능성이 매우 높으므로 양도 거래의 실질을 매각이라고 보기 어렵다. 따라서 양도자는 양도자산의 소유에 따른 위험과 보상의 대부분을 보유하고 있으므로 해당 양도는 제거 조건을 충족하지 못한다(즉, 양도자산을 계속 인식).

② 깊은 외가격 상태인 풋옵션과 콜옵션

양도한 금융자산에 대하여 양수자가 보유한 풋옵션이 깊은 외가격 상태이거나 양도자가 보유한 콜옵션이 깊은 외가격 상태라면, 양도자가 양도한 금융자산을 다시 매입할 가능성이 매우 낮으므로 양도자산의 위험과 보상을 대부분 이전하였다고 보아야 한다. 따라서 해당 양도자산을 제거한다.

③ 시장에서 쉽게 매입할 수 있는 자산으로, 그 자산에 대한 콜옵션이 깊은 내가격 상태도 아니고, 깊은 외가격 상태도 아닌 경우

시장에서 쉽게 매입할 수 있는 자산에 대하여 깊은 내가격 상태 또는 깊은 외가격 상태가 아닌 콜옵션을 보유하고 있다면 양도자가 양도자산의 소유에 따른 위험과 보상의 대부분을 보유하고 있지도 않고 이전하지도 않았으며, 양도자산에 대한 통제를 상실하였기 때문에 해당 자산을 제거한다. 그러나 해당 자산을 시장에서 쉽게 매입할 수 없다면, 양도자가 해당 자산에 대한 통제를 보유하고 있으므로 양도자는 지속적 관여부분까지 양도자산을 계속 인식한다.

(5) 자기지분상품으로 결제되는 계약

기업이 자기지분상품으로 결제되는 계약을 체결하기도 한다. 예를 들어, 미래 특정일에 갑회사가 갑회사의 주식을 발행하거나 인수하는 계약을 체결할 수도 있다. 자기지분상품으로 결제되는 계약은 결제되는 자기지분상품의 수량과 금액의 확정 여부에 따라 [표 1]과 같이 분류한다(1032:21~24).

| 표 1 | 자기지분상품으로 결제되는 파생상품의 분류

구분	인도하는 자기지분상품의 분류	수취하는 자기지분상품의 분류
인도(수취)하는 자기지분상품의 수량과 그 대가의 금액이 모두 확정되어 있는 경우	지분상품	지분상품의 감소
인도(수취)하는 자기지분상품의 수량과 그 대가의 금액 중 하나가 확정되어 있지 않거나, 모두 확정되어 있지 않은 경우	금융부채	금융자산

자기지분상품으로 결제되는 파생상품의 재무제표 분류는 중급회계에서 설명하였으므로, 본 절에서는 간략하게 요약한다. 자기지분상품으로 결제되는 계약의 성격을 이해하기 위해서 투자자가 금융상품 발행자의 자본위험을 부담하는지의 여부를 먼저 이해해야 한다. 여기에서 자본위험이란 발행자의 기업 가치가 하락할 경우 발행자의 자산에서 부채를 차감한 잔여지분 즉, 자본의 가치도 하락하는 위험을 말한다. 예를 들어, 투자자가 갑회사의 주식을 취득한 경우 갑회사의 기업 가치가 하락하면 투자자가 보유한 갑회사 주식의 가치도 하락하므로 투자자는 갑회사의 자본위험에 노출된다. 반면에 투자자가 갑회사의 채무상품(예 : 사채)을 취득한 경우에는 갑회사의 기업 가치가 하락하더라도 투자자는 사전에 확정된 이자와 원금을 수취할 권리를 갖고 있으므로 갑회사의 자본위험에 노출되지 않는다.

이와 같은 자본위험의 특성을 자기지분상품으로 결제하는 계약에 적용해 보자. 발행자가 확정수량－확정금액 조건으로 자기지분상품을 결제하는 계약을 발행(예를 들어, 확정 수량의 주식으로 전환할 수 있는 권리를 부여한 계약을 발행)하고 이를 투자자가 취득한 경우, 발행자의 주식 가치가 하락하면 투자자가 수취할 자기지분상품의 수량이 확정되어 있으므로 투자자가 보유한 계약의 가치도 하락한다. 즉, 투자자는 발행자의 자본위험에 노출되므로(즉, 기존 주주와 동일한 자본위험을 부담하므로) 발행자는 이러한 계약을 지분상품(자본)으로 분류한다.

반면에 발행자가 변동수량－변동금액 조건으로 자기지분상품을 결제하는 계약을 발행(예를 들어, 발행자의 주가가 하락할 경우 전환되는 주식 수량을 증가 조정하는 조건으로 계약을 발행)하고 이를 투자자가 취득한 경우, 발행자의 주식 가치가 하락하더라도 투자자가 수취할 자기지분상품의 수량이 증가하므로 투자자가 보유한 계약의 가치는 변동하지 않는다. 즉, 투자자는 발행자의 자본 위험에 노출되지 않으므로(즉, 기존 주주와 동일한 자본위험을 부담하지 않으므로) 발행자는 이러한 계약을 금융부채로 분류한다.

[표 1]을 요약하면, 자기지분상품으로 결제하는 계약의 경우 거래 상대방이 발행자의 기존 주주가 부담하는 자본위험(즉, 잔여지분 위험)과 동일한 위험을 부담하면, 발행자는 이를 지분상품(즉, 자본)으로 분류(투자자는 자본에서 차감)하는 반면, 거래 상대방이 발행자의 기존 주주가 부담하는 자본위험(즉, 잔여지분 위험)과 동일하지 않은 위험을 부담하면, 발행자는 이를 금융부채(투자자는 금융자산으로 분류)로 분류한다. 이렇게 금융부채와 지분상품을 분류하는 것은 위에서 언급했던 기준서 제1032호 문단 11에서 지분상품을 '기업의 자산에서 모든 부채를 차감한 후의 잔여지분을 나타내는 모든 계약'으로 정의한 것과 일관되는 회계처리이다.

자기지분상품으로 결제되는 계약은 (예제 2)의 사례와 같이 독립된 단독 계약일 수도 있고 주계약에 내재되는 경우도 있다. 예를 들어, 일반사채(주계약)에 주식전환옵션(자기지분상품을 인도하는 계약에 해당)을 부가한 전환사채를 발행할 경우 주식전환옵션은 단독으로 존재하는 것이 아니라 주계약에 내재되어 있는 계약이므로 이러한 파생상품을 내재파생상품이라고 한다. 내재파생상품의 회계처리는 1.5절에서 설명한다.

(6) 확정계약

특정 시점에 특정 가격으로 원재료(예를 들어, 구리, 원유 등)를 매수(또는 매도)하기로 한 확정계약(firm commitment)은 파생상품의 정의를 충족한다. 왜냐하면 최초 계약 시 순투자금액이 필요하지 않고, 원재료의 가격 변동에 따라 당해 계약의 가치가 변동하며, 동 계약은 미래에 결제될 것이기 때문이다.

그러나 이러한 확정계약을 반드시 파생상품으로 처리하는 것은 아니다. 기업이 실물을 인수(또는 인도)함으로써 계약을 결제할 의도가 있고, 비슷한 계약을 현금으로 차액결제한 실무관행이 없고, 단기 가격변동이익이나 중개이익을 목적으로 원재료를 매수(또는 매도)한 실무경험이 없는 경우에는 파생상품으로 회계처리하지 않고 미이행계약으로 회계처리한다(1109:A.1). 미이행계약을 체결한 시점에서는 계약 당사자 누구도 의무를 이행하지 않은 상태이므로 자산이나 부채를 인식하지 않는다. 다만, 미이행계약이 손실부담계약에 해당하면 예외적으로 부채와 비용을 인식한다.

1.5 내재파생상품

(1) 내재파생상품의 의의

주계약(채무상품, 예금 등 비파생상품)[11]에 파생상품이 결합된 금융상품을 복합계약(hybrid contracts)이라고 하며, 복합계약에 내재되어 있는 파생상품을 내재파생상품(embedded derivatives)이라고 한다. 예를 들어, 전환사채의 경우 주계약은 원금과 이자 지급의 현금흐름으로 구성된 채무상품이며, 내재파생상품은 주식전환 옵션이다.

내재파생상품은 복합계약의 현금흐름 중 일부를 독립적인 파생상품의 경우와 비슷하게 변동시키는 효과를 가져온다. 즉, 내재파생상품은 내재파생상품이 포함되지 않았을 경우의 계약에 따른 현금흐름의 전부나 일부를 특정된 이자율, 금융상품가격, 일반상품가격, 환율, 가격 또는 비율의 지수, 신용등급이나 신용지수 또는 그 밖의 변수에 따라 변경시킨다.[12] 특정 금융상품에 부가되어 있더라도 계약상 해당 금융상품과는 독립적으로 양도할 수 있거나 해당 금융상품과는 다른 거래상대방이 있는 파생상품은 내재파생상품이 아니라 별도의 금융상품으로 본다(1109:4.3.1).

(2) 복합계약의 회계처리

전술한 바와 같이 복합계약은 주계약과 내재파생상품이 결합된 금융상품을 말한다. 복합계약의 주계약은 채무상품 특성 또는 지분상품 특성을 가질 수 있으며, 주계약에 내재되어 있는 파생상품은 하나일 수도 있고 여러 개일 수도 있다. 예를 들어, 전환사채(CB, convertible bond)는 주계약인 사채에 1개의 내재파생상품(주식전환 옵션)이 내재된 복합계약이며, 전환상환우선주(RCPS, redeemable convertible preferred shares)는 주계약인 우선주에 2개의 내재파생상품(주식전환옵션과 중도상환권[13])이 내재된 복합계약이다.

1) 복합계약 투자자의 회계처리

복합계약 회계처리의 핵심은 주계약과 내재파생상품을 분리하여 회계처리해야 하는지의 여부이다. 복합계약의 투자자는 복합계약의 주계약이 기준서 제1109호의 범위에 포함되는 금융자산이라면 회계처리의 복잡성을 줄이기 위해서 내재파생상품을 분리하지 않고, 복합계약 전

---

11) 주계약(host contract)은 주식, 채권 등 금융상품뿐만 아니라 리스계약, 보험계약 등도 모두 해당한다.

12) 전환사채의 경우 주식전환 옵션을 행사하면 채무상품인 주계약이 주식으로 전환되어 더 이상 원금과 이자의 현금흐름이 발생하지 않으므로 내재파생상품이 복합계약의 현금흐름을 변동시키는 효과를 가져온다.

13) 전환상환우선주의 중도상환권을 발행자도 갖고(콜옵션) 투자자도 갖는(풋옵션) 조건이라면 주식전환옵션을 포함하여 3개의 내재파생상품이 포함되어 있다.

체에 대해서 1.4절에서 설명한 SPPI 조건과 기업의 사업모형을 고려하여 복합계약의 분류를 결정하고 회계처리한다. 주계약에 포함되어 있는 내재파생상품은 SPPI 조건을 충족하지 않으므로 복합계약 투자자는 금융상품 전체를 FVPL 금융자산으로 분류한다.

그러나 복합계약의 주계약이 기준서 제1109호의 범위에 포함되는 금융자산이 아니라면(예 : 리스계약이나 보험계약에 따라 인식하는 금융자산) 후술하는 내재파생상품의 분리 요건을 고려하여야 한다. 만약 내재파생상품을 분리해야 한다면 이는 별개의 파생상품과 같으므로 FVPL 항목으로 회계처리하고, 내재파생상품을 분리하지 못하면 금융상품 전체에 주계약의 회계처리를 적용한다.

2) 복합계약 발행자의 회계처리

복합계약의 발행자는 우선 복합계약 전체를 기준서 제1032호의 금융상품의 정의(1032:11)에 따라 금융부채 또는 지분상품 중 하나로 구분하여야 한다. 복합계약 전체를 지분상품으로 구분하면, 지분상품은 내재파생상품의 분리 여부를 판단하는 기준서 제1109호의 적용대상이 아니므로 내재파생상품을 주계약에서 분리하지 않는다. 그러나 복합계약 전체를 금융부채로 구분하면, 다음의 3가지 조건을 모두 충족하는 경우에만 내재파생상품을 주계약에서 분리한다(1109:4.3.3).[14)]

(1) 내재파생상품의 경제적 특성·위험이 주계약의 경제적 특성·위험과 밀접하게 관련되어 있지 않다.
(2) 내재파생상품과 조건이 같은 별도의 금융상품이 파생상품의 정의를 충족한다.
(3) 복합계약의 공정가치 변동을 당기손익으로 인식하지 않는다(당기손익－공정가치 측정 금융부채에 내재된 파생상품은 분리하지 않는다).

위의 문단 4.3.3의 분리 요건을 보면, 내재파생상품이 주계약과 그 특성이 다를 경우 이를 주계약과 분리한 후 공정가치 변동을 당기손익으로 인식하기 위한 것임을 알 수 있다. 구체적으로 살펴보면, 문단 4.3.3의 분리 요건 (1)은 내재파생상품과 주계약의 경제적 특성 및 위험이 밀접하게 관련되어 있지 않아야(not closely related)[15)] 내재파생상품을 주계약에서 분리할 수 있음을 의미한다. 분리 요건 (2)는 내재파상생품을 분리한 결과, 독립적인 파생상품의 특성

14) 예를 들어, 주계약이 지분상품의 특성을 갖더라도 복합계약 전체의 관점에서 볼 때 투자자의 조기상환권 행사로 발행자가 상환의무를 부담하거나, 투자자의 전환권 행사 시 전환되는 주식 수량이 주가에 따라 변동된다면 복합계약 전체를 금융부채로 구분한다. 이러한 구분은 내재파생상품의 분리 여부를 판단하기 위한 것일 뿐 이러한 구분에 따라 복합계약 전체를 금융부채 또는 지분상품으로 회계처리하는 것은 아니다.

15) 예를 들어, 전환사채의 경우 주계약인 사채요소의 경제적 특성·위험(주로 이자율 변동에 따라 가치가 변동됨)이 내재파생상품인 주식전환옵션의 경제적 특성·위험(주로 발행자의 주가에 따라 가치가 변동됨)과 거의 관련이 없으므로 분리 요건(1)을 충족한다.

을 갖지 못한다면 공정가치 평가를 할 수 없으므로 굳이 내재파생상품을 주계약에서 분리할 실익이 없음을 의미한다. 마지막으로 분리 요건 (3)은 복합계약 전체를 FVPL 항목으로 분류했다면 내재파생상품을 분리하지 않아도 공정가치 평가손익을 당기손익으로 인식할 수 있으므로 굳이 내재파생상품을 주계약에서 분리할 실익이 없음을 의미한다. 만약 위의 문단 4.3.3의 분리 요건을 충족하지 못하여 내재파생상품을 주계약에서 분리하지 않는다면, 전체를 하나의 회계단위로 보고 상각후원가로 측정하는 금융부채로 회계처리한다.

주계약에서 내재파생상품을 분리하는 파생상품이 여러 개일 수도 있다. 복수의 내재파생상품이 있는 경우 이를 하나의 내재파생상품으로 보고 회계처리한다. 다만, 복수의 내재파생상품이 서로 다른 익스포저와 관련되고, 쉽게 분리가능하며, 서로 독립적인 경우에는 각각을 분리하여 회계처리한다. 또한 복수의 내재파생상품 중 지분상품으로 분류되는 내재파생상품이 있다면, 금융부채로 분류되는 내재파생상품과 분리하여 회계처리한다.

(3) 복합계약 발행자의 FVPL 지정(Fair value option)

전술한 문단 4.3.3의 3가지 분리 요건을 모두 충족하는 복합계약의 경우에는 내재파생상품을 주계약에서 분리한다고 설명하였다. 그러나 내재파생상품을 주계약에서 분리하여 각각 회계처리하는 것이 오히려 회계처리를 복잡하게 할 수 있으며, 회계정보의 신뢰성을 낮출 수도 있을 것이다. 이에 기준서는 복합계약 전체를 FVPL 측정항목으로 지정(이를 ‘fair value option’이라고 함)할 수 있도록 하였다.[16] 다만, 다음의 (1)과 (2)의 경우는 FVPL 항목으로 지정하더라도 복잡성을 줄이거나 신뢰성을 높이는 것이 아니므로 FVPL 항목으로의 지정을 허용하지 않는다(1109:4.3.5, B4.3.10).[17]

(1) 내재파생상품으로 인해 복합계약의 현금흐름이 유의적으로 변경되지 않는 경우
(2) 비슷한 복합계약을 고려할 때 내재파생상품의 분리가 금지된 것을 별도로 상세하게 분석하지 않아도 명백하게 알 수 있는 경우. 이러한 내재파생상품의 예로는 (옵션의) 보유자가 상각후원가에 가까운 금액으로 대출채권을 중도 상환할 수 있는 대출채권에 내재된 중도 상환 옵션이 있다.

16) 이러한 지정은 주계약과 분리해야 하는 내재파생상품이나 분리할 수 없는 내재파생상품 모두에 적용할 수 있다.
17) (1)과 (2)의 경우는 내재파생상품을 분리하기 곤란한 경우에 해당하는데, 여기에 FVPL 지정을 하면 공정가치선택권을 부적절하게 사용하는 결과를 초래할 수 있으므로 이를 제한하는 것이다.

(4) 복합계약과 복합금융상품의 구분

복합계약(hybrid contracts)과 유사한 용어로 복합금융상품이 있다. 복합금융상품(compound instruments)이란 발행자의 입장에서 금융부채와 지분상품의 성격을 동시에 가지고 있는 금융상품을 말한다(1032.28). 복합계약은 발행자와 투자자의 구분 없이 주계약과 내재파생상품이 합쳐진 금융상품을 의미하며, 복합금융상품은 발행자 입장에서만 적용된다는 점에 차이가 있다.

예를 들어, 갑회사가 주계약인 채무상품에 주식전환옵션(내재파생상품)이 포함되어 있는 전환사채를 발행하고 이를 을회사가 모두 취득했을 경우 갑회사와 을회사 모두 전환사채는 복합계약에 해당한다. 이때 갑회사가 발행한 전환사채의 주식전환옵션이 확정수량의 갑회사 주식으로 전환되는 조건이라면 주식전환옵션은 지분상품으로 분류되므로 전환사채는 복합금융상품에 해당한다. 그러나 주식전환옵션이 변동수량의 갑회사 주식으로 전환되는 조건이라면 주식전환옵션은 금융부채로 분류되므로 이때에는 복합금융상품이 아니라 복합계약이 된다. 갑회사가 주식전환옵션이 지분상품에 해당하는 전환사채를 발행할 경우 이는 복합금융상품에 해당하므로 주계약인 사채(상각후원가 측정)와 주식전환옵션(자본항목)을 구분하여 회계처리하고 주식전환옵션이 금융부채(파생상품부채)에 해당하면 이를 복합계약으로 분류하여 사채(상각후원가 측정)와 파생상품부채(FVPL 금융부채)로 구분하여 회계처리한다.

2 위험회피

2.1 위험회피의 의의

기업은 경영활동을 하는 과정에서 다양한 위험(business risk)에 노출되는데, 환율 변동위험, 이자율 변동위험, 원자재 가격 변동위험, 중도상환위험,[18] 신용위험 등이 여기에 포함된다. 이러한 위험들은 기업이 보유하는 자산, 부채의 공정가치나 미래 현금흐름에 영향을 주고, 궁극적으로 당기손익(또는 기타포괄손익)에 영향을 미친다.

18) 예를 들어, 은행이 고객에게 만기 5년의 대출을 해주었는데, 고객이 중도에 조기상환을 한다면 은행은 안정적인 자금 운용에 문제가 생길 수 있다. 따라서 이러한 중도상환위험 때문에 고객이 중도상환을 요구할 때 중도상환 수수료를 물리는 것이다.

예를 들어, 외화차입을 하였는데 환율이 상승하면 보고기간 말에 외화차입금의 환산 과정에서 환율변동손실을 인식할 위험에 노출되거나, 상환 시점에 결제해야 할 원금의 기능통화가 더 많이 소요될(미래 기능통화 현금유출액이 증가할) 위험에 노출된다. 변동금리 조건의 채무상품을 취득하였는데 금리가 하락하면 수취할 이자의 현금흐름이 감소할 위험에 노출된다. 또한 원자재를 3개월 후에 인도받는 조건으로 구매하는 취소불능 계약(이를 확정계약이라고 함)을 체결했는데 계약 체결 후 원자재의 시가가 하락하면 당초 계약한 높은 구매가격을 지급하고 원자재를 구매해야 하는 가격변동위험에 노출된다. 이와 같이 기업은 다양한 위험에 노출될 수 있기 때문에 기업이 보유하는 자산이나 부채의 공정가치 또는 미래 현금흐름이 변동하고, 그 결과 당기순이익(또는 기타포괄손익)에도 부정적인 영향을 미칠 수 있다.

기업은 특정 위험에서 발생하는 익스포저(exposure)[19]를 관리하기 위해서 파생상품(또는 다른 금융상품) 계약을 체결하는 경우가 많은데, 이와 같은 기업의 위험관리활동(risk management activity)을 위험회피(hedge)라고 한다. 이때 회피하고자 하는 위험에 노출되어 있는 자산, 부채, 확정계약 등을 위험회피대상항목(hedged items)이라 하고, 위험을 회피하기 위해 사용하는 파생상품 등을 위험회피수단(hedging instruments)이라고 한다.

2.2 위험회피의 사례

기업의 위험회피 활동을 쉽게 이해하기 위해서 몇 가지 위험회피 사례를 제시한다.

(1) 사례 1 : 인식한 자산

갑회사는 20×1년 10월 1일에 지분상품을 취득하고 FVPL 금융자산으로 분류하였다. 갑회사는 지분상품의 공정가치가 하락할 경우 당기손익이 하락하는 위험에 노출된다.

이때 갑회사가 지분상품의 공정가치 변동위험을 회피하기 위해서 취할 수 있는 대표적인 방법이 동 지분상품을 미래의 특정 시점에 특정 가격으로 매도하는 선도계약을 체결하는 것이다. 예를 들어, 지분상품을 3개월 후에 ₩1,000에 매도하는 선도계약을 체결하였는데 주가가 ₩900으로 하락하면 시장에서 지분상품을 ₩900에 매수하여 선도계약의 거래상대방에게 ₩1,000을 받고 매도할 수 있으므로 ₩100만큼 평가이익이 발생한다. 따라서 선도계약에서 발생하는 평가이익과 보유하고 있는 지분상품에서 발생하는 평가손실이 상쇄된다. 물론 선도계약

19) 한국회계기준원은 기준서 제1039호에서 exposure를 문맥에 따라 위험, 노출, 위험에 노출 등 다양하게 번역하여 왔으나, 기준서 제1109호에서는 '익스포저'로 일관되게 번역하였다. 본장에서 익스포저라 함은 위험 그 자체, 위험에 노출되어 있는 금액 또는 위험에 노출되어 있는 상태를 의미한다.

을 체결한 후 지분상품의 공정가치가 상승할 수도 있는데, 이 경우 선도계약에서 평가손실이 발생하는 반면 지분상품에서 평가이익이 발생하므로 당기손익에 미치는 영향은 상쇄된다.[20]

이 사례에서 위험회피대상항목은 공정가치가 변동하는 지분상품이고, 위험회피수단은 지분상품을 매도하는 선도계약이다. 지분상품의 평가손익과 선도계약의 평가손익이 같은 회계기간에 반대방향으로 발생하기 때문에 당기손익에 미치는 영향은 상쇄된다. 지금까지 설명한 지분상품의 공정가치 변동에 대한 위험회피 과정을 요약하면 다음과 같다.

상황	보유 지분상품	+	매도 선도계약	→	위험회피결과
가격 하락	손실 발생		이익 발생		당기손익 상쇄
가격 상승	이익 발생		손실 발생		당기손익 상쇄

(2) 사례 2 : 확정계약

갑회사는 20×1년 4월 1일에 원재료 100톤을 톤당 ₩1,000에 매입하는 확정계약(firm commitment)[21]을 체결하였는데, 원재료를 인도받기로 한 날은 20×1년 7월 1일이다. 이 경우 갑회사는 원재료를 매입하는 확정계약을 체결한 때부터 원재료 가격의 하락 위험에 노출된다. 예를 들어, 확정계약 체결 후 원재료 가격이 톤당 ₩900으로 하락할 경우 갑회사는 원재료 100톤을 톤당 ₩900이 아니라 ₩1,000에 매입해야 하므로 ₩10,000(100톤×₩100)만큼 손실을 보게 된다.[22]

이때 갑회사가 원재료의 가격 변동위험을 회피하기 위해서 취할 수 있는 가장 대표적인 방법이 동일 원재료를 미래의 특정일에 특정 가격으로 매도하는 선도계약을 체결하는 것이다. 예를 들어, 갑회사가 20×1년 4월 1일에 원재료를 매입하는 확정계약(원재료의 인도일은 20×1년 7월 1일)을 체결하면서 동시에 원재료 100톤을 20×1년 7월 1일에 톤당 ₩1,000에 매도하는 선도계약을 체결하면, 이후 원재료 가격이 하락하더라도 선도계약에서 이익이 발생하므로 확정계약에서 발생하는 손실을 상쇄할 수 있다.[23]

---

20) 지분상품의 공정가치가 상승할 경우 평가이익을 인식할 수 있는데, 괜히 선도계약을 체결하는 바람에 당기순이익을 증가시킬 수 있는 평가이익의 영향을 상쇄한 것이 아닌가 하고 생각할 수 있겠다. 이러한 생각은 마치 공장건물의 화재위험을 피하기 위하여 화재보험에 가입하고 보험료를 납부했는데, 보험기간 동안 공장건물에 화재가 발생하지 않았다고 하여 괜히 화재보험에 가입하여 비용만 인식했다고 후회하는 것과 다르지 않다. 위험회피를 함으로써 공정가치 변동이나 현금흐름의 변동을 줄이고 그 결과 당기손익의 변동성을 줄일 수 있으므로 처음 예상했던 위험회피의 효과와 반대의 결과를 가져왔더라도 위험회피를 하고자 했던 당초의 의사결정이 잘못된 것은 아니다.

21) 확정계약은 이행이 강제되는 계약으로서 계약을 파기하려면 상당한 위약금을 부담하여야 한다.

22) 갑회사는 원재료를 ₩100,000에 매입하는 것으로 장부기록을 하므로 즉시 ₩10,000의 손실을 인식하지는 않지만 나중에 그 원재료로 제품을 생산하여 판매할 때, 매출액은 그대로인데 매출원가를 더 많이 인식하게 되어 결국 ₩10,000의 손실만큼 당기손익에 영향을 미친다.

이 사례에서 위험회피대상항목은 원재료 매입 확정계약이고, 위험회피수단은 원재료를 매도하는 선도계약이다. 확정계약과 선도계약의 손익이 같은 회계기간에 반대방향으로 발생하기 때문에 확정계약과 선도계약이 당기손익에 미치는 영향은 상쇄된다. 지금까지 설명한 확정계약에 대한 위험회피 과정을 요약하면 다음과 같다.

상황	매입 확정계약	+	매도 선도계약	→	위험회피결과
가격 하락	손실 발생		이익 발생		당기손익 상쇄
가격 상승	이익 발생		손실 발생		당기손익 상쇄

(3) 사례 3 : 인식한 부채

을회사는 20×1년 7월 1일에 만기 3년의 변동이자 지급조건의 사채를 발행하였다. 을회사는 향후 이자율이 상승할 경우 이자지급에 필요한 현금유출이 증가할 위험에 노출된다. 이때 을회사가 이자율 변동위험을 회피하기 위해서 취할 수 있는 대표적인 방법이 '변동이자 수취/고정이자 지급 조건'의 이자율스왑 계약을 체결하는 것이다. 이자율스왑은 미래 이자의 현금흐름만 교환하는 계약인데, '변동이자 수취/고정이자 지급 조건'의 이자율스왑의 경우 이자율의 변동에 따라 수취하는 이자가 변동하는 반면, 지급하는 이자는 고정된다. 사채에서 변동이자 지급의 현금흐름이 발생하고, 이자율스왑에서 변동이자 수취와 고정이자 지급의 현금흐름이 발생하는데, 사채와 이자율스왑의 현금흐름을 합치면 변동이자 지급과 변동이자 수취가 상쇄되고 고정이자 지급만 남는다. 따라서 사채를 발행한 후 이자율이 어떻게 변동하든 관계없이 을회사는 고정이자로 현금을 지급하는 효과를 얻을 수 있다.

이 사례에서 위험회피대상항목은 변동이자 지급조건의 사채이고, 위험회피수단은 변동이자 수취/고정이자 지급조건의 이자율스왑 계약이다. 사채의 변동이자 지급과 이자율스왑의 변동이자 수취의 현금흐름이 같은 회계기간에 반대방향으로 상쇄되기 때문에 고정이자 지급의 현금흐름만 남는다. 지금까지 설명한 변동이자 지급조건의 사채에 대한 위험회피 과정을 요약하면 다음과 같다.

사채	+	이자율 스왑계약	→	위험회피결과
~~변동이자 지급~~		~~변동이자 수취~~		고정이자 지급만 남음
		고정이자 지급		

23) 예를 들어, 원재료 가격이 톤당 ₩900으로 하락할 경우 갑회사는 원재료를 시장에서 ₩900에 매입하고, 이를 선도계약 상대방에게 ₩1,000에 매도함으로써 톤당 ₩100의 차익을 얻을 수 있다.

(4) 사례 4 : 미래 발생가능성이 매우 큰 예상거래

병회사는 20×1년 4월 1일에 6개월 후 상품 100개를 단위당 ₩500에 매출할 가능성이 매우 크다고 예상하였다. 병회사는 6개월 후 상품 가격이 지금보다 하락할 경우 상품 판매로 유입될 현금이 적어질 위험에 노출된다. 이때 병회사가 예상거래로부터 발생할 현금유입이 적어질 위험을 회피하기 위하여 취할 수 있는 대표적인 방법이 동일 상품 100개를 미래의 특정일에 매도하는 선도계약을 체결하는 것이다. 예를 들어, 20×1년 10월 1일에 상품 100개를 단위당 ₩500에 매도하는 조건으로 20×1년 4월 1일에 선도계약을 체결하면, 향후 상품가격이 어떻게 변동되든 관계없이 병회사는 20×1년 10월 1일에 상품 100개를 판매하면서 확정된 현금 ₩50,000을 수취할 수 있다.

이 사례에서 위험회피대상항목은 미래 발생가능성이 매우 큰 매출거래이고, 위험회피수단은 선도계약이다. 예상거래의 미래 현금흐름이 변동하더라도 선도계약을 체결함으로써 현금흐름이 같은 회계기간에 반대방향으로 상쇄되기 때문에 고정된 현금흐름만 남게 된다. 지금까지 설명한 매출 예상거래에 대한 위험회피 과정을 요약하면 다음과 같다.

상황	매출 예상거래	+	매도 선도계약	→	위험회피결과
가격 하락	현금 유입 감소		현금 유입 증가		현금 변동 상쇄
가격 상승	현금 유입 증가		현금 유입 감소		현금 변동 상쇄

2.3 위험회피의 종류

2.2절에서 위험회피의 4가지 사례를 제시하였다. 사례 1은 기업이 인식한 자산에서 발생하는 공정가치의 변동위험을 회피하고자 파생상품 계약을 이용한 것이고, 사례 2는 미래에 특정 가격으로 원재료를 매입하기로 한 확정계약에서 발생하는 가격(공정가치)의 변동위험을 회피하고자 파생상품 계약을 이용한 것이다. 한편, 사례 3은 변동이자 지급조건의 부채에서 발생하는 이자지급으로 유출될 현금흐름이 변동하는 위험을 회피하고자 파생상품 계약을 이용한 것이고, 사례 4는 미래에 발생가능성이 매우 큰 매출거래에서 판매대가로 유입될 현금흐름이 변동하는 위험을 회피하고자 파생상품 계약을 이용한 것이다.

위험회피의 핵심은 위험회피대상항목의 공정가치나 현금흐름의 변동과 반대방향으로 공정가치나 현금흐름의 변동이 발생하는 위험회피수단을 선택하고, 이를 위험회피대상항목과 연계시킴으로써 같은 회계기간에 공정가치나 현금흐름의 변동을 상쇄시키는 것이다. [그림 1]은 위험회피대상항목의 공정가치나 현금흐름의 변동이 위험회피수단의 공정가치나 현금흐름의 변동과 상쇄되는 과정을 보여준다. 이와 같은 위험관리활동을 통해서 기업은 회피하고자 하는 위험을 제거할 수 있다.

| 그림 1 | 위험회피대상항목과 위험회피수단의 관계

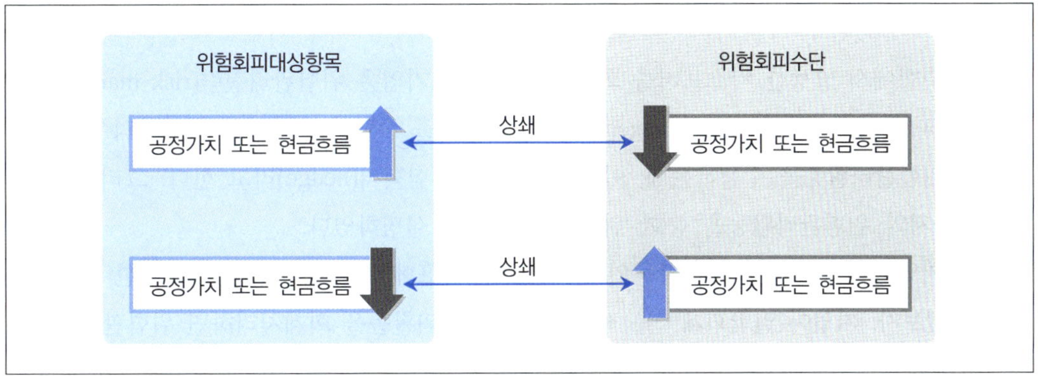

공정가치나 현금흐름의 변동위험 회피라는 관점에 기초하여 국제회계기준은 위험회피관계를 다음의 3가지 종류로 분류한다(1109:6.5.2).

(1) 공정가치위험회피
(2) 현금흐름위험회피
(3) 해외사업장순투자의 위험회피

국제회계기준은 공정가치위험회피(fair value hedge)를 특정 위험에 기인하고 당기손익에 영향을 줄 수 있는 것으로서, 인식된 자산이나 부채 또는 인식되지 않은 확정계약의 공정가치 변동 익스포저에 대한 위험회피로 정의한다. 2.2절에서 설명했던 사례 1과 사례 2가 공정가치위험회피에 해당한다.

또한 국제회계기준은 현금흐름위험회피(cash flow hedge)를 특정 위험에 기인하고 당기손익에 영향을 줄 수 있는 것으로서, 인식된 자산이나 부채 또는 발생가능성이 매우 큰 예상거래의 현금흐름 변동 익스포저에 대한 위험회피로 정의한다. 2.2절에서 설명했던 사례 3과 사례 4가 현금흐름위험회피에 해당한다. 이외에도 국제회계기준은 해외사업장순투자의 위험회피도 언급하고 있는데, 이는 연결재무제표에만 적용되는 위험회피로서 8절에서 설명한다. 한편, 실무에서 파생상품을 이용한 위험회피는 대부분 현금흐름위험회피이다.

3 위험회피회계

3.1 회계불일치와 위험회피회계의 필요성

특정 위험에서 발생한 익스포저를 회피하기 위해서 기업은 위험관리전략(risk management strategy)과 위험관리목적(risk management objectives)을 수립하고 다양한 위험관리수단을 이용하여 위험관리활동을 수행하는데, 이러한 활동을 위험회피(hedge)라고 한다. 그리고 2.2절에서 4가지의 위험관리활동을 통한 위험회피 사례를 설명하였다.

이제 기업이 수행한 위험관리활동의 결과를 재무제표에 적절하게 반영하기 위한 회계처리를 논의해보자. 기업이 일반회계[24]를 적용하여 위험관리활동을 회계처리하면 위험관리활동을 적절하게 수행하였음에도 불구하고 재무제표에 위험관리활동의 결과를 제대로 보고하지 못할 수 있다. 2.2절에서 설명한 4가지 위험회피 사례 중 사례 2, 3 및 4에 일반회계를 적용하면, 위험회피수단의 공정가치 변동을 당기손익으로 인식하는 데에는 문제가 없으나, 위험회피대상항목의 공정가치 변동을 당기손익으로 인식할 수 없는 문제가 발생한다. 그 결과 기업이 위험회피활동을 제대로 수행했음에도 불구하고 같은 회계기간에 위험회피수단과 위험회피대상항목의 공정가치 평가손익이 반대방향으로 상쇄되지 못하는 문제가 발생한다. 이러한 문제를 회계불일치(accounting mismatch)라고 한다.

2.2절의 사례 2, 3 및 4에 대해서 일반회계를 적용할 경우 왜 회계불일치가 발생하는지 구체적으로 설명해 보자. 사례 2와 같이 위험회피대상항목이 확정계약인 경우, 확정계약은 미이행계약이므로 계약을 이행하기 전까지 아무런 회계처리를 하지 않는다. 따라서 [그림 2]에서 보는 바와 같이 사례 2의 위험회피활동에 일반회계를 적용하면 위험회피대상항목인 확정계약의 공정가치 변동은 인식하지 않는 반면, 위험회피수단의 공정가치 변동은 당기손익으로 인식하기 때문에 회계불일치가 발생한다.

| 그림 2 | 일반회계 적용 시 사례 2의 회계불일치 발생

확정계약의 공정가치 변동 무인식	≠	위험회피수단의 공정가치 변동 인식

---

24) 일반회계란 후술할 특별회계에 대응되는 개념으로 기업이 거래가 발생할 때 일반적으로 적용하는 회계처리라고 이해하면 된다.

2.2절의 사례 3은 위험회피대상항목이 변동이자 지급조건의 사채인데, 사채의 공정가치는 미래현금흐름을 현행이자율로 할인한 현재가치로 측정할 수 있다. 그런데 현행이자율이 변동할 경우 미래현금흐름(이자지급액)이 변동하면서 현재가치 계산에 적용할 할인율(현행이자율)도 같은 방향으로 변동하기 때문에 사채의 현재가치(공정가치)는 변동하지 않는다. 따라서 [그림 3]에서 보는 바와 같이 사례 3의 위험회피 활동에 일반회계를 적용하면 위험회피대상항목인 변동이자 지급조건 금융상품의 공정가치 변동은 인식하지 않는 반면, 위험회피수단의 공정가치 변동은 당기손익으로 인식하기 때문에 회계불일치가 발생한다.

| 그림 3 | 일반회계 적용 시 사례 3의 회계불일치 발생

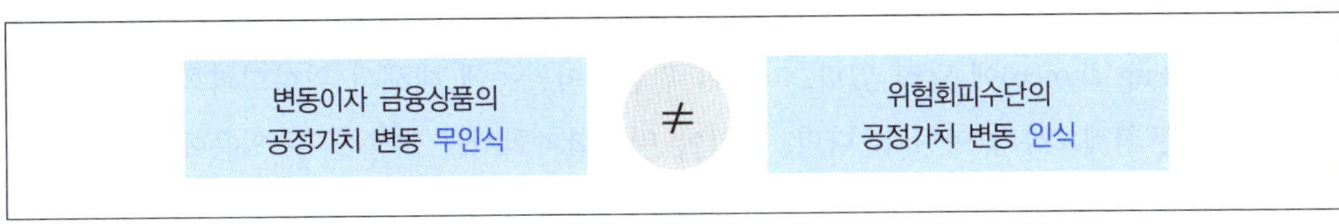

2.2절의 사례 4는 위험회피대상항목이 미래 발생가능성이 매우 큰 예상거래인데, 일반회계는 아직 발생조차 하지 않은 예상거래의 인식을 허용하지 않는다. 따라서 [그림 4]에서 보는 바와 같이 사례 4의 위험회피 활동에 일반회계를 적용하면 위험회피대상항목인 미래 발생가능성이 높은 예상거래의 공정가치 변동은 인식하지 않는 반면, 위험회피수단의 공정가치 변동은 당기손익으로 인식하기 때문에 회계불일치가 발생한다.

| 그림 4 | 일반회계 적용 시 사례 4의 회계불일치 발생

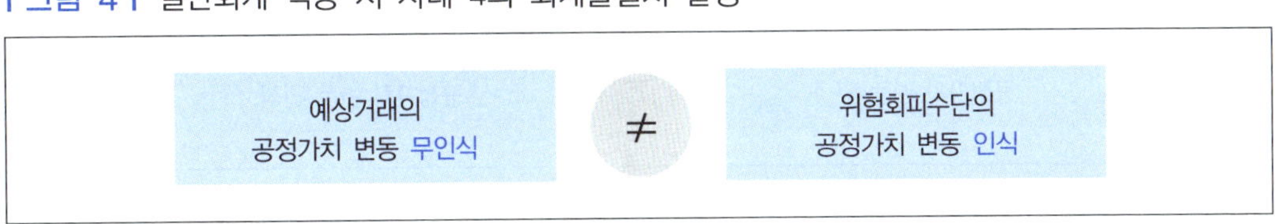

위에서 설명한 바와 같이 기업이 수행하는 위험회피활동에 대해서 일반회계를 적용하면 위험회피수단의 공정가치 변동을 당기손익으로 인식하는 데 아무런 문제가 없지만, 위험회피대상항목의 공정가치 변동을 인식하지 못하는 경우 회계불일치 문제가 발생한다. 따라서 회계불일치 문제를 해결하기 위해서 기업의 위험회피활동에 대해서 일반회계를 적용하지 않고, 위험회피회계(hedge accounting)라고 하는 특별회계를 적용한다.

3.2 위험회피회계의 적용 요건

기업의 위험회피활동에 위험회피회계를 적용하면 위험관리활동의 결과를 재무제표에 적절하게 보고할 수 있다. 기준서에서도 위험회피회계의 목적을 당기손익(또는 기타포괄손익[25])에 영향을 미칠 수 있는 특정 위험으로 생긴 익스포저를 관리하기 위하여 금융상품을 활용하는 위험관리활동의 효과를 재무제표에 반영하는 것으로 명시하고 있다(1109:6.1.1).

기업이 위험관리활동을 수행할 경우 위험회피회계를 의무적으로 적용해야 하는 것은 아니다. 기업이 위험관리활동에 대해서 위험회피회계를 적용하려면 위험회피대상항목과 위험회피수단 간에 위험회피관계를 지정하고, 후술하는 위험회피회계의 적용 요건을 모두 충족해야 비로소 위험회피회계를 적용할 수 있다. 따라서 위험회피회계의 적용은 강제가 아니라 기업의 선택(accounting choice)에 달려 있다. 기업이 위험회피활동에 대해서 위험회피회계를 적용하지 않은 것은 회계오류가 아니다. 다만, 기업이 위험회피회계를 적용할 수 있음에도 불구하고 위험회피회계를 적용하지 않는다면, 회계불일치로 인하여 당기손익의 변동성[26]이 증가하는 불이익을 감수해야 할 것이다.

한편, 2.2절의 사례 1은 기업이 보유하고 있는 FVPL 지분상품의 공정가치 변동위험을 회피하고자 선도계약을 체결한 사례인데, 위험회피대상항목인 FVPL 지분상품에 대해서는 일반회계를 적용하더라도 공정가치 변동을 당기손익으로 인식하는 데 아무런 문제가 없으므로 굳이 위험회피회계를 적용할 이유가 없다.[27]

| 그림 5 | 일반회계 적용 시 사례 1

FVPL 지분상품의 공정가치 변동 인식	=	위험회피수단의 공정가치 변동 인식

기준서에서는 다음의 조건을 모두 충족하는 위험회피관계에 대해서만 위험회피회계를 적용할 수 있도록 규정하고 있다(1109:6.4.1).

---

25) 위험회피대상항목이 FVOCI 선택 금융자산인 경우에는 기타포괄손익의 영향을 상쇄하는 방향으로 위험회피회계를 적용한다. 여기에 대해서는 4절에서 설명한다.

26) 위험회피회계를 적용하면 위험회피대상항목과 위험회피수단의 공정가치 평가손익을 상쇄시키는 회계처리를 하기 때문에 당기손익의 변동성을 줄일 수 있는데, 이렇게 당기손익의 변동성을 줄이는 것이 위험회피회계의 기본 목적이다.

27) 2.2절의 사례 1에 위험회피회계를 적용하면 후술하는 위험회피회계의 적용 요건을 충족하는지를 지속적으로 평가해야 하는 번거로움만 있을 뿐이다.

(1) 위험회피관계는 적격한 위험회피수단과 적격한 위험회피대상항목으로만 구성된다.
(2) 위험회피 개시시점에 위험회피관계와 위험회피를 수행하는 위험관리의 목적과 전략을 공식적으로 지정하고 문서화한다.
(3) 다음의 위험회피효과에 관한 요구사항을 모두 충족한다.
(가) 위험회피대상항목과 위험회피수단 사이에 경제적 관계가 있다.
(나) 신용위험의 효과가 위험회피대상항목과 위험회피수단의 경제적 관계로 인한 가치 변동보다 지배적이지 않다.
(다) 위험회피관계의 위험회피비율은 기업이 실제로 위험을 회피하는 위험회피대상항목의 수량과 기업이 실제 사용하는 위험회피수단의 수량의 비율과 같다.

(1) 적격한 위험회피수단과 적격한 위험회피대상항목

위험회피회계를 적용하려면 위험회피수단과 위험회피대상항목이 모두 적격해야 한다. 3.3절과 3.4절에서 위험회피대상항목과 위험회피수단을 자세하게 설명한다.

(2) 위험관리전략과 위험관리목적의 지정 및 문서화

위험관리전략은 기업이 위험을 어떻게 관리할 것인지를 결정하는 것으로 기업의 최고 수준에서(at the highest level of an entity) 설정된다. 일반적으로 위험관리전략에서 기업이 노출되어 있는 위험을 식별하고 위험에 대응하는 방법을 정한다.

이에 반해 위험관리목적은 특정 위험회피관계의 수준에서(at the level of an individual hedging relationship) 적용된다. 이것은 위험회피대상항목으로 지정된 특정 익스포저를 회피하기 위하여 지정된 특정 위험회피수단을 어떻게 사용하는지와 관련된다. 따라서 하나의 위험관리전략은 여러 개의 위험관리목적과 관련될 수 있다. 위험관리전략과 위험관리목적을 예로 들면 [표 2]와 같다.

| 표 2 | 위험관리전략과 위험관리목적의 예

위험관리전략	위험관리목적
기업이 보유하는 금융부채 중 50%를 변동이자 조건으로 유지	전체 금융부채 중 10억 원의 고정이자 조건의 금융부채에서 발생하는 공정가치 변동에 따른 위험을 회피하기 위하여 이자율스왑계약 체결
향후 1년 동안 달러화로 결제되는 원재료 매입거래의 80%까지 외화위험을 회피	20×1년도 1분기에 발생할 원재료 매입거래 중 처음 $100,000 매입액의 외화위험을 회피하기 위하여 통화선도계약 체결

위험관리전략과 위험관리목적을 구분하는 것은 매우 중요하다. 7절에서 설명하는 바와 같이 위험관리목적을 충족하지 못할 경우 위험회피회계를 중단하기 때문이다. 그러나 위험관리전략을 충족하지 못하였다고 하여 위험회피회계를 중단하는 것은 아니다.

위험회피활동의 목적은 당기순이익을 높게 보고하는 것이 아니라 당기손익의 변동성을 줄이는 것이다. 어떤 경우에는 위험회피회계를 적용한 결과 위험회피회계를 적용하지 않은 경우에 비해 당기순이익을 적게 보고할 수도 있다. 이와 같은 경우 기업이 보고기간 말에 자기에게 유리한 방향으로 회계처리를 선택할 수 없도록(예를 들어, 처음부터 위험회피회계를 적용했음에도 불구하고 적용하지 않았다고 주장하지 못하도록) 위험회피 관계의 지정 등을 문서화하도록 요구하는 것이다.

(3) 위험회피효과에 대한 지속적 평가

위험회피효과(effectiveness)란 위험회피수단의 공정가치나 현금흐름의 변동이 위험회피대상항목의 공정가치나 현금흐름의 변동을 상쇄하는 정도를 말한다. 예를 들어, 위험회피수단의 공정가치가 ₩1,000만큼 증가했는데, 위험회피대상항목의 공정가치가 ₩800만큼 감소했다면 위험회피효과는 80% 또는 125%라고 할 수 있다.[28)]

기업은 위험회피관계를 지정할 때뿐만 아니라 위험회피 기간 중에도 위험회피관계에 영향을 미칠 것으로 예상하는 위험회피에 비효과적인 부분의 원인을 지속적으로 평가해야 한다. 과거 기준서(제1039호)에서는 위험회피의 개시시점과 후속 기간에 높은 위험회피효과가 기대되어야 하고(전진적 평가), 위험회피의 실제결과가 80% ~ 125%의 범위 내에 있어야(소급적 평가) 위험회피회계를 적용할 수 있었다. 그러나 소급적 평가에 대한 실무의 부담 때문에 기준서 제1109호는 효과성 평가에서 전진적 평가만을 요구한다.

기준서는 위험회피효과를 평가하는 데 적용할 방법이나 기준을 명시적으로 규정하고 있지 않다. 위험회피대상항목과 위험회피수단의 주요 조건(예 : 명목금액, 만기, 기초변수)이 일치하거나 밀접하게 관련되어 있는 경우에는 위험회피대상항목과 위험회피수단의 주요 조건을 비교하는 정성적 평가에만 기초할 수 있다. 그러나 위험회피대상항목과 위험회피수단의 주요 조건이 일치하지 않거나 밀접한 관련성이 없는 경우에는 위험회피의 복잡성 정도, 자료의 이용가능성, 상계의 불확실성을 고려하여 적절한 정량적 평가를 해야 한다.

---

28) 80/100 = 80%, 100/80 = 125%

(가) 위험회피대상항목과 위험회피수단 간의 경제적 관계

위험회피회계를 적용하기 위해서는 위험회피대상항목과 위험회피수단 간에 경제적 관계가 존재해야 한다. 경제적 관계가 존재한다는 것은 위험회피수단과 위험회피대상항목이 같은 위험으로 인하여 일반적으로 반대 방향으로 변동하는 가치를 갖고 있다는 것을 의미한다. 2.2절에서 사례로 들었던 4가지 위험회피에서 위험회피대상항목과 위험회피수단 모두 같은 위험이 반대 방향으로 변동하였으므로 양자 간의 경제적 관계가 존재한다고 볼 수 있다.

위험회피수단의 가치와 위험회피대상항목의 가치는 같은 기초변수 또는 회피대상위험에 비슷하게 반응하는 경제적으로 관련 있는 기초변수들의 움직임에 반응하여 체계적으로 변동할 것이라고 예상할 수 있어야 한다. 두 변수 간에 통계적 상관관계가 존재한다는 것만으로는 경제적 관계가 존재한다고 결론을 내리기 어렵다(1109:B6.4.6).[29)]

(나) 지배적이지 않은 신용위험 효과

위험회피수단이나 위험회피대상항목의 신용위험이 매우 커서 경제적 관계로 인한 가치변동(즉, 기초변수의 변동)보다 신용위험의 영향이 지배적인 경우가 발생할 수 있다. 예를 들어, 상품가격위험에 대한 익스포저를 회피하기 위하여 담보 없는 파생상품을 위험회피수단으로 지정할 경우 파생상품 거래 상대방의 신용수준이 심각하게 낮아진다면 위험회피수단의 공정가치 변동에 거래상대방의 신용수준의 변동 효과가 더 크게 영향을 미칠 수 있다. 따라서 이러한 경우에는 위험회피효과의 요구사항을 충족하지 못한다(1109:B6.4.8).

(다) 위험회피비율

위험회피관계의 위험회피비율(hedge ratio)은 실제 위험회피비율과 같아야 한다. 위험회피비율은 위험회피수단의 수량과 위험회피대상항목의 수량 간의 비율을 말한다. 기업이 위험관리목적을 달성하기 위하여 위험회피비율을 1 : 1로 설정하였다면, 실제 위험회피비율도 1 : 1이어야 함을 의미한다.[30)]

(4) 재조정

위험회피의 적용요건을 충족하여 위험회피회계를 적용하기 위해서는 위험회피관계의 개시

29) 위험회피대상항목이 2개 이상 위험에 노출되어 있는 경우도 있다. 예를 들어, 외화채권을 투자할 경우 이자율 변동위험, 환율 변동위험, 발행자의 신용위험 등 여러 위험에 노출되는데 이자율 스왑을 위험회피수단으로 지정하였다면 후술하는 위험회피효과 평가를 만족하지 못할 수 있다.

30) 예를 들어, 위험관리목적에서 원재료 100톤의 가격변동을 회피하기 위해 위험회피비율을 1 : 1로 설정하고 원재료 선도계약을 체결한다면 선도계약의 대상도 원재료 100톤이어야 함을 의미한다.

시점부터 전술한 위험회피의 적용 요건을 충족하는지 지속적으로 평가해야 한다. 종전 기준서(제1039호)와 달리 현행 기준서 제1109호는 위험회피의 적용요건을 충족하지 못할 것으로 평가할 경우 기업이 위험회피비율을 조정하는 재조정(rebalancing)을 함으로써 위험회피회계를 계속 적용할 수 있도록 하고 있다. 따라서 위험회피비율이 크게 변동하여 위험회피회계를 중단하는 경우는 많지 않을 것이다.

위험회피 적용요건의 충족 여부 판단 및 재조정의 과정을 그림으로 제시하면 [그림 6]과 같다. 재조정을 할 때와 위험회피회계를 중단할 때의 회계처리는 6절에서 설명한다.

| 그림 6 | 위험회피효과의 지속적 평가와 재조정

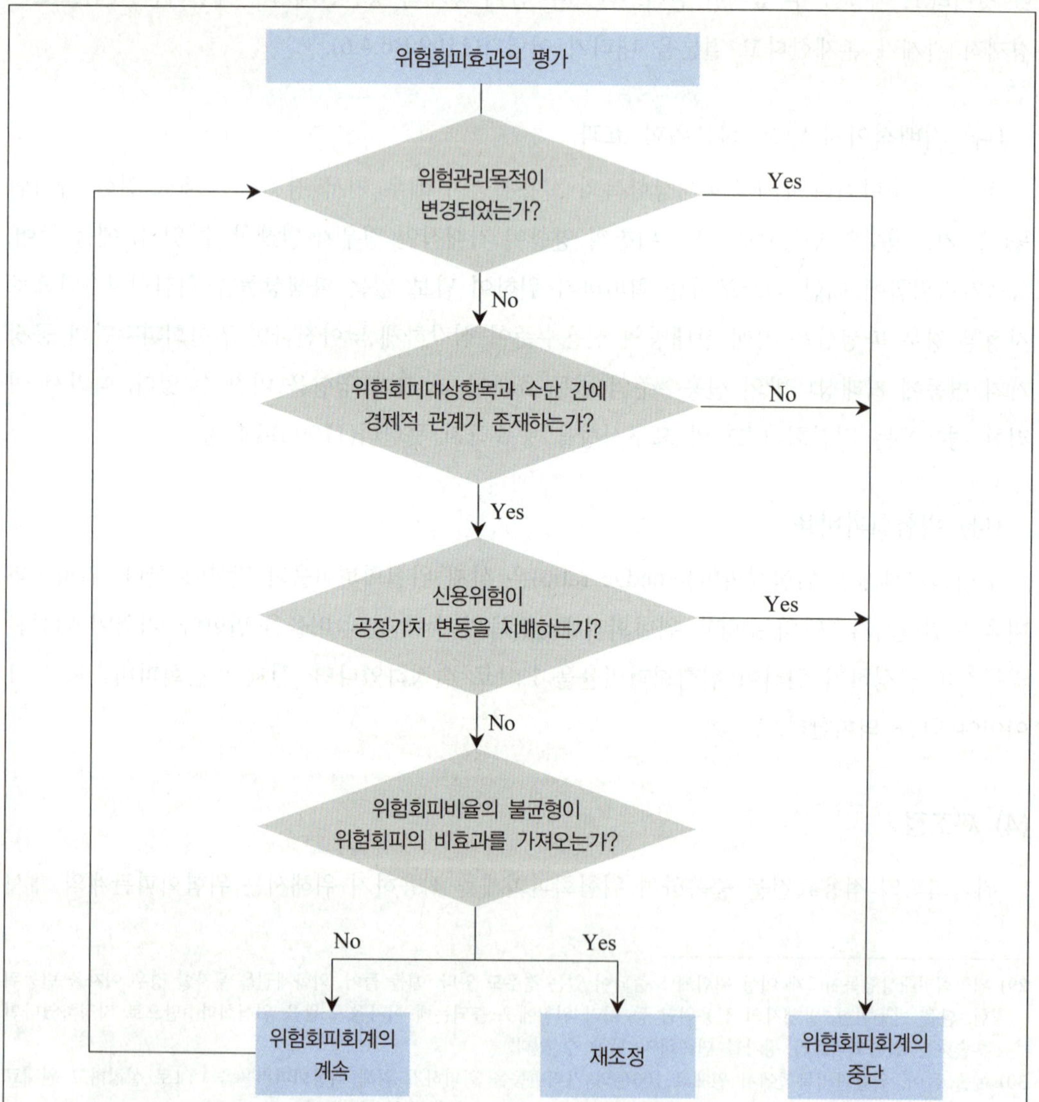

3.3 위험회피대상항목(hedged items)

(1) 위험회피대상항목과 위험회피 종류의 연계

국제회계기준에서 열거하는 위험회피대상항목은 다음과 같다(1109:6.3.1).

(1) 인식된 자산이나 부채
(2) 인식되지 않은 확정계약
(3) 미래 발생가능성이 매우 큰 예상거래
(4) 해외사업장순투자

위의 위험회피대상항목에 대해서 공정가치위험회피회계와 현금흐름위험회피회계를 모두 적용할 수 있는 것은 아니다. 위험회피대상항목과 2.3절에서 설명한 위험회피의 종류(해외사업장순투자 제외)를 연계하면 [표 3]과 같다.

| 표 3 | 위험회피대상항목과 위험회피 종류의 연계

위험회피대상항목	위험회피의 종류	
	공정가치위험회피	현금흐름위험회피
인식된 자산이나 부채	○	○
인식되지 않은 확정계약	○	×
확정계약 중 외화위험	○	○
발생가능성이 매우 큰 예상거래	×	○

장부에 인식된 자산이나 부채는 기업의 위험관리목적에 따라 공정가치위험회피 또는 현금흐름위험회피를 적용할 수 있다. 위험관리목적이 인식된 자산이나 부채의 공정가치 변동 위험을 회피하는 것이라면 공정가치위험회피로 구분하고, 인식된 자산이나 부채의 현금흐름 변동위험을 회피하는 것이라면 현금흐름위험회피로 구분한다.

기업은 하나의 위험회피대상항목에 대해서 공정가치위험회피와 현금흐름위험회피를 동시에 적용할 수 없다. 따라서 특정 자산이나 부채에 대해서 공정가치위험회피를 하고자 한다면 현금흐름의 변동위험은 회피하지 못하며, 반대로 특정 자산이나 부채에 대해서 현금흐름위험회피를 하고자 한다면 공정가치의 변동위험은 회피하지 못한다.

확정계약은 고정된 가격으로 자산을 매매하는 계약이므로 당해 자산의 가격변동 위험에 노출되지만, 미래 유입 또는 유출될 현금흐름은 변동하지 않는다. 따라서 확정계약에 대해서 공정가치위험회피를 적용할 수 있으나, 현금흐름위험회피는 적용할 수 없다.

외화로 체결된 확정계약의 경우에는 미래 외화현금흐름은 변동하지 않지만 환율변동으로 인해 미래 기능통화현금흐름이 변동하는 위험에 노출된다. 따라서 외화로 확정계약을 체결한 경우 외화가격의 변동위험을 회피하고자 한다면 위험회피대상항목과 위험회피수단을 공정가치위험회피 관계로 지정하고, 기능통화 현금흐름의 변동위험을 회피하고자 한다면 위험회피대상항목과 위험회피수단을 현금흐름위험회피 관계로 지정한다. 이와 같이 확정계약 중 외화위험에 대해서는 공정가치위험회피와 현금흐름위험회피 중 한 가지를 선택할 수 있다.

한편, 발생가능성이 매우 큰 예상거래는 미래에 유입 또는 유출되는 현금흐름이 변동하는 위험에만 노출되므로 현금흐름위험회피만 적용할 수 있다.

4절에서 설명하는 공정가치위험회피회계와 5절에서 설명하는 현금흐름위험회피회계는 회계처리가 동일하지 않으며, 당기손익에 미치는 영향도 회계기간별로 차이가 있다. 따라서 특정 위험회피에 대하여 당해 연도에 공정가치위험회피회계를 적용하다가 다음 연도에 현금흐름위험회피회계로 바꾸거나, 반대로 당해 연도에 현금흐름위험회피회계를 적용하다가 다음 연도에 공정가치위험회피회계로 바꿀 수 없다. 3.2절에서 설명한 바와 같이 위험회피관계를 지정하기 위해서는 위험관리전략과 위험관리목적이 미리 설정되고 문서화되어 있어야 한다. 그런데 특정 위험에 대하여 공정가치위험회피로 지정하였다가 이후 현금흐름위험회피로 바꾸는 것은 위험관리목적을 변경하는 것이므로 위험회피회계의 중단 사유에 해당한다.

(2) 위험회피대상항목으로 지정할 수 없는 경우

위험회피대상항목으로 지정하기 위해서는 위험회피대상항목의 공정가치를 신뢰성 있게 측정할 수 있어야 한다. 그러나 아래에서 설명하는 항목들은 신뢰성 있게 공정가치를 측정할 수 없으므로 적격한 위험회피대상항목으로 지정할 수 없다.

사업을 취득하기로 하는 사업결합 확정계약은 위험회피대상항목이 될 수 없지만, 외화위험에 대해서는 위험회피대상항목으로 지정할 수 있다. 왜냐하면 외화위험을 제외한 사업위험(business risk)은 특정하여 식별할 수도 없고 측정할 수도 없기 때문이다(1109:B6.3.1).

지분법적용투자주식은 공정가치 위험회피대상항목이 될 수 없다. 왜냐하면 지분법은 피투자기업의 손익 중 투자기업의 몫을 투자기업의 손익으로 인식하는 것이지 투자주식의 공정가치 변동을 인식하는 것이 아니기 때문이다.

유사한 이유로 연결대상 종속기업에 대한 투자주식도 공정가치 위험회피대상항목이 될 수 없다. 연결은 종속기업의 손익을 연결실체의 손익으로 인식하는 것이지 투자주식의 공정가치 변동을 인식하는 것이 아니기 때문이다(1109:B6.3.2).

위험회피대상항목으로서 연결실체 간의 거래, 위험 구성요소, 통합 익스포저 및 항목 집합은 8.1절에서 설명한다.

3.4 위험회피수단(hedging instruments)

(1) 적격한 위험회피수단

위험회피회계는 위험회피대상항목과 위험회피수단의 공정가치 변동을 반대방향으로 상쇄하여 당기손익에 미치는 영향을 제거하는 것이 핵심이다. 따라서 위험회피회계를 적용하기 위해서는 위험회피수단이 당기손익-공정가치 측정(FVPL) 항목이어야 한다. 일반적으로 흔히 사용하는 위험회피수단은 파생상품이다. 파생상품은 공정가치 변동[31]을 당기손익으로 인식하는 항목이므로 적격한 위험회피수단이 될 수 있다.

비파생금융상품도 FVPL 항목이라면 위험회피수단으로 지정할 수 있다. 또한 비파생금융상품이 FVPL 항목이 아니더라도 화폐성 항목이라면 외화위험 부분만 위험회피수단으로 지정할 수 있다.[32]

외화위험회피 이외의 위험회피에서, FVPL 비파생금융자산(부채)을 위험회피수단으로 지정하는 경우 그 비파생금융자산(부채)의 전체 또는 비례적 부분만을 지정할 수 있다(1109:B6.2.5). 왜냐하면 비파생금융자산(부채)의 특정 부분을 위험회피수단으로 지정할 경우 전체 공정가치 변동 중 특정 부분의 공정가치 변동만을 신뢰성 있게 측정하기 어렵기 때문이다.

조건을 충족하는 금융상품은 전체를 위험회피수단으로 지정해야 하나, 금융자산의 일부 요소[33]만 위험회피수단으로 지정할 수 있는 예외가 허용된다. 여기에 대해서는 8.1절에서 설명한다.

(2) 위험회피수단으로 지정할 수 없는 경우

파생상품은 일반적으로 위험회피수단으로 지정할 수 있으나, 일부 발행한 옵션(매도옵션, written option)은 위험회피수단이 될 수 없다(1109:6.2.1). 매입옵션(purchased)은 기업이 부담할 위험을 일정 수준 이하로 제한할 수 있는 반면, 발행한 옵션은 기업이 부담할 위험이 무한대이므로 위험회피수단으로 적절하지 않다. 따라서 발행한 옵션은 매입한 옵션을 상쇄하기 위해 위험회피수단으로 지정하는 경우를 제외하고는 위험회피수단으로 지정할 수 없다.

---

31) 비옵션 파생상품(예 : 선도계약, 선물계약, 스왑계약 등)은 현행시장수익률로 거래되는 경우, 최초 공정가치는 0이다. 대부분의 비옵션 장외거래 파생상품의 공정가치는 현금흐름할인방법을 통해서 결정되며, 이 과정에서 공시되는 시장이자율을 평가모형의 투입변수로 이용한다. 즉, 이러한 파생상품의 공정가치는 파생상품으로부터의 순현금흐름의 현재가치로 결정된다.

32) 외화 비파생금융상품이 FVPL 항목이 아니라면 공정가치평가손익을 인식하지 않지만, 화폐성항목에 해당하여 기준서 제1021호에 따라 환율변동손익을 당기손익으로 인식하므로 외화위험 부분만 위험회피관계를 지정한다면 위험회피수단이 될 수 있다.

33) 예를 들어, 옵션의 내재가치와 시간가치 중 내재가치의 변동만을 위험회피수단으로 지정할 수 있다.

위험회피수단의 공정가치 변동을 당기손익으로 인식하여야 위험회피대상항목에서 반대 방향으로 인식하는 공정가치 변동과 상쇄할 수 있다. 따라서 공정가치 변동을 당기손익으로 인식하지 않는 항목은 위험회피수단으로 지정할 수 없다. 여기에 해당하는 사례로서, FVPL 항목으로 지정한 금융부채는 신용위험의 변동 때문에 생기는 공정가치의 변동금액을 기타포괄손익으로 인식하므로 이를 위험회피수단으로 지정할 수 없다(1109:6.2.2).[34] 또한 FVOCI 채무상품이나 FVOCI 선택 지분상품[35]도 공정가치 변동을 기타포괄손익으로 인식하기 때문에 이를 위험회피수단으로 지정할 수 없다(1109:6.2.2).

분리하여 회계처리하지 않는 복합계약에 내재된 파생상품은 별도의 위험회피수단으로 지정할 수 없다(1109:B6.2.1). 왜냐하면 분리하지 않은 내재파생상품은 독립된 파생상품이 아니므로 별도로 공정가치 변동을 당기손익으로 인식할 수 없기 때문이다.

자기지분상품은 위험회피수단으로 지정할 수 없다(1109:B6.2.2). 위험회피수단이 되기 위해서는 해당 기업의 금융자산이나 금융부채이어야 하는데, 자기지분상품은 금융자산이나 금융부채가 아니기 때문이다.

4 공정가치위험회피회계

4.1 공정가치위험회피회계의 의의

공정가치위험회피(fair value hedge)란 특정 위험에 기인하고 당기손익에 영향을 줄 수 있는 것으로서, 인식된 자산이나 부채 또는 인식되지 않은 확정계약의 구성요소의 공정가치 변동 익스포저에 대한 위험회피를 말한다. 기업이 공정가치위험회피활동을 재무제표에 적절하게 보고하기 위하여 위험회피관계를 지정하고, 3.2절에서 설명한 위험회피회계의 적용요건을 모두 충족해야 위험회피회계를 적용할 수 있다

공정가치위험회피회계를 요약하면 다음의 [그림 7]과 같다.

34) 금융부채의 자기신용위험이 높아질 경우 공정가치가 낮아지는데 이때 부채의 장부금액을 낮추면서 공정가치평가이익을 당기손익으로 인식하는 것은 적절하지 않으므로 이를 기타포괄손익으로 인식한다(1109:5.5.7). 이와 같은 금융부채를 위험회피수단으로 지정하면 자기신용위험과 관련된 공정가치평가손익을 당기손익으로 인식하지 않게 되어, 전체 공정가치 변동을 당기손익으로 인식하는 위험회피회계의 개념과 상충되므로 위험회피수단으로 지정할 수 없도록 규정한 것이다.

35) 지분상품은 FVPL 항목으로 분류하는 것이 원칙이나, 당해 지분상품이 단기매매목적도 아니고 조건부 대가로 수취한 것도 아니라면 기업의 선택에 따라 FVOCI 항목으로 분류할 수 있다.

| 그림 7 | 공정가치위험회피회계

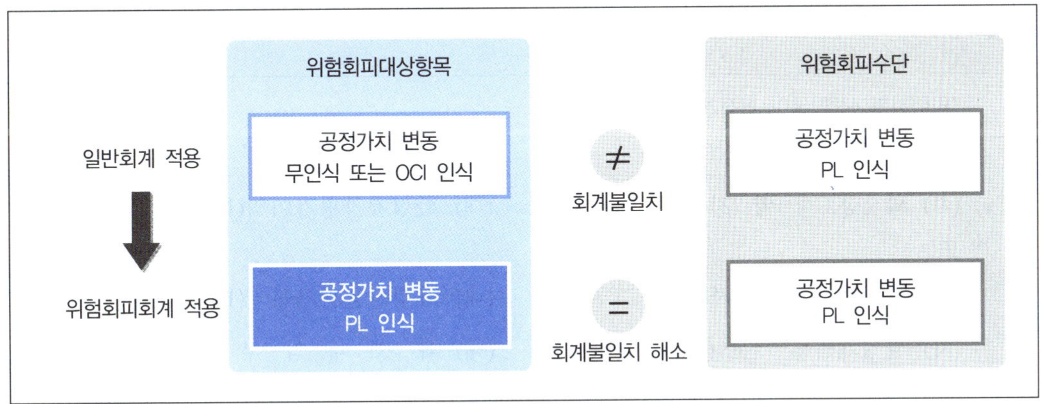

[그림 7]에서 보는 바와 같이 위험회피관계에 일반회계를 적용하면 위험회피수단의 공정가치 변동을 발생연도의 당기손익으로 인식하는 데 아무런 문제가 없으나 위험회피대상항목은 문제가 있다. 예를 들어, 위험회피대상항목이 확정계약이나 AC 금융자산일 경우 일반회계를 적용하면 확정계약은 미이행계약이므로 아무런 회계처리도 하지 않으며, AC 금융자산은 상각후원가로 측정하므로 공정가치 변동을 인식하지 않는다. 또한 위험회피대상항목이 FVOCI 채무상품일 경우에는 공정가치 변동을 인식하더라도 이를 당기손익이 아니라 기타포괄손익으로 인식한다. 따라서 위험회피대상항목과 위험회피수단 간에 회계불일치가 발생한다.

이때 회계불일치를 해소하기 위해서 위험회피관계에 일반회계가 아니라 위험회피회계를 적용하면 위험회피대상항목의 공정가치 변동을 당기손익으로 인식하게 되고, 그렇게 인식한 당기손익은 위험회피수단에 대해서 인식한 공정가치평가손익(당기손익)과 반대방향의 금액이므로 당기손익에 미치는 영향이 (전액 또는 대부분) 상쇄된다.

물론 위험회피대상항목에 일반회계를 적용하더라도 공정가치 변동을 당기손익으로 인식할 수 있다면 굳이 위험회피회계를 적용할 이유는 없다. 예를 들어, 위험회피대상항목이 외화수취채권이나 FVPL 금융자산일 경우 외화수취채권의 환율변동위험이나 FVPL 금융자산의 가격변동위험을 회피하기 위하여 위험회피수단을 지정할 수는 있으나 일반회계를 적용하더라도 외화수취채권의 환율변동 손익이나 FVPL 금융자산의 평가손익을 모두 당기손익으로 인식하기 때문에 굳이 번거로운 위험회피회계를 적용할 이유는 없다.

다만, 위험회피대상항목이 FVOCI 선택 지분상품인 경우에는 공정가치위험회피회계의 적용 여부와 관계없이 공정가치의 변동을 무조건 기타포괄손익으로 인식해야 한다. 따라서 이러한 경우에는 예외적으로 위험회피수단의 공정가치 변동을 당기손익이 아니라 기타포괄손익으로 인식한다(1109:6.5.8).

확정계약이나 AC 금융자산을 위험회피대상항목으로 지정하고 공정가치위험회피회계를 적용할 경우 회계처리를 제시하면 다음과 같다.

〈위험회피대상항목이 확정계약인 경우〉

(차) 파생상품평가손실(PL)	×××	(대) 파 생 상 품 부 채	×××
(차) 확 정 계 약 자 산	×××	(대) 확정계약평가이익(PL)	×××
또는			
(차) 파 생 상 품 자 산	×××	(대) 파생상품평가이익(PL)	×××
(차) 확정계약평가손실(PL)	×××	(대) 확 정 계 약 부 채	×××

〈위험회피대상항목이 AC 금융자산인 경우〉

(차) 파생상품평가손실(PL)	×××	(대) 파 생 상 품 부 채	×××
(차) A C 금 융 자 산	×××	(대) 금융자산평가이익(PL)	×××
또는			
(차) 파 생 상 품 자 산	×××	(대) 파생상품평가이익(PL)	×××
(차) 금융자산평가손실(PL)	×××	(대) A C 금 융 자 산	×××

위의 회계처리에서 보는 바와 같이 확정계약을 위험회피대상항목으로 지정하고 공정가치위험회피회계를 적용하면, 확정계약의 공정가치 변동과 위험회피수단(파생상품)의 공정가치 변동을 같은 회계기간에 반대방향의 당기손익으로 인식하기 때문에 당기손익에 미치는 영향을 상쇄시킬 수 있다. 또한 AC 금융자산을 위험회피대상항목으로 지정하고 공정가치위험회피회계를 적용하면, AC 금융자산의 공정가치 변동과 위험회피수단(파생상품)의 공정가치 변동을 같은 회계기간에 반대방향의 당기손익으로 인식하기 때문에 당기손익에 미치는 영향을 상쇄시킬 수 있다.

일반회계를 적용할 때 공정가치 변동을 기타포괄손익으로 인식하는 FVOCI 금융자산(채무상품) 또는 FVOCI 선택 금융자산(지분상품)을 위험회피대상항목으로 지정하고 공정가치위험회피회계를 적용할 경우 회계처리를 요약하면 다음과 같다.

〈위험회피대상항목이 FVOCI 채무상품인 경우〉

(차) 파생상품평가손실(PL)	×××	(대) 파 생 상 품 부 채	×××
(차) F V O C I 금 융 자 산	×××	(대) 금융자산평가이익(PL)	×××

또는

(차) 파 생 상 품 자 산	×××	(대) 파생상품평가이익(PL)	×××
(차) 금융자산평가손실(PL)	×××	(대) FVOCI 금융자산	×××

〈위험회피대상항목이 FVOCI 선택 지분상품인 경우〉

(차) 파생상품평가손실(OCI)	×××	(대) 파 생 상 품 부 채	×××
(차) FVOCI 선택 금융자산	×××	(대) 금융자산평가이익(OCI)	×××

또는

(차) 파 생 상 품 자 산	×××	(대) 파생상품평가이익(OCI)	×××
(차) 금융자산평가손실(OCI)	×××	(대) FVOCI 선택 금융자산	×××

위의 회계처리에서 보는 바와 같이 위험회피대상항목이 FVOCI 채무상품일 경우 공정가치위험회피회계를 적용하면, FVOCI 채무상품의 공정가치 변동과 위험회피수단(파생상품)의 공정가치 변동을 같은 회계기간에 반대방향의 당기손익으로 인식하기 때문에 당기손익에 미치는 영향을 상쇄시킬 수 있다.

반면에 위험회피대상항목이 FVOCI 선택 지분상품일 경우에는 위험회피대상항목의 지정 여부와 관계없이 FVOCI 선택 지분상품의 공정가치 변동을 반드시 기타포괄손익으로 인식해야 한다. 따라서 위험회피수단(파생상품)의 평가손익을 기타포괄손익으로 인식하는 예외적인 회계처리를 한다. 그 결과 FVOCI 선택 지분상품의 공정가치 변동과 위험회피수단의 공정가치 변동을 같은 회계기간에 반대방향의 기타포괄손익으로 인식함으로써 기타포괄손익에 미치는 영향을 상쇄시킬 수 있다.

4.2 위험회피대상항목의 장부금액 조정

(1) 확정계약

자산을 취득하거나 부채를 인수하는 확정계약이 공정가치위험회피회계의 위험회피대상항목인 경우, 확정계약을 이행한 결과 인식하는 자산이나 부채의 최초 장부금액에 이미 재무상태표에 인식한 위험회피대상항목의 공정가치 누적변동분(즉, 확정계약자산 또는 확정계약부채 계정)이 포함되도록 조정한다(1109:6.5.9). 예를 들어, 위험회피대상항목이 재고자산을 매입하는 확정계약일 경우 확정계약평가이익(또는 손실)을 인식하였다면 상대계정으로 확정계약자산(또는 부채)을 인식했을 것이므로 이미 인식한 확정계약자산(또는 부채)을 제거하면서 이를 재고자산의 최초 인식금액에 반영하는 회계처리(이러한 회계처리를 basis adjustment라고 함)를 한다. 회계처리를 예시하면 다음과 같다.

(차) 재 고 자 산	×××	(대) 현 금	×××
		확 정 계 약 자 산	×××
또는			
(차) 재 고 자 산	×××	(대) 현 금	×××
확 정 계 약 부 채	×××		

위와 같이 재고자산의 최초 인식금액에 반영한 확정계약자산(또는 부채)의 조정 금액은 궁극적으로 당기손익(매출원가)에 영향을 줄 것이다.

(2) AC 금융자산

AC 금융자산이 위험회피대상항목인 경우, 공정가치 변동을 평가손익(당기손익)으로 인식하면서 AC 금융자산의 장부금액을 조정한다. 장부금액의 조정이란 새로 계산한 유효이자율을 적용하여 이후 이자계산 기간에 대한 이자수익을 인식하고, 유효이자와 표시이자의 차이를 AC 금융자산의 장부금액에서 조정한다는 의미이다. 회계처리를 예시하면 다음과 같다.

(1) 유효이자율법을 적용한 이자수익의 인식

(차) 현 금	×××	(대) 이 자 수 익	×××
A C 금 융 자 산	×××		

(2) 공정가치평가손익의 인식(평가이익 발생 가정)

(차) A C 금 융 자 산	×××*	(대) 금융자산평가이익(PL)	×××

* 평가이익만큼 AC 금융자산의 장부금액이 증가하므로 이렇게 조정된 AC 금융자산의 장부금액에 기초하여 유효이자율을 재계산하고, 이를 다음 이자 계산 기간에 이자수익 측정 시 사용한다.

이러한 장부금액의 조정(기준서에서는 이를 상각이라고 표현함)은 조정액이 생긴 직후에 시작할 수 있으며, 늦어도 위험회피 손익에 대한 위험회피대상항목의 조정을 중단하기 전에는 시작하여야 한다(1109:6.5.10). 즉, 위험회피회계를 중단하기 직전까지 재계산한 유효이자율을 이용하여 이자수익을 인식하면서 유효이자와 표시이자의 차이만큼 AC 금융자산의 장부금액을 조정하는 회계처리를 이연할 수 있기 때문에 실무상 매 보고기간 말마다 공정가치 변동을 반영한 유효이자율을 다시 계산하여 장부금액을 조정할 필요는 없다.

4.3 AC 금융자산의 이자율 위험에 대한 공정가치위험회피회계의 적용 가능 여부

계약상 현금흐름의 수취만을 목적으로 보유하는 금융자산은 상각후원가 측정 금융자산(AC 금융자산)으로 분류한다. AC 금융자산은 보유기간 중에 공정가치가 변동하더라도 중도 매각은 부수적인 사업의 일환이고, 당해 금융자산의 원금과 이자를 회수하는 것이 필수적인 사업이기 때문에 공정가치 변동에 대한 정보가 이용자의 의사결정에 중요하지 않다고 본다. 따라서 AC 금융자산에 대해서는 공정가치 변동을 인식하지 않는다.

그렇다면 AC 금융자산을 이자율 위험에 대한 공정가치 위험회피대상항목으로 지정할 수 없는가? 국제회계기준위원회는 이자율 위험에 대한 공정가치위험회피회계를 적용하는 것과 현금흐름의 수취만을 목적으로 금융자산을 보유하는 것이 상충되는 것은 아니라고 결론을 내렸다. 계약상 현금흐름을 수취할 목적으로 금융자산을 보유하더라도 이를 중도에 매도하거나 이전할 수 있으며, 중도에 매도나 이전을 할 때 이자율 변동에 따른 손익이 발생할 수 있으므로 AC 금융자산이더라도 이자율 위험에 대한 공정가치위험회피회계를 적용할 수 있다 (1109:BC6.154~6.157).

4.4 일반회계의 적용 결과와 위험회피회계의 적용 결과가 동일한 경우

기업은 공정가치 변동을 당기손익으로 인식하는 항목(예 : 화폐성 외화항목, FVPL 금융상품 등)에 대해서도 위험관리활동을 할 수 있다. 2.2절의 사례 1을 보면, FVPL 금융자산의 공정가치 변동위험을 회피하기 위해서 동 지분상품을 미래의 특정 시점에 특정 가격으로 매도하는 선도계약을 체결하였다. 이 경우 위험회피대상항목인 FVPL 금융자산에 대해서 일반회계를 적용하더라도 공정가치평가손익을 당기손익으로 인식할 수 있으므로(즉, 회계불일치가 발생하지 않으므로) 굳이 적용 요건이 까다로운 위험회피회계를 적용할 실익은 없다. 즉, 위험관리활동을 한다고 하여 모두 위험회피회계를 적용할 필요는 없다(처음부터 위험회피 관계를 지정하지 않으면 된다).

실무에서 흔히 볼 수 있는 다른 예를 들어보자. 기업은 수출 거래에서 발생한 외화매출채권의 환율변동이 당기손익에 미치는 영향을 회피하고자 매출채권을 선도환율로 매도하는 통화선도계약을 체결하는 경우가 많다. 이 경우 일반회계를 적용하더라도 외화매출채권의 환율변동손익을 당기손익으로 인식할 수 있으므로 굳이 적용 요건이 까다로운 위험회피회계를 적용할 실익은 없다. 따라서 기업이 위험관리활동을 수행할 경우 위험회피대상항목에 일반회계를 적용하더라도 공정가치 변동을 당기손익으로 인식할 수 있다면 3.2절에서 설명한 위험회피회계의 적용 요건을 맞추느라 고심할 필요 없이 위험회피회계를 적용하지 않으면 된다.

위험회피회계를 적용하지 않고 일반회계를 적용하더라도 위험회피활동의 결과를 재무제표에 제대로 보고할 수 있는 사례를 다음의 (예 1)을 통해 제시한다.[36)]

예 1 외화 화폐성항목의 환율변동 위험회피

갑회사(기능통화 : 원화)는 20×1년 11월 1일에 $100의 수출을 하면서 수출일 환율(₩1,200/$)을 적용하여 매출채권 ₩120,000을 인식하였다. 갑회사는 거래처로부터 매출채권 $100을 20×2년 2월 1일에 수취할 예정이다.

갑회사는 향후 환율이 하락할 경우 매출채권의 기능통화 금액이 적어질 위험을 회피하고자 20×1년 11월 1일에 $100을 3개월 후인 20×2년 2월 1일에 ₩1,170/$에 매도하는 통화선도계약을 체결하였다.

갑회사가 외화매출채권과 통화선도계약에 대해서 위험회피관계를 지정하지 않았다고 할 때 갑회사의 회계처리는 다음과 같다. 단, 현재가치 평가는 생략하며, 관련 환율은 다음과 같다.

일자	현물환율	선도환율*
20×1. 11. 1.	₩1,200	₩1,170
20×1. 12. 31.	1,180	1,155
20×2. 2. 1.	1,150	–

* 선도환율은 만기가 20×2년 2월 1일의 환율임

<20×1. 11. 1.>

(차) 매 출 채 권	120,000	(대) 매 출	120,000

<20×1. 12. 31.>

① 외화매출채권의 환율변동손익 인식

(차) 외 환 차 이	2,000[(1)]	(대) 매 출 채 권	2,000

(1) $100×(₩1,180 − 1,200) = (−)₩2,000(손실)

② 통화선도계약의 공정가치 변동 인식

(차) 파 생 상 품 자 산	1,500	(대) 파생상품평가이익	1,500[(2)]

(2) 선매도 계약이므로 선도환율이 하락하면 평가이익 발생
$100×(₩1,170 − 1,155) = (−)₩1,500(이익)

36) (예 1)과 같은 사례에 대해서 위험회피회계를 적용하는 것으로 하여 과거에 공인회계사 시험 등에 출제된 경우가 적지 않은데, (예 1)의 회계처리는 위험회피회계를 적용한 것이 아니라 일반회계를 적용한 것이다.

<20×2. 2. 1.>

① 외화매출채권의 회수 및 환율변동손익 인식

(차)	현 금	115,000[(3)]	(대) 매 출 채 권	118,000
	외 환 차 이	3,000[(4)]		

(3) $100×₩1,150 = ₩115,000
(4) 20×1년 12월 31일 환율보다 20×2년 2월 1일 환율이 달러당 ₩30 하락하였기 때문에 환율변동 손실 ₩3,000 발생

② 통화선도계약의 결제(차액결제 가정)

(차)	현 금	2,000[(5)]	(대) 파 생 상 품 자 산	1,500
			파생상품거래이익	500

(5) 달러당 ₩1,170에 선매도하였는데, 결제일 현물환율이 ₩1,170보다 ₩20이 더 낮으므로 ₩2,000만큼 이익이 발생하였다. 차액결제하면서 현금 ₩2,000을 수취하고, 이미 인식한 파생상품자산 ₩1,500을 감소시키고, 차액 ₩500을 거래이익으로 인식한다.

20×1년 11월 1일부터 20×2년 2월 1일까지의 거래를 모두 통합하면, 갑회사는 현금 ₩117,000(매출채권 회수 시 ₩115,000, 통화선도계약 결제 시 ₩2,000)을 수취하였는데, 이는 수출을 하면서 이후 환율변동과 관계없이 $100을 양도하고 ₩117,000의 확정금액을 수취하기로 통화선도계약을 체결하였기 때문에 발생한 결과이다.

한편, (예 1)에서 갑회사가 외화매출채권과 통화선도계약에 위험회피관계를 지정하고, 위험회피회계의 적용 요건을 모두 충족한다고 가정하더라도 전술한 회계처리는 바뀌지 않는다. 왜냐하면 위험회피대상항목인 외하매출채권에 대해시 일반회계를 적용하더라도 환율변동손익을 당기손익으로 모두 인식하기 때문에 회계불일치가 발생하지 않는다. 따라서 모든 위험회피활동에 대해서 무조건 위험회피회계를 적용할 이유는 없다.

4.5 공정가치위험회피 회계처리의 사례

(1) 자산 취득 확정계약의 가격변동 위험회피

다음의 (예제 2)는 자산을 취득하는 확정계약을 체결한 후 그 자산의 가격하락 위험을 회피하기 위하여 선도계약을 체결하고, 이를 위험회피수단으로 지정한 경우의 회계처리를 제시하고 있다. 확정계약이 고정된 가격으로 자산을 매매하는 계약이라면 매매 대상 자산의 가격변동위험에 노출되므로 공정가치위험회피대상항목이 될 수 있다.

확정계약은 미이행계약이기 때문에 여기에 일반회계를 적용할 경우 아무런 회계처리도 하지 않는다. 그러나 확정계약에 대해서 위험회피관계를 지정하고 위험회피회계의 적용 요건을 충족하면, 확정계약의 공정가치 변동과 위험회피수단의 공정가치 변동을 같은 보고기간에 반대방향의 당기손익으로 인식하여 상쇄시키는 회계처리를 한다.

예제 2 공정가치위험회피 · 확정계약

갑회사(보고기간 말 12월 31일)는 20×1년 10월 1일에 원재료 100kg을 ₩100,000에 취득하는 계약을 체결하였으며, 실물인도는 20×2년 3월 31일에 이루어질 예정이다. 갑회사는 확정계약 체결 후 원재료의 시가하락 위험을 회피하기 위하여 20×1년 10월 1일에 동일 원재료 100kg을 ₩100,000에 매도하는 선도계약을 체결하고 위험회피관계를 지정하였다.[37)]
선도계약의 만기는 20×2년 3월 31일이며, 만기일에 현금으로 차액결제된다. 20×1년 12월 31일과 20×2년 3월 31일 현재 원재료 100kg의 시가는 각각 ₩95,000(3개월 선도가격)과 ₩96,000(현물가격)이다.

물음

1. 만일 갑회사가 선도계약을 체결하지 않았다고 가정하고, 갑회사가 확정계약에 대해서 20×1년 10월 1일과 12월 31일, 그리고 20×2년 3월 31일에 해야 할 회계처리를 모두 하라. 단, 손실부담계약의 여부는 고려하지 않는다.
2. 확정계약과 선도계약이 위험회피회계의 적용 요건을 충족한다고 가정하고, 20×1년 10월 1일과 12월 31일, 그리고 20×2년 3월 31일에 갑회사가 해야 할 회계처리를 모두 하라. 단, 파생상품 계약의 평가손익에 대해서 현재가치 측정은 적용하지 않는다.
3. (물음 2)와 관련하여 20×1년 12월 31일과 20×2년 3월 31일 현재 원재료 100kg의 시가가 각각 ₩103,000(3개월 선도가격)과 ₩102,000(현물가격)이라고 가정하고 다시 답하라.

해답

1. <20×1. 10. 1.>
   회계처리 없음

   <20×1. 12. 31.>
   회계처리 없음
   만약 확정계약이 보고기간 말 현재 손실부담계약에 해당한다면 기준서 제1037호에 따라 회피불가능한 원가가 미래 기대되는 경제적효익을 초과하는 금액을 비용과 충당부채로 인식한다.

   <20×2. 3. 31.>

(차) 원 재 료	100,000	(대) 현 금	100,000

37) 자산을 판매하는 계약을 체결하는 경우에는 자산의 시가 상승 위험에 노출되므로 이를 회피하기 위하여 동일 자산을 매수하는 선도계약을 체결하면 된다.

2. <20×1. 10. 1.>

회계처리 없음

<20×1. 12. 31.>

① 위험회피수단의 공정가치 변동 인식

(차) 파 생 상 품 자 산 5,000 (대) 파생상품평가이익 5,000(1)

(1) 12월 31일 현재 원재료 시가가 ₩95,000이지만, 회사는 원재료를 ₩100,000에 매도할 권리가 있으므로 선도계약에서 ₩5,000만큼 평가이익 인식

② 위험회피대상항목의 공정가치 변동 인식

(차) 확정계약평가손실 5,000(2) (대) 확 정 계 약 부 채 5,000

(2) 확정계약에 따라 ₩100,000을 지급할 의무가 있으나, 인도받을 원재료의 시가가 ₩95,000으로 하락하였으므로 ₩5,000만큼 평가손실 인식

<20×2. 3. 31.>

① 위험회피수단의 공정가치 변동 및 위험회피수단의 결제 인식

(차) 파생상품평가손실 1,000(3) (대) 파 생 상 품 자 산 1,000

(차) 현 금 4,000 (대) 파 생 상 품 자 산 4,000(4)

(3) 원재료 시가가 ₩96,000으로 20×1년 말에 비해 ₩1,000 상승하였기 때문에 선도계약에서 ₩1,000만큼 평가손실 인식

(4) 선도계약 만기일에 선도가격 ₩100,000과 현물가격 ₩96,000의 차이 ₩4,000만큼 현금수취(차액결제)

② 위험회피대상항목의 공정가치 변동 및 원재료 매입 거래 인식

(차) 확 정 계 약 부 채 1,000 (대) 확정계약평가이익 1,000(5)

(차) 원 재 료 96,000 (대) 현 금 100,000
확 정 계 약 부 채 4,000(6)

(5) 확정계약의 원재료 시가가 ₩1,000 상승하였으므로 전기 말 인식 확정계약부채 ₩1,000을 감소시키면서 확정계약평가이익 인식

(6) 확정계약부채 잔액 ₩4,000은 원재료 매입액에서 조정(basis adjustment)

(해답 1)에서는 원재료를 ₩100,000에 매입하는 확정계약을 체결한 후 6개월 후에 원재료를 확정가격으로 매입하였기 때문에 현금유출액은 ₩100,000이며 원재료의 취득원가도 ₩100,000이다. 그러나 (해답 2)에서는 확정계약(위험회피대상항목)에 대하여 선도계약을 위험회피수단으로 지정하였기 때문에 선도계약에 대한 평가손익을 당기손익으로 인식하면서 확정계약에 대한 평가손익도 당기손익으로 함께 인식한다. 즉, 확정계약 체결 후 원재료의 매입가격이 실제로 ₩4,000 하락하였으나, 선도계약을 체결함으로써 ₩4,000의 시가하락의 위험을 회피할 수 있었다. 또한 위험회피대상항목과 위험회피수단의 공정가치 변동을 당기손익으로 인식하여 상쇄시킴으로써 당기손익의 변동성을 제거하였다. 갑회사의 현금유출액(순액)과 원재료의 취득원가는 모두 20×2년 3월 31일 현재 원재료의 현물가격인 ₩96,000임을 알 수 있다. 이는 원재료를 매입하는 확정계약에서 ₩100,000

의 현금유출이 확정되어 있었는데, 선도계약에서 ₩4,000의 이익이 발생(₩4,000의 현금 유입도 발생)하여 순현금유출은 ₩96,000이 된 데 기인한다.

3. <20×1. 10. 1.>
회계처리 없음

<20×1. 12. 31.>

① 위험회피수단의 공정가치 변동 인식

(차)	파생상품평가손실	3,000[(1)]	(대) 파생상품부채	3,000[(1)]

(1) 3개월 후 원재료 시가가 ₩103,000으로 예상되지만, ₩100,000에 매도할 권리가 있으므로 ₩3,000만큼 평가손실 인식

② 위험회피대상항목의 공정가치 변동 인식

(차)	확정계약자산	3,000	(대) 확정계약평가이익	3,000[(2)]

(2) 확정계약에 따라 ₩100,000을 지급할 의무가 있으나, 인도받을 원재료의 가치는 ₩103,000으로 예상되므로 ₩3,000만큼 평가이익 인식

<20×2. 3. 31.>

① 위험회피수단의 공정가치 변동 및 위험회피수단의 결제 인식

(차)	파생상품부채	1,000	(대) 파생상품평가이익	1,000[(3)]
(차)	파생상품부채	2,000	(대) 현금	2,000[(4)]

(3) 원재료 시가가 ₩102,000으로 결산일에 비해 ₩1,000 하락하였기 때문에 선도계약에서 ₩1,000만큼 평가이익 인식
(4) 선도계약 만기일에 선도가격 ₩100,000과 현물가격 ₩102,000의 차이 ₩2,000만큼 현금지급

② 위험회피대상항목의 공정가치 변동 및 원재료 매입 거래 인식

(차)	확정계약평가손실	1,000	(대) 확정계약자산	1,000
(차)	원재료	102,000	(대) 현금	100,000
			확정계약자산	2,000[(5)]

(5) 확정계약자산 잔액 ₩2,000은 원재료 매입액에서 조정(basis adjustment)

확정계약 체결 후 원재료의 매입가격이 예상과 다르게 ₩2,000 상승하였는데, 선도계약을 체결함으로써 시가상승에 따른 현금유출 ₩2,000을 더 부담하게 되어, 결국 원재료의 취득원가는 당초 확정계약에서 지급하기로 한 ₩100,000보다 ₩2,000 더 많은 ₩102,000으로 결정된다. 이와 같이 예상보다 현금유출액이 더 많아지기는 했으나, 원재료 선도계약은 현금흐름 변동을 회피하고자 했던 것이 아니라 확정계약의 공정가치 변동을 회피하는 것이 목적이었다. 그 결과 위험회피대상항목의 공정가치 변동에 대한 손익과 위험회피수단의 공정가치 변동에 대한 손익을 상쇄시킬 수 있었다.

(2) 고정이자 수취 조건 금융자산의 공정가치변동 위험회피

다음의 (예제 3)은 고정이자 수취 조건의 채무상품을 취득하여 FVOCI 금융자산으로 분류하였는데, 이자율 변동에 따라 FVOCI 금융자산의 공정가치가 변동하는[38] 위험을 회피하기 위하여 고정이자 지급/변동이자 수취 조건의 이자율스왑 계약을 체결하고 이를 위험회피수단으로 지정한 경우의 회계처리를 제시하고 있다. 즉, 고정이자 수취 조건의 FVOCI 금융자산을 변동이자 수취 조건의 FVOCI 금융자산으로 바꾸면, 이자율이 변동하더라도 FVOCI 금융자산의 공정가치는 변동하지 않으므로 이자율스왑을 이용하여 미래 현금흐름을 고정이자 수취에서 변동이자 수취로 바꾸는 것이다.

고정이자 수취 조건의 채무상품과 고정이자 지급/변동이자 수취 조건의 이자율스왑을 결합한 후의 현금흐름의 효과는 다음과 같다.

채무상품	+	이자율스왑	=	위험회피 결과
~~고정이자 수취~~		~~고정이자 지급~~ 변동이자 수취		변동이자 수취만 남음

위에서 보는 바와 같이 채무상품과 이자율스왑을 결합하면 변동이자 수취의 현금흐름만 남는다. 이때 현행이자율이 변동하더라도 수취할 이자도 함께 변동하므로 미래 현금흐름의 현재가치(즉, 공정가치)는 변동하지 않는다.[39] 따라서 이자율 변동에 따라 FVOCI 금융자산의 공정가치가 변동하는 위험을 회피할 수 있다.

예제 3 공정가치위험회피·고정이자 수취 조건 금융자산

갑회사는 20×1년 1월 1일에 만기가 20×3년 12월 31일이고, 연 4%의 고정이자를 수취하는 액면금액 ₩1,000,000의 채무상품을 ₩1,000,000에 취득하고, 이를 FVOCI 금융자산으로 회계처리하였다. 고정이자율 4%는 20×1년 1월 1일 현재 국제기준금리인 RFR 3%에 1%의 신용스프레드를 가산하여 결정하였으며, 매년 12월 31일에 이자를 수취한다.

38) 고정이자 수취 조건이므로 채무상품의 미래현금흐름은 고정되어 있으나, 할인율이 변동하므로 채무상품의 공정가치는 변동한다.

39) 이와 같이 공정가치 변동 위험은 회피하였으나 변동이자 수취의 현금흐름만 남기 때문에 현금흐름 변동 위험에는 노출된다. 즉, 두 가지 위험을 모두 회피할 수는 없다.

갑회사는 시장이자율 변동에 따른 채무상품(FVOCI 금융자산)의 공정가치 변동위험을 회피하기 위하여 만기가 3년이며 RFR을 수취(직전연도 말 RFR을 기준으로 하여 당년도 말에 수취)하고 3% 고정이자를 지급하는 이자율스왑계약(계약금액 ₩1,000,000)을 20×1년 1월 1일에 체결하고 위험회피관계를 지정하였다. 단, 위험회피관계는 위험회피회계의 적용 요건을 충족한다.
이자율스왑계약의 이자 정산은 매년 12월 31일이다. 각 시점별 RFR과 무이표채권할인법을 적용하여 평가한 채무상품 및 이자율스왑의 공정가치는 다음과 같다.

일자	RFR	FVOCI 금융자산의 공정가치	이자율스왑의 공정가치
20×1. 1. 1.	3%	₩1,000,000	0
20×1. 12. 31.	4.5%	972,305	₩27,695
20×2. 12. 31.	5%	981,132	18,868

물음

20×1년 1월 1일부터 20×3년 12월 31일까지 갑회사가 해야 할 모든 회계처리(유동성 대체 생략)를 하라. 단, 위험회피회계의 적용 요건을 모두 충족한다.

※ 이자율스왑과 FVOCI 금융자산의 공정가치 산정 과정

4%의 고정이자를 수취하는 채무상품과 변동이자(RFR)를 수취하고 3%의 고정이자를 지급하는 스왑계약의 효과를 합치면 'RFR + 1%의 변동이자 수취'만 남게 되어 고정이자 채무상품이 변동이자 채무상품으로 그 성격이 바뀐다. 회계처리를 하기 전에 이자율스왑의 공정가치 산정 과정을 살펴보기로 한다.

먼저 이자율스왑계약의 연도별 이자 차이는 다음과 같다.

	20×1. 12. 31.	20×2. 12. 31.	20×3. 12. 31.
스왑계약			
RFR 수취	₩30,000	₩45,000	₩50,000
3% 지급	(30,000)	(30,000)	(30,000)
차이	–	₩15,000	₩20,000

갑회사의 신용스프레드는 1%라고 문제에서 주어져 있다. 따라서 20×1년 말 할인율은 RFR 4.5%에 1%를 가산한 5.5%이며, 20×1년 말에는 20×2년 말 RFR이 얼마나 될지 알 수 없으므로 20×1년 말 RFR 4.5%에 기초하여 계산한 이자 차이 ₩15,000을 20×2년 말과 20×3년 말의 현금흐름으로 보고 다음과 같이 20×1년 말 현재 스왑계약의 공정가치를 계산한다.

$$20\times1년\ 말\ 스왑계약\ 공정가치 = \frac{₩15,000}{(1.055)} + \frac{15,000}{(1.055)^2} = ₩27,695$$

20×2년 말 할인율은 RFR 5%에 1%를 가산한 6%이며, 20×2년 말에는 20×3년 말 RFR이 얼마나 될지 알 수 없으므로 20×2년 말 RFR 5%에 기초하여 계산한 이자 차이 ₩20,000을 20×3년 말의 현금흐름으로 보고 다음과 같이 20×2년 말 현재 스왑계약의 공정가치를 계산한다.

$$20\times2\text{년 말 스왑계약 공정가치} = \frac{₩20,000}{(1.06)} = ₩18,868$$

한편, FVOCI 금융자산의 연도별 공정가치(미래 현금흐름의 현재가치)는 다음과 같이 계산한다.

$$20\times1\text{년 말 FVOCI 금융자산의 공정가치} = \frac{₩40,000}{(1.055)} + \frac{1,040,000}{(1.055)^2} = ₩972,305$$

$$20\times2\text{년 말 FVOCI 금융자산의 공정가치} = \frac{₩1,040,000}{(1.06)} = ₩981,132$$

결국 연도별 FVOCI 금융자산의 공정가치 변동액과 이자율스왑의 공정가치 변동액은 동일하다.

해답

<20×1. 1. 1.>

(차) FVOCI 금융자산	1,000,000	(대) 현금	1,000,000

<20×1. 12. 31.>

① 위험회피대상항목의 공정가치 변동 및 이자수익 인식

(차) 현금	40,000	(대) 이자수익	40,000(1)
(차) 금융자산평가손실(PL)	27,695(2)	(대) FVOCI 금융자산	27,695

(1) ₩1,000,000×4%(고정이자)=₩40,000
채무상품을 액면금액으로 취득하였으므로 유효이자와 표시이자는 동일하다.
(2) FVOCI 금융자산이더라도 평가손익을 기타포괄손익이 아니라 당기손익으로 인식한다.

② 위험회피수단의 공정가치 평가손익 인식 및 이자 결제(3)

(차) 파생상품자산	27,695	(대) 파생상품평가이익(PL)	27,695

(3) ₩972,305－1,000,000=(－)₩27,695
20×1년 말 이자수취와 지급액은 동일하므로 별도의 분개는 없다.

<20×2. 12. 31.>

① 위험회피대상항목의 공정가치 변동 및 이자수익 인식

(차) 현금	40,000	(대) 이자수익	40,000
(차) FVOCI 금융자산	8,827	(대) 금융자산평가이익(PL)	8,827(4)

(4) ₩981,132－972,305=₩8,827

② 위험회피수단의 공정가치 평가손익 인식 및 이자 결제

(차) 파생상품평가손실(PL)	8,827	(대) 파생상품자산	8,827
(차) 현금	15,000	(대) 이자수익	15,000

<20×3. 12. 31.>

① 위험회피대상항목의 이자수익 인식 및 결제

(차) 현금	40,000	(대) 이자수익	40,000
(차) 현금	1,000,000	(대) FVOCI 금융자산	981,132
		금융자산처분이익	18,868

② 위험회피수단의 이자 및 만기 결제

(차) 파생상품거래손실	18,868	(대) 파생상품자산	18,868
(차) 현금	20,000	(대) 이자수익	20,000

위의 회계처리를 분석해 보면 매 회계기간마다 갑회사가 인식하는 이자수익(순액)은 각각 ₩40,000, ₩55,000 및 ₩60,000으로 RFR + 1%임을 알 수 있다. 이는 고정이자 채무상품에서 4%의 이자를 수취하는 반면, 이자율스왑계약에서 RFR만큼 이자를 수취하고 3%만큼 이자를 지급하므로 고정이자 수취 조건의 채무상품이 매년 RFR + 1%의 변동이자 수취 조건의 채무상품으로 그 성격이 전환되었기 때문이다. 또한 채무상품에 대해서 인식하는 평가손실(또는 이익) 및 처분이익이 이자율스왑에서 발생하는 평가이익(또는 손실) 및 거래손실과 정확하게 상쇄됨을 알 수 있다.

4.3절에서 설명한 바와 같이 회사가 계약상 현금흐름을 수취할 목적으로 채무상품을 보유하더라도 이를 매도하거나 이전할 수 있으며, 중도에 매도나 이전 시 현행 이자율 변동에 따라 손익이 발생할 수 있으므로 AC 금융자산에 대해서 공정가치 변동 위험을 회피하기 위하여 공정가치위험회피회계를 적용할 수 있다. 만약에 상기 (예제 3)에서 갑회사가 취득한 고정이자 수취 조건의 채무상품을 AC 금융자산으로 분류하고, 고정이자 지급/변동이자 수취 조건의 이자율스왑 계약을 체결하여 위험회피수단으로 지정하였다고 하더라도 회계처리는 기본적으로 달라지지 않는다. 즉, AC 금융자산에 대해서도 공정가치 변동을 측정하여 당기손익으로 인식하면 된다.

(3) FVOCI 선택 지분상품의 공정가치변동 위험회피

다음의 (예제 4)는 FVOCI 선택 지분상품의 공정가치 변동 위험을 회피하기 위해서 선도계약을 체결하고 이를 위험회피수단으로 지정한 경우의 회계처리를 제시하고 있다. FVOCI 선택 지분상품을 위험회피대상항목으로 지정하더라도 공정가치 변동은 기타포괄손익으로 인식해야 한다. 따라서 이러한 경우에는 예외적으로 위험회피수단의 공정가치 변동을 기타포괄손익으로 인식함으로써 회계불일치를 제거할 수 있다.

예제 4 공정가치위험회피·FVOCI 선택 지분상품

갑회사(연차보고기간 말 : 12월 31일)는 20×1년 12월 1일에 ₩45,000에 취득한 지분상품을 FVOCI 선택 금융자산으로 분류하였다. 갑회사는 동 지분상품의 시가가 하락할 위험을 회피하기 위해서 다음의 조건의 선도계약을 체결하고, 위험회피관계를 지정하였다. 단, 위험회피관계는 위험회피회계의 적용 요건을 충족한다.

계약기간 : 20×1년 12월 1일부터 20×2년 4월 1일
계약조건 : 금융자산을 ₩44,000(만기 4월 1일의 선도가격)에 매도

다음은 갑회사의 FVOCI 선택 금융자산의 공정가치와 선도가격이다.

일자	공정가치	선도가격 (만기 20×2. 4. 1.)
20×1. 12. 1.	₩45,000	₩44,000
20×1. 12. 31.	44,400	43,500
20×2. 4. 1.	42,000	–

물음

각 일자별로 갑회사의 회계처리를 하라. 단, 위험회피회계의 적용 요건을 모두 충족하며, 파생상품평가손익 계산 시 현재가치 적용은 생략한다.

해답

<20×1. 12. 1.>

(차) FVOCI 선택 금융자산	45,000	(대) 현 금	45,000

<20×1. 12. 31.>

① 위험회피수단의 공정가치 변동 인식

(차) 파 생 상 품 자 산	500	(대) 파생상품평가이익(OCI)	500[1]

(1) ₩44,000 − 43,500 = ₩500

② 위험회피대상항목의 공정가치 변동 인식

(차) 금융자산평가손실(OCI)	600[2]	(대) FVOCI 선택 금융자산	600

(2) ₩45,000 − 44,400 = ₩600

<20×2. 4. 1.>

① 위험회피수단의 공정가치 변동 및 위험회피수단의 결제 인식

(차) 파 생 상 품 자 산	1,500[3]	(대) 파생상품평가이익(OCI)	1,500
(차) 현 금	2,000	(대) 파 생 상 품 자 산	2,000

(3) ₩43,500 − 42,000 = ₩1,500

② 위험회피대상항목의 공정가치 변동 및 FVOCI 선택 금융자산 매각

(차) 금융자산평가손실(OCI)	2,400[4]	(대) FVOCI 선택 금융자산	2,400
(차) 현 금	42,000	(대) FVOCI 선택 금융자산	42,000

(4) ₩44,400 − 42,000 = ₩2,400
FVOCI 선택 금융자산의 매각 시 관련 평가손익(OCI)은 당기손익으로 재분류하지 않는다.

두 회계기간에 걸쳐 당기손익에 미친 영향은 없다. 왜냐하면 FVOCI 선택 금융자산의 공정가치 변동을 기타포괄손익으로 인식하고 이를 후속적으로 당기손익으로 재분류하지 않으며, FVOCI 선택 금융자산에 대한 위험회피수단인 선도계약에 대해서도 공정가치 변동을 기타포괄손익으로 인식하기 때문이다. 다만, 기준서는 FVOCI 선택 금융자산에 대해서 인식한 기타포괄손익뿐만 아니라 위험회피수단인 파생상품에 대해서 인식한 기타포괄손익에 대해서도 결제일 이후 어떻게 회계처리해야 하는지 명시적인 언급이 없다.

한편, 20×1년 12월 31일에 파생상품평가이익(OCI)은 ₩600이고, 금융자산평가손실(OCI)이 ₩500이므로 전액 상쇄되지는 않았다. 이는 파생상품의 공정가치 변동은 선도가격의 변동으로 측정하고, 금융자산의 공정가치 변동은 시가의 변동으로 측정하였기 때문이다. 만약 상쇄되지 않은 부분이 유의하다면 3.2절에서 설명한 위험회피효과가 낮다고 판단될 수 있으므로 6절에서 설명할 재조정 등을 고려할 수 있다. 또는 8.2절에서 설명하는 바와 같이 선도계약의 선도요소를 제외하고 현물요소의 공정가치만 위험회피수단으로 지정함으로써 위험회피대상항목의 공정가치 변동을 대부분 상쇄할 수도 있다. 다만, 본 예제의 물음에서는 위험회피 적용요건을 모두 충족한다고 가정하였으므로 위험회피효과에 대한 추가적인 고려는 하지 않는다.

5 현금흐름위험회피회계

5.1 현금흐름위험회피회계의 의의

현금흐름위험회피(cash flow hedge)란 특정 위험에 기인하고 당기손익에 영향을 줄 수 있는 것으로서[40], 인식된 자산이나 부채(예 : 변동이자수취 또는 지급조건의 채무상품) 또는 발생 가능성이 매우 큰 예상거래의 현금흐름 변동 익스포저에 대한 위험회피를 말한다. 현금흐름위험회피를 요약하면 다음의 [그림 8]과 같다.

| 그림 8 | 현금흐름위험회피회계

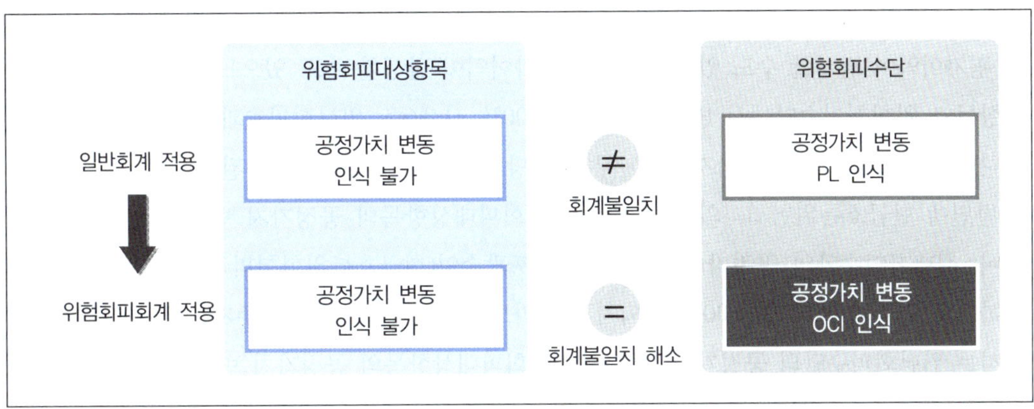

현금흐름위험회피에 일반회계를 적용하면 위험회피수단의 공정가치 변동은 발생연도의 당기손익으로 인식할 수 있으나, 위험회피대상항목의 공정가치 변동을 인식할 수 없다. 2.2절의 사례 3과 같이 위험회피대상항목이 변동이자 조건의 금융상품이라면 이자율 변동에 따라 미래 예상현금흐름도 변동할 것이지만, 미래 예상현금흐름의 현재가치(즉, 공정가치)를 계산할 때 적용할 할인율도 함께 변동하므로 현재가치가 변동하지 않아, 공정가치 변동을 인식할 수 없다.

또한 2.2절의 사례 4와 같이 위험회피대상항목이 발생가능성이 매우 큰 예상거래라면, 아직 거래가 발생하지도 않았기 때문에 이는 회계처리 대상이 될 수 없다. 이와 같이 위험회피대상항목의 공정가치 변동을 인식하지 못하는 반면, 위험회피수단의 공정가치 변동은 당기손익으로 인식하기 때문에 회계불일치가 발생한다.

---

40) 현금흐름의 변동이 궁극적으로 당기손익에 영향을 미칠 수 있다.

이와 같은 회계불일치를 해소하기 위하여 현금흐름위험회피회계를 적용하면, [그림 8]에서 보는 바와 같이 위험회피수단의 현금흐름 변동에서 발생한 손익을 당기손익이 아니라 기타포괄손익으로 인식함으로써 당기손익에 미치는 영향을 제거할 수 있다.[41] 4절에서 설명한 공정가치위험회피회계([그림 7])는 위험회피대상항목에 대해서 특별회계를 적용하는 반면, 본절에서 설명하는 현금흐름위험회피회계는 위험회피수단에 대해서 특별회계를 적용한다는 점에서 차이가 있다.

5.2 위험회피에 효과적인 부분과 비효과적인 부분의 구분

4절에서 설명한 공정가치위험회피회계를 적용할 경우 위험회피대상항목에서 발생하는 당기손익이 위험회피수단에서 발생하는 당기손익과 반대방향으로 전액 상쇄되지 않을 수 있다. 예를 들어, 위험회피대상항목에서 ₩100의 평가손실이 발생하였는데, 위험회피수단에서 ₩90의 평가이익이 발생할 수도 있고 ₩110의 평가이익이 발생할 수도 있으므로 항상 위험회피대상항목과 위험회피수단에서 발생한 손익이 100% 상쇄(즉, 위험회피효과가 100%)되는 것은 아니다. 따라서 전액 상쇄되지 않은 부분은 당기손익에 영향을 주게 된다.

반면에 현금흐름위험회피의 경우에는 위험회피대상항목의 공정가치 변동을 인식할 수 없으며, 위험회피수단의 공정가치 변동을 기타포괄손익(현금흐름위험회피적립금 계정)으로 인식하므로 위험회피효과가 100%가 되지 않더라도 당기손익에 영향을 주지는 않는다. 이에 기준서는 위험회피수단의 공정가치 변동이 위험회피대상항목의 공정가치 변동을 초과할 경우에만 위험회피가 비효과적으로 이루어졌다고 보고, 위험회피에 비효과적인 부분을 당기손익으로 인식하도록 규정하고 있다. 예를 들어, 위험회피대상항목에서 ₩100의 평가손실(미래 현금흐름 변동의 현재가치로서 실제 장부에 인식하는 손익은 아님)이 발생하였는데 위험회피수단에서 ₩110의 평가이익이 발생하였다면 ₩100은 위험회피에 효과적이므로 기타포괄이익으로 인식하고, 나머지 ₩10을 위험회피에 비효과적이라 보고 당기이익으로 인식한다.

현금흐름위험회피회계에서 위험회피에 효과적인 부분과 비효과적인 부분을 구분하는 회계처리는 보고기간 말 현재 누계액에 기초하여 계산한다.[42] 즉, 다음의 (1)의 금액이 (2)의 금액을 초과한 금액을 위험회피에 비효과적인 금액으로 규정한다(1109:6.5.11).

41) 위험회피는 총포괄손익에 대한 회계불일치의 해소가 아니라 당기손익에 대한 회계불일치의 해소에 초점을 두는 것으로 이해하면 된다.

42) 위험회피회계의 시작과 종료가 한 회계기간에 모두 이루어진다면 당기 발생액과 누계액이 동일하겠지만 두 회계기간 이상에 걸쳐 위험회피회계가 이루어진다면 해당 연도의 발생액이 아니라 누계액에 기초하여 위험회피에 효과적인 부분과 비효과적인 부분을 구분한 후 당해 연도에 추가로 인식할 금액을 결정한다.

(1) 위험회피 개시 이후 위험회피수단의 손익누계액
(2) 위험회피 개시 이후 위험회피대상항목의 공정가치(현재가치) 변동 누계액(즉, 위험회피대상 미래예상현금흐름의 변동 누계액의 현재가치)

위의 (2)에 해당하는 금액은 위험회피대상항목의 미래 현금흐름 변동의 현재가치를 말하는데, 이를 재무제표에 인식하지는 않는다. 단지 위험회피수단의 공정가치 변동((1)의 금액)이 (2)의 금액에 미달하면 (1)의 금액 전체를 위험회피에 효과적이라고 보고 기타포괄손익으로 인식하고, (1)의 금액이 (2)의 금액을 초과하면 초과한 부분을 위험회피에 비효과적이라고 보고 당기손익으로 인식한다.

다음의 (예 2)를 통해서 보고기간 말의 누계액에 기초하여 위험회피수단의 공정가치 변동을 기타포괄손익과 당기손익으로 구분하는 회계처리를 설명한다.

예 2 위험회피에 효과적인 부분과 비효과적인 부분의 구분

갑회사는 미래 발생가능성이 매우 큰 예상거래의 현금흐름 변동위험을 회피하기 위하여 20×1년 초에 파생상품 계약을 체결하였다. 갑회사는 분기별로 재무제표를 공시하는데, 20×1년 1분기 말과 2분기 말 현재 예상거래의 현금흐름 변동 누계액과 파생상품평가손익 누계액은 다음과 같다.

구분	20×1년 1분기 말	20×1년 2분기 말
예상거래의 현금흐름 변동 누계액의 현재가치	(−)₩3,000	(−)₩8,000
파생상품평가이익 누계액	3,500	8,100

예상거래의 공정가치, 즉 현금흐름 변동 누계액의 현재가치를 계산하더라도 이를 장부에 인식하는 것은 아니다. 왜냐하면 예상거래는 미이행계약이므로 장부기록 대상이 아니다. 그러나 위험회피수단의 공정가치 변동 즉, 파생상품평가손익은 장부에 인식한다.

<20×1년 1분기 말>
예상거래의 현금흐름 변동 누계액의 현재가치＝(−)₩3,000
파생상품평가이익 누계액(발생 첫 분기이므로 발생액과 누계액은 동일)＝₩3,500
파생상품평가이익 누계액이 예상거래의 현금흐름 변동 누계액의 현재가치를 상쇄하고도 ₩500이 남으므로 이 부분을 위험회피에 비효과적인 부분으로 본다.

파생상품자산을 ₩3,500 인식하면서 파생상품평가이익 ₩3,500 중 위험회피에 효과적인 부분 ₩3,000을 기타포괄손익(현금흐름위험회피적립금)으로, 위험회피에 비효과적인 부분 ₩500을 당기손익으로 인식한다.

(차) 파생상품자산	3,500	(대) 현금흐름위험회피적립금(OCI)	3,000
		파생상품평가이익(PL)	500

<20×1년 2분기 말>

예상거래의 현금흐름 변동 누계액의 현재가치=(−)₩8,000

파생상품평가이익 누계액=₩8,100

20×1년 2분기 말 누계액 기준으로 파생상품평가이익 누계액이 예상거래의 현금흐름 변동 누계액의 현재가치를 상쇄하고도 ₩100이 남으므로 이 부분을 위험회피에 비효과적인 부분으로 보고 당기손익으로 인식한다. 단, 1분기 말에 ₩500의 이익을 인식하였으므로 2분기 말에 ₩400의 손실을 인식함으로써 누계액 기준으로 ₩100의 이익을 인식하게 된다.

구분	20×1년 1분기 말 재무제표 표시(①)	20×1년 2분기 말 재무제표 표시(②)	20×1년 2분기 말 추가 인식(②−①)
파생상품자산	₩3,500	₩8,100	₩4,600
OCI 누계	3,000	8,000	5,000
PL 누계	500	100	(−)400

2분기 말에 갑회사가 해야 할 분개는 다음과 같다(위의 표에서 파란색 표시 부분).

(차) 파생상품자산	4,600	(대) 현금흐름위험회피적립금(OCI)	5,000
파생상품평가손실(PL)	400		

위의 사례에서 20×1년 2분기 말 파생상품평가이익 누계액이 ₩7,800이라고 가정하고, 20×1년 2분기 말의 회계처리를 설명한다.

구분	20×1년 1분기 말	20×1년 2분기 말
예상거래의 현금흐름 변동 누계액의 현재가치	(−)₩3,000	(−)₩8,000
파생상품평가이익 누계액	3,500	7,800

예상거래의 현금흐름 변동 누계액의 현재가치=(−)₩8,000

파생상품평가이익 누계액=₩7,800

20×1년 2분기 말 누계액 기준으로 파생상품평가이익 누계액이 예상거래의 현금흐름 변동 누계액의 현재가치에 미달하므로 위험회피에 비효과적인 부분은 없다.

구분	20×1년 1분기 말 재무제표 표시(①)	20×1년 2분기 말 재무제표 표시(②)	20×1년 2분기 말 추가 인식(②-①)
파생상품자산	₩3,500	₩7,800	₩4,300
OCI 누계	3,000	7,800	4,800
PL 누계	500	0	(-)500

2분기 말에 갑회사가 해야 할 분개는 다음과 같다(위의 표에서 파란색 표시 부분).

(차) 파생상품자산	4,300	(대) 현금흐름위험회피적립금(OCI)	4,800
파생상품평가손실(PL)	500		

전술한 바와 같이 현금흐름위험회피회계에서는 위험회피수단의 공정가치 변동이 위험회피대상항목의 공정가치 변동을 초과하면(over-hedge), 초과액을 위험회피에 비효과적이라고 보고 당기손익으로 회계처리한다. 반면에 위험회피수단의 공정가치 변동이 위험회피대상항목의 공정가치 변동에 미달하면(under-hedge) 당기손익으로 인식할 금액은 없다.

공정가치위험회피회계에서는 over-hedge이든 under-hedge이든 관계없이 위험회피수단의 공정가치 변동과 위험회피대상항목의 공정가치 변동의 차이만큼 당기손익에 영향을 미친다는 점이 다르다. 따라서 현금흐름위험회피회계의 경우 당기손익에 미치는 영향을 줄이기 위해서 기업이 의도적으로 under-hedge를 시도할 수도 있을 것이다. 그러나 under-hedge의 정도가 유의하게 크다면 이는 3.2절에서 설명한 위험회피회계의 적용 요건 중 효과성 평가에서 비효과적이라고 결론을 내릴 가능성이 있으므로 효과성 평가 요건이 기업의 의도적인 under-hedge를 어느 정도 통제할 수는 있을 것이다.

5.3 현금흐름위험회피적립금의 후속 회계처리

기타포괄손익으로 인식한 현금흐름위험회피적립금은 위험회피대상항목이 무엇인지에 따라 후속적으로 [표 4]와 같이 회계처리한다(1109:6.5.11).

| 표 4 | 현금흐름위험회피적립금의 후속 회계처리

<table>
<tr><th>구분</th><th>회계처리</th></tr>
<tr><td>위험회피대상항목인 예상거래에 따라 향후 비금융자산이나 비금융부채를 인식하는 경우</td><td rowspan="2">현금흐름위험회피적립금을 제거하고, 관련 자산 또는 부채의 최초 원가나 그 밖의 장부금액에 그 금액을 조정(당기손익 재분류조정 아님)</td></tr>
<tr><td>비금융자산이나 비금융부채에 대한 예상거래가 공정가치위험회피회계를 적용하는 확정계약이 되는 경우[43)]</td></tr>
<tr><td>상기 이외의 경우</td><td>위험회피대상인 예상거래가 당기손익에 영향을 미치는 회계기간(예 : 이자수익이나 이자비용을 인식하는 기간이나 예상매출이 생긴 때)에 재분류조정으로 현금흐름위험회피적립금을 당기손익으로 재분류</td></tr>
<tr><td>현금흐름위험회피적립금이 차손이며, 그 차손의 전부 또는 일부가 미래 기간에 회복되지 않을 것으로 예상되는 경우</td><td>그 금액을 재분류조정으로 즉시 당기손익으로 재분류</td></tr>
</table>

현금흐름 위험회피수단의 평가손익 중 기타포괄손익으로 인식한 현금흐름위험회피적립금은 원칙적으로 위험회피대상항목이 당기손익에 영향을 미치는 기간에 당기손익으로 대체하는 회계처리를 한다. 그러나 위험회피대상항목인 예상거래에 따라 향후 비금융자산이나 비금융부채를 인식하는 경우 기타포괄손익으로 인식한 현금흐름위험회피적립금을 간편하게 회계처리하기 위해서 이를 관련 자산이나 부채의 인식금액에 포함(basis adjustment)하는 회계처리를 한다. 만약 현금흐름위험회피적립금을 기타포괄손익에 그대로 놓아둔다면 관련 비금융항목에 대해서 매출원가나 감가상각비를 인식할 때마다 기타포괄손익 중 일부를 당기손익으로 대체하는 번거로운 회계처리를 해야 할 것이다. 그러나 재고자산이나 유형자산 등 비금융항목을 최초 인식할 때 현금흐름위험회피적립금을 재고자산이나 유형자산의 장부금액에서 조정하면 이후에 그만큼 매출원가나 감가상각비를 덜 인식하게 되어 자연스럽게 기타포괄손익이 당기손익으로 전환되는 효과를 얻을 수 있다.

위험회피대상항목인 예상거래에 따라 금융자산이나 금융부채를 인식하거나, 예상매출이 발생하는 거래에 대해서 인식한 현금흐름위험회피적립금은 관련 금융자산이나 금융부채에서 이자수익이나 이자비용을 인식하는 기간이나 매출거래가 발생할 때 당기손익으로 재분류한다.

---

43) 예를 들어, 2개월 후 원자재 수입거래가 발생할 가능성이 매우 큰 경우 파생상품 계약을 체결하였다면 위험회피대상항목은 비금융자산에 대한 예상거래이다. 그런데 2개월 경과 후 동 원자재를 수입하는 계약을 체결하고 1개월 후 현물을 인도받기로 했다면 위험회피대상항목은 확정계약이 된다. 단, 이 시점에서 확정계약을 위험회피대상항목으로 지정할 것인지는 회사가 결정할 사안이다.

예상거래에 따라 인식하는 비금융자산(부채)에 현금흐름위험회피적립금을 포함시키는데 반해 예상거래에 따라 인식하는 금융자산이나 금융부채에 현금흐름위험회피적립금을 포함시키지 않는 이유(즉, basis adjustement를 하지 않는 이유)는 무엇인가? 기준서 제1109호 '금융상품'에서는 금융자산이나 금융부채를 공정가치로 최초 인식하도록 규정하고 있는데, 예상거래에 따라 인식하는 금융자산이나 금융부채에 현금흐름위험회피적립금을 포함시키면 금융자산이나 금융부채를 공정가치로 최초 인식하지 못하는 문제가 발생하기 때문이다.

한편, 현금흐름 변동 위험을 회피하고자 지정한 위험회피수단에서는 기본적으로 평가이익이 발생할 것이다. 왜냐하면 위험회피대상항목은 미래 현금유입이 감소하거나 현금유출이 증가하는 위험을 회피하는 것이므로 위험회피대상항목의 공정가치 변동(즉, 미래 현금흐름 변동의 현재가치)은 손실이 되는 것이 일반적이다. 따라서 위험회피수단에서 차익(기타포괄이익 또는 당기이익으로 인식)이 발생하는 것이 정상적이라고 할 수 있다. 그러나 [표 4]의 네 번째 구분처럼, 위험회피수단에 대해서 차손(기타포괄손실)의 현금흐름위험회피적립금을 인식하였고, 그 차손의 전부나 일부가 미래 기간에 회복되지 않을 것으로 예상된다면(즉, 위험회피수단에서 미래에도 평가이익이 발생하지 않을 것으로 예상된다면) 기타포괄손실로 인식한 현금흐름위험회피적립금을 즉시 당기손실로 재분류한다.

5.4 현금흐름위험회피회계의 사례

(1) 예상 매출거래의 현금흐름 변동 위험회피

다음의 (예제 5)는 예상 매출거래의 현금유입액 변동 위험을 회피하기 위하여 미래에 매출할 자산에 대해서 선물매도계약을 체결하고 이를 위험회피수단으로 지정한 경우의 회계처리를 제시하고 있다. 일반회계를 적용하면 위험회피대상항목인 예상 매출거래에 대해서 아무런 회계처리를 하지 않는 반면, 위험회피수단에 대해서는 공정가치 변동을 당기손익으로 인식하기 때문에 회계불일치가 발생한다.

이러한 회계불일치 문제를 해소하기 위하여 현금흐름위험회피회계를 적용하면, 위험회피수단(파생상품)의 공정가치 변동을 당기손익이 아니라 기타포괄손익으로 인식한다. 다만, 위험회피수단의 공정가치 변동 중 위험회피에 비효과적인 부분이 있다면 이를 당기손익으로 인식한다. 이렇게 기타포괄손익으로 인식한 금액은 나중에 매출 거래가 발생할 때 당기손익으로 재분류한다.

예제 5 현금흐름위험회피·예상 매출거래

갑회사(연차보고기간 말 : 12월 31일)는 알루미늄을 제련하여 판매하는 회사이다. 갑회사는 20×2년 3월 31일에 제련한 알루미늄 1,000ton(ton당 제조원가 ₩1,000)을 판매할 가능성이 매우 크다. 갑회사는 제련한 알루미늄의 미래에 판매가격이 하락함에 따라 발생할지 모를 현금흐름 변동위험을 회피하기 위하여 다음과 같은 조건의 선물매도계약을 체결하였다.

계약기간 : 20×1년 10월 1일부터 20×2년 3월 31일
계약조건 : 제련한 알루미늄 1,000ton을 ton당 ₩1,500에 매도

제련한 알루미늄의 ton당 현물가격과 만기가 20×2년 3월 31일인 선물가격은 다음과 같다.

일자	현물가격	선물가격
20×1. 10. 1.	₩1,510	₩1,500
20×1. 12. 31.	1,405	1,400
20×2. 3. 31.	1,250	−

물음

1. 20×1년 10월 1일, 12월 31일 및 20×2년 3월 31일(매출거래 포함, 계속기록법 적용)에 해야 할 회계처리를 모두 하라. 단, 파생상품 평가손익 계산 시 현재가치 계산은 생략한다. 선물거래는 위험회피 적용요건을 모두 충족하며, 선물거래에서 발생한 정산손익은 만기에 일괄하여 현금수수가 이루어진다고 가정한다.
2. 위의 현물가격 자료에서 20×1년 12월 31일 현물가격이 ₩1,405가 아니라 ₩1,430이라고 가정하고 (물음 1)의 답을 다시 제시하라.

해답

1. <20×1. 10. 1.>

회계처리 없음

<20×1. 12. 31.>

예상거래의 미래 현금흐름 변동은 현물가격에 기초하여 평가하고, 파생상품은 선물가격 변동에 따라 가치가 변동하므로 선물가격에 기초하여 평가한다.

알루미늄 공정가치(미래 현금유입액) 변동 누계액 = (₩1,405 − 1,510) × 1,000ton = (−)₩105,000

파생상품평가손익 = (₩1,500 − 1,400) × 1,000ton = ₩100,000(평가이익)

선물 매도계약에서 선물가격이 하락하면 평가이익이 발생한다.

위험회피수단의 공정가치 변동 ₩100,000이 위험회피대상항목인 알루미늄 공정가치 변동 누계액 ₩105,000에 미달하므로 모두 위험회피에 효과적이다. 따라서 파생상품평가이익 ₩100,000을 모두 기타포괄손익으로 인식한다. 알루미늄 예상 매출거래는 실제 매출이 발생하기 전까지 회계처리 대상이 아니다.

(차) 파생상품자산	100,000	(대) 현금흐름위험회피적립금(OCI)	100,000

<20×2. 3. 31.>

알루미늄 공정가치(미래 현금유입액) 변동 누계액＝(₩1,250－1,510)×1,000ton＝(－)₩260,000

파생상품평가손익＝(₩1,500－1,250)×1,000ton＝₩250,000(평가이익)

위험회피수단의 공정가치 변동 누계액이 위험회피대상항목의 공정가치 변동 누계액에 미달하므로 파생상품평가이익 누계액 ₩250,000은 모두 위험회피에 효과적이다.

(차) 파생상품자산	150,000	(대) 현금흐름위험회피적립금(OCI)	150,000[(1)]
(차) 현금	250,000[(2)]	(대) 파생상품자산	250,000
(차) 현금흐름위험회피적립금(OCI)	250,000	(대) 파생상품평가이익(PL)	250,000[(3)]
(차) 매출채권(현금)	1,250,000	(대) 매출	1,250,000[(4)]
(차) 매출원가	1,000,000	(대) 재고자산	1,000,000

(1) ₩250,000(평가이익 누계액)－100,000(전기 인식 기타포괄손익)＝₩150,000

(2) 선불 매도계약의 최종 결제 시 현물가격 ₩1,250이 당초 계약한 ₩1,500보다 낮으므로 차액 ₩250,000의 현금을 수취한다.

(3) 기타포괄손익으로 인식한 현금흐름위험회피적립금은 위험회피대상항목이 당기손익에 영향을 미치는 기간(즉, 매출을 인식하는 시점)에 당기손익으로 재분류한다.

(4) 1,000t×₩1,250＝₩1,250,000

2. <20×1. 10. 1.>

회계처리 없음

<20×1. 12. 31.>

알루미늄 공정가치(미래 현금유입액) 변동 누계액＝(₩1,430－1,510)×1,000ton＝(－)₩80,000

파생상품평가손익＝(₩1,500－1,400)×1,000ton＝₩100,000(평가이익)

위험회피수단의 공정가치 변동 ₩100,000이 위험회피대상항목인 알루미늄 공정가치 변동 누계액 ₩80,000을 ₩20,000 초과하므로 초과액 ₩20,000을 위험회피에 비효과적인 것으로 보고 당기손익으로 인식한다.

(차) 파생상품자산	100,000	(대) 현금흐름위험회피적립금(OCI)	80,000
		파생상품평가이익(PL)	20,000

<20×2. 3. 31.>

알루미늄 공정가치(미래 현금유입액) 변동 누계액=(₩1,250−1,510)×1,000ton=(−)₩260,000

파생상품평가손익=(₩1,500−1,250)×1,000ton=₩250,000(평가이익)

위험회피수단의 공정가치 변동 누계액이 위험회피대상항목의 공정가치 변동 누계액에 미달하므로 파생상품평가이익 누계액 ₩250,000은 모두 위험회피에 효과적이다. 즉, 파생상품 계약 기간 중에는 위험회피수단의 공정가치 변동 중 비효과적인 부분이 발생하였으나, 파생상품 계약이 결제되는 시점에서 누계액에 기초한 비효과적인 부분은 없다.

(차)	파생상품자산	150,000	(대)	현금흐름위험회피적립금(OCI)	170,000(1)
	파생상품평가손실(PL)	20,000(2)			
(차)	현금	250,000	(대)	파생상품자산	250,000
(차)	현금흐름위험회피적립금(OCI)	250,000	(대)	파생상품평가이익(PL)	250,000(3)
(차)	매출채권(현금)	1,250,000	(대)	매출	1,250,000(4)
(차)	매출원가	1,000,000	(대)	재고자산	1,000,000

(1) ₩250,000(평가이익 누계액)−80,000(전기 인식 기타포괄손익)=₩170,000

(2) 과년도에 당기손익으로 인식했던 파생상품평가이익 ₩20,000의 조정

(3) 기타포괄손익으로 인식한 현금흐름위험회피적립금은 위험회피대상항목이 당기손익에 영향을 미치는 기간(즉, 매출을 인식하는 시점)에 당기손익으로 재분류한다.

(4) 1,000t×₩1,250=₩1,250,000

(2) 예상 매입거래의 현금흐름 변동 위험회피

다음의 (예제 6)은 재고자산의 예상 매입거래의 현금유출액 변동 위험을 회피하기 위하여 미래에 매입할 원재료에 대해서 선물매수계약을 체결하고 이를 위험회피수단으로 지정한 경우의 회계처리를 제시하고 있다. 일반회계를 적용하면 위험회피대상항목인 예상 매입거래에 대해서 아무런 회계처리도 하지 않는 반면, 위험회피수단에 대해서는 공정가치 변동을 당기손익으로 인식하기 때문에 회계불일치가 발생한다.

이러한 문제를 해소하기 위하여 현금흐름위험회피회계를 적용하면, 위험회피수단인 파생상품의 공정가치 변동을 당기손익이 아니라 기타포괄손익으로 인식한다. 다만, 위험회피수단의 공정가치 변동 중 위험회피에 비효과적인 부분이 있다면 이를 당기손익으로 인식한다. 기타포괄손익으로 인식한 파생상품평가손익은 나중에 재고자산의 최초 인식금액에 반영한다. 재고자산 최초 인식금액에 반영된 기타포괄손익 금액은 향후 재고자산을 판매할 때 매출원가에 포함되어 당기손익에 영향을 미칠 것이다.

예제 6 현금흐름위험회피·예상 매입거래

갑회사(연차보고기간 말 : 12월 31일)는 20×2년 3월 31일에 원재료로 사용할 구리 1,000ton을 매입할 가능성이 매우 크다고 판단하였다. 갑회사는 구리의 예상매입거래에서 발생할 현금흐름 변동위험을 회피하기 위하여 다음과 같은 조건의 선물매수계약을 체결하였다.

계약기간 : 20×1년 10월 1일부터 20×2년 3월 31일
계약조건 : 구리 1,000ton을 ton당 ₩1,000에 매수

구리의 ton당 현물가격과 만기가 20×2년 3월 31일인 선물가격은 다음과 같다.

일자	현물가격	선물가격
20×1. 10. 1.	₩980	₩1,000
20×1. 12. 31.	1,020	1,050
20×2. 3. 31.	1,070	–

물음

20×1년 10월 1일, 12월 31일 및 20×2년 3월 31일(매입거래 포함, 계속기록법 적용)에 해야 할 회계처리를 모두 하라. 단, 파생상품 평가손익 계산 시 현재가치 계산은 생략한다. 선물거래는 위험회피 적용요건을 모두 충족하며, 선물거래에서 발생한 정산손익은 만기에 일괄하여 현금수수가 이루어진다고 가정한다.

해답

<20×1. 10. 1.>
회계처리 없음

<20×1. 12. 31.>
구리 공정가치(미래 현금유출액) 변동 누계액＝(₩980－1,020)×1,000ton＝(－)₩40,000
파생상품평가손익＝(₩1,050－1,000)×1,000ton＝₩50,000(평가이익)
위험회피수단의 공정가치 변동 ₩50,000이 위험회피대상항목인 구리 공정가치 변동 누계액 ₩40,000을 ₩10,000 초과하므로 평가이익 ₩50,000 중 ₩10,000을 당기손익으로, ₩40,000을 기타포괄손익으로 인식한다.

(차)	파 생 상 품 자 산	50,000	(대) 현금흐름위험회피적립금(OCI)	40,000
			파생상품평가이익(PL)	10,000

<20×2. 3. 31.>

구리 공정가치(미래 현금유출액) 변동 누계액＝(₩980－1,070)×1,000ton＝(－)₩90,000

파생상품평가손익＝(₩1,070－1,000)×1,000ton＝₩70,000(평가이익)

위험회피수단의 공정가치 변동 누계액이 위험회피대상항목의 공정가치 변동 누계액에 미달하므로 파생상품평가손익은 모두 위험회피에 효과적이다.

(차)	파 생 상 품 자 산	20,000	(대) 현금흐름위험회피적립금(OCI)	30,000[(1)]
	파생상품평가손실(PL)	10,000[(2)]		
(차)	현 금	70,000	(대) 파 생 상 품 자 산	70,000
(차)	원 재 료	1,000,000	(대) 현 금	1,070,000[(4)]
	현금흐름위험회피적립금(OCI)	70,000[(3)]		

(1) ₩70,000(평가이익 누계액)－40,000(전기 인식 기타포괄손익)＝₩30,000

(2) 당기손익으로 인식할 평가손익은 누계액 기준으로 0이어야 하므로 20×1년 말에 당기이익으로 인식한 평가이익 ₩10,000만큼 평가손실을 인식한다.

(3) 기타포괄손익으로 인식한 현금흐름위험회피적립금은 재고자산(비금융자산)의 최초 인식금액에 반영한다.

(4) 1,000t×₩1,070＝₩1,070,000. 원재료는 20×2년 3월 31일의 현물가격에 관계없이 당초 계약한 선물가격 ₩1,000,000으로 인식한다.

(3) 변동이자 지급 조건 금융부채의 현금흐름 변동 위험회피

다음의 (예제 7)은 회사가 변동이자 지급 조건의 사채를 발행하였는데, 이자율의 변동에 따라 이자지급의 현금흐름이 변동하는 위험을 회피하기 위하여 변동이자 수취/고정이자 지급 조건의 이자율스왑 계약을 체결하고 이를 위험회피수단으로 지정한 경우의 회계처리를 제시하고 있다. 변동이자 지급 조건의 사채와 변동이자 수취/고정이자 지급 조건의 이자율스왑을 결합한 후의 현금흐름의 효과는 다음과 같다.

사채	+	이자율스왑	=	현금흐름의 결합 효과
~~변동이자 지급~~		~~변동이자 수취~~		고정이자 지급만 남음
		고정이자 지급		

위에서 보는 바와 같이 사채와 이자율스왑을 결합하면 고정이자 지급의 현금흐름만 남는다. 즉, 변동이자 조건의 사채가 고정이자 조건의 사채로 그 성격이 변하기 때문에 이자율이 변동하더라도 미래 현금흐름은 변동하지 않는다.

예제 7 현금흐름위험회피 - 이자율스왑

갑회사는 만기가 3년이고, 변동이자를 지급하는 액면금액 ₩1,000,000의 채무상품을 20×1년 1월 1일에 발행하였다. 채무상품의 변동이자율은 국제기준금리인 RFR에 2%의 신용스프레드를 가산하여 결정(직전연도 말 RFR을 기준으로 하여 당년도 말에 지급)되었으며, 채무상품 발행 시 RFR은 4%이다. 채무상품은 매년 12월 31일에 이자를 지급하고, 동일자에 변동이자율을 재설정한다.

갑회사는 채무상품의 이자지급 현금흐름의 변동위험을 회피하기 위하여 만기가 3년이며 고정이자 4%를 지급하고 RFR을 수취(직전연도 말 RFR을 기준으로 하여 당년도 말에 수취)하는 이자율스왑계약(계약금액 ₩1,000,000)을 20×1년 1월 1일에 체결하였다. 이자율스왑계약의 이자 정산은 매년 12월 31일이다.

최초 계약시점과 변동이자율 재설정 시점의 RFR과 이자율스왑의 공정가치는 다음과 같다.[44)]

일자	RFR	이자율스왑 공정가치
20×1. 1. 1.	4%	–
20×1. 12. 31.	6.5%	₩44,277
20×2. 12. 31.	6%	18,519

물음

20×1년 1월 1일부터 20×3년 12월 31일까지 갑회사가 해야 할 모든 회계처리(유동성 대체 생략)를 하라. 단, 이자율스왑의 공정가치는 무이표채권할인법을 적용하여 산정하며, 매년 말 이자율스왑의 위험회피효과는 모두 효과적이라고 가정한다.

※ 이자율스왑의 공정가치 산정 및 현금흐름위험회피적립금의 변동

해답을 제시하기 전에 특정 시점별로 이자율스왑의 공정가치 산정 및 현금흐름위험회피적립금의 변동을 설명하기로 한다. RFR+2%의 이자를 지급하는 차입금과 RFR을 수취하고 4%의 고정이자를 지급하는 스왑계약을 합치면 6%의 고정이자 지급만 남게 되어 변동이자 차입금이 6%의 고정이자 차입금으로 그 성격이 바뀐다. 회계처리를 하기 전에 이자율스왑의 공정가치 산정 과정을 살펴보기로 한다.

44) (예제 3)에서는 채무상품의 공정가치 자료가 제시된 반면, 본 예제에서는 채무상품의 공정가치 자료가 제시되지 않았는데, 본 예제의 채무상품은 변동이자 지급 조건이므로 공정가치가 변동되지 않기 때문이다.

	20×1. 12. 31.	20×2. 12. 31.	20×3. 12. 31.
채무상품 이자지급	₩1,000,000×6% =₩60,000	₩1,000,000×8.5% =₩85,000	₩1,000,000×8% =₩80,000
스왑계약			
RFR 수취	₩40,000	₩65,000	₩60,000
4% 지급	(40,000)	(40,000)	(40,000)
차이	−	₩25,000	₩20,000

갑회사의 신용스프레드는 2%라고 문제에서 주어져 있다. 따라서 20×1년 말 할인율은 RFR 6.5%에 2%를 가산한 8.5%이며, 20×2년 말 할인율은 RFR 6%에 2%를 가산한 8%이다. 이를 이용하여 다음과 같이 스왑계약의 공정가치를 계산한다.

$$20\times1\text{년 말 스왑계약 공정가치} = \frac{₩25{,}000}{(1.085)} + \frac{25{,}000}{(1.085)^2} = ₩44{,}277$$

20×1년 말 현재 20×2년 말에 ₩25,000의 이자 수취가 예상되며, 20×3년 말에도 ₩25,000의 이자를 수취할 것으로 추정되므로 이 금액에 기초하여 스왑계약의 공정가치를 계산한다.

$$20\times2\text{년 말 스왑계약 공정가치} = \frac{₩20{,}000}{(1.08)} = ₩18{,}519$$

20×2년 말 현재 20×3년 말에 ₩20,000의 이자를 수취할 것으로 예상되므로 이 금액에 기초하여 스왑계약의 공정가치를 계산한다.

참고로 다음에서 보는 바와 같이 이자율이 변동하더라도 채무상품의 공정가치는 ₩1,000,000을 유지한다(즉, 공정가치는 변동하지 않는다).

$$20\times1\text{년 말 채무상품 공정가치} = \frac{₩85{,}000}{(1.085)} + \frac{1{,}085{,}000}{(1.085)^2} = ₩1{,}000{,}000$$

$$20\times2\text{년 말 채무상품 공정가치} = \frac{₩1{,}080{,}000}{(1.08)} = ₩1{,}000{,}000$$

연도별 현금흐름위험회피적립금(OCI)의 변동은 다음과 같다.
20×1년 말 OCI의 잔액은 ₩44,277인데, 이는 1년 후 ₩25,000과 2년 후 ₩25,000의 현금흐름을 8.5%로 할인한 현재가치이다. 그런데 20×2년 말 OCI의 잔액은 ₩18,519이며, 이는 1년 후 ₩20,000을 8%로 할인한 현재가치이므로 OCI의 변동을 유효이자율법으로 조정할 때 다음과 같이 20×2년 말 잔액이 ₩18,519가 되도록 ₩4,522의 잔액 조정이 필요하다.

위험회피적립금		금액
20×1년 말 잔액		₩44,277
20×2년 유효이자율법 증액조정	₩44,277×8.5% =	3,764
20×2년 이자비용과 상계		(25,000)
조정전 잔액		23,041
잔액 조정	₩18,519 − 23,041 =	(4,522)
20×2년 말 잔액		18,519
20×3년 유효이자율법 증액조정	₩18,519×8% =	1,481
20×3년 이자비용과 상계		(20,000)
20×3년 말 잔액		₩0

해답

<20×1. 1. 1.>

(차) 현금	1,000,000	(대) 장기차입금	1,000,000

<20×1. 12. 31.>

① 장기차입금 이자비용 지급

(차) 이자비용	60,000	(대) 현금	60,000

② 이자율스왑의 평가

(차) 파생상품자산	44,277	(대) 현금흐름위험회피적립금(OCI)	44,277[1]

(1) 위험회피에 효과적이므로 기타포괄손익으로 인식

<20×2. 12. 31.>

① 장기차입금 이자비용 지급

(차) 이자비용	85,000	(대) 현금	85,000

② 이자율스왑의 평가 및 이자 결제

(차) 파생상품자산	3,764	(대) 현금흐름위험회피적립금(OCI)	3,764
(차) 현금흐름위험회피적립금(OCI)	25,000	(대) 이자비용	25,000
(차) 현금	25,000	(대) 파생상품자산	25,000
(차) 현금흐름위험회피적립금(OCI)	4,522	(대) 파생상품자산	4,522

20×2년 말 현재 기타포괄손익 잔액과 파생상품자산 잔액은 모두 ₩18,519이다.

<20×3. 12. 31.>

① 장기차입금 이자비용 지급 및 상환

(차) 이 자 비 용	80,000	(대) 현 금	80,000
(차) 장 기 차 입 금	1,000,000	(대) 현 금	1,000,000

② 이자율스왑거래의 평가 및 이자 결제

(차) 파 생 상 품 자 산	1,481	(대) 현금흐름위험회피적립금(OCI)	1,481
(차) 현금흐름위험회피적립금(OCI)	20,000	(대) 이 자 비 용	20,000
(차) 현 금	20,000	(대) 파 생 상 품 자 산	20,000

20×3년 말 현재 기타포괄손익 잔액과 파생상품자산 잔액은 모두 ₩0이다.

위의 회계처리를 분석해 보면 매 회계기간마다 갑회사가 부담하는 이자비용 순지출액은 ₩60,000이며, 이자비용도 ₩60,000이다. 이는 변동이자 차입금에서 RFR+2%의 이자를 부담하는 반면, 이자율스왑계약에서 4% 이자를 지급하고 RFR만큼 이자를 수취하므로 결국 변동이자 차입금이 매년 6% 이자만 부담하는 고정이자 차입금으로 그 성격이 전환되었기 때문이다.

---

(4) 외화위험회피 확정계약

확정계약은 4절에서 설명한 바와 같이 공정가치 위험회피대상항목이다. 그러나 확정계약의 외화위험을 회피하는 경우에는 공정가치위험회피와 현금흐름위험회피 중 하나를 선택할 수 있다. 다음의 (예제 8)은 달러화로 기계장치를 취득하는 확정계약을 체결하면서 환율변동 위험을 회피하고자 통화선도계약을 체결하여 위험회피수단으로 지정한 사례이다. 이 경우 회사는 적용할 위험회피회계를 선택할 수 있는데, 만약 환율변동에 따라 확정계약의 공정가치가 변동하는 것을 회피하고자 통화선도계약을 체결한 것이라면 공정가치위험회피회계를 적용하고, 환율변동에 따라 확정계약에서 발생하는 기능통화(원화)의 현금유입·유출액이 변동하는 것을 회피하고자 통화선도계약을 체결한 것이라면 현금흐름위험회피회계를 적용한다.

예제 8 위험회피회계의 비교 – 확정계약의 외화위험(1)

갑회사(기능통화 : 원화)는 20×1년 10월 1일에 기계장치를 $1,000에 취득하는 확정계약을 체결하였으며, 20×2년 3월 31일에 대금을 지급하고 기계장치를 인도받을 예정이다. 갑회사는 20×1년 10월 1일에 $1,000를 달러당 ₩1,100에 매수하는 통화선도계약(결제일 20×2년 3월 31일)을 체결하였으며, 만기일에 차액결제한다. 관련 환율(₩/$)은 다음과 같다.

일자	현물환율	선도환율 (만기 20×2. 3. 31.)
20×1. 10. 1.	₩1,050	₩1,100
20×1. 12. 31.	1,110	1,130
20×2. 3. 31.	1,140	–

물음

1. 갑회사가 확정계약의 외화위험회피에 대하여 통화선도계약을 공정가치위험회피 관계로 지정하였다고 가정하고, 20×1년 10월 1일, 12월 31일(결산일), 그리고 20×2년 3월 31일에 해야 할 회계처리를 하라. 단, 계산과정에서 현재가치 측정은 생략한다.
2. (물음 1)과 관계없이 갑회사가 확정계약의 외화위험회피에 대하여 통화선도계약을 현금흐름위험회피 관계로 지정하였다고 가정하고 다시 답하라.

해답

1. 공정가치위험회피

<20×1. 10. 1.>

통화선도계약을 체결함으로써 갑회사는 6개월 후에 $1,000을 수령할 권리(자산)와 ₩1,100,000을 지급할 의무(부채)가 동시에 발생한다. 그러나 계약체결일 현재 자산의 공정가치는 $1,000에 6개월 선도환율(₩1,100)을 곱한 ₩1,100,000으로 결정되며, 부채의 공정가치와 동액이므로 차액은 ₩0이다. 따라서 아무런 회계처리도 없다.

<20×1. 12. 31.>

(차) 파생상품자산	30,000	(대) 파생상품평가이익	30,000(1)
(차) 확정계약평가손실	30,000(1)	(대) 확정계약부채	30,000

(1) $1,000×(₩1,130 – 1,100) = ₩30,000

<20×2. 3. 31.>

(차) 파생상품자산	10,000	(대) 파생상품평가이익	10,000(2)
(차) 현금	40,000(3)	(대) 파생상품자산	40,000
(차) 확정계약평가손실	10,000(2)	(대) 확정계약부채	10,000
(차) 기계장치	1,100,000	(대) 현금($)	1,140,000
확정계약부채	40,000(4)		

(2) $1,000×(₩1,140 − 1,130) = ₩10,000
(3) $1,000×(₩1,140 − 1,100) = ₩40,000
(4) 확정계약부채의 잔액이 기계장치를 최초 인식할 때 장부금액의 조정으로 회계처리한다(4.2절 설명 참조)

2. 현금흐름위험회피

<20×1. 10. 1.>

회계처리 없음

<20×1. 12. 31.>

확정계약의 미래 현금흐름 변동의 현재가치 누계액 = $1,000×(₩1,050 − 1,110) = (−)₩60,000
파생상품평가손익 누계액 = $1,000×(₩1,130 − 1,100) = ₩30,000 위험회피에 모두 효과적

(차) 파생상품자산	30,000	(대) 현금흐름위험회피적립금(OCI)	30,000

<20×2. 3. 31.>

확정계약의 미래 현금흐름 변동의 현재가치 누계액 = $1,000×(₩1,050 − 1,140) = (−)₩90,000
파생상품평가손익 누계액 = $1,000×(₩1,140 − 1,100) = ₩40,000 위험회피에 모두 효과적
20×1년 말 위험회피적립금 잔액이 ₩30,000이므로 20×2년 말에 ₩10,000을 추가 인식
파생상품을 결제하면서 파생상품자산 ₩40,000만큼 현금 수취
현금흐름위험회피적립금 잔액 ₩40,000을 제거하면서 기계장치(비금융자산)의 최초 인식금액에서 조정(basis adjustment)

(차) 파생상품자산	10,000	(대) 현금흐름위험회피적립금(OCI)	10,000
(차) 현금	40,000	(대) 파생상품자산	40,000
(차) 기계장치	1,100,000	(대) 현금($)	1,140,000
현금흐름위험회피적립금(OCI)	40,000		

예제 9 위험회피회계의 비교 – 확정계약의 외화위험(2)

갑회사(기능통화 : 원화)는 20×1년 11월 1일에 생산한 제품을 $1,000에 판매하는 확정계약을 체결하였으며, 20×2년 2월 1일에 제품을 인도하기로 하였다. 판매대금은 제품 인도 2개월 후에 수취할 예정이다. 갑회사는 확정계약의 외화위험을 회피하기 위하여 20×1년 11월 1일에 $1,000를 달러당 ₩1,200에 매도하는 통화선도계약(결제일 20×2년 2월 1일)을 체결하였으며, 만기일에 차액결제 한다. 관련 환율(₩/$)은 다음과 같다.

일자	현물환율	선도환율 (만기 20×2. 2. 1.)
20×1. 11. 1.	₩1,220	₩1,200
20×1. 12. 31.	1,195	1,180
20×2. 2. 1.	1,185	–

물음

1. 갑회사가 확정계약과 통화선도계약을 공정가치위험회피 관계로 지정하였으며, 위험회피회계의 적용 요건을 충족한다고 가정하고, 20×1년 11월 1일, 12월 31일(결산일), 그리고 20×2년 2월 1일에 해야 할 회계처리를 하라. 단, 파생상품평가손익 계산과정에서 현재가치 측정은 생략한다.
2. (물음 1)에서 갑회사가 확정계약과 통화선도계약을 현금흐름위험회피 관계로 지정하였다고 가정하고 다시 답하라.

해답

1. 공정가치위험회피

<20×1. 11. 1.>

통화선도계약을 체결함으로써 갑회사는 3개월 후에 $1,000을 인도할 의무(부채)와 ₩1,200,000을 수취할 권리(자산)가 동시에 발생한다. 그러나 계약체결일 현재 부채의 공정가치는 $1,000에 3개월 선도환율(₩1,200)을 곱한 ₩1,200,000으로 결정되며, 부채의 공정가치와 동액이므로 차액은 ₩0이다. 따라서 아무런 회계처리도 없다.

<20×1. 12. 31.>

(차)	파생상품자산	20,000	(대) 파생상품평가이익	20,000[(1)]
(차)	확정계약평가손실	20,000[(1)]	(대) 확정계약부채	20,000

(1) $1,000×(₩1,200 – 1,180) = ₩20,000

<20×2. 2. 1.>

(차) 파생상품평가손실	5,000	(대) 파생상품자산	5,000(2)
(차) 현금	15,000(3)	(대) 파생상품자산	15,000
(차) 확정계약부채	5,000(2)	(대) 확정계약평가이익	5,000
(차) 매출채권	1,185,000	(대) 매출	1,200,000
확정계약부채	15,000		

(2) $1,000×(₩1,180 − 1,185) = (−)₩5,000

(3) $1,000×(₩1,200 − 1,185) = ₩15,000

(4) 확정계약부채 잔여액 ₩15,000을 제거하면서 당기손익(매출)으로 대체한다. 그러나 매출과 별개의 계정으로 표시할 수도 있다.

2. 현금흐름위험회피

<20×1. 11. 1.>

회계처리 없음

<20×1. 12. 31.>

확정계약의 미래 현금흐름 변동의 현재가치 누계액 = $1,000×(₩1,195 − 1,220) = (−)₩25,000

파생상품평가손익 누계액 = $1,000×(₩1,200 − 1,180) = ₩20,000 위험회피에 모두 효과적

(차) 파생상품자산	20,000	(대) 현금흐름위험회피적립금(OCI)	20,000

<20×2. 2. 1.>

확정계약의 미래 현금흐름 변동의 현재가치 누계액 = $1,000×(₩1,185 − 1,220) = (−)₩35,000

파생상품평가손익 누계액 = $1,000×(₩1,200 − 1,185) = ₩15,000 위험회피에 모두 효과적

20×1년 말 현금흐름위험회피적립금 ₩20,000을 ₩15,000으로 감소시킨다. 파생상품자산 ₩15,000을 결제하면서 현금을 수취하고, 현금흐름위험회피적립금 잔액 ₩15,000은 매출을 인식하면서 당기손익으로 재분류한다.

(차) 현금흐름위험회피적립금(OCI)	5,000	(대) 파생상품자산	5,000
(차) 현금	15,000	(대) 파생상품자산	15,000
(차) 현금흐름위험회피적립금(OCI)	15,000	(대) 파생상품평가이익(PL)	15,000
(차) 매출채권	1,185,000	(대) 매출	1,185,000

제품을 판매하는 확정계약의 외화위험을 회피하기 위하여 통화선도계약을 체결한 경우 이를 공정가치위험회피로 지정하든, 현금흐름위험회피로 지정하든 매출시점에 인식하는 손익은 동일하다. 한편, 본 문제에서는 20×2년 2월 1일에 제품을 판매하면서 $1,000의 매출채권을 2개월 후에 수취할 예정이므로 매출채권이 외화위험에 다시 노출된다. 이때 갑회사는 매출채권의 외화위험을 회피

하기 위하여 별도의 통화선도계약을 체결할 수도 있다. 다만, 이 경우에는 4.4절에서 설명한 바와 같이 위험회피대상항목에 대해서 일반회계를 적용하더라도 회계불일치가 발생하지 않기 때문에 위험회피활동을 하더라도 여기에 대해서 굳이 위험회피회계를 적용할 필요는 없다.

(예제 9)의 해답에서 주목할 부분은 두 가지 위험회피회계가 20×1년 말 재무제표에 미치는 영향이다. 이를 비교하면 [표 5]와 같다.

| 표 5 | 재무제표의 영향 비교

구분	자산	부채	자본	
			당기손익	기타포괄손익
공정가치 위험회피의 경우	파생상품자산 ₩20,000	확정계약부채 ₩20,000	0 (상쇄됨)	–
현금흐름 위험회피의 경우	파생상품자산 ₩20,000	–	–	파생상품평가이익 ₩20,000

[표 5]에서 보는 바와 같이 공정가치위험회피를 적용할 경우 자산과 부채가 각각 ₩20,000씩 증가하고, 파생상품평가이익과 확정계약평가손실이 상쇄되므로 당기손익에 미치는 영향은 없다. 현금흐름위험회피를 적용할 경우에도 당기손익에 미치는 영향은 ₩0이나, 자산과 자본(기타포괄손익)이 각각 ₩20,000씩 증가한다. 다만, 공정가치위험회피회계를 적용하면 현금흐름위험회피회계를 적용한 경우에 비해 부채비율(부채/자본)이 높아진다. 다음의 5.5절에서 여기에 대하여 자세하게 설명한다.

5.5 외화확정계약에 대한 두 가지 위험회피회계의 비교

외화를 매수 또는 매도하는 통화선도계약을 체결하고 이를 확정계약의 외화위험을 회피하기 위한 공정가치 위험회피수단으로 지정한 경우 부채비율에 미치는 영향을 비교하면 다음의 [표 6]과 같다.

| 표 6 | 공정가치위험회피회계를 적용할 경우 재무제표에 미치는 영향 비교

구분	환율	위험회피수단	위험회피대상항목	부채비율
외화매수 선도계약	상승	파생상품평가이익(PL) 파생상품자산	확정계약평가손실(PL) 확정계약부채	증가
	하락	파생상품평가손실(PL) 파생상품부채	확정계약평가이익(PL) 확정계약자산	증가
외화매도 선도계약	상승	파생상품평가손실(PL) 파생상품부채	확정계약평가이익(PL) 확정계약자산	증가
	하락	파생상품평가이익(PL) 파생상품자산	확정계약평가손실(PL) 확정계약부채	증가

[표 6]에서 보는 바와 같이 외화확정계약에 대해서 공정가치위험회피회계를 적용하면 환율이 어느 방향으로 변동하든 파생상품평가손익과 확정계약평가손익이 상쇄되므로 당기손익에 미치는 영향은 없다. 그러나 어느 경우이든 부채를 인식하게 되므로 부채비율은 증가한다.

외화를 매수 또는 매도하는 통화선도계약을 체결하고 이를 확정계약의 외화위험을 회피하기 위한 기능통화 현금흐름 위험회피수단으로 지정한 경우 부채비율에 미치는 영향을 비교하면 다음의 [표 7]과 같다.

| 표 7 | 현금흐름위험회피회계를 적용할 경우 재무제표에 미치는 영향 비교

구분	환율	위험회피수단	위험회피대상항목	부채비율
외화매수 선도계약	상승	파생상품평가이익(OCI) 파생상품자산	–	감소
	하락	파생상품평가손실(OCI) 파생상품부채	–	매우 증가
외화매도 선도계약	상승	파생상품평가손실(OCI) 파생상품부채	–	매우 증가
	하락	파생상품평가이익(OCI) 파생상품자산	–	감소

[표 7]에서 보는 바와 같이 외화확정계약에 대해서 현금흐름위험회피회계를 적용하면 환율이 어느 방향으로 변동하든 파생상품평가손익은 기타포괄손익으로 인식하고 확정계약평가손익은 인식하지 않으므로 당기손익에 미치는 영향은 없다. 그러나 부채비율에 미치는 영향은 [표 6]의 공정가치위험회피회계를 적용한 경우와 상당히 다르다.

외화매수 선도계약을 체결한 경우 환율이 상승하면 자산과 자본(OCI)의 증가를 인식하므로 부채비율은 감소한다. 그러나 환율이 하락하면 부채의 증가와 자본(OCI)의 감소를 인식하므로 부채비율은 매우 증가한다. 같은 맥락으로 외화매도 선도계약을 체결한 경우 환율이 하락하면 자산과 자본(OCI)의 증가를 인식하므로 부채비율은 감소하지만, 환율이 상승하면 부채의 증가와 자본(OCI)의 감소를 인식하므로 부채비율은 매우 증가한다.

우리나라 조선업계는 선박 건조계약을 체결한 후 선박 건조의 진행에 따라 일정 시점마다 선주로부터 대금(주로 달러화)을 받는 조건으로 확정계약을 체결하는데, 환율변동에 따른 회수금액(기능통화 금액)이 변동되는 외화위험을 회피하고자 수취하는 외화를 매도하고 확정된 환율로 원화를 수령하는 통화선도계약을 체결하는 경우가 많다. 이때 회사는 두 가지 위험회피회계 중 하나를 선택하여 회계처리할 수 있다.

6 재조정 및 위험회피회계의 중단

6.1 재조정

(1) 재조정의 의의

과거 파생상품 관련 기준서에서는 위험회피의 개시시점에 문서화된 위험회피관계의 조정(예 : 만기연장 등) 이외에 예상되지 않았던 재조정을 허용하지 않았다. 따라서 예상되지 않았던 위험회피관계를 조정할 경우에는 기존의 위험회피회계를 중단하고 새로운 위험회피관계를 시작하는 것으로 회계처리해야 하는 번거로움이 있었다. 그러나 기준서 제1109호는 위험회피관계가 위험회피비율과 관련된 위험회피 효과성의 요구사항을 더 이상 충족하지 못하더라도 위험관리목적이 동일하게 유지되고 있다면, 위험회피회계를 중단하지 않고 위험회피비율을 조정할 수 있도록 허용하는데, 이를 재조정(rebalancing)이라고 한다(1109:6.5.5).

재조정은 위험회피관계를 시작한 후 위험회피관계의 위험회피비율에 영향을 미치는 상황의 변동에 대응하여 위험회피수단이나 위험회피대상항목의 수량을 위험회피회계의 목적상 조정하는 것을 말한다(1109:B6.5.14). 그러나 위험회피관계에 대한 위험관리목적이 바뀌었다면 재조정하는 것이 아니라 위험회피회계의 적용을 중단한다.

(2) 재조정의 방법

위험회피관계를 재조정할 경우 위험회피비율을 조정한다. 예를 들어, 위험회피 개시 당시 위험회피비율(위험회피수단의 수량 : 위험회피대상항목의 수량)이 1 : 1이었는데, 현재 위험회피비율이 다음과 같이 비효과적이라고 판단되는 경우 재조정 방법은 [표 8]과 같다.

| 표 8 | 재조정 방법

위험회피비율 (위험회피수단의 수량 : 위험회피대상항목의 수량)	선택할 수 있는 재조정 방법
1 : 1에서 1.2 : 1로 변동	① 위험회피수단의 수량 감소 ② 위험회피대상항목의 수량 증가
1 : 1에서 0.8 : 1로 변동	① 위험회피수단의 수량 증가 ② 위험회피대상항목의 수량 감소

위험회피수단으로 지정한 파생상품을 계속 보유하면서 파생상품의 일부를 위험회피관계에서 제외하는 방법으로 위험회피수단의 수량을 감소시킬 수 있다. 이러한 경우에는 위험회피로 지정하지 않은 파생상품의 일부를 FVPL 금융상품으로 회계처리한다(1109:B6.5.16).

예 3 재조정의 회계처리

갑회사는 현금흐름 위험회피수단으로 파생상품을 지정하였는데, 보고기간 말 현재 파생상품에서 ₩3,000의 평가이익이 발생하였으며, 이 중 ₩400은 위험회피에 비효과적이라고 하자.

갑회사는 보고기간 말에 다음과 같이 회계처리한다.

(차) 파생상품자산 – 위험회피	3,000	(대)	현금흐름위험회피적립금(OCI)	2,600
			파생상품평가이익(PL)	400

위의 분개에서 파생상품자산을 매매목적과 위험회피목적으로 구분하기 위하여 '파생상품 – 위험회피'라는 계정으로 표시하였다. 갑회사의 경영진은 향후 위험회피에 비효과적인 부분(over-hedge)을 줄이기 위해서 위험회피수단으로 지정했던 파생상품 중 공정가치 ₩350에 해당하는 금액을 위험회피수단의 지정에서 제외하여 위험회피비율을 재조정하였다. 이때 갑회사는 다음과 같이 회계처리한다.

(차) 파생상품자산 – 매매	350	(대) 파생상품자산 – 위험회피	350
(차) 현금흐름위험회피적립금(OCI)	303(1)	(대) 파생상품평가이익(PL)	303

(1) 위험회피수단인 파생상품자산 중 ₩350을 매매목적으로 전환했으므로 OCI로 인식했던 ₩2,600 중 전환한 부분만큼 당기손익으로 대체한다. ₩2,600×(350/3,000) = ₩303

본 (예)에서 계정재분류의 회계처리를 설명하기 위해서 파생상품자산의 계정 옆에 '매매' 또는 '위험회피'를 표시하였지만, 실제 분개를 할 때 파생상품자산(부채) 계정에 매매나 위험회피를 표시하지는 않는다. 다만, 재무상태표에는 매매목적 파생상품과 위험회피수단으로 지정한 파생상품이 구분 표시되어야 한다. 즉, 매매목적의 파생상품은 FVPL 금융자산(부채)으로 분류되지만, 위험회피수단으로 지정된 파생상품은 FVPL 항목으로 분류되는 것이 아니라 별도로 구분 표시되어야 한다.

6.2 위험회피회계의 중단

(1) 위험회피회계를 중단하는 상황

3.2절의 [그림 6]에서 설명한 바와 같이 기존의 위험회피회계의 적용조건을 충족하는 데 근거가 된 위험관리목적이 변경되거나, 위험회피대상항목과 위험회피수단 사이에 경제적 관계가 더 이상 존재하지 않거나 또는 신용위험의 효과가 위험회피대상항목과 위험회피수단의 경제적 관계로 인한 가치 변동보다 지배적일 경우 위험회피회계의 적용을 중단한다.

위험회피회계를 중단할 경우 적용조건을 충족하지 못하는 날부터 전진적으로 중단한다. 위험회피회계의 중단은 위험회피관계의 전체를 중단(full discontinuation)하는 경우와 위험회피관계의 일부만을 중단(partial discontinuation)하고 나머지 위험회피관계는 위험회피회계를 지속하는 경우로 구분된다. 위험회피회계의 전체를 중단하는 경우와 부분을 중단하는 경우를 예시하면 다음의 [표 9]와 같다(1109:B6.5.26~27).

| 표 9 | 위험회피회계의 전체 또는 부분 중단의 경우

구분	경우
전체 중단	① 위험관리목적을 더 이상 충족하지 않는다. ② 위험회피수단이 매각되거나 종료되었다. ③ 위험회피대상항목과 위험회피수단 간의 경제적 관계가 더 이상 존재하지 않거나, 신용위험의 효과가 경제적 관계에서 비롯된 가치 변동보다 지배적이 되기 시작한다.
부분 중단	① 위험회피관계를 재조정할 때 위험회피대상항목의 수량 중 일부가 더 이상 위험회피관계의 일부가 되지 않도록 위험회피비율을 조정할 수 있다. 이때 더 이상 위험회피관계의 일부가 아닌 위험회피대상항목의 수량에 대해서만 위험회피회계를 중단한다. ② 위험회피대상항목인 예상거래 수량의 일부가 더 이상 발생할 가능성이 매우 크지 않다면 더 이상 발생할 가능성이 매우 크지 않은 위험회피대상항목의 수량에 대해서만 위험회피회계를 중단한다.

위험회피회계가 일부 또는 전체가 중단된 종전의 위험회피관계의 위험회피수단이나 위험회피대상항목을 새로운 위험회피관계로 지정할 수 있다. 이는 위험회피관계의 지속이 아니라 재시작으로 본다(1109:B6.5.28).

(2) 공정가치위험회피회계의 중단

공정가치위험회피회계를 중단하는 경우에는 전진적으로 더 이상 위험회피회계를 적용하지 않으면 된다. 따라서 위험회피대상항목이었던 자산이나 부채, 확정계약 등에 대해서 일반회계를 적용하고, 위험회피수단이었던 파생상품 등에 대해서도 일반회계를 적용한다. 다만, 위험회피대상항목이 상각후원가로 측정하는 금융자산인 경우에 공정가치위험회피회계를 중단할 경우 재계산한 유효이자율로 이자수익을 인식하고, 장부금액을 조정한다(1109:6.5.10).

(3) 현금흐름위험회피회계의 중단

현금흐름위험회피회계를 중단하는 경우에도 전진적으로 더 이상 위험회피회계를 적용하지 않으면 된다. 위험회피대상항목이었던 자산이나 부채, 발생가능성이 매우 큰 예상거래에 대해서는 위험회피회계를 적용했을 때에도 아무런 회계처리를 하지 않았기 때문에 위험회피회계를 중단하더라도 회계처리의 변동은 없다. 그러나 위험회피수단이었던 파생상품 등에 대해서는 중단 시점부터 일반회계를 적용하여 공정가치 변동을 모두 당기손익으로 인식한다.

한편, 위험회피수단과 관련하여 이미 기타포괄손익으로 인식한 현금흐름위험회피적립금 누계액이 있다면 [표 10]과 같이 회계처리한다(1109:6.5.12).

| 표 10 | 현금흐름위험회피적립금의 후속적인 회계처리

중단의 경우	회계처리
위험회피대상의 미래 현금흐름이 여전히 발생할 것으로 예상되는 경우	미래 현금흐름이 생길 때까지 또는 현금흐름위험회피적립금이 차손이 될 때까지 기타포괄손익으로 남겨두고, 미래 현금흐름이 생길 때 즉시 당기손익으로 재분류
위험회피대상의 미래 현금흐름이 더 이상 발생할 것으로 예상되지 않는 경우	현금흐름위험회피적립금 누계액을 즉시 당기손익으로 재분류

7 해외사업장순투자의 위험회피

7.1 해외사업장순투자의 의의

해외사업장이란 보고기업과 다른 국가에서 또는 다른 통화로 영업활동을 하는 종속기업, 관계기업, 공동기업 또는 지점을 말한다. 그리고 해외사업장에 대한 순투자란 종속기업 등 해외사업장의 순자산에 대한 보고기업의 지분 해당액을 말한다.

기업이 해외사업장에 외화로 투자를 한 경우 이는 지분투자에 해당하며, 원가로 측정하는 비화폐성항목이므로 보고기간 말에 외화환산을 하지 않는다. 반면에 기업이 해외사업장으로부터 수취하거나 해외사업장에 지급할 화폐성항목(예 : 대여금 또는 차입금 등)이 있다면 보고기간 말에 외환차이를 당기손익으로 인식하여야 한다.

그런데 해외사업장과 관련된 화폐성항목 중 예측할 수 있는 미래에 결제할 계획이 없고 결제될 가능성이 낮은 항목이 있다면 이는 실질적으로 그 해외사업장에 대한 순투자나 다름없다. 예를 들어, 기능통화가 원화인 한국의 갑회사가 해외사업장인 미국 현지법인에 $1,000를 출자하였으며, 추가로 $100를 대여하였다고 하자. 그런데 갑회사가 대여금 $100를 회수할 계획이 없고, 회수할 가능성도 낮다면 대여의 실질은 출자와 동일하므로 지분출자 $1,000뿐만 아니라 대여금 $100도 해외사업장에 대한 순투자로 본다. 다만, 해외사업장에 대한 순투자로 볼 수 있는 화폐성항목에 장기채권이나 대여금은 포함되나, 매출채권이나 매입채무는 포함되지 않는다(1021:15).

7.2 해외사업장순투자의 환산

전술한 바와 같이 해외사업장순투자는 비화폐성항목인 지분출자와 화폐성항목 중 해외사업장순투자로 볼 수 있는 항목으로 구성된다. 제8장에서 설명한 기준서 제1021호 '환율변동효과'에 따르면 모든 화폐성항목에 대해서 마감환율을 적용하여 환산하고 외환차이를 당기손익으로 인식하도록 규정하고 있다(1021:23). 따라서 지배기업이 별도재무제표를 작성할 경우 비화폐성항목인 지분출자에 대해서는 외화환산을 하지 않는 반면, 해외사업장순투자로 볼 수 있는 화폐성항목에 대해서는 외환차이를 당기손익으로 인식하여야 한다.

그런데 지배기업이 연결재무제표를 작성할 경우에는 제8장 5.2절에서 설명한 바와 같이 별도재무제표에 당기손익으로 인식했던 해외사업장순투자로 볼 수 있는 화폐성항목에 대한 외환차이를 다음과 같이 기타포괄손익으로 대체하는 연결조정분개를 하여야 한다(1021:32).

〈외화대여금의 외환차이에 대한 지배기업의 별도재무제표의 회계처리〉

(차) 대 여 금	×××	(대) 외환차이(PL)	×××
또는			
(차) 외환차이(PL)	×××	(대) 대 여 금	×××

〈당기손익으로 인식했던 외환차이를 연결재무제표 작성 시 기타포괄손익으로 대체〉

(차) 외환차이(PL)	×××	(대) 외환차이(OCI)	×××
또는			
(차) 외환차이(OCI)	×××	(대) 외환차이(PL)	×××

왜 지배기업이 별도재무제표에서 당기손익으로 인식한 해외사업장순투자의 외환차이를 연결재무제표를 작성할 때 기타포괄손익으로 대체하는가? 해외사업장순투자로 볼 수 있는 화폐성항목은 해외사업장에 대한 지분투자와 실질적으로 성격이 동일하다. 따라서 지배기업의 별도재무제표에는 해외사업장순투자로 볼 수 있는 화폐성항목의 외환차이를 기준서 제1021호에 따라 당기손익으로 인식했더라도, 연결재무제표에서는 해외사업장순투자로 볼 수 있는 화폐성항목의 실질이 종속기업에 대한 지분투자와 유사하기 때문에 연결당기손익에 미치는 영향을 배제하기 위하여 당기손익으로 인식했던 외환차이를 기타포괄손익으로 대체하는 것이다.

7.3 해외사업장순투자의 위험회피

해외종속기업의 기능통화(functional currency)가 지배기업의 표시통화(presentation currency)와 다를 경우 지배기업이 연결재무제표를 작성하려면 해외종속기업의 재무제표를 지배기업의 표시통화로 환산해야 한다. 이때 해외종속기업의 자산과 부채는 해당 보고기간말의 마감환율로 환산하고, 수익과 비용은 해당 거래일의 환율(또는 경우에 따라 평균환율)을 적용하여 환산하기 때문에 환산으로 인한 외환차이가 발생하는데, 외환차이는 당기손익이 아니라 기타포괄손익으로 인식한다(1021:39).[45)]

해외사업장순투자의 위험회피(hedge of a net investment in a foreign operation)란 해외사업장의 순자산을 지배기업의 표시통화로 환산함에 따라 발생하는 외화위험을 회피하는 것을 말한다. 해외사업장순투자의 위험회피를 이해하기 위하여 다음의 예를 들어보기로 한다.

45) 표시통화로의 환산은 기준서 제1021호(환율변동효과)의 규정을 적용하며, 환산 과정은 제8장에서 설명하였다.

예 4 해외사업장순투자의 위험회피

〈상황 1〉

갑회사(기능통화가 원화인 지배기업)가 $1,000를 차입하여 미국의 현지법인인 을회사에 대여하였으며, 이는 해외사업장순투자에 해당하지 않는 일반적인 대여이다.

〈상황 2〉

갑회사(기능통화가 원화인 지배기업)가 $1,000를 차입하여 미국의 현지법인인 을회사의 지분취득(을회사 유상증자에 참여)에 사용하였다.

〈상황 3〉

갑회사(기능통화가 원화인 지배기업)가 $1,000를 차입하여 미국의 현지법인인 을회사에 대여하였는데, 이는 해외사업장순투자에 해당한다.

3가지 상황별로 갑회사의 별도재무제표와 연결재무제표 및 을회사의 표시통화 환산 재무제표의 당기손익에 대한 영향 및 위험회피회계를 적용한 후의 결과를 제시하면 다음과 같다.

<상황 1>을 도식화하면 다음과 같다.

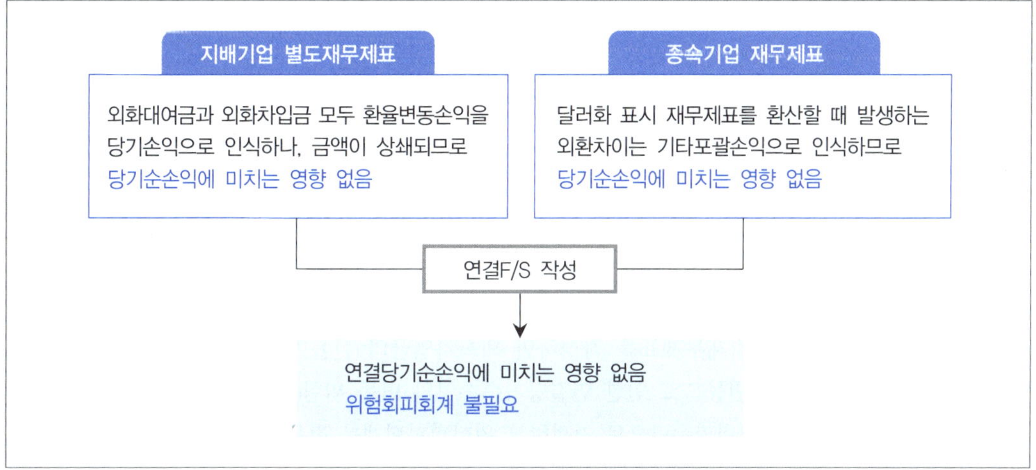

위에서 보는 바와 같이 지배기업 별도재무제표에 인식한 외화대여금과 외화차입금은 같은 금액의 환율변동이익과 손실을 각각 당기손익으로 인식하기 때문에 지배기업 별도재무제표의 당기순손익에 미치는 영향은 없다. 또한 종속기업의 재무제표 환산과정에서 발생하는 외환차이는 모두 기타포괄손익으로 인식하므로 종속기업의 당기순손익에 미치는 영향은 없다. 따라서 연결당기순손익에 미치는 영향이 없으므로 위험회피회계는 필요하지 않다.

<상황 2>를 도식화하면 다음과 같다.

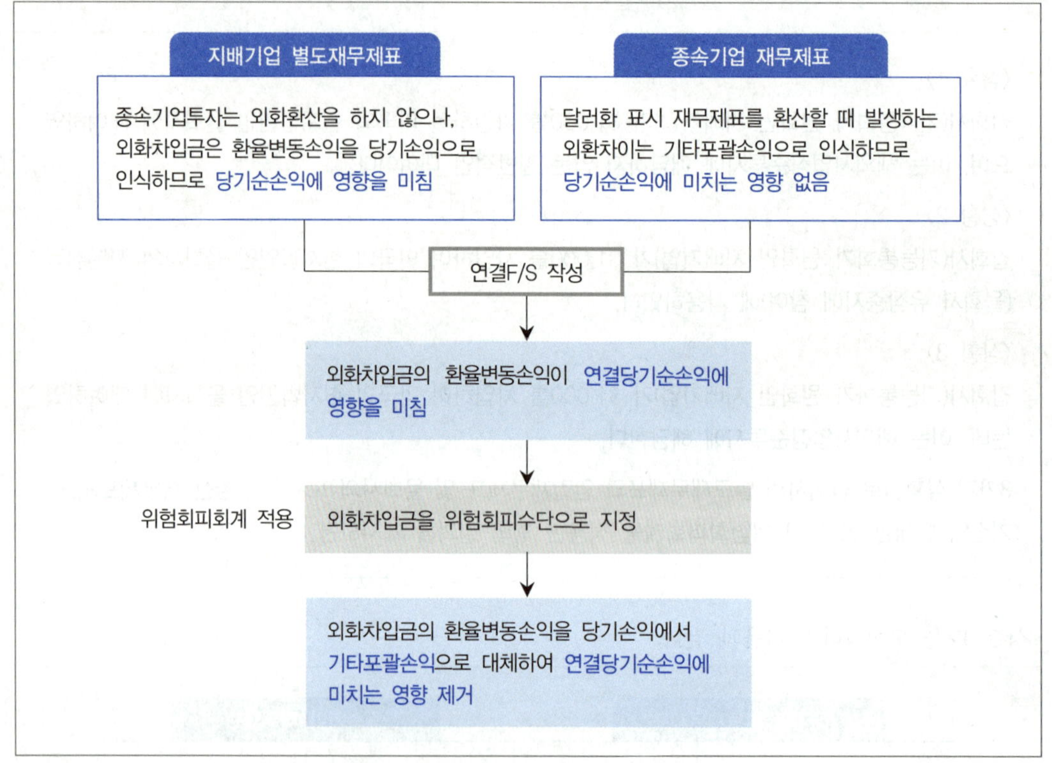

위에서 보는 바와 같이 지배기업 별도재무제표에 인식한 외화차입금은 환율변동손익을 당기손익으로 인식하는 반면, 종속기업투자는 비화폐성항목이므로 외화환산을 하지 않는다. 따라서 외화차입금의 환율변동손익만큼 지배기업 별도재무제표의 당기순손익에 영향을 미친다. 한편, 종속기업의 재무제표 환산과정에서 발생하는 외환차이는 모두 기타포괄손익으로 인식하므로 종속기업의 당기순손익에 미치는 영향은 없다.

그런데 이러한 상황에서 연결재무제표를 작성하면 외화차입금의 환율변동손익이 연결당기순손익에 영향을 미친다. 기업은 환율변동으로 인한 연결당기순손익의 변동 위험(위험회피대상항목)을 회피하기 위해서 외화차입금을 위험회피수단으로 지정하고 위험회피회계를 적용할 수 있다. 위험회피회계를 적용하면 당기손익으로 인식했던 외화차입금의 환율변동손익을 기타포괄손익으로 대체하는 연결조정분개를 하기 때문에 연결당기순손익에 미치는 영향은 제거된다. 다만, 현금흐름위험회피회계와 유사한 회계처리를 해야 하므로 외화차입금의 환율변동손익 중 위험회피에 효과적인 부분만 기타포괄손익으로 대체한다.

<상황 3>을 도식화하면 다음과 같다.

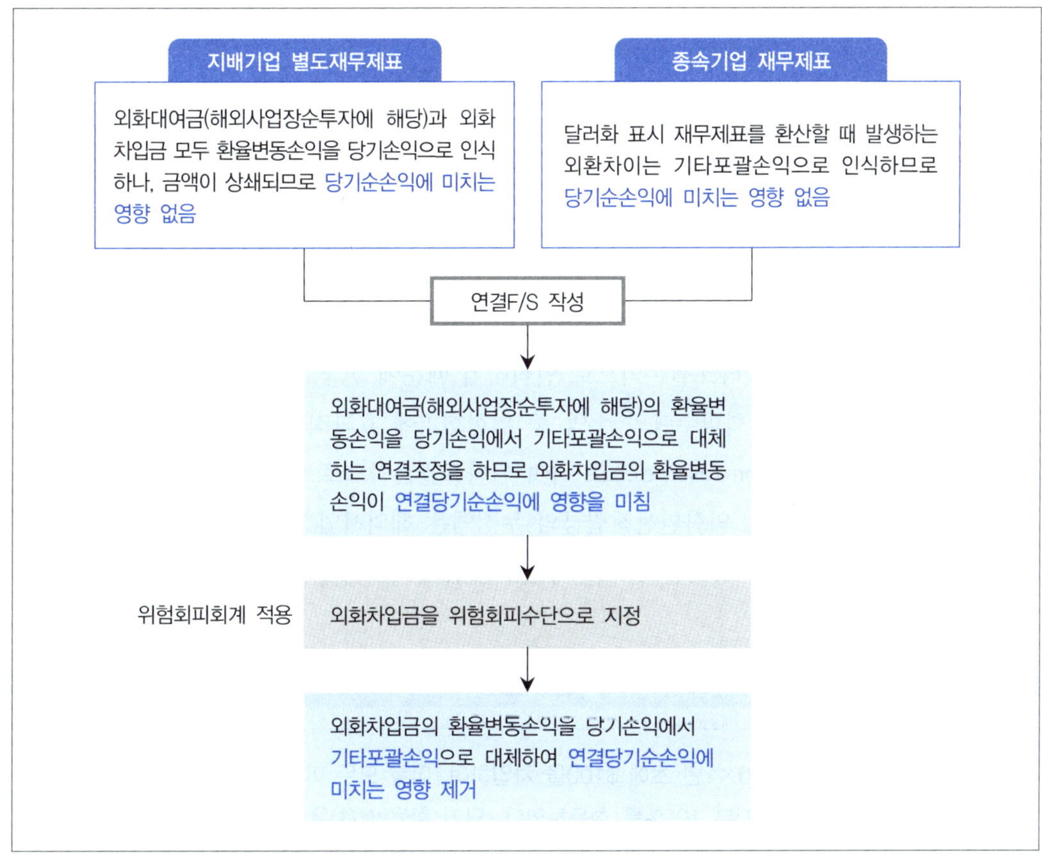

위에서 보는 바와 같이 지배기업 별도재무제표에 인식한 외화차입금은 환율변동손익을 당기손익으로 인식한다. 또한 외화대여금이 해외사업장순투자에 해당하더라도 화폐성항목이므로 환율변동손익을 당기손익으로 인식한다. 따라서 외화차입금과 외화대여금의 환율변동손익은 상쇄되어 지배기업 별도재무제표의 당기순손익에 미치는 영향은 없다. 한편, 종속기업의 재무제표 환산과정에서 발생하는 외환차이는 모두 기타포괄손익으로 인식하므로 종속기업의 당기순손익에 미치는 영향은 없다.

그런데 이러한 상황에서 연결재무제표를 작성하면 7.2절에서 설명한 바와 같이 당기손익으로 인식했던 외화대여금의 환율변동손익을 기타포괄손익으로 대체하기 때문에 외화차입금의 환율변동손익이 연결당기순손익에 영향을 미친다. 기업은 환율변동으로 인한 연결당기순손익의 변동 위험(위험회피대상항목)을 회피하기 위해서 외화차입금을 위험회피수단으로 지정하고 위험회피회계를 적용할 수 있다. 위험회피회계를 적용하면 당기손익으로 인식했던 외화차입금의 환율변동손익을 기타포괄손익으로 대체하는 연결조정분개를 하기 때문에 연결당기순손익에 미치는 영향은 제거된다. 다만, 현금흐름위험회피와 유사한 회계처리를 해야 하므로 외화차입금의 환율변동손익 중 위험회피에 효과적인 부분만 기타포괄손익으로 대체한다.

(예 4)의 <상황 1>은 환율변동으로 인한 연결당기순손익의 영향이 없으므로 해외사업장순투자의 위험회피를 논의할 필요가 없다. 그러나 <상황 2>와 <상황 3>에서는 연결실체의 관점에서 볼 때 <상황 1>과 실질이 동일함에도 불구하고 외화차입금에 대한 외환차이가 연결당기순손익에 영향을 미치는 문제가 발생한다. 이러한 경우 갑회사가 외화차입금을 해외사업장순투자의 위험회피수단으로 지정하면 연결재무제표상 외화차입금의 외환차이를 기타포괄손익으로 인식할 수 있으므로 외화차입금의 외환차이가 연결당기순손익에 미치는 영향을 제거할 수 있다.

해외사업장순투자의 위험회피의 경우에는 위험회피수단(위의 사례에서는 외화차입금임)의 손익을 당기손익이 아닌 기타포괄손익으로 인식하기 때문에 현금흐름위험회피회계와 유사한 회계처리를 한다. 즉, 위험회피수단의 손익 중 위험회피에 효과적인 부분은 외화환산적립금(foreign currency translation reserve)으로 하여 기타포괄손익으로 인식하고, 비효과적인 부분은 당기손익으로 인식한다. 외화환산적립금의 누적액은 해외사업장을 처분하거나 일부를 처분할 때 기타포괄손익에서 당기손익으로 재분류한다(1109:6.5.13～14).

예제 10 해외사업장순투자의 위험회피

갑회사(기능통화 원화)는 20×1년 초에 $100을 차입하여, 이를 모두 미국 현지법인인 을회사(기능통화 달러화)에 출자하여 지분 100%를 취득하였다. 당기 환율(₩/$)은 다음과 같다.

기초 ₩1,000/$ 평균 ₩1,060/$ 기말 ₩1,100/$

갑회사와 을회사의 20×1년도 손익계산서와 20×1년 말 재무상태표는 다음과 같다. 갑회사의 재무제표에 설명의 편의를 위해 비용 중 외환차이와 부채 중 외화차입금을 구분 표시하였는데, 외환차이 ₩10,000은 외화차입금에 대한 환율변동손실이다.

과목	갑회사	을회사
수익	₩450,000	$80
비용	(400,000)	(60)
외환차이(손실)	(10,000)	–
당기순이익	₩40,000	$20
자산(종속기업투자 제외)	₩500,000	$170
종속기업투자	100,000	–
합계	₩600,000	$170

부 채	₩200,000	$50
외 화 차 입 금	110,000	–
자 본 금	200,000	100
이 익 잉 여 금	90,000	20
합 계	₩600,000	$170

물음

1. 을회사의 달러화 표시 재무제표를 표시통화인 원화로 환산하라. 단, 자본금은 거래일 환율, 수익과 비용은 평균환율을 적용하여 환산한다.
2. 연결정산표를 작성하라. 단, 내부거래는 없으며, 외화차입금과 외환차이는 구분 표시하라.
3. (물음 2)에서 갑회사가 외화차입금을 해외사업장순투자의 위험회피수단으로 지정하였을 경우 다시 답하라.

해답

1.

과목	기능통화	적용환율	환산금액(표시통화)
수 익	$80	1,060	₩84,800
비 용	(60)	1,060	(63,600)
당 기 순 이 익	$20		₩21,200
자 산	$170	1,100	₩187,000
합 계	$170		₩187,000
부 채	$50	1,100	₩55,000
자 본 금	100	1,000	100,000
이익잉여금(당기순이익)	20		21,200(1)
외 환 차 이(OCI)	–		10,800(2)
합 계	$170		₩2,750,000

(1) 원화로 환산한 포괄손익계산서의 당기순이익이다. 본 예제에서 전기이월이익잉여금은 없다.
(2) 대차 일치를 위한 금액으로 기타포괄손익으로 구분한다.

2. <연결조정분개>

① 종속기업투자와 지배력 취득시점의 종속기업 자본의 상계제거

(차) 자 본 금 100,000 (대) 종 속 기 업 투 자 100,000

〈연결정산표〉

과목	갑회사	을회사	연결조정분개		연결
			차변	대변	재무제표
수 익	₩450,000	₩84,800			₩534,800
비 용	(400,000)	(63,600)			(463,600)
외 환 차 이	(10,000)	–			(10,000)
당 기 순 이 익	₩40,000	₩21,200			₩61,200
자 산	₩500,000	₩187,000			₩687,000
종 속 기 업 투 자	100,000	–		①100,000	–
합 계	₩600,000	₩187,000			₩687,000
부 채	₩200,000	₩55,000			₩255,000
외 화 차 입 금	110,000	–			110,000
자 본 금	200,000	100,000	①100,000		200,000
외환차이(OCI)	–	10,800			10,800
이 익 잉 여 금	90,000	21,200			111,200
합 계	₩600,000	₩187,000	₩100,000	₩100,000	₩687,000

3. 외화차입금을 해외사업장순투자의 위험회피수단으로 지정하였다면 연결재무제표에서 외화차입금의 환율변동손익을 당기손익이 아닌 기타포괄손익으로 인식한다. 이 경우 외화차입금의 환율변동손실 ₩10,000은 을회사의 재무제표 환산 시 기타포괄이익으로 인식한 외환차이 ₩10,800보다 작으므로 전액 위험회피에 효과적이다. 따라서 외화차입금의 환율변동손실 ₩10,000을 모두 기타포괄손익으로 인식한다.

<연결조정분개>

① 종속기업투자와 지배력 취득시점의 종속기업 자본의 상계제거

(차) 자 본 금 100,000 (대) 종 속 기 업 투 자 100,000

② 외화차입금의 외환차이를 기타포괄손익으로 대체

(차) 외화환산적립금(OCI) 10,000 (대) 외 환 차 이 (P L) 10,000

〈연결정산표〉

과목	갑회사	을회사	연결조정분개		연결 재무제표
			차변	대변	
수 익	₩450,000	₩84,800			₩534,800
비 용	(400,000)	(63,600)			(463,600)
외 환 차 이	(10,000)	–		②10,000	–
당 기 순 이 익	₩40,000	₩21,200		₩10,000*	₩71,200
자 산	₩500,000	₩187,000			₩687,000
종 속 기 업 투 자	100,000	–		①100,000	–
합 계	₩600,000	₩187,000			₩687,000
부 채	₩200,000	₩55,000			₩255,000
외 화 차 입 금	110,000	–			110,000
자 본 금	200,000	100,000	①100,000		200,000
외환차이(OCI)	–	10,800			10,800
외화환산적립금(OCI)			②10,000		(10,000)
이 익 잉 여 금	90,000	21,200		10,000*	121,200
합 계	₩600,000	₩187,000	₩110,000	₩110,000	₩687,000

만약 차입금이 을회사 순자산보다 더 많다면 위험회피에 비효과적인 부분이 발생할 수 있으며, 위험회피에 비효과적인 부분은 기타포괄손익이 아닌 당기손익으로 인식한다.

8 위험회피대상항목과 위험회피수단의 추가 고려사항

8.1 위험회피대상항목의 추가 고려사항

(1) 연결실체 내의 개별기업의 거래

연결실체 내의 개별기업 간의 거래는 내부거래로서 연결재무제표를 작성하는 과정에서 제거된다. 따라서 이러한 거래는 개별기업의 재무제표에서 위험회피대상항목으로 지정할 수 있으나 연결재무제표에서는 위험회피대상항목으로 지정할 수 없다.

그러나 여기에 대한 예외로서 연결실체 내의 화폐성항목이 기준서 제1021호 '환율변동효과'에 따라 연결재무제표에서 모두 제거되지 않는 외환손익에 노출되어 있다면, 그러한 항목의 외화위험은 연결재무제표에서 위험회피대상항목으로 지정할 수 있다(1109:6.3.6). 예를 들어, 지배기업의 기능통화가 원화이고 종속기업 A와 종속기업 B의 기능통화가 각각 달러화와 유로화이며, 종속기업 A와 종속기업 B 간의 내부거래로 매출채권과 매입채무가 각각 개별재무제표에 표시되어 있는 경우, 지배기업이 원화로 연결재무제표를 작성할 때 원화로 환산한 매출채권과 매입채무가 모두 제거되지 않을 수 있다.[46] 따라서 제거되지 않는 매출채권 또는 매입채무를 외화위험회피대상항목으로 지정할 수 있다.

발생가능성이 매우 큰 연결실체 내 예상거래의 외화위험이 연결당기손익에 영향을 미치지 않는다면[47] 그 연결실체 내 예상거래는 위험회피대상항목이 될 수 없다. 그러나 연결실체 내 예상거래의 외화위험이 연결당기손익에 영향을 미친다면[48] 그 연결실체 내의 예상거래는 위험회피대상항목이 될 수 있다(1109:B6.3.5).

(2) 위험 구성요소

위험회피관계에서 항목 전체뿐만 아니라 항목의 위험 구성요소(components)를 위험회피대상항목으로 지정할 수 있다. 항목 전체는 모든 현금흐름(또는 공정가치)의 변동을 말하며, 항목의 구성요소는 항목 전체의 현금흐름(또는 공정가치)의 변동보다 적은 부분을 말한다.

기업이 노출되어 있는 모든 위험을 회피하는 것이 경제적 관점에서 바람직하지 않을 수 있다. 오히려 실무에서는 항목 전체가 아니라 항목을 구성하는 특정 요소에 대해서만 위험관리 활동을 하는 것이 더 일반적이다. 따라서 국제회계기준에서는 실무계의 요구를 반영하여 금융항목뿐만 아니라 비금융항목의 구성요소를 별도로 식별할 수 있고, 특정 위험으로 생긴 항목의 현금흐름이나 공정가치의 변동을 신뢰성 있게 측정할 수 있다면 특정 구성요소를 위험회피대상항목으로 지정할 수 있도록 하고 있다.[49]

---

46) 예를 들어, 원화 대 달러화의 환율과 원대 유로화의 환율이 비례하지 않을 수 있으며, 이 경우 달러화를 원화로 환산한 금액과 유로화를 원화로 환산한 금액이 같지 않을 수 있다.

47) 이러한 거래의 예로는 관련된 외부거래가 없는 경우의 연결실체 내 기업 간 로열티, 이자, 경영자문수수료의 지급을 들 수 있다.

48) 이러한 거래의 예로는 연결실체의 외부 당사자에게 재고자산을 매도하기로 하는 경우에 연결실체 내 기업 간 재고자산에 대한 예상매출이나 예상매입을 들 수 있다. 마찬가지로 유형자산을 제조하는 연결실체 내의 한 기업이 유형자산을 영업에 사용할 연결실체 내 다른 기업에게 유형자산을 매도하는 연결실체 내 예상거래도 연결당기손익에 영향을 미칠 수 있다. 연결실체 내 예상거래가 매입기업의 기능통화가 아닌 통화로 표시된다면, 그 유형자산의 최초 인식금액이 달라질 수 있고 매입기업은 그 유형자산을 감가상각하기 때문에 이러한 경우가 발생할 수도 있다.

49) 종전 기준서 제1039호는 비금융항목에 대해서 전체 위험 또는 외화위험에 대해서만 위험회피대상항목으로 지정할 수 있도록 하였다. 그러나 기준서 제1109호에 따르면 비금융항목의 외화위험뿐만 아니라 별도로 식별되는 어떤 위험도 현금흐름이나 공정가치 변동을 신뢰성 있게 측정할 수 있다면 위험회피대상항목으로 지정할 수 있다.

예를 들어, 갑회사가 천연가스 장기공급계약을 체결했는데, 천연가스의 공급가격은 일반 상품과 그 밖의 요소(예 : 경유, 연료유, 수송비 등)를 참조하여 특정 산식에 따라 정해진다고 가정하자. 이때 그 밖의 요소 중 경유의 구성요소가 공급계약의 조건으로 특정되어 있으며, 가격결정산식에 따라 경유가격의 위험을 별도로 식별할 수 있는 경우 갑회사는 경유 선도계약을 체결하여 위험회피수단으로 지정하고, 천연가스 장기공급계약의 경유 가격 익스포저만을 위험회피대상항목으로 지정할 수 있다(1109:B6.3.10(2)).

전술한 천연가스 장기공급계약의 사례에서 경유 구성요소는 공급계약의 조건으로 특정되어 있으므로 계약상 특정된 위험 구성요소이다. 그러나 위험 구성요소가 계약에 명시적으로 특정되지 않더라도 별도로 식별할 수 있고 신뢰성 있게 측정할 수 있다면 계약상 명시적으로 특정되지 않은 위험 구성요소도 위험회피대상항목으로 지정할 수 있다.

인플레이션 위험은 계약상 특정되어 있지 않는 한, 별도로 식별할 수 없고 신뢰성 있게 측정할 수 없다. 그러나 제한적으로, 인플레이션 환경과 관련된 채무 시장의 특정 상황 때문에 인플레이션 위험을 별도로 식별할 수 있고 신뢰성 있게 측정할 수 있다면 위험회피대상항목으로 지정할 수 있다(1109:B6.3.13).

(3) 명목금액의 구성요소

위험회피대상항목으로 지정할 수 있는 명목금액(nominal amount)의 구성요소에는 ① 비례적 부분의 요소와 ② 계층(layer) 구성요소의 두 가지 유형이 있다(1109:B6.3.16). 예를 들어, 대출금 10억 원 중 5억 원에 대해서 중도상환권이 있다고 할 때 [그림 9]와 같이 두 가지 유형으로 위험회피대상항목을 지정할 수 있다.

| 그림 9 | 비례적 부분 요소와 계층 구성요소

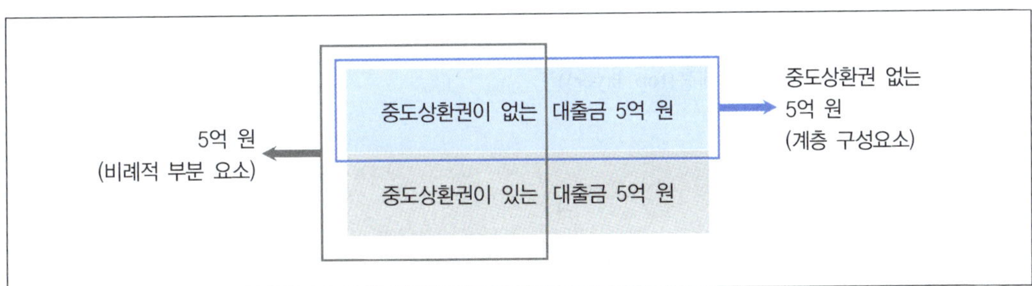

비례적 부분 요소를 위험회피대상항목으로 지정한다는 것은 [그림 9]에서 보는 바와 같이 중도상환권이 없는 부분과 중도상환권이 있는 부분의 50%씩을 모두 포함하는 5억 원을 의미한다. 즉, 전체 금융상품의 가치 변동 또는 현금흐름 변동 중 비례적인 부분(50%)을 위험회피대상항목으로 지정하는 것을 말한다. 이에 반해 대출금 10억 원 중 중도상환권이 있는 5억 원은 중도상환위험을 포함하고 있으므로 중도상환권이 없는 대출금과 그 특성이 다르다고 할 수 있다. 이때 [그림 9]에서 보는 바와 같이 중도상환권이 없는 대출금만 위험회피대상항목으로 지정할 수 있는데, 이것이 계층 구성요소를 위험회피대상항목으로 지정한 것이다.

종전 기준서 제1039호는 계층 구성요소에 공정가치위험회피의 적용을 배제하고, 예상거래에 대해서만 계층 구성요소를 위험회피대상항목으로 지정할 수 있도록 하였다.[50] 예를 들어, 원유 매입 예상거래를 위험회피대상항목으로 지정할 경우 20×1년 4월 한 달 동안 전체 원유 매입액 중 첫 100배럴과 같이 예상거래의 계층 구성요소를 위험회피대상항목으로 지정할 수 있도록 하였다. 이는 위험회피대상항목에 금액이나 시기와 관련된 불확실성이 있기 때문에 전체가 아닌 계층 구성요소를 위험회피대상항목으로 지정할 수 있도록 규정한 것이다.

기준서 제1109호는 예상거래뿐만 아니라 기존(existing)거래에도 불확실성이 있을 수 있다는 점을 인정하고, 기존거래의 계층 구성요소도 위험회피대상항목으로 지정할 수 있도록 허용함으로써 계층 구성요소에 대해서 현금흐름위험회피뿐만 아니라 공정가치위험회피도 적용할 수 있게 되었다. 기준서에서 열거하는 계층 구성요소의 예는 다음과 같다(1109:6.3.18).

(1) 화폐기준 거래량의 일부(예 : 외화표시 매출의 20×1년 3월 현금흐름 중 첫 FC20 다음의 FC10)
(2) 물리적 수량의 일부(예 : XYZ 지역에 저장된 천연가스 중 5백만 세제곱미터의 하부 계층(bottom layer))
(3) 물리적 수량이나 그 밖의 거래량의 일부(예 : 20×1년 6월의 석유 구입 중 첫 100배럴, 20×1년 6월 전력 판매량 중 첫 100MWh)
(4) 위험회피대상항목의 명목금액 중 계층(예 : 100백만 원의 확정계약 중 마지막 80백만 원, 공정가치로 중도상환될 수 있는 100백만 원의 고정이자 채권 중 20백만 원의 하부 계층(bottom layer) 또는 30백만 원의 상부 계층(top layer))

(4) 통합 익스포저

파생상품이 다른 익스포저와 결합되는 경우도 있는데, 이를 통합 익스포저(aggregated exposure)라고 한다. 통합 익스포저가 무엇인지, 그리고 통합 익스포저를 위험회피대상항목으로 지정하는 것은 무엇인지를 [그림 10]을 통해서 설명한다.

50) 예상거래에 대해서는 현금흐름위험회피만 지정할 수 있다.

| 그림 10 | 통합 익스포저를 위험회피대상으로 지정

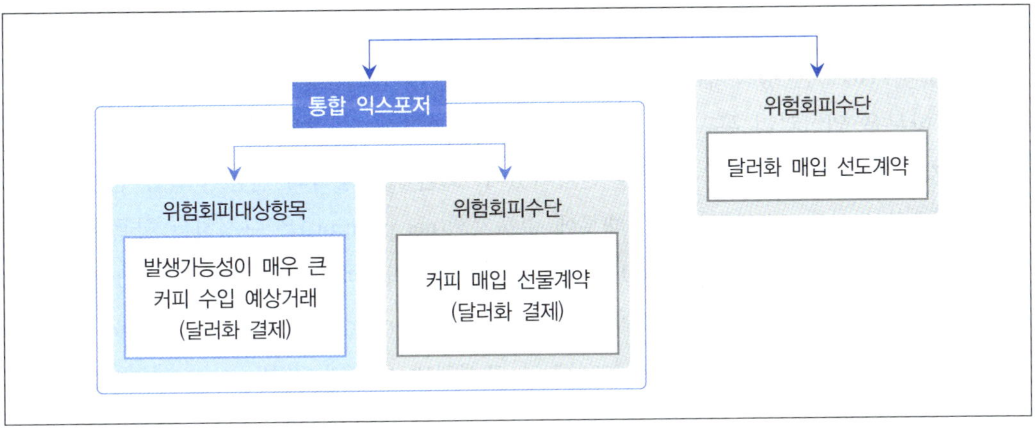

[그림 10]에서 갑회사가 1년 후에 특정 수량의 커피를 수입할 가능성이 매우 크며 커피의 가격은 미국 달러화로 결제한다고 가정하자. 이때 갑회사는 커피 가격의 변동위험을 회피하기 위하여 만기 1년의 커피 선물계약(달러화 결제)을 체결하고 이를 위험회피수단으로 지정할 수 있다. 커피 예상거래에 선물계약을 합치면 커피의 가격변동 위험은 회피할 수 있으나, 달러화의 변동 위험은 회피하지 못하므로 여전히 익스포저가 남는데, 이를 통합 익스포저라고 한다. 이때 달러화 변동 위험을 회피하기 위해서 통합 익스포저를 다시 위험회피대상항목으로, 달러화의 통화선도계약을 위험회피수단으로 위험회피관계를 지정할 수 있다.

종전 기준서 제1039호는 매입옵션을 제외한 파생상품은 위험회피대상항목으로는 지정할 수 없도록 하였기 때문에 파생상품이 포함되어 있는 통합 익스포저도 위험회피대상항목이 될 수 없었다. 따라서 갑회사의 사례에 종전 기준서를 적용하면, 통합 익스포저에 대한 위험회피회계를 중단하고 새롭게 위험회피관계를 지정해야 하는 실무상 번거로움이 있었다. 이러한 문제점을 해결하기 위하여 기준서 제1109호는 통합 익스포저도 위험회피대상항목으로 지정할 수 있도록 허용하였다(1109:6.3.4, B6.3.3).

(5) 항목 집합(groups of items)

종전 기준서 제1039호는 하나의 위험회피대상항목에 대하여 하나의 위험회피수단이 연계되는 데 초점을 두었다. 그러나 실무상으로 기업들은 여러 개의 항목을 하나의 집단으로 구성하여 위험회피활동을 수행하는 경우가 많다. 종전 기준서 제1039호는 몇 가지 조건[51]을 충족할

51) 그 집합에 포함된 개별 항목은 지정된 익스포저와 동일한 위험에 노출되어 있어야 하고, 집합에 포함된 개별 항목의 회피대상위험으로 인한 공정가치 변동은 집합 전체의 회피대상위험으로 인한 공정가치 변동에 거의 비례할 것으로 기대되어야 한다는 조건을 충족해야 한다. 특히 실무에서는 두 번째 조건을 충족하는 것이 어려웠다.

경우 항목 집합을 위험회피대상항목으로 지정할 수 있도록 하였으나, 실무상 위험회피대상항목들이 그 조건을 충족하기가 어려워 실효성이 낮았다.

기준서 제1109호는 항목 집합이 개별적으로 적격한 위험회피대상항목으로 구성되어 있고, 집합 내 항목을 위험관리 목적상 집합 단위로 함께 관리한다면 항목 집합을 위험회피대상항목으로 지정할 수 있도록 적용 조건을 완화하였다. 또한 개별항목의 변동이 집합 전체의 변동에 거의 비례할 것을 요구하지 않기 때문에 순포지션(net position)을 구성하는 항목의 집합도 위험회피대상항목이 될 수 있다(1109:6.6.1). 예를 들어, 외화매출 확정계약이 $200이고, 외화매입 확정계약이 $150일 경우 외화위험을 회피하기 위하여 순외화현금흐름 $50을 위험회피대상항목으로 지정할 수 있다. 이를 그림으로 표시하면 다음과 같다.

| 그림 11 | 항목집합을 위험회피대상항목으로 지정

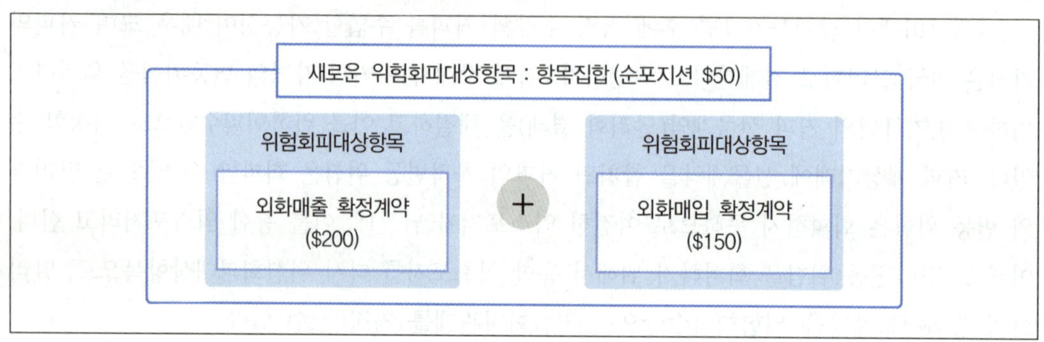

순포지션에 대해서 공정가치위험회피와 현금흐름위험회피가 모두 가능하다. 다만, 현금흐름위험회피인 경우에는 외화위험에 대한 회피이고, 순포지션을 지정할 때 예상거래가 당기손익에 영향을 미칠 것으로 기대되는 보고기간과 예상거래의 특성 및 규모를 특정하는 경우에만 순포지션을 위험회피대상항목으로 지정할 수 있다(1109:B6.6.7).

8.2 위험회피수단의 추가 고려사항

(1) 전체를 위험회피수단으로 지정하지 않는 예외

조건을 충족하는 금융상품은 전체를 위험회피수단으로 지정해야 한다. 그러나 금융상품 전체를 위험회피수단으로 지정하면 3.2절에서 설명한 위험회피효과의 평가에서 비효과적이라는 결과가 나올 수 있다. 위험회피효과의 평가결과가 비효과적이라면 6절에서 설명한 재조정 등을 해야 하는 등 실무상 부담이 발생할 수 있다. 따라서 기준서에서는 다음의 경우 금융자산 전체를 위험회피수단으로 지정하지 않고 일부의 요소만 위험회피수단으로 지정할 수 있도록 예

외를 허용하고 있다(1109:6.2.4).[52)]

(1) 옵션계약의 내재가치와 시간가치를 구분하여 내재가치의 변동만을 위험회피수단으로 지정하고 시간가치의 변동은 제외하는 경우
(2) 선도계약에서 선도요소와 현물요소를 구분하고 현물요소의 공정가치 변동만을 위험회피수단으로 지정하는 경우, 이와 비슷하게 외화 베이시스 스프레드는 분리하여 위험회피수단으로 지정하지 않을 수 있다.
(3) 전체 위험회피수단의 비례적 부분(예 : 명목금액의 50%)을 위험회피관계에서 위험회피수단으로 지정하는 경우. 그러나 위험회피수단의 잔여 만기 중 일부 기간에서만 생긴 공정가치의 일부 변동을 위험회피수단으로 지정할 수 없다.

예를 들어, 옵션계약의 경우 내재가치와 시간가치 변동을 모두 포함하는 옵션 전체를 위험회피수단으로 지정할 경우 시간가치의 변동성이 크기 때문에 위험회피효과가 비효과적이라고 평가될 수 있다. 따라서 이러한 문제를 피하기 위해서 옵션의 시간가치의 변동을 제외하고 내재가치 변동만을 위험회피수단으로 지정할 수 있다. 위험회피수단인 선도계약은 현물요소와 선도요소로 구성되며, 선도요소는 국가 간 이자율 차이에 기인한다. 만약 위험회피대상항목이 선도요소의 영향을 받지 않는다면 현물요소와 선도요소의 영향을 모두 받는 위험회피수단과의 위험회피효과가 비효과적일 가능성이 높을 수 있으므로 선도요소를 제외하고 위험회피수단을 지정할 수 있다. 같은 이유로 외화 베이시스 스프레드(foreign currency basis spread)[53)]를 제외함으로써 위험회피가 비효과적이라고 평가받는 것을 피할 수 있다.[54)]

한편, 위험회피수단의 잔여 만기 중 일부 기간에서만 생긴 공정가치의 일부 변동을 위험회피수단으로 지정할 수 없다. 그러나 잔여 만기의 전체 기간에서 생긴 위험회피수단의 공정가치의 변동 중 일부를 위험회피수단으로 지정할 수는 있다.

(2) 특정 위험을 위험회피수단에서 제외한 경우의 회계처리

옵션계약이나 선도계약에 포함되어 있는 시간가치나 선도요소 등을 위험회피수단에서 제외하는 근본적인 이유는 이들 요소를 포함하여 위험회피 효과성을 평가할 경우 비효과적이라는

52) 이러한 예외를 적용받기 위해서는 3.2절의 위험회피회계의 적용 요건에서 설명한 바와 같이 사전에 특정 요소를 위험회피수단의 지정에서 제외한다고 문서화해야 한다.

53) 외화 베이시스 스프레드는 특정 국가위험이나 유동성위험 등을 보상하기 위하여 금융상품에 내재되는 수수료 성격으로서 금융위기가 심각할 때 스프레드가 커진다. 통화선도계약이나 통화스왑과 같이 미래 특정시점에 외화를 교환하는 거래에만 적용된다.

54) 예를 들어, 고정금리 조건의 통화스왑의 공정가치 변동은 ① 환물환율의 변동 ② 국가간 금리차이 요소의 가치 변동, ③ 외화베이시스 스프레드 요소의 가치 변동, 그리고 ④ 위험회피대상항목과 위험회피수단 간 조건의 불일치, 신용위험 차이 등 기타 위험회피에 비효과적인 부분으로 구분할 수 있다. 실무에서는 통화스왑의 경우 전술한 4가지 요소별로 구분하여 공정가치를 측정할 수 있다. 따라서 위험회피수단에서 제외하는 요소의 공정가치를 식별할 수 있다.

결과가 나올 가능성이 높기 때문이다. 그러나 재무제표에 인식하는 위험회피수단의 공정가치 평가손익에는 시간가치나 선도요소도 포함되어야 하는데, 위험회피수단의 전체 공정가치 변동을 당기손익으로 인식하면 당기손익의 변동성이 커지는 문제가 발생할 수 있다. 따라서 기준서에서는 위험회피수단을 지정할 때 제외한 시간가치나 선도요소 등의 공정가치 변동을 당기손익이 아니라 기타포괄손익으로 회계처리하도록 규정하고 있다.

기업이 옵션계약에서 시간가치를 제외한 나머지 위험구성 요소만 위험회피수단으로 지정하고 옵션의 시간가치 변동을 기타포괄손익으로 인식한 경우, 옵션의 시간가치가 거래 관련(transaction related) 위험회피대상항목과 관련되는지, 아니면 기간 관련(time-period related) 위험회피대상항목과 관련되는지에 따라 [표 11]과 같이 회계처리한다(1109:6.5.15).[55]

| 표 11 | 기타포괄손익으로 인식한 옵션의 시간가치 변동의 후속 회계처리

시간가치의 구분	후속 거래의 구분	회계처리
거래 관련인 경우	후속적으로 비금융자산(부채)을 인식하거나, 공정가치위험회피회계를 적용하는 비금융자산(부채)에 대한 확정계약을 인식하는 경우	해당 기타포괄손익을 제거하고, 관련 자산(부채)의 최초 원가나 그 밖의 장부금액에 직접 반영(basis adjustment)
	그 이외 거래의 경우	위험회피대상 예상현금흐름이 당기손익에 영향을 미치는 기간(예 : 예상매출이 발생한 때)에 재분류조정으로 당기손익으로 재분류
기간 관련인 경우	해당 없음	옵션의 내재가치에 대한 위험 조정이 당기손익에 영향을 미칠 수 있는 기간에 걸쳐 기타포괄손익을 체계적이고 합리적인 기준에 따라 상각하고, 그 상각액을 재분류조정으로 하여 당기손익으로 인식

옵션의 내재가치 변동분을 위험회피수단으로 지정한 위험회피관계가 중단되는 경우 기타포괄손익 잔액을 즉시 재분류조정으로 하여 당기손익으로 인식한다.

한편, 선도계약의 선도요소와 현물요소를 구분하여 선도계약의 현물요소의 가치 변동만을 위험회피수단으로 지정하는 경우나 금융상품을 위험회피수단으로 지정할 경우, 그리고 외화

55) 위험회피대상항목이 예상거래 또는 상품 매입 확정계약에서 가격변동 위험을 회피하는 것이라면 옵션의 시간가치 변동은 거래원가로서 궁극적으로 당해 자산의 취득원가에 반영될 것이므로 이러한 경우 옵션의 시간가치는 거래 관련 위험회피대상항목과 관련된다. 반면에 위험회피대상항목이 보유 재고자산의 공정가치 하락 위험일 경우 이를 회피하기 위한 옵션의 시간가치는 거래원가와 무관하므로 이러한 경우 옵션의 시간가치는 기간 관련 위험회피대상과 관련된다.

베이시스 스프레드를 구분하여 이를 위험회피수단에서 제외한 경우에도 전술한 옵션의 시간가치 회계처리를 적용한다(1109:6.5.16).

9 위험회피회계의 대안

9.1 자가사용(own use)을 위한 비금융항목의 매매계약에 대한 공정가치 선택권

비금융항목의 매매계약은 미이행계약에 해당하므로 회계처리의 대상이 아니다. 그러나 비금융항목의 매매계약을 현금이나 다른 금융상품으로 차액결제할 수 있거나 금융상품의 교환으로 결제할 수 있는 경우에는 그 계약을 금융상품으로 보아 기준서 제1109호 '금융상품'을 적용한다. 예를 들어, 기업이 원유 10만 배럴을 배럴 당 $50에 매입하는 계약을 체결하였는데, 현물 인도를 받기 전에 원유의 국제시세와 계약금액의 차액만큼 현금을 수수하고 중도에 결제할 수 있다면 원유 매입계약은 금융상품 중 파생상품에 해당하므로 공정가치 변동을 당기손익으로 인식해야 한다(1109:2.4).

이에 반해 기업이 예상하는 매입, 매도 또는 사용의 필요에 따라(즉, 자가사용 목적으로) 비금융항목의 매매계약을 체결하여 유지하고 있는 경우 이는 미이행계약에 해당하므로 손실부담계약[56)]에 해당하지 않는 한 회계처리의 대상이 될 수 없다. 이 경우 기업이 비금융항목의 매매계약에서 발생하는 공정가치의 변동을 회피하기 위해서 파생상품계약을 체결할 수 있다. 만약에 매매계약과 파생상품계약 간에 적격한 위험회피관계가 지정될 수 있다면 위험회피회계를 적용하여 매매계약과 파생상품계약의 공정가치 변동을 당기손익으로 인식하여야 한다.

그런데 기업들은 여러 매매계약을 체결하고 순포지션에 기초한 위험회피를 하는 것이 일반적인데, 이 과정에서 순포지션을 자주 조정하기 때문에 위험회피관계도 자주 조정해 주어야 하는 문제가 있다. 따라서 위험회피회계의 대안으로 회계불일치를 제거하거나 유의적으로 줄이는 경우에 한하여 비금융항목의 매매계약을 FVPL 항목으로 지정할 수 있도록 허용하고 있다(1109:2.5). 이렇게 하면 굳이 위험회피회계를 적용하지 않아도 비금융항목의 매매계약의 공정가치 변동을 당기손익으로 인식할 수 있으므로 위험회피회계를 적용한 효과를 얻을 수 있다.

---

56) 손실부담계약이란 계약상의 의무이행에서 발생하는 회피 불가능한 원가가 그 계약에 의하여 받을 것으로 기대되는 경제적효익을 초과하는 계약을 말한다. 예를 들어, 원자재 100톤을 톤당 ₩100에 매입하기로 확정계약을 체결하였으며 확정계약을 해지하는 데 상당한 위약금을 지불해야 하는 상황에서 원자재 시가가 톤당 ₩80으로 하락하였다면 동 확정계약은 손실부담계약에 해당하여 회피불가능한 원가를 비용으로 인식하고 충당부채를 인식하여야 한다(1037:67).

9.2 대출약정

대출약정(loan commitment)은 미리 정한 조건에 따라 신용을 제공하는 확정계약으로서 잠재적 차입자가 특정 이자율로 차입할 수 있게 하는, 발행한 옵션(written option)에 해당한다.[57] 그런데 대출약정을 파생상품에 포함시키면 대출약정의 발행자(예 : 은행 등)와 보유자(잠재적 차입자) 모두 공정가치로 회계처리를 해야 하는 번거로움이 있으므로 국제회계기준위원회는 간편한 회계처리를 위하여 대출약정을 공정가치 측정 대상에서 제외하기로 하였다(1109:BCZ2.3).

그 대신 국제회계기준위원회는 대출약정의 최초 발생 시에 대출약정을 당기손익－공정가치측정(FVPL) 금융부채로 지정하는 것을 허용하기로 하였다(1109:2.3). 이러한 지정은 대출약정과 관련한 위험 익스포저를 공정가치 기준으로 관리하는 경우 적절한 회계처리가 될 수 있다.

한편, 대출약정을 차액결제할 수 있거나 다른 금융상품을 인도하거나 발행하여 결제할 수 있다면 이는 파생상품에 해당한다(1109:2.3). 왜냐하면 최초 계약 시 순투자금액이 없으며, 기초변수(이자율)가 존재하고 미래에 결제(즉, 상환)된다는 3가지 조건을 모두 충족하기 때문이다. 따라서 대출약정을 차액결제할 수 있다면 이를 파생상품으로 보고 공정가치 변동을 당기손익으로 인식한다.[58] 다만, 실무에서 금융기관이 대출해주기로 약정을 한 후 이를 차액결제하여 제3자에게 이전해 주는 경우는 흔하지 않을 것이다.

9.3 신용 익스포저의 FVPL 지정

많은 금융기관들은 대출 활동에서 발생한 신용위험 익스포저를 관리하기 위해 신용파생상품을 활용한다. 그러나 금융항목의 신용위험은 위험회피대상항목으로서 적용조건을 충족하는 구성요소가 아니다. 무위험이자율과 시장이자율 간의 스프레드에는 신용위험, 유동성 위험, 자금조달 위험 및 그 밖에 식별되지 않는 위험요소와 마진요소가 섞여 있다. 스프레드가 신용위험을 포함하고 있다고 판단할 수는 있으나, 신용위험에 의한 공정가치 변동만을 별도로 식별할 수 있는 방식으로 신용위험을 분리할 수는 없다. 따라서 종전 기준서 제1039호 하에서는 신용위험 익스포저에 대해서 위험회피회계를 적용할 수 없었다.

위험회피회계의 대안으로 회계불일치를 제거하거나 유의적으로 감소시킬 수 있을 때 기준서 제1109호의 적용 범위에 포함되는 금융상품을 최초로 인식하는 시점에 FVPL 항목으로 지정

57) 대출약정은 미래에 대출해주기로 한 약정으로서 대출거래와 구분된다. 대출거래가 발생하면 별개의 금융자산(예 : 대여금, 대출금 등)을 인식하고 이미 인식한 대출약정은 제거된다.

58) 잠재적 차입자의 차입약정에 대해서는 금융상품의 회계처리를 적용하지 않는다.

하는 것을 허용하고 있다. 다만, FVPL 지정은 최초 인식시점에서만 가능하며 이후 취소가 불가능하고 전체 금융항목(전체 명목금액)에 대해서 지정해야 한다. 또한 이러한 지정은 기준서 제1109호의 적용 범위에 포함되는 금융상품에 대해서만 가능한데, 실무에서 대출약정의 신용위험은 기준서 제1109호가 아니라 제1037호(충당부채와 우발부채)의 적용 범위 내에서 관리된다. 이와 같이 여러 가지 제한 때문에 금융기관들은 FVPL 지정을 하지 않는 경우가 적지 않다(1109:BC6.471).

이러한 문제점을 해결하기 위해서 기준서 제1109호에서는 금융상품의 신용위험(신용 익스포저)을 관리하기 위해 당기손익 공정가치 측정 신용파생상품을 사용하는 경우에 다음의 조건을 모두 충족한다면 그렇게 관리하는 금융상품의 전부나 비례적 일부를 FVPL 항목으로 지정할 수 있도록 하였다.

(1) 신용 익스포저의 이름(예 : 차입자나 대출약정 보유자)이 신용파생상품의 준거 기업과 일치(명의의 일치)
(2) 금융상품의 상환 순위가 신용파생상품에 따라 인도될 수 있는 금융상품의 상환 순위와 일치

위에서 언급한 FVPL 지정은 신용위험이 관리되는 금융상품이 기준서 제1109호의 적용 범위에 포함되는지와 상관없이 지정할 수 있다. 예를 들어, 이 기준서의 적용 범위에 포함되지 않는 대출약정도 지정이 가능하다. 또한 최초 인식시점이나 후속적으로 금융상품을 지정할 수 있으며, 금융상품이 인식되지 않은 상태에서도 지정할 수 있다. 이러한 지정은 지정과 동시에 문서화하여야 한다(1109:6.7.1).

10 기준서 제1118호에 따른 수익, 비용의 범주 분류

10.1 특정한 주된 사업활동을 하는 기업 여부의 판단

기준서 제1118호는 손익계산서의 수익과 비용을 영업 범주, 투자 범주 및 재무 범주로 분류할 때 특정한 주된 사업활동을 하는 기업인지의 여부에 따라 수익, 비용의 범주 분류를 다르게 규정하고 있다. 즉, 특정 유형(type)의 자산에 투자하거나 고객에게 금융을 제공하는 것을 주된 사업활동으로 하는 기업을 일반 기업과 구분함으로써 일반 기업이라면 투자 범주 또는 재무 범주로 분류하였을 수익과 비용을 특정한 주된 사업활동을 하는 기업은 영업 범주로 분류한다.

이렇게 특정한 주된 사업활동을 하는 기업인지에 대한 평가는 연결재무제표를 작성할 때에도 그대로 적용한다. 이때 연결실체의 평가 결과와 해당 연결실체 내 종속기업의 평가 결과가 다를 수 있다는 점에 유의하여야 한다. 예를 들어, 연결실체는 주된 사업활동으로 특정 유형의 자산에 투자를 하지 않지만 종속기업은 주된 사업활동으로 특정 유형자산의 자산에 투자를 할 수 있다. 그 결과 종속기업 손익계산서의 수익, 비용의 범주 분류가 연결실체의 수익, 비용의 범주 분류와 다를 수 있다(1118:BC98).

지배기업이 별도재무제표와 연결재무제표를 작성하는 경우에도 평가 결과가 다를 수 있다. 예를 들어, 지배기업은 주된 사업활동으로 고객에게 금융을 제공하지 않지만 연결실체와 종속기업은 주된 사업활동으로 고객에게 금융을 제공한다고 결론을 내릴 수 있다.

10.2 부채인 주계약을 포함하는 복합계약의 수익과 비용의 범주 분류

부채인 주계약에 내재파생상품이 포함되어 있는 복합계약의 예를 들면, 은행대출의 경우 차입자가 만기 이전에 대출금을 결제할 수 있는 중도상환옵션이 포함될 수 있다. 복합계약에 포함되어 있는 내재파생상품이 기준서 제1109호의 분리 요건을 충족하면 이를 주계약에서 분리하여 회계처리하고, 분리 요건을 충족하지 못하면 복합계약 전체를 단일 회계단위로 회계처리한다.

주계약과 내재파생상품이 분리되는 경우 분리된 주계약 부채에서 발생하는 수익과 비용은 복합계약의 주계약이 아닌 경우의 유사한 부채와 동일한 방식으로 분류한다. 그리고 분리된 내재파생상품에서 발생하는 수익과 비용은 유사한 독립된 파생상품과 동일한 방식으로 분류한다(1118:B56,BC171).

한편, 주계약과 내재파생상품이 분리되지 않는 복합계약은 자금조달에만 관련된 거래 또는 자금조달과 다른 활동이 결합된 거래에서 발생할 수 있다. 복합계약이 자금조달에만 관련된 거래에서 발생하는 경우 해당 부채와 관련된 수익, 비용의 범주 분류와 일관되도록 모든 수익과 비용을 재무 범주로 분류하고, 조금조달과 다른 활동이 결합된 거래에서 복합계약이 발생하는 경우 해당 계약에서 발생하는 이자수익 및 이자비용을 다른 부채에 대한 수익, 비용과 일관되도록 재무 범주로 분류한다.[59]

자금조달에만 관련된 거래에서 발생하는 부채의 수익, 비용과 달리 복합계약에서 발생하는 수익과 비용은 주된 사업활동으로 고객에게 금융을 제공하는 기업이 영업 범주로 분류하는

59) IASB는 조금조달과 다른 활동이 결합된 거래에서 발생하는 복합계약의 수익과 비용은 당해 부채를 상각후원가로 측정하는 과정에서 발생하는 이자수익과 이자비용이 대부분일 것이므로 다른 유형의 수익과 비용을 별도로 식별하지 않고 모든 수익과 비용을 재무 범주로 분류하기로 결정하였다(1118:BC176).

것은 적절하지 않다. 해당 복합계약은 자금조달에만 관련되지는 않는 거래에서 발생하는 부채이므로 주된 사업활동으로 고객에게 금융을 제공하는 기업은 회계정책의 선택을 적용할 수 없고(1118:BC177), 복합계약 관련 수익과 비용을 재무 범주로 분류한다.

10.3 외환차이의 범주 분류

IASB는 과도한 원가나 노력이 필요하지 않는 한, 외환차이를 발생시키는 항목의 수익, 비용의 범주와 동일한 범주로 외환차이를 분류한다(1118:B65). 예를 들어, 외화 표시 수취채권에 대한 외환차이는 영업 범주로 분류하고, 외화 표시 차입금에 대한 외환차이는 재무 범주로 분류(단, 고객에 대한 금융제공이 주된 사업활동이며, 회계 선택을 적용하여 영업 범주로 분류한 경우는 제외)한다. 이와 같이 외환차이의 범주를 분류하면 기업의 사업활동을 충실하게 표현하는 데 도움이 되는데, 예를 들어 주된 사업활동과 관련된 외환차이를 영업손익에서 제외한다면 기업의 주된 사업활동의 성과를 충실하게 표현하지 못할 것이다.

자금조달에만 관련되지는 않는 거래에서 발생한 수익과 비용은 둘 이상의 범주로 분류되는 경우가 있다. 예를 들어, 외화로 표시되고 신용조건을 연장하는 것으로 협상된 거래에서 용역을 구매하는 경우 영업 범주로 분류되는 용역 구매 비용과 재무 범주로 분류되는 이자비용이 발생할 수 있다. 이러한 경우 외환차이가 재무 범주로 분류되는 금액과 관련되어 있는지 판단하고 해당 범주로 분류하거나, 그 밖의 다른 범주로 분류되는 금액과 관련되어 해당 범주로 분류하는지 판단한다(1118:B67). 다만, 이 경우 과도한 원가나 노력을 수반한다면 이러한 요구사항을 적용하는 대신, 영향을 받는 외환차이를 영업 범주로 분류한다(1118:B68).

10.4 파생상품 손익의 범주 분류

기준서 제1109호에 따라 위험회피수단으로 지정된 금융상품에 대한 손익은 해당 금융상품으로 관리하고자 하는 위험의 영향을 받는 수익 및 비용과 동일한 범주로 분류한다(1118:B70). 예를 들어, 재고자산 매입 확정계약의 공정가치 변동위험을 회피하기 위해 동일 재고자산에 대한 선도계약을 체결한 경우, 확정계약 평가손익과 선도계약 평가손익을 모두 영업 범주로 분류한다.

지정된 위험회피수단에 지정되지 않은 부분이 포함되어 있는 경우, 지정되지 않은 구성요소에 대한 손익은 지정된 구성요소의 손익과 동일한 범주로 분류한다. 이때 손익의 비효과적인 부분은 효과적인 부분과 동일한 범주로 분류한다(1118:B71).

기준서 제1109호에 따라 위험회피수단으로 지정되지는 않았지만 식별된 위험을 관리하기 위해 사용되는 파생상품 손익에도 전술한 문단 B70을 적용한다(1118:B72).

파생상품의 기초

아래에서는 선도, 선물, 옵션, 스왑의 성격에 대해서 간략하게 설명한다.

1. 선도계약

선도계약(forward contract)이란 특정 상품을 미래의 특정 시점(인도일)에, 계약시점에 정해 놓은 가격으로 교환하기로 하는 두 당사자 간의 계약을 말한다. 선도계약은 곡물, 금속, 원자재 등과 같은 실물을 대상으로 발달해 왔으나 최근에는 환율, 이자율, 주가와 같은 금융상품을 대상으로 하는 선도거래가 더 많이 이루어지고 있다.

1.1 통화선도

통화선도(foreign exchange forward)란 특정 통화를 미래의 일정 시점에, 계약시점에서 정해 놓은 환율을 적용하여 교환하기로 한 계약을 말한다. 예를 들어, 3개월 후에 $100를 달러당 ₩1,200의 환율로 매입하는 통화선도계약을 체결하였을 때, 매입자는 3개월 후에 실제 환율이 얼마이든 관계없이 ₩120,000을 인도하고 $100를 수령하게 된다. 즉, 통화선도계약을 체결하면 향후 만기시점까지 환율이 어떤 방향으로 변동하든 관계없이 거래환율이 고정되는 결과가 나타난다.

1.2 이자율 선도계약

이자율 선도계약(선도금리계약, forward rate agreement)이란 특정통화로 표시한 일정량의 명목원금을 약속한 고정금리로 미래의 정해진 기간 동안 매입자는 차입하고 매도자는 대출하는 것을 합의한 계약이다. 그러나 실제 자금의 차입이나 대출이 이루어지는 것은 아니고, 당초 약속한 금리와 결제일의 실제 금리 간의 차이에 대해서 현금결제가 이루어진다.

회사가 변동금리 차입금을 가지고 있을 때 향후 금리상승이 예상된다면 이자율선도계약을 체결함으로써 적용금리를 고정시키는 효과를 볼 수 있다. 예를 들어, 회사가 RFR 기준 차입금이 있을 때 이자율선도계약을 4%에 매입하였다고 가정하자. 만일 기준금리인 RFR이 4%보다 상승하면 RFR 기준 차입금의 이자부담이 증가하지만, 이자율선도계약에서 4%와 RFR의 차이만큼 이익을 얻기 때문에 RFR 기준 차입금의 이자율을 4%로 확정시키는 효과를 얻는다.

이와 같이 이자율선도를 매입한 투자자는 금리가 상승하면 이익을 보는 반면, 매도한 투자자는 금리가 하락하면 이익을 보기 때문에 이자율 선도계약은 이자율 변동위험을 관리하는데 유용하게 활용될 수 있다.

2. 선물

전술한 선도계약을 장내시장으로 발전시킨 것이 선물거래(futures)이다. 즉, 선물거래는 장내시장에서 표준화된 계약에 의해 이루어지는 반면, 선도거래는 장외시장에서 표준화되지 않은 계약에 의해 이루어진다는 점에 차이가 있다. 또한 선물거래는 거래소에 모든 거래가 집중되고 계약당사자의 계약이행을 보증하기 때문에[60] 선도거래처럼 계약을 이행하지 않을 위험이 없다는 점에도 차이가 있다.

선물거래가 선도거래와 가장 다른 특징은 반대매매를 통해 중도청산이 가능하다는 점이다. 예를 들어, 회사가 달러당 ₩1,000에 $100를 매입하는 만기 1개월의 통화선물계약을 체결했는데, 1주일 후 통화선물환율이 ₩1,100/$으로 상승했을 경우 계약만기까지 기다리지 않고 달러당 ₩1,100에 $100를 매도하는 선물계약을 체결함으로써 달러당 ₩100의 이익을 실현할 수 있다.

3. 옵션

전술한 선도나 선물계약은 사전에 정해진 가격으로 특정 상품을 사거나 팔아야 하는 의무를 부담한다. 그러나 옵션(option)은 특정 상품을 정해진 가격에 사거나 팔 수 있는 권리이다. 따라서 옵션매입자는 자신에게 유리할 때에는 권리를 행사하고, 불리하면 권리행사를 포기하면 된다. 이와 같이 옵션매입자는 절대적으로 유리한 권리를 가지고 있는데 반해, 옵션매도자는 옵션매입자의 선택에 따라 이행해야 할 의무만 부담하기 때문에 당초에 옵션을 매도할 때 옵션매입자로부터 옵션프리미엄(option premium)이라고 하는 대가를 지급받는다. 옵션매입자의 입장에서 얻을 수 있는 이익은 무한대이며, 손실은 옵션프리미엄이다. 반면에 옵션매도자의 입장에서 얻을 수 있는 이익은 옵션프리미엄이며, 손실은 무한대이다.

옵션의 종류에는 콜옵션(call option)과 풋옵션(put option)이 있다. 콜옵션은 특정 상품을 일정기일 또는 일정기간 내에 매입할 수 있는 매입옵션을 말하며, 풋옵션은 특정 상품을 일정기일 또는 일정기간 내에 매도할 수 있는 매도옵션을 말한다. 따라서 콜옵션의 매입자가 있으면 콜옵션의 매도자가 존재하며, 풋옵션의 매입자가 있으면 풋옵션의 매도자가 존재한다. 옵션매입자의 입장에서 콜옵션은 특정 상품의 가격이 상승할 때 이익을 얻으며, 풋옵션은 특정 상품

60) 선물거래 당사자는 계약이행을 보증하기 위하여 일정 금액의 증거금을 거래소에 예치하여야 한다.

의 가격이 하락할 때 이익을 얻는다. 물론 옵션매도자의 이익은 이와 반대가 된다. 옵션계약의 대상으로는 상품, 통화, 금리, 주가지수 등이 있다.

4. 스왑

스왑(swap)은 교환을 의미한다. 교환의 대상이 곡물이나 원유 등이면 상품스왑이라 하고, 통화나 채권 같은 금융상품이면 금융스왑이라고 한다. 금융스왑은 크게 외환스왑, 이자율스왑, 통화스왑으로 구분한다. 외환스왑은 현물환을 매도하는 동시에 선물환을 매입하거나, 반대로 현물환을 매입하는 동시에 선물환을 매도하는 외환의 매매거래이다. 이자율스왑은 미래의 일정기간 동안 동일통화표시 고정이자율과 변동이자율의 이자지급을 교환하는 거래를 말한다. 통화스왑은 서로 다른 통화 간에 이자지급은 물론 원금까지 교환하기로 약정하는 거래를 말한다.

스왑은 비교우위를 활용하여 비용을 절감하기 위한 목적으로 사용된다. 아래에서는 이자율스왑의 성격에 대해서 설명한다. 이자율스왑은 두 차입자가 각각 상대 차입자보다 변동금리 또는 고정금리에서 유리한 조건으로 차입할 수 있는 비교우위에 있는 경우 두 차입자가 각자 유리한 시장에서 차입하여 각자의 이자지급의무를 상호교환하는 거래이다. 예를 들어, A는 고정금리로 차입할 경우 이자율이 13%, 변동금리로 차입할 경우 RFR+1%라고 가정하고, B는 고정금리로 차입할 경우 10%, 변동금리로 차입할 경우 RFR이라고 가정하자. 단순하게 비교하면 B가 고정금리와 변동금리에서 A에 비해 절대우위를 가지고 있는 것처럼 보이지만, 고정금리격차가 3%이고 변동금리격차가 1%이기 때문에 비교우위를 고려한다면 A는 변동금리에서 비교우위가 있으며, B는 고정금리에서 비교우위에 있다. 따라서 이 경우 A가 RFR+1%의 변동금리로 차입을 하고, B가 10%의 고정금리로 차입을 한 후 상호간에 이자지급과 만기가 동일한 이자율스왑 계약을 체결한다면 A와 B 모두 이익을 얻을 수 있다. 예를 들어, 이자율스왑 계약을 체결하면서 A가 B에게 11%의 고정금리를 지급하는 동시에 B로부터 RFR의 변동금리를 수령하기로 하였다면 다음과 같은 결과가 된다.

	A		B
차입금이자지급	(RFR+1%)	차입금이자지급	(10%)
스왑계약지급	(11%)	스왑계약수령	11%
스왑계약수령	RFR	스왑계약지급	(RFR)
순액	(12%)	순액	(RFR−1%)

A는 13%의 고정금리로 차입을 한 경우에 비해 스왑계약을 통해서 1%의 이자부담을 감소시킬 수 있으며, B는 RFR로 차입을 한 경우에 비해 스왑계약을 통해서 1%의 이자부담을 감소시킬 수 있다.

위에서 보는 바와 같이 이자율스왑은 계약당사자 간에 이자지급의무만 있고 원금에 대해서는 상환의무가 없다. 여기에 비해 통화스왑은 상이한 통화로 차입한 자금의 원금 및 이자의 상환을 상호교환하여 이를 이행하기로 하는 거래이다. 통화스왑도 이자율스왑과 마찬가지로 계약 당사자가 비교우위에 있는 시장에서 외화차입을 한 후 원리금을 상호조달함으로써 모두 상대적인 이익을 볼 수 있는 것이다.

연습문제 - 객관식 문제

01 파생상품에 대한 기업회계기준서의 설명 중 옳지 않은 것은?

① 기초변수가 비금융변수인 경우에는 계약의 당사자에게 특정되지 않아야 파생상품이 될 수 있다.

② 비금융자산의 매매계약이 현금으로 차액결제되거나, 다른 금융상품의 교환으로 결제된다면 그러한 계약도 파생상품에 해당한다.

③ 파생상품이 금융자산 또는 금융부채에 해당하는 경우 당해 파생상품은 FVPL 금융자산(부채)으로 분류한다.

④ 최초 자산 또는 부채로 인식한 파생상품은 공정가치로 측정한다.

⑤ 파생상품자산·부채의 공정가치 변동에 따른 손익은 당기손익으로 인식한다. 그러나 현금흐름 위험회피수단으로 지정된 파생상품의 공정가치 변동 중 위험회피에 효과적이지 않은 경우에만 자본항목으로 인식한다.

02 파생상품에 대한 기업회계기준서의 설명 중 옳지 않은 것은?

① 확정계약의 위험회피는 일반적으로 공정가치위험회피로 구분하지만, 확정계약의 외화위험회피에 대해서는 공정가치위험회피회계 또는 현금흐름위험회피회계를 적용할 수 있다.

② 공정가치위험회피회계는 위험회피대상항목과 위험회피수단의 공정가치 변동을 상쇄시킬 수 있도록 동일한 회계기간에 공정가치 평가손익을 당기손익으로 인식한다.

③ 현금흐름 위험회피수단에서 발생하는 손익 중 위험회피에 효과적인 부분은 기타포괄손익으로 인식하고 효과적이지 못한 부분만 당기손익으로 인식한다.

④ 기타포괄손익으로 인식한 위험회피수단의 손익은 위험회피대상항목인 예상거래에 따라 향후 금융자산이나 금융부채를 인식하는 경우 관련 자산이나 부채의 최초 원가 또는 장부금액에 포함시킨다.

⑤ 예상거래가 더 이상 발생하지 않을 것으로 예상되어 현금흐름위험회피회계를 중단하는 경우 기타포괄손익으로 인식한 위험회피수단의 누적손익을 당기손익으로 인식한다.

03 다음은 파생상품에 대한 설명이다. 기업회계기준서의 내용과 일치하지 않은 것은?

① 지분법적용투자주식은 공정가치 위험회피대상항목이 될 수 없다.

② 위험회피의 목적상 기업의 외부당사자와 관련된 자산, 부채, 확정계약 및 발생가능성이 매우 큰 예상거래만 위험회피대상항목이 될 수 있다.

③ 사업결합에서 사업을 취득하기로 하는 확정계약은 외화위험을 제외하고는 위험회피대상항목이 될 수 없다.

④ 파생상품은 위험회피수단으로 지정할 수 있다. 다만, 일부 매입옵션은 위험회피수단으로 지정할 수 없다.

⑤ 비파생금융상품도 FVPL 항목이라면 위험회피수단으로 지정할 수 있다.

04 위험회피회계에 관하여 옳지 않은 설명은? (CPA 2017 수정)

① 외화위험회피 외의 위험회피에서, 당기손익－공정가치 측정 비파생금융자산이나 비파생금융부채를 위험회피수단으로 지정하는 경우에는 그 비파생금융상품 전체만을 지정할 수 있다.

② 위험회피관계의 유형은 공정가치위험회피, 현금흐름위험회피, 해외사업상순투자의 위험회피로 구분한다.

③ 공정가치위험회피회계를 적용하는 경우 회피대상위험으로 인한 위험회피대상항목의 손익은 당기손익으로 인식한다.

④ 현금흐름위험회피회계를 적용하는 경우 위험회피수단의 손익 중 위험회피에 효과적인 부분은 기타포괄손익으로 인식한다.

⑤ 해외사업장순투자의 위험회피회계를 적용하는 경우 위험회피수단의 손익 중 위험회피에 비효과적인 부분은 당기손익으로 인식한다.

05 다음은 파생상품에 대한 설명이다. ㈜한국은 고정이자율 지급조건의 장기차입금을 가지고 있다. 시장이자율 변동이 장기차입금에 미치는 위험을 회피하기 위하여 ㈜한국은 고정이자율을 수취하고 변동이자율을 지급하는 이자율스왑계약을 체결하였다. 만일 회계 연도 중에 시장이자율이 지속적으로 상승하는 경우에 장기차입금과 이자율스왑계약이 재무제표에 미치는 영향을 올바르게 설명한 것은 어느 것인가?

① 파생상품평가이익이 재무상태표상 자본항목으로 계상된다.

② 파생상품평가손실이 재무상태표상 자본항목으로 계상된다.

③ 파생상품평가이익과 장기차입금평가손실이 포괄손익계산서에 계상된다.

④ 파생상품평가손실과 장기차입금평가이익이 포괄손익계산서에 계상된다.

⑤ 장기차입금평가이익은 포괄손익계산서에 계상되고 파생상품평가손실은 자본항목으로 계상된다.

06 갑회사는 만기가 3년이고, 6%의 고정이자를 지급하는 액면금액 ₩1,000,000의 채무상품을 20×1년 1월 1일에 발행하였다. 고정이자는 20×1년 1월 1일 RFR 5%에 1%의 신용스프레드를 가산하여 결정하였으며, 매년 12월 31일에 이자를 지급한다. 갑회사는 채무상품의 시장이자율 변동에 따른 공정가치 변동위험을 회피하기 위하여 만기가 3년이며 RFR을 지급하고 4% 고정이자를 수취하는 이자율스왑계약(계약금액 ₩1,000,000)을 20×1년 1월 1일에 체결하였다. 이자율스왑계약의 이자 정산은 매년 12월 31일이다. 각 시점별 RFR과 장기차입금 및 이자율스왑의 공정가치는 다음과 같다. 갑회사가 20×1년 말에 인식할 이자비용은 얼마인가?

일자	RFR	장기차입금의 공정가치	이자율스왑의 공정가치
20×1. 1. 1.	5%	₩(1,000,000)	₩0
20×1. 12. 31.	3.5%	(1,028,000)	28,000
20×2. 12. 31.	3%	(1,009,000)	9,000

① ₩40,000　② ₩50,000　③ ₩60,000

④ ₩70,000　⑤ ₩80,000

07 ㈜한국은 20×1년 10월 1일에 제품을 $200에 수출하고 판매대금은 20×2년 3월 31일에 받기로 하였다. ㈜한국은 동 수출대금의 환율변동위험을 회피하기 위해 다음과 같은 통화선도계약을 체결하였다.

- 통화선도계약 체결일 : 20×1년 10월 1일
- 계약기간 : 20×1년 10월 1일 ~ 20×2년 3월 31일(만기 6개월)
- 계약조건 : 계약만기일에 $200을 ₩1,100/$(선도환율)에 매도하기로 함.
- 환율정보

일자	현물환율(₩/$)	통화선도환율(₩/$)
20×1. 10. 1.	1,070	1,100(만기 6개월)
20×1. 12. 31.	1,050	1,075(만기 3개월)
20×2. 3. 31.	1,090	

외화매출채권 및 통화선도거래가 ㈜한국의 20×2년 당기순이익에 미치는 영향(순액)은 얼마인가? 단, 현재가치 평가 및 채권의 회수가능성에 대한 평가는 고려하지 않으며, 통화선도거래의 결제와 매출채권의 회수는 예정대로 이행되었음을 가정한다. (CPA 2016)

① ₩5,000 증가 ② ₩4,000 증가 ③ ₩3,000 증가
④ ₩2,000 증가 ⑤ 영향 없음

08 12월 말 법인인 ㈜나무는 기계장치 1대를 $100에 6개월 후인 20×2년 3월 31일에 구입하기로 하는 확정계약을 20×1년 10월 1일에 체결하였다. 이러한 확정계약은 법적 강제력을 가지는 계약으로서 불이행 시에는 그에 따른 위약금을 지불하기로 하는 내용을 포함하고 있다. ㈜나무는 환위험을 회피하기 위해서 다음과 같은 통화선도계약을 20×1년 10월 1일에 체결하였다.

- 계약기간 : 6개월(20×1년 10월 1일 ~ 20×2년 3월 31일)
- 계약조건 : $100를 수취하고 ₩110,000을 지급함(선도환율 ₩1,100/$)

환율에 대한 자료는 다음과 같다.

일자	현물환율(₩/$)	선도환율(₩/$)
20×1. 10. 1.	1,000	1,100(만기 6개월)
20×1. 12. 31.	1,100	1,140(만기 3개월)
20×2. 3. 31.	1,200	

상기 거래에 대한 아래 설명 중 옳지 않은 것은? 단, ㈜나무는 공정가치위험회피회계를 적용하였다.

① 20×1년 말 재무상태표에 계상되는 파생상품자산은 ₩4,000이다.
② 20×1년 말 포괄손익계산서에 계상되는 확정계약평가손실은 ₩4,000이다.
③ 기계장치의 취득원가는 ₩120,000이다.
④ 20×2년 3월 31일 파생상품거래이익은 ₩6,000이다.
⑤ 20×1년 10월 1일 장부에 계상되는 자산·부채는 없다.

09 12월 결산법인인 ㈜한강은 위험회피목적으로 파생상품을 운용하고 있으며 20×3년과 20×4년의 2개 연도에 대한 파생상품관련 자료는 다음과 같다.

파생상품보유목적	예상매출에 대한 현금흐름위험회피	
위험회피수단으로 최초 지정된 연도	20×3년	
파생상품의 공정가치 변동 및 위험 회피대상의 현금흐름 변동액	• 20×3년 파생상품평가이익	₩220,000
	• 20×3년 위험회피대상의 현금흐름 변동으로 인한 손실	200,000
	• 20×4년 파생상품평가이익	140,000
	• 20×4년 위험회피대상의 현금흐름 변동으로 인한 손실	150,000

위의 자료를 기초로 하여 ㈜한강의 20×4년 포괄손익계산서에 당기손익으로 반영되는 파생상품관련 손익효과와 20×4년 말 재무상태표상 자본항목으로 표시되는 파생상품평가이익을 산정하면 각각 얼마인가?

	포괄손익계산서에 반영되는 금액	재무상태표 자본항목에 표시되는 금액
①	₩0	₩340,000
②	0	360,000
③	10,000 손실	350,000
④	10,000 이익	340,000
⑤	140,000 이익	0

10 ㈜한국이 아래 자료의 확정계약의 위험회피에 대하여 현금흐름위험회피회계를 적용한다면, 동 위험회피 거래에 대한 회계처리가 20×1년 12월 31일 현재의 재무상태표와 20×1년도 포괄손익계산서에 미치는 영향은? (CPA 2010)

12월 결산법인인 ㈜한국은 20×1년 11월 1일에 $20,000,000의 계약을 수주하고 5개월 후 제품인도 및 현금수취 계약을 체결하였다. 동 계약일에 ㈜한국은 환율변동의 위험을 회피하기 위하여 5개월 후 $20,000,000를 달러 당 ₩1,160에 매도하기로 하는 통화선도계약을 체결하였다. 환율에 대한 자료는 다음과 같다. (단, 매출계약은 확정계약이고 수익은 제품인도 시점에 인식하며 현재가치 계산은 생략한다. 또한 통화선도계약은 확정계약에 대한 효과적인 위험회피수단이며 문서화 등 위험회피요건을 충족한 것으로 가정한다.)

일자	현물환율(₩/$)	통화선도환율(₩/$)
20×1. 11. 1.	1,100	1,160(만기 5개월)
20×1. 12. 31.	1,120	1,180(만기 3개월)
20×2. 3. 31.	1,150	

	자산	부채	자본	당기순손익	총포괄손익
①	변화없음	변화없음	변화없음	변화없음	변화없음
②	증가	증가	변화없음	변화없음	감소
③	변화없음	증가	감소	변화없음	감소
④	변화없음	변화없음	증가	증가	변화없음
⑤	증가	감소	변화없음	감소	감소

11 ㈜한국은 20×1년 중 미래의 재고매입에 대한 현금흐름위험을 회피하고자 파생상품계약을 체결하였으며, 이를 위험회피수단으로 지정하였다. 동 거래에서 발생한 20×1년과 20×2년의 연도별 파생상품평가손익과 위험회피대상의 현금흐름 변동액(현재가치)이 다음과 같다면, 20×2년의 당기손익에 보고될 파생상품평가이익(손실)은 얼마인가? (CPA 2014)

구분	20×1년	20×2년
파생상품평가이익(손실)	₩50,000	₩(30,000)
예상거래 현금흐름 변동액의 현재가치	(48,000)	32,000

① ₩30,000 손실 ② ₩2,000 손실 ③ ₩0
④ ₩2,000 이익 ⑤ ₩4,000 이익

※ 다음의 자료를 이용하여 문제 12와 문제 13에 관련된다.

기능통화가 원화인 ㈜갑은 20×1년 10월 1일에 외국으로부터 원재료 $2,000를 6개월 후에 매입하기로 하는 확정계약을 체결하였다. 이 확정계약은 법적 강제력을 갖는 계약으로서 불이행 시 그에 따른 위약금을 지불해야 하는 내용을 포함하고 있다. 동 계약일에 ㈜갑은 환율변동위험을 회피하기 위하여 6개월 후 $2,000를 ₩1,150/$에 매입하기로 하는 통화선도계약을 체결하였다. 이 통화선도계약은 확정계약에 대한 효과적인 위험회피수단이며, 문서화 등 위험회피요건을 충족하였다. 환율에 대한 정보는 다음과 같다.

일자	현물환율(₩/$)	통화선도환율(₩/$)
20×1년 10월 1일	1,000	1,150(만기 6개월)
20×1년 12월 31일	1,080	1,100(만기 3개월)
20×2년 3월 31일	1,180	–

12 ㈜갑이 상기 확정계약에 대한 위험회피를 공정가치위험회피로 회계처리한다면, 동 확정계약과 통화선도계약이 ㈜갑의 20×1년 말 현재 자산과 부채에 미치는 영향은 얼마인가? 단, ㈜갑이 통화선도환율을 적용하여 확정계약의 공정가치를 측정한다고 가정하며, 현재가치 계산은 생략한다. (CPA 2012)

	자산	부채
①	영향 없음	영향 없음
②	영향 없음	₩100,000 증가
③	₩100,000 증가	영향 없음
④	100,000 증가	100,000 증가
⑤	100,000 감소	100,000 감소

13 ㈜갑은 현금흐름위험회피회계를 적용하는 경우, 기타포괄손익으로 인식되는 위험회피수단의 평가손익을 위험회피대상인 예상거래에 따라 향후 인식하는 비금융자산의 최초 장부금액에서 조정하는 정책을 채택하고 있다. 만일 ㈜갑이 상기 확정계약에 대한 위험회피를 현금흐름위험회피로 회계처리한다면, 20×2년 3월 31일 확정계약과 통화선도계약이 실행될 때 기타포괄손익누계액이 재고자산의 최초 장부금액에 미치는 영향은 얼마인가? 단, 통화선도계약에서 발생하는 손익은 전액 위험회피에 효과적이라고 가정하며, 현재가치 계산은 생략한다. (CPA 2012)

① ₩60,000 감소 ② ₩60,000 증가 ③ ₩160,000 감소
④ ₩160,000 증가 ⑤ ₩200,000 증가

14 ㈜한국은 20×1년 1월 1일에 만기가 3년인 차입금 ₩100,000을 'RFR+1%'로 차입하였다. ㈜한국은 시장이자율 변동에 따른 위험을 회피하고자 다음과 같은 이자율스왑계약을 체결하고, 이를 위험회피수단으로 지정하였다.

- 이자율스왑계약 체결일 : 20×1년 1월 1일
- 만 기 일 : 20×3년 12월 31일
- 계약금액 : ₩100,000
- 계약내용 : 고정이자율 4%를 지급하고, 변동이자율 RFR을 수취함.

차입금의 이자지급과 이자율스왑의 결제는 매년 말에 이루어지고, 이를 결정하는 RFR은 직전 년도 말(또는 매년 초)에 확정된다. 계약체결일에 수수된 프리미엄은 없으며, 확정된 RFR은 다음과 같다.

20×1년 초	20×1년 말	20×2년 말
4%	5%	3%

위 거래와 관련된 ㈜한국의 회계처리로서 옳은 것은? 단, 이자율스왑계약의 위험회피효과는 100%이며, 동 계약에 따른 순결제금액은 이자비용으로 인식한다. (CPA 2016)

① ㈜한국은 이자율스왑계약에 대해 공정가치위험회피회계를 적용하여야 한다.

② 20×1년에 ㈜한국이 당기손익으로 인식하는 이자비용은 ₩5,000보다 큰 금액이다.

③ 20×1년 말 ㈜한국의 재무상태표에 계상되는 차입금의 장부금액은 ₩100,000보다 작은 금액이다.

④ 20×1년 말 ㈜한국의 포괄손익계산서에는 현금흐름위험회피적립금이 대변에 계상된다.

⑤ 20×2년 말 ㈜한국의 재무상태표에 계상되는 차입금의 장부금액은 ₩100,000보다 작은 금액이다.

정답 및 해설

01 ⑤

위험회피에 효과적인 경우에만 자본항목으로 인식하는 것이다.

02 ④

관련 자산이나 부채의 최초 원가 또는 장부금액을 조정하는 방법은 비금융항목에서만 가능하고 금융항목에는 적용할 수 없음에 유의하여야 한다.

03 ④

위험회피수단으로 지정할 수 없는 것은 매입옵션이 아니라 매도옵션이다.

04 ①

외화위험회피 외의 위험회피에서, 당기손익－공정가치 측정 비파생금융자산이나 비파생금융부채를 위험회피수단으로 지정하는 경우에는 그 비파생금융상품 전체 또는 비례적 부분만을 지정할 수 있다. (기준서 제1109호 문단 B6.2.5)

05 ④

장기차입금이 고정금리 조건인데 금리가 지속적으로 상승하면 평가이익이 발생한다는 사실을 인지하면 답을 찾을 수 있다. 그리고 공정가치위험회피회계에 해당하므로 파생상품평가손익은 당기손익으로 인식한다.

06 ④

<20×1. 12. 31.>

① 위험회피대상항목의 공정가치 변동 및 이자비용 인식

(차) 이 자 비 용	60,000[(1)]	(대) 현 금	60,000
(차) 장기차입금평가손실	28,000	(대) 장 기 차 입 금	28,000

(1) ₩1,000,000×6%(고정금리)＝₩60,000

② 위험회피수단의 공정가치 평가손익 인식 및 이자 결제

(차) 파 생 상 품 자 산	28,000	(대) 파생상품평가이익	28,000
(차) 이 자 비 용	10,000[(2)]	(대) 현 금	10,000

(2) 이자율스왑 조건이 5%(RFR) 지급, 4%(고정금리) 수취이므로 1% 이자만큼 지급
₩1,000,000×1%＝₩10,000

07 ①

일자	외화매출채권	통화선도거래
20×1. 10. 1.	(차) 매 출 채 권 214,000 (대) 매 출 214,000 * $200×₩1,070 = ₩214,000	– 회계처리 없음 –
20×1. 12. 31.	(차) 외화환산손실 4,000 (대) 매 출 채 권 4,000	(차) 통 화 선 도 5,000 (대) 평 가 이 익 5,000 * ₩미수액 : ₩220,000 $미지급액 : $200×₩1,075 = ₩215,000
20×2. 3. 31.	(차) 현 금 218,000 (대) 매 출 채 권 210,000 외 환 차 익 8,000	(차) 현 금(₩) 220,000 거 래 손 실 3,000 (대) 현 금($) 218,000 통 화 선 도 5,000

08 ③

기계장치의 취득원가는 ₩110,000이다.

09 ③

누적으로 평가해야 함에 유의해야 한다.

(1) 20×3년 12월 31일 회계처리

(차) 파 생 상 품 자 산	220,000	(대) 현금흐름위험회피적립금(OCI)	200,000
		파생상품평가이익(당기손익)	20,000

* 위험회피에 효과적인 부분은 기타포괄손익으로 인식하고 효과적이지 못한 부분은 당기손익으로 인식한다.

(2) 20×4년 12월 31일 회계처리

(차) 파 생 상 품 자 산	140,000	(대) 현금흐름위험회피적립금(OCI)	150,000
파생상품평가손실(당기손익)	10,000		

* 위험회피에 효과적인 부분(₩350,000, 누적으로 평가)은 기타포괄손익으로 인식하고 전년도에 당기손익으로 인식했던 ₩20,000 중 ₩10,000이 당기손실로 인식된 것임

10 ③

<20×1년 11월 1일>

회계처리 없음

* 미 수 금 : ₩23,200,000,000
  미지급금 : $20,000,000×₩1,160 = ₩23,200,000,000

<20×1년 12월 31일>

(차) 현금흐름위험회피적립금(OCI)	400,000,000	(대) 파 생 상 품 부 채	400,000,000

* 미 수 금 : ₩23,200,000,000
미지급금 : $20,000,000×₩1,180 = ₩23,600,000,000

11 ④

(1) 일자별 회계처리

<20×1. 12. 31>

(차) 파 생 상 품	50,000	(대) 현금흐름위험회피적립금(OCI)	48,000
		파생상품평가이익(당기이익)	2,000

<20×2. 12. 31>

(차) 현금흐름위험회피적립금(OCI)	32,000	(대) 파 생 상 품	30,000
		파생상품평가이익(당기이익)	2,000

(2) 20×2년에 당기손익에 보고될 파생상품평가이익

① 20×2년 말 누적 파생상품평가이익 : ₩50,000 − 30,000 = ₩20,000

② 20×2년 말 누적 현금흐름 변동위험 : ₩(48,000) + 32,000 = ₩(16,000)

③ 위험회피에 효과적인 파생상품평가이익은 ₩16,000이므로 이 금액만 20×2년 말 기타포괄이익 잔액으로 남겨야 한다. 20×1년 말에 기타포괄이익 잔액이 ₩48,000이므로 ₩32,000(= ₩48,000 − 16,000)만큼 기타포괄이익을 감소시켜야 한다.

④ 20×2년 말 파생상품 공정가치 감소액은 ₩30,000인데 차변에 기타포괄이익 감소액을 ₩32,000 인식해야 하기 때문에 대변에 ₩2,000만큼 파생상품평가이익을 당기이익으로 인식하게 된다.

12 ④

일자	확정계약	통화선도거래
20×1. 10. 1.	− 회계처리 없음 −	− 회계처리 없음 −
20×1. 12. 31.	(차) 확 정 계 약 100,000 (대) 확정계약평가이익 100,000	(차) 통화선도평가손실 100,000 (대) 통 화 선 도 100,000 * $미수액 : $2,000×₩1,100 = ₩2,200,000 ₩미지급액 : ₩2,300,000
20×2. 3. 31.	(차) 확정계약평가손실 160,000 (대) 확 정 계 약 160,000 (차) 원 재 료 2,300,000 확 정 계 약 60,000 (대) 현 금 2,360,000	(차) 현 금($) 2,360,000 통 화 선 도 100,000 (대) 현 금(₩) 2,300,000 통화선도거래이익 160,000

13 ①

일자	확정계약	통화선도거래
20×1. 10. 1.	- 회계처리 없음 -	- 회계처리 없음 -
20×1. 12. 31.		(차) 현금흐름위험회피적립금(OCI) 100,000 (대) 통 화 선 도 100,000 * $미수액 : $2,000×₩1,100 = ₩2,200,000 ₩미지급액 : ₩2,300,000
20×2. 3. 31.	(차) 원 재 료 2,300,000 현금흐름위험회피적립금(OCI) 60,000 (대) 현 금 2,360,000	(차) 현 금($) 2,360,000 통 화 선 도 100,000 (대) 현 금(₩) 2,300,000 현금흐름위험회피적립금(OCI) 160,000

14 ④

(1) 일자별 회계처리

<20×1. 1. 1.>

① 위험회피대상항목의 최초 인식

(차) 현 금	100,000	(대) 장 기 차 입 금	100,000

② 위험회피수단의 최초 인식 : 회계처리 없음

<20×1. 12. 31.>

① 위험회피대상항목의 이자비용 인식

(차) 이 자 비 용	5,000*	(대) 현 금	5,000

* ₩100,000×5%(변동금리) = ₩5,000

② 위험회피수단의 공정가치 평가손익 인식 및 이자 결제

(차) 이 자 율 스 왑	?	(대) 현금흐름위험회피적립금	?
(차) 이 자 비 용	0*	(대) 현 금	0

* 이자율스왑 조건이 4% 지급, 4%(RFR) 수취이므로 0% 이자만큼 지급

<20×2. 12. 31.>

① 위험회피대상항목의 이자비용 인식

(차) 이 자 비 용	6,000*	(대) 현 금	6,000

* ₩100,000×6%(변동금리) = ₩6,000

② 위험회피수단의 공정가치 평가손익 인식 및 이자 결제

(차) 현금흐름위험회피적립금	?	(대) 이 자 율 스 왑	?
(차) 현 금	1,000*	(대) 이 자 비 용	1,000

* 이자율스왑 조건이 4% 지급, 5%(RFR) 수취이므로 1% 이자만큼 수취
₩100,000×1%=₩1,000

(2) 문항별 틀린 이유

① 변동이자율 차입에 대한 이자율스왑이므로 현금흐름위험회피회계를 적용해야 한다.

② 20×1년 이자비용은 정확하게 ₩5,000이다.

③ 변동이자율 조건의 차입금이므로 차입금의 장부금액은 계속 ₩100,000이다.

⑤ 변동이자율 조건의 차입금이므로 차입금의 장부금액은 계속 ₩100,000이다.

연 / 습 / 문 / 제 - 주관식 문제

01 매매목적 통화선도거래

12월 결산법인인 ㈜갑은 환율이 상승할 것으로 예상하고 20×1년 10월 1일에 다음과 같은 통화선도 계약을 체결하였다.

- 계약기간 : 6개월(20×1. 10. 1. ~ 20×2. 3. 31.)
- 계약조건 : $2,000을 통화선도환율 ₩1,000/$으로 매입하기로 함
- 환율자료

일자	현물환율(₩/$)	통화선도환율(₩/$)
20×1. 10. 1.	950	1,000(만기 6개월)
20×1. 12. 31.	970	1,020(만기 3개월)
20×2. 3. 31.	900	

물음

위 계약과 관련하여 ㈜갑이 해야 할 회계처리를 일자별로 나타내라. 단, 현재가치 평가는 생략한다.

해답

- 20×1년 10월 1일(계약체결일)

  – 없음 –

  * 10월 1일 통화선도거래의 공정가치는 ₩0이므로 별도의 회계처리가 필요 없다.
  통화선도거래의 공정가치

① ㈜갑의 $미수금(자산) : $2,000×1,000 =	₩2,000,000
② ㈜갑의 미지급금(부채)	2,000,000
③ 공정가치	₩0

  즉, 달러화를 수령할 권리인 자산과 원화를 지급할 의무인 부채가 동시에 발생하며, 자산과 부채의 공정가치는 동액이므로 차액은 '0'이다. 따라서 회계처리는 없다.

- 20×1년 12월 31일(결산일)

(차) 파 생 상 품 자 산	40,000	(대) 파생상품평가이익	40,000

  * $2,000×(₩1,020 − 1,000) = ₩40,000

• 20×2년 3월 31일(결제일)

(차) 현 금($)	1,800,000[(1)]	(대) 현 금(₩)	2,000,000[(2)]
파생상품거래손실	240,000	파 생 상 품 자 산	40,000

(1) 현금($) : ₩1,800,000 = $2,000×₩900(현물환율)
(2) 현금(₩) : ₩2,000,000 = $2,000×₩1,000(통화선도환율)

02 파생상품 회계처리

12월말 결산법인인 ㈜한국은 다음에 제시되는 4개의 상황에서 선도계약을 이용하고 있으며 체결된 선도계약의 내용은 아래와 같다.

• 통화선도계약 체결일 : 20×6. 11. 1.
• 계약기간 : 3개월(20×6. 11. 1. ~ 20×7. 1. 31.)
• 계약조건 : $100를 약정통화선도환율 ₩980/$로 매입하기로 함

환율에 대한 정보는 다음과 같다.

환율	20×6. 11. 1.	20×6. 12. 31.	20×7. 1. 31.
현물환율(₩/$)	960	1,060	990
통화선도환율(₩/$)	980 (만기 3개월)	1,040 (만기 1개월)	–

다음에 제시되는 4개의 상황은 서로 독립적이다. 단, 위험회피회계를 적용할 경우 적용 요건은 모두 충족한다고 가정한다.

〈추가 정보〉

(상황 1) ㈜한국은 20×7년 1월 31일에 $100의 재고자산을 구입하는 확정계약을 20×6년 11월 1일 체결하였다. ㈜한국은 확정계약 체결 시부터 재고자산 구입시점까지 발생할 수 있는 환율변동위험을 회피하기 위하여 확정계약을 체결한 당일에 상기 조건의 통화선도계약을 체결하였다. ㈜한국은 공정가치위험회피회계를 적용하기로 하였다.

(상황 2) ㈜한국은 20×7년 1월 31일에 $100의 재고자산을 구입할 계획을 세우고 있으며 예상생산량을 고려할 때 구입거래가 발생할 가능성이 매우 크다. ㈜한국은 20×7년 1월 31일에 매입할 예정으로 있는 재고자산의 매입가격이 환율변동으로 인하여 상승할 위험에 대비하여 20×6년 11월 1일에 상기 조건의 통화선도계약을 체결하고 위험회피수단으로 지정하였다.

(상황 3) ㈜한국은 20×6년 11월 1일 $100의 재고자산을 구입하였으며 구입대금은 20×7년 1월 31일에 지급될 예정이다. ㈜한국은 재고자산 구입대금의 환율변동위험에 대비하기 위하여 20×6년 11월 1일에 상기 조건의 통화선도계약을 체결하고 위험회피수단으로 지정하였다.

(상황 4) ㈜한국은 20×6년 11월 1일과 20×7년 1월 31일 사이에 $의 가치가 상승할 것으로 예상하고 상기 조건의 통화선도계약을 체결하였다.

아래 각 물음에서 통화선도환율변동액에 대한 현재가치평가는 생략한다.

물음

1. (상황 1)과 관련하여 20×6년 12월 31일 재무상태표에 계상할 계정과목과 금액을 제시하라. 단, 각 계정과목이 자산, 부채, 자본 중 어디에 속하는가를 나타내어야 하며, 만일 재무상태표에 계상될 과목이 없는 경우에는 '해당 없음'이라고 표시하라.
2. (상황 1)과 (상황 2)에서 20×7년 1월 31일 ㈜한국이 재고자산의 취득원가로 계상해야 할 금액은 각각 얼마인가?
3. (상황 1 ~ 상황 4)로 인하여 20×6년 포괄손익계산서에 당기손익으로 계상되어야 할 계정과목과 금액을 각 상황별로 구분하여 제시하라. 단, 포괄손익계산서에 계상될 과목이 없는 경우에는 '해당 없음'이라고 표시하라.
4. 위의 (상황 1 ~ 상황 4) 중에서 그 성격상 한국채택국제회계기준에 규정되어 있는 파생상품 위험회피회계의 적용 대상이 되지 않는 경우를 지적하고 그 이유를 4줄 이내로 약술하라.

해답

물음 1 (상황 1)과 관련된 회계처리

1) 확정계약부채 : ₩6,000
2) 파생상품자산 : ₩6,000

20×6년 (상황 1)의 회계처리는 다음과 같다.

(1) 20×6년 11월 1일(계약체결일)

<통화선도거래>

– 없음 –

* 11월 1일 통화선도거래의 공정가치는 ₩0이므로 별도의 회계처리가 필요 없다.

통화선도거래의 공정가치

① ㈜갑의 $미수금(자산)	$100×₩980 =	₩98,000
② ㈜갑의 미지급금(부채)		98,000
③ 공정가치		₩0

<확정계약>

– 없음 –

* 미이행계약이므로 계약일에 별도의 회계처리가 필요 없다.

(2) 20×6년 12월 31일(결산일)

<통화선도거래>

(차) 파생상품자산	6,000	(대) 파생상품평가이익	6,000

* $100×(₩1,040 – 980) = ₩6,000

<확정계약>

(차) 확정계약평가손실	6,000	(대) 확정계약부채	6,000

* $100×(₩980 – 1,040) = ₩(6,000)

(3) 20×7년 1월 31일(결제일)

<통화선도거래>

(차) 현금($)	99,000[(1)]	(대) 현금(₩)	98,000
파생상품거래손실	5,000	파생상품자산	6,000

(1) 현금($) : ₩99,000 = $100×₩990

<확정계약>

(차) 확정계약부채	5,000	(대) 확정계약평가이익	5,000
(차) 재고자산	98,000	(대) 현금($)	99,000[(2)]
확정계약부채	1,000		

(2) 현금($) : ₩99,000 = $100×₩990

물음 2 재고자산의 취득원가

1) (상황 1) 재고자산 취득원가 : $100×₩980 = ₩98,000

2) (상황 2) 재고자산 취득원가 : $100×₩980 = ₩98,000

* (상황 1)은 공정가치위험회피회계이며, (상황 2)는 현금흐름위험회피회계이다. 이는 모두 선도거래로 가액을 ₩98,000으로 확정시켰으므로 해당 재고자산의 취득원가는 동일하다.

물음 3 파생상품과 관련한 손익

1) 상황 1 : 공정가치위험회피회계(확정계약)

① 확정계약평가손실 :₩(6,000)

② 파생상품평가이익 :₩6,000

2) 상황 2 : 현금흐름위험회피회계

해당사항 없음

3) 상황 3 : 공정가치위험회피회계(일반상거래)

① 외화환산손실 : ₩(10,000)

② 파생상품평가이익 : ₩6,000

4) 상황 4 : 매매목적

① 파생상품평가이익 : ₩6,000

* (상황 3)은 위험회피회계를 적용하지 않더라도 외화환산손실과 파생상품평가이익을 당기손익으로 인식하기 때문에 굳이 위험회피회계를 적용할 이유는 없다.

물음 4 위험회피회계가 적용되지 않는 경우

(상황 4)이다. (상황 4)는 위험회피대상항목이 없는 경우로서 매매목적으로 파생상품거래를 했으므로 위험회피회계의 적용 대상이 아니다.

참고자료

(상황 2)와 (상황 3), (상황 4)의 회계처리는 다음과 같다.

① 상황 2

• 20×6년 11월 1일(계약체결일)

<통화선도거래>

– 없음 –

* 11월 1일 통화선도거래의 공정가치는 ₩0이므로 별도의 회계처리가 필요 없다.

통화선도거래의 공정가치

① ㈜갑의 $미수금(자산)	$100×₩980 =	₩98,000
② ㈜갑의 미지급금(부채)		98,000
③ 공정가치		₩0

<재고자산 매입거래>

– 없음 –

• 20×6년 12월 31일(결산일)

<통화선도거래>

(차) 파 생 상 품 자 산	6,000	(대) 현금흐름위험회피적립금(OCI)	6,000

* 현재시점의 현물가격이 미래기대가격과 일치한다고 가정하였으므로 누적현금흐름변동액은 ₩10,000[(1,060 − 960)×100]이고 이에 따라 통화선도계약의 누적평가이익 ₩6,000은 누적현금흐름변동액 이내의 금액이 된다. 따라서 통화선도계약 누적평가이익 ₩6,000 전액을 기타포괄손익으로 계상한다.

<재고자산 매입거래>

– 없음 –

• 20×7년 1월 31일(결제일)

<통화선도거래>

(차) 현금흐름위험회피적립금(OCI)	5,000	(대) 파 생 상 품 자 산	5,000

* 당기파생상품평가이익은 ₩(5,000)[(990 − 1,040)×100]이고 당기현금흐름변동액은 ₩(7,000)이다. 그리고 누적파생상품평가이익은 ₩1,000(₩6,000 − 5,000)이고 누적현금흐름변동액은 ₩3,000 (₩10,000 − 7,000)이다. 따라서 당기 파생상품평가이익 ₩(5,000)은 한도 내의 금액이므로 전액을 기타포괄손익으로 계상한다.

(차) 현 금($)	99,000	(대) 현 금(₩)	98,000
		파 생 상 품 자 산	1,000

<재고자산 매입거래>

(차) 재 고 자 산	98,000	(대) 현 금($)	99,000
현금흐름위험회피적립금(OCI)	1,000		

② 상황 3

• 20×6년 11월 1일(계약체결일)

<일반상거래>

(차) 재 고 자 산	96,000	(대) 매 입 채 무	96,000

* $100×₩960 = ₩96,000

<통화선도거래>

− 없음 −

* 11월 1일 통화선도거래의 공정가치는 ₩0이므로 별도의 회계처리가 필요 없다.
통화선도거래의 공정가치

① ㈜갑의 $미수금(자산)	$100×₩980 =	₩98,000
② ㈜갑의 미지급금(부채)		98,000
③ 공정가치		₩0

• 20×6년 12월 31일(결산일)

<일반상거래>

(차) 외 환 차 이	10,000	(대) 매 입 채 무	10,000

* $100×(₩960 − 1,060) = ₩(10,000)

<통화선도거래>

(차) 파 생 상 품 자 산	6,000	(대) 파 생 상 품 평 가 이 익	6,000

* $100×(₩1,040 − 980) = ₩6,000

• 20×7년 1월 31일(결제일)

<일반상거래>

(차) 매입채무	106,000	(대) 현금($)	99,000[(1)]
		외환차이	7,000

(1) 현금($) : ₩99,000 = $100×₩990(현물환율)

<통화선도거래>

(차) 현금($)	99,000[(1)]	(대) 현금(₩)	98,000[(2)]
파생상품거래손실	5,000	파생상품자산	6,000

(2) 현금(₩) : ₩98,000 = $100×₩980(통화선도환율)

③ 상황 4

• 20×6년 11월 1일(계약체결일)

<통화선도거래>

– 없음 –

* 11월 1일 통화선도거래의 공정가치는 ₩0이므로 별도의 회계처리가 필요 없다.
  통화선도거래의 공정가치

① ㈜갑의 $미수금(자산)	$100×₩980 =	₩98,000
② ㈜갑의 미지급금(부채)		98,000
③ 공정가치		₩0

• 20×6년 12월 31일(결산일)

<통화선도거래>

(차) 파생상품자산	6,000	(대) 파생상품평가이익	6,000

* $100×(₩1,040 − 980) = ₩6,000

• 20×7년 1월 31일(결제일)

<통화선도거래>

(차) 현금($)	99,000[(1)]	(대) 현금(₩)	98,000[(2)]
파생상품거래손실	5,000	파생상품자산	6,000

(1) 현금($) : ₩99,000 = $100×₩990(현물환율)
(2) 현금(₩) : ₩98,000 = $100×₩980(통화선도환율)

03 이자율스왑계약을 위험회피수단으로 지정

12월 결산법인인 ㈜한국은 20×4년 7월 1일에 만기가 18개월인 차입금 ₩4,000,000을 고정이자율 8%로 차입하였으며, 고정이자율 8%는 차입일 당시의 RFR 6%에 ㈜한국의 신용위험을 고려하여 결정된 것이다. 한편, ㈜한국은 시장이자율 변동에 따른 가치변동 위험을 회피하기 위하여 동 일자에 고정이자율 6%를 수취하고 변동이자율을 지급하는 이자율스왑계약을 체결하였고 위험회피수단으로 지정하였다. 계약체결일에 수수된 프리미엄은 없으며, 차입금 및 이자율스왑과 관련된 세부사항은 다음과 같다.

	이자율스왑계약	장기차입금
계약체결일 또는 차입일	20×4. 7. 1.	20×4. 7. 1.
만기일	20×5. 12. 31.	20×5. 12. 31.
계약금액 또는 원금	₩4,000,000	₩4,000,000
고정이자율	연 6% 수취	연 8% 지급
변동이자율	6개월 RFR 지급	–

장기차입금의 이자지급과 이자율스왑의 결제는 6월말과 12월말에 이루어지고, 이를 결정하는 RFR은 20×4년 7월 1일 및 12월 31일과 20×5년 6월 30일에 각각 확정된다. 확정된 RFR과 이에 근거한 이자율스왑의 공정가치는 다음과 같다.

이자율스왑 결제금액 확정일	6개월 만기 RFR	공정가치	
		이자율스왑	장기차입금
20×4. 7. 1.	6.0%	–	₩4,000,000
20×4. 12. 31.	9.0%	₩(110,779)	3,889,221

물음

1. ㈜한국이 체결한 이자율스왑 거래는 한국채택국제회계기준에 규정된 위험회피 유형 중 어느 유형에 해당하는지 밝히고 그 이유를 간략히 설명하라.

2. ㈜한국이 위의 이자율스왑과 장기차입금에 대하여 20×4년 12월 31일에 행할 분개를 제시하라. 단, 장기차입금의 유동성 대체분개는 생략하고, 위험회피회계의 적용 요건은 모두 충족한다고 가정한다.

해답

물음 1

공정가치위험회피회계에 해당한다. 그 이유는 위험회피대상이 고정이자율 조건의 장기차입금이며 현재 시장이자율변동에 따른 가치변동위험에 노출되어 있으므로 이자율스왑 계약을 체결하여 장기차입금의 공정가치 변동위험을 회피하기 위한 것이기 때문이다(만약 변동이자율 지급조건의 차입금에 대해 이자율스왑을 했다면 현금흐름위험회피회계에 해당하게 됨을 부언한다).

물음 2

① 장기차입금

<이자비용 계상 시>

(차)	이 자 비 용	160,000	(대) 현 금	160,000

* ₩4,000,000×8%×6/12 = ₩160,000

<기말평가 시>

(차)	장 기 차 입 금	110,799	(대) 장기차입금평가이익	110,779

② 이자율스왑

<이자비용 계상 시>

– 없음 –

* ₩4,000,000×{6%(20×4. 7. 1. RFR) – 6%(이자율스왑계약 고정이자율)}×6/12 = ₩0

<기말평가 시>

(차)	파생상품평가손실	110,799	(대) 파 생 상 품 부 채	110,779

04 예상매출거래의 위험회피

A회사(연차보고기간 말 : 12월 31일)는 구리를 제련하여 판매하는 회사이다. A회사는 20×2년 3월 31일에 구리 1,000ton(ton당 원가 ₩2,000)을 판매할 가능성이 매우 크다. A회사는 구리의 미래에 판매가격이 하락함에 따라 발생할지 모를 현금흐름 변동위험을 회피하기 위하여 다음과 같은 조건의 선물매도계약을 체결하였다.

계약기간 : 20×1년 10월 1일부터 20×2년 3월 31일
계약조건 : 구리 1,000ton을 ton당 ₩3,000에 매도

구리의 ton당 현물가격과 만기가 20×2년 3월 31일인 선물가격은 다음과 같다.

일자	현물가격	선물가격
20×1. 10. 1.	₩3,200	₩3,000
20×1. 12. 31.	3,220	3,010
20×2. 3. 31.	2,900	–

물음

20×1년 10월 1일, 12월 31일 및 20×2년 3월 31일(매출거래 포함, 계속기록법 적용)에 해야 할 회계처리를 모두 하라. 단, 파생상품 평가손익 계산 시 현재가치 계산은 생략한다. 선물거래는 위험회피 적용요건을 모두 충족하며, 선물거래에서 발생한 정산손익은 만기에 일괄하여 현금수수가 이루어진다고 가정한다.

해답

<20×1. 10. 1.>

– 회계처리 없음 –

<20×1. 12. 31.>

구리의 공정가치 변동 누계액 = (₩3,220 – 3,200) × 1,000ton = ₩20,000

파생상품평가손익 = (₩3,000 – 3,010) × 1,000ton = (–)₩10,000(평가손실)

위험회피수단의 공정가치 변동 ₩10,000이 위험회피대상항목인 구리 공정가치 변동 누계액 ₩20,000보다 적으므로 파생상품평가손실 ₩10,000은 위험회피에 효과적이다. 따라서 ₩10,000을 모두 기타포괄손익으로 인식한다.

(차) 현금흐름위험회피적립금(OCI)	10,000	(대) 파생상품부채	10,000

<20×2. 3. 31.>

구리 공정가치 변동 누계액＝(₩2,900－3,200)×1,000ton＝(－)₩300,000

파생상품평가손익＝(₩3,000－2,900)×1,000ton＝₩100,000(평가이익)

위험회피수단의 공정가치 변동 누계액이 위험회피대상항목의 공정가치 변동 누계액보다 적으므로 파생상품평가손익은 모두 위험회피에 효과적이다.

(차) 파생상품부채	10,000	(대) 현금흐름위험회피적립금(OCI)	110,000[(1)]
파생상품자산	100,000		
(차) 현금	100,000	(대) 파생상품자산	100,000
(차) 현금흐름위험회피적립금(OCI)	100,000	(대) 파생상품평가이익(PL)	100,000[(2)]
(차) 매출채권(현금)	2,900,000	(대) 매출	2,900,000[(3)]
(차) 매출원가	2,000,000	(대) 재고자산	2,000,000

(1) ₩100,000＋10,000(전기 인식금액)＝₩110,000

(2) 기타포괄손익으로 인식한 현금흐름위험회피적립금(순액) ₩100,000을 위험회피대상항목이 당기손익에 영향을 미치는 기간(즉, 매출을 인식하는 시점)에 당기손익으로 재분류한다.

(3) 1,000t×₩2,900＝₩2,900,000

05 예상매입거래의 위험회피

갑회사(연차보고기간 말 : 12월 31일)는 알루미늄을 제련하여 판매하는 회사이다. 갑회사는 20×2년 3월 31일에 알루미늄 1,000ton을 매입할 가능성이 매우 크다. 갑회사는 알루미늄의 예상매입거래에서 발생할 현금흐름 변동위험을 회피하기 위하여 다음과 같은 조건의 선물매수계약을 체결하였다.

- 계약기간 : 20×1년 10월 1일부터 20×2년 3월 31일
- 계약조건 : 알루미늄 1,000ton을 ton당 ₩2,000에 매수

구리의 ton당 현물가격과 만기가 20×2년 3월 31일인 선물가격은 다음과 같다.

일자	현물가격	선물가격
20×1. 10. 1.	₩1,970	₩2,000
20×1. 12. 31.	2,030	2,040
20×2. 3. 31.	2,090	–

물음

20×1년 10월 1일, 12월 31일 및 20×2년 3월 31일(매입거래 포함, 계속기록법 적용)에 해야 할 회계처리를 모두 하라. 단, 파생상품 평가손익 계산 시 현재가치 계산은 생략한다. 선물거래는 위험회피 적용요건을 모두 충족하며, 선물거래에서 발생한 정산손익은 만기에 일괄하여 현금수수가 이루어진다고 가정한다.

해답

<20×1. 10. 1.>

– 회계처리 없음 –

<20×1. 12. 31.>

알루미늄 공정가치 변동 누계액 = (₩1,970 − 2,030)×1,000ton = (−)₩60,000
파생상품평가손익 = (₩2,040 − 2,000)×1,000ton = ₩40,000(평가이익)
위험회피수단의 공정가치 변동 ₩40,000이 위험회피대상항목인 알루미늄 공정가치 변동 누계액 ₩60,000보다 적으므로 파생상품평가이익 ₩40,000은 위험회피에 효과적이다. 따라서 ₩40,000을 모두 기타포괄손익으로 인식한다.

(차) 파생상품자산	40,000	(대) 현금흐름위험회피적립금(OCI)	40,000

<20×2. 3. 31.>

알루미늄 공정가치 변동 누계액 = (₩1,970 − 2,090)×1,000ton = (−)₩120,000
파생상품평가손익 = (₩2,090 − 2,000)×1,000ton = ₩90,000(평가이익)
위험회피수단의 공정가치 변동 누계액이 위험회피대상항목의 공정가치 변동 누계액보다 적으므로 파생상품평가손익은 모두 위험회피에 효과적이다.

(차) 파생상품자산	50,000	(대) 현금흐름위험회피적립금(OCI)	50,000(1)
(차) 현금	90,000	(대) 파생상품자산	90,000
(차) 원재료	2,000,000	(대) 현금	2,090,000(3)
현금흐름위험회피적립금(OCI)	90,000(2)		

(1) ₩90,000 − 40,000(전기 인식금액) = ₩50,000
(2) 기타포괄손익으로 인식한 현금흐름위험회피적립금은 재고자산 최초 인식금액에 반영한다.
(3) 1,000t×₩2,090 = ₩2,090,000

06 현금흐름위험회피

갑회사는 만기가 3년이고, 변동이자를 수취하는 조건으로 20×1년 1월 1일에 현금 ₩1,000,000을 장기대여하였다. 장기대여금의 변동이자율은 RFR에 2%의 신용스프레드를 가산하여 결정(직전연도 말 RFR을 기준으로 하여 당년도 말에 지급)되었으며, 대여시점의 RFR은 5%이다. 대여금에 대해서 매년 12월 31일에 이자를 수령하고, 동 일자에 변동이자율을 재설정한다.

갑회사는 장기대여금의 이자수취 현금흐름의 변동위험을 회피하기 위하여 만기가 3년이며 고정이자 5%를 수취하고 RFR을 지급(직전연도 말 RFR을 기준으로 하여 당년도 말에 수취)하는 이자율스왑계약(계약금액 ₩1,000,000)을 20×1년 1월 1일에 체결하였다. 이자율스왑계약의 이자 정산은 매년 12월 31일이다. 최초 계약시점과 변동이자율 재설정 시점의 RFR과 이자율스왑의 공정가치는 다음과 같다.

일자	RFR	이자율스왑 공정가치
20×1. 1. 1.	5%	–
20×1. 12. 31.	6.5%	(₩26,567)
20×2. 12. 31.	6%	(₩9,259)

물음

20×1년 1월 1일부터 20×3년 12월 31일까지 갑회사가 해야 할 모든 회계처리(유동성 대체 생략)를 하라. 단, 매년 말 이자율스왑의 위험회피효과는 모두 효과적이라고 가정한다.

해답

회계처리를 제시하기 전에 스왑계약과 장기대여금의 공정가치 측정 과정을 설명한다.

	20×1. 12. 31.	20×2. 12. 31.	20×3. 12. 31.
대여금 이자수취	₩1,000,000×7% =₩70,000	₩1,000,000×8.5% =₩85,000	₩1,000,000×8% =₩80,000
스왑계약			
RFR 지급	(₩50,000)	(₩65,000)	(₩60,000)
5% 수취	50,000	(50,000)	50,000
차이	–	(₩15,000)	(₩10,000)

갑회사의 신용스프레드는 2%라고 문제에서 주어져 있다. 따라서 20×1년 말 할인율은 RFR 6.5%에 2%를 가산한 8.5%이며, 20×2년 말 할인율은 RFR 6%에 2%를 가산한 8%이다. 이를 이용하여 다음과 같이 스왑계약의 공정가치를 계산한다.

$$20\times1\text{년 말 스왑계약 공정가치} = \frac{(-)₩15,000}{(1.085)} + \frac{(-)15,000}{(1.085)^2} = (-)₩26,567$$

20×2년 말에 다음과 같이 스왑계약의 공정가치를 계산한다.

$$20\times2\text{년 말 스왑계약 공정가치} = \frac{(-)₩10,000}{(1.08)} = ₩9,259$$

연도별 현금흐름위험회피적립금(OCI)의 변동은 다음과 같다.

위험회피적립금		금액
20×1년 말 잔액		₩26,567
20×2년 유효이자율법 증액조정	₩26,567×8.5% =	2,258
20×2년 이자수익과 상계		(15,000)
조정전 잔액		13,825
잔액 조정	₩9,259 − 13,825 =	(4,566)
20×2년 말 잔액		9,259
20×3년 유효이자율법 증액조정	₩9,259×8% =	741
20×3년 이자수익과 상계		(10,000)
20×3년 말 잔액		₩0

<20×1. 1. 1.>

(차) 장기대여금	1,000,000	(대) 현금	1,000,000

<20×1. 12. 31.>

① 장기대여금 이자수익 인식

(차) 현금	70,000	(대) 이자수익	70,000

② 이자율스왑거래의 공정가치 평가손익 인식

(차) 현금흐름위험회피적립금(OCI)	26,567	(대) 파생상품부채	26,567

<20×2. 12. 31.>

① 장기대여금 이자수익 인식

(차) 현금	85,000	(대) 이자수익	85,000

② 이자율스왑거래의 공정가치 평가손익 인식 및 이자 결제

(차) 현금흐름위험회피적립금(OCI)	2,258	(대) 파생상품부채	2,258
(차) 이자수익	15,000	(대) 현금흐름위험회피적립금(OCI)	15,000
(차) 파생상품부채	4,566	(대) 현금흐름위험회피적립금(OCI)	4,566
(차) 파생상품부채	15,000	(대) 현금	15,000

<20×3. 12. 31.>

① 장기대여금 이자수익 인식 및 상환

(차) 현 금	80,000	(대) 이 자 수 익	80,000
(차) 현 금	1,000,000	(대) 장 기 대 여 금	1,000,000

② 이자율스왑거래의 공정가치 평가손익 인식 및 이자 결제

(차) 현금흐름위험회피적립금(OCI)	741	(대) 파 생 상 품 부 채	741
(차) 이 자 수 익	10,000	(대) 현금흐름위험회피적립금(OCI)	10,000
(차) 파 생 상 품 부 채	10,000	(대) 현 금	10,000

07 위험회피회계의 비교

갑회사(보고기간 말 12월 31일)는 20×1년 12월 1일에 기계장치를 $100에 취득하는 확정계약을 체결하였다. 기계장치는 20×2년 3월 31일에 인도받는다. 갑회사는 확정계약의 환율변동위험을 회피하기 위하여 20×1년 12월 1일에 원화를 달러화로 환전하여 $100의 외화예금 계좌에 예치하였다.

관련 환율(₩/$)은 다음과 같다.

20×1. 12. 1.	20×1. 12. 31.	20×2. 3. 31.
₩1,100	₩1,200	₩1,160

물음

1. 갑회사가 외화예금을 위험회피수단으로 지정하지 않은 경우 20×1년 12월 1일, 20×1년 12월 31일 및 20×2년 3월 31일에 확정계약 및 외화예금에 대해서 해야 할 회계처리를 하라. 단, 외화예금은 외화예금이라는 계정을 사용하여 회계처리하라.
2. (물음 1)에서 갑회사가 외화예금을 공정가치 위험회피수단으로 지정하였다고 가정하고 다시 답하라.
3. (물음 1)에서 갑회사가 외화예금을 현금흐름 위험회피수단으로 지정하였다고 가정하고 다시 답하라.

해답

1. <20×1. 12. 1.>

① 외화예금의 예치

(차) 외 화 예 금 110,000[(1)] (대) 현 금 110,000

(1) \$100×₩1,100 = ₩110,000

② 확정계약

\- 회계처리 없음 -

<20×1. 12. 31.>

① 외화예금의 외화환산

(차) 외 화 예 금 10,000[(2)] (대) 외 환 차 이 10,000

(2) \$100×(₩1,200 − 1,100) = ₩10,000

② 확정계약

\- 회계처리 없음 -

<20×2. 3. 31.>

① 외화예금의 외화환산 및 현금인출

(차) 외 환 차 이 4,000[(3)] (대) 외 화 예 금 4,000

(차) 현 금 116,000 (대) 외 화 예 금 116,000

(3) \$100×(₩1,160 − 1,200) = (−)₩4,000

② 확정계약에 따른 기계장치 취득

(차) 기 계 장 치 116,000 (대) 현 금 116,000[(4)]

(4) \$100×₩1,160 = ₩116,000

2. <20×1. 12. 1.>

① 외화예금의 예치

(차) 외 화 예 금 110,000 (대) 현 금 110,000

② 확정계약

\- 회계처리 없음 -

<20×1. 12. 31.>

① 외화예금의 외화환산

(차) 외 화 예 금 10,000 (대) 외 환 차 이 10,000

② 확정계약 평가손익 인식

(차) 확정계약평가손실 10,000(1) (대) 확정계약부채 10,000

(1) $100×(₩1,200 − 1,100) = ₩10,000

<20×2. 3. 31.>

① 외화예금의 외화환산 및 현금인출

(차) 외환차이 4,000(2) (대) 외화예금 4,000

(차) 현금 116,000 (대) 외화예금 116,000

(2) $100×(₩1,160 − 1,200) = (−)₩4,000

② 확정계약 평가손익 인식 및 기계장치 취득

(차) 확정계약부채 4,000 (대) 확정계약평가이익 4,000(2)

(차) 확정계약부채 6,000 (대) 현금 116,000(3)
기계장치 110,000

(3) $100×₩1,160 = ₩116,000

3. <20×1. 12. 1.>

① 외화예금의 예치

(차) 외화예금 110,000 (대) 현금 110,000

② 확정계약

− 회계처리 없음 −

<20×1. 12. 31.>

① 외화예금의 외화환산

(차) 외화예금 10,000 (대) 현금흐름위험회피적립금(OCI) 10,000

② 확정계약 평가손익 인식

− 회계처리 없음 −

<20×2. 3. 31.>

① 외화예금의 외화환산 및 현금인출

(차) 현금흐름위험회피적립금(OCI) 4,000 (대) 외화예금 4,000

(차) 현금 116,000 (대) 외화예금 116,000

② 확정계약 평가손익 인식 및 기계장치 취득

(차) 현금흐름위험회피적립금(OCI) 6,000 (대) 현금 116,000
기계장치 110,000

08 외화위험회피회계의 비교(1) (CPA 2014)

〈공통 자료〉

㈜한국은 20×1년 10월 1일에 재고자산을 6개월 후 $1,000에 구입하는 계약을 체결하였다. 동 일자에 ㈜한국은 동 재고자산 구입계약의 환율변동으로 인한 위험을 회피하기 위해서 계약만기 시 $1,000을 수취하고 ₩1,100,000을 지급하는 조건의 통화선도계약을 체결하고 위험회피수단으로 지정하였다. 통화선도계약의 계약기간은 6개월(20×1년 10월 1일부터 20×2년 3월 31일까지)이며, 현물환율과 통화선도환율은 다음과 같다.

일자	현물환율(₩/$)	통화선도환율(₩/$)
20×1. 10. 1.	₩1,080	₩1,100(만기 6개월)
20×1. 12. 31.	1,120	1,150(만기 3개월)
20×2. 3. 31.	1,200	–

단, <공통 자료>에 제시된 재고자산 구입계약과 통화선도계약은 위험회피회계 적용을 위한 조건을 충족하는 것으로 가정하고, 현재가치평가는 고려하지 않는다. 각 (물음)은 독립적이다.

물음

1. <공통 자료>에 제시된 재고자산 구입계약은 법적 강제력을 가지는 계약으로서 확정계약에 해당한다. ㈜한국이 공정가치위험회피회계를 적용하는 경우 위험회피대상항목과 위험회피수단에 대한 회계처리가 20×1년 말 재무상태표상 자본에 영향을 미치는 금액을 구하라. 단, 감소의 경우에는 금액 앞에 (−)를 표시하라.

2. <공통 자료>에 제시된 재고자산 구입계약은 법적 강제력은 없지만 발생가능성이 매우 큰 예상거래에 해당하며, 20×2년 3월 31일에 동 예상거래와 통화선도거래는 해당 계약대로 발생하였다. 20×1년 12월 31일 및 20×2년 3월 31일에 ㈜한국의 위험회피수단에 대한 회계처리가 포괄손익계산서의 각 항목에 영향을 미치는 금액을 구하라. 단, 감소의 경우에는 금액 앞에 (−)를 표시하라.

항목	20×1년 12월 31일	20×2년 3월 31일
기타포괄손익	①	③
당기순이익	②	④

3. <공통 자료>에 제시된 재고자산 구입계약은 법적 강제력은 없지만 발생가능성이 매우 큰 예상거래에 해당한다. 20×2년 3월 31일에 재고자산 구입 예상거래와 통화선도거래는 계약대로 발생하였으며, ㈜한국은 동 재고자산을 20×2년 중에 모두 ₩1,500,000에 외부로 판매하였다. 매출거래 시 회계처리(계속기록법 적용)를 제시하라.

해답

물음 1 공정가치위험회피회계

20×1년 말 자본에 영향을 미치는 금액 : ₩0(=₩50,000(평가이익)−50,000(평가손실))

<계산근거 : 일자별 회계처리>

일자	확정계약	통화선도거래
20×1. 10. 1.	− 회계처리 없음 −	− 회계처리 없음 −
20×1. 12. 31.	(차) 확정계약평가손실 50,000 (대) 확정계약 50,000	(차) 통화선도 50,000 (대) 통화선도평가이익 50,000 * $미수액 : $1,000×₩1,150=₩1,150,000 ₩미지급액 : ₩1,100,000
20×2. 3. 31.	(차) 확정계약평가손실 50,000 (대) 확정계약 50,000 (차) 재고자산 1,100,000 확정계약 100,000 (대) 현금 1,200,000	(차) 현금($) 1,200,000 (대) 현금(₩) 1,100,000 통화선도 50,000 통화선도거래이익 50,000

물음 2 현금흐름위험회피회계

항목	20×1년 12월 31일	20×2년 3월 31일
기타포괄손익	① ₩40,000	③ ₩60,000
당기순이익	② ₩10,000	④ (−)₩10,000

<계산근거 : 현금흐름 위험회피수단의 평가손익 분류 판단>

(1) 20×1년 12월 31일

① 통화선도계약의 당기 평가이익 : ₩50,000[(1)]

(1) ₩1,150,000($1,000×₩1,150)−1,100,000

② 예상거래의 당기 현금흐름변동 : ₩40,000[(2)]

(2) ₩1,120,000($1,000×₩1,120)−1,080,000($1,000×₩1,080)

③ 위험회피에 효과적인 ₩40,000은 기타포괄이익, 효과적이지 않은 ₩10,000은 당기수익

(2) 20×2년 3월 31일

① 통화선도계약의 누적 평가이익 : ₩100,000[(1)]

(1) ₩1,200,000($1,000×₩1,200)−1,100,000

② 예상거래의 누적 현금흐름변동 : ₩120,000[(2)]

(2) ₩1,200,000($1,000×₩1,200) − 1,080,000($1,000×₩1,080)

③ 누적 평가이익 ₩100,000이 누적 현금흐름변동 ₩120,000보다 작으므로 전액 위험회피에 효과적이므로 기타포괄이익을 누적으로 ₩100,000 인식해야 한다. 전기말에 기타포괄이익 ₩40,000을 인식했으므로 추가로 ₩60,000을 기타포괄이익으로 인식해야 한다.

(3) 통화선도계약의 일자별 회계처리

<20×1년 12월 31일>

(차)	통화선도	50,000	(대) 기타포괄이익	40,000
			당기수익	10,000

<20×2년 3월 31일>

(차)	통화선도	50,000	(대) 기타포괄이익	60,000
	당기비용	10,000		

물음 3

<20×2년 3월 31일>

(차)	재고자산	1,100,000	(대) 현금($)	1,200,000
	기타포괄이익	100,000		

<20×2년 중 매출거래 시>

(차)	현금	1,500,000	(대) 매출	1,500,000
(차)	매출원가	1,100,000	(대) 재고자산	1,100,000

09 외화위험회피회계의 비교(2) (CPA 2011)

12월 말 결산법인인 갑회사는 생산에 투입할 원재료인 원유 1,000배럴을 20×1년 11월 1일에 배럴당 $90에 매입하는 계약을 체결하였다. 동 계약에 따르면 원유의 실물 인수일은 20×2년 2월 1일인데, 갑회사는 원유를 실물로 인수할 수도 있고, 원유의 공정가치 변동에 근거하여 결정된 금액을 현금으로 차액결제할 수도 있다.

갑회사는 원유 매입 확정계약의 외화위험을 회피하기 위해서 $90,000을 달러당 ₩1,100에 매수하는 통화선도계약을 체결하고 확정계약에 대한 위험회피수단으로 지정하였다. 통화선도계약의 계약기간은 3개월(20×1년 11월 1일부터 20×2년 2월 1일까지)이며, 현물환율과 통화선도환율은 다음과 같다.

일자	현물환율	통화선도환율
20×1. 11. 1.	₩1,050	₩1,100(만기 3개월)
20×1. 12. 31.	1,090	1,120(만기 1개월)
20×2. 2. 1.	1,150	–

단, 법인세 효과와 파생상품평가손익에 대한 현재가치평가는 고려하지 않는다.

물음

1. 갑회사가 체결한 원유 매입계약이 파생상품으로 구분될 수 있는지 설명하라.

2. 갑회사가 통화선도계약을 ① 공정가치 위험회피수단으로 지정한 경우와 ② 현금흐름 위험회피수단으로 지정한 경우로 구분하여 갑회사의 20×1년 12월 31일 현재 부채비율을 각각 계산하라. 단, 확정계약과 통화선도계약의 회계처리를 반영하기 전 갑회사의 부채비율은 150%(=부채총계 ₩15,000,000÷자본총계 ₩10,000,000)이다.

3. 갑회사는 20×2년 2월 1일 원유 1,000배럴을 현물로 인수하고 재고자산 매입의 회계처리를 하였다. 갑회사가 위 통화선도계약을 ① 공정가치 위험회피수단으로 지정한 경우와 ② 현금흐름 위험회피수단으로 지정한 경우로 구분하여 재고자산의 취득원가를 각각 계산하라.

4. (물음 3)과 관련하여 갑회사가 통화선도계약을 현금흐름 위험회피수단으로 지정한 경우 20×2년 2월 1일 현재 기타포괄손익으로 인식한 현금흐름위험회피적립금의 잔액을 계산하라.

해답

물음 1

이 계약은 최초 계약 시 순투자금액이 필요없고, 원유의 가격에 기초하고 있으며, 미래에 결제될 것이므로 파생상품이다. 그러나 기업이 실물을 인수함으로써 계약을 결제할 의도가 있고, 유사한 계약에 대하여 현금으로 차액결제한 실무관행이 없고 단기 가격변동이익이나 중개이익을 목적으로 원유를 인수한 후 단기간 내에 당해 자산을 매도한 실무경험이 없는 경우에는 기업회계기준서 제1039호에 따라 파생상품으로 회계처리하지 않고, 미이행계약으로 회계처리한다.

물음 2

① 공정가치위험회피 부채비율=(15,000,000+1,800,000)/10,000,000=168%

② 현금흐름위험회피 부채비율=15,000,000/(10,000,000+1,800,000)=127%

물음 3

① 공정가치 위험회피수단으로 지정된 경우 : ₩99,000,000
② 현금흐름 위험회피수단으로 지정된 경우 : ₩99,000,000

물음 4

현금흐름위험회피적립금 잔액 : ₩0

참고자료 일자별 회계처리

1. 공정가치위험회피

일자	확정계약		통화선도거래	
20×1. 11. 1.	- 회계처리 없음 -		- 회계처리 없음 -	
20×1. 12. 31.	(차) 확정계약평가손실	1,800,000	(차) 파생상품자산	1,800,000
	(대) 확정계약(부채)	1,800,000	(대) 파생상품평가이익	1,800,000
			* $미수액 : $90,000×₩1,120 = ₩100,800,000	
			미지급액 : ₩99,000,000	
20×2. 2. 1.	(차) 확정계약평가손실	2,700,000	(차) 현금($)	103,500,000
	(대) 확정계약	2,700,000	(대) 현금(₩)	99,000,000
	(차) 재고자산	99,000,000	파생상품자산	1,800,000
	확정계약	4,500,000	파생상품거래이익	2,700,000
	(대) 현금	103,500,000		

2. 현금흐름위험회피

일자	확정계약		통화선도거래	
20×1. 11. 1.	- 회계처리 없음 -		- 회계처리 없음 -	
20×1. 12. 31.	- 회계처리 없음 -		(차) 파생상품자산	1,800,000
			(대) 현금흐름위험회피적립금(OCI)	1,800,000
			* $미수액 : $90,000×₩1,120 = ₩100,800,000	
			미지급액 : ₩99,000,000	
20×2. 2. 1.	(차) 재고자산	99,000,000	(차) 파생상품자산	2,700,000
	현금흐름위험회피적립금(OCI)	4,500,000	(대) 현금흐름위험회피적립금(OCI)	2,700,000
	(대) 현금	103,500,000	(차) 현금	4,500,000
			(대) 파생상품자산	4,500,000

IFRS 고급회계

발행일	2026년 2월 20일 14판 1쇄
초판발행일	2009년 2월 24일
저자	신현걸, 최창규
발행인	LEE JIN HEE
등록	제2021-000096호
발행처	도서출판 지승
주소	서울특별시 강남구 선릉로
전화번호	02-736-7701
FAX	02-725-1907
ISBN	979-11-24250-04-4 (93320)
가격	42,000원